JAHRBUCH DES BUNDESINSTITUTS FÜR KULTUR UND GESCHICHTE DER DEUTSCHEN IM ÖSTLICHEN EUROPA

21/2013

JAHRBUCH DES BUNDESINSTITUTS FÜR KULTUR UND GESCHICHTE DER DEUTSCHEN IM ÖSTLICHEN EUROPA

BAND 21

GRÜNDERZEIT

OLDENBOURG VERLAG MÜNCHEN 2013

Herausgeber:
Matthias Weber, BKGE, Oldenburg

in Verbindung mit:
Mirosława Czarnecka, Wrocław
Ladislau Gyémánt, Cluj-Napoca
Reinhard Johler, Tübingen
Christopher Long, Austin/Texas
Ágnes Tóth, Budapest

Redaktion:
Detlef Haberland, Oldenburg
Jens Stüben, Oldenburg

Bibliografische Information der Deutschen Nationalbibliothek
Die Deutsche Nationalbibliothek verzeichnet diese Publikation in der Deutschen Nationalbibliografie; detaillierte bibliografische Daten sind im Internet über <http://dnb.d-nb.de> abrufbar.

Satz und Layout: TZ-Verlag & Print GmbH, Roßdorf
Druck und Bindung: TZ-Verlag & Print GmbH, Roßdorf

ISBN 978-3-486-71909-3
ISSN 1865-5696

Inhalt

Matthias Weber

„Gründerzeit" in Deutschland – Modernisierung im östlichen Europa

Die sogenannte Gründerzeit steht am Anfang: des modernen Unternehmertums, des heutigen Banken- und Finanzwesens, der Groß- und Schwerindustrie, der komplexen Verkehrsinfrastruktur, des urbanen Bürgertums und der Forderungen der Arbeiterbewegung nach sozialer Gerechtigkeit. Tendenzen der gesellschaftlichen Öffnung konkurrierten mit nationalen Abgrenzungsbestrebungen:

Der Zeitraum zwischen der deutschen Reichsgründung und dem Ersten Weltkrieg war auch für die Deutschen im östlichen Europa eine Zeit des wirtschaftlichen Aufbruchs, der nationalen Fixierung sowie der politischen und kulturellen Selbst- und Rückbesinnung. Allenthalben sind politische, ideologische, ökonomische und künstlerische Aktivitäten innovativer wie restaurativer Art festzustellen. Konfessionelle Spannungen entluden sich im Deutschen Reich im „Kulturkampf", während sozialistische Strömungen, die infolge gesellschaftlicher Gegensätze starken Auftrieb erhielten, unterdrückt wurden. Zugleich verhärteten sich nationalistische Diskurse, Antisemitismus und völkisches Denken gewannen an Einfluss. In nahezu allen Staaten und Gesellschaften in jenem Zeitraum lassen sich vergleichbare soziale und kulturelle Phänomene beobachten.[1]

Die Gründerzeit ist mit Namen von erfolgreichen Unternehmern und Unternehmen verbunden wie Thyssen, Krupp, Siemens, Rothschild, Henckel von Donnersmarck, Borsig und vor allem auch mit den von Banken: Deutsche Bank, Bayerische Vereinsbank, Commerzbank. Für die Gründerzeit stehen die Architektur der Wiener Ringstraße, die „Gründerzeitviertel" der expandierenden Städte mit ihren charakteristischen, oft überladenen Fassaden und dem wuchtigen Mobiliar des Historismus, aber auch die Mietskasernen der Arbeiter, die in Paris und London ebenso wie in München, Hamburg, Breslau/Wrocław oder Budapest entstanden. Die neuen Realitäten dieser modernen Welt treten uns etwa in dem Werk des Romanciers und Wegbereiters des Naturalismus Émile Zola entgegen oder in Władysław Reymonts Buch *Das gelobte Land* (*Ziemia obiecana*, 1898), in dem die vom Zusammenleben von Deutschen, Polen und Juden geprägte Textilstadt Lodz/Łódź authentisch beschrieben wird. Die deutschsprachige „gründerzeitliche Literatur" wurde unter anderem von Autoren wie Gerhart Hauptmann, Theodor Fontane, Theodor Storm, Wilhelm Raabe oder Conrad Ferdinand Meyer, aber auch von Paul Heyse, Heinrich Sudermann und Friedrich Spielhagen verfasst.

1 Aus dem „call for articles" zum vorliegenden Jahrbuch; vgl. <http://hsozkult.geschichte.hu-berlin.de/termine/id=18610>. Zu danken habe ich meinen Kolleginnen und Kollegen im BKGE, die bei der Abfassung dieses Einleitungsbeitrags mitgewirkt haben.

Jahrbuch des BKGE 21 (2013), S. 7–26

Obwohl uns die Gründerzeit in der einen oder anderen Gestalt fast täglich begegnet und die damaligen Fragen in abgewandelter Form immer noch präsent sind, gehört das Phänomen als Ganzes nicht zu den wissenschaftlich intensiv behandelten Themen. Die im 19. Jahrhundert einsetzende „Erfindung" der Nationen als kollektive Bezugsgrößen, die damaligen politischen und sozialen Fragen und auch die Nationalitätenkonflikte des späten 19. Jahrhunderts im östlichen Europa können als gut erforscht gelten, haben aber zum Teil die kulturhistorischen Entwicklungen historiographisch „überlagert". Auch wenn gründerzeitliche Altbauviertel seit den 1970er Jahren zu den bevorzugten Wohnlagen gehören, interessiert sich beispielsweise die Kunstgeschichtsschreibung bis heute vorranging für die „innovative" Moderne des 20. und kaum für den „eklektischen" Historismus des späten 19. Jahrhunderts. Die deutschsprachige Fachliteratur ebenso wie Ausstellungen und daraus hervorgegangene Kataloge richten ein Hauptaugenmerk auf die Gründerzeit in den Metropolen Berlin, Wien oder Budapest sowie in zweiter Linie auf die wirtschaftlich besonders dynamischen Regionen im Westen Deutschlands, auf das Rheinland und das Ruhrgebiet, auf Zentren wie Frankfurt oder Köln. So kann der Eindruck entstehen, die Gründerzeit habe die Städte und Landschaften im Osten des damaligen Deutschen Reiches und der Habsburger Monarchie gar nicht richtig erreicht.

Dies liegt nicht zuletzt daran, dass Forschungsbeiträge aus den Ländern Ostmitteleuropas zur regionalen Kultur und Geschichte der Gründerzeit aufgrund von Sprachbarrieren im westlichen Europa kaum rezipiert werden. Dabei lässt sich seit den 1990er Jahren gerade in den ehemals von Deutschen (mit-)bewohnten Regionen und Städten im östlichen Europa eine verstärkte Hinwendung zur Vergangenheit beobachten, werden Kunstdenkmäler und andere materielle Hinterlassenschaften aus der Gründerzeit als „gemeinsames Kulturerbe" wiederentdeckt, restauriert und gepflegt, die nach 1945 in den ehemaligen preußischen Ostprovinzen als sichtbare Zeichen der deutschen „Fremdherrschaft" lange verpönt gewesen waren.

Aus diesen Gründen stellt das vorliegende Jahrbuch die Gründerzeit im östlichen Europa in den Mittelpunkt – dies ist in vergleichbarer thematischer Breite andernorts bisher noch nicht geschehen. In den Beiträgen des internationalen Kreises von Autorinnen und Autoren wird der Blick auf die Phänomene der Gründerzeit in verschiedenen Regionen Ostmitteleuropas eröffnet. Dadurch sollen künftig eine verstärkte Einbeziehung dieser Aspekte in die Erforschung der Gründerzeit angeregt und insbesondere vergleichende Betrachtungen möglich werden.

„Gründerzeit" – Begrifflichkeiten

Die zeitliche Eingrenzung der „Gründerzeit" ist in der Forschung nicht eindeutig definiert. Zudem handelt es sich um einen Epochenbegriff, der in den einzelnen Fachdisziplinen von zum Teil mehreren Stilbegriffen – etwa „Realismus" und „Naturalismus" in der Literaturwissenschaft – überlagert wird. Und obwohl die meisten der oben umrissenen Phänomene der „Gründerzeit" in der zweiten Hälfte des 19. Jahrhunderts auch in anderen Ländern Europas und in den USA zu beobachten sind, gelten außerhalb des deutschen Sprachraums – oder konkreter: außerhalb des Machtbereichs der Habsburger Monarchie und des 1871 entstandenen Deutschen Reichs – ganz andere Begrifflichkeiten. Dies gibt Anlass, den Begriff Gründerzeit vergleichend zu reflektieren und vor diesem Hintergrund den zeitlichen und regionalen Rahmen des vorliegenden Bandes zu definieren.

Die zeitgenössisch synonym gebrauchten Termini „Gründerzeit", „Gründerära" oder „Gründerjahre" verwiesen zunächst auf die wirtschaftlichen Ereignisse und Entwicklungen im Deutschen Reich zwischen 1871 und 1873, als es zu einem Modernisierungs- und Investitionsschub kam. Das dafür erforderliche Kapital stammte vorwiegend aus den französischen Reparationszahlungen nach dem Deutsch-Französischen Krieg. Begünstigt durch die liberale Wirtschaftsgesetzgebung, besonders im Aktienrecht, und begleitet von einem nicht selten irrationalen Fortschrittsoptimismus, setzte nach der Ausrufung des Deutschen Kaiserreichs eine fieberhafte, oft auf unsicherer und spekulativer Grundlage basierende Gründung von Betrieben, insbesondere von Aktiengesellschaften, ein. Diese Entwicklungen haben der „Gründerzeit" damals ihren Namen gegeben.

Gelegentlich wird auch die 1871 erfolgte Gründung des deutschen Kaiserreichs, also die Zeit der Reichsgründung, als namengebend für die Epoche bezeichnet – ein Prozess, der sich nach Helmut Böhme insgesamt auf die Zeit von 1848 bis 1879 erstreckt hat.[2] Für das Habsburgerreich wiederum wird der Beginn der Gründerzeit oft auf das Jahr 1867datiert, als die Doppelmonarchie durch den „Ausgleich" zwischen Österreich und Ungarn „gegründet" wurde. Als kennzeichnend werden ebenfalls die damals explosionsartig zunehmenden Banken- und Unternehmensgründungen, aber auch die Modernisierungsprozesse in vielen anderen Lebensbereichen gesehen.[3]

Diese von 1867 bzw. 1871 an gerechnete Phase der „Gründerzeit" dauerte bis zum „Gründer-" oder „Börsenkrach" von 1873, der sich am 5. Mai 1873 ankündigte, als die Franko-Ungarische Bank in Pest eine Nachzahlung verlangen musste. Am Schwarzen Freitag, dem großen Wiener Börsenkrach vom 9. Mai 1873, mussten 120 Betriebe in Österreich-Ungarn Konkurs anmelden. Dem folgte im Oktober 1873 ein massiver Einbruch der Börsenkurse in Berlin; die Finanzmarktkrise riss auch im Deutschen Reich Banken und Unternehmen in den Bankrott. Daran schloss sich – vor allem im Deutschen Reich – für etwa zwei Jahrzehnte eine auch als „Gründerkrise" bezeichnete wirtschaftliche Stagnationsphase an, in der weitere Geldinstitute, Industrieunternehmen und auch große Eisenbahngesellschaften in Konkurs gingen. Streng genommen bildeten also die Jahre 1871 bis 1873 die eigentliche „Gründerzeit".

In dieser engeren Bedeutung wurden der Begriff und weitere mit dem Wort „Gründer" zusammengesetzte Komposita von den Zeitgenossen verwendet. Ein

---

2 Helmut Böhme (Hg.): Probleme der Reichsgründungszeit 1848–1879. Köln, Berlin 1968 (Neue Wissenschaftliche Bibliothek 26).

3 Adam Wandruszka, Peter Urbanitsch, Helmut Rumpler (Hg.): Die Habsburgermonarchie 1848–1918. Bd. 1: Alois Brusatti (Hg.): Die wirtschaftliche Entwicklung. Wien 1973, S. 339–343 („Das Bankenwesen in der Gründerzeit").

Blick in das erste deutschsprachige Massenblatt, die seit 1853 in Leipzig erscheinende *Gartenlaube*, ergibt, dass darin schon 1872 das „Gründerfieber der Jetztzeit“ angeprangert wurde.[4] Später kritisierte hier der Königsberger Journalist Otto Glagau (1834–1892)[5] in einer 1874/75 veröffentlichten Artikelserie mit dem Titel *Der Börsen- und Gründungsschwindel in Berlin*[6] betrügerische Geschäftspraktiken, verbunden mit einer stark antisemitischen Zielrichtung, von der noch die Rede sein wird. Auch in der Belletristik etablierte sich der Begriff rasch: Der Ingenieur und Schriftsteller Heinrich Seidel (1841–1906) ließ den Protagonisten seiner 1882 veröffentlichten, damals sehr populären Erzählung *Leberecht Hühnchen* wehmütig zurückblicken: „Ja, früher, in der sogenannten Gründerzeit [...], da war's besser, da gab's auch mancherlei Nebenverdienst“.[7]

Entsprechendes gilt für die zeitgenössische deutsche Geschichtswissenschaft: Heinrich von Treitschke (1834–1896) sprach ganz selbstverständlich von der „rasenden Ueberproduction der Gründerzeit“,[8] ähnlich Karl Lamprecht (1856–1915)[9] und viele andere Historiker.[10] So etablierte sich das Vokabular zur näheren Beschreibung der Vorgänge in diesem Zeitabschnitt (Gründerära, -bank, -fieber, -periode, -genossen, -schwindel, -unternehmen, -presse, -prozesse, -lohn usw.) schon frühzeitig – immer bezogen auf die Jahre 1871 bis 1873.

Jede genauere Betrachtung der kulturgeschichtlichen, künstlerischen, literarischen, aber auch der wirtschafts- und sozialhistorischen Bezüge ergibt jedoch, dass sich die meisten Merkmale der im Habsburgerreich und in Deutschland ab 1867 bzw. 1871 datierten Epoche schon um 1848 oder noch früher ankündigten und sich dann verstärkt in den 1860er Jahren zeigten. Deshalb hat das ursprüngliche Verständnis von „Gründerzeit“ in der wissenschaftlichen, musealen und didaktischen Praxis zunehmend Ausweitungen erfahren.[11] Werner Sombart (1863–1941) be-

---

4 Vgl. Das Gründerfieber der Jetztzeit. Skizze für die guten, lieben – Actionäre. Von einem Eingeweihten. In: Die Gartenlaube. Illustrirtes Familienblatt, 1872, Heft 36, S. 592–594.

5 Siehe zu ihm in diesem Band den Beitrag von Adam Woodis: Gescheiterte Hoffnungen. Die unbeabsichtigte Wirkung des privaten Kulturkampfs von Karl Emil Franzos.

6 Otto Glagau: Der Börsen- und Gründungsschwindel in Berlin. In: Die Gartenlaube. Illustrirtes Familienblatt, 1874, H. 49, S. 788–790; 1875, H. 4, S. 62–65, H. 7, S. 115–119, H. 10, S. 170–172, H. 14, S. 234–238, H. 23, S. 383–386, H. 26, S. 438–440, H. 31, S. 525–527, H. 35, S. 586–588, H. 40, S. 671–676, H. 44, S. 744–747, H. 50, S. 838–840, H. 51, S. 858–860; hier auch der Begriff „Gründerzeit“, S. 170, 746, 859.

7 Heinrich Seidel: Leberecht Hühnchen, veröffentlicht 1882, hier Kapitel 3; im Internet online unter <http://gutenberg.spiegel.de/buch/3743/3>.

8 Heinrich von Treitschke: Zehn Jahre deutscher Kämpfe. Schriften zur Tagespolitik. 2. Aufl. Berlin 1879, S. 818.

9 Karl Lamprecht: Deutsche Geschichte der jüngsten Vergangenheit und Gegenwart. Bd. 2. Berlin 1913, S. 141f.

10 Z. B. Ludwig Beck: Die Geschichte des Eisens. Bd. 5: Das XIX. Jahrhundert von 1860 bis zum Schluss. Braunschweig 1903, S. 998: „es begann die ‚Gründerzeit‘, eine Zeit mühelosen Gewinnes und kühner Unternehmungen, die 1872 und die erste Hälfte 1873 andauerte“.

11 Vgl. Peter Sprengel: Geschichte der deutschsprachigen Literatur 1870–1900. Von der Reichsgründung bis zur Jahrhundertwende. München 1998 (Geschichte der deutschen Literatur von den Anfängen bis zur Gegenwart IX, 1), S. 105.

zeichnete schon 1921 in seinem Standardwerk über die deutsche Volkswirtschaft die 1850er Jahre als eine „rechte ‚Gründerzeit'".[12]

Heute bleibt die Wirtschafts- und Finanzmarktgeschichte der ursprünglichen Bedeutung noch am stärksten verhaftet: Carsten Burhops Studie über die „Kreditbanken in der Gründerzeit" bezieht sich auf den Zeitraum zwischen 1870 und 1879, jenes Jahr, das von der Konjunkturgeschichtsschreibung als „Tiefpunkt der Gründerkrise" angesehen wird.[13]

In neuerer Zeit fand insofern eine Bedeutungserweiterung statt, als „Gründerzeit" auch im übertragenen Sinn als Bezeichnung für die der Reichsgründung und dem „Ausgleich" zwischen Österreich und Ungarn *vorangegangene* Epoche verwendet wird: Die 2008 in Berlin vom Deutschen Historischen Museum gezeigte Ausstellung „Gründerzeit 1848–1871. Industrie und Lebensträume zwischen Vormärz und Kaiserreich" *endete* mit dem Jahr 1871,[14] ebenso wie das 2011 im Schulbuchverlag Schöningh erschienene Lehrbuch über „Gründerzeit und Nationsbildung".[15] Darin wird der Begriff durchgängig und konzeptionell im übertragenen Sinn verwendet, für den Neubeginn und die Aufbruchsstimmung in der zweiten Hälfte des 19. Jahrhunderts, für die damalige politische, wirtschaftliche und soziale Dynamik und die damit einhergehenden kulturhistorischen und mentalitätsgeschichtlichen Entwicklungen im weitesten Sinn.

Im Kontext der Habsburgermonarchie wird die mit der Niederschlagung der 1848er Revolution und der Etablierung des Neoabsolutismus einsetzende „Frühphase" als die „erste Gründerzeit" bezeichnet, in der sich der bürgerliche Kapitalismus zunehmend durchsetzte. Der Begriff „Gründerzeit" wird aber ebenso verwendet, um die gesamte Entwicklung von Zentrum und Peripherie in der österreichisch-ungarischen Monarchie bis 1914 zu definieren, die gekennzeichnet ist durch mehrere Schübe wirtschaftlich-sozialer und kultureller Modernisierung, durch die Industrialisierung unterschiedlichster Regionen, von Wien und seinem Umland bis in die östlichen Gebiete des Reiches, durch umfassende Verkehrsinfrastrukturmaßnahmen, die beispielsweise von Wien, später auch von Budapest aus das gesamte Staatsgebiet durch Eisenbahnen erschlossen.[16] Im Bereich der Regionalforschung können sich, in Abhängigkeit von spezifischen Ereignissen von Fall zu Fall besondere Unterteilungen anbieten. Anhand des österreichisch-ungarisch-rumänischen Zollkriegs

---

12 Werner Sombart: Deutsche Volkswirtschaft im 19. Jahrhundert und im Anfang des 20. Jahrhunderts. 5. Aufl. Berlin 1921, S. 81 (1. Aufl. 1903): „Eine rechte ‚Gründerzeit' sind also die 1850er Jahre".

13 Carsten Burhop: Die Kreditbanken in der Gründerzeit. Stuttgart 2004 (Schriftenreihe des Instituts für bankhistorische Forschungen 21), S. 11f.

14 Ulrike Laufer, Hans Ottomeyer (Hg.): Gründerzeit 1848–1871. Industrie und Lebensträume zwischen Vormärz und Kaiserreich. Eine Ausstellung des Deutschen Historischen Museums. Dresden 2008.

15 Christian Jansen: Gründerzeit und Nationsbildung 1849–1871. Paderborn u.a. 2011(Seminarbuch Geschichte).

16 Lemmata „Neoabsolutismus" und „Gründerzeit" im Lexikon „AEIOU", <http://austria-forum.org/af/AEIOU/Neoabsolutismus>, <http://austria-forum.org/af/AEIOU/Gr%C3%BCnderzeit>.

unterscheidet Gerald Volkmer in seinem Aufsatz „Gründerzeit im Karpatenbogen – das siebenbürgische Burzenland und die Herausforderungen der Industrialisierung 1867–1918" eine erste (1867–1890) und eine zweite (1891–1914) Gründerzeit.[17]

Vorschläge einer zeitlichen Dehnung des Begriffs von der Zeit des Vormärz, den 1830er Jahren, bis 1918[18] haben sich in der Kunstwissenschaft nicht durchgesetzt, weil die vielschichtigen stilistischen Phänomene dieses Zeitraums dem zuwiderlaufen. Solche Vorschläge gehen nicht zuletzt auf die ideologische Perspektive der DDR-Kunstwissenschaft zurück, wie sie etwa in dem 1968–1978 in Ost-Berlin erschienenen *Lexikon der Kunst* anzutreffen sind – 1991 ist davon eine Neuauflage erschienen, aber unter Beibehaltung der alten Terminologie. Aus dem hier verwandten Bourgeoisie-Begriff ergibt sich die Rückdatierung der „Gründerzeit" bis in die 1830er Jahre – eine Kunstepoche, die sonst als „Biedermeier" bezeichnet wird.[19]

Sowohl das Überblickswerk von Richard Hamann und Jost Hermand als auch die 1974 in der Berliner Akademie der Künste gezeigte Ausstellung „Aspekte der Gründerzeit"[20] konzentrieren sich auf die Jahre 1870 bis 1890, etwa ab der Reichsgründung und dem Spekulationsboom der klassischen Gründerjahre und bis zum Tod Kaiser Wilhelms I. und der Abdankung Bismarcks. Das *Kunstlexikon* von Peter Wulf Hartmann (1996) nennt als übereinstimmendes Merkmal der Kunst jener Jahre den Rückgriff auf frühere Stilepochen.[21] Das Bedürfnis nach Luxus und Pomp ließ in dieser letzten Phase des Historismus den Neobarock in ganz Europa zum bevorzugten Stil werden. Gleichzeitig suchte man in der Vergangenheit nach „nationalen" Ausdrucksformen in der Kunst – z. B. „deutsche Renaissance" –, um die eigene Identität herauszustellen. Dieses Bedürfnis war besonders ausgeprägt im neugegründeten Deutschen Reich und im politisch aufgewerteten Ungarn sowie bei den Nationen, die wie Polen oder Tschechen nach Eigenstaatlichkeit strebten.

---

17 Siehe diesen Beitrag in diesem Band.

18 Der Kunsthistoriker Rolf Linnenkamp zum Beispiel erkennt „Gründungen" als ein dauerhaftes Phänomen und konstatiert eine „echte Gründerepoche" in den Jahren 1867–1876, dehnt aber den Begriff „Gründerzeit" aus und differenziert dabei die Phasen der „Vor-Gründerzeit" („Proto-Gründerzeit") 1806–1835, der „Früh-Gründerzeit" 1835–1860, der „Hoch-Gründerzeit" 1860–1890, der „Spät-Gründerzeit" 1890–1918, der „Nach-Gründerzeit" („Post-Gründerzeit") 1918–1945 und der „Neo-Gründerzeit" 1945–1970. Im Titel seines Buches wird der Begriff dann in seiner eigentlichen Bedeutung auf den Zeitraum zwischen 1835 und 1918 angewandt; vgl. Rolf Linnenkamp: Die Gründerzeit 1835–1918. München 1976 (Heyne Stilkunde 4), S. 19; „Gründerzeitliche Kunst". In: Lexikon der Kunst. Hg. vom Kunstgeschichtlichen Institut der Humboldt-Universität Berlin. Bd. 3. Leipzig 1991, S. 35 [Erstauflage 1975].

19 Siehe den Eintrag „Gründerzeitliche Kunst". In: Lexikon der Kunst. Hg. vom Kunstgeschichtlichen Institut der Humboldt-Universität Berlin. Bd. 3. Leipzig 1991, S. 35.

20 Richard Hamann, Jost Hermand: Epochen deutscher Kultur von 1870 bis zur Gegenwart. Bd. 1: Gründerzeit. München 1971 (Sammlung Dialog 54) [Erstauflage Berlin 1966]; Aspekte der Gründerzeit 1870–1890. Ausstellung in der Akademie der Künste vom 8. September bis zum 24. November 1974. Berlin 1974.

21 P[eter] W[ulf] Hartmann: Kunstlexikon. St. Gilgen, Salzburg 1996, Artikel „Gründerzeit", online unter: <http://www.beyars.com/kunstlexikon/lexikon_3706.html>.

In ihrer volkskundlichen Darstellung *Frauenleben im 19. Jahrhundert* grenzt Ingeborg Weber-Kellermann die Gründerzeit gegen das Biedermeier ab, wobei sie ebenfalls betont, dass die französischen Reparationsmilliarden als Katalysator gewirkt und eine Entwicklung beschleunigt hätten, die „schon Jahrzehnte vorher" aufgrund neu gewonnener Energiequellen und technischer Erfindungen eingesetzt habe: „Die wirtschaftlichen Möglichkeiten eines solchen Aufschwungs erzeugten ein wahres Aufstiegsfieber"; es sei „der Typ des Parvenü" entstanden. Sei es Wohnmobiliar oder Damenmode – die wohlhabenden Bürger und Bürgerinnen der Gründerzeit hätten sich für Prunk, Schwulst und Theatralik begeistert. Das Streben nach Selbstdarstellung und Repräsentation des Geldadels habe den Lebensstil im „Zeitalter der Großbanken und Großindustrien" beherrscht.[22]

Die Literaturwissenschaft kennt die aus der Sozialgeschichte übernommene Bezeichnung „Gründerzeit-Literatur".[23] Diese Bezeichnung ist insofern wiederum unscharf bzw. widersprüchlich, als sie einerseits zur Abgrenzung gegenüber der Literatur des bürgerlichen Realismus und des Naturalismus verwendet wird, diese Strömungen in anderen Kontexten aber auch einschließt. Hingegen ist mit „Gründerzeit-Literatur" fast immer die unter dem Eindruck des Sieges im Deutsch-Französischen Krieg und der Reichsgründung entstandene Literatur gemeint, also wieder die Zeit ab 1870/71. Das durch die Kunst- und Kulturgeschichte erweiterte Verständnis nehmen neuere literaturwissenschaftliche Arbeiten auf, die den Begriff als Epochenbezeichnung für die deutschsprachige Literatur der Jahre 1871 bis 1890 zu etablieren versuchen, unter Einbeziehung der Veränderungen des literarischen Marktes,[24] der immer neue Rezipientenkreise, auch mit „kleinem Geldbeutel", erschloss. Die nach dem Vorbild der erwähnten *Gartenlaube* gestaltete Zeitschrift *Niva* (ab 1869) des Stettiner Verlegers Adolph Marcks ist hier zu nennen, vorgestellt von Irina Alter:[25] Die Öldruckillustrationen dieses auflagenstärksten Familienblatts aus Russland erreichte gerade auch die ländliche Bevölkerung mit weltlichen Inhalten und popularisierte die zeitgenössische Literatur, Kunst und Malerei, was sie zu einem wichtigen Faktor des Wissenstransfers machte.

Vielen Autorinnen und Autoren ging es nun – ähnlich wie im Bereich der Kunst – um Sympathiebekundung gegenüber Preußen und dem neuen Kaiserreich. Ein Beispiel dafür ist Arthur Böthlingk. Peter Sprengel[26] charakterisiert diesen aus St. Petersburg/Sankt-Peterburg stammenden Historiker, Schriftsteller und „Ratgeber" Gerhart Hauptmanns in seinem Aufsatz als glühenden Verehrer Bismarcks und des Kaisers. Die Feier der lange erstrebten Reichsgründung manifestierte sich in un-

---

22 Ingeborg Weber-Kellermann: Frauenleben im 19. Jahrhundert. Empire und Romantik, Biedermeier, Gründerzeit. München 1983, S. 96, vgl. S. 119f., 136.

23 Hansgerd Delbrück: Gründerzeit-Literatur. In: Günther u. Irmgard Schweikle (Hg.): Metzler Literaturlexikon. Begriffe und Definitionen. 2., überarb. Aufl. Stuttgart 1990, S.186.

24 Sprengel: Geschichte der deutschsprachigen Literatur 1870–1900 (Anm. 11), S. 103.

25 Siehe in diesem Band ihren Beitrag: Für „das große Publikum der kleinen Geldbeutel". Adolph Marks und seine Zeitschrift *Niva* in St. Petersburg.

26 Siehe in diesem Band seinen Beitrag: Zwischen Gründerzeit und Moderne. Böthlingk – Hauptmann – Böcklin.

terschiedlichsten Formen: in einem monumentalisierenden Historismus, in Reichs- und Kaiserpanegyrik, in Kriegslyrik, in einer Akzentuierung der mittelalterlichen Kaiserzeit usw.[27] oder in einem epischen Kolossalgemälde wie Felix Dahns Roman *Ein Kampf um Rom* (1876–1878), der Germanenkult und Heroismus verbindet. Gustav Freytags 1855 in sechs Büchern erschienener Roman *Soll und Haben* gehört zu den meistgelesenen Werken des 19. Jahrhunderts, sein Romanzyklus *Die Ahnen* (1872–1880) ist das Hauptwerk dieser historisierenden gründerzeitlichen Erzählliteratur.[28] Weitere literarische Gründerzeitthemen, die in den Werken von Gottfried Keller, Theodor Fontane, Theodor Storm, Wilhelm Raabe oder Karl Emil Franzos verarbeitet werden, sind die allenthalben sichtbaren Veränderungen der Gesellschaft – Technisierung, Industrialisierung, Urbanisierung und das „Faszinosum Eisenbahn", die möglichst realistisch ausgestaltet werden.

In seinem Beitrag stellt Sebastian Schmideler die Kinder- und Jugendliteratur in den Rahmen eines noch weiter ausgreifenden Gründerzeitbegriffs, der von der Märzrevolution von 1848 bis zum Beginn des Ersten Weltkriegs reicht, um die zu betrachtende Verlagsproduktion auf breiterer Basis zu kontextualisieren.[29] So erweist sich der Begriff auch in der Literaturwissenschaft als flexibel und bedarf einer jeweils dem Untersuchungsthema angepassten Definition und Periodisierung.

Zusammenfassend lässt sich sagen, dass der Epochenbegriff „Gründerzeit" heute meist zur Beschreibung wirtschafts-, sozial- und kulturgeschichtlicher Phänomene in der zweiten Hälfte des 19. Jahrhunderts bis zum Beginn des Ersten Weltkriegs verwendet wird. Ausgangspunkt sind stets die wirtschaftlichen Entwicklungen, insbesondere im Bereich der (Schwer-)Industrie (Eisenproduktion, Kohleförderung, Ausbau der Verkehrsinfrastruktur, Rüstungsindustrie, Schiffbau) und des Banken- und Finanzsektors. Diese führten zu einem Erstarken des Bürgertums und zum rapiden Aufschwung und Bevölkerungswachstum der Städte (Urbanisierung). Gewinner waren in erster Linie Großindustrielle, die zum Teil gigantische Wirtschaftsimperien aufbauten. All dies wird in der Kunst, Architektur und Literatur nicht zuletzt in einer überbordenden Symbolsprache aufgegriffen, reflektiert und verarbeitet.

Auch die diesem Sammelband zugrundeliegende zeitliche Einordnung der Gründerzeit bezieht sich auf den Zeitraum zwischen der deutschen Reichsgründung und dem Ersten Weltkrieg, in dem sich die vorstehend erwähnten historischen Entwicklungen beschleunigen und die daraus resultierenden Phänomene kulminieren, bis der Modernismus nach dem Ersten Weltkrieg eine neue Epoche markierte.

---

27 Walter Schmitz: Gründerzeit. In: Walther Killy (Hg.): Literaturlexikon. Bd. 13: Volker Meid (Hg.): Begriffe, Realien, Methoden. Gütersloh, München 1992, S. 379–383.

28 Vgl. Sprengel: Geschichte der deutschsprachigen Literatur 1870–1890 (Anm. 11), S. 102–107.

29 Siehe in diesem Band seinen Beitrag: Memorialkultur und Historismus in Kinder und Jugendzeitschriften sowie in Jugendschriftenserien der Gründerzeit – Die Verlagsproduktion der Firma Carl Flemming in Glogau.

Zur internationalen Verwendung des Begriffs „Gründerzeit"

Die angesprochenen wirtschaftlichen, kulturellen und geistigen Entwicklungen fanden – teilweise zeitversetzt – im 19. Jahrhundert in allen europäischen Staaten und darüber hinaus statt. „Gründerzeit" ist aber eine deutsche Bezeichnung, die als Epochenbegriff der historischen Wissenschaften, der Kunst- und der Literaturgeschichte etabliert ist und sich in der Regel auf die deutsche und österreichische Geschichte bezieht. Die in diesem Band veröffentlichten Beiträge greifen jedoch zum Teil über den deutschen Sprachraum hinaus und betreffen unterschiedliche staatliche, ethnische und wissenschaftliche Kontexte. Insofern ist zu fragen, in welchem Verhältnis die deutsche Epochenbezeichnung „Gründerzeit" zur Terminologie und Epochengliederung anderer Historiographien steht. Welche Entsprechungen in anderen Sprachen hat dieser Terminus? Ist er für das östliche Europa überhaupt anwendbar? Oder wäre etwa der Begriff „Modernisierung" angebrachter?

Früher als in allen anderen Ländern Europas spielte sich der komplexe Prozess des wirtschaftlichen und gesellschaftlichen Umbaus in England bereits zwischen 1750 und 1850 ab. Hier kulminierten eine ungewöhnlich starke Binnennachfrage, besonders dichte internationale Handelsbeziehungen und wissenschaftliche Traditionen. Diese aufgrund seiner bisher nicht gekannten Dynamik in der technischen Entwicklung, in der Produktivität und im Erkenntnisfortschritt einzigartige Prozess mit all seinen Folgen wurde schon von den Zeitgenossen als „Industrielle Revolution" empfunden und auch so bezeichnet – sie wirkte weit über den angelsächsischen Raum und über Europa hinaus initialisierend und impulsgebend.[30]

In der angelsächsischen Literatur entspricht der von Mark Twain als Titel einer 1873 erschienenen Novelle eingeführte Begriff „gilded age"[31] bzw. „gilded era" („vergoldetes Zeitalter") am ehesten dem deutschen Begriff. Diese Bezeichnung wird aber nur auf die Vereinigten Staaten angewendet, und zwar für die Zeit zwischen dem amerikanischen Bürgerkrieg (1861–1865) und dem Ersten Weltkrieg. Damals wurde in den USA im Zuge der „Frontier-Bewegung" der Westen des nordamerikanischen Kontinents „erobert" und erschlossen, verbunden insbesondere mit einer rasanten Steigerung der Ölförderung und der Stahlindustrie; der Aufstieg zur Weltmacht begann, also eine „amerikanische Gründerzeit".[32]

Der wiederum im Wesentlichen zur Bezeichnung des Zeitraums zwischen dem Ende des deutsch-französischen Krieges und dem Beginn des Ersten Weltkriegs ver

---

30 Vgl. Jürgen Osterhammel: Die Verwandlung der Welt. Eine Geschichte des 19. Jahrhunderts. München 2009, S. 915–924: „Die britische Industrielle Revolution".

31 Mark Twain, Charles Dudley Warner: The Gilded Age. A Tale of Today. London 1873.

32 Vgl. Dietmar Schloss: Die tugendhafte Republik. Politische Ideologie und Literatur in der amerikanischen Gründerzeit. Heidelberg 2003 (American Studies – a monograph series 103).

wendete Begriff der „Belle Epoque",[33] ist dem deutschen Gründerzeitbegriff ebenfalls sehr nahe, wird aber im Unterschied zu diesem europaweit verwendet. „Belle Epoque" verweist dabei besonders auf die trotz militärischer Niederlage anhaltende kulturelle Vorbildfunktion Frankreichs in ganz Europa und besonders auf die gehobene Kultur in Paris mit seinen Boulevards, Cabarets, Konzertsälen und Salons sowie auf die Eleganz des Pariser Bürgertums, der andere Metropolen nacheiferten.

Das „Risorgimento" verweist auf Italien. So wird die „Wiedererstehung" Italiens im 19. Jahrhundert bezeichnet, die Phase der nationalen und politischen Selbstfindung zwischen 1815 und 1863 (Gründung des Königreichs Italien) bzw. 1918. Die wirtschaftlichen Entwicklungen und die kulturellen Ausdrucksformen des „Risorgimento" entsprechen in vielen Bereichen der deutschen „Gründerzeit", auch wenn die Begriffe keineswegs gleichzusetzen sind.

In der englischen, französischen oder spanischen Literatur über die Gründerzeit in Deutschland finden sich gelegentlich direkte Übersetzungen wie „founding years", „années de fondation", meist aber Umschreibungen wie „era of industrial expansion", „era of pioneering spirit", „années de spéculation", „años de especulación". James Sheehan hat die Zeit nach der Revolution von 1848 in seiner *Deutschen Geschichte 1770–1866* als „Age of the Bürgertum"[34] charakterisiert, Gordon A. Craig übernimmt den deutschen Begriff und überschreibt das entsprechende Epochenkapitel „The Gründerzeit, the Crash of 1873 and the Revival of Anti-Semitism".[35] So werden mit der Umschreibung stets auch bestimmte Akzente gesetzt. Wirklich entsprechende Begriffe sind in diesen Sprachen nicht vorhanden, auf die jeweils eigene Geschichte wird der Begriff nicht angewandt.

Ganz ähnlich ist der Befund im Ungarischen und Rumänischen.[36] Die Epochengliederung der stets politikgeschichtlich ausgerichteten ungarischen Historiographie hat sich kaum an wirtschaftlichen oder kulturellen Entwicklungen orientiert. Diese fasst in der Regel die Zeit zwischen der Niederschlagung der ungarischen Revolution von 1848/49 und dem Beginn bzw. Ende des Ersten Weltkriegs (1914 bzw. 1918) unter den Begriffen „Absolutismus und Dualismus" (ungar. „abszolutizmus és dualizmus") zusammen und untergliedert sie in die Zeit des restaurativen habsburgischen Neoabsolutismus, die wegen der Unterdrückung der nationalen Freiheitsbestrebungen der Madjaren negativ konnotiert wird, und jene des Aufbruchs nach dem österreichisch-ungarischen „Ausgleich" von 1867, der Wiederherstellung des

33 Der Begriff „Belle Epoque" ist ebenfalls nicht klar definiert und wurde außer auf den vorstehenden Kontext auch für andere Epochen angewendet. Eine Datenbankrecherche („19th Century British Library Newspapers") ergab, dass z. B. 1874 das Zeitalter des römischen Kaisers Augustus als „la belle époque" bezeichnet wird. Siehe John Peacock: The International Exhibition. In: The Morning Post v. 1.6.1874 (Frau Désirée Geiger danke ich für den Hinweis). Dazu umfassend Willy Haas: Die Belle Epoque. München 1967 (Große Kulturepochen).

34 James L. Sheehan: German History 1770–1866. Oxford History of Modern Europe. Oxford 1989, siehe die beiden Kapitel „Society" und „Culture in the age of the Bürgertum", S. 730–852.

35 Gordon A. Craig: Germany 1866–1945. Oxford 1981, S. 78–84.

36 Für die Hinweise zur begrifflichen Praxis im Ungarischen und Rumänischen danke ich Prof. Gerhard Seewann und Dr. Zsolt Vitari, Fünfkirchen/Pécs, und Prof. Konrad Gündisch, Oldenburg.

„Reichs der Stephanskrone".[37] Der in dieser Zeit stattfindende wirtschaftliche und kulturelle Fortschritt wird als Teilaspekt wahrgenommen und unter dem Begriff der „Modernisierung" (ungar. „modernizáció") zusammengefasst.[38] Das als historisches Lehnwort wohl selten gebrauchte „gründol(ni)" (dt.: „gründen") bezieht sich ganz allgemein auf Gründungen, etwa von Betrieben, und wird nicht zur Charakterisierung dieser Epoche herangezogen.[39]

Auch die rumänische Historiographie kennt weder eine als „Gründerzeit" bezeichnete Epoche noch einen entsprechenden Begriff. In Rumänien werden die Jahrzehnte vor dem Ersten Weltkrieg – etwa in dem in mehreren Sprachen von der Rumänischen Akademie publizierten Kompendium zur Geschichte Rumäniens[40] – als „Periode des Aufbaus der Nationalstaaten" bezeichnet. Als wesentlich werden die Modernisierung des Landes und dessen wirtschaftliche und kulturelle Annäherung an den Westen Europas gesehen. Im künstlerischen Bereich wird – wie im Ungarischen – auf die internationalen Kunstströmungen der Zeit verwiesen, von der Romantik über den Historismus bis zum Jugendstil (bzw. Art Nouveau, Sezession). Spezifisch für die Darstellung der Epoche in Siebenbürgen und im Banat ist das jeweilige Zugehörigkeitsgefühl der verschiedenen Ethnien: Die dort lebenden Ungarn identifizieren sich mit dem gesamtungarischen Aufbruch in der Zeit des „Dualismus", die Rumänen mit dem sich herausbildenden rumänischen Nationalstaat jenseits der Karpaten (Vereinigte Rumänische Fürstentümer ab 1856, Königreich Rumänien ab 1881), die Siebenbürger Sachsen, Banater Schwaben und die übrigen Deutschen mit dem 1871 proklamierten Kaiserreich.

Ganz anders in den slawischen Sprachen, in welchen eine Lehnwortbildung und -übernahme erfolgt ist. Zwar wird der Begriff „Gründerzeit" nicht für die Periodisierung der Geschichte Polens im 19. Jahrhundert verwendet, doch kennt das Polnische das wohl kurz nach 1871 gebildete Lehnwort „grynder" (Gründer, Spekulant) und davon abgeleitet „grynderstwo" (meist mit der Bedeutung „spekulative Unternehmensgründung") und „grynderka" (meist mit der Bedeutung „Wirtschaftsboom"); das Adjektiv „gründerzeitlich" wird mit „okres gryndерski" („Gründer-

---

37 Beispielsweise in der von der Ungarischen Akademie der Wissenschaften herausgegebenen Magyarország története 1849–1918: Az abszolutizmus és dualizmus kora [Geschichte Ungarns 1849–1918: Die Epoche des Absolutismus und Dualismus]. Budapest 1972.

38 Unter anderen von Zoltán Fónagy: Modernizáció és polgárosodás [Modernisierung und Verbürgerlichung]. Budapest 2001, oder László Katus: A modern Magyarország születése. Magyarorszag története 1711–1914 [Die Geburt des modernen Ungarn. Geschichte Ungarns 1711–1914]. 2. Aufl. Pécs 2010.

39 Gudrun Kobilarov-Götze: Die deutschen Lehnwörter der ungarischen Gemeinsprache. Wiesbaden 1972 (Veröffentlichungen der Societas Uralo-Altaica 7), S. 190.

40 Ioan-Aurel Pop, Ioan Bolovan (Hg.): Istoria României [Geschichte der Rumänen]. Cluj-Napoca 2007, hier das von Gheorghe Iacob verfasste Kapitel „România în perioada edificării statelor naționale (1859–1918)" [Die Rumänen in der Epoche des Aufbaus der Nationalstaaten (1859–1918)], S. 501–582; engl. Ausgabe „History of Romania". Cluj-Napoca 2006.

zeit") übernommen.[41] All diese Begriffe werden in der neueren polnischen Literatur aber nur als Epochenbezeichnung (wie im Deutschen) mit Bezug auf die historischen preußischen Ostprovinzen verwendet zur Charakterisierung der wirtschaftlichen Situation nach 1871, nicht selten mit einem eher negativen Verweis auf die spekulativen Geschäfte in dieser Zeit und die als bedrückend empfundene preußische Fremdherrschaft.[42] In allgemeinen Darstellungen der Geschichte Polens werden für die Entwicklungen des 19. Jahrhunderts neben einer grundsätzlich anderen Periodisierung und inhaltlichen Ausrichtung wiederum Umschreibungen für das jeweils behandelte Thema, z. B. „Rewolucja przemysłowa" („Industrielle Revolution") für die Jahre nach 1834, oder andere Begriffe wie „Krach finansowy"[43] für den Börseneinbruch des Jahres 1873 verwendet, ohne dass dabei auf das Lehnwort „grynder" zurückgegriffen wird.

Das Tschechische und das Slowakische kennen ebenfalls die oft negativ konnotierten Lehnwörter „gründer" und „gründerka" sowie die Komposita „gründerské období", „gründerská horečka" bzw. slowakisch „gründerské obdobie", „doba gründerů" („Gründerzeit") und „gründerská léta" („Gründerjahre"). Gebräuchlich sind aber auch die Übersetzungen des Begriffs „Gründer" mit „zakladatelská doba" bzw. slowakisch „zakladateľská doba" sowie die entsprechenden Begriffe „léta zakladatelská" („Gründerjahre" bzw. slowakisch „zakladateľské obdobie" („Gründerzeit").[44] Für Tschechen und Slowaken, die im 19. Jahrhundert ihre nationale Selbstbestimmung noch nicht realisieren konnten, steht, sofern es um die Beschreibung der eigenen Situation zu jener Zeit geht, die Frage des „nationalen Erwachens" im Vordergrund; von einer „Gründerzeit" wird allenfalls in Bezug auf die nordböhmischen Industrieregionen bzw. auf Prag, Brünn und Pilsen gesprochen.

Ganz ähnlich wird auch im Russischen das Lehnwort „grjunderstvo" als Bezeichnung für die hochkonjunkturellen Phasen 1868/69 und 1873/74 und den mehrere Jahre anhaltenden Bau- und Unternehmengründungsboom verwendet.[45]

Die Verwendung des deutschen Begriffs „Gründerzeit" zur Charakterisierung von historischen und kulturellen Entwicklungen auch außerhalb Deutschlands ist insofern berechtigt, als die Entwicklungen im Deutschen Reich und im östlichen Euro-

---

41 Vgl. das Lemma „Grynder" in Andrzej de Vincenz, Gerd Hentschel: Das Wörterbuch der deutschen Lehnwörter in der polnischen Schrift- und Standardsprache. Göttingen, Oldenburg. Elektronische Ausgabe <http://www.bkge.de/wdlp.php>.

42 Siehe z. B. Wanda Kononowicz: Rozwój urbanistyczny Wrocławia i planowanie w latach 1850–1914 [Die städtebauliche Entwicklung und Planung Breslaus in den Jahren 1850–1914]. In: Leksykon architektury Wrocławia. Wrocław 2011, S. 69–76, hier S. 69.

43 Zum Beispiel Andrzej Chwalba: Historia Polski 1795–1918 [Geschichte Polens 1795–1918]. Kraków 2001, S. 465 und 505.

44 Nachweis und Beispiele bei Aleš Půda: Zur Theorie der Lehnprägung im deutsch-tschechischen Sprachkontakt. Eine historisch-vergleichende Untersuchung im innerslavischen und europäischen Kontext. Frankfurt/M. 2010 (Heidelberger Publikationen zur Slavistik, Linguistische Reihe 18), S. 223f.

45 Dietrich Geyer: Der russische Imperialismus. Studien über den Zusammenhang von innerer und auswärtiger Politik 1860–1914. Göttingen 1977 (Kritische Studien der Geschichtswissenschaft 27), S. 36.

pa durchaus vergleichbar sind: Entstehung von Nationalstaaten, Industrialisierung, Modernisierung. Allerdings definierte dieser Begriff in anderen nationalen Historiographien nicht eine Epoche und besitzt in anderen Sprachen auch kein oder kein gleichbedeutendes Äquivalent. Die entsprechenden Lehnwörter sind meist anders kontextualisiert.

Modernisierung im östlichen Europa

Den staatlichen Rahmen für die Entwicklung im östlichen Europa im ausgehenden 19. und zu Beginn des 20. Jahrhunderts bildeten drei Imperien: das Deutsche Reich, die Habsburgermonarchie und das Zarenreich.

Zum unter preußischer Führung gebildeten Deutschen Kaiserreich gehörten die östlichen Provinzen Schlesien mit der Hauptstadt Breslau (4,9 Mio. Einw.), Posen mit seiner gleichnamigen Hauptstadt (2,1 Mio. Einw.), Pommern mit der Hauptstadt Stettin (1,7 Mio. Einw.), Westpreußen mit der Hauptstadt Danzig (1,64 Mio. Einw.) und Ostpreußen mit der Hauptstadt Königsberg (2,4 Mio. Einw.). Schlesien mit seinen knapp fünf Millionen Einwohnern war eines der wichtigsten Einzugsgebiete der neuen Metropole Berlin. Mit Errichtung des Kaiserreichs wurden etwa 2,5 Millionen Polen, die in den östlichen Provinzen Preußens lebten, zu Bewohnern eines deutschen Nationalstaats, in dem sie mit einem Bevölkerungsanteil von zehn Prozent die stärkste Minderheit bildeten. In Posen sprachen etwa knapp zwei Drittel der Bevölkerung Polnisch, in Westpreußen 28 Prozent, dazu kamen in Westpreußen noch sieben Prozent Kaschuben (1910). Die Berliner Regierung schlug gegenüber den nicht-deutschen Gruppen einen zunehmend oppressiven Kurs ein, erklärte 1876 Deutsch zur alleinigen Amtssprache und schränkte insbesondere den Gebrauch und die Verbreitung der polnischen Sprache ein. Darüber hinaus traf der „Kulturkampf" der 1870er Jahre die katholische polnische Bevölkerung Preußens in besonderer Weise.

Der „Ausgleich" teilte die Habsburgermonarchie in das österreichische, aus 16 Kronländern zusammengesetzte und von Wien aus regierte Cisleithanien und in das aus dem weitgehend autonomen Königreich Ungarn bestehende Transleithanien. Das Königreich Böhmen wurde lediglich den anderen Landesteilen Cisleithaniens gleichgestellt und konnte die angestrebte Autonomie nach dem Vorbild Ungarns nicht durchsetzen. In beiden Teilen der Doppelmonarchie lebten zahlreiche Ethnien, die sich nun mit unterschiedlichen Staatskonzeptionen konfrontiert sahen. Zu den Rahmenbedingungen der „Gründerzeit" in der multinationalen Habsburgermonarchie gehörte die immer drängendere „Nationalitätenfrage". In Cisleithanien bildeten die Deutschen mit knapp 36 Prozent die stärkste Ethnie, allerdings waren die Verhältnisse in den einzelnen Ländern sehr unterschiedlich: In Böhmen waren 30 Prozent Deutsche, in Mähren knapp 28 Prozent, in der Bukowina 21, in Dalmatien aber nur 0,5 Prozent. Seit 1867 wurde in den österreichischen Kronländern um die in der Verfassung garantierte Gleichberechtigung der „Nationalitäten" gerungen. Trotz der alles in allem auf Verständigung ausgerichteten Gesetzgebung und

Rechtsprechung verschärfte sich aber der Kampf der Nationalitäten um Autonomie bzw. staatliche Selbstständigkeit. Er richtete sich immer mehr gegen den zentralistischen Staat.

Die im „Ausgleich" von 1867 festgelegte weitgehende Selbstständigkeit Ungarns bildete den Rahmen für die dortige Entwicklung der bürgerlichen Gesellschaft, insbesondere in seiner Hauptstadt Budapest. In Ungarn waren zwar die Madjaren die stärkste Ethnie, verfügten aber mit etwa 48 Prozent der Bevölkerung über keine absolute Mehrheit. So konnte im Budapester Reichstag das Szenario entworfen werden, dass sich die Rumänen, Deutschen, Slowaken, Kroaten, Serben und Ruthenen gegen die Madjaren verbünden und diese im „eigenen" Königreich überstimmen könnten. Das war zwar unrealistisch, zur Begründung einer national orientierten Politik der Madjarisierung aber nützlich, wobei eine über die madjarische Sprache vermittelte Einheit der ungarischen Nation auf Kosten der kulturellen Autonomie der Nationalitäten betrieben wurde. Dies führte auch in Ungarn bis zum Anfang des 20. Jahrhunderts zu einer zunehmenden Staatsferne der nicht-ungarischen Völker.

Andererseits schlug sich die Entwicklung der Staatlichkeit Ungarns und der bürgerlichen Gesellschaft im Städte- und Wohnungsbau sowie in repräsentativen öffentlichen Bauten in Budapest prachtvoll nieder.[46] Die Wahl des Stils war dabei oft politisches Programm: Der imposante neogotische Bau des ungarischen Parlaments an der Donau folgt bewusst dem britischen Vorbild an der Themse. Hochschulen und Kunstakademien in Wien, München und Berlin wirkten prägend auf die Entwicklung moderner Kunstströmungen in Ungarn. Neben französischen und englischen übernahmen deutsche Architekten wie Friedrich August Stüler oder Arthur Meining Bauaufträge in der ungarischen Hauptstadt und in den Komitatsvororten, bevor ungarische Architekten, allen voran Ödon Lechner, im späten 19. Jahrhundert Modernität und „Magyarság" („Ungarntum") zu einem „ungarischen Stil" zu vereinigen suchten.[47] József Sisa stellt in seinem Beitrag umfassend die architektonischen und städtebaulichen Modernisierungen und Umgestaltungen der vom Gründerzeit-Boom erfassten ungarischen Hauptstadt dar. In Stettin/Szczecin, einer preußischen Garnisons- und Hauptstadt Pommerns, spielte sich die städtebauliche Entwicklung freilich in einer anderen Dimension als in der Metropole Budapest ab, aber die Qualität der Entwürfe und Bauten war, wie Rafał Makała in seinem Beitrag herausarbeitet, sowohl was Wohnungsbau, öffentliche Gebäude und kulturelle Einrichtungen betraf, durchaus beachtlich.[48]

Trotz aufkommender ethnischer und nationaler Spannungen entwickelten sich in der zweiten Hälfte des 19. Jahrhunderts die ostmitteleuropäischen Hauptstädte zu

---

46 Siehe in diesem Band den Beitrag von József Sisa: „Budapest in der Gründerzeit – Architektur und Städtebau".

47 Ilona Sármány-Parsons: Rathausbauten in Ungarn um die Jahrhundertwende. In: Hanns Haas, Hannes Stekl (Hg.): Bürgerliche Selbstdarstellung. Städtebau, Architektur, Denkmäler. Wien u.a. 1995 (Bürgertum in der Habsburgermonarchie IV), S. 99–115, hier S. 111.

48 Siehe in diesem Band seinen Beitrag: Auf dem Weg zur Metropole. Architektur und Städtebau der Gründerzeit in Stettin/Szczecin.

Zentren dynamischer wirtschaftlicher und sozialer Veränderungen. Warschau/Warszawa (800.000 Einw.), Prag/Praha (600.000 Einw.) und Budapest (500.000 Einw.) wuchsen bis zum Ende des Jahrhunderts zu Metropolen. Mit mehr als 100.000 Einwohnern waren im Jahr 1910 auch Wilna/Wilno/Vilnius, Lodz/Łódź, Posen/Poznań, Danzig/Gdańsk, Lemberg/Ľviv/Lwów, Krakau/Kraków, Brünn/Brno, Szegedin/Szeged, Triest/Trieste und Agram/Zagreb in die Reihe der Großstädte aufgerückt. Das rasche Wachstum der Städte verbunden mit dem Ausbau ihrer Verkehrsinfrastruktur und mit der Einführung von Beleuchtung, Kanalisation Elektrizität sowie Gas- und Wasserversorgung – hier von Miron Urbaniak[49] anhand der Breslauer Städtischen Betriebswerke gezeigt – erfasste im zweiten Drittel des 19. Jahrhunderts auch das östliche Mitteleuropa.

Die Textilindustrie in den böhmischen Ländern und im Königreich Polen nahm schon früher, seit der ersten Hälfte des 19. Jahrhunderts, eine rasche Entwicklung. Die mährische Hauptstadt Brünn und das rasant wachsende Lodz erwarben sich den Ruf eines österreichischen bzw. polnischen Manchester.[50] Die damaligen städtebaulichen Entwicklungen der seit den Aufteilungen Polens im russischen Imperium gelegenen Stadt Lodz und der Hauptstadt Westpreußens Danzig werden in diesem Buch von Jan Salm und Katarzyna Anna Wojtzak dargestellt. Dabei springen trotz der unterschiedlichen Dimensionen, verschiedener staatlicher Kontexte sowie divergenter innerer Strukturen jeweils zahlreiche Parallelen im Hinblick auf funktionale und repräsentative Aspekte der Stadtentwicklung ins Auge – die angesprochenen Bezüge zum russischen Imperium bilden im Falle von Lodz eine Besonderheit.[51]

Wie im übrigen Europa gab der staatlich forcierte Ausbau des Eisenbahnnetzes auch in Ostmitteleuropa wesentliche Impulse, insbesondere für die Schwerindustrie und den Handel aber auch – wie Przemysław Dominas am Beispiel Schlesiens zeigt[52] – für die Entwicklung des Tourismus. Die Bedeutung der neuen Verkehrslinien für die Verbindung von Großregionen mit den Metropolen Berlin, Wien und Budapest kann kaum überschätzt werden – nicht nur wegen der Intensivierung des überregionalen Waren-, Nachrichten-, Kultur- und Wissenstransfers. Vielmehr wurden nach und nach auch *zwischen* den Hauptstädten und Handelszentren der preußischen Ostprovinzen bzw. der habsburgischen Kronländer Eisenbahnverbindungen hergestellt: 1865 nahm die „Ostpreußische Südbahn-Gesellschaft" die Verbindung von Königsberg in westlicher Richtung zum Seehafen Pillau in Betrieb. Die ab 1866 zunächst als Privatbahn fertiggestellte Kaschau/Košice-Oderberger/Bo-

---

49 Siehe in diesem Band seinen Beitrag: Die städtischen Industriebetriebe Breslaus im 19. Jahrhundert.

50 Die vorstehende Zusammenfassung nach Joachim von Puttkamer: Ostmitteleuropa im 19. und 20. Jahrhundert. München 2010 (Oldenbourg Grundriss der Geschichte 38), hier S. 48–56 „Aufbrüche in die Industriegesellschaft".

51 Siehe in diesem Band den Beitrag von Jan Salm: „Das gelobte Land – Städtebau und Architektur in Lodz/Łódź zwischen 1854 und 1914" und von Katarzyna Anna Wojtzak: „Die Rolle des Architekten J. A. G. Licht im Prozess der städtischen Modernisierung Danzigs".

52 Siehe in diesem Band seinen Beitrag: Der Einfluss der Eisenbahnen auf die Entwicklung des Tourismus in Niederschlesien bis 1914.

humín Bahn verband Oberungarn mit Schlesien. Die Kaiser Ferdinands-Nordbahn ermöglichte die Verbindung von Wien über Mähren nach Galizien und Schlesien. 1867 wurde die Hauptstrecke der „Preußischen Ostbahn" von Berlin nach Stettin, Danzig, Königsberg/Kaliningrad, Bromberg/Bydgoszcz, Thorn/Toruń sowie den an der russischen Grenze gelegenen Städten Eydtkuhnen/Černyševskoje und Alexandrowo fertiggestellt. 1866 wurde die Eisenbahnlinie von Lemberg/Lwiw in das rund 350 Kilometer entfernte Czernowitz/Černivci eröffnet. 1878 war die reguläre Verbindung von Wien über Budapest nach Orschowa/Orşova eingerichtet. 1883 startete der erste Orient-Express aus Paris über München, Wien, Preßburg/Bratislava, Budapest, Orschowa nach Konstantinopel/Istanbul; gleichzeitig kam es zu einem Ausbau der Donau, auf der sich das Fracht- und Passagieraufkommen drastisch erhöhte, koordiniert von der internationalen „Donau-Dampfschiffahrtsgesellschaft".[53]

Diese Neuerungen erreichten in der „Gründerzeit" nicht alle Regionen und Städte in gleicher Weise. Städte mit schlechter Verkehrsanbindung, infrastrukturell ungünstigen Bedingungen oder fehlenden Absatzmärkten – etwa im Baltikum – profitierten davon kaum. Auch die rohstoffarme agrarisch geprägte Region Westpreußen bot keine günstigen Bedingungen für eine starke industrielle Entwicklung.

Vielfach waren auch die wirtschaftlichen Entwicklungen der Städte überregional vergleichbar: Im Süden war die Hafenstadt Triest seit 1850 über die Österreichische Südbahn mit Wien verbunden. Hier entwickelten sich seit der Mitte des Jahrhunderts Industrie und Werften; die Warenumschlagsmenge in den Hafenanlagen verdrei- bzw. vervierfachte sich zwischen 1880 und 1914, die Stadt blühte wirtschaftlich und kulturell auf, vergleichbar die Hafenstadt Pula, an der Südspitze Istriens, wo der Hauptkriegshafen der Marine lag. Im Norden vollzog sich eine analoge Entwicklung: Stettin und Danzig wurden 1843 und 1852 an die Eisenbahnlinie nach Berlin angeschlossen, und auch hier spielten der Schiffbau (Schichau-Werke in Danzig), der Ausbau der Häfen und der Handel eine zentrale Rolle.

Das kulturelle Leben entfaltet sich besonders an Knotenpunkten der Wirtschaft, der Herrschaft und Verwaltung, der Vernetzung und des Austauschs, auch im östlichen Europa. Die Grundlagen für eine bürgerliche Kultur waren somit in den preußischen Ostprovinzen in Königsberg, Stettin, Posen oder Breslau, in bescheidenerem Umfang auch in den Hauptstädten der (ehemaligen) schlesischen Fürstentümer gegeben,[54] wie etwa im niederschlesischen Glogau/Glogów. Anhand des hier ansässigen Verlags Flemming zeigt Sebastian Schmideler,[55] wie borussophile Haltungen durch eine auf Berlin und das Deutsche Reich fixierte Preußenpanegyrik in der Literatur regelrecht forciert werden konnten. Und es gab auch antimodernistische und antipolnisch ausgerichtete Literatur, für die Julianna Redlich mit dem Roman *Das Gymnasium zu Lengowo* (1907) ein Beispiel präsentiert. In dessen Handlung spiegelt

53 Vgl. Michael W. Weithmann: Die Donau. Ein europäischer Fluss und seine 3000-jährige Geschichte. Regensburg 2000, S. 442–444.

54 Vgl. Sprengel: Geschichte der deutschsprachigen Literatur 1870–1890 (Anm. 23), S. 123.

55 Siehe Schmideler (Anm. 29).

sich die damalige nationale Problematik in der Provinz Posen und darüber hinaus wider.

Kristallisationspunkte der Moderne waren ebenso die habsburgischen Landeshauptstädte Brünn, Czernowitz oder Lemberg, in denen unterschiedliche Nationalitäten ihre Kultur entfalteten, oft in belebender Konkurrenz. Sie waren Zentren des kulturellen und geistigen Lebens, der Universitäten, der Vereine, des literarischen Lebens und der Verlage, aber auch der politischen und nationalen Abgrenzungen und nicht selten Auseinandersetzungen. In den expandierenden Städten setzten gesellschaftliche Differenzierungen aufgrund nationaler, kultureller und auch berufsständischer Kriterien ein. Die komplexer werdenden Verwaltungen benötigten eine ganz neu organisierte Beamtenschicht, die immer weitere Aufgaben übernahm und gegen Ende des 19. Jahrhunderts in Politik und Kultur eine zunehmend wichtigere Rolle spielte. Christian Myschor[56] betrachtet am Beispiel Posens die höheren Beamten, wo diese eine deutsch-national geprägte und auftretende Gruppe bildeten.

Auf das Studentenvereinswesen an der 1875 gegründeten Universität Czernowitz geht Harald Lönnecker ein.[57] In dieser multiethnisch und multikonfessionell geprägten Stadt wurde auch die in besonderer Weise national und politisch heterogene Studentenschaft weitgehend als „normal" wahrgenommen, sodass es unter den Studenten nicht zu öffentlich ausgetragenen Konflikten wie etwa in Prag oder in Wien kam. Und selbstverständlich gehörte auch Prag zu den Bildungs- und Kulturzentren, die Hauptstadt des Königreichs Böhmen, auch wenn es aufgrund der oben geschilderten politisch-administrativen Rahmenbedingungen nicht eine Budapest vergleichbare Entwicklung nehmen konnte und sich erst nach 1900 als Zentrum der Moderne entwickelte.

Besonders offensiv an die Kaiserstadt Wien knüpften die städteplanerischen Aktivitäten in Brünn an, der Hauptstadt des Kronlandes Mähren, die ein Mittelpunkt des technischen und kulturellen Fortschritts wurde und bald als „Klein-Wien" oder „Vorort Wiens" bezeichnet wurde. Man engagierte den österreichischen Architekten Ludwig Förster, der sich bei der städtebaulichen Gestaltung Wiens, vor allem bei Verwirklichung der berühmten Ringstraße, einen Namen gemacht hatte. In dem 1860 von Förster ausgearbeiteten „Entwurf für die Stadterweiterung Brünns" war ebenfalls eine Ringstraße vorgesehen, an deren Planung bis 1863 weitere österreichische Architekten mitwirkten. Moderne Gebäude im Stil des Historismus wurden errichtet, das Brünner Stadttheater erhielt als erstes Bühnenhaus in Europa 1882 eine elektrische Beleuchtung, die von Thomas A. Edison eingerichtet wurde. Wie in vielen anderen Fällen war auch die Architektur in dieser Stadt Ausdruck des gestiegenen bürgerlichen Selbstbewusstseins und Repräsentationsbedürfnisses.[58]

56 Siehe in diesem Band seinen Beitrag: Dienst in „Preußisch-Sibirien". Zur sozialen Rolle und zum Selbstverständnis der höheren Beamten in der Provinz Posen 1871–1918.

57 Siehe in diesem Band seinen Beitrag: „...harmonische und tolerante Zusammenarbeit?" Das Czernowitzer Studentenvereinswesen 1875–1914.

58 Pavel Zatloukal: Die Brünner Ringstraße. In: Hanns Haas, Hannes Stekl (Hg.): Bürgerliche Selbstdarstellung (Anm.), S. 25–42, hier S. 28.

Einen Sonderfall bildet Oberschlesien. Mit der im 19. Jahrhundert eingeleiteten rapiden Industrialisierung gingen explosionsartiges Bevölkerungswachstum und Verstädterung einher.[59] In seiner 1886 veröffentlichten *Schilderung des Schlesierlandes* skizzierte Franz Schroller die Veränderungen der vergangenen Jahrzehnte in dieser Provinz, schilderte die „enorme Entwickelung“, welche Bergbau, Industrie und Eisenbahn erfahren haben, betonte, dass sich „ungeheure Menschenmassen“ in den Städten angesiedelt hätten, und diskutierte die Frage, „ob sich die Lage der Einwohnerschaft“ infolge sozialer Probleme verschlechtert oder infolge regelmäßiger Einkünfte verbessert habe.[60] Es werden die ganze Ambivalenz der im Zuge der Verstädterung eingetretenen Veränderungen der Wohnverhältnisse, in der Gesundheitspflege, im Straßenbau, in der Wasserversorgung und im Bildungswesen sowie der Übergang von der landwirtschaftlichen Tätigkeit zur Industriearbeit angesprochen.

Dabei wird auch die Kehrseite der wirtschaftlichen Entwicklungen deutlich, vor allem die sozialen Probleme, die in der Arbeiterbewegung auch im östlichen Europa ihren Widerhall fanden. Während der ökonomischen und sozialen Krise von 1873 und der nachfolgenden Phase der Depression entwickelte sich in Deutschland und in der Habsburgermonarchie auch der moderne Antisemitismus. Einflussreiche Politiker, Wissenschaftler und Journalisten produzierten eine große Menge antisemitischer Literatur, die von einem aufnahmebereiten Publikum rezipiert wurde.[61] Zugleich trat während der Rezession auch eine Krise des bürgerlichen Denkens zutage, die sich in einem neuen Nationalismus, in Fremdenhass und antisozialistischen Affekten niederschlug.[62] Der bereits zitierte Publizist Otto Glagau aus Königsberg, der in der antisemitischen „Berliner Bewegung“[63] eine zentrale Stellung einnahm, wurde zu einem ideologischen Anführer der antijüdischen Propaganda. Nachdem er selbst im Börsenkrach ein Vermögen verloren hatte, präsentierte er diesen und den folgenden wirtschaftlichen Einbruch in zahlreichen Artikeln als Konsequenz einer „jüdischen Verschwörung“ gegen das „deutsche Volk“. Über das Pressewesen der schlesischen Hauptstadt dieser Zeit behauptete Glagau:

> In Breslau wussten die Gründer fast die ganze Presse zu annectiren. Breslau ist nach Berlin die am meisten verjüdete Stadt des Preussischen Staats, und doch darf das Wort „Jude“ hier gar nicht gedruckt werden. Hauptbesitzer der „Breslauer Zeitung“ wurde der „Schlesische Bankverein“, dessen Seele der Commerzienrath Fromberg ist, ein getaufter Jude und Gründer ersten Ranges.[64]

---

59 Aus der Fülle der Literatur zu Oberschlesien sei folgende Neuerscheinung zitiert, die weitere Verweise auf aktuelle Literatur enthält: Lutz Budraß, Barbara Kalinowska-Wójcik, Andrzej Michalczyk (Hg.): Industrialisierung und Nationalisierung. Fallstudien zur Geschichte des oberschlesischen Industriereviers im 19. und 20. Jahrhundert. Köln 2013 (Veröffentlichungen zur Kultur und Geschichte im östlichen Europa 40).

60 Franz Schroller: Schlesien. Eine Schilderung des Schlesierlandes. Bd. 3. Glogau [1888], S. 42f.

61 Siehe den Beitrag von Woodis (Anm. 5).

62 „Antisemitismus“. In: <Lexikon-Drittes-Reich.de>.

63 Vgl. hierzu Max Schön: Die Geschichte der Berliner Bewegung. Leipzig 1889.

64 Otto Glagau: Der Börsen- und Gründungs-Schwindel in Deutschland. Leipzig 1877, S. 457.

In diesem Duktus weitete Glagau seinen ursprünglich nur wirtschaftlich motivierten Antisemitismus in immer stärkerem Maße zu einer Volkstumsideologie aus, geprägt von kulturellen und rassistischen Denkmustern.[65] Ganz anders als im Falle Glagaus gab es auch unfreiwillige Unterstützer des Gründerzeit-Antisemitismus. Adam Woodis[66] zeigt, wie der Schriftsteller Karl Emil Franzos im Spannungsfeld der unterschiedlichen Richtungen des Judentums durch seine möglichst genaue und realistische Darstellung der Ostjuden in einen „privaten Kulturkampf" gegen die „Orthodoxie des chassidischen Judentums" geriet und einen solchen unbeabsichtigten Beitrag zum Antisemitismus leistete.

Zum vorliegenden Jahrbuch

Die im vorliegenden Jahrbuch versammelten Beiträge beziehen sich auf unterschiedliche Regionen (Nieder- und Oberschlesien, Pommern, Posen, Siebenbürgen, Bukowina) und Städte (Breslau, Glogau, Danzig, Budapest, Lodz, Czernowitz, St. Petersburg) des östlichen Europa. Behandelt werden exemplarisch die für die Gründerzeit konstitutiven Themen der Wirtschaftsgeschichte (Industrialisierung, Eisenbahn, Tourismus, urbane Entwicklung), der Sozialgeschichte (gesellschaftliche Gruppen, Vereinswesen), der Bildungs- und Geistesgeschichte (Universität, Probleme des Antisemitismus) sowie der Literatur- (Karl Emil Franzos, Arthur Böthlingk, Gerhart Hauptmann, Kinderliteratur, Publizistik, Carl Busse) und Architekturgeschichte (städtische Architektur, Repräsentations-, Fabrik- und Wohnbauten).

Der in die Sektionen „Innovation und Wachstum", „Architektur und Repräsentation", „Individuelle und kollektive Identitäten" sowie „Literatur, Publizistik und Medien" gegliederte Sammelband wirft Schlaglichter auf das umfassende Rahmenthema. Die einzelnen Untersuchungen und Fallstudien dürften deutlich machen, dass der „Gründerzeit" im östlichen Europa vor allem im kulturhistorischen Bereich eine Reihe von Spezifika gemeinsam sind: Das bewusste Bemühen um überregionale Kontakte, insbesondere um den Anschluss an den „Westen", an die Zentren der Modernisierung wie London, Paris, Amsterdam, Berlin, München oder Wien, wird deutlich. Es ging vielfach um den Wunsch der „Peripherie", es den „Zentren" gleich zu tun, ihnen ebenbürtig zu werden. Aufzeigen lässt sich dies anhand personeller, publizistischer, künstlerischer Beziehungen, aber auch anhand von borusso- und austrophilen Tendenzen in Literatur und Kunst bis hin zur Reichs- und Kaiserpropaganda. Ein besonders anschauliches Beispiel aus dem Architekturbereich bietet die von Mateusz Mayer[67] beschriebene „französische Umgestaltung von

65 Daniela Weiland: Otto Glagau und „Der Kulturkämpfer". Zur Entstehung des modernen Antisemitismus im frühen Kaiserreich. Berlin 2004 (Zentrum für Antisemitismusforschung, Reihe Dokumente, Texte, Materialien 53).

66 Siehe Woodis (Anm. 5).

67 Siehe in diesem Band seinen Beitrag: Ein Château für den schlesischen Fürsten. Zur französischen Umgestaltung von Schloss Pless in den Jahren 1870–1876.

Schloss Pless“ in Oberschlesien, welche die auch nach dem Deutsch-Französischen Krieg von Frankreich unverändert ausgehende Faszination verdeutlicht.

Andererseits war der Modernisierungsprozess im östlichen Europa von den unterschiedlichen ethnischen und konfessionellen Gemengelagen geprägt: von den besonderen Wechselbeziehungen und dem Austausch mit den Nachbarn ebenso wie von Konkurrenz und Konflikt. Die „Gründerzeit“ im östlichen Europa und ihr historisches und kulturgeschichtliches Gesicht sind auch vom nationalen Behauptungswillen der Ethnien gekennzeichnet und erhalten dadurch einen spezifischen Charakter und eine zusätzliche Dimension. Dies macht die Auseinandersetzung mit dem Thema bis heute, da ihre Hinterlassenschaften gemeinsam erforscht und erhalten werden, wissenschaftlich attraktiv und darüber hinaus kulturpolitisch aktuell.

Gerald Volkmer

Gründerzeit im Karpatenbogen – das siebenbürgische Burzenland und die Herausforderungen der Industrialisierung 1867–1918

1. Einleitung

Die grundlegende Umgestaltung der wirtschaftlichen und sozialen Verhältnisse durch die Industrialisierung verlief in den verschiedenen Regionen Europas höchst unterschiedlich. Dementsprechend ist die Anfangs- oder Durchbruchsphase des sogenannten „Fabrikzeitalters", die in Mitteleuropa als „Gründerzeit" bezeichnet wird, im westlichen Mitteleuropa chronologisch deutlich früher als im östlichen anzusetzen. Während in den Gebieten, die bis 1866 zum Deutschen Bund gehörten, die Jahre zwischen 1850 und 1880 als Gründerzeit bezeichnet werden, kann für die Länder der ungarischen Krone innerhalb der Habsburgermonarchie das gesamte halbe Jahrhundert zwischen 1867 und 1918 als Gründerzeit angesehen werden. Dies ist der Fall, wenn letztere als Periode definiert wird, in der im Zuge der technologischen Innovationen die sogenannten „Gründerzeitpioniere" ihre Handwerksbetriebe in Industrieunternehmen umwandelten, die Einwohnerzahlen der Städte explodierten, sich deren Berufsgruppenstruktur, Infrastruktur und Bausubstanz umfassend änderten und sich Formen moderner Bürgerlichkeit etablierten.

Nach dem 1867 zustande gekommenen österreichisch-ungarischen „Ausgleich" profitierte auch Siebenbürgen von den verbesserten wirtschaftspolitischen Rahmenbedingungen, die von den liberalen ungarischen Regierungen geschaffen wurden. Dabei erwies sich das im Südosten Siebenbürgens gelegene Burzenland als jene Region im Karpatenbogen, die am konsequentesten den mit der Industrialisierung verbundenen Umbau von Wirtschaft und Gesellschaft bewerkstelligte. Dieser Prozess verlief keineswegs linear, sondern war von vielen Verzögerungen, zum Teil Rückschlägen geprägt und hatte für die Region weitreichende soziale und politische Konflikte zur Folge. Die damit verbundenen gesellschaftlichen Umbrüche wurden zum Teil durch Probleme überlagert, die sich aus der Durchsetzung verschiedener Nations- und Nationalstaatsprojekte ergaben, so dass sich die Erscheinungsformen der Moderne in diesem durch Mehrsprachigkeit geprägten Raum von westlichen Teilen Mitteleuropas durchaus stark unterschieden. Die Erforschung dieser spezifischen Entwicklung in Siebenbürgen setzte in der ersten Hälfte des 20. Jahrhunderts ein, wurde nach 1945 jedoch weder in Rumänien noch in den Ländern des Westens systematisch weitergeführt. Dies lag zum großen Teil daran, dass es sich um Themen handelte, die das kommunistische Regime Rumäniens vermied, weshalb es wesentliche Archivbestände zur Wirtschaftsgeschichte des Burzenlandes unter Verschluss hielt. Nach der Jahrtausendwende konnte eine gewisse Wiederbelebung der Behandlung der Wirtschaftsgeschichte des Burzenlandes beobachtet werden, wenngleich die

Jahrbuch des BKGE 21 (2013), S. 27–66

Forschung bislang noch keine umfassende Arbeit zur Wirtschaftsgeschichte Siebenbürgens bzw. des Burzenlandes vorgelegt hat. Aufgrund der nötigen Umfangbegrenzung wird sich die folgende Darstellung auf die Entwicklung des Gewerbes und der Industrie konzentrieren. Die Bereiche Handel und Banken sollen höchstens am Rande gestreift werden.

Das im Zentrum dieser Untersuchung stehende Burzenland, benannt nach dem Burzenbach, umfasst eine Senke im äußersten Südosten Siebenbürgens, die als politisch-administrative Einheit erstmals im frühen 13. Jahrhundert Konturen angenommen hatte. Es liegt zwischen den Südkarpaten (Süden), dem Geisterwald (Westen), dem Tatrangbach (Osten) und dem Fluss Alt (Norden) und umfasst eine Fläche von ca. 2.000 qkm.[1] 1211 vergab der ungarische König das Burzenland als Lehen an den Deutschen Orden. Dieser beschleunigte und organisierte den bereits im Gang befindlichen Zuzug westlicher – hauptsächlich deutscher – Siedler, die vor allem aus dem Süden Siebenbürgens kamen. Bereits in der Mitte des 12. Jahrhunderts hatte der ungarische König im Norden und insbesondere Süden Siebenbürgens Siedler aus den westlichen Teilen des Heiligen Römischen Reiches, vor allem aus dem Herzogtum Lothringen, als Kolonisten angesiedelt und mit umfassenden politischen, kirchlichen und wirtschaftlichen Privilegien ausgestattet. Die von den Ordensrittern angelegten Ortschaften blieben auch nach der Vertreibung des Deutschen Ordens durch den ungarischen König im Jahr 1225 bestehen und wurden in einem Komitat (Grafschaft) zusammengefasst, das der ungarischen Krone direkt unterstellt wurde.[2]

Da die westlichen Siedler umfangreiche Freiheiten behalten konnten, entwickelte sich das 1235 erstmals erwähnte Kronstadt (lateinisch *Corona*, ungarisch *Brassó*, rumänisch *Braşov*) rasch zum wirtschaftlichen und politischen Zentrum dieses Komitats. Die politische Führung des Burzenlandes durch die Stadt Kronstadt bestätigte der ungarische König im Jahr 1377, die auch eine mittelbare Herrschaft des städtischen Patriziats über die Landgemeinden implizierte.[3] Dank seiner direkten Nähe zu den Karpatenpässen stieg Kronstadt im 14. Jahrhundert zu einem Handwerks- und Handelszentrum von überregionaler Bedeutung auf und reihte sich in den Kreis der wichtigsten Städte der ungarischen Krone ein, die die Entwicklung Kronstadts gezielt mit immer weitreichenderen wirtschaftlichen und politischen Privilegien för-

1 Das Gebiet des Kronstädter Komitates, das von 1876 bis 1918 bestand, umfasste 1.492 km^2. Siehe: Kronstädter Adressen-Kalender 76 (1914), S. 76.

2 Harald Roth: Kronstadt in Siebenbürgen. Eine kleine Stadtgeschichte. Köln, Weimar, Wien 2010, S. 20–46.

3 Zum Distrikt gehörten neben der Stadt Kronstadt die 13 freien deutschen Gemeinden Brenndorf, Heldsdorf, Honigberg, Marienburg, Neustadt, Nussbach, Petersberg, Rosenau, Rothbach, Tartlau, Weidenbach, Wolkendorf und Zeiden. Darüber hinaus herrschte Kronstadt als Grundherr über das Törzburger Dominium mit Tohan, Zernescht, Siebendörfer, Neudorf, Krebsbach, Schnakendorf, Vledeny, Schirkanyen und andere. Balduin Herter: Das Burzenland – die Wechselbeziehungen zwischen Stadt und Land. In: Harald Roth (Hg.): Kronstadt. Eine siebenbürgische Stadtgeschichte. München 1999, S. 101–111, hier S. 101f.

derte.[4] Als die Bedrohung Ungarns durch die Expansion des Osmanischen Reiches im 15. Jahrhundert zunahm, unterstützten die ungarischen Könige den massiven Ausbau der Stadtbefestigungen. In den freien Gemeinden des Burzenlandes wurden – wie in den anderen sächsischen Gemeinden Siebenbürgens – Kirchenburgen errichtet, die neben den Bauern auch zahlreichen örtlichen Handwerkern Schutz boten.[5]

1486 wurde das Burzenland ein Teil der *universitas Saxonum* (Sächsische Nationsuniversität), der von König Matthias Corvinus im selben Jahr anerkannten Vertretung der „Gesamtheit der Sachsen", deren Selbstverwaltungsgebiet auch als „Königsboden" bezeichnet wurde. Damit partizipierte der Kronstädter Distrikt (= Burzenland) als gleichberechtigtes Mitglied des von den größeren Städten regierten Bundes autonomer sächsischer Stühle und Distrikte.[6] Dieser vorteilhafte Rechtsstatus – der mit kürzeren Unterbrechungen bis 1876 anhielt – bildete eine wichtige Voraussetzung für den rasanten Aufstieg Kronstadts zur bevölkerungsreichsten und wohlhabendsten Stadt Siebenbürgens, das sich mit Hermannstadt auch die politische und militärische Führungsrolle innerhalb der Sächsischen Nationsuniversität teilte. In der Frühen Neuzeit blieb der politische Einfluss Kronstadts zwar erhalten, die Veränderungen im Welthandel und vor allem die zahlreichen Kriege zwischen Habsburgern und Osmanen vernichteten jedoch im 17. Jahrhundert die ökonomischen Grundlagen seiner hervorgehobenen Stellung. Nach der Eroberung Siebenbürgens durch die Habsburger verlor die Stadtrepublik jene Rechte, die sie zu einem militärischen und außenpolitischen Akteur des Donau-Karpatenraums hatte werden lassen. Da die Bausubstanz Kronstadts 1689 durch einen großen Brand fast vollständig vernichtet wurde, band der ein Jahrhundert andauernde Wiederaufbau der Stadt sämtliche Ressourcen. Obwohl Kronstadt noch 1720 mit 16.816 Einwohnern als die mit Abstand bevölkerungsreichste Stadt der Länder der ungarischen Krone galt, verlor sie im 18. und frühen 19. Jahrhundert ihre überregionale Bedeutung als Produktionsstandort und Handelszentrum (Abb. 1).[7] Erst die Revolution von 1848/49 riss die Stadt aus ihrer wirtschaftlichen und politischen Lethargie, nicht zuletzt weil sich erstmals die Spannungen zwischen den drei wichtigsten ethnischen Gruppen, den Deutschen, Rumänen und Magyaren, gewaltsam entluden. Es folgten zwei Jahrzehnte, in denen sich die politischen Rahmenbedingungen in Siebenbürgen und damit im Burzenland völlig veränderten: Der 1849 etablierte Neoabsolutismus Wiens wurde 1861 durch die Autonomie der Kronländer abgelöst und mündete 1867 in

4 Ernst Wagner: Die wirtschaftlichen Verhältnisse im vorindustriellen Siebenbürgen. In: Tausend Jahre Nachbarschaft. Deutsche in Südosteuropa. Hg. v. Stiftung Ostdeutscher Kulturrat Bonn. München 1981, S. 159–167, hier 165–167.

5 Die Handwerker der Gemeinden hatten das Recht, sich in Zünften zu organisieren, die jedoch die Vorrangstellung der städtischen Zünfte anerkennen mussten. Herter: Burzenland (Anm. 3), S. 105.

6 Roth: Kronstadt (Anm. 2), S. 83f.

7 Es folgten Ofen (12.000 Einwohner), Pressburg (11.000 Einwohner), Hermannstadt und Klausenburg (jeweils ca. 10.000 Einwohner). Roth: Kronstadt (Anm. 2), S. 84–182.

1 Kronstadt um 1840, vom Fuß der Zinne aus gesehen (Ölbild eines unbekannten Malers). Aus: Harald Roth (Hg.): Kronstadt. Eine siebenbürgische Stadtgeschichte. München 1999, Umschlag

den Ausgleich des Kaisers mit dem ungarischen Adel, der zur Etablierung der österreichisch-ungarischen Monarchie führte.[8]

Obwohl die Aufhebung der Autonomie des Großfürstentums Siebenbürgen und dessen vollständige Integration in die staatsrechtlichen Strukturen des Königreichs Ungarn 1868 in Kronstadt und im Burzenland keine sofortige Auswirkung auf die politischen und ökonomischen Rahmenbedingungen hatten, soll die Zugehörigkeit des Burzenlandes zur ungarischen Reichshälfte zwischen 1867 und 1918 als chronologischer Bezugsrahmen gewählt werden. Dies bietet sich an, weil sich in diesen fünf Jahrzehnten die im Burzenland herrschenden makroökonomischen Bedingungen kaum veränderten, die vor allem durch den wirtschaftsliberalen Kurs der Budapester Regierungen bestimmt wurden. Dieser schlug sich schon in den frühen 1870er Jahren in einer Reihe von Gesetzen nieder, die das Ziel verfolgten, durch die Schaffung eines umfassenden Netzes konkurrenzfähiger Industriebetriebe den Rück-

8 Rolf Kutschera: Kronstadt während der Regierungszeit der Habsburger (1688–1918). In: Roth (Hg.): Kronstadt (Anm. 3), S. 59–72, hier S. 67–69.

stand Ungarns im Industrialisierungsprozess gegenüber Österreich aufzuholen.[9] Bis 1859 wurde das Wirtschaftleben in den Städten der ungarischen Krone durch mittelalterliche Gewerbestrukturen geprägt. Die starren Bestimmungen der Zünfte, die Art und Umfang der Produktion regelten, hemmten den Ausbau der Betriebe. Die Überlebensfähigkeit der Handwerker wurde durch wirtschaftspolitische Privilegien der Zünfte gesichert, die auswärtige Konkurrenten vom heimischen Markt fernhalten sollten. Auf diese Weise trotzten viele Handwerker dem technischen Fortschritt und meinten, sich auch langfristig den neuen industriellen Produktionsmethoden verschließen zu können. Die in Siebenbürgen geltenden Privilegien der Handwerker konnten aber nicht verhindern, dass ihr traditionelles Absatzgebiet, die Donaufürstentümer Moldau und Walachei, spätestens seit dem Ende des Krimkrieges 1856 von mittel- und westeuropäischen Industrieprodukten überschwemmt wurde. Auf dem siebenbürgischen Markt machten den lokalen Erzeugnissen zunehmend aus den westlichen Teilen der Habsburgermonarchie eingeführte Industrieprodukte Konkurrenz, die preisgünstiger und qualitativ höherwertiger waren. Als die österreichische Regierung 1859 den Zunftzwang für die Handwerker in Siebenbürgen aufhob, gerieten diese in ihrem Land auch dadurch unter Druck, dass sich Handwerker aus den anderen Teilen der Monarchie niederließen, die in der Lage waren, entsprechend den west- und mitteleuropäischen Mode- und Qualitätsstandards zu produzieren.[10]

Zur Förderung der wirtschaftlichen Entwicklung in der Habsburgermonarchie beschloss die österreichische Regierung 1850 die Gründung von insgesamt 60 Handels- und Gewerbekammern. Für das Gebiet des Großfürstentums Siebenbürgen wurden 1851 je eine in Klausenburg und eine in Kronstadt eingerichtet, da es sich um die beiden bevölkerungsreichsten und wirtschaftlich am besten entwickelten Städte Siebenbürgens handelte. Die Kronstädter Handels- und Gewerbekammer war ursprünglich für das gesamte südliche und östliche Siebenbürgen zuständig. Nach der Errichtung der Handels- und Gewerbekammer Neumarkt am Mieresch im Jahr 1889 blieb die Kronstädter Kammer nur noch für die Komitate Kronstadt, Fogarasch, Hermannstadt und Großkokel zuständig.[11] Die Kammer unterstützte die Gründung von Vereinen, die parallel zu den Zünften in der Lage sein sollten, für die

9 Vgl. Ioan Lumperdean, Rudolf Gräf: Les régimes politiques et la modernisation de l'économie en Transylvanie (1849–1918). In: Transylvanian Review 19 (2010), H. 1, S. 3–10, hier S. 7f.

10 Andreas Schöck: Brassó–Braşov–Kronstadt 1850–1918. Beiträge zur Stadtentwicklung, Bevölkerungs- und Berufsgruppenstruktur. Phil. Diss. masch. Freie Universität Berlin 1995, S. 112–115. Zu den Anfängen der Industrie in Ungarn vor 1867 siehe V. Sándor: Die Hauptmerkmale der industriellen Entwicklung in Ungarn zur Zeit des Absolutismus (1849–1867). Budapest 1960, S. 16–25.

11 Ausführlich zur Geschichte der Kammer bis zum Ersten Weltkrieg: Braşov – monografie comercială [Kronstadt – Handelsmonografie]. Hg. v. Camera de comerţ şi industrie Braşov [Industrie- und Handelskammer Kronstadt]. Braşov 2004, S. 109–141. Neben ihren Jahresberichten gab die Kammer seit 1878 auch die *Blätter für Handel und Gewerbe in Siebenbürgen* heraus. Ausführlich zur Geschichte der Kammer zwischen 1851 und 1901: Festversammlung der Handels- und Gewerbekammer in Kronstadt anlässlich der Feier ihres 50-jährigen Bestandes am 2. Februar 1901. Kronstadt 1901, S. 10–34.

Handwerker den gemeinschaftlichen Ankauf der Rohstoffe und den Absatz der Fertigprodukte zu organisieren sowie die technische und ökonomische Weiterbildung seiner Mitglieder zu fördern. In Kronstadt konnte der Staat auf die Erfahrungen des bereits 1841 gegründeten „Kronstädter Sächsischen Gewerbevereins" zurückgreifen, der auch durch die regelmäßige Organisation von Gewerbeausstellungen der örtlichen Wirtschaft hilfreiche Impulse gegeben hatte.[12]

2. Die demografischen Rahmenbedingungen

Eine markante Begleiterscheinung der Industrialisierung stellte der rasche Bevölkerungsanstieg, insbesondere in den Städten, dar. Zwischen 1850 und 1910 wuchs die Bevölkerung Siebenbürgens von 1.872.437 auf 2.658.159 Einwohner. Dies entspricht einer Steigerung von 42 % mit einer durchschnittlichen jährlichen Zuwachsrate von 6,6 %. Vor allem die Jahre zwischen 1880 und 1910 waren von einem besonders hohen Bevölkerungswachstum geprägt (durchschnittlich 8,1 % pro Jahr). Dieses Bevölkerungswachstum verteilte sich sehr unterschiedlich auf die drei großen Ethnien des Landes. Zwischen 1850 und 1910 nahm die Zahl der Magyaren um 86 %, die der Rumänen um 34 % und jene der Deutschen um 6 % zu. Bei der letzten Bevölkerungszählung vor dem Ersten Weltkrieg (1910) gaben 55,7 % der Bewohner Siebenbürgens Rumänisch, 34 % Ungarisch und 8,6 % Deutsch als Muttersprache an.[13]

Die durch die Industrialisierung in Gang gesetzten demografischen Prozesse werden auch am Anteil der Stadtbevölkerung an der Gesamtbevölkerung Siebenbürgens ersichtlich, der von 9,9 % (1880) auf 12,7 % (1910) stieg.[14] Der diesbezügliche An-

---

12 Vgl. Iosif Marin Balog: Networks of Economic Relations between Rural and Urban Areas. The Economic Modernization of Transylvania in the Second Half of the 19th Century. In: Transylvanian Review 19 (2010), H. 1, S. 11–21, hier S. 16–18.

13 László Katus: Multinational Hungary in the Light of Statistics. In: Ferenc Glatz (Hg.): Ethnicity and Society in Hungary. Études Historiques Hongroises 1990 publiées à l'occasion du XVIIe Congrès International des Sciences Historiques par le Comité National des Historiens Hongrois. Budapest 1990, S. 111–130. Die große Zunahme der Magyaren ergab sich aus einem im Verhältnis zu den anderen Ethnien größeren natürlichen Zuwachs, durch einen kleineren Anteil an der Auswanderung sowie durch den Prozess der sogenannten „Magyarisierung". Das geringe Bevölkerungswachstum ergab sich bei den Rumänen durch eine hohe Kindersterblichkeit und bei den Deutschen durch einen niedrigen Geburtenüberschuss. Schöck: Brassó (Anm. 10), S. 91–93; Stéphanie Danneberg: Kronstadt und Hermannstadt. Geschichte einer Rivalität in der zweiten Hälfte des 19. Jahrhunderts. In: Bernhard Heigl, Thomas Şindilariu (Hg.): Kronstadt und das Burzenland. Beiträge von Studium Transylvanicum zur Geschichte und Kultur Siebenbürgens. Kronstadt, Heidelberg 2011, S. 230–247, hier S. 239.

14 Während 1857 insgesamt 16 siebenbürgische Orte den Rechtsstatuts einer Stadt besaßen, waren es 1910 bereits 29 Orte. Vgl. Ernst Wagner: Historisch-statistisches Ortsnamenbuch für Siebenbürgen. Mit einer Einführung in die historische Statistik des Landes. Köln, Wien 1977 (Studia Transylvanica 4), S. 57. In Ungarn nahm der Anteil der Stadtbewohner an der Gesamtbevölkerung von 14,76 % (1869) auf 20,36 % (1910) zu. Zoltán Kaposi: Die Entwicklung der Wirtschaft und Gesellschaft in Ungarn 1700–2000. Passau 2007 (Studia Hungarica), S. 90.

teil der Rumänen blieb mit 24 % (1880) bzw. 23 % (1910) annähernd gleich, während sich jener der Deutschen von 24 % (1880) auf 16 % (1910) verringerte.[15] Dass der Anteil der Magyaren an der städtischen Bevölkerung Siebenbürgens von 49 % (1880) auf 59 % (1910) wuchs, wird neben „natürlichen" Migrationsbewegungen und Assimilationsprozessen auch der sogenannten „Magyarisierungspolitik" der Budapester Regierungen zugeschrieben, die als die Summe der vom Staat unternommenen oder geförderten Maßnahmen definiert werden kann, die geeignet waren, den „magyarischen Charakter" des Königreichs Ungarn zu erhalten. Aufgrund der Tatsache, dass der Anteil der Magyaren an der Gesamtbevölkerung des Königreichs Ungarn nach 1867 durchschnittlich 50 % betrug, sollte das magyarische Volk gestärkt und die anderen „Nationalitäten" zum Übertritt zum Magyarentum bewegt werden.[16]

Ein Indikator für die ökonomischen und demografischen Umwälzungen während der Gründerzeit stellt auch die Binnenmobilität der Bevölkerung dar. Während in Siebenbürgen im Jahr 1910 bei insgesamt 76 % der Bevölkerung der jeweilige Wohnort identisch mit dem Geburtsort war, traf dieses auf 69 % der Burzenländer Bevölkerung zu. Die Binnenwanderungsprozesse bewirkten auch eine Zunahme der magyarischen Bevölkerung in einzelnen Regionen Siebenbürgens, die sich im Burzenland besonders stark manifestierte, da es im Osten an das ländlich geprägte ungarischsprachige Szeklerland grenzte. Da das Burzenland und vor allem sein Vorort Kronstadt besonders stark von der Industrialisierung erfasst wurden, versuchten viele Szekler eine Anstellung als Arbeiter in den Fabriken oder als Bedienstete in Privathaushalten bzw. in der öffentlichen Verwaltung, insbesondere im Eisenbahnbereich, zu finden.[17]

Diese Entwicklung führte dazu, dass die Bevölkerung Kronstadts von 27.766 Einwohnern im Jahr 1869 auf 38.999 Einwohner (1910) stieg. In dieser Zeitspanne verlor Kronstadt den Status der bevölkerungsreichsten Stadt Siebenbürgens an Klausenburg (ung. Kolozsvár, rum. Cluj), das 1869 insgesamt 26.638 Einwohner hatte und diese Größe bis 1910 auf 58.481 steigern konnte. Den dritten Platz behauptete Hermannstadt (ung. Nagyszeben, rum. Sibiu) mit 18.998 Einwohnern (1869), dessen Bevölkerung bis 1910 auf 29.599 anwuchs. Die viertgrößte Stadt Siebenbürgens stellte das im Szeklerland gelegene Neumarkt am Mieresch (ung. Marosvásárhely, rum. Târgu Mureş) dar, dessen Einwohnerzahl zwischen 1869 und 1910 von 13.018 auf 23.728 Einwohner anstieg.[18] Auffällig ist, dass die beiden magyarisch geprägten Städte Klausenburg und Neumarkt deutlich höhere Zuwachsraten verzeichneten als

---

15 Schöck: Brassó (Anm. 10), S. 94f.

16 Als Beginn der Magyarisierungspolitik gilt die Regierungszeit des Grafen Kálmán Tisza (1875–1890). Vgl. Friedrich Gottas: Ungarn im Zeitalter des Hochliberalismus. Studien zur Tisza-Ära (1875–1890). Wien 1976 (Studien zur Geschichte der Österreichisch-Ungarischen Monarchie 16), S. 186–204.

17 Schöck: Brassó (Anm. 10), S. 92–95.

18 Wagner: Ortsnamenbuch (Anm. 14), S. 396f.

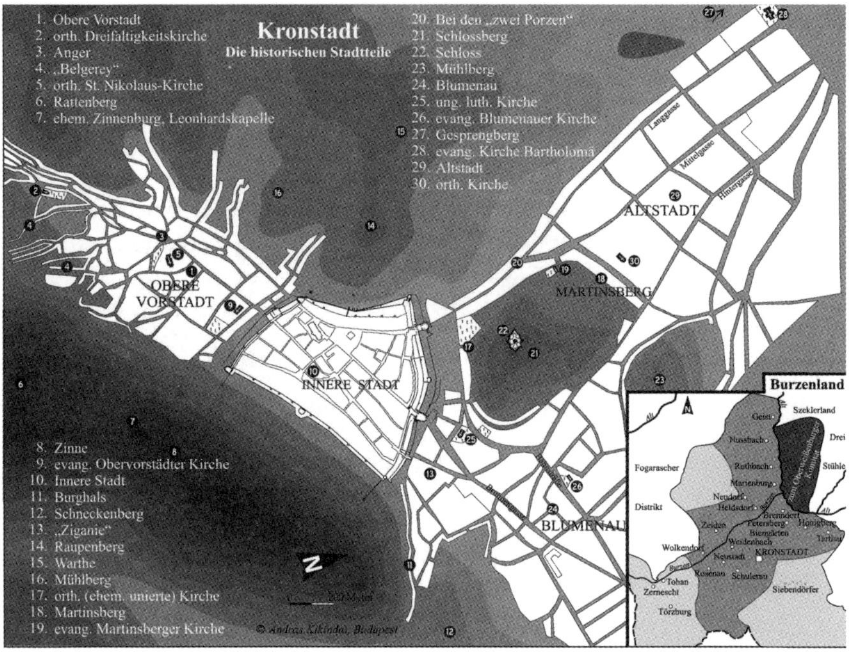

2 Plan von Kronstadt und (Zeichnung von András Kikindai). Aus: Harald Roth: Kronstadt in Siebenbürgen. Eine kleine Stadtgeschichte. Köln, Weimar, Wien 2010, Vorsatzblatt hinten

die beiden deutsch geprägten Städte Kronstadt und Hermannstadt.[19] Die drei größten ethnischen Gruppen Kronstadts erreichten 1880 einen Gleichstand, indem die Deutschen 9.909, die Magyaren 9.815 und die Rumänen 9.372 Einwohner stellten. Bis 1910 verdoppelte sich nahezu die Zahl der Magyaren mit 17.831 (43,4 %), jene der Rumänen stieg nur leicht auf 11.786 (29,7 %), ebenso jene der Deutschen auf 10.841 (26,4 %). Die magyarische Bevölkerung nahm damit zwischen 1880 und 1910 um 81,7 % zu, während die rumänische um lediglich 25,8 % und die deutsche nur um 9,4 % wuchs. Bezogen auf die Stadtteile verloren die Deutschen zwischen 1850 und 1910 ihre absoluten Mehrheiten in der Inneren Stadt (Zentrum) und in der sogenannten „Altstadt" (Martinsberg und Bartholomä), einem ländlich geprägten Vorort, und stellten damit vor dem Ersten Weltkrieg hier einen mit den Magyaren vergleichbar hohen Anteil (zwischen 40 % und 50 %). Die westliche Obere Vorstadt behielt ihre rumänische Prägung, obwohl der Anteil der Rumänen in diesem Stadtteil von 70 % auf 60 % fiel. Am höchsten war der Anteil der magyarischen Bevölkerung im Stadtteil Blumenau, der aufgrund seiner Nähe zum Bahnhof am stärksten von der Industrialisierung geprägt wurde. Ihr Prozentsatz stieg zwischen 1850 und 1910 von knapp über 30 % auf knapp über 70 %. Aus einer deutschen Handwerkerstadt mit einem starken rumänischen Anteil war Kronstadt eine

19 Vgl. Danneberg: Kronstadt und Hermannstadt (Anm. 13), S. 232f.

3 Kronstadt (Innere Stadt) 2007. Foto: Gerald Volkmer

Industriestadt geworden, in der die Magyaren eindeutig die relative Mehrheit stellten, während sie noch 1850 lediglich 12 % der Stadtbevölkerung ausgemacht hatten (Abb. 2).[20]

3. Die politischen Rahmenbedingungen

In der Zeit seiner Zugehörigkeit zur ungarischen Reichshälfte der Monarchie verlor Kronstadt weitgehende Autonomierechte, die es noch im frühen 19. Jahrhundert besessen hatte (Abb. 3). Allerdings waren die verbliebenen Freiheiten ausreichend, um eigene Verwaltungsvorschriften zu erlassen und alle Angestellten der Stadt, vom kleinen „Beamten“ bis zum Bürgermeister, vom Stadtparlament frei wählen zu lassen. Darüber hinaus besaß die freie königliche Stadt Kronstadt das Recht zur Selbstbesteuerung und zur freien Bestimmung der einzelnen Haushaltsposten.[21] Nach 1861 stand ein Oberrichter (Bürgermeister) an der Spitze des Stadtmagistrats, dem

20 Roth: Kronstadt (Anm. 2), S. 189–191. Ausführlich zu den demografischen Veränderungen in den einzelnen Stadtteilen Kronstadts zwischen 1850 und 1910: Schöck: Brassó (Anm. 10), S. 96–102.

21 Schöck: Brassó (Anm. 10), S. 169f.

die Verwaltung und die niedere Gerichtsbarkeit der Stadt und des Burzenländer Distrikts unterstand.[22] Die politische Vertretung der Kronstädter Bürger erfolgte durch das Stadtparlament, auch Kommunität genannt, das von einer kleine Gruppe privilegierter Bürger gewählt wurde. Es bestimmte den Magistrat, der 1871 die Zuständigkeit für die niedere Gerichtsbarkeit verlor.[23] Das 1875 reformierte kommunale Wahlrecht bestimmte, dass eine Hälfte der Stadtkommunität von allen Männern, die das 20. Lebensjahr erreicht und eine gewisse Steuerleistung zu erbringen hatten, gewählt werden sollte. Darüber hinaus erhielten alle Beamten der Stadt und des Komitats das allgemeine Wahlrecht. Die andere Hälfte der Stadtkommunität wählten die größten Steuerzahler der Stadt, die sogenannten „Virilisten". Das neue Wahlrecht führte dazu, dass der Anteil der Deutschen in der Stadtkommunität von 95 % (1851) auf 62 % (1875) fiel.[24]

Noch stärkere Eingriffe Budapests in die gewachsenen politischen und administrativen Strukturen Siebenbürgens erfolgten ein Jahr später. 1876 gliederte die ungarische Regierung Siebenbürgen in 15 Komitate. Das neue Komitat Kronstadt umfasste ab dem 2. September 1876 die Stadt, die 13 sächsischen Gemeinden sowie einige ungarische und rumänische Gemeinden; das Törzburger Dominium, das vorher noch zum Burzenländer Distrikt gehört hatte, war nicht mehr Bestandteil des Komitats.[25] Damit wurde der Burzenländer Distrikt, der ein gleichberechtigtes Mitglied der in der Sächsischen Nationsuniversität zusammengeschlossenen autonomen Stühle und Distrikte war, in ein ungarisches Komitat (Grafschaft) umgewandelt, das – wie alle anderen Komitate des Königreichs Ungarn – der ungarischen Regierung direkt unterstand. An der Spitze des Komitats befand sich ein vom ungarischen Innenminister ernannter Obergespan, der das Komitat im Namen der Regierung verwaltete. Sein Stellvertreter, der Vizegespan, wurde vom Komitatsparlament gewählt.

Mit der Auflösung der Nationsuniversität hatten die Siebenbürger Sachsen ihre öffentlich-rechtliche Selbstverwaltungseinheit verloren, deren Funktion die 1876 gegründete Sächsische Volkspartei als politische Sammlungsbewegung übernahm. Der Wirkungskreis des Bürgermeisters[26] und des Magistrats von Kronstadt wurde auf die Verwaltung der Stadt beschränkt, während die neue Komitatsverwaltung die Zuständigkeit für das gesamte Burzenland erhielt. Das 1878 in Kraft getretene neue Gemeindestatut berücksichtigte die politisch-administrativen Veränderungen des Jahres

22 Als Stadt- und Distrikts-Oberrichter amtierten Friedrich Fabritius (1861–1868), Georg Dück (1869–1871) und Karl Schnell (1872–1876). Roth (Hg.): Kronstadt (Anm. 3), S. 292.

23 Friedrich Stenner: Die Wandlungen der politischen Verwaltung bei der Stadt Kronstadt im 19. Jahrhundert. In: Heigl, Şindilariu (Hg.): Kronstadt und das Burzenland (Anm. 13), S. 35–43, hier S. 38f.

24 Schöck: Brassó (Anm. 10), S. 166f.

25 Kutschera: Kronstadt (Anm. 8), S. 70f.

26 Bis zum Ersten Weltkrieg wurden zu Bürgermeistern Kronstadts gewählt: Johann Gött (1876–1879), Franz Brenner von Brennerberg (1879–1896), Karl Jacobi (1896–1898), Franz Hiemesch (1898–1911) und Dr. Karl Ernst Schnell (1911–1926). Nach Roth (Hg.): Kronstadt (Anm. 3), S. 292. Zu den Ereignissen in Kronstadt zwischen 1867 und 1914 siehe Dan Pavalache: Cronică de Braşov [Kronstädter Chronik]. Ghimbav 2008, S. 267–308.

1876 und blieb in wesentlichen Teilen bis zum Ende des Ersten Weltkriegs in Kraft.[27]

Die veränderten politischen und administrativen Rahmenbedingungen erschütterten kaum die Dominanz der Deutschen in der Stadtpolitik. Dies lag an ihrem hohen Anteil bei den größten Steuerzahlern, den bereits erwähnten Virilisten. Ihr Prozentsatz blieb über den gesamten Untersuchungszeitraum nahezu konstant mit 71 % (1879), 70 % (1899) und 72 % (1916). Der Anteil der Magyaren an dieser Wirtschaftselite stieg zunächst von 9 % (1879) auf 15 % (1899), fiel allerdings bis 1916 auf 10 %. Der Anteil der Rumänen blieb – wie bei den Deutschen – nahezu konstant. Er betrug 1879 11 %, 1899 9 % und 1916 erneut 11 %. Die anhaltende Konzentration der wirtschaftlichen Macht in den Händen der Deutschen sicherte ihnen bis zum Ersten Weltkrieg eine deutlich überproportionale politische Vertretung. Die politische Macht der Ungarn nahm signifikant durch die Ausweitung des Wahlrechts auf alle Männer mit einer bestimmten Steuerleistung zu. Damit stieg der Anteil der Magyaren an den Wahlberechtigten der Stadt von 10,70 % (1874) auf 45,60 % (1899), jener der Deutschen und Rumänen nahm von 58,25 % bzw. 22,67 % (1874) auf 46,20 % bzw. 7,40 % (1899) deutlich ab.

Die starke Stellung der Virilisten trug dazu bei, dass der Anteil der Deutschen im Stadtparlament bis zum Ersten Weltkrieg immer über 60 % ausmachte: 61 % (1875), 71 % (1899) und 62 % (1916). Der Anteil der Rumänen in der Stadtkommunität fiel von 22 % (1875) auf 12 % (1899) und stieg dann leicht auf 14 % (1916), jener der Magyaren erhöhte sich zunächst nur geringfügig von 10 % (1875) auf 11 % (1899), um dann auf 16 % (1916) zu steigen. Dies bedeutete, dass der Anteil der Deutschen im Stadtparlament zwischen 1867 und 1918 mehr als doppelt so hoch war wie ihr Prozentsatz an der Gesamtbevölkerung Kronstadts. Ein umgekehrtes Verhältnis war bei den Rumänen der Stadt zu beobachten, deren Anteil an der Stadtkommunität weniger als halb so hoch wie an der Stadtbevölkerung war.[28]

Ein weiterer Indikator für die Verteilung der politischen Macht unter den drei großen ethnischen Gruppen der Stadt stellt die Zusammensetzung der Stadtbeamten dar. Während die Deutschen 1860 alle der ca. 50 Stadtbeamten stellten, waren es 1911 von 120 Beamten noch 110.[29] Obwohl Deutsch bis zum Ersten Weltkrieg die Amtssprache der Stadtverwaltung blieb, konnte jedes Mitglied des Kronstädter Stadtrates auf Deutsch, Ungarisch oder Rumänisch zu den anderen Ratsmitgliedern sprechen. Darüber hinaus konnte jeder Bürger seine Eingaben in einer der drei Sprachen einreichen, die auch in dieser Sprache beantwortet wurden. Aus diesem Grund musste jeder Beamte der Stadt, der sich zur Wahl stellte, die Kenntnis aller drei Sprachen nachweisen.[30]

---

27 Stenner: Verwaltung (Anm. 23), S. 39–41.

28 Dies kann am Beispiel der Oberen Vorstadt illustriert werden, die seit dem Mittelalter hauptsächlich von Rumänen bewohnt war. Obwohl in diesem Stadtteil um 1900 ca. 30 % der Kronstädter wohnten, stellte er lediglich 14 % der Wahlberechtigten. Siehe Schöck: Brassó (Anm. 10), S. 166–172, 202. Vgl. Heinrich Wachner: Geschichte des Burzenlandes. Kronstadt 1994, S. 87.

29 Schöck: Brassó (Anm. 10), S. 172.

30 Roth: Kronstadt (Anm. 2), S. 195.

Zusammenfassend kann festgestellt werden, dass die Deutschen die vollständige Kontrolle über das politische Leben Kronstadts in dem halben Jahrhundert vor dem Ersten Weltkrieg verloren hatten, aber dennoch deutlich überproportional in allen politischen Gremien der Stadt vertreten waren. Dies führte dazu, dass diese Gruppe sämtliche Bürgermeister der Stadt bis zum Ersten Weltkrieg stellte. Die Magyaren entwickelten sich zwischen 1867 und 1918 zur zweitwichtigsten politischen Kraft innerhalb der Stadt und konnten vor allem im Komitat die Parität mit den Deutschen herstellen, da traditionellerweise der von Budapest ernannte Obergespan ein Magyare, der von der Komitatsversammlung gewählte Vizegespan ein Deutscher war. Eine völlig untergeordnete Rolle im politischen Leben der Stadt spielten die Rumänen, deren Anteil in allen Organen der Stadt deutlich unter ihrem Bevölkerungsanteil lag.

4. Die erste Gründerzeit und der österreichisch-ungarisch-rumänische Zollkrieg 1867–1891

Nach dem österreichisch-ungarischen Ausgleich von 1867 verfolgte die Budapester Regierung eine wirtschaftsliberale Politik, die insbesondere Projekte zur Verbesserung der Infrastruktur förderte. Das Netz der 1868 gegründeten Ungarischen Staatseisenbahn wurde kontinuierlich erweitert und schuf mit den nötigen Verkehrsverbindungen eine wichtige Voraussetzung für den Industrialisierungsprozess in Ungarn. Der Ausbau des Straßennetzes kam hingegen nur sehr zögerlich voran, obwohl die Wirtschaft Ungarns sehr stark vom Export ländlicher Produkte abhing. 1867 waren noch fast 80 % aller Arbeitnehmer in der Landwirtschaft beschäftigt, 50 Jahre später immerhin noch 64 %. Der Anstieg der Arbeitnehmer im produzierenden Gewerbe ging auch auf die seit 1881 von den Budapester Regierungen initiierten Industrieförderprogramme zurück, die vor allem Steuer- und Abgabefreiheiten für Fabriken vorsahen.[31] Bis zum Ersten Weltkrieg hatten in Ungarn 50 % aller Betriebe im produzierenden Gewerbe fünf oder weniger Arbeitnehmer und galten damit als Kleinbetriebe. Den Status eines Industrieunternehmens erhielten nach den Vorgaben der ungarischen Statistik nur Betriebe mit mehr als 20 Beschäftigen.[32]

Auch im Burzenland lebten im späten 19. Jahrhundert mehr als die Hälfte der Einwohner von der Landwirtschaft, der gewerbliche Sektor wurde von Kleinbetrieben bestimmt.[33] Ein Schlüsselereignis für die Industrialisierung des Burzenlan-

31 Kaposi: Wirtschaft (Anm. 14), S. 66–72, 77f. Ausführlich zur Industrieförderung in Ungarn Wilhelm Offergeld: Grundlagen und Ursachen der industriellen Entwicklung Ungarns. Jena 1914 (Probleme der Weltwirtschaft 17), S. 176, 240–248; Otto Sugár: Die Industrialisierung Ungarns unter Beihilfe des Staates und der Kommunen. Leipzig 1908, S. 4–18; Emil F. Tandler: Die industrielle Entwicklung Siebenbürgens. Kronstadt 1909, S. 88–95.

32 Kaposi: Wirtschaft (Anm. 14), S. 79.

33 Zur Geschichte der Landwirtschaft und Viehzucht im Burzenland siehe Erich Jekelius (Hg.): Das Burzenland. Bd. 5: Die Wirtschaftsgeschichte des Burzenlandes. 1. Teil. Kronstadt 1929, S. 129–223. Zu den Industriebetrieben im Burzenland siehe Benno Graf: Die Kulturlandschaft

des stellte die Anbindung Kronstadts an das staatliche Eisenbahnnetz Ungarns dar, die 1873 durch den Anschluss an die Strecke Budapest-Großwardein-Klausenburg-Schässburg erfolgte. Danach wurde die Eisenbahnlinie weiter in Richtung rumänische Grenze gebaut, sodass 1881 die Anbindung Kronstadts an das rumänische Eisenbahnnetz erfolgen konnte. Damit entstand eine durchgehende Eisenbahnverbindung zwischen Wien und Bukarest, die durch Kronstadt verlief.[34] Die Anbindung des Kronstädter Umlandes an das überregionale Eisenbahnnetz besorgte die private „Kronstädter-Háromszéker Vicinal-Eisenbahnaktiengesellschaft" mit ihrem 101,6 km langen Streckennetz, an der die Stadt Kronstadt mit Stammaktien im Wert von 80.000 Gulden beteiligt war.[35]

Stärker als diese Infrastrukturmaßnahmen beschleunigten zwei Ereignisse den Strukturwandel im Burzenland. Das erste stellte die Einführung der vollständigen Gewerbefreiheit und die Auflösung der Zünfte dar. Dies sah das 1872 vom ungarischen Reichstag beschlossene Gewerbegesetz (VIII. Gesetzartikel) vor. Den Gewerbegenossenschaften, auch „Innungen" genannt, die als Nachfolgeeinrichtungen der Zünfte etabliert wurden, konnten Kaufleute und Handwerker freiwillig beitreten.[36] Des Schutzes durch die Zünfte beraubt, konnten sich viele Handwerksbetriebe nicht mehr gegen die Konkurrenz behaupten und mussten ihre Tätigkeit einstellen. Dies lag auch an den ungünstigen Auswirkungen des Wiener Börsenkrachs von 1873, der in der Donaumonarchie die Konjunktur bis 1878 abschwächte.[37] Gleichzeitig gelang es einigen Kronstädter Familienhandwerksbetrieben in den 1860er und 1870er Jahren, den Sprung zum Industrieunternehmen zu vollziehen[38] und sich im Wettbewerb mit den ausländischen und österreichisch-ungarischen Firmen zu behaupten.[39] Anlässlich der im Sommer 1886 in Kronstadt stattfindenden Vereinsfestlichkeiten führte der Kronstädter Gewerbeverein eine große Ausstellung durch, deren Katalog einen Einblick in den produzierenden Wirtschaftssektor der Stadt gibt. Die Übersicht der in 14 Branchen gegliederten Betriebe weist ein eindeutiges Überge-

---

des Burzenlandes. München 1934, S. 30–40, 104f.

34 Roth: Kronstadt (Anm. 2), S. 189. Ausführlich Tandler: Siebenbürgen (Anm. 31), S. 16–21. Vgl. Robert Nagy: Foreign Capital Investments in the Economy of Transylvania and their Role in the Modernization Process (1867–1914). In: Transylvanian Review 19 (2010), H. 1, S. 32–40, hier S. 34–38.

35 Schöck: Brassó (Anm. 10), S. 165f.

36 Die Gewerbegenossenschaften wurden in den Artikeln 76–83 geregelt. Siehe: Gewerbe-Gesetz. VIII. Gesetzartikel vom Jahre 1872. Durch den ungarischen Landes-Industrieverein veranstaltete amtliche Ausgabe. Pest 1872.

37 Bericht der Handels- und Gewerbekammer in Kronstadt über die Gewerbe-, Handels- und Verkehrsverhältnisse im Kammergebiet (südöstliches Siebenbürgen) für die Jahre 1878 und 1879. Kronstadt 1882, S. 245–255. Vgl. Schöck: Brassó (Anm. 10), S. 116–118. Vgl. Ion Dumitraşcu, Mariana Maximescu: O istorie a Braşovului [Eine Geschichte Kronstadts]. Braşov 2001, S. 94.

38 Siehe das Verzeichnis der Kronstädter Firmen und Fabriken in: Adressen-Buch der Stadt Kronstadt 32 (1880), S. 30–36, 56f.

39 Tandler: Siebenbürgen (Anm. 31), S. 34f. Vgl. Hermann Gross: Gewicht einer wirtschaftlichen Leistung. In: Oskar Schuster (Hg.): Epoche der Entscheidungen. Die Siebenbürger Sachsen im 20. Jahrhundert. Köln, Wien 1983, S. 60–72, hier S. 61f.

wicht der Handwerksmeister aus, wenngleich sich von 204 Ausstellern insgesamt 30 als Industriebetriebe bezeichneten.[40] Das zweite einschneidende volkswirtschaftliche Ereignis im letzten Drittel des 19. Jahrhunderts führte jedoch dazu, dass mehrere dieser Kronstädter Firmen die nächsten fünf Jahre nicht überstanden. Während der Auflösung der Zünfte innenpolitische Entscheidungen zugrunde lagen, spielten nun außenpolitische Zusammenhänge eine bestimmende Rolle.

Die Handelsbeziehungen zwischen Österreich-Ungarn und Rumänien wurden erstmals 1875 auf eine vertragliche Grundlage gestellt. Das am 1. Juni 1876 in Kraft getretene Handelsabkommen gewährte dem jeweiligen Vertragspartner die Meistbegünstigung.[41] Mit diesem politischen Emanzipationsakt verband das noch unter osmanischer Oberhoheit stehende Fürstentum Rumänien die Hoffnung, seine landwirtschaftlichen Güter und Rohstoffe leichter in der Habsburgermonarchie absetzen zu können, während sich die österreichisch-ungarischen Gewerbetreibenden und Industriellen Hoffnungen auf einen besseren Export ihrer Fertigprodukte machten. Als das Handelsabkommen nach zehn Jahren auslief, wünschten vor allem die rumänische und die ungarische Regierung seine Revision, da beide Länder hauptsächlich landwirtschaftliche Güter ausführten und in beiden Staaten vor allem die von der Landwirtschaft abhängigen Großgrundbesitzer die politische Klasse stellten.[42] Lediglich Wien wollte am alten Abkommen festhalten, das den österreichischen Industrieprodukten – trotz rumänischer Gegenmaßnahmen – immer noch relativ gute Absatzbedingungen in Rumänien ermöglichte. In der ungarischen Reichshälfte profitierten vom vertraglichen Status quo die das rumänische Getreide weiterverarbeitenden Mühlen und Brennereien sowie die siebenbürgische Industrie. Nach der Kündigung des Abkommens durch Rumänien bzw. Österreich-Ungarn im Februar bzw. März 1885 errichteten beide Seiten ab dem 1. Juni 1886 überaus hohe Schutzzollmauern, um den Gegner zum Einlenken zu zwingen. Von allen Betrieben der Habsburgermonarchie litten die siebenbürgischen am meisten, da sie auf einen Schlag ihren tradierten, relativ sicheren Absatzmarkt jenseits der Karpaten verloren. Allein im Gebiet der Kronstädter Handels- und Gewerbekammer sank 1886 der Ex-

40 Catalog zu der vom Kronstädter Gewerbe-Verein veranstalteten Gewerbeausstellung. Kronstadt 1886, S. 9–26. Aufschlussreich hinsichtlich der Entwicklung der Kronstädter Betriebe sind die vom Kronstädter Gewerbeverein herausgegebenen Jahresberichte, die ab 1882 vorliegen.

41 Bereits 1871–1875 belegte Österreich-Ungarn den ersten Rang unter den Handelspartnern Rumäniens, gefolgt vom Osmanischen Reich, Frankreich und Großbritannien. Ioan Tiberian: Legăturile economice dintre România şi Transilvania în perioda 1876–1886; aplicarea Convenţiei comerciale din 1875 [Die wirtschaftlichen Verbindungen zwischen Rumänien und Siebenbürgen in der Periode 1876–1886; die Umsetzung des Handelsabkommens von 1875]. In: Studii, revista de istorie 22 (1969), H. 5, S. 905–925, hier S. 906. Zwischen 1878 und 1885 lag der Anteil Österreich-Ungarns an allen rumänischen Importen zwischen 42,8 % und 54,8 %, der Anteil der Habsburgermonarchie am rumänischen Gesamtexport lag zwischen 28,91 % und 38,23 %. Gheorghe N. Căzan: Evoluţia relaţiilor economice romano-austro-ungare (1878–1886) [Die Entwicklung der wirtschaftlichen Beziehungen zwischen Österreich-Ungarn und Rumänien (1878–1886)]. In: Revista de istorie 28 (1975), H. 3, S. 365–384, hier S. 377.

42 Erst kurz vor dem Ersten Weltkrieg erreichte der Anteil der Industrieprodukte an der Gesamtausfuhr Ungarns 49 %. Kaposi: Wirtschaft (Anm. 14), S. 89.

port nach bzw. der Import aus Rumänien auf 15 % bzw. 20 % des im Vorjahr erreichten Wertes. Schon nach dem ersten Zollkriegsjahr ging die Produktion der Gewerbetreibenden und Industriellen Siebenbürgens drastisch zurück, weil ihnen die Rohstoffe aus Rumänien fehlten. Darüber hinaus konnten sie die erzeugten Produkte nicht mehr absetzen.[43]

In den folgenden Jahren mussten sowohl Budapest als auch Bukarest erkennen, dass ihre mit dem Zollkrieg verbundenen Ziele nicht erreicht werden konnten. Der Gesamtexport Österreich-Ungarns nach Rumänien schrumpfte auf nur ein Drittel der Summe von vor 1886.[44] Die rumänische Regierung konstatierte, dass trotz der Schutzzölle aus Mangel an Kapital, geeigneten Arbeitskräften und einer mit Unternehmergeist ausgestatteten Mittelschicht kein nennenswerter industrieller Aufschwung erfolgt war.[45] Erst als das Deutsche Reich 1891 seinen Markt wieder für Getreide und Vieh aus Österreich-Ungarn öffnete, war Ungarn bereit, rumänischen Erzeugnissen die gleichen Einfuhrbedingungen zu gewähren, denen ungarische Produkte in Deutschland unterworfen waren. Im Gegenzug verlangte Österreich von Rumänien Einfuhrerleichterungen für seine Industrieprodukte. Als im Juli 1891 sämtliche rumänische Handelsverträge mit europäischen Staaten ausliefen und die handelspolitischen Auseinandersetzungen Rumäniens mit dem Deutschen Reich erstmals eine gemeinsame deutsch-österreichisch-ungarische Front gegen Bukarest befürchten ließen, zeigte sich auch die rumänische Seite flexibler. Rumänien führte am 25. Juli 1891 für alle ausländischen Waren einen einheitlichen Generalzolltarif ein, den Österreich-Ungarn auf der Grundlage der Gegenseitigkeit auch für den Import rumänischer Waren akzeptierte.[46] Die zwischen Österreich-Ungarn und Rumänien eingetretene wirtschaftspolitische Entspannung stellte die Grundlage für die Aushandlung eines neuen bilateralen Handelsvertrages dar, der am 21. Dezember 1893 unterzeichnet wurde.[47] Darin gewährten sich beide Seiten die Meistbegünstigungsklausel, und sie verpflichteten sich, keine Behinderungen des Exports, Imports oder des Transits von Waren zu dulden, ausgenommen Kriegsmaterial.[48] Obwohl

---

43 Carl Göllner: Consecinţele convenţiilor vamale dintre Austro-Ungaria şi România asupra vieţii economice a Transilvaniei (1875 – 1891) [Die Auswirkungen der Handelsabkommen zwischen Österreich-Ungarn und Rumänien auf das Wirtschaftsleben Siebenbürgens (1875 – 1891)]. In: Studii, revista de istorie 21 (1968), H. 2, S. 317 – 336, hier S. 324, 327f.

44 Während Österreich-Ungarn vor 1886 unangefochten den größten Anteil am rumänischen Import stellte, fiel es bis 1890 auf den dritten Platz hinter Deutschland und Großbritannien zurück. Emil Palotás: Machtpolitik und Wirtschaftsinteressen. Der Balkan und Russland in der österreichisch-ungarischen Außenpolitik 1878 – 1895. Budapest 1995, S. 361f.

45 Zwischen 1887 und 1898 wurden im Jahresdurchschnitt in Rumänien lediglich 19 Industrieunternehmen gegründet. Arthur Krausneker: Kálnokys Rumänienpolitik in den Jahren 1881 – 1895. Ein Beitrag zur Geschichte der Balkanpolitik Österreich-Ungarns auf Grund der Akten des Wiener Haus-, Hof- und Staatsarchivs. Phil. Diss. masch. Graz 1951, S. 118.

46 Ebd., S. 112.

47 Offergeld: Grundlagen (Anm. 31), S. 178 – 189.

48 Das Abkommen trat mit dem Austausch der Ratifikationsurkunden am 14. Juni 1894 in Kraft. Uta Bindreiter: Die diplomatischen und wirtschaftlichen Beziehungen zwischen Österreich-Ungarn und Rumänien in den Jahren 1875 – 1888. Wien, Köln, Graz 1976 (Veröffentlichungen der Kom-

der Vertrag im Vergleich zu 1886 beiden Seiten keine außergewöhnlichen Handelserleichterungen einbrachte, beendete er den siebeneinhalbjährigen Zollkrieg, der in den beteiligten Staaten große wirtschaftliche Schäden verursacht hatte.[49]

Die Auswirkungen des Zollkriegs waren vor allem im Kronstädter Komitat verheerend. Hart wurde das Kronstädter Handwerk getroffen. Das zwischen 1850 und dem Ersten Weltkrieg zu beobachtende Massensterben der Kronstädter Handwerksbetriebe erreichte während des Zollkriegs einen Höhepunkt. 1851 waren noch 1.124 deutsche Handwerksmeister selbständig tätig, 1916 lediglich 465. Die von ihnen hinterlassenen Nischen wurden von rumänischen und vor allem ungarischen Handwerksbetrieben besetzt. Aus ihren Reihen stammten viele Vertreter der 50 Berufsarten, die erst in der zweiten Hälfte des 19. Jahrhunderts zugelassen wurden, während 21 Gewerbearten bis zum Ersten Weltkrieg vollständig ausstarben.[50] Zweifelsohne handelt es sich hier um einen langfristigen Strukturwandel, der auch ohne den Zollkrieg eingetreten wäre. Allerdings muss festgestellt werden, dass der Zollkrieg als Katalysator wirkte und diese Entwicklung erheblich beschleunigte. Jene Handwerksmeister, die gezwungen waren, ihre Betriebe zu schließen, wanderten in die USA aus oder mussten einer unselbständigen Arbeit nachgehen. Einige wurden von Firmen aus Rumänien mit Vergünstigungen als willkommene Facharbeiter abgeworben.[51]

Auch Industriebetriebe des Burzenlandes, von denen viele erst wenige Jahre vor Ausbruch des Zollkriegs gegründet worden waren, mussten Insolvenz anmelden oder Rückschläge hinnehmen, die sie an den Rand der Existenzfähigkeit brachten. Insbesondere Betriebe, die nicht nur ihr Absatzgebiet in Rumänien verloren hatten, sondern auch von der Rohstoffzufuhr aus Rumänien abhängig waren, wurden stark in Mitleidenschaft gezogen, vor allem Petroleumraffinerien, Getreidemühlen oder Papierfabriken. Während 1886 in den Kronstädter Mühlen noch 14.941 Zentner Weizen aus Rumänien verarbeitet wurden, waren es ein Jahr später nur noch 49 Zentner.[52] Aus diesem Grund überlebten nur jene Unternehmen, denen es gelang, neue Rohstoffquellen und Absatzmärkte außerhalb Rumäniens zu erschließen. Die Errichtung der hohen Zollschranken hatte auch dazu geführt, dass mehrere Kronstädter Industrielle ihre Produktion in das auf rumänischem Staatsgebiet gelegene Prahovatal verlagerten.[53] Diese Entwicklung begann bereits kurz nachdem 1881 die ersten handelspolitischen Auseinandersetzungen zwischen Österreich-Ungarn und Rumänien aufgetreten waren. Die Brüder Karl und Samuel Schiel machten 1882 mit der Gründung einer Papierfabrik im rumänischen Buşteni den Anfang, die 1892 durch

---

mission für Neuere Geschichte Österreichs 63), S. 268.

49 Zu den Handelsverträgen Österreich-Ungarns mit Rumänien: Tandler: Siebenbürgen (Anm. 31), S. 114–119.

50 Schöck: Brassó (Anm. 10), S. 122–125. Vgl. Paul Binder: Handel, Wirtschaft und Industrie. In: Roth (Hg.): Kronstadt (Anm. 3), S. 112–121, hier S. 120f.

51 Vgl. Göllner: Consecinţele (Anm. 43), S. 331.

52 Schöck: Brassó (Anm. 10), S. 121f.

53 Vgl. Friedrich Breckner: Wirtschaft als Grundlage der Behauptung. In: Schuster (Hg.): Epoche der Entscheidungen (Anm. 39), S. 51–59, hier S. 55.

ein Sägewerk erweitert wurde.[54] 1884 folgten die Tuchfabrikanten Peter Scheeser und Wilhelm Rhein, die einen Industriebetrieb in Azuga aufbauten.[55] In diesen beiden Ortschaften, die wenige Kilometer von Kronstadt entfernt unmittelbar hinter der ungarisch-rumänischen Grenze lagen, wurden von Kronstädter Industriellen in den folgenden Jahren weitere Fabriken gegründet, z. B. 1885 die Zementfabrik Erler und 1889 die Möbelfabrik Rhein & Cie., beide in Azuga. Das Umgehen der Außenzölle war auch nach der Beendigung des Zollkriegs so attraktiv, dass sich u.a. Peter Scheeser im Jahr 1898 an der Gründung der Bierbrauerei „Azuga A. G." mit einem großen Kapitalbetrag beteiligte.[56] Durch diese Entwicklung wanderten zusätzliche qualifizierte Kronstädter Fachkräfte in das rumänische Grenzgebiet ab, das einen spürbaren wirtschaftlichen Aufschwung erlebte.[57]

Die gravierendsten Auswirkungen des Zollkriegs waren im Bereich des Groß- und Außenhandels festzustellen. Von 103 Handelshäusern in Kronstadt, die sich auf Rumänien spezialisiert hatten und vor allem rumänischen Kaufleuten aus der Oberen Vorstadt gehörten, blieben nach dem Zollkrieg nur 12 übrig.[58] Damit stehen die Veränderungen im Handel am deutlichsten für den durch den Zollkrieg beschleunigten wirtschaftlichen Umstrukturierungsprozess im Burzenland.[59]

5. Die zweite Gründerzeit 1891–1914

Der Zollkrieg forcierte den Strukturwandel nicht nur, indem er kleinere und unrentable Betriebe zugrunde gehen ließ und die mit modernen Methoden und auf industrieller Basis wirtschaftenden Unternehmen stärkte. Er bewirkte auch einen Wandel

---

54 Volker Wollmann: Patrimoniu preindustrial şi industrial în România [Das vorindustrielle und industrielle Erbe in Rumänien]. Bd. 2. Sibiu 2011, S. 139–145. Vgl. Volker Wollmann: Patrimoniu preindustrial şi industrial în România [Das vorindustrielle und industrielle Erbe in Rumänien]. Bd. 3. Sibiu 2012, S. 23; Kronstädter Zeitung. Festausgabe zum hundertjährigen Bestehen. Sonntag, den 24. Mai 1936. Neudr. München 1990, S. 80.

55 Gedenkschrift aus Anlaß des 100-jährigen Bestandes der Firma Wilhelm Scherg & Cie. in Kronstadt 1823–1923. Hundert Jahre im Dienste der Arbeit. Kronstadt 1923, S. 13.

56 Peter Scheeser soll den in Kronstadt tätigen Brauereispezialisten Eduard Grund abgeworben haben. Grund errichtete zusammen mit dem Chemiker Petre Rădulescu 1898–1900 die Brauerei in Azuga. Wollmann: Patrimoniu, Bd. 3 (Anm. 54), S. 311f. Vgl. Marius Muntean: Braşovul la început de secol XX [Kronstadt zu Beginn des 20. Jahrhunderts]. Timişoara 2012, S. 187.

57 Michael Kroner: Geschichte der Siebenbürger Sachsen. Bd. 2: Wirtschafts- und Kulturleistungen. Nürnberg 2008, S. 53f. Vgl. Carl Göllner: Gîndirea economică a saşilor din Transilvania în secolul al XIX-lea [Das ökonomische Denken bei den Siebenbürger Sachsen im 19. Jahrhundert]. Bucureşti 1969, S. 74–83.

58 Zur Lage der Kaufmannschaft in Kronstadt im 19. und frühen 20. Jahrhundert siehe: Braşov – monografie comercială (Anm. 11), S. 69–78, 84.

59 Ausführlich zu den Auswirkungen des Zollkriegs im Burzenland: Braşov – monografie comercială (Anm. 11), S. 124–127. Vgl. Bericht der Handels- und Gewerbekammer in Kronstadt über die geschäftlichen Verhältnisse in ihrem Bezirk im Jahre 1892. Kronstadt 1893, S. 2–5; Maja Philippi: Kronstadt. Historische Betrachtungen über eine Stadt in Siebenbürgen. Aufsätze und Vorträge. Bukarest, Heidelberg 1996, S. 242–244.

in der Wirtschaftspolitik der siebenbürgischen Eliten, der hier am Beispiel der Sachsen angedeutet werden soll.

Die späten 1870er und 1880er Jahre waren durch die Bemühungen der sächsischen politischen Klasse geprägt, das Selbstverwaltungsgebiet der Siebenbürger Sachsen wiederherzustellen. Als sie die Ausweglosigkeit dieser Bemühungen akzeptiert und sich mit der Erkenntnis abgefunden hatte, dass die Siebenbürger Sachsen auf das Niveau einer Minderheit im Königreich Ungarn „herabgesunken" waren, wurden 1890 Konsequenzen gezogen. Der sogenannte „Zweite Sachsentag", das oberste Organ der Sächsischen Volkspartei, beschloss, die konsequente Opposition gegen die ungarische Regierung aufzugeben und nach dem Erreichen von Zugeständnissen durch Budapest den sächsischen Reichstagsabgeordneten zu empfehlen, in die Fraktion der Regierungspartei einzutreten.[60] Darüber hinaus verabschiedete der Sachsentag ein Wirtschaftsprogramm, das nach dem Verlust der Selbstverwaltungsrechte eine Konzentration aller „sächsischen Bemühungen" auf die Steigerung der wirtschaftlichen Leistungsfähigkeit dieser ethnischen Gruppe forderte. Die Essenz des Programms fasste Dr. Karl Wolff, Direktor der „Hermannstädter allgemeinen Sparkassa" und dominierende Persönlichkeit im öffentlichen Leben der Deutschen Siebenbürgens, auf dem Sachsentag folgendermaßen zusammen: „Gegen die Großindustrie hilft nur die gleiche Waffe: die Einbürgerung der Großindustrie in unseren Städten. Gelingt es uns, sie einzubürgern, dann gelangen wir, nicht nur für Ungarn, sondern auch für Mittel- und Westeuropa zu einer Bedeutung, welche den Bestand unseres Volkes mehr sichert als Pergamente."[61]

Führende Vertreter der Evangelischen Kirche in Siebenbürgen A. B., die sich als „Nationalkirche" der Sachsen verstand, waren gegenüber einer Politik der forcierten Industrialisierung skeptisch eingestellt, da sie die „Aufspaltung des sächsischen Volkes in soziale Klassen" und den massiven Zuzug von Ungarn und Rumänen in die sächsischen Städte befürchteten. Dennoch setzte sich bald auch in diesen Kreisen die Erkenntnis durch, dass nur erfolgreiche „sächsische Unternehmen" die Finanzierung des mehrgliedrigen deutschsprachigen Schulwesens und Vereinslebens langfristig gewährleisten würden. Die Folgen des Zollkriegs bestätigten eindrücklich diese Überzeugung, da gerade das in den Städten der Siebenbürger Sachsen stark vertretene Handwerk enorme Einbußen verkraften musste, deren finanzielle Folgen sich zum Teil auch im Kulturbereich bemerkbar machten.[62]

Die nach dem Zollkrieg deutlich verbesserten handelspolitischen Rahmenbedingungen, die ab 1891 bzw. 1893 wieder einen verstärkten Export nach Rumänien ermöglichten, und die durch die zugrundegegangenen Betriebe in Südsiebenbürgen

60 Danneberg: Kronstadt und Hermannstadt (Anm. 13), S. 245f.

61 Karl Wolff: Aus meinem Leben. Lauban 1929, S. 38–42. Vgl. Reimar A. Ungar, Nicolae Nistor: Carl Wolff. Sein Leben und Wirken in Wort und Bild. Bukarest 1981, S. 5–28; Kroner: Siebenbürger Sachsen (Anm. 57), S. 40f.

62 Kroner: Siebenbürger Sachsen (Anm. 57), S. 41–43. Zu den Kritikern des Industrialisierungsprozesses in Siebenbürgen im 19. Jahrhundert siehe Toader Ionescu, Ivanciu Nicolae-Văleanu, Iuliu Pinczés: Gîndirea economică din Transilvania (1784–1918) [Das ökonomische Denken in Siebenbürgen (1784–1918)]. Bucureşti 1981, S. 177–180.

freigewordenen Nischen schufen neue wirtschaftliche Chancen, die eine Umsetzung des erwähnten „sächsischen Wirtschaftsprogramms“ erwarten ließen.[63] In der Tat nutzten nach 1891, gerade in Kronstadt, mehrere sächsische Handwerkerfamilien und Industrielle die bessere Konjunktur, um ihre Betriebe gezielt zum Industrieunternehmen auszubauen beziehungsweise bereits bestehende Fabriken zu erweitern. Ihnen war es gelungen, den Zollkrieg durch das Erschließen neuer Absatzmärkte und durch die Verbesserung ihrer Produkte zu überstehen. Dies ermöglichten vor allem neue Maschinen und Antriebssysteme wie Elektromotoren. Damit kann die Periode zwischen dem Ende des Zollkrieges und dem Beginn des Ersten Weltkrieges als eine zweite Gründerzeit bezeichnet werden, in der der Industrialisierungsprozess Kronstadts und des Burzenlandes in weiten Teilen abgeschlossen werden konnte.

Die in Siebenbürgen anziehende Konjunktur profitierte von einer allgemeinen Phase wirtschaftlichen Wachstums, die das gesamte Europa zwischen 1895 und 1913 erfasste. Mit einer jährlichen Zuwachsrate des Bruttoinlandsprodukts von 1,2 % zwischen 1870 und 1913 lag die ungarische Reichshälfte fast im europäischen Durchschnitt, allerdings knapp hinter den Werten Frankreichs und Italiens (jeweils 1,3 %), Österreichs (1,5 %) und Deutschlands (1,6 %), jedoch deutlich über den Zuwachsraten Russlands (0,8 %) und Großbritanniens (1,0 %).[64] In Betracht gezogen werden muss, dass in Westeuropa die erste Phase der Industrialisierung bereits in den 1870er Jahren abgeschlossen war. Im östlichen Europa, einschließlich Ungarns, war dies jedoch erst zwei Jahrzehnte später der Fall.[65]

Dass in Siebenbürgen eine zweite Gründerzeit angebrochen war, lässt sich auch an der Zahl der in der siebenbürgischen Industrie arbeitenden Erwerbstätigen ablesen. Sie wuchs von 92.000 im Jahr 1890 auf 159.900 im Jahr 1910.[66] Dass der Industrialisierungsprozess in Siebenbürgen am weitesten in Klausenburg, im Komitat Kronstadt und in den Südwestkarpaten (Schieltal) fortgeschritten war, zeigt ein Blick auf die zur Jahrhundertwende erhobenen statistischen Daten. Im Jahr 1900 waren im Komitat Kronstadt 27 Fabrikbetriebe mit 1.722 Beschäftigten gemeldet, ebenso viele im Munizipium (kreisfreie Stadt) Klausenburg mit 2.454 Arbeitneh-

63 Der Plan der sächsischen Wirtschaftspolitiker, die kleinen Handwerksbetriebe über den Weg der Genossenschaftsbildung zu Großbetrieben zu entwickeln, scheiterte jedoch weitgehend an der Kooperationsunwilligkeit der Handwerker. Tandler: Siebenbürgen (Anm. 31), S. 38f.

64 Richard Tilly: Eine neue europäische Wirtschaftsgeschichte der späten Neuzeit: Vorläufer und Problemfelder. In: Heinz Duchhardt, Andreas Kunz (Hg.): Europäische Geschichte als historiographisches Problem. Mainz 1997 (Veröffentlichungen des Instituts für Europäische Geschichte Mainz, Abteilung Universalgeschichte 42), S. 160–164.

65 Die geringe Bedeutung der ungarischen Industrie lässt sich auch im europäischen Vergleich feststellen. Im Jahr 1900 waren lediglich 13,4 % der Erwerbstätigen Ungarns in der Industrie und im Bergbau beschäftigt (Österreich 23,3 %, Deutschland 37,5 %), im Bereich Handel und Verkehr lediglich 4,1 % (Österreich 5,4 %, Deutschland 12,4 %). Aufgrund der reduzierten Ausbildungsmöglichkeiten für den Ingenieursnachwuchs war Ungarn auf den Zuzug von Ingenieuren aus Österreich und Deutschland angewiesen. Offergeld: Grundlagen (Anm. 31), S. 6, 49–51, 217–222.

66 Nach der ungarischen Statistik galten produzierende Unternehmen mit mehr als 20 Beschäftigten als Industriebetriebe. Im Banat stieg die Zahl der in der Industrie Beschäftigten von 91.200 (1890) auf 135.800 (1910). Vgl. Kaposi: Wirtschaft (Anm. 14), S. 85.

mern. Es folgten die Komitate Hunyad mit 25 (3.072 Beschäftigte) und Hermannstadt mit 22 Industriebetrieben (1.223 Beschäftigte). Dabei fällt auf, dass die Zahl der Fabriken mit mehr als 100 Arbeitnehmern sehr klein war: im Komitat Kronstadt waren es drei, im Munizipium Klausenburg ebenfalls drei, im Komitat Hunyad fünf und im Komitat Hermannstadt lediglich ein Betrieb.[67] Für die hohe Zahl im Komitat Hunyad (Südwestsiebenbürgen) war die Konzentration der Schwerindustrie im größten siebenbürgischen Kohlerevier (Schieltal) verantwortlich.[68] Dass der Schwerpunkt der gewerblichen Produktion zur Jahrhundertwende immer noch auf den Klein- und Mittelbetrieben mit weniger als 20 Hilfspersonen lag, verdeutlicht die Gesamtzahl der beschäftigten Personen. Während in den 27 Großbetrieben des Komitates Kronstadt insgesamt 1.722 Hilfspersonen arbeiteten, waren es in den 3.414 Klein- und Mittelbetrieben insgesamt 4.043 Hilfspersonen. Bezogen auf Gesamtsiebenbürgen arbeiteten (ohne den Bergbau) 15.310 Hilfspersonen in 185 Großbetrieben, während 35.400 Hilfspersonen in 50.833 Klein- und Mittelbetrieben tätig waren. Damit wird deutlich, dass der Ein-Mann-Betrieb die Regel darstellte und sich wenige Handwerker Hilfskräfte leisten konnten.[69] Der Trend zum Industrieunternehmen beschleunigte sich allerdings nach der Jahrhundertwende. Bis 1910 stieg die Zahl der Unternehmen im Kronstädter Komitat mit mehr als 20 Arbeitnehmern von 27 auf 46. Zwei Drittel dieser Firmen beschäftigten 21 bis 50 Mitarbeiter, 12 hatten mehr als 51 Beschäftigte und fünf mehr als 100.[70]

Die in Siebenbürgen vor dem Ersten Weltkrieg anziehende Konjunktur erhielt durch Investitionen, die von ausländischen Unternehmen und Banken getätigt wurden, zusätzlichen Auftrieb. Österreichisch-ungarisches, deutsches oder englisches Kapital sicherte die Gründung neuer Fabriken ab. Die Kronstädter Handels- und Gewerbekammer versuchte vor allem Industrielle und Banken aus dem Deutschen Reich, wie die Bayerische Bank (München) oder die Deutsche Bank (Berlin), durch

---

67 Die herausragende Rolle, die Kronstadt, neben Klausenburg, als Industriemetropole Siebenbürgens spielte, lässt sich auch am Gemeindevermögen ablesen. Es betrug in Kronstadt im Jahr 1900 insgesamt 14.551.500 Kronen, in Hermannstadt nur 5.579.900 Kronen. Die Einnahmen Kronstadts stiegen von 839.000 Kronen im Jahr 1880 auf 5.155.000 Kronen im Jahr 1910, während jene von Hermannstadt im gleichen Zeitraum von 347.600 auf ca. 3 Mio. Kronen anwuchsen. Schöck: Brassó (Anm. 10), S. 170.

68 Die 27 Fabrikunternehmen Kronstadts verteilten sich auf folgende Branchen: „Stein- und Braunkohleabbau (1 Betrieb), Eisenmöbel und Geldschrankfabrik (1 Betrieb), Maschinenfabrik (1 Betrieb), Eisenbahnwerkstatt (1 Betrieb), Zementfabrik (1 Betrieb), Ziegelfabrik (2 Betriebe), Sägewarenfabrik (3 Betriebe), Möbelfabrik (2 Betriebe), Wollindustrie (2 Betriebe), Strick- und Wirkwarenfabrik (1 Betrieb), Papierfabrik (1 Betrieb), Zuckerfabrik (1 Betrieb), Salamifabrik (1 Betrieb), Bierbrauerei (2 Betriebe), Spiritusfabrik (2 Betriebe), Petroleumraffinerie (1 Betrieb), Chemiefabrik (1 Betrieb). Baugewerbe (1 Betrieb).“ Nach Tandler: Siebenbürgen (Anm. 31), S. 52–55.

69 In Siebenbürgen waren 97,7 % aller Betriebe sogenannte „Kleinbetriebe“. In Ungarn betrug dieser Wert 97,4 %. Nach ebd., S. 96–99.

70 Zwischen 1890 und 1910 stieg die Zahl jener Berufstätigen im Komitat Kronstadt, die in Unternehmen ab 20 Beschäftigten arbeiteten, von 1,9 % aller Arbeitnehmer auf 16,9 %. Zu den Fabrikgründungen in Kronstadt und dem Burzenland zwischen der Jahrhundertwende und dem Ersten Weltkrieg siehe: Braşov – monografie comercială (Anm. 11), S. 136–140. Vgl. Schöck: Brassó (Anm. 10), S. 129–130.

geführte Geschäftsreisen innerhalb Siebenbürgens vom ökonomischen Potential des Landes zu überzeugen. Damit sollten der Umstand, dass die großen Budapester Banken vor allem in Nord- und Westsiebenbürgen investierten, und die in Südsiebenbürgen empfundene Benachteiligung durch die ungarische Regierung ausgeglichen werden.[71] Allerdings vermerkt die ungarische Statistik, dass bei der Umrechnung der Summen der staatlichen Industrieförderprogramme auf die jeweilige Einwohnerzahl das Komitat Kronstadt landesweit die dritte Stelle nach den westungarischen Gebieten und Oberungarn (Schwerpunkt Zips) einnahm.[72] Die Tatsache, dass ca. 80 % der Eigentümer der Großbetriebe im Komitat Kronstadt der Gruppe der Siebenbürger Sachsen zuzurechnen waren,[73] führte zwar zu „nationalitätenpolitischen" Interpretationen, die sich aber kaum nachteilig auf das Verhältnis der Unternehmer zum ungarischen Staat auswirkten.[74] Die stabile Entwicklung der Burzenländer Industriebetriebe lag im Interesse der ungarischen Regierungen, die trotz gezielter Fördermaßnahmen den permanenten Kapitalmangel in der östlichen Reichshälfte nur unzureichend beheben konnten. Dies führte dazu, dass viele Kronstädter Gründerpersönlichkeiten ihre Gewinne umgehend wieder in das Familienunternehmen investierten und ihren privaten Konsum deutlich einschränkten. Während des Ausbaus ihrer Handwerksbetriebe zum Industrieunternehmen gehörten die Gründer oft nicht zu den größten Steuerzahlern der Stadt, den Virilisten,[75] da sich die Expansion ihrer Firmen selten auf umfangreiche Bankkredite stützen konnte. Durch ihren wirtschaftlichen Erfolg akkumulierten die Gründer und ihre Nachkommen immer mehr Kapital, das sie in Form von Beteiligungen an anderen Industrieunternehmen investierten. Die aus dem Zollkrieg gestärkt hervorgegangenen Familienunternehmen betätigten sich damit als Geburtshelfer für nach 1891 gegründete Firmen, die kaum auf Kredite lokaler Banken hoffen konnten, da von den Kronstädter Kreditinstituten lediglich die 1835 gegründete „Kronstädter allgemeine Sparkasse" den Zollkrieg überlebt hatte.[76]

71 Tandler: Siebenbürgen (Anm. 31), S. 83f. Vgl. Schöck: Brassó (Anm. 10), S. 128f.

72 Kaposi: Wirtschaft (Anm. 14), S. 79.

73 Siehe das Verzeichnis der Kronstädter Firmen und Fabriken für die Jahre 1880 und 1914: Adressen-Buch der Stadt Kronstadt 32 (1880), S. 30–36, 56f.; Kronstädter Adressen-Kalender 76 (1914), S. 157–164, 238.

74 Der ungarische Reichstagsabgeordnete Gustáv Beksics warnte 1899 im ungarischen Parlament, die Industrie „könne in Siebenbürgen wegen der Sachsen zu einer wahren Gefahr werden": Carl Göllner: Wirtschaft 1849–1914. In: Ders. (Red.): Die Siebenbürger Sachsen in den Jahren 1848–1918. Köln, Wien 1988 (Siebenbürgisches Archiv 22), S. 86, 89. Vgl. Schöck: Brassó (Anm. 10), S. 133f.; Gernot Nussbächer: Caietele Corona. Contribuţii istoria Braşovului [Corona Hefte. Beiträge zur Geschichte Kronstadts]. H. 5. Braşov 2006, S. 96–98. Vgl. Philippi: Kronstadt (Anm. 59), S. 229.

75 Siehe die Aufstellung der Virilisten der Kronstädter Komitats-Repräsentanz sowie der Stadt-Repräsentanz für die Jahre 1880 und 1914: Adressen-Buch der Stadt Kronstadt 32 (1880), S. 7f., 13–15; Kronstädter Adressen-Kalender 76 (1914), S. 122–124, 132–134.

76 Zur Tätigkeit der Sparkasse siehe: Fest- und Jahresbericht anlässlich des 75jährigen Bestandes der Kronstädter allgemeinen Sparkasse für die Zeit von 1835 bis 1909. Festbericht hg. vom Direktionsrat. Kronstadt 1910. Vgl. Schöck: Brassó (Anm. 10), S. 126f.

Der Konzentration des Kapitals in den Händen weniger Familien und Firmen während der Gründerzeit stand – wie in anderen europäischen Regionen und Staaten – ein Anstieg der Arbeiterschaft gegenüber. Unter den Kronstädter Arbeitern stellten die Magyaren 1910 einen überproportional hohen Anteil (56 % gegenüber 43,4 % Bevölkerungsanteil). Der Anteil der Rumänen an den Industriearbeitern (29 %) entsprach etwa ihrem Prozentsatz an der Stadtbevölkerung (29,7 %). Der relativ geringe Anteil der Deutschen an der Arbeiterschaft (15 % gegenüber 26,4 % Bevölkerungsanteil) erklärt sich einerseits durch die Tatsache, dass deren relativ hohe fachliche Qualifikation dazu führte, dass sie vor allem als Meister und technische oder kaufmännische Angestellte beschäftigt wurden. Andererseits wanderten viele gescheiterte siebenbürgisch-sächsische Selbständige nach Amerika aus, um dem als besonders stark empfundenen sozialen Abstieg in der Heimat zu entgehen.[77] Von den ca. 250.000 Siebenbürger Sachsen waren vor dem Ersten Weltkrieg bereits über 12.000 als Arbeiter in den USA beschäftigt. Die Tatsache, dass das Kronstädter Komitat zu den am stärksten industrialisierten Regionen Siebenbürgens gehörte, führte dazu, dass hier die Auswanderungsrate relativ niedrig blieb.[78]

Den auch bei den Deutschen Siebenbürgens zu beobachtenden Proletarisierungsprozess verfolgte die politische und kirchliche Elite der Siebenbürger Sachsen mit großer Sorge, da sie fürchtete, die sächsischen Arbeiter könnten unter dem Einfluss der Sozialdemokraten von den rumänischen und ungarischen Arbeitern assimiliert werden. Bereits 1890 entstand in Kronstadt ein „Sozialistischer Arbeiterclub"; 1897 wurde eine sozialdemokratische Partei in Kronstadt gegründet, der viele Deutsche angehörten und die sich für das allgemeine Wahlrecht und eine Verbesserung der Arbeitsbedingungen in den Fabriken einsetzte. Um ihren Forderungen Nachdruck zu verleihen, organisierten die Sozialdemokraten 1907 einen Generalstreik, dem es gelang, fast alle Kronstädter Betriebe stillzulegen. Dieser Entwicklung sollte der 1906 gegründete „Kronstädter Deutsch-Sächsische Arbeiterbildungsverein" Einhalt gebieten, indem er nicht nur die technische und kaufmännische Fortbildung der sächsischen Arbeiter fördern, sondern auch deren nationale Identität durch Vorträge mit allgemeinbildendem Charakter stärken sollte.[79]

---

77 Vgl. Breckner: Wirtschaft (Anm. 53), S. 52f.

78 1905 wanderten aus dem Komitat Kronstadt 307 Personen aus, davon 204 nach Amerika, 80 nach Rumänien und 23 in andere Kontinente. Im gleichen Jahr wanderten 38 Personen zurück ins Komitat Kronstadt. Davon kamen 26 aus Rumänien und 12 aus Amerika. Siehe Tandler: Siebenbürgen (Anm. 31), S. 74f. Die Statistik für die sich 1870 im Ausland befindenden Bürger des Kronstädter Distrikts weist einen eindeutigen Schwerpunkt in Rumänien auf. Von 3.435 im Ausland lebenden Menschen hatten 3.394 ihren Wohnsitz in Rumänien, in den außereuropäischen Staaten lediglich 2 Personen: Johann Hintz: Das wandernde Siebenbürgen. Eine statistische Studie. Hg. v. d. Handels- und Gewerbekammer in Kronstadt. Kronstadt 1876, S. 25.

79 Zu den Lebens- und Arbeitsbedingungen siebenbürgischer Arbeiter vor dem Ersten Weltkrieg siehe Göllner: Wirtschaft (Anm. 74), S. 88f.; Schöck: Brassó (Anm. 10), S. 130–132. Zur Arbeiterfrage in Siebenbürgen siehe Tandler: Siebenbürgen (Anm. 31), S. 133–139; Roth: Kronstadt (Anm. 2), S. 197f.

6. Industriebranchen und Gründerpersönlichkeiten

Ein kurzer Überblick über die vertretenen Industriebranchen und eine ausführlichere Vorstellung einzelner Gründerpersönlichkeiten sollen im Folgenden den Burzenländer Industrialisierungsprozess veranschaulichen.[80]

Nicht nur in Ungarn, sondern auch im Kronstädter Komitat hatte die Textilindustrie eine Schlüsselstellung inne.[81] Ihre Ursprünge lagen im Kronstädter Leinenweber- und Tuchmachergewerbe, das noch bis in das späte 19. Jahrhundert große Mengen gewaschener Wolle und Grobtuch erzeugte. Durch den Industrialisierungsprozess ging die Zahl der auf die Textilherstellung spezialisierten Handwerkerbetriebe drastisch zurück. Von den 137 im Jahr 1847 verzeichneten Leinwebern überlebte bis 1916 nur ein einziger Betrieb.[82] Einigen Handwerkern gelang bis zum Ersten Weltkrieg der Ausbau des Familienbetriebs zum Industrieunternehmen. Dies war bei den 1898 gegründeten „Kronstädter Vereinigten Wirkwarenfabriken“ des Johann Herter und der Wirkwarenfabrik „Georg Foith & Co.“ sowie bei der 1910 gegründeten Strick- und Wirkwarenfabrik des Johann Teutsch und der Tuchfabrik des Friedrich Kleverkaus der Fall.[83]

Die Ursprünge der zweitgrößten Tuchfabrik des Königreichs Ungarn lagen in der von Michael Scherg (1798–1873) 1823 gegründeten Tuchmacherwerkstatt, dessen Urgroßvater aus dem preußischen Teil Schlesiens nach Siebenbürgen eingewandert war (Abb. 4). Dessen Sohn Wilhelm Scherg (1855–1930) konnte nach dem Tod des Vaters die Webschule in Grünberg (Preußisch-Schlesien) besuchen und Erfahrungen in einer Tuchfabrik im nordhessischen Melsungen sammeln, da seine Mutter, Katharina Scherg, die Leitung der Firma übernommen hatte. Wilhelm Scherg baute nach seiner Rückkehr im Jahr 1876 den Betrieb konsequent zum Fabrikunternehmen aus, indem er die ersten mechanischen Webstühle Siebenbürgens aufstellen ließ. Das schnell expandierende Unternehmen ließ 1884 einen Fabrikneubau im Stadtteil Blumenau errichten und firmierte danach unter dem Namen „Wilhelm Scherg & Cie.“. Während des Zollkriegs spezialisierte sich die Fabrik auf die Herstellung feinerer Stoffe und erschloss sich neue Absatzmärkte in Ungarn, Bulgarien und im Osmanischen Reich, wo sie Niederlassungen in Konstantinopel, Adriano-

---

80 Zur Entwicklung der einzelnen Industriebranchen in ausgewählten Stichjahren siehe die Berichte der Handels- und Gewerbekammer Kronstadts von 1878/1879, 1892 und 1902: Bericht der Handels- und Gewerbekammer in Kronstadt über die Gewerbe-, Handels- und Verkehrsverhältnisse im Kammergebiet (südöstliches Siebenbürgen) für die Jahre 1878 und 1879. Kronstadt 1882, S. 273–364; Bericht der Handels- und Gewerbekammer in Kronstadt über die geschäftlichen Verhältnisse in ihrem Bezirk im Jahre 1892. Kronstadt 1893, S. 42–84, 90–98; Bericht der Handels- und Gewerbekammer in Brassó über die volkswirtschaftlichen Verhältnisse des Kammerbezirks im Jahre 1902. Kronstadt 1903, S. 22–46. Vgl. Roth: Kronstadt (Anm. 2), S. 184f.

81 Die Textilindustrie wurde vom ungarischen Handelsministerium gezielt gefördert (21 % der staatlichen Steuer- und Gebührenfreiheit), weshalb es ihr gelang, ihre Produktion zwischen 1898 und 1913 zu vervierfachen. Kaposi: Wirtschaft (Anm. 14), S. 84.

82 Schöck: Brassó (Anm. 10), S. 122–125; Binder: Handel (Anm. 50), S. 118–121.

83 Siehe das Verzeichnis der Kronstädter Firmen und Fabriken für 1914. In: Kronstädter Adressen-Kalender 76 (1914), S. 157–164.

4 Tuchfabrik Scherg (1884). Aus: Gedenkschrift aus Anlaß des 100-jährigen Bestandes der Firma Wilhelm Scherg & Cie. in Kronstadt. 1823–1923. Hundert Jahre im Dienste der Arbeit. Kronstadt 1923, S. 26

pel, Smyrna, Saloniki, Trapezunt und Armenien eröffnete, die einen weiteren Export u.a. nach Persien sicherstellten. Dies führte dazu, dass Wilhelm Scherg zusammen mit Josef Schreiber (1842–1900) und Georg Schmutzler (1856–1930), die Wilhelm Schergs Schwestern Johanna Catharina bzw. Ida Rosalia geheiratet hatten und zu Teilhabern des Unternehmens geworden waren, noch während des Zollkriegs die Produktion 1888 ausweiteten und die Fabrik 1892 um das Doppelte vergrößern ließen. Die guten Geschäftszahlen ermöglichten die Übernahme kleinerer Tuchfabriken am Untertömösch (1899) und in der Dirste (1904). Einen weiteren Expansionsschub erlebte das Unternehmen zwischen 1907 und 1912, der im Ersten Weltkrieg durch Rohstoffmangel, Requisitionen der rumänischen Armee und die Zerstörung der Tömöscher Fabrik deutlich abgeschwächt wurde. Nach dem Krieg erholte sich das Unternehmen jedoch rasch und gehörte bis zum Zweiten Weltkrieg zu den größten Industriebetrieben Siebenbürgens.[84]

84 Gedenkschrift Scherg (Anm. 55), S. 3–20. Vgl. Wollmann: Patrimoniu, Bd. 2 (Anm. 54), S. 327–329; vgl. Kronstädter Zeitung 1936 (Anm. 54), S. 68f.

5 Briefköpfe der Maschinenfabrik Teutsch und der Tuchfabrik Tellmann. Aus: Harald Roth (Hg.): Kronstadt. Eine siebenbürgische Stadtgeschichte. München 1999, S. 118

Den Grundstein für das zweitgrößte Textilunternehmen Kronstadts legte der Tuch- und Wollwebermeister Christian Tellmann, der 1864 in der Inneren Stadt einen Handwerksbetrieb eröffnete (Abb. 5). Nach Ausbruch des Zollkriegs gefährdete der Wegfall des rumänischen Absatzgebietes die Existenz seines Betriebs, sodass er sich mit drei anderen Textilmeistern aus Kronstadt zusammentat, um durch die Bündelung der Ressourcen und modernere Produktionsmethoden den Kampf mit der Konkurrenz bestehen zu können. Friedrich Kleverkaus, Wenzel Tandler, Friedrich Thalmayer und Christan Tellmann gründeten in den späten 1880er Jahren eine Genossenschaftsspinnerei und Appretur am Untertömösch, unweit von Kronstadt in den Südkarpaten gelegen, um die dortige Wasserkraft nutzen zu können.[85]

85 Vgl. Tandler: Siebenbürgen (Anm. 31), S. 151.

Nach Lehrjahren in Jägerndorf (Österreichisch-Schlesien) und Deutschland übernahm 1898 der Sohn des Gründers, Wilhelm Tellmann (1865–1921), die Leitung des Unternehmens. Als Voraussetzung für den Ausbau des Unternehmens zu einer modernen Tuchfabrik sah Wilhelm Tellmann die Übersiedlung nach Kronstadt an, das vor allem über die nötige Infrastruktur verfügte. Er löste sich von den Geschäftspartnern seines Vaters und gründete 1908 mit den Industriellen Dr. Carl Flechtenmacher sen., Adolf Hesshaimer, Emanuel Mayer, Wilhelm Rhein und Peter Scheeser die „Wilhelm Tellmann & Comp. Aktiengesellschaft", deren Leitung er übernahm. Die Gesellschafter einte die Überzeugung, dass die wirtschaftliche Konjunktur die Existenz einer zweiten großen Tuchfabrik in Kronstadt erlaube. Mithilfe einer Subvention des ungarischen Handelsministeriums wurde vom Stadtarchitekten Albert Schuller 1908–1909 ein moderner Fabrikbau im Kronstädter Stadtteil Bartholomä mit Anschluss an den Tömöschkanal errichtet. In den Jahren bis zum Beginn des Ersten Weltkriegs investierte das Unternehmen kontinuierlich in die Anschaffung neuer Maschinen und den Bau neuer Produktionshallen. Die hohen Investitionskosten, aber auch die starke Konkurrenz durch österreichische Industriebetriebe und die etablierte lokale Tuchfabrik Scherg führten dazu, dass die Firma zunächst rote Zahlen schrieb. Während der Ausbruch des Weltkrieges viele Unternehmen in die Existenzkrise stürzte, erlebte die Tuchfabrik Tellmann ihren ersten großen Aufschwung nach 1914. Ein Kredit der Kronstädter Nationalbank A.G. ermöglichte die Anschaffung zusätzlicher Rohmaterialmengen, sodass die Fabrik größere Aufträge der österreichisch-ungarischen Armee übernehmen konnte. Dass die Nationalbank diesen entscheidenden Kredit angesichts der nach Kriegsausbruch am Geldmarkt herrschenden Panik gewährte, war vor allem der Fürsprache des Gesellschafters Peter Scheeser zu verdanken, der mit der Elite Kronstadts gut vernetzt war. Hilfreich waren sicherlich auch die Tatsachen, dass der amtierende Präsident der Handels- und Gewerbekammer Kronstadts, Wilhelm Paul, mit Wirkung zum 1. Januar 1914 als siebenter Gesellschafter der Tuchfabrik aufgenommen worden war und dass die Ehefrau Wilhelm Tellmanns, Klothilde geb. Beer, eine Cousine 1. Grades des Leitenden Direktors der Nationalbank, Hugo Beer, und eine Cousine 2. Grades des Kronstädter Reichstagsabgeordneten und Papierfabrikanten Traugott Copony war, der zu jener politischen Gruppierung gehörte, die die Nationalbank 1899 gegründet hatte.[86] An diesem Beispiel soll verdeutlicht werden, wie gewinnbringend eine mit den Methoden der Historischen Netzwerkforschung durchgeführte Analyse der Entscheidungen, die von der Kronstädter Wirtschafts- und Politikelite getroffen wurden, sein könnte. Die stabile Auftragslage als Armeelieferant ermöglichte der Firma in den Kriegsjahren eine konstante Expansion, die auch von der zeitweiligen Besetzung Kronstadts durch rumänische Truppen im September und Oktober 1916 nicht beeinträchtigt wurde. Da die Firma die Kriegszeit gut überstanden hatte, konnte sie

86 Hugo Beer: Geschichte der ersten 25 Jahre der Burzenländer Bank Aktiengesellschaft vormals National-Bank Aktiengesellschaft zu Kronstadt in Siebenbürgen. Stuttgart 1926.

sich auch in den folgenden 25 Jahren als zweitgrößte Tuchfabrik Kronstadts behaupten.[87]

Der Maschinenbaubereich gehörte zu den dynamischsten Branchen in Ungarn. Zwischen 1884 und 1913 verfünffachten sich die dort tätigen Arbeitskräfte. 60 % des Maschinenbaus konzentrierte sich in Budapest. Weitere Maschinenbauzentren hatten sich im Banat, in Fünfkirchen und Kronstadt entwickelt.[88] In *Corona* waren im 14. Jahrhundert die eisenverarbeitenden Zünfte der Schmiede, Gold-, Kessel- und Messerschmiede, Schlosser, Sporer, Schwertfeger, Plattner, Bogner oder Zinn- und Glockengießer entstanden. Viele dieser Gewerbe verschwanden im Laufe des 19. Jahrhunderts. Ihre Nachfolge in Kronstadt traten im späten 19. Jahrhundert zwei Handwerksbetriebe an, die zu Industrieunternehmen ausgebaut wurden.[89] In der Burzenländer Großgemeinde Zeiden konnte sich Johann M. Horvath mit seiner Werkzeugfabrik etablieren.[90] 1914, kurz vor dem Ausbruch des Ersten Weltkriegs, wurde in Kronstadt die Firma „R. Goldschmidt" gegründet, die eine Maschinenfabrik aufbaute, die auch Kunstmühlen herstellen sollte.[91]

Der 1833 von Julius Teutsch gegründete Handwerksbetrieb zur Erzeugung von Glocken und Metallgussartikeln expandierte1868 unter der Leitung des Sohnes Julius Teutsch jun. durch die Errichtung einer Maschinenschlosserei, in der auch Feuerspritzen und Pumpen erzeugt wurden. Nach dem frühen Tod des Firmeninhabers führte dessen Witwe den Betrieb bis zur Volljährigkeit des Sohnes Julius Teutsch III. weiter. Er verlegte das Unternehmen aus der Inneren Stadt in den Stadtteil Blumenau, wo er 1893 neue Fabrikanlagen errichten ließ. Die Erzeugung und Reparatur von landwirtschaftlichen Maschinen und die neue Eisengießerei ermöglichten den Ausbau der Firma „Jul. Teutsch, Erste Kronstädter Maschinenfabrik und Eisengießerei" zur zweitgrößten Maschinenfabrik Kronstadts.[92]

Zu den bedeutendsten Gründern Kronstadts zählten die Angehörigen der Familie Schiel. Die Söhne des Friedrich Schiel (1818–1899), Pfarrer in den Burzenländer Gemeinden Wolkendorf und Rosenau, Karl (1851–1894), Samuel (1857–1944) und Johann (1859–1913) Schiel durchliefen eine kaufmännische Ausbildung. Karl trat 1873 in den Dienst des Unternehmens Königes & Copony ein, besuchte 1874 mit seinem Bruder Samuel das Technikum in Frankenberg (Sachsen) und absolvierte anschließend ein Praktikum in der Papierfabrik des Grafen Falkenhayn in St. Wolfgang (Oberösterreich). 1875 übertrug Martin Copony die Geschäftsführung der Pa-

---

87 Siehe die unveröffentlichte Festschrift „75 Jahre Kronstädter Tuchfabrik Wilhelm Tellmann & Comp. Aktiengesellschaft 1864–1939. Kronstadt 1939", S. 3–19; Wollmann: Patrimoniu, Bd. 2 (Anm. 54), S. 330. Vgl. Wollmann: Patrimoniu, Bd. 3 (Anm. 54), S. 22f.; Schöck: Brassó (Anm. 10), S. 127; Kronstädter Zeitung 1936 (Anm. 54), S. 95.

88 Kaposi: Wirtschaft (Anm. 14), S. 82.

89 Binder: Handel (Anm. 50), S. 116f.

90 Zu den bis 1886 in den Burzenländer Gemeinden gegründeten Industriebetrieben siehe: Braşov – monografie comercială (Anm. 11), S. 124.

91 Kronstädter Adressen-Kalender 1914 (Anm. 83), S. 157–164. Vgl. Dumitraşcu, Maximescu: Braşov (Anm. 37), S. 91.

92 Kronstädter Zeitung 1936 (Anm. 54), S. 75. Vgl. Schöck: Brassó (Anm. 10), S. 158.

pierfabriken in Tartlau und Zernescht Karl Schiel, der sich 1880 selbständig machte. Mit seinen Brüdern Samuel und Johann (Hans) gründete er 1880 in Kronstadt eine Maschinenschlosserei.[93] Nachdem der aus Heilbronn stammende Carl Rudolf Ganzert (1859–1955) 1883 Teilhaber der Firma geworden war, gelang es den Eigentümern, den Betrieb zum größten Maschinenbauunternehmen Kronstadts auszubauen. Die Geschäftsbeziehungen wurden durch die Ehe Carl Ganzerts mit Elisabeth Schiel (1855–1937), einer Schwester der drei erwähnten Schiel-Brüder, und die Vermählung Samuel Schiels mit Marie Julie geb. Ganzert (1860–1921) gefestigt. Die offene Handelsgesellschaft „Schiel & Ganzert Maschinenfabrik und Mühlenbauanstalt", die sich auch an der Gründung der bereits erwähnten Papierfabrik im rumänischen Buşteni beteiligte, errichtete 1910–1912 im Stadtteil Blumenau moderne Fabrikhallen, in denen verschiedene Maschinen, u.a. Dieselmotoren, Straßenwalzen oder Betonmischmaschinen, hergestellt und Dampflokomotiven repariert wurden.[94]

Die Chemieindustrie Kronstadts entwickelte sich im 19. Jahrhundert aus dem Gewerbe der Pulvermacher, Salpetersieder, Seifensieder, Wachs- und Kerzengießer. Die 1840 von Daniel Eitel gegründete Werkstatt zur Seifenherstellung baute dessen Sohn Gustav Eitel zur Kerzen- und Seifenfabrik aus, für die im Kronstädter Stadtteil Bartholomä ein moderner Zweckbau errichtet wurde. Aus dem 1860 gegründeten Handwerksbetrieb des Johann Orendi entwickelte sich die „Erste Kronstädter Seifen- und Kerzenfabrik". Eine dritte Fabrik (Breckner & Clompe Seifen- und Kerzenfabrik) errichtete der Kronstädter Geschäftsmann Friedrich Clompe im Stadtteil Martinsberg.[95] Nach der Erschließung der Erdölvorkommen im Norden des Fürstentums Walachei gründete der aromunische Kaufmann Constantin Nicolau 1853 im Kronstädter Stadtteil Bartholomä eine der ersten Erdölraffinerien Europas. Bis 1878 entstanden fünf weitere Erdölraffinerien in Kronstadt, darunter die Mineralölfabrik des C. G. Joannides. 1896 erfolgte die Errichtung einer Schwefelsäure- und Kunstdüngerfabrik.[96]

Während die Lederverarbeitung in Kronstadt noch im 16. Jahrhundert den wichtigsten Gewerbezweig stellte, nahm die Anzahl der Gerber, Lederer, Schuster, Kürschner, Riemer und Sattler im 19. Jahrhundert rasant ab. Einigen lederverarbeitenden Meistern gelang die Umwandlung ihrer Betriebe in eine Fabrik, zum Beispiel den Brüdern Scherg (gegründet 1863) und Moritz Schlandt (gegründet 1910).[97]

Die seit dem 14. Jahrhundert in Kronstadt nachgewiesenen Wassermühlen gingen von 39 (1830) auf 15 (1870) zurück[98] und wurden bis zum Ersten Weltkrieg von modernen Kunstmühlen, u.a. vom 1880 gegründeten Mühlbetrieb „Martin Fromm

93 Vgl. Muntean: Braşovul (Anm. 56), S. 188f.
94 Kronstädter Zeitung 1936 (Anm. 54), S. 48. Vgl. Schöck: Brassó (Anm. 10), S. 125. Vgl. Volker Wollmann: Patrimoniu preindustrial şi industrial în România [Das vorindustrielle und industrielle Erbe in Rumänien]. Bd. 1. Sibiu 2010, S. 317f.
95 Wollmann: Patrimoniu, Bd. 3 (Anm. 54), S. 405–406. Kronstädter Zeitung 1936 (Anm. 54), S. 97.
96 Binder: Handel (Anm. 50), S. 116. Vgl. Dumitraşcu, Maximescu: Braşov (Anm. 37), S. 92f.
97 Binder: Handel (Anm. 50), S. 119. Vgl. Kronstädter Zeitung 1936 (Anm. 54), S. 56, 60.
98 Binder: Handel (Anm. 50), S. 119.

& Söhne", ersetzt.[99] Die von Rudolf Seewaldt 1865 erworbene Mühle baute sein Sohn Alfred Seewaldt ab 1890 zur „Ersten Kronstädter Kunstmühle und Teigwarenfabrik Seewaldt" aus. Die Umstellung auf moderne Produktionsverfahren und die 1905 begonnene Herstellung von Teigwaren gewährleisteten, dass das Unternehmen als einziges von sieben Kunstmühlen in Kronstadt (im Jahr 1900) bis zum Zweiten Weltkrieg Bestand hatte.[100]

Neben Mühlbetrieben standen auch Zuckerbäckereien am Anfang der Entwicklung einer Kronstädter Nahrungsmittelindustrie. Thomas Thieß und der Zuckerbäcker Gustav Seidel gründeten 1889 in Kronstadt die erste Süßwarenfabrik Siebenbürgens. Zehn Jahre später wurde der Industriebetrieb von der Firma „J. L. & A. Hesshaimer" übernommen.[101] Diese geht auf die von Johann Ludwig Hesshaimer 1843 am Kronstädter Marktplatz eröffnete „Erste Sächsische Spezereiwarenhandlung ‚Zum weissen Löwen'" zurück. Dessen jüngerer Bruder Adolf Hesshaimer wurde wenige Jahre später ein Teilhaber der Kolonialwarenfirma, die wiederum dessen Sohn, Adolf Hesshaimer jun. (1860–1943), im Jahr 1891 erbte. Nach seiner Ausbildung in Großhandelshäusern Wiens und Triests baute Letzterer die Firma zu einem auf Lebensmittel spezialisierten Großhandelshaus aus,[102] das durch die 1899 erfolgte Gründung der Kanditen- und Schokoladenfabrik „Erste Siebenbürgische Kanditenfabrik A. G." auch zu einem führenden Industriebetrieb Kronstadts wurde.[103] Diese Gründung war nach der erwähnten Übernahme der „Kommandit-Gesellschaft Thieß & Seidel" möglich geworden, die in eine Aktiengesellschaft umgewandelt wurde, in der Hesshaimer die Mehrheit der Aktien hielt.[104] Zu Beginn des 20. Jahrhunderts weitete die Fabrik ihre Produktpalette aus, die zunächst auf die Bedürfnisse der Landbevölkerung zugeschnitten war. Die danach erzielten Gewinne ermöglichten der Firma Hesshaimer die Beteiligung an anderen Fabrikgründungen, zum Beispiel an der Tuchfabrik Tellmann.[105]

Bierbrauer und Schnapsbrenner legten den Grundstein für den Aufbau einer Kronstädter Getränkeindustrie, die zum Beispiel vom Likörfabrikanten Karl von Kenyeres geprägt wurde, der seinen Industriebetrieb 1871 gegründet hatte. Dominiert wurde die Herstellung alkoholischer Getränke jedoch vom Lebensmittelkonzern Czell, der auf den Kronstädter Friedrich Czell zurückgeht, der ursprünglich Schafswolle nach England exportierte. Nach einigen Jahren wechselte er die Branche, indem er sich auf die Spiritus-Fabrikation spezialisierte und 1855 in der Bur-

99 Dumitrașcu, Maximescu: Brașov (Anm. 37), S. 91. Vgl. Wollmann: Patrimoniu, Bd. 3 (Anm. 54), S. 131.

100 Wollmann: Patrimoniu, Bd. 3 (Anm. 54), S. 180f.; Kronstädter Zeitung 1936 (Anm. 54), S. 47; Schöck: Brassó (Anm. 10), S. 122.

101 Binder: Handel (Anm. 50), S. 119f.

102 Siehe die Festschrift: Hundert Jahre J. L. & A. Hesshaimer (1843–1943). Kronstadt 1943, S. 3–8.

103 Kroner: Siebenbürger Sachsen (Anm. 57), S. 56.

104 Wollmann: Patrimoniu, Bd. 3 (Anm. 54), S. 294–296.

105 Kronstädter Zeitung 1936 (Anm. 54), S. 32, 55. Vgl. Brașov – monografie comercială (Anm. 11), S. 130.

zenländer Gemeinde Neustadt die Spiritusfabrik „Czell und Arzt" errichten ließ. Das inzwischen zur Firma „Erste Dampf-Bierbrauerei Friedrich Czell & Söhne" (1892) angewachsene Unternehmen kaufte 1888 die Spiritusbrennerei Quittner in der Kronstadt vorgelagerten Siedlung Dirste (rum. Dârste). Dort errichtete Czell 1896 eine moderne Spiritusfabrik samt Bierbrauerei, die schnell expandierte und bereits zwei Jahre später die Bierbrauerei des Johann Habermann übernehmen konnte. Der rasche Erfolg des Unternehmens führte dazu, dass die drei Söhne des Firmengründers Friedrich Czell, Karl, Wilhelm und Friedrich jun., innerhalb weniger Jahre zu den größten Steuerzahlern Kronstadts aufstiegen.[106] Die Firma Friedrich Czell & Söhne initiierte 1889 die Gründung einer Zuckerfabrik in Brenndorf, das sich aufgrund seiner zentralen Lage im Burzenland und seiner guten Verkehrsanbindung für die Verarbeitung der Burzenländer Zuckerrüben anbot.[107] Mit größeren Anteilen am Startkapital der „Ungarischen Zucker-Industrie A.G." Brenndorf beteiligten sich neben der Firma Czell das Berliner Bankhaus Bleichröder sowie ungarische Großinvestoren, insbesondere die Budapester Kreditbank A.G. Innerhalb weniger Jahre entwickelte sich die Zuckerfabrik zu einem der größten Industriebetriebe Siebenbürgens.[108]

Die Baustoffindustrie des Burzenlandes geht auf die Kronstädter Gewerbe der Glaser, Tischler, Schnitzer, Steinmetze und Ziegler zurück, die sämtliche von ihnen benötigten Rohstoffe im Burzenland vorfanden. Der Gründer der bekanntesten Kronstädter Ziegelfabrik, Rudolf Schmidt, kann jedoch als Quereinsteiger bezeichnet werden, der seine Geschäftstätigkeit 1883 mit dem Vertrieb landwirtschaftlicher Maschinen begann. Im Jahr 1888 wechselte er die Branche, indem er in Kronstadt eine kleine Kachelfabrik eröffnete. Der Betrieb vergrößerte sich rasch durch die Übernahme der Ziegelei der Kronstädter Allgemeinen Pensionsanstalt 1893, die eine Beteiligung des jüngeren Bruders des Firmengründers, Otto Schmidt, erforderte. Als sich auch der dritte Bruder, Ludwig Schmidt, als stiller Teilhaber im Unternehmen engagierte, wurde die Firma „Brüder Schmidt Dampfziegelei und Tonwarenfabrik" gegründet. Der Absatz der damals noch in Siebenbürgen unbekannten Dachfalzziegel steigerte sich insbesondere nach der Jahrhundertwende und ermöglichte nicht nur den Ausbau des Unternehmens, sondern 1914 auch die Übernahme des nach einem Großbrand stillgelegten Ziegel- und Kalkwerks der Hungaria-Ziegelfabrik (gegründet 1910) im Kronstädter Stadtteil Bartholomä. Im Ersten Weltkrieg stagnierte die Entwicklung der Firma, zumal mehrere Kriegsschäden den Neubeginn nach dem Krieg erschwerten.[109]

Die Einführung der Zementherstellung in Kronstadt in den 1890er Jahren stellte ein absolutes Novum dar. Vielleicht unterscheidet sich deshalb die Entstehungsgeschichte dieser Branche so deutlich von der Genese der anderen Industriezweige.

---

106 Wollmann: Patrimoniu, Bd. 3 (Anm. 54), S. 313–316, 367f.

107 Göllner: Wirtschaft (Anm. 74), S. 84. Binder; Handel (Anm. 50), S. 119.

108 Wollmann: Patrimoniu, Bd. 3 (Anm. 54), S. 284–288. Vgl. Breckner: Wirtschaft (Anm. 53), S. 56. Vgl. Schöck: Brassó (Anm. 10), S. 127f.

109 Kronstädter Zeitung 1936 (Anm. 54), S. 87.

Dies gilt insbesondere für die Gründungsgeschichte der „Kronstädter Portlandzementfabrik Kugler & Cie.“. Während in den meisten Fällen sächsische Handwerker Fabriken gründeten, legte der aus Württemberg stammende Eisenbahnbauingenieur Heinrich Kugler mit seinen Geschäftspartnern 1891 den Grundstein für die Firma „Angele, Hock & Kugler“, nachdem er auf die Kalkstein- und Tonvorkommen Kronstadts aufmerksam gemacht worden war. Zur Verbesserung der Vertriebsmöglichkeiten des neuen Baustoffs Beton trug der spätere Präsident der Kronstädter Handels- und Gewerbekammer, Wilhelm Paul, maßgeblich bei, nachdem er sich als weiterer Gesellschafter des Unternehmens engagiert hatte. Mit der Beteiligung weiterer Kronstädter Großinvestoren im Jahr 1907 verfügte die offene Handelsgesellschaft über eine ausreichende Kapitalbasis, um die sich aus dem Eisenbahnbau in Siebenbürgen und der Nachfrage im benachbarten Rumänien ergebenden Chancen wahrzunehmen, sodass sich der Umsatz des Unternehmens bis zum Ersten Weltkrieg beträchtlich steigern konnte.[110] Die Konjunktur im Baugewerbe ermöglichte bereits 1895 die Gründung einer zweiten Zement-, Beton- und Asphaltfabrik, die von der Firma „Demeter Gärtner & Comp.“ betrieben wurde.[111]

Das holzverarbeitende Gewerbe gehörte seit dem Mittelalter zu den wichtigsten Wirtschaftszweigen Kronstadts. Mit Ausnahme der Tischler (Schreiner) teilten im 19. Jahrhundert die Fassbinder, Wagner oder Drechsler jedoch das Schicksal anderer Gewerbe, die bis zum Ersten Weltkrieg ausstarben. Auch eine bereits 1850 gegründete Streichholzfabrik musste ihren Betrieb 1890 einstellen. Konkurrenzfähiger erwiesen sich das von András Kocsis im Stadtteil Blumenau aufgebaute Sägewerk samt angeschlossener Bretterfabrik[112] und die in der Burzenländer Großgemeinde Zeiden von der „Brüder Hornung A.G.“ betriebene Bugmöbelfabrik.[113]

Die erste siebenbürgische Parkettfabrik gründete Martin Copony sen. (1810–1898) im Jahr 1871 (Abb. 6). Der Sohn des Zeidner Kantors Michael Copony[114] hatte nach Lehr- und Gesellenjahren in Kronstadt, Wien, Brünn, Olmütz, Teschen, Pressburg und Agram 1833 einen Tischlerbetrieb in Kronstadt gegründet. Der sich einstellende wirtschaftliche Erfolg, Auszeichnungen auf Gewerbe- und Industrie-

110 Wollmann: Patrimoniu, Bd. 2 (Anm. 54), S. 194–196. Vgl. Wollmann: Patrimoniu, Bd. 3 (Anm. 54), S. 24. Vgl. Kronstädter Zeitung 1936 (Anm. 54), S. 88. Braşov – monografie comercială (Anm. 11), S. 129. Vgl. Schöck: Brassó (Anm. 10), S. 128.

111 Braşov – monografie comercială (Anm. 11), S. 130. Vgl. Dumitraşcu, Maximescu: Braşov (Anm. 37), S. 92.

112 Göllner: Wirtschaft (Anm. 74), S. 78. Binder: Handel (Anm. 50), S. 116f. Vgl. Kronstädter Adressen-Kalender 76 (1914), S. 59.

113 Vgl. zu den in den Burzenländer Gemeinden gegründeten Industriebetrieben: Braşov – monografie comercială (Anm. 11), S. 124.

114 Die Familie Copony geht auf den Kleinadligen Gregorius Koppony zurück, der vom ungarischen Gegenkönig Johann Szapolyai 1533 ins Burzenland entsandt wurde, um die dortigen Steuerzahler zu registrieren. Nach der Heirat mit einer Siebenbürger Sächsin ließ sich Gregorius Koppony im Burzenland nieder. Die meisten seiner männlichen Nachkommen besuchten das Kronstädter Gymnasium und waren anschließend in den evangelischen Gemeinden des Burzenlandes als Kantor, Prediger oder Schulleiter tätig: Stammbaum des Martin Copony. Kronstadt 1900. Vgl. Muntean: Braşovul (Anm. 56), S. 191.

6 Martin Copony sen. (1810–1898). Aus: [Emil Beer (Hg.)]: Rückblick auf hundert Jahre Martin Copony A.G. Parkettenfabrik und Sägewerk. Kronstadt 1933, S. 6

ausstellungen und persönliche Netzwerke, die sich aus seiner Funktion als Vorsteher der Kronstädter Tischlerzunft (seit 1856) und anderen öffentlichen Ämtern ergaben, schufen die Voraussetzungen für den Ausbau seines Tischlerbetriebs zur Parkettenfabrik. Diese stattete er mit Maschinen aus Straßburg (Elsass), wo sein Sohn Martin lebte, und Berlin aus. Da sich seine Fabrik bis 1878 den Markt weder in Siebenbürgen noch im benachbarten Rumänien mit Konkurrenzunternehmen teilen musste, stieg Martin Copony schnell zum Hoflieferanten des rumänischen Monarchen auf, der ihm zahlreiche Aufträge für öffentliche Bauten (u.a. Bukarester Handelskammer) und Schlösser (u.a. Schloss Peleş) erteilte. Den Zollkrieg überstand das Unternehmen, weil Martin Copony rechtzeitig große Lagerhäuser in den rumänischen Städten mit seinen Kronstädter Parketten gefüllt hatte, die er nach 1886 im Königreich verlegen ließ. Sein Enkel Emil Beer (1873–1936) übernahm 1893 die Leitung der Firma. Ein Kredit des Bankhauses „Nussbächer & Beer“[115] ermöglichte ihm die Modernisierung der Fabrik, sodass er die nach dem Zollkrieg anziehende Konjunktur

115 Eigentümer des „Bank-Comissions- und Wechslergeschäfts Nussbächer & Beer“ waren Heinrich Nusssbächer und Hugo Beer, ein Cousin ersten Grades von Emil Beer. Hugo Beer wirkte 1899–1928 als Leitender Direktor der Kronstädter Nationalbank A.G. Emil Beer war der ältere Bruder von Klothilde Beer, die mit dem Tuchfabrikanten Wilhelm Tellmann verheiratet war.

für den Ausbau des Unternehmens nutzen konnte. Dadurch war er auch in der Lage, den zeitweiligen Wettbewerb mit der Kronstädter Parkettenfabrik Emil Porrs zu bestehen. Erst der Weltkrieg, in dem die meisten Arbeiter und Angestellten zur Armee eingezogen wurden, führte zu einer Stagnation der Geschäfte, die nach Kriegsende wieder aufgenommen werden konnten.[116]

Als eine der vielseitigsten Gründerpersönlichkeiten Kronstadts ging der Neffe des erwähnten Parkettenfabrikanten, Martin Copony jun. (1836–1913), in die Wirtschaftsgeschichte des Burzenlandes ein. Seine 1849 begonnene Ausbildung zum Tischler im Betrieb des Onkels Martin Copony sen. schilderte er als harte Lehrzeit, da beispielsweise Lehrlinge erst dann bei Tisch mitessen durften, wenn sie selbst einen Stuhl schreinern konnten. Nach Fortbildungen in Wien eröffnete er 1858 eine Meisterwerkstatt in Zeiden, die er bis 1869 betrieb. 1861 stieg er mit seinem Freund Johann Königes aus Zeiden in den Mehl- und Getreidehandel Kronstadts ein, der der Firma „Königes & Copony" zu beträchtlichem Wohlstand verhalf, auch weil das Unternehmen 1863 am Kronstädter Stadtrand eine eigene Walzmühle kaufte, die modernisiert und erweitert wurde.[117]

In den frühen 1870er Jahren wechselte Martin Copony erneut die Branche und kaufte die Tartlauer Papiermühle. Nachdem er die für die Papierfabrikation nötigen technischen Kenntnisse erworben hatte, wandelte er die Mühle 1875 zu einer rentablen Papierfabrik um. 1878 erwarb er die 1853 von rumänischen und griechischen Kaufleuten und Intellektuellen aus Kronstadt gegründete Papierfabrik in Zernescht (Burzenland), die Insolvenz angemeldet hatte.[118] Er baute sie zu einem modernen Industriebetrieb aus, den er 1889 durch eine Zellulosefabrik ergänzte. Dabei stand er in engen geschäftlichen Verbindungen mit Karl Schiel, den er mit der Leitung der Papierfabriken in Tartlau und Zernescht betraute. Als sich dieser mit der Gründung einer Papierfabrik im rumänischen Buşteni selbständig machte, engagierte sich Martin Copony in der Gründungsphase als Investor. Mit Beginn des Zollkriegs zog er sich 1886 aus der Getreidehandelsfirma zurück, löste damit die Verbindung zu seinem Partner Königes und konzentrierte sich anschließend vollkommen auf seine Papierfabriken, von denen er weitere in Alt-Tohan, Kronstadt und Temeswar kaufte. Als Industrieller, in dessen Fabriken über 500 Arbeiter beschäftigt waren, beteiligte er sich um die Jahrhundertwende an der Verwirklichung mehrerer größerer Infra-

116 Bericht der Handels- und Gewerbekammer in Kronstadt über die Gewerbe-, Handels- und Verkehrsverhältnisse im Kammergebiet (südöstliches Siebenbürgen) für die Jahre 1878 und 1879. Kronstadt 1882, S. 285. Zur Geschichte der Parkettfabrik siehe die Festschrift: [Emil Beer (Hg.)]: Rückblick auf hundert Jahre Martin Copony A.G. Parkettenfabrik und Sägewerk. Kronstadt 1933, S. 1–46, hier S. 7–17.

117 Wollmann: Patrimoniu, Bd. 3 (Anm. 54), S. 181.

118 Bericht der Handels- und Gewerbekammer in Kronstadt über die Gewerbe-, Handels- und Verkehrsverhältnisse im Kammergebiet (südöstliches Siebenbürgen) für die Jahre 1878 und 1879. Kronstadt 1882, S. 312–313. Der Initiator und Gründungsdirektor war der bekannte Kronstädter Publizist George Bariţiu (1812–1893): Philippi: Kronstadt (Anm. 59), S. 238. Vgl. Braşov – monografie comercială (Anm. 11), S. 120–121. Vgl. Wollmann: Patrimoniu, Bd. 2 (Anm. 54), S. 146–147. Vgl. Kronstädter Zeitung 1936 (Anm. 54), S. 59.

strukturprojekte im Burzenland, z.B. am Bau lokaler Eisenbahnlinien und der Errichtung eines Elektrizitätswerks. Nach seinem Tod 1913 erbte sein Sohn Traugott Copony (1865–1941) das Unternehmen, der Kronstadt als Abgeordneter im ungarischen Reichstag vertrat und als Präsident der für Südsiebenbürgen zuständigen Kronstädter Filiale des „Bundes der ungarischen Fabriksindustriellen" die Lobbyarbeit der sächsischen Fabrikanten koordinierte.[119]

Das Beispiel Traugott Coponys steht für die Ablösung der alten politischen Elite Kronstadts, die sich aus den Nachkommen der sächsischen Patriziergeschlechter und Stadtbeamtenfamilien zusammengesetzt hatte und die zum Teil von den Habsburgern nobilitiert worden war, durch neue Berufsgruppen. Bereits in der ersten Hälfte des 19. Jahrhunderts zeichnete sich dieser Elitenwechsel ab, aber erst in dem halben Jahrhundert vor dem Ersten Weltkrieg konnten sich die Vertreter der freien Berufe, vor allem Rechtsanwälte, die Publizisten und die Söhne und Schwiegersöhne der zu Fabrikanten aufgestiegenen Handwerker als neue politische Elite durchsetzen.

Ein Blick auf das Leben der Gründerpersönlichkeiten zeigt, dass jene Erfolge hatten, die technischen Sachverstand mit einem Gespür für gewinnbringende Geschäfte und der Fähigkeit zur Netzwerkbildung verbinden konnten. Diese Vielseitigkeit, die Bereitschaft, flexibel auf die Anforderungen des Marktes zu reagieren, und der dafür nötige Fleiß zeigten sich bei jenen Handwerkern und Kaufleuten, die zum Teil mehrmals die Branche wechselten, um den größtmöglichen wirtschaftlichen Erfolg zu erzielen. Dieser Erfolg spiegelt sich in den Festschriften der verschiedenen Unternehmen, die anlässlich eines Firmenjubiläums von den Leitungen der Industriebetriebe herausgegeben wurden. Oft sind diese Publikationen, aber auch wohlwollende Presseartikel oder Firmenanzeigen die einzigen veröffentlichten Quellen zur Geschichte eines Unternehmens. Um Selbstzeugnisse, wie z. B. Familienchroniken, kritisch befragen und in größere Zusammenhänge stellen zu können, wird es nötig sein, nicht nur die bis zum Ersten Weltkrieg erschienene Kronstädter Tagespresse systematisch zu untersuchen, sondern vor allem die Archive der Unternehmen auszuwerten. Diese sind bedauerlicherweise oft nach 1944 zerstört worden, verschollen oder Teil eines Aktenbestandes, der von den rumänischen Archiven noch nicht für die Forschung freigegeben wurde. Auch aus dieser Quellenlage ergibt sich der eklatante Mangel an einschlägigen Studien zur Wirtschaftsgeschichte Siebenbürgens. Die vor einigen Jahren begonnene Öffnung der Archive lässt darauf hoffen, dass manch positivistische Darstellung und manch einseitiges Bild korrigiert werden können. Hier steht die Forschung noch am Anfang.

---

119 Traugott Copony war der Vater der Malerin Grete Csaki-Copony, der Schauspielerin Mariana Copony, des Direktors der Maschinenfabrik Schiel, Fritz Copony, und Schwiegervater des Politikers Dr. Hans Otto Roth, der Paula Copony geheiratet hatte. Siehe Hans Butt: Martin Copony. Ein bedeutender siebenbürgisch-sächsischer Wirtschaftspionier. In: Das Tartlauer Wort 5 (1985), H. 6, S. 16. Siehe den anlässlich des 70. Geburtstages des Papierfabrikanten Martin Copony jun. am 30. Juni 1906 erschienenen Artikel in der *Kronstädter Zeitung* (Nr. 148). Vgl. Traugott Copony: Vom Bund der siebenbürgischen Industriellen. In: Ostland. Monatsschrift für die Kultur der Ostdeutschen 1 (1919), H. 3, S. 150–152. Vgl. Göllner: Wirtschaft (Anm. 74), S. 90f.

7. Die Auswirkungen der Industrialisierung auf die Berufsgruppenstruktur und Stadtentwicklung

Der Industrialisierungsprozess wirkte sich kaum auf den Anteil der Erwerbstätigen an der Gesamtbevölkerung aus. Er betrug in Kronstadt 52 % im Jahr 1890 und fiel geringfügig auf 48 % im Jahr 1910. Diese Veränderung ist darauf zurückzuführen, dass die in der Verwaltung, im Handel und im Dienstleistungsbereich Beschäftigten über ein steigendes Einkommen verfügten. Dies bestätigen auch die Werte für das gesamte Siebenbürgen, in dem im Jahr 1910 insgesamt 44 % der Bevölkerung berufstätig waren. Der größere Anteil in Kronstadt ist auf die hohe Zahl von Dienstboten und Gehilfen ohne Familienangehörige zurückzuführen, die in den Städten lebten und arbeiteten. Deutlicher beeinflusste der Industrialisierungsprozess das Verhältnis zwischen Selbständigen und Arbeitnehmern. Während in Kronstadt der Anteil der Selbständigen 1869 noch 27,86 % betrug, sank er bis zum Jahr 1910 auf ca. 10 %. Darunter befanden sich jedoch viele sogenannte „Alleinbetriebe", in denen der Selbständige vollkommen ohne Angestellte auskommen musste. Der Anteil dieser Alleinbetriebe, die sich als Zulieferer wirtschaftlich de facto in der Abhängigkeit größerer Betriebe befanden, an der Gesamtheit der Selbständigen betrug 1910 insgesamt 47 %.[120] Die ethnische Zusammensetzung der selbständigen Handwerker Kronstadts blieb von den demografischen und wirtschaftlichen Veränderungen der Gründerzeitjahre nicht unberührt. Während 1870, kurz vor der Auflösung der Zünfte, sich noch 70 % der selbständigen Kronstädter Handwerksmeister als Deutsche bezeichneten, halbierte sich bis 1912 ihr Anteil auf 35 %. Der Anteil der selbständigen magyarischen Handwerker stieg im gleichen Zeitraum deutlich von 19 % auf 44 %, jener der rumänischen wuchs von 10 % auf 17 %.[121]

Grundlegend änderte sich in der Gründerzeit der Charakter der Kronstädter Stadtteile. Die Innere Stadt verlor ihre Funktion als wichtigster Produktionsstandort und wandelte sich zum dominierenden Handels- und Dienstleistungszentrum. Zwischen 1851 und 1916 verringerte sich die Anzahl der Handwerksbetriebe von 719 auf 367. Gleichzeitig nahm der Anteil der „Privatiers" und Ruheständler von 4 % (1857) auf 23 % (1916) deutlich zu. Ähnlich stark nahmen die Anteile der Kaufleute, Dienstleister, Angestellten und freien Berufe zu. Relativ wenig veränderte sich hingegen die Berufsgruppenstruktur der Oberen Vorstadt. Allerdings nahm dort die Zahl der Selbständigen deutlich ab, jene der Arbeiter, Bediensteten und Tagelöhner stieg signifikant. 1857 arbeiteten in der Oberen Vorstadt noch 404 Handwerker, 1916 waren es nur noch 275. Die Anzahl der Händler fiel in diesem Zeitraum von 164 auf 122. Tiefgreifender änderte sich hingegen der Charakter der Altstadt (Stadtteile Martinsberg und Bartholomä), die von kleineren und mittelgroßen landwirtschaftlichen und gewerblichen Betrieben geprägt war. In der Gründerzeit ließen sich hier größere Industriebetriebe nieder; aber auch die Zahl der kleineren Gewer-

120 Schöck: Brassó (Anm. 10), S. 108–112.
121 Ebd., S. 119.

bebetriebe nahm deutlich zu, ebenso wie die Anzahl der Arbeiter. Eine ähnliche Entwicklung durchlief der Stadtteil Blumenau, der noch mehr Industriebetriebe anzog, da sich der Bahnhof, der Kronstadt an die Strecke Klausenburg-Bukarest anschloss, in diesem Vorort befand.[122]

Bezogen auf das Verhältnis zwischen den drei Wirtschaftssektoren, primärer Sektor (Land- und Forstwirtschaft), sekundärer Sektor (Industrie, Energieversorgung, Baugewerbe und Handwerk) und tertiärer Sektor (freie Berufe, Handel, Kreditgewerbe, Verkehr und Dienstleistungen), in Kronstadt können die von Andreas Schöck errechneten Werte herangezogen werden. Auf dieser Grundlage muss festgestellt werden, dass sich zwischen 1869 und 1910 das Verhältnis der drei Sektoren zueinander kaum verändert hat. Der Anteil des primären Sektors fiel leicht von 11 % (1869) auf 9 % (1890 und 1910), jener des sekundären fiel ebenfalls leicht von 64 % (1869) auf 63 % (1890) bzw. 59 % (1910). Der tertiäre stieg von 25 % (1869) konstant auf 28 % (1890) und erreichte im Jahr 1910 die 32 %-Marke. Das für die Industrialisierung typische starke Anwachsen des sekundären Sektors ist für Konstadt vor dem Ersten Weltkrieg nicht zu beobachten. Vielmehr vollzog sich eine Verlagerung vom handwerklichen Kleinbetrieb zum mittelständischen Betrieb und nur zum Teil zum Großbetrieb. Deutlicher lässt sich der ökonomische Wandel an der Zuordnung der Selbständigen zu den drei Sektoren nachweisen. Der Anteil des primären Sektors fiel von 11 % (1869) auf 4 % (1899) bzw. 3 % (1916), jener des sekundären Sektors fiel von 59 % (1869) auf 45 % (1899) bzw. 41 % (1916). Lediglich der Anteil des tertiären Sektors stieg deutlich von 30 % (1869) auf 51 % (1899) und zuletzt 56 % (1916). Daraus lässt sich schließen, dass sich der Wandel vor allem in den beiden Dekaden zwischen 1869 und 1899 vollzog und sicherlich durch den Zollkrieg beschleunigt wurde.[123]

Am sichtbarsten manifestierte sich der Einzug der Moderne in Kronstadt im Bereich der Architektur. Die bedeutendsten Einschnitte ergaben sich aus dem Abriss der alten Befestigungen, der Anlage neuer Villenviertel, dem Bau der Fabrik- und Arbeitergebäude und der Entstehung neuer Verwaltungs- und Schulgebäude. Dieser Bauboom brachte auch die in Mitteleuropa gängigen Baustile nach Kronstadt, die vor dem Ersten Weltkrieg vom Historismus und zum Teil vom Jugendstil geprägt waren. Einen weiteren Indikator für den Wandel stellt die Zunahme der Gebäudezahl dar, die für die Periode 1857–1916 28 % betrug. Obwohl das Gebiet der Inneren Stadt bereits sehr dicht bebaut war, entstanden hier durch die fweitgehende Abtragung der Stadtmauern im späten 19. Jahrhundert neue, oft repräsentative Gebäude. Anstelle der Verteidigungsanlagen im Norden wurde zwischen 1884 und 1889 der Rudolfsring angelegt, eine 21 Meter breite Straße mit größeren öffentlichen Gebäuden, z. B. Schulen, dem Justizpalast, Villen, dem Sitz des Gewerbever-

122 Ebd., S. 139–141. Vgl. die Beschreibung der Kronstädter Vorstädte in ihrem Zustand von 1874 in: Friedrich Philippi: Aus Kronstadt's Vergangenheit und Gegenwart. Festgabe der Stadt Kronstadt für die in den Tagen vom 15. bis 24. August 1874 in Kronstadt tagenden siebenbürgisch-sächsischen Wander-Vereine. Kronstadt 1874, S. 40–50.

123 Schöck: Brassó (Anm. 10), S. 196–198.

eins oder der reformierten Kirche. Damit hatte Kronstadt sein Stadtbild seit dem Mittelalter zweimal grundlegend verändert. Der große Brand von 1689 hatte fast die gesamte mittelalterliche Bausubstanz vernichtet. Die danach entstandenen Gebäude verschwanden zu einem großen Teil innerhalb jenes halben Jahrhunderts, das sich weitgehend mit der Periode der Gründerzeit deckt. In dieser Zeitspanne hielt die Moderne durch Gebäude Einzug, die dem Stil mitteleuropäischer Großstädte sowie den neuen wirtschaftlichen und administrativen Anforderungen entsprachen.[124]

Der Magistrat Kronstadts konzentrierte sich zunächst auf die Schaffung der für den wirtschaftlichen Umbau nötigen Infrastrukturen. Neben dem Abriss der Befestigungsanlagen waren dies z. B. die Abdeckung der Abwasserkanäle, der Aufbau einer Müllabfuhr oder der Bau einer gasbetriebenen Straßenbeleuchtung (1864). Maßnahmen, die die Lebensqualität der Stadtbewohner hoben, wurden oft zurückgestellt, sodass eine den modernen Anforderungen entsprechende Kanalisation erst 1907/08 fertiggestellt werden konnte und erst 1910 alle Straßen der Inneren Stadt gepflastert oder asphaltiert waren. Um dem durch die Industrialisierung gestiegenen Verkehrsaufkommen innerhalb der Stadt gerecht zu werden, wurde 1892 die erste, 16,6 km lange Straßenbahnlinie eingeweiht, die vom Bahnhof Kronstadt-Bartholomä über die Innenstadt zum Hauptbahnhof führte. Von dort fuhr eine dampfbetriebene Straßenbahn über die Vororte Noa und Dirste bis in die sogenannten „Sieben Dörfer" östlich von Kronstadt, aus denen viele Arbeiter in die Kronstädter Fabriken pendelten. Im gleichen Jahr erfolgte die Anbindung Kronstadts an das staatliche Telefonnetz, an das sich sechs staatliche und 78 private Kunden innerhalb von 12 Monaten anschließen ließen.[125]

Grundlegend änderten sich in der Zeit zwischen 1867 und 1918 die Fassaden der nach dem großen Brand von 1689 entstandenen Handwerkerhäuser in der Inneren Stadt. Die ursprünglich recht einheitlich gestalteten Häuserfronten wichen ab Mitte des 19. Jahrhunderts repräsentativen Neubauten rumänischer Großkaufleute oder des deutschen Großbürgertums, das sich gerne der Neorenaissance, des Neobarocks oder des Neoklassizismus bediente. Monumentale Neubauten von Banken, Hotels, des Konzerthauses, von Verwaltungs- oder Geschäftshäusern entstanden auf dem Grund mehrerer älterer kleinerer Handwerkerhäuser. Da diese Gebäude von jüngeren Kronstädter Architekten errichtet wurden, die an den deutschsprachigen Universitäten Mitteleuropas studiert hatten, hielten die dort beliebten Stile raschen Einzug. Der erste akademisch gebildete Stadtbaumeister Kronstadts wurde 1866 berufen. Es handelte sich um Peter Bartesch,[126] der in Wien Architektur studiert hatte und das Kronstädter Stadtbild durch eine Reihe repräsentativer Bauten für öffentliche und private Bauherren prägte. Ihm oblag es 1881, den ersten Bauregulierungsplan zu entwerfen, der vor allem die Parzellierung der durch den Abriss der Stadtbefestigungs-

124 Günter Volkmer: Bedeutende Gebäude der Stadt. In: Roth (Hg.): Kronstadt (Anm. 3), S. 161–168, hier S. 164–168.

125 Braşov – monografie comercială (Anm. 11), S. 131f.; vgl. Schöck: Brassó (Anm. 10), S. 165f.

126 Bartesch beteiligte sich 1874 mit einem preisgekrönten Entwurf an der Ausschreibung des deutschen Nationaldenkmals im Niederwald am Rhein. Philippi: Kronstadt (Anm. 59), S. 222.

anlagen freigewordenen Grundstücke vornehmen sollte. Der vom Stadtrat 1883 beschlossene Bauplan wurde nach aufkommender Kritik 1891 revidiert und achtete in seiner Neufassung stärker auf die Einhaltung einer feuersicheren Bauweise und ästhetischer Gesichtspunkte. Diese Vorgaben wurden insbesondere zu Beginn des 20. Jahrhunderts von einer immer kritischer werdenden Öffentlichkeit als unzureichend betrachtet, weil sie den Schutz gewachsener Strukturen nicht genügend gewährleisteten und die „Prinzipienlosigkeit in ästhetischen, hygienischen und baupolitischen Fragen“ nicht beendeten.[127]

Mit anfangs skeptischen Blicken beobachtete die Öffentlichkeit auch den Einzug des Jugendstils in Kronstadt. Bereits im ersten Jahrzehnt des 20. Jahrhunderts wurden mehrere repräsentative Gebäude im Jugendstil errichtet, vor allem von Albert Schuller, der in München studiert und das Gebäude der Kronstädter Nationalbank (später Burzenländer Bank) sowie jenes des Hotels Krone entworfen hatte. Ungarische Architekten aus Kronstadt studierten in der ungarischen Hauptstadt und bauten dementsprechend im Stil der Budapester Sezession, vor allem Geschäftshäuser und Villen. Die rumänischen und griechischen Kaufleute hatten sich bereits im 19. Jahrhundert beim Bau ihrer Häuser von Baustilen beeinflussen lassen, die in der Moldau und Walachei üblich waren.[128] In den 1880er Jahren entstanden auf den Freiflächen um die Stadtmauern Villenviertel, die dem neuen Großbürgertum das passende Forum zur Repräsentation boten.[129] Dennoch bauten führende Industriellenfamilien bis zum Ersten Weltkrieg ihre Wohnhäuser, die den Palais des 18. und frühen 19. Jahrhunderts nachempfunden wurden, auf dem Gebiet der Inneren Stadt, z.B. die Fabrikantenfamilie Czell. Da die meisten Gründerfamilien ihr Kapital in den Ausbau des eigenen Unternehmens investierten, stellten diese repräsentativen Wohnbauten in der Inneren Stadt eine Ausnahme dar.[130]

8. Schlussbetrachtungen

Während der Gründerzeit wurde Kronstadt von einem tiefgreifenden Strukturwandel erfasst, der nahezu alle sozialen und ökonomischen Bereiche betraf. In dem halben Jahrhundert seiner Zugehörigkeit zur ungarischen Hälfte der Habsburgermonarchie verwandelte sich Kronstadt von einer durch mittelalterliche Strukturen geprägten Stadt zu einem urbanen Zentrum der Moderne. Politisch verlor Kronstadt seine weitgehenden Autonomierechte, mit der Folge, dass die deutschen Stadtbewohner ihren das politische Leben vollkommen bestimmenden Einfluss einbüßten und vor allem im Komitat Kronstadt die politische Macht mit den Magyaren tei-

127 Die Karpathen 1 (1907), H. 3, S. 155–160.
128 Philippi: Kronstadt (Anm. 59), S. 231–235.
129 In den 1870er Jahren wurde das Grundbuch im Burzenland eingeführt. Wachner: Burzenland (Anm. 28), S. 86.
130 Bis zum Ersten Weltkrieg war die Mehrzahl der Kronstädter Architekten Siebenbürger Sachsen, die im 19. Jahrhundert bevorzugt in Wien, im 20. Jahrhundert in München studierten. Siehe Philippi: Kronstadt (Anm. 59), S. 209–237.

len mussten. Noch grundlegender veränderte sich die demografische Struktur. In der Stadt, die ihre Bevölkerung beinahe verdoppelte, verloren die Deutschen ihre Mehrheit und fielen bis 1918 auf den dritten Platz, knapp hinter die Rumänen, zurück. In der gleichen Zeit erlangte die magyarische Bevölkerung der Stadt, vor allem durch massiven Zuzug aus dem benachbarten Szeklerland, die relative Bevölkerungsmehrheit. Die getrennte Siedlungsweise der drei größten ethnischen Gruppen, die sich noch Mitte des 19. Jahrhunderts dadurch äußerte, dass Deutsche, Magyaren und Rumänen in unterschiedlichen Stadtteilen lebten, löste sich zu großen Teilen auf. Dies lag vor allem an der Industrialisierung. Der massive Rückgang der kleinen Handwerksbetriebe und die Entstehung von mittleren und größeren Industriebetrieben, die sich vor allem außerhalb der alten Stadtmauern niederließen, bewirkten den massiven Zuzug von Fabrikarbeitern Die Innere Stadt verlor ihre Funktion als wichtigster Produktionsstandort, baute ihre Bedeutung im Handelsbereich aus und entwickelte sich zum zentralen Dienstleistungsstandort. Die Stadtteile Blumenau und Altstadt behielten zum Teil ihren ländlichen Charakter bei, wurden aber, auch durch ihre Bahnhöfe, zu den bevorzugten Standorten für die Industriebetriebe und damit auch für die Arbeitersiedlungen.

Zentrale Faktoren, die den ökonomischen Strukturwandel beschleunigten, waren die Auflösung der Zünfte 1872 durch die ungarische Regierung und der Zollkrieg zwischen Österreich-Ungarn und Rumänien 1886–1891. Letzterer führte zur Insolvenz der meisten Großhandelshäuser mit vornehmlich rumänischen Eigentümern. Die in den 1890er Jahren einsetzende zweite Gründungswelle im Bereich der Industrieunternehmen ging vor allem auf deutsche Handwerkerbetriebe zurück, die in der Regel vor 1867 gegründet worden waren, denen der Sprung zum Fabrikunternehmen jedoch erst nach 1867 gelang. Durch den Industrialisierungsprozess ging nicht nur die Zahl der Selbständigen zurück, sondern auch die der Gewerbearten, da viele alte Handwerksberufe durch die Industrieproduktion überflüssig geworden waren. Im Gegenzug nahm die Anzahl der Nichtselbständigen deutlich zu, nicht nur durch die größeren Fabrikbetriebe, sondern auch aufgrund des zahlreicheren Dienstpersonals.

Am Ende dieses halben Jahrhunderts hatten die Deutschen ihre ökonomische Machtposition gehalten, sich aber sozial ausdifferenziert, mit der Folge, dass der über die Begriffe „Nation" und „Sprache" definierte Zusammenhalt an Bedeutung gewonnen hatte. Ihre starke Stellung im Wirtschaftsleben sicherte ihnen aufgrund des Wahlrechts eine deutlich überproportionale Vertretung in den Gremien der Stadt. Die neue Wirtschaftselite der Sachsen, einschließlich der Vertreter der freien Berufe, löste zunehmend die Nachkommen der sächsischen Patriziergeschlechter bei der Besetzung politischer Ämter ab und machte selbstbewusst deutlich, dass ihr politischer Einfluss nicht auf mittelalterlichen Privilegien, sondern auf ihrer wirtschaftlichen Leistungsfähigkeit basierte.

Die Rumänen konnten ihren Anteil als demografisch zweitstärkste Bevölkerungsgruppe halten. Da sie aber von den Folgen des Zollkriegs, insbesondere in dem von ihnen dominierten Handelsbereich, besonders stark getroffen wurden und am Industrialisierungsprozess kaum partizipierten, nahm ihre wirtschaftliche Bedeutung signifikant ab. Bedingt durch die Tatsache, dass die Steuerlast der Bürger über das Gewicht ihrer Wahlstimme entschied, blieb der politische Einfluss der Rumänen in Kronstadt und dem Burzenland sehr gering. Dies änderte sich erst nach dem Ersten Weltkrieg, als Siebenbürgen und damit auch das Burzenland ein Teil Großrumäniens wurden. Obwohl der politische Einfluss der Rumänen Kronstadts schon 1919 schlagartig zunahm, konnten sie die Magyaren als demografisch und die Deutschen als wirtschaftlich stärkste ethnische Gruppe erst in den 1930er Jahren ablösen.

Am deutlichsten veränderte sich im halben Jahrhundert zwischen 1867 und 1918 die Stellung der Magyaren in Kronstadt. Zu Beginn dieses Zeitraums bildeten sie eine demografische Minderheit, ohne nennenswerten politischen und wirtschaftlichen Einfluss. Vor dem Ersten Weltkrieg stellten sie die relative Bevölkerungsmehrheit, hatten sich eine den Deutschen vergleichbare starke Stellung im Handwerk erarbeitet, dominierten große Teile des Dienstleistungsbereichs, und der öffentlichen Verwaltung und bestimmten zusammen mit den Deutschen die politischen Geschicke, vor allem auf der Komitatsebene.

Trotz der Auflösung der räumlichen Segregation bei den ethnischen Gruppen lebten auch vor dem Ersten Weltkrieg Deutsche, Magyaren und Rumänen neben- statt miteinander. Entsprechende Berührungspunkte fehlten, da die Gruppen jeweils eine Konfession eindeutig dominierten, ihr eigenes Schulwesen unterhielten sowie ihre eigenen Parteien und Vereine besaßen. Eine Ausnahme bildeten die Sozialdemokraten, die vor dem Ersten Weltkrieg jedoch ein politisches Schattendasein fristeten. Das in der Gründerzeit zur Blüte gelangte zivilgesellschaftliche Leben fand seinen Ausdruck in einer Vielzahl von Vereinen. Im Kronstädter Adressbuch von 1916 werden insgesamt 74 Vereine aufgeführt. Mit Ausnahme des „Vereins zur Bekämpfung der Tuberkulose", der „Ersten Kronstädter Krankenunterstützungs- und Beerdigungskasse" und dem „Verein der Hoteliers, Restaurateure, Gastwirte und Caféties" waren alle Vereine eindeutig einer ethnischen Gruppe zuzuordnen. Diese hatten ihre eigenen Musik- und Gesangsvereine, ihr eigenes „Kasino" (ursprünglich „Lese- und Geselligkeitsverein"), ihren Landeskundeverein oder ihren Karpatenverein bzw. ihre jeweilige Kronstädter Filiale. Berührungspunkte ergaben sich im Bereich der öffentlichen Verwaltung, vor allem zwischen Deutschen und Magyaren. Die Gesetzmäßigkeiten des Wirtschaftslebens führten alle drei Ethnien zusammen, da hier ökonomische Gesichtspunkte weitgehend über nationale Abgrenzungsstrategien gestellt wurden, wenngleich die Eigentümerstrukturen in den Firmen überwiegend national homogen blieben. Der Kronstädter Maschinenfabrikant Hans Schiel fasste diese Erkenntnis in seiner 1905 vor dem Gewerbetag gehaltenen Rede folgendermaßen zusammen: „Nur ein Gebiet gibt es, wo sich dieses Bestreben [Nationalismus] nicht geltend machen kann und nicht geltend machen wird, das ist das weite Feld der industriellen Tätigkeit. Hier gibt es keinen Chauvinismus, hier wird lediglich die Leistungsfähigkeit und die Güte der Erzeugnisse abgewogen, und der Tüchtigste und Strebsamste bleibt unbedingt Sieger."[131]

131 Schöck: Brassó (Anm. 10), S. 133f.

Przemysław Dominas

Der Einfluss der Eisenbahnen auf die Entwicklung des Tourismus in Niederschlesien bis 1914

Seit Beginn der Existenz der Eisenbahn gibt es einen Zusammenhang mit dem Tourismus. Zwar war sie in erster Linie für den Gütertransport bestimmt gewesen, aber die Personenbeförderung zu touristischen Zwecken spielte immer eine wesentliche Rolle. Das wird etwa durch eine allgemein bekannte Tatsache wie die Gründung des ersten Reisebüros durch Thomas Cook in England 1841 unterstrichen, dessen Hauptgeschäft anfangs der Verkauf von Fahrkarten war.[1]

Auch in Niederschlesien spielte die Eisenbahn eine Schlüsselrolle bei der Entstehung des Tourismus. Sie legte geradezu das Fundament für die Entwicklung des Massentourismus. Dieser Prozess begann Anfang der achtziger Jahre des 19. Jahrhunderts als Folge einer Verkettung verschiedener kultureller Phänomene. Wie Jacek Potocki zu Recht bemerkte, setzte in Niederschlesien erst nach Gründung des Deutschen Kaiserreichs 1871 eine gesellschaftliche Entwicklung ein, die den Anstieg des allgemeinen Wohlstands und damit auch das Aufblühen des Tourismus mit sich brachte.[2] Ein wichtiger Impuls war auch die Reform der Sozialgesetzgebung, der Urlaubsanspruch der Arbeiter, der in Preußen in den achtziger Jahren des 19. Jahrhunderts eingeführt wurde und weiteren Kreisen die Erholung in den Bergen ermöglichte. Besonders wichtig und der unmittelbare Grund für das Entstehen des Massentourismus war die Eisenbahnanbindung der Sudeten an Breslau, das Zentrum Niederschlesiens, und die Gründung zahlreicher Gebirgsvereine. Die wichtigste Rolle spielten zwei Vereine, die in den touristisch attraktivsten Orten der Sudeten gegründet wurden, in Hirschberg 1880 der Riesengebirgsverein (RGV) und in Glatz 1881 der Glatzer Gebirgsverein (GGV). Beide Vereine werden als die in den preußischen Sudeten wichtigsten angesehen, da sie etwas über drei Jahrzehnte lang bis 1914 in bedeutendem Maß zur Zunahme des Tourismus beitrugen. Die Eisenbahn stellte in diesem Prozess das Mittel dar, ohne das die Entstehung des neuen Phänomens Massentourismus in dieser kurzen Zeit und in diesem Umfang nicht möglich gewesen wäre. Diese These wird durch statistische Angaben belegt, die zeigen, dass 1880 gerade einmal 537 Gäste das im Gebirge gelegene Krummhübel besuchten, ihre Zahl 1913 auf 43.000 gestiegen war.[3]

---

1 Antoni Mączak: Peregrynacje, wojaże, turystyka [Pilgerreisen, Reisen, Touristik]. Warszawa 1984, S. 253.

2 Jacek Potocki: Rozwój zagospodarowania turystycznego Sudetów od połowy XIX wieku do II wojny światowej [Die Entstehung der touristischen Bewirtschaftung der Sudeten von 1850 bis zum Zweiten Weltkrieg]. Jelenia Góra 2004, S. 28f.

3 Marek Czapliński: Historia Śląska [Geschichte Schlesiens]. Wrocław 2002, S. 314.

Jahrbuch des BKGE 21 (2013), S. 67–94

In den folgenden Ausführungen soll der Zusammenhang zwischen der Eisenbahn und der Entwicklung des Tourismus in Niederschlesien sowie dessen Auswirkungen aufgezeigt werden.

1. Die Bedeutung der niederschlesischen Eisenbahnen vor Beginn des Massentourismus (bis 1880)

1.1 Tourismus in Niederschlesien vor dem Ausbau der Eisenbahnen

Die ersten dokumentierten touristischen Reisen auf dem Gebiet Niederschlesiens fanden im Riesengebirge statt. 1560 unternahm der Rektor des Gymnasiums in Hirschberg, Christoph Schilling, eine Expedition auf die Schneekoppe. Damit begann die wissenschaftliche Erkundung des Gebirges. Diesen Prozess unterbrach der Dreißigjährige Krieg, der zur Folge hatte, dass die Bewohner der niedriger gelegenen Ortschaften Schutz in den Bergen suchten. Ein Teil von ihnen blieb nach dem Krieg in den Bergen und trug zu deren Bewirtschaftung bei. Hier wohnten Hirten, Holzfäller oder Heilkräutersammler, die den ersten Touristen, die auf die Schneekoppe wanderten, Unterkunft gewährten. Bis zum Ende des 19. Jahrhunderts schritt die Entwicklung des Tourismus verhältnismäßig langsam voran. Nur Adlige oder Pilger besuchten die Sudeten. Noch 1819 hielten sich erst 2.100 Personen in dem bekanntesten schlesischen Kurort Warmbrunn auf, während es 1901 schon 14.412 waren. Man schätzt, dass sich um 1818 ungefähr 8.000 Touristen jährlich im Riesengebirge aufhielten. Bis zum Ende des Jahrhunderts stieg ihre Zahl auf 30.000 bis 50.000 an.[4] Ein wichtiger Grund für dieses Wachstum war die Erhöhung des Reisekomforts, den die Eisenbahn mit sich brachte. Sie verbesserte die Qualität der Reise, deren Sicherheit und Tempo. Um dies zu veranschaulichen, reicht es zu zeigen, dass am Ende des 18. Jahrhunderts die Fahrt mit der Postkutsche von Berlin nach Bad Flinsberg ungefähr eine Woche dauerte, nach der Einrichtung einer Extrapost etwa vier Tage. Um 1850 dauerte die Fahrt mit der Eisenbahn von Berlin nach Breslau ungefähr zwölf Stunden.[5]

1.2 Die Bedeutung des Tourismus für die Gründung der Eisenbahnen

Die Idee, die Eisenbahn in Niederschlesien für touristische Zwecke zu benutzen, tauchte schon zur gleichen Zeit auf wie die Projektionierung der ersten Linien, die auf dem Gebiet der Berge und Kurorte geplant wurden. Am Anfang behandelte man die Eisenbahn als Verkehrsmittel, mit dem man die Badeorte leichter erreichen konnte, um die herum sich der touristische Erholungsraum konzentrierte. 1835

4 Tomasz Przerwa: Odkryli dla nas piękno gór [Sie entdeckten für uns die Schönheit der Berge]. Toruń 2003, S. 20–31.

5 Hermann Freymark: Die Entstehung des schlesischen Eisenbahnnetzes. Breslau 1942, S. 68.

wurde das Bauprojekt einer Eisenbahnstrecke von Breslau in Richtung der Sudeten, nach Freiburg und in die Gegend von Waldenburg in den *Schlesischen Provinzialblättern* vorgestellt. Der Autor dieser Ankündigung, Rittmeister von Mutius aus Albrechtsdorf bei Zobten am Berge, machte neben wirtschaftlichen Erfordernissen auch auf die touristischen und gesundheitlichen Gründe für den Bau aufmerksam. In seiner Denkschrift wies er auf die Möglichkeit hin, dass Reisende, die sich in die Bäder Bad Charlottenbrunn, Altwasser, Salzbrunn und sogar zum Schloss Fürstenstein begaben, die Eisenbahn benutzen könnten. Besonders die Erwähnung des Schlosses deutet auf touristische Ziele hin.[6]

Auch im Falle anderer Projekte gaben die Komitees derer, die sich in ihren Denkschriften um den Bau neuer Eisenbahnlinien bemühten, fast immer als eins ihrer Argumente die Notwendigkeit der Förderung des Gesundheitstourismus an. Ähnlich war es auch während des Baus der Schlesischen Gebirgsbahn Görlitz – Hirschberg – Waldenburg – Glatz, der zwischen 1867 und 1880 ausgeführt wurde und die Grundlage für den späteren Ausbau des Tourismus in den Sudeten bildete. Nachdem die Idee des Baus 1853 in der Presse debattiert wurde, war eine der damit verbundenen Erwartungen, geäußert durch die Bürgermeister der anliegenden Ortschaften, das Anwachsen der Gästezahl, die die Kurorte besuchte. Im Falle von Bad Langenau schrieb man damals sogar, dass der Ort dank der Eisenbahn zu den mondänen Kurorten aufrücken könnte.[7] Als sich 1863 die Einwohner der Grafschaft Glatz beim Handelsministerium um die Weiterführung der Eisenbahn von Waldenburg nach Glatz bemühten, zeigten sie in ihrer Argumentation, dass der „Wochenmarktsverkehr" sowie Touristen und Kurgäste, die mit dem Omnibus auf dem Gebiet der Grafschaft unterwegs waren, die Zahl von jährlich 60.000 Personen erreichte.[8]

In Bezug auf die oben genannten und andere Projekte, die vor 1880 begannen, hatten die Argumente, die den Tourismus betrafen, rein propagandistischen Charakter, weil Tourismus zu dieser Zeit ein Elitenphänomen war, das hauptsächlich auf den Adel beschränkt blieb. Zu dieser Zeit war der Eisenbahnverkehr in Schlesien auf zwei bis drei Züge täglich auf jeder Linie begrenzt. Im Zusammenhang damit war auch der touristische Verkehr eingeschränkt. Erst nach 1880, als der Tourismus an Volumen zunahm, begannen Begründungen in den Denkschriften, die eine bedeutende Zunahme des touristischen Verkehrs erwähnten, an tatsächlicher Bedeutung zu gewinnen. Besonders traf das auf die Gebirgsbahnen zu, die im Fall des erwähnten Krummhübel in der Sommersaison Tausende von Touristen beförderten.

---

6 Andrzej Scherr: Sto pięćdziesiąt lat kolei w Świdnicy na tle kolei śląskich [150 Jahre Eisenbahn in Schweidnitz vor dem Hintergrund der schlesischen Eisenbahnen]. In: Rocznik Świdnicki 1994, S. 28–98, hier S. 40f.

7 O. Verf.: Kreis Habelschwerdt. In: Neue Gebirgs-Zeitung, Nr. 35 v. 27.8.1853, S. 284; O. Verf.: Eisenbahn. In: Ebd., Nr. 40 v. 1.10.1853, S. 325.

8 O. Verf.: Schlesische Gebirgsbahn. In: Ebd., Nr. 11 v. 7.3.1863, S. 58f.

2. Die Gründung der zwei wichtigsten schlesischen Touristikvereine, des Riesengebirgsvereins und des Glatzer Gebirgsvereins, und ihre Wechselwirkungen mit dem Eisenbahnwesen

Die Faszination für die Alpen, die an der Wende vom 18. zum 19. Jahrhundert in Europa herrschte, bewirkte, dass sich viele Menschen, die sich nicht persönlich dorthin begeben konnten, für andere, von ihren Wohnorten aus leichter erreichbare Berge interessierten. Viele Großstädter suchten Erholung von ihrem anstrengenden, durch Industrie und Handel geprägten Leben. Daher gründeten sich um 1870 die ersten Bergvereine in Europa. Der erste deutsche Bergverein „Schwarzwaldverein" entstand 1864 in Freiburg im Breisgau, gefolgt vom „Taunusklub" in Frankfurt am Main 1868 und dem „Gebirgsverein für die Sächsisch-Böhmische Schweiz" in Dresden 1877.[9] Die erste Vereinigung in den preußischen Sudeten, der „Riesengebirgsverein", wurde am 1. August 1880 in Hirschberg auf Initiative des Buchhalters Theodor Donat aus Zillerthal-Erdmannsdorf gegründet. Im Laufe der folgenden zwanzig Jahre erreichte die Zahl der Mitglieder 10.000 Personen in 89 Ortsgruppen. Im Riesengebirge entwickelten sich besonders die zwei Sommerferienorte Krummhübel und Schreiberhau, doch der RGV besaß auch zahlreiche Ortsgruppen in Städten in ganz Deutschland, in Breslau, Posen, Stettin, Berlin, Frankfurt am Main und Straßburg. Dank der hier veranstalteten Vorträge wurden die niederschlesischen Berge bekannt gemacht, so dass gegen Ende des erwähnten Zeitraums die Zahl der Touristen aus Berlin und Brandenburg, die im Riesengebirge eintrafen, ähnlich hoch war wie die derjenigen aus Schlesien. Etwas kleiner war der Glatzer Gebirgsverein, gegründet am 2. März 1881 auf Initiative von Julius Peters in Glatz. Schon nach einigen Wochen überschritt die Mitgliederzahl 600 Personen, bis Ausbruch des Ersten Weltkriegs waren 5.000 Mitglieder in 35 Ortsgruppen aktiv.[10] Er unternahm ähnliche Schritte wie der RGV mit dem Ziel, den Tourismus im Glatzer Land zu fördern. Starke Teilgruppen in Breslau und Gleiwitz organisierten Vorträge, um die Berge bekannter zu machen. Vor Ort engagierten sie sich für den Ausbau der Infrastruktur, für die Kennzeichnung der Wanderwege und die Herausgabe von Karten und Wanderführern. Hauptsächlich konzentrierte man sich auf den Bau von Aussichtstürmen, und seit 1906 begann die Herausgabe der Zweimonatsschrift *Grafschaft Glatz*.[11] Außerdem kooperierten sie mit der staatlichen Eisenbahnverwaltung zur Verbesserung der Transportmöglichkeiten für preisgünstige Fahrten in die Berge. Besonders wichtige Ziele für die Vereine waren die Verkürzung der Fahrzeiten und die Einrichtung neuer Eisenbahnverbindungen, hauptsächlich an Sonn- und Feiertagen. Petitionen an die Eisenbahndirektion in Breslau und manchmal auch an das Ministerium der öffentlichen Arbeiten in Berlin dokumentieren diese Bemühun-

9 Przerwa: Piękno gór (Anm. 4), S. 33f.

10 Czapliński: Historia Śląska (Anm. 3), S. 314f.

11 Arno Herzig, Małgorzata Ruchniewicz: Dzieje Ziemi Kłodzkiej [Geschichte der Grafschaft Glatz]. Hamburg, Wrocław 2006, S. 343–349.

gen. Man bat beispielsweise um bessere Anschlüsse an andere Züge, häufig betrafen die Vorschläge den Bau neuer Bahnhöfe oder Bahnhofsgebäude wie z.B. Wartehallen. Doch die beschränkten finanziellen Möglichkeiten der Gebirgsvereine erlaubten keine Beteiligung am Bau neuer Eisenbahnen und deren Infrastruktur. Ein typisches Beispiel für die Zusammenarbeit mit den Eisenbahnbehörden stellt eine der ersten Statutversammlungen des GGV in Glatz am 2. Mai 1881 dar. Während einer Debatte über die Verbesserung des Eisenbahnverkehrs wurde als Hauptziel die Erhöhung jener Besucheranteile formuliert, die die Grafschaft Glatz mit preußischen und österreichischen Bahnen besuchten. Die Eisenbahnbehörde erklärte sich mit folgenden vorgeschlagenen Maßnahmen einverstanden: Fahrpreisermäßigungen und verlängerte Gültigkeit für Rundreisebilletts auf folgenden Strecken 1. Von Breslau über Kamenz in die Grafschaft Glatz und weiter über Waldenburg, Altwasser, Königszelt nach Breslau; 2. Von Breslau über Kamenz in die Grafschaft Glatz und weiter über Waldenburg und das Riesengebirge nach Görlitz und zurück über Liegnitz nach Breslau; 3. Von Breslau über Brieg und Neisse nach Freiwaldau und Olmütz und zurück über Mittelwalde, die Grafschaft Glatz und Kamenz nach Breslau; 4. Von Neisse über Kamenz, Glatz, Waldenburg und das Riesengebirge nach Görlitz und zurück über Liegnitz, Breslau und Brieg nach Neisse. Diese Fahrkarten wurden jedes Jahr vom 1. Mai bis zum 30. September ausgegeben. Außerdem waren nach Angaben der Direktion der Oberschlesischen Eisenbahngesellschaft zusätzliche acht Rundreisefahrten von Breslau über Glatz und Mittelwalde nach Prag, Wien und in die Alpen in der Gegend von Salzburg geplant. Auf Initiative des GGV hin wurden daneben während der Sommersaison Rückfahrscheine von Berlin, Frankfurt/Oder und Stettin nach Glatz mit sechswöchiger Gültigkeit in der 1. und 2. Klasse eingeführt. Auf den Strecken der Oberschlesischen Eisenbahngesellschaft gab es Sonntagsfahrkarten zu ermäßigten Preisen.[12] Wesentlich in diesen Fällen war, dass es zu Zeiten der Privatbahnen keine allgemein gültigen ermäßigten Touristentarife in der heutigen Bedeutung gab. Die erwähnten Verhandlungserfolge des GGV zählten zu den ersten in Niederschlesien und leisteten einen bedeutenden Beitrag zur Entwicklung des Tourismus.

Ein weiteres Beispiel für den Einflussbereich der Gebirgsvereine war die Eröffnung neuer Bahnstrecken. In solchen Fällen waren es fast immer die Vorstände der Vereine, die die Eisenbahnbehörden um Verbesserungen baten. Zwei Wochen nach der Eröffnung der Eisenbahnstrecke Glatz–Bad Landeck–Seitenberg, am 14.11.1897, wandte sich der Vorsitzende der GGV-Sektion aus Landeck, Amtsgerichtsrat Seibt, an die Königliche Eisenbahn-Direktion zu Breslau mit der Bitte, im Fahrplan für das Jahr 1898 folgende Änderungen zu berücksichtigen:

a) Einrichtung des vormittags 6 Uhr 32 Min. aus Breslau abgehenden Zuges Breslau-Mittelwalde als Schnellzug und dementsprechende Frühlegung des ersten Zuges nach Seitenberg und zwar als Personenzug. Dieser Zug würde dann etwa eine Stunde früher in Sei-

12 O. Verf.: Glatzer Gebirgsverein. Verkehrserleichterung. In: Beuthener Zeitung, Nr. 52 v. 6.5.1881, S. 3.

tenberg eintreffen können als jetzt und auf dem Rückwege den Anschluss an den um 11 Uhr 37 Min. vormittags in Glatz nach Breslau abgehenden Zug erreichen.
Die Strecke Breslau – Mittelwalde dürfte die einzige Gebirgsstrecke sein, welche sich noch nicht eines Extrazuges erfreut, obwohl sie in die schönen Gegenden der Grafschaft Glatz führt. Gerade der Morgenzug wäre aber als Schnellzug besonders wertvoll, weil auf diese Weise am Besten eine volle Ausnutzung des Tages in den Bergen ermöglicht würde. [...]

b) Einlegung noch je eines Zuges zum Anschluss an den in Glatz um 3 Uhr 24 Min. nachmittags aus Breslau ankommenden und den von Glatz um 3 Uhr 52 Min. nachmittags nach Breslau abgehenden Zug, sowie eines Zuges, der erst Abends – vielleicht um 9 Uhr – von Seitenberg nach Glatz fährt.
c) Einrichtung eines Sonntags-Sonderzuges von und nach Glatz.
d) Sonntagsfahrkarten zu dem Preise der einfachen Fahrt von und nach Breslau, Glatz, Rückers, Mittelwalde, Frankenstein, Neisse, und Nieder-Lindewiese nebst Zwischenstationen.

Wir glauben, dass die Erfüllung dieser Wünsche nicht nur im Interese der Stadt Landeck und der Sektion Landeck des Glatzer Gebirgsvereines liegt und stellen deshalb ergebenst anheim, im Anschluss an unsere Petition der Königlichen Eisenbahn-Direktion zu Breslau dieselben Bitten zu unterbreiten [...].[13]

Die Aktivität der Gebirgsvereine in diesem Bereich war sehr intensiv. Hunderte Petitionen pro Jahr gingen in der Eisenbahndirektion ein. In den meisten Fällen fand sich eine zufriedenstellende Lösung. Der Zeitraum, innerhalb dessen die Vorschläge umgesetzt wurden, hing von den technischen Möglichkeiten der Eisenbahn ab. Als z.B. der Vorstand des GGV in Glatz im März 1890 beim Ministerium für öffentliche Arbeiten um die Umlegung der Nachtverbindung zwischen Breslau und Mittelwalde bat, die den Bewohnern der Grafschaft einen Besuch der Breslauer Theater ermöglichte, erfolgte die Einrichtung der Verbindung nach zwei Jahren im Herbst 1892.[14] Auch an der Eröffnung einer der wichtigsten Verbindungen für den Sudetentourismus, des „Schlesischen Gebirgsschnellzuges" Oberschlesien – Grafschaft Glatz – Riesengebirge – Berlin und zurück, der seit 1907 verkehrte, hatten der Glatzer GGV sowie der Hirschberger RGV bedeutenden Anteil.[15]

Ein weiteres Beispiel für die Zusammenarbeit des Glatzer GGV mit der Eisenbahnbehörde war die Initiative für die Einrichtung eines Bahnhofs in Grafenort 1887. Gemeinsam mit dem ortsansässigen Rittergutsbesitzer von Herberstein legte der GGV einen entsprechenden Vorschlag vor, und vier Jahre später entstand ein

13 Staatsarchiv Breslau/Wrocław, Akten der Stadt Glatz, Schreiben des Vorstandes der Section Landeck des GGV an die Königliche Eisenbahn-Direktion zu Breslau vom 29.11.1897, Sign. 1917.

14 Staatsarchiv Wrocław, Akten der Stadt Glatz, Schreiben des Vorstandes GGV Glatz an den Minister für Öffentliche Arbeiten vom 6.3.1890, Sign. 1917; O. Verf.: Der Nachtzug. In: Der Gebirgsbote, Nr. 85 v. 21.10.1892, ungez. S. 2.

15 O. Verf.: Projekt D-Züge Berlin – Kattowitz. In: Bote aus dem Riesengebirge, Nr. 48 v. 27.2.1906, S. 5; O. Verf.: Sommer-Fahrplan. In: Der Gebirgsbote, Nr. 37 v. 7.5.1907, ungez. S. 5; Staatsarchiv Wrocław, Akten der Stadt Glatz, Schreiben des Vorstandes GGV Glatz an den Minister für Öffentliche Arbeiten vom 20.9.1905, Sign. 1917.

Bahnhof aus roten Ziegelsteinen mit einem speziellen Warteraum, der für die intensive Nutzung durch Touristen geeignet war.[16]

Auch beim Bau neuer Eisenbahnstrecken waren die Mitglieder der Gebirgsvereine aktiv. Zwei Mitglieder des RGV, Max Baensch-Schmidtlein und Hugo Seydel, die gleichzeitig Abgeordnete im Preußischen Landtag waren, bemühten sich ab 1904 um den Bau einer Eisenbahn Hirschberg–Lähn–Löwenberg, die 1909 eröffnet wurde. Beide Herren hatten in dieser Angelegenheit im Mai 1904 eine persönliche Audienz bei Staatsminister von Budde, und anlässlich der Sitzungen des preußischen Parlaments legten sie vielmals persönlich Interpellationen ein.[17]

Bekannt ist auch das Engagement anderer Gebirgsvereine für Verbesserungen im Eisenbahnbetrieb für Touristen. Erwähnenswert ist das Beispiel des „Zobtener Gebirgsvereins", der sehr oft Eingaben für die Behebung von Problemen auf der Strecke Breslau – Schweidnitz über Zobten machte.[18]

Aktivitäten im Bereich der Verkehrsverbesserungen für Touristen waren eine ständige Aufgabe für die Gebirgsvereine. Etwas seltener sind Eingaben neue Bahnhofsbauten oder neue Eisenbahnobjekte betreffend.

3. Die Eisenbahnen mit der größten Bedeutung für Tourismus und Badeverkehr in Niederschlesien

Das vor Beginn des Ersten Weltkrieges entstandene Eisenbahnnetz bot den Bewohnern von Breslau, Berlin und anderen Städten eine leistungsfähige Verbindung ins Gebirge. Drei Typen von Eisenbahnen bildeten dieses Netz, unter denen es besondere Tourismusstrecken gab. Von 1842 bis 1880 entstand in Niederschlesien ein Netz von Hauptbahnen, das durch privates Kapital finanziert wurde. Erst später begann der preußische Staat aufgrund der Gewinne und der hohen militärischen Bedeutung der Eisenbahn mit dem Ankauf der privaten Bahnen. Dieser Prozess wird als „Verstaatlichung der Eisenbahnen in Preußen" bezeichnet. Ab 1880 begann der Staat, das Eisenbahnnetz aus eigenen Mitteln durch Nebenbahnen zu ergänzen. Als sich die finanziellen Möglichkeiten des Staates erschöpften, erschien 1892 das Kleinbahngesetz über Eisenbahnen mit drittrangigem Charakter, das die Finanzierung von Bahnen auf Landkreise, Gemeinden und Privatanleger übertrug.

In der ersten Phase des Eisenbahnausbaus in Niederschlesien sind jene Eisenbahnen am bedeutendsten für die spätere Entwicklung des Tourismus, die von Breslau aus in Richtung Sudeten führten. Die erste Eisenbahn von Breslau nach Freiburg (1843) brachte den Bewohnern Breslaus das Vorgebirge näher. In den Folgejahren

16 O. Verf.: Von der Haltestelle. In: Der Gebirgsbote, Nr. 26 v. 30.3.1888, ungez. S. 2; O. Verf.: Die Haltestelle Grafenort. In: Ebd., Nr. 62 v. 4.8.1891, ungez. S. 3.

17 Przemysław Dominas: Koleje Regionu Kaczawskiego. Lwówek Śląski–Złotoryja–Marciszów, Jelenia Góra–Wleń–Lwówek Śląski, [Die Eisenbahnen im Bober-Katzbach-Gebirge. Löwenberg–Goldberg–Märzdorf, Hirschberg–Lähn–Löwenberg]. Jelenia Góra 2012, S. 136.

18 Przerwa: Piękno gór (Anm. 4), S. 384–393.

1 Das Eisenbahnnetz Niederschlesiens mit den touristisch bedeutenden Strecken

wurde sie zur Vorsudeten-Magistrale ausgebaut, die Liegnitz mit Schweidnitz (1856), Reichenbach (1855), Frankenstein (1858) und Kamenz (1874) verband. Eine weitere wichtige Touristenstrecke war die Schlesische Gebirgsbahn, die Berlin und Görlitz über Hirschberg mit Waldenburg (1867) und dann mit Glatz (1880) verband. Ihre Abzweigungen in späteren Jahren hatten wesentlichen Einfluss auf die Entwicklung des Tourismus in der Riesengebirgsgegend und im Waldenburger Bergland. Eine weitere wichtige Touristenstrecke von Breslau über Glatz nach Mittelwalde (1875) ermöglichte die Anbindung der Provinzhauptstadt an die Grafschaft Glatz. Von dieser Linie zweigten weitere für den Tourismus wichtige Eisenbahnstrecken ab.

Die zweite Ausbauphase des Eisenbahnnetzes war verbunden mit der unmittelbaren Erschließung des Gebirges durch Nebenbahnen. Als die für den Tourismus wichtigsten Nebenbahnen kann man die Abzweigungen der Schlesischen Gebirgsbahn von Hirschberg nach Krummhübel (1895), nach Ober Schreiberhau (1902) und von Schmiedeberg nach Landeshut (1905) bezeichnen. In der Grafschaft Glatz sind die Eisenbahnen aus Glatz nach Kudowa (1905) und nach Landeck und Seitenberg (1897) erwähnenswert. Als wichtige Verbindung erwies sich auch die Nebenbahn aus Breslau durch Schweidnitz nach Charlottenbrunn (1904), die den Breslauern eine direkte Anfahrt ins Eulengebirge ermöglichte. Ebensowenig darf man die normalspurigen Kleinbahnen vergessen, etwa die Eulengebirgsbahn (1902) und die Heuscheuergebirgsbahn (1903), die Wüstewaltersdorfer Kleinbahn (1914) und die Eisenbahn zwischen Greiffenberg und Bad Flinsberg (1910).[19]

Für die Entwicklung des Tourismus spielten die Neben- und Kleinbahnen in zweifacher Hinsicht eine wichtige Rolle (Abb. 1). Zum einen konnten sie große Mengen von Touristen in die höheren Teile des Gebirges bringen. Zum anderen waren die Strecken als solche sehr attraktiv, was dazu beitrug, dass sie gern benutzt wurden. Außer dem Bau der Bahnen mussten diese auch populär gemacht werden. Eine wichtige Rolle spielte in diesem Prozess die Presse, die die Bahnen sehr genau unter touristischen Aspekten darstellte. Das führte dazu, dass manche Bahnen sehr bekannt, ja sogar berühmt waren. Es gab in Niederschlesien einige Eisenbahnen, die aus der Sicht der damaligen Presse hinsichtlich ihres Beförderungsvolumens vor allem mit dem Tourismus verbunden waren. Im Folgenden werden die wichtigsten schlesischen Bahnen dargestellt, die besonders attraktiv für Touristen waren.

3.1 Die Eulengebirgsbahn Reichenbach – Silberberg – Mittelsteine

Die Eulengebirgsbahn war Anfang des 20. Jahrhunderts in ganz Schlesien eine Legende, weil sie mit Hilfe einer speziellen Zahnradbahn über den steilen Kamm des Eulengebirges verlief. Diese technische Lösung war außergewöhnlich in Preußen. In der Nähe von Silberberg befand sich die steilste Strecke. Der Höhenunterschied zwischen den Stationen Silberberg Stadt (394 m) und Silberberg Festung (569 m), 4,2 km voneinander entfernt, betrug 175 m, was eine durchschnittliche Steigung von 42‰[20] ergab. Das steilste Stück überstieg 60‰. Um eine solche Steigung zu bewältigen, wurde eine dritte Zahnradschiene benötigt, die zwischen die normalen Schienen gesetzt wurde (Abb. 2). Sie war mit speziellen Zahngetrieben an der Lokomotivachse verbunden, was eine sichere Auffahrt ermöglichte, sowie das Abbremsen der Züge während der Bergabfahrt. Eine baugleiche Lösung gab es zwischen den Stationen Silberberg Festung und Neudorf. Auf den erwähnten Steilstrecken fuhr der Zug mit einer Geschwindigkeit von 6 – 10 km/h. Gebaut wurde die Eulengebirgsbahn ab 1899 durch die private Firma Lenz & Co als normalspurige Kleinbahn von Reichenbach nach Mittelsteine, das sie 1902 erreichte. Ursprünglich sollte die

---

19 Freymark: Entstehung des schlesischen Eisenbahnnetzes (Anm. 5), S. 131 – 138.
20 Ein Promille ist 1 Meter Steigung auf einer Länge von 1000 Metern.

2 Die Zahnradstrecke der Eulengebirgsbahn in der Nähe von Silberberg. Zeitgenössische Postkarte, Sammlung P. Dominas

Bahn das Textilgebiet in der Gegend von Reichenbach mit dem Neuroder Kohlenrevier verbinden.

Schon die Bauarbeiten an der Eulengebirgsbahn wurden von großer Anteilnahme der Bevölkerung begleitet. Noch vor der Eröffnung betonte die Presse den touristischen Charakter der Bahn. Viele Touristen kamen schließlich auch nach Silberberg zu der mit Spannung erwarteten Eröffnung der Strecke. Die Strecke war so populär, dass der Oberpräsident der Provinz Schlesien, Fürst Hatzfeldt-Trachenberg, der Regierungspräsident von Breslau Dr. Wilhelm von Heydebrand und der Lasa sowie der Geheime Rat Friedrich Lenz und der Präsident der Königlichen Eisenbahndirekti-

3 Silberberger Viadukt der Eulengebirgsbahn. Zeitgenössische Postkarte, Sammlung P. Dominas

on zu Breslau, Hermann, an der feierlichen Eröffnung am 4. August 1902 teilnahmen.[21] Die touristische Attraktivität der Eulengebirgsbahn wurde erhöht durch die größte Gebirgsfestung Europas in Silberberg aus der Zeit Friedrichs des Großen, die um 1900 touristisch genutzt wurde. Im Hauptdonjon befand sich eine Gaststätte, wo nach Eröffnung der Bahn an Feiertagen verschiedene Vereine Massenveranstaltungen organisierten. Es kam vor, dass die zahlreichen Sonderzüge mit einem Dutzend und mehr Wagons durch zwei oder sogar drei Dampflokomotiven verstärkt wurden. Den größten Eindruck machten jedoch zwei hohe Viadukte (24 und 27 m hoch) und steile Böschungen sowie die schöne Landschaft, welche die Journalisten mit dem Tatragebirge verglichen. Schon allein die Beobachtung der Züge, die über die ziegelsteinroten, dreigewölbigen Viadukte fuhren und einen Kontrast zum grünen Wald bildeten, war eine touristische Attraktion (Abb. 3).

Etwa fünf Paar Personenzüge pro Tag befuhren die Strecke. Die Zahl der beförderten Personen auf der 45 km langen Strecke erreichte 1904 schon 623.618 Passagiere und 1913 sogar 911.720. Von der Betriebsaufnahme bis zum Beginn des Ersten Weltkriegs stiegen die Personenzahlen. Dagegen erfüllte die Bahn auf der Gebirgsstrecke bei der Güterbeförderung nicht die in sie gesetzten Hoffnungen. Des-

---

21 O. Verf.: Die Eröffnungsfeier für die Gesamtstrecke der Eulengebirgsbahn bis Mittelsteine. In: Der Gebirgsbote, Nr. 62 v. 5.8.1902, ungez. S. 2; O. Verf.: Eröffnung der Eulengebirgsbahn. In: Ebd., Nr. 63 v. 8.8.1902, ungez. S. 2.

4 Ansicht des Weistritztales von Norden, mit Eisenbahnbrücke in Ober Weistritz. Zeitgenössische Postkarte, Sammlung P. Dominas

wegen wurde der Oberbau noch in den dreißiger Jahren des 20. Jahrhunderts, während der Weltwirtschaftskrise, auf der Strecke Silberberg–Volpersdorf abgetragen.[22]

3.2 Die Weistritztalbahn Schweidnitz – Bad Charlottenbrunn

Die Weistritztalbahn zwischen Schweidnitz und Charlottenbrunn wurde 1902–1904 als Verlängerung der 1898 eröffneten Eisenbahn Breslau–Schweidnitz gebaut. Schon viele Jahre vor ihrer Eröffnung wurde die attraktive Lage der Strecke entlang des Flusses Weistritz betont und daneben die Erleichterung für Touristen aus Breslau, die das Eulengebirge erreichen wollten. Die 24 km lange Nebenbahn entstand in bergigem Terrain und bekam ein Dutzend außergewöhnliche Eisenbrücken aus einem gemischten System von Gittern und Balken im damals modernen Architekturstil der Ingenieurskunst und des Historismus (Abb. 4). In den meisten Fällen bauten und lieferten die Hirschberger Firma Maschinenbau AG Starke & Hoffmann sowie die Donnersmarckhütte aus Zabrze die Brücken.[23] Den Bau der Eisenbahn vor Ort leitete Bauinspektor Schiefler, der Regierungsrat Schmedes der Königlichen

22 Staatsarchiv Wrocław, Akten des Regierungspräsidenten von Breslau, Broschüre *Ein Vierteljahrhundert Eulengebirgsbahn* 1.6.1900 – 1.6.1925, S. 2–16, Sign. 9292; M[ichał] Jerczyński, T[omasz] Przerwa: Kolej Sowiogórska [Die Eulengebirgsbahn]. Srebrna Góra 2007, S. 46–54.

23 O. Verf.: Weistritztalbahn. In: Schweidnitzer Stadtblatt, Nr. 238 v. 10.10.1903, ungez. S. 2; O. Verf.: Weistritztalbahn. In: Ebd., Nr. 271 v. 18.11.1903, ungez. S. 2.

5 Im Heimatstil erbauter Bahnhof Kynau bei der Eröffnungsfeier 1904. Im Hintergrund Schloss Kynau. Zeitgenössische Postkarte, Sammlung P. Dominas

Eisenbahndirektion in Breslau unterstellt war,[24] und sogar Kaiser Wilhelm II. zeigte Interesse am Fortgang der Bauarbeiten.[25] Dank der reizvollen Landschaft und den oben gennannten Eisenbahnobjekten kamen viele Touristen allein deswegen, um die Lage der Eisenbahn zu betrachten. Die Strecke war sehr abwechslungsreich gestaltet, häufig führte sie über hohe Böschungen, um dann plötzlich wieder tief den Fels zu durchschneiden. Die durch Gebirgsterrain führende Strecke lag auf malerischen Bergen, die durch Brücken in verschiedenen Stilen und Typen verbunden waren. Auch die Architektur der Bahnhöfe war attraktiv und sehr sorgfältig in den Gebirgsraum hineinkomponiert (Abb. 5). Die größeren Bahnhöfe (Croischwitz, Kynau, Hausdorf, Tannhausen, Charlottenbrunn) wiesen den damals in Schlesien modernen Heimatstil auf. Das Mauerwerk wurde dazu mit reich geschmücktem Holzfachwerk verbunden. Die Ornamente lehnten sich an den damals herrschenden Jugendstil an. Die kleineren Bahnhöfe erhielten feine hölzerne Fachwerkornamente. Besondere Bewunderung erregte die sehenswerte Zusammenstellung der Stationsgebäude. Die Eisenbahnfahrt in die Urlaubsgebiete bot somit schon unterwegs zahlreiche Sehenswürdigkeiten.

---

24 Staatsarchiv Wrocław, Akten des Regierungspräsidenten von Breslau, Schreiben der Königlichen Eisenbahndirektion an den Regierungspräsidenten von Breslau vom 14.6.1899, Sign. 9258.

25 Geheimes Staatsarchiv Preußischer Kulturbesitz Berlin, I. HA (im Folgenden zit. als: GStA PK, I. HA), Rep. 89 E, Geheimes Zivilkabinett, Schreiben des Ministers für öffentliche Arbeiten an Kaiser Wilhelm II. vom 13.1.1902, Sign. 29587.

Die Strecke führte an dem nahe gelegenen mittelalterlichen Schloss Kynsburg in Kynau vorbei, das viele Touristen anzog. Schon im ersten vollen Haushaltsjahr (1905) wurden im Bahnhof Kynau 33.000 Fahrkarten verkauft. Vom Betriebsbeginn bis zum Ausbruch des Ersten Weltkriegs stieg der Zugverkehr ständig an. Bei der Eröffnung verkehrten fünf Paar Züge, bis 1913 war ihre Zahl auf bis zu neun Züge auf der Strecke Charlottenbrunn – Schweidnitz und sieben Züge zurück gestiegen. Nach statistischen Angaben verkauften die Bahnhöfe an der Strecke 1905 ca. 180.000 Fahrkarten, worin mit Sicherheit nicht alle Touristen berücksichtigt sind, die das Weistritztal besuchten, weil diese preisgünstige Rückfahrkarten an anderen Stationen gekauft hatten.[26]

3.3 Die Kleinbahn von Hausdorf nach Wüstewaltersdorf (Wüstewaltersdorfer Kleinbahn AG)

Ausdruck der intensiven industriellen Entwicklung, aber auch des Anstiegs des Tourismus war 1914 die Eröffnung der von der Weistritztalbahn abzweigenden Eisenbahn Hausdorf–Wüstewaltersdorf. Die 4,7 km lange Wüstewaltersdorfer Kleinbahn ergänzte die Transportkapazitäten in der Eulengebirgsgegend. Die Anregung zum Bau entstand in einem Kreis Wüstewaltersdorfer Industrieller, unter ihnen der Besitzer der Leinenfabrik Websky, Hartmann & Wiesen GmbH. 1908 bildeten die Industriellen ein Komitee, in dem besonders H. G. Wiesen engagiert war.[27] Bau- und Betriebsleitung übergab das Komitee einer Berliner Firma, der Continentalen Eisenbahnbau- und Betriebs-Gesellschaft. Die 1913 begonnenen Bauarbeiten leitete Ingenieur Todt. Die normalspurige Kleinbahn wurde als elektrische Bahn gebaut.

Schon der erste Fahrplan sah zehn Paar Züge vor. In ihrem ersten Betriebsjahr beförderte die Kleinbahn trotz des Kriegsausbruchs 61.444 Personen, darunter hauptsächlich Touristen, die das Eulengebirge besuchten.[28] Wüstewaltersdorf war der günstigste Ausgangspunkt für Ausflüge auf den höchsten Gipfel des Eulengebirges, die Hohe Eule (Wielka Sowa, 1015 m). Die Wüstewaltersdorfer Kleinbahn hatte in der Zwischenkriegszeit einen typisch touristischen Charakter. Seit 1928 verkehrten spezielle Sportzüge aus Breslau nach Bad Charlottenbrunn mit Kurswagen nach Wüstewaltersdorf. Die Zahl der Passagiere, die ins Gebirge kamen, um Wintersport zu treiben, erreichte täglich sogar 3.000 Personen.[29]

---

26 Przemysław Dominas: Dzieje Kolei doliny Bystrzycy (Weistritzthalbahn) Świdnica – Jedlina Zdrój [Geschichte der Weistritztalbahn Schweidnitz–Charlottenbrunn]. Świdnica 2010, S. 38–56, 61–108.

27 Staatsarchiv Wrocław, Akten des Regierungspräsidenten von Breslau, Petition der Wüstewaltersdorfer Industriellen an den Regierungspräsidenten in Breslau in Sachen Bau einer Eisenbahnlinie von Hausdorf nach Wüstewaltersdorf vom 19.11.1908, Sign. 9262.

28 Staatsarchiv Wrocław, Akten des Regierungspräsidenten von Breslau, Jahresbericht der Wüstewaltersdorfer Kleinbahn AG von 1914/1915, Sign. 9265.

29 Michał Jerczyński: Kolejka Walimska [Die Wüstewaltersdorfer Kleinbahn]. In: Śląski Labirynt Krajoznawczy. Wrocław 1990, S. 53–62.

6 Der Bahnhof Reinerz im Stil der „Bäderarchitektur“ 1906. Zeitgenössische Postkarte, Sammlung P. Dominas

7 Eisenbahnbrücke bei Lewin. Zeitgenössische Postkarte, Sammlung P. Dominas

3.4 Die Eisenbahn Glatz – Bad Kudowa

Außer einer Bahn, die von Breslau in die Grafschaft Glatz führte, entstanden ab 1875 zwei Abzweigungsstrecken zu Badeorten: nach Bad Landeck und Seitenberg (1897) und nach Bad Kudowa.

Initiator des Baus der Strecke nach Kudowa war ein stark engagiertes Mitglied des GGV, der Bürgermeister von Bad Reinerz, Paul Dengler. Wegen der großen Baukosten der Linie im Gebirgsterrain wurde der Bau auf zwei Etappen aufgeteilt. Die erste, 16 km lange Strecke bekam Bahnhöfe im Rohbaustil (Altwilmsdorf, Rückers). Die restliche Strecke von 26 km Länge wurde aufgrund des gebirgigen Charakters und der späteren Bauphase, aber auch aufgrund der Bedeutung der Bäder in subtilerer Form gestaltet. Die Bahnhöfe Bad Reinerz und Bad Kudowa erhielten eine repräsentative Bäderarchitektur, verbunden mit Elementen des Heimatstils (Abb. 6). Unter den Ingenieurswerken auf der acht km langen Strecke in der Nähe von Reinerz und Lewin entstanden zwei Tunnels mit einer Länge von 577 m und 80 m. Einen interessanten Akzent in der Landschaft setzte eine gewölbte Steinbrücke in Lewin, die an ein römisches Aquädukt erinnert (Abb. 7). Die 117 m lange Brücke war 25 m hoch und wurde dank der in der Nähe liegenden Sandsteinbrüche des Heuscheuergebirges in diesem Material ausgeführt. Ihre kühne und gleichzeitig feine Gestalt macht diese Brücke zu einer Ikone der niederschlesischen Brückenbauten.[30]

Bei der Eröffnung der Eisenbahn Glatz–Rückers am 15. Dezember 1890 verkehrten zwei Paar Züge, doch schon ein Jahr später hatte sich die Zahl der Züge verdoppelt. Seit 1902 verkehrten zusätzlich zu den vier ständigen Zugpaaren zusätzlich zwei Sommerzüge (15. Juni bis 30. August) nach Rückers, die auch an Feiertagen fuhren.[31] Anfang des 20. Jahrhunderts beobachtete man auf der Eisenbahn schon Massentouristenverkehr. Immer öfter kam es vor, dass auf organisierten Ausflugsfahrten (z. B. der Eisenbahner aus Breslau) im Sommer täglich über 800 Besucher in nur einem Zug in die Badeorte kamen.[32] Ab 1903 verkehrte ein direkter Schnellzug zwischen Berlin und Glatz mit Anschluss nach Bad Reinerz. Die Schnellzüge aus Breslau nach Kudowa wurden „Bäderschnellzüge" genannt.[33] Das größte Verkehrsaufkommen erlebte die Strecke Glatz – Kudowa 1914, als der Fahrplan 19 Züge am Tag vorsah, von denen ein Teil nur während der Saison verkehrte.[34]

3.5 Die Riesengebirgsbahn Hirschberg – Bad Warmbrunn – Ober Schreiberhau

Auf dem Gebiet der westlichen Sudeten entstand als Achse der Eisenbahnentwicklung die Schlesische Gebirgsbahn, die 1866 von Görlitz nach Hirschberg, und ein Jahr später nach Waldenburg gebaut wurde. Abzweigungen erreichten in späteren Jahren auch die höher gelegenen Gebirgsteile.

30 Przemysłw Dominas: Die Eisenbahn Glatz–Kudowa als Beispiel für den Bau und Betrieb einer Nebenbahn in Schlesien bis 1945. In: Jahrbuch der Schlesischen Friedrich-Wilhelms-Universität Breslau XLIX (2008), S. 267–276.

31 O. Verf.: Eisenbahn Glatz–Rückers. In: Der Gebirgsbote, Nr. 101 v. 16.12.1890, ungez. S. 2; O. Verf.: Eisenbahn-Fahrplan. In: Ebd., Nr. 43 v. 29.5.1891, ungez. S. 3; O. Verf.: Sommer-Fahrplan. In: Ebd., Nr. 35 v. 2.5.1902, ungez. S. 8.

32 O. Verf.: Feriensonderzüge. In: Ebd., Nr. 50 v. 22.6.1906, ungez. S. 1.

33 O. Verf.: Eisenbahn-Fahrplan. In: Ebd., Nr. 36 v. 5.5.1903, ungez. S. 14; O. Verf.: Eisenbahn-Fahrplan. In: Ebd., Nr. 80 v. 6.10.1903, ungez. S. 10; O. Verf.: Die Bielethalbahn. In: Ebd., Nr. 93 v. 19.11.1907, ungez. S. 1.

34 Przemysław Dominas: Powstanie i Rozwój Kolei na Ziemi Kłodzkiej w latach 1854–1914 [Entstehung und Ausbau des Eisenbahnwesens in der Grafschaft Glatz 1854–1914]. Kłodzko 2009, S. 202–235, 285–322, 407–409.

Zweifellos legte die Schlesische Gebirgsbahn den Grund für die Entwicklung des Tourismus, aber in den ersten zwei Jahrzehnten ihres Bestehens verlief dieser Prozess zögernd. In dieser ersten Phase beförderte die Bahn in erster Linie Kurgäste nach Hirschberg, die Bad Warmbrunn aufsuchten, förderte aber noch nicht den intensiven Tourismus in der nahen Bergregion. Damals sah man noch die Industrie als Fundament für den Ausbau der Eisenbahn von Hirschberg aus in Richtung Riesengebirge an.[35] Auch beim Bau der Eisenbahnstrecke nach Ober Schreiberhau war die Wirtschaft der wichtigste Grund, erst in zweiter Linie rechnete man mit der Entwicklung des Gebirgstourismus.

Wie bei vielen schlesischen Gebirgsbahnen wurde auch die kostspielige Strecke nach Ober Schreiberhau in zwei Etappen gebaut: Hirschberg–Petersdorf (1891) und Petersdorf–Ober Schreiberhau (1902). Für den Bau der ersten Teilstrecke engagierten sich der Hirschberger Landrat Prinz Heinrich IX. von Reuss, die Handelskammer und die Mitglieder des RGV. Die Bauarbeiten leitete ab 1888 Eisenbahnbauinspektor Möller unter der Aufsicht der Eisenbahndirektion in Berlin, vertreten durch den Geheimen Baurat Rock.[36] Auf der 1891 eröffneten Strecke bis Petersdorf entstanden Bahnhöfe im Stil der Bäderarchitektur (Bad Warmbrunn, Hermsdorf, Petersdorf). Anfangs verkehrten auf der 13 km langen Strecke fünf Paar Züge pro Tag.[37] Erst nach dem Beschluss, die Strecke an das Österreich-Ungarische Eisenbahnnetz anzuschließen, entschied sich das preußische Parlament 1897 für den Ausbau der 30 km langen Strecke von Petersdorf nach Grünthal. Die Arbeiten unter schwierigen Verhältnissen im Gebirge begannen 1899. Das Gelände verlangte den Bau eines Tunnels von 145 m Länge und die Bewegung von 1,2 Millionen m^3 Erde und Gestein. Die steigenden Kosten zwangen zu Sparsamkeit, und aus diesem Grund wurden die Bahnhöfe zunächst provisorisch aus Holz gebaut, mit der Maßgabe eines späteren Umbaus als Bahnhöfe aus Mauerwerk. Die ersten eingeschossigen Bahnhöfe wurden im Tiroler Stil gestaltet und fügten sich harmonisch in den ländlichen Gebirgsraum ein. Die 1902 eröffnete Bahnstrecke verband Hirschberg mit Ober Schreiberhau und mit der Staatsgrenze (Abb. 8), sie führte weiter bis Polaun.[38] Von Beginn an wurde die Strecke intensiv von Touristen befahren. Allein schon die Fahrt auf der stark ansteigenden Trasse bei gleichzeitiger Betrachtung der Riesengebirgslandschaft galt als großes Vergnügen. Die Möglichkeit, schnell ins Herz des Riesengebirges zu gelangen, führte zu einem raschen Anstieg der Zahl der Touristen in den höchsten Gebirgsteilen. 1903 besuchten von insgesamt 33.000 Riesengebirgsgästen mehr als 10.000 Touristen Schreiberhau. Langsam näherte sich die Zahl der Touristen, die das Gebirge besuchten, derjenigen der Gäste von Bad

35 O. Verf.: Eisenbahnprojekt Hirschberg–Warmbrunn. In: Liegnitzer Tageblatt Nr. 194 v. 22.8.1883, ungez. S. 5.

36 O. Verf.: Landespolizeiliche Prüfung der Eisenbahnstrecke Hirschberg – Warmbrunn. In: Der Bote aus dem Riesengebirge, Nr. 150 v. 28.6.1891, S. 3f.

37 O. Verf.: Eisenbahn-Fahrplan. In: Ebd. Nr. 269 v. 14.11.1891, S. 3.

38 Dominik Kara: Kolej w Szklarskiej Porębie [Die Eisenbahn in Schreiberhau]. Szklarska Poręba 2010, S. 8–11.

8 Eröffnungsfeier der Eisenbahnstrecke Hirschberg–Ober Schreiberhau 1902. Zeitgenössische Postkarte, Sammlung P. Dominas

Warmbrunn an.[39] 1904 verkehrten acht Paar Personenzüge am Tag, zehn Jahre später fuhren von Hirschberg nach Ober Schreiberhau 14 Züge und zurück nach Hirschberg 13.

3.6 Die Bobertalbahn Hirschberg–Lähn–Löwenberg

Für viele Touristen, die ihre Wanderungen im Hirschberger Tal begannen, war neben dem Riesengebirge auch das im Vorsudetenland liegende Bober-Katzbach-Gebirge sehr populär. In dieser Region wurde 1909 die Eisenbahn aus Hirschberg über Lähn nach Löwenberg eröffnet. Die Anregung zum Bau dieser Linie gab der Hirschberger Bürgermeister Bassenge, Mitbegründer und langjähriger Vorsitzender des RGV, der schon 1883 ein Bauprojekt für die betreffende Strecke vorstellte. Diese Idee griff sein Nachfolger, Bürgermeister Richter, auf, den lokale Industrielle und die oben erwähnten Vorstandsmitglieder des RGV, die Abgeordneten Baensch-Schmidtlein und Hugo Seydel, unterstützten. Aufgrund der hohen Baukosten interessierten sich jedoch weder Staat noch Privatanleger für diese Bahn. Erst die große Überschwemmung des Jahres 1897 regte in Preußen eine Debatte über den Bau einer Talsperre des Flusses

39 T[omasz] Przerwa: Wędrówka po Sudetach. Szkice z historii turystyki śląskiej przed 1945 r. [Wanderung in den Sudeten. Skizzen aus der schlesischen Tourismusgeschichte vor 1945]. Wrocław 2005, S. 146–150.

9 Eisenbahnbrücke bei der Talsperre 1912. Zeitgenössische Postkarte, Sammlung P. Dominas

Bober in der Nähe von Lähn an, die die häufig von Hochwasser betroffenen Ortschaften sichern sollte. Anlässlich des Baus der Talsperre entschied sich die Staatsregierung für den Bau der Eisenbahnstrecke, die die Aufgabe übernehmen sollte, Baumaterialien zur Baustelle zu transportieren.

Durch ihren gebirgigen Charakter sah man die Linie noch vor ihrem Bau als prädestiniert für den Tourismus an. Man erwartete viele Gäste, die Lähn besuchten oder sogar die Talsperre, von der aus die Riesengebirgslandschaft zu sehen war. Gebaut wurde die Bahn seit 1905 unter Aufsicht des Bauinspektors Kurowski (ab 1907 Dr. Winter). Der Bau war sehr aufwendig, man musste drei Tunnels und zwei große Boberbrücken errichten. Die Brücke in der Mauer vor der Talsperrenöffnung war mit 40 m das höchste Eisenbahnobjekt in Schlesien. Der Parabelgitterträger war 85 m lang und lag nach Gerbertechnik auf zwei Steinpfeilern auf (Abb. 9). Wegen ihrer ästhetischen Vorzüge hielt man sie für eine der schönsten Eisenbahnbrücken in Schlesien. Am Anfang des 20. Jahrhunderts bewunderten nicht nur die Touristen diese Brücke, sondern auch die Ingenieure. Die Presse verglich die Leichtigkeit der Konstruktion mit der griechischen Göttin Iris, indem sie als „leicht wie der Iris Sprung“ beschrieben wurde, was mit ihrer Form und den Farben des Regenbogens zusammenhing.[40]

Nicht vergessen darf man die originelle Architektur der Bahnhöfe, die im Geist des späten Historismus unter Hinzufügung von Elementen des Schlesischen Heimatstils, des Jugendstils und der frühen Moderne erbaut wurden. Auf der 32 km langen Stre-

40 O. Verf.: Eisenbahn Hirschberg – Lähn – Löwenberg. In: Der Bote aus dem Riesengebirge, Nr. 276 v. 24.11.1908, S. 4.

10 Bahnhof Lähn kurz nach der Eröffnung 1909. Zeitgenössische Postkarte, Sammlung P. Dominas

cke, die 1909 eröffnet wurde, verkehrten anfangs vier Paar Züge, deren Zahl bis 1914 auf sieben Paar stieg. Der größte Verkehr herrschte an Sonntagen. Im September des Jahres 1909 war der Betrieb zwischen Hirschberg und Löwenberg aufgrund der vielen Touristen so groß, dass trotz 15 Waggons alle Plätze, auch die Stehplätze, besetzt waren. Die Züge hatten Verspätungen bis zu 40 Minuten.[41] Außer den fahrplanmäßigen Zügen verkehrten auch Sonderzüge auf der Strecke. So fuhr im Juni 1910 ein Sonderzug mit 1.000 Mitgliedern des Eisenbahnerverbandes von Görlitz nach Lähn (Abb. 10). Untergebracht waren die Gäste im Schützenhaus Bucholz in der Stadt. Die häufigen Ausflüge für Eisenbahner in Schlesien waren darin begründet, dass die Bahngesellschaft die Möglichkeit hatten, kostenlose Ausflugszüge bereitzustellen.[42]

4. Der Einfluss der Eisenbahnen auf die Entwicklung des Tourismus und des Badeverkehrs in Niederschlesien

4.1 Angebote der Eisenbahnverwaltung für Touristen (Touristenzüge, Tarife im Touristenverkehr)

Die 1881 vom GGV vorgeschlagenen Rundfahrten in Schlesien zu ermäßigten Preisen galten für die private Oberschlesische Eisenbahngesellschaft. Nach der Verstaat-

41 O. Verf.: Eisenbahn Hirschberg–Löwenberg. In: Ebd., Nr. 209 v. 7.9.1909, S. 4.
42 O. Verf.: Eisenbahnbetrieb zwischen Lähn und Löwenberg. In: Ebd., Nr. 169 v. 22.7.1909, S. 3; O. Verf.: Ausflug aus Görlitz nach Löwenberg. In: Ebd., Nr. 136 v. 14.6.1910, S. 4; Dominas: Koleje Regionu Kaczawskiego (Anm. 17), S. 131–198.

Winter-Fahrplan der Oberschlesischen Eisenbahn vom 1. Oktober 1891 an.

Breslau—Camenz—Glatz—Mittelwalde.

Stationen und Haltestellen.		Ps.-Z. 1.-4. K.	Ps.-Z. 1.-4. K.	Ps.-Z. 1.-3. K.	Ps.-Z. 1.-4. K.	Ps.-Z. 1.-4. K.	Preis Pf.
Breslau	ab	V 6.44	V 10.25	N 1.—	N 5.40	N 8.35*	3. Klasse
Schönborn		—	10.38	†1.15	† 5.54	† 8.48*	40
Rothsürben		7. 2	10.47	1.24	6. 3*	8.56*	60
Wangern		7.11	10.57	1.34	6.15*	9. 6*	90
Wäldchen		7.20	11. 6	1.44	6.25*	9.15*	110
Strehlen		7.35	11.22	1.59	6.43*	9.31*	150
Steinkirchen		7.45	11.33	2.10	6.55*	9.41*	180
Heinrichau		7.56	11.45	2.21	7. 9*	9.52*	210
Münsterberg		8. 8	11.57	2.32	7.23*	10. 2*	240
Alt-Altmannsdorf		8.23	† 12.13	†2.48	†7.42*	—	270
Camenz	an	8.30	12.21	2.56	7.51*	10.21*	290
Nach Frankenstein	ab	8.40	12.43	6. 6*	7.59*	—	
Nach Neisse	ab	8.40	12.39	4.34	7.59*	—	440
Camenz	ab	8.42	12.34	3. 0	7.58*	10.24*	
Wartha		8.58	12.49	3.15	8.13*	—	340
Glatz	an	9.13	1. 3	3.29	8.28*	10.49*	
Glatz	ab	9.19	1. 9	GZ 5.13	8.34*	—	380
Rengersdorf		9.31	1.21	5.51	8.47*	—	410
Grafenort		9.38	1.28	6. 3*	8.55*	—	420
Habelschwerdt		9.52	1.42	6.51*	9.10*	—	460
Bad Langenau		10. 4	1.54	7.13*	9.23*	—	480
Ebersdorf		10.11	2. 1	7.31*	9.30*	—	490
Mittelwalde	an	V 10.26	N 2.16	8. 6*	9.47*	—	520

Mittelwalde—Glatz—Camenz—Breslau.

Stationen und Haltestellen.		Ps.-Z. 1.-4. K.	Ps.-Z. 1.-4. K.	Ps.-Z. 1.-4. K.	Gem.-Z. 2.-4. K.	Ps.-Z. 1.-4. K.	Preis Pf.
Mittelwalde	ab	—	6.29	V 10.42	N 1.25	N 5.55	3. Klasse
Ebersdorf		—	6.41	10.54	2. 1	6. 8*	40
Bad Langenau		—	6.48	11. 1	2.11	6.15*	50
Habelschwerdt		—	6.58	11.10	2.40	6.27*	70
Grafenort		—	7. 9	11.21	3. 0	6.39*	
Rengersdorf		—	7.16	11.28	3.26	6.47*	120
Glatz	an	—	7.27	11.38	3.43	6.59*	150
Glatz	ab	5.10*	7.33	11.44	§2.57	7.17*	
Wartha		—	7.49	12. 0	4.14	7.33*	200
Camenz	an	5.37*	8. 4	N 12.14	4.28	7.47*	240
Von Frankenstein	an	—	7.57	12.10	4.29	7.26*	
Von Neisse	an	—	7.55	12.16	2.28	7.38*	
Camenz	ab	5.40*	8.10	12.29	4.33	8. 2*	
Alt-Altmannsdorf		—	8.22	†12.40	† 4.43	†8.12*	260
Münsterberg		V 6. 0	8.37	12.55	4.58	8.27*	300
Heinrichau		6.10	8.47	1. 5	5. 8	8.37*	320
Steinkirchen		6.21	8.58	1.16	5.19	8.48*	350
Strehlen		6.33	9.10	1.28	5.31	9. 0*	380
Wäldchen		6.46	9.24	1.42	5.45	9.14*	420
Wangern		6.54	9.33	1.51	5.54	9.23*	440
Rothsürben		7. 3	9.43	2. 0	6. 4*	9.33*	470
Schönborn		†7.12	†9.52	†2. 8	† 6.13*	†9.42*	490
Breslau	an	7.24	10. 3	2.20	6.25*	9.54*	520

Glatz—Rückers-Reinerz.

Stationen und Haltestellen.		Ps.-Z. 2.-4. K.	Gem.-Z. 2.-4. K.	Ps.-Z. 2.-4. K.	Gem.-Z. 2.-4. K.
Breslau	ab	V 6.44	N 10.25	N 1. 0	N 5.40
Glatz	ab	9.25	1.15	3.55	8.47*
Nieder-Alt-Wilmsdorf		9.39	1.34	4.11	9. 7*
Alt-Wilmsdorf		9.49	1.47	4.19	9.20*
Alt-Heide		10. 0	2. 7	4.30	9.40*
Rückers-Reinerz	an	10.12	2.29	4.42	10. 2*

Rückers-Reinerz—Glatz.

Stationen und Haltestellen.		Gem.-Z. 2.-4. K.	Ps.-Z. 2.-4. K.	Ps.-Z. 2.-4. K.	Gem.-Z. 2.-4. K.
Rückers-Reinerz	ab	V 6.20	V 10.45	N 2.50	N 6. 0*
Alt-Heide		6.37	11. 0	3. 5	6.17*
Alt-Wilmsdorf		6.48	11.11	3.16	6.28*
Nieder-Alt-Wilmsdorf		6.58	11.19	3.24	6.39*
Glatz		7.13	11.34	3.39	6.54*
Breslau	an	10, 3	N 2.20	6.25	9.54*

Frankenstein—Camenz—Neisse.

Stationen und Haltestellen.		Ps.-Z. 1.-4. K.	Ps.-Z. 1.-4. K.	Ps.-Z 1.-4. K.	Ps.-Z. 1.-4. K.	Ps.-Z. 1.-4. K.	Ps.-Z. 1.-4. K.
Frankenstein	ab	V 7.14	V 8.21	V 11.58	N 4.17	N 5.52	V 7.45
Camenz	an	7.26	8.34	N 12.10	4.29	6.04*	7.57
"	ab	—	8.40	12.39	4.34	7.59*	
Patschkau		—	8.56	12.58	4.58	8.18*	
Ottmachau		—	9. 9	1.15	5.19	8.35*	
Giessmannsdorf		—	9.22	1.32	5.39	8.51*	
Neisse	an	—	9.33	1.48	5.55	9. 5*	

Neisse—Camenz—Frankenstein.

Stationen und Haltestellen.		Ps.-Z. 1.-4. K.	Gem.-Z. 1.-4. K.	Ps.-Z. 1.-4. K.	Gem.-Z. 1.-4. K.	Ps.-Z. 1.-4. K.
Neisse	ab		V 6.55	V 11.22	N 12.25	N 6.43*
Giessmannsdorf			7.11	11.36	12.54	6.58*
Ottmachau			7.22	11.46	1.25	7. 9*
Patschkau			7.39	12. 1	1.59	7.24*
Camenz	an		7.55	N 12.16	2.28	7.38*
"	ab	3. 4	8.40	12.43	6. 6*	7.59*
Frankenstein	an	3.17	8.56	? 1. 1	6.23*	8.14*

Niederschlesisch-Märkische Eisenbahn.

Glatz—Dittersbach.

Stationen und Haltestellen.		Ps.-Z. 1.-4. K.	Ps.-Z. 1.-4. K.	Ps.-Z. 1.-4. K.	Ps.-Z. 2.-4. K.	Ps.-Z. 1.-4. K.		Gem.Z. 2.-4. K.	Preis Pf.
Von Breslau	ab	—	V 6.44	V 10.25		—		N 5.40	3. Klasse
Glatz	ab	V 6. 0	10.00	N 1.13		N 7.10*		8.34*	
Birgwitz		6.10	†10. 9	1.23		7.20*		—	20
Möhlten		6.17	10.17	1.30		7.26*		9. 2*	40
Mittelsteine		6.30	10.30	1.44		7.40*		9.29*	60
Neurode		6.49	10.48	2. 3		7.59*		9.51*	90
Ludwigsdorf		7. 6	11.03	2.21		8.15*		—	120
Königswalde		7.21	11.18	2.39		8.30*		—	150
Ob.-Wüstegiersdorf		7.30	11.25	2.49		8.39*		—	170
Wüstegiersdorf		7.38	11.31	2.55	N 6.23*	8.47*		—	180
Charlottenbrunn		7.46	11.38	3. 3	6.31*	8.55*		—	190
Dittersbach	an	7.56	11.47	3.14	6.43*	9. 5*		—	210
Nach Waldenburg		8.45	N 12.12	3.31	6.49*	9.11*		—	230
Nach Hirschberg		8.15	12. 7	3.52	—	9.23*		—	400

Dittersbach—Glatz.

Stationen und Haltestellen.		Ps.-Z. 2.-4. K.	Ps.-Z. 1.-4. K.	Ps.-Z. 1.-4. K.	Ps.-Z. 1.-4. K.		Ps.-Z. 1.-4. K.		Preis Pf.
Von Hirschberg	an	—	V 8.37	N 1.42	N 5.30		6.44*		3. Klasse
Von Waldenburg	an	—	8. 4	1.51	5.24		9.11*		
Dittersbach	ab	† 5.24	9. 6	2. 3	5.35		9.36*		
Charlottenbrunn		5.37	9.18	2.16	5.47		9.51*		210
Wüstegiersdorf		5.42	9.26	2.23	5.53		10. 0*		220
Ob.-Wüstegiersdorf		—	9.32	2.29	5.58		10. 7*		230
Königswalde		—	9.43	2.40	6. 9*		10.19*		250
Ludwigsdorf		—	9.56	2.53	6.21*		10.31*		280
Neurode		V 6.45	10.14	3.11	6.34*		10.43*		300
Mittel-Steine		7. 0	10.28	3.25	6.46*		—		330
Möhlten		7.12	10.39	3.35	6.56*		—		360
Birgwitz		†7.18	10.45	3.41	—		—		
Glatz	an	7.27	10.53	3.49	7. 7*		—		390
Nach Breslau	ab	7.33	11.44	3.57	7.17*		—		

Mittelsteine—Halbstadt.

Stationen und Haltestellen.		1.-3. Kl.	1.-3. Kl.	1.-3. Kl.	1.-3. Kl.
Mittelsteine	ab	V 10.45		N 8. 0	N 8. 0*
Ottendorf		11.22		8.28	8.37*
Braunau		11.41	8.10	8.40	8.56*
Halbstadt	an	12.23	8.42	4.12	9.38*

Halbstadt—Mittelsteine.

Stationen und Haltestellen.		1.-3. Kl.	1.-3. Kl.	1.-3. Kl.	1.-3. Kl.
Halbstadt	ab	7. 0	V 9. 5	N 12.50	N 5.55
Braunau		7.28	9.34	1.33	6.26*
Ottendorf			9.43	1.45	6.35*
Mittelsteine	an		10. 7	2.20	6.59*

Die Zeiten von 6.0 Abends bis 5.59 früh sind durch Bezeichnung der Minutenzahlen mit * gekennzeichnet. V. = Vormittag. N. = Nachmittag. † = Haltestellen, an denen nur nach Bedarf gehalten wird. § Von Glatz ab Personen-Zug (2.–4. Kl.), ? (1.–3. Kl.)

11 Fahrplan der Oberschlesischen Eisenbahngesellschaft und der Niederschlesisch-Märkische Eisenbahn nach der Verstaatlichung, gültig ab dem 1.10.1891. In: *Der Gebirgsbote*, Nr. 79 v. 2.10.1891

lichung der Eisenbahnen in Preußen führte die Königlich-Preußische Eisenbahnverwaltung auf Anregung der Gebirgsvereine neue Eisenbahnangebote ein, die für bestimmte Strecken vorgesehen waren (Abb. 11). Die 1897 eingeführten Fahrkarten für touristische Rundreisen waren 14 Tage gültig und teilweise mit Gebirgswanderungen verbunden. Unter 24 bekannten Angeboten befinden sich die Vorschläge für Rundreisen, für die man am Bahnhof in Liegnitz Fahrkarten erwerben konnte:

> Rundreise 3, Breslau – Kamenz – Mittelsteine – Neurode – Dittersbach – Ruhbank – Hirschberg – Lauban – Görlitz – Kohlfurt – Liegnitz – Breslau. Preis: 2. Kl. 18,20 Mk, 3. Kl. 12.40 Mk.

> Rundreise 4, Neisse – Kamenz – Glatz – Mittelsteine – Neurode – Dittersbach – Ruhbank – Hirschberg – Lauban – Görlitz – Kohlfurt – Liegnitz – Breslau – Brieg – Neisse. Preis: 2. Kl. 20,60 Mk, 3. Kl. 14.10 Mk.

Rundreise 7, Berlin – Frankfurt – Lauban – Hirschberg – Ruhbank – Dittersbach – Neurode – Mittelsteine – Glatz – Kamenz – Breslau – Liegnitz – Sagan – Berlin. Preis: 2. Kl. 36,30 Mk, 3. Kl. 25.10 Mk.

Rundreise 14, Breslau – Königszelt – Sorgau – Hirschberg – Lauban – Kohlfurt – Liegnitz – Breslau. Preis: 2. Kl. 14,30 Mk, 3. Kl. 9.80 Mk.

Rundreise 17, Breslau – Königszelt – Niedersalzbrunn – Ruhbank – Liebau – (Gebirgsübergang) – Schmiedeberg – Hirschberg – Greiffenberg – Kohlfurt – Liegnitz – Breslau. Preis: 2. Kl. 15,10 Mk, 3. Kl. 10.60 Mk.

Rundreise 18, Breslau – Königszelt – Niedersalzbrunn – Hirschberg – Schmiedeberg oder Petersdorf – (Gebirgsübergang) – Petersdorf oder Schmiedeberg – Hirschberg – Greiffenberg – Lauban – Kohlfurt – Liegnitz – Breslau. Preis: 2. Kl. 16,40 Mk, 3. Kl. 11.50 Mk.

Rundreise 19, Breslau – Liegnitz – Goldberg – Schönau – (Gebirgsübergang) – Hirschberg – Greiffenberg – Löwenberg – Goldberg – Liegnitz – Breslau. Preis: 2. Kl. 12,20 Mk, 3. Kl. 8.40 Mk.

Rundreise 20, Breslau – Königszelt – Niedersalzbrunn – Hirschberg – Petersdorf oder Schmiedeberg – (Gebirgsübergang) – Friedeberg – Greiffenberg – Lauban – Kohlfurt – Liegnitz – Breslau. Preis: 2. Kl. 14,40 Mk, 3. Kl. 10.10 Mk.

Rundreise 23, Breslau – Königszelt – Niedersalzbrunn – Dittersbach – Hirschberg – Greiffenberg – Löwenberg – Goldberg – Liegnitz – Breslau. Preis: 2. Kl. 13,30 Mk, 3. Kl. 9.30 Mk.

Rundreise 24, Rauden – Liegnitz – Goldberg – Löwenberg – Hirschberg – Petersdorf oder Schmiedeberg – Hirschberg – Niedersalzbrunn – Königszelt – Breslau – Rauden. Preis: 2. Kl. 16,30 Mk, 3. Kl. 11,20 Mk.

Rundreise II, Breslau – Königszelt – Niedersalzbrunn – Dittersbach – Ruhbank – Liebau – Trautenau – Freiheit oder Hohenelbe (Gebirgsübergang) – Petersdorf oder Schmiedeberg – Hirschberg – Lauban – Kohlfurt – Liegnitz – Breslau. Preis: 2. Kl. 17,80 Mk, 3. Kl. 11,90 Mk.

Rundreise III, Breslau – Königszelt – Ruhbank – Liebau – (Gebirgsübergang) Tannwald – Reichenberg – Friedland – (Gebirgsübergang) – Friedeberg – Greiffenberg – Lauban – Kohlfurt – Liegnitz – Breslau. Preis: 2. Kl. 16,80 Mk, 3. Kl. 11,30 Mk.[43]

Dieses umfangreiche Angebot an preisgünstigen Fahrten, die mit Wandermöglichkeiten im Gebirge verbunden waren, zeigt, dass der Eisenbahnbetrieb sich an den Bedürfnissen des Tourismus orientierte (Abb. 12). Bemerkenswert ist, dass der schlesische Tourismus sich auch auf einen Teil der Region Neisse erstreckte und auch die Bewohner von Berlin mit einbezog. Außerdem berührte ein Teil der Ausflüge das Staatsgebiet Österreich-Ungarns.

Die touristische Sparte der Eisenbahn war in Schlesien so bedeutend, dass die Königlich-Preußische Eisenbahnverwaltung 1907 auf den Strecken Liegnitz – Goldberg – Marzdorf, Goldberg – Löwenberg – Greiffenberg, Löwenberg – Hirschberg,

---

43 O. Verf.: Eisenbahnfahrkarten für Touristen. In: Liegnitzer Tageblatt, Nr. 84 v. 9.4.1897, ungez. S. 2.

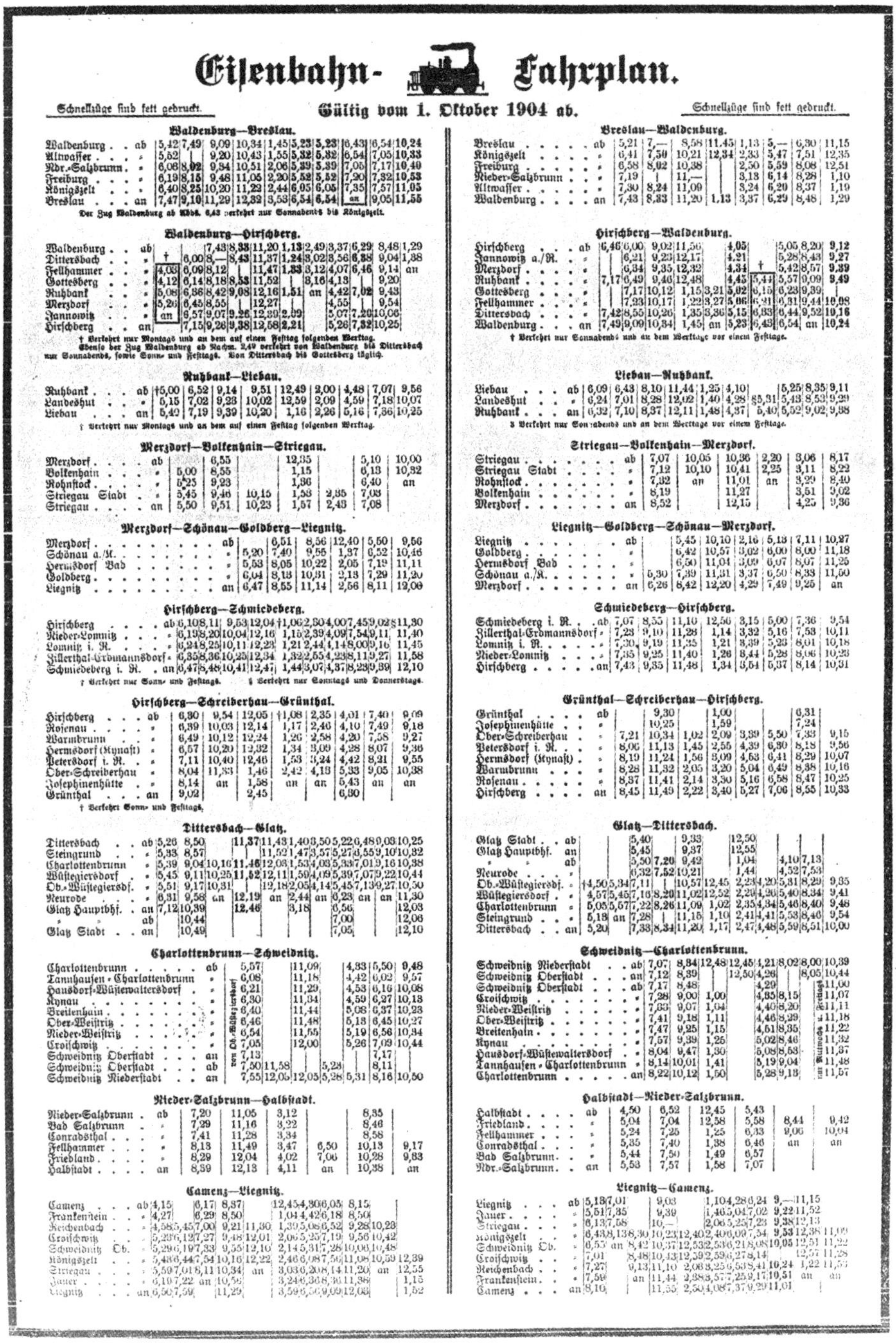

Eisenbahn- Fahrplan.

Schnellzüge sind fett gedruckt. **Gültig vom 1. Oktober 1904 ab.** Schnellzüge sind fett gedruckt.

Waldenburg—Breslau. / Breslau—Waldenburg.

Waldenburg—Hirschberg. / Hirschberg—Waldenburg.

Ruhbank—Liebau. / Liebau—Ruhbank.

Merzdorf—Bolkenhain—Striegau. / Striegau—Bolkenhain—Merzdorf.

Merzdorf—Schönau—Goldberg—Liegnitz. / Liegnitz—Goldberg—Schönau—Merzdorf.

Hirschberg—Schmiedeberg. / Schmiedeberg—Hirschberg.

Hirschberg—Schreiberhau—Grünthal. / Grünthal—Schreiberhau—Hirschberg.

Dittersbach—Glatz. / Glatz—Dittersbach.

Charlottenbrunn—Schweidnitz. / Schweidnitz—Charlottenbrunn.

Nieder-Salzbrunn—Halbstadt. / Halbstadt—Nieder-Salzbrunn.

Camenz—Liegnitz. / Liegnitz—Camenz.

12 Fahrplan für die Eisenbahnstrecken in der Nähe der Sudeten, gültig ab 1.10.1906. In: *Waldenburger Wochenblatt*, Nr. 79 v. 1.10.1904

Hirschberg–Ober Schreiberhau, Hirschberg–Krummhübel und Schmiedeberg–Landeshut „Aussichtswagen" mit vergrößerten Fenstern einführte, die es den Fahrgästen ermöglichten, die Landschaft zu betrachten. Dieselben Wagen verkehrten auch auf anderen Linien in Schlesien, die attraktive Aussichten zu bieten hatten.[44]

Bis zum Ende der achtziger Jahre des 19. Jahrhunderts galten für die Staatseisenbahnen, abgesehen von vorübergehenden Tarifermäßigungen für einzelne Linien, die alten Tarifregeln aus den Zeiten der Privatbahnen. Diese ungünstige Lage führte dazu, dass die Zugfahrpreise in Preußen zu den teuersten in ganz Europa zählten und ernsthafte Kritik am damaligen Eisenbahnminister Albert von Maybach hervorriefen.[45] Erst in den folgenden Jahrzehnten wurde eine Tarifreform eingeführt, die touristische Fahrten im ganzen Reich erleichterte. Die wichtigste Eisenbahntarifreform in Deutschland trat am 1. Mai 1907 in Kraft, sie bezog sich auf die Beförderung von Personen, Gepäck und auch Touristen. Die wichtigste Erleichterung für Touristen war die Möglichkeit, auf der Rückfahrt mit derselben Fahrkarte von einer anderen Station aus, in einer anderen Zugklasse und Zuggattung und auf einem anderen Weg zu fahren. Die Rückfahrkarten mit Preisermäßigung wurden aufgehoben. Der Fahrpreis für die einfache Fahrt in der 2. und 3. Klasse wurde auf die Hälfte des bisherigen Rückfahrkartenpreises herabgesetzt. Beim Umsteigen vom Personenzug auf den Eilzug gab es keine Preiserhöhung. Die Sonntagsfahrkarten zu ermäßigten Preisen wurden beibehalten. Man erleichterte die Fahrradebeförderung: Bis 100 km konnte der Reisende mit Fahrrad selbst einsteigen oder es abfertigen wie bei jeder Gepäckabfertigung. Über 100 km gab es nach wie vor nur die Möglichkeit der Gepäckabfertigung.[46]

4.2 Umfang des Bade- und Touristikverkehrs 1880–1914

In der ersten Phase der Eisenbahnentwicklung in Schlesien bis in die achtziger Jahre des 19. Jahrhunderts war der Umfang des Personenverkehrs begrenzt. Auf den meisten Strecken verkehrten zwei bis drei Paar Züge; so fuhren z. B. 1879 auf einer der wichtigsten Linien in Schlesien, zwischen Breslau und Mittelwalde (1875), drei Paar Züge.[47] Ähnlich verhielt es sich nach der Eröffnung des letzten Teils der Schlesischen Gebirgsbahn 1880, als auf der Strecke Hirschberg–Waldenburg–Glatz zwei Paar direkte Züge fuhren, die die Fahrten lokal und auf kurzen Abschnitten ergänzten.[48] Erst in den letzten zwei Jahrzehnten des 19. Jahrhunderts stieg die Zahl der Züge langsam bis auf vier oder fünf Paar Züge am Tag an.

44 O. Verf.: Aussichtswagen auf die Eisenbahnen. In: Der Bote aus dem Riesengebirge, Nr. 6 v. 8.1.1907, S. 4.

45 GStA PK, Berlin, I. HA, Rep. 93 E, M. d. ö. A., Auschnitt aus der *Kölner Zeitung* v. 4.6.1891, Sign. 5123.

46 O. Verf.: Der neue Eisenbahn-Personen-und Gepäcktarif. In: Tarnowitzer Kreis und Stadt-Blatt, Nr. 53 v. 3.5.1907, S. ungez. S. 3.

47 O. Verf.: Eisenbahn-Fahrplan. In: Der Gebirgsbote, Nr. 81 v. 10.10.1879, ungez. S. 4.

48 O. Verf.: Eisenbahn-Fahrplan. In: Ebd., Nr. 82 v. 12.10.1880, ungez. S. 3.

Ein gutes Beispiel für die Popularität der Eisenbahn sind die Ereignisse nach der Eröffnung der Strecke von Goldberg nach Schönau (Katzbach) im Jahre 1895. Schon am ersten Sonntag nach der Eröffnung, an einem schönen Ausflugstag mit günstigem Septemberwetter, fanden Hunderte von Passagieren keinen Platz im Zug von Schönau nach Goldberg und Liegnitz, obwohl dieser über fünf Wagen verfügte. An diesem Tag hatte allein die Kasse in Bad Hermsdorf 350 Fahrkarten nach Goldberg verkauft. Ein großer Teil der Passagiere musste die Fahrkarten zurückgeben und über 3 km zu Fuß nach Goldberg gehen. Am darauffolgenden Sonntag setzte die Eisenbahnverwaltung einen Zug mit elf Wagen ein. Außerdem fuhr zusätzlich noch ein Sonderzug, welcher allein am Bahnhof Bad Hermsdorf 80 Personen aufnahm. Schließlich richtete die Eisenbahnverwaltung an den Wochenenden einen zusätzlichen Touristenzug von Liegnitz nach Schönau ein.[49]

Das neue Jahrhundert brachte einen plötzlichen Anstieg des Personenverkehrs. Auf den Hauptbahnen verkehrten sogar über zehn Paar Züge, auf Nebenbahnen mindestens fünf Zugpaare. Sogar die kleinsten Bahnhöfe besuchten hunderte Personen mit touristischen Zielen. Besonders an Feiertagen und Wochenenden nahm der Verkehr gewaltige Ausmaße an. Der größte Betrieb herrschte im Mai, wenn man auf eintägige Ausflugsfahrten ging. Eine Ausnahmesituation entstand Pfingsten, weil die Touristen die Bahnhöfe an diesen Tagen regelrecht belagerten. Beispielsweise verkauften die Breslauer Bahnhöfe zu Pfingsten 1907 124.000 Fahrkarten, im Jahr darauf schon 145.000 Fahrkarten an nur einem Tag. Besonders betroffen war der Breslauer Hauptbahnhof, auf dem im Jahr 1907 an Pfingsten 60.000 Fahrkarten ausgegeben wurden (1908 – 91.000). Der Freiburger Bahnhof verkaufte 25.000 (1908 – 22.000), der Märkische Bahnhof 18.000 (1908 – 6.000) und der Odertorbahnhof 21.000 Fahrkarten (1908 – 26.000). Die Veränderung zugunsten des Hauptbahnhofs kam daher, dass 1908 der Verkehr auf dem Freiburger und dem Märkischen Bahnhof um die in Richtung Berlin fahrenden Züge reduziert wurde, die seither vom Hauptbahnhof abgingen.[50] Diese statistischen Angaben nennen nur die Zahl der auf schlesischen Bahnhöfen verkauften Fahrkarten und schweigen über den Transitverkehr, was eine Bewertung der Zahlen erschwert.

Das Ausmaß und die Geschwindigkeit, mit der die Zahl der abgefertigten Passagiere anstieg, werden sehr gut am Beispiel des Bahnhofs Hirschberg deutlich, der vor allem mit dem Tourismus identifiziert wird. 1867 wurden hier 142.570 Personen abgefertigt, 1914 überstieg die Zahl zwei Millionen Passagiere (1897 – 346.033, 1900 – 857.464, 1901 – 1.055.437, 1905 – 1.420.691, 1910 – 1.809.551, 1912 – 2.193.560).[51] Auch in diesem Fall gibt die mangelnde Präzision bei den Angaben Anlass zur Vermutung, dass die in Klammern genannten Zahlen sich auch auf

---

49 O. Verf.: Eisenbahnverkehr zwischen Goldberg und Bad Hermsdorf. In: Liegnitzer Tageblatt, Nr. 226 v. 26.9.1895, ungez. S. 5; O. Verf.: Eisenbahnstrecke Goldberg–Schönau. In: Ebd., Nr. 231 v. 2.10.1895, ungez. S. 10.

50 O. Verf.: Fahrkartenverkauf zu Pfingsten. In: Ebd. Nr. 137 v. 13.6.1908, ungez. S. 3.

51 Angaben nach der Fundstelle: Neue Schienenwege im Riesen-, Iser- und Boberkatzbachgebirge und deren Wirtschaftlichkeit. Glogau 1926, S. 43.

die Passagiere der Hirschberger Talbahn A.G. beziehen, einer Straßenbahn, die ihre Fahrgäste ebenfalls auf dem Hirschberger Bahnhof abfertigte.

Sowohl für den Badeverkehr als auch für den Touristenverkehr ist die oben genannte Eisenbahn Glatz – Kudowa ein gutes Beispiel, das den Einfluss der Eisenbahnen auf den Tourismus zeigt. Ihr Bau führte zur Verwandlung der kleinen Ortschaft Altheide in einen bedeutenden Kurort, welcher vor dem Ersten Weltkrieg jährlich tausende Gäste empfing. Noch 1880 kamen 300 Personen zur Kur nach Altheide. Die nach Eröffnung der Bahn 1890 steigende Zahl der Kurgäste führte dazu, dass die Besitzer des Bades neue Wasserquellen erschlossen. Schon 1900 kamen 1.313 Kurgäste nach Bad Altheide, 1910 waren es 6.404 und 1913 schon 9.024 Personen. Der starke Anstieg der Gästezahl motivierte auch die benachbarten Kurorte Bad Reinerz und Bad Kudowa zum Eisenbahnbau.

In Bad Reinerz betrug die Zahl der Kurgäste noch 1901 nur 4.335, sechs Jahre später überschritt ihre Zahl 8.000. Ähnlich verhielt es sich in Bad Kudowa, wohin 1847 nur 300 Kurgäste kamen. Kurz vor Eröffnung der Eisenbahn nach Kudowa reisten immerhin schon etwas über 4.000 Personen an. Sechs Jahre später ermöglichte die Eisenbahn über 8.000 Gästen den Besuch des Bades.[52] Diese Zahlen zeigen den raschen Fortschritt, den der Eisenbahnbau mit sich brachte.

Auch für den Gebirgstourismus brachte die Eisenbahn ernsthafte Veränderungen. Der Einzug, den die Eisenbahn 1890 in Rückers hielt, ermöglichte noch mehr Menschen als bisher Ausflüge in das Heuscheuergebirge. Es kam vor, dass die Kasse in Rückers an Sonntagen um die 400 Fahrkarten am Tag allein für die Wagen der 4. Klasse verkaufte.[53] Das bedeutet, dass auch die unteren Bevölkerungsschichten mit dem Zug ins Gebirge fuhren.

Der Ausbruch des Ersten Weltkriegs unterbrach die dynamische Entwicklung des Eisenbahnverkehrs und den damit einhergehenden Anstieg der Fahrgastzahlen, der seit den achtziger Jahren zu beobachten war.

5. Zusammenfassung

In Niederschlesien entwickelten sich der Eisenbahnbau und der Tourismus parallel zueinander und beeinflussten sich auf vielfältige Weise. Bis in die achtziger Jahre des 19. Jahrhunderts war das Tempo dieser Entwicklung begrenzt. Die ersten Hauptbahnen hatten nur Einfluss auf die Intensivierung des Bädertourismus. In dieser Zeit stellten die Eisenbahnen ein Fundament in zweifacher Hinsicht dar. Einerseits schufen sie die Basis für den späteren Ausbau der Nebenbahnen bis in die Gebirgsregionen. Zum anderen trugen die Eisenbahnen zum Aufblühen der Wirtschaft bei, was die Industrialisierung erst ermöglichte. Eine von vielen Folgen der industriellen Revolution war der steigende Wohlstand des Bürgertums, der das allgemeine Bedürfnis

52 P[rzemysław] Dominas: Koleją z Kłodzka do Kudowy Zdroju [Mit der Eisenbahn von Glatz nach Bad Kudowa]. Wrocław 2006, S. 27f.

53 O. Verf.: Bahnhof Rückers. In: Der Gebirgsbote, Nr. 47 v. 12.6.1891, ungez. S. 3.

nach Reisen und Erholung in Form des Tourismus weckte. Dieser Zustand war ein wichtiger Faktor für die Entstehung der Gebirgsvereine.

Besondere Aufmerksamkeit verdient auch die zeitgleiche Entstehung der Gebirgsvereine in den achtziger Jahren des 19. Jahrhunderts und der Baubeginn der Nebenbahnen. Die Erschließung des Gebirges durch die Nebenbahnen hatte unmittelbaren Einfluss auf die Entwicklung und Popularisierung des Tourismus in Niederschlesien. In dieser Phase wirkte sich der gegenseitige Einfluss besonders stark aus. Je mehr Eisenbahnen es gab, desto größer war das Touristenaufkommen. Auf der anderen Seite beeinflusste der Touristenverkehr dann seinerseits den Ausbau der Eisenbahnen und die Erhöhung des Zugaufkommens. Dazu kam, dass die steigende Nachfrage nach Fahrkarten zu einer Senkung der Fahrpreise führte, was immer mehr Leute dazu motivierte, mit der Eisenbahn zu verreisen.

Dieser Wachstumsprozess dauerte ungebrochen an bis zum Ausbruch des Ersten Weltkriegs. Nach dessen Ende hatten sowohl die Eisenbahnen als auch der Tourismus eine andere Gestalt.

Alphabetisches Ortsnamenverzeichnis

Altwasser (Stary Zdrój – zu Waldenburg)
Altwilmsdorf (Stary Wielisław)

Bad Altheide (Polanica-Zdrój)
Bad Charlottenbrunn (Jedlina-Zdrój)
Bad Flinsberg (Świeradów-Zdrój)
Bad Kudowa (Kudowa-Zdrój)
Bad Landeck (Lądek-Zdrój)
Bad Langenau (Długopole-Zdrój)
Bad Lindewiese (tsch: Lipová-lázně)
Bad Reinerz (Duszniki-Zdrój)
Bad Salzbrunn (Szczawno-Zdrój)
Bad Warmbrunn (Cieplice Śląskie-Zdrój) jetzt zu Hirschberg
Bober (Fluss): Bóbr
Breslau (Wrocław)
Brieg (Brzeg)

Croischwitz (Kraszowice) – eigentlich Kroischwitz!

Dittersbach (Dzietrzychowice)

Frankenstein (Ząbkowice Śląskie)
Freiheit (tsch. Svoboda nad Úpou)
Freiburg (Świebodzice)
Freiwaldau (Gozdnica)
Friedeberg (Mirsk)
Friedland (Mieroszów)

Glatz (Kłodzko)
Gleiwitz (Gliwice)
Glogau (Głogów)
Görlitz (Zgorzelec)
Goldberg (Złotoryja)
Greiffenberg (Gryfów Śląski)
Grünthal (tsch. Zelené Údolí – jetzt Kořenov)

Hausdorf (Jugowice)
Hermsdorf (Sobięcin – zu Waldenburg)
Hirschberg (Jelenia Góra)
Hohenelbe (tsch. Vrchlabí)

Kamenz (Kamieniec Ząbkowicki)
Kohlfurt (Węgliniec)
Königszelt (Jaworzyna Śląska)
Krummhübel (Karpacz)
Kynau (Zagórze Śląskie)

Lähn (Wleń)
Landeshut (Kamienna Góra)

Lauban (Lubań)
Lewin (Lewin Kłodzki)
Liebau (Lubawka)
Liegnitz (Legnica)
Löwenberg (Lwówek Śląski)

Merzdorf (Marciszów)
Mittelsteine (Ścinawka Średnia)
Mittelwalde (Międzylesie)

Neisse (Nysa)
Neudorf (Nowa Wieś Kłodzka)
Neurode (Nowa Ruda)
Niedersalzbrunn (Szczawienko)

Ober Schreiberhau (Szklarska Poręba)
Ohlau (Oława)
Olmütz (tsch. Olomouc)
Oppeln (Opole)

Petersdorf (Piechowice)
Polaun (tsch. Polubný – jetzt Kořenov)
Posen (Poznań)

Rauden (Rudy)
Reichenbach (Dzierżoniów)
Rückers (Szczytna)
Ruhbank (Sędzisław) – heute zu Merzdorf

Sagan (Żagań)
Schloss Fürstenstein (Zamek Książ)
Schmiedeberg (Kowary)
Schönau (Świerzawa)
Schreiberhau (Szklarska Poręba)
Schweidnitz (Świdnica)
Seitenberg (Stronie Śląskie)
Silberberg (Srebrna Góra)
Sorgau (Szczawienko)
Stettin (Szczecin)

Tannhausen (Jedlinka)
Tannwald (tsch. Tanvald)
Trautenau (tsch. Trutnov)

Volpersdorf (Wolibórz)

Waldenburg (Wałbrzych)
Weistritztal (Dolina Bystrzycy Dusznickiej)
Wünschelburg (Radków)
Wüstewaltersdorf (Walim)

Zabrze
Zobten (Sobótka)

Miron Urbaniak

Die städtischen Industriebetriebe Breslaus im 19. Jahrhundert

1. Einleitung

Breslau (Wrocław) erlebte im 19. Jahrhundert gewaltige Fortschritte in Zusammenhang mit einer schnellen urbanistischen, demografischen und industriellen Entwicklung. Die Folge waren nicht nur die territoriale Ausweitung bzw. der hohe Bevölkerungszuwachs an der Wende vom 19. zum 20. Jahrhundert, sondern auch der Aufstieg des Zentrums an der Oder zur Metropole des deutschen Ostens.[1] Diesen Rang bestätigte der hauptstädtische Charakter, den Breslau für die ausgedehnte Provinz Schlesien hatte, aber auch die Tatsache, dass Breslau gemeinsam mit Berlin und Königsberg zu den drei Hauptstädten des preußischen Staates gehörte. Die erwähnten Bedingungen bewirkten zugleich, dass sich mit der Zunahme des Wohlstands von Breslau und parallel mit der wachsenden Bevölkerung auch ein sozialer Lebensstandard entwickelte, der den Einwohnern von der Verwaltung durch technische Einrichtungen garantiert wurde. Es genügt zu sagen, dass die Stadt 1849 2.048 Hektar umfasste und 104.000 Einwohner hatte, 1899 aber schon 3.607 Hektar und 405.600 Einwohner. Weitere Eingemeindungen führten dazu, dass Breslau sich 1904 auf einer Fläche von 4.239 Hektar erstreckte und 446.200 Einwohner zählte, und schließlich 1911 eine Fläche von 4.920 Hektar erreichte, auf der 512.700 Einwohner wohnten.[2]

Die Oder-Metropole war somit am Ende des 19. Jahrhunderts ein bedeutendes administratives Zentrum, in dem u. a. die Provinzialregierung und viele andere staatliche sowie kirchliche Behörden ihren Sitz hatten, so etwa das Bistum Breslau, um nur ein Beispiel zu nennen. Die Stadt beherbergte mit dem 6. Armeekorps eine große Garnison, vor allem aber gab es eine stark ausgebaute Industrie mit den im damaligen Deutschen Reich wohl bekanntesten Eisenbahnbaubetrieben, den Linke-Hoffmann-Werken.[3] Hinzuzufügen ist auch, dass während der gesamten „Gründerzeit" parallel zu dem sich verdichtenden Netz von Eisenbahnverbindungen, die strahlenförmig u. a. Richtung Berlin, Dresden, Kattowitz/Katowice, Posen/Poznań oder Prag/Praha führten, auch die Bedeutung Breslaus als Verkehrsknotenpunkt für den südlichen Osten Deutschlands wuchs, zusätzlich betont durch die Oder, an der

1 Siehe Teresa Kulak: Metropolia czy tylko stolica prusko-niemieckiej prowincji? Spojrzenie na Wrocław na przełomie XIX i XX wieku [Metropole oder nur Hauptstadt der preußisch-deutschen Provinz? Ein Blick auf Breslau an der Wende vom 19. zum 20. Jahrhundert]. In: Śląski Kwartalnik Historyczny Sobótka 3 (1999), S. 285–298.

2 Teresa Kulak: Historia Wrocławia [Geschichte Breslaus]. Bd. II: Od twierdzy fryderycjańskiej do twierdzy hitlerowskiej [Von der friderizianischen Festung zur Festung Hitlers]. Wrocław 2001, S. 169, 229f.

3 Ebd., S. 209f.; siehe auch: Geschichte der Breslauer Aktien-Gesellschaft für Eisenbahn-Wagenbau- und Maschinen-Anstalt Breslau 1871–1911. Breslau 1911.

Jahrbuch des BKGE 21 (2013), S. 95–118

Breslau lag; mit über hundert Brücken und Schleusen, einem städtischen Hafen und mit der Caesar-Wollheim-Werft für Binnensegelschiffe war auch in diesem Bereich ein wichtiges Verkehrssystem technisch und verwaltungsmäßig zu regeln.[4]

Es ist daher nicht zu verwundern, dass man nach dem Vorbild anderer großer Städte Deutschlands wie Hannover (1825), Berlin (1826), Dresden (1828) oder Leipzig (1838), in denen bereits die Gasbeleuchtung eingeführt wurde, auch in Breslau schon in der ersten Hälfte des 19. Jahrhunderts den Bedarf verspürte, die öffentliche Beleuchtung zu verbessern.[5] Dies ergab sich nicht nur aus Faktoren psychologischer Natur wie der Gewährleistung der Sicherheit der Einwohner, sondern auch aus praktischen Gründen, nämlich um eine problemlose Kommunikation auf den Straßen der Stadt nach Einbruch der Dunkelheit zu ermöglichen, was in der Anfangsphase den Bau von Gaswerken bedingte.[6] Die Entwicklung des Systems kommunaler Industriebetriebe in Breslau verlief auf charakteristische Weise wie in ganz Deutschland bzw. im preußischen Osten.

In der ersten Phase entstanden Gaswerke wie etwa in Breslau (1847), Stettin/Szczecin (1848), Königsberg/Królewiec (1852), Posen/Poznań (1856).[7] Nur wenig später wurden zentrale Wasserleitungssysteme ausgebaut: Stettin (1865), Posen (1866), Danzig/Gedańsk (1869), Breslau (1871) und schließlich Königsberg (1874).[8] Eine Folge der Inbetriebnahme der Wasserleitungen war die schnell wachsende Menge des Abwassers, was wiederum den Bau eines Kanalisationssystems notwendig machte, was mit Kläranlagen in der Regel erst später geschah; in Danzig allerdings bereits 1871, in Breslau 1881, in Posen aber erst 1909.[9] Als Letztes wurden städtische Kraft-

4 Janusz Gołaszewski: Zarys dziejów węzła kolejowego we Wrocławiu na tle rozwoju sieci kolejowej na Śląsku [Abriss der Geschichte des Eisenbahnknotenpunktes in Breslau vor dem Hintergrund der Entwicklung des Eisenbahnnetzes in Schlesien]. In: Maria Zwierz (Hg.): Wrocławskie dworce kolejowe [Breslauer Bahnhöfe]. Wrocław 2006, S. 61–98; Grzegorz Bakuliński, Małgorzata Książkiewicz, Stanisław Januszewski, Ryszard Majewicz (Hg.): Wrocławski węzeł wodny. Przewodnik turystyczny [Der Breslauer Wasserknotenpunkt. Ein touristischer Führer]. Wrocław 2008.

5 Bernhard Ludwig: Gasindustrie. In: Ludwig Elster, Adolf Weber, Friedrich Wieser (Hg.): Handwörterbuch der Staatswissenschaften. Bd. 4,4. Vollst. überarb. Aufl. Jena 1927, S. 574f.; Leuchtgas. In: Meyers Konversations-Lexikon. Bd. 10. Leipzig 1888, S. 738.

6 Wolfhard Weber: Verkürzung von Zeit und Raum. Techniken ohne Balancen zwischen 1840 und 1880. In: Wolfgang König, Wolfhard Weber (Hg.): Propyläen Technikgeschichte. Bd. 4: Netzwerke, Stahl und Strom. Berlin 1999, S. 249f.; Miron Urbaniak: Gazownie. Miejskie zakłady przemysłowe Wielkiego Księstwa Poznańskiego. [Gaswerke. Stadtwerke des Großherzogtums Posen]. Bd. 1: Zarys dziejów [Abriss der Geschichte]. Łódź 2011, S. 38.

7 Die deutschen Gasanstalten. In: Deutsche Gemeinde-Zeitung 14 (1863), S. 159.

8 E[rnst] Grahn: Die städtische Wasserversorgung im Deutschen Reiche, sowie in einigen Nachbarländern. Bd. 1: Königreich Preußen. München, Leipzig 1898, S. 12f.

9 Hermann Salomon: Die städtische Abwässerbeseitigung in Deutschland. Bd. 2: Das Odergebiet, einschließlich der zur Ostsee gehenden Küstenflüsse in Schleswig-Holstein, Mecklenburg und Pommern. Das Weichsel-, Pregel- und Memelgebiet. Jena 1907, S. 464f.; Miron Urbaniak: Dzieło architektury inżynierii sanitarnej. Stacja pomp i mechaniczna oczyszczalnia ścieków na Garbarach [Ein architektonisches Werk des Sanitär-Ingenieurwesens. Das Pump- und das mechanische Klärwerk in Garbary]. In: Magdalena Mrugalska-Banaszak (Hg.): Kronika Miasta Poznania [Chronik der Stadt Posen]. Nr. 3: Budownictwo Przemysłowe [Industriebau]. Poznań 2012, S. 72.

werke gebaut. Dem Beispiel Berlins (1865) folgte im Osten Deutschlands der Bau städtischer Elektrizitätswerke 1889 in Stettin, 1891 in Breslau, 1898 in Danzig und schließlich 1904 in Posen.[10]

2. Beleuchtung und Gasversorgung

Betrachtet man die städtische Beleuchtung, lässt sich eine weitere Gesetzmäßigkeit beobachten, nämlich die Nutzung von Öllampen in Breslau – ähnlich wie in anderen großen deutschen Städten – zu Beginn des 19. Jahrhunderts.[11] 1825 waren in der Oder-Metropole insgesamt 1.884 Öllampen in Betrieb, wobei die große Mehrzahl 1826 bereits „Reverbère-Laternen" waren, also Lampen, die mit einem reflektierenden Hohlspiegel ausgestattet waren und – besonders wichtig – an Seilen in der Straßenmitte hingen. Dies war eine Neuerung, denn damals üblich waren Laternen mit Eisen- bzw. Holzpfählen. Moderne Lampen mit Reflektoren waren nicht lange in Gebrauch, denn schon 1843 wurde in Breslau die „Sonnengas-Compagnie" gegründet, die sich den Bau eines Gaswerks und die Einführung der Gasbeleuchtung zum Ziel setzte. Die Ausführung dieser Aufgabe übertrug man dem prominenten Wegbereiter der deutschen Gasindustrie Kommissionsrat Rudolf Blochmann (1784–1871), der damals für die Realisierung von Gaswerken in Dresden und Leipzig bekannt war.[12] Der erste Versuch mit einer Gasbeleuchtung in Breslau fand am 1. Juni 1843 statt. Er erwies sich als so erfolgreich und interessant für die Stadt, dass der Breslauer Stadtrat am 19. April 1845 unter der Leitung von Oberbürgermeister Hermann Julius Pinder einen 25-jährigen Konzessionsvertrag für den Bau eines Gaswerks und die Einführung der Gasbeleuchtung mit dem Landgerichtsrat Eduard Szarbinowski sowie dem Unternehmer Ferdinand Friedländer abschloss. Der Stadtrat verlangte zugleich, dass Blochmann die Planungen für das Gaswerk in der Siebenhufenerstraße (ul. Tęczowa) auf der Rückseite des Freiburger Bahnhofs (Dworzec Świebodzki) sowie die Leitung der gesamten Investition übernehmen solle (Abb. 1).[13]

---

10 Wolfgang König: Elektrifizierung. In: König, Weber (Hg.): Propyläen Technikgeschichte. Bd. 4 (Anm. 6), S. 330f.; Tadeusz Sobczak: Zakłady użyteczności publicznej [Öffentliche Versorgungsbetriebe]. In: Bohdan Baranowski, Julian Bartyś, Tadeusz Sobczak (Hg.): Historia kultury materialnej Polski w zarysie [Geschichte der materiellen Kultur Polens im Überblick]. Bd. 6: Od 1870 do 1918 r. [Von 1870 bis 1918]. Wrocław, Warszawa, Kraków, Gdańsk 1979, S. 372; Emilia Kiecko: Elektrownie poznańskie [Posener Elektrizitätswerke]. In: Mrugalska-Banaszak (Hg.): Kronika Miasta Poznania (Anm. 9), S. 47–64.

11 Siehe z.B.: Sabine Röck: Gas-Straßenbeleuchtung. In: Peter Güttler (Hg.): Berlin und seine Bauten. T. 10. Bd. A (2): Stadttechnik. Petersberg 2006, S. 11f.; Urbaniak: Miejskie zakłady przemysłowe (Anm. 6), S. 38–41.

12 Valentin Schneider: Geschichtliche Entwickelung des Beleuchtungswesens insbesondere der Gasbeleuchtung in der Königlichen Haupt- und Residenzstadt Breslau. Breslau 1902, S. 9f.; Friedrich Klemm: Blochmann, Rudolf Sigismund. In: Neue Deutsche Biographie. Bd. 2. Berlin 1955, S. 308f.

13 Schneider: Geschichtliche Entwickelung (Anm. 12), S. 9–25.

1 Das erste private Gaswerk in Breslau an der Siebenhufenerstraße (ul. Tęczowa) um 1900. Nach: Denkschrift zur Eröffnung des neuen Gaswerkes im November 1906. Breslau 1906

Im Juni 1845 wurde an Stelle des erwähnten Unternehmens eine Aktiengesellschaft mit einem Kapital von 420.000 Talern (ca. 1.260.000 Mark) berufen, das kurz darauf auf 650.000 Taler (ca. 1.950.000 Mark) erhöht wurde. Der eigentliche Bau des Gaswerks mit den Arbeiten der Gasnetzverlegung, die das historische Zentrum des heutigen Breslau – also Straßen und Plätze im Bereich von Stadtgraben und Oder – umfassten, begannen erst im Frühjahr 1846. Ein Jahr später, am 23. Mai 1847, beleuchteten erstmals Gaslaternen die Straßen Breslaus. Auf den Straßen und Plätzen wurden insgesamt 758 Lampen angezündet. Damit war Breslau die erste Stadt Schlesiens, in der es eine öffentliche Gasbeleuchtung gab. Im Laufe der folgenden Jahre weitete sich diese Art der Beleuchtung auf die Breslauer Vorstädte aus und umfasste 1850/51 die Schweidnitzer-, Ohlauer- und Nikolaivorstadt (Przedmieścia Świdnickie, Oławskie i Mikołajskie) bis zu den Bahnhöfen, und 1853 kam es zu einem teilweisen Anschluss der Sandvorstadt (Przedmieście Piaskowe) und des Bürgerwerders (Kępa Mieszczańska) an das Gasnetz.[14]

Bald zeigte sich jedoch, dass die Tätigkeit der privaten Aktiengesellschaft nicht den Bedürfnissen der sich rasant entwickelnden Stadt entsprach. Das Gas war teuer – nicht nur für die öffentliche Beleuchtung, sondern auch für die privaten Abnehmer, aber noch schlimmer war, dass es in den schnell wachsenden Stadtteilen auf

14 Ebd., S. 10f., 25–27.

2 Städtische Gasanstalt II am Lessingplatz an der Oder um 1900. Nach: Denkschrift zur Eröffnung des neuen Gaswerkes im November 1906. Breslau 1906

dem rechten Oderufer mit ihren zahlreichen Neubauten nicht verfügbar war. Als die Stadtverwaltung Ende der 1850er Jahre die Firma zur Erweiterung des Gasnetzes in den Stadtteilen auf dem rechten Oderufer, vor allem der Odervorstadt (Przedmieście Odrzańskie) zwingen wollte, lehnte diese ab. In der Folge beschloss der Stadtrat unter der Leitung von Oberbürgermeister Alexander Julius Elvanger den Bau eines eigenen kommunalen Gaswerks. Auf der Grundlage von Entwürfen und der Beratung des Direktors des Stettiner Gaswerks Wilhelm Kornhardt (1821–1871), eines Schülers von Rudolf Blochmann, wurde der städtische Betrieb an der Oder auf dem Gelände eines früheren Holzlagers am späteren Lessingplatz errichtet, an der Stelle der heutigen Niederschlesischen Woiwodschaftsbehörde (Dolnośląski Urząd Wojewódzki) (Abb. 2). Der Bau dauerte von 1863 bis 1864, verschlang 244.000 Taler und endete mit der Inbetriebnahme des zweiten Breslauer Gaswerks am 28. Oktober 1864. Dank dieser Investition gab es nun auch Gas und Gasbeleuchtung in der zumeist von Arbeitern bewohnten Odervorstadt, ebenso wurde der Umfang der Beleuchtung in der Sand-, der Ohlauer und der Nikolaivorstadt erheblich erweitert. Vor allem jedoch wurden vernünftige Grundlagen für den weiteren Ausbau einer Gas-Infrastruktur inklusive Straßenbeleuchtung geschaffen, für die Stadtverwaltung wurde das Betreiben eines eigenen Gaswerks zu einem Feld von Erfahrungen, die sich später im Streben nach einem einheitlichen städtischen Gasversorgungssystem auswirkten.[15] Mit der Inbetriebnahme des zweiten Gaswerks 1864 setzte im Stadt-

15 Ebd., S. 29–34; Hans Jaeger: Kornhardt, Wilhelm. In: Neue Deutsche Biographie. Bd. 12. Berlin 1980, S. 594f.; Stettiner Chamottefabrik Aktiengesellschaft vormals Didier. 50 Jahre Aktiengesellschaft 1872–1922. Berlin [1922], S. 9f.

3 Gaswerk III an der Trebnitzer Chaussee für die Odervorstadt um 1900. Nach: Denkschrift zur Eröffnung des neuen Gaswerkes im November 1906. Breslau 1906

gebiet eine Konkurrenz des städtischen Betriebs mit dem privaten Gaswerk aus den 1840er Jahren ein. Um diesem negativen Phänomen entgegenzuwirken, unternahm die Stadt Versuche, das private Gaswerk gegen Zahlung einer finanziellen Entschädigung der Aktionäre zu kommunalisieren. Es stellte sich jedoch heraus, dass die Firma für ihr Vermögen einen beträchtlich überhöhten Preis verlangte (ca. 800.000 Taler), infolgedessen begannen langwierige Verhandlungen und Schiedsgerichtsverfahren mit der Aktiengesellschaft. Schließlich wurden 1868 in Absprache mit dem privaten Gaswerk fünf Sachverständige berufen, die eine realistische Bewertung des Unternehmensvermögens vornahmen und es auf 680.000 Taler schätzten. Dazu musste man noch 25 Prozent des Vermögenswertes Grund und Boden hinzurechnen, was eine Entschädigung in Höhe von 825.619 Talern ergab. Auf der Grundlage der Entscheidung der Stadtverwaltung kam es am 19. April 1870 – also genau 25 Jahre nach Abschluss des Konzessionsvertrags – zur rechtlichen Übernahme des privaten Gaswerks in städtisches Eigentum, natürlich gegen Auszahlung der Entschädigung. Damit begann in der Geschichte der Gasversorgung Breslaus das Kapitel der ausschließlich kommunalen Leitung und Nutzung der Gas-Infrastruktur in der Stadt.[16]

Die neue Etappe kennzeichneten weitere Investitionen nicht nur in Verbindung mit der Gasversorgungsinfrastruktur Breslaus, sondern auch der Bau weiterer, völ-

16 Schneider: Geschichtliche Entwickelung (Anm. 12), S. 38–41; Bericht der Experten über die Gasanstalten der Stadt Breslau. Breslau 1873, S. 20.

lig neuer Gaswerke, was an das Modell der Gasversorgung Berlins erinnert.[17] Den Fortschritt bestimmte hauptsächlich der wachsende Verbrauch, der von 2,97 (1863) auf 8,16 (1871) Millionen Kubikmeter Gas anstieg und 1881 10,81 Millionen Kubikmeter erreichte. Der Effekt war, dass trotz zahlreicher Modernisierungen und Baumaßnahmen in beiden Gaswerken deren Produktivität nicht den schnell wachsenden Bedarf deckte. Deshalb wurde auch schon Ende 1874 mit der Suche nach einem Baugrundstück für ein neues, drittes kommunales Gaswerk begonnen. Die Wahl des „Gasanstalts-Curatoriums" fiel auf ein städtisches Grundstück an der Trebnitzer Chaussee (ul. Trzebnicka), zum ersten Mal auf ein Gelände am rechten Oderufer im Bereich der in kurzer Zeit mit Mietshäusern bebauten Odervorstadt. Bevor jedoch die Versammlung der Stadträte den Bau dieses dritten Gaswerks beschloss, entschied man sich, die Meinung des Regierungs- und Baurats Hans Victor von Unruh (1806–1886) zu dem gewählten Standort und zu der Zweckmäßigkeit eines weiteren Gaswerkbaus in der Stadt einzuholen. Nach von Unruhs Ansicht war der Bau eines neuen Gaswerks unerlässlich und das Gelände an der damaligen Trebnitzer Chaussee ein optimaler Standort. So wurde 1876 Ingenieur Philipp Otto Oechelhaeuser (1825–1900) zum Leiter des gesamten Projektkomplexes ernannt und war später auch Direktor der bekannten Berliner Firma „Berlin-Anhaltische Maschinenbau-Aktiengesellschaft" (Bamag).[18]

1877 begann der Bau des dritten Gaswerks unter der Oberleitung von Oechelhaeuser. Er wurde wegen zahlreicher Verzögerungen und baulicher Schwierigkeiten zu einer langjährigen Investition. In deren Folge stellte die Stadt auf Vorschlag von Oechelhaeuser im April 1880 den jungen und tüchtigen Ingenieur Max Hempel (1849–1915), eine weitere Berühmtheit im Bereich des Gas- und Wasserwerkebaus in Deutschland, für die direkte Aufsicht über die Bauarbeiten ein. Dank seiner administrativen und organisatorischen Fähigkeiten schritten die Arbeiten rasch voran. Als Ergebnis wurde am 1. September 1881 das dritte kommunale Gaswerk Breslaus in Betrieb genommen, das gemeinsam mit den beiden älteren die Gasversorgung der Stadt für ein Vierteljahrhundert sicherte. Die Kapazität der Gaswerke Nr. 1 und 2 schätzte man auf je 5,5 Millionen Kubikmeter Gas jährlich, die des Gaswerks 3 auf 5 Millionen Kubikmeter, was zusammen 16 Millionen Kubikmeter Gas pro Jahr ergab (Abb. 3).[19]

Wie sich jedoch bald herausstellte, war die Kapazität aller drei Betriebe durch die sprunghaft steigende Einwohnerzahl und die fortschreitende Industrialisierung schnell erschöpft. Schon 1896 erreichte der Gasverbrauch in Breslau 15,83 Millionen Kubikmeter. Man behalf sich zunächst mit Modernisierungen und dem Ausbau

---

17 Hilmar Bärthel: Anlagen und Bauten der Gasversorgung. In: Güttler (Hg.): Berlin und seine Bauten (Anm. 11), S. 21–37.

18 Schneider: Geschichtliche Entwickelung (Anm. 12), S. 42–48; Zur Halbjahrhundertfeier der Bamag 1872–1922. Berlin [1922], S. 3.

19 Schneider: Geschichtliche Entwickelung (Anm. 12), S. 49–54; Miron Urbaniak: Hempel Max. In: Barbara Głowinkowska, Alojzy Konior (Hg.): Słownik biograficzny Leszna [Biografisches Lexikon von Lissa]. Leszno 2004, S. 148–150.

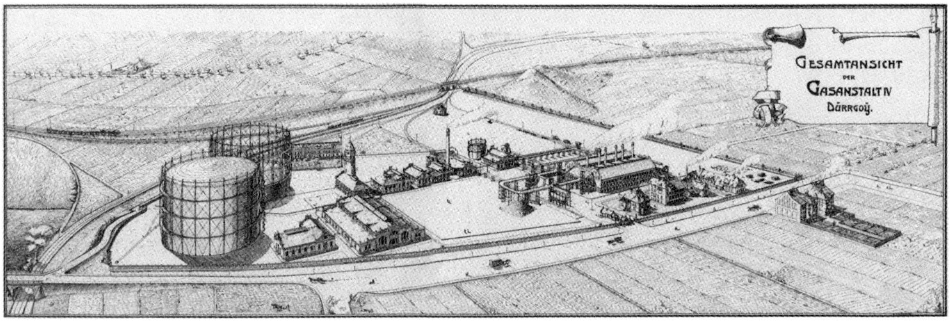

4 Die moderne Gasanstalt IV in Dürrgoy zu Beginn des 20. Jahrhunderts – perspektivische Darstellung. Nach: Denkschrift zur Eröffnung des neuen Gaswerkes im November 1906. Breslau 1906

aller Gaswerke, aber dies bewirkte nicht viel, da bereits 1900 der Gasverbrauch ca. 20 Millionen Kubikmeter erreichte. Es blieb nichts anderes übrig, als neue Baupläne für einen modernen und zentralen Komplex eines Gaswerks auszuarbeiten, der im Süden Breslaus angesiedelt werden sollte, im Dorf Dürrgoy (Tarnogaj), das 1904 in die Stadt eingemeindet wurde. Auf einem weiträumigen Baugrundstück entstand dort nach einem Entwurf und Kostenvoranschlag des Breslauer Rates für städtische Industriebetriebe Matthias Wirtz (1859–1914) in den Jahren 1905 bis 1907 für 8,5 Millionen Reichsmark eines der größten und modernsten Gaswerke des damaligen Deutschen Reiches, das u. a. über zwei riesige Gasbehälter mit jeweils 110.000 Kubikmeter Fassungsvermögen verfügte (Abb. 4). Die Inbetriebnahme des neuen Werkes fand bereits am 10. November 1906 statt, auch wenn viele Arbeiten erst im darauf folgenden Jahr abgeschlossen wurden.[20]

Gleichzeitig mit der Übergabe zur Nutzung des Gaswerks in Dürrgoy wurde das gesamte Gasversorgungssystem der Stadt neu organisiert. Von da an übernahmen die Gasproduktion nur noch die Betriebe an der Trebnitzer Chaussee und in Dürrgoy, die alte Gasanstalt in der Siebenhufenerstraße wurde für die Sicherung des Gasdrucks genutzt, der Betrieb 2 an der Oder geschlossen und kurz danach gesprengt, um den Platz für das Gebäude der in der Zwischenkriegszeit eingesetzten neuen Regierung, die heutige Woiwodschaftsbehörde, vorzubereiten. So erhielt Breslau noch vor Ausbruch des Ersten Weltkriegs eine moderne und leistungsfähige Gasinfrastruktur, die dem steigenden Bedarf gewachsen war. Erwähnenswert ist, dass

20 Schneider: Geschichtliche Entwickelung (Anm. 12), S. 60–79; Denkschrift zur Eröffnung des neuen Gaswerkes im November 1906. Breslau 1906, S. 11–23; Die Entwicklung der Breslauer Gaswerke mit besonderer Berücksichtigung des Gaswerks Dürrgoy. Breslau 1930, S. 1; Verwaltungs-Bericht der Städtischen Betriebswerke (Gas-, Wasser-, Elektrizitätswerke) zu Breslau für das Geschäftsjahr 1905. In: Breslauer Statistik. Bd. 26. Breslau 1906, S. 34–42; Verwaltungs-Bericht der Städtischen Betriebswerke (Gas-, Wasser-, Elektrizitätswerke) zu Breslau für das Rechnungsjahr 1906. In: Breslauer Statistik. Bd. 27, H. 2. Breslau 1908, S. 31–39; Agnieszka Gryglewska: Matthias Wirtz. In: Jan Harasimowicz (Hg.): Encyklopedia Wrocławia [Breslauer Enzyklopädie]. Wrocław 2000, S. 898.

1910 der Gasverbrauch bei 43,9 Millionen Kubikmetern lag, die Länge des Gasnetzes 387,4 Kilometer betrug und auf den Straßen 11.253 Gaslampen verschiedenen Typs leuchteten. Hinzuzufügen sind zudem noch 686 Öllaternen in Gegenden ohne Gasanschluss sowie 206 elektrische Bogenlampen, die an repräsentativen Stellen der Metropole installiert waren, wie etwa am Ring oder an der berühmten Kaiserbrücke (Most Grunwaldzki).[21]

3. Wasserversorgung

Eine ähnlich komplizierte Entwicklung wie auf dem Gebiet der Gasversorgung gab es auch beim Wasserversorgungssystem in Breslau, dessen Grundlagen bereits im Mittelalter in der Regel von Orden gelegt wurden, als ein Netz von hölzernen Wasserrohre und erste „Wasserkünste" (Förderstellen) an der Oder gebaut wurden. So gab es schon um 1386 die „Große Kunst", die mit einem Wasserrad und Vorrichtungen zum Schöpfen des Wassers aus der Oder ausgestattet war. Sie betrieb das relativ bescheidene Netz hölzerner Wasserrohre im Stadtzentrum, wurde mit der Zeit modernisiert und umgebaut. 1539 wurde eine weitere Förderstelle – die „Matthiaskunst" – errichtet, die auf der Matthiasinsel (Wyspa Tamka) lag, aber 1551 abbrannte. Sofort wurde sie wieder aufgebaut und versorgte drei öffentliche Wasserleitungen sowie eine private zum Kloster der Klarissinnen. Neben der „Matthiaskunst" entstanden im 16. Jahrhundert in Breslau auch das Pumpenhäuschen sowie die „Kätzelkunst" (oder „Ketzerkunst"). Ersteres wurde 1567 oder 1588 an der städtischen Ohle errichtet, aber 1822 in die Nähe des Kaiserin-Augusta-Platzes (pl. Polski) verlegt. Es versorgte vier Brauereien in der Nähe des Neumarkts (Nowy Targ) mit Ohlewasser. Die „Ketzerkunst" dagegen wurde 1596 ebenfalls an der städtischen Ohle, aber im Bereich des Dominikanerplatzes (pl. Dominikański) gebaut. Von dort liefen die Wasserleitungen zu sehr entlegenen Stellen wie dem Schweidnitzer Tor (Brama Świdnicka) oder der Antonienstraße (ul. św. Antoniego).[22]

Das schließlich im 16. Jahrhundert ausgestaltete System autonomer Pumpstationen für Oder- und Ohlewasser bestand ohne größere Veränderungen bis zu Beginn des 19. Jahrhunderts. 1825 war das Netz der hölzernen und gusseisernen Wasserleitungen auf Breslauer Gebiet 13,4 Kilometer lang, während die Produktivität der drei größten Förderstellen bis zu 3.000 Kubikmeter Wasser pro Tag erreichte. Wasserleitungen gab es jedoch nur innerhalb der Stadt, die Bevölkerung der Vor-

21 Verwaltungs-Bericht der Städtischen Betriebswerke (Gas-, Wasser-, Elektrizitätswerke) zu Breslau für das Geschäftsjahr 1910. In: Breslauer Statistik. Bd. 31, H. 2. Breslau 1911, S. 6f.; Die Entwicklung der Breslauer Gaswerke (Anm. 20), S. 1.

22 Miron Urbaniak: Dzieje wodociągów i kanalizacji do 1945 roku [Geschichte der Wasserleitungen und der Kanalisation bis 1945]. In: Ryszard Nowakowski, Miron Urbaniak (Hg.): Wrocławskie wodociągi i kanalizacja. Od przeszłości do współczesności [Breslauer Wasserleitungen und Kanalisation. Von der Vergangenheit zur Gegenwart]. Wrocław 2011, S. 16–20; Michał Komaszyński: Zaopatrzenie Wrocławia w wodę w ubiegłym wieku [Die Wasserversorgung Breslaus im vergangenen Jahrhundert]. In: Rocznik Wrocławski 2 (1958), S. 205–218.

städte dagegen nutzte 740 private und öffentliche Brunnen, wobei letztere die klare Minderheit darstellten. Es zeigte sich zugleich, dass das bisherige System der Wasserversorgung der Stadt nicht ausreichend war und daher immer wieder ernsthafte Probleme auftraten. Schon 1823 überzeugte der städtische Baurat Heermann den Magistrat von der Notwendigkeit, eine erste Dampfmaschine zum Antrieb der Wasserpumpen in der „Matthiaskunst“ zu installieren. Anfangs wollte man diese beim Königlichen Hüttenamt in Gleiwitz (Gliwice) bestellen, aber als 1824 die Königliche Porzellanmanufaktur in Berlin eine gebrauchte Dampfmaschine zum Verkauf anbot, beschloss der Magistrat, diese Gelegenheit zu nutzen. Sie wurde für 1.000 Taler gekauft und 1826 in der nach dem Brand wiederaufgebauten „Matthiaskunst“ installiert. Der Motor nahm seine unfallfreie Arbeit im Oktober 1827 auf und mit ihm begann in Schlesien die Ära der dampfbetriebenen Wasserpumpen. Dies war im Deutschen Reich die zweite installierte Dampfmaschine zum Betrieb von öffentlichen Wasserpumpen nach Magdeburg (1819).[23]

Die Inbetriebnahme einer Wasserpumpen-Dampfmaschine konnte Breslau jedoch nicht vor einem Wasserdefizit schützen, denn in den 1840er Jahren erreichte die Bevölkerungszahl schon 100.000 Einwohner. Deshalb baute die Stadt 1843–1845 eine weitere Wasserkunst mit Wasserradantrieb. Die „Neue Große Kunst“ wurde am 19. August 1845 in Betrieb genommen. Sie entnahm das Wasser der Oder und gab es nach vorherigem Filtern durch Sand und Kohle ans Netz ab. Dies war zugleich die letzte größere Investition in Wasserleitungen in Breslau vor dem Bau eines zentralen Wasserleitungssystems. Seine Realisierung war – wie man sich vorstellen kann – durch weitere, schon im nächsten Jahrzehnt spürbare Probleme mit der Wasserversorgung der sich dynamisch entwickelnden Stadt nicht aufzuhalten.[24]

Die Antwort auf das wachsende Wasserdefizit war der Ratsbeschluss von 1861 über die Aufnahme von Vorbereitungen zum Bau eines mechanischen Wasserwerks. Das Investitionsprojekt bereitete auf Bitte des Magistrats der englische Spezialist für städtisches Ingenieurswesen Dr. Ing. John Moore aus Berlin vor, der damals schon im Osten Deutschlands bekannt war, u. a. für den Bau der Gaswerke in Glogau/ Głogów und Posen sowie des zentralen Wasserleitungssystems in Posen.

Moores Projekt, das auf der Wasserentnahme aus der Oder und dem Filtern in Langsamfiltern aus Sand und Kies basierte, wurde in den Jahren 1864/65 einer Korrektur durch den Breslauer städtischen Baurat Carl Johann Christian Zimmermann (1831–1911) unterzogen, der praktisch das riesige Gebäude des Wasserturms mit maschinell betriebenen Wasserpumpen im Innern noch einmal entwarf. 1866 wurde der Entwurf von Moore und Zimmermann von der Versammlung der Stadträ-

---

23 Komaszyński: Zaopatrzenie Wrocławia (Anm. 22), S. 219; Valentin Schneider: Die Wasserversorgung von Breslau früher und jetzt unter Berücksichtigung der neuesten Erweiterungen. Breslau 1896, S. 6–9; Conrad Matchoss: Die Einführung der Dampfmaschine in Deutschland (1780–1830). In: Zeitschrift des Vereines Deutscher Ingenieure 22 (1905), S. 904; Siegfried Baer: Von der Stadtwasserkunst zum Wasserwerk. In: Das Gas- und Wasserfach 50 (1934), S. 867.

24 Schneider: Die Wasserversorgung von Breslau (Anm. 23), S. 9–13; Grahn: Die städtische Wasserversorgung (Anm. 8), S. 90.

5 Wasserwerk und Wasserturm Am Weidendamm, im Vordergrund der offene Langsamfilter (um 1920). Archiv Urbaniak

te akzeptiert, und im Frühjahr 1867 begann der Bau des Wasserleitungsnetzes in der Stadt (Abb. 5) sowie des Komplexes der Wasserwerke Am Weidendamm (ul. Na Grobli) im Gebiet „Neu Holland" („Na Niskich Łąkach") in der Flussgabelung von Oder und Ohle oberhalb der Stadt. Die Investition, die fast 2,5 Millionen Reichsmark verschlang, dauerte fünf Jahre, mit gewissen Verzögerungen während des Deutsch-Französischen Kriegs (1870–1871); die feierliche Eröffnung des Wasserwerks Am Weidendamm fand am 1. August 1871 statt. Ein Jahr später wurde die alte Dampfmaschine in der „Matthiaskunst", die seit 1800 gelaufen war – seit 1827 für die Breslauer Wasserwerke – stillgelegt und verschrottet.[25]

1871 ging in Breslau die Epoche der mittelalterlichen Wasserkünste zu Ende und es begann die Ära der zentralen mechanischen Wasserwerke. Eine interessante technische Lösung dieser Wasserversorgungsanlagen war zweifellos die Unterbringung der Maschinenräume, in denen das Wasser gepumpt wurde, in einem riesigen Wasserturm, der im Innern durch sich kreuzende Wände in vier große Hallen geteilt war. Darüber hinaus weckten die offenen Langsamfilter einiges Interesse, die allgemein in

25 Urbaniak: Dzieje wodociągów (Anm. 22), S. 23–30; Daria Dorota Pikulska: Carl Johann Christian Zimmermann. Wrocław 2005.

Großbritannien eingesetzt wurden, aber in Deutschland damals wegen der strengeren Winter und der Gefriergefahr für das Wasser in ihnen praktisch nicht anzutreffen waren. Dennoch funktionierte die Anlage unfallfrei und stellt noch heute den Kern des Breslauer Wasserversorgungssystems dar, auch wenn ein Teil der Gebäude nicht mehr genutzt wird, sondern unter Denkmalschutz steht.[26]

Die nächsten Jahrzehnte führten zum sukzessiven Ausbau des Komplexes des Wasserwerks Am Weidendamm, das den wachsenden Bedarf an Wasser decken musste. Waren es 1876 noch 4,65 Millionen Kubikmeter Wasser, die ans Netz abgegeben wurden, so waren es 1890 bereits 9,20 und 1900 sogar 12,77 Millionen Kubikmeter gefiltertes Oderwasser.

Es wurden daher neue Dampfkessel in den erweiterten Kesselhäusern am Wasserturm montiert, im Turm selbst aber neue und leistungsfähigere Dampfpumpen, von denen die berühmtesten am 16. Mai 1879 die Arbeit aufnahmen. Es sind dies die bis heute erhaltenen kolossalen Dampfanlagen der Breslauer Firma von Gustav Heinrich Ruffer, d.h. der späteren Breslauer Maschinenbau-Anstalt G.m.b.H. Die vier Geschosse hohen Dampfmaschinen hatten eine Höhe von 20 Metern und Schwungräder mit einem Durchmesser von 7,5 Metern. Die Verwaltung der Wasserwerke, die sich deren Denkmalcharakters durchaus bewusst war, setzte die riesigen Dampfpumpen noch im Januar 1945 kurz vor der Erklärung Breslaus zur Festung in Gang.[27]

Zeitgleich mit der Modernisierung der Pumpstationen und Dampfkesselhäuser im Komplex des Wasserturms auf der Nordseite der Straße Am Weidendamm wurde auch das System der Wasseraufbereitung auf der Südseite der Straße ausgebaut. Anfangs baute man zwei offene Langsamfilter, bis 1900 wurden sie um die Langsamfilter 3, 4 und den imponierendsten Filter 5 erweitert. Der letzte war eine geschlossene Konstruktion, eingefügt in ein aufwendiges neogotisches Gebäude nach einem Entwurf des städtischen Baurats Richard Plüddemann (1846–1910). Das Objekt entstand in den Jahren 1890–1892, seine Filteroberfläche betrug 4.000 Quadratmeter.[28]

Trotz des sukzessive durchgeführten Ausbaus der Wasserwerkanlage am Weidendamm ließ die Wasserversorgung Breslaus immer mehr zu wünschen übrig, vor allem im Hinblick auf die Qualität des gelieferten Wassers. Es war dies nämlich Oderwasser, das – obwohl gefiltert – je nach Jahreszeit deutlich seine physikalisch-

---

26 R[ichard] H[einrich] Debusmann: Die Entwicklung der Breslauer Wasserwerke. In: Das Gas- und Wasserfach 1 (1927), S. 6.

27 [Richard Heinrich] Debusmann: Wasserversorgung. In: Gesundheits- und Wohlfahrtspflege der Königl. Haupt- und Residenzstadt Breslau. Breslau 1912, S. 100f.; Łukasz Krzywka: Klasycyzm maszyny parowej – wrocławska wieża ciśnień z 1871 roku [Klassizismus der Dampfmaschine – der Breslauer Wasserturm von 1871]. In: Monika Bielska-Łach (Hg.): Sztuka a technika [Kunst und Technik]. Warszawa 1991, S. 219–230; Miron Urbaniak: Pompy Ruffera we Wrocławiu [Die Ruffer-Pumpen in Breslau]. In: Spotkania z Zabytkami 9 (2003), S. 30f.

28 Valentin Schneider: Die Wasserversorgung von Breslau (Anm. 23). S. 30–34; Ernst Grahn: Die städtische Wasserversorgung (Anm. 8), S. 94; Agnieszka Gryglewska: Architektura Wrocławia XIX–XX wieku w twórczości Richarda Plüddemanna [Die Architektur Breslaus des 19.–20. Jahrhunderts im Werk Richard Plüddemanns]. Wrocław 1999, S. 22f.

chemischen Eigenschaften veränderte. Vor allem aber war es eine dauernde Gefahr der Bedrohung durch die Cholera, die 1892 wieder von sich reden machte, u. a. in Hamburg und in Oberschlesien, was ein weiteres Warnsignal für die Verantwortlichen der Stadt Breslau war. Die Situation war übrigens so ernst, dass Reichskanzler General Leo von Caprivi 1893 eine Verordnung über die verpflichtende Gründung von bakteriologischen Laboratorien zur Untersuchung von Wasserverunreinigungen in Wasserwerken, die Oberflächenwasser entnahmen, erließ. In Breslau nahm das Labor am Wasserwerk am 25. September 1894 seine Arbeit auf und führte regelmäßige bakteriologische Untersuchungen des aufbereiteten Wassers durch. Dies geschah zeitgleich mit den Aufrufen des geheimen Medizinalrats Prof. Dr. Carl Flügge (1847–1923) in Breslau zur Entnahme des Wassers aus Grund- bzw. Quellwasser statt aus Flusswasser.[29]

Infolge der Aktivitäten von Professor Flügge und unter dem Eindruck der Cholera-Epidemie von 1892 stellte der Breslauer Magistrat 5.000 Mark für die Suche nach Grundwasser in der Nähe der Stadt zur Verfügung. Die Leitung des Vorhabens wurde dem Ideengeber, Professor Flügge, übertragen; mit der Bewertung der Ergiebigkeit der wasserführenden Schicht und ihrer Tauglichkeit für die Wasserversorgung der Stadt wurde der königliche Baurat Adolf Thiem (1836–1908) aus Leipzig beauftragt. Als Ergebnis der in den Jahren 1893–1894 durchgeführten Untersuchungen gelang es, reiche Grundwasserreserven in den Wiesen der Gabelung von Oder und Ohle zu lokalisieren, angefangen von Pirscham (Bierdzany) bis nach Radwanitz (Radwanice). Auf Vorschlag des Rates Thiem wurde 1897 eine Probebohrung durchgeführt, die ergab, dass die Wasserreserven für eine tägliche Entnahme von 60.000 Kubikmetern ausreichten, also für die Versorgung der 500.000 Einwohner Breslaus. In den Jahren 1898/99 entwarf Rat Adolf Thiem ein komplexes Projekt für den Bau einer neuen Wasserentnahme und einer Pumpstation am Schwentniger Berg (Świątnickie Wzgórze), was sie vor den häufigen Überschwemmungen der Flüsse schützen sollte. Die der Stadt übermittelte architektonische Konzeption der Anlage sowie die technischen Lösungen fanden jedoch allgemeine Missbilligung, weil man sie für zu industriell und nicht den Ansprüchen einer der Hauptstädte des preußischen Staates gemäß fand. So wurde die gesamte Dokumentation den technischen Diensten übergeben, die tiefgreifende Korrekturen an Thiems Projekt vornahmen. Wie einst im Fall des Moore'schen Wasserturms Zimmermann die Änderungen vornahm, gaben nun u. a. der Ingenieur und Architekt Dr. Ing. Oscar Viol, der städtische Baurat für Ingenieurswesen Alfred von Scholtz (1850–1934) und der Architekt des Magistrats Karl Klimm (1856–1924) den Gebäuden am Schwentniger Berg ein neues architektonisches Gesicht. Mit der technischen Ausstattung dagegen befasste sich der von dem Projekt des Gaswerks in Dürrgoy bekannte, für Maschinen zuständige Baurat Matthias Wirtz. Das Ergebnis ihrer Arbeit war ein in fast märchenhaftem Heimatstil gehaltenes Ensemble technologischer Anlagen, die mit

29 Schneider: Die Wasserversorgung von Breslau (Anm. 23), S. 39; Journal für Gasbeleuchtung und Wasserversorgung 5 (1893), S. 98; Brigitte Hohmann: Flügge Carl Friedrich Georg Wilhelm. In: Harasimowicz (Hg.): Encyklopedia Wrocławia (Anm. 20), S. 898.

6 Grundwasserwerk am Schwentnigerberg um 1905. Nach: Industrie und Ingenieurwerke in Mittel- und Niederschlesien. Festschrift zur Hauptversammlung des Vereins Deutscher Ingenieure. Breslau 1911

den neuesten Errungenschaften der Technik auf dem Gebiet der mechanischen Ausstattung versehen waren.[30]

Die bauliche Realisierung der Anlage dauerte von Anfang 1902 bis Ende 1904, ein Teil der Arbeiten an der Wasserentnahme wurde erst 1906 fertiggestellt. Nichtsdestotrotz beendeten die Breslauer Wasserwerke jedoch Ende Dezember 1904 die Abgabe geklärten Oderwassers ins Netz zugunsten des gesunden und deutlich schmackhafteren Grundwassers. Letzteres enthielt jedoch Eisen, daher war vor der Abgabe an die Einwohner das Wassers zu enteisenen, was in einer speziell für diesen Zweck gebauten Enteisenungsanlage im alten Betrieb Am Weidendamm stattfand. Die Gesamtkosten des Baus der Grundwasserentnahme mit dem neuen Grundwasserwerk Schwentnig verschlang 4,6 Millionen Mark ohne Berücksichtigung der Aus-

---

30 Journal für Gasbeleuchtung und Wasserversorgung 5 (1893), S. 98; Über die Vorarbeiten für die neue Grundwasserversorgung der Stadt Breslau. In: Journal für Gasbeleuchtung und Wasserversorgung 7 (1899), S. 114; Die Wasserversorgung Breslau. In: Gesundheits-Ingenieur 17 (1895), S. 283; Zur Wasserversorgung von Breslau. In: Journal für Gasbeleuchtung und Wasserversorgung 22 (1902), S. 386f.; Erläuterungsbericht zum Projekte der Grundwasserversorgung der Stadt Breslau. Breslau [1901]; Agnieszka Gryglewska: Klimm Karl. In: Harasimowicz (Hg.): Encyklopedia Wrocławia (Anm. 20), S. 357f.; Agnieszka Gryglewska: Scholtz Alfred von. In: Ebd., S. 744; Journal für Gasbeleuchtung und Wasserversorgung 20 (1908), S. 438.

gaben für den Ausbau und die Modernisierung des alten Betriebs Am Weidendamm (Abb. 6).[31]

Das neue Wasserwerk Schwentnig arbeitete auf der Grundlage der Wasserentnahme aus 313 Brunnen im Tal der Oder und der Ohle, das durch die Dampfpumpstation Schwentnig in den einige Kilometer weiter westlich gelegenen alten Wasserwerkskomplex gepumpt wurde. Dort wurde dem Wasser das Eisen entzogen, dann wurde es – wie früher – in den Behälter des Wasserturms gepresst, von wo es in das städtische Netz zu den Einwohnern floss. Zeitgleich mit der Inbetriebnahme der Grundwasserentnahme war zu beobachten, dass in der sich dynamisch entwickelnden Südvorstadt (Przedmieście Południowe), die ziemlich weit vom Wasserwerk Am Weidendamm entfernt war, der Wasserdruck sehr niedrig war. In diesem Zusammenhang wurde 1903–1905 für 396.000 Mark ein monumentaler Wasserturm im Stadtteil Kleinburg (Borek) nach einem architektonischen Entwurf von Karl Klimm errichtet, der noch heute durch seine malerische und fast märchenhafte Gestalt mit deutlichen Einflüssen des Jugendstils imponiert.[32]

Mit der Entscheidung für die Entnahme von Grundwasser und gegen das Oderwasser schien das Problem einer Cholera-Epidemie in Breslau nicht mehr zu existieren. Die Einwohner selbst verlangten von der Direktion der Wasserwerke, die nun nicht mehr notwendigen Langsamfilterbecken zuzuschütten und auf diesem Gelände Spiel- und Sportplätze einzurichten. Die Direktion wehrte diese Forderungen jedoch entschlossen ab, und diese Entscheidung erwies sich in kürzester Zeit als rettend für die Stadt und ihre Wasserversorgung. In der Nacht vom 28. auf den 29. März 1906 kam es zur einzigen Eisen-Mangan-Katastrophe dieser Art in der Geschichte der Wasserversorgung. Nach einem trockenen und eisigen Winter, der eine Absenkung des Grundwasserspiegels und damit eine Freilegung der den Boden bedeckenden Eisen- und Manganverbindungen zur Folge hatte, kam es zu einer plötzlichen Oderüberschwemmung, die viel Luft in den Boden drückte. Diese wiederum führte zu einem heftigen Oxidationsprozess des Eisens sowie des Mangans und deren Reaktion mit dem Wasser. So stieg der Kalkwert im Wasser um das Vierfache, der Eisenwert von 10 auf 100 Milligramm pro Liter und obendrein konnte man zum ersten Mal Manganverbindungen im Trinkwasser feststellen. Die Ereignis-

---

31 Verwaltungs-Bericht der Städtischen Betriebswerke (Gas-, Wasser-, Elektrizitätswerke) zu Breslau für das Geschäftsjahr 1904: In: Breslauer Statistik. Bd. 25, H. 3. Breslau 1906, S. 75–89; [Richard Heinrich] Debusmann: Die Städtischen Wasserwerke. In: Georg Hallama (Hg.): Breslau. Berlin 1921, S. 98f.

32 Verwaltungs-Bericht der Städtischen Betriebswerke (Gas-, Wasser-, Elektrizitätswerke) zu Breslau für das Geschäftsjahr 1903. In: Breslauer Statistik. Bd. 24, H. 3. Breslau 1904, S. 4; Verwaltungs-Bericht der Städtischen Betriebswerke (Gas-, Wasser-, Elektrizitätswerke) zu Breslau für das Geschäftsjahr 1905. In: Breslauer Statistik. Bd. 26, H. 3. Breslau 1906, S. 6f.; [Richard Heinrich Debusmann]: Die Betriebswerke der Stadt Breslau. Die Wasserwerke. In: Industrie und Ingenieurwerke in Mittel- und Niederschlesien. Festschrift. Breslau 1911, S. 93; Stanisław Januszewski: Wodociągowa wieża ciśnień Karla Klimma. Pomnik architektury Wrocławia [Der Wasserturm von Karl Klimm. Ein Breslauer Architekturdenkmal]. Wrocław 1994.

se dieser Nacht wurden als Eisen-Mangan-Katastrophe bekannt, mit deren Folgen die Wasserwerke Breslau noch im nächsten Jahrzehnt kämpfen sollten.[33]

In einer ersten Phase gelang es, dem sehr hohen Eisengehalt im Wasser gegenzusteuern, was durch den intensiven Betrieb der Filterstation erreicht wurde. Auch wenn das Enteisenungssystem mit der Reduktion von 100 Milligramm Eisen pro Liter zurechtkam, konnte es die Manganverbindungen nicht bewältigen, für deren Beseitigung es überhaupt nicht ausgelegt war. Die Manganmenge im Wasser stieg beständig an, so dass Breslau vom 5. April 1906 an mit einer Mischung aus einem Drittel Grundwasser und zwei Dritteln Oderwasser versorgt wurde. Dies bedeutete, dass man wieder zur Entnahme des größten Teils des Wassers aus dem Fluss und zu dessen Aufbereitung durch die abgeschalteten, aber erhaltenen Langsamfilter zurückkehren musste. Im Verlauf der folgenden zehn Jahre wurde mit der Methode „Versuch und Irrtum" versucht, das Grundwasserentnahmesystem zu sanieren, um die erst kürzlich in Betrieb genommene Einrichtung wieder zum Laufen zu bringen. Schließlich stellte man fest, dass der einzige Ausweg aus der Katastrophe darin bestand, den Grundwasserspiegel künstlich auf ein höheres Niveau zu bringen und dadurch die Eisen- und Manganschichten dauerhaft unter Wasser zu halten. Ausgeführt wurde dies, indem man ein System der künstlichen Infiltration des Flusswassers einführte: Man legte Gräben und Becken rund um eine Reihe von Brunnen an und speiste dadurch die Schichten des Grundwassers durch das zu den Gräben und Becken geführte Ohlewasser. Dank dieser Lösung konnte die Stadt in den Jahren 1916/1917 erneut zur Versorgung mit Grundwasser aus Schwentnig übergehen.[34]

Kurz vor dem Ersten Weltkrieg waren die Breslauer Wasserwerke ein riesiges und modernes kommunales Unternehmen, in dem sich die technische Innovation u. a. auch in der Inbetriebnahme der beiden ersten Turbo-Dampfpumpen Anfang 1914 zeigte. Trotz zeitweiliger Probleme während der Eisen-Mangan-Katastrophe arbeitete der Betrieb störungsfrei und lieferte 1910 16 Millionen Kubikmeter Wasser, kurz vor dem Ersten Weltkrieg 1913 sogar 22,89 Millionen Kubikmeter. Zugleich betrug die Gesamtlänge des Leitungsnetzes 1910 380,5 Kilometer und die Zahl der an das Netz angeschlossenen Grundstücke 10.599. 157 Mitarbeiter waren bei den Wasserwerken beschäftigt.[35]

---

33 Verwaltungs-Bericht der Städtischen Betriebswerke (Gas-, Wasser-, Elektrizitätswerke) zu Breslau für das Geschäftsjahr 1906. In: Breslauer Statistik. Bd. 27, H. 2. Breslau 1908, S. 41f.; Debusmann: Die Entwicklung der Breslauer Wasserwerke (Anm. 26), S. 7.

34 Verwaltungs-Bericht der Städtischen Betriebswerke (Gas-, Wasser-, Elektrizitätswerke) zu Breslau für das Geschäftsjahr 1906 (Anm. 33), S. 72f.; Verwaltungsbericht der städtischen Betriebswerke (Gas-, Wasser-, Elektrizitätswerke) zu Breslau für das Geschäftsjahr 1917. In: Breslauer Statistik. Bd. 38. Breslau 1918, S. 1–3.

35 Verwaltungs-Bericht der Städtischen Betriebswerke (Gas-, Wasser-, Elektrizitätswerke) zu Breslau für das Geschäftsjahr 1910 (Anm. 21), S. 32f.; Verwaltungsbericht der städtischen Betriebswerke (Gas-, Wasser-, Elektrizitätswerke) zu Breslau für das Geschäftsjahr 1917 (Anm. 34), S. 1.

4. Abwasserbeseitigung und Kanalisationswerke

In der Zeit, in der das Wasserwerk mehr als 20 Millionen Kubikmeter Wasser jährlich in das Netz einspeiste, verfügte die Stadt ebenfalls bereits über ein ausgebautes und fortschrittliches Kanalisationssystem, das auf einem doppelten System beruhte: einer Mischkanalisation, die zugleich Schmutzwasser aus Haushalten und Betrieben sowie Niederschlagswasser – das sogenannte Regenwasser – gemeinsam in den Kanälen abtransportierte, und einer Trennkanalisation, die sich durch ein System doppelter Kanäle auszeichnete, von denen die einen Niederschlagswasser zu den nächstgelegenen fließenden Gewässern transportierten, die anderen das übrige Abwasser zur Kläranlage leiteten.

Einige kurze erhaltene Kanäle mittelalterlicher Provenienz von insgesamt 1,6 Kilometer Länge konnten natürlich kein wirksames System der Abwasserbeseitigung aus der Stadt darstellen. Daher begann mit der Zeit parallel zur räumlichen Entwicklung Breslaus auch die städtische Ohle die Rolle eines offenen Abwasserkanals zu spielen, die das historische Zentrum umgab. Als der Ausbruch einer Cholera-Epidemie drohte, begann man Mitte des 19. Jahrhunderts Grundlagen für den Bau eines modernen Kanalisationssystems zu legen. In der ersten Phase wurden drei große Sammelkanäle eingerichtet, die wie ein Ring das Bett des Stadtgrabens umgaben. Der erste und umfangmäßig größte war der Kanal in der Gartenstraße (ul. J. Piłsudskiego), der weiter über die Oderstraße (ul. Odrzańska) verlief und unterhalb des Packhofs (Port Miejski) in die Oder mündete und zu Beginn der 1850er Jahre entstanden war. Der zweite, zu Beginn der 1860er Jahre gebaute, umgab auf der äußeren Seite das Bett des Stadtgrabens und war der längste Sammelkanal. Der dritte war der in den Jahren 1865–1869 gebaute Ohlauer Kanal (Kanał Oławski), der durch das ehemalige, wegen der Verlegung der Ohlemündung in östliche Richtung zugeschüttete Flussbett führte. In derselben Zeit entstanden auch die ersten Abwasserkanäle auf dem rechten Oderufer, infolgedessen betrug die Gesamtlänge mehrerer eigenständiger öffentlicher Kanäle 31 km. Der weitere Ausbau des Kanalsystems unter den Straßen und Plätzen Breslaus wurde u. a. während der Arbeiten an den Wasserleitungen fortgeführt, auch wenn die realisierten Kanäle nicht auf einer komplexen Planung für eine kanalisierte Stadt beruhten, was den Magistrat beunruhigte.[36]

Um der weiteren planlosen Entwicklung der Kanalisation entgegenzuwirken, beschloss der Magistrat im Februar 1872 die Ausarbeitung eines Generalplans zur Kanalisierung Breslaus. Er holte bei damaligen Berühmtheiten auf dem Gebiet des städtischen Ingenieurswesens Deutschlands und Österreich-Ungarns Expertenmeinungen zu optimalen Lösungen für die Abwasserwirtschaft ein, also nicht nur zum Kanalisationssystem, sondern auch zur Art der Kläranlagen und ihrer Lokalisierung.

---

36 [Alexander] Kaumann: Kanalisation und Rieselfelder in Breslau. In: Festschrift zur XIII. Versammlung des Deutschen Instituts für öffentliche Gesundheitspflege der Stadt Breslau. Breslau 1886, S. 7f.; [Johannes] Wannovius: Beseitigung der Abfallstoffe. In: Gesundheits- und Wohlfahrtspflege der Königl. Haupt- und Residenzstadt Breslau. Breslau 1912, S. 109; [Richard] Eger: Die Entwässerung und Reinigung von Breslau. In: Gesundheits-Ingenieur 24 (1886), S. 777f.

Um ein schriftliches Gutachten bat man u. a. den Geheimen Baurat Eduard Wiebe (1804–1892) sowie den Ingenieur Ludwig Alexander Veitmeyer (1820–1899). Wiebe hatte sich zunächst beim Bau von Eisenbahnlinien im Rheinland und in Westpreußen Verdienste erworben, dann projektierte er die Kanalisierung Danzigs, die nach seinen Vorgaben gebaut wurde. Dafür erhielt er die Ehrenbürgerschaft der Stadt. Außer in Breslau war er federführend bei der Entwicklung der Kanalisierung von Triest und Königsberg. Veitmeyer plante die Berliner Kanalisation und Wasserversorgung, sein hauptsächlicher Wirkungskreis war jedoch die Sicherung der Schifffahrt an deutschen Küsten durch Signalfeuer. Beide Ingenieure waren also, was die Planung und Umsetzung von wasserwirtschaftlichen Bauten betraf, erstrangige Fachleute.

Beide sprachen sich im Falle Breslaus für eine Mischkanalisation aus, bei der die teilweise schon bestehenden Kanäle genutzt würden, und außerdem für eine biologische Kläranlage auf Rieselfeldern, die in Preußen übrigens das am häufigsten angewandte Abwasser-Klärsystem darstellten. Auf der Grundlage dieser Gutachten und detaillierter Untersuchungen des geologischen Grundes, geodätischer Messungen sowie der Menge des Abwassers wurde im städtischen Bauamt unter Leitung von Baurat Alexander Kaumann (1830–1893) mit den Vorbereitungen eines komplexen Kanalisationsprojektes begonnen.[37]

Im August 1874 legte Kaumann dem Magistrat den Generalplan für den Bau der Kanalisation der Stadt vor, der auf 4,96 Millionen Mark geschätzt wurde. 1875 erhielt das Projekt die Zustimmung des Stadtrats, danach des Präsidenten der Breslauer Regierung, des Oberpräsidenten der Provinz Schlesien, der zugleich Chef der Oderstrom-Bau-Verwaltung war, und schließlich am 20. November 1875 die des Handelsministers in Berlin. Die Kanalisationsarbeiten wurden noch 1875 aufgenommen und in den folgenden Jahren fortgesetzt; die grundlegenden Bau- und Drainagearbeiten im Bereich der 400 Hektar großen Rieselfelder in Ransern (Rędzin), ca. 12 km nordwestlich von Stadtzentrum entfernt, führte die englische Firma J. A. Aird & Marc, die die Generalausführende der Baumaßnahme war, mit einem Ingenieurbüro in Berlin durch. Mit Anbruch des Jahres 1881 näherten sich die Bauarbeiten ihrem Abschluss, dank dessen wurden am 28. Juni 1881 alle Abwässer der Stadt zur Pumpstation „Am Zehndelberge" (Port) geleitet (Abb. 7). An diesem Tag begann die Dampfpumpanlage das Abwasser auf die Rieselfelder zu pumpen und nahm damit die Breslauer Mischkanalisation in Betrieb. Breslau war damit die erste moderne kanalisierte Stadt Schlesiens.[38]

---

37 Kaumann: Kanalisation und Rieselfelder in Breslau (Anm. 36), S. 8–10; Geheimer Oberbaurath a. D. Eduard Wiebe. In: Centralblatt der Bauverwaltung 9 (1892), S. 99f.; Journal für Gasbeleuchtung und Wasserversorgung 11 (1899), S. 188; Agnieszka Gryglewska: Kaumann Alexander. In: Harasimowicz (Hg.): Encyklopedia Wrocławia (Anm. 20), S. 343.

38 Kaumann: Kanalisation und Rieselfelder in Breslau (Anm. 36), S. 39–43; Verwaltungs-Bericht des Magistrats der Königlichen Haupt- und Residenzstadt Breslau für die Etatsjahre vom 1. April 1880 bis 31. März 1883. Breslau [1884], S. 213–214; Wannovius: Beseitigung der Abfallstoffe (Anm. 36), S. 124f.; Eger: Die Entwässerung und Reinigung von Breslau (Anm. 36), S. 793; Salomon: Die städtische Abwässerbeseitigung in Deutschland (Anm. 9), S. 464f.

7 Haupt-Abwasserpumpwerk Am Zehndelberge. Ansicht von der Oder um 1910. Archiv Urbaniak

Die Zunahme der Fläche der Stadt und damit auch des Einzugsgebiets sowie das zahlenmäßige Anwachsen der Bevölkerung bewirkten, dass das Kanalisationssystem einem sukzessiven Ausbau und der Weiterentwicklung unterlag. Man musste nicht nur das Kanalnetz oder die Maschinenausstattung des Pumpwerks Am Zehndelberge erweitern, sondern auch die Oberfläche der Rieselfelder in Ransern und Oswitz (Osobowice), die am Ende des 19. Jahrhunderts schon etwa 1.740 Hektar umfasste. Im Ergebnis wohnten 1900 schon 415.000 Menschen auf Grundstücken, die an die Kanalisation angeschlossen waren, die Länge des Kanalisationsnetzes erreichte 248,5 Kilometer, die Menge des auf die Rieselfelder gepumpten Abwassers stieg bis 1905 auf 25 Millionen Kubikmeter an. Um der Aufgabe des Abflusses der gleichsam lawinenartig wachsenden Menge an Abwasser gerecht zu werden, wurde in den Jahren 1900–1902 das Pumpwerk Am Zehndelberge um eine monumentale Halle mit Dampfpumpen der Firma August Borsig aus Berlin sowie um eine neue Dampfkesselanlage und einen Uhrturm erweitert. Die Hochbau-Erweiterung wurde vom städtischen Bauamt unter der Leitung von Richard Plüddemann ausgeführt und verschlang inklusive der technologischen Ausstattung etwa 1,76 Millionen Mark.[39]

Das erste Jahrzehnt des 20. Jahrhunderts brachte auch fundamentale Veränderungen für die weitere Entwicklung der Kanalisation in der Stadt. Man beschloss, das Mischkanalisationssystem lediglich in den historischen und innerstädtischen Gebieten Breslaus fortzuführen, also dort, wo es bereits bestand. Am Stadtrand dagegen und in neu eingemeindeten Stadtteilen sollte es eine Trennkanalisation geben,

---

39 Wannovius: Beseitigung der Abfallstoffe (Anm. 36), S. 120f.; Eger: Die Entwässerung und Reinigung von Breslau (Anm. 36), S. 789; Verwaltungs-Bericht über die Städtischen Kanalisationsanlagen einschl. der Rieselfelder für das Jahr 1902. In: Breslauer Statistik. Bd. 23, H. 3. Breslau 1904, S. 103f.

8 Haupt-Abwasserpumpwerk Scheitnig um 1910. Archiv Urbaniak

in der Regenwasser auf dem kürzesten Weg in die benachbarten Flüsse geleitet werden sollte.

Das Ergebnis dieser Maßnahmen sollte eine Entlastung des alten Kanalisationssystems dank der Reduktion des Niederschlagswassers sein, vor allem der Pumpstationen und Rieselfelder. In der Folge wurden 1911, als die Gesamtfläche des Einzugsgebiets 3.200 Hektar betrug, 1.000 Hektar davon in einem Trennkanalisationssystem kanalisiert. Das neue System wurde in Gräbschen (Grabiszyn), Kleinburg, Dürrgoy, Morgenau (Rakowiec) und Scheitnig (Szczytniki) angewandt (Abb. 8). Zugleich trat jedoch ein weiteres Problem auf, nämlich die Unmöglichkeit des Abflusses der Abfälle durch Schwerebeschleunigung aus den neu kanalisierten Gebieten der Stadt zum zentralen und ältesten Teil der Kanalisation, der die Gesamtheit des Abwassers zu den Pumpwerken und auf die Rieselfelder ableitete. Infolgedessen musste man eine Reihe kleinerer und größerer Pumpstationen bauen, die das Abwasser von den niedrigeren in die höher gelegenen Kanäle des historischen Kerns des Kanalsystems der Stadt pumpten. Das erste dieses Typs war das Überpumpwerk Morgenau, das 1907–1908 in dem eingemeindeten Stadtteil entstand. Ein weiteres wurde 1909–1910 in Scheitnig gebaut (Hauptpumpwerk Scheitnig). Es war ein außergewöhnlich modernes Gebäude, denn es wurde vollkommen mit einer Stahlbetonkonstruktion errichtet, einige Jahre vor der berühmten Breslauer Jahrhunderthalle (Hala Stulecia). Autor der architektonischen Konzeption war wahrscheinlich der damalige städtische Baurat Max Berg (1870–1947), der vor allem durch den Bau der erwähnten Jahrhunderthalle bekannt ist. Das Pumpwerk Scheitnig erfüllte zu deutscher Zeit – genau wie das Pumpwerk Am Zehndelberge – die Funktion des Hauptpumpwerks.

Es leitete nämlich das Abwasser aus Scheitnig und eines Teils des rechtsseitigen Breslau zu einer weiteren Anlage von Rieselfeldern, die auf dem Gebiet der 1907 von der Stadt erworbenen Dörfer Steine (Kamieniec Wrocławski) und Wüstendorf (Dobrzykowice) lag.[40]

Kurz vor dem Ersten Weltkrieg wurde 1911 der Wert der Kanalisationswerke einschließlich zweier Komplexe von Rieselfeldern auf 22,38 Millionen Mark geschätzt. Zu dieser Zeit waren 10.974 Grundstücke mit 528.000 Einwohnern an die Kanalisation angeschlossen. Die Länge des Kanalisationsnetzes auf dem Stadtgebiet betrug damals 333,3 Kilometer, die Menge des auf die Rieselfelder gepumpten Abwassers betrug 28,29 Millionen Kubikmeter, wobei es 1910 noch 29,76 Millionen Kubikmeter gewesen waren.[41]

5. Elektrizität und Elektrizitätswerke

Als letzter der städtischen Industriebetriebe etnstand das Elektrizitätswerk. Allerdings beschloss die Stadt Breslau schon nach der Internationalen Elektrizitätsausstellung in Paris 1881, auf der Glühlampen von Thomas Edison präsentiert wurden, eine entsprechende Versuchszentrale auf dem Gelände des Gaswerks Nr. 2 am damaligen Lessingplatz zu bauen. Außer einigen Lampen im Verwaltungsgebäude des Gaswerks wurden auch 31 elektrische Laternen am Lessingplatz aufgestellt, auch wenn durch ihre geringe Stärke die Einwohner kein größeres Interesse an der Elektrizität zeigten. Daher wurde die Entscheidung für den Bau eines großen Elektrizitätswerks für die Stadt um einige Jahre verschoben. 1886 traten die Einwohner mit einer eigenen Initiative zum Bau eines Elektrizitätswerks an den Magistrat heran und forderten, dass auf ihren Grundstücken ca. 4.500 elektrische Lampen aufgestellt werden sollten. Daraufhin bat die Stadtverwaltung die Berliner Firma Siemens & Halske um einen Entwurf für den Bau einer elektrischen Zentralstation, die 9.000 Lampen in der Stadt mit Strom versorgen konnte. Nach langwierigen Verhandlungen mit verschiedenen elektrotechnischen Firmen aus ganz Deutschland beauftragte die Stadt schließlich am 3. Februar 1888 Siemens & Halske mit dem Bau eines Dampf-Elektrizitätswerks auf dem städtischen Grundstück an der Kleinen Groschengasse (ul. Mennicza) (Abb. 9). In den folgenden Jahren wurde das Elektrizitätswerk mit drei stromerzeugenden Dampfaggregaten mit je 250 PS, drei Dampfkesseln sowie einer Batteriestation mit 140 Batterien gebaut. Das elektrische Netz wurde unterirdisch mit einem Radius von bis zu 1,2 Kilometer von der Zentrale verlegt, und dank

40 Wannovius: Beseitigung der Abfallstoffe (Anm. 36), S. 111, 119f.; Salomon: Die städtische Abwässerbeseitigung in Deutschland (Anm. 9), S. 464f.; Verwaltungs-Bericht über die Städtischen Kanalisationsanlagen einschl. der Rieselfelder für das Jahr 1907. In: Breslauer Statistik. Bd. 28, H. 3. Breslau 1911, S. 237; Joseph Brix, Karl Imhoff, Robert Weldert: Die Stadtentwässerung in Deutschland. Bd. 1. Jena 1934, S. 178–180.

41 Wannovius: Beseitigung der Abfallstoffe (Anm. 36), S. 126–128.

9 Maschinenhalle des ersten städtischen Elektrizitätswerks an der Kleinen Groschengasse um 1910. Nach: Georg Hallama (Hg.): Schlesien. Berlin 1925

der reibungslos ausgeführten Bauarbeiten fand die Inbetriebnahme des Elektrizitätswerks schon am 30. Juni 1891 statt. Die Anlage kostete 1,12 Millionen Mark.[42]

Wie richtig der Bau des städtischen Elektrizitätswerks war, beweist die Tatsache, dass der Stromverbrauch von 1891 bis 1895 von 288.311 auf 554.112 Kilowattstunden anstieg und deshalb bereits 1895 eine Erweiterung des Betriebs notwendig wurde. Damals stellte man zwei große Dynamomaschinen mit jeweils 1.000 PS sowie vier Dampfkessel auf, wodurch die Kapazität des gesamten Elektrizitätswerks 1.456 Kilowatt erreichte. Bald zeigte sich jedoch, dass die vorgenommene Erweiterung nur kurze Zeit ausreichte, weil die private Breslauer Straßen-Eisenbahn-Gesellschaft Ende der 1890er Jahre ihren Betrieb von Pferdekraft auf Elektrizität umstellte und noch dazu auch eine weitere städtische elektrische Straßenbahn entstand. Der Verbrauch an elektrischer Energie wuchs massiv von Jahr zu Jahr und erreichte 1900 1,38 Millionen Kilowattstunden, wobei die Ausgaben für das Elektrizitätswerk und die elektrische Infrastruktur der Stadt schon bei 3,5 Millionen Mark lagen. Eine Erweiterung der elektrischen Infrastruktur war notwendig, aber dies war nicht einfach durch den Ausbau des im Zentrum der Stadt gelegenen Elektrizitätswerks von 1891 zu bewältigen. Schließlich fiel 1899 die Entscheidung für den Bau einer zweiten, bedeutend größeren Anlage.[43]

42 August Hermann: Städtische Elektrizitätswerke Breslau. In: Georg Hallama (Hg.): Schlesien. Berlin 1925, S. 198–200.

43 Hermann: Städtische Elektrizitätswerke Breslau (Anm. 42), S. 200f.; Verwaltungs-Bericht der Städtischen Betriebswerke (Gas-, Wasser-, Elektrizitätswerke) zu Breslau für das Geschäftsjahr 1901. In: Breslauer Statistik. Bd. 22, H. 3. Breslau 1902, S. 80f.

10 Hauptelektrizitätswerk am Scheibenweg. Maschinen- und Kesselhaus um 1920. Nach: Georg Hallama (Hg.): Schlesien. Berlin 1925

Diese, die am 8. August 1901 die Arbeit aufnahm, lag am Scheibenweg (ul. Łowiecka) direkt an der Oder und an der Strecke der Rechten Oderufer-Eisenbahn, was deutlich den Dampfbetrieb des Elektrizitätswerks erleichterte, denn so konnten die großen Wassermengen die für die Erzeugung des Dampfs notwendig waren, leicht der Oder entnommen und die Anlieferung von Kohle genutzt werden (Abb. 10). Die im neogotischen Stil gebaute Anlage des Elektrizitätswerks Nr. 2 wurde mit sechs stromproduzierenden Dampfaggregaten mit einer Kapazität von 185 bis 880 Kilowatt, zusammen 3.265 Kilowatt, einer Batteriestation, einem Dampfkesselhaus mit neun Wasserrohrkesseln und einer Reihe anderer moderner Einrichtungen sowie Maschinen ausgestattet, die Sicherheit und ökonomische Nutzung garantierten. Am Ende kostete die ganze Investition 2,65 Millionen Mark.[44]

Kurz nach der Inbetriebnahme des Elektrizitätswerks am Scheibenweg wurde es das einzige städtische Hauptelektrizitätswerk, weil der alte Betrieb an der Kleinen Groschengasse 1904 teilweise abgerissen und in eine Unterstation umgewandelt wurde, die Wechselstrom in Gleichstrom verwandelte. Der Bedarf an elektrischer Energie wuchs indessen ständig weiter, infolgedessen wurde in den folgenden Jahren die Anlage am Scheibenweg ausgebaut. Die bedeutendsten Erweiterungen fan-

44 Hermann: Städtische Elektrizitätswerke Breslau (Anm. 42), S. 201f.; Verwaltungs-Bericht der Städtischen Betriebswerke (Gas-, Wasser-, Elektrizitätswerke) zu Breslau für das Geschäftsjahr 1901, (Anm. 43) S. 3f.

den in den Jahren 1906/1907 und 1909 bis 1911 statt, als die Maschinenhallen, das Dampfkesselhaus sowie das Kohlelager wesentlich verlängert wurden, darüber hinaus ein zweiter Kamin gebaut wurde, was mit der Montage der ersten Dampfturbinen mit elektrischen Generatoren in Breslau verbunden war. Sie sollten die Kapazität des Betriebs, die 1913 schon 22 Megawatt betrug, wesentlich vergrößern – das alles, um nicht nur die Stadt selbst mit elektrischer Energie zu versorgen, sondern auch die Nachbargemeinden. Damit gewann das Breslauer Elektrizitätswerk den Charakter eines regionalen Kraftwerks.[45]

1910 betrug der Energieverbrauch aus dem städtischen Elektrizitätswerk schon 12,76 Millionen Kilowattstunden. Zu dieser Zeit gab es 5.681 Abnehmer, die erzeugte elektrische Energie diente u. a. zum Antrieb von 2.843 elektrischen Motoren. Die Gesamtlänge des Erdkabelnetzes betrug 1.146,8 Kilometer, hinzuzurechnen sind noch 62 Kilometer Freiluftkabel mit Hoch- und Niederspannung. Die kompletten Kosten für Bau, Modernisierung und Ausbau der städtischen elektrischen Infrastruktur schätzte man auf 12,75 Millionen Mark, die Zahl der Beschäftigten war mit 274 Personen, davon 22 Ingenieure, Techniker und Zeichner, die höchste der städtischen Industriebetriebe.[46]

6. Resümee

Im Lauf des 19. Jahrhunderts gestaltete Breslau alle städtischen Schlüsselbetriebe für das Alltagsleben der Einwohner um. Auch wenn die Verwaltung der städtischen Industriebetriebe dabei lediglich Gas-, Wasser- und Elektrizitätswerke im Auge hatte, ist hier auch die Kanalisation mit einem Abwasser-Aufbereitungssystem von Bedeutung. Erwähnenswert ist überdies, dass Breslau vor dem Ersten Weltkrieg auch einen großen und modernen städtischen Schlachthof, einen städtischen Straßenbahnbetrieb oder einen technisch fortschrittlichen Binnenschiffhafen hatte. Das alles machte die Hauptstadt Schlesiens zu einem modernen und im Osten Preußens führenden urbanen Zentrum. Dennoch ist festzuhalten, dass der Fortschritt im Bereich des städtischen Ingenieurswesens im Vergleich zu West- und Mitteldeutschland mit Berlin an der Spitze mit einer gewissen Verspätung nach Breslau gelangte. Breslau war daher vor dem Ersten Weltkrieg sicherlich die reichste und auf dem Gebiet der städtischen technischen Infrastruktur fortschrittlichste Stadt des deutschen Ostens, vergleichbar mit anderen großen Städten des damaligen Deutschen Reiches, aber dennoch ein städtisches Zentrum, dessen Rang im gesamtdeutschen Maßstab nach dem Ersten Weltkrieg schrittweise abnahm.

---

45 Verwaltungs-Bericht der Städtischen Betriebswerke (Gas-, Wasser-, Elektrizitätswerke) zu Breslau für das Geschäftsjahr 1907. In: Breslauer Statistik. Bd. 28, H. 2. Breslau 1908, S. 55f.; Verwaltungs-Bericht der Städtischen Betriebswerke (Gas-, Wasser-, Elektrizitätswerke) zu Breslau für das Geschäftsjahr 1910 (Anm. 21), S. 60f.; Ewa Płaksej: Elektrownie miejskie [Städtische Elektrizitätswerke]. In: Harasimowicz (Hg.): Encyklopedia Wrocławia (Anm. 20), S. 172.

46 Verwaltungs-Bericht der Städtischen Betriebswerke (Gas-, Wasser-, Elektrizitätswerke) zu Breslau für das Geschäftsjahr 1910 (Anm. 21), S. 60f.

József Sisa

Budapest in der Gründerzeit – Architektur und Städtebau

Das letzte Drittel des 19. Jahrhunderts, besonders die Gründerzeit, war eine große und fruchtbare Periode der Geschichte Ungarns, in der es sich selbst entfaltete und den Anschluss an die europäischen Entwicklungen zu verwirklichen begann. Die größte architektonische Leistung im modernen Ungarn stellt die Erweiterung der Großstadt Budapest dar, die aus verhältnismäßig bescheidenen Anfängen in etwa einer Generation ausgebaut wurde. Der Ausbau Budapests stagnierte allerdings weitgehend nach dem Ersten Weltkrieg; das spätere bescheidenere, meist nicht harmonische Wachstum betraf im Wesentlichen das charakteristische Gesamtbild der inneren Teile der Stadt nicht. Die Armut der Bevölkerung hat bestimmte städtische Strukturen konserviert, und zwar in einem solchen Ausmaß, dass weder Krieg noch andere absichtliche Zerstörungen sie ihres alten Wesens entkleiden konnten. So ist Budapest eine Art Konzentrat mitteleuropäischer Baukunst und Städtebaus geblieben, das auf einem recht hohen Niveau vieles enthält, was in anderen Städten der Region zugrunde gegangen ist.[1]

Der historisch-politische Rahmen wurde vom „Ausgleich" 1867 und der darauf folgenden Entstehung der Österreichisch-Ungarischen Monarchie bestimmt. In der Doppelmonarchie konnte sich ein in seinen inneren Angelegenheiten weitgehend unabhängiges Ungarn entwickeln und die Herausbildung der eigenen Staatlichkeit vollenden. Deren Entfaltung und die damit einhergehende Entwicklung der modernen bürgerlichen Gesellschaft waren die beste Voraussetzung für die Profilierung der Architektur. Die staatliche Administration benötigte zahlreiche unterschiedlichste öffentliche Gebäude. Die Ausbreitung bürgerlicher Lebensformen beförderte ebenfalls den Bau öffentlicher Gebäude bzw. rief weitere neue – oder vorher nur im Keim existierende – Bautypen ins Leben. Neben den öffentlichen Bauten erhielt der Wohnungsbau ein großes Gewicht. Nach dem „Ausgleich" wurden zahlreiche in ihrem Prunk den öffentlichen Gebäuden vergleichbare Wohngebäude gebaut, so dass sie zu einem stilistisch prägenden Faktor der Hauptstadt wurden. Dieses Phänomen hing mit dem Wachstum der städtischen Bevölkerung zusammen. 1873, also zur Zeit der Vereinigung der Städte Buda (Ofen), Óbuda (Altofen) und Pest – d. h. der „Geburt" der Stadt Budapest –, überstieg die Bevölkerungszahl kaum 300.000 Personen; bis 1900 erreichte sie 800.000 und bis 1914 eine Million Einwohner. In dieser Perio-

1 Zur Geschichte der ungarischen Architektur siehe Dora Wiebenson, József Sisa (Hg.): The Architecture of Historic Hungary. Cambridge/Mass. London 1998; Zusammenfassung auf Ungarisch: Ferenc Merényi: A magyar építészet 1867–1967 [Die ungarische Baukunst 1867–1967]. Budapest 1969. Zeitgenössische Abbildungen ungarischer Architektur bei Hermann Rückwardt: Architektonische Studienblätter aus Budapest. Berlin 1889.

Jahrbuch des BKGE 21 (2013), S. 119–144

de wies Budapest nach Berlin die zweitschnellste Wachstumsrate des Kontinents auf und war 1914 die achtgrößte Stadt Europas.

Städte- und Wohnungsbau

Der Rahmen der Entwicklung Budapests wurde von Städteplanern in einem langen Prozess geschaffen.[2] Der Ingenieur Ferenc Reitter (1813–1874), der auch in London, Paris und Wien arbeitete, hatte bei der Vorbereitung der Stadtplanung eine wichtige Rolle inne. Nach dem „Ausgleich“ nahm Graf Gyula Andrássy (1823–1890) die Angelegenheit politisch in die Hand. Er war nach dem Freiheitskrieg 1848/49 im Exil in London und in Paris gewesen; besonders die damals großzügigen Baumaßnahmen in Paris inspirierten ihn nachhaltig. Er hatte großen Anteil daran, dass der „Hauptstädtische Rat für Öffentliche Bauten“ (Fővárosi Közmunkák Tanácsa) gegründet wurde. Reitter übernahm die Leitung von dessen technischer Abteilung.[3] Die von Partikularinteressen unabhängige Behörde war nach dem Modell des Londoner „Metroplitan Board of Works“ zustande gekommen. Der „Hauptstädtische Rat für Öffentliche Bauten“ betrachtete die Ausarbeitung eines allgemeinen Stadtplans als Vorbedingung für die geplante Stadtvereinigung wie auch für die langfristige Entwicklung als seine erste und wichtigste Aufgabe. 1871 wurde dazu ein internationaler Wettbewerb ausgeschrieben, dessen Programm Reitter zusammengestellt hatte. Dementsprechend sollten die herkömmlichen Hauptstraßen beibehalten bzw. zu Radialstraßen ausgebaut und eine weitere, breite Straße in Richtung Stadtpark (Stadtwäldchen/Városliget) neu gebaut werden. Ferner sollten Ringstraßen angelegt und die Stelle der zu errichtenden öffentlichen Bauten bestimmt werden. Lajos Lechner (1833–1897), Hauptingenieur des Ministeriums für Öffentlichen Bau und Handel, erhielt den ersten Preis, der Pester Architekt Frigyes Feszl den zweiten und die Londoner Ingenieure Klein und Fraser den dritten. Der endgültige Plan sah nach Reitters Programm und Lechners Konzept ein Netz von drei Ring- und mehreren Radialstraßen vor (Abb. 1), ähnlich wie in Wien und Paris. Zwischen Radial- und Ringstraßen war, nach der Tradition der europäischen Urbanistik, ein Quadratnetz von Baublöcken anzulegen, dem die spitzen und stumpfen Winkel der Hauptstraßen-Kreuzungen Mannigfaltigkeit und weitere Akzente gaben.

Die erste große Unternehmung des „Hauptstädtischen Rats für Öffentliche Bauten“ stellte die Anlage der Radialstraße (Sugárút) – ab 1885 Andrássy-Straße (An-

---

2 Gábor Preisich: Budapest városépítésének története a kiegyezéstől a Tanácsköztársaságig [Die Geschichte des Städtebaus von Budapest vom Ausgleich bis zur Räterepublik]. Budapest 1964; Gábor Winkler: Városépítészet a historizmusban [Städtebau im Historismus]. In: Anna Zádor (Hg.): A historizmus művészete Magyarországon. Budapest 1993, S. 31–48.

3 László Siklóssy: Hogyan épült Budapest? (1870–1930). A Fővárosi Közmunkák Tanácsának története [Wie wurde Budapest erbaut? (1870–1930). Die Geschichte des Hauptstädtischen Rates für Öffentliche Bauten]. Budapest 1931.

1 Regulierungsplan von Budapest, 1873. Budapest Főváros Levéltára/Archiv der Hauptstadt Budapest, Sign. XV.16.b.221/32

2 Andrássy út, mit den vier Palais des Oktogonplatzes von Antal Szkalnitzky und Henrik Koch (1872–74). Foto György Klösz, 1878. Budapest Főváros Levéltára/Archiv der Hauptstadt Budapest, Sign. XI. 916. 06/010

drássy út) – zwischen dem Stadtzentrum und dem Stadtpark dar.[4] Man musste zu diesem Zweck das Labyrinth der engen Straßen und Häuser der Inneren Theresienstadt (Belső-Terézváros) durchbrechen. Miklós Ybl (1814–1891), der angesehenste Architekt des Landes, und István Linzbauer (1838–1880) wurden aufgefordert, die vorläufigen Entwürfe der Baublöcke zu verfertigen, und bald schlossen sich weitere, junge Architekten der Arbeit an.[5] 1872 schloss ein internationales Konsortium namens „Radialstraßenbau-Gesellschaft" (Sugárútépítő Vállalat) einen Vertrag für die Verwirklichung des Projekts.

Als Folge des Börsenkrachs zog der „Hauptstädtische Rat für Öffentliche Bauten" den Auftrag zurück, und Privatpersonen konnten mit der Errichtung von Wohnblocks fortfahren. Das Bauprogramm endete 1885, das heißt, der Ausbau der neu-

---

4 Eva Broschek: Die Radialstraße in Budapest. Phil. Diss. Wien 1975; Eszter Gábor: Andrássy Avenue. Budapest 2002.

5 Mária Kemény, Péter Farbaky (Hg.): Ybl Miklós építész 1814–1891 [Miklós Ybl, Architekt, 1814–1891]. Ausstellungskatalog, Hild-Ybl-Stiftung. Budapest 1991; Péter Farbaky: Miklós Ybl, ein ungarischer Architekt der Neorenaissance. In: Renaissance der Renaissance. Ein bürgerlicher Kunststil im 19. Jahrhundert. München, Berlin 1995 (Schriften des Weserrenaissance-Museums Schloss Brake 8), S. 161–175.

en Prachtstraße nahm insgesamt 13 Jahre in Anspruch. Ein beträchtlicher Teil der Gebäude wurde von der neureichen Geldaristokratie erbaut, aber neben ihnen gab es auch eine kleinere Zahl von Vertretern des Geburtsadels. Der größte öffentliche Bauherr war die Ungarische Staatseisenbahn bzw. ihr Pensionsfonds.

Die Andrássy-Straße stellt die kühnste und anspruchsvollste Leistung des ungarischen Städtebaus des 19. Jahrhunderts dar. Ihr Niveau und ihre Einheitlichkeit sind seither in Budapest nicht übertroffen worden. Sie ähnelt mit einer Länge von 2,3 km der Pariser Champs-Élisées. Durch zwei geometrisch regelmäßige Plätze – ein Oktogon (Abb. 2) und ein Rondell (KöröND) – wird sie in drei Abschnitte geteilt. Im Straßenverlauf vom Stadtzentrum in Richtung Stadtpark werden ihre einzelnen Abschnitte immer breiter und lockerer und die Gebäude allmählich niedriger: Im innersten Abschnitt sind es drei- und viergeschossige Prachtbauten mit Geschäften, der mittlere Abschnitt wird von schmaleren Promenaden begleitet, und im äußeren Abschnitt der Andrássy-Straße dominieren Villen mit Vorgärten bis zum Stadtpark. Im Gegensatz zur Wiener Ringstraße war die Anlage der Andrássy-Straße vornehmlich von wirtschaftlichen Erwägungen motiviert, und daher entstanden hier nur wenige öffentliche Gebäude, aber sie unterscheiden sich – abgesehen von der Oper – kaum von den sie umgebenden Wohnbauten.

Die Wohnhäuser sind fast ausschließlich im Stil der italienischen Renaissance gehalten, an manchen Stellen um barocke Elemente bereichert (Abb. 3–4.). Die Fassaden der Häuser der Andrássy-Straße sind architektonisch vielfach gegliedert und mit Bauplastiken verziert. Der aus Ungarn stammende Wiener Kunstkritiker Ludwig (Lajos) Hevesi bemerkte bezüglich der Ausstattung der Fassaden spöttisch: „Als Semper das Untergeschoß seiner Hofmuseen rustizierte, dachte er keineswegs daran, wie diese Rustika gewissen Bauten der Radialstraße zu Gesichte stehen werden. [Hansen, Schmidt und Ferstel] glaubten nur Wien zu bauen und bauten auch Budapest."[6] In Wirklichkeit unterscheiden sich die Budapester Bauten stilistisch kaum von Gebäuden anderer mitteleuropäischer Städte, nicht zuletzt weil die Mehrheit der hiesigen Architekten ihre Ausbildung in Berlin oder in Wien erwarb. Außerdem ließen sich zahlreiche Architekten in Budapest nieder, die aus verschiedenen Ländern des deutschen Sprachraums stammten. In Mitteleuropa wurde die Neorenaissance mit den Ideen von Freiheit, Bürgertum und wissenschaftlichem Denken assoziiert. Der Stil wurde zum Äquivalent liberaler Politik und des Kapitalismus. Zugleich war die Neorenaissance wegen ihrer unleugbaren Eleganz ein ideales Mittel, um alle Gebäude dieses Stils zu nobilitieren.[7]

Besonders zu Beginn des Baus der Radialstraße war man bestrebt, ein einheitliches – aber nicht uniformes – Erscheinungsbild zu erreichen. Den größten Baublock dieser Art aus sieben Häusern hat Emil Unger (1839–1873), der Architekt der Radialstraßenbau-Gesellschaft, begonnen und Miklós Ybl vollendet (1872–74). Auch

---

6 L. H-i [Ludwig Hevesi]: Vom neuen Reichstags-Gebäude. In: Pester Lloyd. 12.3.1884, Beilage S. 5.

7 Tamás Csáky, Violetta Hidvégi, Pál Ritoók (Hg.): Budapest neoreneszánsz építészete [Die Neorenaissance-Architektur von Budapest]. Budapest 2009.

3 Haggenmacher-Palais, Andrássy út. 52, von Heinrich Schmahl (1883–85). Aus: Hermann Rückwardt: *Architektonische Studienblätter aus Budapest.* Berlin 1889. Budapesti Történeti Múzeum/Museum für die Geschichte von Budapest, Kiscelli-Museum, Fotosammlung

die beiden Plätze der Straße weisen eine recht große Einheitlichkeit auf. Die vier Häuser des Oktogons, entworfen von Antal Szkalnitzky (1836–1878) und seinem Partner Henrik Koch (1836–1889), sind fast gänzlich identisch; ihre präzise, aber trockene Formensprache haben die Zeitgenossen als „Berliner Renaissance" bezeichnet.[8] Die Bauten des Rondells (Köröпd), entworfen von verschiedenen Architekten, sind von einer größeren architektonischen Bewegung gekennzeichnet. Einer von ihnen (1879/80), ein Werk des Wieners Gustav Petschacher (1844–1890), ist von üppiger Sgraffito-Malerei bedeckt, ein Beweis dafür, dass im 19. Jahrhundert nicht nur die Bauformen der Renaissance, sondern auch ihre Dekorationstechniken wiederbelebt wurden. Die Villen im letzten Abschnitt der Radialstraße sind wegen ihrer stilistischen Mannigfaltigkeit charakteristisch.

Damit die Wohnhäuser entlang der Andrássy-Straße und anderswo in der Stadt den entsprechenden Nutzen brachten, bedeckte das bebaute Areal 70 bis 80 Prozent

8 József Sisa: Szkalnitzky Antal, egy építész a kiegyezés korabeli Magyarországon [Antal Szkalnitzky, ein Architekt in Ungarn zur Zeit des Ausgleiches]. Budapest 1994, S. 152f.; Ders.: Die „Berliner Renaissance" in Budapest. In: Acta Historiae Artium 49 (2008), S. 448–458.

4 Haggenmacher-Palais, Eingangshalle. Aus: Hermann Rückwardt: *Architektonische Studienblätter aus Budapest.* Berlin 1889. Budapesti Történeti Múzeum/Museum für die Geschichte von Budapest, Kiscelli-Museum, Fotosammlung

des Grundstücks. Es war im Allgemeinen rechteckig; das Haus hatte einen Hof in der Mitte und in jedem Stockwerk einen Laubengang. Letztlich lebte darin ein Bautypus der ersten Häfte des 19. Jahrhunderts fort, wobei der Hof, der Luft und Licht brachte, aus spekulativen Erwägungen kleiner wurde. Die imposante Eingangshalle und die geräumige Haupttreppe wurden anspruchsvoll ausgestattet, z. B. mit reich geschnitzten Toren und Türen, Mosaiken oder Terrazzo-Belag, Fliesen, Stuck und dekorativer Malerei.[9] In den öffentlichen Räumen sind oft prunkvolle schmiedeei-

9 József Sisa: Die angewandte Kunst am Budapester Wohnbau des 19. Jahrhunderts. In: Hausbau und Bauforschung in Ungarn. Marburg 2004 (Jahrbuch für Hausforschung 47), S. 183–198.

5 Große Ringstraße mit dem New York Palast von Alajos Hauszmann (1891–95). Unbekannter Fotograf, 1890er Jahre. Budapesti Történeti Múzeum/Museum für die Geschichte von Budapest, Kiscelli-Museum, Fotosammlung, Sign. 52.52.1

serne Lampen, Kandelaber und Gitter vorhanden, an manchen Stellen sogar farbige Glasfenster. In dieser Hinsicht ist Budapest fast einzigartig in Europa. Im Erdgeschoss befanden sich im Allgemeinen Läden; der Eigentümer lebte im ersten Stock in der größten Wohnung des Hauses. Der Unterschied zwischen den an der Straßenfront liegenden großen und prachtvoll eingerichteten Wohnungen und den zahlreichen engen und einfachen Wohnungen im hinteren Flügel war riesig. Dies belegt die Unausgewogenheit des ungarischen Gesellschaftssystems mit dem Fehlen einer großen und wohlhabenden Mittelschicht. Aber auch der Grundriss der eleganten Wohnungen war recht phantasielos: Meist reihten sich einfach große Zimmer mit einer Deckenhöhe von oft über vier Metern aneinander. Hinten befanden sich Einzimmerwohnungen mit Küche, eine gemeinsame Toilette für mehrere Mieter und ein gesondertes enges Stiegenhaus.

Wohnhäuser wie die an der Andrássy-Straße wurden häufig in den Bezirken rings um den alten Kern von Pest gebaut. Äußerlich wiesen die meisten die üblichen Merkmale der Neorenaissance auf, aber ihre innere Ausstattung und die Qualität der Wohnungen hingen wesentlich von dem Standort des Gebäudes ab. In ärmeren Vierteln war die Putzarchitektur bloße Prahlerei, die viele schon beim Bau beanstandeten. Gegen Ende des 19. Jahrhunderts wurde selbst das Mietshaus an sich kritisiert und in Fachzeitschriften eine gesunde und geräumige Wohnung für den Durchschnittsmenschen propagiert.

Die Anlage der Großen Ringstraße (Nagykörút), einer weiteren neuen Hauptstraße Budapests, war eine größere und praktischere Unternehmung. (Die Kleine Ringstraße entstand schon früher, teilweise entlang der ehemaligen Stadtmauern.)[10] Diese etwa vier Kilometer lange bogenförmige Ringstraße verband die rasch wachsenden Bezirke der Hauptstadt und endete jeweils mit einer Brücke. Ihr Bau begann 1871, ihre offizielle Einweihung fand 1896 statt, aber das letzte Gebäude wurde erst 1906 vollendet. Entlang der Großen Ringstraße stehen fast ausschließlich Wohnhäuser. Diese demonstrieren ein ganzes Repertoire historischer Stile, einschließlich bombastischer Dekorationen, Kuppeln und Türme. Ein charakteristisches Gebäude an dieser Straße ist der „New York-Palast" (1891–95, Abb. 5); in ihm befindet sich das extravaganteste Café der an gastronomischen Lokalitäten reichen Hauptstadt. Sein Architekt war Alajos Hauszmann (1847–1926), ein ehemaliger Student der Berliner Bauakademie. Weitere Vergnügungsmöglichkeiten stellten zwei Schauspielhäuser dar: das Volkstheater (Népszínház; später Nationaltheater, Nemzeti Színház) und das Komische Theater (Vígszínház). Die Bedeutung der Ringstraße als Hauptverkehrsweg wurde noch dadurch erhöht, dass auch der Westbahnhof (Nyugati pályaudvar) hier erbaut wurde.

Bezüglich der Wohnbauten der Stadt bemerkte der Fachautor für Architektur Aladár Edvi Illés zutreffend: „Überraschend und merkwürdig ist der Luxus, welcher in der Architektur dieser großen Gebäude verwendet wird. Diese Zinshäuser, welche die Benennung Zinspaläste beanspruchen, verleihen vornehmlich dem modernen Budapest Charakter und Erscheinung."[11]

Neben den „Zinspalästen" entstanden in Budapest auch Paläste im eigentlichen Sinn von privaten Bauträgern. Die ungarische Aristokratie residierte traditionell in Wien oder Pressburg (Pozsony, Bratislava). Im 19. Jahrhundert änderte sich die Lage allmählich, als Budapest als tatsächliches Zentrum des Landes an Prestige gewann und immer mehr Aristokraten anzog. Manche von ihnen errichteten ihre Paläste an verschiedenen Punkten der Hauptstadt. Ab 1860 bildete sich ein regelrechtes Magnatenviertel hinter dem Ungarischen Nationalmuseum, wo sich Paläste des Adels konzentrierten. Während die ersten noch frei standen und einen eigenen Garten besaßen, mussten sich die späteren mit einem Platz in der reihenhaften Straßenbebauung begnügen. Das prachtvollste Gebäude, das Wenckheim-Palais (1886–89, Abb. 6), wurde jedoch am Rande dieses Gebietes errichtet, und zwar von dem aus Sachsen stammenden Lieblingsarchitekten der ungarischen Aristokratie, Arthur Meinig (1835–1904).[12] Das imposante, aber auf einem höchst ungünstig gelegenen

10 Rezső Ruisz: A Nagykörút [Die Große Ringstraße]. Budapest 1960.

11 Aladár Edvi Illés: Technischer Führer von Budapest. Budapest 1896, S. 174.

12 József Rozsnyai: Arthur Meinig, a Hungarian Architect from Saxony. In: Acta Historiae Artium 49 (2008), S. 523–531.

6 Wenckheim-Palais von Arthur Meinig (1886–89). Foto József Sisa, 2006

Grundstück stehende Gebäude ist im neobarocken Stil errichtet, was damals in Ungarn noch als eine Neuheit galt.

Infolge der großzügigen Entwicklung ist die Innenstadt von Budapest meist durch prunkvolle Mietshäuser und Paläste charakterisiert. Sie entsprachen den Ansprüchen an Repräsentation vorzüglich, lösten aber die Wohnungsfrage der Hauptstadt nicht, sondern trugen durch ihre Größe und die wenigen Bewohner, für die sie gebaut waren, angesichts des rasanten Bevölkerungswachstums sogar zur chronischen Wohnungsnot bei. Ambrus Neményi fasste in seinem Bericht, den er im Auftrag des Vizebürgermeisters Károly Gerlóczy 1883 schrieb, die Lage wie folgt zusammen: „Während die neuen Einwohner der Hauptstadt meistens die arme Bewohnerschaft vermehren, vermehren die neuen Bauten meistens die teuren Wohnungen."[13]

Man versuchte das Problem mit Arbeiterhäusern in den Griff zu bekommen, die in ihrem System – Bau in der Straßenlinie, Laubengänge im Innenhof – im Grunde genommen dem Vorbild der eleganten Mietshäuser folgten. Daneben, obwohl erst allmählich und in kleiner Zahl, begann der Siedlungsbau. Er betraf das Gesamtbild Budapests nur wenig, denn die „Kolonien" wurden verständlicherweise in den Randgebieten errichtet. Die Bauherren entstammten typischerweise der Industrie

13 Amrus Neményi: Jelentés a budapesti lakásügy tárgyában [Bericht zum Gegenstand des Budapester Wohnungswesens]. Budapest 1883, S. 14.

7 „Százház“ (Hunderthäuser) (1871/72). Foto György Klösz. Budapest Főváros Levéltára/ Archiv der Hauptstadt Budapest, Sign. XI.916. 07/037

und dem Transportgewerbe, aber auch dem Bank- und Genossenschaftswesen, das es dank verschiedener finanzieller Konstruktionen gab.

Eine frühe und großdimensionierte Wohnungsbaumaßnahme war die Anlage der „Hunderthäuser” (Százház, 1871/72, Abb. 7) entlang der heutigen Thököly-Straße (Tököly út), die mit der Ungarischen Bodenkreditanstalt (Magyar Földhitelintézet) verknüpft ist.[14] Die 100 Reihenhäuser, die in zwei Bautypen ohne Innenhöfe in einer Doppelreihe errichtet wurden, umfassten 600 Arbeiterwohnungen für etwa 2.400 Personen.

Von allen Firmen, die Baumaßnahmen ausführten, zeichneten sich die Ungarischen Staatsbahnen wegen ihrer Fürsorge für ihre Arbeiter und Beamten aus. Ihr Pensionsfonds hatte ein großes Grundstück neben dem Ostbahnhof erworben, wo er für die Angestellten ein großes Wohnbau-Ensemble anlegte (1884/85).

Eine für ungarische Verhältnisse bahnbrechende Unternehmung und die erste ihrer Art ist die Beamtensiedlung („Tisztviselőtelep“).[15] Die Hauptstadt Budapest hatte dem „Verein hausbauender Beamten“ (Házépítő Tisztviselők Egyesülete) ein

14 Alois Meissner: Die Arbeiter-Kolonien der Hauptstadt Budapest. In: Allgemeine Bauzeitung 55 (1890), S. 14.

15 Die Beamten-Colonie im X. Bezirk in Budapest. In: Bauzeitung für Ungarn 16 (1887), S. 1f.

8 Hauptzollamt von Miklós Ybl (1870–74). Foto József Sisa, 2006

großes, ödes Industriegelände für den sehr günstigen Preis von 50 Kreuzern pro Quadratklafter (ca. 4,5 m^2) überlassen. Die Bebauung organisierte der Architekt und Bauunternehmer János Bobula (1844–1903). Die Bauarbeiten begannen 1885 auf 117 ausgewiesenen Grundstücken, bis zum Herbst 1886 waren schon 85 Häuser fertiggestellt. Davon wurden 52 nach Bobulas drei Typenplänen verfertigt, die teilweise ebenerdige, teilweise eingeschossige Häuser vorsahen; andere Haustypen sind von weiteren Baumeistern entworfen worden, zum Teil in Kooperaton mit dem Eigentümer.

Weder die unzureichende Zahl neuer Beamten- und Arbeiterwohnungen noch schnell gebaute Zinskasernen verbesserten die Lage grundsätzlich. Entsprechend teuer waren die Mieten – dafür war Budapest international bekannt –; die zur Verfügung stehenden kleineren Wohnungen waren überfüllt. Es entstand das Phänomen der Untervermietung, hierbei bildete die große Zahl von „Bettgehern“ die unterste Schicht.

Öffentliche Bauten

Nach dem österreichisch-ungarischen Ausgleich 1867 benötigten die wachsende staatliche Administration und die bürgerliche Gesellschaft zahlreiche öffentliche Bauten. Daher wurde in Ungarn zur Zeit des Dualismus – in erster Linie noch in der Gründerzeit – eine große Zahl solcher Bauten erstellt, die im ganzen Land bis heute existieren.[16]

16 Alexander Országh: Budapest's oeffentliche Bauten in den Jahren 1868–1882. Budapest 1884; Ernst R. Leonhardt, Joseph Melan: Öffentliche Neubauten in Budapest. Budapest 1885; Illés: Technischer Führer (Anm. 11); László Császár: Épülettípusok a kiegyezés utáni Magyarországon [Bautypen in Ungarn nach dem Ausgleich]. Budapest 1995.

9 Ministeriumsgebäude von Gyula Bukovics (1885–87). Foto György Klösz, 1896. Budapesti Történeti Múzeum/Museum für die Geschichte von Budapest, Kiscelli-Museum, Fotosammlung, Sign. F.65.1961

Das erste Gebäude dieser Art war das Hauptzollamt (1870–74, Abb. 8). Es gelang dem Architekten Miklós Ybl, die Massen des riesengroßen Gebäudes mit proportionaler Verteilung und harmonischer hellenistischer Neorenaissance-Architektur zu gliedern, die durch eine durchdachte bildhauerische Dekoration ergänzt wurde.[17] Sein Stil war ähnlich dem der neueren Gebäude der Wiener Ringstraße, wie Theophil Hansens Wohnkomplex „Heinrichshof" oder seine Akademie der bildenden Künste. Die Monumentalität und elegante Ausstattung machten das Hauptzollamt zum ersten Beispiel der Repräsentativarchitektur des neuen ungarischen Staates.

Die Organisation der staatlichen Verwaltung machte die Errichtung von Ministerien dringend notwendig. Zuerst wurde das Verteidigungsministerium (Honvédelmi Minisztérium) nach einem Entwurf von Mór Kallinas erbaut (1879–81), und zwar in der Budaer Burg (Ofener Festung), die noch immer als das überkommene Zentrum der staatlichen Administration galt. Seine imposante Neorenaissancefassade gegen den Szent-György-Platz (Szent György tér) wurde von Riesensäulen verziert. Zur Zeit des Millenniums hat man das Gebäude durch die Honvéd-Hauptkommandantur ergänzt (1896), ebenfalls nach Plänen Kallinas'. Auf der Pester Seite, im künftigen Regierungsviertel der Hauptstadt, wurde ein anderes und wesentlich größeres Ministerium nach Plänen von Gyula Bukovics erbaut (1885–87, Abb. 9). Als dessen tatsächliche Baukosten die vorhergesehenen wesentlich überschritten, musste

17 Kemény, Farbaky (Hg.): Ybl (Anm. 5), S. 246–248.

10 Anstalt für Tier- und Mineralkunde von Antal Wéber (1883–85) und (alte) Technische Universität von Imre Steindl (1880–82). Foto József Sisa, 2011

11 Kliniken von Ferenc Kolbenheyer und Antal Wéber (ab 1873). Foto György Klösz. Budapest Főváros Levéltára/Archiv der Hauptstadt Budapest, Sign. XI. 916. 07/079

das Gebäude außer dem Wirtschafts- auch das Justizministerium sowie verschiedene andere staatliche Ämter aufnehmen. Weitere Ministerien wurden erst nach der Jahrhundertwende errichtet.

Zu den wichtigsten staatlichen Auftraggebern zählte das Ministerium für Kultus und Öffentlichen Unterricht, dessen Leiter, Minister Ágost Trefort, sehr viel für die Entwicklung der Schulen tat. Im Rahmen eines 1873 initiierten Programms wurde nach Antal Szkalnitzkys Plänen die Universitätsbibliothek (1873–75) gebaut, das erste Gebäude, das ausschließlich als Bibliothek diente.[18] Ihre Eckkuppel und Riesensäulen machen es zu einem der vornehmsten Gebäude der Hauptstadt. Die wirkliche Universitätsanlage entstand entlang der Kleinen Ringstraße (Museumsringstraße, Kis Körút), im „Trefort-Garten" (Trefort-kert). Ihre Hauptfront besteht aus der (alten) Technischen Universität (1880–82) und dem Institut für Tier- und Mineralienkunde (1883–85, Abb. 10). Die TU, entworfen von Imre Steindl, ist im Stil der Neorenaissance gehalten, ihre asymmetrische und gemusterte Backsteinfassade enthält Ornamente und Statuen aus bunter Zsolnay-Keramik. Das letztgenannte Institut des Architekten Antal Wéber hat ebenfalls eine Backsteinfassade, aber in hellem Gelb und mit monumentalen Bögen und Giebelfeldern, ist also an der Klassik orientiert. In dieser Zeit wurden auch zahlreiche architektonisch anspruchsvolle Mittelschulen gebaut.

Nach Jahrzehnten einer organischen Entwicklung wurde das Ensemble von Universitätskliniken zwischen der Üllői-Straße (Üllői út) und der Baross-Straße (Baross út) errichtet (Abb. 11). 1873 entstanden als erstes die alte Medizinische und die Chirurgische Klinik, entworfen von Ferenc Kolbenheyer im akademischen Neorenaissancestil „Berliner Art".[19] Beide Gebäude wurden an ihren kurzen, schmalen Seiten mit Exedren (nischenartigen Räumen) ausgestattet, was ihnen eine besondere Eleganz verlieh. In ihrem Stil passte sich ihnen die von Antal Wéber errichtete Augenklinik an. Die obenerwähnten Kliniken begrenzten das Gelände entlang der Üllői-Straße; die weiteren Gebäude des Ensembles wurden in den darauffolgenden Jahrzehnten errichtet.

Neben den Universitätskliniken entstanden auch die ersten modernen Budapester Krankenhäuser. 1877 schrieb die Hauptstadt einen öffentlichen Wettbewerb für die Planung von nicht weniger als drei Krankenhäusern aus; als Folge begann man 1881 mit dem Bau des ersten, des Szent István (Sankt-Stefan)-Krankenhauses (1881–87) nach einem Enwurf von Alajos Hauszmann. Der Architekt hatte sich schon theoretisch mit der Frage des Baus von Krankenhäusern befasst. Für ungarische Verhältnisse war es eine beispielgebende Anlage, ausgeführt im „Pavillon-System": Entlang eines Hofs reihen sich beidseitig je vier regelmäßig angelegte, schmucklose Backstein-Pavillons für die Kranken, vorne in der Mitte prangt ein mit Majolika-Ornamenten geschmückter Aufnahme-Pavillon. In den 1880er und 90er Jahren wurden zahlreiche Bauten des Gesundheitswesens von Budapest errichtet: das Szent Erzsébet

18 Sisa: Szkalnitzky (Anm. 8), S. 130–143.

19 Eszter Gábor: Kolbenheyer Ferenc építész [Der Architekt Ferenc Kolbenheyer]. In: Művészettörténeti Értesítő 58 (2009), S. 181–222.

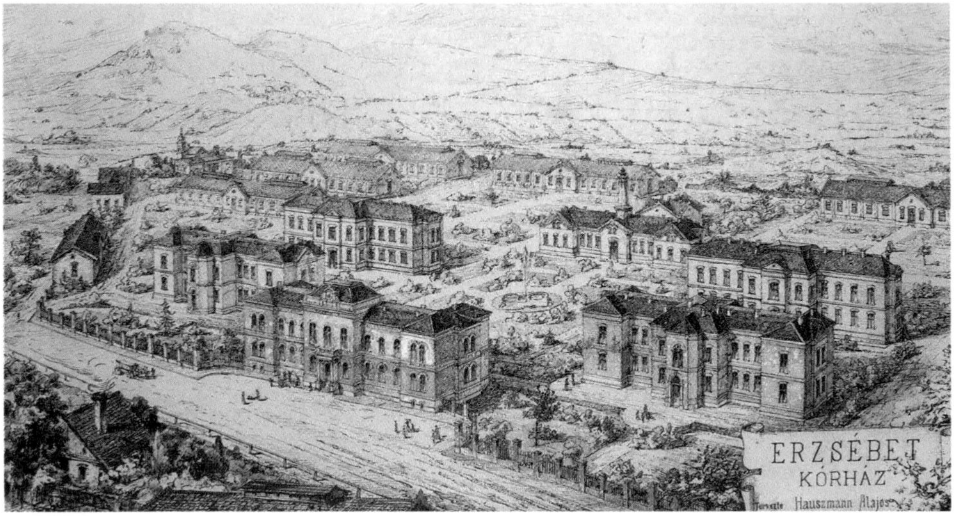

12 Sankt-Elisabeth-Krankenhaus von Alajos Hauszmann (1882–92). Budapesti Történeti Múzeum/Museum für die Geschichte von Budapest, Kiscelli-Museum, Fotosammlung, Sign. 2105

13 Opernhaus von Miklós Ybl (1876–84). Foto György Klösz, um 1900. Budapesti Történeti Múzeum/Museum für die Geschichte von Budapest, Kiscelli-Museum, Fotosammlung, Sign. F.66.573

(Sankt-Elisabeth)-Krankenhaus (1882–92, Abb. 12) von Alajos Hauszmann, das Israelitische Krankenhaus (1888–89) von Vilmos Freund, das Szent László (Sankt-Ladislaus)- und das Szent János (Sankt-Johann)-Krankenhaus (beide 1892–94) von József Kauser. Außer den Krankenhäusern im Pavillon-System wurden auch andere in eher traditioneller Form erstellt. Ein solches war z. B. das Militärspital (1870–72) nach Plänen des Wiener Architekten Wilhelm Doderer.

Nach dem „Ausgleich" verstärkte sich die Entfaltung des Bürgertums insgesamt, was sich unter anderem in der zunehmenden Zahl von Gebäuden zu Zwecken der Kultur, Vergnügung und Erholung manifestierte. Ihre Entstehung diente selbstverständlich auch der städtischen Repräsentation. Das erste große Vorhaben war das Nationaltheater, das nach dem Entwurf von Antal Szkalnitzky 1873–76 umgebaut wurde. Vor allem schien die Inneneinrichtung des alten Gebäudes zu bescheiden zu sein. Der Architekt modernisierte den ursprünglich klassizistischen Zuschauerraum nur geringfügig, aber er schloss an seine Fassade einen Portikus und an die beiden Seiten je einen Wohnhausblock an. Der so wesentlich erweiterte Bau wurde noch mit einer Eckkuppel monumentalisiert.

Opernhäuser sind die prächtigsten und zugleich kompliziertesten Theaterbauten, wie etwa die Beispiele von Paris oder Wien zeigen. Eine Oper kann den Charakter einer ganzen Stadt bestimmen und ausdrücken. In Budapest schrieb man im Jahr der Stadtvereinigung 1873 einen Wettbewerb für ein Opernhaus aus. Dazu wurden vier ungarische Architekten – István Lizbauer, Imre Steindl, Antal Szkalnitzky und Miklós Ybl – sowie zwei ausländische – Ludwig Bohnstedt aus Gotha und Ferdinand Fellner aus Wien – eingeladen.[20] Nach der Ausschreibung sollte die Fassade im „besten Renaissancestil" entworfen werden. Die von Bohnstedt, Szkalnitzky und Ybl eingereichten Entwürfe lassen alle in irgendeiner Form den Einfluss der Pariser Oper (Charles Garnier, 1861–75) spüren. Den ersten Preis gewann Ybl, der seinen Entwurf noch weiter überarbeitete, bis die ursprünglich zu dominante Fassade mit dem ganzen Gebäude in eine harmonische Einheit gebracht war. Obwohl das längliche, schmale Grundstück an der Andrássy-Straße die Proportionen der künftigen Oper vorbestimmte, gelang es Ybl, nach italienischen Motiven eines der schönsten Bauwerke seiner Art in Europa, eine wunderbare Schöpfung der Neorenaissance, zu schaffen (1876–84, Abb. 13). Trotz des engen Grundstücks kann sich der zurückgesetzte Bau völlig entfalten. Seine von Sansovino, Sanmicheli und Palladio inspirierte Fassade wird von einer dreibogigen Wageneinfahrt und oben im ersten Stock von einer fünfbogigen Loggia beherrscht. Seine zwei Mansarddächer bedecken den vorderen Teil des Gebäudes sowie den Zuschauerraum und die Bühne dergestalt, dass der Schnürboden den harmonischen Block des Baus nicht spaltet. In dieser Hinsicht ist die Budapester der Wiener Oper (Van der Nüll und Sicardsburg, 1861–69) und dem Prager Nationaltheater (Zítek, 1868–81) ähnlich. Die Tatsache, dass das Letztere der Budapester Oper stilistisch nahesteht, zeigt einen grenzüberschreitenden mitteleuropäischen Geschmack.

---

20 Kemény, Farbasky (Hg.): Ybl (Anm. 5), S. 113–121, 252–255.

14 Opernhaus, Zuschauerraum und Bühne. Gemälde von Robert Scholtz, um 1884. Budapesti Történeti Múzeum/Museum für die Geschichte von Budapest, Kiscelli-Museum, Architektonische Sammlung, Sign. 17.239

Auf den beiden Seiten der Eingangshalle befinden sich in je einer Nische die Statuen von Ferenc Erkel und Franz (Ferenc) Liszt, den beiden größten ungarischen Komponisten des 19. Jahrhunderts. Im ersten Stock reihen sich Standbilder der Musen, auf dem Hauptgesims die der berühmtesten ausländischen Komponisten. Die plastische Dekoration ist eine gleichberechtigte organische Komponente des Bauwerkes; sie verwandelt die ungarische Oper in einen „Tempel der Musik". Ybl hat ein zentrales Treppenhaus nach der Grundidee des Opernhauses von Bordeaux (Victor Louis, 1777–80) entworfen. Die Treppenläufe vereinigen sich, vom Erdgeschoss aufsteigend, in einer Brücke wie in Paris, um sich auf der Ebene des Zuschauerraums und Foyers wieder zu trennen. Auf der linken Seite des Gebäudes befinden sich die ehemalige königliche Treppe und der Salon, von dem aus man in die königliche Loge gelangt. Die Decke des hufeisenförmigen Zuschauerraums für 1.200 Menschen wird von einem monumentalen Fresko von Károly Lotz geschmückt, das die Götter des Olymps darstellt (Abb. 14). Die Oper ist nicht nur als Bauwerk hervorragend: Ihr Kommunikationssystem und ihre hydraulische Bühnenmaschinerie zählten seinerzeit zu den modernsten in Europa.

15 Volkstheater von Ferdinand Fellner und Hermann Helmer (1874/75). Foto György Klösz, 1878. Budapesti Történeti Múzeum/Museum für die Geschichte von Budapest, Kiscelli-Museum, Fotosammlung, Sign. F.52.56.5

Die meistbeschäftigten und populärsten Theaterbauer Ungarns waren aber Wiener, u. zw. Ferdinand Fellner (1847–1916) und Hermann Helmer (1849–1919), die zusammenarbeiteten.[21] Als Spezialisten entwarfen sie nicht weniger als 48 Theater in der k. u. k. Monarchie und anderen Ländern Mittel- und Osteuropas; davon, trotz wiederholter Proteste und Petitionen ungarischer Architekten, elf in Ungarn. Darunter waren großstädtische Theater wie auch ein Orpheum (Bühne für Popularkultur) und ein Schlosstheater. Die Zeitgenossen bezeichneten ihre Theater oft als Bauten im Stil von Maria Theresia, aber eigentlich benutzten sie Formen verschiedener Stile, von der Renaissance über den Barock bis zum Jugendstil. Es ist jedoch unleugbar, dass ihre Anziehungskraft zum Teil auf dem prachtvollen Prunk der vergoldeten neobarocken Innendekoration basiert. Ihr Erfolg beweist die noch immer bestehenden engen Verbindungen der ungarischen zur Wiener Kultur und dass diese Theater ohne Zweifel den mitteleuropäischen Geschmack befriedigten, repräsentierten und auch prägten.

Das Budapester Volkstheater (Népszínház; später Nationaltheater, Nemzeti Színház, 1874–75; zerstört, Abb. 15) gehört zu den wichtigsten Werken von Fellner und

21 Siehe dazu Hans-Christian Hoffmann: Die Theaterbauten von Fellner und Helmer. München 1966 (Studien zur Kunst des neunzehnten Jahrhunderts 2).

16 Margaretenbad von Miklós Ybl (1868–70). Foto György Klösz, 1878. Budapesti Történeti Múzeum/Museum für die Geschichte von Budapest, Kiscelli-Museum, Fotosammlung, Sign. F.64.780.41

Helmer. Sein geschlossener Block wird von einem flachen Portikus dominiert, wie auch bei dem von ihnen erbauten Brünner Theater (1870) oder dem Wiener Stadttheater (1871/72). Sein Grundriss, wie so oft bei ihren Theaterbauten, war länglich angelegt und besaß nach französischem Vorbild zwei Treppenhäuser. Im Zuschauerraum reihten sich die Emporen in drei Ebenen. In manchen Theatern von Fellner und Helmer waren die oberen Ebenen in Logen geteilt, in anderen nicht; im Volkstheater war das Letztere der Fall.

Die Fassade des wesentlich später errichteten Budapester Komischen Theaters (Vígszínház, 1895–96) wird von einem großen Bogen beherrscht, der sogar bis ins Tympanon hineinreicht, was von den Zeitgenossen als ein französisches Architekturmotiv gesehen wurde und die hier aufgeführten „französischen Stücke", d. h. Komödien, andeuten sollte.

Zum Zweck eines angenehmen Aufenthalts und zur Erhaltung der Gesundheit ließ das wohlhabend gewordene und zahlenmäßig gewachsene Bürgertum zahlreiche Gebäude errichten. Zu den frühesten gehörte der Bad- und Hotelkomplex auf der Margareteninsel (Margit-sziget) in der Donau im Herzen der Stadt. Erzherzog Joseph wollte ihn nach vielen Jahren der Verwahrlosung in einen bürgerlichen Vergnügungspark umwandeln. Dieses Projekt fiel mit dem Bestreben zusammen, das gärtnerische Niveau und den allgemeinen Zustand der Haupstadt zu verbessern und

17 Grand Hotel Hungaria von Antal Szkalnitzky und Henrik Koch (1868–71). Foto György Klösz, 1878. Budapesti Történeti Múzeum/Museum für die Geschichte von Budapest, Kiscelli-Museum, Fotosammlung, Sign. F.64.780.66

auf europäisches Niveau zu heben. Das Hauptgebäude des Komplexes auf der Insel war das Margaretenbad (1868–70, zerstört, Abb. 16) von Miklós Ybl.[22] Seine drei T-förmig angelegten Flügel enthielten einzelne Bäder, in der Mitte erhob sich eine Halle mit einer gerippten Kuppel. Dieser Nutzbau mit der Leichtigkeit und Reinheit seiner Formen und Ornamente stand der Architektur der italienischen Frührenaissance nahe.

Streng genommen entsprach das Hotel nur dem gewachsenen Reiseaufkommen der modernen Gesellschaft, aber es gehörte zugleich zu den elegantesten Gebäuden der Stadt, dessen Festsaal eine Stätte des öffentlichen Lebens war. Das erste große und moderne Hotel Ungarns, das Grand Hotel Hungaria (1868–71, zerstört, Abb. 17) wurde am Donaukorso nach Antal Szkalnitzkys und Henrik Kochs Entwurf errichtet.[23] Seine im Stil der Neorenaissance gestaltete Front – nach dem Vorbild des Wiener Heinrichshofs – wurde durch Pavillons belebt, die auf den Mittel- und die Seitenrisalite aufgesetzt sind. Seine beispielgebende Ausstattung und Einrichtung stand auf dem höchsten europäischen Niveau seiner Zeit. Der Hof war

22 Kemény, Farbaky (Hg.): Ybl (Anm. 5), S. 236–242.
23 Sisa: Szkalnitzky (Anm. 8), S. 88–92.

mit einem Glasdach überdeckt, hier befand sich das Restaurant, darüber der zweigeschossige und mit einer Kassettendecke versehene Prunksaal. Das Hotel hatte 302 Zimmer, eine bis dahin unvorstellbare Anzahl, zusätzlich ein Café, einen Friseursalon und andere Läden. Im Hotel habe man „einen Apparat, der Personen und Gepäck auf die Stockwerke liefert" – das ist die erste bekannte Nachricht von einem Aufzug in Ungarn. Konkurrenz für das Grand Hotel Hungaria gab es erst zweieinhalb Jahre nach Inbetriebnahme.

Ingenieur- und Industriebau

Die Verstädterung, die Entwicklung der Wirtschaft und der Gesellschaft, die Entstehung einer neuen Lebensform: all das rief neue technische Ansprüche hervor, deren Befriedigung dank der Entwicklung der Industrie und der Ingenieurwissenschaft möglich war.[24] Die ersten bedeutenden technischen Bauten nach 1867 wurden von Ausländern geschaffen, denn in Ungarn standen damals keine ausreichend ausgebildeten Fachleute zur Verfügung. Die ungarischen Ingenieure haben eine führende Rolle erst um die Jahrhundertwende übernommen.

Schon die erste feste Brücke der ungarischen Haupstadt, die Kettenbrücke (Lánchíd, 1839–49), hat der Engländer William Tierney Clark entworfen. Die Stadtvereinigung und das explosionsartige Wachstum Budapests machten die Errichtung weiterer Brücken unerlässlich. Schon 1871 schrieb man einen Wettbewerb für eine Brücke im Norden Budapests aus, wo die künftige große Ringstraße an die Donau stoßen sollte. Die Margaretenbrücke wurde nach den Entwürfen des Franzosen Ernest Gouin und in der Ausführung der Société de Construction des Battignoles erbaut (1872–76).[25] Nicht nur der Entwurf, sondern auch die Eisenkonstruktion und sogar die plastische Verzierung wurden aus Frankreich importiert. Es ist daher kein Zufall, dass die Brücke eine ausgesprochene Pariser Prägung hat: Es gibt keine aufragenden Elemente, der Bau ruht auf sieben massiven, mit Plastiken geschmückten Pfeilern. Es ist eine seltene Lösung, dass die Brücke nicht gradlinig ist, sondern in der Mitte einen Knick hat; hier wurde später ein dritter Brückenarm nach der Margareteninsel um 1900 angeschlossen. Die nächsten, technisch kühneren Brücken haben dann ungarische Ingenieure um die Jahrhundertwende erbaut.

Bahnhöfe spielen, als Hallenbauten, die wichtigste Rolle im Leben einer Stadt. Der Westbahnhof (Nyugati pályaudvar, 1874–77, Abb. 18), der an der Stelle eines mit Holz gedeckten Vorgängerbaus (Paul Sprenger, 1846) errichtet wurde, war das erste mit einem eisernen Gerüst erbaute Bahnhofsgebäude Ungarns.[26] Sein vorläufiger Entwurf stammt von dem österreichischen Ingenieur August de Serres, der

24 Illés: Technischer Führer (Anm. 11).

25 Ida F. Mihály: A Margit-híd [Die Margaretenbrücke]. Budapest 1964.

26 Ferenc Vadas: Az első nagyvárosi pályaudvar: a Nyugati [Der erste großstädtische Bahnhof: der Westbahnhof]. In: Gábor Gyáni (Hg.): Az egyesített főváros. Pest, Buda, Óbuda. Budapest 1998, S. 299–350.

18 Westbahnhof von August de Serres und Eiffel-Büro (1874–77). Foto József Sisa, 2006

engültige Plan und die Ausführung knüpfen sich an den Namen der Pariser Eiffel-Firma. Die im „Polonceau-System" (ein Trägersystem für Dachkonstruktionen) erbaute Empfangshalle mit vier Gleisen ist der des Pariser Gare du Nord ähnlich, aber ihre Glasfassade, die über die ganze Straßenseite geht und die Struktur gewagt enthüllt, ist von einmaliger Leichtigkeit. Wie bei vielen Bahnhöfen Europas schließen sich an den beiden Seiten der Empfangshalle ein Abfahrts- bzw. ein Ankunftsteil an. Ihre Backsteinoberflächen und eiserne Ornamentik ergänzen die aus Eisen und Glas erbaute Empfangshalle auf glückliche Weise. Der zentralisiert angelegte und reich verzierte königliche Warteraum löste die Repräsentationsansprüche mit den herkömmlichen Mitteln der Baukunst. Der elegante und technisch innovative Westbahnhof war das größte Gebäude seiner Art in der Österreichisch-Ungarischen Monarchie. Da er aber von Ausländern für eine ausländische Privatgesellschaft gebaut wurde, wurde er von den Ungarn nicht angemessen gewürdigt.

Hingegen war der von Ungarn errichtete Ostbahnhof (Keleti pályaudvar, 1881–84, Abb. 19) Gegenstand nationalen Stolzes und großer Bewunderung. Er wurde von Gyula Rochlitz, die Halle von János Feketeházy entworfen. Die Größe der Empfangshalle entspricht der der Halle des Westbahnhofs, aber sein zylinderförmiges Dach ist im Mauerwerk eingeschlossen. Während bei dem Westbahnhof die Form des Gebäudes von der Funktion und der Struktur bestimmt wird, dominiert bei dem Ostbahnhof der historistische Stil: Die Fassade weist eine Kombination etwa von Lunetten und Triumphbogen auf. Diese großartige Ausgestaltung dient zugleich dem würdigen Abschluss der breiten Rákóczi-Straße (Rákóczi út). Die monumentale Lunette galt – nach dem Vorbild des Pariser Gare de l'Est (François-Alexandre Duquesney, Pierre Cabanel de Sermet, 1847–52) – als eine beliebte Lösung für europäische Bahnhöfe. Was den Triumphbogen betrifft, stand der Berliner Lehrter Bahnhof

19 Ostbahnhof von Gyula Rochlitz und János Feketeházy (1881–84). Foto Mór Erdélyi, um 1896. Budapesti Történeti Múzeum/Museum für die Geschichte von Budapest, Kiscelli-Museum, Fotosammlung, Sign. 107.134

(Alfred Lent, Bertold Scholz, Gottlieb Henri Lapierre, 1869–71) Pate. Dem ungarischen Geschmack entsprach eher die hinter der historisierenden Fassade verborgene Empfangshalle. Die großen Bahnhöfe auf dem Lande wurden daher ebenfalls in dieser Weise erbaut.

Neben den Bahnhöfen waren die Ausstellungspavillons die größten Hallengebäude. Die Industriehalle der Landesausstellung [zerstört 1885] wurde von dem auch in Budapest tätigen Österreicher Christian Ulrich (1836–1909) entworfen. Das Raumsystem ging auf historische Beispiele zurück: Seine Anlage war der einer Basilika ähnlich, woran sich ein Querschiff und eine zentrale Kuppel anschlossen. Ein Triumphbogen diente als Haupteingang. Das Gerüst des Gebäudes bestand aus eisernem Gitterwerk, das in der Budapester Schlick-Fabrik hergestellt wurde.

Budapest war nicht nur eine Stadt mit Zinspalästen und eleganten öffentlichen Gebäuden, sondern auch eine Industriestadt. Ihre Wirtschaft und ihr Wohlstand gründeten sich auf die Agrarprodukte der ungarischen Tiefebene, wo schon um die Mitte des 19. Jahrhunderts eine beträchtliche Mühlenindustrie entstand. An der Donau und andernorts wurden Dampfmühlen errichtet, die auch das Gesamtbild der Hauptstadt mitbestimmten. Zu ihnen gehörte der berühmte „Elevator“ (1880–83, zerstört, Abb. 20), erbaut von Christian Ulrich, der als eine Besonderheit galt: Es war ein riesiges Silo mit Eisenfachwerk, dessen Grundfläche 93 x 35 m und dessen Hö-

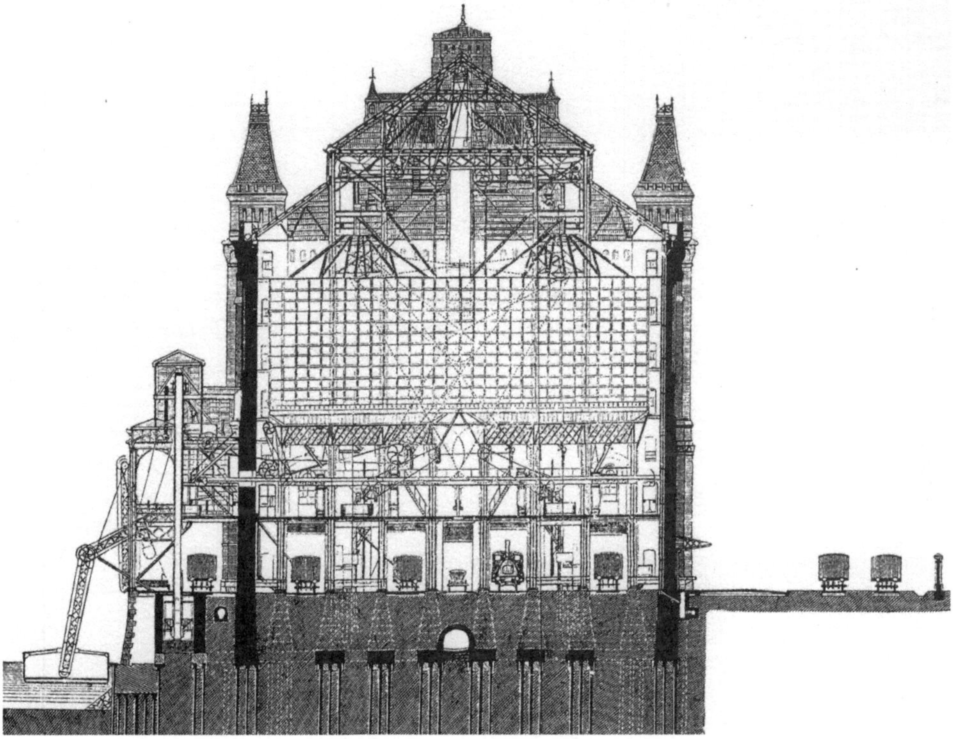

20 Elvator, Querschnitt von Christian Ulrich (1880–83). Aus: Aladár Edvi Illés: *Technischer Führer von Budapest*. Budapest 1896, S. 274

he 50 m betrug.[27] Dampfgetriebene Aufzüge und Laufbänder bewegten das Getreide von einer Kammer in die andere bzw. beluden Schiffe oder Eisenbahnwagen. Angeblich war der Elevator die erste Anlage in der ganzen Österreichisch-Ungarischen Monarchie mit Strombeleuchtung. Das Zentrum der Fleischindustrie entstand in der Soroksárer Straße (Soroksmári út) im Süden Budapests. Hier wurde der öffentliche Schlachthof von den Berliner Architekten Julius Hennicke und Hermann von der Hude errichtet, wie auch der Rindenmarktplatz dahinter (1870–72). Nach der Agrarindustrie entwickelten sich Maschinen- und Schwerindustrie, und bald war Budapest auch in diesem Bereich zum Zentrum des Landes geworden.

*

27 Illés: Technischer Führer (Anm. 11), S. 274f.

Der Beginn der Gründerzeit fiel in Budapest mit großen historischen Ereignissen wie dem Ausgleich 1867 und der Stadtvereinigung zusammen. Städtebaulich wurde die Stadt durch eine sprunghafte Entwicklung, architektonisch durch die für Mitteleuropa typische Neorenaissance italienischer Art geprägt. Als nächstes zentrales Jahr kann 1896, das Jahr des ungarischen Millenniums, gelten. Zu dieser Zeit entstanden die größten öffentlichen Bauten, die Stadt verschönerte sich weiter. Es herrschte der historisierende Stilpluralismus, und es entwickelten sich Bewegungen, die die ungarische Kultur – und damit auch die ungarische Architektur – aus ihren herkömmlichen mitteleuropäischen Zusammenhängen herauslösen wollten. Dies ist jedoch ein anderes Kapitel der ungarischen Geschichte und Baukunst, der Spiegel eines von Selbstsicherheit und wirtschaftlicher Stärke strotzenden Landes. Die Grundlagen dazu wurden durch die Errungenschaften der Gründerzeit gelegt.

Jan Salm

Architektur und Städtebau in Lodz/Łódź 1854–1914

Es ist schwer zu definieren, wann in Lodz die „Gründerzeit" begonnen hat. Die Formulierung dieses Problems führt sofort zu weiteren Fragen. Was bedeutet dieser deutsche Begriff für Regionen oder Städte, die nicht im Deutschen Reich, sondern z. B. im damaligen Russland lagen? Kann man dieselbe Bezeichnung für Phänomene benutzen, die im zaristischen Lodz und gleichzeitig etwa in Chemnitz oder Krefeld existierten? Gewiss hat man es mit einer Stadt zu tun, die sich unter anderen politischen und wirtschaftlichen Bedingungen befand als die damaligen industriellen Zentren in Westeuropa. Spielt vielleicht die Lage in dem von Russland unterworfenen Königreich Polen, dem späteren „Weichselland" (Privislinskij kraj), eine wichtigere Rolle als ein breiterer, überregionaler Kontext? Ist also die Lodzer Architektur als westeuropäisch oder russisch zu beurteilen? Alle diese Fragen warten noch auf eine Antwort der Forschung. Der vorliegende Beitrag soll deutschsprachigen Lesern vor allem wesentliche Ergebnisse der polnischen Forschung nahebringen sowie die Haupttendenzen von Architektur und Städtebau im Lodz des 19. und frühen 20. Jahrhunderts darstellen.

Lodz gehörte in der zweiten Hälfte des 19. Jahrhunderts zu den besonders stark industrialisierten Orten des russischen Imperiums. Der Name „polnisches Manchester", wie man Lodz seit etwa einem Jahrhundert bezeichnet, ist nicht zufällig. Die Stadt erlebte in der „Gründerzeit" eine wirkliche industrielle und technologische Revolution. Daher bildete sich hier auch recht schnell ein starkes kosmopolitisches Bürgertum heraus. Das moderne Lodz wurde fast ausschließlich von Einwanderern unterschiedlicher Herkunft und Konfession aufgebaut und polonisierte sich nur langsam. Bis zum Ende der ersten Hälfte des 19. Jahrhunderts bildeten deutschstämmige und zumeist protestantische Siedler die Mehrheit. Hinzu kamen bald als Immigranten Juden sowie Russen und andere Nationalitäten. Die Polen jedoch waren eine ständig wachsende Gruppe (1836 – 14 %, 1864 – 36 %, 1915 – 51,5 % der Einwohner).[1] Vielleicht auch deshalb war die Stadt für von außen kommende Einflüsse oder Moden (auch in der Architektur) offen. Sie hatte keine älteren Architekturtraditionen und städtebaulichen Eigenschaften, die die weitere Entwicklung hätten beeinflussen können.

Lodz war als Handwerkersiedlung eine junge Schöpfung, in der sich das Bürgertum erst im Verlauf des 19. Jahrhunderts herausbildete. Dies war ein bedeutender Unterschied zu Warschau / Warszawa, Petrikau / Piotrków, Kalisch / Kalisz oder Plock / Płock, wo die bürgerliche Tradition trotz aller historischen Veränderungen seit dem späten Mittelalter bis zum 19. Jahrhundert bestand. Lodz hatte ein anderes

1 Ryszard Rosin (Red.): Łódź. Dzieje miasta. Tom I: Do 1918 r. [Lodz. Geschichte der Stadt. Bd. I: Bis 1918]. Łódź 1988, S. 217–219.

Entwicklungstempo als andere vergleichbare Städte und überholte sie wirtschaftlich innerhalb weniger Jahrzehnte. Nicht zufällig bildete sich daher der spezielle, nicht ganz positiv gemeinte Begriff des „Lodzermenschen" (lodzermensze), um diese tüchtigen, aber rücksichtslosen und harten Leute zu bezeichnen und von Einheimischen benachbarter Orte zu unterscheiden.

In der Architektur, weniger im Städtebau stützte man sich in Lodz im 19. Jahrhundert auf Lösungen, die aus Warschau, St. Petersburg, Breslau, Berlin oder auch aus Wien kamen. Nicht einheitlich war auch das Milieu der Architekten, die in der Stadt während deren größten Aufschwungs tätig waren. Eine bedeutende Gruppe bildeten Polen, die vor allem an im damaligen Russischen Reich gelegenen Architektur- und Ingenieurhochschulen (vorwiegend St. Petersburg oder Warschau) ausgebildet waren. Hinzu kamen Fachleute aus dem Westen, vor allem aus Deutschland, die hauptsächlich für die Fabrikbesitzer tätig waren. Letztendlich realisierte man hier auch im Ausland bestellte Entwürfe, deren Urheber Lodz oft gar nicht besucht hatten. Solche Bauzeichnungen wurden wegen der russischen Vorschriften von lokalen Beamten (Stadtarchitekten) übernommen und signiert, was heute oft die richtige Zuschreibung erschwert.

Forschungen zu Architektur und Urbanistik des alten Lodz gibt es erst seit etwa 50 Jahren. Noch lange nach 1945 hielt man die Stadt für einen Ort ohne kunsthistorische und denkmalpflegerische Bedeutung und von geringem architektonischem Wert. Auch die Zahl der denkmalgeschützten Bauten war lange sehr gering. Zu einer Wende kam es in den 70er Jahren des 20. Jahrhunderts. So führte etwa eine Konferenz des polnischen Kunsthistorikerverbandes, die in Lodz stattfand, zu einer Korrektur der vorherrschenden Meinung; daher wurden ignorierte oder bisher falsch bewertete Bauten aus der zweiten Hälfte des 19. Jahrhunderts unter Denkmalschutz gestellt.[2]

Das Wissen über Lodzer Architektur und Städtebau ist einer kleinen Gruppe lokaler Forscher zu verdanken. Eine Vorreiterrolle spielte hierbei die Kunsthistorikerin Irena Popławska, die sich vor allem mit der Wohn- und Industriearchitektur der Stadt beschäftigte.[3] Die urbanen und räumlichen Veränderungen der Stadt zu Beginn und während der ersten Dekaden der Industrialisierung hat Krzysztof Dumała erforscht.[4] Zur städtebaulichen Entwicklung und Typologie der Wohn-

---

2 Siehe dazu Teresa Frankowska (Red.): Sztuka 2 połowy XIX wieku. Materiały Sesji SHS, Łódź, listopad 1971 [Kunstwerke der 2. Hälfte d. 19. Jhs. Materialien der Session SHS, Lodz, November 1971]. Warszawa 1973.

3 Irena Popławska, Stefan Muthesius: Polands Manchester. 19th Century Industrial and Domestic Architecture in Lodz. In: Journal of the Society of Architectural Historians 13 (1986), Nr. 2, S. 148–160; Irena Popławska: Architektura przemysłowa Łodzi w XIX w. [Lodzer Industriearchitektur im 19. Jh.]. Warszawa 1973 (Studia i materiały do teorii i historii architektury i urbanistyki XI); Dies.: Architektura mieszkaniowa Łodzi w XIX wieku [Lodzer Wohnarchitektur im 19. Jh.]. Warszawa 1992 (Studia i materiały do teorii i historii architektury i urbanistyki XIX).

4 Krzysztof Dumała: Przemiany przestrzenne miast i rozwój osiedli przemysłowych w Królestwie Polskim w latach 1831–1869 [Räumliche Umwandlungen der Städte und Entwicklung der Industriesiedlungen im Königreich Polen in den Jahren 1831–1869]. Wrocław 1973.

bauten arbeitete Henryk Jaworowski.[5] Seine Analysen wendete er in seinen späteren denkmalpflegerischen Richtlinien an.[6] Bedeutend sind auch die Forschungen von Antoni Szram, der als Woiwodschaftskonservator besonders große Verdienste für die Erhaltung vieler städtischer Bauten hat.[7] Er publizierte einen Bildband, in dem zum ersten Mal die Schönheit der Lodzer Architektur des 19. Jahrhunderts gezeigt wurde.[8]

Erwähnenswert sind ebenfalls die Studien von Ewa Kozańska, die sich mit der Entwicklung großer Betriebe und bautechnischen Lösungen von Industrieanlagen beschäftigte.[9] Wesentliche Beiträge zur Erforschung der Lodzer Architekturgeschichte leistete in den letzten Jahrzehnten der Kunsthistoriker Krzysztof Stefański.[10] Er identifizierte in seinen Studien die Urheber der Entwürfe vieler wichtiger Bauten und korrigierte manche bisherige Zuschreibung. Ihm sind sowohl die sorgfältige Rekonstruktion von Nachlässen einzelner Architekten als auch eine erste multiperspektivische Synthese der architektonischen und städtebaulichen Entwicklung von

---

5 H. Jaworowski: Ewolucja typologiczna domu mieszkalnego w śródmieściu Łodzi w II poł. XIX i na pocz. XX [Typologische Entwicklung des Lodzer Innenstadtwohnhauses in der zweiten Hälfte des 19. und Anfang des 20 Jhs.]. In: Kwartalnik Architektury i Urbanistyki XXIX (1984), H. 1–2, S. 163–176.

6 Wacław Bald, Henryk Jaworowski, Irena Popławska: Wartości przestrzenne zabudowy śródmiejskiej w Łodzi na przykładzie dwóch kwartałów przy ulicy Piotrkowskiej [Die räumliche Vorzüge der innenstädtischen Bebauung am Beispiel zweier Wohnblöcke in der Piotrkowska-Straße]. In: Ochrona Zabytków XXXIV (1981), Nr. 3–4, S. 134–141.

7 Antoni Szram: Rzeczywisty sens programu konserwatorskiego w świetle zagadnień zabytkowej architektury łódzkiej XIX wieku [Die wirkliche Bedeutung des Denkmalschutzprogramms im Licht der Probleme der Lodzer Baudenkmäler des 19. Jhs.]. In: Frankowska (Red.): Sztuka 2 połowy XIX wieku (Anm. 2), S. 269–284.

8 Antoni Szram, Adam Wach: Architektura Łodzi przemysłowej [Architektur der Industriestadt Lodz]: Łódź 1975; Antoni Szram: Inicjatywy budowlane I. K. Poznańskiego jako wyraz mecenatu artystycznego łódzkiego przemysłowca [Bauinitiativen von I. K. Poznański als Ausdruck des künstlerischen Mäzenats Lodzer Industrieller]. Łodź 1998.

9 Ewa Markiewicz-Kozańska: Rozwój przestrzenny wielkich i dużych zespołów fabryczno-mieszkalnych na terenie Łodzi w drugiej połowie XIX wieku [Räumliche Entwicklung der sehr großen und großen Fabrik- und Wohnanlagen in Lodz in der zweiten Hälfte des 19. Jhs.]. In: Kwartalnik Architektury i Urbanistyki XXIX (1984), H. 1–2, S. 137–145; Dies.: Elementy architektoniczne, konstrukcyjne i dekoracyjne w projektach budynków fabrycznych wybranych przedsiębiorstw przemysłu włókienniczego na terenie guberni piotrkowskiej [Architektonische, bautechnische und dekorative Elemente in den Entwürfen von Industriebauten ausgewählter Textilindustriebetriebe im Petrikauer Gouvernement]. 2 Bde. Łódź 1997.

10 Krzysztof Stefański: Architektura sakralna Łodzi w okresie przemysłowego rozwoju miasta 1821–1914 [Lodzer Sakralarchitektur in der Periode der industriellen Stadtentwicklung]. Łódź 1995; Ders.: Berliner Architektur in Lodz zu Beginn des 20. Jahrhunderts. In: Architectura. Zeitschrift für Geschichte der Baukunst. Journal of the History of Architecture 21 (1991), S. 164–176; Ders.: Jak zbudowano przemysłową Łódź. Architektura i urbanistyka miasta w latach 1821–1914 [Wie die Industriestadt Lodz gebaut wurde. Architektur und Städtebau in den Jahren 1821–1914]. Łódź 2001; Ders.: Ludzie, którzy zbudowali Łodź. Leksykon architektów i budowniczych miasta [Die Leute, die Lodz gebaut haben. Lexikon der in der Stadt wirkenden Architekten und Baumeister]. Łódź 2009; Ders. mit Rafał Szrajber: Łódzkie Synagogi. Wirtualne Dziedzictwo Zaginionej Dzielnicy [Lodzer Synagogen. Das virtuelle Erbe des verschwundenen Stadtviertels]. Łódź 2009.

Lodz während ihres größten Aufschwungs zu verdanken. Stefański wird gegenwärtig wegen seiner Aktivität und seines bedeutenden Nachlasses als der bedeutendste Erforscher der Lodzer Architektur gesehen. Hervorzuheben sind auch einige neuere Arbeiten, so etwa die Ergebnisse der Vergleichsanalysen von Bartosz Walczak zu Arbeitersiedlungen,[11] die kunstgeschichtlichen Forschungen zum Jugendstil in Lodz[12] sowie die Studien zu Innenarchitektur und Sepulkralkunst von Jan Dominikowski.[13]

Es existieren auch deutsche Untersuchungen zu Lodz, teilweise von ehemaligen Lodzer Deutschen. Bedeutend sind vor allem die Forschungen des Historikers Oskar Kossmann, der nach dem Zweiten Weltkrieg eine inhaltsreiche Stadtmonografie veröffentlichte.[14] Wertvoll bleiben die Studien von Otto Heike zum Thema der Industrie.[15] Von den neueren deutschsprachigen Veröffentlichungen erwähnenswert ist der Text von Karl Schlögel in einem Lodz gewidmeten *Bauwelt*-Heft.[16]

Die einschneidendsten Veränderungen des Stadtgefüges in Lodz beginnen um 1850. Diese Prozesse lassen sich etwa mit dem aus dem Rheinland stammenden tüchtigen Unternehmer Karl Wilhelm Scheibler verbinden,[17] der in Lodz 1854 eine moderne Fabrik gründete. Mit dem Ausbau und der Vergrößerung seiner Firma wies er neue Wege für die wirtschaftliche Entwicklung von Lodz. Scheibler ist die Einführung neuer Bautypen im Industriebau mit neuen technischen Lösungen zu verdanken: seine Fabrikanlage „Centrala“ (Zentrale) aus unverputztem Backstein mit Eisengussstützen als innerem Konstruktionssystem, palastartige städtische Wohnsitze (Residenz am Wassermarkt/Wodny Rynek), kasernenartige Mehrfamilienhäuser für Arbeiter (Siedlung am Wassermarkt) und schließlich die Stiftung einer vorbildlichen Arbeitersiedlung mit sozialen Einrichtungen (Pfaffendorf/Księży Młyn). Andere Industrielle übernahmen die von ihm verwendeten Lösungen.

Die Anfänge der Lodzer Textilindustrie gehen auf das erste Viertel des 19. Jahrhunderts zurück und sind mit dem Industrialisierungsprogramm des Königreichs Polen verbunden. 1823–1828 wurde entlang der Petrikauer Landstraße (Trakt Piotrkowski) eine Gruppe von Siedlungen für Handwerker (vorwiegend Weber und Spinner aus Böhmen, Niederschlesien und Sachsen) gegründet. Als erster Stadtteil entstand die „Neustadt“ mit einem oktogonalen Marktplatz und zwei klassizistischen Bauten: Rathaus und evangelische Kirche von Bonifacy Witkowski (Abb. 1).

---

11 Bartosz Walczak: Zespoły fabryczno-mieszkalne w europejskim przemyśle włókienniczym 1771–1914 [Die Fabrikwohnsiedlungen in der europäischen Textilindustrie 1771–1914]. Łódź 2011.

12 Wisława Jordan: W kręgu łódzkiej secesji [Im Umkreis des Lodzer Jugendstils]. Łódź 2006.

13 Jan Dominikowski: Nekropolia Łodzi przemysłowej [Friedhöfe der Industriemetropole Lodz]. Łódź 2004.

14 Oskar Kossmann: Lodz, eine historisch-geographische Analyse. Würzburg 1966 (Marburger Ostforschungen 25).

15 Otto Heike: Aufbau und Entwicklung der Lodzer Textilindustrie. Mönchengladbach 1971.

16 Karl Schlögel: Suche nach dem „Gelobten Land“. In: Reise nach Lodz. „Stadt Bauwelt“ 48 v. 28.12.1997, S. 2694–2701.

17 P.-G. Custodis: Karl Wilhelm Scheibler. Ein Rheinländer aus Monschau begründet ein Textilimperium in Lodz. In: Rheinische Heimatpflege (2004), Nr. 1, S. 39–50.

1 Nowy Rynek/Neumarkt (Plac Wolności) mit alter Sankt-Trinitatis-Kirche und Rathaus

2 Die „Weiße Fabrik" von Ludwig Geyer (vor 1839), heute Zentral-Textil-Museum

Weiter südlich gelegene Siedlungen bestanden aus bescheidenen, nach demselben Muster gebauten eingeschossigen Häusern. Sie wurden durch eine im Tal des Jasień gelegene Zone für große Fabrikanlagen („posiadła wodno-fabryczne" – nach Oskar Kossmanns Übersetzung „Wasserfabriken-Besitztümer") ergänzt. Zu den wichtigen Unternehmern der frühen Entwicklungsperiode gehörte Ludwig Geyer aus Sebnitz in Sachsen. Er errichtete die „Weiße Fabrik", in der 1839 die erste Dampfmaschine im Königreich Polen in Betrieb ging (Abb. 2).[18]

Von 1847 bis 1848 stattete Geyer seine Firma mit den modernsten Spinnmaschinen (engl. „Selfactor") aus. Durch die Aufhebung der Zollgrenze zwischen dem Königreich Polen und Russland 1851 wurde der weitere Ausbau der Industrieansiedlung in Lodz beschleunigt. Dies eröffnete für ihre Textilprodukte die riesigen und aufnahmefähigen Märkte im Osten.

In dieser für die Stadtentwicklung wichtigen Zeit begann auch der erwähnte Scheibler seine Tätigkeit in Lodz, der bereits seit 1848 in Polen lebte. Um 1856 entstand seine große Fabrik am Wassermarkt mit 18.000 mechanischen Spindeln. Die damals beginnende dynamische Entwicklung führte zu einer Versechsfachung der Bevölkerung innerhalb von 60 Jahren: Um 1914 war Lodz die zweitgrößte Stadt Polens nach Warschau mit etwa einer halben Million Einwohner. Dieser Aufschwung wurde auch durch kurze wirtschaftliche Krisen und politische Ereignisse wie den Januaraufstand 1863 nicht ernsthaft gefährdet. Erst der Erste Weltkrieg als eine bedeutende Zäsur vernichtete die bisherige Konjunktur. Er beendete die bedeutende, das Stadtbild prägende Phase. 1914 besetzten deutsche Truppen die Stadt und verschoben die Frontgrenze nach Osten. Die im Zarenreich gelegenen Märkte waren daher nicht mehr zugänglich. Nach 1918 war Lodz eine andere Stadt: Ihre Entwicklung beschleunigte sich erheblich und ihr weiteres Schicksal verlief unter weitgehend veränderten politischen und wirtschaftlichen Rahmenbedingungen.

Hier ist nochmals anzumerken, dass die städtebauliche Entwicklung von Lodz in der zweiten Hälfte des 19. Jahrhunderts anders verlief als in den großen wirtschaftlichen Zentren West- oder Südeuropas. Die Stadt entwickelte sich chaotisch und zufällig, vor allem aufgrund der Bodenspekulation. Die russischen Behörden hatten keine komplexen Ausbau- oder Regulierungskonzepte für die Stadt entwickelt. Man wiederholte ein regelmäßiges, monotones Raster ohne Differenzierung der Straßenbreite und Bedeutung einzelner Straßenzüge und vor allem unter Verzicht auf großstädtische repräsentative Anlagen wie Plätze, Alleen oder durch architektonische Dominanten verstärkte Kompositionsachsen (Abb. 3).

Erst um die Jahrhundertwende wurde die einzige bedeutende Korrektur im Stadtzentrum vorgenommen: die Errichtung der „Promenade" (heute Kościuszko-Allee) parallel zur Piotrkowska-Straße. Ein privater Bau war die „Meyer-Passage" (1883–1887, heute ul. Moniuszki), eine kurze Querstraße mit großzügigen Mietsvillen.

---

18 Piotr Jaworski, Lidia Maćkowiak-Kotkowska, Karolina Stanilewicz: Dawne zakłady Ludwika Geyera 1828–2002 [Die ehemalige Fabrik von Ludwig Geyer 1828–2002]. Łódź 2006, S. 6.

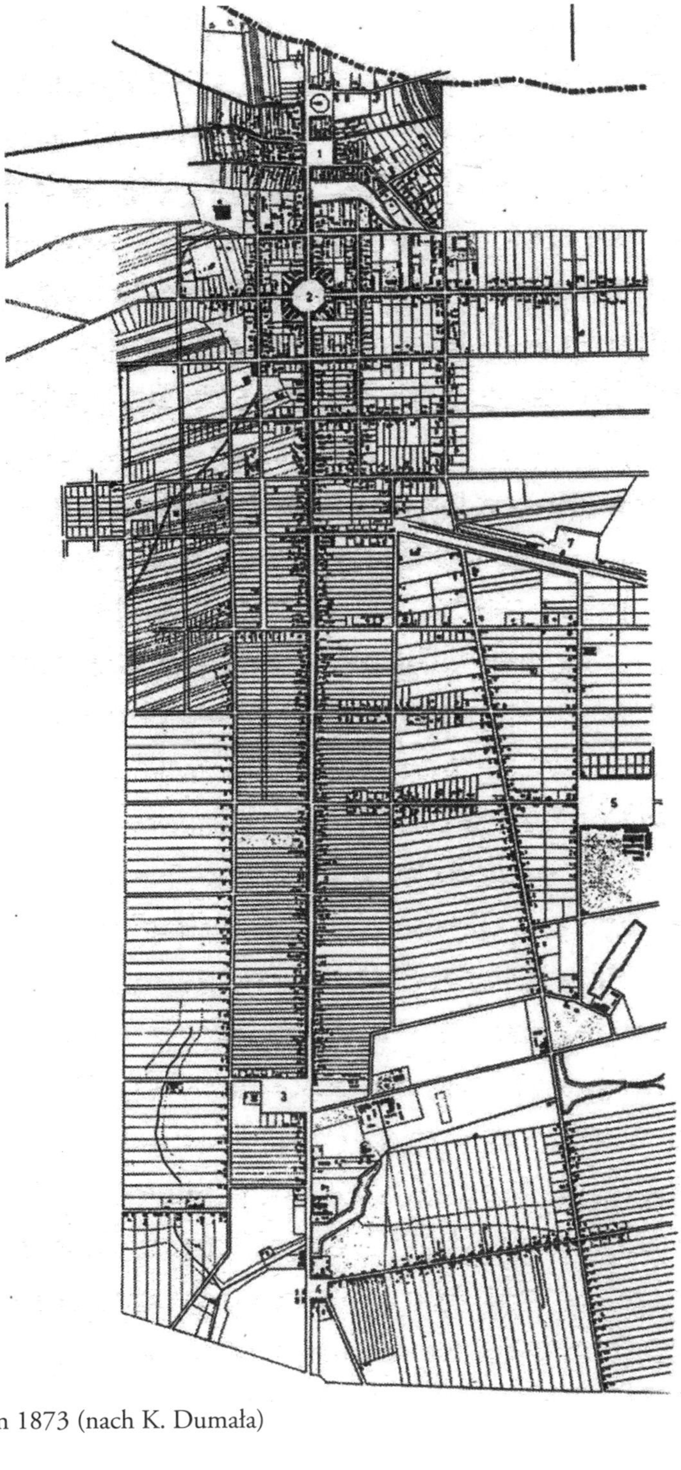

3 Lodz um 1873 (nach K. Dumała)

4 Lodzer Kreditgesellschaft, ul. Pomorska (1878–1881)

5 Staatsbank, al. Kościuszki (1906)

6 Das „Große Theater“, ul. Legionów (1901)

Für Lodz charakteristisch waren monumentale, für die „Gründerzeit“ typische Großbauten; allerdings entstanden weder Bahnhöfe, ein Museum, eine Bibliothek oder eine Börse. Zu den wenigen öffentlichen Bauten, die in den 1870er Jahren entstanden, gehörte das Gebäude der Städtischen Kreditgesellschaft (Łódzkie Towarzystwo Kredytowe) in der Pomorska-Straße, die große Verdienste um die Stadtentwicklung in Lodz hatte (1878–1881, vermutlich von Hilary Majewski) (Abb. 4). Erst aus dem frühen 20. Jahrhundert stammen die ehemalige Staatsbank (1906, von Da-

7 Konzertsaal, ul. Dzielna (1886)

8 Evangelist-Johannes-Kirche (1880–1884)

wid Lande) (Abb. 5) und die Handelsbank (1911/12, Büro Bielenberg und Moser aus Berlin).

Es fehlten in Lodz auch Regierungsbauten – die Gouvernementsverwaltung befand sich im nahegelegenen Petrikau, und ein modernes, das klassizistische Gebäude am Neumarkt (Nowy Rynek/Plac Wolności) ersetzende und zur dynamischen Stadtentwicklung passende Verwaltungsgebäude wurde niemals gebaut, obwohl es mehrere Architekturwettbewerbe für ein neues Rathaus gab. Auch in den Jahren der Hochkonjunktur entstanden nur wenige öffentliche Bauten außer einigen Schulen oder Krankenhäusern. Sie wurden meistens aus Privatmitteln der Fabrikanten finanziert – die Aktivität der städtischen Behörden war in diesem Bereich sehr begrenzt. Beispiele sind das Deutsche Gymnasium (1909–1913, von Otto Herrnring aus Berlin), die jüdische Gewerbeschule „Talmud Tora“ (1900–1901, von Gustav Landau-Gutenteger) oder die Schule der Kaufmannsinnung (1911–1913, von Gustav Landau-Gutenteger und Piotr Brukalski). Zu den Wohlfahrtsbauten gehört u. a. ein neuromanisches Altersheim (1894–1896, von Franciszek Chełmiński).

Auch einige Gebäude, die kulturellen Zwecken dienten, sind zu erwähnen. Das „Große Theater“ von Richard Sellin in der Konstantynowska-Straße (heute ul. Legionów; 1901, von Adolf Zeligson) (Abb. 6) und der Konzertsaal von Ignatz Vogel in der Dzielna-Straße (Abb. 7) (heute ul. Narutowicza; 1886, vermutlich von Otto Gehlig) zeigen deutlich die damaligen Möglichkeiten und bestehenden Bedürfnisse des Lodzer Bürgertums. In beiden Fällen folgte die Lokalisierung keinem konkreten

9 Alexander-Nevski-Kirche, ul. Kilińskiego (um 1880–1884)

10 Kirche Mariä Himmelfahrt, ul. Zgierska (1887–1897)

städtebaulichen Plan. Das vorwiegend aus Holz gebaute Theater von Sellin war am Anfang des 20. Jahrhunderts mit seinen 1.250 Zuschauerplätzen das größte Theater im Königreich Polen. Es brannte jedoch 19 Jahre nach seiner Errichtung ab. Den Saal Vogels hat man später zur städtischen Philharmonie umgestaltet, seines historisierenden Schmucks entkleidet und schließlich um das Jahr 2000 abgerissen.

Bescheiden blieb zunächst auch die Sakralarchitektur der drei dominierenden Konfessionen – Katholiken, Protestanten und Israeliten. Im 19. Jahrhundert existierten in der Stadt nur wenige Kirchen. Erst 1880–1884 baute Louis Schreiber aus Berlin die neue lutherische Sankt-Johannes-Kirche (Abb. 8). Zur gleichen Zeit entstand die Alexander-Nevski-Kirche für die Orthodoxen von Hilary Majewski (Abb. 9), und wenige Jahre später errichtete Konstanty Wojciechowski die katholische Kirche Mariä Himmelfahrt (1887–1897) (Abb. 10). Weitere architektonisch bedeutende Kirchen– der Dom und die protestantische Sankt-Matthäi-Kirche stammen erst aus dem frühen 20. Jahrhundert. Von den vier großen Synagogen und zahlreichen kleineren Bethäusern erhielten nur zwei (die „altstädtische" und vor allem die „Postępowa"- oder „Wielka"-Synagoge, Abb. 11) monumentale Formen.

In der Lodzer Architektur der zweiten Hälfte des 19. Jahrhunderts dominieren zwei funktionelle Bautypen: das formal differenzierte Wohnhaus und das Fabrikgebäude, das seinen endgültigen Charakter in den 70er und 80er Jahren des 19. Jahrhunderts erhielt. Zu der ersten Gruppe gehören diverse Formen des klein- und großstädtischen Mehrfamilienwohnhauses, des Mietshauses, Arbeiterhauses und der städtischen Residenz. Zu der zweiten Gruppe zählen unterschiedliche Zweckbauten

11 „Postępowa"- oder „Wielka"-Synagoge, al. Kościuszki (1881–87)

der Textilindustrie, vor allem Spinnereien und Webereien. Andere Bauten spielen im Stadtbild nur eine marginale Rolle, obwohl es sich zuweilen um architektonisch interessante Objekte handelt.

Wie erwähnt, wandelte sich das urbanistische Gefüge der Stadt in den 20er Jahren des 19. Jahrhunderts von einem mittelalterlichen Agrarstädtchen in eine Industriestadt. Der Ausgangspunkt war der gerade Verlauf des Petrikauer Weges (später Petrikauer Straße) und das System von Handwerkersiedlungen, die eine etwa fünf Kilometer lange Struktur entlang der Hauptachse bildeten (Nowe Miasto, Łódka, Nowa Łódka, Ślązaki) sowie quer dazu verlaufende Industrieviertel am Jasień. Rar waren öffentliche Räume. Außer dem achteckigen Neumarkt an der Piotrkowska-Straße gab es drei kleine Marktplätze mit Handelseinrichtungen (Brot- und Fleischbänke).

Die Parzellen in der Piotrkowska-Straße waren 21–23 Meter breit und 280 Meter lang. Sie bildeten riesige Blöcke ohne inneres Straßensystem und wurden ursprünglich auch landwirtschaftlich genutzt, die Bebauung (Wohnhaus mit Werkstatt) befand sich stets an der Straßenfront. In ihren Anfängen war Lodz eine Industriesiedlung mit dörflichem Charakter – eine Anlage, deren weitere Entwicklung eigentlich nicht geplant war. Der stürmische Ausbau der Stadt fand auf diesem, der Neuzeit nicht angepassten städtebaulichen Fundament statt. Auch sehr große Wohnblöcke (ca. 340 x 280 m) wurden nicht in kleinere Strukturen mit Straßen aufgeteilt. Entlang der alten Grundstücksgrenzen entstanden in den letzten Jahrzehnten des

19. Jahrhunderts lange Reihen mehrstöckiger Wohn-Hinterhäuser, Werkstätten und diverser Industriebauten.

1840, als Lodz erst ca. 13.000 Einwohner hatte, fand die letzte planmäßige Stadterweiterung statt. Östlich der Handwerkersiedlungen wurde die „Nowa Dzielnica" (Neues Stadtviertel) mit einem schachbrettartigen Straßennetz gegründet, das mit dem schon existierenden Verkehrssystem verbunden war. Hier entstand der bereits erwähnte Wassermarkt und daneben 1841 der „Ogród Angielski" (Englische Garten), der erste öffentliche Park in Lodz.[19] Nach wenigen Jahren übernahm der Industrielle Scheibler von der Stadtverwaltung eine Hälfte für private Zwecke. Im Neuen Viertel standen 300 große Baugrundstücke zur Verfügung. Die weitere Entwicklung des Viertels wurde nicht gesteuert; daher dominierten zufällige oder gar chaotische Initiativen privater Unternehmen. Den räumlichen und funktionellen Charakter des Neuen Viertels prägte ab 1865 die Trassenführung der Verbindung zu der wichtigen Bahnlinie Warschau – Wien, die das Gelände in einen nördlichen und einen südlichen Teil mit nur wenigen direkten Verbindungen trennte. Gleichzeitig entwickelten sich die Vororte ohne Kontrolle – wie z. B. Bałuty, ein jenseits der nördlichen Stadtgrenze gelegenes Dorf mit seinen fast 100.000 Einwohnern (vor 1914) vor allem aus ärmeren Schichten, das mit einer beträchtlichen Kriminalitätsrate zu kämpfen hatte.

Seit den 1830er Jahren lässt sich eine dynamische Entwicklung der Industrie beobachten: die Eröffnung neuer Fabriken und Modernisierung der Produktion (Dampfmaschinen, mechanische Spindeln etc.). Neben der Fabrik des erwähnten Geyer wurden die Fabriken von Traugott Grohmann (1843) und David Lande (1846/47) gegründet. 1861–1865 sorgte eine Krise für Lieferengpässe bei der Baumwolleinfuhr. Lodz verzichtete in diesen Jahren auf den Rohstoff aus Amerika und begann billige Baumwolle aus dem russischen Südosten zu importieren. 1860 existierten in Lodz 15 Textilfabriken, deren Produktion fast 25 % des gesamten Königreichs Polen umfasste.[20] Seit 1865 entwickelte sich die Firma von Richard Biedermann, und 1872 begann Izrael Kalmanowicz Poznański – der große Konkurrent Scheiblers – seine riesige Fabrikanlage in der Ogrodowa-Straße zu bauen. Zwei Jahre später eröffnete ein anderer wichtiger Unternehmer, Julius Heinzel, einen Betrieb in derPiotrkowska-Straße. Dieser aus Sachsen stammende Fabrikant gehörte zu den wenigen Lodzer Industriellen, die sich auf dem Höhepunkt ihres Erfolges einen Adelstitel kauften (Heinzel wurde Baron von Hohenfels).

In Lodz baute man die Fabrikanlagen nicht nur in besonders ausgewiesenen Zonen, wie die erwähnten Wasserfabriken, sondern im ganzen Stadtgebiet, auch in reinen Wohnvierteln oder sogar entlang der Piotrkowska-Straße). Beispiele sind die Betriebe von Wilhelm Lürkens an der Promenade (heute al. Kościuszki) oder die Firmen von Franz Ramisch und Markus Silberstein an der Piotrkowska-Straße. An der Hauptstraße lagen auch die Verwaltungsgebäude als „Botschaften" der bedeu-

---

19 Ryszard Olaczek (Red.): Park Źródliska I [Parkanlage Źródliska I]. Łódź 2006, S. 11–13.

20 Stanisław Liszewski (Red.): Łódź. Monografia miasta [Lodz. Die Monographie der Stadt]. Łódź 2009, S. 139–143.

12 Kontor der Aktiengesellschaft Ludwig Geyer, ul. Piotrkowska (1886)

tenden Fabriken, z.B. das Gebäude der Aktiengesellschaft Ludwig Geyer an der Ecke der Piotrkowska-Straße und der ehemaligen Meyerpassage (1886, von Julius Jung) (Abb. 12).

In einigen Stadtvierteln konzentrierte sich die Industrie besonders; dies betrifft die Flusstäler von Łódka und Jasień, wo die größten Firmen (Scheibler, Grohmann, Poznański, Biedermann) ihren Sitz hatten. Der Wirtschaftsboom hielt auch in den folgenden Jahren an; daher brauchte man neues Bauland für die Industrie. Am Ende des 19. Jahrhunderts entstanden die großen Betriebe von Julius Kunitzer (1893), Marcus Kohn oder Julius Kindermann (1897). 1900 existierten in der Stadt 116 Betriebe, die Baumwollstoffe produzierten, und 164, die mit der Herstellung von Wollstoffen beschäftigt waren. Hinzu kamen hunderte kleinere Zulieferfirmen.

13 Fabrik „Centrala" von Karl Wilhelm Scheibler, Plac Zwycięstwa (nach 1850). Gesamtansicht nach einem Stich

Um die Mitte des 19. Jahrhunderts bildete sich langsam ein funktionales Schema einer Textilfabrik aus: Sie besteht gewöhnlich aus einigen grundsätzlichen Elementen (u. a. Spinnerei, Weberei, Färberei) in einer technikbestimmten logischen Abfolge. Sie wurden durch andere Bauten wie Magazine und Werkstätten ergänzt. Fast jede größere Anlage erzeugte ihre eigene Energie; bei den Produktionsstätten befand sich gewöhnlich ein Kessel- und Dampfmaschinenhaus mit einem hohen Schornstein. Letztere sind inzwischen fast alle aus der Stadtlandschaft verschwunden, da sie zumeist um 1900 durch Elektrizitätswerke ersetzt wurden. Zur Fabrik gehörte ein Kontor und, für Lodz sehr spezifisch, die Villa des Besitzers mit Gartenanlage. In einigen Fällen wurden die Fabrikanlagen durch eine Arbeitersiedlung ergänzt.

Die frühen Fabrikbauten aus der ersten Hälfte des 19. Jahrhunderts waren in strengen, klassizistischen Formen gebaut. Die Vorbilder kann man in Jean-Nicolas-

14 Scheibler-Fabrik „Centrala“. Toranlage

Louis Durands Musterbüchern sowie in frühindustriellen, friderizianischen Bauten in Preußen und Sachsen finden.[21] Ein stilistischer Umschwung kam nach 1850, den man an der ersten Scheibler-Fabrik „Centrala“ sehen kann: Ihre Proportionen und Baudetails sind noch klassizistisch (Abb. 13, 14). Zugleich hat der unbekannte Ar-

21 Bartosz Walczak: Wpływ rozwiązań europejskich na budownictwo przemysłowe w Łodzi w świetle najnowszych badań [Der Einfluss europäischer Lösungen auf das Lodzer Bauwesen im Licht neuester Forschungen]. In: Kwartalnik Architektury i Urbanistyki LV (2009), H. 2, S. 68–77.

chitekt ganz neue Wandlösungen gefunden. Die Außenwände sind nicht mit Putz bedeckt, sondern mit einer rhythmischen Abfolge von Pilastern versehen. In der Fabrikhalle verwandte man nicht wie bisher große Holzstützen, sondern vorfabrizierte Säulen aus Eisenguss. Dies bedeutete eine Revolution der Konstruktion. Neben der Fabrik entstand die Fabrikantenvilla (1855/56, 1865, 1886).

Gegenüber dem Wassermarkt wurde auch eine Gruppe von fünf Arbeiterwohnhäusern errichtet (1865–1868, von Jan Feliks Bojankowski), die als Vorbild für spätere Arbeitersiedlungen gelten kann.

Die nächste Entwicklungsphase in der Industriearchitektur von Lodz fällt in die 1870er Jahre. In diesem Prozess ist das Unternehmen von Scheibler in Księży Młyn (Pfaffendorf oder Karlstadt) von besonderer Bedeutung.[22] Sein großer Industriekomplex enthält ein mehr als 200 Meter langes Spinnerei- und Webereigebäude aus unverputztem Backstein (1870–1873, 1877) (Abb. 15). Im mittleren, von zwei Risaliten flankierten Trakt befand sich der Dampfmaschinenraum, der bisher in separaten Anbauten untergebracht war. Die Fabrik besaß auch zwei andere, bisher nicht verwendete Bauelemente: oktogonale Treppenhaustürme mit stilisierten Zinnenkränzen und Maschikulis (Ausgussöffnungen) (Abb. 16). Die Inspiration dazu stammt aus der mittelalterlichen Befestigungsarchitektur. In den Türmen befanden sich u. a. die Aborte für die Arbeiter. Die Fassade war zusätzlich mit einem Dachreiter mit Glocke verziert. In der letzten Bauphase fügte man an der Westseite einen hohen Turm mit einem aufgesetzten Wasserbehälter hinzu. Solche Konstruktionen tauchen in den 70er Jahren an mehreren Fabriken auf und bilden gemeinsam mit den Schornsteinen charakteristische Elemente der Stadtsilhouette. Parallel zum Hauptbau wurde die zweite, südliche Spinnerei gebaut und durch weitere Anbauten ergänzt, so dass eine stilistisch einheitliche Anlage entstand. Besonders imposant präsentierten sich die kräftigen Baukörper von der Seite des Flusses her. Gegenüber der Fabrik wurde eine Arbeitersiedlung mit sozialen Einrichtungen gebaut.

Insgesamt entstanden 18 Mehrfamilienhäuser in drei Reihen. Die Hauptallee wurde kompositionell mit der Fabrik verbunden – ihre Nord-Süd-Achse wurde vom Mitteltrakt der Spinnerei abgeschlossen. Am Nordende der Hauptallee befand sich die Schule für Arbeiterkinder mit Lehrerwohnhaus, daneben ein Laden. Dieses Programm ergänzte Scheibler durch ein Krankenhaus (1884). Die dritte Komponente der Księży Młyn-Anlage bildet die Villa im Neo-Renaissance-Stil mit Garten (um 1885, vermutlich von Hilary Majewski) gegenüber der Ostfassade der Spinnerei. Sie diente als Wohnung des Fabrikleiters Edward Herbst und seiner Frau Mathilde, der Tochter von Karl Scheibler. Bis heute konnte nicht festgestellt werden, wer die Fabrik in Księży Młyn entworfen hat. Man vermutet, dass Scheibler die Entwürfe von Siedlung und Fabrik in einem deutschen Architekturbüro bestellte, dessen Name nicht bekannt ist. Der große Baukomplex wurde ständig erweitert und mit anderen Abteilungen der riesigen Firma mit einer Bahn verbunden. In der Nähe der Bahnkreuzung baute man drei große Baumwoll-Lagerhäuser und das Fabrik-Feuerwehr-

22 Popławska: Architektura przemysłowa Łodzi w XIX w. (Anm. 3), S. 45–59.

15 Fabrik und Siedlung Księży Młyn, Gesamtansicht nach einem Stich

16 Księży Młyn, Weberei, ul. Tymieniecki

17 Fabrik von Izrael Karol Poznański, Spinnerei, ul. Ogrodowa

gebäude. Die Siedlung wurde ebenfalls vergrößert. Bis 1912 errichtete die Firma Scheibler 80 Häuser für ihre Arbeiter und Fachleute.[23]

Der zweite große Industriekomplex ist die Fabrik von I. K. Poznański im Nordwesten von Lodz aus den Jahren 1872 bis 1892.[24] Er lag im flachen Tal der Łódka und entwickelte sich entlang der Ogrodowa-Straße, die zu den drei städtischen Friedhöfen führte. Zu ihm gehörten u. a. eine mehrgeschossige Spinnerei (Abb. 17), eine mechanische Weberei, Bleiche, Appretur, Druckerei, Färberei, Lagerhallen, Werkstätten, Feuerwehr und eine eigene Gasanstalt. Es gab auch ein fabrikinternes Bahnnetz sowie ein System unterirdischer Verkehrsadern, die einzelne Abteilungen verbanden. Neben der Fabrik entstand in mehreren Bauphasen ein neu-barocker Palast. Er wurde endgültig um 1900 fertiggestellt und ist die prächtigste Residenz in Lodz und Symbol des Reichtums des Fabrikbesitzers (Abb. 18). In diesem prächtigen Gebäude befanden sich neben den Wohnräumen auch ein Kontor mit Warenlager und repräsentative Funktionsräume: komfortable Appartements für besondere Kunden, Ballsaal und Wintergarten. Gegenüber der Baumwollspinnerei wurden drei große Wohnkomplexe für Arbeiter errichtet (1879–1896). Sie bildeten die Wohnstätte

---

23 Marta Kobojek: Księży Młyn [Księży Młyn – Pfaffendorf]. Łódź 1998, S. 35.
24 Popławska: Architektura przemysłowa Łodzi w XIX w. (Anm. 3), S. 59–69.

18 Palast von Izrael Karol Poznański mit Kontor

19 Fabrik von Izrael Karol Poznański, Einfahrtstor

20 Fabrik von Traugott Grohmann, Toranlage, ul. Targowa (1896–1903)

für fast 5.000 Arbeiter und technisches Personal mit ihren Familien.[25] Im Fall der Fabrik Poznańskis gelang es, den Architekten festzustellen. Mit großer Wahrscheinlichkeit war es der aus Stuttgart stammende Baumeister Julius Jung, der um 1883 nach Lodz kam.[26] Jung verdanken wir individuelle Formen und Details in Anlehnung an die Renaissance. Diese Baumotive sind vor allem in der monumentalen 170 Meter langen Spinnerei zu sehen. Das Einfahrtstor und die Umzäunung mit einem dekorativen Gitter ist ein schönes Beispiel für die Schmiedekunst im letzten Viertel des 19. Jahrhunderts (Abb. 19).

25 Ryszard Bonisławski: Domy familijne w Łodzi [Arbeiterfamilienhäuser in Lodz]. In: Jadwiga Szewczyk (Red.): Sztuka w Łodzi. Łódź 2000, S. 78.

26 Mirosław Jaskulski: Z dziejów łódzkiej nieruchomości-numer hipoteczny 64.65, obecnie ul. Ogrodowa 15 [Zur Geschichte der Lodzer Grundbesitz-Hypotheknummer 64.65, jetzt Ogrodowa-Str. 15]. In: Miscellanea Łódzkie (1994), Nr. 1, S. 30–35.

Eine ähnlich spektakuläre Form hat das Eingangstor zur Weberei der Firma Grohmann (1896–1903) in der Targowa-Straße. Es befindet sich zwischen zwei gedrungenen Säulen, die Garnrollen oder Spulen symbolisieren könnten, und hat einen Staffelgiebel mit mittelalterlichen Motiven. Das Portal sowie die Spinnerei entwarf ein unbekannter Architekt (Abb. 20).

Die Liste der Fabriken, die während der Hochkonjunktur gebaut oder ausgebaut wurden, ist lang. 1896 existierten in der Stadt 400 Industrieanlagen, in denen über 40.000 Arbeiter beschäftigt waren.[27] Sie sind als Bauten uneinheitlich, jedoch wiederholen sich manche architektonischen Lösungen.[28] Für Textilfabriken charakteristisch sind die langgezogenen drei- oder vierstöckigen Spinnereien mit rhythmisierten Fensterreihen und flachen unverputzten Backsteinfassaden. Die Baukörper waren oft von rechteckigen Treppen- und Wassertürmen flankiert. Sehr selten hatten sie einen oktogonalen Grundriss wie in Księży Młyn. Manchmal verwendete man niedrige „Staubtürme", die der Entfernung des gefährlichen, leicht entzündbaren Baumwollstaubs dienen sollten. Besonders dekorative Baulösungen gab es für die Turmbekrönungen – es sind oft Motive aus der mittelalterlichen Militärarchitektur wie künstliche Zinnen, Maschikulis und Schießscharten. Es sind ca. 100 Türme erhalten, die ein interessantes Forschungsthema sein könnten. Viele wurden jedoch abgerissen wie z.B. die besonders dekorativen Objekte der später zerstörten Fabriken von Szaja Rosenblatt und Josef Richter. Zu den Anlagen mit solchen architektonischen Formen gehören die Fabriken von Julius Kindermann (1897) (Abb. 21), Markus Silberstein (1878) (Abb. 22), Karl Bennich (um 1900) oder dem Moskauer Unternehmer Wladimir Stolarow (1888).

Neben den Spinnereien bildeten die Webereien einen zweiten verbreiteten Bautyp. Sie waren meistens einstöckig und trugen „zackige" Sched-Dächer auf einem System von Eisengussstützen. Diese Stützen mit kegelartigen Kapitellen finden auch in mehrstöckigen Fabrikgebäuden Verwendung. Der architektonische Schmuck der Webereien war sparsam. Manchmal findet man an der Hauptfassade kleine Ecktürme als dekorative Elemente. Eine Ausnahme bildet die späte, schon in Jugendstilformen entworfene Hauptfassade der Webereihalle der Textilfirma von Julius Kindermann (1905). Die erste Halle mit Shed-Dach entstand in der Poznański-Fabrik (1872). Die größte Weberei mit fast drei Hektar Fläche baute Ingenieur Peter Riebensahm oder Rübesahm, ein Absolvent des Rigaer Politechnikums, für Scheibler 1898 in der heutigen Kiliński-Straße (Abb. 23).

Eine bemerkenswerte, leider schlecht erhaltene Gruppe von Industriebauten bilden die Betriebskraftwerke, die man zuweilen aus älteren Dampfmaschinenhäusern umbaute oder neu errichtete. Ein besonders wertvolles Beispiel ist das im westlichen Teil des Scheibler-Imperiums stehende Maschinenhaus. Es wurde um 1910 von Ingenieur Alfred Frisch im Jugendstil erbaut. Innen sind, was für Industriebauten in Lodz Seltenheitswert hat, Ausstattung, authentische Maschinen sowie dekorative

---

27 Popławska: Architektura przemysłowa Łodzi w XIX w. (Anm. 3), S. 41.

28 Jacek Kusiński, Ryszard Bonisławski, Maciej Janik: Księga fabryk Łodzi [Das Buch der Lodzer Fabriken]. Łódź 2009.

21 Fabrik von Julius Kindermann, ul. Łąkowa (1897)

22 Fabrik von Markus Silberstein, ul. Piotrkowska (1878)

23 „Neue Weberei" der Fabrik von Karl Wilhelm Scheibler, ul. Kilińskiego (1898)

24 Kraftwerk der Fabrik Karl Wilhelm Scheiblers, Bodenfliesen, ul. Tymienieckiego (1910)

25 Städtisches Kraftwerk, Treppenhausdetail, ul. Targowa (1907)

Elemente (Boden- und Wandfliesen, Balustraden) erhalten (Abb. 24). Ähnlich interessante Details findet man im Kraftwerk in der Targowa-Straße (Abb. 25).

Die Fabriken brachten während der Hochkonjunktur ihren Inhabern riesige Gewinne. Zu den Statussymbolen für ihren Reichtum gehören auch die Residenzen der Fabrikanten. Man nimmt an, dass bis zur Errichtung der ersten, noch bescheidenen Villa für Scheibler am Wassermarkt die ältesten Fabrikbesitzer in gewöhnlichen Häusern (die Wohnsitze der Familie Steinert sowie die von Karl Scheibler sowie Traugott Grohmann) oder in kleinen, klassizistischen Landsitzen ähnlichen Häusern wohnten (z. B. älteste Wohnhäuser von Titus Kopisch oder Ludwig Geyer). Oftmals wurden diese ersten Wohnsitze durch die reich gewordenen Familien nicht abgerissen und existierten noch lange neben der neuen, vornehmen Residenz. Vielleicht sollte diese Nachbarschaft den Maßstab des wirtschaftlichen Erfolgs dokumentieren.[29] Oder war es ein Beweis der Hochachtung für die bescheidenen Wurzeln der Fabrikanten? Die Lodzer Residenz in der zweiten Hälfte des 19. Jahrhunderts hatte diverse Formen – vom städtischen Palast in Straßenfront über verschiedene Varianten von Villen bis hin zu ländlichen Residenzen mit Park. Ungeachtet aller architektonischer Unterschiede bleibt es charakteristisch, dass mehrere dieser Villen in der direkten Nachbarschaft zur Fabrik entstanden. Natürlich gibt es auch Ausnahmen wie z. B. den Palast der Familie Kindermann in der Piotrkowska-Straße, der in ei-

---

29 Kaum etwas ist über die Mentalität der Lodzermenschen bekannt.

26 Palast von Karol Poznański, ul. Gdańska (um 1905)

ner gewissen Entfernung von der Fabrik gebaut wurde (1907, vermutlich von Karl Seidl).

Eine erste Gruppe von Residenzen bilden die Wohnsitze der reichsten Fabrikantenfamilien wie Poznański, Scheibler, Grohmann und Heinzel. Besonders interessant sind die Paläste der Familie Poznański.[30] Ihre Situierung an den zur Fabrik führenden Straßen ist charakteristisch für die Einbindung der Industriebauten in das städtische Gefüge. Ein besonders prächtiger Palast entstand in mehreren Etappen in den üppigen Formen des französischen Barock direkt neben der Fabrik. Zwei weitere wurden für Familienmitglieder in der Długa-Straße (ul. Gdańska) in Anlehnung an die italienische Renaissance florentinischen und venezianischen Stils entworfen.

Beide Bauten liegen repräsentativ an Straßenecken. Die „florentinische“ Residenz (um 1905, von Adolf Zeligson), die Karol Poznański, dem Sohn von Izrael Kalmanowicz, gehörte, hat einen hufeisenförmigen Grundriss mit einem ovalen, kuppelbekrönten Eckrisalit und einer repräsentativen, durch einen Altan gebildeten Portalvorhalle[31] (Abb. 26). Die zweite Residenz für Maurycy Poznański (um 1902, Adolf

30 Popławska: Architektura mieszkaniowa Łodzi w XIX wieku (Anm. 3), S. 74–88.

31 Der Palast wurde in den letzten Jahren teilweise renoviert. Manche der angewandten Methoden und ihre Ergebnisse – z. B. die Bemalung des runden Eckrisalits – sind kritisch zu beurteilen und als eine denkmalpflegerische Niederlage einzuschätzen.

27 Palast von Maurycy Poznański, ul. Więckowskiego (1902)

Zeligson) hat städtischen Charakter und ein venezianisches Vorbild – er ähnelt der Biblioteca San Marco von Jacopo Sansovino (Abb. 27). Die Residenzen der Familie Scheibler waren im Vergleich zu denen der Poznańskis architektonisch nicht so imposant, jedoch ebenfalls sehr reich ausgestattet, was vor allem die Innenräume des erwähnten Palasts in Wodny Rynek zeigen.

Unter den Palästen der Familie Heinzel ragt deren Residenz in der Piotrkowska-Straße heraus (1880–1890, 1892, Ausführung von Otto Gehlig aus Breslau).[32] Der Gebäudekomplex entstand auf drei ursprünglichen Handwerkerparzellen und zeigte nach seiner Fertigstellung eine palastartige axiale und symmetrische Fassade mit einem zentralen Mitteltrakt, der von einer allegorischen Skulpturengruppe bekrönt wird (Abb. 28). Zwischen den niedrigen Segmenten lagen dekorative Tore, die in Richtung Hof und Fabrik führten. An der Fassade des Palastes befanden sich dekorative Plaketten mit Industriemotiven (z. B. Dampfmaschineregulatoren).[33] Ludwig Heinzel, einer der Söhne des Firmengründers, baute außerhalb der Stadt in sei-

---

32 Stefański: Jak zbudowano przemysłową Łódź (Anm. 10), S. 118f.

33 Jan Salm: Zapracowane putto, czyli o motywach industrialnych w łódzkim detalu architektonicznym [Der überarbeitete *putto*. Über Industrie-Motive im Lodzer Architekturdetail]. In: Archeologia Historia Polona 15/2 (2005), S. 383–390.

28 Palast der Familie Heinzel, ul. Piotrkowska (1880–1890, 1892)

nem Waldbesitz Łagiewniki einen Palast in zurückhaltenden Renaissanceformen (1899/1900). Der elegante Entwurf stammte von dem bekannten Berliner Architekten Franz Schwechten, der auch die Grabkapelle der Familie auf dem katholischen Friedhof schuf.[34]

Ein Einzelfall blieb die als Zwillingsbau angelegte Residenz der Gebrüder Steinert in der Piotrkowska-Straße des Architekten Alfred Julian Balcke aus Berlin in den historistischen Formen der „deutschen Renaissance“ mit dekorativen Giebeln, einem Erker und Doppeltor (Abb. 29).

Italienische Vorbilder hatte offensichtlich der Sitz der Familie Kindermann in der gleichen Straße. Er wurde von dem Wiener Architekten Karl Seidl um 1907 entworfen.[35] Analog zur Steinert-Residenz plante er eine symmetrische Anlage aus zwei Palästen, die aber nicht realisiert wurde. Daher blieb auch die geplante Verzierung der Fassade unvollständig. Unter dem Gesims befindet sich ein buntes Mosaik der venezianischen Salvati-Werkstatt mit einer Darstellung von Ernte, Verkauf und Transport der Baumwolle. Einige der im Stadtzentrum errichteten, etwas kleineren Pa-

34 Peer Zietz: Franz Schwechten. Architekt zwischen Historismus und Moderne. Stuttgart 1999, S. 35, 73f.

35 Stefański: Jak zbudowano przemysłową Łódź (Anm. 10), S. 209.

29 Residenz der Brüder Steinert, ul. Piotrkowska (1910)

läste erhielten, wie die Residenz von Ewald Kern oder das Wohnhaus mit Kontor von Maximilian Goldfeder (vermutlich Architekt Hilary Majewski, 1891), noble Neo-Renaissancefassaden. Außer den Stadtpalais baute man im Stadtbereich auch Villen im Stil der deutschen oder italienischen Renaissance, seltener in Formen des Jugendstils. Als Beispiele können hier die Wohnsitze von Josef und Reinhold Richter dienen. Beide wurden um die Jahrhundertwende vermutlich auf der Grundlage importierter Entwürfe gebaut. Eine Sonderform besitzt die städtische Villa von Leopold Kindermann (1902/03). Sie gehört zu den Jugendstilbauten, die in Lodz eine kleine, aber wertvolle Gruppe bilden (Abb. 30). Der Entwurf stammt von dem begabten Architekten Gustav Landau-Gutenteger; die weiche florale Dekoration hingegen könnte, wie Krzysztof Stefański vermutet, von der Wiener Werkstatt F. Roths stammen (Abb. 31).[36]

Lodz bietet auch die seltene Möglichkeit, die Entwicklung des bürgerlichen Stadthauses und seine Veränderungen zu studieren. Die ältesten Wohnsitze von Handwerkern, die mit einer Weberei verbunden waren, haben sich nicht erhalten – man riss sie während der „Modernisierung" der Piotrkowska-Straße und des Umbaus des Zentrums ab. Die erhaltene Bebauung zeigt, wie sich einstöckige kleinbürgerliche Häuser in großstädtische Mietshäuser verwandeln. Auch hier sieht man stilistische Differenzierung und funktionelle Unterschiede. Die Bebauung in der Hauptstraße

36 Ebd., S. 185.

30 Villa von Leopold Kindermann, ul. Wólczańska (1902/03)

31 Villa von Leopold Kindermann, ul. Wólczanska, Fensters

32 Residenz von August Härtig, ul. Piotrkowska (1894)

33 Wohnhaus von Johann Petersilge, ul. Piotrkowska (1896/97)

34 Wohnhaus von Theodor Steigert, ul. Piotrkowska (1895/96)

ul. Piotrkowska sieht anders aus als in Seitenstraßen, wo der Standard nicht so hoch war. Die luxuriösen Häuser der letzten drei Dezennien des 19. Jahrhunderts beherbergten nicht nur Wohnungen (vor allem im ersten oder zweiten Stock des Vorderhauses), sondern auch Büros, Banken und andere Geschäfte. Manche hatten den Charakter einer privaten Residenz – so z.B. das Haus des Unternehmers August Härtig in der ul. Piotrkowska 236 (gebaut um 1894) (Abb. 32).

Gute Beispiele großstädtischer Wohnhäuser mit komfortablen Wohnungen trifft man vor allem im nördlichen und mittleren Teil der ul. Piotrkowska mit häufig individuell gestalteten Fassaden. Wenigstens drei, die typisch für damalige architektonische Tendenzen sind, sollen erwähnt werden. Die Fassade am Haus des Druckers und Verlegers Johann Petersilge (1896/97) zeigt eine Mischung von Gotik- und Renaissancemotiven (Abb. 33). Zu den dekorativen Elementen gehören u. a. ein malerischer Erker, eine Nische mit einer Gutenberg-Skulptur und Medaillons der mit der Druckkunst verbundenen Personen. Jugendstilmotive findet man im Haus der Familie Schicht, das nach 1903 Gustav Landau-Gutenteger baute. Als eine neobarocke Schöpfung kann man das für Theodor Steigert von Franciszek Chełmiński gebaute Haus bezeichnen (Abb. 34). Hier hat sich im Erdgeschoss eine dekorative Vitrine aus Gusseisen erhalten, die 1895/96 ausgeführt wurde. Zu den guten Beispielen der komfortablen, großstädtischen Bürgerhäuser gehört auch das „Pinkus-Haus" (Abb. 35). Es wurde 1894/95 an der Ecke Zielona-Straße und Promenada

35 Wohnhaus Mieczysław Pinkus', al. Kościuszki (1894/95)

von Dawid Landé – einem der wichtigsten Lodzer Architekten, Schöpfer von ca. 200 Bauten – entworfen.

In diesen Jahren wurden Hunderte von Wohnhäusern gebaut. Ihr Standard war sehr unterschiedlich, da die Wohn- und Lebensverhältnisse oft ganz bescheiden, ja katastrophal waren. In Lodz fuhr ab 1898 die erste elektrische Straßenbahn und hier wurde auch 1899 das erste ständige Kino im Königreich Polen eröffnet. Aber erst 1925 begann man mit dem Bau eines modernen Kanalisationsnetzes.

Die besprochenen Bauten oder Bautengruppen zeigen die Vielfalt und Differenzierung der „Lodzer Gründerzeit" – einer wichtigen, vielleicht der bedeutendsten Periode in der Architekturgeschichte der Stadt. Sie begann später als im Westen und endete mit dem Ausbruch des Ersten Weltkrieges. Durch ihren stürmischen Verlauf verlieh sie dem Stadtbild viele neue Elemente. Mehr noch, es lässt sich sagen, dass sich zwischen 1854 und 1914 das eigentliche Antlitz von Lodz herausgebildet hat. Dieser Prozess hatte auch schwache Seiten, da es nicht gelang, eine moderne Stadt mit großstädtischen Einrichtungen und vornehmen, monumentalen Bauten zu schaffen. Aber das, was damals entstand, bildet ein einzigartiges architektonisches Erbe.

Katarzyna Anna Wojtczak

Die Umgestaltung der Stadt Danzig/Gdańsk in der zweiten Hälfte des 19. Jahrhunderts und die Rolle des Stadtbaumeisters Julius Albert Gottlieb Licht

In der Erforschung der Geschichte und besonders der Kunstgeschichte Danzigs gibt es nach 1949 eine große Lücke, was die preußische Epoche dieser Stadt betrifft. Auch die Architektur des späten Historismus war lange für die meisten Forscher ohne Interesse. Aber schon in den sechziger und siebziger Jahren des 20. Jahrhunderts begannen wissenschaftliche Abhandlungen zu Kunst und Architektur dieser Zeit zu erscheinen; zu Danzig selbst wurden nur einzelne Publikationen veröffentlicht, die jedoch keine vollständige Übersicht über die Architekturgeschichte der Stadt im 19. Jahrhundert erlauben. Noch vor einigen Jahren fehlten Monographien zu vielen wichtigen Gebäuden und noch heute gibt es keine ausführliche, Gesamtdarstellung zur preußischen Architektur Danzigs.

Seit ein paar Jahren jedoch erlebt man eine Intensivierung der Forschung auf diesem Feld. Im Allgemeinen ist die Untersuchung der Quellen zur Danziger Architektur des 19. Jahrhunderts durch die Kriegsverluste erschwert. Ganze Aktengruppen des Danziger Magistrats aus diesem Zeitraum, die sehr hilfreich für Stadthistoriker wären, sind vernichtet. Glücklicherweise sind jedoch viele andere Archivalien erhalten, u.a. zahlreiche Baupolizeiakten, Magistratsberichte und ikonographische Materialien und Quellenveröffentlichungen, die in Danziger und Berliner Bibliotheken und Archiven gefunden wurden.

Der Stadtbaumeister Danzigs in den Jahren 1857 bis 1893 war Julius Albert Gottlieb Licht (1821–1898), dessen Monographie das Dissertationsprojekt der Verfasserin ist. Er ist eine bedeutende Persönlichkeit im Umgestaltungs- und Modernisierungsprozess der Stadt. In der Fachliteratur wird jedoch seine Bedeutung nicht angemessen gewürdigt oder er wird gar nicht genannt.

Die bauliche Situation Danzigs war, als Julius Licht dort 1857 sein Amt antrat, schlecht: In den zwei Jahrhunderten davor hatte die Stadt im Wesentlichen ihre politische und wirtschaftliche Bedeutung verloren. Die einstige Pracht eines der wichtigsten Häfen der Hanse war im 19. Jahrhundert nur noch eine Legende. Die Rückständigkeit galt für die ganze Provinz mit ihren stark verwurzelten junkerhaften Traditionen und ihrem späten Wandel vom Feudalismus zum Kapitalismus. Danzig war die Hauptstadt einer typisch agrarischen, rohstoffarmen Region gewesen. Zwar war sie in der Frühen Neuzeit eine bedeutende Handelsstadt, vermochte es aber während des industriellen Booms nicht, als Gewerbezentrum eine Position zu erlangen. Die Bedeutung der Stadt als Hafen und Handelszentrum sank kontinuierlich seit dem 17. Jahrhundert, um an der Wende vom 18. zum 19. Jahrhundert ganz zurückzugehen. Die Belagerung Danzigs während der Koalitionskriege und der preußische Zollkordon verwüsteten sie, und so war Danzig um die Mitte des 19. Jahrhunderts nur noch eine preußische Garnisonstadt in der Provinz und spielte keine Rolle mehr im europäischem Maßstab. Auch die Weichsel verlor stetig an Bedeutung als Transport- und Kommunikationsweg. Dies ist vergleichbar mit der Ostsee, deren Häfen angesichts des transatlantischen Handels und des hohen Sundzolls mit besser positionierten Zentren an der Nordseeküste nicht konkurrieren konnten.

Alle diese Faktoren bewirkten die architektonische Stagnation der Stadt. In der ersten Hälfte des 19. Jahrhunderts gab es, mit wenigen Ausnahmen, wie etwa Schinkels Stadtgymnasium von 1837, keine großen Investitionen. An der Stelle während der Kriege zerstörter Bauten entstanden eher schlichte Gebäude im klassizistischen Stil wie auch zahlreiche, noch billigere Fachwerkhäuser. Da die Stadt Garnison war, initiierte die preußische Verwaltung einige größere militärische Bauvorhaben, wie eine Kaserne oder ein Garnisonslazarett. Auch der Wiederaufbau und die Modernisierung der Stadtbefestigung wurden, allerdings erst später, durchgeführt. Um die Mitte des Jahrhunderts entschied sich die preußische Admiralität für Danzig als Standort ihres Hauptquartiers an der Ostsee und bald darauf für den Bau der Königlichen Werft.[1]

Ein großes Hindernis für die Überwindung der Stagnation war die Mentalität der Danziger. Die meisten Bürger der oberen Gesellschaftsschichten waren nicht nur allen erzwungenen Verwaltungsreformen, sondern auch kapitalistischen Innovationen abgeneigt – anfänglich selbst dem Bau der Eisenbahn, durch die Danzig 1852 endlich eine Verbindung mit Berlin und ein paar Jahre später auch eine mit Königsberg bekam. Diese Ost-West-Verkehrsachse hatte jedoch keine entscheidende Bedeutung für den Danziger Handel. Die Stadt brauchte neue Transitwege nach Süden, wo sich ihr Hinterland und die potentiellen Absatzmärkte befanden. Der Mangel an Konkurrenzfähigkeit verhinderte das Entstehen einer neuen Handelsbourgeoisie und infolgedessen auch die Konzentration von Aktienkapital. Es dominierte also eine sehr konservative Denkweise. Julius Licht sah sich bei seinem Amtsantritt fast mit einem Stillstand der Stadt auf allen Gebieten sowie sogar mit Innovationsfeindlichkeit konfrontiert. Das war wahrscheinlich für den neuen Stadtarchitekten eine schwierige Situation, der, wie seine frühe Karriere zeigt, ein Vertreter neuer Lösungskonzeptionen war.

Julius Licht wurde 1821 in Gieshof an der Oder als Sohn eines Deichinspektors geboren.[2] Nach dem Abitur am Köllnischen Gymnasium und einer dreijährigen Lehre bei Borsig in Berlin studierte Licht von 1845 bis 1848 an der Berliner Bau-

1 Edward Włodarczyk: Początki przekształceń kapitalistycznych [Die Anfänge der kapitalistischen Umgestaltungen]. In: Edmund Cieślak (Hg.): Historia Gdańska. Bd. 4, T. 1. Gdańsk 1998, S. 69.

2 Die biographischen Basisinformationen betreffend J.A.G. Licht stammen aus: Felix Genzmer: Julius Licht. In: Deutsche Bauzeitung 1898, Nr. 19, S. 118–121; Nr. 20, S. 131–133; Schwartz: Julius Albert Gottlieb Licht. In: Christian Krollmann (Hg.): Altpreußische Biographie. Bd. 1: Abegg-Malten. Königsberg/Pr. 1941, S. 395; Lichts Personalakten aus dem Geheimen Staatsarchiv Preußischer Kulturbesitz (I Hauptabteilung, Rep. 93B Ministerium der öffentlichen Arbeiten, Az. 892 Licht Julius Albert Gottlieb – 1840–1893). Diese Quellen waren einer der Ausgangspunkte für die Forschung im Rahmen meiner Dissertation.

akademie. Danach arbeitete er in Kulm an der Weichsel und in Soest, wo er seinen ersten Hochbau, das dortige Bahnhofsgebäude, selbständig ausführte. 1851 nahm Licht am Bau des Deutschen Pavillons auf der Weltausstellung in London teil und im Anschluss bekam er eine Stelle an einem in Bau befindlichen Nordseehafen. 1855 zog Licht nach Wien, jetzt mit dem Titel des Baumeisters, und arbeitete beim dortigen Bahnbau. Hier traf er Ingenieur Friedrich Eduard Hoffmann, mit dem er die Entwicklung des seinerzeit revolutionären, später aber allgemein üblichen Ziegel-Ringofens begann. Die Erfindung wurde patentiert und 1889 auf der Pariser Weltausstellung mit einer Goldmedaille prämiert. Während seines Aufenthalts in Österreich erhielt Licht von der preußischen Regierung das Angebot des Postens als Stadtarchitekt Danzigs. Seine bisherigen Erfahrungen hatten natürlich Einfluss auf die Ausrichtung seiner Tätigkeit in Danzig.

In Veröffentlichungen zur Geschichte und Architektur Danzigs in der zweiten Hälfte des 19. Jahrhunderts taucht der Name Lichts nur selten auf. Die Veränderungen in der Stadt schreibt man gemeinhin dem damaligen Oberbürgermeister Leopold von Winter zu, was natürlich nicht falsch, aber eine vereinfachte und unvollständige Sichtweise ist. Denn dadurch verschwieg man die begabten Beamten des Magistrats, die an den dem Oberbürgermeister zugeschriebenen Erfolgen entscheidenden fachlichen Anteil hatten. Überdies trat Licht sein Amt einige Jahre vor der Ankunft von Winters an. Die biographischen Quellen wie auch die Presseberichte dieser Zeit bezeugen die große Aktivität des neuen Stadtarchitekten, der die mit seiner Stelle verbundenen Aufgaben ehrgeizig anpackte.

Lichts Arbeit begann mit der Sanierung der Stadt. Schon am Ende der fünfziger Jahre fand die Neuordnung der reformbedürftigen kommunalen Dienste statt. So wurde z. B. bei der Reorganisation der städtischen Wachmannschaft die Zahl der Wächter begrenzt, was bessere Löhne für die Beschäftigten möglich machte.[3] Im Stadthof wurde der Fuhrpark für die Straßenreinigung untergebracht. Dort befand sich auch der Sitz der neuorganisierten Berufsfeuerwehr. Vorher gab es in Danzig nur eine ungenügende freiwillige Feuerwehr. Nach Berichten in der Presse der fünfziger Jahre gab es viele Brände im Stadtgebiet; damit verbunden waren große Probleme, die die schlecht ausgestattete Feuerwehr verursachte.[4] Erst die professionelle, mit modernen Löschgeräten ausgestattete Wehr und ein neues Warnsystem minderten die Brandgefahr und das Ausmaß der Brände. Im Rahmen der Sanierungsarbeiten wurden auch die Straßenpflasterung und die Anlage von Bürgersteigen in Angriff genommen. Dies war mit einer anderen großen Investition verbunden, die Licht initiierte: Danzig erhielt als eine der ersten Städte in Preußen eine Kanalisation.

1863 trat Leopold von Winter sein Amt als Oberbürgermeister an. Er hatte Jura und Ökonomie in Berlin studiert, Karriere in der Staatsverwaltung gemacht und war Polizeioberpräsident Berlins gewesen.[5] Licht und von Winter hatten gemeinsa-

3 Danziger Zeitung, Nr. 60 v. 9.8.1858.

4 U.a. Danziger Zeitung, Nr. 18 v. 20.6.1858.

5 Ernst Bahr: Leopold von Winter. In: Christian Krollmann (Hg.): Altpreußische Biographie. Bd. 2. Marburg/L. 1967, S. 810.

me Ambitionen und eine ähnliche Vision von der Gestaltung der Stadt. Von Winters und Lichts Positionen, ihr organisatorisches Talent, die ökonomische Ausbildung von Winters sowie Lichts reiche Erfahrung, sein Erfindergeist und sein soziales Empfinden bildeten von nun an die Antriebskraft für die Stadtentwicklung. Ihr erstes gemeinsames Projekt war der Ausbau von Kanalisation und Wasserversorgung; ihm voraus ging die Erstellung eines detaillierten Stadtplans. Als 1863 der berühmte Berliner Ingenieur Eduard Wiebe die Entwürfe für die Entwässerung der Stadt vorstellte, war dies eine technische Innovation kontinentalen Ausmaßes.[6] Die sanitären Verhältnisse Danzigs waren sehr schlecht und die Sterblichkeit ungewöhnlich hoch. Aufgrund des Mangels an fließendem Wasser und einer Kanalisation war die Gefahr von Choleraepidemien hoch.[7] Der Bau der neuen Wasserleitungen durch die Firma J. & A. Aird aus Berlin begann 1868 und wurde schon ein Jahr später vollendet. Dann unternahm dieselbe Firma die Bauarbeiten am Kanalisationssystem, die sehr schnell ausgeführt wurden. Schon zwei Jahre später wurde das neue Entwässerungssystem für die ganze Stadt in Betrieb genommen.

Nur in wenigen deutschen Städten wurde der Bau einer Kanalisation früher begonnen. Am frühesten in Hamburg, doch umfasste das dortige, von William Lindley entworfene System nur die neuerbauten Stadtteile. Das alte Zentrum musste noch ein paar Jahrzehnte auf den Bau der Kanalisation warten.[8] In Berlin begann der systematische Ausbau der Abwasserkanäle erst um die Mitte der siebziger Jahre.

In seinen Entwürfen für die Danziger Kanalisation verwandte Wiebe den charakteristischen eiförmigen Lindley'schen Rohrtyp. Damit wurde sie als ein sogenanntes Abfangsystem geplant. Die Abwässer wurden durch das Rohrnetz zu drei großen Sammelkanälen und weiter auf die Rieselfelder geleitet, die wie eine natürliche Reinigungsanlage arbeiteten. Der Stadt wurde Quellwasser zugeführt. Das ganze hochmoderne System verbesserte die hygienischen Lebensverhältnisse der Bevölkerung, so dass deren Sterblichkeit in den nächsten Jahren stark zurückging. Infolge der Bauarbeiten beim Entwässerungsbau wurden die Verkehrswege reguliert, die Straßen befestigt und Bürgersteige angelegt.

Ein weiterer Modernisierungsschritt war die Entwicklung von Bus- und Bahnlinien im kommunalen Raum. Dies begann 1864 mit Pferdeomnibusverbindungen vom Langen Markt durch Langfuhr und Oliva nach Zoppot, die anfangs der siebziger Jahre durch Pferdeeisenbahnen von der Firma Deutsche Pferdeeisenbahn-Gesellschaft aus Berlin ersetzt wurden. Die Stadt erhielt im Laufe der Jahre mehrere neue Verbindungen, u.a. nach Ohra (1878) und Schidlitz (1886).

Die Reorganisation des Volksschulwesens war ein weiteres großes Unternehmen

6 Verwaltungs-Bericht des Magistrats zu Danzig für die Jahre 1863/64. Danzig 1865, S. 8.

7 J[ulius] A[lbert] G[ottlieb] Licht: Die Wasserversorgung und Canalisation der Stadt Danzig. In: Zeitschrift für Vermessungswesen im Auftrag und als Organ des deutschen Geometervereins 9 (1880), S. 16–20, hier S. 16.

8 Vgl. Cornelia Moeck-Schlömer: Hamburgs Wasserversorgung im 19. Jahrhundert. In: Ortwin Pelc, Susanne Grötz (Hg.): Der Konstrukteur der modernen Stadt. William Lindley in Hamburg und Europa 1808–1900. München 2008, S. 28–47.

der Danziger Stadtverwaltung in den sechziger Jahren. Die Stadt wurde in Bezirke geteilt, für die in den Jahren 1865 bis 1880, unter Aufsicht Julius Lichts, neue Stadtteilschulen gebaut wurden. Im Laufe der Jahre kamen durch die Initiative des Magistrats Sporthallen hinzu. Neben schlichten Zweckbauten entwarf Licht zu Beginn der achtziger Jahre unter anderem die Viktoriaschule in der Holzgasse im Stil der Renaissance. Sie war eine höhere Mädchenschule, deren Hof im Stil von Klosterkreuzgängen geplant wurde. Licht war wahrscheinlich auch bei der Planung einiger anderer städtischer Grund- und Mittelschulen beteiligt. Sicher ist, dass er der Autor der Pläne für die Umgestaltung des Postgebäudes in der Langgasse (1881) und für ein privates Theater im Langgarten (das „Wilhelmstheater") war, das im Dezember 1871 eröffnet wurde.[9] Er bereitete auch den neugotischen Umbau des Stadttheaters vor, der wegen Geldmangel Entwurf blieb.[10]

Licht beschränkte seine Aktivitäten aber nicht nur auf seine Amtspflichten. Das soziale Engagement des Architekten spiegelt sich auch in seiner Tätigkeit in einer der Danziger Stiftungen wider.[11] Da sich der Magistrat nicht mit dem kommunalen Wohnungsbau beschäftigte und das einzige Mittel, um die Wohnungsverhältnisse zu verbessern, die Kontrolle von Neubauplänen wie auch von schon bestehenden Häusern durch die Städtische Hygienische Untersuchungsanstalt war, wurden Versuche einer Notlösung der Wohnungsfrage „von unten" vorgenommen. Die größten Verdienste auf diesem Feld hatte die Abegg-Stiftung, die 1870 von der Familie des berühmten Danziger Arztes Georg Heinrich Abegg gegründet wurde. Anfangs wurden nur Wohnungen für Arbeiter geplant, aber bald waren Abnehmer auch arme Handwerker, Kleinbeamte oder Volksschullehrer. Um die Mitte der siebziger Jahre entstand die erste Siedlung. Eines der Grundstücke wurde der Stadt übergeben, um einen Kinderspielplatz zu bauen. In den ersten Jahren war die Stiftung nicht sehr aktiv, intensivere Tätigkeiten unternahm sie erst in den neunziger Jahren. Zu dieser Zeit war Licht der Architekt, der die meisten Häuser, die auf Initiative der Stiftung entstanden, entwarf. In die Verwaltung der Abegg'schen Stiftung waren mehrere Magistratsbeamten eingebunden.[12]

In seinem Amt als Stadtbaumeister Danzigs nutzte Licht seine reichen, bisher gesammelten beruflichen Erfahrungen. Daher wurde er, als man am Ende der siebziger Jahre nach langen Verhandlungen die für die Danziger Handelsinteressen wichtige Eisenbahnverbindung über Marienburg und Mlawa nach Warschau baute, zu deren technischem Direktor ernannt.[13] Die preußische Strecke der Bahn wurde 1872 in Betrieb genommen, die Bauarbeiten am russischen Abschnitt dauerten noch einige Jahre länger.

9 Danziger Zeitung, Nr. 7059 v. 27.12.1871.

10 Ebd., Nr. 7253 v. 22.04.1872.

11 Genzmer: Julius Licht (Anm. 2), S. 121

12 Jagoda Załęska: Urbanizacja Nowych Szkotów w Gdańsku w świetle idei Miasta-Ogrodu [Die Verstädterung von Neuschottland in Danzig in Anbetracht der Idee der Gartenstadt]. Magisterarbeit, Institut für Kunstgeschichte, Universität Danzig, Gdańsk 2011, S. 16–20.

13 Genzmer: Julius Licht (Anm. 2), S. 121.

Gegen Ende der siebziger Jahre gab es einen großen Wandel in Politik und Administration der Stadt. 1878 waren die mehrjährigen Bemühungen des Magistrats, eine eigene Provinz Westpreußen zu schaffen, erfolgreich. Daraus folgte, dass die Hauptstadt der neugebildeten Provinz repräsentative Verwaltungsgebäude benötigte. In den nächsten Jahren erhielt Danzig ein Regierungs- und Oberpräsidialgebäude von Karl Friedrich Endell und ein Provinzialverwaltungsgebäude nach Plänen von Hermann Ende und Wilhelm Böckmann, beide im typischen Renaissancestil. Die deutsche Renaissance wurde neben der seltener verwandten Gotik zum verbindlichen architektonischen Stil der Stadt. Die meisten repräsentativen Bauten dieser Zeit wurden in einem Stil gebaut, der die ehemalige hanseatische Pracht zitierte.

Um die Mitte des Jahrhunderts entstand auch die von der Architektenfirma Martin Gropius und Heino Schmieden in diesem Stil entworfene neue Filiale des Stadtlazaretts.[14] Das große Gebäude in der Sandgrube schloss die chirurgischen und gynäkologisch-geburtshilflichen Abteilungen ein. In zusätzlichen Gebäuden befanden sich eine Abteilung für Infektionspatienten und die Hebammen-Lehranstalt mit Internat. Das Lazarett war später mit einem mikrobiologischen Arbeitsraum und einem Röntgenapparat ausgestattet. Dem Krankenhaus war eine Poliklinik angeschlossen, wo arme Kranke unentgeltlich ambulant versorgt wurden. Mit dem Lazarett waren auch eine Unfallstation und das Arbeits- und Siechenhaus verbunden.[15]

Diese umfangreiche Bautätigkeit, teilweise durch massive Investitionen aus Berlin finanziert und von hauptstädtischen Architekten geplant, harmonisierten jedoch völlig mit der architektonischen Landschaft der Stadt, die damals zielsicher gestaltet wurde. Dies verband sich mit einem allgemeinen Anstieg des historischen Interesses und, in der Folge davon, mit der Anerkennung alter Architekturstile, mit dem Entstehen der Denkmalpflege und ersten Restaurierungen von Denkmälern. In mehreren Städten, so auch in Danzig, gab es dann in diesem Bereich aber auch Konflikte. Das rasche Wachstum der Städte war mit Modernisierungsprozessen verbunden, die zuweilen mit der Idee der Bestandserhaltung kollidierten. In Danzig war besonders die Beseitigung der typischen „Beischläge" konfliktreich. Die Baupolizeiordnungen zwischen 1868 und 1875 ordneten die Entfernung der meisten dieser charakteristischen Danziger Vorbauten während des Ausbaus der Kanalisation an.[16] Der Unwille einiger Hausbesitzer ist in mehreren Presseberichten dieser Zeit dokumentiert. Die *Danziger Zeitung* informierte regelmäßig über Aufforderungen zur Beseitigung von derartigen Bauteilen und über entsprechende Prozesse der Stadt gegen ungehorsame Bürger.[17] Man hat dabei jedoch zu bedenken, dass nicht jeder Beischlag ein

---

14 Aurelia Bladowska: Architektura Szpitala Miejskiego w Gdańsku-Wrzeszczu [Die Architektur des städtischen Krankenhauses in Danzig-Langfuhr]. Magisterarbeit, Institut für Kunstgeschichte, Universität Danzig, Gdańsk 2013, S. 37.

15 Adam Szarszewski: Proces medykalizacji szpitali gdańskich, aspekty socjalne, prawne i ekonomiczne (1755–1874) [Soziale, rechtliche und wirtschaftliche Aspekte des Medikalisierungsprozesses der Danziger Krankenhäuser]. In: Annales Academiae Medicae Gedanensis 37 (2007), Suppl. 1, S. 1–431, hier S. 212.

16 Richard Dähne: Die Beischläge in Danzig. In: Die Denkmalpflege 12 (1910), S. 90–94, hier S. 93.

17 U. a. Danziger Zeitung, Nr.7611 v. 20.11.1872; Nr. 9986 v. 11.10.1876.

künstlerisch und historisch wertvoller Vorbau war; eine Reihe von ihnen waren unästhetische, provisorische Ausbauten oder Treppen. Stadtarchitekt Licht als einer der Initiatoren der Kanalisierung war für die Entfernung der Beischläge teilweise verantwortlich. Dank der Entfernung der Vorbauten wurden jedoch drastischere Eingriffe in den Stadtkörper vermieden.

Der Abriss ganzer Stadtviertel zur Schaffung neuer Verkehrsverbindungen, wie er in Paris oder auch in Stettin stattfand, wurde in Danzig nicht umgesetzt. Allerdings wurden jedoch, wie anderswo auch, die im Stadtgebiet befindlichen Befestigungsanlagen geschleift, die oft Verkehrshindernisse darstellten und daher entfernt werden mussten. In den siebziger und achtziger Jahren riss man auch Teile der mittelalterlichen Mauer ab. Ebenfalls wurden einige Stadttore umgebaut oder gleich ganz beseitigt. Andere, wie etwa das Hohe Tor, restaurierte man, und 1878 wurden die Wälle an seiner Seite durchbrochen, um bessere Verkehrsverhältnisse zu erzielen.[18] Das den Langen Markt an der Mottlau-Seite abschließende Grüne Tor erhielt nach Lichts Entwurf Renaissance-Giebel, da die Originale 1831 entfernt worden waren.[19] Darüber hinaus restaurierte Licht noch weitere alte Danziger Gebäude. In seinen ersten Amtsjahren leitete er die Renovierungsarbeiten am Rechtstädtischen Rathaus, das noch als Sitzungsort des Stadtrates diente. Unter anderem war der Zweck dieser Arbeiten die bessere Anpassung der historischen Säle an die aktuelle Funktion.[20] Das umgebaute ehemalige Franziskanerkloster gehört zu Lichts besten Arbeiten. Nach seinem Entwurf von 1867–72 umfasste ein spätgotisches Architekturensemble das Gymnasium wie auch das Stadtmuseum. Mehrere Ausstellungen wie auch städtische Veranstaltungen fanden in dem neuen Gebäude statt.[21]

Ein wichtiger Aspekt der Arbeit Lichts in Danzig war seine Tätigkeit außerhalb seiner Dienstpflichten. Er begründete 1860 die Westpreußische Abteilung des Architekten- und Ingenieurvereins und war für zehn Jahre ihr Vorsitzender. Als Stadtbaumeister hatte er sich auch mit der dem zu beschäftigen, was insgesamt im Bauwesen seiner Zeit geschah: Licht war der Autor mehrerer einschlägiger Publikationen und hielt öffentliche Vorträge zu Architektur und Bauwesen.[22] Bis zum Ruhestand verlor er nicht an Schwung und blieb auf mehreren Feldern sehr aktiv.

Er war zudem in den neunziger Jahren Initiator großer Bauvorhaben oder hatte wesentlichen Einfluss auf solche Investitionen. Planung und Bauausführung erforderten oft mehrjährige Verhandlungen oder waren mit großem Kostenaufwand ver-

---

18 Erich Keyser: Die Baugeschichte der Stadt Danzig. Köln, Wien 1972, S. 439.

19 Jolanta Barton-Piórkowska: Zielona Brama w Gdańsku, dzieje i funkcja [Das Grüne Tor in Danzig, Geschichte und Funktion]. In: Janusz Pałubicki (Hg.): Zielona Brama w Gdańsku. Gdańsk 2004, S. 15–36, hier S. 22.

20 Genzmer: Julius Licht (Anm. 2), S. 119.

21 Vgl. Marek Żydowicz: Przebudowa średniowiecznego klasztoru pofranciszkańskiego w Gdańsku jako przyczynek do XIX-wiecznej problematyki konserwatorskiej Prus [Der Umbau des mittelalterlichen Franziskanerklosters in Danzig als ein Beitrag zum Denkmalpflegeproblem in Preußen im 19. Jh.]. Toruń 1989 (Acta Universitatis Nicolai Copernici: Zabytkoznawstwo i konserwatorstwo 3), S. 93–119.

22 Danziger Zeitung, Nr. 209 v. 1.2.1859; Nr. 419 v. 10.10.1859.

bunden. Zu diesen Großprojekten gehörte u.a. der Bau einer Markthalle. Die Kommission, deren Aufgabe die Ordnung des Marktwesens in der Innenstadt Danzigs war, war bereits 1882 gegründet worden.[23] Der Bau begann jedoch erst zwölf Jahre später. 1896 wurde schließlich die Backsteinhalle mit einer Eisendachkonstruktion auf dem Dominikanerplatz mit fast 200 Marktständen ihrer Bestimmung übergeben. Ähnlich verhielt es sich mit dem geplanten und mehrere Male ausgeschriebenen Projekt zum Bau des Schlacht- und Viehhofs. Bereits anfangs der sechziger Jahre wurde in der Stadtversammlung die Frage nach der Ordnung des Schlachtens und des Fleischhandels aufgeworfen, konnte aber nicht endgültig beantwortet werden, weil die Finanzierung nicht gesichert war. Sie wurde dann am Ende der achtziger Jahre erneut vorgelegt; dafür wurde eine neue Kommission unter der Leitung Lichts gebildet. Die Mitglieder des Ausschusses machten eine Informationsreise in mehrere preußische und europäische Städte, auf der sie Schlacht- und Viehhöfe sowie Kühlhäuser besuchten.[24] 1890 erhielt der Magistrat ein von Licht erstelltes Gutachten. Der Komplex bestand schließlich aus vier Gebäudegruppen und besaß einen Bahnanschluss. Schlachthof und Kühlräume waren nach dem neuesten technischen Standard eingerichtet. Die feierliche Inbetriebnahme fand Ende 1894 in Anwesenheit von Lichts Nachfolger, Karl Fehlhaber, statt.[25]

Inzwischen arbeitete der Magistrat auch an der Weichselregulierung, denn der damalige Zustand der Danziger Weichselmündung erforderte Regulierungsarbeiten. Während des großen Hochwassers 1840 durchbrach der nach dem heftigen Winter rasch fließende Strom die Dünen bei dem Dorf Neufähr. Die dadurch entstandene neue Mündung war aber bereits stark versandet. Es drohte ein nächster, gefährlicher Durchbruch der Nehrung. Seit den siebziger Jahren hatte Licht einige Publikationen zu diesem Problem vorgelegt. 1881 präsentierte er einen Entwurf der Regulierung der Mündung mit einem neuen Deichdurchstich sowie die Simulation des neuen Stromverlaufs.[26] Das war zugleich die Antwort auf Proteste der Stadt Königsberg, die gegen den neuen Mündungsbau opponierte. Grund dieser Proteste war eine angebliche Verschlechterung der Wasserverhältnisse im Königsberger Hafen, die infolge der Änderung der durch die Nogat zur Ostsee fließenden Wassermassen eintreten sollte. Der Konflikt dauerte noch einige Jahre an, so dass der Danziger Magistrat einen Beschluss zum neuen Mündungsbau erst 1888 fassen konnte. Die Bauarbeiten des sieben Kilometer langen Durchstichs sowie des Schleusensystems dauerten bis 1895.[27] Dank dieser Investition sank die Überschwemmungsgefahr für die in Mün-

---

23 Karl Fehlhaber: Markthalle und Wochenmärkte. In: Danzig und seine Bauten. Hg. v. Westpreußischen Architekten- und Ingenieurverein. Berlin 1908, S. 199.

24 Vgl. Bericht der Commission für die Vorberathung des Projectes, betreffend die Errichtung eines öffentlichen Schlacht- und Viehhofes in Danzig. Danzig 1891.

25 Vgl. Karl Fehlhaber: Der Schlacht- und Viehhof. In: Danzig und seine Bauten (Anm. 23), S. 201–207.

26 Über die Regulierung der Weichsel-Mündungen. Vortrag gehalten im März 1881 im Gewerbehause zu Danzig von Licht, Stadt-Baurath. Danzig 1881.

27 O[tto] Weißker: Strombauten, Hochwasserregulierung im Mündungsgebiet. In: Danzig und seine Bauten (Anm. 23), S. 281–296, hier S. 290.

dungsnähe liegenden Siedlungen stark und die Wasserverhältnisse im Hafen verbesserten sich deutlich.

Das letzte große Projekt Lichts in Danzig war die Öffnung der Stadt durch die Beseitigung der Stadtgräben und Wälle und der Bau eines neuen Stadtteils mit einer repräsentativen Allee auf den eingeebneten Bereichen. Der Danziger Magistrat bemühte sich mehrere Jahre lang ohne Erfolg um die Erlaubnis zur Schleifung der Stadtwälle, und erst 1888 wurde vom Kriegsministerium die Bewilligung für den partiellen Rückkauf und die Schleifung der Befestigungen erteilt. Dann wurde eine Spezialkommission gegründet, die aus städtischen Beamten der Bauverwaltung und Stadträten unter der Leitung von Winters bestand. Zu ihren Aufgaben gehörten die Durchführung des Entfestigungsprozesses, Verhandlungen mit dem Militärfiskus betreffend Ankaufsbedingungen des Gebiets und mit der Eisenbahnverwaltung über einen Neubau des Bahnhofs wie auch die Erarbeitung eines Bebauungsplans.[28] Zwei Jahre später trat Oberbürgermeister von Winter in den Ruhestand. 1892 schuf Licht, unterstützt vom Stadtgeometer Maximilian Block, den ersten Bebauungsplan für die nun nivellierten Flächen.[29] Obwohl die Stadt mit dem neuen Oberbürgermeister Karl Adolf Baumbach die präsentierten Ergebnisse akzeptierte, fand nach ihrer Veröffentlichung eine Diskussion in der Presse statt, in der die Forderung nach mehr Grünanlagen und einer lockereren Bebauung laut wurde.[30] Man bat schließlich den weithin bekannten rheinischen Städteplaner Hermann Josef Stübben um ein Urteil, der einige Änderungen zur Verbesserung des Projekts vorschlug. Vor allem erweiterte er die Flächen an der Nordseite des Gebietes und gestaltete einen dreieckigen Platz mit Gebäuden für ein Gymnasium, Stadtarchiv und Stadtbibliothek. An der Westfront sah er eine breite Allee mit Spalieren als eine Ringstraße und einen Bahnhofsplatz im Süden vor. In den nächsten Jahren wurden an der Allee Gebäude großstädtischen Charakters realisiert, unter anderem ein Neubau für das Generalkommando des Heeres sowie repräsentative Gebäude für Banken, Versicherungsanstalten und Hotels. Kurz vor der Jahrhundertwende wurde auch das schmucke Empfangsgebäude des neuen Bahnhofs mit seinem charakteristischen Turm errichtet, dessen Form den mittelalterlichen Rathausturm nachahmte. Julius Licht trat 1893 noch vor dem Beginn der Bauarbeiten in den Ruhestand, dennoch hatte er viel zur Realisierung dieses Prestigeprojektes beigetragen.

Julius Licht war 36 Jahre lang in Danzig, das heißt drei volle zwölfjährige Perioden, für die er jeweils einstimmig gewählt wurde. Im Laufe seines Dienstes erhielt er einige Ehrungen. Unter anderem bekam er 1872 den Titel eines Königlichen Stadtbaurats und im Jahr seiner Pensionierung wurde er zum Ehrenbürger Danzigs ernannt. Neben den hier genannten Projekten entwarf Licht eine Reihe von kleineren öffentlichen und privaten Gebäuden wie auch solche ephemeren Charakters (u. a.

28 Małgorzata Omilanowska: Defortyfikacja Gdańska na tle przekształceń miast niemieckich w XIX w. [Die Entfestigung Danzigs im Hinblick auf die Umgestaltungen deutscher Städte im 19. Jh.]. In: Biuletyn Historii Sztuki 72 (2010), Nr. 3, S. 293–332, hier S. 311.

29 Verwaltungs-Bericht des Magistrats zu Danzig für die Jahre 1894/1895. Danzig 1896, S. 169.

30 Omilanowska: Defortyfikacja (Anm. 28), S. 319.

den Empfangspavillon für fürstlichen Besuch und die Halle für die Gewerbe- und Industrieausstellung in Danzig mit einer Eisenkonstruktion von 1858).

Mit dem Fortschritt der Forschung im Rahmen meines Dissertationsvorhabens tauchen immer mehr Projekte von Licht auf; zugleich wird auch seine Teilnahme an vielfältigen Unternehmungen im Modernisierungsprozess der Stadt bestätigt wird. Bei vielen von ihnen ist die Rolle Lichts ganz klar, bei anderen muss sie jedoch noch herausgearbeitet werden; dies erfordert die Erforschung der Quellen. Insgesamt ergibt sich ein Bild nicht nur eines begabten Architekten, sondern auch einer außergewöhnlichen Persönlichkeit, eines Spezialisten mit einer Vielzahl von Interessen und eines Mannes von außerordentlicher Leidenschaft, der Wesentliches zum Umgestaltungsprozess Danzigs in der zweiten Hälfte des 19. Jahrhunderts beitrug.

Die Analyse der Umgestaltung Danzigs im Kontext der Veränderungen, die generell in der zweiten Hälfte des 19. Jahrhunderts in der Stadt stattfanden, zeigt die große Leistung der Stadtverwaltung mit Oberbürgermeister Leopold von Winter an der Spitze und Julius Licht als engagiertem Stadtbaurat. Dies bewirkte in den vier letzten Jahrzehnten des 19. Jahrhunderts den Aufschwung Danzigs. Die Schleifung der Stadtbefestigung ermöglichte eine bessere Verbindung der Innenstadt mit den Vorstädten, die allmählich eingemeindet wurden. Die Stadt wurde elektrifiziert, die Industrie entwickelte sich. Noch in den frühen neunziger Jahren entschied sich der große Elbinger Unternehmer Schichau, eine Filiale seiner Werft in Danzig zu bauen. Dank der Herstellung der Wasserleitungen und der Kanalisation, des Schlacht- und Viehhofs, der Markthalle sowie der Verbesserung der Krankenversorgung stieg die Lebensqualität der Bevölkerung wesentlich. Leider fehlte in den nächsten Jahren eine gezielte städtische Politik in Bezug auf die Kultur, was ein Defizit an Neubauten wie ein Opernhaus oder eine Stadthalle mit sich brachte. Ein neues Rathaus oder ein modernes Verwaltungszentrum wurden ebenfalls nicht geplant. Unter den Nachfolgern von Winters und Lichts waren keine charismatischen Persönlichkeiten, um die im letzten Drittel des 19. Jahrhunderts eingeschlagenen Richtungen der Stadtentwicklung weiterzuverfolgen.

Die Geschichte der Entwicklung Danzigs soll im Zusammenhang mit einem übergeordneten Aspekt, dem dynamischen Wachstum preußischer Städte während der Gründerzeit untersucht werden. Diese Tendenz, die eine Folge der industriellen Revolution war, verstärkte sich besonders nach der geleisteten Kriegskontribution Frankreichs nach 1871. Nicht alle Städte erhielten Ausschüttungen in gleicher Höhe. Manche von ihnen, wie Danzig, rangen zudem mit der ungünstigen Lage und einem Mangel an wichtigen Investitionen. So blieben die Ostseestädte von den preußischen Nordseehäfen abgeschnitten, nicht nur aufgrund der ungünstigeren Lage und des Sundzolls. Die Provinzialisierung der Ostprovinzen in der Politik Wilhelms II. und die Bevorzugung Hamburgs als Haupthafen des Kaiserreichs vertiefte zusätzlich die Wirtschaftskrise im Osten. Die größte staatliche Investition in Danzig, der Bau der Kaiserlichen Werft, hatte keinen wesentlichen Einfluss auf die Gewerbeentwicklung der Stadt, weil sie nicht die Konjunktur antrieb und keine Erträge für den Stadthaushalt erbrachte. Die Zollpolitik des Staates begrenzte die mögliche Entwicklung des Danziger Handels durch die Trennung vom ehemaligen polnischen

Markt. Die als Ersatz neugebaute Bahnverbindung mit dem russischen Eisenbahnnetz brachte jedoch nicht den erwünschten Aufschwung. Der Mangel eines potentiellen Absatzmarkts und die Abgeschlossenheit vom Fernverkehr reduzierten die Produktion auf einen lokalen Charakter. Die rohstoffarme Region Westpreußen besaß keine günstigen Bedingungen für eine industrielle Entwicklung.

In Danzig fehlten zudem die Wirtschafts- und Gewerbeeliten, wie auch Investitionen durch Aktiengesellschaften und den Staat. Dazu kam noch der Abfluss der Bevölkerung aus dem Osten in die Gewerberegionen Westdeutschlands und infolgedessen das Fehlen qualifizierter Facharbeitskräfte. Das zusätzliche Joch der Stadt war der Status der Festung. Für mehrere Jahrzehnte musste sie die Kosten der Unterhaltung der Garnison decken und litt unter den Folgen der strengen Verordnungen betreffend das Bauen innerhalb der Befestigung und in der Nähe der Wälle. Die Befestigung erschwerte lange Zeit die Stadtentwicklung und mehrere Bauvorhaben verlangten langjährige und teure Verhandlungen mit dem Militärfiskus. Daher war Danzig im Vergleich mit den meisten größeren preußischen Städten, sogar mit Stettin, dessen viel günstigere Lage die gesamte potentielle Konkurrenz West- und Ostpreußens minderte, im Nachteil. Danzig war schließlich auch gegenüber Königsberg nicht wettbewerbsfähig. Jedoch mit der Unterstützung durch die leistungsfähige Verwaltung wäre die Transformation Danzigs in eine Großstadt möglich gewesen. Erfolge, wie der im europäischen Maßstab ungewöhnlich frühe Bau einer Kanalisation oder die Gewinnung des berühmten Spezialisten, um die Pläne der Niederlegung der Wälle umzusetzen, bewirkten, dass sich Danzig durch eine spezifische Dynamik der Entwicklung im Modernisierungsprozess auszeichnete. Dazu trug, neben Oberbürgermeister Leopold von Winter, Stadtbaurat Julius Licht entscheidend bei.

Rafał Makała

Auf dem Weg zur Metropole. Architektur und Städtebau der Gründerzeit in Stettin/Szczecin

Ein Wahrzeichen der Stettiner Architektur um 1900 sind die Bauten der wilhelminischen Epoche, etwa die Hakenterrasse, die Siedlung Ackermannshöhe oder der avantgardistische Innenraum der Garnisonkirche. Tatsächlich erlebte damals die Architektur dieser Stadt – wie die vieler anderer in Deutschland – eine Blütezeit. Die Umbruchjahre mit den vielfach spektakulären Formen des Historismus, in denen sich zugleich die Grundlagen der Moderne herausbildeten, erfreuen sich seit einiger Zeit des wohlverdienten Interesses der Wissenschaft.

In der Gründerzeit, im dritten Viertel des 19. Jahrhunderts, avancierte Stettin von einer kleinen preußischen Garnisonsstadt zu einer Handels- und Industriemetropole. Daher wurden sowohl der Städtebau als auch einzelne Bauten und Baugruppen dieser Zeit bereits erforscht, zum Teil sehr genau, wie die akribische Studie von Bogdana Kozińska zur Raumentwicklung Stettins von 1800 bis 1939 zeigt.[1]

Der vorliegende Beitrag soll weniger eine Gesamtdarstellung, sondern vielmehr einen Überblick über Architektur und Städtebau jener Zeit geben, um deren Charakter, insbesondere in Hinblick auf die spätere Blüte, zu umreißen. Der ökonomische Glanz Stettins in der wilhelminischen Zeit basierte weitgehend auf den Errungenschaften der Gründerzeit; es ist also zu fragen, inwieweit die spezifischen Züge der Stettiner Architektur um 1900 Folgen der in den Jahren 1845 bis 1890 verlaufenden Prozesse und der Entscheidungen der Stadtverwaltung sind. Sehr interessant erscheint auch die Frage nach den Unterschieden zwischen der Architektur der Gründerjahre und der wilhelminischen Epoche, durch die die Entwicklung zur Metropole sichtbar werden kann.[2]

Der chronologische Rahmen der Architektur der Gründerzeit in Stettin wird durch drei wichtige Daten abgesteckt: 1845 kam es zum ersten Mal seit dem 17. Jahrhundert zu einer Stadterweiterung – der Gründung der Neustadt –, was neue Möglichkeiten in der sonst dicht bebauten Stadt eröffnete. 1873 wurde die Festung aufgehoben, was der Stadt weitere Entwicklungsmöglichkeiten gab. Und 1891 kam der neue Stadtarchitekt, Wilhelm Meyer-Schwartau, nach Stettin, dessen Tätigkeit das architektonische Bild der Stadt stark prägte.

1 Bogdana Kozińska: Rozwój przestrzenny Szczecina od początków XIX w. do II wojny światowej [Die räumliche Entwicklung Stettins vom Beginn des 19. Jh.s. bis zum Zweiten Weltkrieg]. Szczecin 2002.

2 Dieser Aufsatz basiert auf den Forschungen für die Erarbeitung des Buches: Między prowincją a metropolią. Architektura Szczecina w latach 1891–1918 [Zwischen Provinz und Metropole. Architektur in Stettin 1891–1918]. Szczecin 2011 (Biblioteka naukowa Muzeum Narodowego w Szczecinie. Seria Historia Sztuki).

Jahrbuch des BKGE 21 (2013), S. 189–214

Bis in die vierziger Jahre des 19. Jahrhunderts war das Stadtgebiet Stettins auf den mittelalterlichen Kern beschränkt. Die am linken Ufer des Oderdeltas auf einer Moräne gelegene Stadt nahm in der zweiten Hälfte des 13. Jahrhunderts Gestalt an, und zwar durch das Zusammenfügen einiger früherer Siedlungen, die um die herzogliche Burg entstanden waren. Östlich der Altstadt, am linken Ufer des Hauptstromes der Oder, lag die Insel Lastadie, auf der sich hauptsächlich Lagerhäuser sowie Werften befanden.[3] Während des Dreißigjährigen Krieges wurde Stettin, wo seit dem Tod des letzten Herzogs von Pommern (1637) die schwedischen Vasa regierten, zur Festung ausgebaut. Nachdem Stettin 1713 an Preußen gekommen war, wurde die Festung erheblich erweitert. Einer der damals errichteten Bauten, das Fort Preußen, wurde als selbständige kleine Siedlung südwestlich der Stadt entworfen.[4] Zugleich entstanden nördlich und westlich der Altstadt zwei große Paradeplätze, die man anstelle der mittelalterlichen Stadtmauern und Gräben angelegt hatte.[5] Der äußerst regen Aktivität Preußens bei der Fortifizierung Stettins folgte eine gezielte Baupolitik, deren Zweck die Errichtung möglichst vieler Wohnungen und zugleich Unterkünfte für die Soldaten in der Festung war. Infolgedessen wurde im 18. Jahrhundert der traditionelle Haustyp in Stettin – ein Giebelhaus mit Seitenflügel – durch einen neuen ersetzt, der in der Regel mehrere Mietswohnungen enthielt. Die früher reich verzierten Giebel wurden meist durch Walmdächer ersetzt und die Fassadendekorationen folgten dem Vorbild des friderizianischen Barock.[6] Zugleich aber belebte die Wirtschaftspolitik Preußens auch den Stettiner Handel und Gewerbe, wodurch die urbane Verdichtung Stettins zunahm, wie der stetige Anstieg der Bevölkerungszahl – von etwa 18.000 am Ausgang des 18. Jahrhunderts bis über 50.000 um 1850 – und die zunehmende Wohnungsnot zeigen. Nach 1800 wurde die Bebauung der Stadt immer höher und dichter, und um 1830 fand man sowohl in der Altstadt als auch auf der Lastadie kein freies Grundstück mehr. Sehr dynamisch entwickelten sich daher nach dem Ende der Befreiungskriege 1815 die um Stettin liegenden Gemeinden, die der neu entstehenden Industrie reichlich Platz bieten konnten, wie z. B. das nördlich der Stadt an der Oder gelegene Dorf Grabow, das sich innerhalb von zwanzig Jahren zu einer Kleinstadt entwickelte, die 1855 das Stadtrecht erhielt.[7]

Durch das wechselhafte Schicksal Stettins seit dem Dreißigjährigen Krieg waren um 1850 nur einige wenige repräsentative Bauten erhalten (Abb. 1). Dazu gehörte die gotische St.-Jakobi-Kirche – eine Umgangshalle mit einem mächtigen Westturm, der 1893 mit einer neuen Haube bekrönt wurde. Ebenso dominierend im Stadtpanorama war das Königsschloss (ursprünglich Hauptresidenz der Herzöge von Pommern), ein Renaissancebau, der den Sitz der Provinzverwaltung und – nominell – des

3 Zu der Gründung der Rechtstadt siehe Helena Chłopocka, Lech Leciejewicz, Tadeusz Wieczorkowski: Rozwój przestrzenny i osadnictwo Szczecina w X-XII w. [Räumliche Entwicklung und Besiedlung Stettins im 10.–12. Jh.]. In: Dzieje Szczecina. Bd. 2. Warszawa, Poznań 1985, S. 39–45.

4 Maciej Słomiński, Rafał Makała, Małgorzata Paszkowska: Szczecin barokowy. Architektura lat 1630–1780 [Das barocke Stettin. Architektur der Jahre 1630–1780]. Szczecin 2000, S. 81–83.

5 Ebd., S. 14–19, 84–90.

6 Ebd., S. 34–47.

7 Makała: Między prowincją a metropolią (Anm. 2), S. 34, 36. Hier weitere Literaturhinweise.

1 Stettin gesehen von Nordwesten. Rechts unten das Fort Preußen. Radierung nach einer Zeichnung von J. F. Freund, Augsburg 1735. Foto Muzeum Narodowe w Szczecinie

preußischen Königs beherbergte.[8] Weniger ansehnlich waren die städtischen Bauten, wie das kleine, mittelalterliche Rathaus, das im 18. Jahrhundert in schlichten Formen des klassizierenden Barock wiederaufgebaut wurde,[9] sowie die 1833–1835 von dem Stettiner Baumeister Mathias nach einem Konzept Karl Friedrich Schinkels errichtete Börse.[10] Die wichtigsten Bauten der neueren Zeit konzentrierten sich

8 Das im Zweiten Weltkrieg weitgehend zerstörte Schloss wurde bis 1986 als Sitz eines Kulturhauses, einer Oper und anderer Institutionen wiederaufgebaut. Siehe Janusz Nekanda-Trepka: Dwudziestowieczne przekształcenia skrzydła południowego zamku książąt pomorskich w Szczecinie [Die Umgestaltung des Südflügels des Schlosses der Pommerschen Herzöge in Stettin im 20. Jh.] In: Rafał Makała, Maria Glińska: Sztuka XX w. w Szczecinie i na Pomorzu Zachodnim. Przemiany i kontynuacje. Szczecin 2008 (Biblioteka Naukowa Muzeum Narodowego w Szczecinie. Seria Historia Sztuki), S. 99–112.

9 Słomiński, Makała, Paszkowska: Szczecin barokowy (Anm. 4), S. 157f. Das im Zweiten Weltkrieg zerstörte Rathaus wurde in gotischen Formen rekonstruiert und ist heute eines der Gebäude des Nationalmuseums in Szczecin.

10 Hans Vogel: Pommern. Berlin 1948 (Karl Friedrich Schinkel, Lebenswerk), S. 38f. Die Börse wurde im Zweiten Weltkrieg stark beschädigt und nach 1945 abgetragen.

2 Das neue Stadttheater von Carl Ferdinand Langhans, 1848/49. Zustand um 1880. Foto Muzeum Narodowe w Szczecinie

an den Paradeplätzen. Dazu gehörten v. a. die monumentalen Bauten des friderizianischen Barock – das Königs- und Brandenburgertor sowie das Landschaftshaus, dessen ikonographische Programme eine Glorifizierung Friedrich Wilhelms I. darstellten.[11] Besonders der Weiße Paradeplatz, seit 1814 Königsplatz genannt, wurde zu einem repräsentativen urbanen Raum mit öffentlichen Bauten und Denkmälern (bereits 1793 wurde das Monument für Friedrich II. aufgestellt, ein Werk Gottfried Schadows). An diese Tradition schloss man sich ausnahmslos bis in die Mitte des 19. Jahrhunderts an. So wurde auch das von der Stettiner Kaufmannschaft finanzierte neue Stadttheater im östlichen Teil des Königsplatzes in barockisierendem Stil errichtet. Das von Carl Ferdinand Langhans nach langer Planungsphase 1848/49 erbaute Gebäude war ein typisches Beispiel der Theaterarchitektur Langhans' und bestand aus zwei mächtigen Teilen – einem viereckigen Bühnenhaus und

11 Slomiński, Makała, Paszkowska: Szczecin barokowy (Anm. 4), S. 91–97. Heute Sitz der Galerie Alter Kunst des Nationalmuseums in Szczecin.

einem niedrigeren, halbrunden Bau, der den Zuschauerraum beherbergte (Abb. 2).[12] Später wurden zwar repräsentative Bauten an den Paradeplätzen gebaut, doch seit dem Ausgang der 1840er Jahre gab es neue, mindestens ebenso interessante Standorte für öffentliche Gebäude. Zugleich war das Stadttheater unter den öffentlichen Bauten ein „Epigone“ des in Stettin seit dem Ausgang des 18. Jahrhunderts vorherrschenden Klassizismus, denn die nach 1850 errichteten Objekte wurden in der Regel als Backsteinbauten ausgeführt.

In Anbetracht der sozialen und wirtschaftlichen Probleme intendierte die Stadtverwaltung Stettins seit 1815 die Aufhebung der Festung, was auf entschlossenen Widerstand des Militärs stieß. Erst in den 1830er Jahren wurde die Besiedlung der kleinen Insel Silberwiese (1840–1845) und die Gründung der Neustadt (1845) erlaubt; beide Gebiete wurden ebenfalls von dem Festungsring umschlossen und waren somit stark fortifiziert. Die Bebauung der Silberwiese, eines relativ schmalen Landstreifens südöstlich der Stadt, der für den Wohnungsbau nur beschränkt genutzt werden konnte, wurde vor allem von der Stettiner Kaufmannschaft ins Auge gefasst, die sich erhoffte, dort Platz für Lagerhäuser und Werkstätten zu bekommen. Zu diesem Zweck entwarf man ein einfaches Straßennetz mit einer Hauptachse in der Mitte parallel zur Oder und einem Marktplatz im Zentrum; der südliche Teil der Insel wurde für ein neues Fort freigehalten. Die Bebauung der Insel verlief jedoch recht langsam, nicht zuletzt wegen der langen Planung und der mühsamen Diskussionen mit dem Militär über die Beschränkungen für die Bauherren. Erst 1845 genehmigte Friedrich Wilhelm IV. die Bebauung der Silberwiese. Zur selben Zeit wurde die Gründung der Neustadt beschlossen, die u. a. viel besser mit der Altstadt verbunden war und bessere Konditionen für die Bebauung bot (Abb. 3).[13]

Die Stettiner Neustadt wurde südlich der Altstadt auf einem Hügel und dem zur Oder hin abfallenden Hang angelegt, innerhalb von Befestigungen, die in das alte Fort integriert wurden. Außerhalb der Festung lag der Bahnhof der Stettin-Berliner Eisenbahn, der direkt am Fluss unterhalb der Neustadt errichtet wurde.[14] Das neue Viertel der Stadt plante man im Schachbrettsystem, wobei die natürlichen Bedingungen (z. B. der steile Hang zum Fluss) sowie vorhandene Festungswerke (der tiefe Festungsgraben und der Militärhafen) die Verbindung beider Stadtteile verhinderten. Lediglich die Hauptstraße des neuen Stadtteils, die im westlichen Teil der Neustadt entworfene Lindenallee, wurde als Verlängerung des friderizianischen Paradeplatzes geplant. An ihrer Ostseite wurden zwei Plätze angelegt: der Victoria-Platz

---

12 Zu dem Theatergebäude siehe Otto Mummert: Stettiner Stadttheater. Stettin 1899; Ekkehardt Wendt: Das Stadttheater in Stettin aus baugeschichtlicher Sicht. In: Pommern. Zeitschrift für Kultur und Geschichte Pommerns, 1970, S. 49–51. Der im Zweiten Weltkrieg nur leicht beschädigte Bau wurde nach 1945 abgerissen. Siehe Rafał Makała: Dawny gmach Teatru Miejskiego w Szczecinie [Das alte Gebäude des Stadttheaters in Stettin]. In: Leokadia Kaczyńska (Hg.): Szczecin teatralny. Szczecin 2002 (Uniwersytet Szczeciński: Materiały, konferencje 66), S. 27–38, hier S. 34.

13 Zur Geschichte dieser Bestrebungen und der Gründung der Silberwiese und der Neustadt siehe Kozińska: Rozwój przestrzenny Szczecina (Anm. 1), S. 69–91.

14 Halina Orlińska, Piotr Zaremba: Urbanistyczny rozwój Szczecina [Die städtebauliche Entwicklung Stettins]. Poznań 1965 (Instytut Zachodnio-Pomorski w Szczecinie 1), S. 58.

3 Plan von Stettin von 1871 kurz vor dem Abriss der Festung. Südlich der Altstadt (A) sind die Neustadt (B), die Silberwiese (C) und der Industrievorort Pommerensdorf (D) zu sehen; nördlich an der Oder sieht man das Städtchen Grabow (E), westlich davon das künftige „Westend" (F)

(an dem später das neue Rathaus errichtet wurde) und ein Kirchplatz für eine Pfarrkirche der Neustadt, die dann doch an einer anderen Stelle entstand. Unterhalb des Neuen Rathauses schuf man noch einen Platz – den dreieckigen Neumarkt, der im Osten mit dem monumentalen Postgebäude abschloss. Der Neumarkt mit seinen beiden großen öffentlichen Bauten wurde das Zentrum der Neustadt, was man 1898 mit dem Sedina- oder Manzel-Brunnen, einer allegorischen Darstellung Stettins, unterstrich.[15] Allerdings war die Neustadt vom Fluss und dem Hafen weitgehend abgetrennt und darum für die Wirtschaft weniger von Interesse. Der größte Nutznießer der Stadterweiterung waren die Stadt und das Militär. In den 50er–70er Jahren entstanden hier mehrere kommunale Einrichtungen (wie z. B. das 1853–1856 erbaute neue Haus der Stiftung Johanniskloster) sowie Garnisonsbauten (Kasernen sowie z. B. das 1867 fertiggestellte Haus des Festungskommandanten).[16] Auch andere Körperschaften, die bisher keine Möglichkeit für den Bau eines neuen Sitzes hatten, errichteten ihre Häuser in der Neustadt, wie z. B. die Baptistengemeinde, die hier 1855 ein Gebetshaus errichtete.

Die Gründung der Neustadt resultierte auch aus dem Abriss der Festungsbauten an der südlichen Grenze zur Altstadt. Dieses Areal wurde bebaut, noch bevor man die Tiefbauarbeiten im neuen Stadtviertel abgeschlossen hatte. Neben den zahlreichen einfachen Mietshäusern entstand 1868 an der Grüne-Schanze-Straße das neue städtische Gymnasium, das vorher im ehemaligen Kartäuserkloster an der Mönchstraße untergebracht war.[17] Das von Stadtbaurat Martin Grüne (wohl nach einem Entwurf eines anderen Architekten) errichtete Gebäude wurde zwischen Mietshäuser platziert. Es hatte ähnliche Proportionen wie diese, unterschied sich jedoch von ihnen in der Komposition der Fassade, denn es zitierte die Bibliotheksbauten von Martin Gropius in Kiel und Greifswald. Auch das Grundmaterial Backstein, die Terrakotta-Dekoration sowie die kleinen Säulen aus Zink hoben das Gebäude aus der Straßenflucht hervor.

Die meisten in der Neustadt errichteten öffentlichen Bauten waren weniger anspruchsvolle Nutzbauten wie z. B. das bereits erwähnte Gebetshaus der Baptisten, das sich in seiner Schlichtheit kaum von den benachbarten Mietshäusern unterschied. Den Mittelpunkt und die städtebauliche Dominante der Neustadt bildete das Neue Rathaus, erbaut 1875–1879 von dem neuen Stadtbaumeister Stettins, Konrad Kruhl (Abb. 4).[18] Es wurde zwischen dem Victoriaplatz und dem Neuen Markt, auf dem Hang des neustädtischen Hügels errichtet – in einer Lage, die an sich viele technische Probleme verursachte, andererseits aber interessante Möglichkeiten einer repräsentativen Gestaltung des Bauwerkes bot. Kruhls Konzept ging, unterstützt von seinem Auftraggeber, der Stadtverwaltung Stettins, in diese Richtung. Das neogotische Vierflügelgebäude aus rotem Backstein mit reichem Terrakottaschmuck stützte sich sicherlich auf das Vorbild des 1869 eingeweihten Berliner Roten Rathauses von Hermann Wäsemann (was in der neueren Fachliteratur bereits

15 Zur Gründung der Neustadt siehe Kozińska: Rozwój przestrzenny Szczecina (Anm. 1), S. 77–91.

16 Heinrich Berghaus: Geschichte der Stadt Stettin, der Hauptstadt von Pommern. Bd. 2. Stettin 1876, S. 630f.

17 Zur Entstehungsgeschichte des Schiller-Realgymnasiums siehe Maciej Słomiński: Od Homera do Kanta, czyli o dwóch gmachach gimnazjów klasycznych [Von Homer bis Kant – zu den beiden Gebäuden der Gymnasien]. In: Kronika Szczecina 1997, S. 78–81. Heute gehört das Gebäude der Pommerschen Bücherei.

18 Kozińska: Rozwój przestrzenny Szczecina (Anm. 1), S. 91.

4 Das Neue Rathaus von Konrad Kruhl, 1875–1879, Ansicht vom Neuen Markt aus. Zustand um 1880. Foto Muzeum Narodowe w Szczecinie

mehrfach angedeutet wurde),[19] ist aber keine direkte Nachahmung. Zwar wurden die Fassaden des Stettiner Baus ebenso symmetrisch gestaltet und ähnlich verziert, doch fehlte hier der Turm, der die Komposition des Werkes von Wäsemann so stark prägte. Viel monumentaler wurde auch die Hauptfassade strukturiert, wozu Kruhl die besondere Lage des Rathauses nutzte. Die Ansicht vom Neuen Markt aus, auf einem massiven Terrassenunterbau mit einer stattlichen Treppe, bot einen gewaltigen Eindruck. Die Dominante der Fassade bildete hier ein Risalit, flankiert von zwei schlanken Zylindertürmchen. Zusammen mit den stark ausgeprägten Seitenrisaliten gab dies dem Rathaus das Aussehen einer Residenz, die über dem Platz thront. Der Haupteingang war an der ebenso reich dekorierten und ebenfalls dem Vorbild der Residenzarchitektur folgenden, doch nicht so monumentalen Westfassade am Victoriaplatz mit einem Portikus in der Mitte, der mit allegorischen Darstellungen von Industrie, Landwirtschaft, Seehandel und Bildung geschmückt war. Wenn man also in dem Werk Wäsemanns ein Vorbild für das Stettiner Gebäude sehen will, dann

19 Ebd., S. 91f.; Wojciech Łopuch: Dzieje architektoniczne nowoczesnego Szczecina [Die Architekturgeschichte des modernen Stettin]. Szczecin 1999, S. 57f.; Małgorzata Paszkowska: Nawiązania do motywów i ornamentyki średniowiecznej w XIX-wiecznej architekturze Szczecinia [Anknüpfungen an mittelalterliche Motive und Ornamentik in der Stettiner Architektur des 19. Jh.s]. In: Maria Glińska, Krystyna Kroman, Bogdana Kozińska, Rafał Makała (Hg.): Kultura i sztuka Szczecina w latach 1800–1945. Szczecin 1999, S. 65.

5 Entwurf der Fassade der Synagoge an der Grünen Schanze von Konrad Kruhl, 1873–1875. Foto Muzeum Narodowe w Szczecinie

v. a. in der Wahl des Baumaterials. Mit seiner durch drei Risalite gegliederten Fassade und dem Portikus über dem Eingang bezieht sich das Stettiner Rathaus eher auf die neuzeitliche Residenzarchitektur.

Gegenüber dem Rathaus an der Ostseite des Neuen Marktes entstand 1872–1874 nach einem Entwurf des Berliner Architekten Carl Schwatlo die neue Post.[20] Der ebenso aus rotem Backstein mit Terrakottaschmuck errichtete Bau ähnelt in der grundsätzlichen Komposition sowie in der Raumdisposition dem Postfuhramt in Berlin-Mitte, das 1877–1881 ebenfalls von Schwatlo und Wilhelm Tuckermann erbaut wurde,[21] war aber keine Konkurrenz für das dominierende Rathaus, ja es untermauerte sogar noch den Effekt durch die Ähnlichkeit in Material und Dekoration. Da der Platz relativ stark in Richtung Osten abfiel, lag das Postgebäude bis auf das Kranzgesims unterhalb des Rathauses.

---

20 Wegen der schnellen Entwicklung Stettins folgte bereits 1877 der erste Ausbau der Post. Siehe dazu Beata Makowska: Renovierung des Schalterraums im Komplex des Postgebäudes an der ul. Dworcowa in Stettin. In: Brigitte Hartel, Bernfried Lichtnau (Hg.): Architektur in Pommern und Mecklenburg von 1850 bis 1900. Frankfurt/Main, Berlin, Bern [u. a.] 2004 (Kunst im Ostseeraum 4), S. 27–42.

21 Das Berliner Gebäude wurde dagegen aus gelbem Backstein im Stil der Neorenaissance errichtet.

Die Südseite des Neuen Marktes blieb jahrelang im Besitz des Militärs, die nördliche Platzseite wurde dagegen sehr schnell bebaut – hauptsächlich mit Mietshäusern. Eine Ausnahme war die Synagoge, die 1873–1875, also bereits vor dem Neuen Rathaus, nach einem Entwurf von Kruhl erbaut wurde (Abb. 5). Das von fünf Kuppeln bekrönte Gebäude stand in der nördlichen Front der Grüne Schanze-Straße, dominierte aber die benachbarten Mietshäuser. Durch die an mauretanische Architektur anknüpfende Form der zentralen Fenster und des Eingangs gab Kruhl der Synagoge orientalische Züge, was die Herkunft des Judentums aus dem Vorderen Orient andeuten sollte.[22] Der Bau wurde jedoch mit dem für die öffentlichen Bauten Stettins jener Zeit typischen Material ausgeführt – in rotem Backstein mit Sandsteindekorationen. Sowohl in der architektonischen Ausgestaltung als auch im Material folgte Kruhls Entwurf in viel einfacherer Form dem Vorbild der Berliner Synagoge in der Oranienburger Stra?e von Eduard Knoblauch (1859–1866).

Der Victoriaplatz, an dem das Neue Rathaus errichtet wurde, wurde ebenso zu einem repräsentativen Stadtraum gestaltet. Er bot die in der sonst eng bebauten Festung Stettin sehr attraktive Möglichkeit, große Häuser mit relativ viel Platz vor der Straßenfront zu bauen. Daher wurden die Nord- und Südseite des Platzes mit repräsentativen Wohnbauten besetzt. Die gegenüber dem Rathaus liegende Platzseite nahm das 1872 eingeweihte Offizierskasino ein, erbaut vom Garnisonbaumeister Carl Hellwich (Abb. 6). Das ursprünglich als Zeughaus entworfene und bereits während des Baus umfunktionierte Gebäude[23] wurde im Rundbogenstil errichtet. Die Disposition der aus gelbem Backstein gebauten Fassaden lehnte sich zwar an das Vorbild eines Stadtpalastes an, doch war es für die geplante erste Funktion in seinem Bauschmuck sehr zurückhaltend. Nur die Panoplien an der Attika scheinen dem neuen, feierlichen Charakter des Gebäudes Tribut zu zollen, doch sie waren auch ein Element des ursprünglichen Projektes.

Dem Rathaus folgten in den kommenden Jahren weitere öffentliche Gebäude in der Neustadt. Im westlichen Teil errichtete man mehrere Garnisonsbauten, u. a. die 1863 fertiggestellte Artillerie-Kaserne aus Backstein,[24] die an Spätwerke von August Stüler oder Ludwig Persius anknüpfte. Erst Anfang der 80er Jahre baute man nach einem Entwurf von Eduard Endell östlich der Kaserne das neue Landgericht für die Provinz Pommern.[25] Der geräumige Vierflügelbau aus rotem und gelbem Backstein hatte Dekorationen aus Formsteinen (Fensterleibungen), Terrakotta (Pfeilerkapitelle) und Sandstein (Hauptportal).

---

22 Harold Hammer-Schenk: Synagogen in Deutschland. Geschichte einer Baugattung im 19. und 20. Jahrhundert (1780–1933). Hamburg 1981 (Hamburger Beiträge zur Geschichte der deutschen Juden 8), S. 307, 326f., 564; Jacob Peiser: Die Geschichte der Synagogen-Gemeinde zu Stettin. Würzburg 1965 (Ostdeutsche Beiträge aus dem Göttinger Arbeitskreis 37), S. 16–32. Die Synagoge wurde 1937 niedergebrannt.

23 Berghaus: Geschichte (Anm. 16), S. 664.

24 Kozińska: Rozwój przestrzenny Szczecina (Anm. 1), S. 90.

25 Siehe dazu Zentralblatt der Bauverwaltung 26 (1882), S. 232.

6 Das Offizierskasino von Moritz Hellwich, 1868–1872. Zustand 2010. Foto G. Solecki

Die Gründung der Neustadt löste die wachsenden Probleme Stettins nicht.[26] Die sich dynamisch entwickelnde Industrie und der Hafen benötigten dringend neues Gelände, das es innerhalb der dicht bebauten Festung nicht gab. In dieser Situation wurden die um Stettin schnell wachsenden Industrievororte als eine Bedrohung der Position der Stadt angesehen, besonders nach der Verleihung der Stadtrechte an Grabow 1855.[27] Zwischen Vororten wie Grabow, Nemitz oder Pommerensdorf und den Festungswerken Stettins befand sich jedoch ein großer Streifen nicht bebauten Geländes, das potentiell der Entwicklung der Stadt nach der Entfestigung dienen konnte. Diese Situation stärkte natürlich die Stadtverwaltung in ihren Bestrebungen um die Aufhebung der Festung, die parallel zu der langsamen Urbanisierung der Neustadt verliefen. Auch einzelne Unternehmer versuchten das Gelände der Festungswerke zu bebauen – so z. B. der Kaufmann Hirsch Moses, für den James Hobrecht (Stadtbaumeister von Stettin 1862–1868) einen Erschließungsplan des Gutes Friedrichshof entwarf. Das neue Viertel, das man später Westend nannte, wurde von Hobrecht nach den gleichen Prinzipien wie sein Entwicklungsplan für Berlin (1862

---

26 Kozińska: Rozwój przestrzenny Szczecina (Anm. 1), S. 92f.

27 Włodzimierz Stępiński: Szczecin w latach 1806–1870. Na drodze do kapitalizmu [Stettin in den Jahren 1806–1870. Auf dem Wege zum Kapitalismus]. In: Gerard Labuda (Hg.), Bogdan Wachowiak (Red.): Dzieje Szczecina. Bd. III: 1806–1945. Szczecin 1994, S. 81.

in Kraft gesetzt) gestaltet.[28] Das neue Viertel sollte die Kombination eines Schachbrettplans mit einem zentralen Platz vom Typus des Berliner Südsterns (im südlichen Teil des Friedrichshofes, der an die Stadtbefestigung grenzte) sein; weiter wurden zwei kleine Plätze geplant. Die Hauptachse der Anlage sollte eine breite Allee bilden, die von der Nordwestecke der Altstadt ausgehend nach Nordwesten verlief und alle drei Plätze durchquerte. Hobrecht versuchte dabei, die bereits im Straßennetz auf dem Gelände der Festung existierenden Wege einzubinden und die Fortifikationen zu umgehen. Sein Plan fand trotzdem keine Anerkennung des Militärs und wurde abgelehnt, hatte aber gravierende Auswirkungen auf die spätere Stadtplanung.

Der beinahe katastrophalen städtebaulichen Situation Stettins schenkte die preußische Regierung erst anfangs der 1870er Jahre mehr Aufmerksamkeit. Die siegreichen Kriege gegen Dänemark (1864) und Frankreich (1870/71) reduzierten die militärische Bedrohung für die preußische Küste. Zugleich erkannte man die nachteilige Auswirkung einer gebremsten Entwicklung Stettins auf ganz Pommern. Nach langjährigen Verhandlungen wurde 1873 die Aufhebung der Festung beschlossen. Seitdem konnte das gesamte vorgelagerte Gelände parzelliert und bebaut werden. Die Befestigungen sollten vom Militär nach und nach aufgegeben werden (das Fort Leopold wurde der Stadt erst um 1900 übergeben), wobei die Stadtverwaltung das Gelände dem Reichsfiskus abkaufen musste. Da Stettin auch nach der Entfestigung ein wichtiger Stützpunkt der preußischen Armee blieb, sollten das südwestlich der Neustadt gelegene Fort Preußen und sein Umfeld weiter Militärgebiet bleiben. Beide Aufgaben – die Parzellierung und der damit verbundene Bau von Infrastruktur sowie der Kauf von Festungsbauten – belasteten den Haushalt Stettins für weitere dreißig Jahre sehr stark. Weiter wurde die Stadt verpflichtet, die beiden barocken Stadttore zu erhalten. Dies traf nicht auf Widerstand, weil die friderizianischen Bauwerke bereits damals ebenso wie die gotischen Kirchen als Denkmäler der Stadtgeschichte galten.[29]

Bereits 1873 begann man mit der Ausarbeitung eines komplexen Bebauungsplans, der v. a. ein Fluchtlinienplan sein sollte, ähnlich wie der Hobrecht-Plan für Berlin. Der Stettiner Oberbürgermeister Friedrich Burscher bestand darauf, auch die

---

28 Bogdana Kozińska: James Hobrecht i jego wkład w ukształtowanie przestrzenne śródmieścia Szczecina w II połowie XIX wieku [James Hobrecht und sein Beitrag zur räumlichen Gestaltung der Stettiner Innenstadt in der 2. Hälfte des 19. Jh.s]. In: Edward Włodarczyk (Hg.): Szczecin na przestrzeni wieków. Historia, kultura, sztuka. Szczecin 1995, S. 156–162, hier S. 123–132, 158–160.

29 Orlińska, Zaremba: Urbanistyczny rozwój Szczecina (Anm. 14), S. 68f.; Kozińska: Rozwój przestrzenny Szczecina (Anm. 1), S. 146–155; Edward Włodarczyk: Wielkomiejski rozwój Szczecina w latach 1871–1918. Główne linie rozwoju miasta [Die großstädtische Entwicklung Stettins in den Jahren 1871–1918. Hauptlinien der Stadtentwicklung]. In: Bogdan Wachowiak (Hg.): Dzieje Szczecina. Bd. 4: 1806–1945. Szczecin 1994, S. 279–519, hier S. 286f. Über die Erhaltung der Stadttore als Denkmäler siehe Barbara Ochendowska-Grzelak: Rola władz miejskich w ochronie zabytków Szczecina do 1945 roku [Die Rolle der Stadtverwaltung in der Denkmalpflege in Stettin bis 1945]. In: Glińska, Kroman, Kozińska, Makała (Hg.): Kultura i sztuka (Anm. 19), S. 107–119, hier S. 112.

7 Plan Stettins von 1894 mit der Altstadt (A), Neustadt (B), Grabow (C), Pommerensdorf (D) und Westend (E)

Vertreter des Regierungsbezirkes sowie der benachbarten Kreise und Gemeinden zur Mitarbeit in dem Ausschuss zu verpflichten, was eine harmonische Verbindung der bereits existierenden Strukturen sowie eine sinnvolle Kooperation garantieren sollte. Bis März 1874 erarbeitete ein von dem neuen Stadtarchitekten Stettins, Konrad

Kruhl,[30] geleitetes Komitee einen neuen Bebauungsplan, der bald von den Stadtabgeordneten verabschiedet wurde. Später mehrfach modifiziert, blieb der Plan Kruhls bis zur Ausarbeitung eines neuen Stadtentwicklungsplans 1910 gültig (Abb. 7).

Kruhl plante eine maximale Nutzung des bestehenden Straßennetzes und berücksichtigte auch bereits erstellte, aber nicht realisierte Entwürfe wie den Plan Hobrechts für Friedrichsfelde. Die Planungen für dieses Gelände, das bereits früher von der altpommerschen Familie Quistorp gekauft und Westend genannt wurde, wurden mit einigen kleinen Modifikationen übernommen. Die natürlichen Bedingungen, v. a. die Gewässer um Stettin, trugen dazu bei, dass Kruhls Plan bereits eine funktionelle Aufteilung der Stadt vorsah. Die an der Oder liegenden Gebiete nördlich und südlich der Altstadt wurden hauptsächlich von der Industrie und billigen Arbeiterwohnungen besetzt. Der Westen sollte dagegen v.a. mit anspruchsvolleren Mietshäusern und auch Villen bebaut werden. Im Südwesten, um das alte Fort Preußen herum, erstreckte sich ein großes Militärviertel.[31] Dieser Plan war sicher ein Kompromiss zwischen den großstädtischen Ansprüchen der Stadtverwaltung und ihren finanziellen Möglichkeiten. Die Hauptstraßen wurden nach Hobrechts Vorbild sehr breit angelegt, mit einer Reitbahn in der Mitte (eine Allee, die als Marschierweg für die Truppen der Garnison dienen sollte). Anlässlich der Korrekturen des Plans in den 80er Jahren wurden die Breite der Hauptstraßen sowie die Maße der Plätze noch wesentlich vergrößert. Somit entstand eine sehr konsequente Komposition mit eindeutigen Dominanten, wodurch einerseits die Monotonie, die viele Städte jener Zeit charakterisierte, vermieden und dem neuen Viertel ein beinahe weltstädtisches Aussehen gegeben, anderseits für relativ komfortable Wohnverhältnisse gesorgt wurde. Über den Charakter der einzelnen Häuser durften die Bauherren selbst entscheiden, wie in den einschlägigen Dokumenten des Verbandes der Architekten- und Ingenieurvereine von 1874 festgestellt wurde.[32]

Bis zum Ausgang der 1880er Jahre verlief die Realisierung des Kruhl-Planes sehr langsam und ungleichmäßig. Sehr schnell wurde er in den Arealen an der Oder umgesetzt, wo sich die Schwerindustrie (v.a. Werften) ansiedelte, die in diesen Jahren ihren Höhepunkt erlebte. Die westlichen Teile wurden viel langsamer bebaut; Gelände der früheren Fortifikationen wurden erst um 1890 parzelliert. In dem altstadtnahen Teil des Westends (mit dem großen sternförmigen Platz in der Mitte) begann man Mietshäuser in größerer Zahl erst in den 1880er Jahren zu errichten. Etwas früher wurden die westlichen Teile des Gebietes bebaut, wo auf größeren Grundstücken v.a. stattliche Villen wohlhabender Familien entstanden. Parallel zu der Bebauung der neuen Viertel verliefen die Arbeiten am Hafen, der ebenso unter der Einschließung im Festungsring zu leiden gehabt hatte. Nach 1873 nahm man viele notwendige Ar-

30 Bogdana Kozińska: Rozwój przestrzenny Szczecina w latach 1809–1945 [Die räumliche Entwicklung Stettins in den Jahren 1809–1945], Manuskript der Sammlung der Stettiner Universität. Szczecin 1993, S. 46–49.

31 Kozińska: Rozwój przestrzenny Szczecina (Anm. 1), S. 121f., 168–171, 313–320.

32 Julius Posener: Berlin auf dem Wege zu einer neuen Architektur. Das Zeitalter Wilhelms II. München 1979, S. 241.

beiten auf, v. a. die Vertiefung des Wasserweges Richtung Ostsee sowie den Bau von neuen Kaianlagen. Infolge dessen stieg Stettin nach 1890 zu einem der größten Häfen in Deutschland auf.[33]

In den 1870er und 80er Jahren wurden relativ wenige städtische Bauten errichtet und diejenigen, die die Stadt in Auftrag gab, wurden in der Regel in sehr einfachen Formen gehalten. Dies war sowohl Folge der oben beschriebenen schwierigen finanziellen Lage der Stadtverwaltung, die u.a. die kostspieligen Tiefbauarbeiten in den neuen Vierteln durchführen musste, als auch der sehr vorsorglichen Politik des neuen Oberbürgermeisters in seinen ersten Regierungsjahren. Der seit 1876 (und bis 1907) amtierende Hermann Haken beschränkte zuerst die Eingriffsmöglichkeiten der Stadtbeamten in die Belange der Wirtschaft (einschließlich der Bauaktivität der Bürger) auf das Nötigste.[34] In der zweiten Hälfte der 1870er Jahre wurden v.a. große Projekte, die sein Vorgänger Burscher angefangen hatte, weitergeführt. So stellte man 1876 das bereits erwähnte Neue Rathaus fertig und wenige Jahre später das von Martin Gropius entworfene Städtische Krankenhaus in Pommerensdorf. Ein Zeugnis dieser Politik war der Umgang der Stadtverwaltung mit der Frage eines Städtischen Museums. Seit den 1860er Jahren bestand in Stettin eine starke Lobby, die für den Bau eines entsprechenden Hauses plädierte, doch Haken verschob die Planung mit Erfolg von einem Haushalt auf den nächsten bis in die ausgehenden 1890er Jahre.[35]

Ein gutes Beispiel der zweckbezogenen, sehr sparsam gestalteten städtischen Bauwerke jener Zeit in Stettin ist das bis heute gut erhaltene Gebäude der ehemaligen Gemeindeschule an der Kreckower Straße aus den Jahren 1880/81.[36] Das aus rotem Backstein errichtete Bauwerk wird von den benachbarten Mietshäusern überragt. Der Fassadenschmuck beschränkte sich auf einen einfachen Fries und kleine Streifen aus gelben Ziegeln. Diese Architektur, die ähnlich in ganz Preußen realisiert wurde, hatte keinen Bezug zur lokalen Tradition.[37] Vor diesem Hintergrund sind zwei besondere Bauten zu erwähnen. Das eine ist das Schiller-Realgymnasium mit einer klassizistischen Fassade, die an das Züricher Polytechnikum von Gottfried Semper anknüpfte.[38] Das interessanteste Stettiner Schulgebäude der Gründerzeit wurde jedoch nicht von der Stadtverwaltung, sondern von einer privaten Stiftung, haupt-

33 Włodarczyk: Wielkomiejski rozwój Szczecina (Anm. 29), S. 316–319.

34 Ebd., S. 299–309.

35 Rafał Makała: Dawne Muzeum Miejskie w Szczecinie w latach 1910–1913 [Das ehemalige Stadtmuseum in Stettin in den Jahren 1910–1913]. In: Sławina Kwidzińska (Hg.): Muzea pomorskie. Twórcy, zbiory i funkcje kulturowe. VIII. Konferencja Kaszubsko-Pomorska. Słupsk, Gdańsk 2005, S. 91–98, hier S. 91f.; Dies.: Die Stettiner Museumssammlungen unter Walter Riezler. In: Bernfried Lichtnau (Hg.): Bildende Kunst in Mecklenburg und Pommern von 1880 bis 1915. Kunstprozesse zwischen Zentrum und Peripherie. Berlin 2011, S. 186–221, hier S. 186f.

36 Archiwum Państwowe w Szczecinie [Staatliches Archiv Stettin], Sign. K/II 4446, S. 1–3. Es ist heute eines der Gebäude der Universitätsbibliothek der Universität Stettin.

37 Jörn-Peter Schmidt-Thomsen: Schulen der Kaiserzeit. In: Architekten u. Ingenieur-Verein zu Berlin (Hg.): Berlin und seine Bauten. T. V: Schulen. Berlin 1991, S. 1–113, hier S. 1–7.

38 Słomiński: Od Homera do Kanta (Anm. 17), S. 78–81. Das Gebäude wurde im Zweiten Weltkrieg völlig zerstört.

8 König-Wilhelm-Gymnasium von Richard Rönnebeck, 1880–1887. Zustand 2009. Foto R. Makała

sächlich von Johann Quistorp, finanziert. Das 1880–1887 an der Kaiser-Wilhelm-Straße (der Hauptachse des Westends) errichtete König-Wilhelm-Gymnasium war ein Entwurf des aus Nassau stammenden Architekten Richard Rönnebeck (Abb. 8). Das Schulhaus nahm mit einem Garten, einer Turnhalle und einem Wohnhaus für die Lehrer im hinteren Teil des Grundstückes die Hälfte eines Straßenblocks ein. Rönnebeck gab dem relativ breitgelagerten Vorderhaus die Form eines Palastes mit stark vorspringendem Mittelrisalit und einem monumentalen Eingangsportal. Diese Komposition hob das Gebäude von den umliegenden Mietshäusern ab – genau so wie der rote Backstein, der mit dem Bauschmuck aus hellgelbem Sandstein kontrastierte. Die Bedeutung des Gebäudes für die Stettiner Architektur dieser Zeit drückte sich in einem recht starken Interesse der Presse aus, in der man die Frage des *decorum* diskutierte. Der für die damaligen Stettiner Verhältnisse ungewöhnliche Formenreichtum erweckte starke Vorbehalte. Auffallend ist dabei, dass man die eher kosmopolitische Architektur des Gebäudes als „deutsche Renaissance“ bezeichnete[39] – ein deutliches Zeugnis des steigenden Bedarfs an einem nicht nur nationalspezifischen, sondern mehr auf die norddeutsche Tradition bezogenen Neo-Stil im Stettin

39 In einem Aufsatz in der *Neuen Stettiner Zeitung* von 1886 werden die „Motive im Stil der deutschen Renaissance“ hervorgehoben und positiv von den bisherigen, in Form der italienischen Renaissance errichteten Bauten abgehoben. Neue Stettiner Zeitung v. 9.11.1886, S. 2. Das Gebäude ist heute Sitz des Rektors der Stettiner Universität.

9 Konzert- und Vereinshaus von Franz Schwechten, 1883/84. Zustand um 1920. Foto Muzeum Narodowe w Szczecinie

der Gründerzeit.

Die aufwendige Architektur des König-Wilhelm-Gymnasiums wurde nur durch ein einziges Gebäude übertroffen: das in den Jahren 1883/84 nach den Plänen von Franz Schwechten errichtete Konzert- und Vereinshaus (Abb. 9).[40] Hier lag zwar die Initiative auf der Seite des prominenten Stettiner Konzertvereins, doch die Finanzierung übernahm weitgehend die Stadt. Der Platz für den Bau an der Ecke der Grabower- und Augustastraße war sorgfältig gewählt; an dieser Stelle der abgetragenen Fortifikationen sollten ausschließlich öffentliche Bauten errichtet werden.[41] Das Konzert- und Vereinshaus lag damit an der wichtigsten Ausfallstraße Stettins

40 Peer Zietz: Franz Schwechten. Ein Architekt zwischen Historismus und Moderne. Stuttgart 1999, S. 49. Das Konzerthaus wurde im Zweiten Weltkrieg zerstört und in den 60er Jahren abgetragen.

41 Der Block blieb jahrelang unbebaut. Erst um 1900 errichtete man neben dem Konzerthaus das Polizeipräsidium. Weitere Investitionen (Bau der Stadthalle) wurden durch den Ersten Weltkrieg verhindert und später nicht wieder in Angriff genommen.

in Richtung Norden, in unmittelbarer Nähe des Königstors. Das große, üppige Gebäude mit Konzertsälen und repräsentativen Räumen sowie mit einem noblen Restaurant diente als Philharmonie, es wurden dort aber auch Tanzabende und Bälle veranstaltet; auch nutzte die Stadtverwaltung es für Repräsentationszwecke (z. B. für den Empfang offizieller Gäste, darunter auch des Kaisers).[42] Schwechten wählte für das Konzerthaus den Stil des friderizianischen Barocks, mit dem er in den 1880er Jahren experimentierte. Sicherlich war dabei die Nachbarschaft des friderizianischen Königstors nicht ohne Bedeutung, denn das Gebäude blieb in seiner Form eine Ausnahme in der städtischen Architektur Stettins der Gründerzeit.

Die Bautätigkeit des Staates übertraf die der Stadt zahlenmäßig, jedoch nicht qualitativ. Die wichtigste Investition war in diesem Bereich der Bau des bereits erwähnten Militärviertels im südöstlichen Teil der Stadt, auf dem Gebiet des alten Forts Preußen. Den Kern dieser Anlage bildete die Kaserne des berühmten 2. (1. Pommerschen) Infanterie-Regiments „König Friedrich Wilhelm IV." zwischen Kurfürsten-, Linsingen- und Friedrichstraße, erbaut Ende der 80er Jahre. Das Ensemble bestand aus mehreren freistehenden Gebäuden aus rotem Backstein mit recht sparsamen Dekorationen in Form einfacher Arkadenfriese sowie mit Portalen und Fensterrahmungen. Das ganze Gelände war mit einer Ziegelmauer umgeben. Zur gleichen Zeit wurden weitere Bauten der Garnison errichtet (Reit- und Lagerhallen, Bäckereien und Kommandostellen) sowie Kasernen für die seit 1870 in Stettin beheimateten Einheiten. Das Militärgelände war zwar nicht aus der Stadt ausgegrenzt, doch die einheitliche Form der Gebäude (wie auch die rote Ziegelmauer) hob das Militärviertel im Stadtbild deutlich hervor.[43]

Bis in die ausgehenden 1880er Jahre baute man in Stettin auch kaum neue Kirchen. Zwar bestand nach dem Verlust der Marienkirche (1789 abgebrannt, bis 1830 abgetragen) und der Nikolaikirche (1811) und mit dem schnellen Wachstum der Stadtbevölkerung ein immer größerer Bedarf an neuen Gotteshäusern, doch bis zur Gründung der Neustadt gab es keinen entsprechenden Platz dafür. Im Plan der Neustadt wurde zwar ein geeignetes Gelände reserviert (der Kirchen-Platz), doch andere Vorhaben verhinderten den Bau einer neuen Pfarrkirche. Ein von den Bürgern gegründetes Kirchenbaukomitee für die Neustadt setzte sich dafür ein und sammelte Geld – jedoch mit recht bescheidenen Ergebnissen. Trotz einer entsprechenden Erklärung der Stettiner Bürgerschaft entstand die Bugenhagenkirche für die neuen Viertel erst nach 1900 außerhalb der Neustadt auf dem Hohenzollernplatz.[44] Oberbürgermeister Haken setzte die beschränkten finanziellen Mittel der Stadt hauptsächlich für den Tiefbau in den neuen Vierteln ein. Selbst die Errichtung einer für Stettiner Verhältnisse recht prunkhaften katholischen Kirche im Zentrum der Stadt

42 Wilhelm Meyer-Schwartau: Materialien zur Aufstellung des Bauprogramms für den Neubau eines Museums der Stadt Stettin. Stettin 1903, S. 3.

43 Franz-Rudolf Zilm: Geschichte der Festung und Garnison Stettin. Osnabrück 1988, S. 34.

44 Hellmuth Heyden: Die Bugenhagenkirche. Zur 25. Wiederkehr des Tages der Grundsteinlegung. Stettin 1931, S. 89; Paul Springborn: Die Bugenhagenkirche in Stettin. In: Stettiner Hausfreund, 1905, S. 2; Makała: Między prowincją a metropolią (Anm. 7), S. 73.

konnte ihn nicht dazu bewegen, eine Kirche für die evangelische Mehrheit der Stettiner zu finanzieren. Dies war deshalb möglich, weil in den umliegenden Gemeinden in der Gründerzeit einige neue Kirchen errichtet worden waren, die auch von den Einwohnern der Stettiner Vorstädte genutzt wurden. So baute man z. B. an der nördlichen Grenze der Stadt zwei große Kirchen: die Friedenskirche in der bereits erwähnten Stadt Grabow (1888–1890) und die Matthäuskirche in Bredow (1889–1891), die von den Einwohnern der besonders dicht bebauten Industriegebiete Stettins an der Oder besucht wurden.[45]

Eine Ausnahme von der Kirchenbaupolitik des Stettiner Magistrats bildete die Kirche in dem Industrieviertel Pommerensdorf, die zugleich dem Städtischen Krankenhaus dienen sollte. Die 1890–1893 errichtete Lutherkirche entstand nach dem Entwurf Max Drechslers und – nach dessen unerwartetem Tod – den Vorgaben Konrad Kruhls.[46] Es handelt sich um eine Backsteinkirche mit einem Saalbau mit kurzem Apsischor und einer Turmfassade (Abb. 10). In der Dekoration der Fassaden verband man neogotische und neoromanische Elemente miteinander, der Innenraum dagegen wurde klassizistisch gestaltet, mit einer auf toskanische Säulen gestützten Empore über dem Eingang.[47]

Die bereits erwähnte Kirche der katholischen Gemeinde (die Johannes dem Täufer geweiht wurde) übertraf die Lutherkirche sowohl an Größe als auch durch den Reichtum des Bauschmucks. Das war der relativ kleinen Stettiner Gemeinde dank der finanziellen Unterstützung der katholischen Kirche Schlesiens möglich. Der neogotische Backsteinbau wurde nach den Plänen von Engelbert Seibertz 1887–1889 an der Ecke der Greifen- und Elisabethstraße ausgeführt. Der Architekt schuf eine dreischiffige Hallenkirche mit Querhaus, polygonalem Chor sowie mit einem mächtigen Turm in der Mitte der Fassade. Die Dekoration bestand vor allem aus Formsteinen und Terrakottaplastiken sowie einigen Steinskulpturen. Seibertz kommentierte die Architektur der Kirche in einem Aufsatz als den Versuch, an die Tradition des norddeutschen Kirchenbaus anzuknüpfen, doch tatsächlich war sie ein typisches Beispiel für die Hannoversche Schule bezüglich Proportionen und Dekoration.[48]

Die recht bescheidene Bauaktivität der Stadtverwaltung wurde teilweise durch private Initiativen ersetzt, v. a. im Bereich der Krankenpflege sowie im Schulwesen. Die in Pommern traditionsgemäß starken konfessionellen Institutionen waren u. a.

---

45 Kazimiera Kalita-Skwirzyńska: Architektura sakralna Szczecina w latach 1850–1914 [Die Sakralarchitektur in Stettin 1850–1914]. In: Glińska, Kroman, Kozińska, Makała (Hg.): Kultura i sztuka Szczecina (Anm. 19), S. 51–62, hier S. 56–58.

46 Die Umsetzung des Bürgerschaftsbeschlusses zum Bau der Kirche wurde aus finanziellen Gründen verzögert. In der Fachliteratur schreibt man den Entwurf zwar Stadtbaumeister Kruhl zu, doch Karl Fritsch nennt in der *Deutschen Bauzeitung* Drechsler als Architekten. Das wäre eine Erklärung für die charakteristischen Formen, die bei Drechslers Lehrer Johann Lipsius, nicht aber in den Werken Kruhls vorkommen. Siehe: Karl Emil Otto Fritsch: Villa Lentz in Stettin. In: Deutsche Bauzeitung 23 (1889), S. 121. Heute ist das Gebäude die römisch-katholische Pfarrkirche St. Joseph.

47 Kalita-Skwirzyńska: Architektura sakralna (Anm. 45), S. 57.

48 Engelbert Seibertz: Die katholische St.-Johannes-Kirche in Stettin. In: Deutsche Bauzeitung 24 (1890), S. 285–289. Heute ist sie die römisch-katholische Pfarrkirche Hl. Johannes der Täufer.

10 Lutherkirche von Max Drechsler und Konrad Kruhl, 1890–1893. Zustand 2008. Foto G. Solecki

Träger dreier großer Werke: der Diakonissenanstalt mit dem Krankenhaus „Bethanien", der Züllichower Anstalten sowie der Kückemühler Anstalten.[49] Die größte und architektonisch interessanteste Einrichtung war „Bethanien", gebaut im südwestlichen, mit Villen bebauten Teil des Westends. Das Hauptgebäude mit einer monu-

49 Zu der Geschichte der Anstalten siehe Klaus Ziemann: Kranken- und Heilanstalten in Stettin. In: Stettiner Bürgerbrief, 1987, S. 10–14.

mentalen Kirche im Zentrum wurde 1866–1868 errichtet. Im Gegensatz zum Berliner „Bethanien" stand das mit Backstein im romanischen Stil errichtete Stettiner Gebäude, das durch den seitlich angebauten Glockenturm und den Portikus vor dem Eingang einem italienischen mittelalterlichen Kirchenbau glich.

Von den vielen Banken und Versicherungen Stettins errichteten lediglich zwei Neubauten; die anderen verblieben in ihren alten Häusern, wie z. B. die stark prosperierende Bank von Wilhelm Schlutow, die ihren Sitz in dem Stammhaus der Familie Abel von 1800 am Heumarkt in der Altstadt hatte. Eine der genannten Ausnahmen war die Germania-Versicherungsgesellschaft, die sich 1863/64[50] ein großes Gebäude nach einem Entwurf des Berliner Architekten Hermann Ende errichtete. Das repräsentative Vorderhaus war dem Paradeplatz, einem der bedeutendsten urbanen Räume Stettins jener Zeit, zugewandt, das Hinterhaus, in dem man v.a. Büros untergebracht hatte, lag dagegen an der wenig spektakulären altstädtischen Wollweberstraße. Ende gestaltete die Vorderfassade in Anlehnung an die italienischen Palazzi des Quattrocento mit einer Rustika über der ganzen Fläche sowie Rundbogenfenstern und einem starken Gesims. Solche Bezugnahmen auf die legendären Zeiten der Blüte des Bankwesens in Italien waren in der Architektur gründerzeitlicher Finanzinstitutionen sehr verbreitet und sollten die Beständigkeit und Solidität eines Bankhauses veranschaulichen.[51]

Gegenüber der Germania errichtete der Stettiner Architekt Emil Drews 1890–1892 den neuen Sitz der Generaldirektion der Pommerschen Landschaft – eine bereits seit 1781 existierende Pfandbriefbank des Landes (Abb. 11).[52] Es war ein großes zweiflügeliges Gebäude mit einem Pseudorisalit mit kolossalen Pilastern in der Fassadenmitte, der von einer Kuppel bekrönt war. Der Eingang wurde durch einen Portikus sowie aufwendigen Skulpturenschmuck betont. An den Ecken des Balkons über dem Portikus stehen allegorische Darstellungen eines Kaufmanns und eines Landwirtes, die den Charakter der Institution unterstreichen. Im Gegensatz zur Germania bezog sich also die Fassade der Pommerschen Landschaft auf die Kunst des klassizierenden Barock und dadurch indirekt auf die frideriziani-sche Tradition. Ein direktes Vorbild für Drews' Entwurf war das 1889 fertiggestellte Kaiserschloss in Straßburg von Hermann Eggert.[53]

Genau so wie Geldinstitute waren die in Stettin in den 1870er und 80er Jahren zahlreich entstandenen Kauf- und Warenhäuser in umgebauten Mietshäusern

---

50 Maciej Słomiński: Przemiany w zabudowie szczecińskiego Starego Miasta w XX i na początku XX wieku [Veränderungen in der Bebauung der Stettiner Altstadt im 19. und zu Beginn des 20. Jh.s.]. In: Glińska, Kroman, Kozińska, Makała (Hg.): Kultura i sztuka Szczecina (Anm. 19), S. 28.

51 Archiwum Państwowe w Szczecinie, Sign. ANB 219, S. 9–92; im Zweiten Weltkrieg zerstört.

52 Die „Landschaft" wurde 1781 durch Friedrich II. ins Leben gerufen. Siehe Uwe Stipke: Bank- und Versicherungsgewerbe. In: Ilse Gudden-Lüddeke (Hg.): Chronik der Stadt Stettin. München 1993, S. 558–578, hier S. 560. Heute der Sitz der Bank PKO BP.

53 Zur Kaiserresidenz in Straßburg siehe Klaus Nohlen: Baupolitik in Elsaß-Lothringen 1870–1918. Stadterweiterung und Kaiserpalast in Straßburg. In: Ekkehard Mai, Stephan Waetzoldt (Hg.): Kunstverwaltung, Bau- und Denkmalpolitik im Kaiserreich. Bd. 1. Berlin 1981, S. 103–120, hier S. 103–106.

11 Generaldirektion der Pommerschen Landschaft von Emil Drews, 1890–1892. Zustand um 1910. Foto Muzeum Narodowe w Szczecinie

untergebracht,[54] was übrigens für ganz Norddeutschland typisch war.[55] Erst am Ausgang der 80er Jahre begann man mit dem Bau speziell für diese Zwecke neu errichteter Gebäude. Ein gutes Beispiel ist das 1888 von Karl Kelm erbaute Kaufhaus Gustav Levy – selbst hier entstand jedoch ein Konglomerat aus Geschäfts- und Wohnetagen. Das Kaufhaus nahm die drei unteren Geschosse des Hauses ein; in der obersten Etage war eine große, luxuriöse Wohnung für den Geschäftsinhaber geplant. Die Fassade war im Erdgeschoss durch die großen Schaufenster dominiert, der obere Teil war dagegen in den Formen der „norddeutschen Renaissance" gehalten.[56]

Die Gründung der Neustadt und die spätere Aufhebung der Festung, die im öffentlichen Bereich relativ wenig Neubauten mit sich brachte, bedeuteten für Stettin einen großen Aufschwung des Wohnungsbaus, dabei bildeten den größten Teil der in den 1850er bis 80er Jahren gebauten Wohnhäuser Mietshäuser. Der meistverbreitete Typus war eine Version des überall im Deutschland jener Zeit bekannten

---

54 Słomiński: Przemiany (Anm. 50), S. 29.

55 Helga Behn: Die Architektur des deutschen Warenhauses von ihren Anfängen bis 1933. Köln 1984, S. 65f.

56 Maciej Słomiński: Pałac Młodzieży w Szczecinie, dawna willa Augusta Lenza [Der Jugend-Palast in Stettin, die ehemalige Villa von August Lenz]. Szczecin 1998, S. 27–29.

Schemas: ein drei- bis vierstöckiges zweiflügeliges Vorderhaus entlang der Grundstücksgrenzen mit einem Hinterhaus. Auf schmaleren Parzellen baute man nur einen Seitenflügel bzw. verzichtete auf diesen ganz und errichtete nur das Hinterhaus.[57] Im Unterschied zu Berlin und anderen Großstädten jener Zeit baute man in Stettin nur selten ein zweites und kaum ein drittes Hinterhaus. Dies war die Folge der spezifischen städtebaulichen Situation der Stadt, in der plötzlich sehr viel Bauland in der Nähe des Zentrums freigegeben wurde. Das machte den Mietskasernenbau unnötig, dagegen konnte man relativ viele Häuser mit kleinen Gärten anstelle des zweiten Wohnhofes ausstatten. Die an die Hinterhäuser angrenzenden Grundstücke wurden häufig auch für Gewerbezwecke genutzt – meist für Werkstätten oder Lager, wie im Falle des Bauunternehmers und Architekten Theodor Bleß auf seinen Grundstücken an der Preußischen Straße.[58] Die Innenaufteilung der Häuser – meistens zwei Wohnungen in jeder Etage im Vorderhaus und vier im Hinterhaus – sowie die Raumdisposition der Wohnungen unterschied sich nicht von den Berliner Vorbildern (die in Gustav Assmanns Musterbuch zusammengestellt wurden).[59] Die Mehrheit bildeten Dreizimmerwohnungen, wobei es auch viele Ein- und Zweizimmerwohnungen gab, besonders im Industrieviertel nördlich und südlich des Zentrums. Das höchste Ausstattungsniveau hatten Fünf- und Sechszimmerwohnungen, die in Stettin als luxuriös zu bezeichnen sind. Dies ist mit der besonderen städtebaulichen Situation Stettins nach 1873 zu erklären, in der in kurzer Zeit den Bauherren relativ viel Baugrund zur Verfügung gestellt wurde. Infolge dessen konnten sich nicht nur die reichsten Einwohner der Stadt, sondern auch die Mittelschicht Einfamilienhäuser in Zentrumsnähe leisten.

Die Fassadengestaltung dieser Gebäude folgte dem in Nordostdeutschland verbreiteten Schema einer flachen, symmetrischen Schauseite, die bei größeren Häusern durch zwei Erker bereichert wurde. In den ersten Jahrzehnten der Bebauung der Neustadt herrschte noch der Spätklassizismus mit sehr zurückhaltender Fassadengestaltung vor, die sich meist auf schlichte Fensterumrahmungen und Gesimse beschränkte. Nach 1870 wurden die meisten Fassaden im Stil der italienischen Neorenaissance und – erst in den 80er Jahren und nur bei den Mietshäusern mit den größten Wohnungen – des Neubarock gestaltet. Das Erdgeschoss und zuweilen auch das erste Stockwerk wurden mit Rustika bzw. mit Bossierungen verziert, obere Etagen bekamen dagegen die übliche Gliederung durch Pilaster und profilierte bzw. architektonische Fensterrahmungen. Die Bekrönung bildete meist eine niedrige, als Attika charakterisierte Verblendung des Dachgeschosses, die mit einem stark ausladenden Kranzgesims mit mächtigen Konsolen abgeschlossen wurde.[60]

---

57 Piotr Fiuk: Miejska kamienica czynszowa z przełomu XIX i XX wieku [Das städtische Mietshaus im 19. und 20. Jh.]. In: Glińska, Kroman, Kozińska, Makała: Kultura i sztuka Szczecina (Anm. 19), S. 81–87, hier S. 83–85.

58 Archiwum Państwowe w Szczecinie, Sign. ANB 2365, S. 1–19.

59 Gustav Assmann: Grundrisse für städtische Wohngebäude, mit Rücksicht auf die in Berlin geltende Bauordnung. Berlin 1862.

60 Fiuk: Miejska kamienica (Anm. 57), S. 87–89.

12 Villa Lenz von Max Drechsler, 1888–1890. Zustand um 2000. Foto G. Solecki

Der bereits erwähnte Villenbau wurde nach Aufhebung des Bauverbotes auf dem ehemaligen, der Festung vorgelagerten Gelände v.a. am Westrand der Stadt realisiert (an der Falkenwalderstaße und ihren Querstraßen). Das sicherlich bemerkenswerteste Haus wurde hier 1888–1890 von dem Architekten der Lutherkirche Max Drechsler für August Lenz, einen weltweit führenden Unternehmer für Schamottwaren, gebaut (Abb. 12). Vereinzelt baute man Villen auch in anderen Stadtteilen, hier meist als Fabrikantenhäuser unmittelbar neben den zugehörigen Betrieben. Das Beispiel einer solchen Anlage ist das Haus von Carl Fischer, errichtet 1879/80 im nördlichen Teil der Stadt.[61]

Die meisten in Stettin gebauten Villen hatten einen symmetrischen Grundriss mit typischer Raumdisposition: Salon, Esszimmer, Herren- und Damenzimmer im Erdgeschoss, Schlafräume und Fremdenzimmer im Obergeschoss. Bis zum Beginn der 80er Jahre wurden die Fassaden hauptsächlich im Geist des Spätklassizismus gestal-

61 Maciej Słomiński: Szczecińskie wille XIX i początków XX wieku [Stettiner Villen des 19. und des Beginns des 20. Jh.s.]. In: Kronika Szczecina 1996 (1997), S. 63–79, hier S. 66.

tet. Als Beispiele sind zu nennen die Villa des Reeders Franz Gribel an der Deutschen Straße (1877/78) sowie die imposanten Villen der Familien Stolting am Arndtplatz (1877) und Manasse an der Falkenwalderstraße (1880). Unregelmäßige Grundrisse gab es bis zum Ausgang der 70er Jahre kaum; eines der wenigen Beispiele ist das 1879 fertiggestellte Haus von Johann Quistorp an der Falkenwalderstraße. Das im Stil einer toskanischen Villa des ausgehenden 16. Jahrhunderts gehaltene Gebäude mit einem hoch aufragenden Treppenturm wurde jedoch stilistisch wegweisend für das Stettiner Großbürgertum, nicht zuletzt deshalb, weil es dem sicherlich einflussreichsten Einwohner der Stadt jener Zeit gehörte. Nicht vertreten war im Stettiner Villenbau der Gründerzeit der Einfluss der Neugotik der Hannoverschen Schule – was im Hinblick auf die Bevorzugung der Backsteinneugotik im öffentlichen Bau erstaunlich erscheint. Das an das Mittelalter anknüpfende Einfamilienhaus war recht selten und stützte sich auf das Vorbild der englischen Neugotik, wie die 1875 errichtete Villa des Regierungsrates Carl Hilger.[62]

Die Architektur Stettins der Gründerzeit entsprach sowohl der Dynamik und der Größe des Wirtschaftslebens der Stadt als auch den großzügigen städtebaulichen Plänen der Stadtverwaltung. Die Zurückhaltung des Stettiner Magistrats, sich an großen Bauprojekten zu beteiligen, ist aufgrund der finanziellen Lage der Stadt zu verstehen. Die erheblichen Kosten der Entschädigung des Militärs bei der Übernahme der Befestigungen sowie der Straßenbau und die Investitionen im Hafen ließen dem Oberbürgermeister kaum Spielraum für solche Tätigkeiten. Doch die für Stettin damals eindeutig überdimensionale Stadtplanung sowie die aufwendige Architektur des einer Residenz gleichenden Neuen Rathauses zeugen davon, dass die Stadt ihre Hoffnung auf Wiedergewinnung vergangener Größe gerne durch monumentale Bauten ausdrückte.

Die neuen Aufgaben nach dem Abbruch der Festung zwangen den neuen Oberbürgermeister Haken zum Sparen; zugleich fehlte es in Stettin an einem anspruchsvollen, selbstbewussten Stadtarchitekten, der den Bau von städtischen Repräsentationsobjekten durchsetzten konnte. Sobald die Stadt einen solchen Stadtbaumeister in der Person Wilhelm Meyer-Schwartaus bekam, änderte sich die Baupolitik der Stadt – und dies, obwohl die Finanzen der Stadt um 1900 genauso stark belastet waren wie zuvor (diesmal durch den Ankauf von Grundstücken am Stadtrand, den Bau des Freihafens und – nach 1910 – den Siedlungsbau).[63]

Auch die sehr sparsame Bautätigkeit des Staates lässt sich relativ einfach erklären: Es gab keinen Bedarf an einer Stärkung der Repräsentation der preußischen Krone in Stettin. Im Gegensatz zu den neueroberten Städten wie Posen, Straßburg oder Metz erfüllten die nach der Übernahme der Stadt 1713 errichteten Bauten (die Stadttore, das alte Landschaftshaus oder das Denkmal Friedrichs des Großen) ihre Aufgaben. Erst nach der rapiden Entwicklung der Stadt im letzten Viertel des 19. Jahrhunderts und im Kontext der um 1900 geplanten großen Repräsentations-

62 Ebd., S. 66–70.

63 Makała: Między prowincją a metropolią (Anm. 7), S. 52–65.

anlage, der Hakenterrasse, sah man sich gezwungen, die Obrigkeit des Staates im urbanen Raum Stettins sichtbar zu machen.

Viel komplizierter erscheint die Antwort auf die Frage nach der Bescheidenheit der Bauinitiativen von Firmen und privaten Bauherren. Das üppige palastartige Haus von August Lenz ist eine Ausnahme, genau so wie die Pracht der Generaldirektion der Pommerschen Landschaft. In dem erstgenannten kann man einen Sitz eines Emporkömmlings sehen, der zum altansässigen Patriziat dazugehören wollte. Die Landschaft war dagegen eine von und für den pommerschen Adel geführte Institution, die genuin mit Pommern verbunden war und sich als dessen Repräsentanz verstand. In Einzelfällen kann man den Charakter des Bauherrn in den Vordergrund stellen. So ist etwa die schlichte Architektur der Villa Johann Quistorps, eines Unternehmers von Bedeutung für das ganze Deutsche Reich, der zugleich die Diakonissenanstalt „Bethanien“ finanzierte, vielleicht mit der christlichen Demut eines tief gläubigen Protestanten zu erklären. Doch die Bauten der anderen Finanz- und Wirtschaftsinstitutionen entsprachen kaum ihrer Bedeutung – und das in der Zeit des ungebremsten Bestrebens des Bürgertums nach Repräsentation. Eine Erklärung mag die Schnelligkeit des Aufstiegs Stettins sein. Obwohl man sich der alten Größe Stettins aus der Zeit des Spätmittelalters und der Frühen Neuzeit bewusst war, war doch das Stettin der 1840er Jahre nur eine kleine preußische Garnisonsstadt. Der Aufbruch zu der neuen Rolle einer Wirtschaftsmetropole geschah innerhalb einer Generation. Doch im Gegensatz zu Berlin, auf das man sich gern als Analogie berief, war Stettin längst keine Hauptstadt mehr, hingegen seit dem Anfang des 18. Jahrhunderts dem immer stärkeren Einfluss der nahe gelegenen Metropole ausgesetzt.

Die Tendenzen der wilhelminischen Architektur in Stettin lassen sich stärker auf formaler Ebene beobachten. Richtungsweisend war ab den 1840er Jahren die üppige Verwendung des Backsteins an den Fassaden sowie seine Beschränkung auf öffentliche Bauten. Das Stadttheater von Langhans wurde noch mit überreichem klassizistischem Schmuck errichtet. Bis zum ersten Jahrzehnt des 20. Jahrhunderts orientierte man sich an dieser Konvention jedoch nur ausnahmsweise und bediente sich stattdessen des regionalen Materials Backstein, meist in romanischen, viel seltener in gotischen Formen; letztere wurden für sehr bedeutende Objekte genutzt, wie bei dem schon mehrfach genannten Neuen Rathaus. Zukunftweisend war auch die Architektur des König-Wilhelm-Gymnasiums, bei dem die Stettiner Presse ein Bedürfnis nach regional- oder sogar heimatbezogener Architektur feststellte. Nach 1890 bezog man sich im Sinne eines „Heimatstils“ verstärkt auf regionale Bautraditionen, die man in der Backsteinneugotik und der „deutschen Renaissance“ suchte. Allerdings beschränkte sich dieser Regionalismus in der wilhelminischen Epoche ausschließlich auf öffentliche Bauten. Im Wohnungsbau, ob bei Mietshäusern oder Villen, gab es in Stettin um 1900 keine Regionalismen – ähnlich wie in der Gründerzeit.

Mateusz Mayer

Ein Château für den schlesischen Fürsten. Zur französischen Umgestaltung von Schloss Pless in den Jahren 1870–1876

1 Schloss Pless, Nordfassade. Foto: Mateusz Mayer

Im Verlauf des 19. Jahrhunderts entwickelte sich Schlesien zu einer der führenden Industrieregionen Europas, die einen bedeutenden Anteil an der preußischen Kohle-, Eisen- und Stahlproduktion erwirtschaftete. Treibende Kraft dieser Entwicklung waren vor allem alteingesessene und gut begüterte Industriemagnaten, welche den gesellschaftlichen Wandel geschickt gemeistert hatten und sich erfolgreich als Großunternehmer in der Montanindustrie profilierten. Noble Geschlechter, wie die Hochberg, Henckel von Donnersmarck, Ballestrem, Schaffgotsch und Hohenlohe-Öhringen, konnten hierbei durch gewinnbringende Investitionen sowie fortschreitende Industrialisierung einen stetig wachsenden Wohlstand erzielen, welcher sich meist in der Errichtung entsprechend prunkvoller und repräsentativer Schlossanlagen niederschlug.[1] Viele dieser herrschaftlichen Baudenkmäler haben allerdings

1 Eine eingehende Untersuchung der oberschlesischen Residenzen dieser Epoche bei Irma Kozina: Pałace i zamki na pruskim Górnym Śląsku w latach 1850–1914 [Schlösser und Burgen im preußischen Oberschlesien in den Jahren 1850–1914]. Katowice 2001. Siehe auch Günther Grundmann: Schlösser und Villen des 19. Jahrhunderts von Unternehmern in Schlesien. In: Tradition. Zeitschrift für Firmengeschichte und Unternehmerbiografie 10 (1965), H. 4, S. 149–162.

Jahrbuch des BKGE 21 (2013), S. 215–242

nicht bzw. nur rudimentär überdauert.[2] Schon in dieser Hinsicht stellt das im südlichen Oberschlesien gelegene Schloss Pless (Pszczyna) eine erfreuliche, überaus gut erhaltene Ausnahme dar (Abb. 1). 1870–1876 im Auftrage des Fürsten von Pless, Hans Heinrich XI. von Hochberg (1833–1907), vom Pariser Architekten Hippolyte Destailleur (1822–1893) umgestaltet, nimmt es darüber hinaus eine seltene Position innerhalb der schlesischen Schlossbaukunst des Historismus ein: Architektur und Ausstattung wurden von einem französischen Architekten in explizit französisch konnotierter Formensprache entworfen – im neuen deutschen Kaiserreich der Jahre nach 1870/71 eine ungewöhnliche Erscheinung, die allerdings Teil einer elitären, an Frankreich orientierten Architekturströmung war. Die dem Sitz des Fürsten von Pless zukommende Rolle innerhalb der Erforschung adliger Residenzkultur der Gründerzeit wurde in der deutschsprachigen Diskussion bisher allerdings nur bedingt wahrgenommen.[3]

1. Der Bauherr

Hans Heinrich XI. von Hochberg zählt zu den wichtigsten Industriemagnaten Schlesiens. Er erfreute sich nicht nur eines großen Wohlstands, sondern auch einer hohen gesellschaftlichen Stellung und einer ausgesprochen guten Beziehung zum Berliner Hof. Mit nur 22 Jahren hatte er 1855 zwei Majoratsherrschaften Schlesiens geerbt: den alten Familienstammsitz Fürstenstein (Książ) und das bedeutend größere Fürstentum Pless (Pszczyna).[4] Letzteres befand sich noch nicht lange im Besitz des Geschlechts. Erst 1846 war es seinem Vater, dem Grafen Hans Heinrich X. (1806–1855), als Erbe zugefallen, wodurch die Hochberg schlagartig zu einem der bedeutendsten Großgrundbesitzer Preußens wurden und ab 1848 den Fürstentitel führen durften.[5] Das durch diesen herrschaftlichen Zuwachs vermehrte und ohnehin bereits umfangreiche Vermögen des Vaters konnte Hans Heinrich XI. durch weitere Investitionen in die Kohleförderung, aber auch Land-, Produktions- und Forst-

2 Als Beispiel sei Schloss Neudeck (Świerklaniec) des Grafen Henckel von Donnersmarck genannt, das 1945 durch einen Brand beschädigt und anschließend ohne Dokumentation abgerissen wurde. Vgl. Kozina: Pałace (Anm. 1), S. 92.

3 Nur am Rande wird der Bau gelegentlich als Vergleichsbeispiel erwähnt. Vgl. Wolfgang Cillessen: Das Palais Pless und das Palais Borsig. Zwei Bauten der Gründerzeit in der Berliner Wilhelmstrasse. In: Jahrbuch der Berliner Museen 36 (1994), S. 217–240, hier S. 220; Andreas Nierhaus: Vor-Bild Frankreich. Die Paläste der Familie Rothschild im Wiener Belvedere-Viertel. In: Österreichische Zeitschrift für Kunst und Denkmalpflege 62 (2008), S. 74–86, hier S. 84. Der tatsächliche Wissensstand konzentriert sich auf polnische Beiträge, auf die im Folgenden entsprechend verwiesen wird.

4 Näheres zur Biografie des Fürsten bei Ezechiel Zivier: Hans Heinrich XI. Herzog von Pless. In: Oberschlesien 6 (1907), H. 17 (Oktober), S. 308–318; Carl Weigelt: Die Grafen von Hochberg vom Fürstenstein. Ein Beitrag zur väterlichen Culturgeschichte. Breslau 1896, S. 361–363.

5 Vgl. Weigelt: Grafen (Anm. 4), S. 323–345.

wirtschaft zusätzlich ausbauen, wodurch er bald zu den reichsten deutschen Fürsten zählte.[6]

Neben der wirtschaftlichen Potenz resultierte seine hohe Stellung jedoch auch aus politischem und militärischem Engagement. Der Fürst von Pless ist den konservativen politischen Kräften zuzuordnen, wobei er sich vorwiegend im preußischen Herrenhaus, im Zollparlament und als Mitglied der Freikonservativen Vereinigung im Deutschen Reichstag engagierte.[7] Bereits 1850 war er zudem dem preußischen Garde-du-Corps-Regiment beigetreten, wo er schnell in führende Positionen avancierte und sich am Zweiten Schleswig-Holsteinischen Krieg 1864 sowie im Vorfeld der Schlacht von Königgrätz (Hradec Králové) 1866 beteiligte.[8] Als königlicher Kommissar und Militärinspektor der freiwilligen Krankenpflege nahm er auch am Deutsch-Französischen Krieg 1870/71 teil.

Entscheidenden Einfluss auf das gesellschaftliche Leben des Fürsten hatte ein beinahe freundschaftliches Verhältnis zum preußischen Herrscherhaus, welches ihm 1861 den Titel „Durchlaucht" zusprach, ihn 1872 zum Königlichen Oberjägermeister (einem der prestigeträchtigsten Ämter am Berliner Hof) ernannte und 1905 schließlich in den nicht erblichen Stand eines Herzogs von Pless erhob.[9] Durch seine Mitgliedschaften im Schwarzen Adlerorden, Johanniterorden und St. Hubertusorden bestand darüber hinaus eine vorzügliche Vernetzung im hochadligen Milieu.[10] Das private Umfeld des Fürsten war folglich äußerst elitär geprägt, was sich unter anderem an den Gästen der im Plesser Revier abgehaltenen Jagdveranstaltungen zeigte, an denen nicht nur der internationale Hochadel teilnahm, sondern auch Wilhelm I. und Wilhelm II. von Preußen.[11]

Aufgrund seiner Kontakte fiel es dem Fürsten leicht, sich auch außerhalb Preußens mit europäischen Eliten in Verbindung zu setzen. Besonders bedeutsam für den Schlossbau in Pless war ein Aufenthalt in Paris im Jahre 1863, wo er mit befreundeten preußischen sowie österreichischen Adelsfamilien und Gesandten verkehrte, die luxuriöse Prachtentfaltung des Second Empire intensiv betrachtete, Ausflüge ins Umland unternahm (etwa zu den berühmten Pferderennen von Chantilly)

---

6 Vgl. Klemens Skibicki: Industrie im oberschlesischen Fürstentum Pless im 18. und 19. Jahrhundert. Stuttgart 2002 (Regionale Industrialisierung 2), S. 150–160.

7 Vgl. Cillessen: Palais Pless (Anm. 3), S. 220. Sowie: NDB, Bd. 20 (2001), S. 533.

8 Im elitären Garde-du-Corps stieg der Fürst 1852 zum Seconde-Leutnant, 1859 zum Premierleutnant, 1873 zum Oberstleutnant, 1876 zum Oberst und schließlich zum General der Kavallerie *à la suite* auf. Vgl. Zivier: Hans Heinrich XI. (Anm. 4).

9 Vgl. Cillessen: Palais Pless (Anm. 3), S. 220.

10 Vgl. Zivier: Hans Heinrich XI. (Anm. 4).

11 AKP II-729. Die hier und im Folgenden verwendete Abkürzung AKP (Archiwum Książąt Pszczyńskich) bezeichnet das Archiv der Fürsten von Pless, das als Unterabteilung des Nationalarchivs Kattowitz/Katowice direkt in Schloss Pless verwaltet wird. Siehe auch: Cillessen: Palais Pless (Anm. 3), S. 220.

und zahlreiche Einkäufe tätigte.[12] Vom österreichischen Botschafter Fürst Richard von Metternich, dem preußischen Gesandten Graf Robert von der Goltz, dem Herzog von Sagan aus dem Hause de Talleyrand-Périgord sowie den Grafen la Bédoyère und de Pourtalès wurde er zu Festen und Bällen in diverse Pariser Palais geladen.[13] Dies bot eine günstige Gelegenheit zur Urteilsbildung bezüglich französischer Architektur und Ausstattungskunst sowie des dortigen aristokratischen Lebensstils.[14] Zusätzlich unternahm er ausgedehnte Besichtigungen der Seine-Metropole, welche durch die von Baron Haussmann durchgeführten Umgestaltungen neue Maßstäbe in architektonischer, künstlerischer und wohnlicher Hinsicht setzte. „Gebaut wird hier mehr denn je und natürlich niedergerissen noch mehr! Seit dem ich nicht hier war hat sich schon wieder fabelhaft viel verändert", schreibt der Fürst seiner Gattin Marie von Kleist (1828–1883).[15]

Der in Paris vorgefundene bauliche Prunk und Luxus sowie die künstlerische Raffinesse der französischen Aristokratie beeindruckten den Fürsten nachhaltig. Wenige Jahre darauf ließ er nicht nur Schloss Pless in ein französisches *Château* umbauen, sondern 1872–1877 auch ein in französischen Formen gehaltenes Stadtpalais in Berlin errichten.[16]

---

12 Darüber gibt die erhalten gebliebene Privatkorrespondenz des Fürsten Aufschluss: AKP II-796-799. Über seine Einkaufstouren berichtet der Fürst etwa: „Die letzten Tage bin ich wirklich so fleißig gewesen, daß ich mich selber loben muß. Leider verbringt man nur so schrecklich viel Zeit mit Ansehen und Herumfahren. Bronzen, Vasen, Boule Meubel sind gekauft. Zeuge besehen und werden morgen auch wieder Besorgungen gemacht.", AKP II-798, S. 49–51, undat. Brief aus Paris.

13 So schreibt Hans Heinrich XI. seiner Frau: „Gestern Abend war ich auf einem Ball bei dem Herzog von Sagan in einem ganz neu eingerichteten Hotel, der Stiefsohn der Valençay. [...] Das Hotel ist ziemlich klein aber recht sehr hübsch eingerichtet. Geladen waren um 600 Personen. Hinein gingen ungefähr 120. Die Weiber waren höchst mäßig. Nur eigentlich eine auffallend hübsche die Pourtalès, die ich schon in Berlin gesehen. Für Toiletten habe ich leider keine Augen, aber das weiß ich, daß wenn man unsere Frauen so gut anzieht sie 50 mal hübscher sind.", AKP II-796, S. 184f., Paris am 20.5.1863. In einem weiteren Schreiben berichtet er: „Morgen Mittag eße ich bei Labedoyère. Du siehst ich bin der reine Weltmann, da ich den Abend auch noch bei Valençay und Metternich zubringen soll. Im ganzen sehr stielig, doch wenn man allein ist was im Ganzen doch sehr langweilig ist, so nimmt man Alles dankbar mit.", AKP II-798, S. 45, undat. Brief aus Paris.

14 Zu den Palästen der Talleyrand-Périgord siehe Délégation à l'action artistique de la ville de Paris (Hg.): Le faubourg Saint-Germain. La rue Saint-Dominique. Paris 1984, S. 97–101, 134–145. Zum vom Fürsten Metternich bewohnten hôtel d'Orrouer siehe Délégation à l'action artistique de la ville de Paris (Hg.): Le faubourg Saint-Germain. La rue de Grenelle. Paris 1980, S. 39f. Interessant zu bemerken ist, dass an der von den Talleyrand-Périgord bewohnten rue Saint-Dominique Destailleur die hôtels d'Haussonville und de Béhague errichtet hatte – womöglich kannte Hans Heinrich XI. somit diese Bauten zumindest von außen. Siehe hierzu Jérôme Coignard: L'hôtel de Béhague. Paris 2008, S. 10–33; Délégation (Hg.): La rue Saint-Dominique, S. 89–92, 213–216.

15 AKP II-796, S. 186f., Paris am 20.5.1863.

16 Genaueres zum ebenfalls von Hippolyte Destailleur gestalteten, allerdings bereits 1910 abgerissenen Palais bei Cillessen: Palais Pless (Anm. 3), S. 217–240.

2. Die Entstehung des „Château de Pless"

Schloss Pless, welches dem jagdpassionierten Fürsten als bevorzugter Sitz gedient haben dürfte, blickt auf eine lange Entstehungsgeschichte zurück.[17] Bereits im 14. Jahrhundert hatten an dieser Stelle, am nordwestlichen Rande des kleinen Städtchens, die Piasten eine Burg errichtet.[18] Die vom 16. bis 18. Jahrhundert in Pless herrschenden Grafen von Promnitz hatten den Wehrbau mehrfach zu einem wohnlicheren Palast um- und ausgebaut. Ein 1734 begonnener barocker Umbau zu einer hufeisenförmig geformten Dreiflügelanlage mit nach Süden gerichtetem Ehrenhof war erst unter den nachfolgenden Fürsten von Anhalt-Köthen 1768 vollendet worden.[19] Durch anschließende Vernachlässigung hatte sich das Schloss bei der Herrschaftsübernahme 1846 in einem baufälligen Zustand befunden, welchen immer schwächer werdende Fundamente verursacht hatten.[20] Folglich war bereits Hans Heinrich X. gezwungen gewesen, in den Bau zu investieren. Diese Arbeiten begannen 1846 als Sicherungsmaßnahmen, nahmen bald jedoch größere Ausmaße an und veränderten sowohl das äußere als auch das innere Erscheinungsbild des barocken Schlosses.[21] Bis etwa 1850 hatte man die Fundamente erneuert, ein neues Treppenhaus mit aufgesetztem Wintergarten an die Südseite des Mitteltraktes angefügt sowie die Seitenflügel durch einstöckige Terrassenbauten in südliche Richtung verlängert. Während die barocken Fassaden ansonsten beibehalten, durch den Wintergarten allerdings unvermittelt überschnitten worden waren, hatten im Inneren zum Teil neugotische Umgestaltungen stattgefunden, wovon die auch heute noch vorhandenen

---

17 Ein (z. T. veralteter) bauhistorischer Überblick bei: Alojzy Oborny: Pałac w Pszczynie. Dzieje budowlane i artystyczne [Schloss Pless. Bauliche und künstlerische Geschichte]. In: Ignacy Płazak, Alojzy Oborny: Zespół pałacowo-ogrodowy w Pszczynie. Pszczyna 1977, S. 24–52.

18 1303 findet die erste urkundliche Erwähnung eines Kastellans von Pless statt. Vgl. Colmar Grünhagen, Konrad Wutke: Regesten zur schlesischen Geschichte 1301–1315. Breslau 1892, S. 40.

19 Zu den Anhalt-Köthen in Pless sowie dem barocken Zustand des Baus siehe Jan Kruczek, Teresa Włodarska: Życie dworskie w Pszczynie 1765–1846 [Höfisches Leben in Pless 1765–1846]. Pszczyna 2003, S. 51–60.

20 So berichtet der Plesser Hofarchivar Heinrich Schaeffer, dass der Mitteltrakt jährlich um einiges mehr im Boden versank und sich zunehmend Risse im Mauerwerk zeigten: Heinrich Wilhelm Schaeffer: Chronik der freien Standes Herrschaft und seit 1827 des Fürstenthums Pless. Undat. Ms. um 1855, AKP I-74, S. 271.

21 Der herbeigeführte Zustand kann anhand einiger Ansichten, Pläne und Baurechnungen nachvollzogen werden. Eine Ansicht etwa publiziert in Kruczek, Włodarska: Życie dworskie (Anm. 19), S. 58, Abb. 30. Bauaufnahmen, welche im Vorfeld der Arbeiten 1870–1876 angefertigt wurden, bei Wolfgang Cillessen: Prace paryskiego architekta Hippolyte Destailleura wykonane na Śląsku dla księcia Jana Henryka XI von Pless [Die Arbeiten des Pariser Architekten Hippolyte Destailleur für Fürst Hans Heinrich XI. von Pless in Schlesien]. In: Materiały Państwowego Muzeum Zamkowego w Pszczynie IX (1996), S. 87–134, hier Abb. 31–35, 38. Die Bauakten unter: AKP XI-404.

Netzrippengewölbe der westlichen Erdgeschossräume Zeugnis ablegen.[22] Insgesamt hatte die Anlage also trotz Umbaus ein inhomogenes und derart nur bedingt repräsentatives Gepräge erhalten.

Dementsprechend früh lassen sich nach der Machtübernahme Hans Heinrichs XI. erneute bauliche Bestrebungen feststellen: 1860 wurde überlegt, die südlichen Terrassenanbauten aufzustocken, 1863 gar ein Grundriss-Entwurf für einen Neubau durch Kreisbaumeister Oliver Pavelt angefertigt.[23] Anzunehmen bleibt, dass einem ambitionierten Aristokraten, dessen Familie erst zwei Jahrzehnte zuvor die Herrschaft Pless und den damit verbundenen Fürstentitel erhalten hatte, der bestehende Bau eine unbefriedigende Lösung dynastischer und sozialer Repräsentation bot. Zudem hegte der Fürst wohl generell den Wunsch, sich ein französisches *Château* errichten zu lassen, galt es doch dem in Frankreich erlebten aristokratischen Lebensstil und dem auf hohem künstlerischen Niveau gehaltenen Wohnkomfort bestmöglich nachzueifern.

Als ausschlaggebendes Ereignis gilt ein Besuch König Wilhelms I. im November 1869, als der Mangel an adäquaten Repräsentationsräumen – vor allem eines geräumigen Festsaales und Treppenhauses – sowie das unharmonische Erscheinungsbild des Schlosses erneut deutlich geworden sein dürften.[24] Noch am Ende desselben Jahres ließ Hans Heinrich XI. Informationen über fähige Architekten einholen, wobei ihm u. a. die Wiener Ringstraßenarchitekten Heinrich Ferstel, Theophil Hansen und Karl Tietz empfohlen wurden.[25] Doch erwiesen sich zuletzt seine guten Kontakte nach Paris als entscheidend. Dem Wunsch nach französischer Qualität entsprechend, stellte dabei der Pariser Architekt Hippolyte Destailleur sicherlich den idealen Kandidaten dar, gilt er doch – nicht zuletzt wegen seiner beeindruckenden Sammlung an historischen Zeichnungen, Grafiken und Büchern – als einer der hervorragendsten Kenner französischer Architektur der Frühen Neuzeit, der zudem bereits Erfahrung in der Adaption historischer Bauten in Paris und dessen Umland

---

22 Bisher erfuhren diese Räume keine fundierte Untersuchung, obwohl sich Pless damit in eine zeitgleich in Mitteleuropa gängige Strömung einordnet, bestehende Bauten im Sinne des romantischen Historismus neugotisch zu überformen. Als vergleichbares Beispiel sei das 1846–1853 im Auftrage des Grafen Henckel von Donnersmarck in Kärnten umgebaute Schloss Wolfsberg genannt. Vgl. Wilhelm Deurer: Der Umbau von Schloss Wolfsberg im Kärtner Lavanttal durch einen schlesischen Magnaten als zeittypische Aufgabe des romantischen Historismus. In: Claudia Fräss-Ehrfeld (Hg.): Kärnten und Böhmen, Mähren, Schlesien. Klagenfurt 2004, S. 151–181.

23 Ein Kostenvoranschlag „zum Bau einer Etage über dem westlichen Balkon des fürstlichen Schlosses zu Pless" von 1860 unter: AKP XI-405, S. 17–33. Ein womöglich unter den Eindrücken der Parisreise entstandener Entwurf Pavelts: AKP XVIII-767. Auf letzteren wurde bereits hingewiesen von Jerzy Polak: Finansowe aspekty przebudowy rezydencji pszczyńskiej w latach 1870–1876 [Finanzielle Aspekte des Umbaus der Plesser Residenz in den Jahren 1870–1876]. In: Materiały Muzeum Wnętrz Zabytkowych w Pszczynie. Bd. III. Pszczyna 1984, S. 96–110, hier S. 99.

24 Cillessen: Prace paryskiego architekta (Anm. 21), S. 88; Polak: Finansowe aspekty (Anm. 23), S. 101.

25 AKP XI-409, S. 8–10, Wien am 18.1.1870.

gesammelt hatte.[26] So modernisierte er z. B. ab 1865 das hôtel de Pourtalès, dessen neue Innengestaltung wohl auch den Fürsten von Pless überzeugte, da Graf Pourtalès selbst den Kontakt vermittelte.[27] „Morgen ist die berühmte Unterredung mit Destailleur, welche Pourtales einleiten will", schrieb Hans Heinrich XI. aus Paris.[28]

Bereits im Januar 1870 unternahm der Architekt seine erste Reise nach Pless, um den bestehenden Bau in Augenschein zu nehmen.[29] Von einer dreijährigen Bauzeit ausgehend hielt er am 22. April 1870 auch vertraglich fest: „D'après les conventions que j´ai lues avec vous Prince et avec Mr de Pourtalés: j'accepte comme Architecte, de diriger et de faire exécuter tous les travaux et ouvrages nécessaires à la restauration du Château de Pless."[30] Kurz darauf wurden bereits Entwürfe angefertigt und Umgestaltungsideen für den vorhandenen dreiflügeligen Bau diskutiert.[31] Früh wurde die Verschiebung der südlichen Mitteltraktmauer festgelegt, um dadurch Platz für ein neues Treppenhaus und einen repräsentativen Speisesaal zu schaffen.[32] Auch wurde die Fassadengestaltung größtenteils ausgearbeitet, wobei sich Destailleur über die Flachheit der bestehenden Fassaden beschwerte und sich verwundert zeigte, dass der Fürst eine verworfene Skizze gefunden habe, in der Dachpavillons vorgesehen waren.[33] Mit J. Leyendecker, einem in Paris tätigen Architekten preußischer Abstammung, konnte Destailleur zudem im Mai 1870 einen fähigen, zweisprachigen Bau-

---

26 Zu Destailleur etwa: Georges Duplessis: Notice sur M. Hippolyte Destailleur. In: D. Morgand: Catalogue de Livres et Estampes, Relatifs aux Beaux-Arts, Provenant de la Bibliothèque de feu M. Hippolyte Destailleur. Paris 1895, S. I–XVII; Cédric Rabeyrolles-Destailleur: Hippolyte Destailleur 1822–1893. Architecte-Collectionneur. In: Catherine Monbeig-Goguel (Hg.): L'artiste collectionneur de dessin. Milan 2006, S. 147–162; Ekhart Berckenhagen: Fünf Architekten aus fünf Jahrhunderten. Berlin 1976 (Sammlungskataloge der Kunstbibliothek 11), S. 115–137.

27 Vgl. Cillessen: Palais Pless (Anm. 3), S. 232.

28 AKP II-798, S. 89, undat. Brief aus Paris.

29 Eine solche Reise erwähnt Destailleur in einem späteren Schreiben: AKP XI-409, S. 61, Paris am 21.8.1871.

30 AKP XI-409, S. 37–40.

31 Vgl. Cillessen: Prace paryskiego architekta (Anm. 21), S. 91–97.

32 Dabei unterbreitete Destailleur dem Fürsten mehrere Möglichkeiten, in welcher Entfernung eine neue Mauer errichtet werden könne. Er riet deutlich davon ab, eine an derselben Stelle zu bauen, wo bereits eine stehe, da die bestehenden Fundamente „ont été construites dans le but de supporter une construction légère, un jardin d'hiver, tandis qu'elles auront a supporter une construction s'élevant de deux étages au dessus du Rez de Chaussée; j'ajouterai qu'un mur d'escalier n'étant relié par aucun tirage horizontal puisqu [il] n'y a pas de plancher [il] doit être très solide et très fort pour se maintenir seul; Il en est à peu prés de même de celui de la Salle à manger qui monte dans la hauteur de deux étages c'est-à-dire de 10m65 environ. Tous ces points sont à peser car si l'année prochaine, les fondations n'étaient pas trouvées suffisantes, je ne comprendrais pas que vous hésitiez à porter en avant le nouveau mur afin d'avoir un escalier convenable.", AKP XI-409, S. 50–55, Paris am 8.6.1870. Destailleur scheint somit schon früh eine klare Vision für diese beiden Räume gehabt zu haben.

33 AKP XI-409, S. 46f, Paris am 11.6.1870: „J'ai déjà bien travaillé les façades de Pless, mais elles sont bien plates et les fenêtres ont des proportions bien exiguës; malgré tout j'arriverai. Je ne comprends pas comment vous avez pu trouver le mauvais croquis que j'avais fait à Pless, mais pour en suivre l'idée, me permettez-vous de surélever les combles des angles de façon à en faire des pavillons. Je le veux bien mais c'est un travail de charpente assez important."

leiter ausfindig machen, welcher sich zunächst in Destailleurs Atelier in das Projekt einarbeiten und im August 1870 nach Pless kommen sollte, um mit den Arbeiten zu beginnen.[34]

Der Ausbruch des Deutsch-Französischen Krieges im Juli 1870 beeinträchtigte dieses Vorhaben und die weitere Kommunikation jedoch schwerwiegend. Einerseits brach die Postverbindung zusammen, andererseits war der Fürst aktiv am Kriegsgeschehen in Frankreich beteiligt und Destailleur durch familiäre Verluste direkt betroffen.[35] Dennoch fertigte er Entwürfe an und auch Hans Heinrich XI. ergriff günstige Gelegenheiten, um sich mit der Neuausstattung seines Schlosses zu beschäftigen. Nur wenige Tage nach der Proklamation des Deutschen Kaiserreichs in Versailles lässt er in Pless anfragen, „ob die Kassa es wohl erlaubt, daß man für 10 Tausend Thaler Sachen in Paris kauft? Ich glaube nämlich man wird Einrichtungsgegenstände Broncen etc. jetzt sehr billig kaufen. Ich bin sehr neugierig Destailleur zu sehen und werde ihn mir dieser Tage heraus kommen lassen. Herein [nach Paris] kann man noch nicht, sonst wird man todtgeschlagen."[36]

Während man sich somit in den Kriegsjahren durchaus über Entwürfe und die Ausstattung Gedanken machte, setzten die tatsächlichen Bauarbeiten entgegen der bisherigen Annahme erst nach Kriegsende, mit der Abreise Leyendeckers nach Pless am 27. August 1871, ein.[37] Der Krieg hatte den Umbau des Schlosses um ein ganzes Jahr verzögert. Die „Französisierung" des Baus wurde nun jedoch zügig vorangetrieben, intensivierte sich vor allem ab 1872 und galt nach fünfjähriger Bauzeit schließlich am 27. Dezember 1876 für vollendet, wobei sich die Kosten auf stolze 2.388.292,43 Mark und das Honorar Destailleurs auf 207.646,93 Franc beliefen.[38]

Eine Sonderstellung nahmen französische Fachkräfte ein, die für die Qualitätssicherung im Detail eigens nach Schlesien importiert worden waren. Während deutsche Handwerker für Maurerarbeiten oder technische Installationen eingesetzt

---

34 Vgl. AKP XI-409, S. 27, 41–43, 46f, 56–58.

35 In der Schlacht von Bazeilles hatte Destailleur einen Sohn verloren: AKP XI-409, S. 64–67, Paris am 10.6.1871.

36 AKP II-799, S. 105f, Versailles am 29.1.1871. Auftraggeber und Architekt hatten offenbar weiters versucht den Briefkontakt schnell wieder aufzunehmen, da Destailleur einige Briefe und Skizzen nach Versailles adressiert hatte, wo sie Hans Heinrich XI. allerdings womöglich nicht erhalten hatte: „Quant aux travaux de Pless je vous ai fait les études que vous me demandiez pour la décoration d'un Salon, et celle de la façade regardant la ville. Les dessins sont prêts depuis la lettre que je vous ai adressée à Versailles; ne recevant aucune réponse j'hésitais à vous les envoyer. Lorsqu'est survenue l'insurrection du 18 mars, j'ai eu qq-es difficulté[s] à mettre en sureté ma famille hors de Paris, et un peu après j'ai pu enlever des papiers importants tels que le dossier de Pless. Car je craignait qu'ils se fussent détruits. Mais une autre difficulté a surgi; impossible de trouver une administration postale qui se charge de faire parvenir des papiers à Berlin. Je suis donc resté, attendant que les événements politiques permissent le rétablissement des communications régulières." AKP XI-409, S. 64–67, Destailleur am 10.6.1871.

37 Bisher ging man von einem tatsächlichen Baubeginn 1870 aus. Vgl. Polak: Finansowe aspekty (Anm. 23), S. 101f. Siehe jedoch: AKP XI-409, S. 68–71 u. 75–77, Destailleur am 13.6. und 24.8.1871.

38 Vgl. AKP XI-409, S. 343, 383f.

wurden, waren die französischen Spezialisten für dekorative Elemente wie Stuck, Bauplastik und Vertäfelungen verantwortlich. Die meisten waren für prominente Pariser Bauaufträge herangezogen worden, hatten hochrangige Auftraggeber (darunter das französische Kaiserpaar) beliefert und nicht selten Preisauszeichnungen bei den Weltausstellungen erhalten. Unter der Leitung bedeutender Architekten wie Eugène Viollet-le-Duc, Hector-Martin Lefuel, Charles Garnier und eben auch Destailleur arbeiteten diese Firmen und Künstler zudem in häufiger, gegenseitiger Wechselbeziehung. Viele der in Pless nach den Entwürfen Destailleurs arbeitenden Franzosen konnte bereits Cillessen identifizieren und mit konkreten Pariser Bauaufträgen in Verbindung bringen, weshalb hier nur einige erwähnt seien.[39] Während die Maurerarbeiten an sich von der schlesischen Steinmetzfirma Barthusel aus Beuthen (Bytom) durchgeführt wurden, stammen die plastischen Partien der Fassaden von dem Pariser Bildhauer Doussamy. Für die äußere Gestalt waren darüber hinaus die Firmen Monduit et Béchet, Maison Coutelier und Grados wichtig, die die Dachdeckerarbeiten durchführten und entsprechende Zierelemente lieferten.[40] Mit dem Guss von Vasen, Laternen und zweier Löwenskulpturen für den Außenbereich hatte man zudem die traditionsreiche Kunstgießerei Val d'Osne beauftragt.[41] Im Inneren war neben dem Stukkateur Prosper Loizeau und den Dekorationsmalern Eugène-Pierre Gourdet und Jean Arnaud-Durbec auch die Firma Duchesne tätig, von der die hochwertigen Marmorkamine stammen. Die qualitätvollen Vertäfelungen fertigte die Firma Matherion Frères, die *carton-pierre*-Ornamente hingegen die Firma Huber Frères.[42]

Die Umbauarbeiten erfolgten jedoch nicht nach einheitlichem Plan, sondern wurden sukzessive durch die vorhandene und einzubeziehende Bausubstanz sowie die Wünsche des Bauherrn beeinflusst.[43] Der vorhandene dreiflügelige und einen

39 Siehe Cillessen: Prace paryskiego architekta (Anm. 21), S. 106–120. Hilfreich war hierbei die von Leyendecker angefertigte „Plesser-Schloss-Bau Recapitulation zum Abschluss vom 11ten Januar 1877" – eine Kostenauflistung, welche die französischen Firmen und Handwerker in einer eigenen Rubrik anführt: AKP XI-409, S. 383f.

40 Zu Monduit et Béchet siehe auch Peter Barberie: Charles Marville's Seriality. In: Joel Smith: More than one. Photographs in sequence. New Haven, London 2008, S. 31–45, hier S. 41–44.

41 Dabei konnte z. T. aus Katalogen gewählt werden. Näheres zur Kunstgießerei bei Jean-Claude Renard: L'âge de la fonte. Un art, une industrie 1800–1914. Paris 1985, S. 37f, Tafeln S. 102, 182.

42 Zu Huber Frères siehe auch Bruno Pons: Waddesdon Manor. Architecture and Panelling. London 1996, hier S. 177.

43 Das vorhandene Quellenmaterial erlaubt es nicht, eine vollständige Bauchronologie zu erstellen. Vgl. Cillessen: Prace paryskiego architekta (Anm. 21), S. 91–97. Vor allem die Tatsache, dass sich kaum Archivalien nach 1872 im fürstlichen Archiv Pless erhalten haben, erschwert die Beantwortung einiger Fragen bezüglich der Innengestaltung. Ob und wo Akten zum Innenausbau zu finden sind, ist unklar. Einige Pläne und Zeichnungen werden dagegen in der Kunstbibliothek Berlin (OZ 107) und in den Archives Nationales in Paris (Cartes et Plans: 536 AP 63–64) aufbewahrt. Bisher unberücksichtigt blieben allerdings im Metropolitan Museum of Art in New York befindliche Zeichnungen Gourdets, auf welche noch hinzuweisen sein wird. Eine weitere Erhellung birgt möglicherweise auch die Ergänzung der in Pless aufbewahrten Briefe (AKP XI-409) durch die Auffindung und sorgfältige Prüfung weiterer Teile der Korrespondenz des Architekten, auf welche ein Nachkomme verweist, ohne jedoch deren Aufbewahrungsort zu nennen. Vgl. Philippe

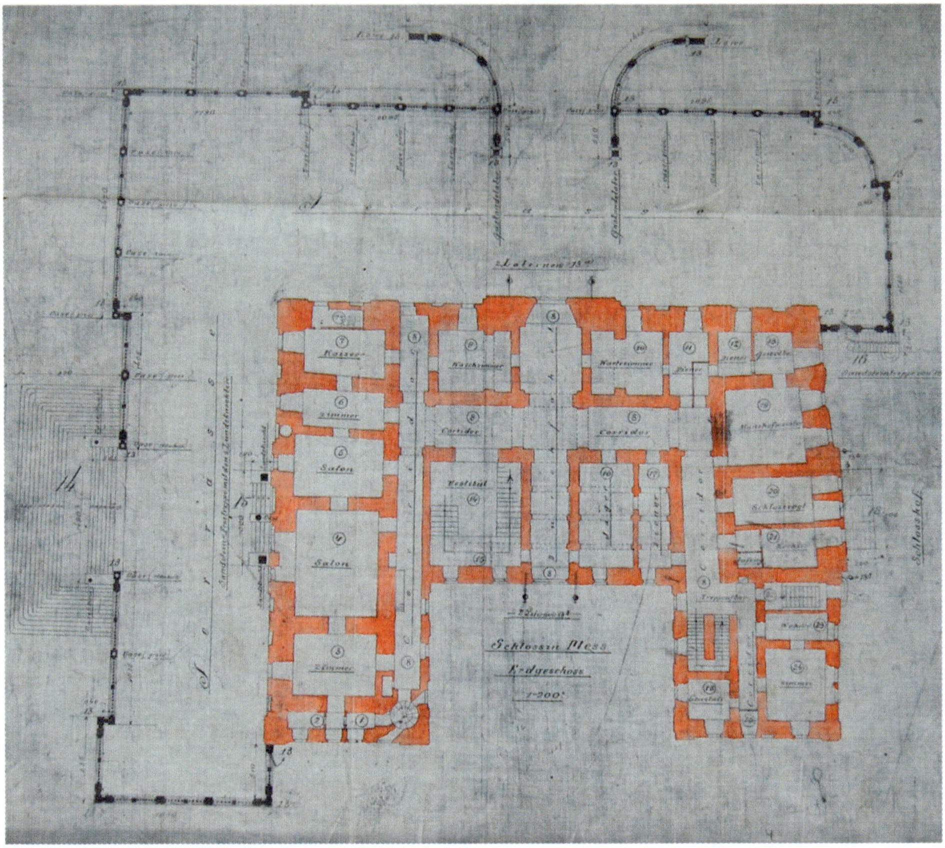

2 Schloss Pless, Grundriss des Parterre. AKP XI-400, T. 21. Foto: Archiwum Państwowe Katowice

Ehrenhof umschließende Baukörper wurde hierbei größtenteils beibehalten, entsprach er doch dem französischen Bautypus *entre cour et jardin*. Ziel war es, den Bau zu vereinheitlichen und den neuen repräsentativen wie auch technischen Bedürfnissen entsprechend zu modernisieren. Im Zuge der Arbeiten wurden die südlichen eingeschossigen Terrassenbauten der Seitenflügel entfernt und die Südmauer des Mitteltraktes verschoben, um an der Stelle des Wintergartens ein Treppenhaus und einen Speisesaal zu errichten (Abb. 2, 3). Die Achsen-Rhythmik der bestehenden Fassaden wurde indes nur geringfügig verändert und die leicht vorkragenden Mittelrisalite der Flügel beibehalten. Der durch eine Mansarde geprägte Dachumriss wurde dagegen durch zentrale Pavillonaufbauten dynamisiert, die Ähnlichkeiten mit Lefuels Erwei-

d'Estailleur-Chanteraine: Le Baron Ferdinand et son architecte a Waddesdon. In: Francis Watson (Red.): Waddesdon Manor and its collection. London, Paris 1959 (Édition de la Gazette des Beaux-Arts), S. 13–16.

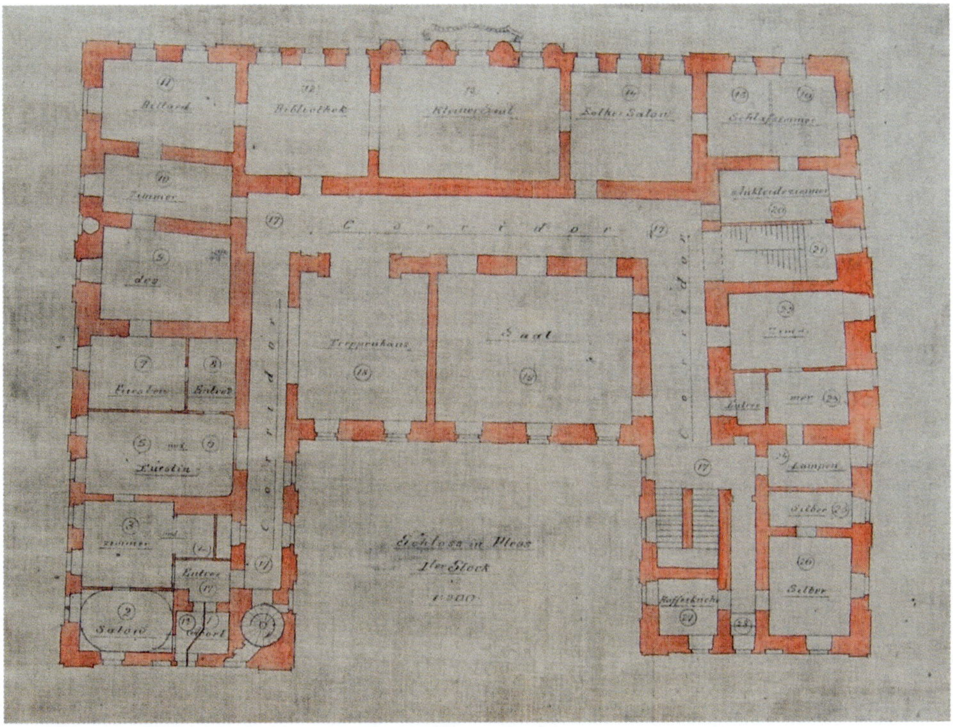

3 Schloss Pless, Grundriss der Beletage. AKP XI-400, T. 22. Foto: Archiwum Państwowe Katowice

terungen des Pariser Louvre haben.[44] Von der Materialität gestaltete Destailleur den Bau den französischen Stilen Henry IV und Louis XIII entsprechend in *brique-et-pierre*; die dekorativen Details erinnern hingegen an Louis XV.[45] In ihren Wertigkeiten

---

44 Die Dachpavillons wurden offenbar auf ausdrücklichen Wunsch des Fürsten errichtet: „Dans la façade H-A j'ai cherché à entrer dans vos idées en étudiant pour le motif du milieu un comble à pavillon avec crête et lambrequin.“, AKP XI-409, S. 103–104v, Paris am 8.9.1871. Vgl. auch Anm. 33. Die genaue Form wurde dabei noch 1872 zwischen Auftraggeber und Architekt diskutiert, wobei deren dekorative Details Destailleur als zu reich für die Fassaden erschienen: „J'ai reçu diverses demandes de Leyendecker au sujet des travaux de Pless; mais je ne puis y satisfaire sans vous avoir consulté. Dans les derniers projets, les lucarnes qui se trouvent couronner les pavillons F-E, B-A étaient en pierre: Dois je maintenant les prévoir en zinc? Le fronton sur la façade F-G doit-il rester comme il avait été prévu. C'est-à-dire avec une horloge dans le tympan, ou bien dois-je étudier un motif de Campanile ou serait placée l'horloge: Ou enfin établirait-on en conservant le fronton, un pavillon semblable à ceux qui sont en voie d'exécution sur les façades G-H et H-A? Je m'occupe des ornements en zinc de ces pavillons: mon avis est qu'il serait très-possible de supprimer qq-es détails d´ornementations qui me paraissent encore trop riches pour les façades.“ AKP XI-411, S. 19–21, Paris am 9.7.1872.

45 Auffällig ähnlich geformte Agraffen finden sich bei Charles-Etienne Briseux: L'art de bâtir des maisons de campagne. Paris 1743, hier T. 177, 184.

4 Schloss Pless, Ehrenhoffassade. Foto: Mateusz Mayer

stark differenziert, bildet dabei die Nordfassade mit einer kolossalen Pilasterordnung und Wappen-aufnehmendem Balkon die Hauptfassade, wohingegen die Westfassade bereits durch eine flachere Gestaltung und geringere Pilasterzahl in ihrem Reichtum gemindert wird. Der *Cour d'honneur* (Abb. 4) büßte im Laufe der Planung seine Pilastergliederung ein und erhielt sein repräsentatives Gepräge vor allem durch die sich über zwei Geschosshöhen erstreckenden schmalen Rundbogenfenster der südlichen Mitteltraktwand und darüber stehende Flammenvasen.[46] Am schlichtesten präsen-

46 Hartnäckig hält sich der Vorwurf, Leyendecker hätte ohne Absprache mit Destailleur die Gestaltung des Schlosses verändert und selbstständig entschieden, die Pilaster an den Ehrenhoffassaden zu verwerfen. Vgl. Oborny: Pałac (Anm. 17), S. 66f.; Ignacy Płazak: Prace remontowo-konserwatorskie w pałacu pszczyńskim [Renovierungs- und Konservierungsarbeiten in Schloss Pless]. In: Władysław Ślesiński (Red.): Ochrona zabytków 24 (1971), Nr. 3, S. 197–202, hier S. 202. Dabei beweist der erhaltene Briefwechsel klar das Gegenteil. Bereits im Sommer 1870 war Destailleur selbst zu dieser pilasterlosen Lösung gekommen: „Dans les façades que j'ai à peu prés étudiées j'ai supprimé les pilastres dans les deux ailes qui regardent la Cour d'honneur.", AKP XI-409, S. 48f., Paris am 13.6.1870. Generell muss an dieser Stelle der in der polnischen Forschung präsenten negativen Meinung über den Bauleiter widersprochen werden. Sicherlich führte Leyendecker alle Arbeiten zur vollsten Zufriedenheit aus, wie sonst hätte Destailleur ihn ab 1876 auch am Bau des Wiener Palais Rothschild eingesetzt? Zum Wiener Palais siehe Nierhaus: Vor-Bild (Anm. 3), S. 80–82. Außerdem hielt Leyendecker sowohl Destailleur als auch den Fürsten stets mit Berichten auf dem Laufenden: „H. Destailleur hat mir bis jetzt noch nicht mitgeteilt, wann er kommen wird. Der Schieferdecker Hr. Peters aus Berlin, ist hier gewesen, hat sich das Dachfenster aus Paris angesehen, sowie die nöthigen Explicationen über die Arbeit von mir erhalten, und wird mir bald die Prei-

tiert sich die der Stadt zugewandte Ostfassade, die durch angrenzende Nutzbauten stets wirtschaftlich geprägt war und wohl deshalb keine Pilaster erhielt, deren Dachpavillon dafür mit einer reich gestalteten Uhr versehen wurde.

An zwei Seiten umgab Destailleur den Bau mit einer großzügigen Terrasse, an deren Balustraden Prunkvasen zu finden sind, die denen von Claude Ballin (1615–1678) im Park von Versailles nachempfunden sind und deren von Löwen flankierte Rampe im Norden sowie ein breiter Stufenaufgang im Westen in die weitläufige Parklandschaft überleiten.

Durch die Beibehaltung der älteren Bausubstanz blieb die innere Raumaufteilung des Schlosses – abgesehen von einem bedeutsamen Zubau auf südlicher Seite – im Wesentlichen unangetastet. Nur geringfügig scheinen Mauern verschoben worden zu sein, wobei die neugotischen Räume im Erdgeschoss unverändert übernommen wurden.[47] Stattdessen konzentrierte man sich auf eine Neudekoration der Wohn- und Repräsentationsräume der Beletage, die nun ein barockes Gepräge erhielten, indem Destailleur aus dem reichen Formenrepertoire des französischen 18. Jahrhunderts schöpfte.[48] An der im Mitteltrakt des Baus konzentrierten Raumfolge von Vestibül, Treppenhaus, Speisesaal und großem Salon mit anschließender Bibliothek kommt dabei der repräsentative Aufwand des Schlosses am deutlichsten zur Geltung. Von einer zentralen gewölbten Durchfahrt gelangt man westwärts über ein kleines Vestibül in das neue, über drei Geschosse reichende Treppenhaus (Abb. 5). Dessen dreiläufiger Typus erinnert an die *Escalier de la Reine* in Versailles; im Detail jedoch variiert Destailleur die Gestaltung durch zwei große Rundbogenfenster, anderes Material und hellere Farbigkeit sowie vom *Salon de l'Œil-de-bœuf* in Versailles angeregten Ochsenaugen und Gitterwerk in der Wölbung. Weiters nimmt es

---

se schicken. Für die Luftheizung haben wir bis jetzt noch keine Antwort aus Breslau erhalten und ich habe H. Uhl gebeten entweder mir die nöthigen Zeichnungen zu schicken, oder was besser ist, selbst noch einmal nach Pleß zu kommen, um mir die nöthigen Canäle der Luftheizung für den Speisesaal und Treppenhaus anzudeuten. Der Bau schreitet gut vorwärts. Die alte Mauer ist bereits bis auf den Boden der 1en Etage herunter gerißen, sowie der alte Schornstein, wie Durchlaucht befohlen hat [...]. Die Fenster nahe bei der zukünftigen neuen Mauer des Speisesaales sind zugemauert. [...] Der Putz der Freitreppenfacade ist beinahe ganz abgepickt und die Steine der Capitäle, Basen und Schlußsteine der mittel Fenster bestellt. Die Steinmetzen haben auch fleißig gearbeitet und ich bekomme in der nächsten Woche 10 Mann mehr. H. Destailleur, der mir auf meine Bitte einige Zeichnungen und Explicationen geschickt hat, findet daß ich zu viel mache. Er schreibt mir: ‚Qui trop embrasse étreint mal'. Leider schickt mir Rovené die doppelten T-Eisen nicht, ich komme also nicht so gut vorwärts wie ich wünsche, aber dennoch werde ich die 150 Mann die ich habe, beschäftigen.", AKP XI-411, S. 6f., Pless am 14.4.1872.

47 In der Folge wurden diese Räume als Gästezimmer für Kaiser Wilhelm II. genutzt, der sich häufig in Pless zur Jagd einfand. Eine solche Nutzung als „Kaiserzimmer" scheint im Archivmaterial zwar erstmals 1897 auf (AKP-XI 410, S. 4.), dürfte jedoch bereits im Zusammenhang mit dem Oberjägermeister-Amt des Fürsten eingerichtet worden sein.

48 Pless greift damit eine im Paris der 1850er bis 1870er Jahre als *en vogue* geltende Tendenz auf, historische Bauten durch derartige Formen zu bereichern. Auch vom französischen Kaiserhaus wurden ähnliche Arbeiten im Château de Saint-Cloud und den Tuilerien in Auftrag gegeben. Vgl. Allison Unruh: Aspiring to la Vie Galante. Reincarnations of Rococo in Second Empire France. Ann Arbor 2008, S. 185–197.

5 Schloss Pless, Treppenhaus. Foto: Mateusz Mayer

im Handlauf mehrfach das Monogramm des Fürsten „PP“ (Prince de Pless) auf und wird durch eine gerahmte Brüsseler Tapisserie geprägt.[49] Im ersten Obergeschoss öffnet es sich durch marmorierte Säulen zur „Spiegelgalerie“, die die Beletage hufeisen-

49 Die Annahme, diese Tapisserie hätte sich bereits seit dem 18. Jahrhundert im Schloss befunden, erweist sich als falsch. Vgl. Kruczek, Włodarska: Życie dworskie (Anm. 19), S. 57. So erwähnt etwa Lutsch in seiner Beschreibung des Schlosses, dass im 19. Jahrhundert zahlreiche Kunstgegenstände hinzugekommen waren, darunter „ein französischer Gobelin des XVIII. Jahrhunderts, mythologischen Inhalts, aus einer fortlaufenden, im Berliner Schlosse des Besitzers (Wilhelmstraße Nr. 78) befindlichen Reihe“. Vgl. Hans Lutsch: Verzeichnis der Kunstdenkmäler der Provinz Schlesien. Bd. IV. Breslau 1894, S. 442. Die Tapisserie scheint von Destailleur beschafft worden zu sein, worauf ein kurzer Hinweis in einem seiner Briefe hindeutet: AKP XI-409, S. 104v, Paris am 8.9.1871.

6 E.-P. Gourdet: Entwurf eines Wandbildes mit Ansicht von Schloss Fürstenstein. Federzeichnung laviert, 38x22 cm. New York, The Metropolitan Museum of Art. Dodge Fund 1967, 67.827.151. Foto: The Metropolitan Museum of Art

förmig erschließt und zwei Ansichten weiterer Besitzungen des Fürsten präsentiert: das Jagdschlösschen Promnice und Burg Fürstenstein. Deren bis jetzt unbekannte Autorschaft kann nun mithilfe eines Entwurfs Gourdet zugeschrieben werden, der ihn bei der Ausführung nur leicht variierte (Abb. 6).

Den Ansichten gegenüber findet sich, im neu hinzugekommenen südlichen Bereich des Mitteltraktes, der wohl eindrucksvollste Raum des Schlosses: der Speisesaal (Abb. 7). Dieser enorme, über einem rechteckigen Grundriss gestaltete Raum nimmt zwei Geschosshöhen ein und weist drei zum Ehrenhof gerichtete hohe Fenster auf, die an der gegenüberliegenden Wand ihre Entsprechung durch drei verglaste Türen mit Balkonen finden. Für diesen Wandaufriss kam, wie Cillessen festhielt, ein von Destailleur für das hôtel de Béhague angefertigter, dort jedoch nicht ausgeführter Entwurf zur Anwendung.[50] Dominiert wird der Raum durch die außergewöhnliche, schwarz-rote Farbigkeit, welche wirkungsvoll mit den vergoldeten Ornamenten und dem blauen Himmelsausblick an der Decke kontrastiert. Die räumliche Tiefe wird durch an den Schmalseiten angebrachte Spiegel und reich bevölkerte, von Gourdet sowie Arnaud-Durbec signierte Zwickelbilder mit allegorischen Darstellungen der Jahreszeiten und Monate zusätzlich gesteigert.

Besonders reich ausgestattet wurde auch der nördlich des Speisesaals liegende *Grand Salon* (Abb. 8), den Destailleur mit der Bibliothek durch eine große Korbbogenöffnung zu einer Einheit verband und mit Nussholzvertäfelungen verkleiden ließ, in die 1897 großformatige Landschaftsgemälde des Niederländers Dirk Dalens III. (1688–1753) eingefügt wurden.[51]

Die Einführung einer französischen Barockformensprache wurde in den daran anschließenden Privatappartements des Fürstenpaares fortgeführt. Die historisierende Annäherung erfolgte jedoch nicht durch stilistische Zitate allein, sondern teils durch originale, vermutlich aus französischer Provenienz stammende Vertäfelungen des 18. Jahrhunderts oder auch einzelne originale Fragmente, die die neu angefertigten gleichsam historisieren sollten. Diese Vorgangsweise wurde in Pless bisher nicht erkannt, obwohl sich eine derartige Wiederverwendung älterer Boiserien als typisch

---

50 Cillessen: Prace paryskiego architekta (Anm. 21), S. 99.

51 Vermutlich war die Einlassung von Gemälden jedoch von Anfang an angedacht gewesen. Um die, womöglich am Berliner Kunstmarkt erstandenen, Gemälde einzufügen berief man 1897 den aus Berlin stammenden Maler Luigi Bianconi (1838–1909), welcher die Reihe restaurierte und um ein eigenes Werk ergänzte. AKP XI-410, S. 3–5, Auflistung vom 6.3.1897: „Im August [...] ehe der Maler gg. Biankony mit den Bildern fertig ist, muß der Tischler Völcher die Ramung anbringen und muß dann der Maler die Voute und die Decke streichen. Die Decken werden wieder weiß gehalten und die Voute wird geholzt, so daß die Voute ebenso aussieht, wie das Nußbaumholz. Diese Arbeiten müßen am 8. September fertig sein." Zu den Gemälden selbst vgl. Sylwia Smolarek-Grzegorczyk, Muzeum zamkowe w Pszczynie: Malarstwo Pejzażowe. Katalog zbiorów [Landschaftsmalerei. Sammlungskatalog]. Pszczyna 2011, S. 33–47, 113; Daniela Sawicka-Oleksy: Obrazy Dirck Dalensa III. we wnętrzach zamku pszczyńskiego [Gemälde Dirck Dalens III. im Inneren von Schloss Pless]. In: Materiały Muzeum Wnętrz Zabytkowych w Pszczynie. Bd. III. Pszczyna 1983, S. 65–82.

7 Schloss Pless, ehemaliger Speisesaal. Foto: Mateusz Mayer

8 Schloss Pless, Großer Salon mit anschließender Bibliothek. Foto: Mateusz Mayer

9 Schloss Pless, Schlafzimmer in der südwestlichen Beletage mit teils originalen Vertäfelungsfragmenten des 18. Jahrhunderts. Foto: Mateusz Mayer

für die Arbeitsweise Destailleurs erweist.[52] In Pless erfolgte eine solche Zusammensetzung alter und neuer Fragmente zu einem „authentischen" Ensemble in einer ovalen Garderobe und einem Schlafzimmer (Abb. 9) der südwestlichen Beletage.[53] Wie Pons in anderem Zusammenhang festhielt, ist es dabei durchaus möglich, verschiedene Stile zu mischen, weshalb der dezente Unterschied zwischen Wand- und Deckengestaltung des Plesser Schlafzimmers nicht gestört haben dürfte.[54] Die volle Komplexität derartiger Wiederverwendungen ist jedoch nicht leicht zu erkennen, wenn – wie in diesem Fall – v. a. das Puzzle aus alten und neuen Fragmenten erneut bemalt und vergoldet wurde. Inwiefern auch andere Räume mit originalen Fragmenten ausgestattet wurden, ist entsprechend schwierig festzustellen und müsste noch genauer vor Ort untersucht werden. Der Großteil der Interieurs der Beletage orientiert sich jedenfalls an französischen Ornamenten des 18. Jahrhunderts und wurde auch durch entsprechendes Mobiliar ergänzt. Eine Ausnahme bildet das im Westflügel gelegene Arbeitszimmer des Fürsten, dessen durch Stichkappen durchbrochenes Tonnengewölbe von Destailleur mit manieristischem Beschlagwerk versehen wurde (Abb. 10). Offenbar erachtete Hans Heinrich XI. die unruhigen Barockformen für sein Arbeitszimmer als unpassend, da auch in seinem Berliner Palais dieser Raumtyp Renaissanceformen verpflichtet war.[55]

Bei der Beurteilung der Innenräume sind zuletzt spätere Veränderungen zu berücksichtigen. Nach dem Ableben Hans Heinrichs XI. 1907 ließ Fürstin Mary Theresa Cornwallis-West (1873–1943), die Gattin seines Sohnes Hans Heinrich XV. (1861–1938), 1908–1913 einige Arbeiten im Schlossinneren durchführen.[56] Im oben erwähnten Schlafzimmer wurde etwa das Monogramm der Fürstin in den Supraporten angebracht und die Vertäfelungen durch bemusterte Wandbespannungen

---

52 So arbeitete Destailleur etwa im Wiener Palais Rothschild Vertäfelungen des hôtel Peyrenc de Moras und im englischen Waddesdon Manor gleich reihenweise originale barocke Vertäfelungen französischen Ursprungs ein. Vgl. Nierhaus: Vor-Bild (Anm. 3), S. 81; Pons: Waddesdon (Anm. 42), S. 136–689.

53 Der bisherigen Ansicht nach handelt es sich bei den in diesen Räumen vorzufindenden Vertäfelungen um originalen Bestand des Schlosses von ca. 1765. Vgl. Oborny: Pałac (Anm. 17), S. 49. Ein Vergleich zwischen dem aktuellen Grundriss und jenem, welcher im Zuge von Bauaufnahmen kurz vor der Umgestaltung 1870–1876 angefertigt und von Cillessen publiziert wurde, erlaubt es jedoch festzustellen, dass die Wände des Schlafzimmers erst durch Destailleur zugunsten einer Schlafnische verschoben wurden. Vgl. Cillessen: Prace paryskiego architekta (Anm. 21), S. 96f., Abb. 38–39. Schon aus diesem Tatbestand heraus hätten originale Vertäfelungen – falls überhaupt vorhanden – umgearbeitet werden müssen. Bei genauerer Betrachtung der Ornamente wird zudem schnell deutlich, dass einige Fragmente erst aus dem 19. Jahrhundert stammen. Woher die originalen Teile bezogen wurden, ist aufgrund nicht vorhandenen Quellenmaterials derzeit nicht feststellbar.

54 Bruno Pons: Grands décors français 1650–1800. Reconstitués en Angleterre, aux États-Unis, en Amérique du Sud et en France. Dijon 1995, S. 66.

55 Vgl. Cillessen: Palais Pless (Anm. 3), S. 225.

56 Aktenmaterial hierzu unter: AKP XI-410, v.a. S. 70–84. Mit einem Großteil der Arbeiten war die Breslauer Firma Martin Kimbel beauftragt.

10 Karl Oenike: Arbeitszimmer des Fürsten auf Schloss Pless, Gouache, 1907. Privatbesitz. Foto: Piotr Kłosek / Paulina Drobisz

ergänzt.[57] 1908 ließ man zudem einen ehemaligen, von Destailleur gestalteten roten Salon (Abb. 11) in der nordöstlichen Beletage umarbeiten, indem die Wandbespannungen abgenommen, neue Stuckleisten angebracht und die Wände sowie Teile der Decke grün gestrichen wurden. Von der ursprünglichen Konzeption Destailleurs scheint neben dem Kamin nur das Deckenbild erhalten geblieben zu sein, das drei mit einem roten Tuch spielende Putti zeigt und nun ebenfalls mit Hilfe eines Entwurfs (Abb. 12) Gourdet zugeschrieben werden kann. In dem sich östlich anschließenden Schlafzimmer (Abb. 13) wurde die Gestaltung des Pariser Architekten ebenfalls stark verändert. Die einen Schlafbereich absondernde Trennwand wurde abgerissen, neue Stuckelemente angebracht und die Wände sowie Decke gestrichen. Das Deckenfresko, welches von Gourdet stammen dürfte und einen Himmelsaus-

57 Die Wandbespannungen wurden bei späteren Restaurierungsarbeiten wieder entfernt. Vgl. Jan Gałaszek: Prace budowlane, remontowe i konserwatorskie w zamku pszczyńskim w latach 1945–2009 [Bau-, Renovierungs- und Konservierungsarbeiten in Schloss Pless in den Jahren 1945–2009]. In: Barbara Klajmon (Red.): Wiadomości konserwatorskie województwa śląskiego. Bd. 2. Katowice 2010, S. 19–42; Płazak: Prace remontowo-konserwatorskie (Anm. 46), S. 197–202.

11 Karl Oenike: Roter Salon auf Schloss Pless, Gouache, 1907. Privatbesitz. Foto: Piotr Kłosek / Paulina Drobisz

12 E.-P. Gourdet: Entwurf für das Deckenbild des roten Salons von Schloss Pless, Gouache, 33x33 cm. New York, The Metropolitan Museum of Art. Dodge Fund 1967, 67.827.149. Foto: The Metropolitan Museum of Art

13 Karl Oenike: Schlafzimmer in der nordöstlichen Beletage auf Schloss Pless, Gouache, 1907. Privatbesitz. Foto: Piotr Kłosek / Paulina Drobisz

blick mit Blütenranken zeigte, ist nach einer späteren Freilegung nur fragmentarisch erhalten. In anderen Bereichen des Schlosses, etwa auch in den Gäste- und Kinderzimmern des zweiten Obergeschosses, scheinen ähnliche Änderungen vorgenommen worden zu sein: Viele Wandbespannungen ließ man abnehmen, Wände streichen oder durch Tapeten bereichern, die meisten Decken weißen.

Obwohl die von Destailleur für Hans Heinrich XI. erarbeitete Gestaltung somit nicht mehr in allen Räumen erfahrbar ist, blieben die von ihm gestalteten repräsentativen Räumlichkeiten und das äußere Erscheinungsbild glücklicherweise erhalten, da Schloss Pless im Verlauf des 20. Jahrhunderts nicht dasselbe Schicksal widerfuhr wie anderen herrschaftlichen Baudenkmälern Schlesiens. Trotz einiger weniger Einschusslöcher an den Fassaden überdauerte der Bau, der bis zum Ende des Zweiten Weltkrieges im Besitz der Hochberg verblieben war, so gut wie unbeschadet. Der heutige gute Erhaltungszustand resultiert aus der Einrichtung eines Schlossmuseums schon 1946, das sich vor allem in den letzten Jahren um die Restaurierung bemühte.[58]

58 Mehr zu den letzten Jahren der Hochberg in Pless bei Ryszard Kaczmarek: Johann Heinrich XV. Fürst von Pless. Aus der Geschichte der Deutschen Minderheit in Polnisch-Oberschlesien in den Jahren 1918–1939. In: Jürgen Laubner (Hg.): Adel und Junkertum im 19. und 20. Jahrhundert. Biographische Studien zu ihrer politischen, ökonomischen und sozialen Entwicklung.

3. Der französische Baustil als Ausweis von Geschmack

Bereits Stekl warf die Frage auf, ob die ästhetische Erscheinungsform historistischer Schlossbaukunst von Machtinteressen beeinflusst wurde und folglich als Manifestation gesellschaftlicher und politischer Positionierung zu betrachten sei.[59] Auch die Adaptierung der überkommenen Bausubstanz in Pless ist als unübersehbares regionales Herrschaftszeichen aufzufassen, welches den legitimen Anspruch des neuen Geschlechts auf das Fürstentum Pless verdeutlichen sollte. Man darf annehmen, dass bereits Hans Heinrich X. dem gestiegenen Repräsentationsbedürfnis baulich nachzukommen versucht hatte, am Ende jedoch ein inhomogenes und unzureichendes Bild der Anlage hinterließ. Erst Hans Heinrich XI. vermochte dem Sitz der Fürsten von Pless ein standesgemäßes, repräsentatives Gepräge zu verleihen und somit auch seine wirtschaftliche sowie gesellschaftliche Potenz zum Ausdruck zu bringen.

Im neuen deutschen Kaiserreich, das im Ergebnis einer kriegerischen Auseinandersetzung mit dem westlichen Nachbarn entstanden war, erstaunt allerdings der ostentative Rekurs auf französische Architektur. Dies führte zu der Vermutung, dass der Rekurs auf den französischen Baustil ideologisch begründet ist, sodass der Fürst von Pless eine historisch begründete Vormacht- und Sonderstellung des aristokratischen Standes gegenüber anderen Bevölkerungsschichten – vornehmlich dem aufstrebenden Großbürgertum – verdeutlichen konnte.[60] Anstoß dazu bot eine zeitgenössische Kritik, die seinen ebenfalls durch Destailleur in französischen Formen errichteten Berliner Stadtpalast als „Denkmal aristokratischer, undeutscher Gesinnung" verurteilte.[61] Doch sollte dieses Zeugnis nicht überbewertet werden. Es erscheint geradezu absurd, dem Fürsten eine unpatriotische Gesinnung zu unterstellen, bedenkt man sein politisches und militärisches Engagement sowie sein hohes Ansehen beim preußischen Herrscherhaus. Nur kurze Zeit später wird derselbe Bau von der *Deutschen Bauzeitung* als „treffliches Bauwerk" in Schutz genommen, wo

---

Halle/S. 1990 (Wissenschaftliche Beiträge der Martin-Luther-Universität C, 48), S. 41–52; Jerzy Polak: Ostatnie lata rezydencji pszczyńskiej 1939–1945 [Die letzten Jahre der Plesser Residenz 1939–1945]. In: Materiały Muzeum Wnętrz w Pszczynie. Bd. IV. Pszczyna 1987, S. 208–227. Zur Restaurierungsgeschichte des Schlosses vgl. Gałaszek: Prace budowlane (Anm. 57) sowie Maciej Kluss: Charakterystyka rekonstrukcji wnętrz w Muzeum Zamkowym w Pszczynie [Charakteristik der Rekonstruktion des Inneren im Schlossmuseum Pless]. In: Materiały z sesji naukowej z okazji 60-lecia Muzeum Zamkowego w Pszczynie. Pszczyna 2010, S. 153–164.

59 Hannes Stekl: Schlösser als Machtsymbole. Wirtschafts- und sozialgeschichtliche Aspekte historistischer Schlossbauten. In: Renate Wagner-Rieger (Hg.): Historismus und Schlossbau. München 1975, S. 187–194.

60 Vgl. Cillessen: Prace paryskiego architekta (Anm. 21), S. 125–132; Ders.: Palais Pless (Anm. 3), S. 236–240; Kozina: Pałace (Anm. 1), S. 88–102. Zuletzt wurde diese These auch in einer kürzlich vorgelegten Magisterarbeit vertreten, wo auch die Abgrenzung zum katholischen Adel angenommen wird: Wioletta Joanna Wrona: Siedziby rodowe Schaffgotschów i Hochbergów w XIX wieku. Próba Porównania [Stammsitze der Schaffgotsch und Hochberg im 19. Jahrhundert. Versuch eines Vergleichs]. Ungedr. MA-Arbeit. Wrocław 2011.

61 Vgl. Gartenlaube 1878, S. 299–301, zit. nach Cillessen: Palais Pless (Anm. 3), S. 239.

hingegen der französische Stil von Schloss Pless in einer Beschreibung Schrollers erst gar nicht wahrgenommen, sondern allgemein der Renaissance zugeordnet wird.[62]

Schon Cillessen räumte ein, dass negative Äußerungen bezüglich des französischen Baustils meist politisch motiviert waren und aus einer allgemeinen Stildiskussion zugunsten eines propagierten „deutschen Nationalstils“ getätigt wurden.[63] Die Mehrheit der künstlerischen Kräfte und vor allem Architekten standen hingegen, wie auch Kozina deutlich machte, französischer Kunst im allgemeinen positiv gegenüber und betonten den übernationalen Charakter von Kunst und Architektur, weshalb die Stilwahl zu einer rein persönlichen Angelegenheit erklärt wurde.[64]

Grundsätzlich sollte daher zwischen ursprünglicher Intention des Auftraggebers und anschließender öffentlicher Rezeption unterschieden werden. Denn tatsächlich sind in der erhaltenen Korrespondenz des Fürsten von Pless keinerlei Äußerungen bezüglich einer bewussten Abgrenzung zu anderen gesellschaftlichen Schichten zu finden. Stattdessen drängt sich eine stark ausgeprägte Faszination für alles Französische auf. „Wie gewöhnlich bin ich nach 24-stündigem Aufenthalt ganz krank d. h. neidisch auf alles Hübsche was man hier sieht und bei uns nicht haben kann“, schreibt Hans Heinrich XI. aus Paris.[65] Er war entsprechend bemüht, die vorgefundene künstlerische Qualität gleich vor Ort zu erwerben, und hatte wie erwähnt selbst während des Deutsch-Französischen Krieges günstige Gelegenheiten hierzu ergriffen. Auch die Verurteilung der sinnlosen Zerstörung der Schlösser Saint-Cloud und Meudon im Oktober 1870 verdeutlicht seine hohe Wertschätzung für französische Architektur;[66] eine Frankophilie, welche das Umfeld des Fürsten ähnlich stark erfasst hatte. Über den Plesser Kreisbaumeister Pavelt, der Hans Heinrich XI. 1863 nach Paris begleitet hatte, erfahren wir etwa: „Pavelt ist in einem Enthusiamus und wird täglich mehr der Ansicht, daß alle Leute außer Paris Esel und noch obendrein sehr

---

62 Deutsche Bauzeitung 1886, Nr. 69, S. 414f.; Franz Schroller: Schlesien. Bd. 3. Glogau 1888, S. 56. Schloss Pless bezeichnet Schroller als „ein umfangreiches Gebäude im Renaissancestil, welches aber im Äußeren außer den signifikaten Merkmalen der Renaissance keinen besonders hervorragenden künstlerischen Schmuck besitzt. Diese edle Einfachheit macht aber einen sehr angenehmen Eindruck.“

63 Cillessen: Palais Pless (Anm. 3), S. 236–240.

64 Kozina: Pałace (Anm. 1), S. 88–102.

65 AKP II-798, S. 89, undat. Brief aus Paris.

66 „Heute haben die Franzmänner das schöne Schloß von St. Cloud ohne allen Grund in Brand geschoßen u. ist es [...] mit all seinen Schätzen ein Schutthaufen. Wir haben versucht es zu löschen. Da aber ein fortwährendes Feuer darauf gerichtet war hat man es aufgeben müßen. Meudon ein ebenfalls sehr schönes Schloß von Plon Plon mit zahlvollen Kunstsachen ist auch ohne jeden Grund zusammengeschoßen.“ Man mache sich „ein Vergnügen daraus möglichst viel zu zerstören. Wenn es schönes Wetter ist kommen Nachmittags die Franzmänner und Liebsten der Herren Mobilgardisten u. die Forts, die Artilleristen richten die Geschütze u. die Weiber schießen ab. Auf jeden beliebigen Gegenstand, auf jeden einzelnen Raum wird ohne allen Sinn und Verstand losgeschoßen. Wetten thun sie im Allgemeinen sehr wenig, aber Verwüstung richten sie an.“ AKP II-799, S. 48f, Versailles am 13.10.1870.

geschmacklose Esel seien."[67] Man darf annehmen, dass auch dem Fürsten von Pless französische Kunst und Architektur als Ausweis von erlesenem Geschmack galt – eine Ansicht, die von einigen seiner Zeitgenossen geteilt wurde. 1867 hielt man etwa bezeichnenderweise fest: „wenn auch die Franzosen öfters dem Geschmack Gewalt anthun, so haben sie ihn doch, und das ist die Hauptsache".[68]

Zur hohen Meinung des Fürsten bezüglich des französischen Geschmacks gesellte sich eine Begeisterung für die französische Lebensart. So veranlasste ihn sein Aufenthalt in Ferrières und Versailles als königlicher Kommissar und Militärinspektor der freiwilligen Krankenpflege 1871 seiner Gattin gar vorzuschlagen, während der bevorstehenden Bauarbeiten in Pless über den Winter nach Frankreich „auszuwandern".[69]

Wie ist nun aber die in Pless erfolgte Verpflanzung französischer Bau- und Ausstattungskunst einzuordnen? Tatsächlich scheint trotz der großen Bedeutung Frankreichs für die Kunst des 19. Jahrhunderts ein Rückgriff auf französische Formen in der deutschen Architektur des Historismus recht selten zu sein.[70] Dennoch handelt es sich um keine solitäre Erscheinung. Bereits das 1843–1857 umgebaute Schloss Schwerin verweist deutlich auf den französischen Einfluss in Deutschland, der schließlich in der ab 1878 erfolgten Errichtung von Schloss Herrenchiemsee für Ludwig II. von Bayern einen Höhepunkt finden sollte.[71] Gerade in Schlesien entstanden zudem in unmittelbarer zeitlicher Nähe zu Pless überdurchschnittlich viele französisch konnotierte Bauten. Das vermutlich in den 1860er Jahren für Gräfin Lazareff-Hoym, geb. Biron von Kurland, umgestaltete Schloss Dyhernfurth (Brzeg Dolny) dürfte das früheste Beispiel darstellen.[72] 1867–1868 folgte das für den Herzog von Ujest aus dem Hause Hohenlohe-Öhringen ausgebaute Schloss Slawentzitz (Sławięcice).[73] Indem jedoch französische Bauformen nicht nur aufgegriffen, sondern eigens aus Frankreich importiert wurden, stellt neben Pless vor allem Schloss Neudeck (Świerklaniec) ein herausragendes Beispiel dieser Strömung dar. Dieses war in der nördlich an das Fürstentum Pless angrenzenden Herrschaft des Grafen Guido

67 AKP II-798, S. 49–51. Obwohl dieses Schreiben nicht datiert ist, wird aus anderen Briefen des Fürsten deutlich, dass ihn Pavelt 1863 zeitweise begleitete: AKP II-796, S. 184–187, Paris am 20.5.1863.

68 Illustrierter Katalog der Pariser Industrie-Ausstellung von 1867. Leipzig 1868, S. 246.

69 „Von dem Prachtwetter macht man sich keine Vorstellung. [...] Wenn man dann die Frau und Bälger zum draußen Herumlaufen hätte, wär es prächtig. Stattdeßen muß die arme Gesellschaft in Pleß frieren. Um ihr Klima u. um ihre Bausteine beneide ich die Franzmänner. Eigentlich ist bei uns doch nur ein Aufenthalt für Wildeschweine u. auch nur wenn man sie füttert. Ich glaube ich bin ganz verweichlicht. Es ist zu schön wo es warm ist. Während wir in Pleß bauen könnten wir eigentlich für den Winter auswandern.", AKP II-799, S. 115f, Versailles am 19.2.1871.

70 Allgemein zum Einfluss Frankreichs auf die europäische Architektur des 19. Jahrhunderts siehe Henry-Russell Hitchcock: Architecture. Nineteenth and Twentieth centuries. New Haven, London 1977, S. 219–245.

71 Vgl. Kornelia von Berswordt-Wallrabe (Hg.): Schloss Schwerin. Inszenierte Geschichte in Mecklenburg. München, Berlin 2009; Hitchcock: Architecture (Anm. 70), S. 222.

72 Vgl. Kozina: Pałace (Anm. 1), S. 90; Robert Weber: Schlesische Schlösser. Bd. 1. Dresden, Breslau 1909, S. 5.

73 Vgl. Kozina: Pałace (Anm. 1), S. 98f.; Grundmann: Schlösser und Villen (wie Anm. 1), S. 159.

Henckel von Donnersmarck vermutlich 1869–1876 errichtet worden, wobei dessen Gestalt auf keinen Geringeren als Hector Lefuel zurückzuführen war.[74] Der symmetrische, in *brique-et-pierre* errichtete Komplex wurde ebenfalls durch zahlreiche französische Handwerker und Künstler gestaltet.

Auch in diesem Falle war der künstlerische Geschmack des Auftraggebers stark durch das Paris des Second Empire geprägt worden. Dort hatte Graf Henckel von Donnersmarck einige Lebensabschnitte verbracht und die berühmte Marquise de Païva, seine spätere Gattin, kennen gelernt, der er nicht nur bereits 1855–1866 ein Palais direkt an den Champs-Élysées errichten hat lassen, sondern auch das Château de Pontchartrain kaufte, das wiederum ein unmittelbares Vorbild für Neudeck war.[75]

Die Tatsache, dass sich mit Fürst Pless und Graf Henckel von Donnersmarck zwei der bedeutendsten und wohlhabendsten Adligen der preußischen Monarchie ungeachtet ihrer Nationalität und Beteiligung am kriegerischen Geschehen von 1870/71 für einen französischen Baustil entschieden, scheint die Vermutung zu bestätigen, dass wohl bei der Stilwahl der persönliche frankophile Kunstgeschmack der Auftraggeber im Vordergrund stand und kein expliziter Wunsch, sich politisch oder gesellschaftlich zu positionieren. Ganz französischen Eindrücken verpflichtet, suchten beide Auftraggeber ihre schlesischen Besitzungen im Sinne eines „Milieus“ zu gestalten und mithilfe entsprechender Bauformen sowie angekaufter Kunstwerke und Interieurs ein französisches Lebensgefühl zu evozieren.[76] Um dabei bestmögliche Authentizität und hohe künstlerische Qualität zu gewährleisten, wurden in beiden Fällen französische Kräfte importiert.

---

74 Genaueres zum Bau bei Marek Zgórniak: Pałac w Świerklańcu. Zapomniane dzieło Hectora Lefuela [Schloss Neudeck. Ein vergessenes Werk Hector Lefuels]. In: Tomasz Grygiel (Red.): Architektura XIX i początku XX wieku. Wrocław 1991, S. 101–111; Marek Zgórniak: Le château de Świerklaniec, œuvre oubliée d'Hector Lefuel. In: Musée National du Louvre (Hg.): Revue du Louvre. Paris 1989, S. 46–52. Obwohl konkrete Baudaten des Schlosses nicht überliefert sind, wurde stets ein Baubeginn kurz vor 1870 angenommen. Vgl. Grundmann: Schlösser und Villen (Anm. 1), S. 159f. Eine Annahme, die durch ein Schreiben aus dem fürstlichen Archiv Pless zu bestätigen ist. So hatte sich die Steinmetzfirma Barthusel aus Beuthen (Bytom) im November 1871 mit dem Hinweis bei dem Fürsten von Pless beworben, ihr Können bereits am Bau des Neudecker Schlosses unter Beweis gestellt zu haben, und dass sich einer der ausführenden Architekten doch von der Qualität der Arbeiten vor Ort überzeugen solle. Zu vermuten ist deshalb, dass zumindest die groben Maurerarbeiten in Neudeck zu diesem Zeitpunkt bereits abgeschlossen waren. Tatsächlich dürfte daraufhin Leyendecker das ca. 50 km nördlich von Pless gelegene Neudeck besichtigt haben, woraufhin Barthusel den Zuschlag in Pless erhielt. AKP XI-409, S. 110–111. Inwiefern zwischen Pless und Neudeck eine bauliche Konkurrenz gegeben war, ist unbekannt. Aufgrund der räumlichen Nähe sowie derart prominenter Architekten und Auftraggeber wird man jedoch das gegenseitige Baugeschehen sicherlich verfolgt haben, zumal mit Barthusel und der Firma Monduit et Béchet z. T. dieselben Firmen beschäftigt wurden.

75 Vgl. Zgórniak: Pałac (Anm. 74).

76 Zum Begriff des Milieus im Historismus vgl. Klaus Eggert: Der Wohnbau der Wiener Ringstraße im Historismus 1855–1896. Wiesbaden 1976 (Die Wiener Ringstraße. Bild einer Epoche VII), S. 19–25.

Diese neutrale Betrachtung der Stilwahl scheint durch die Beobachtung bestätigt zu werden, dass die Interpretation und Integration französischen Formenguts keineswegs regional auf Schlesien bzw. Deutschland beschränkt war, sondern ein gesamteuropäisches Phänomen darstellt.[77] Während parallele Aktivitäten der polnischen Aristokratie noch der Definition des französischen Baustils als eines „aristokratischen" entsprechen würden, verweisen die baulichen Unternehmungen des Hauses Rothschild auf die Ambivalenz einer solchen stilistischen Orientierung. So hatte sich beispielsweise Nathaniel von Rothschild (1836–1905), dessen Familie zwar bereits 1815 vom österreichischen Kaiser in den Adelsstand erhoben worden war, jedoch erst 1887 die Hoffähigkeit erlangte, 1871–1879 ein französisches Palais von Jean Girette in Wien errichten lassen.[78] In derselben Stadt beauftragte sein Bruder Albert Salomon (1844–1911) Destailleur mit der Errichtung eines weiteren französischen Stadtpalastes, der 1876–1884 unter der Bauleitung Leyendeckers entstand.[79] Ab 1874 war Destailleur zudem mit der Errichtung von Waddesdon Manor in Buckinghamshire für Ferdinand von Rothschild (1839–1898) beschäftigt, dessen Formen der französischen Renaissance aus der Begeisterung des Auftraggebers für die Schlösser des Loiretals resultieren dürften.[80] Das Aufgreifen französischer Formensprache ist somit sowohl beim europäischen Hochadel als auch bei der Plutokratie feststellbar. Da der Fürst von Pless vermutlich die baulichen Vorhaben der Familie Rothschild kannte und trotzdem den französischen Baustil beibehielt, war wohl keine demonstrative Abgrenzung gegen sie intendiert gewesen.[81]

Die hier genannten Bauten zählen zu den qualitätvollsten Beispielen französisierender Schlossbaukunst und sind Resultate einer Berufung französischer Architekten. Nur wenige Vermögende konnten sich diese Originalität und die damit verbundene Pracht und Perfektion finanziell leisten. Danach sowie nach den oben geschilderten Beobachtungen scheint der französische Baustil von Schloss Pless weniger ein Mittel gesellschaftlicher Positionierung als das Zeugnis einer künstleri-

---

77 Vgl. Hitchcock: Architecture (Anm. 70); Łukasz Mikołaj Sadowski: Kostium francuski a architektura rezydencjonalna polskiej arystokracji i ziemiaństwa w latach 1864–1914 [Das französische Kostüm und die Residenzarchitektur der polnischen Aristokratie und Landbesitzer in den Jahren 1864–1914]. Warszawa 2007; Tadeusz Stefan Jaroszewski: Le Costume français dans l'architecture polonaise de la deuxième moitié du XIXe siècle. In: Polska Akademia Nauk (Hg.): Polish Art Studies. Wrocław 1984, S. 33–44; Tadeusz Stefan Jaroszewski: Kostium francuski architektury polskiej 2. poł. XIX w. [Das französische Kostüm in der polnischen Architektur der 2. Hälfte des 19. Jh.s]. In: Tradycja i innowacja. Warszawa 1981, S. 171–199.

78 Vgl. Nierhaus: Vor-Bild (Anm. 3), S. 75–80.

79 Vgl. ebd.: S. 80–84.

80 Vgl. Pons: Waddesdon (Anm. 42), S. 33–57. Eine Aussage des Barons Rothschild bezüglich seiner Stilwahl hingegen bei Michael Hall: Waddesdon Manor. The Heritage of a Rothschild House. New York 2009, S. 44.

81 So informierte Destailleur den Fürsten von Pless, dass er eine Anfrage von Herrn Rothschild habe und wahrscheinlich im Juni 1871 nach Wien reisen werde, wodurch sich auch ein Treffen mit dem Fürsten ergeben könnte. Vgl. AKP XI-409, S. 66, Paris am 10.6.1871. Somit wusste Hans Heinrich XI. zumindest, dass die Familie Rothschild denselben französischen Architekten in Dienst nahm, woraus zwangsläufig auch eine französische Stilwahl resultierte.

schen Distinguiertheit gewesen zu sein. Schon Zivier merkte an, der Fürst hätte es verstanden, „dem von der Natur so wenig begünstigten, von der Kultur bis dahin vollständig vernachlässigten Pleß eine Schönheit zu verleihen, die diese Gegend zu einer der anmutigsten Oberschlesiens gemacht hat.“[82] Die augenscheinliche stilistische Abgrenzung zu anderen preußischen Bauten und Auftraggebern war somit Folge von Bestrebungen einer künstlerischen und kulturellen Aufwertung, die aus einem gestiegenen Repräsentationsbedürfnis erwachsen war. Daraus resultierend wurde der persönliche Wunsch nach einem französischen Château verwirklicht, dessen Formen dem Auftraggeber als Ausweis guten Geschmacks galten und sich derart vorzüglich für die repräsentativen Ansprüche eigneten, indem durch den Import originaler französischer Qualität den (aristokratischen) Jagdgästen der Wohlstand und das hohe kulturelle Niveau des Fürsten von Pless vorgeführt werden konnte. In gewisser Weise stellt Schloss Pless damit ein Paradoxon der preußischen Architektur dar, welches allerdings in eine europaweit an Frankreich orientierte, elitäre Architekturströmung der zweiten Jahrhunderthälfte einzuordnen ist. Durch seine gute Erhaltung stellt es ein wertvolles Objekt nicht nur für die Erforschung adliger Residenzkultur der Gründerzeit dar, sondern auch für die – nach wie vor ausstehende – Aufarbeitung von Destailleurs architektonischem Werk, welches maßgeblich an diesem bemerkenswerten Kulturtransfer beteiligt war, in vielen Fällen jedoch unwiederbringlich verloren ging.

82 Ezechiel Zivier: Fürstenstein 1509–1909. Festschrift zur Feier des 400jährigen Besitzes der Freien Standesherrschaft Fürstenstein durch die Reichsgrafen von Hochberg. Kattowitz 1909, S. 41.

Christian Myschor

Dienen in „Preußisch-Sibirien". Zu sozialer Stellung, Funktion und Kontakten der höheren Beamten in der Provinz Posen 1871–1918

I.

Der „preußische Osten" wurde von der Historiographe bisher eher stiefmütterlich behandelt. Wurde jahrzehntelang sowohl in Deutschland als auch in Polen dazu vorwiegend aus der Sichtweise des Nationalitätenkonflikts geschrieben, so ist in den letzten 10 bis 15 Jahren langsam eine Veränderung festzustellen. Durch die triumphale Rückkehr der Kulturgeschichte in die Forschung sind einige interessante Arbeiten über Prozesse der Ausbildung von nationalen und regionalen Identitäten entstanden. Dies kann jedoch nicht über die Tatsache hinwegtäuschen, dass weite Bereiche der Sozial- und Wirtschaftsgeschichte im Osten der Hohenzollernmonarchie noch heute praktisch unerforscht geblieben sind. Dies hat verschiedene Gründe, die an dieser Stelle nicht diskutiert werden können und nicht immer etwas mit Wissenschaftlichkeit zu tun hatten. Die 1989 nicht ohne Bitterkeit von dem aus Marienburg stammenden Mediävisten Hartmut Boockmann ausgesprochene Schlussfolgerung, bei der professionell betriebenen deutschen Geschichte handele es sich vorwiegend um „rheinisch-donauländische Heimatkunde",[1] bleibt nach wie vor leider größtenteils aktuell. Der folgende Beitrag versteht sich daher ebenfalls als ein Aufruf an die Forschung, sich dieser Thematik mehr als bisher anzunehmen.

In der Provinz Posen/Poznań herrschten im letzten Drittel des 19. und zu Beginn des 20. Jahrhunderts zweifelsohne ganz besondere Verhältnisse. Aufgrund der unterschiedlichen Bevölkerungsverteilung in den verschiedenen Teilen der Provinz fällt es schwer, jeder der drei Nationalitäten, die spätestens zu dieser Zeit aufgrund der politisch-sozialen Entwicklung eine eigene Identität herausgebildet hatten, einen eindeutigen Platz zuzuweisen. Wenn man aber eine gewisse Vereinfachung riskiert, kann man die Posener Deutschen durchaus eher städtisch als ländlich und im Schnitt etwas bis deutlich vermögender als die Polen bezeichnen. Der Mittelstand, der als eine der zentralen Antriebskräfte der sozialen Entwicklung in der Moderne angesehen wird, umfasste vor dem Ausbruch des Ersten Weltkrieges etwa 25.000 Personen (etwas über 1 % der Einwohner der Provinz),[2] wovon etwa ein Drittel Po-

1 Hartmut Boockmann: Deutsche Geschichte ist mehr als rhein-donauländische Heimatkunde. In: Frankfurter Allgemeine Zeitung, Nr. 116 v. 22.5.1989, S. 12.

2 Diese und die nachfolgenden Zahlen basieren auf Stefan Kowal: Społeczeństwo Wielkopolski i Pomorza Nadwiślańskiego w latach 1871–1918 [Die Gesellschaft Großpolens und Pommerellens in den Jahren 1871–1918]. Poznań 1982, S. 111. Sie wurden jedoch entsprechend korrigiert, da Kowal nicht nach Nationalitäten unterscheidet.

Jahrbuch des BKGE 21 (2013), S. 243–268

len und Juden gewesen sein dürften. Wenn man bedenkt, dass ungefähr zur gleichen Zeit Werner Sombart davon ausging, dass der bürgerliche Mittelstand in ganz Deutschland etwa 5 % der Bevölkerung ausmachte,[3] so verdeutlicht dies den sozial und wirtschaftlich rückständigen Charakter der Provinz Posen.

Für die Beamtenschaft des preußischen Staates, die hierhin versetzt wurde, hatte dies zweierlei Konsequenzen. Zum einen schrumpften dadurch die Möglichkeiten des sozialen Umgangs, zum anderen mussten aufgrund der Schwäche des lokalen Bürgertums die vorwiegend aus anderen preußischen Provinzen stammenden Beamten seine Rolle als Organisator und einer der Hauptakteure des sozialen Lebens der Deutschen im Posener Land übernehmen.[4] Die Staatsdiener strömten dabei so zahlreich hierhin, dass die Hauptstadt Posen den Beinamen „Beamtenstadt" erhielt. Rasch wurde dieser Missstand auch von der öffentlichen Meinung wahrgenommen. Vielerorts wurde der Vorwurf erhoben, die Bürokratie in Posen sei gänzlich einem „Kastengeist" verfallen.[5] Kommentatoren, ganz gleich ob von links oder rechts, stellten fest, dass die Staatsdiener starke Tendenzen zur Absonderung aufwiesen. Ebenfalls waren sie sich darin einig, dass dieser Missstand dem Mangel an deutschem Bürgertum geschuldet war. Statt einer deutlich erkennbaren Schicht von Honoratioren und aktiven Bürgern, die durch ihr Engagement in Politik und Gesellschaft Fundamente einer „bürgerlichen Gesellschaft" gelegt hätten, spielten hier gesellschaftlich und politisch neben Beamten Offiziere „die erste Geige".[6] Diese Lage wurde zudem durch zwei andere Faktoren verschlechtert. Der sich verschärfende Nationalitätenkonflikt machte es unmöglich, dass man auf die Ressourcen des polnischen Bürgertums hätte zurückgreifen können. Anstelle von zwei oder mehr in Symbiose lebenden Gemeinschaften entwickelten sich Parallelgesellschaften, die zwar die Verbindungen zueinander nicht ganz kappen wollten oder konnten, aber es dennoch vorzogen, den Kontakt vor allem mit ihresgleichen zu pflegen.

Ein weiteres Problem ergab sich aus der starken Rolle des jüdischen Wirtschaftsbürgertums in der Stadt. Eher der deutschen Kultur zugeneigt und sich bewusst königstreu gebend, trafen die jüdischen Bürger dennoch auf zahlreiche Vorbehalte seitens der Beamtenschaft. Das Ergebnis war, dass weite Teile des „bürgerlichen" Lebens in der Provinz von einem „Bürgertum" organisiert wurden, das sich in erster Linie als Staatsbeamte (mit allen Konsequenzen) verstand und sich daher in seiner

3 Hans-Ulrich Wehler: Deutsche Gesellschaftsgeschichte. Bd. 3: Von der „Deutschen Doppelrevolution" bis zum Beginn des Ersten Weltkrieges, 1849–1914. München 1995, S. 704.

4 Was nicht untypisch für Beamten- und Residenzstädte war; vgl. dazu Ralf Roth: Verein und Bürgerlichkeit im 19. und beginnenden 20. Jahrhundert. In: Werner Plumpe, Jörg Lesczenski (Hg.): Bürgertum und Bürgerlichkeit zwischen Kaiserreich und Nationalsozialismus. Mainz 2009, S. 121–135, hier S. 132.

5 Ernst Witting: Das Ostmarkenproblem. Berlin 1907, S. 40. Leo Wegener: Der wirtschaftliche Kampf der Deutschen gegen die Polen um die Provinz Posen. Posen 1903, S. 158f.

6 Oberpräsidium Posen an Eulenburg, 23. X 1884, Geheimes Staatsarchiv Preußischer Kulturbesitz (im Folgenden: GStA PK), I. HA, Rep. 77, Nr. 2281, Bl. 22; Ausschitt aus *Deutsche Volkswirtschaftliche Korrespondenz*, 22.4.1902, GStA PK, I. HA, Rep. 77, Tit. 871, Nr. 1, Adh. II, Bd. 1, Bl. 228; Wilhelm von Massow: Die Polennot im deutschen Osten. Berlin 1907, S. 40.

Tätigkeit, Denk- und Handlungsweise ganz klar vom Idealbild des autonom handelnden Bürgers, der sich bemühte, seinen Wirkungsbereich selbständig zu gestalten, unterschied. Das Resultat dieser Entwicklung könnte man auch ein Defizit der Bürgerlichkeit in Posen nennen.

Der folgende Beitrag versucht sich der Thematik aus unterschiedlicher Perspektive zu nähern. Die fragmentarischen Quellen erlauben es leider nicht immer, ein vollständiges Bild zu zeichnen, daher müssen viele Aspekte unberücksichtigt bleiben. Dennoch soll im Ansatz eine Antwort auf die Frage geliefert werden, an welcher Stelle und unter welchen Umständen die Beamten auf den Tätigkeitsfeldern der „bürgerlichen" Gesellschaft aktiv wurden, d. h. sowohl im organisierten Vereinsleben als auch in eher lockeren Formen der Geselligkeit. Auf die Darstellung von Einzelheiten des gesellschaftlichen Lebens muss mangels Quellen leider verzichtet werden. Des Weiteren sollen auch die Umstände der sozialen Isolierung der Beamtenschaft betrachtet werden, wobei es sich als lohnend erweist, einige Aspekte ihres Verhältnisses zu den herausragenden Teilen der polnischen und jüdischen Bevölkerung anzusprechen.

II.

Politisch stand die überwiegende Mehrheit der preußischen Beamten der konservativen Richtung nahe, seit den 1880er Jahren wurden andere Überzeugungen zumindest nicht in der Öffentlichkeit vertreten.[7] Man sollte jedoch nicht so weit gehen, die öffentliche Gesinnungsbekundung mit einer formellen Parteimitgliedschaft gleichzusetzen. Viele Beamte waren selbstverständlich „national" und „konservativ", ohne jemals ein Parteibuch besessen zu haben. Der Schubiner Landrat Gustav von Eisenhart-Rothe hielt es bis 1918 sogar für gänzlich unnötig, als Beamter einer Partei beizutreten.[8] Mit Ausnahme der Sozialdemokraten und der extremen Rechten kannte das Kaiserreich keine ausgeprägte Parteistruktur, ihre Ansätze entstanden lokal erst in den letzten Vorkriegsjahren. Die Provinzen Posen und Westpreußen gehörten unter diesen Voraussetzungen sogar zu den besonders rückständigen Teilen des preußischen Staates.[9] Als Ersatz für Parteistrukturen galten Komitees, die anlässlich der Wahlen zum preußischen Landtag und zum Reichstag die Kandidaten aufstellten und für deren Unterstützung sorgten. Bis weit in die 1880er Jahre hinein beteiligten sich Beamte kaum an diesen Unternehmungen, von „Ehrenfunktionen" wie der

7 Fritz Hartung: Staatsbildende Kräfte der Neuzeit. Gesammelte Aufsätze. Berlin 1961, S. 327. Ausnahmen davon waren Hannover, wo es einige Nationalliberale in der allgemeinen Verwaltung gab, sowie Rheinland und Westfalen, wo vereinzelt zentrumsnahe Landräte anzutreffen waren.

8 Fragebogen zur Durchführung des Gesetzes zur Wiederherstellung des Berufsbeamtentums vom 7. IV 1933, GStA PK, I. HA, Rep. 77, Personalakten, Nr. 653.

9 Thomas Nipperdey: Die Organisation der deutschen Parteien vor 1918. Düsseldorf 1967 (Beiträge zur Geschichte des Parlamentarismus und der politischen Parteien 18), S. 242; James Retallack: Notables of the Right. The German Conservative Party and Political Mobilization in Germany 1876–1918. London, Boston 1988, S. 60.

obligatorischen Übernahme eines Vorsitzes durch den Oberpräsidenten abgesehen.

In dem kurzlebigen, 1884 gegründeten „Centralverein der vereinten Konservativen" spielten Beamte ebenfalls nur eine marginale Rolle, mit der Ausnahme zweier Landräte, von denen einer der spätere Staatssekretär Arthur Graf von Posadowsky-Wehner war.[10] Die Liste der Mitglieder des deutschen Posener Wahlkomitees von 1874 umfasst rund 80 Namen, wovon nur zwei in Verbindung mit höheren Verwaltungsbeamten gebracht werden können.[11] In den darauffolgenden Jahren war dies nicht viel anders; es waren meist nur vereinzelte Beamte, die aktiv in das politische Geschehen eingriffen.[12] Ihr gemeinsames Charakteristikum waren die Abstammung aus dem Posener Land bzw. die starke Verwurzelung durch einen mehrjährigen Aufenthalt in der Provinzhauptstadt. „Auswärtige" fehlten gänzlich, durch Abwesenheit glänzten auch die höheren Chargen. Die Gründe dafür mögen vielfältig sein. Für jene, die den Dienst im „fernen Osten" als nur eine Etappe ihrer Karriere betrachteten, war es nicht besonders reizvoll, sich an solchen Initiativen zu beteiligen. Es fehlte ihnen augenscheinlich an sozialen Kontakten im spärlich vorhandenen Bürgertum sowie in den Kreisen deutscher Grundbesitzer. Auch der preußische Staat selbst scheint nicht an derartigen Aktivitäten interessiert gewesen zu sein. 1881 saß im Führungsgremium des „Deutschen Vereins für Stadt und Landkreis Posen" mit Friedrich Freitag nur ein höherer Verwaltungsbeamter. Auch sonstige Beamte (Lehrer, Medizinal- und Militärbeamte) waren nicht allzu zahlreich vertreten, während lokale Unternehmer und Grundbesitzer das Rückgrat der Vereinigung bildeten.[13]

Dies sollte sich jedoch mit der Zeit ändern und es ist nicht abwegig, als Gründe dafür die Politisierung des öffentlichen Lebens sowie den zunehmenden Nationalitätenkonflikt zu vermuten. Dies wurde deutlich bei der Gründung des *Vereins der Vereinigten Konservativen* 1911. Gänzlich dem Zeitgeist verpflichtet, sollte dieser der „Sammlung" des deutschen Elements in der Stadt und ihrem Umkreis dienen. Statt ein Kreis von Honoratioren zu sein, setzte der Verein ganz bewusst auf die Politisierung von breiteren Bevölkerungsschichten, bis hinunter in die Milieus von Kleinbauern und -bürgern. Seine maßgeblichen Initiatoren waren der Meseritzer Landrat Max Kley sowie Kuno Graf von Westarp, konservativer Abgeordneter im Reichstag und ehemaliger Landrat des Kreises Bomst/Babimost.[14] Als 1910 der Aufruf zur Gründung des Vereins veröffentlicht wurde, gehörten Posener Beamte zu seinen frühesten und prominentesten Unterzeichnern.[15] Es gelang ihnen ebenfalls, die maßgeblichen Stellen

10 Mitgliederlisten, Archiwum Państwowe w Poznaniu (im Folgenden APP), Prezydium Policji (im Folgenden PP), Sign. 9246, k. 3–9.

11 Erstes Verzeichnis der Mitglieder des Posener Wahlvereins, APP, PP, Sign. 5110, Bl. 5–7. Aufgrund der fehlenden Vornamen ist die Identität nicht eindeutig feststellbar.

12 Verzeichnis der Mitglieder des Posener Wahlvereins 1876, APP, PP, Sign. 5110, Bl. 61–64; Mitglieder-Verzeichnis des deutschen Vereins, APP, PP, Sign. 5111, Bl. 12–15, Protokoll der Versammlung vom 10. Oktober, APP, PP, Sign. 5111, Bl. 20.

13 Lokales. In: Posener Zeitung, Nr. 104 v. 11.2.1881, o. S.

14 Retallack: Notables of the Right (Anm. 9), S. 195.

15 Wahlaufruf, APP, PP, Sign. 9246.

in der Leitung des Vereins zu besetzen. Um den „sozial unabhängigen“ Charakter der Organisation zu bekräftigen, kooptierte man neben einigen Unternehmern und Grundbesitzern ebenfalls Ansiedler und den Chefredakteur des konservativen *Posener Tageblatts* in den Vorstand hinzu. Trotzdem unterschied sich der Posener Verein nicht wesentlich von seinen Artverwandten in anderen Städten des Ostens. Er verblieb unter vollkommener Kontrolle von einigen wenigen wichtigen Persönlichkeiten.[16] Thematisch gab man sich betont national und setzte auf eine überparteiliche Zusammenarbeit aller Posener Deutschen beim „Abwehrkampf gegen den Ansturm des Polentums“ – wie es damals hieß. Tatsächlich betrieb man jedoch reine Klientelpolitik. Neben den Beamten gehörten auch die Landwirte zu den Machtfaktoren der Provinz.[17] So ist es nicht besonders verwunderlich, dass man die Wahrung ihrer Interessen zu einem der vordringlichen Ziele des Vereins erklärte.[18]

Beamte, die sich auf Seiten der Liberalen politisch engagierten, waren seit den 1880er Jahren praktisch nicht mehr anzutreffen, und das nicht nur aufgrund der „Puttkammerschen Säuberungen“.[19] Als Assessor Bruno Alsen 1866 in Düsseldorf sich für die mit Bismarck verfeindeten Liberalen stark machte, wurde er nach Bromberg/Bydgoszcz strafversetzt.[20] Jedoch rief sein Betragen auch dort Empörung hervor. Er soll demonstrativ soziale Kontakte mit Beamten (sprich: Konservativen) gemieden und sich währenddessen eher in freisinnigen (und jüdischen) Kreisen bewegt haben.[21] Als er sich von ihnen als Kandidat für die Landtagswahlen aufstellen ließ, ging durch die Bromberger Bürokratie ein lauter Aufschrei. Unisono entschied man sich, Alsen gesellschaftlich zu ächten.[22] Auch seine Vorgesetzten reagierten prompt und erwirkten seine Versetzung nach Münster. Vier Jahre später konnte der dortige Regierungspräsident Hagemeister die politische „Läuterung“ des aufsässigen Beamten vermelden.[23]

Wenn sie sich nicht offiziell auf Seiten der Konservativen engagierten, nahmen die Beamten, vor allem auf dem Lande, die Aufgaben eines „Politmanagers“ wahr. Aus der Untersuchung Patrick Wagners geht hervor, dass das Sicherstellen des Sieges eines regierungsfreundlichen Kandidaten zu den vornehmsten Pflichten der Land-

16 Thomas Kühne: Dreiklassenwahlrecht und Wahlkultur in Preußen 1867–1914. Landtagswahlen zwischen korporativer Tradition und politischem Massenmarkt. Düsseldorf 1994 (Beiträge zur Geschichte des Parlamentarismus und der politischen Parteien 99), S. 49.

17 Oeffentliche Versammlung des Vereins der Vereinten Konservativen. In: Posener Tageblatt, Nr. 568 v. 4.12.1911, o. S.

18 Gründung eines Vereins der Vereinigten Konservativen. In: Posener Tageblatt, Nr. 235 v. 24.5.1910, o. S.

19 Margaret Anderson, Barkin Kenneth: The Myth of the Puttkammer Purge and the Reality of the Kulturkampf: Some reflections on the Historiography of Imperial German. In: Journal of Modern History 54 (1982), S. 647–686.

20 Eulenburg an Heydt, 30. XII 1866, GStA PK, I. HA, Rep. 77, Nr. 315, Bl. 17.

21 Wegnern an Camphausen, 21.XII 1876, GStA PK, I. HA, Rep. 77, Nr. 315, Bl. 50–54.

22 Lokales. In: Posener Zeitung Nr. 887 v. 18.12.1876, o. S.

23 Hagemeister an Puttkammer, 29. IV 1884, GStA PK, I. HA, Rep. 77, Nr. 315, Bl. 91.

räte gehörte.[24] Dies galt auch für die vornehmlich von Deutschen bewohnten West- und Nordränder der Provinz Posen, was auf ein relatives „Defizit der Bürgerlichkeit" in den Kleinstädten dieses Landesteiles hinweist. Da das (klein)städtische Bürgertum zu klein und zu schwach war, ging die politische Initiative auf die Grundbesitzer über. Koordiniert wurde sie dabei vom obersten Beamten des Kreises, der seine Amtsautorität und seine Kontakte dafür einsetzte, den regierungsgenehmen Kandidaten zum Sieg zu verhelfen. Für Julius von Knobloch in Samter bestand von Anfang an kein Zweifel daran, dass es seine oberste Beamtenpflicht sei, für eine regierungsfreundliche Mehrheit unter den Wahlmännern seines Bezirkes zu sorgen. 40 Jahre später ging in Birnbaum August von Rospatt wohl vom gleichen Grundsatz aus, als er die Bürgermeister und Distriktskommissare seines Kreises anwies, dafür Sorge zu tragen, dass in jedem Bezirk genug deutsche Wahlmänner zur Verfügung stünden.[25] Gute Kontakte zu den maßgebenden Persönlichkeiten waren auch dann nötig, wenn es darum ging, bei der Kandidatenaufstellung zwischen den Parteien und Fraktionen zu vermitteln. 1903 gelang es den Landräten und dem Regierungspräsidenten sogar, eine Brücke zwischen Fortschrittlichen, Antisemiten und Agrariern zu schlagen.[26]

Von diesen „pressure groups"[27] waren in Posen vor allem der „Bund der Landwirte" und der Ostmarkenverein aktiv. Obwohl ihr Verhältnis zum Staat nicht ungetrübt und stellenweise sogar von offener Feindseligkeit geprägt war, verfügten beide über zahlreiche Verbindungen zur Bürokratie. Besonders unter den Agrariern gab es zahlreiche Staatsbeamte, vor allem aus der inneren Verwaltung. Nach Angaben von Hans-Joachim Puhle war im Jahr 1897, als die Agrarier mit eigenen Listen an der Reichstagswahl teilnahmen, jeder zehnte Vorsitzende eines Wahlkomitees beamtet. In der agrarisch geprägten Provinz war dies nicht anders. Landrat Stephan von Dziembowski führte den „Bund der Landwirte" in Meseritz/Międzyrzec an,[28] Landrat Kurt von Willich war ein überaus aktives Mitglied in Birnbaum/Międzychód,[29] auch Landrat Max Kley stand dem Verein sehr nahe, ließ jedoch seine Mitgliedschaft ruhen, als er aus der Provinz Hannover nach den Osten versetzt wurde.[30] Dem Bund traten auch

24 Patrick Wagner: Landräte, Gutsbesitzer, Dorfschulzen. Zum Wandel der „Basisposten" preußischer Staatlichkeit in Ostelbien im 19. Jahrhundert. In: Bärbel Holtz, Hartwin Spenkuch (Hg.): Preußens Weg in die Moderne. Verfassung – Verwaltung – Politische Kultur zwischen Reform und Reformblockade. Berlin 2001 (Zeitschrift für Geschichtswissenschaft 49), S. 249–284, hier S. 267.

25 Torsten Lorenz: Von Birnbaum nach Międzychód. Bürgergesellschaft und Nationalitätenkampf in Großpolen bis zum Zweiten Weltkrieg. Berlin 2005 (Frankfurter Studien zur Wirtschafts- und Sozialgeschichte Ostmitteleuropas 10), S. 148f.

26 Brett Fairbarn: Interpreting Wilhelmine Elections. National Issues, Fairness Issues and Electoral Mobilization. In: Larry E. Jones, James Retallack (ed.): Mass Politics & Social Change in Modern Germany. New Perspectives. Cambridge 1992, S. 17–48, hier S. 29.

27 Wolfram Fischer: Staatsverwaltung und Interessenverbände im Deutschen Reich. In: Ders.: Wirtschaft und Gesellschaft im Zeitalter der Industrialisierung. Göttingen 1972 (Kritische Studien zur Geschichtswissenschaft 1), S. 194–213, hier S. 195.

28 Bernd Haunefelder: Die konservativen Abgeordneten des deutschen Reichstages. Ein biographisches Handbuch. Münster 2010, S. 80.

29 Lorenz: Von Birnbaum (Anm. 25), S. 140.

30 Dumrath an Heyer, 29. IX 1893, GStA PK, I. HA, Rep. 77, Personalakten, Nr. 1429.

Beamte bei, die selbst keine Güter besaßen oder dem Kreis von Gutsbesitzern entstammten. So Kuno Graf von Westarp, weil sich unter hochgestellten Persönlichkeiten seines Kreises viele Adlige befanden.[31] Auch der Bismarck-Zögling, der ehrgeizige Bromberger Regierungspräsident Christoph von Tiedemann, war aktiv im Bund. Seiner eigenen Aussage nach unterschrieb er die Beitrittserklärung bereits auf der Gründungsversammlung in der Berliner Tivoli-Brauerei im Jahr 1893.[32] Es musste jedoch nicht immer unbedingt die aktive Mitgliedschaft sein. Der spätere Posener Oberpräsident Hans von Eisenhart-Rothe wurde noch als Landrat in Schubin/Szubin und Bromberg regelmäßig zu Treffen des Bundes eingeladen.[33] Diese Form von Kontakten reichte auch bis in die oberste Ebene der Provinz. Die „graue Eminenz“ der Agrarier, August Endell, hatte als Vorsitzender der Landwirtschaftskammer Zugang zu und einen nicht zu unterschätzenden Einfluss auf den Oberpräsidenten Wilhelm von Waldow.[34] Es ist also nicht weiter verwunderlich, dass von den 18 „Kanalrebellen“, die 1899 im Landtag gegen das Regierungsprojekt des Baus des Mittellandkanals stimmten, vier aktive und zwei ehemalige Posener Verwaltungsbeamte waren.[35]

Die Motive für die Aktivität oder Zusammenarbeit mit dem Bund waren vielfältiger Natur, von denen das unmittelbare politische Interesse offensichtlich ist. Des Weiteren stellten die Agrarier jedoch auch auf lokaler Ebene einen beträchtlichen Machtfaktor dar, der seinen Einfluss vor allem im Bereich des sozialen Umgangs der Beamten geltend machen konnte. Dies illustriert das Beispiel des Landrates des Kreises Birnbaum Kurt von Willich. 1902 veröffentlichte er in der *Täglichen Rundschau* einen kritischen Artikel über den Führer der Agrarier August Endell. Willich bediente sich dabei jedoch nicht nur sachlicher Argumente, sondern brandmarkte Endell öffentlich als „Betrüger“, der aufgrund von Unregelmäßigkeiten beim Güterkauf vom militärischen Ehrengericht mit dem Entzug des Rechts des Tragens von Uniform bestraft worden war.[36] Endell forderte Willich zum Duell heraus, dieser lehnte jedoch ab, da er sein Gegenüber nicht als satisfaktionsfähig ansah. Ein Ehrengericht vermittelte beschwichtigend, mit dem Ergebnis, dass Willich eidesstattlich erklärte, nicht der Autor des Artikels gewesen zu sein. Auch Endell zog seine Aussagen über den Landrat zurück.[37] Der Rest der Bündler dachte jedoch nicht daran,

---

31 Kuno Graf von Westarp: Konservative Politik im letzten Jahrzehnt des Kaiserreiches. Berlin 1935, Bd. 1: Von 1908 bis 1914, S. 4.

32 Tiedemann an Timm, 20.7.1893, Bundesarchiv, Sign. N 2308 /70, k. 9.

33 Matthias Alexander: Die Freikonservative Partei 1890–1918. Gemäßigter Konservatismus in der konstitutionellen Monarchie. Düsseldorf 2000 (Beiträge zur Geschichte des Parlamentarismus und der politischen Parteien 123), S. 62.

34 Der tatsächliche Einfluss Endells bleibt enigmatisch. Hans-Joachim Puhle: Agrarische Interessenpolitik und preußischer Konservatismus (1893–1914). Ein Beitrag zur Analyse des Nationalismus in Deutschland am Beispiel des Bundes der Landwirte und der Deutsch-Konservativen Partei. Hannover 1967, S. 257f., Anm. 220.

35 Rugi urzędnicze [Beamtenbestrafung]. In: Dziennik Poznański, Nr. 201 v. 3.9.1899, o. S.

36 Sitzungsprotokoll des Staatsministeriums, 8.12.1900, GStA PK, I. HA, Rep. 90a, Bd. 141, Nr. 3598, Bl. 303f.

37 Krahmer an das Innenministerium, 25.12.1902, GStA PK, I. HA, Rep. 77, Personalakten, Nr. 3021, Bl. 40.

die Fehde zu beenden. Stattdessen wurde verkündet, man wolle mit dem Landrat nichts mehr zu tun haben.[38] Der gesellschaftliche Boykott, dem sich zudem Freunde und Nachbarn Willichs anschlossen, hatte seine Auswirkungen auch auf die Arbeit der Verwaltung. Man drohte nämlich, in Kreistag und -ausschuss gegen den Landrat vorgehen zu wollen. Die Nichtbewilligung des Budgets hätte die Lokalverwaltung paralysiert und den Landrat als unfähig bloßgestellt. Für den Posener Regierungspräsidenten Franz Krahmer war Willich in diesem Moment bereits „als Landrat nicht mehr zu halten". Eine Rettung sah er in der sofortigen Beurlaubung des Beamten.[39] Die Gegner Willichs waren sich seiner misslichen Lage jedoch bewusst und zogen die Schrauben weiter an. Auf Druck des Oberpräsidenten Rudolf von Bitter nahm Willich, immerhin ein königlicher Kammerjunker, nicht am Festessen anlässlich der Posener Kaisertage am 3. September 1902 teil. Die „offizielle" Version lautete, der Landrat habe aus gesundheitlichen Gründen von der Einladung Abstand nehmen müssen.[40] Er wurde ebenfalls vom alljährlichen Festessen der Johanniter ausgeladen.[41] Als die lokalen Grundbesitzer ankündigten, die Kaisergeburtstagsfeier sofort verlassen zu wollen, sollte dort der Landrat auftauchen, sah sich Willich so sehr in die Enge getrieben, dass er Selbstmord beging, obwohl er davon gewusst haben muss, dass die Regierung beabsichtigte, ihn in den diplomatischen Dienst zu versetzen.[42]

Ähnlich wie bei den Agrariern war das Verhältnis der Hakatisten[43] zur Regierung von Widersprüchen geprägt. Entstanden aus der Opposition zur Regierungspolitik (in diesem Fall zur „gemäßigten" Polenpolitik Caprivis), was den Ostmarkenverein zunehmend radikalisierte,[44] bekannte er sich grundsätzlich zum Staat und war auf die Zusammenarbeit mit dessen Institutionen angewiesen. Jedoch anders als der ostdeutsche Bund der Landwirte war der Ostmarkenverein niemals eine Organisation des Großbürgertums. Da die „gebildeten Stände" die Hauptlast der Massenmobilisierung trugen, spielten auch in diesem Fall Beamte eine herausragende Rolle.[45] Allerdings handelte es sich hierbei vornehmlich um Lehrer und Beamte der verschie-

38 Ebd., Bl. 42f.

39 Ebd., Bl. 43.

40 Endell, Witting i von Bitter [Endell, Witting und von Bitter]. In: Dziennik Poznański, Nr. 69 v. 24.3.1904, o. S.

41 Kühne: Dreiklassenwahlrecht (Anm. 16), S. 86.

42 Sabine Grabowski: Deutscher und polnischer Nationalismus. Der Deutsche Ostmarken-Verein und die polnische Straż 1894–1914. Marburg 1998 (Materialien und Studien zur Ostmitteleuropa-Forschung 3), S. 152.

43 Mitglieder des Deutschen Ostmarkenvereins. Ihre, vor allem unter den Polen und politischen Gegnern populäre Bezeichnung hatte ihren Ursprung in den Anfangsbuchstaben der Namen der drei Anführer aus den Gründungstagen: Hansemann, Kennemann, Tiedemann.

44 Hans-Ulrich Wehler: Zur Struktur und Funktion der nationalen Kampfverbände im Kaiserreich. In: Werner Conze, Gottfried Schramm, Klaus Zernack (Hg.): Modernisierung und nationale Gesellschaft im ausgehenden 18. und 19. Jahrhundert. Referate einer deutsch-polnischen Historikerkonferenz. Berlin 1979 (Gießener Abhandlungen zur Agrar- und Wirtschaftsforschung des europäischen Ostens 99; Osteuropastudien der Hochschulen des Landes Hessen 1), S. 113–124.

45 Jens Oldenburg: Der Deutsche Ostmarkenverein 1894–1934. Berlin 2002, S. 50.

denen Verwaltungszweige (Post, Bahn, Selbstverwaltung), während die „exklusiven" Verwaltungsjuristen eher die aktive Mitarbeit in dieser Organisation mieden. In der Provinz Posen machten um 1912 höhere Beamte knapp 15 % der Mitglieder der Hakata aus;[46] es ist jedoch fast unmöglich, Namen von Verwaltungsbeamten zu nennen, die dem Ostmarkenverein beigetreten waren. Der Oberregierungsrat im Posener Regierungspräsidium und zeitweilig Mitarbeiter der Ansiedlungskommission Heinrich von Both gehört zu den wenigen Ausnahmen.[47] Im letzten Kriegsjahr ist auch der Lissaer Landrat und spätere konservative Politiker Siegfried von Kardorff als Mitglied des Gesamtausschusses des Vereins bezeugt.[48] Der Regierungsrat Max Pape wurde hingegen erst nach seiner Pensionierung im Verein tätig, als er die Funktion des Schriftführers der Frauenabteilung übernahm. Vermutlich empfand man eine solche Verbindung als unbequem. Der kurz vor der Gründung des Ostmarkenvereins an den Führer der Alldeutschen, Ernst Hasse, gesandte Aufruf zur Gründung einer „Organisation des Widerstandes" gegen die Polenpolitik Caprivis enthielt zwei bereits durchgestrichene Namen von prominenten Posener Beamten: des Lissaer Landrats Hans von Hellmann sowie des Bromberger Regierungspräsidenten Christoph von Tiedemann.[49] Nach der Gründung des Ostmarkenvereins bot der amtierende Posener Oberpräsident Hugo von Wilamowitz-Möllendorff an, dem Verein kollektiv samt allen Landräten beizutreten. Die Berliner Regierung lehnte jedoch dankend ab, vor allem, um sich politisch nicht allzu sehr an den Ostmarkenverein zu binden. Darüber hinaus befürchtete man Proteste der polnischen Fraktion im Landtag.[50] Es verwundert daher nicht, dass das Organ des Ostmarkenvereins noch 1907 monierte, dass Posener Beamtenkreise dem Hakatismus die kalte Schulter zeigten.[51]

Dabei war der Verein stets bestrebt, auf Tuchfühlung zu den Beamten zu gehen. Der spiritus movens der Hakatisten, Heinrich von Tiedemann, bot angehenden Verwaltungsjuristen landwirtschaftliche Praktika in seinen Gütern an.[52] An der Festsitzung anlässlich des 10. Jubiläums der Gründung des Vereins nahmen selbstverständlich Spitzenbeamte der Provinzialverwaltung teil, Beamte der Ansiedlungskommission übernahmen wichtige Referate.[53] An den „Deutschen Tagen" in

46 Grabowski: Deutscher und polnischer Nationalismus (Anm. 42), S. 94.

47 Liste der Eisernes Kreuz-Inhaber. In: Ostmark 1915, Kriegsnummer Januar–Juni, S. 12.

48 Versammlungsprotokoll Gesamtausschuß, 28 I 1918, APP, PP, Sign. 9247, Bl. 51–69.

49 Grabowski: Deutscher und polnischer Nationalismus (Anm. 42), S. 59, Anm. 212.

50 Ebd., S. 134, öffentlich nahm dazu Ludwik Jażdżewski Stellung, vgl. Z rozpraw Sejmu Pruskiego [Aus den Beratungen des Preußischen Landtags]. In: Dziennik Poznański, Nr. 21 v. 26.1.1896, o. S. Allgemein dazu: Richard Wonser Tims: Germanizing Prussian Poland. The H-K-T Society and the Struggle for the Eastern Marches in the German Empire 1894–1919. New York 1941, S. 228.

51 Furor Polonicus. In: Ostmark, Nr. 1 v. Januar 1906, S. 3; ähnlich: Loehning. Za kulis kamaryli urzędniczej [Loehning. Hinter der Kulissen der Beamtenkamarilla]. In: Dziennik Poznański, Nr. 171 v. 26.7.1902, o. S.; dies widerspricht diametral den Untersuchungsergebnissen aus dem Westteil des Staates; vgl. Moritz Föllmer: Die Verteidigung der bürgerlichen Nation. Industrielle und hohe Beamte in Deutschland und Frankreich 1900–1930. Göttingen 2002 (Kritische Studien zur Geschichtswissenschaft 154), S. 43, 85.

52 Lebenslauf Jürgen Naumann, GStA PK, I. HA, Rep. 77, Nr. 4552, Bl. 117.

53 Das Stiftungsfest des Ostmarkenvereins. In: Ostmark, Nr. 11 v. November 1904, S. 8.

Bromberg 1907 nahmen ebenfalls die Spitzen der Staatsverwaltung teil, der Oberpräsident Wilhelm von Waldow hielt sogar eine Festrede.[54] Von dieser Regel gab es jedoch auch Ausnahmen. Der den Hakatisten nicht wohlgesinnte Oberpräsident Philipp Schwartzkopff blieb demonstrativ reserviert. Als der Mitbegründer des Ostmarkenvereins Heinrich von Tiedemann 1913 seinen 70. Geburtstag feierte, blieb der höchste Beamte demonstrativ den Feierlichkeiten fern und lehnte es konsequent ab, Anträge auf Auszeichnung des Hakatistenführers zu befürworten.[55] Der altkonservative Schwartzkopff, dem jegliche Volkstümelei ein Greuel war, war nicht der einzige Beamte, der auf Distanz zum Verein ging. Auch der Gostyner Landrat Robert Lucke war den Nationalisten ein Dorn im Auge. Sie denunzierten ihn als „schlapp" und Freund des Grafen von Żółtowski.[56]

Warum viele Beamte dennoch ins Fahrwasser der Hakatisten gerieten, mag mehrere Gründe gehabt haben. Zunächst lässt sich eine gewisse Konvergenz der Ziele nicht von der Hand weisen. Sowohl die Staatsregierung als auch die Hakatisten kämpften gegen das politische und wirtschaftliche Erstarken der Polen. Beispiele einer solchen Zusammenarbeit dürften hinreichend bekannt sein.[57] Gleichzeitig waren insbesondere die Landräte daran interessiert, ihre Kreise „regierbar" zu halten. Konflikte mit einflussreichen, insbesondere deutschen Persönlichkeiten hätten unter Umständen ihr Fortkommen auf der Karriereleiter behindert. Wie der Gnesener Oberbürgermeister Emil Schwindt, ehemals Assessor der Regierung in Posen, schrieb, wirkte die Drohung, erst zu Herrn Tiedemann zu gehen, der dann bei Gelegenheit den Herrn Minister in Berlin aufsuchen würde, Wunder auf Beamte verschiedener Couleur.[58]

Aus Mangel an Quellen kann den sonstigen Organisationen hier nur wenig Beachtung geschenkt werden. Eine relativ bedeutende Rolle spielten Verwaltungsjuristen im Alldeutschen Verein. Anfang des 20. Jahrhunderts machten sie rund die Hälfte aller höheren Beamten in der Posener Ortsgruppe aus.[59] Dies ist jedoch vermutlich auf den persönlichen Einfluss Alfred Hugenbergs zurückzuführen. Als er 1904 seinen Posten bei der Ansiedlungskommission aufgab, fiel die Gruppe in einen Dornröschenschlaf.[60] Neben den Hakatisten gab es in Posen keinen Platz für eine weitere nationalistische Organisation. Deren Themen waren bereits vom Ostmarkenverein

---

54 Die Bromberger Tage. In: Ostmark, Nr. 9 v. September 1907, S. 3f.

55 Grabowski: Deutscher und polnischer Nationalismus (Anm. 42), S. 258.

56 Es handelt sich vermutlich um Graf Marceli Adam, Landtagsabgeordneter und Besitzer von Godurowo im Kreis Gostyn.

57 Zum Beispiel bei der Ansiedlung von deutschen Ärzten, Kaufleuten und Handwerkern in der Provinz; Bojkot hakatystyczny przed sądem [Hakatistenboykott vor Gericht]. In: Dziennik Poznański, Nr. 89 v. 19.4.1899, o. S.

58 Emil Schwindt: Zum Kommunalkonflikt in Gnesen, S. II, GStA PK, I. HA, Rep. 77, Personalakten, Nr. 2590.

59 Verzeichnis der Mitglieder, APP, PP, Sign. 4221, Bl. 12.

60 Roger Chickering: We Men Who Feel Most German. A Cultural Study of the Pan-German League 1886–1914. London 1984, S. 254. Trotzdem löste sich der Posener Zweigverein des ADV erst mit Kriegsende auf.

besetzt. In einer internen Abmachung verpflichteten sich die Alldeutschen östlich der Elbe, nicht aktiv in der Volkstumspolitik zu werden.[61] Der Kolonialverein war in Posen ebenfalls nur rudimentär vertreten.[62] Hingegen musste der Flottenverein, der bekanntlich eine von Regierungskreisen inspirierte Gründung war, in der Provinz aus Mangel an Alternativen in Gestalt deutscher Bildungsbürger von Anfang an auf die Landräte als Organisatoren des Vereinslebens setzen. Dies betraf insbesondere die mehrheitlich polnisch bewohnten Teile der Provinz.[63] Als der Verein entstand, sah man in der lokalen Staatsvertretung die „natürlichen Vertrauensleute", die wesentliche Impulse zum Aufbau geben konnten.[64] Den Vorsitz in der Provinz überließ man natürlich dem jeweiligen Oberpräsidenten.[65]

III.

Ähnlich wie in der Politik spielten auch in der Kultur Beamte eine wichtige Rolle, wobei hier beide Bereiche zweifellos miteinander untrennbar verbunden waren. Das Flaggschiff des deutschen Vereinswesens in der Provinz Posen war die 1885 gegründete „Historische Gesellschaft für die Provinz Posen". Bei ihrer Gründung bestand sie beinahe ausschließlich aus höheren Beamten von Verwaltung und Justiz sowie aus Lehrern.[66] Ihre Statuten sahen vor, dass der Vorsitz dem jeweils amtierenden Oberpräsidenten überlassen werden sollte.[67] Es handelte sich hierbei natürlich um eine rein symbolische Funktion. Die wirklichen „Köpfe" der Gesellschaft waren andere: Neben den Archivaren Adolf Warschauer und Rodgero Prümers begegnet man dem Regierungsrat Otto Gäbel, und wenn man sich den Vorstand anschaut, findet man mit dem Regierungspräsidenten Gustav Zimmermann und dem Regierungsrat Emil Perkuhn zwei weiteren Beamte.[68] Interessanterweise waren Perkuhn und Gäbel durch Herkunft, Heirat und langjährigen Dienst eng mit der Provinz verbunden. Sie gehörten nicht zu den „Durchgangsbeamten", von denen es so viele in der Provinz gab. Auch die „Deutsche Gesellschaft für Kunst und Wissenschaft" war ein Produkt

61 Ebd., S. 55f.

62 Mitgliederliste, APP, PP, Sign. 4217, Bl. 3.

63 Chickering: We Men (Anm. 60), S. 254.

64 Thon an die Regierung Bromberg, 16. VII 1898, Archiwum Państwowe w Bydgoszczy (im Folgenden APB), Rejencja bydgoska, I/352, o. Bl.

65 Zeitungsbericht für die Monate November, Dezember und Januar 1900, GStA PK, I. HA, Rep. 89, Nr. 16154, Bl. 278.

66 Adolf Warschauer: Deutsche Kulturarbeit in der Ostmark. Erinnerungen aus 4 Jahrzehnten. Berlin 1926, S. 41; Aufruf, Uniwersytet im. Adama Mickiewicza w Poznaniu (im Folgenden UAM) Biblioteka Uniwersytecka, Pracownia rękopisów, Sign. 3907797/38, Bl. 24.

67 Thomas Serrier: Die Posener Historische Schule. In: Helga Schultz (Hg.): Preußens Osten – Polens Westen. Das Zerbrechen einer Nachbarschaft. Berlin 2001 (Frankfurter Studien zur Grenzregion 7), S. 91–110, hier S. 101.

68 Krzysztof Malinowski: Niemieckie towarzystwo historyczne w Poznaniu – działalność w latach 1885–1919 [Die Deutsche Historische Gesellschaft in Posen – ihre Tätigkeit 1885–1919]. In: Przegląd Zachodni 46 (1990), H. 1, S. 1–18, hier S. 10.

der Bürokraten. Ihre Gründung 1901, die bekanntlich in der Fusion der „Historischen Gesellschaft“ mit der „Polytechnischen Gesellschaft“ und dem „Kunstverein“ bestand, geht auf eine Idee des Oberpräsidenten Rudolf von Bitter zurück,[69] der durch die Gründung das „deutsche Element“ in der unter der „Ostflucht“ leidenden Provinz stärken – sprich: sie für das Bildungsbürgertum attraktiver machen – wollte. Einer der geschäftsführenden Direktoren war ein Beamter, Landrat Alfred von Tilly.[70] Beinahe zwei Drittel des höheren Personals des Regierungspräsidiums zahlte regelmäßig ihren Mitgliedsbeitrag,[71] was freilich nicht mit aktiver Teilnahme gleichzusetzen ist. Die meisten „Funktionäre“, egal ob in Zivil oder Uniform, nahmen nicht einmal an den Sitzungen der einzelnen Vorstände teil.[72] Es scheint, als sei man dem Verein en bloc beigetreten.[73]

Eine Ausnahme davon bildete die kleine technische Abteilung. Da sie sich, im Gegensatz zu den geisteswissenschaftlichen Sparten, nicht mit „nationalen“ Themen besetzen ließ und sich ansonsten auch aufgrund ihres Charakters fernab jeglicher bildungsbürgerlicher Philisterei bewegte, war sie für solche Karteileichen weniger attraktiv und bot die Möglichkeit zu „demokratischen“ Begegnungen von Technikenthusiasten über die sozialen Grenzen hinweg. Tatsächlich findet man neben Polen und Juden hier die Namen des Posener Landrats von Tilly sowie des Verwaltungsgerichtsdirektors Georg von Siegroth, eines der ranghöchsten Katholiken in der preußischen Verwaltung Ostelbiens.[74] Beamte beteiligten sich auch an den Aktivitäten des Kunstvereins; nachdem aber Regierungspräsident Gustav Zimmermann 1889 nach nur kurzem Aufenthalt Posen verlassen hatte, war auch in dieser Gesellschaft keiner von ihnen im Vorstand.[75] Auch einige Landräte waren für die „Historische Gesellschaft“ und die „Deutsche Gesellschaft für Kunst und Wissenschaft“ tätig. Es ist jedoch unklar, ob dies auf genuinem Interesse beruhte, denn z. B. Landrat Alfred Daum erwähnte ganz deutlich, dass er sich angesichts des Umzugs des bisherigen Vorsitzenden und mangels geeigneter Kandidaten für die Nachfolge dazu gezwungen sah, den Vorsitz im Kreise Grätz/Grodzisk Wielkopolski zu übernehmen.[76]

69 Warschauer: Deutsche Kulturarbeit (Anm. 66), S. 116f.

70 Christoph Schutte: Die königliche Akademie in Posen (1903–1919) und andere kulturelle Einrichtungen im Rahmen der Politik zur „Hebung des Deutschtums“. Marburg 2008 (Materialien und Studien zur Ostmitteleuropa-Forschung 19), S. 72.

71 Vgl. Hiesige Mitglieder, UAM, Biblioteka Uniwersytecka, Pracownia rękopisów, Sign. 3907801/19, o. Bl.

72 Oberpräsident William von Günther soll vermutlich nie an einer Vorstandssitzung teilgenommen haben. Das Fehlen von Offizieren bestätigen Protokolle der Vorstandssitzungen: UAM, Biblioteka Uniwersytecka, Pracownia rękopisów, Sign. 3907801/17, o. Bl.

73 Mitglieder Eintrittserklärungen II, UAM, Biblioteka Uniwersytecka, Pracownia rękopisów, Sign. 3907801/17, o. Bl.

74 Mitgliederlisten, UAM, Biblioteka Uniwersytecka, Pracownia rękopisów, Abteilung für Technik, Sign. 3907801/4, o. Bl.

75 Lokales. In: Posener Zeitung, Nr. 419 v. 20.6.1890, o. S.

76 Daum an den Vorstand, 30.12.1896, UAM, Biblioteka Uniwersytecka, Pracownia rękopisów, Sign. 3907798/12, o. Bl.

Zweifel am wirklichen Interesse vieler Beamter an Wissenschaft und Kultur lassen auch Angaben über die Besucherzahlen bei öffentlichen Vorträgen aufkommen. So lauschten dem durchaus nicht unbekannten Richard Schmitt, der über Russlands Weg zur Großmacht referierte, gerade einmal 50 Personen, davon zwei Drittel Frauen.[77] Hingegen sind Massen von Zuhörern bei den Vorträgen von Adolf von Harnack sowie Ulrich von Wilamowitz-Möllendorff kein Indiz für echtes Interesse. War der eine doch eine einflussreiche Persönlichkeit und ein Freund des Kaisers, der andere hingegen ein leuchtender Stern der Wissenschaft sowie der jüngere Bruder des Oberpräsidenten Hugo von Wilamowitz-Möllendorff. Eine Ausnahme bildete sicherlich der „bürgerliche“ Oberpräsident Rudolf von Bitter, der nach den Vorträgen mitsamt seiner Entourage am Tisch der „Wissenschaftler“ im Ratskeller Platz nahm und zum Verdruss seiner Beamten bis spät in die Nacht angeregt diskutierte.[78] Auch als Vortragende traten die Verwaltungsbeamten nur selten in Erscheinung. Ihnen fehlte es an einer Persönlichkeit wie Oberlandesgerichtspräsident Friedrich von Gryczewski, der regelmäßig seine Untergebenen dazu anhielt, ihr Wissen mit einem breiteren Publikum zu teilen.[79]

Die Tendenz zur Separation wurde auch in anderen Bereichen deutlich. Das Posener „Allgemeine Deutsche Casino“ in der Lindenstraße wurde beinahe nur von Beamten und Offizieren besucht.[80] Bei den Mahlzeiten ging man sogar noch einen Schritt weiter und bevorzugte es, unter Kollegen zu speisen. Während die Regierung das Casino wählte, befand sich die Tischgesellschaft der Ansiedlungskommission im Hotel Mylius.[81] Unter den Mitgliedern des in den 1870er und 1880er Jahren aktiven Posener „Vereins für Geselligkeit“ sind umgekehrt kaum Beamte der Regierung oder des Oberpräsidiums auszumachen, ganz im Gegensatz zu Gerichtsbeamten,[82] die in der Sozialleiter deutlich unter ihren Kollegen aus der Verwaltung rangierten. Auch im Sommer zogen es die Regierungsbeamten vor, eher unter sich zu bleiben. Sonntags waren sie vor allem im „Rosengarten“ anzutreffen, dem – für Posener Verhältnisse – exklusivsten der vielen Vergnügungsgärten, von denen viele östlich der Stadtbefestigungen entstanden waren.[83]

---

77 Schutte: Die königliche Akademie (Anm. 70), S. 67.

78 Warschauer: Deutsche Kulturarbeit (Anm. 66), S. 119. Von Bitter war bekannt dafür, mit wenig Schlaf auszukommen und seine noch verschlafenen Beamten frühmorgens mit den Ergebnissen seiner nächtlichen Überlegungen zu konfrontieren.

79 Ebd., S. 120.

80 Schutte: Die königliche Akademie (Anm. 70), S. 62.

81 Preußisch dienen und genießen. Die Lebenszeiterzählung des Ministerialrats Dr. Herbert du Mesnil (1875–1947). Bearb. v. Jürgen Kloosterhuis. Köln, Weimar, Wien 1998 (Veröffentlichungen aus den Archiven Preußischer Kulturbesitz 21), S. 269.

82 Mitgliederliste aus der Versammlung vom 20.11.1871, UAM, Biblioteka Uniwersytecka, Pracownia rękopisów, Sign. 3907806/1; Mitgliederliste aus der Versammlung vom 28 IX 1878, UAM, Biblioteka Uniwersytecka, Pracownia rękopisów, Sign. 3907806/8.

83 Maria i Lech Trzeciakowscy: W dziewiętnastowiecznym Poznaniu. Życie codzienne miasta 1815–1914 [Im Posen des 19. Jhs.: Alltagsleben der Stadt 1815–1914]. Poznań 1982, S. 402.

Überhaupt litt das gesellschaftliche Leben der Posener Beamtenschaft in der Stadt auch unter dem Mangel an Lokalen.[84] Es fehlte an Kristallisationspunkten des gesellschaftlichen Lebens auf gehobenem Niveau. Sobald der Winter einbrach, kamen die sozialen Aktivitäten daher fast völlig zum Erliegen. Das kulturelle Angebot war ebenfalls sehr bescheiden. Posen verfügte zwar über ein eigenes deutsches Theater, aber erst mit dem Bau der Oper 1911 erhielt es eine moderne kulturelle Einrichtung. Bromberg dagegen erhielt sein Theater in den 1890er Jahren.[85] Hätte es nicht das Mäzenatentum des Regierungspräsidenten Francis Kruse gegeben, der durch seine Berliner Kontakte berühmte Musiker und Schauspieler an die Brahe vermittelte, wäre die Stadt wahrscheinlich zum kulturellen Niemandsland verkommen.[86] Salons, in denen man gesellschaftlich verkehrte, gab es kaum. Zu den wenigen Ausnahmen gehörte das Haus des Posener Brauereibesitzers Joseph Hugger.[87]

Das Beispiel Brombergs zeigt, dass Bevölkerungsstruktur und Größe einer Stadt einen gewissen Einfluss auf das Sozialverhalten der Beamtenschaft hatten. Während das größere Posen ethnisch gemischt und aufgrund der Vielzahl von Ämtern und Militäreinheiten eine deutsche Oberschicht besaß, die größtenteils aus Zugezogenen bestand, war das wesentlich kleinere Bromberg ethnisch relativ homogen, es wies eine geringere Anzahl von Staatsdienern auf und besaß ein zahlenmäßig nicht starkes, aber dafür lokal stark verwurzeltes deutsches Bürgertum. Durch die Fusion mehrerer kleinerer Vereine entstand dort 1886 die „Casino-Gesellschaft ‚Erholung'", die zu ihren Mitgliedern gleichermaßen Offiziere, Beamte und Vertreter des örtlichen Bürgertums zählte.[88]

Höhere Beamte waren auch seltener unter den Mitgliedern von verschiedenen wirtschaftlichen Organisationen und Vereinigungen zu finden – hier dominierten eher mittlere Chargen von Staatsdienern. Die wenigen Ausnahmen zeichneten sich durch ein hohes Maß an Verbundenheit mit Stadt und Region aus. Regierungsrat Gustav Seligo war über mehrere Jahre hinweg Vorsitzender des „Beamten- und Sparvereins".[89] Im „Königin-Luise-Verein", der Kinder von städtischen Armen unterstützte, sowie in der ebenfalls wohltätigen „Kaiser-Wilhelm-Stiftung" war der in Posen aufgewachsene Regierungsrat Otto Gäbel aktiv.[90] Darüber hinaus wirkte er

84 Bitter an Bülow, 26. III 1901, GStA PK, I. HA, Nr. 3745, Bl. 60.

85 Jerzy Wójciak: Oświata, kultura i sztuka w latach 1850–1914 [Kultur, Schulwesen und Kunst in den Jahren 1850–1914]. In: Marian Biskup (Hg.): Historia Bydgoszczy. T. 1: Do roku 1920 [Geschichte Brombergs. Bd. 1: Bis zum Jahr 1920]. Warszawa, Poznań 1991, S. 585–599, hier S. 593.

86 Erich Hoffmann: Dr. Francis Kruse. Königlich preußischer Regierungspräsident. Ein Lebensbild. Düsseldorf 1937, S. 60.

87 Schwartzkopff an Dallwitz, 9.3.1913, GStA PK, I. HA, Rep. 77, Personalakten, Nr. 2774, o. Bl.

88 Stefan Hartmann: Bromberger Kasino-Gesellschaft „Erholung". Unbekannte Quellen aus den Jahren 1883–1919. In: Bromberg IX (1987), S. 2–7; Bogna Derkowska-Kostkowska: Kasynowe Towarzystwo „Wypoczynek" w Bydgoszczy i jego dom związkowy [Die Kasinogesellschaft „Erholung" in Bromberg und ihr Vereinsheim]. In: Materiały do dziejów kultury i sztuki Bydgoszczy i regionu 3 (1998), S. 31–43.

89 Lokales. In: Posener Zeitung Nr. 286 v. 21.6.1872, S. 5.

90 Lokales. In: Ebd., Nr. 62 v. 25.1.1877, o. S.; Ebd., Nr. 76 v. 25.1.1880, S. 5.

ebenfalls im „Verein zur Fürsorge für entlassene Strafgefangene“,[91] wo er einige Jahre später als Mitglied des Vorstandes durch Hans von Holwede ersetzt wurde.[92] Den Ehrenvorsitz des „Verschönerungsvereins“ hatte der Oberpräsident von Günther inne; wirklich aktiv im Verein wurde jedoch nur der junge Assessor (und spätere Oberpräsident der Provinz Posen) Rudolf von Bitter.[93] Regierungsrat Karl Budding hingegen interessierte sich für Belange der Sozialpolitik und wurde daher tätig im „Verein zur Bekämpfung von Tuberkulose als Volkskrankheit“ und im „Verein gegen Mißbrauch von Alkohol“.[94]

Die höheren Beamten machten ebenfalls einen Bogen um Sportvereine. Eine Ausnahme stellte der Landrat und Präsident der Ansiedlungskommission Paul Blomeyer dar. Vermutlich stand echtes Interesse hinter seinem Engagement im „Deutschen Sportverein“, denn als er nach Stralsund versetzt wurde, erhielt er den Status eines korrespondierenden Mitglieds und sein Platz im Vorstand ging nicht an eine herausragende Persönlichkeit der lokalen Staatsbehörden über.[95] Eine Ausnahmerolle spielte der Reitsport als Vergnügen der höheren Klassen. Zu den Vorstandsmitgliedern des „Herren-Reiter-Vereins“ zählten die Landräte Gottlob von Nathusius und Gustav von Scheele; über lange Jahre hinweg hatte den Vorsitz der Regierungspräsident Franz Krahmer inne.[96] Beamte wurden auch oft als Zuschauer an der Rennstrecke im Eichwald gesichtet.[97] Selbst nahmen sie natürlich nicht an den Rennen teil. In der Garnisonsstadt Posen war die Konkurrenz seitens professioneller Reiter aus der Armee einfach zu stark.

IV.

Wie eingeschränkt die sozialen Kreise der Posener Beamtenschaft waren, konnte der Direktor der Provinzialen Steuer- und Zolldirektion, Ferdinand Loehning, am eigenen Leibe erfahren. Als einer der wenigen Katholiken in der preußischen Beamtenschaft war es für ihn sehr schwierig, eine angemessene Frau zu finden, die er heiraten konnte. Schließlich lernte er die Tochter des Regierungssekretärs Coccius auf einer Feier des deutschen Katholikenvereins kennen. Das religiöse Bekenntnis schränkte seine gesellschaftlichen Kontakte erheblich ein, denn dadurch wurde er quasi zu einer Minderheit innerhalb einer Minderheit. Die Zahl der deutschen Katholiken in

---

91 W gmachu regencyjnym [Im Regierungsgebäude]. Dziennik Poznański, Nr. 83 v. 12.4.1883, o. S.

92 Lokales. Posener Zeitung, Nr. 342 v. 18.5.1889, o. S.

93 Lokales. Ebd., Nr. 567 v. 3.12.1873, o. S.

94 Verzeichnis der für eine Beförderung in eine höhere Stelle geeigneten Oberregierungsräte und Regierungsräte im Regierungsbezirk Bromberg, GStA PK, I. HA, Rep. 77, Tit. 884, Nr. 8, Adh., Bd. 10.

95 Finanzierungsgesuch. 9 VI 1909, APP, PP, Sign. 4253, Bl. 43–45.

96 Abschiedsgesuch des Regierungspräsidenten Krahmer. In: Posener Zeitung, Nr. 104 v. 5.5.1917, o. S.

97 Lokales. In: Ebd., Nr. 385 v. 7.7.1887, S. 4; Sommerfeld an Puttkammer und Scholz, 11.6.1882, GStA PK, I. HA, Rep. 77, Tit. 4046, Nr. 14, Bl. 107.

der Stadt Posen war recht gering. Dasselbe galt für die Beamtenschaft. Nur etwa jeder zehnte höhere Beamte in der Provinz war katholisch; der Chef der Steuerdirektion, der rangmäßig in etwa dem Regierungspräsidenten gleichzustellen war, hatte es daher doppelt schwer, Kontakte zu knüpfen. Zunächst gratulierten zur Verlobung Loehnings alle Kollegen mit Ausnahme des Oberpräsidenten und der örtlichen Generalität. Nach einer kurzen Zeit schlug die Stimmung jedoch um. Der Domherr Josef Klinke, der über gute Kontakte zur Staatsverwaltung verfügte, erzählte Loehning vertraulich, dass diese es vorzöge, wenn er sich von der Familie Coccius „fern halten" würde. Die Nachricht von seiner Verlobung gelangte ebenfalls rasch nach Berlin, wo Finanzminister von Rheinbaben seine Empörung über den Vorgang nicht verheimlichte. Oberpräsident von Bitter bestellte den Steuerdirektor zu einem Privatgespräch, in dem er erklärte, er betrachte die Eheschließung mit der Tochter eines ehemaligen Feldwebels der Posener Garnison als ausgeschlossen. Das preußische Beamtenrecht hatte zu dieser Zeit bereits die Institution des Ehekonsens abgeschafft, sah aber dennoch vor, dass bei einer „unstandesgemäßen" Heirat der Beamte einstweilig zu beurlauben sei. So wurde auch in Loehnings Fall verfahren. Im Resultat rief dies eine heftige Reaktion seitens der deutschen Presse in ganz Preußen hervor. Über die politischen Gräben hinweg wurde laut und deutlich die Klage vernommen, das Posener Beamtentum sei gänzlich vom sozialen Kastengeist erfasst, was natürlich genüsslich von lokalen polnischen Blättern ausgeschlachtet wurde.[98] Der Vollständigkeit halber sei erwähnt, dass die Affäre auch einen politischen Beigeschmack hatte: Loehning war als königstreuer Beamter zwar über alle Zweifel erhaben, aber dennoch kein Freund der Politik der „eisernen Faust" gegenüber den Polen.[99]

In der Tat, das Sozialverhalten des höheren preußischen Beamtentums erzwang quasi die soziale Isolation. Das Personal der Regierungen in Posen und Bromberg war in den Jahren 1871 bis 1918 eindeutig bürgerlicher Herkunft, fast drei Viertel verfügte über kein Adelspatent, hinzu kamen 5–10 % Neuadel.[100] Das Heiratsverhalten der Beamten wurde ebenfalls durch den Stand sowie in geringerem Maße durch den Beruf des Vaters bestimmt (dieser interessiert in diesem Zusammenhang nicht). Acht von zehn bürgerlichen Beamten heirateten bürgerliche Frauen, sieben von zehn Adligen heirateten adlige Frauen.[101] Während Söhne adliger Grundbesitzer unter den Familien ihrer sozioökonomischen Gruppe in der Provinz Posen durchaus junge Frauen fanden, die sich als Ehefrauen eigneten, fiel dies den viel zahlreicheren bürgerlichen Beamten wesentlich schwerer. Das fehlende Bürgertum vor Ort

98 Sprawa tajnego radcy Loehninga [Die Angelegenheit des Geheimrats Loehning]. In: Kuryer Poznański, Nr. 347 v. 15.5.1902, S. 2.

99 Za kulisy kamaryli urzędniczej [Hinter den Kulissen der Beamtenkamarilla]. In: Dziennik Poznański, Nr. 174 v. 30.7.1902, o. S.

100 Angaben nach der Datenbank der höheren Beamten der preußischen Verwaltung in der Provinz Posen, zusammengestellt vom Autor.

101 Ähnliche Zahlen zum Heiratsverhalten finden wir bei Hansjoachim Henning: Die unentschiedene Konkurrenz. Beobachtungen zum sozialen Verhalten des norddeutschen Adels in der zweiten Hälfte des 19. Jahrhunderts. Stuttgart 1984 (Akademie der Wissenschaften und der Literatur. Abhandlungen der Geistes- und Sozialwissenschaftlichen Klassen, Jahrgang 1984 6), S. 42f.

zwang sie dazu, sich anderswo nach geeigneten Kandidatinnen umzuschauen. Dies zeigen die Kirchenbücher der evangelischen Gemeinden in Posen, die so gut wie keine Ehen bürgerlicher Beamter verzeichnen,[102] da diese zumeist am auswärtigen Wohnort der Frau geschlossen wurden. Eine ähnliche Tendenz belegen Ergebnisse der Untersuchung von Taufbüchern. Bei einer Stichprobe von 37 Taufen von Kindern höherer Posener Beamten konnte festgestellt werden, dass es so gut wie keine ortsansässigen Taufväter bürgerlichen Standes gab. Die wenigen Ausnahmefälle davon betrafen nur eine Berufsgruppe: höhere Beamte.

Dass diese Auswertungen zutreffen und kein Ergebnis von statistischer Willkür sind, bestätigen narrative Quellen. Der Assessor Felix Busch schreibt z. B., dass er auch privat die meiste Zeit nur mit jüngeren Kollegen aus dem Oberpräsidium und der Regierung verkehrt habe.[103] Der Regierungspräsident Friedrich Maurach aus Bromberg soll außer sich gewesen sein, als er erfuhr, dass der Baurat Wernecкinck anlässlich der Taufe seiner Tochter keinen einzigen Beamten zur Feier eingeladen hatte.[104] Für den Superintendenten Paul Blau hatten die „höheren Götter“ in der Provinz nur selten etwas zu tun mit dem „gemeinen Mann“. Man kannte und grüßte sich, aber die höheren Ränge der Staatsverwaltung sollen wie von einer undurchdringlichen Mauer umschlossen gewesen sein.[105] Dies betraf nicht nur das Verhältnis zu den wirklich „niederen“ Volksschichten. Der Bromberger Regierungsrat Carl Bank, der selbst dem Kleinbürgertum entstammte, wurde oft wegen seines gesellschaftlichen Umgangs kritisiert. Während sein berufliches Verhalten keinen Grund zur Beanstandung lieferte, bemängelte sein Vorgesetzter, der Bromberger Regierungspräsident von Tiedemann, Bank würde mit seinem Büropersonal herzliche Kontakte unterhalten und dadurch den Verlust seiner amtlichen Autorität riskieren.[106] Damit waren keineswegs Boten gemeint, sondern auch gestandene ältere Bürovorsteher. Jedoch stand in Preußen selbst der erfahrenste Regierungssekretär, der oft selbst Abitur hatte, rangmäßig auf der Ebene eines jungen Assessors. Was in größeren deutschen Städten kein Problem war, hatte in der ethnisch gemischten und sozial unterentwickelten Provinz gravierende Auswirkungen. Da die lokalen „besseren“ Kreise mangels eines entwickelten Bürgertums verhältnismäßig klein blieben, blieben auch die Beamten häufig unter sich, was die Ausbildung des oft kritisierten „Kastengeistes“ zur Folge hatte.

Noch prekärer war die Situation der Landräte. Bei vielen Kreisstädten, insbesondere nach der Verwaltungsreform von 1887, welche die Anzahl der Kreise von

102 Traubuch, APP, Kreuzkirche, Sign. 45; Traubuch, APP, Parafia ew. Świętego Pawła w Poznaniu, Sign. 2; Traubuch, APP, Gmina ewangelicka Łazarz, Sign. 4.

103 Felix Busch: Aus dem Leben eines Königlich-Preußischen Landrats. 2. Aufl. Hg. v. Julius H. Schoeps. Potsdam 2000 (Brandenburgische historische Studien 8), S. 94.

104 Maurach an Camphausen und Eulenburg, 10.6.1872, GStA PK, I. HA, Rep. 77, Tit. 4046, Nr. 14, Bl. 65.

105 Paul Blau: Bergan! Die Geschichte einer Lebenswanderung. Bd. 3: Bergsommer. Amtszeit in Wernigerode und in Posen bis 1920. Stuttgart 1941, S. 81.

106 Tiedemann an Herrfurth, 3.8.1891, GStA PK, I. HA, Re. 77, Tit. 884, Nr. 8, Adh, Bd. 2.

26 auf 40 anwachsen ließ, handelte es sich in Wirklichkeit um große Dörfer. Hinzu kommt, dass im Süden und im zentralen Teil der Provinz Deutsche nur einen kleinen Bruchteil ihrer Einwohnerschaft ausmachten. Bestenfalls gab es in der Nähe einige deutsche Großgrundbesitzer; die wirklich vermögenden von ihnen wohnten jedoch nicht auf ihren Gütern, sondern in Breslau, Berlin oder im Westen am Rhein. Nicht jeder Landrat konnte oder war gewillt, damit zurechtzukommen. Dem kommissarischen Verwalter des Landratsamtes in Strelno, Otto Giessel, bescheinigte man 1887 die vollkommene Unfähigkeit, in Kontakten mit niederen Bevölkerungsschichten die richtige Haltung zu bewahren, die in den kleineren Ortschaften unbedingt vonnöten sei.[107] Die Landräte von Grätz beschwerten sich mehrfach, dass sie in ihrer Stadt völlig vereinsamen würden.[108] Ähnlich äußerte sich Friedrich Böhm über seinen Dienstort Schrimm/Śrem.[109]

Wie eingeschränkt die Möglichkeiten zum Unterhalten von sozialen Kontakten in der Provinz waren, zeigt das Schreiben des Landrats von Gnesen/Gniezno, Richard Rötger, der immerhin in einer nicht ganz unbedeutenden Stadt amtierte. Laut seiner Aussage beschränkten sich die Kreise, in denen er verkehren konnte, auf die höheren Offiziere der kleinen Grenzgarnison, den Landgerichtspräsidenten sowie die wenigen deutschen Domherren.[110] Auch andere Quellen bezeugen, dass das Fehlen einer Militäreinheit am Dienstort von den Beamten schmerzhaft empfunden wurde.[111] Umgekehrt darf aber nicht vergessen werden, dass diese kleinen Grenzgarnisonen nicht gerade der Ort waren, an den Offiziere von „guter Geburt" und hervorragender Befähigung gelangten.[112] Auch der Direktor des örtlichen Gymnasiums zählte zu den Personen, mit denen ein Landrat soziale Kontakte unterhalten konnte.[113] Allerdings befand sich vor Kriegsausbruch nur etwa in einem Viertel der Kreisstädte in Posen eine solche Schule. Im Landkreis Neutomischel/Nowy Tomyśl wurde das Landratsamt zeitweise nach Grätz verlegt, damit der Landrat mit den dortigen Richtern in näheren Kontakt treten konnte.[114] Allerdings war auch das an der Ostgrenze tätige Gerichtspersonal teilweise von zweifelhafter charakterlicher Qualität. Landrat Otto von Kalckreuth berichtete von Beamten des Birnbaumer Landgerichts, die schon mittags die Schänken der Stadt bevölkert haben sollen. Kalckreuth war davon angewidert und bat mehrfach in Berlin darum, man solle ihm „mal aus-

107 Regierung Posen an Puttkammer, 8.1.1887, GStA PK, I. HA, Rep. 77, Nr. 4547, Bl. 7–9.

108 Jagow an von der Recke, 10.6.1898, GStA PK, I. HA, Rep. 77, Personalakten, Nr. 414.

109 Günther an Eulenburg, 2.2.1881, GStA PK, I. HA, Rep. 77, Nr. 5370, Bl. 85.

110 Rötger an Köller, 25.6.1895, GStA PK, I. HA, Rep. 77, Personalakten, Nr. 2291.

111 Landrat Bruno Alsen wollte auf keinen Fall aus Fraustadt nach Wehlau versetzt werden, Alsen an Klitzing, 16.10.1897, GStA PK, I. HA, Rep. 77, Nr. 4996, Bl. 200f.

112 Haiger Ostertag: Bildung, Ausbildung und Erziehung. Eliteideal, Anspruch und Wirklichkeit des Offizierkorps im Kaiserreich 1871–1918. Frankfurt/Main, Bern, New York [u.a.] 1990 (Europäische Hochschulschriften, R. 3, 416), S. 50f., Anm. 28.

113 Klaus von der Groeben: Die öffentliche Verwaltung im Spannungsfeld der Politik, dargestellt am Beispiel Ostpreußen. Berlin 1979 (Schriften zur Verwaltungswissenschaft 7), S. 117.

114 Regierung Posen an Eulenburg, 6.12.1873, GStA PK, I. HA, Rep. 77, Nr. 5353, Bl. 52.

nahmsweise anständige Leute schicken".[115] Der Pastor Arthur Rhode erinnerte sich an vier Schildberger Richter, von denen nur einer zu einer vernünftigen Unterhaltung imstande gewesen sein soll. Der Rest sei wohl nur an Bier, Schnaps, Kartenspiel und Kegeln interessiert gewesen.[116] Das Beispiel Arthur Rhodes, der mit mehreren Landräten befreundet war, zeigt, dass die evangelische Geistlichkeit zum Personenkreis gehörte, in dem sich ein Landrat bewegte. Die von Janz festgestellte Distanz, die viele Staatsbeamte von den oft kleinbürgerlichen Pastoren trennte,[117] wird angesichts der anderen Realien in der Provinz Posen auf diese nur in eingeschränktem Maße zugetroffen haben.

Der lange in seinem Kreis wirkende Landrat ging eine besondere Symbiose mit den Grundbesitzern ein. Wie bereits oben dargestellt, brauchte er sie, um den Kreis wirksam zu regieren, er kam bei amtlichen und außeramtlichen Anlässen mit ihnen zusammen, war darüber hinaus, z. B. auf Dienstreisen, oft Gast in ihren Häusern.[118] Dies versetzte ihn in eine problematische Lage, denn zu seinen Dienstobliegenheiten gehörte die Steuerschätzung der Güter. Magnus von Braun (Vater des berühmten Wernher von Braun) unterstrich seine Freiheiten in diesem Bereich. Als Experte für Landwirtschaft war er der Meinung, durch eine „vernünftige" Vorgehensweise die „Härte des Fiskus" zu mildern.[119] Ähnlich äußerte sich auch der ehemalige Vize-Regierungspräsident Eduard Willenbücher.[120] Die Kehrseite der Medaille war natürlich zahlreicher Missbrauch.[121] Für den Posener Assessor Felix Busch waren zu enge Kontakte des Landrats mit dem Grundbesitz kontraproduktiv. Da er Einsicht in die Anträge auf Beihilfen aus dem Dispositionsfonds des Oberpräsidenten hatte, sprach er offen und unverblümt von einem „Korruptionsfonds", mittels dessen sich die Landräte und die ihnen unterstellten Behörden das Wohlwollen der Einwohner des Kreises erkaufen würden.[122]

---

115 Ein unabhängiger Diener. Die Dienstgeschäfte eines preußischen Landrats im letzten Drittel des 19. Jahrhunderts, Otto von Kalckreuth. Aus persönlichen Niederschriften zusammengestellt und erläutert von Marei Spill von Helldorf. Kiel 1982 (Quellen zur Verwaltungsgeschichte 1), S. 67, 69.

116 Arthur Rhode: Schildberger Erinnerungen/Wspomnienia ostrzeszowskiego pastora. Oprac i przekłady tekstów Roman Dziergwa [Erinnerungen eines Schildberger Pastors]. Poznań 2004, S. 100.

117 Oliver Janz: Bürger besonderer Art. Evangelische Pfarrer in Preußen 1850–1918. Berlin, New York 1994 (Veröffentlichungen der Historischen Kommission zu Berlin 87), S. 272–276.

118 Christiane Eifert: Paternalismus und Politik. Preußische Landräte im 19. Jahrhundert. Münster 2003 (Theorie und Geschichte der bürgerlichen Gesellschaft 20), S. 84.

119 Magnus von Braun: Weg durch vier Zeitepochen. Vom ostpreußischen Gutsleben der Väter bis zur Weltraumforschung des Sohnes in Amerika. Limburg 1965, S. 89.

120 Leben und Schicksal eines von dem Wohlwollen seiner Vorgesetzten getragenen Preußischen Beamten dargestellt von Willenbücher, Regierungspräsident a.D. Dessau 1882, S. 89.

121 Vgl. Peter-Christian Witt: Der preußische Landrat als Steuerbeamter 1891–1918. Bemerkungen zur politischen und sozialen Funktion des deutschen Beamtentums. In: Immanuel Geiss, Bernd-Jürgen Wendt (Hg.): Deutschland in der Weltpolitik des 19. und 20. Jahrhunderts. Fritz Fischer zum 65. Geburtstag. Düsseldorf 1973, S. 205–219.

122 Felix Busch: Aus dem Leben (Anm. 103), S. 85.

Das Verhältnis zu den Juden, die in der Provinz innerhalb des spärlich vorhandenen Bürgertums eine herausragende Rolle spielten, war gespaltener Natur.[123] Wenn man Moritz Jaffé Glauben schenken darf, so dürften insbesondere von außen gekommene Beamte ihre Probleme damit gehabt haben.[124] Das Judenbild der preußischen Konservativen war um diese Zeit äußerst negativ,[125] es bildete sozusagen den Gegenpol zu den „preußisch-deutschen" Tugenden. Kultusminister Robert Bosse sprach offen davon, dass die soziale Exklusivität des Posener Beamtentums geradezu der starken Präsenz der Juden vor Ort geschuldet war. Während Oberpräsident Robert von Zedlitz-Trützschler noch einigermaßen mit Erfolg Kontakte zu bedeutenden Posener Israeliten knüpfen konnte, soll sich sein Nachfolger, der Agrarier und Bündler Wilamowitz-Möllendorff außerordentlich schwer damit getan haben.[126] Wie problematisch das Verhältnis zu den Juden war, zeigt das Beispiel des Jarotschiner/Jarocin Landrats Fritz Engelbrecht, der „beschuldigt" wurde, oft im Kreise der reichen jüdischen Brüder Cohn zu verkehren. Vor einem Karrierebruch bewahrte ihn erst das Wort des Oberpräsidenten, der dem Ministerium versicherte, dass es sich bei den beiden Juden um königstreue, patriotische und hochanständige Leute handele, die nur aus Rücksicht auf ihre alte Mutter noch nicht die Taufe empfangen hätten.[127] Das Posener Beamtentum konnte sich den Juden gegenüber nicht gänzlich verschließen. Ihre lokale Prominenz, wie die Kommerzienräte Michael Herz oder Nazary Kantorowicz, standen auch auf der Besucherliste des ansonsten „exklusiven" Oberpräsidenten Wilhelm von Waldow.[128] Dabei geriet die Beamtenschaft in eine ideologisch-politische Zwickmühle. Während traditionell konservativer Antijudaismus und der langsam Einzug haltende Antisemitismus ihnen Abstand zu halten geboten, trieb das tagespolitische Kalkül beide Gruppen jedoch aufeinander zu. Die tief in der deutschen Kultur verhafteten und wirtschaftlich potenten Juden galten als wirksames Gegengewicht zu den erstarkenden Polen. Wie Schwindt meinte, konnte es sich kein Gnesener Landrat leisten, der ein Landtagsmandat anstrebte, es mit den lokal ansässigen Juden zu verscherzen. Im Gegenzug für die Wahlhilfe sollen die dankbaren Beamten Anträge auf die Verleihung von Ehrentiteln und Auszeichnun-

---

123 Über Posen: Moritz Jaffé: Die Stadt Posen unter preußischer Herrschaft. Ein Beitrag zur Geschichte des deutschen Ostens. Leipzig 1909, S. 409, 413.

124 Ebd., S. 298.

125 Wolfgang E. Heinrichs: Das Judenbild im Protestantismus des Deutschen Kaiserreichs. Ein Beitrag zur Mentalitätsgeschichte des deutschen Bürgertums in der Krise der Moderne. Köln 2000 (Schriftenreihe des Vereins für Rheinische Kirchengeschichte 145), S. 681–695; allgemein: Shulamit Volkow: Die Juden in Deutschland 1780–1918. München 2000 (Enzyklopädie Deutscher Geschichte 16), S. 45.

126 Sitzungsprotokoll des Staatsministeriums, 19.3.1898, GStA PK, I. HA, Rep. 90a, Nr. 3591, Sitzungsprotokolle des Staatsministeriums, Bd. 134, Bl. 10, 99a–137.

127 Zedlitz an das Innenministerium, 5.6.1889, GStA PK, I. HA, Rep. 77, Nr. 867.

128 Preußisch dienen (Anm. 81), S. 265. Beide waren Vorsitzender der Handelskammer der Provinz Posen. Peter Pulzer: Jews and the German State. The Political History of a Minority, 1848–1933. Detroit 2003, S. 132.

gen befürwortet haben.[129] Die Juden wurden von der Bürokratie stark angezogen. Eine Einladung des Landrats oder Regierungspräsidenten war für die Vertreter einer relativ vermögenden, aber dennoch diskriminierten Gruppe äußerst reizvoll.[130] Dies galt jedoch nur für die jüdischen Eliten. Kontakte zu jüdischen Mittelschichten waren völlig verpönt. Der Landrat des Kreises Posen-West, Alfred von Tilly, opponierte gegen den Plan, den Kieler Volkswirt und Ökonomen Georg Adler an der Posener Königlichen Akademie zu beschäftigen, denn dieser habe unter den Posener Juden Verwandte, die „nicht unbedingt zu den städtischen Patriziern“ zählen würden.[131] Es ist daher nicht verwunderlich, dass der Posener jüdische Arzt Carl Kassel in einem Artikel den Ostmarkenverein und die Bürokratie als die Horte der Judenfeindschaft unter den Deutschen in der Provinz Posen brandmarkte.[132]

Kontakte der Beamtenschaft zu Polen waren sehr sporadisch und bewegten sich fast ausnahmslos im offiziellen und halboffiziellen Bereich. Nicht unproblematisch waren sie bereits seit den 1830er Jahren; Anfang des 20. Jahrhunderts haben sich die Wege der Deutschen und Polen endgültig getrennt.[133] Der grundsätzlich „antipolnische“ Konrad von Studt erinnerte sich nach Jahren, dass ihm bei seinem Abschied als Landrat in Obornik/Oborniki eine Gruppe polnischer Adliger ein Geschenk überreicht hat. Dies, so der spätere Minister, sei über dreißig Jahre später auf dem Höhepunkt des Nationalitätenkonflikts eigentlich undenkbar geworden.[134] Man darf jedoch nicht der Täuschung erliegen und die allgemeine Tendenz auf die Summe der Einzelfälle übertragen. In vielen polnischen Grundbesitzerhäusern verließ tatsächlich beim Eintreffen des Landrats die Dame des Hauses als Zeichen des gesellschaftlichen Boykotts ostentativ den Raum. Manche polnischen Gutsbesitzer waren hingegen durchaus nicht abgeneigt, mit dem Landrat auf die Jagd zu gehen und dabei offizielle Angelegenheiten zu besprechen. Einige wenige – die absolute Minderheit – unterhielten sogar recht gute Kontakte zu den Beamten.[135] Ausschlaggebend war dabei die Person des Landrats, die soziale und ethnische Zusammensetzung des Kreises sowie die politische Position des polnischen Grundbesitzers. Ein adliger Landrat

129 Emil Schwindt: Zum Kommunalkonflikt in Gnesen, S. II, GStA PK, I. HA, Rep. 77, Personalakten, Nr. 2590; ähnlich, aber weniger glaubwürdig: Erklärung Oertzens, 27. IV 1897; ebd. Nr. 1823.

130 Werner E. Mosse: Die Juden in Wirtschaft und Gesellschaft. In: Ders., Arnold Paucker (Hg.): Juden im Wilhelminischen Deutschland 1890–1914. Tübingen 1976 (Schriftenreihe wissenschaftlicher Abhandlungen des Leo-Baeck-Instituts 33), S. 80.

131 Schutte: Die königliche Akademie (Anm. 70), S. 130.

132 Carl Kassel: Die Juden in der Provinz Posen. In: Die Zukunft 65 (1908), S. 62–69, hier S. 66.

133 Beispielsweise fehlten Vertreter der Polen beim Festmahl anlässlich der Wahlen zum Provinziallandtag im Jahr 1900, was als ein Bruch im Verhältnis zwischen polnischem Grundbesitz und dem preußischen Staat empfunden wurde. Zeitungsberichte für die Monate November, Dezember 1900 und Januar 1901, GStA PK, I HA, Rep. 89, Nr. 16154, Bl. 278.

134 Persönliche Erfahrungen und Erlebnisse während meiner Tätigkeit als Landrat des Kreises Obornik, Provinz Posen, VI. HA, NL von Studt, Nr. 28, Bl. 1f.

135 Karol Rose: Wspomnienia berlińskie [Berliner Erinnerungen]. Warszawa 1932, S. 31f. Man sollte Rose jedoch mit Vorsicht lesen, der als eingefleischter Nationaldemokrat den doch zum großen Teil konservativ eingestellten Großgrundbesitz überkritisch beurteilte.

hatte es leichter, Kontakte zur standesbewussten polnischen Szlachta zu knüpfen. Nachdem Magnus von Braun Landrat in Wirsitz/Wyrzysk geworden war, machte er in Galauniform Antrittsbesuche beim polnischen Adel in seinem Kreis, um vor allem als Standesgenosse und nicht nur als Bürokrat betrachtet zu werden.[136] Seine Bemerkung, die Kontakte beschränkten sich jedoch nur auf den amtlichen Bereich, trifft nicht ganz zu. Sein Vorgänger Gneomar von Wartensleben war oft Gast in polnischen Häusern.[137] Das Überwinden nationaler Gräben gelang dabei vor allem denjenigen Landräten, die alteingesessenen deutschen Familien in der Provinz entstammten.[138] Otto von Kalckreuth unterhielt enge Kontakte zu den konservativ und legalistisch eingestellten polnischen Adelsfamilien der Kwileckis und Rutkowskis.[139] Paul von Roëll stützte sich im Pleschener Kreistag geradezu auf die „Polenpartei".[140] In Jarotschin bat Landrat Fritz Engelbrecht regelmäßig polnische und deutsche Kreistagsmitglieder nach der Sitzung zum gemeinsamen Mittagessen.[141] Seine Beziehungen zum polnischen Adel waren so gut, dass 1892 die Regierung Władysław Taczanowski als dem ältesten Mitglied des Kreisausschusses erlaubte, den Landrat während seiner Urlaubsabwesenheit zu vertreten.[142] In Schroda lobte Landrat Friedrich von Rose den ihm beigegebenen Assessor Wilhelm Niemöller dafür, dass er in deutschen und vielen polnischen Häusern des Kreises ein gern gesehener Gast war.[143] Manchmal standen kulturelle Unterschiede den Kontakten im Weg. Oberpräsident William von Günther sprach oft von der polnischen Sitte, die erfolgreiche Arbeit des Kreistags entsprechend zu „begießen", wofür manche Landräte jedoch kaum Verständnis aufbrachten.[144]

In den größeren Städten der Provinz knüpften Beamte noch seltener Kontakte zur polnischen Bevölkerung. Aus den wenigen erhaltenen Quellen, in denen auf diese Aspekte eingegangen wird, geht hervor, dass dies bereits vor dem Ausbruch des Kulturkampfes der Fall war.[145] Das Bild eines preußischen Beamten war eindeutig negativ besetzt. Man schätzte jedoch seine beruflichen Fähigkeiten hoch ein.

---

136 Von Braun: Weg durch vier Zeitepochen (Anm. 119), S. 92; ähnlich: Regierung Posen an Eulenburg, 17.5.1888, GStA PK, I. HA, Rep. 77, Nr. 5344, Bl. 6f.

137 Als er im Prozess des Bolesław Bniński aussagte, erklärte er seine Anwesenheit damit, dass er als Jagdgast nicht wusste, dass viele andere polnische Grundbesitzer ebenfalls daran teilnehmen sollten, was sehr unglaubwürdig klingt, vgl. Aussage 13.8.1904, GStA PK, I. HA, Rep. 77, Personalakten, Nr. 2890.

138 Zu den Kontakten zwischen polnischen und deutschen Grundbesitzern mit Schwerpunkt auf der ersten Hälfte des 19. Jahrhunderts: Witold Molik: Polnische und deutsche Großgrundbesitzer des Großherzogtums Posen im Alltagsleben. In: Slavo-Germanica Studia Historica 18 (1991–1992), S. 63–73.

139 Ein unabhängiger Diener (Anm. 115), S. 50.

140 Raport Jagows, 24.3.1896, GStA PK, I. HA, Rep. 77, Personalakten, Nr. 2237.

141 Zedlitz-Trützschler an von der Recke, o.D., GStA PK, I. HA, Rep. 77, Nr. 867, k. 14–15.

142 Landrat jarociński Engelbrecht... [Der Jarotschiner Landrat Engelbrecht...]. In: Dziennik Poznański, Nr. 165 v. 21.7.1892, o. S.

143 Rose an Himly, undat. 1896, GStA PK, I. HA, Rep. 77, Personalakten, Nr. 1898.

144 Günther an Eulenburg, 14.9.1879, GStA PK, I. HA, Rep. 77, Nr. 5373, Bl. 61f.

145 Leben und Schicksal (Anm. 120), S. 74.

Witold Skarżyński schrieb dazu: „Schneidigkeit, Pflichtbewusstsein, systematische Arbeit und die eiserne Entschlossenheit, einen Plan auch zu Ende zu führen; dazu Unparteilichkeit im Umgang mit der Bevölkerung. Das sind die Charaktereigenschaften des altpreußischen Beamten".[146] Dabei stellte man die preußische Verwaltung der russischen gegenüber. Während die Russen ausnahmslos als korrupte Diebe und Betrüger angesehen wurden, rechnete man den Preußen ihre moralischen Standards hoch an.[147] Auf Achtung seitens der Polen rechnen konnten vor allem diejenigen Beamten, die nicht mit der Hakata in Verbindung gebracht und nicht als typische Bürokraten angesehen wurden. Über den Oberpräsidenten Hugo von Wilamowitz-Möllendorff schrieb der *Dziennik Poznański*, dass er trotz allem zu denjenigen Gegnern gehöre, denen auch die Polen Hochachtung zollen sollten.[148] Sein Vorgänger Robert von Zedlitz-Trützschler wurde als unparteilich und gerecht angesehen.[149] Selbst 15 Jahre nach seinem Weggang berichtete die preußische Verwaltung nach Berlin, sein Name werde von einflussreichen Polen immer noch wohlwollend ausgesprochen.[150] Geradezu verhasst war dagegen der Bromberger Regierungspräsident Christoph von Tiedemann, den man „Bismarcks liebsten Schüler"[151] und einen „Agitator" nannte.[152] Nur wenigen Beamten in den Städten bot sich die Möglichkeit zu Kontakten mit einflussreichen Polen. Dies betraf vor allem offizielle und halboffizielle Anlässe.[153] Beispielsweise pflegten die Erzbischöfe von Gnesen und Posen regelmäßig deutsche Beamte und die führenden polnischen konservativen Köpfe zusammenzubringen. Tadeusz Jackowski hat in seinen Tagebüchern die Erinnerung an ein Mittagessen beim Erzbischof festgehalten, bei dem er „[Franz] Krahmer und [Ernst] von Heyking lange weich geredet habe, damit sie mir die Jahreshauptversammlung der Zentralen Wirtschaftsvereinigung im März nicht verbieten".[154] Die Jahre der Versöhnungspolitik Leo von Caprivis boten etwas mehr Möglichkeiten zu Zusammenkünften. Im Mai 1893 veranstaltete der Provinziallandtag einen Festempfang, bei dem u. a. Stanisław Stablewski, Franciszek Kwilecki sowie eine „bedeu-

146 Witold Skarżyński: Szkic historycznego rozwoju rolnictwa polskiego w zaborze pruskim i ogólny ogląd na obecne położenie polskiej własności ziemskiej w Wielkopolsce [Abriss der Entwicklung der polnischen Landwirtschaft im preußischen Teilungsbereich nebst einem allgemeinen Blick auf die Lage des polnischen Grundbesitzes in der Provinz Posen]. In: Dziennik Poznański, Nr. 234 v. 17.10.1889, o. S.

147 Czynownictwo rosyjskie i biurokracja pruska [Die russische Beamterei und die preußische Bürokratie]. In: Dziennik Poznański, Nr. 205 v. 8.9.1905, o. S.

148 Kronika zamieszania [Chronik der Unruhe]. In: Dziennik Poznański, Nr. 207 v. 12.9.1899, o. S.

149 Hrabia Zedlitz [Graf Zedlitz]. In: Dziennik Poznański, Nr. 65 v. 20.3.1891, o. S.

150 Zeitungsberichte für die Monate August, September und Oktober 1903, GStA PK, I. HA, Rep. 89, Nr. 16155, Bl. 223.

151 Polscy obywatele miasta Koronowa [Polnische Bürger der Stadt Koronowo]. In: Dziennik Poznański, Nr. 172 v. 30.7.1893, o. S.

152 Urzędnicy, posłowie i agitatorzy [Beamte, Abgeordnete und Agitatoren]. In: Dziennik Poznański, Nr. 263 v. 17.11.1893, o. S.

153 Vgl. Witold Molik: Inteligencja polska w Poznańskiem w XIX i na początkach XX wieku [Die polnische Intelligenz im Posener Land im 19. und zu Beginn des 20. Jhs.]. Poznań 2009, S. 491.

154 APP, Spuścizna Jackowskich, T. Jackowski, Pamiętniki [Erinnerungen], T. 1, Sign. 15, S. 442.

tende Anzahl von Vertretern der polnischen Intelligenz" zugegen waren.[155] Regelmäßige Dienstreisen der Spitzenbeamten boten ebenfalls die Möglichkeit zu Kontakten. Dabei vermied man es tunlichst, auf „subversive" Grundbesitzer zu treffen. Beispielsweise plante Regierungspräsident Krahmer seine Inspektionsreise im Mai 1906 so, dass er die Güter des eindeutig polnisch-national eingestellten Stefan Korzbok-Łącki nicht besuchen musste. Stattdessen wurde entschieden, dem königlichen Kammerjunker Stanisław Łącki[156] einen Besuch abzustatten. Auch Felix Busch berichtet davon, dass er wichtige geschäftliche Angelegenheiten mit dem Hofkaplan des Erzbischofs bei einem Glas Ungarwein besprach. Scherzhafterweise stritten sie sich dabei, ob der Priester nun ein Haus- (wie ihn die preußische Regierung nannte) oder ein Hofkaplan sei.[157] Ebenfalls ein gern gesehener Gast auf der Dominsel soll der fließend Polnisch sprechende Regierungsrat Emil Perkuhn gewesen sein, der im Kulturkampf das Vermögen des Erzbistums verwaltete.[158] Aber im Grunde erhoben sich nur einige wenige Spitzenbeamte über die nationalen Trennlinien, wobei die Politik ausschlaggebend für ihr Handeln gewesen sein muss. Hugo von Wilamowitz-Möllendorff verkehrte oft mit polnischen Adligen. Dies tat auch Philipp Schwartzkopff, wovon sein plötzlicher Tod auf einer Jagd in den Gütern von Ignacy Mielżyński in Kobenitz im Winter 1914 zeugt. Dagegen kaum überliefert sind Beispiele von Kontakten der Beamtenschaft zu der polnischen Intelligenz.[159] Dies lag vermutlich daran, dass diese häufig mit der Nationaldemokratie sympathisierte und daher ohnehin auf Distanz zu Deutschen ging.

Auch wirtschaftlich scheint man aneinander vorbeigelebt zu haben. Diese Trennung hatte jedoch auch ihre Grenzen. Zwar wohnte die Mehrzahl der Beamten in Häusern mit deutschen oder jüdischen Besitzern, es galt jedoch als nicht anrüchig, seine Miete an den Chef der polnischen Genossenschaftsbanken, Józef Kusztelan, zu zahlen.[160] Darüber hinaus gingen Beamte auch zu polnischen Ärzten, sie schätzten die Dienste polnischer Handwerker. Herbert du Mesnil schrieb dazu pragmatisch: „Besser ein gut sitzender polnischer Schuh als ein schlechter deutscher".[161] Zwar rief der Ostmarkenverein zum Boykott polnischer Firmen auf und versorgte die Neuankömmlinge in der Stadt mit einer Liste deutscher Geschäfte, jedoch bot das polnische Dienstmädchen immer die perfekte Tarnung, die Besorgungen incognito doch bei polnischen Geschäftsleuten zu machen. Es scheint, als fehlte es den Beamten wie auch den meisten „zeitweise" in Posen verweilenden Deutschen einfach an Mo-

155 W dniu wczorajszym [Am gestrigen Tag]. In: Dziennik Poznański, Nr. 55 v. 8.3.1893, o. S.
156 Krahmer an Daniels, 13.5.1906, APP, Landratsamt Neutomischel, Sign. 307.
157 Busch: Aus dem Leben (Anm. 103), S. 84.
158 Warschauer: Deutsche Kulturarbeit (Anm. 66), S. 35–37.
159 Molik: Inteligencja polska w Poznańskiem (Anm. 153), S. 499f.
160 Adressbuch der Provinz-Hauptstadt Posen sowie der Vororte Jersitz, St. Lazarus und Wilda. Posen 1900, S. *25.
161 Preußisch dienen (Anm. 81), S. 275.

tivation, sich an den Boykott zu halten.[162] Ähnlich wie die Armee konnte auch die Verwaltung ihren Untergebenen untersagen, in bestimmten Lokalen zu verkehren. Dazu zählte das Posener Hotel Bazar, welches für einen Hort des polnischen Irredentismus gehalten wurde. Der hervorragende Service und die Qualität der Weine sorgten jedoch dafür, dass dort immer wieder Staatsbedienstete einkehrten.[163] Als Treffpunkt polnischer Grundbesitzer musste das Hotel ihren hochgeschraubten Ansprüchen genügen, während deutsche Lokale auf ein etwas weniger anspruchsvolles Publikum zugeschnitten waren. Oder man wählte polnische Lokale, wenn man einfach nur „seine Ruhe“ haben wollte.[164] Das Hotel Bazar war jedoch nicht immer ein von der Staatsverwaltung verbotener Ort. Noch 1871 feierte man dort das 50. Jubiläum des Präsidenten des Appellationsgerichts in Posen, des Grafen Hermann von Schweinitz.[165]

Die Rolle, die das höhere Posener Beamtentum auf der Bühne der gesellschaftlichen Aktivitäten gespielt hat, kann nur als äußerst ambivalent beschrieben werden. Auf der einen Seite musste es weitestgehend den Platz einnehmen, der ansonsten von einem deutschen Bürgertum ausgefüllt worden wäre. Diese Ersatzfunktion macht sich besonders im politischen Bereich deutlich bemerkbar. Die konservativen Parteien waren im Posenschen nach der Jahrhundertwende wahrscheinlich zahlreicher als woanders Beamten- und Grundbesitzervereinigungen, und dort, wo es selbst an einem angestammten deutschen Grundbesitz mangelte, mussten Beamte lenkend im Vorder- oder Hintergrund einspringen. An den beiden größten *pressure groups* beteiligten sie sich in unterschiedlichem Maße. Während der „Bund der Landwirte“ als lokaler Machtfaktor auf die Mitgliedschaft oder zumindest den Zuspruch derer zählen konnte, die dem Grundbesitz entstammten, ging man zum Ostmarkenverein auf wohlwollende Distanz. Dort, wo es geboten erschien, arbeitete man mit dem Verein zusammen, hielt sich jedoch ansonsten fern und vermied es tunlichst, sich durch eine Mitgliedschaft in Abhängigkeit von ihm zu begeben. Nicht zuletzt auch, weil man in Kreis und Provinz „Ruhe“ wünschte sowie nach beruflichem Fortkommen strebte, erschien es oft ratsam, mit beiden Organisationen zusammenzuarbeiten. Auf geselliger und kultureller Ebene haben Desinteresse und rege Beteiligung anscheinend einander abgewechselt. Die Zahl der wirklich aktiven Beamten beschränkte sich meist auf einige wenige Namen, die in vielen Fällen durch Geburt, Heirat oder langen Aufenthalt mit der Provinz verbunden waren. Die überwiegende Mehrheit fand sich zwar mit dem Dienst in „Preußisch-Sibirien“ ab, verspürte jedoch keine Motivation, in den wenigen Jahren des Aufenthalts in der Provinz Posen eine herausragende soziale Rolle zu spielen. Augenscheinlich ge-

---

162 So vermutet Rudolf Jaworski: Swój do swego. Studium o kształtowaniu się zmysłu gospodarności Wielkopolan 1871–1918 [Jeder zu den Seinen. Studie zur Gestaltung der Wirtschaft der Polen in der Provinz Posen]. Poznań 1998 (Wielkopolska 6); dt. Ausg.: Handel und Gewerbe im Nationalitätenkampf. Studien zur Wirtschaftsgesinnung der Polen in der Provinz Posen (1871–1914). Göttingen 1986 (Kritische Studien zur Geschichtswissenschaft 70), S. 184f.

163 Preußisch dienen (Anm. 81), S. 275.

164 Ebd.

165 Lokales und Provinzielles. In: Posener Zeitung, Nr. 466 v. 5.10.1871, S. 5.

nügte ihr der hohe soziale Status, den die Arbeit in der Verwaltung mit sich brachte. Die Stadt und die Provinz Posen insgesamt zählten nicht gerade zu den Traumzielen der Bürokraten. Christoph von Tiedemann schrieb, dass jeder Beamte, sobald er nur einen Fuß auf Posener Boden gesetzt hatte, anfing, seinen Wegzug zu planen.[166] Auch Felix Busch konnte seine nur mäßige „Begeisterung" für die Provinzialhauptstadt nicht verbergen. In seinen Erinnerungen vermerkt er, dass unter den Beamten gespöttelt wurde, in Posen könne man zwar nur einen Spaziergang machen, diesen aber zur Abwechslung immer in umgekehrter Richtung.[167] Das Bild der Provinz Posen als eines unfreundlichen, fernen und fremden Landes begegnet uns sogar in der zeitgenössischen Kultur, ließ doch Theodor Fontane den Beamten Wüllersdorf in *Effi Briest* reimen: „Schrimm / ist schlimm, / Rogasen / zum Rasen, / Aber weh Dir nach Samter / Verdammter".[168]

Dies sowie der Mangel an entsprechender Gesellschaft verstärkte den ohnehin stark in der Verwaltung vorhandenen Drang nach sozialer Absonderung. Dies bekamen vor allem die Posener Juden zu spüren, die zwar Anschluss an die preußischen Mittel- und Oberschichten suchten und sich gerade wegen des größer werdenden Nationalitätenkonfliktes eine Aufwertung in den Augen der Verwaltung erhofften, in der Praxis jedoch über die gelegentlich hervortretende Rolle des Juniorpartners nicht hinausgelangten. Auch das Verhältnis zu den Polen blieb schwierig. Während auf dem Land die Landräte mit kooperationswilligem polnischem Großgrundbesitz zusammenarbeiteten, blieb die Zahl der echten sozialen Kontakte doch größtenteils auf ein Minimum beschränkt. Am ehesten gelang es noch in den „Grafenkreisen" die Gräben der Spaltung zu überwinden, wo die Standesgefühle des Beamten und des Grundbesitzers manchmal über das Nationalitätsprinzip triumphierten. In den Städten hingegen gab es so gut wie keine Kontakte, wobei man es jedoch vermied, sich politisch zu engagieren. Man war selbstverständlich deutsch-national, sah jedoch keinerlei Veranlassung dafür, ein betont nationalistisches Auftreten an den Tag zu legen.

---

166 Denkschrift betreffend einige Maßregeln zur Germanisierung der Provinz Posen, GStA PK, I HA, Rep. 77, Tit. 50, Nr. 21, Adh. 1, k. 227.

167 Busch: Aus dem Leben (Anm. 103), S. 71.

168 Theodor Fontane: Effi Briest. In: Ders.: Gesammelte Werke in fünf Bänden. Bd. 3. Hamburg 1961, S. 5–254, hier S. 190.

Harald Lönnecker

„... harmonische und tolerante Zusammenarbeit"? Das Czernowitzer Studentenvereinswesen 1875–1914

Das einzige Denkmal für die im Ersten Weltkrieg gefallenen deutschen Czernowitzer Studenten ist bis in die Gegenwart der 1932 eingeweihte „Anschluß-" oder „Burschenschafterturm" bei Linz a. d. Donau.[1] Als Linz nach dem Zweiten Weltkrieg Universitätsstadt wurde, eröffnete hier auch die ehemalige Czernowitzer Burschenschaft Arminia (gegr. 10. Juli 1877) ihren „aktiven Betrieb". Zu der von Arminia ausgerichteten 100-Jahr-Feier der Universität Czernowitz im Oktober 1975 erschienen zahlreiche Ehrengäste aus Politik und öffentlichem Leben, die Festrede hielt Otto von Habsburg, der

> „den Unterschied zwischen der heutigen kommunistischen Universität [Czernowitz, H. L.] und der ehemaligen deutschsprachigen in den Mittelpunkt seiner Ausführungen stellte. Besonders zu erwähnen sind die Gedenkworte von Angehörigen rumänischer und ukrainischer Studentenverbindungen, die der damaligen harmonischen und toleranten Zusammenarbeit mit den deutschen Studenten und Professoren in ergreifenden Worten Ausdruck gaben".[2]

Was vor dem Ende der Czernowitzer deutschen akademischen Vereinigungen 1940 unmöglich gewesen wäre – ein multinationaler Habsburger und Vertreter nichtdeutscher Korporationen auf einer burschenschaftlichen Feier –, bereitete in der Nachkriegszeit angesichts neuer Herausforderungen keine Probleme mehr. Der gemeinsame Gegner jenseits des Eisernen Vorhangs wirkte integrativ, so dass eine harmonisierende und verklärende Sicht auf das vergangene Studentenvereinsleben in Czernowitz/Černivci möglich war. Das entsprach den Topoi, die auch sonst in Literatur und Forschung hinsichtlich der Universität Czernowitz Verwendung fanden: Die Autoren, zumal die älteren, so etwa Rudolf Wagner, Erich Prokopowitsch oder Emanuel Turczynski, gehörten in der Regel ehemaligen Czernowitzer Verbindungen und Vereinen an. Nicht nur ihren Äußerungen entsprachen die Reden von den deutschen „Kulturbringern", der angeblichen deutsch-jüdischen Kultursymbio-

1 Harald Lönnecker: „Wuchs riesengross das Wort: Ein Volk! Ein Reich!" – Der Linzer Anschlussturm zwischen nationalem Bewusstsein, Heldenkult und Friedensmahnung. In: Jahrbuch für deutsche und osteuropäische Volkskunde 48 (2006), S. 35–120, überarb. u. erw.: Ders.: „Wuchs riesengross das Wort: Ein Volk! Ein Reich!" – Der Linzer Burschenschafterturm zwischen nationalem Bewusstsein, Heldenkult und Friedensmahnung. In: Günter Cerwinka, Peter Kaupp, Harald Lönnecker, Klaus Oldenhage (Hg.): 200 Jahre burschenschaftliche Geschichte. Von Friedrich Ludwig Jahn zum Linzer Burschenschafterturm. Heidelberg 2008 (Darstellungen und Quellen zur Geschichte der deutschen Einheitsbewegung im neunzehnten und zwanzigsten Jahrhundert [künftig zit.als DuQ] 16), S. 402–527; jeweils mit weiteren Nachweisen.

2 Lönnecker, Anschlussturm (Anm. 1), S. 119f.; Ders., Burschenschafterturm (Anm. 1), S. 527; jeweils mit weiteren Nachweisen.

Jahrbuch des BKGE 21 (2013), S. 269–318

se oder dem fruchtbaren und friedlichen Miteinander von Deutschen, Polen, Ruthenen – nach heutigem Sprachgebrauch: Ukrainer –, Rumänen und anderen, „solange nicht übersteigerter Nationalismus störend eingreift".[3] Das alles trug maßgeblich zum „Mythos Czernowitz" bei, durch den die Hochschule als „Heidelberg des Ostens" verortet wurde und die ehemaligen Studenten sich an die Studienzeit als eine Phase der individualisierten Freiheit und „Burschenherrlichkeit" erinnern ließ.[4]

Auch die burschenschaftliche Einebnung der Gegensätze war bewusstes Vergessenwollen der fast permanenten Streitigkeiten und Auseinandersetzungen innerhalb der Studentenschaft, die schon mit der Eröffnungsfeier der Universität am 4. Oktober 1875 eingesetzt hatten. Im offiziellen Bericht über die Festlichkeit findet zwar auch die Teilnahme zahlreicher junger und ehemaliger Studenten Erwähnung,[5] nicht jedoch, dass Mitglieder der seit 1859 in Wien entstandenen Burschenschaften, Heidelberger Burschenschafter und aus Jena eine Abordnung der drei „Ur-Burschenschaften" von 1815 – Arminia, Germania und Teutonia – mit der Burschenschaftsfahne von 1816 angereist waren. Diese überaus symbolträchtige und -kräftige Fahne („Wartburg-Fahne" genannt, weil sie 1817 auf dem Wartburgfest, der ersten überregionalen Feier in Deutschland für nationale Einheit und Freiheit, gezeigt worden war) war eine der Grundlagen für die schwarz-rot-goldenen deutschen Farben, ein „burschenschaftliche[s] und nationale[s] Heiligthum". Bereits 1872 war sie bei der Gründung der Straßburger Universität mitgeführt worden.[6] Der Grund war eindeutig, hier wie dort sollten die neuen Hochschulen als deutsche markiert werden, in Czernowitz gelte es „Burschenschaftliche Wacht im Osten" für „Deutschland und deutsches Volk" zu halten, einen kulturellen Damm gegen die „wallende Slavenflut"

---

3 Johannes Uray: Czernowitz – Salzburg. Die Idee zum Transfer einer Universität (1916–1920). In: Elmar Schübl, Harald Heppner (Hg.): Universitäten in Zeiten des Umbruchs. Fallstudien über das mittlere und östliche Europa im 20. Jahrhundert. Wien, Berlin 2011 (Transkulturelle Forschungen an den Österreich-Bibliotheken im Ausland 5), S. 69–80, hier S. 69f.

4 Zuerst ist auf dem studentischen Gründungskommers der Universität Czernowitz am 5.10.1875 der Wunsch geäußert worden, sie möge ein „österreichisches Heidelberg" werden; H. Alexander: Die Studenten-Verbindungen in Oesterreich. Ein Beitrag zur Charakteristik der österreichischen Hochschulen. Jena 1876, o. S.; vgl. Ortfried Kotzian: Die Bedeutung der Universität für den „Mythos Czernowitz". In: Ilona Slawinski, Joseph P. Strelka (Hg.): Glanz und Elend der Peripherie. 120 Jahre Universität Czernowitz. Bern, Berlin, Frankfurt a. M. [u.a.] 1998, S. 15–26; Trude Maurer: Eintracht der Nationalitäten in der Bukowina? Überprüfung eines Mythos. In: Geschichte in Wissenschaft und Unterricht 52/3 (2001), S. 180–191.

5 Die Landesfeier der hundertjährigen Vereinigung des Herzogthums Bukowina mit dem österreichischen Kaiserstaate und der Eröffnung der k. k. Franz-Josephs-Universität in Czernowitz am 4. October 1875, Czernowitz 1876; vgl. Festausschuss alter Studenten (Hg.): Fest- und Commers-Lieder zum 4., 5. und 6. October 1875. Czernovitz 1875.

6 Erich Prokopowitsch: Gründung, Entwicklung und Ende der Franz-Josephs-Universität in Czernowitz (Bukowina-Buchenland). Clausthal-Zellerfeld 1955 (Schriften zur Geschichte des Deutschtums in der Bukowina (Buchenland) 1), S. 50; Lönnecker: Anschlussturm (Anm. 1), S. 92; Ders.: Burschenschafterturm (Anm. 1), S. 494; ebd. zur Geschichte der Fahne; s. a. Harald Lönnecker: Rebellen, Rabauken, Romantiker. Schwarz-Rot-Gold und die deutschen Burschenschaften. In: Stiftung Haus der Geschichte der Bundesrepublik Deutschland Bonn (Hg.): Flagge zeigen? Die Deutschen und ihre Nationalsymbole [Ausstellungskatalog]. Bielefeld, Leipzig 2008, S. 27–33.

zu errichten und zu bewachen, zugleich aber auch die „zurückgebliebenen Völker des Ostens“ zwecks „Hebung ihres Kulturstandes“ mit deutschem Kulturgut vertraut zu machen, vor allem gerichtet gegen aus dem Osten drohende panslawistische Ambitionen.[7] Der 1875 anwesende Schriftsteller Karl Emil Franzos äußerte sich in der Schilderung der Eröffnung entsprechend und mit Verständnis – nicht ungewöhnlich, gehörte er doch seit seiner Studentenzeit der Wiener Burschenschaft Teutonia und dem Grazer Studentenverein Orion an.[8] Joseph Victor von Scheffel, einer der burschenschaftlichen Dichter des 19. Jahrhunderts schlechthin und selbst Burschenschafter, widmete der neuen Hochschule ein Gedicht, in dem etwa vom Lichtbringen gegen die „Wölfe der Karpathen“ die Rede war.[9] Noch über 50 Jahre später, 1927, erinnerte sich ein in Czernowitz beteiligter Burschenschafter der Gründung voller Überschwang als eines Meilensteins der deutschen Kulturmission im östlichen Europa.[10] Das war eine bedeutende Veränderung, denn noch 1897 hieß es in der Chronik Germania Jenas in einem kurzen Satz lediglich, die Jenaischen Burschenschaften hätten sich „an den Festlichkeiten anläßlich der Eröffnung der Universität in Czernowitz“ beteiligt.[11] Der Autor, ein ehemaliges Mitglied – „Alter Herr“ –, der auch politisch hervorgetretene Berliner Journalist Gustav Heinrich Schneider, nahm Rücksicht auf politische Befindlichkeiten der dem Deutschen Reich verbündeten Donaumonarchie, Rücksichten, die nach dem Ersten Weltkrieg angesichts des deutschen wie österreichischen Anschlusswunsches und eines sich mehr und mehr radikalisierenden Nationalismus nicht mehr genommen werden mussten.[12]

---

7 Heinrich Knoop: Burschenschaftliche Wacht im Osten. In: Burschenschaftliche Blätter (künftig zit. als BBl) 45/3 (1930), S. 68–70, hier S. 69; Bundesarchiv, Koblenz, DB 9: Deutsche Burschenschaft, (1726)1815–ca. 1960 (künftig zit. als BAK, DB 9), I. Örtliche und einzelne Burschenschaften, Czernowitz, Gründung der Universität Czernowitz, 1875.

8 Karl Emil Franzos: Ein Culturfest (1875). In: Ders.: Aus Halb-Asien. Kulturbilder aus Galizien, der Bukowina, Südrußland und Rumänien. Bd. 2. 3. Aufl. Stuttgart 1889, S. 331–387; zu Franzos: BAK, DB 9 (Anm. 7), M. Burschenschafterlisten, Karl Emil Franzos (1848–1904); s. a. Petro Rychlo: Karl Emil Franzos und die Gründung der Universität in Czernowitz. In: Volodymir M. Zapolov'skyj (Hg.): Minikosmos Bukowina. Kulturleistungen eines Landstriches. Internationale wissenschaftliche Konferenz anlässlich des 130. Jahrestages der Czernowitzer Universität. Czernowitz 3.–4.10.2005. Czernowitz 2006, S. 219–226.

9 BAK, DB 9 (Anm. 7), M. Burschenschafterlisten, Joseph Victor von Scheffel (1826–1886); zu Scheffel als Burschenschafter zuletzt: Harald Lönnecker: Profil und Bedeutung der Burschenschaften in Baden in der ersten Hälfte des 19. Jahrhunderts. In: Achim Aurnhammer, Wilhelm Kühlmann, Hansgeorg Schmidt-Bergmann (Hg.): Von der Spätaufklärung zur Badischen Revolution – Literarisches Leben in Baden zwischen 1800 und 1850. Freiburg i. Br., Berlin, Wien 2010 (Literarisches Leben im deutschen Südwesten von der Aufklärung bis zur Moderne. Ein Grundriss II), S. 127–157, hier S. 127f.

10 Schroeder: Die Fahne der Urburschenschaft. In: BBl 42/2 (1927), S. 58.

11 Gust[av]. Heinr[ich] Schneider: Die Burschenschaft Germania zu Jena. Jena 1897, S. 462.

12 Zu Schneider (1859–1909) siehe Harald Lönnecker: „Das Thema war und blieb ohne Parallel-Erscheinung in der deutschen Geschichtsforschung“. Die Burschenschaftliche Historische Kommission (BHK) und die Gesellschaft für burschenschaftliche Geschichtsforschung e. V. (GfbG) (1898/1909–2009). Eine Personen-, Institutions- und Wissenschaftsgeschichte. Heidelberg 2009 (DuQ 18), S. 33–35.

Die variierenden Sichtweisen und Blickwinkel innerhalb eines Verbindungstypus weisen bereits auf die Vielfältigkeit des Studentenvereinswesens hin.[13] Dieses „ambivalente Milieu“[14] wird noch bunter – im wahrsten Sinne des Wortes – dadurch, dass es sich nicht nur nach Nationalität bzw. ethnischer Zugehörigkeit und Konfession[15] unterschied, sondern auch die soziale Schichtung abbildete.[16] Zudem darf nicht der Eindruck entstehen, als verliefe die Front in der Studentenschaft in erster Linie zwischen Deutschen und Nichtdeutschen. Dies ist irrig und man darf sich nicht darüber täuschen, dass die zwischen 1875 und 1914 etwa 40 bis 60 Korporationen und Vereine – wie andernorts auch – untereinander tief zerstritten waren, wenn auch der Appell an die gemeinsame Nationalität in heiklen Situationen fast immer einen Solidarisierungseffekt über alles Trennende hinweg zur Folge hatte.[17]

Es gab deutschnationale oder alldeutsche, großdeutsch-antiklerikal-antisemitisch orientierte Korporationen und deutschfreiheitliche, großdeutsch-liberal-nichtantisemitische – von außen auch als „paritätisch“ bezeichnet – Verbindungen, dazu

13 Zuletzt und zusammenfassend mit weiteren Nachweisen: Harald Lönnecker: Studenten und Gesellschaft, Studenten in der Gesellschaft – Versuch eines Überblicks seit Beginn des 19. Jahrhunderts. In: Rainer Christoph Schwinges (Hg.): Universität im öffentlichen Raum. Basel 2008 (Veröffentlichungen der Gesellschaft für Universitäts- und Wissenschaftsgeschichte [künftig zit. als VGUW] 10), S. 387–438; Matthias Stickler: Universität als Lebensform? Überlegungen zur Selbststeuerung studentischer Sozialisation im langen 19. Jahrhundert. In: Rüdiger vom Bruch, Elisabeth Müller-Luckner (Hg.): Die Berliner Universität im Kontext der deutschen Universitätslandschaft nach 1800, um 1860 und um 1910. München 2010 (Schriften des Historischen Kollegs, Kolloquien 76), S. 149–186; mit besonderem Blick auf die Donaumonarchie zuletzt: Harald Lönnecker: „... freiwillig nimmer von hier zu weichen ...“ Die Prager deutsche Studentenschaft 1867–1945. Bd. 1: Verbindungen und Vereine des deutschnationalen Spektrums. Köln 2008 (Abhandlungen zum Studenten- und Hochschulwesen [künftig zit. als ASH] 16); Ders.: Deutsche studentische Zusammenschlüsse in Ostmitteleuropa zwischen 1800 und 1920: Grundlagen – Quellen – Forschungen – Literatur. In: Berichte und Forschungen. Jahrbuch des Bundesinstituts für Kultur und Geschichte der Deutschen im östlichen Europa 17 (2009), S. 185–214.

14 Uray: Czernowitz (Anm. 3), S. 70.

15 Dazu zuletzt und zusammenfassend für den deutschsprachigen Raum: Harald Lönnecker: „Demut und Stolz, ... Glaube und Kampfessinn“. Die konfessionell gebundenen Studentenverbindungen – protestantische, katholische, jüdische. In: Rainer Christoph Schwinges (Hg.): Universität, Religion und Kirchen. Basel 2011 (VGUW 11), S. 479–540.

16 Zum Czernowitzer studentischen Verbindungs- und Vereinswesen finden sich meist nur kurze, überblicksartige Passagen ohne Beachtung von Archivalien und grauer Literatur; vgl. Emanuel Turczynski: Czernowitz als Beispiel einer integrativen Universität. In: Ferdinand Seibt (Hg.): Die Teilung der Prager Universität 1882 und die intellektuelle Desintegration in den böhmischen Ländern (Bad Wiesseer Tagungen des Collegium Carolinum 12). München 1984, S. 189–202, hier S. 197–199; Ders.: Czernowitz, eine vom Bildungsbürgertum errungene Universität im Dienst staatlicher Bildungs- und Wissenschaftsförderung. In: Peter Wörster (Hg.): Universitäten im östlichen Mitteleuropa zwischen Kirche, Staat und Nation – sozialgeschichtliche und politische Entwicklungen. München 2008 (Völker, Staaten und Kulturen in Ostmitteleuropa 3), S. 209–225, hier S. 218–221; vgl. Vasyl' Botušans'kyj, Halyna Čajka: Die Studenten der Universität Czernowitz zur Zeit der österreichisch-ungarischen Monarchie (1875–1918). In: Slawinski, Strelka (Hg.): Glanz (Anm. 4), S. 147–156.

17 Vgl. hierzu und im Folgenden: Lönnecker: Prag 1867–1945 (Anm. 13), S. 64, 126–128; Ders.: Zusammenschlüsse (Anm. 13), S. 197f.

großösterreichisch-liberale – antisemitisch oder nicht – sowie konfessionell ausgerichtete deutschkatholische mit Neigung zu den Christlich-Sozialen, dann deutschjüdische, österreichischjüdische, orthodoxjüdische und zionistische, und dies keineswegs in dieser Stringenz, sondern in verschiedenen Spielarten und changierenden Entwicklungsstufen, wiederum unterteilt nach Satisfaktion gebend oder nicht, Mensuren schlagend oder nicht, „couleurtragend" – Farben in Band und Mütze zeigend – oder nicht.[18] Und das betraf nur die deutschen Vereinigungen. Die im weitesten Sinne jüdischen orientierten sich in der Regel an den deutschen Verbindungen und Vereinen, ihre „Commentsprache" war das Deutsche, nach 1890 auch das Jiddische. Daneben gab es entsprechende Parallelen bei polnischen, ukrainischen und rumänischen Studenten, die vielfach deutsche Bezeichnungen, Formen und Rituale in ihre Sprachen adaptierten – der nicht übersetzte und wahrscheinlich unübersetzbare Begriff „Burschenschaft" war nach 1859 in Österreich keineswegs auf eine bestimmte Ausrichtung des Korporationsspektrums beschränkt.

Die älteren deutschen Corps und Burschenschaften mit einem hohen Anteil an Juristen und später Medizinern waren eher groß-, besitz- und bildungsbürgerlich geprägt und damit elitärer als jüngere Verbindungen und Vereine mit eher wirtschaftsbürgerlichem Hintergrund, und diese wiederum elitärer als konfessionelle Verbindungen mit einem verhältnismäßig hohen katholischen Theologenanteil und zahlreichen Philologen, die sich fast zur Hälfte aus eher kleinbürgerlichen Verhältnissen rekrutierten.[19] Die soziale Zusammensetzung bildete sich in einer informellen Hierarchie ab, an deren Spitze die eher großösterreichischen Corps und die deutschnationalen Burschenschaften standen. Zudem zog die steigende Zahl der Studenten bei den Zeitgenossen den Eindruck der Vermassung nach sich, was wiederum zu einem Gefühl ständig steigender Konkurrenz führte, die sich in starken Distinktions- und Segregationstendenzen der einzelnen Korporationen bzw. Korporationstypen

---

18 Satisfaktion oder Genugtuung ist die Wiedergutmachung einer wörtlichen oder tätlichen Beleidigung durch einen Zweikampf mit schweren Waffen, wozu der Beleidigte seinen Gegner herausfordert; für eine Mensur ist kein Ehrengrund notwendig, ihr Zweck ist ein erzieherischer, da Mut, Kraft, Haltung, Selbstbeherrschung usw. gezeigt werden sollen; zu Begriffen, Hintergrund, Entwicklung und historischer Einordnung: Harald Lönnecker: „... bis an die Grenze der Selbstzerstörung". Die Mensur bei den akademischen Sängerschaften zwischen kulturellem Markenzeichen, sozialem Kriterium und nationalem Symbol (1918–1926). In: Einst und Jetzt. Jahrbuch des Vereins für corpsstudentische Geschichtsforschung [künftig zit. als EuJ] 50 (2005), S. 281–340; Ders.: Mutprobe, Erziehungsmittel oder Männlichkeitswahn? Die studentische „Mensur" im langen 19. Jahrhundert. Vortrag, gehalten am 10. Mai 2007 in der Universität Stuttgart, Historisches Institut, Abt. Neuere Geschichte (Prof. Dr. Wolfram Pyta), und am 11. Juli 2007 in der Universität Paderborn, Historisches Institut, Abt. Neuere Geschichte (Prof. Dr. Dietmar Klenke). Koblenz 2007; Ders.: Perspektiven burschenschaftlicher Geschichtsforschung. Erforderliches – Wünschbares – Machbares. In: Klaus Oldenhage (Hg.): 200 Jahre burschenschaftliche Geschichtsforschung – 100 Jahre GfbG – Bilanz und Würdigung. Feier des 100-jährigen Bestehens der Gesellschaft für burschenschaftliche Geschichtsforschung e. V. (GfbG) am 3. und 4. Oktober 2009 in Heidelberg. Vorträge des Kolloquiums. Koblenz 2009 (Jahresgabe der Gesellschaft für burschenschaftliche Geschichtsforschung e. V. (GfbG) 2009), S. 111–128, hier S. 119–127.

19 Die Zusammensetzung der Mitgliedschaft nichtdeutscher Vereinigungen ist vielfach nicht überliefert.

untereinander und nach außen manifestierte und das Bild eines dauernden Mit- und Gegeneinanders in immer neuen Konstellationen bot.[20]

1. Grundlagen

Die Universität Czernowitz wurde 1875 als deutsche Hochschule errichtet, weil es entsprechende Forderungen der rumänischen, aber österreichisch gesinnten Oberschicht aus der Bukowina gab, die Universitäten Krakau und vor allem Lemberg von der deutschen zur polnischen Unterrichtssprache übergegangen waren und damit unattraktiv für deutsche Studenten wurden, in Ungarn seit dem Ausgleich von 1867 eine immer stärkere Magyarisierungspolitik einsetzte, und nicht zuletzt – so vor allem die Intention der durch die verlorenen Kriege in Italien und Deutschland innenpolitisch geschwächten Regierung –, um staatliche Autorität zurückzugewinnen, der nationalen und kulturellen Desintegration der Monarchie zu begegnen und Bildung und Wissen zu verbreiten, zu modernisieren.[21] Dazu kamen weitere, je nach Nationalität usw. variierende Gesichtspunkte: Die galizischen Ukrainer versprachen sich etwa eine Förderung ihrer spezifischen Bildungs- und nationalen Interessen und begrüßten die Gründung daher „herzlichst".[22]

Der Zusammenschluss der im ersten Semester 209 Studenten in verschiedenen Vereinen setzte unmittelbar mit der Universitätsgründung ein. Zeitgenössisch wurde

---

20 Vgl. Anm. 17.

21 Uray: Czernowitz (Anm. 3), S. 69f.; ebd. Anm. 1 die wesentliche ältere Literatur zur Geschichte der Universität Czernowitz, vor allem: Prokopowitsch: Gründung (Anm. 6); Rudolf Wagner (Hg.): Alma Mater Francisco Josephina. Die deutschsprachige Nationalitäten-Universität in Czernowitz. Festschrift zum 100. Jahrestag ihrer Eröffnung 1875. München 1975, 2. Aufl. 1979; Ders.: Vom Halbmond zum Doppeladler. Ausgewählte Beiträge zur Geschichte der Bukowina und der Czernowitzer Universität „Francisco-Josephina". Festgabe zum 120. Jahrestag 1995 der Czernowitzer „Francisco-Josephina", jetzt O. J. Fedkowicz Universität. Augsburg 1996; s. a. Elmar Lechner (Bearb.): Die ehemalige k. k. Franz-Josefs-Universität zu Czernowitz. Eine Chronologie und eine Bibliographie. Klagenfurt 2001 (Deutschsprachige Quellen zur Geschichte des Bildungswesens der Bukowina um 1900 15); Trude Maurer: National oder supranational? Prag und Czernowitz, zwei deutsche Universitäten in Ostmitteleuropa (1875/82–1914). In: Zeitschrift für Ostmitteleuropa-Forschung 49 (2000), S. 341–382; Svjatoslav Pacholkiv: Emanzipation durch Bildung. Entwicklung und gesellschaftliche Rolle der ukrainischen Intelligenz im habsburgischen Galizien (1890–1914). Wien 2002 (Schriftenreihe des Österreichischen Ost- und Südosteuropainstituts 27), S. 201–203; Michael Dippelreiter: Constantin Tomaszczuk und die Gründung der Universität Czernowitz. In: Christiane M. Pabst (Hg.): Sprache als System und Prozess. Festschrift für Günter Lipold. Wien 2005, S. 491–503; Walter Höflechner: Bemerkungen zur Universität Czernowitz im Konzept der österreichischen Universitäten. In: Zapolov'skyj (Hg.): Minikosmos (Anm. 8), S. 171–178; Turczynski: Czernowitz 2008 (Anm. 16), S. 212f.; Hugo Weczerka: Die „Francisco-Josephina" in Czernowitz. Eine Universität am Ostrand der Habsburgermonarchie. In: Victoria Popovici (Hg.): Gelebte Multikulturalität. Czernowitz und die Bukowina. Frankfurt a. M., Berlin, Bern [u.a.] 2010, S. 67–86.

22 Pacholkiv: Emanzipation (Anm. 21), S. 201; ebd., S. 201–209, zur Bedeutung der Universitätsgründung für die galizischen Ukrainer.

das als normal empfunden, 1900 heißt es in der offiziellen Festschrift zur 25-Jahr-Feier:

> Das akademische Vereinsleben hat schon im ersten Studienjahre an unserer Hochschule reiche Blüthen getragen. Vor allem ist die akademische Lesehalle zu erwähnen, welche dazu berufen ist, allen Studierenden Gelegenheit zu bieten, in collegialen Verkehr miteinander zu treten, ein Verein, der alle Facultäten, alle Nationalitäten und alle Confessionen unterschiedslos umfassen, ein Bild der Eintracht und Einigkeit unter den Studenten gewähren soll. Ferner sind im ersten Studienjahre das akademische Corps Austria, die deutsch-akademische Verbindung Dacia, der akademische Verein rumänischer Studierender „Arborosa", der Verein ruthenischer Universitäts-Hörer „Sojus", ein akademischer Gabelsberger Stenographen-Verein und endlich das akademische Corps „Gothia" entstanden.[23]

Und weiter:

> Die studentischen Vereine sind durch eine recht strebsame Verbindung vermehrt worden. Der akademische Verein „Junimea" für rumänische Studierende erhielt die Bescheinigung seiner Statuten durch den Landesregierungs-Erlass vom 28. November 1878 und der „Club deutscher Studenten" hat sich kraft der Bestätigung seiner Statuten, die mit dem Erlasse vom 22. September 1879 erfolgte, in die Burschenschaft „Arminia" umgewandelt.[24]

Neun Jahre später findet sich nochmals ein Hinweis:

> In Bezug auf die akademischen Vereine ist zu bemerken, dass sich die Zahl derselben durch die Gründung der rumänischen akademischen Verbindung „Bukowina", deren Statuten mit dem Regierungserlasse vom 3. März 1888 genehmigt wurden, von zehn auf elf vermehrt hat.[25]

Bei etwa 220 bis 250 Studenten in den ersten Semestern gehörten die Hälfte bis zwei Drittel einer Verbindung oder einem Verein an.[26] Bei diesem Verhältnis blieb es auch, als die Frequenz weiter stieg.[27]

---

23 Akademischer Senat der K. K. Franz-Josephs-Universität in Czernowitz (Hg.): Die K. K. Franz-Josephs-Universität in Czernowitz im ersten Vierteljahrhundert ihres Bestandes. Czernowitz 1900, S. XLV.

24 Ebd., S. LIf.

25 Ebd., S. LIII.

26 BAK, DB 9 (Anm. 7), I. Örtliche und einzelne Burschenschaften, Czernowitz, Berichtsjahr 1888/89, o. S.

27 Im Wintersemester 1883/84 gab es insgesamt 279 Studenten, davon 105 Rumänen, 36 Ukrainer, 26 Polen, 112 Deutsche und Juden: „Im großen und ganzen blieb dieses Verhältnis der Nationalitäten an der Universität Czernowitz bis zum Ersten Weltkrieg erhalten." Pacholkiv: Emanzipation (Anm. 21), S. 203f.; erst ab etwa 1900 nahmen die Zahlen zu, im Wintersemester 1899/1900 waren es 381 Studierende, im Sommersemester 1900 392, im Wintersemester 1900/01 465, im Wintersemester 1903/04 698 – davon ein Drittel weiblich –, im Wintersemester 1913/14 1077; ebd.; Akademischer Senat, Universität (Anm. 23), S. LXXII, LXXVII; eine Übersicht über die Frequenz: Ebd., Statistischer Anhang; vgl. Botušans'kyj/Čajka: Studenten (Anm. 16).

Voraussetzung dieser Entwicklung sind erstens Studenten als künftige Akademiker.[28] Sie bilden das Führungspersonal von morgen. Das macht sie als Gegenstand der Forschung interessant. Zudem vereinen sich in der Studentenschaft Aspekte einer juristisch, kulturell und gesellschaftlich relativ geschlossenen Gruppe: Zunächst ist das Studententum eine zeitlich begrenzte Phase im Leben junger Erwachsener, die ein ausgeprägtes, studentische Traditionen weitergebendes Gruppenbewusstsein aufweisen und daher wenig soziale Kontakte zu anderen Schichten pflegen. Studenten sind familiärer Sorgen weitgehend ledig, auf Grund des deutschen, wissenschaftlichen und nicht erzieherischen Studiensystems in ihrem Tun und Lassen ausgesprochen unabhängig und wegen ihrer vorrangig geistigen Beschäftigung wenig auf vorhandene Denkmodelle fixiert.

Besonderen Nachdruck verleihen studentischem Engagement die berufliche, soziale und finanzielle Ungewissheit, der instabile Sozialstatus: Studenten sind noch nicht gesellschaftlich integriert und stehen daher auch Kompromissen weitgehend ablehnend gegenüber. In ihren politischen Ideen und Idealen neigen Studenten deshalb zum Rigorismus. Daraus resultiert, Gegner zu bekehren, oder, wenn das nicht möglich ist, sie niederzukämpfen oder zu „vernichten". Zudem: Bis weit in die fünfziger Jahre des 20. Jahrhunderts hinein begriffen die Gesellschaft wie die Studenten sich selbst als Elite, die als Akademiker die führenden Positionen des öffentlichen Lebens einnehmen würden, woraus letztlich das für eine Avantgarderolle unerlässliche Selbstbewusstsein entstand. Damit einher ging eine anhaltende Überschätzung der eigenen Rolle, aber auch eine Seismographenfunktion gesellschaftlicher Veränderungen. Mehr noch, studentische Organisationen, die akademischen Vereine und Verbindungen, hatten für die politische Kultur des bürgerlichen Deutschland und Österreich von jeher eine Leitfunktion, spiegeln die Vielgestaltigkeit des gesellschaftlichen Lebens und sind mit den Problemen der einzelnen politisch-gesellschaftlichen Kräfte und Gruppen verzahnt.

Zweitens schlossen sich seit Beginn der mitteleuropäischen Universitätsgründungen im 14. Jahrhundert deutsche Studenten an der Hochschule zusammen. Diese Zusammenschlüsse, die akademischen Verbindungen oder Korporationen, sind keine rein kulturelle Besonderheit der deutschsprachigen Hochschulen, sondern beruhen auf einer besonderen Entwicklung. Sie waren seit dem späten Mittelalter durch den Modus des freien Wohnens, Studierens und Lebens der Studenten und nicht zuletzt durch Territorialisierung geprägt, die ihren Ausdruck in den Staat und Kirche mit akademisch gebildeten Juristen und Klerikern versorgenden „Landesuniversitäten" fand. Dies galt nach der Reformation jedoch nicht mehr für die katholisch gebliebenen oder neugegründeten Universitäten, wo Studium und Studenten einem mehr oder weniger strengen Reglement unterworfen wurden. Auf den nicht-katholischen Hochschulen entwickelte sich im 18. Jahrhundert, gebrochen durch die studentische, selbstdisziplinierend und verantwortungsethisch wirkende Reformbewe-

---

28 Hierzu und im Folgenden mit weiteren Nachweisen: Lönnecker, Studenten und Gesellschaft (Anm. 13), S. 392–400; Ders., Zusammenschlüsse (Anm. 13), S. 186–188; Ders., BHK/GfbG (Anm. 12), S. 1f.

gung ab etwa 1750, der Typus der Korporation, der für das 19. und 20. Jahrhundert bestimmend wurde. Sie war Integrations-, Symbol-, Ritual-, Hierarchisierungs-, Werte- und Weltanschauungs- sowie Lebensbundgemeinschaft.

Die neuhumanistische Universität Humboldts propagierte die selbständige geistige und sittliche Entwicklung des Studenten und ignorierte das jugendliche Gemeinschaftsbedürfnis: Sie bildete, erzog aber nicht. Folglich bot sich diesem Korporationstypus ein weites Feld von Ansprüchen, die er sich zu eigen machte und auszufüllen suchte. Verbindung war daher auch ein Bildungsinstrument und -element, das nach eigenem Verständnis eine Lücke als Korrektiv der akademischen Freiheit ausfüllte und im Rahmen einer innerkorporativen Charakterbildung die wissenschaftlich-berufliche Ausbildung der Universität abzurunden versuchte, zugleich aber auch die Erziehung für die Zugehörigkeit zur Oberschicht der deutschen Gesellschaft bezweckte. In einem Satz: „Die Universitäten unterrichteten, die Verbindungen erzogen."

Drittens differenzierten sich die studentischen Vereinigungen immer mehr aus.[29] Am Ende des 18. und zu Beginn des 19. Jahrhunderts beherrschten Landsmannschaften und Orden die Studentenschaft. Sie stellten einen älteren Korporationstyp dar, korporativ-regionalistisch mit unpolitischer, geselliger Orientierung, oder standen unter aufklärerisch-freimaurerischem Einfluss. Ihnen trat ab 1815 die Burschenschaft entgegen, ein neuer, assoziativ-nationaler Organisationstypus mit außeruniversitärer Orientierung an Nation und bürgerlicher Freiheit. „Burschenschaft" bedeutete zuvor nicht mehr als „Studentenschaft", erst ab diesem Zeitpunkt begann das Wort einen bestimmten Korporationstypus zu bezeichnen, der sich selbst zunächst nicht als solcher verstand, sondern als Gesamtverband der organisierten Studierenden.

Der Einfluss der Burschenschaft auf das nationale Bewusstsein der Deutschen, ihren Einheits- und Freiheitswillen, ist überhaupt nicht hoch genug zu veranschlagen, vielfach haben die Burschenschaften dieses Bewusstsein erst geschaffen: viele der führenden Liberalen des Vormärz und weit darüber hinaus waren Burschenschafter und in der Revolution von 1848/49 spielte die Burschenschaft noch einmal eine wichtige Rolle. Die anschließenden Verfolgungen brachen der älteren burschenschaftlichen Bewegung das Rückgrat und ermöglichten den Wiederaufstieg alter Korporationstypen – der Corps – und den Aufstieg neuer, etwa der jüngeren Landsmannschaften, der konfessionellen, Fach- und Interessenvereine.

In Österreich war die frühe Burschenschaft ab etwa 1820 rasch unterdrückt worden, ihr Aufbegehren in der Revolution 1848/49 wurde niedergeschlagen.[30] Bis zum

---

29 Hierzu und im Folgenden mit weiteren Nachweisen: Lönnecker: Studenten und Gesellschaft (Anm. 13), S. 404–410; Ders.: Zusammenschlüsse (Anm. 13), S. 189f.; Ders.: BHK/GfbG (Anm. 12), S. 2–5.

30 Hierzu und im Folgenden mit weiteren Nachweisen: Harald Lönnecker: „... das deutsche Volk in der Zeit tiefer nationaler Erniedrigung aufzurütteln, für ein einiges und freies deutsches Vaterland zu begeistern und gegen innere und äußere Bedränger anzuführen" – Die Burschenschaft der Ostmark (BdO) und ihre Vorläufer 1889–1919. In: Helma Brunck, Harald Lönnecker, Klaus Oldenhage (Hg.): „... ein großes Ganzes ..., wenn auch verschieden in seinen Teilen" – Beiträge zur Ge-

Schillerjahr 1859 herrschte ein burschenschaftliches Vakuum, das sich danach aber um vieles aktivistischer, antistaatlicher und antiklerikaler als sonst in Deutschland füllen sollte. Hier liegen die Wurzeln des bis heute bestehenden „dritten Lagers" neben Christlich-Sozialen und Sozialisten bzw. Sozialdemokraten und der bis in die Gegenwart reichenden Verständnisprobleme, da „konservativ" in Österreich auch „feudal", „klerikal", „ultramontan", „staatstragend", „föderalistisch", „slawisch" und „rechts" mit starkem Rückhalt in der Landbevölkerung bedeutete, während deutschnational oder -freiheitlich als „liberal", „fortschrittlich", „parlamentaristisch", „zentralistisch", „antiklerikal", „sozialreformerisch", „antisemitisch" und „links" mit dem Schwerpunkt im deutschen Bürgertum von Besitz und Bildung galt. Begleitet wurde das durch im liberalen Erbe wurzelnde antimonarchische und antihabsburgische Affekte. Dabei wurde die Wahrung des nationalen Besitzstandes nach dem Ausgleich von 1867 für die deutschen Österreicher ein immer wichtigerer Aspekt, der in dem Verhältnis zunahm, wie die Feindbilder von gestern, Absolutismus und Klerikalismus, an Integrationskraft abnahmen. Überhöht wurde das alles von einem ungeheuren Aktivismus mit Querverbindungen zu sämtlichen nationalen Organisationen – Sänger-, Turner-, Schützen-, Grenzland-, Schutzvereinen usw. – und dem Verständnis von Burschenschaft als nicht nur Erziehungs- und Gesinnungs-, sondern auch politischer Aktionsgemeinschaft.

Seit 1859 bildeten sich in schneller Folge an den deutschen Hochschulen der Monarchie neue Verbindungen, vor allem Corps und Burschenschaften, wobei erstere von letzteren zahlenmäßig bald in den Schatten gestellt wurden.[31] Während die Burschenschaften ab etwa 1880 immer (deutsch-)nationaler wurden und auf den Kurs Georg von Schönerers und – später – Karl Hermann Wolfs einschwenkten,[32] folgten ihnen die Corps nur langsam und sukzessive: durch ihren groß- und besitzbürgerlichen, zuweilen auch adligen Hintergrund waren sie viel stärker als die Burschenschaften mit den führenden Gesellschaftsschichten verbunden. Trotzdem, bis zum Ersten Weltkrieg gingen viele Corps entweder unter oder waren auch deutschnatio-

---

schichte der Burschenschaft. Heidelberg 2012 (DuQ 19), S. 516–630, hier S. 520–523; Ders., Anschlussturm (Anm. 1), S. 39–41; Ders., Burschenschafterturm (Anm. 1), S. 403f., 406–409; Ders., Zusammenschlüsse (Anm. 13), S. 191; zu kurzlebigen Corpsgründungen in den 1830er und 1840er Jahren: Wilhelm Fabricius: Die deutschen Corps. Eine historische Darstellung mit besonderer Berücksichtigung des Mensurwesens. O. O. (Berlin) 1898, 2. Aufl.: Die deutschen Corps. Eine historische Darstellung der Entwicklung des studentischen Verbindungswesens in Deutschland bis 1815, der Corps bis in die Gegenwart. Frankfurt a. M. 1926; zu einzelnen Verbindungen s. a. Hartmut H. Jess: Specimen Corporationum Cognitarum 2000. Das Lexikon der Verbindungen (Compact-Disk). 3. Folge. Köln 2010.

31 Übersichten bieten zuletzt: Paulgerhard Gladen: Die deutschsprachigen Korporationsverbände. 2. Aufl. Hilden 2007. 3. Aufl. 2008; Jess: Specimen (Anm. 30); Fritz Ranzi: Die SC-Verbände der Vorkösener Zeit in Österreich. In: EuJ 1 (1956), S. 61–76, hier S. 63f.; SC = Senioren-Convent, der Verband der Senioren (= auf ein Semester aus den Reihen der studentischen Mitglieder gewählte Vorsitzende) der Corps am Hochschulort; die Verbände bildeten nicht die einzelnen Corps, sondern die SC; für die ältere Zeit: E[rnst] H[ans] Eberhard (Hg.): Handbuch des studentischen Verbindungswesens an den Hochschulen des deutschen Sprachgebietes. III. Große Ausgabe. Leipzig 1925.

32 Zu Hintergrund und Entwicklung: Lönnecker: BdO (Anm. 30), S. 523–532.

nal geworden, wenn auch oft eine Nuance leiser und weniger auftrumpfend als die Burschenschaften.[33]

Der radikale Deutschnationalismus konnte allerdings in Czernowitz niemals Fuß fassen, es bildete sich anders als in Wien, Graz usw. kein „Wehrhafter Verein", keine „Vereinsstudentenschaft". Diese Vereine einer um 1880 einsetzenden „zweiten Welle" mit „ursprünglich landsmannschaftlichem Aufbaue" bedeuteten einen erheblichen Radikalisierungsschub in der deutschen Studentenschaft und hatten große Probleme mit den bereits seit 1859/60 etablierten Korporationen. Sie begriffen sich als „völkisch-radikale Konkurrenz" der angeblich in Comment- und Mensurfragen erstarrten Burschenschaften und sahen das praxisorientierte „politisch-weltanschauliche Engagement als [...] Hauptaufgabe".[34] Dass in Czernowitz kein solcher Verein entstand, scheint nicht nur in der politischen Zurückhaltung der dortigen deutschen Studenten angesichts der zahlenmäßigen Unterlegenheit gegenüber anderen Nationalitäten und Konfessionen begründet zu sein, sondern auch in ihrer sozialen Herkunft aus einem verhältnismäßig starken Mittelstand bei weitgehendem Fehlen von Hochschülern aus eher (protestantisch-)kleinbürgerlichen Verhältnissen.[35]

2. Herkunft und Struktur – Akademische Lesehalle, Corps und Burschenschaften

Das Czernowitzer Studentenvereinswesen entstand „nicht aus eigener Wurzel, es wurde von Studenten anderer österreichischer Hochschulen an den Pruth [...] mitgebracht".[36] Die Hochschüler der neuen Universität begingen ihre Eröffnung mit einem traditionellen Kommers, den der Lehrer an der Czernowitzer Oberrealschule Richard Strele von Bärwangen leitete, Mitglied des Corps Athesia Innsbruck, später auch des Corps Saxonia Wien.[37] Es wurde u.a. Joseph Victor von Scheffels

33 Ranzi: SC-Verbände (Anm. 31), S. 73; vgl. Lönnecker: Prag 1867–1945 (Anm. 13), S. 76.

34 Lönnecker: BdO (Anm. 30), S. 582f.; Ders.: Prag 1867–1945 (Anm. 13), S. 68f.; Ders.: Zusammenschlüsse (Anm. 13), S. 199. – Herr Alexander Graf, M.A., Graz, bereitet eine Dissertation über die wehrhaften Vereine und ihre Verbände vor.

35 Lönnecker: BdO (Anm. 30), S. 582f.; Auskunft von Herrn Alexander Graf, M.A., Graz, vom 14.8.2012.

36 BAK, DB 9 (Anm. 7), I. Örtliche und einzelne Burschenschaften, Czernowitz, Uebersicht über die Verbindungen und Vereine an der K. K. Franz-Josefs-Universität zu Czernowitz. O. J. (um 1910), o. S.; Überblicke: Gladen: Korporationsverbände (Anm. 31); Jess: Specimen (Anm. 30); Rudolf Wagner: Die nationale Vielfalt des Czernowitzer Korporationswesens. In: Ders. (Hg.): Das multinationale Schulwesen in der Bukowina. Bd. 2. München 1986, S. 177–230.

37 Festausschuss, Fest- und Commers-Lieder (Anm. 5). – Der auch als Heimatdichter hervorgetretene Strele (1849–1919) war zuletzt Direktor der Studienbibliothek Salzburg, der heutigen Universitätsbibliothek; Raimund Lang: Die Wiener Landsmannschaft Bukowina: Wurzel des Czernowitzer Korporationslebens. In: EuJ 56 (2011), S. 249–256, hier S. 249, 254; Otto Gerlach (Bearb.): Kösener Corps-Listen 1930. Eine Zusammenstellung der Mitglieder der bestehenden und der nach dem Jahre 1867 suspendierten Corps mit Angabe von Jahrgang, Chargen und Personalien. Frankfurt a. M. 1930, S. 792, Nr. 40.

Lied „Verwundert hebt der Pruth im Schilf sein Haupt" gesungen, die Festrede hielt der Rechtsanwalt und nachmalige Bürgermeister von Czernowitz, Eduard Reiss, Alter Herr der Wiener Landsmannschaft Bukowina und einer der ersten Promovenden der neuen Hochschule.[38] Die Landsmannschaft Bukowina war auch die Ausrichterin der studentischen Feierlichkeiten, die von vornherein „diese Universität in den süssen Zauber des herrlichen deutschen Studentenlebens einzuweihen" suchten: „Und dabei sollt Ihr [die deutschen Verbindungen Österreichs, H. L.] Pathenstelle vertreten!"[39]

Vor der Gründung der Universität Czernowitz wandten sich studierwillige – und finanzkräftige – deutsche Maturanten vor allem nach Wien, wo sie am 22. November 1868 den „Bukowiner Studentenverein" gründeten, dessen Mitglieder blau-rot-goldene Bänder – angelehnt an das Landeswappen –, jedoch keine Mütze trugen.[40] Die Gründung hatte sich ergeben, weil nach dem Übergang der Lemberger Universität zur polnischen Unterrichtssprache immer mehr deutsche Studenten aus der Bukowina nach Wien strömten. Aus dem Verein wurde am 28. Januar 1874 unter Annahme einer hellblauen Mütze eine Verbindung, eine Landsmannschaft mit deutsch-österreichischer Ausrichtung. Sie nahm aber auch Polen, Rumänen, Ukrainer usw. auf, sofern diese aus der Bukowina stammten. Kenntnis und Gebrauch der deutschen Sprache wurden als selbstverständlich vorausgesetzt.

Mit der Gründung der Czernowitzer Universität begann die „Auszehrung in Wien", immer weniger Studenten kamen aus der Bukowina, der Landsmannschaft „versiegte ihre entscheidende Nachwuchsquelle". Zwar focht sie und gab seit 1876 unbedingte Satisfaktion, passte sich folglich den Entwicklungen in der Studentenschaft an, jedoch konnte sie immer weniger Nachwuchs gewinnen. Da sie deutsch-österreichisch blieb, geriet Bukowina alsbald in Gegensatz zu den deutschnationalen Wiener Burschenschaften, von denen sie „nationaler Unzuverlässigkeit [ge]ziehen" wurde, was dauernde Auseinandersetzungen nach sich zog. Am 8. Dezember 1882 erklärte Bukowina die „Vertagung, die nicht wieder aufgehoben" wurde.[41]

Der Wandel Bukowinas – der „Ur-Mutter vieler Verbindungen in Czernowitz"[42] oder „Wurzel des Czernowitzers Korporationslebens"[43] – vom Verein zur Verbindung oder Korporation weist auf Veränderungen in der organisatorischen Struktur hin, die später auch etliche Czernowitzer Vereinigungen durchliefen. Die an reichsdeutschen Vorbildern orientierten Corps und Burschenschaften hatten von Beginn

---

38 Franka Kühn: Dr. Eduard Reiss. Der erste jüdische Bürgermeister von Czernowitz 1905–1907. Konstanz 2004; Reiss wurde am 23.9.1879 zum Ehrenmitglied der Burschenschaft Arminia Czernowitz ernannt; BAK, DB 9 (Anm. 7), M. Burschenschafterlisten, Eduard Reiss (1850–1907).

39 Lang: Bukowina (Anm. 37), S. 250 f.; BAK, DB 9 (Anm. 7), I. Örtliche und einzelne Burschenschaften, Czernowitz, Aufruf an die Studentenschaft betr. Eröffnungsfeier der neuen Universität, August 1875.

40 Hierzu und im Folgenden: Lang: Bukowina (Anm. 37), S. 251f.

41 BAK, DB 9 (Anm. 7), I. Örtliche und einzelne Burschenschaften, Czernowitz, Uebersicht (Anm. 36).

42 Ebd.

43 Lang: Bukowina (Anm. 37), S. 249.

an keine „diffusen Mitgliedschaftsverhältnisse“, viele Vereine orientierten sich im Laufe der Zeit wiederum an diesen exklusivsten und elitärsten Korporationsformen, korporatisierten sich, stiegen dadurch sozial auf und gewannen an Reputation in der Studentenschaft, „wandelten sich [...] zu sogenannten Lebensbünden, d.h. sie verstanden sich als Gemeinschaften von Studenten, den sogenannten ‚Aktiven‘ (Gesamtheit: Aktivitas, darunter die als ‚Füxe‘ oder ‚Füchse‘ bezeichneten Neumitglieder auf Probe)“, und „berufstätigen Altmitgliedern, den sogenannten Alten Herren oder Philistern“. Die Ehemaligen schlossen sich seit den späten 1880er Jahren in eigenen Altherrenverbänden zusammen, „zumeist im bürgerlichen Sinne rechtsfähige Vereine, die allerdings die innere Autonomie der Aktivitates in der Regel akzeptierten“.[44] Diese Struktur gab den Verbindungen Festigkeit und Dauerhaftigkeit und ermöglichte ihnen das Überleben sowie die Tradierung ihrer Geschichte und Bräuche über Jahrzehnte, selbst wenn zeitweise keine Aktivitas bestand.

Während „Verbindung“ oder „Korporation“ der Begriff für die vorbeschriebene Organisation ist, war ein „Verein“ ein wesentlich lockerer gefügtes Gebilde.[45] Der freie, aus dem Vertragsrecht entspringende, nicht durch Geburt und Stand vorherbestimmte Zusammenschluss im auf einen Zweck gerichteten Verein war ab etwa 1820 die Organisationsform des liberalen Bürgertums. Um die Mitte des 19. Jahrhunderts führte der Weg zur Selbstorganisation der Gesellschaft nur noch über den Verein. Ähnlich war es auf den Hochschulen, wo sich die im Bewusstsein der Besonderheiten des akademischen Bürgertums, einer besonderen Ehre und besonderer Freiheiten lebenden Studenten schon immer zu meist landsmannschaftlich geprägten Gemeinschaften genossenschaftlichen Charakters zusammenschlossen, mit denen sie sich sowohl identifizieren wie ihrer selbst vergewissern konnten, die der Geselligkeit wie der gegenseitigen Unterstützung dienten und die über eine eigene Binnenethik – den „Comment“ – verfügten, der scharf zwischen Hochschülern und Nicht-Studenten unterschied. Allerdings machte genau das den Unterschied gegenüber den Zusammenschlüssen der Bürger aus. Gehörten deren Vereine zum Prozess der Verbürgerlichung der Gesellschaft in allen Bereichen, lösten den Bürger „aus festgelegten Funktionen in einer ständisch-hierarchischen Gesellschaft heraus“, setzten ihn frei und waren grundsätzlich allgemein zugänglich, so haftete dem Verein der Studenten weit über das 19. Jahrhundert hinaus etwas Ständisch-Korporatives, Antietatistisches und Selbstreguliertes an, eben der Status des „civis academicus“, der in einer eigenen Welt lebte, dessen akademisches Bürgerrecht von den Studien über die Wohnung und das Schuldenmachen bis hin zur eigenen Gerichtsbarkeit kaum einen Lebensbereich unberührt ließ. Dabei blieben sich die Studenten stets ihres eigenen Rechtsbezirks und seiner traditionellen Lebensformen bewusst, selbst wenn

---

44 Stickler: Universität (Anm. 13), S. 151.

45 Hierzu und im Folgenden: Harald Lönnecker: „... der deutschen Studentenschaft und unserem Rechtsleben manchen Anstoß geben“ – Zwischen Verein und Verbindung, Selbsthilfeorganisation und Studienvereinigung. Juristische Zusammenschlüsse an deutschen Hochschulen ca. 1870–1918. Aachen 2013 (Rostocker Rechtsgeschichtliche Reihe 13), S. 137–140..

er durch staatliche Regelungen mehr und mehr zurückgedrängt bzw. eingeschränkt wurde.

Auf der anderen Seite hob das akademische Bürgerrecht im Innenbereich der Universität alle ständischen Schranken zwischen seinen Inhabern auf. Wer dem korporativ umgrenzten Bereich der Hochschule angehörte, der war in der Theorie und im studentischen Selbstverständnis, ungeachtet der sozialen Voraussetzungen, ein Gleicher unter Gleichen. So konnte die Hochschule ein vielfach prägendes Erprobungsfeld für politische und kulturelle Normen und Vorstellungen des Studenten bei äußerer Freiheit und durch den Comment und die Semesterzahl bestimmten rigiden, hierarchisch strukturierten Verhaltensnormen innerhalb der Studentenschaft werden, angesiedelt zwischen dem Elternhaus und dem Eintritt des Akademikers ins bürgerliche Leben.

Der Unterschied zwischen bürgerlichen und akademischen Vereinen war den gebildeten Zeitgenossen vertraut, jedoch wurde oft nicht bemerkt, dass auch zwischen den akademischen Zusammenschlüssen bedeutende Unterschiede bestanden. Bis gegen Ende der sechziger Jahre des 19. Jahrhunderts wurde jeder studentische Zusammenschluss von den Behörden fast durchgängig als „Verein" bezeichnet, wobei kaum einmal ein Unterschied zwischen Burschenschaft, Corps und bloßer Verbindung gemacht wurde, wenn die betreffende Behörde nicht zufällig eine solche der meist – aber nicht immer – besser unterrichteten Universität war, deren Professoren und Beamte während ihrer Studienzeit oft selbst Mitglieder von Verbindungen und Vereinen gewesen waren.

Das Polizeirecht verstand unter „Verbindungen" geheime und daher verbotene studentische Zusammenschlüsse, während die gestatteten „Vereine" Studenten verbanden, die ihre vor allem politische Gesinnung nicht äußerlich in Erscheinung treten ließen. Diese rechtshistorische Differenzierung blieb erhalten, erlaubt jedoch keinen Schluss hinsichtlich des korporativen Charakters. Erst nach 1859 und stärker noch nach etwa 1880 wurden die verschiedenen Korporationstypen genauer gefasst, wenn sie auch meist von den Nichtkundigen unter dem Oberbegriff des bekanntesten Typus als „Burschenschaft" zusammengefasst wurden – was im übrigen bis in die Gegenwart der Fall ist. Unter „Verbindung" oder „Korporation" wurde jetzt ein nach außen geschlossener studentischer Zusammenschluss mit Convents- und Lebensbundprinzip verstanden, in dem die Mitgliedschaft die in anderen Korporationen am Hochschulort ausschloss. Das traf auf Burschenschaft und Corps, Landsmannschaft und später auch freie Verbindungen zu. Zeichen ihres besonderen Status waren die in Band und Mütze gezeigten Farben. Alle nichtgeschlossenen studentischen Zusammenschlüsse interessengeleiteter – Literatur, Gesang, Sport, Spiel, Stenographie usw. – oder fachwissenschaftlicher – juristischer, philologischer, medizinischer usw. – Ausrichtung ohne den Anspruch einer Erziehungs- und Lebensgemeinschaft und mit der Möglichkeit des jederzeitigen Ein- und Austritts wurden nun ausschließlich als „Verein" bezeichnet, in denen neben keiner Verbindung angehörenden Studenten auch Korporierte Mitglied sein konnten. Nicht der älteste, wohl aber der kopfstärkste dieser Vereine in Czernowitz war die am 31. Oktober 1875 gegründete, bis 1918 bestehende Akademische Lesehalle, ihr Ziel „die literarische und publizistische Motivation der Mitglieder und die rhetorische Schärfung in freier Rede und Diskussion".[46]

Den Anstoß zur Gründung der Lesehalle gab der maßgebliche Betreiber der Universitätsgründung und erste Rektor, Landesgerichtsrat Dr. Constantin Tomaszczuk (1840–1889), Czernowitzer Gemeinderats- sowie Reichsrats- und Landtagsabgeordneter, 1878 auch verantwortlich für die Gründung des rumänischen Vereins Junimea, zudem Ehrenmitglied der Wiener Landsmannschaft Bukowina, später auch der Lesehalle. Von ukrainisch-rumänischer Abstammung, engagierte er sich bei den Deutschliberalen, war „österreichisch gesinnt" und geriet mehrfach mit Schönerer aneinander.[47]

Von den Hochschülern organisierte Lesehallen mit eigenen Bibliotheken – teilweise in eigenen Häusern – waren in der zweiten Hälfte des 19. Jahrhunderts viele entstanden. Sie waren Bildungsvereine und vertraten oder ersetzten oft die Stelle von Seminarbibliotheken, die erst ab etwa 1900 verstärkt eingerichtet wurden. Seit den späten siebziger Jahren differenzierten sie sich unter nationalen und politischen Gesichtspunkten immer mehr aus, oft bestanden eine deutsch-österreichische, deutschnationale, deutschkatholische, deutschjüdische usw. Lesehalle nebeneinander, dazu kamen die der anderen Nationalitäten, nach politischer Richtung vielfach wiederum unterschieden.[48]

Genau diese Entwicklung fand in Czernowitz nicht statt, die Lesehalle blieb „ein Krystallisationskern regsamen Studentenfleißes und seiner idealen Bestrebungen",[49] obwohl es ab 1878/79 nicht an Versuchen fehlte, sie aus dem „Allerweltseinerlei" zu „reißen und auf gesunde nationale und deutsche Basis" zu stellen. Die „Corps und ihr Anhang, die Nicht-Nationalen", traten aus und wieder ein, die Burschenschaften verboten ihren Mitgliedern mehrmals die Mitgliedschaft oder traten „auf Druck

---

46 Hierzu und im Folgenden: Grünhaus: Jubiläums-Festschrift der „Akademischen Lesehalle" an der k. k. Franz-Josephs-Universität in Czernowitz. Czernowitz 1900 (Nachdruck Essen 2012); BAK, DB 9 (Anm. 7), I. Örtliche und einzelne Burschenschaften, Czernowitz, Akademische Lesehalle an der k. k. Franz-Josephs-Universität zu Czernowitz, o. S.; ebd., Uebersicht (Anm. 36); Jess: Specimen (Anm. 30), Gr 17, Nr. 310427: Akad. Lesehalle; s. Anm. 23.

47 Turczynski: Czernowitz 2008 (Anm. 16), S. 213, 218; Lang: Bukowina (Anm. 37), S. 250; Dippelreiter: Constantin Tomaszczuk (Anm. 21); vgl. Akademischer Senat: Universität (Anm. 23), S. X, LXV.

48 Beispielhaft für Prag: Antonín Slavícek: Z dejin spolku „Lese- und Redehalle der deutschen Studenten in Prag" v období 1848–1892 [Aus der Geschichte des Vereins Lese- und Redehalle der deutschen Studenten in Prag in der Zeit 1848–1892]. In: Acta Universitatis Carolinae. Historia Universitatis Carolinae Pragensis 17/2 (1977), S. 47–72; Josef Čermak: Das Kultur- und Vereinsleben der Prager Studenten. Die Lese- und Redehalle der deutschen Studenten in Prag. In: Steffen Höhne, Marek Nekula, Milan Tvrdík, Ivan Cvrakl i. A. des DAAD (Hg.): Brücken. Germanistisches Jahrbuch Tschechien-Slowakei, NF 9–10 (Prag 2003), S. 107–189; Ders.: Das Kulturleben der Prager deutschen Studenten seit der Mitte des 19. Jahrhunderts: Die Lese- und Redehalle der deutschen Studenten in Prag. In: Marek Nekula, Walter Koschmal (Hg.): Juden zwischen Deutschen und Tschechen. Sprachliche und kulturelle Identitäten in Böhmen 1800–1945. München 2006 (Veröffentlichungen des Collegium Carolinum 104), S. 33–63; zusammenfassend: Lönnecker: Prag 1867–1945 (Anm. 13), S. 73–82.

49 Grünhaus: Jubiläums-Festschrift (Anm. 46), S. 10.

der Rumänen“ in corpore aus – so zuerst Arminia 1881, bald darauf Wiedereintritt, 1889 erneuter Austritt –, „allein es war unmöglich, dies auf Dauer durchzuhalten, wollte man nicht in der Studierendenschaft splendid isolation geben; folglich kehrte man immer wieder zurück und übernimmt die Führung“ mit Unterstützung der „österreichisch Gesinnten“. Sie ließen sich in diesem Falle gewinnen, weil die „rumänische Minorität sich nach ihrem Siege allzu selbstherrlich gebärdete“. Als diese immer weiter zurückgedrängt wurde, mobilisierten die rumänischen Vereine mit polnischer und ukrainischer Unterstützung Studenten ihrer jeweiligen Nationalität zum vermehrten Eintritt in die Halle zwecks Veränderung der Mehrheitsverhältnisse. Allerdings hatten die Rumänen erst zwischen den einander „wenig gewogenen Polen und Ruthenen“ vermitteln müssen, gewonnen wurden sie mit dem Argument, es gehe „gegen die Deutschen“ – was die Deutsch-Österreicher einschloss –, die sich ihrerseits wiederum über alle Parteigrenzen hinweg kurzzeitig solidarisierten und einen Keil zwischen Rumänen und Ruthenen zu treiben vermochten, „was die rumän. Ambition zu Fall brachte“. Auseinandersetzungen um den Trauerkommers für Kronprinz Rudolf 1889 führten zur Relegation der „Präsiden“ der Lesehalle und des Corps Austria – es warf der Burschenschaft Arminia wiederholt „mangelnde Staats- und Kaisertreue“ sowie „Hochverrat“ vor, was polizeiliche Ermittlungen nach sich zog –, ähnlich war es 1898 beim Trauerkommers für die ermordete Kaiserin Elisabeth. Derartiges wiederholte sich in unterschiedlichen Konstellationen bis 1914 mehrfach.[50]

Grund für die wiederholte Rückkehr der deutschen und anderer Verbindungen in die Lesehalle war auch, dass deren Vorstand dem akademischen Senat und den Professoren als Vertretung der Hochschüler und Ansprechpartner in allen die Studentenschaft betreffenden Fragen galt – etwa die Hälfte bis drei Viertel aller Studenten gehörten der Lesehalle an –, was die Bekleidung entsprechender Ämter wiederum attraktiv machte. Dies zumal, da die von der Lesehalle veranstalteten „Kommerse und Bälle erste Mittelpunkte des gesellschaftlichen Lebens“ in der Stadt darstellten und man sich als engagierter „‚Studentenpolitiker‘ einen Namen machen“ konnte – viele der aus den Czernowitzer Korporationen hervorgegangenen Abgeordneten in Gemeinde-, Land- und Reichsrat begannen ihre politische Karriere als Amtsträger der Lesehalle.

1889/90 bzw. 1892 gründete sich ein eigener Altherrenverband der Lesehalle und es kam zur „Einführung des Couleurbandes (gold-schwarz-gold)“ – später kam noch eine gelbe Mütze hinzu, beides orientierte sich am österreichischen Schwarz-Gelb –, womit die Lesehalle „endgültig international und dem deutschen Gedanken auf immer verloren blieb“. Trotzdem definierte sie sich als „deutsch, aber im liberalen und kulturellen Sinne“. Die deutschfreisinnige Prager Lese- und Redehalle zeigte dagegen „nationale“ schwarz-rot-goldene Farben, ebenso ihre deutschnationale Konkurrenz, die Prager Germania, und obwohl beide verfeindet waren und sich gegenseitig

50 BAK, DB 9 (Anm. 7), I. Örtliche und einzelne Burschenschaften, Czernowitz, Uebersicht (Anm. 36).

der nationalen Erschlaffung bzw. des Radikalismus ziehen, lehnten sie Beziehungen zur Czernowitzer Lesehalle „ob ihres mangelnden deutschen Bewußtseins“ ab. Der „Sinn der Prager Lese- und Redehalle wandelte sich aber 1897“, politisch ähnlich verortete Lesehallen in Wien und Brünn folgten.[51]

Debatten und Abstimmungen in der Lesehalle über die Ämterbesetzung oder die Vortragsgestaltung bis hin zur Frage, welche Bücher beschafft und welche Zeitschriften gehalten werden sollten, waren „politische Kampftage erster Ordnung“, die „auf dem abendlichen Wege nach Hause durchaus auch einmal handgreiflich fortgesetzt werden konnten“. Sie erreichten jedoch niemals eine solche Intensität wie in Prag oder Wien, wo es auch zu Massenschlägereien kommen konnte. Die Aufstellung von Papierkörben oder das Versehen von Schreibpulten mit Tinte in bestimmter Farbe – (kornblumen-)blaue Farbe war die der Deutschnationalen, mit der andere sich zu schreiben weigerten, schwarz war „klerikal“, (dunkel-)grün war ruthenisch, galt den Polen aber als „russisch“ und wurde deshalb abgelehnt, dunkel- oder schwarzbraun stand im Ruf der Neutralität[52] – konnte jedoch allein dadurch gefährdet werden, dass die Anträge von einer bestimmten Gruppe oder Nationalität gestellt wurden. Folglich gab es im Vorfeld fast immer Absprachen zwischen den „Fraktionen“, die sich in der Regel an den der Lesehalle korporativ angehörenden Verbindungen und Vereinen orientierten bzw. mit deren Mitgliedern personenidentisch waren. Das geschlossene, „blockmäßige“ Stimmverhalten der jeweiligen Verbindungen bzw. ihrer Koalitionen begründete zugleich deren Vormachtstellung, einzelne Studenten konnten so gut wie nichts ausrichten. Das „Handeln und Feilschen“, begleitet von „persönlicher, nationaler, politischer Missgunst, Ab- oder Zuneigung“, konnte Ergebnisse hervorbringen oder verhindern, die oft „ein absurdum“ schienen. „Immerhin ist erstaunlich, dass die ‚Lesehalle‘ unter diesen Bedingungen Bestand hatte, wo doch der Streit in Permanenz ihr Augenscheinlichstes war“, und das, obwohl der sukzessive „Abzug der Nationalen“ seit 1889 die Lage mehr und mehr beruhigte, da nur noch die österreichischen „Reichs- und Kaisertreuen“ in der Lesehalle verblieben. Die größte Gruppe bildeten nun die die Führung beanspruchenden Corps, wogegen sich immer wieder Widerstand regte, der bis zu ihrem Ausscheiden neuen Streit nach sich zog. Dennoch rissen die Beziehungen nicht ab, war man doch politisch „gesinnungsverwandt“ und einig im „Kampf gegen die Nationalen“. Das wur-

51 Ebd.; Grund des Umschwungs war höchstwahrscheinlich der „Badenisturm“; vgl. Lönnecker: Prag 1867–1945 (Anm. 13), S. 31–36; im Sommer 1905 bildete sich in Czernowitz ein „Lese- und Redeverein Germania“, der aber nicht deutschnational, sondern eher -liberal orientiert war, weshalb die Burschenschaften ihn ablehnten; [Rudolf Bardulf, Franz Kuschniriuk]: Geschichte der akademischen Burschenschaft Arminia Czernowitz zu Salzburg 1877–1967. Salzburg, Wien 1967, S. 37f.

52 Zur politischen Farbsymbolik mit weiteren Nachweisen: Lönnecker: Prag 1867–1945 (Anm. 13), S. 28.

de auch von behördlicher Seite honoriert, mehrmals ging der Lesehalle finanzielle Unterstützung seitens des Landtags und der öffentlichen Sparkasse zu.[53]

Die politische „Gesinnungsverwandtschaft" war zwar zwischen Corps und Lesehalle am größten, die Corps aber waren sozial meist elitärer als die Masse der Lesehallen-Mitglieder, die zudem nur „freischlagend" waren – das Schlagen von Mensuren war folglich freigestellt –, während Corpsstudenten und Burschenschafter unbedingte Satisfaktion gaben und Bestimmungsensuren schlugen, zu denen sie ihre Verbindungen verpflichteten.[54] Das älteste Corps Austria – der Name spricht für sich[55] – wurde zwölf Tage nach der Universitätseröffnung am 17. Oktober 1875 gegründet, zeigte die „habsburgischen" schwarz-gold-schwarzen Farben und weiße „Stürmer", eine besondere Form der Mütze. Der Gründer war der bereits genannte Richard Strele von Bärwangen.[56] Er war auch Mitglied des am 14. Juni 1876 mit grün-weiß-goldenen Farben und grüner Mütze entstandenen Corps Gothia.[57] Elf Monate später wurde das aus der „Kneipgesellschaft Prutia" entstandene Corps Alemannia mit schwarz-blau-goldenen Farben und blauer Mütze gegründet.[58] Unter den verschiedenen Gründern waren vier Mitglieder des Corps Austria Prag, darunter der Czernowitzer Rechtsanwalt Dr. Max Goldenberg († 1912) und ein Kollege Tomaszczuks, Oberlandesgerichtsrat Dr. Otto Sauerquell († 1898).[59] Alemannias bekanntestes Mitglied war der Arzt und Schriftsteller John Kalinczuk, zugleich Mitglied der Corps Saxonia Wien und Teutonia Graz.[60]

---

53 BAK, DB 9 (Anm. 7), I. Örtliche und einzelne Burschenschaften, Czernowitz, Uebersicht (Anm. 36); Grünhaus: Jubiläums-Festschrift (Anm. 46), harmonisiert oder bagatellisiert die Auseinandersetzungen oder spricht sie nur indirekt an: „Der finstere Gott des Völkerhaders, der mit Streitaxt und Kriegshorn durch die Gaue Österreichs wandert, er pochte mit wuchtigen Schlägen auch an die Säulen der Halle."; ebd., S. 11.

54 Zu verschiedenen Formen der Mensur, die immer auch einen bestimmten Ansehens- und Reputationsgrad in der Studentenschaft bezeichneten: Lönnecker: Studentenschaft (Anm. 45), S. 130–136; s. Anm. 18.

55 Zu den Namen der Verbindungen und Vereine und ihren je nach Korporationstypus unterschiedlichen Besonderheiten: Harald Lönnecker: Schall und Rauch? – Namen von Hochschulvereinigungen im deutschsprachigen Raum im 19. und frühen 20. Jahrhundert. In: EuJ 58 (2013), S. 95–139.

56 Ranzi: SC-Verbände (Anm. 31), S. 67; Ders.: Übersicht über die bestehenden und suspendierten Kösener und vorkösener Corps in Österreich. In: EuJ 5 (1960), S. 114–117, hier S. 114; N. N.: Das Corpsleben auf der Universität Czernowitz im Buchenland. Erinnerungen eines Czernowitzer Corpsstudenten (aktiv 1920–1923). In: EuJ 8 (1963), S. 151–157, hier S. 153; Jess: Specimen (Anm. 30), Gr 1, Nr. 121001: Austria Czernowitz; Lang: Bukowina (Anm. 37), S. 249; s. Anm. 37.

57 Nach anderer Angabe: 15. 5. 1876; Jess: Specimen (Anm. 30), Gr 1, Nr. 121-003: Gothia Czernowitz; Ranzi: Übersicht (Anm. 56), S. 114; N. N.: Corpsleben (Anm. 56), S. 153; Lang: Bukowina (Anm. 37), S. 254.

58 13. 5. 1877; Jess: Specimen (Anm. 30), Gr 1, Nr. 121-001 (ex): Alemannia Czernowitz; Ranzi: SC-Verbände (Anm. 31), S. 68; Ders.: Übersicht (Anm. 56), S. 114; N. N.: Corpsleben (Anm. 56), S. 153; Grünhaus: Jubiläums-Festschrift (Anm. 46), S. 18f.

59 Gerlach: Corps-Listen (Anm. 37), S. 261, Nr. 43, 57; Ranzi: SC-Verbände (Anm. 31), S. 68.

60 Zu Jonél (auch John oder Jon) Kalinczuk (1856–1934), eigentlich Kalinczuk Ritter von Chominski, ab 1928 rumänischer Generalkonsul in Marienbad: Gerlach: Corps-Listen (Anm. 37), S. 484, Nr. 102, S. 1339, Nr. 138.

Die Corps in der Donaumonarchie schlossen sich am 29. März 1877 zum „Delegierten-Convent der österreichischen Corps“ zusammen, der am 30. April 1879 den Namen „Congreß der Corps an österreichischen Hochschulen“ annahm und sich am 25. April 1887 auf Grund interner Streitigkeiten auflöste.[61] Austria und Gothia waren Mitgründer des sich am reichsdeutschen Corpsverband, dem Kösener Senioren-Convents-Verband (KSCV), orientierenden Zusammenschlusses.[62] Alemannia wurde am 25. April 1878 in den Delegierten-Convent aufgenommen. Sie und Austria fielen am 18. April 1885 in „Verruf“ – der Abbruch jedes akademisch-gesellschaftlichen Verkehrs[63] – und lösten sich zeitweise auf – Alemannia am 15. März 1886, Austria Anfang 1887 –, rekonstituierten sich aber bald wieder. Einem Verband schlossen sich die drei Corps nicht mehr an, obwohl die anderen österreichischen Corps nach 1918 in den KSCV aufgenommen wurden. Nur Alemannia versuchte ab 1922 erfolglos die Aufnahme.[64]

Bereits während des Ersten Weltkriegs „ruhte das Studentenleben in Czernowitz ganz.“[65] Austria bestand bis 1918, ihre Weiterführung war auf Grund von Namen und Farben nicht möglich, die Mitglieder schlossen sich Alemannia und Gothia an. Letztere war seit spätestens 1922 „arisch“, doch nutzte ihr das nichts, die Studenten „gehen zum Original, zur Burschenschaft“, denn der Antisemitismus „der Corps war Nachäfferei, keine Herzenssache, und nur geschuldet der Nachwuchssorge“ angesichts einer sich mehr und mehr radikalisierenden Hochschülerschaft. Gothia hatte seit 1924 Personalprobleme und löste sich 1930 auf, Alemannia folgte 1937, der Altherrenverband bestand aber noch nach 1945.[66]

Die Landsmannschaft Bukowina Wien verfügte über gemeinsame Mitglieder mit und unterhielt gute Kontakte zum am 10. Juli 1877 mit Hilfe des Universitätsquästors Karl Alois Hoffmann – ein Burschenschafter[67] – entstandenen „Club deutscher Studenten“, aus dem 1879 erst die Landsmannschaft, am 24. November 1880 die Burschenschaft Arminia mit schwarz-rot-goldenem Band, roter Müt-

---

61 Inoffiziell waren die Bezeichnungen „Linzer DC“ und „Melker DC“ nach den Tagungsorten; hierzu und zum Folgenden: Gladen, Korporationsverbände (Anm. 31), S. 46f.; Ranzi: SC-Verbände (Anm. 31), S. 69f.; Jess: Specimen (Anm. 30), Gr 1, Nr. 121-000: Österreichische Corpsverbände; s. Anm. 31.

62 Zu Verfassung und organisatorischer Struktur von Delegierten-Convent und Congreß: Ranzi: SC-Verbände (Anm. 31), S. 68f.

63 Zum Verruf, seiner Geschichte und Handhabung: Friedhelm Golücke: Studentenwörterbuch. Das akademische Leben von A bis Z (ASH 1). 4. Aufl. Graz, Wien, Köln 1987, S. 488.

64 Jess: Specimen (Anm. 30), Gr 1, Nr. 121-001 (ex): Alemannia Czernowitz; ebd., Gr 1, Nr. 121001: Austria Czernowitz; ebd., Gr 1, Nr. 121-003: Gothia Czernowitz; N. N.: Corpsleben (Anm. 56), S. 155.

65 Ebd., S. 154; vgl. Wladimir Sapolovski: Czernowitzer „Francisco-Josefina“ (Kriegsjahre 1914–1918). In: Zapolov'skyj: Minikosmos (Anm. 8), S. 227–239.

66 Ranzi: Übersicht (Anm. 56), S. 114; eine Beschreibung der Verbindungs- und Vereinsverhältnisse in der Zwischenkriegszeit: N. N.: Corpsleben (Anm. 56), S. 154–157; BAK, DB 9 (Anm. 7), I. Örtliche und einzelne Burschenschaften, Czernowitz, Arminia, 1921–1937; zur politischen Zuordnung: ebd., Arminia an Prof. Dr. Herman Haupt, Gießen, 21.3.1922.

67 BAK, DB 9 (Anm. 7), M. Burschenschafterlisten, Karl Alois Hoffmann (1847–1879).

1 Mensurmannschaft der Burschenschaft Arminia Czernowitz, 1889 (in der Mitte der „Paukant"/Fechter, zu seiner Rechten der Sekundant, zu seiner Linken der den Fechtarm während der Pausen stützende und testierende „Schleppfuchs", ganz rechts in Hemdsärmeln der die Schmisse nähende Bader oder Paukarzt sowie der „Umstand" oder die „Spektanten"). Bundesarchiv, Koblenz, DB 9: Deutsche Burschenschaft

ze und dem Wahlspruch „In deutscher Hand die blanke Wehr für Vaterland und Burschenehr'!"[68] wurde (Abb. 1–3). Die Verlesung des Glückwunschtelegramms Georg von Schönerers zur „Burschenschafts-Werdung" beantworteten „[s]türmische Heilrufe". Die Umwandlung bedeutete eine deutschnationale Wendung und beendete die Beziehungen zur deutsch-österreichischen Bukowina und anderen Wiener Landsmannschaften.[69] Als der „Sprecher" Arminias, der aus den Reihen der Studen-

68 Der erste Wahlspruch war der der Burschenschaft von 1815 – „Ehre, Freiheit, Vaterland!" –, die damit implizierte Negierung der Existenzberechtigung Österreichs jenseits eines deutschen Einheitsstaats war so offensichtlich, dass er geändert werden mußte; BAK, DB 9 (Anm. 7), I. Örtliche und einzelne Burschenschaften, Czernowitz, Arminia, 1880; s. a. ebd.: Uebersicht (Anm. 36); zum Wahlspruch, seiner Geschichte und Deutung: Harald Lönnecker: Das Burschenschafterlied, Frankfurt a. M. 2003 (Veröffentlichungen des Archivs der Deutschen Burschenschaft NF 6); Ders.: Schrieb ein Corpsstudent das Burschenschafterlied?. In: EuJ 51 (2006), S. 129–146.

69 1875/76 bestand eine deutsch-akad. Verbindung Dacia mit schwarz-rot-goldenen Farben, über die nichts Näheres bekannt ist, von der aber einige Mitglieder zu Arminia übergetreten sein sollen und deren Utensilien sich noch 1940 im Besitz Arminias befanden; Akademischer Senat: Universität (Anm. 23), S. XLV; Grünhaus: Jubiläums-Festschrift (Anm. 46), S. 19; vgl. Prokopowitsch, Gründung (Anm. 6), S. 51; Lang, Bukowina (Anm. 37), S. 252; N. N.: Corpsleben (Anm. 56), S. 153; zu den Czernowitzer Burschenschaften allgemein und zum Folgenden: Hans Prelitsch: Die Czernowitzer Burschenschaft. In: BBl 43/5 (1929), S. 113f; Ders.: Student in Czernowitz. Die Korporationen an der Czernowitzer Universität. München 1961; Rudolf Wagner: Die deutsche Univer-

2 Burschenschaft Arminia Czernowitz, 25. Stiftungsfest, 1902. Bundesarchiv, Koblenz, DB 9: Deutsche Burschenschaft

3 Wappenpostkarte der Burschenschaft Arminia Czernowitz, nach 1900. Bundesarchiv, Koblenz, DB 9: Deutsche Burschenschaft

ten für ein Semester gewählte Vorsitzende, auf dem Luther-Schiller-Kommers am 10. November 1883 der Regierung „ihre den nationalen Bestrebungen des deutschen Volkes zuwiderlaufende Politik vorwarf, daraufhin von der Staatsbehörde ein förmlicher Widerruf gefordert wurde, die Aktivitas sich zu diesem Canossagange aber nicht entschließen konnte, löste sich die Burschenschaft am 15. 12. 1883 auf". Der äußere Druck wirkte überaus integrativ, einige Mitglieder gründeten sofort den Verein deutscher Studenten (VdSt), den die Landesregierung am 16. Februar 1884 bestätigte, andere die am 7. Juli bestätigte Burschenschaft Teutonia mit gold-rot-schwarzen Farben und roter Mütze, die noch 1884 im VdSt aufging. Tatsächlich war der Verein eine Tarnorganisation der Burschenschaft Arminia, in die er sich 1887 „nach Glättung der Wellen" zurückverwandelte und am 5. Oktober behördlich bestätigt wurde. „Amtlicherseits hatte man allerdings ein Auge auf die Burschenschaft", die sich ab 1889 mit den anderen Burschenschaften Österreichs noch enger vernetzte und deren ersten Verband, den Linzer Delegierten-Convent (LDC), mitgründete. Auch seinen Nachfolgern – 1900 Allgemeiner Burschenschafterbund der Ostmark, 1907 Burschenschaft der Ostmark – gehörte Arminia an.[70]

Das war auch bei der am 5. Dezember 1903 gegründeten dritten Burschenschaft, der (zweiten) Teutonia, der Fall, die gleichfalls schwarz-rot-goldene Farben, aber eine schwarze Mütze zeigte, dazu den Wahlspruch „Einig und stark, deutsch bis ins Mark!" führte, der auf einem Widmungsgedicht des Rechtshistorikers und Schriftstellers Felix Dahn zur Gründung der Burschenschaft beruhte (Abb. 4, 5).[71] Da es

---

sität Czernowitz und ihre Burschenschaften. München 1952; eine Kurz- bzw. Zusammenfassung in: BBl 67/12 (1952), S. 394–397; Ders.: Hundert Jahre „Francisco-Josephina"-Czernowitz. In: BBl 90/7 (1975), S. 159–161; ein Überblick bei Hans-Georg Balder: Die Deutschen Burschenschaften. Ihre Darstellung in Einzelchroniken. Hilden 2005, S. 101–104, 287, 361; zu Arminia, die in Czernowitz bis 1940 bestand, 1950–1963 in München, seither in Linz a. d. Donau: Bardulf/Kuschniriuk: Arminia (Anm. 51); Münchener Burschenschaft Arminia (Hg.): 85 Jahre Arminia Czernowitz. Traditionsstiftungsfest der Akademischen Burschenschaft Arminia Czernowitz im Rahmen des 114. Stiftungsfestes der Burschenschaft Arminia München am 28. Juli 1962. München 1962; Franz Kuschniriuk: Akad. Burschenschaft Arminia Czernowitz zu Linz 1877–1977. Hundert Jahre deutschen Studententums. Festschrift zu ihrer Jubelfeier. Linz 1977; Akademische Burschenschaft Arminia Czernowitz zu Linz (Hg.): Akademische Burschenschaft Arminia Czernowitz zu Linz 1877–2002. Festschrift zum 125. Stiftungsfest. O. O. o. J. [Linz 2002]; E. Thavon-Schestauber: Geschichte der Czernowitzer akad. Burschenschaft Arminia 1877–. Manuskript. O. J. [um 1928] (im Archiv der Akad. Burschenschaft Arminia Czernowitz zu Linz); Jess: Specimen (Anm. 30), Gr 2, Nr. 6204: Arminia Czernowitz; Archivalien, u. a. die Satzung, Statuten, Paukvereinbarungen, Semestermitteilungen usw.: BAK, DB 9 (Anm. 7), I. Örtliche und einzelne Burschenschaften, Czernowitz, Arminia; s. a. ebd., Uebersicht (Anm. 36); zu Herkunft und politischer Symbolik des „Heil-Grußes" mit weiteren Nachweisen: Lönnecker, Prag 1867–1945 (Anm. 13), S. 28.

70 Bereits 1884/85 schloß sich ein Mitglied der Burschenschaft Suevia Innsbruck Arminia an; Lönnecker: BdO (Anm. 30), S. 542, 579, 588; zu Gründen und Hintergrund der Entstehung burschenschaftlicher Verbände in Österreich: ebd., S. 575–578.

71 Ebd., S. 588; hierzu, zu Teutonia – die sich 1940 bzw. 1949 der Burschenschaft Primislavia Berlin anschloss, einige Mitglieder gingen auch zu Teutonia Wien, andere schlossen sich 1963ff. Arminia-Czernowitz Linz an – und zum Folgenden: Th. Hans Prelitsch: 50 Semester akademische Burschenschaft „Teutonia" (Czernowitz). O. O. [Czernowitz] 1928; Ders.: Ein Vierteljahrhundert Czerno-

4 Die Gründer der Burschenschaft Teutonia Czernowitz, 1903. Bundesarchiv, Koblenz, DB 9: Deutsche Burschenschaft

5 Wappen der Burschenschaft Teutonia Czernowitz, nach 1903. Bundesarchiv, Koblenz, DB 9: Deutsche Burschenschaft

Arminia personell gut ging, „der deutschnationale Gedanke immer mehr Boden gewann", waren sieben Mitglieder freiwillig ausgetreten und gründeten Teutonia als „Tochter-Burschenschaft", vor allem aber auch, um Arminia ein sicheres „Paukverhältnis" zu gewährleisten, in dem die Mensuren gefochten werden konnten. Die Corps, „die immer mehr an Boden verloren hatten und zusehends schwächer wurden", waren nicht immer zu Stellung entsprechender Gegner in der Lage, zumal Arminia in der Regel „die Klingen mit nicht-deutschen Verbindungen nicht auf der Mensur, sondern nur in Ehrensachen" kreuzte.[72]

Das gegenseitige enge Verhältnis zwischen Arminia und Teutonia – sie bildeten den „Czernowitzer Delegierten-Convent" nach dem Vorbild der Corps mit dem „Czernowitzer Senioren-Convent" – sowie das über die burschenschaftlichen Verbände wurde durch weitere Querverbindungen ergänzt, etwa die Mitgliedschaft im Deutschen Schulverein, der den „deutschen Charakter Österreichs wahren helfen" sollte.[73] Der Schulverein war am 13. Mai bzw. 2. Juli 1880 in Wien durch sechs Burschenschafter gegründet worden.[74] Im Februar 1881 zählte er bereits 22.000 Mitglieder, verfügte über ein Vermögen von 55.000 Gulden und hatte 41 deutsche Schulen gegründet. 1887 betreute der Verein über 80 Schulen und Kindergärten, seine Mitgliederzahl war auf 120.000 gestiegen und er verbuchte 285.000 Gulden Jahreseinnahmen. 1912 betreute er allein an der Sprachgrenze in Böhmen und Mähren 112 Schulen und 27 Kindergärten. Der burschenschaftliche Einfluss im Schulverein und in seiner 1886 entstehenden Schönerer-treuen Abspaltung, dem „antisemitisch gesinnten [...] Schulverein für Deutsche", war enorm, seine besondere Stellung verdankte er aber dem Umstand, dass der Verein vor der Schaffung eigener deutschnationaler Parteiapparate für diese Ersatz bot und in diesem Sinne eifrig genutzt wurde. 1898 vereinigten sich beide Schulvereine wieder und „die L.D.C.-Burschenschaften [wurden, H. L.] aufgefordert, möglichst viele Ortsgruppen des Deutschen Schulvereins zu gründen", zumal seit dem Sommersemester des Jahres mehrere Ortsgruppen an einem Ort bestehen konnten. So bildete sich auch die „Akademische Ortsgruppe des Deutschen Schul-Vereins zu Czernowitz", der aber nicht nur Burschenschafter, sondern auch „Finken" – Studenten, die Mitglied keiner Verbindung waren – ange-

---

witzer Burschenschaft Teutonia. Festgabe zur Feier des 25-jähr. Bestandes am 5. Dez. 1928. O. O. [Czernowitz] 1928; Ders.: Geschichte der Czernowitzer Burschenschaft Teutonia 1903–1940. In: Erich Geißler (Hg.): Die Burschenschaft Primislavia [Berlin] 1877 bis 1952. Berlin 1953, Anhang; N. N.: 1903–1978. 75 Jahre Burschenschaft Teutonia Czernowitz. O. O. o. J. [Berlin 1978]; Prokopowitsch: Gründung (Anm. 6), S. 51; Balder: Burschenschaften (Anm. 69), S. 103f.; Jess: Specimen (Anm. 30), Gr 2, Nr. 6204: Teutonia Czernowitz; Archivalien, u. a. Semestermitteilungen usw.: BAK, DB 9 (Anm. 7), I. Örtliche und einzelne Burschenschaften, Czernowitz, Teutonia; s. a. ebd., Uebersicht (Anm. 36); zu Dahn (1834–1912): Lönnecker: Prag 1867–1945 (Anm. 13), S. 251f.

72 BAK, DB 9 (Anm. 7), I. Örtliche und einzelne Burschenschaften, Czernowitz, Teutonia, 1903–1914.

73 BAK, DB 9 (Anm. 7), I. Örtliche und einzelne Burschenschaften, Czernowitz, Arminia, ebd., Teutonia.

74 Hierzu und im Folgenden mit weiteren Nachweisen: Lönnecker: Prag 1867–1945 (Anm. 13), S. 56–64; Ders.: BdO (Anm. 30), S. 597–599.

hörten, sofern sie den „deutsch-nationalen Standpunkt teilen". Meist waren die Burschenschaften auch korporative Mitglieder weiterer Schutz- und Volkstumsvereine, etliche – so die Grazer Südmark – wurden von ihnen mitgegründet.[75]

Zwar war auch die Akademische Lesehalle dem Schulverein 1882 beigetreten, scheint ihn aber angesichts des übermächtigen burschenschaftlichen Einflusses bald wieder verlassen zu haben.[76] In und für Czernowitz sicherten ihn der Landtagsabgeordnete Friedrich Kipper und sein Kollege Anton Keschmann, 1907 Bezirkshauptmann von Czernowitz, 1907 und zwischen 1911 und 1918 auch Reichsratsabgeordneter, seit 1908 Referent für die deutschen Schulen Galiziens und die Bukowina im Schulverein.[77] Ebenfalls sehr aktiv war Alois Lebouton, Studienprofessor am Czernowitzer Gymnasium, „frühzeitig (seit 1905) politisch in den verschiedensten Organisationen in der deutschen Volkstumsarbeit tätig", Vertrauensmann des Schulvereins und des aus ihm hervorgegangenen Vereins für das Deutschtum im Ausland, gemeinsam mit Staatsanwalt Alfred Kohlruß – 1901 Gründer und später Ehrenvorsitzender des „Vereins Deutscher Schülerheime", dazu Stadtrat in Czernowitz, Abgeordneter usw. – „politischer Führer der Deutschen in der Bukowina", Zeitungs- und Genossenschaftsgründer, Gemeinde- und Stadtrat sowie nach dem Ersten Weltkrieg deutscher Senator im rumänischen Parlament, dazu Gründer und Vorsitzender der Vereinigung Alter Burschenschafter (VAB) in der Bukowina und langjähriger Obmann des 1873 gegründeten Czernowitzer Männergesangvereins.[78] Alle waren Ar-

---

75 BAK, DB 9 (Anm. 7), I. Örtliche und einzelne Burschenschaften, Czernowitz, Arminia, ebd., Teutonia; ebd., Uebersicht (Anm. 36); zu den Besonderheiten in der Bukowina: Alfred Ableitinger: Nationale Auseinandersetzungen in der Bukowina vor 1914. Ihre Spezifika in den Nationalitätenkonflikten Cisleithaniens. In: Zapolov'skyj: Minikosmos (Anm. 8), S. 271–299; Gerald Stourzh: Der nationale Ausgleich in der Bukowina 1909/1910. In: Ilona Slawinski (Hg.): Die Bukowina – Vergangenheit und Gegenwart. Bern, Berlin, Frankfurt a. M. [u.a.] 1995, S. 35–52.

76 Grünhaus: Jubiläums-Festschrift (Anm. 46), S. 22, 69; vgl. BAK, DB 9 (Anm. 7), I. Örtliche und einzelne Burschenschaften, Czernowitz, Uebersicht (Anm. 36).

77 Kipper (1857–1912) gehörte zuerst der Wiener Landsmannschaft Bukowina an und vermochte viele ihrer Mitglieder für Arminia zu gewinnen, er galt als einer der besten Mensurfechter seiner Zeit und war lange Jahre „Waffenlehrer" Arminias; Helge Dvorak: Biographisches Lexikon der Deutschen Burschenschaft. Bd. I: Politiker. Teilbd. 1–7. Heidelberg 1996–2013, hier I/3, S. 93; Keschmann (1870–1947) war 1918/19 auch Mitglied der österreichischen Nationalversammlung, zuletzt Senatspräsident am österreichischen Verwaltungsgerichtshof; ebd., I/3, S. 81f.; BAK, DB 9 (Anm. 7), M. Burschenschafterlisten, Friedrich Kipper; ebd., Anton Keschmann.

78 Zu Lebouton (1881–1936), u. a. ein „gefürchteter Säbelfechter", und Kohlruß (1875–1935): BAK, DB 9 (Anm. 7), M. Burschenschafterlisten, Alois Lebouton; ebd., Alfred Kohlruß; BAK, DB 9 (Anm. 7), I. Örtliche und einzelne Burschenschaften, Czernowitz, Arminia an Prof. Dr. Herman Haupt, Gießen, 21.3.1922; Dvorak: Lexikon (Anm. 77) I/3, S. 139f., 257f.; mit dem Männergesangverein arbeitete auch die Akad. Lesehalle zusammen; Grünhaus: Jubiläums-Festschrift (Anm. 46), S. 27; 1904 gründeten die Burschenschaften Arminia und Teutonia ein eigenes Gesangskränzchen, da ihnen der Gesangverein zu „international" war; dieses Kränzchen war wahrscheinlich der Grund dafür, dass keine eigene Sängerverbindung bzw. Sängerschaft in Czernowitz entstand; BAK, DB 9 (Anm. 7), I. Örtliche und einzelne Burschenschaften, Czernowitz, Arminia, 1904; ebd., Teutonia, 1904; ebd., Uebersicht (Anm. 36); Bardulf/Kuschniriuk: Arminia (Anm. 51), S. 37; zum Stellenwert der deutschen Gesangvereine in der Monarchie: Harald Lönnecker: Deutsches Männerchorwesen in Ostmitteleuropa im 19. und 20. Jahrhundert. Ein Überblick über Entstehung,

minen, Kipper dazu auch Ehrenmitglied Teutonias.[79] Weitere bekannte Arminen waren Bruno Skrehunetz-Hillebrand, Chefredakteur der *Czernowitzer Deutschen Tagespost*, nach 1945 der *Salzburger Nachrichten*, der „Volkstumspolitiker“ Rudolf Wagner, nach 1945 Sprecher der Landsmannschaft der Buchenlanddeutschen und bayerisches Landtagsmitglied, der Czernowitzer Universitätsquästor Erich Prokopowitsch, der Kustos der Universitätsbibliothek Adolf Bucher – einer der ersten Studenten der neuen Universität – und der Universitäts-Garteninspektor, der Botaniker Dr. Karl Bauer, sowie die Professoren Johann Loserth (Geschichte), Theodor Gartner (Romanistik), Rudolf Scharizer (Mineralogie), Franz Luksch (Medizin), Franz Lohmer (Philosophie), die Germanisten Josef Strobl und Max von Waldberg sowie die Juristen Alexander Grawein, Friedrich Mayer und Arthur Skedl, letzterer sogar Mitgründer Arminias.[80] Dazu gehörten auch Oberlandesgerichtsrat Dr. Oskar Offner, bekannt als Maler, Karikaturist und Mitarbeiter des *Simplizissimus*,[81] und Viktor Iwasiuk, Leiter der Kriminalpolizei in Sarajevo, der 1914 den Mord an Erzherzog Franz Ferdinand und seiner Gemahlin untersuchte und aufklärte.[82]

Kohlruß war 1897 Mitgründer und bis 1925 mehrfach Vorsitzender, Keschmann, Lebouton und Gartner Vorstandsmitglieder des „Vereins der christlichen Deutschen in der Bukowina“ – ab 1931: Deutscher Kulturverein –, dem „wohl wichtigsten Vereine der Deutschen in der Bukowina zu Zeiten der Monarchie und weit darüber hinaus“.[83] Gartner war auch Gründer des Vereinsperiodikums, des *Bukowiner Boten*: „Diese Zeitung verbreitete aufklärend die Gedanken der völkischen Bewegung über die Grenzen des Buchenlandes hinaus.“[84] Im Verein wirkten vor allem Studenten,

---

Entwicklung, Untergang. In: Jahrbuch des Bundesinstituts für Kultur und Geschichte der Deutschen im östlichen Europa 20 (2012), S. 419–470, hier S. 444.

79 Siehe Anm. 77 u. 78.

80 BAK, DB 9 (Anm. 7), M. Burschenschafterlisten, Karl Bauer (1862–1926); ebd., Adolf Bucher (1857–1906); ebd., Theodor Gartner (1843–1925); ebd., Alexander Grawein (1850–1897); ebd., Franz Lohmer (1889–1950) (auch Burschenschaft Teutonia Czernowitz); ebd., Johann Loserth (1846–1936) (auch Burschenschaften Arminia Wien und Arminia Graz); ebd., Franz Luksch (1872–1952) (auch Burschenschaft Arminia Prag); ebd., Friedrich Mayer (1851–1930) (auch Landsmannschaft Bukowina Wien); ebd., Erich Prokopowitsch (1902–1982); ebd., Rudolf Scharizer (1859–1935); ebd., Arthur Skedl (1860–1923); ebd., Bruno Skrehunetz-Hillebrand (1898–1990); ebd., Josef Strobl (1843–1924); ebd., Max Frhr. v. Waldberg (1858–1938); ebd., Rudolf Wagner (1911–2004) (auch Burschenschaft Arminia München); Wagner war nach 1990 auch Ehrenmitglied der ukrainischen Verbindung Zaporože; Dvorak: Lexikon (Anm. 77) I/6, S. 192–195; s. Anm. 69.

81 Offner (1883–1930) malte auch mehrere Czernowitzer Studentenbilder, die alle verloren sind; BAK, DB 9 (Anm. 7), M. Burschenschafterlisten, Oskar Offner.

82 Iwasiuk (1870–1944) war zuletzt Polizeidirektor in Salzburg und wurde 1938 aus politischen Gründen entlassen; BAK, DB 9 (Anm. 7), M. Burschenschafterlisten, Viktor Iwasiuk.

83 BAK, DB 9 (Anm. 7), I. Örtliche und einzelne Burschenschaften, Czernowitz, Uebersicht (Anm. 36); ein weiteres Vorstandsmitglied bzw. seit 1920 Vorsitzender war Oberstudienrat Dr. Adolf Butz (1886–1963), Mitglied der Burschenschaften Arminia und Teutonia Czernowitz sowie Primislavia Berlin; BAK, DB 9 (Anm. 7), M. Burschenschafterlisten, Adolf Butz; Dvorak: Lexikon (Anm. 77) I/1, S. 161.

84 BAK, DB 9 (Anm. 7), M. Burschenschafterlisten, Theodor Gartner; ebd., Anton Keschmann; ebd., Alois Lebouton; Dvorak: Lexikon (Anm. 77) I/3, S. 82, 139, 258.

Staatsbeamte, Lehrer – typisch der Gymnasial- und „Wanderlehrer" Georg Brodner, auch er ein Armine[85] –, freiberuflich Tätige und einige Kaufleute mit, die Spitzen stellten stets die Wissen und Leistung kumulierenden Akademiker, fast immer Burschenschafter. 1899 hatte er 2.500 Mitglieder, 1907 bereits 4.565, 1914 sollen es in 43 Ortsgruppen über 10.000 gewesen sein. Der Verein war nicht nur ein Reflex auf die Entwicklungen im Westen Österreichs, sondern markiert auch die zunehmende Spaltung in (österreichische) „Sprachdeutsche" und (deutschnationale) „Volksdeutsche".[86] Er unterhielt in Czernowitz das „Deutsche Haus", in dem auch Arminia und Teutonia bis 1940 ihre „Buden" hatten.[87]

Wichtiger waren jedoch die weitreichenden personellen Netzwerke des Vereins in Städten und Gemeinden, Raiffeisen- und Sparkassen, Genossenschaften und sonstigen Wirtschafts- und anderen Vereinen. Charakteristisch dafür war etwa Arminias Mitgründer Dr. Hubert Wiglitzky, seit 1895 erster Sekretär der Czernowitzer Handels- und Gewerbekammer.[88] Sein Vorgänger war der Armine Max Hoenig-Zimányi de Czakany, ein Nachfolger der Armine Friedrich Decker.[89] Der „größte Historiker der Karpatendeutschen und deren erster Einiger", der gebürtige Czernowitzer und an der dortigen Universität lehrende Historiker und Volkskundler Prof. Dr. Raimund Friedrich Kaindl, gehörte allerdings Teutonia an,[90] deren Mitglied auch Rudolf Brandsch war, einer „der politischen Führer der Siebenbürger Sachsen und später der Deutschen in Groß-Rumänien".[91]

---

85 Brodner (1884–1956) erwarb „sich große Verdienste im Kampf der Buchenlanddeutschen um die Erhaltung ihrer deutschen Schulen"; BAK, DB 9 (Anm. 7), M. Burschenschafterlisten, Georg Brodner; Dvorak: Lexikon (Anm. 77) I/1, S. 140.

86 Mariana Hausleitner: Die Rumänisierung der Bukowina. Die Durchsetzung des nationalstaatlichen Anspruchs Großrumäniens 1918–1944. München 2001 (Südosteuropäische Arbeiten 111), S. 70.

87 BAK, DB 9 (Anm. 7), I. Örtliche und einzelne Burschenschaften, Czernowitz, Uebersicht (Anm. 36); ebd., Arminia an Prof. Dr. Herman Haupt, Gießen, 21.3.1922; ebd. zu den Besitzverhältnissen im einzelnen; Bardulf/Kuschniriuk, Arminia (Anm. 51), S. 41f.; Prelitsch: Teutonia 1953 (Anm. 71), S. 29f.; vgl. Traditionsverband „Katholische Czernowitzer Pennäler" (Hg.), Raimund Lang, Sergij Osatschuk (Red.): 100 Jahre „Deutsches Haus". Eine Jubiläumsschrift. Innsbruck 2010 (Czernowitzer Kleine Schriften [künftig zit. als CKS] 24).

88 Wiglitzky (1851–1916) stammte aus Mähren und gehörte seit 1868 auch der Burschenschaft Arminia Brünn an, er war „einer der ‚geistigen Führer' der Bukowina-Deutschen [...] und Gründungsmitglied mehrerer Schutzvereine"; BAK, DB 9 (Anm. 7), M. Burschenschafterlisten, Hubert Wiglitzky; Dvorak: Lexikon (Anm. 77) I/6, S. 312.

89 Hoenig (1850–1908) war dann Generalsekretär des Verbands der Industriellen in Wien, Decker (1875–1949) firmierte offiziell als Generalsekretär der Czernowitzer Handelskammer; BAK, DB 9 (Anm. 7), M. Burschenschafterlisten, Max Hoenig; ebd., Friedrich Decker.

90 Kaindl (1866–1930) soll seit seiner Studienzeit Beziehungen zu Arminia unterhalten haben, aber „aus Rücksichtnahme hinsichtlich seiner angestrebten staatlichen Anstellung" kein Mitglied geworden sein; 1911 wurde er Vorsitzender des Vereins der christlichen Deutschen in der Bukowina; BAK, DB 9 (Anm. 7), M. Burschenschafterlisten, Raimund Friedrich Kaindl; ebd., I. Örtliche und einzelne Burschenschaften, Czernowitz, Arminia an Prof. Dr. Herman Haupt, Gießen, 21.3.1922; Dvorak: Lexikon (Anm. 77) I/3, S. 52f.; Turczynski: Czernowitz 1984 (Anm. 16), S. 200.

91 Brandsch (1880–1953) gehörte auch der Burschenschaft Arminia Marburg an; BAK, DB 9 (Anm. 7), M. Burschenschafterlisten, Rudolf Brandsch; Dvorak: Lexikon (Anm. 77) I/1, S. 126f.;

Gustav Freytag, seit seiner Studentenzeit Mitglied des Corps Borussia Breslau, hatte sich 1883 ins Stammbuch Arminias eingetragen, zur Zeit des „erste[n] offene[n] Bekenntnisses zum deutschen Volkstume“: „Ein tüchtiges Menschenleben endet auf Erden nicht mit dem Tode, es dauert im Gemüth und Tun der Freunde wie in den Gedanken und der Arbeit des Volkes!“[92] Die Burschenschaft fasste dies stets als „Aufforderung zu immer und immer wieder neuem Schaffen und Tätigwerden für unser deutsches Volk“ auf, in „diesem Glaubensbekenntnis hat unsere ‚Arminia‘ zu leben und zu wirken versucht“:[93]

> Wir übertreiben nicht, wenn wir den entscheidenden Anteil der Burschenschaft „Arminia“ und seit 1903 auch der Burschenschaft „Teutonia“ an der deutsch-völkischen Abwehrarbeit in der Monarchie nachdrücklichst betonen und beiden Burschenschaften bestätigen, diesen steten Kampf nach mehreren Fronten bis zum Ende des ersten Weltkrieges wacker bestanden zu haben.[94]

3. Deutschkatholische Verbindungen und Vereine

Mit Abstand am besten sind die Informationen über die deutschen Corps, Burschenschaften und katholischen Verbindungen und Vereine auf Czernowitzer akademischem Boden. Einmal fielen sie durch politischen Aktivismus und Aktionismus auf, dann suchten sie oft Anschluss an oder zumindest Verbindung mit österreichischen und reichsdeutschen Korporationsverbänden, folglich liegt Material in deren Archiven vor.[95] Die meisten nichtdeutschen Vereinigungen schlossen sich hingegen nicht zu Verbänden zusammen, nur bei ukrainischen und polnischen war das zu Teilen der Fall, entsprechend weniger findet sich.[96] Das Universitätsarchiv Czernowitz ermöglicht auch keine umfassenden Aussagen.[97] Es liegen höchstens die Satzungen sowie die semesterlichen Meldungen der Amtsträger – der „Chargen“ – und Mitglieder

---

Arnulf Baumann: Deutsche in Südosteuropa – Sachsenbischof und Volkstumspolitiker: Friedrich Teutsch (1852–1933) – Rudolf Brandsch (1880–1953). In: Kurt Stephenson, Alexander Scharff (Hg.): Leben und Leistung II. Heidelberg 1967 (DuQ 7), S. 119–172.

92 Eine Abbildung: Arminia, 85 Jahre (Anm. 69), S. 5.

93 BAK, DB 9 (Anm. 7), I. Örtliche und einzelne Burschenschaften, Czernowitz, Arminia, 1883; Kuschniriuk: Arminia (Anm. 69), S. 1, 7f.

94 Ebd., S. 7f.

95 Zu den Verbandsarchiven mit weiteren Nachweisen: Lönnecker: Zusammenschlüsse (Anm. 13), S. 208–210; Ders.: „Auskunft zu geben über Bereiche, über die Nachweise zu finden sonst kaum einmal möglich ist“ – Entstehung, Struktur und Inhalt der Archive akademischer Verbände und Vereinigungen. In: Jahrbuch für Universitätsgeschichte 15 (2012) [im Druck].

96 Hinweise zu ukrainischen Verbänden: Pacholkiv: Emanzipation (Anm. 21), S. 210f.; zu polnischen Verbindungen und ihren Verbänden bereitet Frau Sabrina Lausen, M.A., Paderborn, eine Dissertation vor.

97 Vgl. Taras Kijak: Das Archiv der Universität Czernowitz. In: Kurt Mühlberger (Hg.): Archivpraxis und Historische Forschung. Mitteleuropäische Universitäts- und Hochschularchive. Geschichte, Bestände, Probleme und Forschungsmöglichkeiten. Wien 1992 (Schriftenreihe des Universitätsarchivs [der] Universität Wien 6), S. 146–148.

vor, nicht jedoch die Semesterberichte, aus denen sich das Leben und Treiben ersehen ließe. Das ist darin begründet, dass die einzelne Verbindung sich der Überwachung entziehen und den in diesem Fall ungeliebten akademischen Senat, Rektor oder Quästor nicht „mitlesen" lassen wollte. Der einer jüdisch-nationalen Korporation angehörende Fritz Roubicek schrieb sogar, wahrscheinlich aus eigener Erfahrung: „Meiner Ansicht nach wurden die Statuten nur als Alibi gegenüber den Behörden gebraucht."[98]

In Deutschland und Österreich begann in den 1840er Jahren die Entwicklung eines vielfältig ausgeprägten katholischen Studentenvereinswesens, das innerhalb von sechs Jahrzehnten nach Zahl der Verbindungen und Mitglieder Corps und Burschenschaften überflügelte.[99] Eng verzahnt mit dem in Verbänden und Parteien organisierten politischen Katholizismus, der hier seine Funktionselite rekrutierte, kam es an den Hochschulen immer wieder zu Auseinandersetzungen zwischen alten und neuen Verbindungen, die besonders scharf in Österreich waren. Die nicht konfessionell gebundenen Korporationen sahen im „Vordringen des [...] Klerikalismus auf den Universitäten mancherlei Gefahr für die Voraussetzungslosigkeit der freien Forschung" durch den „schulmäßigen Lehrzwang der Scholastik" und die „Verquickung von Politik und Konfession, wie sie in den katholisch-konfessionellen Verbindungen zum Ausdruck kam". Die meisten deutschnationalen Hochschüler, aber auch etliche deutsch-österreichische Corpsstudenten waren der Ansicht, dass die Katholiken auf Grund ihrer Bindung an das kirchliche Dogma „von vornherein schon Gegner der freien Forschung, der Lehr- und Lernfreiheit, sein müßten". Gegenstand der Streitigkeiten bis hin zu Schlägereien – besonders heftig in Graz – waren zumeist das Auftreten katholischer Verbindungen bei akademischen Feiern, die Satisfaktionsverweigerung – 1890/91 verbot die Kirche Duelle und Mensuren und bedrohte seither das Schlagen mit Exkommunikation, was erst rund 90 Jahre später aufgehoben wurde – und das Tragen der studentischen Paradewaffe, des Schlägers.

Hinter der permanenten Gegnerschaft standen politische und gesellschaftlich-soziale Konkurrenz. Die aufstiegsorientierten, mehrheitlich eher aus dem unteren Mittelstand und dem Kleinbürgertum kommenden deutschen Katholiken waren außerdem unbedingt habsburgtreu – was sie mit den Burschenschaften entzweite, aber mit vielen Corps verband. Mit diesen gab es trotzdem kein Zusammengehen auf Grund der durchgehenden Ablehnung von unbedingter Satisfaktion und Mensur, hinzu trat die unterschiedliche soziale Herkunft der Mitglieder. Trotzdem war der sonst zwischen den verschiedenen Korporationstypen sorgsam gepflegte Abstand dort geringer, wo es wie in Innsbruck andersnationale Gegner wie italieni-

98 Fritz Roubicek: So streng war'n dort die Bräuche! Erinnerungen eines alten jüdisch-nationalen Couleurstudenten. Wien 1983. 2. Aufl. Würzburg 1986. 3. Aufl. Hilden 2000, S. 3; vgl. Ders.: Von Basel bis Czernowitz. Die jüdisch-akademischen Studentenverbindungen in Europa. Wien 1986 (Beiträge zur österreichischen Studentengeschichte 12); Ders.: Als ob's gestern g'wesen wär! Keine Autobiographie – kein Nostalgiebuch. In: Peter Platzer, Raimund Neuß (Hg.): Wien – Auschwitz – Wien. Fritz Roubicek zum Gedenken. Vierow b. Greifswald 1997, S. 13–92.

99 Hierzu und im Folgenden mit weiteren Nachweisen: Lönnecker: Studentenverbindungen (Anm. 15), S. 496–505.

6 Katholische Verbindung Unitas Czernowitz, 1905. Bundesarchiv, Koblenz, DB 9: Deutsche Burschenschaft

sche Studenten gab. Graduell noch näher stand man sich in Prag, wo die deutschen Hochschüler sich als in dauernder Defensive betrachteten und deshalb „die Reihen schlossen", deutsche und tschechische Studenten keine Gelegenheit zur Auseinandersetzung ausließen.[100]

Ein „Katholischer deutscher Studentenverein" wurde in Czernowitz zuerst am 27. März 1886 gegründet, gefolgt vom katholischen Verein Ferdinandea am 6. November 1888. Namenspatron war der gegenreformatorisch agierende Kaiser Ferdinand II. (1578–1637), der nach 1620 u.a. die Universität Prag rekatholisierte – die Burschenschaft Arminia begriff die Namenswahl denn auch als Kampfansage. Beide katholischen Vereine bestanden nur kurz und müssen bald wieder eingegangen sein.[101]

Als erste konfessionelle Verbindung mit festerer organisatorischer Struktur entstand am 26. November 1890 – durch die Landesregierung am 31. Januar 1891 bestätigt – Unitas mit weiß-schwarz-goldenen Farben und grüner Mütze (Abb. 6). Die Gründer hatten sich Statuten, Comment usw. von den katholischen Verbindungen Ferdinandea Prag, Austria und Norica Wien senden lassen, Protektor wurde Erzbischof Severin von Morawski. Unitas nahm römisch-, griechisch- und armenisch-ka-

100 Zahlreiche Beispiele: Lönnecker: Prag 1867–1945 (Anm. 13).

101 Jess: Specimen (Anm. 30), Gr 5, Nr. 4034: Katholischer deutscher Studentenverein; ebd.: Katholischer Verein Ferdinandea; BAK, DB 9 (Anm. 7), I. Örtliche und einzelne Burschenschaften, Czernowitz, Uebersicht (Anm. 36).

tholische Hochschüler auf, war folglich nicht nur an der deutschen Nationalität orientiert, wenn diese auch stets die Mehrheit stellte. Unitas wurde wenige Monate nach der Gründung, am 26. Juli, Mitglied des „Cartell-Verbands der Katholischen Studenten-Corporationen der österreichischen Hochschulen", musste sich aber schon im Juni 1896 auf Grund von Mitgliedermangel und „interne[n] Zerwürfnisse[n] wegen des deutschsprachigen Statuts (es gehörten der Verbindung auch Polen und Ukrainer an)" und der deutschen Verkehrssprache auflösen, erstand am 3. Juni 1901 aber neu. Obwohl der Satzung nach international, wurden nur noch Deutsche aufgenommen, weshalb Unitas der Cartell-Verband die Mitgliedschaft verweigerte. Am 27. Oktober 1906 bzw. 3. Januar 1907 benannte sie sich in die bis zum 28. Juni 1940 bestehende „Deutsch-katholische Studenten-Verbindung Frankonia" um, die am 20. August 1910 in den Korporationen in Deutschland und Österreich umfassenden „Cartellverband der katholischen deutschen Studentenverbindungen" (CV) aufgenommen wurde,[102] dessen „östlichster Wachtturm" sie war.[103]

Als weitere katholisch-deutsche Studentenverbindung wurde am 26. Mai 1913 Germania mit rosa-moosgrün-goldenen Farben und brauner Mütze gegründet. Ihr weiteres Schicksal ist unbekannt, wahrscheinlich löste sie sich bereits bei Kriegsausbruch 1914 auf.[104]

Wie auch sonst in Österreich gingen die deutschen schlagenden Verbindungen gegen Unitas/Frankonia vor. Neu und für Österreich einmalig war, dass sich ihnen alle Schlagenden anderer Nationalitäten anschlossen. Unitas legte deswegen Beschwerde beim akademischen Senat ein und bat um Schutz, wurde aber am 23. November 1901 beschieden, sie dürfe zwar Farben tragen, jedoch keine Schläger, die Folgen habe sie sich selbst zuzuschreiben. Dagegen wandte sich die Verbindung an

---

102 Frankonia besteht seit dem 14.11.1951 in Erlangen; Gerhard Hartmann: Für Gott und Vaterland. Geschichte und Wirken des CV in Österreich. Kevelaer 2006, S. 36f., 182; Siegfried Schieweck-Mauk: Lexikon der CV- und ÖCV-Verbindungen. Die Korporationen und Vereinigungen des Cartellverbandes der Katholischen Deutschen Studentenverbindungen (CV) und des Cartellverbandes der katholischen österreichischen Studentenverbindungen (ÖCV) in geschichtlichen Kurzdarstellungen. Vierow b. Greifswald, Köln 1997, S. 299–306; Gladen: Korporationsverbände (Anm. 31), S. 266, 274, 276, 282; Jess: Specimen (Anm. 30), Gr 5, Nr. 4034: Unitas Czernowitz; ebd., Frankonia Czernowitz; zu Unitas bzw. Frankonia grundlegend: Maximilian Soniewitzki: Sechzig Jahre Frankonia-Czernowitz. Festschrift. Salzburg 1951; Arno Körber: 70 Jahre Frankonia. Ein Beitrag zur Geschichte der KDStV Frankonia-Czernowitz zu Erlangen 1891–1961. Erlangen 1961; Josef Klepsch: 75 Jahre Frankonia-Czernowitz zu Erlangen. Wien o. J. [1965]; Gotthard Babel, Ludwig Röhrer (Hg.): 1891–1991. 100 Jahre KDStV Frankonia-Czernowitz. Festschrift. Erlangen 1991; KDStV Frankonia-Czernowitz im CV (Hg.), Patrick M. Hormuth (Red.): 110 Jahre KDStV Frankonia-Czernowitz. 50 Jahre in Erlangen. Erlangen 2001; Ines Wichert: Frankonia-Czernowitz. Eine katholische Studentenverbindung, die in der Bukowina – dem „Klein-Österreich" – entstand und nach dem Zweiten Weltkrieg in Erlangen reaktiviert wurde. Zulassungsarbeit für das 1. Staatsexamen/Lehramt an Gymnasien in Bayern im Fach Geschichte. Erlangen 1987; zum CV und seiner Entstehung s. Hartmann: CV (Anm. 102) und Anm. 99. – KDStV = Katholische Deutsche Studentenverbindung.

103 BAK, DB 9 (Anm. 7), I. Örtliche und einzelne Burschenschaften, Czernowitz, Uebersicht (Anm. 36); ebd., Arminia an Prof. Dr. Herman Haupt, Gießen, 21.3.1922.

104 Jess: Specimen (Anm. 30), Gr. 17, Nr. 310824: Germania Czernowitz.

das Innenministerium, der Rekurs wurde wegen formaler Mängel abgewiesen. Das dadurch hervorgerufene öffentliche Aufsehen führte am 18. Dezember 1902 bzw. 4. Februar 1903 sogar zu einer offiziellen Anfrage des christlich-sozialen Abgeordneten Albert Geßmann – Alter Herr der CV-Verbindung Austria Wien – im Reichsrat.[105]

Die Aufnahme in den CV feierte Frankonia 1911 mit einem „Beitritts-Fest":

> Bei der Fahrt nach dem Festgottesdienst zum Verbindungsheim wurden die Teilnehmer von der freisinnigen Studentenschaft aller Nationen mit faulen Eiern beworfen. Als man dann in das für den Frühschoppen vorgesehene Lokal ziehen wollte, waren dessen Eingänge besetzt, so daß man in ein anderes ausweichen mußte. Wie überall in der Monarchie kam es während des Wahrmund-Jahres 1908 auch in Czernowitz zum Studentenstreik und zu Handgreiflichkeiten gegenüber katholischen Studenten. Und noch 1913 wurde eine Farbenpromotion eines Frankonen verhindert.[106]

Ein burschenschaftlicher Chronist notierte aber immerhin anerkennend, die „Katholen" hätten sich im „Holz-Comment" stets „gut u. tapfer geschlagen und [...] immer zu wehren gewußt".[107]

4. (Deutsch-)Jüdische Verbindungen und Vereine

Zwischen nationalen und katholischen Korporationen in Österreich entwickelte sich ab 1884 ein „permanenter Kleinkrieg" sowohl „um akademische Rechte als auch auf höherer Ebene in ideologischer und politischer Hinsicht".[108] Allerdings nicht in der Frage des Antisemitismus, ihren Statuten nach nahmen die katholischen Verbindungen keine Juden auf, oft nicht einmal wenn sie getauft waren. So ist es bezeichnend, dass die deutschnationalen gegenüber den katholischen Korporationen niemals den Vorwurf der „Verjudung" erhoben, mit dem sie sonst schnell bei der Hand waren.

In Österreich erhielten die Juden 1867 die Gleichberechtigung, was ihnen bisher verweigerte Rechte vom Grundbesitzerwerb über die freie Wahl des Wohnortes bis hin zum Hochschulbesuch gab. Die neue Freiheit spornte zur Leistung an und beflügelte den Willen, ein geachtetes Mitglied der Gesellschaft zu werden. Die Juden etablierten sich vor allem in den freien Berufen, als Ärzte, Journalisten und Rechtsanwälte. Das führte zu einer starken Verschärfung der Konkurrenz zwischen Juden und Nichtjuden, brachte Neid und Haß hervor. Immer öfter erscholl folglich der Ruf nach einem Numerus clausus für jüdische Studenten. Vor allem Georg von Schöne-

---

105 Hartmann, CV (Anm. 102), S. 129, 182, 187f.; Schieweck-Mauk, Lexikon (Anm. 102), S. 300; BAK, DB 9 (Anm. 7), I. Örtliche und einzelne Burschenschaften, Czernowitz, Uebersicht (Anm. 36).

106 Hartmann, CV (Anm. 102), S. 182f.; zum Wahrmund-Skandal mit weiteren Nachweisen: ebd., S. 138–165; Lönnecker: Prag 1867–1945 (Anm. 13), S. 78.

107 BAK, DB 9 (Anm. 7), I. Örtliche und einzelne Burschenschaften, Czernowitz, Uebersicht (Anm. 36).

108 Hierzu und im Folgenden mit weiteren Nachweisen: Lönnecker: Studentenverbindungen (Anm. 15), S. 506–518; vgl. Ders.: Prag 1867–1945 (Anm. 13), S. 23f.; Ders.: Zusammenschlüsse (Anm. 13), S. 198; Ders.: BdO (Anm. 30), S. 525.

rer propagierte ab etwa 1880 den Antisemitismus und war damit bei Burschenschaften und mehr noch wehrhaften Vereinen ungeheuer erfolgreich. Innerhalb von 15 Jahren nahmen sie keine Juden mehr auf oder schlossen sie aus. 1883 bezeichneten sich die ersten Verbindungen als „judenrein". Zwischen 1886 und 1894 nahmen die meisten Burschenschaften „den Arierparagraphen in ihre Satzungen" auf, für den eingangs genannten Karl Emil Franzos Grund für den Austritt aus seiner Burschenschaft. Allerdings verlief die angedeutete Entwicklung nicht geradlinig und es gab zahlreiche Nuancen.

Die Steigerung war das im März 1896 zuerst von den wehrhaften Vereinen angenommene „Waidhofener Prinzip", das heißt, sie sprachen jüdischen Studenten auf Grund ihrer Abstammung die Satisfaktionsfähigkeit ab. Dieser nach akademischem Brauch schärfsten Form der Miß- und Nichtachtung, der Satisfaktionsverweigerung – die bis zum Ende der Verbindungen in Österreich 1938 bzw. in Czernowitz 1940 in Geltung blieb und von den rumänischen und polnischen Verbindungen übernommen wurde –, schlossen sich die meisten Korporationen an. Da Juden keine Aufnahme mehr in die Verbindungen fanden oder ausgeschlossen wurden – der bekannteste Fall ist Theodor Herzl[109] –, gründeten sie eigene.

In Czernowitz war die Lage komplizierter: Die beiden deutschen Burschenschaften, viele polnische, ukrainische und rumänische Verbindungen und Vereine nahmen offiziell keine Juden auf, sie stellten auf die „Rasse" ab, der durch die Taufe nicht abgeholfen werden könne. Trotzdem fanden sich in den Reihen der Burschenschaften getaufte deutschnationale Juden – etwa Eduard Reiss oder Max von Waldberg –, einige taten sich sogar mit antisemitischen Äußerungen hervor.[110] Bei den Polen und Rumänen war es kaum anders. Die Corps nahmen Juden auf, sofern sie sozial adäquat waren und sich einer Nationalität – in der Regel der deutschen – zuordneten, assimiliert waren. Sie betrachteten die „Judenfrage" zumeist als eine konfessionelle. Bei den konfessionellen Verbindungen und Vereinen beseitigte die Taufe das wesentliche Aufnahmehindernis, allerdings musste es die ‚richtige' sein: ein Jude, der sich der evangelisch-lutherischen, reformierten, griechisch- oder russisch-orthodoxen usw. Glaubensrichtung zuwandte, war für die Katholiken – und umgekehrt – auch weiterhin nicht aufnahmefähig.[111] Abgesehen von den Burschenschaften und den Konfessionellen jeder Nationalität war die Haltung zur „Judenfrage" außerdem flexibel, konnte sich ändern. Der Akademische Pharmazeutenverein Hygeia wurde etwa am 1. Mai 1885 mit rot-gold-grünen Farben gegründet und bestand mindestens bis 1907, längstens bis 1918. Er nahm nur Pharmazie-Studenten auf, war „ös-

---

109 Harald Seewann (Hg.): Theodor Herzl und die akademische Jugend. Eine Quellensammlung über die Bezüge Herzls zum Korporationsstudententum. Graz 1998 (Historia Academica Judaica 6); Ders.: Theodor Herzl. Vom Burschenschafter zum Vater des Judenstaates. In: EuJ 45 (2000), S. 121–138.

110 Beispiele für Arminia: Harald Seewann: „Für Volkes Ehr' und Wohl!" – Die Jüdisch-nationale akademische Verbindung Hasmonaea Czernowitz (1891–1940) und der Kampf um die Anerkennung der jüdischen Nationalität. In: EuJ 51 (2006), S. 163–198, hier S. 182, 196.

111 S. Anm. 69, 71, 102 und BAK, DB 9 (Anm. 7), I. Örtliche und einzelne Burschenschaften, Czernowitz, Uebersicht (Anm. 36).

terreichisch" und multinational, nach Wahrnehmung der Nationalen: „indifferent". Ende der 1880er Jahre nahm er keine Juden auf, sie hätten die „falsche [...] Rasse". Drei oder vier Jahre später war davon keine Rede mehr, um 1895 wurde „Jude" konfessionell definiert, um 1900 war die Glaubensrichtung gleichgültig, 1902 hatte Hygeia angeblich wieder einen „Arier-Paragraphen", 1906 stand sie trotz dieser Regelung angeblich „Religion u. Rasse [...] fast gleichgültig" gegenüber, 1908 galt sie als „nicht-semitisch", wenn auch nicht als „Vertretung einer aktiven anti-semitischen Richtung" – was immer das aus burschenschaftlichem Blickwinkel bedeuten mochte. Auf jeden Fall war es pejorativ gemeint.[112]

In den vor allem im Westen Österreichs geführten antisemitischen Debatten ging es in der Regel undifferenziert um „die Juden".[113] Nur wenige Nichtjuden bemerkten, dass sich liberale Juden nach 1867 gern als deutsche oder österreichische „Staatsbürger jüdischer Konfession" definierten. Orthodoxen Juden ging diese Anpassung zu weit. Sie sahen sich als Teile einer durch die gemeinsame Religion konstituierten, transnationalen Schicksalsgemeinschaft. Von ihren deutschen Gegnern wurden die Juden mit dem Hinweis auf eben dieses Selbstverständnis aus der nationalen Gemeinschaft ausgeschlossen, kurze Zeit später auch mit dem sozialbiologischen Argument, sie gehörten einer anderen Rasse an. Daraus resultierte nach außen das Ringen der Juden um Anerkennung, Integration und Statusverbesserung, daneben gab es einen innerjüdischen Konflikt zwischen dem reformorientierten und dem orthodoxen Lager. Diese Fronten bildeten sich auch in den jüdischen studentischen Verbindungen und Vereinen ab: sie standen sowohl für die Segregation von wie Integration in die Gesellschaft mittels Korporation. Beides war möglich. Das zieht ein Wahrnehmungsproblem nach sich, denn die als „jüdisch" apostrophierten Verbindungen und Vereine haben sich selbst teilweise überhaupt nicht so gesehen.

Der um 1895 bestehende Czernowitzer „Verein jüdischer Studenten" vertrat eine orthodoxe Linie, ging aber bald wieder ein. Um 1900 bestand ein gleichnamiger Verein, der den „Juden die Siedlung in ihrem gelobten Land zu Geschmack bringen wollte u. wenig mit ihrer Religion zu tun" hatte, folglich wohl zionistisch orientiert war, vielleicht sogar keinen korporativen Einschlag hatte. Gleichzeitig gab es eine weitere, mit Unterbrechungen – die Identität ist nicht sicher – bis etwa 1911/12 bestehende „Bukowina", die sich zur unbedingten Satisfaktion und zum Mensurenschlagen bekannte, „jüdisch war, deren Mitglieder sich aber immer deutsch gerierten und nichts von Rasse wissen wollten", zudem mit dem zionistischen Verein verfeindet waren – der sie als „Sammlung von Assimilanten" denunzierte –, ebenso mit dem 1910 gegründeten „Akademischen Verein für jüdische Kultur" – der sich vornehm-

112 Ebd.; vgl. Jess: Specimen (Anm. 30), Gr 17, Nr. 310404: Akademischer Pharmazeutenverein Hygeia Czernowitz.

113 Siehe Anm. 108.

lich der Pflege der jiddischen Sprache und Kultur widmete, weniger der Konfession – und mit den jüdisch-nationalen Verbindungen.[114]

Diese waren der in Czernowitz am häufigsten vertretene jüdische Korporationstypus nach deutschem Vorbild, der jedoch keine „Bekenner-Deutschen oder Bekenner-Österreicher", keine Rumänen, Ukrainer, Polen usw. aufnahm, wenn sie nicht jüdischer Konfession waren und sich von ihrer „angenommenen Nation" lossagten.[115] Dabei war und blieb ihre „Conventssprache" das Deutsche. Diese Verbindungen verwarfen die jüdische Assimilation scharf und forderten in Czernowitz, der Bukowina und Galizien vor allem die Anerkennung des Judentums als eigene Nationalität – was regelmäßig auf Widerstand stieß, dem man oft „mit der Waffe auf dem Mensurboden" begegnete –, nannten sich entsprechend „jüdisch-national", wobei der Übergang zum Zionismus fließend war. Die älteste Verbindung war die am 14. Juli 1891 mit rot-violett-grünen Farben und violetter Samtmütze gegründete und bis 1936, im Untergrund bis 1939 bestehende Verbindung Hasmonaea, benannt nacht den antiken Makkabäern. Daneben gab es Zephira – gegründet mit blau-gold-blauem Band am 24. Oktober 1897, bestehend bis 1936 – und Hebronia – gegründet am 31. März 1900, bis 1936 bestehend, grün-rot-goldene Farben, grüne Mütze –, die aus einer Ferialverbindung Czernowitzer Maturanten in Wien hervorging. Eine weitere Verbindung war Hatikwah (Hoffnung), gegründet am 27. Februar bzw. 23. April 1914 mit violett-grün-goldenen Farben, die nur bis Kriegsbeginn bestand und nach 1918 nicht wiedereröffnete. Vereinscharakter hatte Emunah (Glaube), gegründet am 3. Juni 1903 mit gold-violett-goldenem Band, aber ohne Mütze, und bis 1936 bestehend, sowie die am 23. Oktober 1918 mit grün-silber-schwarzem Band und – seit 1925 – weißer Mütze gegründete Heatid (Zukunft). Sie wurzelte in einer 1916 auf der Flucht vor den russischen Truppen gegründeten jüdischen Mittelschüler- bzw. Gymnasialverbindung. Ebenfalls 1918 – oder später? – entstand eine Jordania, über die es jedoch keine näheren Informationen gibt, und es gab einen nach Theodor Herzl benannten, daher wahrscheinlich zionistisch-akademischen Verein Herzlia, von dem nur mehr der Name bekannt ist und der nicht mit einem gleichnamigen Schülerverein verwechselt werden darf. Schließlich existierte

---

114 BAK, DB 9 (Anm. 7), I. Örtliche und einzelne Burschenschaften, Czernowitz, Uebersicht (Anm. 36); ebd., Arminia an Prof. Dr. Herman Haupt, Gießen, 21.3.1922; vgl. Jess: Specimen (Anm. 30), Gr 10, Nr. 228055: Akademischer Verein für jüdische Kultur.

115 Hierzu und im Folgenden vgl. Harald Seewann: Zirkel und Zionsstern. Bilder und Dokumente aus der versunkenen Welt des jüdisch-nationalen Korporationsstudententums. Ein Beitrag zur Geschichte des Zionismus auf akademischem Boden. 5 Bde. Graz 1990–1996, insbesondere Bd. 1, S. 169–172; weitere Titel und Nachweise in: Lönnecker: Studentenverbindungen (Anm. 15), S. 509f.; s. Anm. 98; s. a. Seewann: Hasmonaea (Anm. 110); Prokopowitsch: Gründung (Anm. 6), S. 51; Jess: Specimen (Anm. 30), Gr 10, Nr. 228018: Jordania Czernowitz; ebd., Gr 10, Nr. 228019: Hasmonaea Czernowitz; ebd., Gr 10, Nr. 228022: Emunah Czernowitz; ebd., Gr 10, Nr. 228022: Humanitas Czernowitz; ebd., Gr 10, Nr. 228023: Hebronia Czernowitz; ebd., Gr 10, Nr. 228024: Zephira Czernowitz; ebd., Gr 10, Nr. 228030: Heatid Czernowitz; ebd., Gr 10, Nr. 228167: Hatikwah Czernowitz; BAK, DB 9 (Anm. 7), I. Örtliche und einzelne Burschenschaften, Czernowitz, Uebersicht (Anm. 36).

7 Jüdisch-nationale Verbindung Hasmonaea Czernowitz, 1911. Bundesarchiv, Koblenz, DB 9: Deutsche Burschenschaft

8 Wappenpostkarte der Hasmonaea, nach 1900. Bundesarchiv, Koblenz, DB 9: Deutsche Burschenschaft

noch der zwischen dem 18. März 1900 und Ende 1903 bestehende „Jüdisch-nationale akad. Leseverein ‚Humanitas'" mit rot-gold-grünem Band, jedoch ohne Mütze, dessen Mitglieder sich nach der Auflösung Hebronia und Emunah anschlossen.[116]

Die Verbindungen und Vereine waren sich untereinander „nicht grün" und meist zerstritten: Humanitas gab zwar weder Satisfaktion noch schlug sie Mensuren, aber Hasmonaea, Hebronia und Heatid bekannten sich zur unbedingten Satisfaktion, Zephira und Emunah waren freischlagend.[117] Die „Gesichter der Juden-Studenten [...] gaben Auskunft, dass das [...] kein klingenscheues Gesindel war, was uns da auf dem Bummel begegnete; mancher Strauss wurde gefochten und gut dabei gestanden; auch untereinander blieben sie sich nichts schuldig." Dazu bestach ihre große Zahl, die Mehrheit der jüdischen Studenten – 1907 angeblich 180 von etwa 300 jüdischen Hochschülern insgesamt – gehörte einer Verbindung oder einem Verein an, „versucht[e] den alten Corporationen gleich zu sein".[118] Offensichtlich betrachteten sie die Übernahme der alten Formen und Gebräuche als eine Strategie der sozial erhebenden Anerkennung und der Verbesserung ihres Status.

Über Hasmonaea ist am meisten bekannt (Abb. 7, 8).[119] Ihre maßgeblichen Gründer waren der spätere Arzt Josef Samuel Bierer (1870–1937), der 1887 bereits die Czernowitzer „Jüdische Lesehalle" mitgegründet hatte, und Mayer Ebner (1872–1955), nachmals als Rechtsanwalt, zionistischer Journalist und israelischer Politiker hervorgetreten. Vorbild war ihnen die „jüdisch-nationale Wiener Verbindung Kadimah" (nach Osten, vorwärts),[120] deren Mitglied Bierer 1892 wurde. Er hatte auch großen Anteil an der Gründung der jüdisch-akademischen Lesehalle in Wien. Ebner schlug zudem das erste Säbelduell einer jüdischen Verbindung in Czernowitz:

> Ebner hatte seinen ehemaligen Jugendfreund Max Hendel, [...] der statt in die Hasmonaea einzutreten, Fuchs des internationalen Corps Alemannia geworden war, [...] wegen seiner Abtrünnigkeit zur Rede gestellt, worauf Hendel Mayer Ebner zum Duell forderte. [...] Nach mehreren Säbelgängen wurde Mayer Ebner nach einem schweren Kopfhieb für abgeführt erklärt. Die Gegner schieden unversöhnt.[121]

---

116 Hasmonaeas, Zephiras, Hebronias, Emunahs und Heatids Altherrenverbände bestanden nach 1950 in Israel; Seewann: Hasmonaea (Anm. 110), S. 180f.; s. Anm. 115.

117 Siehe Anm. 115.

118 BAK, DB 9 (Anm. 7), I. Örtliche und einzelne Burschenschaften, Czernowitz, Teutonia, 1912; vgl. ebd., Arminia, um 1900; ebd., Uebersicht (Anm. 36); Beispiele der heftigen Auseinandersetzungen bis hin zu Tätlichkeiten in verschiedenen Konstellationen einschließlich der jüdischen Verbindungen untereinander: Seewann: Hasmonaea (Anm. 110), S. 172–177.

119 Hierzu und im Folgenden: Seewann: Hasmonaea (Anm. 110); vgl. Hausleitner, Rumänisierung (Anm. 86), S. 75f.

120 Angeblich soll es auch in Czernowitz eine Kadimah gegeben haben, doch ist die Verwechslung mit der Wiener wahrscheinlich; Mitglied dieser Kadimah war etwa der Schriftsteller Nathan Birnbaum (1864–1937), der 1893 den Begriff „Zionismus" prägte; s. Anm. 115.

121 Seewann: Hasmonaea (Anm. 110), S. 171.

Die Hervorhebung des „Waffenstandpunkts“ ist deshalb wichtig, weil Hasmonaea ihn als erste jüdisch-nationale Verbindung überhaupt begründete und damit Maßstäbe für diesen Teil des Korporationsspektrums setzte.[122]

Wesentlicher war noch, dass Hasmonaea 1907/08 die Anerkennung der „jüdischen Nationalität“ durch die Universität bewirken konnte, was sogar auf den Landtag durchschlug, der 1913 der einzige in der Monarchie mit einer jüdisch-nationalen Fraktion war, deren Mitglieder, sofern akademisch gebildet, oftmals aus einer entsprechenden Czernowitzer Verbindung hervorgegangen waren. Fraktionsvorsitzender war etwa Hasmonaeas Mitglied Salomon Kassner (1881–1941?). Diese Verzahnung und Verklammerung mit – in erster Linie – dem politischen Zionismus, seinen Verbänden und Parteien, war dem der Burschenschaften mit dem Schulverein, dem Verein der christlichen Deutschen usw. und dem der Katholiken mit den Christlich-Sozialen nicht unähnlich, oftmals erschienen die jüdischen Korporationen als eine Art Vorfeldorganisation, aus dem sich der Bedarf an Funktionären und Amtsträgern rekrutierte.[123] Auf Emunah ging ganz wesentlich die zionistische Landesorganisation in der Bukowina zurück, Zephira war der Ursprung der „jüdisch-demokratischen Realpolitik“, hier wurde 1908 die „Blau-Weiß-Wanderbewegung“ begründet, während Hebronia die Quelle des „revisionistischen“, radikal-nationalistischen Zionismus unter Führung ihres Mitglieds Zeev Jabotinsky (1880–1940) ist.[124]

5. Ukrainische, rumänische und polnische Verbindungen und Vereine

Was über die Mensurfreudigkeit der jüdischen Korporationen gesagt wurde, galt auch für die ukrainischen, rumänischen und polnischen Verbindungen und Vereine.[125] Erste ukrainische Studentenvereine entstanden ab etwa 1860 in Österreich, darunter auch jüdische, über die wir aber nichts wissen außer der Tatsache, dass es sie in Czernowitz gegeben hat.[126]

Wie die deutschen standen die ukrainischen Korporationen „seit ihrer Entstehung im Kernpunkt der nationalen [ukrainischen, H. L.] Bewegung, die meisten führenden Persönlichkeiten der säkularisierten Nationalbewegung rekrutierten sich aus politisch aktiven Studenten“.[127] Grundsätzlich gab es zwei Richtungen, die ukrainisch-nationale (narodovci) und die auf Russland orientierte, in gewissem Grade

122 Ebd.

123 So schon ebd., S. 165; dies bedarf wie bei den Burschenschaften und den konfessionellen Verbindungen noch der näheren Untersuchung, ist allerdings – dies sei nicht verschwiegen – prosopographische Kärrnerarbeit.

124 Seewann: Hasmonaea (Anm. 110), S. 168; vgl. Benjamin Winnik: Ein Czernowitzer Hebrone erinnert sich. Aus einem Brief vom 15. 7. 1990. In: Seewann: Zirkel (Anm. 115) 3, Graz 1992, S. 65f.

125 Siehe Anm. 118.

126 BAK, DB 9 (Anm. 7), I. Örtliche und einzelne Burschenschaften, Czernowitz, Uebersicht (Anm. 36); vgl. Seewann: Hasmonaea (Anm. 110), S. 164.

127 Pacholkiv: Emanzipation (Anm. 21), S. 210.

panslawistische (russofily; auch: moskofily), dazu die konfessionelle, deren Mitglieder vornehmlich Studenten der griechisch-katholischen Theologie waren. Die Orthodoxen bildeten wiederum eigene Vereinigungen, von denen in Czernowitz die 1915 nachgewiesene Verbindung Prawoslowna (Rechtgläubige) Academia mit mindestens einer Vorverbindung seit 1895 – ihr weiteres Schicksal ist unbekannt – hervortrat.[128]

Die ersten offiziellen Vereine bildeten sich 1867/68 in Wien, 1909 waren es 16 in der ganzen Monarchie, von denen 14 dem 1909 gegründeten Ukrainischen Studentenbund mit Sitz in Lemberg angehörten. Dort war mit acht Vereinen auch der Schwerpunkt, wobei die Bandbreite von nationalen über Fach- bis hin zu Interessenvereinen reichte, es allgemeine Bildungs-, Mediziner-, Juristen-, Veterinär-, aber auch einen Gesangverein gab. In Czernowitz existierten zwei Vereine, Sič oder Sitsch und Sojuz. Außerhalb des Studentenbunds gab es die Burschenschaft Zaporože, die vielleicht auf eine 1882/83 in Wien nachgewiesene ukrainische, nicht mit der deutschen Landsmannschaft Bukowina zu verwechselnde Bukowina zurückgeht und im Bündnis – im „Kartell“ – mit der Lemberger Burschenschaft Roksolanija stand. Die Mitgliederzahlen schwankten zwischen zehn und 50 pro Semester.[129]

Ebenso wie der Organisationsgrad zwischen lockerem Verein und festerer Verbindung schwankte auch die politische Orientierung. Die Ukrainisch-Nationalen unterhielten seit ihrer Gründungszeit Beziehungen zur entstehenden Arbeiterbewegung – das war auch bei den frühen deutschen Burschenschaften in Österreich vor ihrer um 1880 einsetzenden „nationalen Wendung“ der Fall, Arminia Czernowitz betätigte sich jedoch nie in dieser Richtung[130] – und hatten von Verein zu Verein graduell unterschiedliche sozialistische Neigungen, die in größerem Rahmen erstmals während des Lemberger Sozialistenprozesses 1877 öffentlich wurden.[131] Während über die wohl 1902 gegründete Czernowitzer Sič (Lebensfreude) kaum mehr als die Tatsache ihrer Existenz bekannt ist – sie zeigte die ukrainischen gold-blauen Farben und bestand noch 1916 –, trug die 1875 gegründete, bis 1940 bestehende Sojuz

---

128 Zu den zahlreichen Verbindungen und Vereinen im Einzelnen: BAK, DB 9 (Anm. 7), I. Örtliche und einzelne Burschenschaften, Czernowitz, Uebersicht (Anm. 36); ebd., Arminia an Prof. Dr. Herman Haupt, Gießen, 21.3.1922; Jess: Specimen (Anm. 30).

129 Pacholkiv, Emanzipation (Anm. 21), S. 210–224; Burschenschaft wird hier synonym und damit fehlerhaft für „Verbindung“ benutzt; vgl. BAK, DB 9 (Anm. 7), I. Örtliche und einzelne Burschenschaften, Czernowitz, Uebersicht (Anm. 36); s. S. 279.

130 Günter Cerwinka: Freiheit und Einheit. Zu den Kontakten der national-liberalen Studentenkorporationen mit der frühen Arbeiterbewegung und ihrem historisch-ideologischen Hintergrund. In: Gernot Kocher, Gernot G. Hasiba (Hg.): Festschrift Berthold Sutter. Graz 1983, S. 105–133; Nachdruck in: Günter Cerwinka: … und heraus mit mut'gem Sang. Beiträge zur österreichischen Studenten- und Studentenvereinsgeschichte. Graz 2002 (Schriftenreihe des Instituts für Geschichte [der Universität Graz] 13), S. 119–145, hier vor allem S. 128f.; zur Bewertung: Ders.: 150 Jahre Deutsche Burschenschaft in Österreich – Der Beitrag der Forschung in Österreich. In: Oldenhage: 200 Jahre (Anm. 18), S. 91–110, hier S. 96f.

131 Pacholkiv: Emanzipation (Anm. 21), S. 211.

(Bund) ein blau-gold-blaues Band, aber keine Mütze.[132] Sie war zudem bürgerlicher und damit sozial elitärer als die Lemberger Vereine, auch „freischlagend", gab aber keine unbedingte Satisfaktion. Auch „fehlgeleiteter Anwandlungen" – damit waren „sozialistische Impertinenzen" gemeint – war sie unverdächtig, zudem mindestens zeitweise und spätestens seit 1890 dauernd antisemitisch, was ihre Akzeptanz in den Augen Arminias und Teutonias beträchtlich erhöhte.[133]

Die nach den Zaporožer Kosaken benannten Zaporože – deutscherseits „Saporosche" oder „Saporoschia" – gab unbedingte Satisfaktion, trug ein rot-weiß-goldenes Band und eine himbeerrote Samtmütze. Allerdings bezeichnete die am 10. Mai 1910 gegründete Verbindung sich selbst stets als „Akademischer Verein", obwohl sie eigentlich Verbindung war – „Burschenschaft" wurde sie nur fälschlich von Außenstehenden genannt. Dazu kamen ihre Mitglieder angeblich aus dem gehobenen Bürgertum, hatten höhere Beamte und Gutsbesitzer zu Vätern, so dass Zaporože auch sozial höher als Sojuz stand.[134] Zaporože gesellte sich 1913 noch der ähnlich verortete Akademische Verein Čzornomore (Schwarzes Meer) – deutsch „Tschornomore" oder „Tschornomoria" – mit blau-gold-blauen Farben und lichtblauer Mütze hinzu, zu dessen Prinzipien gleichfalls die unbedingte Satisfaktion zählte, während er die Mensur ablehnte.[135]

Obwohl Zaporože von den deutschen Burschenschaften grundsätzlich zu den „nationalen Gegnern" gerechnet wurde, war eine zeit- und teilweise Zusammenarbeit auf der Grundlage der Ablehnung der bereits erwähnten „sozialistische[n] Impertinenzen" und der Russland-Feindschaft möglich. Im Oktober 1913 beteiligten sich etwa alle an einer Adresse an Kaiser Wilhelm II. aus Anlass der 100-Jahr-Feier der Leipziger Völkerschlacht. Im Vorfeld hatte es Irritationen der Ukrainer über die dadurch implizierte Würdigung der Leistungen der russischen Truppen und des Zaren gegeben, die die Arminen aber zu zerstreuen wussten: nicht eines russischen Siegs gedenke man, sondern eines von Deutschen auf deutschem Boden. Die Formulierung ermöglichte eine „allseitige Einigung".[136] Entgegen kam vielleicht auch,

---

132 Hierzu und im Folgenden: Jess: Specimen (Anm. 30), Gr 17, Nr. 338005: Sitsch Czernowitz; ebd., Gr 17, Nr. 338004: Sojus Czernowitz; BAK, DB 9 (Anm. 7), I. Örtliche und einzelne Burschenschaften, Czernowitz, Uebersicht (Anm. 36).

133 BAK, DB 9 (Anm. 7), I. Örtliche und einzelne Burschenschaften, Czernowitz, Arminia, 1888; ebd., Teutonia, 1910; ebd., Uebersicht (Anm. 36).

134 Zaporože bestand bis 1940, der Altherrenverband auch danach in den USA; sie wurde 1990 als einzige alte Czernowitzer Verbindung dort reaktiviert, im September 1997 spaltete sich von ihr die Akad. Verbindung Bukowina (blau-rot-grün, blaue Mütze) ab; BAK, DB 9 (Anm. 7), I. Örtliche und einzelne Burschenschaften, Czernowitz, Arminia an Prof. Dr. Herman Haupt, Gießen, 21.3.1922; Almanach der Czornomore. New York, Philadelphia o. J. (1963); Prokopowitsch: Gründung (Anm. 6), S. 51; Jess: Specimen (Anm. 30), Gr 17, Nr. 338003: Saporoschia Czernowitz.

135 BAK, DB 9 (Anm. 7), I. Örtliche und einzelne Burschenschaften, Czernowitz, Arminia, 1913; ebd., Teutonia, 1913; ebd., Uebersicht (Anm. 36); Prokopowitsch: Gründung (Anm. 6), S. 51; Jess: Specimen (Anm. 30), Gr 17, Nr. 338002: Tschornomore Czernowitz.

136 BAK, DB 9 (Anm. 7), I. Örtliche und einzelne Burschenschaften, Czernowitz, Huldigungsadresse an S. M. den Deutschen Kaiser und König von Preußen, 1913.

dass Zaporože neben der antirussischen „die anti-semitische Tendenz nicht fremd" war.[137] Das soll auch auf die am 22. November 1900 gegründete Moldova Ukraina zugetroffen haben, von der sonst nichts bekannt ist.[138]

Wenig ist über die rumänischen Verbindungen bekannt, die alle an den Nationalfarben Rumäniens orientierte blau-gold-rote Bänder trugen, auf die zur Unterscheidung der jeweilige Verbindungsname aufgestickt war.[139] Sie waren national-rumänisch und antisemitisch in unterschiedlichem Maße, sollen Anlass dafür gewesen sein, dass Studenten in der Universität vor 1914 zeitweise, nach 1918 dauernd keine Farben tragen durften:

> Das Farbentragen ist wegen Prügeleien zwischen Juden und Rumänen auf akademischem Boden verboten. Dafür ist am Sonntag Farbenbummel am Ringplatz, bei dem fast alle farbentragenden Korporationen aufziehen.[140]

Die älteste rumänische Verbindung war die 1875 gegründete Arboroasa, benannt nach Luca Arbore – spätmittelalterlicher Heerführer des moldauischen Woiwoden Stefan III. –, gefolgt vom „Akademischen Verein Junimea" (Jugendbund), entstanden am 28. November 1878, der bereits im Namen die Anlehnung an die wichtigste geistige, kulturelle und politische Vereinigung Rumäniens, die 1863 in Jassy/Iași gegründete Junimea, verriet, mit der er mehrere Mitglieder teilte. Wesentlicher Stifter war, wie bereits erwähnt, Constantin Tomaszczuk. Arboroasa und Junimea bestanden bis 1940, ebenso die am 20. März 1880 gegründete Bucovina, eine Abspaltung der Junimea und wesentlich korporativer als diese, deutlich erkennbar daran, dass sie als „Burschenschaft" bezeichnet wurde, sich im Schriftverkehr mit den deutschen Korporationen auch so nannte und außer dem Band einen roten Stürmer trug.[141] Junimea gab unbedingte Satisfaktion, Arboroasa war freischlagend, Bucovina stand zu unbedingter Satisfaktion und Mensur. Sie focht mit Arminia und „war einer deutschen Studenten-Verbindung ganz gleich, nur die Nation war eine andere". Ähnlich war es mit Junimea, die den Arminen nach Bucovina, aber vor Arboroasa rangierte. Die Achtung Arminias wird etwa darin deutlich, dass zwölf Arminen 1902 einen Kommers Junimeas auf deren Einladung hin besuchten.[142] Höher geschätzt wurde seit 1910 die „akad. Burschenschaft Moldova", eine Abspaltung Bucovinas, die zum üblichen Band blaue Stürmer trug, wie diese Satisfaktion gab und

137 BAK, DB 9 (Anm. 7), I. Örtliche und einzelne Burschenschaften, Czernowitz, Arminia, o. J.; ebd., Teutonia, 1913; vgl. ebd., Uebersicht (Anm. 36).

138 Ebd.; Jess: Specimen (Anm. 30), Gr 17, Nr. 338006: Moldova Ukraina Czernowitz.

139 Hierzu und zum Folgenden: BAK, DB 9 (Anm. 7), I. Örtliche und einzelne Burschenschaften, Czernowitz, 1899; ebd., Uebersicht (Anm. 36); Prokopowitsch: Gründung (Anm. 6), S. 51; Ranzi: Übersicht (Anm. 56), S. 114; N. N.: Corpsleben (Anm. 56), S. 154; Jess: Specimen (Anm. 30), Gr 17, Nr. 343003: Bucovina Czernowitz; ebd., Gr 17, Nr. 343005: Junimea Czernowitz; ebd., Gr 17, Nr. 343006: Arboroasa Czernowitz.

140 BAK, DB 9 (Anm. 7), I. Örtliche und einzelne Burschenschaften, Czernowitz, Arminia an Prof. Dr. Herman Haupt, Gießen, 21.3.1922.

141 Ebd.; N. N.: Corpsleben (Anm. 56), S. 154, nennt Bucovina eine „Landsmannschaft".

142 Bardulf, Kuschniriuk: Arminia (Anm. 51), S. 26, 32f., 39; zu variierenden Paukverhältnissen: ebd., S. 32–34; N. N., Corpsleben (Anm. 56), S. 154; s. Anm. 139.

Mensuren focht.[143] Eine weitere Abspaltung Junimeas war der 1903 gegründete, bis 1940 bestehende Akademische Verein Dacia, benannt nach dem antiken Volk der Daker, der, da freischlagend, gleichfalls mit den Burschenschaften und den anderen rumänischen und ukrainischen Verbindungen focht. Diese Dacia ist nicht mit der deutsch-akademischen Verbindung Dacia zu verwechseln, die 1875/76 bestand.[144]

Schließlich gab es noch den am 23. November 1884 gegründeten, nichtschlagenden Theologenverein Academia ortodoxa, gleichfalls das mit seinem Namen bestickte blau-gold-rote Band tragend. Er ging „in nationalibus" mit den anderen rumänischen Verbindungen, galt aber als „geschworener Feind" der „katholischen Frankonia". Academia unterhielt zwei „Unter-Vereine", eine literarisch-theoretische und eine musikalische Sektion, in denen auch Mitglieder der anderen rumänischen Verbindungen mitwirkten.[145]

Etliche Mitglieder rumänischer Verbindungen flohen 1914 nach Rumänien und machten dort in der Folgezeit Propaganda für dessen Kriegseintritt auf seiten der Entente. „Insgesamt hatten sich nach Aufstellungen der österreichischen Behörden [...] etwa 250 Personen ins neutrale Rumänien abgesetzt: Unter ihnen waren achtzig Oberschüler und Studenten, vierzig Volksschullehrer und nur zehn Bauern." Diese Studenten und Schüler, bald in einem eigenen Komitee organisiert, waren die ersten, die den Anschluss der Bukowina an Rumänien forderten.[146]

Als „weltanschauliche Verwandtschaft" Academias und Frankonias begriff – durchaus abwertend gemeint – die Burschenschaft Teutonia den polnischen „Kath.-Acad. Verein Ognisko" (Funke), doch stehe „der Einigkeit der Religion [...] immer die Nation im Wege", wenn man Frankonia und Ognisko bei der alljährlichen Fronleichnams-Prozession auch einträchtig beieinander gehen sehe.[147] Der zwischen 1875 und 1940 bestehende nichtschlagende, ein rot-weiß-rotes Band tragende Verein Ognisko war bis 1884 ein Teil der Akademischen Lesehalle gewesen, erst danach konstituierte er sich als unabhängige Vereinigung.[148] Mindestens ebenso verfeindet wie mit Deutschen und Rumänen war Ognisko mit der 1910 entstandenen „poln.-akad. Burschenschaft Lechia" – benannt nach dem sagenhaften Stammvater der Polen –, die weiß-blau-rote Farben und eine blaue Mütze trug und – mit Unter-

---

143 Moldova bestand bis 1940; s. Anm. 139; Jess: Specimen (Anm. 30), Gr 17, Nr. 343004: Moldova Czernowitz; N. N., Corpsleben (Anm. 56), S. 154, nennt Moldova eine „Landsmannschaft".

144 Siehe Anm. 139; Akademischer Senat, Universität (Anm. 23), S. XLV; Jess: Specimen (Anm. 30), Gr 2, Nr. 6204: Dacia Czernowitz; ebd., Gr 17, Nr. 343007: Dacia Czernowitz. – Mitglieder Dacias sollen nach 1919 an der Gründung einer „Rumania" mit unbedingter Satisfaktion und Mensur beteiligt gewesen sein, die nicht weiter belegt ist; BAK, DB 9 (Anm. 7), I. Örtliche und einzelne Burschenschaften, Czernowitz, Arminia, 1919–1921; vgl. Ranzi: Übersicht (Anm. 56), S. 114.

145 Academia ortodoxa bestand bis 1940; s. Anm. 139; Jess: Specimen (Anm. 30), Gr 17, Nr. 343001: Academia ortodoxa Czernowitz.

146 BAK, DB 9 (Anm. 7), I. Örtliche und einzelne Burschenschaften, Czernowitz, 1919–1921; Hausleitner: Rumänisierung (Anm. 86), S. 90f.

147 BAK, DB 9 (Anm. 7), I. Örtliche und einzelne Burschenschaften, Czernowitz, Teutonia, 1911; vgl. ebd., Uebersicht (Anm. 36); s. Anm. 96.

148 Grünhaus, Jubiläums-Festschrift (Anm. 46), S. 19; Prokopowitsch: Gründung (Anm. 6), S. 51; Jess: Specimen (Anm. 30), Gr 17, Nr. 335006: Ognisko Czernowitz.

brechungen – mit allen anderen schlagenden Verbindungen focht, ab Gründung unbedingte Satisfaktion auf Säbel gab, Mensuren schlug und seit 1920 nach deutschem Vorbild auch Bestimmungsmensuren. Begründet lag die Feindschaft wohl auch darin, dass Lechia von ausgetretenen Mitgliedern Ogniskos sowie der Corps Alemannia und Gothia gegründet worden war, die „eine schlagende Verbindung[,] aber eine polnische und anti-semitische haben wollen". Zumindest war die Abneigung zwischen Lechia und den Corps „bei allem Toleranz-Gefasel dieser Internationalen [...] immer [zu] spüren" und „die Polen, denen selbst nichts über ihr eigenes Volk geht, steckten sie denn auch immer wieder mal bei" – das heißt, sie übersandten ihnen Forderungen –, wenn „man sich nicht gerade im Verruf befindet".[149]

6. Schluss

Neben den bisher genannten Verbindungen und Vereinen gab es zahlreiche weitere, von denen meist kaum etwas bekannt ist.[150] Nach 1918 existierten sie fast alle weiter, neue wurden gegründet.[151] Völlig unberücksichtigt muss hier das von der Hochschule ausstrahlende und von den dortigen Korporationen stark geförderte, national, konfessionell, politisch usw. gleichfalls überaus vielfältige und ausdifferenzierte Schülervereinswesen bleiben.[152] Deutlich wird, hier wie dort war die Zugehörigkeit

149 BAK, DB 9 (Anm. 7), I. Örtliche und einzelne Burschenschaften, Czernowitz, Teutonia, 1911; ebd., Arminia an Prof. Dr. Herman Haupt, Gießen, 21.3.1922; Lechia bestand bis 1940; ebd., Arminia, 1912; ebd., Teutonia, 1912; Prokopowitsch, Gründung (Anm. 6), S. 51; Jess: Specimen (Anm. 30), Gr 17, Nr. 335004: Lechia Czernowitz; N. N.: Corpsleben (Anm. 56), S. 154, nennt Lechia eine „Landsmannschaft"; vgl. ebd., S. 155; nach BAK, DB 9 (Anm. 7), I. Örtliche und einzelne Burschenschaften, Czernowitz, Teutonia, 1911, ist das „vielleicht treffend[er]".

150 So etwa 1875/76 den Akad. Gabelsberger Stenographen-Verein, den am 13.5.1877 gegründeten Akad. Verein der Naturhistoriker, der sich 1885 mit dem 1881 gegründeten Akad. Verein der Mathematiker und Physiker zusammenschloss und sich am 19.5.1889 in „Naturwissenschaftlicher Verein in Czernowitz" umbenannte, um 1900 den Akad. Verein Karpat mit blau-rot-blauem Band, den vor 1910 gegründeten Akad. Verein Serbischer Theologiestudenten usw.; BAK, DB 9 (Anm. 7), I. Örtliche und einzelne Burschenschaften, Czernowitz; ebd., Uebersicht (Anm. 36); ebd., Arminia an Prof. Dr. Herman Haupt, Gießen, 21.3.1922; Jess: Specimen (Anm. 30), Gr 17, Nr. 310392: Naturwissenschaftlicher Verein Czernowitz; ebd., Gr 17, Nr. 336038: Akademischer Verein Serbischer Theologiestudenten Czernowitz.

151 Bardulf/Kuschniriuk, Arminia (Anm. 51), S. 50–86; Prelitsch: Teutonia 1953 (Anm. 71), S. 31–46; vgl. Emanuel Turczynski: Kontinuität und Wandel. Die Universität Czernowitz, ihre Professoren und Studenten in der Zwischenkriegszeit. In: Slawinski (Hg.): Bukowina (Anm. 75), S. 135–154.

152 „Fast jede Czernowitzer Verbindung, auch die jüdischen, hatten an den Gymnasien sogenannte Vorverbindungen als Keilboden", aus denen sich wesentlich der Nachwuchs rekrutierte; Seewann: Hasmonaea (Anm. 110), S. 174; das Corps Gothia gründete 1877 zuerst eine gleichnamige „Keilverbindung", das Corps Alemannia 1920 eine „Aria" – der Name war Spott auf die deutschnationalen Pennäler und Anzeige der Nichtaufnahme von Juden zugleich –, unabhängig davon entstand schon nach 1880 das pennale Corps Amelungia, deutschnational waren Saxonia (gegr. 1906), Suevia (gegr. 1907), Germania (gegr. 1908), Libertas (gegr. 1910), Saxo-Germania (gegr. 1920) und Saxo-Libertas (gegr. 1930), deutsch-katholisch Buchengau (gegr. 1922) und Borussia (gegr. 1927), ukrainisch Porohe (Schwelle, gegr. 1912) und Kubany (gegr. 1914), polnisch die

zu einer Korporation für zahlreiche Akademiker und viele führende Persönlichkeiten des 19. und 20. Jahrhunderts ein konstitutives Element ihres späteren Lebens, das nicht überschätzt, keinesfalls aber auch unterschätzt werden sollte.[153] Teilweise kannte man sich schon „aus der Schulzeit am selben Gymnasium, teilweise im selben Jahrgang". Viele waren „miteinander vertraut [...]. Sie festigten dies Verhältnis durch Zugehörigkeit" zur gleichen Verbindung oder pflegten, wenn sie an verschiedenen Orten studierten, untereinander brieflich zu verkehren und sich gegenseitig zu besuchen:

> Sie erweiterten den Kreis ihrer Freunde und Gleichgesinnten durch gemeinsame burschenschaftliche Aktivität und durch den Wechsel der Universitäten und die damit verbundene Mitwirkung im neuen burschenschaftlichen Umfeld. So bildete sich ein Netzwerk der Kommunikation und Nahverhältnisse, in das viele einbezogen waren.

Das Aufnahmebegehren – man musste kooptiert werden – war einmal ein politisch-weltanschauliches Bekenntnis zu einer Gesinnungsgemeinschaft. Ebenso wichtig war zum anderen der Anteil des „ursprü[n]gliche[n], meist durch emphatische Freundschaft bestimmte[n] Beziehungsgefüge[s] einer Studentenverbindung", der allerdings kaum messbar ist. Prägend ist auf jeden Fall diese Doppelung, „bezogen auf die Verbindung als einer Gemeinschaft mit verbindlichen Idealen und Werten und auf deren Mitglieder, die meist untereinander als enge Freunde verbunden waren".

Deutlich wird das Beziehungsgeflecht einer zahlenmäßig kleinen bürgerlichen Elite – zwischen 1875 und Wintersemester 1913/14 stieg die Zahl der Studenten in Czernowitz von rund 200 auf 1.077 –, die durch eine gemeinsame edukative Sozialisation geprägt ist. Die gesellschaftliche Verflechtung erfolgte aber nicht nur sozial, durch gemeinsame Identität und Mentalität, sondern auch kulturell, zivilisatorisch und politisch, durch eine gemeinsame Zielvorgabe, einen ideologischen Gleichklang. Zur weiteren Verdichtung trugen gemeinsame Weltbilder, Interessen,

---

Keilverbindung der Lechia, die Jagellonia (gegr. vor 1914), jüdisch die Keilverbindung der Hasmonaea, die Davidia (gegr. nach 1900) sowie die Keilverbindungen der Zephira – Bar Kochba – und der Hebronia – Libanonia –, dazu die unabhängige Kadimah (gegr. 1927); es gab Absolventenvereine wie die Germania oder die gleichnamige, 1929 als Ferienscherz von Altherrentöchtern der Arminia und Frankonia gegründete Schülerinnenverbindung; weitere gab es in der Bukowina an den höheren Schulen in Radautz (Cimbria, gegr. 1909, deutschnational; Ostgau, gegr. 1924, deutsch-kath.), Sereth (Schwaben, gegr. 1914, deutschnational) und Gurahumora (Virtus, gegr. 1928, deutsch-kath.); Übersichten: Jess: Specimen (Anm. 30), Gr 12 u. Gr 17; grundlegend: Oskar Waas: Die Pennalie. Ein Beitrag zu ihrer Geschichte (Geschichte des europäischen Studententums 2). Graz 1967; Hans Sünkel (Bearb.): Verzeichnis der deutschen Schülerverbindungen. Vierow b. Greifswald 1996 (GDS-Archiv für Hochschul- und Studentengeschichte, Beiheft 5); um die Tradition und Geschichte der Czernowitzer Schülerverbindungen bemüht sich der „Traditionsverband ‚Katholische Czernowitzer Pennäler'"; Bund Alter Herren ehemaliger Czernowitzer Deutscher Pennal-Corporationen (Hg.), Raimund Lang (Red.): Deutsches Pennälertum in Czernowitz. Eine Darstellung der ehemaligen deutschsprachigen Czernowitzer Schülerverbindungen. Hamburg 1991; Jess: Specimen (Anm. 30), Gr 12, Nr. 45000: Vereinigung „Katholische Czernowitzer Pennäler"; <https://sites.google.com/site/czernowitzcorp/> (Stand: 1.2.2013).

153 Hierzu und zum Folgenden mit weiteren Nachweisen: Lönnecker: Studentenschaft (Anm. 45), S. 12, 431f.

Zukunftsentwürfe und identische Kommunikationsmuster bei sowie das Bewusstsein, das Moment der Geschichte auf seiner Seite zu haben. Man empfand sich gegenseitig als glaubwürdig und authentisch, woraus wiederum Zusammenarbeit, Verständnis, Affinität, Vertrautheit und Freundschaft entstand bzw. entstehen konnte. Übereinandergelegt und quer über Dritte und Vierte verbunden, ergaben die vielen verschiedenen Linien ein Netzwerk, das seine Belastbarkeit und Dauerhaftigkeit immer wieder bewies. Mentale Nähe nivellierte noch nach Jahren die geographische Distanz und wurde politik- oder sonst wirkungsmächtig.[154]

Der österreichische Unterrichtsminister sagte bei der Eröffnung der Czernowitzer Universität: „Wie der Deutsche, so labt und kräftigt sich auch der Romane und der Slave gerne am Borne deutscher Wissenschaft".[155] Dahinter stand das Bild von der international erfolgreichen, der führenden deutschen Universität und Wissenschaft, ein besonderes Hochschulmodell – das der deutschen Forschungsuniversität –, welches im Verlauf des 19. Jahrhunderts von Preußen und vorrangig von der Berliner Universität ausging, zum weltweit führenden aufstieg und seit etwa 1850 verstärkt und vielfältig kopiert wurde, seit den Thun-Hohensteinschen Reformen auch in Österreich.[156] Entsprechend führte Constantin Tomaszczuk aus: „Deutsche Wissenschaft hat Anspruch auf Universalität. Und nur, weil deutsche Bildung eine universelle Bedeutung hat, streben auch die nichtdeutschen Söhne der Bukowina die deutsche Universität an."[157]

Ebenso sah das die Studentenschaft. In ihrem Aufruf zur Teilnahme an der Gründungsfeier heißt es: „Die Eröffnung der Czernowitzer Universität ist ein Triumph deutscher Wissenschaft und deutschen Geistes, die sich bis in den fernsten Osten siegreich Bahn gebrochen haben."[158] Und mit dieser Universitäts- und Wissenschaftsidee wurden auch das deutsche Studentenmodell und sein Vereinswesen transportiert.[159] Die Übernahme des studentischen Traditionalismus deutscher Prägung versprach teilzuhaben an der überlegenen Wissenschaft und von ihr zu profitieren, erlaubte sich über alle zu erheben, die nicht auf solcher Höhe zu lehren und zu lernen vermochten. Kurz: Die Ausstrahlung der deutschen Universität zog auch

154 Vgl. Harald Lönnecker: „... nur den Eingeweihten bekannt und für Außenseiter oft nicht recht verständlich". Studentische Verbindungen und Vereine in Göttingen, Braunschweig und Hannover im 19. und frühen 20. Jahrhundert. In: Niedersächsisches Jahrbuch für Landesgeschichte 82 (2010), S. 133–162, hier S. 160f.; Ders.: Profil (Anm. 9), S. 145.

155 Akademischer Senat, Universität (Anm. 23), S. XXXIX.

156 Rainer Christoph Schwinges (Hg.): Humboldt International. Der Export des deutschen Universitätsmodells im 19. und 20. Jahrhundert. Basel 2001 (VGUW 3); zuletzt: Manfred Bauer: Eine Reform unter dem Mikroskop. Die Umsetzung der „Thun-Hohensteinschen" Universitätsreform an der Philosophischen Fakultät der Karl-Franzens-Universität Graz. Graz 2012; zusammenfassend: Werner Ogris: Die Universitätsreform des Ministers Leo Graf Thun-Hohenstein. Wien 1999 (Wiener Universitätsreden NF 8).

157 Turczynski: Czernowitz 1984 (Anm. 16), S. 190; Pacholkiv: Emanzipation (Anm. 21), S. 202.

158 BAK, DB 9 (Anm. 7), I. Örtliche und einzelne Burschenschaften, Czernowitz, Aufruf an die Studentenschaft betr. Eröffnungsfeier der neuen Universität, August 1875.

159 Vgl. Harm-Hinrich Brandt: Studierende im Humboldt'schen Modell des 19. Jahrhunderts. In: Schwinges: Humboldt (Anm. 156), S. 131–150.

die Orientierung an deutschen Vereinsstrukturen auf der Hochschule nach sich, und dies vor allem auch bei aufstiegsorientierten nichtdeutschen Hochschülern.

War den deutschen Studenten die Organisation und Betätigung in Formen selbstverständlich, die sie vornehmlich aus Wien kannten und die von dort mitgebracht wurden, übernahmen die nichtdeutschen diese 1875 sofort: „Der dorthin [nach Czernowitz, H. L.] gekommene Fremde glaubte, in einer rein deutschen Universitätsstadt zu sein, zumal er die auf der Straße bummelnden, Mützen und Stürmer tragenden, auch beschmißten Studenten nicht nach ihrer Nationalität unterscheiden konnte.“[160] Die Adaption und nur sehr geringfügige, kaum oder nicht bemerkbare Variation des akademischen Habitus, der als traditionell empfundenen Sitten und Gebräuche, Rituale und Zeremonien von der Vereins- und Verbindungsstruktur bis zum Farbentragen, vom Comment über das Fechten bis zum Gesang deutscher Studentenlieder – deutschen Ohren klang etwa das rumänisch, polnisch, ukrainisch oder jiddisch gesungene „O alte Burschenherrlichkeit“ oft seltsam in den Ohren[161] – archaisierte, romantisierte und historisierte die Studenten, gab ihnen aber zugleich festen gesellschaftlich-sozialen Boden unter den Füßen, zumal denjenigen, die aus bisher eher bildungsfernen Schichten kamen und für die der Beitritt zu einer Verbindung nach außen sichtbaren sozialen Aufstieg bedeutete, indem man mit den bisher vor allem studierenden Oberschichten gleichzog. Dabei offenbart sich zugleich die überaus flexible Struktur des deutschen Modells, welches offensichtlich mit völlig unterschiedlichen, einander widersprechenden, ja gegensätzlichen Inhalten gefüllt werden konnte.

„Entsprechend der nationalen Zusammensetzung der Bukowinaer Bevölkerung entstand hier ein Korporationsleben, das in dieser Eigenart an keiner der übrigen Hochschulen Europas anzutreffen war.“[162] Auf den ersten Blick drängt sich zwar der Vergleich mit dem ähnlich isoliert gelegenen Dorpat auf. Auch hier gab es nach deutschem Muster zahlreiche Verbindungen und Vereine unterschiedlicher Nationalität und Ausrichtung, die mehr oder weniger friedlich nebeneinander existierten. Sie hatten aber seit der Wiedererrichtung der Universität 1802 eine eigene Entwicklung genommen, die sich über weite Strecken von ihrem Ursprung abgekoppelt hatte, waren über einen längeren Zeitraum zu entsprechendem Selbstbewusstsein gelangt, orientierten sich nicht oder in nur geringem Maße an den Korporationen in Deutschland, so gut wie gar nicht an denen Österreichs, suchten kaum Kontakt oder Anschluss an größere Verbände. Das änderte sich selbst dann nicht, als seit den 1880er Jahren der Russifizierungsdruck immer größer wurde, im Gegenteil, er hatte integrative Kraft und zog einen nachdrücklichen Selbstbehauptungswillen nach sich, der erst durch die sowjetische Besetzung 1940 unterdrückt, aber nicht ausgemerzt

160 Prelitsch: Teutonia 1953 (Anm. 71), S. 30.

161 BAK, DB 9 (Anm. 7), I. Örtliche und einzelne Burschenschaften, Czernowitz, Arminia an Prof. Dr. Herman Haupt, Gießen, 21.3.1922; vgl. Traditionsverband „Katholische Czernowitzer Pennäler“ (Hg.), Raimund Lang (Red.): Czernowitzer Studentenlieder. Manifeste einer Subkultur. Innsbruck 2001 (CKS 11).

162 Prokopowitsch: Gründung (Anm. 6), S. 50.

wurde und viele der Vereinigungen in Deutschland, den USA und Canada bis zur Rückkehr ab 1991/92 überleben ließ.[163]

Mit Errichtung der Czernowitzer Universität zeigte sich „der neue Geist, der mit dem Betrieb der studentischen Verbindungen und Vereine in die Stadt einzog".[164] Aber:

> Nicht die Tatsache, daß die deutschen Studenten an der Alma mater an den Ufern des Pruth Bräuche einführten, die auch in Innsbruck, Marburg oder Greifswald nicht andere waren, verdient hervorgehoben zu werden, sondern der Umstand, daß auch die nationalrumänischen, die ukrainischen, polnischen und jüdischen Musensöhne nicht zurückstehen wollten und bald in Stürmern und Mützen das Bild des sonntäglichen Farbenbummels bereicherten, nach dem gleichen Comment – nur in ihre Muttersprache übersetzt – fochten und kneipten und bei festlichen Anlässen in feierlichem Wichs auftraten.[165]

Diese Übereinstimmungen fielen bereits Zeitgenossen um 1900 auf und sie machten sie dafür verantwortlich, dass es in Czernowitz zwar Auseinandersetzungen in der Studentenschaft gab, die aber gering waren, verglich man sie mit denen, die in Prag und Brünn/Brno mit nationalem, in Wien, Graz oder Innsbruck mit politisch-konfessionellem Hintergrund tobten:

> In Prag wird man in Band und Mütze von Tschechen auf offener Straße beleidigt und angegangen, Realinjuria sind die unausweichliche Folge; in Graz oder Wien geht es ebenso, weil die Katholen keine Satisfaktion geben und den Juden nicht oder nur selten gegeben wird. [...] Ganz anders in Czernowitz, wo sich alle Studirenden des deutschen Comments befleißigen, wo spätestens nach der Verbalinjuria der Kartenwechsel erfolgt, die Kartellträger terminiren und die Sache in größter Ruhe mit der blanken Klinge bereinigt wird.[166]

---

163 Zuletzt zu Geschichte und Entwicklung des Dorpater Studentenvereinswesens: Indrek Ilomets, Toomas Hiio, Mart Orav (Hg.): Vivat, crescat, floreat Alma Mater! Tartu/Dorpat 2007; Erich Donnert: Die Universität Dorpat-Jur̕ev 1802–1918. Ein Beitrag zur Geschichte des Hochschulwesens in den Ostseeprovinzen des Russischen Reiches. Frankfurt a. M., Berlin, Bern u. a. 2007; Hans-Dieter Handrack (Hg.): Die Korporationen als prägende gesellschaftliche Organisationen im Baltikum. Lüneburg 2010 (Baltische Seminare 17); s. a. Sirje Tamul: Zur Studentenschaft der russifizierten Universität Tartu [Dorpat] 1883–1918. In: Jahrbuch für Universitätsgeschichte 4 (2001), S. 102–111.

164 Turczynski, Czernowitz 1984 (Anm. 16), S. 197.

165 Prelitsch: Teutonia 1953 (Anm. 71), S. 25. – Der „Wichs" ist das „traditionelle stud. Festkleid"; Einzelheiten zu Form, Geschichte und Entwicklung: Golücke: Studentenwörterbuch (Anm. 63), S. 92, 340f., 383, 500.

166 BAK, DB 9 (Anm. 7), I. Örtliche und einzelne Burschenschaften, Czernowitz, Uebersicht (Anm. 36). – Außer während der Revolution 1848/49 adaptierten tschechische Studenten kaum einmal und fast nirgends die Organisationsstrukturen und den Habitus ihrer deutschen Kommilitonen; begründet lag das vor allem in einer verhältnismäßig frühzeitigen nationalen Ausdifferenzierung, die die besonderen Formen des mitteleuropäischen Studentenvereinswesens als typisch deutsch und damit als unzumutbar konnotierte; außerdem verfügte die tschechische Hochschülerschaft mit den Studentenabteilungen und -vereinen des Sokol usw. seit den 1860er Jahren über Organisationen, die ihnen als tschechisch, nichtdeutsch und damit angemessen galten; vgl. Lönnecker, Prag 1867–1945 (Anm. 13), S. 20, 27f.; Ders.: „... das einzige, was von mir bleiben wird ..." – Die Burschenschaft Ghibellinia zu Prag in Saarbrücken 1880–2005. Eine Einzelfallstudie zum Prager deutschen Studententum. 2 Bde. Koblenz 2007, Bd. 1 auch Saarbrücken 2009, hier S. 23.

Differenzen wurden nicht auf der Straße, sondern auf dem Mensurboden zwischen als gleichrangig betrachteten Satisfaktionsfähigen ausgetragen. Für jeden

> mußte es ein erstaunliches Erlebnis gewesen sein, Mensuren beizuwohnen, bei denen sich rumänische Studenten, Angehörige rumänisch-nationaler Korporationen, auf dem Paukboden gegenüberstanden und treu, standhaft und unentwegt ihre Mensuren nach den Formen und Regeln ausfochten, die sie den deutschen Studenten abgeschaut hatten.[167]

Diese Adaption war aber eine sehr eingeschränkte oder gar keine „Kultursymbiose", keine gegenseitige Durchdringung, sondern aus den bereits dargelegten Gründen innerhalb kürzester Zeit die fast uneingeschränkte Anpassung an das deutsche studentische Modell und seine Traditionen, die Adaption eines Traditionalismus, der mehr oder weniger zum Referenzsystem für alle nichtdeutschen Verbindungen und Vereine geworden war, an dem sie sich maßen und gemessen wurden.

Dieses System war überaus stark und normierend, lange über das Ende des Ersten Weltkriegs hinaus:

> Die neugegründeten nationalen Korporationen übernahmen deutsche Gebräuche und pflegten sie durch Jahrzehnte nach alter Überlieferung, auch noch zu einer Zeit, als die Universität ihren deutschen Charakter längst schon verloren hatte. Diese Pflege deutscher Studentenbräuche bei den deutschen und gleichzeitig auch den nichtdeutschen Korporationen trug vor allem sehr viel dazu bei, daß sich hier, im Gegensatz zu den anderen österreichischen Hochschulstädten, Zusammenstöße zwischen den einzelnen nationalen Gruppen fast nie ereigneten.[168]

Zwar mag auch ein Grund gewesen sein, dass Czernowitz keine Hochburg des Deutsch- oder anderer radikaler Nationalismen war. Dennoch war das deutsche Vorbild so stark, dass etwa die Duell- bzw. Satisfaktionsregeln nicht nur übernommen, sondern von den rumänischen Verbindungen nach 1918 auf das nun in Czernowitz stationierte rumänische Offizierkorps angewandt wurden, dass das Prinzip der unbedingten Satisfaktion bisher nicht kannte.[169] Dabei beriefen die Verbindungen sich ausdrücklich auf König Ferdinand I. von Rumänien, „der gelegentlich der Inauguration der neuen rumänischen Universität an die Vertreter der einzelnen Korporationen beim Königskommerse freundliche Worte gerichtet" hatte und „betont[e], daß er auch ein Couleurstudent [in Tübingen und Leipzig, H. L.] war und dem Wunsche Ausdruck verlieh [...], daß das Farbenleben an der Czernowitzer Universität recht lange erhalten bleibe".[170]

---

167 N. N.: Corpsleben (Anm. 56), S. 154.

168 Prokopowitsch: Gründung (Anm. 6), S. 50 f.; ebenso: Bardulf/Kuschniriuk, Arminia (Anm. 69), S. 32.

169 Seewann: Hasmonaea (Anm. 110), S. 190.

170 BAK, DB 9 (Anm. 7), I. Örtliche und einzelne Burschenschaften, Czernowitz, Arminia an Prof. Dr. Herman Haupt, Gießen, 21.3.1922; vgl. Rudolf Wagner: Die Inauguration der rumänischen Universität in Czernowitz. In: Kaindl-Archiv. Mitteilungen der Raimund-Friedrich-Kaindl-Gesellschaft 3 (1982), S. 5–12; zur Rumänisierung der Universität: Hausleitner: Rumänisierung (Anm. 86), S. 168f.; Turczynski: Kontinuität (Anm. 151), S. 136f.

Das Czernowitzer Studentenvereinswesen existierte angesichts nationaler, politischer, sozialer und kultureller Heterogenität und entwickelte in einem bestimmten Rahmen einen facettenreichen Pluralismus, der von der Universität, Professoren und Hochschülern, der Stadt, den Bürgern und Behörden alsbald als „normal" wahrgenommen wurde.[171] Das sollte weder harmonisiert noch verklärt werden, obwohl dies verständlich ist angesichts der Umbrüche und Verwerfungen des 20. Jahrhunderts. Der „Versuch der Normierung der Vergangenheit ist bereits in anderen Kontexten diskreditiert worden. Demokratisch verfasste und pluralistisch geprägte Gesellschaften benötigen auch keine vereinheitlichten Geschichtsbilder, die – realistisch betrachtet – ohnehin nicht erreichbar sein dürften."[172] Das Bild der Studentenschaft der Czernowitzer Universität war bisher allerdings weitgehend homogenisiert, in ein strahlendes Licht des Miteinanders bei Ausblendung des Gegeneinanders und der Misshelligkeiten getaucht, es wurde der Charakter der Hochschule und damit ihrer Studenten als „völkerverbindende Institution" betont, die sie nicht immer war.[173] Es scheint geboten, genauer hinzusehen, nur dann kann wirkliches Verständnis der Vergangenheit Raum greifen.

171 Im Gegensatz zu allen anderen Hochschulstädten im deutschsprachigen Raum wurden etwa Mensuren in Czernowitz niemals als Straftat verfolgt, im Gegenteil, der „Paukboden" der Burschenschaften befand sich über Jahre sogar im Haus der Polizeiwache, im Stockwerk über ihr; BAK, DB 9 (Anm. 7), I. Örtliche und einzelne Burschenschaften, Czernowitz, Arminia; ebd., Teutonia; ebd., Uebersicht (Anm. 36); zur Mensur als strafrechtliches Delikt s. Anm. 18 und Andreas Hochwimmer: „Student sein, wenn die Hiebe fallen ..." Mensur und Strafrecht, Essen 2009.

172 Matthias Weber: Erinnerungsorte in Ostmitteleuropa. Erfahrungen der Vergangenheit und Perspektiven. In: Ders., Burkhard Olschowsky, Ivan A. Petranský, Attila Pók, Andrzej Przewoźnik † (Hg.): Erinnerungsorte in Ostmitteleuropa. Erfahrungen der Vergangenheit und Perspektiven. München 2011 (Schriften des Bundesinstituts für Kultur und Geschichte der Deutschen im östlichen Europa 42/Schriften des Europäischen Netzwerks Erinnerung und Solidarität 1), S. 11–25, hier S. 25.

173 Charakteristisch: Franz Hieronymus Riedl: Die Universität Czernowitz als völkerverbindende Institution 1875–1919. In: Der Donauraum. Zeitschrift des Institutes für den Donauraum und Mitteleuropa 15/3–4 (1970), S. 216–228; Ders., Helmut Möller: Die Universität Czernowitz 1875–1920. Ein Blick auf ihr Wesen und ihre Entwicklung, Beziehungen zu Ost- und Mitteldeutschland. Aspekte politischer Erziehung und Bildung. Troisdorf b. Bonn 1971 (Mitteldeutsche Vorträge 2).

Adam Woodis

Gescheiterte Hoffnungen. Die unbeabsichtigte Wirkung des privaten „Kulturkampfs“ von Karl Emil Franzos

I.

Karl Emil Franzos, ausgebildeter Journalist und selbsternannter Kulturhistoriker, schrieb didaktische Literatur über ein Leben, „das [er] auf das Genaueste kannte“,[1] mit dem Ziel, seine westliche Leserschaft nicht nur über die Bräuche und Traditionen der chassidischen Juden im östlichen Europa zu unterrichten, sondern auch die selbstverschuldete „Finsternis“ zu erläutern, in der diese Gruppe freiwillig lebte. Seine Geschichten sind in erster Linie didaktisch orientiert. Er lasse, so heißt es bei Martha Bickel, „dem Leser auch nicht die geringste Möglichkeit, selbst zu urteilen und Schlußfolgerungen zu ziehen“.[2] Dies trifft zwar einerseits zu, aber andererseits bietet ein Studium seines Œuvres umfangreiche Möglichkeiten, die Kulturgeschichte der im 19. Jahrhundert im östlichen Europa lebenden Juden zu erforschen, denn seine Schriften thematisieren die von ihm erlebten Gräuel des Lebens im Ghetto, Ereignisse, die ihm als Folter, größte Vernachlässigung und reine Demütigung der Menschenwürde galten, und die Spannungen, die zwischen den nebeneinander lebenden Ostjuden und Christen existierten. Franzos verstand seine Schriften als eine Art literarischer Kreuzzug gegen die Verstocktheit der chassidischen Orthodoxie, die, gegen seine Intentionen, zur immerzu wachsenden Welle des Antisemitismus der zweiten Hälfte des 19. Jahrhunderts beitrugen, indem sie die unbeabsichtigte Nebenwirkung hatten, das Stereotyp der Ostjuden als eine schmutzige, barbarische, unmenschliche, tyrannische und abergläubische Menschenrasse zu schaffen.

Eine Flucht aus dieser bedrückenden Gesellschaft scheint, folgt man Franzos' Texten, chassidischen Juden unmöglich zu sein, denn die meisten solcher Versuche in Franzos' Geschichten enden mit dem Tod des Protagonisten. Doch wirft Franzos hiermit keinen letztlich pessimistischen Blick auf die chassidische Gesellschaft des östlichen Europas; in dieser Lebenswelt großgeworden und sich bemühend, ein künstlerisches, doch geschichtstreues Kulturbild dieser Welt zu erschaffen, beschreibt er die Realität der Lage, in der sich die chassidischen Juden befanden. Vielleicht kann der Name seines bekanntesten Protagonisten, Sender Glatteis, in dieser Hinsicht symbolisch interpretiert werden: Der Weg aus dem Chassidismus ist eine rutschige Straße, und die meisten, die den Fluchtversuch, physikalisch oder symbolisch gesehen, unternehmen – wie Sender Glatteis in *Der Pojaz* (1893/1905) –, ge-

---

1 Karl Emil Franzos: Die Juden von Barnow. 6. Aufl. Berlin 1899, S. VI.

2 Martha Bickel: Zum Werk von Karl Emil Franzos. In: Stéphane Moses, Albrecht Schöne (Hg.): Juden in der deutschen Literatur. Ein deutsch-jüdisches Symposion. Frankfurt a. M. 1986, S. 152–161, hier S. 160.

langen wieder hinter die Tore des chassidischen Glaubens zurück und sterben bald darauf.

Mit diesem Aufsatz soll diese Problemlage untersucht und aufgezeigt werden, wie Franzos seinen eigenen „Kulturkampf", à la Bismarck letztlich vergeblich, zu führen versuchte.

Der im Revolutionsjahr 1848 in einer Waldhütte in Russisch-Podolien geborene Schriftsteller Karl Emil Franzos wuchs in Ostgalizien, einem der entlegensten und ländlichsten Gebiete Ostmitteleuropas, auf. Die Familie Levert – erst Ende des 18. Jahrhunderts, als Kaiser Joseph II. seine Namensreform durchsetzte, wurde der Familienname von Levert in Franzos geändert – stammte jedoch nicht aus dem östlichen Europa und gehörte auch nicht zu den dort ansässigen aschkenasischen Juden, sondern zählte zu den hauptsächlich in Westeuropa lebenden und bis Ende des 19. Jahrhunderts als weitgehend assimiliert geltenden Westjuden, den Sepharden. Die Familie Levert/Franzos war gebildet und aufgeklärt und legte viel Wert auf eine deutsche Ausbildung, aber wenig Wert auf religiöse Zeremonien. Sie lebte jedoch in einem Gebiet, in dem eine strikte Befolgung religiöser Vorschriften das tägliche Leben prägte. Die Familie hielt es indes für unwichtig, die strengen Vorschriften des chassidischen Judentums einzuhalten, und strebte stattdessen dem ‚Deutsch-Sein' nach. Dennoch kam eine Konversion zum Christentum nicht in Frage, denn, wie Franzos' Großvater seinem Sohn einmal gesagt haben soll – gemäß der Überlieferung von Karl Emils Vater Heinrich Franzos –, war Religion dem Menschen von Gott verliehen. Man solle daher standhaft in der Religion sein und sie niemals ablegen:

> Es ist ein Gott über uns Allen, alle Religionen sind gleich gut, weil alle zur Menschlichkeit verpflichten, Zeremonien sind überflüssig. Als Jude geboren, hast du Jude zu bleiben, weil dies offenbar Gottes Wille ist, und weil deine Glaubensbrüder, die noch – mit Recht und Unrecht – scheel angesehen werden, guter und gebildeter Männer bedürfen, die sie läutern und verteidigen.[3]

Vater und Großvater waren beide von der deutschen Kultur und dem deutschen Bildungssystem fasziniert und ließen sich deswegen in Deutschland ausbilden. Eine solche Ausbildung begann für Karl Emil schon früh, war aber im Unterschied zu der seines Vaters bereits durch Vielseitigkeit bzw. Vielperspektivität gekennzeichnet. Karl Emil wurde zunächst vom Vater zu Hause unterrichtet und besuchte danach die Schule in einem Dominikanerkloster in Czortkas, wo er sich als der einzige Jude als Außenseiter fühlte. Hierbei ermunterte ihn sein Vater, die religiösen Unterschiede zwischen ihm und seinen Mitschülern nicht zu betonen: „Wir haben denselben Gott gemeinsam, nicht dieselben Formen, und Gott zu dienen ist all der Pomp überflüssig".[4] Neben dieser Schulung im Kloster erhielt er eine formelle Ausbildung in Hebräisch in einer Jeschiwa. Auch nach dem Tode seines Vaters sollte Karl Emils Ausbildung nicht aufhören. In seinem Testament äußerte Heinrich als letzten Wunsch, dass Karl Emil

3 Karl Emil Franzos: Mein Erstlingswerk: Die Juden von Barnow. In: Ders. (Hg.): Die Geschichte des Erstlingswerks. Stuttgart 1894, S. 213–240, hier S. 217.

4 Ebd., S. 224.

das deutsche Gymnasium in Czernowitz – das einzige deutsche Gymnasium weit und breit – besuchen solle. Diese vielseitige Ausbildung ermöglichte ihm, ein tiefes Verständnis sowohl der deutschen wie der jüdischen Kultur zu gewinnen, was zur Folge hatte, dass Franzos Fanatismus und Intoleranz beider zu vermeiden wusste.

Weil sie aber keine Christen waren und auch das chassidische Leben ablehnten, galt die Familie Franzos sowohl unter den Deutschen als auch unter den Juden der ostgalizischen Gesellschaft als Außenseiter und führte demnach, wie Franzos feststellt, eine Existenz im Niemandsland zwischen den beiden Gruppen, was dem Knaben schwer fiel: „Ich fühlte mich überall ein Fremder, im Kloster und im Ghetto, im Haus meiner Mitschüler, wie in der Bauernhütte und im adeligen Hof, es war überall anders als daheim".[5] Die Deutschen in Czernowitz hielten die Familie für Juden, während die Juden die Familie als deutsch ansahen. Dass die Familie keinem der beiden gesellschaftlichen Kreise angehörte, blieb für Heinrich Franzos letztlich gleichgültig. Viel wichtiger war ihm die von seinem Vater ihm übermittelte Lehre, die die Bewahrung des Glaubens bei Ablehnung einer rein rituellen Befolgung äußerer Zeremonien betonte. Karl Emil nahm sich diese Lehre zu Herzen und legte niemals in seinem Leben seinen Glauben ab,[6] obwohl er als Student in Wien zweimal aufgefordert wurde, dies zu tun, um seine Karriere zu fördern. Das erste Mal hatte er sich als Student der klassischen Literatur ausgezeichnet und ihm wurde ein Stipendium angeboten, um sich für eine Professur zu qualifizieren. Als Jude durfte er jedoch weder das Stipendium annehmen noch eine Professur antreten – beide Möglichkeiten würden ihm, so wurde ihm signalisiert, offen stehen, wenn er dem Judentum abschwören und sich zum Christentum bekehren würde. Er lehnte diese Aufforderung ab und wechselte zu einem Jurastudium mit der Absicht, Richter zu werden. Auch hier musste er erfahren, dass er als Jude nicht auf dem Richterstuhl sitzen dürfe; offen stehe ihm nur eine Karriere als Anwalt. Da ihm dies nicht zusagte, gab er auch sein Jurastudium auf und wurde Journalist.

Heinrich hatte seinem Sohn eingeflößt, dass er zuerst Deutscher sei, erst dann Jude. Auch erübrigten sich religiöse Zeremonien, weil sie Diskriminierung und sogar Verfolgung fortpflanzten. Karl Emil lebte an der Grenze zwischen zwei unterschiedlichen Welten, geächtet von beiden, doch beiden zugehörig. Diese Grenze, die ihm schon als Kind bewusst geworden war und deren Trennschärfe im Lauf seines Lebens noch zunahm,[7] wurde zum Thema seines literarischen sowie seines journalistischen Schaffens: Zahlreiche seiner jüdischen Figuren setzen sich in seinen Texten mit den strengen Vorschriften des chassidischen Judentums auseinander. Es war genau die Erziehung in und zwischen zwei Kulturen, die Franzos seine letztlich einzigartige Stimme verlieh, die sein Œuvre prägte und ihn zu einem der am häufigsten übersetzten und gelesenen Autoren der Epoche machte – sein Publikum fand er nicht nur in Westeuropa, sondern auch in Russland und den Vereinigten Staaten,

5 Ebd., S. 225.

6 Bickel: Zum Werk von Karl Emil Franzos (Anm. 2), S. 160f.

7 Hanjo Kesting: Plädoyer für einen Erzähler. In: Oskar Ansull (Hg.): Zweigeist. Karl Emil Franzos – Ein Lesebuch. Potsdam 2005, S. 273–287, hier S. 285.

sowohl unter Christen wie unter Juden.[8] Allein in Deutschland erschienen sieben Auflagen seiner Novellensammlung *Die Juden von Barnow* (1877) bis zu seinem Tod im Jahr 1904.

II.

Am Anfang seiner Karriere als Autor entschied sich Franzos, lebensechte Figuren nach einer Wirklichkeit zu gestalten, die er „auf das Genaueste kannte". Er thematisierte die in Galizien lebenden chassidischen Juden.[9] Diese Entscheidung traf er zu einer Zeit, als die meisten anderen jüdischen Autoren vor der Produktion von Ghettogeschichten wegen des starken Anstiegs des Antisemitismus in Europa zurückschreckten.[10] Er beabsichtigte nicht, Ostjuden als eine große, anonyme Gruppe darzustellen, denn er hatte in dieser Gesellschaft gelebt und verstand, dass die Ostjuden keine homogene Gruppe bildeten. Anstelle einer solchen geschlossenen Darstellung einer Gruppenidentität hob er das Leben von in Galizien beheimateten, aber bewusst oder unbewusst gegen die strikten Vorschriften des chassidischen Judentums verstoßenden Individuen hervor, denn er war überzeugt, dass die Bedingungen, unter denen diese Juden leben mussten, inhuman waren. Das Ziel dabei war, ein Verständnis dieser Bedingungen sowohl bei der deutschen, westjüdischen als auch bei der ostjüdischen Leserschaft – seine auf Deutsch geschriebenen Geschichten erschienen auch in hebräischer Übersetzung – zu befördern, was letztlich zu Reformen und Verbesserungen des Lebens im ostjüdischen Ghetto führen würde. Er unternahm eine Art literarischen Kreuzzug gegen das orthodoxe Judentum, insbesondere gegen dessen chassidische Form:

> Einer besonders scharfen Kritik wird in den Erzählungen Franzos' all das unterzogen, was er als die Verstocktheit der Orthodoxie ansieht, und mit Bosheit geradezu verfolgt er die Repräsentanten der chassidischen Tradition, deren „verherrliche Versammlung" er seinen Lesern über „schmutzige Folianten" gebeugt vorführt, hin und herschaukelnd und halblaut vor sich hin lesend oder „in gellender Diskussion die Dinge jener Welt" erörternd, oder gar, wie es in solchen „Brutstätten des Müßiggangs" anders nicht sein kann, dem Branntwein zusprechend.[11]

Franzos wusste aber, dass eine rein kritische Haltung nicht produktiv wäre – so viel hatte er von seinem Vater und während seines Studiums gelernt –, weshalb er nicht nur Kritik in seine Schriften einbaute, sondern auch mögliche Lösungen präsentierte. Sein spezifisches Ziel war es, „nicht nur über die Siege und Niederlagen der

8 Franzos: Juden von Barnow (Anm. 1), S. VIf. Siehe auch Mark H. Gelber: Karl Emil Franzos. In: James Hardin, Siegfried Mews (Hg.): Nineteenth Century German Writers, 1841–1900. Detroit 1993 (Dictionary of Literary Biography 129), S. 87–91.

9 Franzos: Juden von Barnow (Anm. 1), S. VI.

10 Jost Hermand: Vorbemerkung. In: Ders. (Hg.): Geschichten aus dem Ghetto. Frankfurt a. M. 1987, S. 7–21, hier S. 16f.

11 W[infried] G[eorg] Sebald: Westwärts – Ostwärts. Aporien deutschsprachiger Ghettogeschichten. In: Literatur und Kritik 24, 233/244 (1989), S. 161–177, hier S. 167.

Kultur zu berichten, sondern [...] ihr meine bescheidenen strategischen Ratschläge zu geben. [...] Ich wünsche [den Osten] bloß kultivierter, als er derzeit ist".[12]

Mit dem Ziel die Auswirkungen zu zeigen, die ein Leben unter dem Druck einer fanatischen Befolgung der Vorschriften des chassidischen Judentums nicht nur auf das Individuum, sondern auf die ganze Gesellschaft haben kann,[13] verwendet Franzos in vielen Werken ‚Dunkelheit' als Metapher für den Mangel an westlicher Bildung, um auf den selbst auferlegten „Firnis, mit dem [die Juden im Osten] die autochthone Barbarei bedecken", anzuspielen.[14] Seine tiefste Hoffnung war, dass chassidische Gesellschaften durch Bildung – d. h. durch die deutsche aufgeklärte Kultur – den Firnis abbeizen, die autochthone Barbarei beenden und aus der sich selbst auferlegten Finsternis auftauchen würden, wie Sebald schreibt: „Das theologische Bild von der Erhellung der Finsternis wird dergestalt zur Metapher für den Anbruch des bürgerlichen Zeitalters, das sich als der Sabbat der Menschheitsgeschichte begreift".[15] Franzos hoffte, selber ein Agent dieser Bildung sein zu können: „Ich weiß ja, ein wahrhaft großer Dichter, ein Stern am Himmel werde ich nicht werden, weil ich mein Talent nicht so hoch emportragen kann, aber vielleicht werde ich doch ein irdisches Licht, welches Einzelnen die Nacht erhellt".[16] Im Bemühen um das Wohlergehen osteuropäischer Gesellschaften spielte für ihn die deutsche Bildung eine viel wichtigere Rolle als die Religion – vor allem, weil jene zu einer größeren Toleranz führt als diese.[17]

Dieses Programm wird, wie schon angedeutet, in vielen seiner Werke thematisiert. Vielleicht in keinem Werk gewinnt es indes einen so prominenten Rang wie in seiner Kurzgeschichte *Schiller in Barnow*, die im ersten Band seiner sechsbändigen Geschichtensammlung *Halb-Asien* (1876–1888) erschien. In dieser Geschichte wird die berühmte Ringparabel aus Giovanni Boccaccios *Decamerone* (ca. 1349–1353) und Gotthold Ephraim Lessings *Nathan der Weise* (1779) als Muster für ein Gespräch zwischen einem katholischen Mönch, einem ruthenischen Hauslehrer und einem chassidischen Juden verwendet, in dem die Vor- und Nachteile der jeweiligen Religionen diskutiert werden. Um ein solches Gespräch zu ermöglichen, müssen die drei Barnower sich von ihrer „selbst verschuldeten Unmündigkeit" befreien – wie Immanuel Kant sagen würde – und wenden zu diesem Zweck das einzige Jota deutscher Kultur an, das im Dorf zu finden ist: ein Exemplar von Friedrich Schillers *Die Räuber* (1781), das sie unter sich teilen. Vom Erzähler der Geschichte lernen wir,

---

12 Karl Emil Franzos: Einleitung. In: Ders.: Halb-Asien. Land und Leute des östlichen Europas. Bd. I. Stuttgart 1912, S. XVII.

13 Siehe Maria Kłańska: Zwischen Licht und Finsternis. Zum Bildungsbestreben der galizischen Haskala in der deutschsprachigen Literatur. In: Stefan A. Kaszyński (Hg.): Galizien – Eine literarische Heimat. Poznań 1987 (Seria filologia germańska 27) S. 125–137.

14 Franzos: Halb-Asien, Bd. I (Anm. 12), S. XIX.

15 Sebald: Westwärts – Ostwärts (Anm. 11), S. 166.

16 Zit. in: Ludwig Geiger: Karl Emil Franzos. In: Jahrbuch für jüdische Geschichte und Literatur 11 (1908), S. 176–229, hier S. 227.

17 Mark H. Gelber: Ethnic Pluralism and Germanization in the Works of Karl Emil Franzos (1848–1904). In: The German Quarterly 56 (1983), H. 3, S. 376–385, hier S. 383f.

dass „[d]ie drei im Dunkel [waren] und sich nach Licht gesehnt [haben], sie waren in der Wüste und haben nach einem Quell gedürstet".[18] Die Ringparabel ist hier eng mit der Dunkelheitsmetapher verbunden, doch nicht um wie Lessing religiöse Toleranz zu fördern, sondern um ein viel weitergehendes Idealbild der humanistischen Kultur zu entwerfen, das religiöse Uneinigkeit ersetzen sollte.[19]

Woher sollte die humanistische Kultur kommen, die religiöse Uneinigkeit ersetzen sollte? Weder Griechenland noch Rom, wie im 18. Jahrhundert, sondern Deutschland und die deutsche Kultur, die Franzos für die Apotheose der humanistischen Kultur am Ende des 19. Jahrhunderts hielt, sollte nun zum Vorbild dienen:

> Weil Deutschland eines der gebildetsten Länder der Welt ist und daneben dasjenige, in dem die Durchschnittsbildung die relativ höchste ist, weil im Wesen des deutschen Geistes eine gewisse Selbstlosigkeit und Anschmiegsamkeit liegt, weil der Deutsche besser als der Franzose und Engländer zum Lehrer taugt, weil der eigentümliche Vorzug unserer deutschen Bildung, die schlichte Gründlichkeit, zugleich derjenige ist, der den Völkern des Ostens am wenigsten innewohnt und daher am meisten not tut, aus allen diesen Gründen erschien uns eine breitere und tiefere Einwirkung unserer Kultur auf die Halb- und Unkultur des Ostens für diesen heilsam.[20]

Auf keinen Fall allerdings sollte während des Bildungsprozesses die indigene Kultur der Juden in Osteuropa durch die deutsche Kultur ersetzt werden;[21] stattdessen sollte deutsche Bildung als Mittel dazu dienen, die Unterdrückung des chassidischen Ghettos abzulegen, damit sich die Ostjuden eine eigene nationale Kultur aneignen könnten.[22] Franzos sah in den Deutschen „geeignete selbstlose Lehrer für die Völker Galiziens"[23] und wollte, dass die deutsche Kultur als Vorbild wirkte, um den Osten aufzuklären. Sogar alles Gute im Osten entstamme der deutschen Kultur, meinte Franzos.[24] Diese Einstellung lässt ihn als „mediator between East and West" erscheinen, weil „his pleas for understanding and tolerance for serious shortcomings in Eastern European life can only be understood in terms of his concomitant championship of the extension of German culture in the border regions".[25]

Franzos' Ziel als Vermittler zwischen Osten und Westen war es, ein breiteres Verständnis der – so wie er es verstand – desaströsen Lage der chassidischen Juden zu wecken, in der Hoffnung, durch den westlichen Einfluss eine Mäßigung der Zustände und eine Aufklärung der Juden zu initiieren, ohne dass eine Germanisierung des

18 Franzos: Halb-Asien, Bd. I (Anm. 12), S. 152.
19 Siehe Kesting: Plädoyer (Anm. 7), S. 281.
20 Franzos: Halb-Asien, Bd. I (Anm. 12), S. XXVIIf.
21 Ebd., S. XVIIIf.
22 Wolfgang Martens: Über Karl Emil Franzos. In: Lenau-Forum 2 (1970), S. 62–67, hier S. 66.
23 Maria Kłańska: Drei deutschsprachige Schriftsteller im nationalen Spannungsfeld Galiziens. In: Österreich in Geschichte und Literatur 34 (1990), H. 1, S. 26–39, hier S. 38.
24 Franzos: Halb-Asien, Bd. I (Anm. 12), S. XXVIII.
25 Michael Schmidt: The Stetl's Curiosity and Style. Alexander Granach's Autobiographical Novel *Da geht ein Mensch*. In: Anne Fuchs, Florian Krobb (Hg.): Ghetto Writing. Traditional and Eastern Jewry in German-Jewish Literature from Heine to Hilsenrath. Columbia 1999 (Studies in German Literature, Linguistics and Culture), S. 171–194, hier S. 175.

Ostens stattfinden sollte. Ein solches Programm war sogar zu seinen Lebzeiten kontrovers und Franzos könnte wissen, dass man ihm hätte vorwerfen können, dass er für eine Germanisierung des Ostens plädiere. Deshalb befasste er sich häufig mit diesem Thema, nicht nur in seinen Tagebüchern, sondern auch in publizierten Texten, wie in der Einführung zu *Halb-Asien*, seinem ersten veröffentlichten Hauptwerk, in dem er emphatisch betont: „Ich wünsche den Osten weder germanisiert noch gallisiert – beileibe nicht! [...] Germanisieren – das ist ein undeutsches Wort für ein undeutsches Tun".[26] Diese Aussage ist nur eine der vielen Versionen dieses Standpunkts, den Franzos schon sieben Jahre vorher in einer Rede anlässlich der in Czernowitz stattfindenden Feier zum hundertsten Geburtstag Alexander von Humboldts zum ersten Mal öffentlich äußerte: „Nie darf und soll der Deutsche [...] ein Werkzeug werden für das Fluchwürdigste, was ein Volk dem anderen antun kann, für die Entnationalisierung einer anderen Nation!"[27] Solche Äußerungen, die häufig in seinen Werken zu finden sind, wurden von antisemitischen Gruppen vom späten 19. Jahrhundert bis zu den Nationalsozialisten, die Franzos' Texte als Rechtfertigung ihrer Pläne fehlinterpretierten, durch die Ausblendung nichtgermanischer Völker eigenen ‚Lebensraum' im östlichen Europa zu schaffen und die Kulturen der dort lebenden Völker durch die deutsche zu ersetzen, vollkommen ignoriert.

III.

Franzos' Erzählungen basieren weitgehend auf selbst beobachteten oder erlebten Ereignissen in Czortków oder Czernowitz, den beiden Städten seiner Jugend, die beide als Vorbilder für sein literarisches Dorf Barnow dienen. Einige dieser Ereignisse wurden von Franzos gewählt, weil sie für ihn als Rechtsfälle ein gewisses Interesse hatten.[28] Solche Fälle erscheinen in seinen Erzählungssammlungen *Halb-Asien* sowie in seinem großen Roman *Der Pojaz*, aber nirgendwo ist die Kritik der chronischen Barbarei der chassidischen Unterdrückung schärfer als in seiner 1877 erschienenen Sammlung *Die Juden von Barnow*, die unter einigen Literaturwissenschaftlern als „die Vollendung [...] der deutsch-jüdischen Ghettogeschichte" gilt.[29] Ursprünglich aus sechs Ghettonovellen bestehend, die in den Jahren 1868 bis 1873 geschrieben wurden, weitete Franzos die Sammlung in späteren Auflagen aus, bis sie in ihrer endgültigen Form aus neun Novellen bestand. In jeder der neun halbautobiografischen Novellen dieser Sammlung ist der Protagonist eine willensstarke Figur, die gegen chassidische Traditionen verstößt und die prekäre Ordnung der Barnow'schen Juden stört. Solche Verstöße haben oft zur Folge, dass dem Abtrünnigen sein Handeln ge-

26 Franzos: Halb-Asien, Bd. I (Anm. 12), S. XVIIf.

27 Zit. in: Margarita Pazi: Die frühen Erzählungen von Karl Emil Franzos. In: Dietmar Goltschnigg, Anton Schwob (Hg.): Die Bukowina. Studien zu einer versunkenen Literaturlandschaft. Tübingen 1990 (Edition Orpheus. Beiträge zur deutschen und vergleichenden Literaturwissenschaft 3), S. 49–62, hier S. 53.

28 Geiger: Karl Emil Franzos (Anm. 16), S. 211.

29 Hermand: Vorbemerkung (Anm. 10), S. 19.

walttätig heimgezahlt wird. In milden Fällen führt dies zu einer Verbannung und in ernsten Fällen zum Tod des Individuums.

Diese Lehrhaftigkeit von Franzos' Schreiben – in Verbindung mit der Popularität seiner Werke – hatte eine unbeabsichtigte Folge: Franzos erschuf ein Stereotyp des Ostjuden als schmutziges, barbarisches, inhumanes, unmenschliches, abergläubisches und tyrannisches Wesen, das bar aller Bildung ist und alle Formen der Menschlichkeit gegenüber einer fanatischen und strikten Einhaltung des chassidischen Judentums hintansetzt. Franzos musste mit Bestürzung und im offenbaren Widerspruch zu seiner Absicht, Westeuropäer aufzuklären, feststellen, wie seine Ghettogeschichten heftig zur wachsenden Welle des Antisemitismus am Ende des 19. Jahrhunderts beitrugen, der nun weniger auf religiösen Unterschieden basierte, sondern materialistische und rassistische Fundamente entwickelte.[30] Ein solches Stereotyp zu schaffen war wohl unvermeidlich, da der Hintergrund seiner Werke aus fast zynischen Bildern osteuropäischer Ghettos besteht und Fatalismus die Geschichten durchzieht.[31] Aber der Grund, warum Franzos' Geschichten ein so negatives Stereotyp des Ostjuden letztlich mitprägten, hängt eng mit den Erlebnissen seiner Jugend und Ausbildung zusammen, die ihm Einsicht in die Welt der Ostjuden verliehen, aber ihn auch in den Stand setzten, diese Welt in einer Weise darzustellen, die dem Westeuropäer zugänglich war.[32]

Der Antisemitismus der Gründerzeit, an dem Franzos mit seinem Stereotyp unfreiwillig mitwirkte, wuchs mit unglaublicher Schnelligkeit. Der Grund dafür war die Masse an antisemitischer Literatur, die von einflussreichen Politikern, Journalisten und Autoren produziert und von einem aufnahmebereiten Publikum stark rezipiert wurde. Zu den dominierenden unter den antisemitischen Literaten zählten etwa folgende Schriftsteller: Rudolf Oeser, der unter dem Künstlernamen O. Glaubrecht („Oh, glaube die Wahrheit") beliebte antisemitische Literatur schrieb wie seinen Bestseller *Das Volk und seine Treiber* (1859); der Berliner Journalist Otto Glagau, der den Juden in einer 1874 geschriebenen, in der *Gartenlaube* erschienenen und vielgelesenen Artikel-Serie *Der Börsen- und Gründerschwindel in Berlin* vorwarf, der Aktienspekulation und betrügerischer Geschäftspraktiken schuldig zu sein; der Hamburger Journalist und Anarchist Wilhelm Marr, der – trotz seiner Anstellung bei etlichen jüdischen Firmen und drei (!) Ehen mit jüdischen Frauen – die Juden als Parasiten beschrieb, den Begriff Antisemitismus 1879 prägte, die erste antisemitische politische Union gründete (die Antisemitenliga) und beliebte und in vielen Auflagen erschienene antisemitische Werke wie *Der Sieg des Judenthums über das Germanenthum – Vom nichtconfessionellen Standpunkt aus betrachtet* (1879) und *Der Weg zum Siege des Germanenthums über das Judenthum* (1879) publizierte; der Ber-

30 Siehe Jost Hermand: Verlorene Illusionen. Eine Geschichte des deutschen Nationalismus. Köln 2012, S. 194–198.

31 Siehe Fred Sommer: Einleitung des Herausgebers. In: Ders. (Hg.): Karl Emil Franzos: Kritik und Dichtung – eine Auswahl seiner Schriften. New York 1992, S. VIII.

32 Siehe Steven E. Aschheim: Brothers and Strangers. The East European Jew in German and German Jewish Consciousness, 1800–1923. Madison 1982, S. 28–30.

liner Historiker und Politiker Heinrich von Treitschke, dessen antisemitischer Aufsatz *Unsere Aussichten* (1879) wie auch dessen Verteidigung *Noch einige Bemerkungen zur Judenfrage* (1880) in den viel gelesenen *Preußischen Jahrbüchern* erschienen und dazu beitrugen, die ‚Judenfrage' als seriöses Diskussionsthema in intellektuellen und politischen Kreisen zu legitimieren; und nicht zuletzt zählt auch der Leipziger Publizist Theodor Fritsch zu diesen Schriftstellern, dessen *Antisemiten-Katechismus* (1887) im Jahr 1907 als *Handbuch der Judenfrage* aktualisiert und neu herausgegeben wurde, über 330.000 Mal verkauft und von Millionen Menschen gelesen wurde. Die 49. Auflage seines *Handbuchs* erschien im Jahr 1944. Zu diesen Antisemiten zu zählen war nicht Franzos' Absicht.

Und doch haben einige seiner Novellen wesentlich zur Produktion des negativen Stereotyps beigetragen. *Der Shylock von Barnow*, die erste Novelle in der Sammlung *Die Juden von Barnow*, stellt einen radikalen Juden dar, der eine fanatische Ergebenheit gegenüber dem chassidischen Gesetz zeigt und sich weigert, seine müde, kranke und hungernde, aber „meschumed" (abtrünnige) Tochter wieder in sein Haus einzulassen. Denn er weiß, dass sie von ihrem abtrünnigen Onkel Deutsch gelernt und Barnow wegen einer verbotenen Liebe zu einem Christen verlassen hat. Statt das leidende Mädchen aufzunehmen und zu pflegen, weist er sie ab und hält es für gerecht, dass sie vor dem Tor des Ghettos in der Nacht stirbt, denn „mit einem Meschumed, mit einem Abtrünnigen vom Glauben, darf der Fromme keine Gemeinschaft haben".[33] Moses Freudenthal wird als ein besonders barbarischer Jude dargestellt, der wegen seines religiösen Fanatismus vollkommen außerstande ist, auch nur die grundsätzlichsten Akte der Menschlichkeit auszuüben. Die prominente Stellung dieser Geschichte am Anfang der Sammlung sorgte dafür, dass sie von möglichst vielen Leuten gelesen wurde, und die negative Darstellung der Juden in der Geschichte bleibt für die gesamte Sammlung tonangebend.

Franzos' Absicht mit *Die Juden von Barnow* – nicht nur dieser Sammlung, sondern auch etlichen anderen seiner Schriften – ist es nicht, eine einseitige Kritik an den Ostjuden zu äußern, denn wenn man genauer hinschaut, bemerkt man in der Tat ebenfalls eine heftig geübte Kritik an den in Barnow lebenden Deutschen. Die traurige Geschichte von Moses Freudenthal und seiner Tochter Esther wird unter Freundinnen erzählt, und zwar von der Frau des christlichen Richters in Barnow, die diese Geschichte entzückend findet, gerade weil sie auf keinen Fall die verschiedenen Sachverhalte versteht, durch die Moses Freudenthals Verhalten bestimmt wurde. In ihrer Freude über die Geschichte erscheint sie letztlich als taktlos, ignorant und voller Vorurteile gegen die Juden im Dorfe. Diese Erzählung war Franzos' Versuch, den beiderseitigen Bedarf der östlichen Juden und der westlichen Christen nach Aufklärung zu erhellen: Der „barbarische" Ostjude muss vom „gebildeten" Deutschen Menschlichkeit lernen; zugleich darf der „uneingeweihte" Deutsche nicht nur urteilen und verachten, er muss sich stattdessen auf eine Diskussion mit dem Ostjuden einlassen, damit er das Warum kennen lernt, das hinter den unmenschlichen Taten steht, und,

---

33 Karl Emil Franzos: Die Juden von Barnow. 5. Aufl. Berlin 1894, S. 22f.

statt sie bloß zu belachen und für Unmenschen zu halten, versteht, wie ihnen geholfen werden könnte, das Licht der deutschen Bildung in ihr Leben einzulassen.

In vielen seiner Erzählungen stellt sich Franzos auf die Seite des Unterdrückten im Kampf gegen einen Unterdrücker. Jene waren immer einfache chassidische Juden wie Esther Freudenthal, die versuchen, im Leben das zu tun, was sie für richtig oder gut halten. In diesem Sinne verteidigt Franzos seine Volksgenossen, die sich nicht gegen die barschen Vorurteile und den Aberglauben, die im östlichen Ghetto herrschen, verteidigen können.[34] Diese Juden leiden heftig unter der Unterdrückung zweier Gruppen: Schlimm sind die Schmähungen des polnischen Adels, der keinen Respekt vor den Juden zeigt, über die er herrscht, und der in Geschichten wie *Baron Schmule* und *Zwei Retter* – beide in *Die Juden von Barnow* enthalten – besonders barbarisch in seinem Umgang mit den Dorfjuden ist. Aber noch schlimmer ist die grenzenlose Brutalität der fanatischen chassidischen Rabbis, die sie gegenüber den Dorfbewohnern an den Tag legen. Statt ihre Laien zu unterstützen und zu schützen, suchen sie ständig Individuen, die sie als Frevler verdammen und an denen sie ein Exempel statuieren können. Franzos kritisierte die Rabbis nicht nur in seinem literarischen Schaffen, sondern auch in Essays, Reden und seinen journalistischen Schriften als die wahren Unterdrücker der Ostjuden. Er war fest überzeugt, dass die Rabbis – mehr als jeder andere – eines gesetzwidrigen Verhaltens den Ostjuden gegenüber schuldig waren:

> Und eine Geißel, ein Verderber der Juden jener Gegend ist der Rabbi. Nicht etwa des materiellen Nachtheils, des Aussaugesystems wegen, das er so trefflich organisiert, nein – hundertmal mehr um des geistigen Schadens willen, den er ihnen zufügt. Der Rabbi ist mit die Hauptursache, warum sich die Juden des Ostens nicht emporraffen können aus jenen Fesseln, die jahrhundertelanger Aberglaube um sie geschlagen, warum sie noch in jener düsteren Nacht verharren, in der sie einst verharren mußten, in der sie nun, gegen den Willen der Regierung verharren *wollen*! Der Rabbi trägt die Mitschuld daran, warum dieses einst verachtete Volk noch heute verachtet werden muß, denn er ist der personificierte Widerstand gegen Fortschritt und Licht, gegen den Segen, den eine neue, bessere Strömung im Judenthume bringen würde.[35]

Erneut verwendet Franzos hier die Dunkelheitsmetapher, um die Lage im Osten zu beschreiben. Das Licht kommt sowohl von der Habsburgermonarchie, die seit der Herrschaft Josephs II. versuchte, die im Habsburgerreich lebenden Juden in ein modernes Zeitalter zu führen, als auch von aufgeklärten „Deutschen“ wie Franzos. Und doch ist die Finsternis, mit welcher der Rabbi die Ostjuden umhüllt, dicht und fast undurchdringlich. Politisch gerieten die Ostjuden in eine Zwickmühle: Einerseits waren sie als Ansässige im Habsburgerreich dessen Gesetzen unterworfen, andererseits standen diese Gesetze oft im Gegensatz zu den religiösen Vorschriften des chassidischen Ghettos. Das habsburgische Gesetz untersagte etwa die Anwendung

34 Siehe Joannes Wilhelmus Henricus Stoffers: Juden und Ghetto in der deutschen Literatur bis zum Ausgang des Weltkrieges. Graz 1939, S. 480–497.

35 Karl Emil Franzos: Der Ahnherr des Messias. In: Westermanns illustrierte deutsche Monatshefte 27 (1870/71), H. 78, S. 647. Hervorhebung im Original.

des Talmuds als städtisches Gesetzbuch, aber im Ghetto war der Talmud das einzig gültige Gesetz.[36] Die Landräte konnten ihre Aufsicht über das Wirken der Rabbis kaum ausüben, denn diese waren so mächtig und so geschützt, dass ein Jude, der vor Gericht sogar gegen den korruptesten Rabbi klagen wollte, nicht nur den Prozess verlor, sondern auch von der Gesellschaft – im Auftrag des Rabbis – verfolgt und bestraft wurde.[37]

Genau dieser Punkt wird von Franzos in der letzten Geschichte der Sammlung *Die Juden von Barnow*, *Ohne Inschrift*, thematisiert, wo er seine Rolle als Schriftsteller am engsten mit seiner Rolle als Kulturhistoriker verbindet. Im Vorwort zur Sammlung befasst sich Franzos mit der Verbindung beider Rollen und erläutert, wie er sich bemühen möchte, dem westlichen Leser einen ehrlichen und geschichtstreuen Einblick in das Leben des chassidischen Ghettos zu bieten, obwohl das Bild manchmal obszön oder gar unverschämt erscheinen mag:

> Auf Kosten der Wahrheit habe ich [den künstlerischen Wert der Novellen, A. W.] nicht zu erringen versucht. Ich habe auch hier nirgendwo Verhältnisse gefälscht und bin mir bewußt, dies fremde Leben so geschildert zu haben, wie es mir selbst erscheint. Hat sich in meinem ersterschienenen Buche der Kulturschilderer auf den Novellisten gestützt, so durfte hier der Novellist nicht auf die Hülfe des Kulturschilderers verzichten. Und mag auch dort die eine, hier die andere Seite meines Wesens in den Vordergrund treten, in letzter Linie sind doch beide Eins; es bleibt immer mein sehnsüchtiges Bestreben: die Wahrheit künstlerisch zu gestalten.[38]

Dieser Bestrebung zufolge wird als letzte Erzählung dem Leser die Geschichte der Barnower Jüdin Lea Bergheimer erzählt, die mit einer außerordentlichen Äußerlichkeit ausgestattet ist: mit langem, blondem Haar. Diese physische Einzigartigkeit schafft die Voraussetzungen für ihr späteres widerspenstiges Verhalten den religiösen Traditionen der Gesellschaft gegenüber. Zunächst weigert sie sich, sich die gebräuchliche Zwangsehe aufzwingen zu lassen, und besteht darauf, ihren Mann selbst wählen zu dürfen. Als Gatten wählt sie Ruben Rosenmann, der durch sein Verhalten – er kann Deutsch sprechen, lesen und schreiben und trägt seinen Kaftan etwas kürzer als erwünscht – sich den Ruf als „Freigeist“ erworben hat, was, wie der Erzähler uns mahnt, durchaus unverdient sei, denn „er befolgte sklavisch alle Gebote, nicht bloß des Glaubens, sondern auch des Aberglaubens“.[39] Dann weigert Lea sich, ihr schönes Haar, auf das sie stolz ist, laut der chassidischen Tradition abzuschneiden.[40]

---

36 Franzos erwähnt diese Tatsache in etlichen seiner Schriften. 1784 wurde die jüdische Justizbehörde im Habsburgerreich offiziell abgeschafft und die Anwendung der jüdischen Verbannung „cherem“ verboten. Siehe Michael A. Meyer: German-Jewish History in Modern Times. Vol. II. New York 1996, S. 100–105.

37 Siehe Robert Gordis: Judaism: The Freedom of Expression and the Right to Knowledge in the Jewish Tradition. In: Columbia Law Review 54 (1954), H. 5, S. 676–698, hier S. 686–690.

38 Franzos: Die Juden von Barnow (Anm. 1), S. VII.

39 Ebd., S. 340.

40 Diese Tradition hält Franzos für besonders barbarisch. Neben deren Thematisierung in *Ohne Inschrift* nahm Franzos dieses Thema in *Mein Erstlingswerk* (Anm. 3), S. 217, und in der Novelle *Nathan der Blaubart* in *Halb-Asien*, Bd. V (Anm. 12), S. 195, auf.

Sie verbirgt ihr Haar stattdessen unter der traditionellen jüdischen Kopfbedeckung, dem „scheitel". Ihre ersten beiden Schwangerschaften enden mit Fehlgeburten, und hier wird der eindeutig vom Erzähler bevorzugte Grund dafür (Infektion) dem „absurden" religiösen Grund (Sünde) gegenübergestellt. Während ihrer dritten Schwangerschaft befindet sich Lea in der Synagoge und fällt wegen der erstickenden Hitze und des dichten Kerzenrauchs in Ohnmacht, wobei ihr die Kopfbedeckung abfällt und ihr langes Haar bloßlegt. Die anderen Frauen in der Synagoge, die Lea zuerst zu Hilfe kommen wollen, prallen zurück, als sie Leas Haar sehen, als sei sie irgendwie plötzlich gefährlich geworden. Sofort wird sie als Ketzerin verdammt, und ihrem Mann macht es die Menge wütender Juden schwer, sie nach Hause zu tragen. Lea erleidet noch eine weitere Fehlgeburt, und Ruben wird letztlich der Verbannungsbefehl, „cherem", auferlegt.[41]

Kurz darauf wird Lea erneut schwanger und bringt endlich ein gesundes Kind zur Welt, was, weil Lea und Ruben Sünder sind, nicht erlaubt werden darf. Im Auftrag des Rabbis dringt während der Nacht der Pöbel ins Haus von Ruben und Lea, schneidet ihr das Haar ab und verprügelt Ruben und das Kind. Lea und das Kind sterben kurz darauf. Ruben versucht beim Landrat gerichtlich gegen den Rabbi vorzugehen, doch ohne Erfolg, denn es lassen sich keine Zeugen auffinden, die bereit wären, gegen jenen Rabbi auszusagen. Er ist so gut geschützt, dass das habsburgische Gesetz ihm gegenüber machtlos ist.

Der Shylock von Barnow sowie *Ohne Inschrift* stehen wie Buchstützen an beiden Enden der Novellensammlung, und der Kommentar zu beiden Novellen gehört deshalb nicht bloß zur jeweiligen Geschichte, sondern steht als eine generelle Erläuterung, die für alle neun Novellen der Sammlung gilt. Vor allem der letzte Satz in der Sammlung, der leicht veränderte Vers aus dem Neuen Testament, „Verzeihet ihnen, zürnet ihnen nicht, denn sie wissen nicht, was sie thun!"[42] gehört nicht bloß zu *Ohne Inschrift*, sondern steht, zusammen mit der Kritik an der Richtersfrau in *Der Shylock von Barnow*, als ein auf westliche Leser gerichtetes Plädoyer, Verständnis für die chassidischen Juden zu haben und sich ausreichend zu bemühen, die Welt der Ostjuden besser zu verstehen, damit man sie nicht bloß verurteilt, sondern ihnen auch aus ihrer Lage zu helfen bereit ist.

IV.

Ohne Inschrift stellt in den Augen mancher Literaturwissenschaftler Franzos' heftigste Verurteilung der Ignoranz und des Fanatismus des chassidischen Judentums

41 Ein Verbannter darf zwar im Ghetto bleiben, aber keinen Verkehr mit anderen, nicht verbannten Juden haben. „Cherem" wird einer Frau nicht auferlegt. Sollte eine Frau etwas Bestrafenswürdiges tun, wird „cherem" dem ihr am nächsten stehenden Mann auferlegt. Siehe Gordis: Judaism (Anm. 37), S. 686–690.

42 Franzos: Die Juden von Barnow (Anm. 33), S. 348. Lukas 23, 34. Die Wörter „zürnet ihnen nicht" stammen von Franzos.

im östlichen Europa dar.[43] Von den 1870er bis in die 1890er Jahre beschäftigte sich Franzos unaufhörlich mit dem Leben im galizischen Ghetto. Er war überzeugt, dass westliche Kultur in den Osten eindringen würde, obschon nur langsam und vieler Hilfe bedürfend, wie er in der langen Exposition zu *Ohne Inschrift* schreibt:

> Es muß geschehen. Und darum wird es geschehen. Die Nothwendigkeit ist die einzige Gottheit, an die man glauben darf, ohne je zweifeln oder verzweifeln zu dürfen. Es wird geschehen. Aber Niemand kann wissen, wie lange noch die Nacht währen wird, und Niemand kann die Opfer zählen, die sie kostet.[44]

Diese Hilfe dürfte allerdings nicht nur von Westeuropäern stammen; die Ostjuden müssten ihren Anteil übernehmen und das „Licht" einlassen, wenn es kommt:

> Aber nun ist es im Westen Tag geworden, und im Osten tagt es und dennoch rücken sie sich den Hut nicht höher. Es wäre nicht nöthig, daß sie ihn lüften, und vollends verderblich wäre es, wollten sie ihn ganz fortwerfen, aber ebenso verderblich ist es, wenn er ihnen die Augen deckt. Er *muß* höher gerückt werden und diese unglücklichen Menschen *müssen* sich daran gewöhnen, dem jungen Tage in's schöne, morgenrothe Antlitz zu sehen …[45]

Ob die Juden selbst dafür verantwortlich sind, dass sie in „Finsternis" leben, ist heftig debattiert worden. Franzos deutet hier an, dass die Juden doch wenigstens einen Teil der Schuld – aber nicht die ganze – dafür tragen. Einige Literaturwissenschaftler andererseits argumentieren, dass die Juden keineswegs für die Lage, in der sie sich im 19. Jahrhundert in Osteuropa befanden, selbst verantwortlich waren.[46] Solche Argumente bleiben im Großen und Ganzen unbegründet, denn hier wird das 19. Jahrhundert durch den Filter des Holocausts betrachtet, was zu einer Verzerrung der Fakten führt. Um Franzos zu verstehen, sollte man, wie Maria Kłańska sagt, „unsere Perspektivierung aus dem Erfahrungshorizont des 20. Jahrhunderts heraus nicht mit Franzos' geschichtlichem Standort verwechseln".[47] Die Sammlung *Die Juden von Barnow* – und vor allem *Der Shylock von Barnow* und *Ohne Inschrift* – kann als Franzos' Plädoyer gelesen werden, das chassidische Judentum mit dem „modernen" westlichen Leben in Einklang zu bringen.

Diese Empfehlung, die Franzos in vielen seiner frühen Geschichten akzentuiert, mildert sich in seinem späten, zu seinen Lebzeiten unveröffentlichten Roman *Der Pojaz*. Die meisten seiner Barnow-Novellen enden mit einer Warnung oder mit einer Entschuldigung, aber häufig ist ein Ausdruck des Zorns damit eng verbunden. Dem reiferen Franzos des *Pojaz* scheint, da dieser Roman ein anderes Ende findet, bewusst

---

43 Kenneth H. Ober: 1905: Karl Emil Franzos's Masterpiece Der *Pojaz* is Published Posthumously. In: Sander L. Gilman, Jack Zipes (Hg.): Yale Companion to Jewish Writing and Thought in German Culture 1096–1996. New Haven 1997, S. 268–272, hier S. 271.

44 Franzos: Die Juden von Barnow (Anm. 33), S. 328.

45 Ebd., S. 328. Hervorhebung und Ellipse im Original.

46 Als Beispiel dieser Sicht siehe Gelber: Ethnic Pluralism (Anm. 17), S. 383f., und Egon Schwarz, Russell A. Berman: Karl Emil Franzos: Der Pojaz (1905). Aufklärung, Assimilation und ihre realistischen Grenzen. In: Horst Denkler (Hg.): Romane und Erzählungen des Bürgerlichen Realismus. Neue Interpretationen. Stuttgart 1980, S. 378–392.

47 Kłańska: Drei deutschsprachige Schriftsteller (Anm. 23), S. 34.

geworden zu sein, dass „der deutsche Einfluß auf [den Osten] in den achtziger und neunziger Jahren sich allmählich abschwächte“.[48] Hier findet man am Ende des Romans keinen Ausdruck des Zorns, und keine Entschuldigung wird für das Handeln der Barnower Juden dem gestorbenen Protagonisten gegenüber vorgebracht. Am Ende stehen bloß ein Mann, der glaubt, so gut wie möglich seine kurze Zeit auf der Erde genutzt zu haben, und eine kleine Gruppe Menschen, deren Leben durch sein Wirken bereichert wurden.

Seit Anfang der 1890er Jahre war der Antisemitismus in Deutschland – teils auch aufgrund der unintendierten Wirkung von Franzos' eigenen Schriften – so tief in die soziale Geisteshaltung des deutschen Bürgertums eingedrungen, dass Franzos sich weigerte, noch irgendeine weitere Schrift zu diesem Thema herauszugeben. Obwohl wir nicht genau wissen, was ihn dazu veranlasst hat, kann vermutet werden, dass dies ein Grund dafür ist, warum Franzos seinen letzten und besten Roman, *Der Pojaz*, nach seiner Fertigstellung 1893 unveröffentlicht ließ. Seine Korrespondenz mit Herausgebern zu dieser Zeit bestätigt, dass sowohl er als auch mögliche Herausgeber seines Romans sich Sorgen über die antisemitische Stimmung in Deutschland machten.[49] Als seine Frau den Roman im Jahr nach Karl Emils Tode herausgeben ließ, hat sie ihn mit einem kurzen Vorwort versehen, in dem sie sich ausdrücklich weigerte, den Grund der Nichtveröffentlichung des Romans bekanntzumachen. Das Einzige, was gesagt wurde, war, dass Karl Emil Franzos „nicht den Kampf mit den dunklen Mächten [scheute], die dies Buch vielleicht wieder gegen ihn aufgewühlt hätte“.[50]

Das „wieder“ im Satz markiert deutlich die Stoßrichtung: Franzos' Schriften der vorigen 15 Jahre waren gegen seinen Willen benutzt worden, nicht um die Juden im Osten zu bilden oder gar aufzuklären, wie er gehofft hatte, sondern um sie zu diskreditieren und zu schmähen. Seine Schriften waren Mittel geworden, die Flammen des wachsenden Antisemitismus zu schüren und die Juden – vor allem die im Osten lebenden chassidischen Juden, *für* die Franzos sein Leben lang kämpfte – als eine minderwertige Menschenrasse zu brandmarken. Vermutlich da Franzos vermeiden wollte, die Antisemitismuswelle weiterhin gegen seinen Willen zu unterstützen, publizierte er seit Beginn der 1890er Jahre bis zu seinem Tode am 28. Januar 1904 keine Schriften mehr, die sich mit dem Thema des galizischen Judentums beschäftigten. Wie dem auch sei, versichert Ottilie Franzos, ihr Mann blieb „bis zu seinem letzten Atemzuge [...] ein Streiter für Recht und Licht“.[51] Sein lebenslanger, privater „Kulturkampf“ gegen die Orthodoxie des chassidischen Judentums war gescheitert, aber seinen Standpunkt hatte er nie geändert.

48 Hermand: Vorbemerkung (Anm. 10), S. 18.

49 Siehe Margarita Pazi: Der Gefühlspluralismus im Werk Karl Emil Franzos'. In: Goltschnigg, Schwob (Hg.): Die Bukowina (Anm. 27), S. 77–113, hier S. 108f.

50 Ottilie Franzos: Vorwort. In: Karl Emil Franzos: Der Pojaz. Königstein/Ts. 1979, S. 7.

51 Ebd.

Peter Sprengel

Zwischen Gründerzeit und Moderne: Böhtlingk – Hauptmann – Böcklin

Der Historiker und Schriftsteller Arthur Heinrich Böhtlingk (1849–1929) wurde als Spross einer deutschen Kaufmannsfamilie in St. Petersburg geboren.[1] Sein Vater, der Großhändler Alexander (Sascha) Böhtlingk, war dort ebenso gebürtig wie dessen jüngerer Bruder Otto Nikolaus (1815–1904), der berühmte Sanskritforscher, zuletzt Professor in Leipzig. Eine entfernte Verwandte, Dorothea Katharina Böhtlingk, hatte 1790 einen Erzieher und Berater von Zar Alexander I. geheiratet: Friedrich Caesar Laharpe, der in der napoleonischen Ära eine wichtige Rolle in der politischen Entwicklung der Schweiz spielen sollte und dem Historiker Böhtlingk zum Gegenstand eines seiner letzten Bücher diente – des einzigen, das nach seinem Tode wieder aufgelegt und übersetzt wurde.[2] Weit in den Südwesten strebte auch eine Schwester des Vaters: Sophie, die volle hundert Jahre alt werden sollte, siedelte sich nach ihrer Heirat mit dem aus Reval stammenden Lewis (Ludwig) Harder in Sasbach bei Achern im Schwarzwald an und bot dort ihrem Neffen Arthur eine neue Heimat. Dieser hatte zusammen mit seinen Eltern schon früh Russland verlassen und während eines mehrjährigen Englandaufenthalts der Familie britische Schulen besucht. 1887 heiratete er – ein Jahr nach seiner Berufung als Ordinarius für Geschichte und Literatur am Karlsruher Polytechnikum – in Obersasbach eine Enkelin Sophies: seine Nichte zweiten Grades Nathalia Osterrieth, geschiedene Buisson aus Straßburg, die drei Kinder aus erster Ehe mitbrachte und 1890 seine einzige Tochter Marie Margarethe Sophie (Daisy) gebar. Arthur Böhtlingk überlebte Frau und Tochter und starb erst im Alter von 80 Jahren am 15. November 1929, dem 67. Geburtstag seines bekanntesten ‚Schülers'.

1. Mentorschaft und Revolte

Schauplatz der Begegnung Arthur Böhtlingks mit Gerhart Hauptmann war Jena, wo Böhtlingk seit 1876 als Privatdozent, bzw. seit 1879 als außerordentlicher Professor lehrte und offenbar auf sehr bescheidenem Fuß lebte – nämlich in einer Dachkam-

---

1 Vgl. den Artikel von Rainer Brüning in: Badische Biographien N.F. 5 (2005), S. 27f. und den Nachruf von Paul Ladewig in: Die Pyramide. Wochenschrift zum Karlsruher Tageblatt, Nr. 47 vom 24.11.1929, S. 187f. Die familiengeschichtlichen Daten verdanke ich zum großen Teil der Internetseite <gschneidinger.com/dat12.htm> (letzter Zugriff 30.11.2012).

2 Arthur Böhtlingk: Der Waadtländer Friedrich Caesar Laharpe, der Erzieher und Berater Alexander I. von Rußland, des Siegers über Napoleon I., und Anbahner der modernen Schweiz. Bd. 1–3. Bern, Leipzig 1925; ders.: Frédéric-César Laharpe, 1754–1838, précepteur du Tsar Alexandre I., antagoniste de Napoléon, libérateur du pays de Vaud, bâtisseur de la Suisse actuelle. Neuchâtel 1969.

1 Porträt Arthur Böhtlingk. Generallandesarchiv Karlsruhe, J-AC

mer und als Teilhaber eines Mittagstischs, den auch die Brüder Hauptmann frequentierten (Abb. 1).[3] Der vier Jahre ältere Carl Hauptmann studierte seit Frühjahr 1880 in Jena Naturwissenschaften und Philosophie; er sollte den Plan einer akademischen Karriere erst in den 1890er Jahren zugunsten der literarischen Betätigung aufgeben.[4] Schon innerhalb seiner ersten Semester hatte er in Jena einen festen Freundeskreis aufgebaut, zu dem mit dem Chemiker Carl Duisberg und dem Geologen Johannes

3 Zum Folgenden vgl. die ausführlichere und mit Quellennachweisen versehene Darstellung in: Peter Sprengel: Gerhart Hauptmann. Bürgerlichkeit und großer Traum. München 2012, S. 65ff.

4 Vgl. Edith Wack: „Denken ist ein miserables Geschäft". Carl Hauptmanns Ungenügen an der Wissenschaft. In: Edward Białek, Miroslawa Czarnecka (Hg.): Dem Sonnenwanderer auf der Spur. Neue Beiträge zu Carl Hauptmann. Dresden 2009, S. 87–118.

2 Der Jenaer Freundeskreis. Böhtlingk sitzend als Zweiter von rechts, Gerhart Hauptmann hinter ihm stehend, Carl Hauptmann links von ihm sitzend. Staatsbibliothek zu Berlin – Preußischer Kulturbesitz, Handschriftenabteilung, Nachlass Margarete Hauptmann, Nr. 1842, 1

Walther ausgesprochen zukunftsträchtige Persönlichkeiten gehörten (Abb. 2). Als Gerhart im November 1882 nach dem Abbruch seines Breslauer Kunststudiums dem Bruder in die Saalestadt nachfolgte, fand er also bereits ausgebildete Strukturen eines geistigen Austauschs vor, in den auch der Extraordinarius Böhtlingk einbezogen war. Trotz der Kürze seines Jenaer Intermezzos – insgesamt dürfte sich Hauptmann nur gut zwei Monate an der Universität aufgehalten haben – scheint der Zwanzigjährige das Beziehungsgeflecht um den Bruder Carl deutlich verändert zu haben. Ein Beispiel bietet eine spontan verabredete Nachtwanderung nach Weimar, an der Carl nicht beteiligt war,[5] oder das Verhältnis zu Böhtlingk, den Gerhart gerade mit seinen künstlerischen Projekten zu interessieren vermochte. „Meine Pläne als Dichter nahm Böhtlingk ernst", schreibt Hauptmann im *Abenteuer meiner*

5 Vgl. Sprengel: Hauptmann (Anm. 3), S. 71f.

Jugend und setzt hinzu: „Meine Büste des blinden Sigwin, die noch immer in der Werkstatt des Steinmetzen von den Gesellen feuchtgehalten wurde, sah er sich an."[6] Sigwin hieß die Figur eines Sängers im Erstlingsdrama *Germanen und Römer*, von dem Hauptmann seiner Verlobten Marie Thienemann auf der Anreise nach Jena eine Reinschrift überreicht hatte; auch Böhtlingk bekam das Stück zu lesen (oder vorgelesen) und scheint es als Anfängerarbeit durchaus geschätzt zu haben.

Das historische Drama – und hier besonders das Genre des Römerdramas – war eine Lieblingsgattung der Gründerzeit.[7] Böhtlingk bot sich als Leser und Ratgeber eines angehenden Dramatikers schon deshalb an, weil er selbst ein Vertreter dieser herrschenden Stilrichtung war und zwei Dramen mit nationaler Botschaft verfasst hatte: *König Konrad* und *Franz von Sickingen* (beide 1881). Dass sich Böhtlingk damals auch in einem weiteren Sinn für Fragen der Dramatik interessierte, legt sein Kolleg über Grillparzer nahe, in das Gerhart am 1. Februar 1883 den Bruder mitnimmt. Man versteht, dass ihm der Kontakt zu diesem Lehrer wichtig bleibt, auch als die Anziehungskraft der Alma mater auf ihn (und zwar schon sehr bald) verblasst. Bereits im März 1883 bricht Gerhart zu Schiff gen Griechenland auf, um letztlich hauptsächlich auf Capri und am Golf von Neapel zu verweilen. Zum Sommersemester kehrt er nicht mehr nach Jena zurück, hat allerdings im Voraus die Vorlesungen von Böhtlingk (und zwar als einzige) belegt.

Nach der Rückkehr von seinem in eine schwere Typhusinfektion mündenden römischen Bildhauerwinter schreibt Gerhart Hauptmann Böhtlingk im Frühjahr 1884 einen „inhaltsreichen Brief" aus Hamburg. Der darin angekündigte Besuch in der Saalestadt kommt allerdings nicht zustande. Die Kommunikation Böhtlingks mit den Brüdern Hauptmann gewinnt erst im Spätsommer 1884 wieder an Fahrt. Carl schickt ihm eine Einladung zur Hochzeit (am 8. Oktober 1884), auf die er zunächst keine Antwort erhält; auf Nachfrage erklärt sich Böhtlingk dann für leider verhindert. Im selben Brief aus Obersasbach vom 11. September 1884 bekundet er zugleich, wohl durch den Autor selbst informiert, das lebhafteste Interesse an Gerharts soeben fertiggestelltem Tiberius-Drama:

> Umso ungeduldiger, gespannter bin ich auf Ihre neueste Dichtung. Können Sie mir dieselbe nicht hieher schicken? Sie sollen das Manuscript nach spätestens 8 Tagen wieder in Händen haben! Ich weiß mir nicht anders zu helfen, indem ich schwerlich vor Ende October wieder in meiner Dachstube an der Saale eintreffe. Oder können Sie Ihren Flug bis in den herrlichen Schwarzwald nehmen? Das wäre freilich das Schönste. In diesem Falle präveniren Sie mich nur rechtzeitig u. ich werde es dann schon einzurichten wissen, dass wir uns nicht nur treffen, sondern auch ganz finden.[8]

---

6 Gerhart Hauptmann: Sämtliche Werke. Centenar-Ausgabe. Hg. v. Hans-Egon Hass u. a. Bd. 1 – 11. Frankfurt/M., Berlin, Wien 1962 – 1974 (im Folgenden nur: CA), Bd. 7, S. 900f.

7 Vgl. Horst Thomé: Römertragödien des 19. Jahrhunderts. In: Jürgen Lehmann, Tilman Lang, Fred Lönker, Thorsten Unger (Hg.): Konflikt – Grenze – Dialog. Kulturkontrastive und interdisziplinäre Textzugänge. Festschrift für Horst Turk zum 60. Geburtstag. Frankfurt/M., Berlin [u. a.] 1997, S. 157 – 172.

8 Gerhart-Hauptmann-Briefnachlass, A: Böhtlingk. Mit freundlicher Genehmigung der Handschriftenabteilung der Staatsbibliothek zu Berlin – Preußischer Kulturbesitz.

Die Einsendung des damals noch *Tiberius*, später (einem Vorschlag Böhtlingks folgend) *Das Erbe des Tiberius* genannten Dramas führt allerdings zu einer Enttäuschung – zunächst beim Leser des Stückes, dann beim Autor selbst: In einem ausführlichen Schreiben vom 29. September 1884[9] übt Böhtlingk harsche Kritik an Themenwahl, dramatischem Aufbau und Sprache. Gerhart Hauptmann reagiert empfindlich; indem er den Kritiker einer Vorliebe für Ernst von Wildenbruch verdächtigt, dessen historische Dramen damals im Berliner Königlichen Schauspielhaus Triumphe feierten, bringt sein nicht erhaltener Brief aber offenbar auch schon die Opposition zwischen Gründerzeitgeschmack und neueren Bestrebungen ins Spiel. Er provoziert Böhtlingk zu einer noch grundsätzlicheren Darstellung seiner Kritik und ihrer Prämissen, die ein vollständiges Zitat des Briefs rechtfertigt:

> Obersasbach, 3. Oct. 84
>
> Lieber Freund!
> ich kann Ihr liebes Schreiben, welches ich gestern empfangen habe, unmöglich ohne Wiederhall lassen. Ob ich für Ihren Tiber gar kein Mitleid, keine tiefere Theilnahme empfunden habe? Ja – u. Nein! Wohl für den Tiber wie Sie ihn concipirt, sich gedacht, im Herzen getragen haben – aber nicht für den, welchen Sie uns in Ihrem Drama veranschaulicht, vorgeführt haben. Wenn ich Sie richtig verstehe – ist es der einsame Imperator auf der Felseninsel – der Beherrscher der Welt, der keinem Menschen, der seiner eigenen Kraft nicht mehr zu vertrauen vermag – dem eine Aufgabe zugefallen ist, der überhaupt kein Sterblicher gewachsen ist – welcher es Ihnen angethan hat, eine Figur ähnlich derjenigen des jetzigen Königs von Baiern – nur in ganz anders colossalem Maaßstab u. inmitten der Verwesung des Römerreichs – als Erbe des Augustus. Das ist eine Figur, die auch für mich einen großen Zauber, einen dämonischen Reiz besitzt, aber wie ist sie schwer zu dramatisiren! An ihr kann die größte Dichterkraft scheitern u. Sie haben dieselbe im Handumdrehen gestalten zu können vermeint. Darüber ist Ihr Tiber zu einem *Wahnsinnigen* geworden, der ganz in der Luft steht u. nur noch wüthen, nicht mehr herrschen kann. Wir erfahren auch nichts über seine Entwicklung – er steht überhaupt zu sehr *abseits*. Mir würden überdies, wenn ich mir diesen Tiber als den eigentlichen Gegenstand des Dramas denke – u. zwar in *vollendeter* Darstellung die *Licht*punkte fehlen. Hat Schiller doch selbst in seinem Wallenstein nicht versäumt, die Sonne durchscheinen zu lassen – in Max u Thekla. Diesem Tiber gegenüber bedarf ich frische, gesunde, zukunftsvolle Gestalten – die er übersieht oder fürchtet, denen er zu willen sein möchte – wenn er es *könnte*; Gestalten, welche Zeugnis dafür ablegen, daß die Menschheit nicht auszusterben vermag, daß die Tugend eine Kraft ist, welche sich durch jedes Chaos hindurch Bahn bricht. Ein jedes Drama soll nur darum zerknirschen, um desto fester u. höher zu *erheben*.
> Ob ich Wildenbruchs Dramen höher anschlage als die Ihrigen? Die Antwort lautet abermals Ja u. Nein. Wildenbruch ist ein großes szenisches Talent: es wird ihn nicht leicht Einer im Aufbau einer *Scene* übertreffen – er versteht es auch den dramatischen Knoten zu schürzen – allein er arbeitet beständig vor Allem auf *theatralischen Effect* – er ist eine glän-

9 Wiedergegeben in: Heinz Dieter Tschörtner: Drei Briefe zu Gerhart Hauptmanns *Tiberius*-Drama von 1884. In: Zeitschrift für Germanistik N.F. 13 (2003), S. 378–381, hier: S. 380f. Leider legt Tschörtner seiner Edition nicht das handschriftliche Original, sondern eine vielfach abweichende Typoskript-Transkription zugrunde, die zu Hauptmanns Lebzeiten (mutmaßlich von C. F. W. Behl) angefertigt wurde.

zende Schaale ohne *Kern*; ihm fehlt jene dichterische Begeisterung, jene Weihe, jener Gehalt, die erst den Dichter zum Dichter machen. Mich lassen seine Stücke infolge dessen ganz kalt; es scheint mir alles mehr oder weniger „Mache". Wie sehr Sie, lieber Freund, im Gegensatz hierzu mit Ihrer Seele dichten, wie Sie diese selbst in Ihre Dichtung legen, das weiß ich – das habe ich auch beim Lesen des Tiberius empfunden u. eben darum möchte ich Ihnen Muth geben, nicht abzulassen, bis Sie die Kunst ganz beherrschen u. die Gestalten, wie Sie Ihnen ahnungsvoll vorschweben, die Ideen, welche Ihr Inneres durchleuchten zur Darstellung bringen können. Von den Germanen u. Römern zum Tiber ist gewiß ein namhafter Fortschritt, allein das Skizzenhafte – das Sprunghafte – das Unfertige – ist noch nicht überwunden.

Achten Sie, wie gesagt, vor Allem auf die *Fabel* u. auf eine ausreichende *Exposition* im ersten Akt. *Wie* wichtig dieses ist – habe ich selbst erst *sehr* spät, für meine Versuche viel *zu* spät – einsehen lernen. Erst in den allerletzten Jahren bin ich hinter das Geheimniß gekommen, seitdem werde ich nicht müde, die vorhandenen Meisterwerke darauf hin immer frisch zu studiren. So habe ich noch vorhin den Othello aus der Hand gelegt, nachdem ich den ersten Akt gelesen habe – als wenn Sie dabei säßen. Achten Sie darauf, mit welch vollendeter Kunst u. *Einfachheit* hier alles eingeleitet, hinüber geleitet, festgehalten, zum Knoten geschürzt ist! Der erste Akt enthält – wie eine gute Ouvertüre das ganze Stück – aber in nuce – im *Keim* – in den nachfolgenden gilt es den Baum in seiner ganzen Fülle u. Pracht zu entfalten – allein was es für ein Baum ist, wie dieserselbe sich gestalten *muß* u. wird – soll der Aufmerksame Sachkenner bereits genau wissen.

Wenn Sie sich für die Dichtkunst entscheiden, werden Sie da nicht Ihren ursprünglichen Vorsatz durchführen u. eine Universität beziehen? Ein Dichter muß nothwendig – wie in Schillers Künstlern – das Wissen seiner Zeit beherrschen – Schiller selbst hat bekanntlich – trotz der *ausgezeichneten* Bildung die er auf der Karlsschule erhalten hatte – volle 8 Jahre der Muse aufgesagt, um Geschichte u. Philosophie zu studiren! Ueberhaupt kann ein Dichter nicht ausschließlich Dichter sein, ohne sich zu Grunde zu richten. –

Ende October bin ich wieder in Jena. Sollte ich da nicht die Freude haben, Sie eines Tages in meine Dachstube wieder eintreten zu sehen? Ich bin ein zu schlechter u. zu fauler Briefschreiber, als daß ich mich anders als mündlich mit Ihnen zu besprechen wüsste.

Nochmals u. immer wieder – Glückauf!

Ihr

treu ergebener

Arth. Böhtlingk[10]

Die problematische Qualität der erhaltenen Fragmente des Dramas[11] erschwert jeden Widerspruch. Dennoch ist – die zweifache Berufung auf Schiller macht es überdeutlich – die klassizistische Position unverkennbar, von der aus Böhtlingk argumentiert. Man fühlt sich zugleich an Gustav Freytags *Technik des Dramas* erinnert, wenn man seine Forderungen überblickt: Ausgleich der durch moralische Defizite einzelner Charaktere entstehenden Disharmonie durch positive Gestalten nach dem Vorbild von Max und Thekla, Schürzung des dramatischen Knotens in der Exposition, Gebot der Einfachheit, Vorrang der Fabel. Mit Vorwürfen zum letzten Punkt

10 Wie Anm. 8. Kursivierung ersetzt hier wie auch sonst Unterstreichung im Original; in der Wendung „theatralischen Effect" ist das zweite Wort doppelt unterstrichen, ebenso zuvor „abseits".

11 Vgl. den Abdruck in: CA, Bd. 8, S. 226–240.

wird es der Dramatiker Hauptmann immer wieder zu tun haben: Die naturalistische Tendenz zur Zustandsschilderung und zum Charakterdrama stand im Widerspruch zum herkömmlichen Ideal des Handlungsdramas. Auch sein *Tiberius* war womöglich als Studie eines pathologischen Charakters angelegt, obwohl es Anzeichen dafür gibt, dass die eigentliche Intention des Verfassers im Anschluss an den Historiker Adolf Stahr auf eine gewisse Rehabilitation des verrufenen Kaisers zielte.[12]

Jedenfalls kommt dem Dissens mit Böhtlingk in Teilbereichen durchaus grundsätzlicher Charakter zu. Es ist nicht nur mangelndes formales Können, sondern auch ein prinzipiell abweichendes Wollen, das den angehenden Dramatiker von den ästhetischen Idealen seines Mentors trennt. Die persönliche Aussprache, zu der es im Laufe des Winters in Berlin kommt, kann den Graben nicht mehr überbrücken. Mit unüberhörbaren Anklängen an den Mythos des Vatermords verabschiedet Hauptmann in einem Brief an den Jenaer Freund Max Müller vom 15. März 1885 den einstigen Lehrer:

> Was ich an ihm verehrt habe, verehre ich nach wie vor, dass mir seine Liebe erhalten bleibt, wünsche ich von ganzen Herzen und weiss ich. Ebenso weiss ich, dass ich ihn dauernd lieben, ihm dauernd dankbar sein werde. Seine Gärtnerarbeit hat das junge Bäumchen meines Talentes gestützt, ja ich habe selbst von der Verschneidung Nutzen gehabt; nun aber, wo er es fällen wollte, musste er einsehen, dass er es nicht imstande sei. An dieser letzten Handlung, die ihm misslang, offenbarte sich dem Baume zugleich die ganze Schwäche und Einseitigkeit seines Gärtners. Ich sah, wie er das Wie schätzte, nicht das Was, und wie es ihm nicht ankam auf die wahre Liebe und Opferfreudigkeit, sondern einzig auf die Technik. Mir war tiefster Ernst, was ihm Spielerei schien. Das, was er zu irgendeiner beliebigen Mixtur glaubte verwandeln zu können, war mein Herzblut. Ich wurde kritisch und begann, durch Erfahrung gestärkt, nachdem ich erst an sein Urteil unumstösslich geglaubt, dann mich hatte niederdrücken lassen, dann gezweifelt hatte, es kalt und ruhig zu untersuchen. Ich fand nirgends eine Basis, ich fand Verknöcherung in alten versteinerten Normen. So mild der Mensch Boehtlingk, so despotisch der Beurteiler, und so vielseitig jener, so einseitig und klein dieser. Wie passt Despotie zu Charakteren wie die unseren? Es vollzog sich folgendes: Boethlingk war auf mein Schiff gekommen, er hatte es gelenkt, unwillkürlich, Ich hatte ihm das Steuer überlassen. Ich fühlte eine Zaghaftigkeit, die nichts von Kraft und Mut an sich hatte, ich bemerkte seine Unkenntnis der Meere und seine Verkennung des Zieles, ich entriss ihm das Steuer. Ich segelte auf meine Art, vielleicht im ersten Befreiungstaumel etwas zu wild und ungestüm. Er sah es, er glaubte mich verloren und kam zu der Anschauung, es sei besser, das Steuer zu kappen. Das nun versuchte er und führte so die Katastrophe herbei. Die Katastrophe war mehr innerlicher als äusserlicher Art. Ich musste ihn über Bord meines Geistesschiffes senden. Zur unumstösslichen Gewissheit wurde es in mir, dass ein Fünkchen Mut für das Wahre und Edle mehr wert ist, als das ganze Maschengewebe der Kunst und Kunstkniffe einer Boethlingkschen Poeterei. Ein unfähiger markloser Reimer müsste ich gewesen sein, wenn ich die Fahne, die ich trage, hingeworfen hätte, nur weil sie, statt aus Damast, nur aus Leinwand ist. Lieber aus Leinwand zerrissen und zerschlissen und Herzblut daran, als aus Damast, gestickt mit Gold und mit Sprüchen und Lorbeerkränzen bedeckt, aber – ohne Blut. Ich

---

12 Adolf Stahr: Tiberius. Berlin 1863; vgl. Sprengel: Hauptmann (Anm. 3), S. 100.

weiss nicht, ob ich mich deutlich ausgedrückt habe, die Essenz meines Handelns ist aber in der letzten Nummer meiner Dichtung dargelegt.[13]

Wie oft in Hauptmanns diskursiven Argumentationen löst ein Bildfeld das andere ab. Zunächst bedient sich der Schreiber des Baum-Gleichnisses, das Böhtlingk selbst in seiner brieflichen Kritik aufgeboten hatte. War dort vom Baum des Dramas die Rede, der sich schon im Ersten Akt ankündigen müsse, so überträgt Hauptmann das Bild auf sich selbst oder das eigene dramatische Talent. Böhtlingk als Gärtner tritt ihm mit der Schere und zuletzt sogar mit der Axt nahe. Nun hat ein Baum wenig Möglichkeiten sich zu wehren. Der Autor wechselt daher das Bildfeld und imaginiert sich selbst als Kapitän seines Geistesschiffs, der gegen einen lebensbedrohlichen Anschlag auf sein Schiff zur Notwehr greifen und den Gegner über Bord werfen muss. An die Vorstellung des Kampfes schließt die nächste Metapher an: das Selbstbild als Bannerträger und das Bekenntnis zu einer demonstrativ schlichten, aber mit „Herzblut" getränkten Fahne – in Abgrenzung zum prunkhaften „Damast" einer epigonalen Ästhetik. Hier kommen bereits Momente einer sozialen Positionierung (an der Seite der Armen, in Opposition zum Luxus der Reichen) zur Sprache, die eine Ahnung vom künftigen *Weber*-Dichter geben! Die eigene Dichtung aber, auf die der Briefschreiber am Ende des Zitats verweist, ist sein byronisierendes Versepos *Promethidenlos*, im Frühjahr 1885 erschienen, mit der „letzten Nummer" (d. h. wohl der zuletzt entstandenen Nummer) an der Spitze. Denn es ist zweifellos seine Widmung „An …", auf die sich Hauptmann gegenüber Müller bezieht. „Ich singe frei, wenn alle Ketten lasten" – so beginnt die erste Strophe dieses dichterischen Credos, das sich als Kampflied im Dienste der Wahrheit versteht und in eine schneidige Absage an einen „Mann der milden Träne" mündet, in dem wir zweifellos Böhtlingk selbst erkennen müssen:

Nimm weg die Hand, du Mann, von meinem Liede,
noch lieben kann ich, nicht bewundern mehr.
Dein Banner ist ein lügenhafter Friede,
mein Banner ist der Kampf auf wildem Meer.
Nimm weg die Hand, du Mann, von meiner Zither,
sie ist nicht deiner Laune will'ges Kind;
am Himmel stehen finstere Gewitter,
und meine Lieder sind, wie Blitze sind.

Du magst mit Tauben nach Belieben walten,
doch mein Gesang fliegt keinen Taubenflug,
und deine Fesseln können ihn nicht halten,
noch du bemeistern meines Geistes Flug.
Nimm weg die Hand von eines Leuen Mähne,
er schüttelt sie und schaut dich dräuend an,

13 Norbert Honsza, Gerard Koziełek: Unbekannte Gerhart Hauptmann-Autographen. In: Annali Instituto Orientale di Napoli, Sezione Germanistica 5 (1962), S. 31–56, hier: S. 41f. Die Wiedergabe folgt orthographisch der Vorlage, auch in der fragwürdigen Schreibung „Boethlingk".

nimm weg die Hand, du Mann der milden Träne,
du Mann des Glückes, du zufriedner Mann.[14]

Die Beziehung Hauptmann – Böhtlingk hätte hier zu Ende sein können, war es aber nicht. Böhtlingk hat sich im anonymen Adressaten dieser einer Absage gleichkommenden Zueignung erkannt, dem einstigen Schützling aber den aggressiven Ton nicht übelgenommen. Vielmehr hat er angesichts des wachsenden Ruhms Hauptmanns später gern die Widmung als Zeugnis seiner Nähe zum Dichter im Freundeskreis mitgeteilt und soll untröstlich darüber gewesen sein, als ein Besucher sein einziges Exemplar des selten gewordenen Druckes nicht zurückgab.[15]

Als er Anfang 1896 nach Berlin kommt – zufällig am Tag der Uraufführung von Hauptmanns *Florian Geyer* – und von der bevorstehenden Premiere erfährt, denkt er kurz daran, sich mit „stillem Stolze" in das „übervolle Haus" hineinzuschleichen.[16] Das vorgeschlagene Treffen wird innerhalb des knappen Zeitrahmens, den Böhtlingks damaliger Brief zur Verfügung stellt, kaum zustande gekommen sein; angesichts der gigantischen Niederlage, als die die erste Inszenierung dieses historischen Dramas im naturalistischen Gewande ausging, dürfte der Autor auch kaum die Kraft für ein Gespräch mit seinem alten Mentor aufgebracht haben. Dieser lässt sich dadurch nicht irritieren und schickt Hauptmann „auf der ruhmvoll erklommenen hoehe" seines 50. Geburtstags einen „treuen" Telegramm-Gruß.[17] In den 1920er Jahren scheint es noch zu einem persönlichen Besuch Hauptmanns bei Böhtlingk (in Karlsruhe oder im Schwarzwald?) gekommen zu sein.[18] Auf die Todesanzeige, die am 15. November 1929 von dessen Stieftochter Olga Conz-Buisson zusammen mit dem Schwiegersohn Erich Muff aufgegeben wurde, antwortet Hauptmann telegraphisch: „In tiefer Rührung gedenke des bedeutenden Manns und Ratgebers meiner Jugend."[19]

Soweit die biographische Dimension der Beziehung. Persönliche Wertschätzung, so legen es die Dokumente nahe, scheint den Verlust der sachlichen Gemeinsamkeit zu überdauern; im Übrigen weisen die Wege von Mentor und Schützling weit auseinander. Dort ein Rückzug in die badische Provinz mit lokalpatriotischen und (populär)wissenschaftlichen Ambitionen, hier der unaufhaltsame Aufstieg in die vorderste Reihe der Literatur- und Theatermoderne mit internationaler Ausstrahlung. Ungeachtet dieser Diskrepanzen und hinter ihnen behaupten sich jedoch verschiedene erstaunlich zählebige Gemeinsamkeiten zwischen beiden Autoren. Denn dies ist der erste Punkt, an dem die bisherige Forschungslage einer Korrektur bedarf: Arthur Böhtlingk ist als Literaturproduzent wahrzunehmen und zu würdigen („wie-

14 CA, Bd. 4, S. 369f.

15 So die Darstellung von Böhtlingks langjährigem Schüler und Freund Paul Ladewig im Brief an Hauptmann vom 19.2.1930 (Gerhart-Hauptmann-Briefnachlass, B IV Mappe 1).

16 Brief vom 4.1.1896 (Anm. 8).

17 Telegramm vom 16.11.1912 (ebd.).

18 Vgl. Paul Ladewigs Mitteilung: „Doch hat ihn auch Ihr letzter Besuch aufs tiefste ergriffen" (wie Anm. 14).

19 Gerhart-Hauptmann-Briefnachlass, B 1181/1-2.

derzuentdecken“ wäre freilich zu viel gesagt). Schon ein näherer Blick auf seine Texte aber wird uns mit mehreren Kernthemen und Leitmotiven bekannt machen, die dem Hauptmann-Kenner höchst vertraut sind. Ist der *Promethidenlos*-Dichter doch nicht so weit von jenem Herrn „…“ abgerückt, wie es der Prolog seines Epos glauben machen will?

2. Napoleon-Mythen

Im autobiographischen Rückblick beschreibt Hauptmann aus der Distanz von mehr als einem halben Jahrhundert den Jenaer Kreis um Böhtlingk als vieltöniges Stimmengewirr: „Der junge Professor war schwerhörig, weshalb er ungestört über Napoleon sprechen konnte, wenn sich Carl ebenso ungestört über Amöben, Radiolarien und das biogenetische Grundgesetz Haeckels ausbreitete […].“[20] Böhtlingks Schwerhörigkeit ist auch anderweitig bezeugt,[21] und dass er damals intensiv mit der Geschichte Napoleons befasst war, steht gleichfalls außer Zweifel. Seine Lehrbefugnis an der Universität Jena hatte er 1876 mit einer Arbeit über das „Emporkommen“ Napoleons erworben.[22] Er hatte sie bis 1880 zu einem zweibändigen Werk ausgebaut,[23] das ihm allerdings heftige Kritik eintrug, ja ihn in der Zunft bald als verspotteten Außenseiter dastehen ließ. Denn ein Schwerpunkt des zweiten Bandes war die detailreiche Rekonstruktion des Rastatter Gesandtenmords von 1799 und die mit Entschiedenheit verfochtene These, der damals gerade auf dem Ägypten-Feldzug befindliche Napoleon sei persönlich für die Misshandlung und Ermordung der französischen Diplomaten verantwortlich gewesen.

Da Böhtlingk handfeste Beweise für seine Behauptung schuldig blieb, wurde ihm von der Kritik denn auch bald der methodische Grundsatz unterstellt: „Napoleon mag in Italien, in Paris oder noch so weit in Aegypten oder Syrien sitzen, geschieht irgendwo etwas Böses, das ihm zum Vortheil gereicht, und auf keinen sonst lässt sich mit Fingern zeigen, so ist er der Urheber gewesen.“[24] Böhtlingk zitiert diesen Vorwurf in einer umfänglichen Antwort an seine „Herren Kritiker“, die 1883 (also in größter zeitlicher Nähe zu Hauptmanns Jena-Aufenthalt) separat sowie als Nachwort zur Neuauflage des Napoleon-Buchs erschien. Letzten Endes ist damit auch gar nicht so unzutreffend das moralische Engagement bezeichnet, das hinter Böhtlingks historischer Unternehmung steht (und das ihn in der Ära des strengen Positivismus tendenziell wie ein geschichtswissenschaftliches Fossil wirken lassen musste): Napo-

20 CA, Bd. 7, S. 900.

21 Nämlich durch Ladewigs Nachruf (Anm. 1).

22 Arthur Böhtlingk: Die Jugendgeschichte und das Emporkommen Napoleon Bonaparte's. Dissertation der philosophischen Facultät der Universität Jena eingereicht zur Erlangung der Venia docendi. Jena 1876.

23 Arthur Böhtlingk: Napoleon Bonaparte, seine Jugend und sein Emporkommen. Jena 1877–1880 (Bd. 1: Bis zum 13. Vendémiaire; Bd. 2: Bis zum 18. Brumaire).

24 Arthur Böhtlingk: Napoleon Bonaparte und der Rastatter Gesandtenmord. Ein Wort an meine Herren Kritiker. Leipzig 1883.

leon erscheint hier als Schreckgespenst einer hybriden Selbstüberschätzung, eines grenzenlosen Narzißmus:

> Bonaparte aber träumte von Nichts Geringerem als mit Hülfe der Revolution ganz Europa, unter dem Kriegsruf gegen England drei Welttheile zu erobern; zu erobern nicht für eine neue staatliche Ordnung, sondern für *sich*, damit *sein* Wille der alleingebietende sei und seine Heldengestalt, auf diesem Fussgestell errichtet, in der ganzen Weltgeschichte, für alle Zeiten, niemals ihres Gleichen habe. Diese wahnsinnige Conception ist das Maass zugleich seiner Grösse und seiner Nichtigkeit [...].[25]

In bewusstem Kontrast zu diesem auf Selbstvergottung zielenden Egoismus feierte Böhtlingk nur wenige Seiten vorher[26] die politische Weitsicht Friedrichs des Großen, der mit seinem politischen Vermächtnis, der Gründung des deutschen Fürstenbunds,[27] die Weichen für den kleindeutschen Nationalstaat und damit für die Reichsgründung ein Jahrhundert später gestellt habe – vorsorgender Diener des Staats oder der Nation gleichsam noch im letzten Atemzug. Wie stark Böhtlingks Denken von solchen Teleologien beherrscht war, zeigt übrigens schon sein Drama *König Konrad*. Die Einheit des Reichs (hier natürlich noch: des Römischen Reichs deutscher Nation) wird darin vom Frankenherzog Konrad und seinem Bruder Eberhard sichergestellt, indem beide – gegen die kurzsichtigen Interessen ihres Stammes – die Königswürde an den Sachsen Heinrich weiterreichen, der auf größere Unterstützung rechnen kann als sie selbst. Konrad – wie auch Friedrich II. – erweist sich damit in Böhtlingks Sinn als wahrer Anti-Bonaparte.

Böhtlingk selbst war freilich von solcher Bereitschaft zur Selbstbescheidung weit entfernt. Als sich zur allgemeinen Ablehnung seiner Thesen durch die von Heinrich von Sybel angeführte Historikerzunft noch ein kritischer Artikel in der *Zeitschrift für die Geschichte des Oberrheins* gesellte, verstrickte er sich in einen Beleidigungsprozess gegen den Karlsruher Archivrat Karl Obser, aus dem allein vier Broschüren hervorgingen.[28] Wie nah ihm die Napoleon-Thematik blieb, zeigt ein noch 1909 gedrucktes (in der einschlägigen Literatur bis heute konsequent übersehenes) [29] Drama, das den Weg des Exilanten von Elba nach St. Helena verfolgt und dazwischen jene „100 Tage“ der erneut usurpierten Herrschaft thematisiert, denen schon Grabbe ein historisches Drama gewidmet hatte. Bei Böhtlingk fehlen freilich alle Massen- und Kampfszenen, die das Stück seines Vorgängers so komplex wie schwer aufführbar machen; sein *Napoleon* ist ganz auf den Titelhelden selbst fokussiert und

25 Böhtlingk: Napoleon (Anm. 23), Bd. 2, S. 272.

26 Ebd., Bd. 2, S. 260f.

27 Vgl. Böhtlingks frühere Publikation: Die Holländische Revolution 1787 und der Deutsche Fürstenbund mit besonderer Beziehung auf Carl August von Sachsen-Weimar. Bonn 1874.

28 Arthur Böhtlingk: Zum Rastatter Gesandtenmord. Autografierte Erklärung gegen Karl Obser. Karlsruhe 1894; Ders.: Noch einmal der Archivrat Dr. Karl Obser und die Zeitschrift für die Geschichte des Oberrheins. Karlsruhe 1894; Ders.: Der Rastatter Gesandtenmord vor dem Karlsruher Schöffengericht. Heidelberg 1895; Ders.: Zum Rastatter Gesandtenmord. Über eine Aktenpublikation der Badischen Historischen Kommission. Heidelberg 1895.

29 Nicht erwähnt in: Barbara Beßlich: Der deutsche Napoleon-Mythos. Literatur und Erinnerung 1800–1945. Darmstadt 2007.

zeigt dessen (vorsichtige) Wandlung vom titanischen Selbstentwurf zur Resignation: Derselbe Mann, der sich eingangs unentwegt mit Alexander dem Großen und Cäsar verglich, betritt am Schluss gefasst den Bellerophon, der ihn auf das Felseneiland von St. Helena entführen wird. Er ist ein Spieler, der weiß, dass er verloren hat – nämlich nicht weniger als seine Armee und das Land. Der kurze Dialog, mit dem Böhtlingk den Dritten Akt beschließt, zeigt seine unveränderte Perspektive auf den (sich hier ganz im Sinne des Sonnenkönigs absolut setzenden) französischen Gewaltherrscher:

> Carnot (verzweifelt): Sire, denken Sie an Frankreich!
> Napoleon (mit höchstem Pathos): Frankreich – bin *ich*!!
> [...]
> Carnot: Er kennt nur sich und Frankreich ist sein Einsatz.[30]

Als Hauptmann drei Jahre später den Auftrag erhält, für die Breslauer Jahrhundertfeier ein Festspiel zur Erinnerung an die Befreiungskriege zu schreiben, nähert er sich dieser ungewohnten Aufgabe zunächst über einen Entwurf, in dem Napoleon als eine Art Gottvater im Himmel erscheint und – bis zu seinem einsamen Ende auf St. Helena – als inhaltlicher Leitfaden des „Mimus" dienen soll.[31] Auch in der Schlussfassung des *Festspiels in deutschen Reimen* (1913) erscheint Napoleon eindrucksvoll genug – unter den Marionetten dieses gigantischen Puppentheaters zweifellos die einzige, der die Aura persönlicher Autonomie anhaftet: „Er mimte den großen Alexander / oder den Julius Cäsar / [...] / Jede Bühne ward ihm zuletzt zu enge. / Er brachte die ganze Welt ins Gedränge."[32] In einer der ersten Spielszenen tritt er als Kreisel peitschender korsischer Knabe auf, der den Franzosen den Fuß auf den Nacken setzen will und dafür als „L' Empereur" gefeiert wird.[33] Später setzt er sich selbst in Beziehung zum deutschen Idealismus: auch er sei ein „Grenzpfahlniederreißer" und „Durch-Sonnenhöhe-Gleiter".[34] Im Zusammenhang des Russland-Feldzugs erscheint der „Weltpotentat" dann als neuer Zeus auf der obersten Bühne. Drei anonyme Stimmen äußern sich zu ihm:

> Erste Stimme
> Er treibt die Welt wie einen Kreisel!
> Zweite Stimme
> Gottesgeißel! Gottesgeißel!
> Dritte Stimme
> Blitzeschleuderer! Ägiserschütterer!
> Wolkenversammler! Reichezersplitterer![35]

---

30 Arthur Böhtlingk: Napoleon. Ein Drama [abweichender Umschlagtitel: Napoleon. Von Elba nach St. Helena]. Karlsruhe 1909, S. 101.

31 Abgedruckt in: Peter Sprengel: Die inszenierte Nation. Deutsche Festspiele 1813–1913. Tübingen 1991, S. 161f.

32 CA, Bd. 2, S. 951f.

33 Ebd., S. 959f.

34 Ebd., S. 968.

35 Ebd., S. 993.

Zu den Vorwürfen, die Hauptmann nach der Uraufführung zu hören bekam (und die bald zur vorzeitigen Absetzung des Festspiels führten), gehörte denn auch der einer unangemessenen Bevorzugung Napoleons.[36] Dabei scheint in seiner Gestaltung die Faszination durch das politische Genie – im Unterschied zu Böhtlingk – die moralische Problematik zu dominieren. Und doch drängt sich der Verdacht auf, dass der Dramatiker einiges von dem in sich aufgenommen habe, was in der Jenaer Tischrunde von dem schwerhörigen „jungen Professor" ohne Rücksicht auf andere Redebeiträge vorgetragen worden war. Übrigens offensichtlich nicht als einziger Gesprächsteilnehmer: Auch Bruder Carl Hauptmann scheint damals gut zugehört (und nicht nur an Haeckels Radiolarien gedacht) zu haben. Schon 1911 – auf halber Strecke also zwischen den Napoleon-Dramatisierungen Böhtlingks und Gerhart Hauptmanns – tritt er mit einem zweiteiligen Napoleon-Drama hervor,[37] das sowohl den „Bürger Bonaparte" als auch den „Kaiser Napoleon" (bis hin zur Verbannung auf St. Helena) zeigt und mit seinen 260 Sprechrollen in 37 Bildern sogar noch Grabbes monumentales Drama in den Schatten stellt.[38]

3. Kulturkampf und Monismus

In Hauptmanns *Festspiel in deutschen Reimen* findet sich eine allegorisch-karnevalistische Szene, in der der Adler als Wappentier des alten Deutschen Reichs gezaust und in mancherlei Weise misshandelt wird. Er hat offenbar schwer unter den „Pfaffenwänsten" zu leiden,[39] wie auch der preußische König Friedrich II. erläutert, der sich (ganz gemäß Böhtlingks schon zitierter Darstellung) als Wegbereiter der deutschen Einheit vorstellt:

> Hätt' ich Deutschland nicht geweckt,
> wäre dieser längst verreckt!
> *Er berührt den Adler mit dem Krückstock.*
> Und die römischen Prälaten
> hätten ihn am Spieß gebraten.[40]

Ein Jahr nach dem Festspiel-Skandal beginnt Hauptmann mit der Niederschrift des Inquisitionsdramas *Magnus Garbe*, einer wahren Schreckensvision von der Gefährdung des deutschen Geistes durch Machenschaften eines ultramontan organisierten Katholizismus. Er lässt sich dabei von der historischen Darstellung eines Exjesuiten inspirieren,[41] greift aber auch aktuelle Ereignisse auf. So empört er sich in

---

36 Vgl. die Kritik von Karl Strecker in der *Täglichen Rundschau*, zit. nach Sprengel: Nation (Anm. 29), S. 97.

37 Carl Hauptmann: Napoleon Bonaparte. Bd. 1: Bürger Bonaparte. Schauspiel. Bd. 2: Kaiser Napoleon. Schauspiel. München 1911.

38 Vgl. Beßlich: Napoleon-Mythos (Anm. 27), S. 305–309.

39 CA, Bd. 2, S. 963.

40 Ebd., S. 965.

41 [Paul] Graf v. Hoensbroech: Das Papstthum in seiner sozial-kulturellen Wirksamkeit. Bd. 1.2, Leipzig 1900–1902.

einem seinerzeit unveröffentlicht gebliebenen Essay über den Hirtenbrief des neuernannten Kölner Erzbischofs Felix von Hartmann[42] und ruft zur Gründung einer „deutschen Kirche" auf, um die Fremdsteuerung der deutschen Katholiken zu beenden: „Köln und Breslau [...] sind zwei Hochburgen der italienischen Kirchenpartei in Deutschland geworden. Man bekennt sich zwar an diesen Plätzen auch zu Kaiser und Reich, aber man gehorcht zuletzt doch dem Priesterkönig, der in Rom, der im Vatikan residiert."[43]

Wenige Wochen vor Ausbruch des Ersten Weltkriegs (in dem sich der besagte Kölner Erzbischof als überaus kaisertreu erweisen sollte) wirkt diese Optik eigenartig weltfremd. Sie wiederholt Frontstellungen aus dem ersten Jahrzehnt nach der Reichsgründung, die unter dem Namen „Kulturkampf" in die Geschichte eingegangen sind. Damals betrieb Bismarck in enger Koalition mit dem Liberalismus die Emanzipation des säkularen Staats aus kirchlichen Abhängigkeiten, was zu einer überspitzten Konfrontation zwischen dem protestantischen und katholischen Lager – und letztlich einer relativen Stärkung des letzteren – führte:

> So und nicht anders ist jener „Kulturkampf" (wie Virchow, der Fortschrittsmann, den römisch-deutschen Konflikt in seinem Höhestand treffend benennen sollte) entstanden, jener Kulturkampf, den eben jene Jesuiten, welche ihn vom Zaume gebrochen haben, ihrer typischen Taktik gemäß, unserem Bismarck in die Schuhe zu schieben nicht müde werden [...]. Im Vatikan brauchte man den Konflikt zur Fanatisierung der gläubigen Massen; mit Hilfe desselben gelang es in der Tat, eine konfessionell-politische päpstlich-römische Partei deutscher Zunge zu organisieren und als „Zentrum" parlamentarisch zur Geltung zu bringen. Freilich – als der eiserne Kanzler, den Fehdehandschuh aufgreifend, mit dem Kampfe bitteren Ernst machte, er, getragen von einer nationalen und liberalen Mehrheit in Reichstag und Landtag, daran ging, auf dem Wege der Gesetzgebung den Römlingen klar zu machen, wer im deutschen Hause Herr sei, drohte den Päpstlichen allerdings die Luft auszugehen.[44]

Worte Böhtlingks wohlgemerkt, nämlich aus einem 1904 auf der 17. Generalversammlung des Evangelischen Bundes in Dresden gehaltenen Vortrag, der noch im selben Jahr unter dem Titel *Römisch oder Deutsch?* als Broschüre erschien. Doch ist der Fundort des Zitats fast austauschbar, denn Böhtlingk hat zwischen 1902 und 1911 nicht weniger als zwei Dutzend themenverwandte Flugblätter, Broschüren und Bücher herausgebracht.

Basis dieses gewiss nicht alltäglichen publizistischen Engagements ist zunächst die emphatische Bejahung der Reichsgründung im Spiegelsaal von Versailles, die Böhtlingk im prägenden Alter von 21 Jahren erlebte. Er war ein glühender Anhänger Bis-

42 Vgl. Peter Sprengel: Von Luther zu Bismarck. Kulturkampf und nationale Identität bei Fontane, C. F. Meyer und Gerhart Hauptmann. Bielefeld 1999, S. 60f.

43 CA, Bd. 11, S. 838.

44 Arthur Böhtlingk: Römisch oder Deutsch? Vortrag, gehalten auf der 17. Generalversammlung des Evangelischen Bundes in Dresden am 4. Oktober 1904. Leipzig 1904, S. 22.

marcks[45] und Lobredner des Gründungskaisers Wilhelm I.[46] Wie oben schon zum deutschen Fürstenbund des 18. Jahrhunderts vermerkt, sah Böhtlingk im protestantischen Deutschland den vorrangigen Träger und Motor der Nationalbewegung und daher deren eigentlichen Ausgangspunkt in der Reformation. In völliger Übereinstimmung mit Hauptmann[47] begriff er Luther primär als Gründungsheros einer deutschen Identität oder Nationalität (und als weltgeschichtlichen Gegenspieler des Jesuitenordensgründers Loyola[48]). Das zeigt eindrucksvoll ein nachgelassenes Gedicht Böhtlingks mit dem schlichten Titel *Luther*:

> Urgewaltiger Du, Deines Volkstums rettender Genius,
> dem nicht Kränze genug es zu winden vermag!
> Standst Du zu Worms, vom Henker bedroht, nicht allein für uns Alle?
> Wider Kaiser und Papst, ganz auf Dein Selbst nur gestellt,
> brachest Du kühn mit der Wahrheit zugleich der Freiheit die Gasse,
> löstest vom römischen Joch die germanische Welt.
> Keinen grösseren Tag erlebte die Menschheit. Uns Deutschen
> gabst Du den Heros, das Wort, uns ein Vaterland erst.[49]

Schon im historischen Drama *Franz von Sickingen* wird – aus dem Munde Huttens – die Abhängigkeit des Habsburgers Karl V. vom „röm'schen Pfaffenjoch" erörtert;[50] das Stück zeigt die vorbildliche Entwicklung des ‚letzten Ritters' hin zu einem klaren Bruch mit den katholischen Fürsten. Auch Böhtlingks Verehrung für die „Dioskuren" Goethe und Schiller[51] ist nicht zuletzt in der Distanz begründet, die er zwischen ihnen und den Erscheinungsformen des Katholizismus sieht; nicht umsonst widmet er dem kritischen Verhältnis beider zur römisch-katholischen Kirche jeweils eine eigene Monographie.[52]

---

45 Vgl. Arthur Böhtlingk: Bismarck als Nationalökonom, Wirtschafts- und Sozialpolitiker. Leipzig [1908]; Ders.: Bismarck und Shakespeare. Eine Studie. Stuttgart 1908; Ders.: Bismarck und das päbstliche Rom. Genetische Darstellung an der Hand der Quellen. Berlin 1911. Vgl. auch die Gedichte *Der eiserne Kanzler* und *Der Bismarckturm*: Badische Landesbibliothek Karlsruhe, Nachlass Böhtlingk, K 2249, Bl. 38 u. Bl. 42. Ich danke Frau Dr. Annika Stello für die Bereitstellung von Reproduktionen und die Zitiererlaubnis.

46 Arthur Böhtlingk: Wilhelm der Glorreiche. Rede zur hundertjährigen Gedächtnisfeier gehalten an der Technischen Hochschule zu Karlsruhe am 12. März 1897. Heidelberg 1897.

47 Vgl. Sprengel: Von Luther zu Bismarck (Anm. 42), S. 96–119.

48 Vgl. Arthur Böhtlingk: Doctor Martin Luther und Ignaz von Loyola. Eine geschichtliche Parallele. Heidelberg 1897.

49 Nachlass Böhtlingk (Anm. 36), K 2249, 90. – Das Gedicht ist möglicherweise im Zusammenhang des Reformationsjubiläums 1917 entstanden; vgl. auch Böhtlingks damalige Schrift: Luthers Tat. Zur Vierjahrhundertfeier der Reformation. Frankfurt/M. 1917.

50 Arthur Böhtlingk: Franz von Sickingen. Ein historisches Trauerspiel. Jena 1881, S. 8.

51 Vgl. die nachgelassenen Gedichte *Goethe und Schiller* (mit der Prädikatierung als „Castor und Pollux") und *Die Dioskuren*: Nachlass Böhtlingk (Anm. 36), K 2249, 66f.

52 Ders.: Goethe und das kirchliche Rom. Zum 28. August 1902. Historisch-politische Abhandlung. Frankfurt/M. 1902; Schiller und das kirchliche Rom. Eine literarhistorische Studie. Frankfurt/M. 1905.

Vor diesem Hintergrund bedurfte es nur vergleichsweise geringfügiger aktueller Anlässe, um Böhtlingk, der in den Jahren 1892–1902 Mitglied des Nationalliberalen Vereins in Karlsruhe war, an eine Neuauflage des Kulturkampfs in Baden glauben zu lassen. Ob es um Schul- und Hochschulpolitik[53] ging, die Parteipolitik und Wahlen,[54] die Errichtung von Männerklöstern[55] oder um die überraschende Ernennung des Freiburger Erzbischofs Thomas Nörber[56] – der Publizist Böhtlingk war zur Stelle und scheute weder große weltgeschichtliche Parallelen[57] noch neuerliche Beleidigungsprozesse[58] oder Kontroversen mit so populären regionalen Größen wie dem katholischen Pfarrer und Heimatschriftsteller Heinrich Hansjakob.[59] Böhtlingk nahm die „Mannheimer Jesuiten-Parade" ab,[60] kontrollierte den „Barometerstand des Ultramontanismus im Badischen"[61] und wurde nicht müde, das Spannungsverhältnis zwischen Jesuiten und Rom einerseits, dem deutschen Volk andererseits kritisch zu beleuchten.[62]

Schon in dem oben zitierten Vortrag von 1904 hatte Böhtlingk seine Kritik am Papsttum historisch untermauert: mit einer quellenkritischen Destruktion der sogenannten „Petruslegende", also der Überlieferung von der Einsetzung des römischen Papstes als Stellvertreter Christi durch Simon Petrus.[63] Als 1910 sein Karlsruher Kollege[64] Arthur Drews als „Beitrag zur Mythologie des Christentums" ein Büchlein über eben diese „Petruslegende" veröffentlichte (und zwar im selben Neuen Frankfurter Verlag, der einen Großteil von Böhtlingks kulturkämpferischer Publizistik ver-

---

53 Ders.: Das badische Staatsschulgesetz und die Ultramontanen. Frankfurt/M. 1904; ders.: Der Ultramontanismus und das badische Schulwesen. Frankfurt/M. 1904; ders.: Priester und Professor. Frankfurt/M. 1911.

54 Ders.: Die römische Gefahr und die Reichstagswahl. Eine politische Ansprache (Lörrach, 26. April 1903). Lörrach 1903; ders.: Nach den Wahlen in Baden. Frankfurt/M. 1903; ders.: Mißbrauch geistlicher Autorität bei Wahlen. Frankfurt a. M. 1906; ders.: Der Zentrumsturm und der liberale Großblock. Frankfurt/M. 1911.

55 Ders.: Die Klosterfrage in Baden. Frankfurt/M. 1902; ders.: Klöster in Baden! Ein Warnruf an Volk und Regierung. Karlsruhe 1902. S. auch Anm. 50.

56 Ders.: Abwehr und Anklage. Ein offenes Schreiben an Sne Exz. Erzbischof Dr. Nörber zu Freiburg im Breisgau. Frankfurt/M. 1903; ders.: Noch ein Wort an Erzbischof Dr. Nörber zu Freiburg im Breisgau. Frankfurt/M. 1903.

57 Ders.: Auf der Fahrt nach Canossa. Ein Gespräch in der Eisenbahn. Frankfurt/M. 1902 (2., um ein Vorw. verm. Aufl., 3. u. 4. Tsd. Frankfurt/M. 1903).

58 Vgl. Stenographischer Bericht über die Verhandlung der Klage des Prof. Böhtlingk in Karlsruhe gegen Pfarrer Röckel in Urloffen wegen Beleidigung durch die Presse (1903).

59 Arthur Böhtlingk: Der Kapuziner ist da! Zur Klosterfrage in Baden. Erwiderung an Hansjakob. Eine kirchenpolitische Abhandlung, Frankfurt/M. 1903.

60 Ders.: Die Mannheimer Jesuiten-Parade. Frankfurt/M. 1902.

61 So der Titel einer Broschüre Böhtlingks (erschienen Frankfurt/M. 1906).

62 Ders.: Römisch oder Deutsch? Kampfblätter. Frankfurt a. M. 1902; Ders.: Die Jesuiten und das Deutsche Reich. Zeitgemäßes. Frankfurt/M. 1903; Ders.: Das deutsche Volk unterm römischen Joche. Ein Kampfruf. Frankfurt/M. 1907; Ders.: Römische Taktik und deutsche Praktik. Frankfurt/M. 1908.

63 Böhtlingk: Römisch oder Deutsch? (Anm. 44), S. 8ff.

64 Drews hatte sich 1896 am Karlsruher Polytechnikum habilitiert und war dort 1899 zum außerordentlichen Professor ernannt worden.

trieb), begleitete er diese Schrift mit einem Essay *Zur Aufhellung der Christusmythologie.*[65] Was das bedeutete, stellte Drews' vielbeachtetes, auch von Hauptmann (bei der Arbeit am Roman *Der Narr in Christo Emanuel Quint*) zu Rate gezogenes[66] Hauptwerk *Die Christusmythe* (1909–1911) hinlänglich klar: die Leugnung der Geschichtlichkeit der Person Jesu. Böhtlingks Übereinstimmung mit Drews bezeugen mehrere Gedichte, die er bewusst an den Anfang seiner nachgelassenen Lyriksammlung gestellt hat, am deutlichsten vielleicht dasjenige mit dem Titel *Zur Historizität Jesu*:

> Dass es in Wahrheit auf Erden keinen Jesus gegeben,
> wäre schier trostlos, es käm' schier einem Selbstmorde gleich?
> Wolltest Du selbst einer sein? Nun denn, so gilts Dich bescheiden!
> Strebe, wie sichs gebührt, dem Unerreichbaren nach;
> Sollst Du als Gottmensch Dich fühlen, als ein solcher Dich achten,
> darf kein Irdischer Dir blindlings werden zum Gott.[67]

Andere Gedichte behandeln den Jenseitsglauben, die Transsubstantiation, die Kreuzigung, die Mittlerstellung Jesu und stellen in ähnlicher Weise die Selbstermächtigung eines mündigen Subjekts in den Vordergrund.[68] Wenn sich noch so etwas wie ein ‚Glaube' Böhtlingks erkennen lässt, so ist es – und darin berührt er sich wiederum mit einer Reihe von Vertretern der literarischen Moderne – der Monismus Ernst Haeckels. Böhtlingk kannte den ‚deutschen Darwin' aus seiner Jenaer Zeit und widmete ihm bei seinem Tode 1919 ein bekenntnishaftes Gedicht; es endet mit den Strophen:

> Es jubelnd zu bekennen, laut und frei:
> Dass *Eins* die ganze Schöpfung sei,
> das Zeitliche verweben mit dem All,
> „Der Zweiheit Fehde!" – war so recht Dein Fall.
> Ob mancher Fromme Dich darob verflucht –
> Du hast die Lammes-Frommheit nie gesucht;
> wer weiss, ob nicht der Tag noch kommt,
> da selbst dem Frömmsten Dein Bekenntnis frommt![69]

---

65 Arthur Drews: Die Petruslegende. Ein Beitrag zur Mythologie des Christentums. Frankfurt/M. 1910 (darin Arthur Böhtlingk: Zur Aufhellung der Christusmythologie).

66 Vgl. das Handexemplar: Arthur Drews: Die Christusmythe. Jena 1909 (Staatsbibliothek zu Berlin – Preußischer Kulturbesitz, Handschriftenabteilung, Gerhart-Hauptmann-Bibliothek, Sign. 202482). Als Gesprächsthema im Wagner-Kreis erwähnt Hauptmann den Autor in: Tagebücher 1906–1913. Mit dem Reisetagebuch Griechenland-Türkei 1907. Nach Vorarbeiten v. Martin Machatzke hg. v. Peter Sprengel. Frankfurt/M., Berlin 1994, S. 255.

67 Nachlass Böhtlingk (Anm. 45), K 2249, Bl. 5.

68 Ebd., K 2249, Bl.3f. u. 6–10.

69 Ebd., K 2249, Bl. 91.

4. Shakespeare als Klassiker

In dem oben wiedergegebenen Brief Böhtlingks vom 3. Oktober 1884 steht der Satz: „So habe ich noch vorhin den Othello aus der Hand gelegt, nachdem ich den ersten Akt gelesen habe – als wenn Sie dabei säßen.“ Heißt das nicht, dass Gerhart Hauptmann mehrmals in Böhtlingks Dachstube eine Art Shakespeare-Privatissimum erhalten hat?

Der Dramatiker Hauptmann hat sich mehrfach zu Shakespeare als seinem „Vordermann“ bekannt.[70] Auf der Englandreise 1905 pflückt er in dessen Geburtsstadt ein Schilfrohr, das er als Symbol schriftstellerischer Verbundenheit nach Schlesien mitnahm. Die frühe Idee zu einem „neuen Lear“ wird 1932 in *Vor Sonnenuntergang* umgesetzt.[71] Das Possenspiel *Schluck und Jau* (1900) ist aus dem Vorspiel zu *Der Widerspenstigen Zähmung* entwickelt. Die *Jungfern vom Bischofsberg* (1907) sind ohne den *Mittsommernachtstraum* ebenso wenig zu denken wie *Indipohdi* (1920) ohne Shakespeares *Sturm*.[72] Schließlich ist da noch die *Hamlet*-Tragödie, die Hauptmann 1927 in eigener Bearbeitung in Dresden inszeniert, 1929 in einer Neufassung herausgibt, zu der er 1935 eine dramatische Vorgeschichte liefert (*Hamlet in Wittenberg*) und deren Inszenierung er nach dem Vorbild von *Wilhelm Meisters Lehrjahren* ins Zentrum eines Romans stellt (*Im Wirbel der Berufung*, 1936).[73] Während des Ersten Weltkriegs setzte sich Hauptmann für weitere Shakespeare-Inszenierungen auf deutschen Bühnen mit dem nicht unproblematischen Argument ein: „[...] und wenn er in England geboren und begraben ist, so ist Deutschland das Land, wo er wahrhaft lebt.“[74]

Die singuläre Wirkungsgeschichte Shakespeares in Deutschland, sein Beitrag, wie man auch sagen könnte, zur Entwicklung einer deutschen Nationalliteratur steht auch Böhtlingk vor Augen, der darüber ein dreibändiges Werk verfasst hat (*Shakespeare und unsere Klassiker*, bestehend aus den Teilen *Lessing – Schiller – Goethe*).[75] Die Romantik fehlt hier bemerkenswerterweise (und muss natürlich unter einer so gefassten Überschrift auch fehlen), dafür lieferte Böhtlingk gewissermaßen schon im Vorfeld ein nationales Supplement: mit der Studie *Bismarck und Shakespeare*,[76] die wie selbstverständlich davon ausgeht, dass es zwischen dem bedeutendsten deutschen Politiker der Ära Böhtlingk und dem bedeutendsten englischen Dichter eine

70 Gerhart Hauptmann: Tagebücher 1897–1905. Hg. v. Martin Machatzke. Frankfurt/M., Berlin 1987, S. 49.

71 Vgl. Peter Sprengel: Abschied von Osmundis. Zwanzig Studien zu Gerhart Hauptmann. Dresden 1911, S. 349f.

72 Vgl. im Einzelnen: Felix A. Voigt, Walter Reichart: Hauptmann und Shakespeare. Ein Beitrag zur Geschichte des Fortlebens Shakespeares in Deutschland. Breslau 1938.

73 Vgl. den Beitrag des Verfassers über Gerhart Hauptmann zu: Peter W. Marx (Hg.): Hamlet-Handbuch (erscheint demnächst).

74 CA, Bd. 6, S. 930.

75 Arthur Böhtlingk: Lessing und Shakespeare. Leipzig 1909; Ders.: Goethe und Shakespeare. Leipzig 1909; Ders.: Schiller und Shakespeare. Leipzig 1910.

76 S. o. Anm. 45.

Art Wahlverwandtschaft geben muss, auch wenn sie sich vielleicht nur in einigen Zitaten in Reichstagsreden niederschlägt. Ungeachtet solcher Tribute an den nationalistischen Zeitgeist scheint es bei Böhtlingk, der seinen Shakespeare im Original las,[77] doch stärker als bei anderen deutschsprachigen Zeitgenossen ein Bewusstsein davon zu geben, dass es sich bei dem großen Dramatiker des elisabethanischen Zeitalters um einen britischen, in den Bedingungen der englischen Gesellschaft verwurzelten Autor handelt. Einen Hinweis darauf liefert der schon zitierte Vortrag *Römisch oder Deutsch?*:

> Der Untergang der spanischen Armada ist zugleich die geistige Geburtsstunde Shakespeares, des englischen Dichterkönigs geworden. England gewann solcherweise als unabhängige, auf sich selbst gestellte Nation einen Vorsprung, gegen den keine europäische Nation mehr hat aufkommen können.[78]

Wie England durch die frühe Ablösung von ‚Rom' Priorität gegenüber anderen europäischen Nationen erlangte, kann Shakespeare in Böhtlingks Augen prinzipielle Uneinholbarkeit behaupten. Tatsächlich ist seine Auffassung des Dramatikers in hohem Maße normativ; Shakespeare, dessen Wirkung auf die deutschen Klassiker er ausführlich erörtert hat, erscheint ihm selbst als der Klassiker schlechthin. Das ist insofern keineswegs selbstverständlich, als der produktive Impuls, der von dem englischen Dichter im 18. und frühen 19. Jahrhundert ausging, ja gerade mit seiner vermeintlichen Irregularität zu tun hatte: Unter Berufung auf die häufigen Schauplatzwechsel und die offene Bauform der Shakespeare'schen Dramen überwand man das enge dramaturgische Korsett des französischen Klassizismus; die Geister- und Hexenauftritte in seinen Tragödien dienten als Argument gegen die Wahrscheinlichkeitsdoktrin einer engherzigen Aufklärung. Böhtlingk dagegen setzt sich in einer umfänglichen nachgelassenen Studie unter dem Titel *Shakespeares „Gespenster"* den Nachweis zum Ziel, dass die Integration der Geistersphäre in den Dramen des Engländers einer klaren psychologischen Motivation unterliege und keinerlei Bruch mit einem rationalen Weltbild impliziere. Gleich die erste Fallstudie (*Temora als „Rache" im „Titus Andronikus"*) veranlasst ihn zu der rhetorischen Frage:

> Kann Shakespeare, gleich Eingangs deutlicher, als durch diese Gespensterei in seinem Titus Andronikus bekunden, dass er das „Gespenst" als eine *subjektive* Erscheinung, als das Traumgebild seelischer Erregung fasst? Das aber als solches zugleich objektive Geltung hat? Als ein Etwas, das psychologisch und physiologisch betrachtet, als ein Stück menschlicher Wesensart anzusprechen ist, das dem seelenkundigen Dramatiker, der es auf die höchste Erregung der Psyche angelegt hat, auf Schritt und Tritt begegnen muss?[79]

Nichts also von romantischer Geisterschau! Eine zweite kürzere Studie widmet sich dem Thema *Shakespeare und die Trunksucht* mit einer fast schon abstinenzleri-

---

77 Vgl. Ladewig: Böhtlingk (Anm. 1): „Shakespeare, den Böhtlingk zwanglos in der Ursprache beherrschte".

78 Böhtlingk: Römisch oder Deutsch? (Anm. 44), S. 12.

79 Nachlass Böhtlingk (Anm. 45), K 2248, Nr. 1, 6.

schen Tendenz. In einer „auf Geistesmacht und Klarheit gestellten Dramatik“[80] kann es keinen Platz für eine Verklärung alkoholischer Exzesse geben (nur en passant sei bemerkt, dass sich Böhtlingk gerade hier weit vom mittleren und späten Hauptmann und dessen dichterischem Selbstverständnis entfernt).[81]

Die „Klarheit“, in deren Zeichen sich Böhtlingk Shakespeare annähert, betrifft nicht zuletzt die Konstruktion des Tragischen. Unter dem Titel *Tragik* erklärt er:

> Tragisch heiss' ich es, wenn Du das Höchste gewollt und gekonnt hast,
> und ein niedrig Geschick Dir zum Verhängnis es macht,
> Göttlich- und Menschliches, wie es dem Erdensohne beschieden,
> Dich entzweit mit der Welt, *in* Dir sich tötlich [!] bekriegt;
> Wenn *Romeo und Julia* im Ungestüm feurigen Blutes der Jugend,
> selber sich geben den Tod, so besiegelnd den Bund;
> *Lear*, der König-Greis auf dem Wege zum Menschen, wahnwitzig
> seine Cordelia verflucht, an ihrem Herzen genest;
> *Caesar*, der Herrscher der Herrscher, von Stümperhänden getroffen,
> fällt, doch sein Geist sich erhebt und seine Mörder erdolcht;
> *Hamlet*, der Edlen Edelster, eingeschworen auf Wahrheit und Liebe,
> des Gewissens ein Held, schmählich zum Märtyrer wird. –
> Freudig begrüsst der Tragödie übermenschliches Wollen,
> das mit der Gottheit zerfällt, uns mit ihr wieder versöhnt.[82]

Eine Tragik besonderer Art sieht Böhtlingk in *Othello* walten, den rassistisch-darwinistischen Diskurs seiner eigenen Zeit unbefangen auf Shakespeare zurückprojizierend. Seine Distichen *Der Mohr von Venedig* lauten:

> Im Othello rast die Natur, ach, wider sich selber!
> Flüstert ihm Jago ins Ohr: „Denke, dass *Neger* du bist!“
> ist es um Desdemona, um ihn selber geschehen!
> Klangen die Seelen in Eins, schied doch die Körper – das *Blut*;
> weil statt des Aufstiegs ein Abstieg des Menschseins nur konnte erfolgen,
> durfte die Ehe nicht sein. Tragischer gibt's kein Geschick.[83]

Mit dem normativen Ideal seines ‚Klassikers‘ Shakespeare argumentiert Böhtlingk sogar gegen Sophokles, dessen „Schauertragödie“ *König Ödipus* („mir unleidlich von je“) er gegenüber *König Lear* abwertet.[84] Der an Shakespeare gewonnene Maßstab steht erst recht im Hintergrund der pauschalen Ablehnung, auf die in Böhtlingks Gedankenlyrik alle Vertreter und Vorläufer der Moderne stoßen, Nietzsche[85] eben-

80 Ebd., K 2248, Nr. 2, II.

81 Vgl. Bernhard Tempel: Alkohol und Eugenik. Ein Versuch über Gerhart Hauptmanns künstlerisches Selbstverständnis. Dresden 2010.

82 Nachlass Böhtlingk (Anm. 45), K 2249, 110.

83 Ebd., K 2249, 65.

84 Oedipus und Lear, in: Nachlass Böhtlingk (Anm. 45), K 2249, 64.

85 Vgl. Nietzscheana, in: Ebd., K 2249, 59–62.

so wie Thomas Mann,[86] Heine[87] ebenso wie Stefan George.[88] Seine Distichen treten hier sichtlich in die Spur der *Xenien*, des Goethe-Schiller'schen Rundumschlags gegen die Auswüchse des Zeitgeistes.

Böhtlingks versifizierte Moderne-Kritik fokussiert sich nicht zuletzt auf die expressionistische und/oder abstrakte Malerei. Auf ein verschollenes Bild Rudolf Schlichters scheinen sich folgende Verse zu beziehen, neben die mit Bleistift der Name des Malers gesetzt ist:

> Ein verworren Gekritzel, darüber ein Drachengefratze,
> wie's ein fünfjähriger Bub, auch ein Indianer es kann.
> „Geister verlassen die Stadt" – so steht es darunter geschrieben;
> „Geistes-Verlassener, Du!" raunen sie selber Dir zu.[89]

Auf ähnlich beklagenswertem Niveau, aber gleichfalls in Distichen, argumentiert Böhtlingk in seiner schmalen – vielleicht erst postum veröffentlichten - Broschüre *Den „Expressionisten" ins Stammbuch*.[90] „Zwanzig Jahre bald wütet der Wahnwitz [...]", klagt der Verfasser, kunsthistorisch (wenn man als Entstehungsdatum die letzte Lebenszeit annimmt) ziemlich korrekt. Denn gemeint ist die Wende zur Abstraktion, wie das Motto, ein ironisches „Rezept", verrät: „‚Streng *abstrakt* sei die Kunst!' Zu Deutsch: sieh ab Du von Allem, / was seinen Körper noch hat, irgend der Wirklichkeit gleicht!"[91] Hier bietet nicht nur der mit Böhtlingk offensichtlich befreundete Schwarzwald-Realist Hans Thoma,[92] sondern auch – wie wir noch sehen werden - die Sinnlichkeit der Malerei Böcklins eine beruhigende, noch im Rückblick rettende Alternative.

Das andere Beispiel für das späte Öffentlichwerden von Böhtlingks Modernekritik erschien in seinem Todesjahr 1929: *Gundolfs „Shakespeare in deutscher Sprache". Ein Vademecum*. Man muss darin wohl einen verdeckten Racheakt erkennen. Denn Friedrich Gundolfs geistesgeschichtlich angelegte Habilitationsschrift *Shakespeare und der deutsche Geist* (1911) hatte Böhtlingks kurz zuvor erschienene Trilogie *Shakespeare und unsere Klassiker* im Handumdrehen obsolet gemacht. Böhtlingk wendet sich vordergründig nicht gegen Gundolfs Monographie, deren Rang er zähneknir-

---

86 Vgl. Thomas Mann, der Verfasser der „Buddenbrooks" u. d. „Feuerbergs" [lies: Zauberbergs], in: Ebd., K 2249, 78.

87 Vgl. Heinrich Heine, in: Ebd., K 2249, 75.

88 Vgl. Stefan George; Georges „Jahr der Seele", in: Ebd., K 2249, 77.

89 Geister verlassen die Stadt, in: Ebd., K 2249, 34.

90 Ohne Jahresangabe im Kommissionsverlag von J. J. Reiff, Karlsruhe erschienen. Da sich heute nur ein einziges Exemplar nachweisen lässt und dieses den Stempel der Bibliothek der Technischen Hochschule Karlsruhe trägt, ist es zu einem buchhändlerischen Vertrieb offenbar nicht mehr gekommen.

91 Arthur Böhtlingk: Den Expressionisten ins Stammbuch. Karlsruhe o. J., S. [3] u. [1].

92 Vgl. Hans Thoma (Dankeszoll an Ort und Stell); Hans Thoma zum 2. Okt. 1919, in: Nachlass Böhtlingk (Anm. 45), K 2249, 85–87. Das zweite Gedicht ist ein Glückwunsch zum 80. Geburtstag, das erste offenbar in Dresden unter dem Eindruck von Thomas Gemälde *Der Hüter des Tales* (1893) entstanden.

schend anerkennt,[93] sondern gegen das monumentale Anschluss-Unternehmen einer neuen zehnbändigen Gesamtübersetzung Shakespeares, bei der Gundolf allerdings auf weite Strecken die Vorarbeiten von Schlegel/Tieck und anderen nutzt.[94] Böhtlingks Studie, die aus einer abgelehnten Einsendung für das *Shakespeare-Jahrbuch* hervorgegangen zu sein scheint, nähert sich ihrem Gegenstand auf dem Umweg über eine Kritik an der „Verballhornung" der deutschen Sprache durch Gundolfs langjährigen Mentor Stefan George: „Wohin Friedrich Gundolf geraten ist, indem er George zum Vorbild nahm, möge sein Shakespeare in deutscher Sprache beurkunden."[95]

Der Leser weiß hier schon, was auf ihn zukommt. Die detaillierte Besprechung von neun Dramen-Übersetzungen mündet denn auch in ein vernichtendes Schlusswort:

> Er [Gundolf] vergreift sich nicht nur immer wieder in Wort und Rhythmus – er verkennt den Sinn und setzt ihn oft geradewegs in Unsinn um. Dies an entscheidenden Stellen, deren Verunstaltung den Kern des Dichtwerks trifft. Damit beweist er, daß er Shakespeare im Grunde gar nicht verstanden hat. [...] Und so haben wir einen *Shakespeare in deutscher Sprache* erhalten, der weder Shakespeare noch Deutsch ist.[96]

5. Böcklin-Balladen

Die ältesten erhaltenen lyrischen Texte Böhtlingks liegen im nachgelassenen Typoskript seiner Gedichte ganz zuunterst.[97] Es handelt sich um den 15-teiligen Zyklus *Arnold Böcklin*, bestehend aus einem auf Weihnachten 1897 datierten „doppelten Dankeszoll" zum 70. Geburtstag des Malers am 16. Oktober 1897 und vierzehn Gedichten, die schon durch die Titelgebung auf einzelne Gemälde bezogen sind (im Falle von Verwechslungen oder Abweichungen gegenüber den üblichen Bezeichnungen ist im Folgenden der korrekte Bildtitel in eckigen Klammern angegeben):

Arnold Böcklin. Ein doppelter Dankeszoll (179–181)
Dichtung und Malerei (182f.)
Sieh, es lacht die Au (184)
Des Waldes Nacht und Schweigen [Das Schweigen des Waldes] (185f.)
Der Abenteurer (187–189)
Heimkehr (190f.)
Die Pietà (192f.)

93 „Friedrich Gundolf [...] hat sich mit seinem Werke *Shakespeare und der deutsche Geist* als Shakespeareforscher nicht unvorteilhaft eingeführt gehabt" (Arthur Böhtlingk: Gundolfs Shakespeare in deutscher Sprache. Ein Vademecum. Karlsruhe [1929], S. 3).

94 Shakespeare in deutscher Sprache. Hg., z. T. neu übers. v. Friedrich Gundolf. Bd. 1–10. Berlin 1904–1918.

95 Böhtlingk: Gundolfs Shakespeare (Anm. 93), S. 7.

96 Ebd., S. 40.

97 Nachlass Böhtlingk (Anm. 45), K 2249, 178–210. Zitate daraus werden im Folgenden mit bloßer Blattzahl in Klammern angegeben.

Meeresidylle[98] [Triton und Nereide] (194–196)
Centaur in der Dorfschmiede (197–200)
Venus Amor entsendend [Venus und Amor] (201)
Die Klage des Hirten (202f.)
Venus Anadyomene[99] (204–206)
Der Kentaurenkampf (207f.)
Die Meeresbrandung (209)
In der Gartenlaube (210)

Grundsätzlich bewegt sich Böhtlingk auch als Böcklin-Verehrer auf Pfaden, die seinem einstigen Zögling Hauptmann vertraut sind. Hauptmann beruft sich in den frühen Entwürfen zu seinem zweieinhalb Jahrzehnte später abgeschlossenen Drama *Veland* (1925) auf Böcklins Gemälde *Der gefesselte Prometheus*, das er noch 1914 in einer Ausstellung der Sammlung Eduard Arnold (wieder)sah.[100] Er erinnert an einer Schlüsselstelle des Künstlerdramas *Michael Kramer* (1900) an den gescheiterten Plan einer Ausmalung des Treppenhauses des Breslauer Museums durch Böcklin und stellt dabei zugleich einen diskreten Bezug zum bekannten Bild *Der heilige Hain* her.[101] Im Unterschied zu anderen Autoren derselben Generation überdauert Hauptmanns produktiver Böcklin-Rekurs die einschneidende Demontage des Malers durch Julius Meier-Graefes Kampfschrift *Der Fall Böcklin* (1905); noch in der phantastischen Novelle *Das Meerwunder* (1934) stellt er die Szenerie von Böcklins *Triton und Nereide* in größter Anschaulichkeit und scheinbarer Lebensnähe nach (Abb. 3).[102]

Der jähe Abbruch des öffentlichen Interesses an Böcklin nur vier Jahre nach seinem Tode und nur ein rundes Jahrzehnt nach dem Höhepunkt der geradezu kultartigen Aufwertung seiner Malerei in den 1890er Jahren kann als ernstzunehmendes Indiz dafür gelten, dass das Werk des Basler Meisters und seine Geltung in besonderer Weise mit der kulturellen Epochenkonstellation im deutschen Sprachraum des ausgehenden 19. Jahrhunderts verwachsen sind. Sicher wird man keine Festlegung auf die Gründerzeit vornehmen wollen, wie sie in der Tendenz des Epochenüberblicks von Hamann/Hermand liegt,[103] zumal unbestreitbar ist, dass sich das wesentlichste Merkmal seiner Malerei: die Integration mythischer Figuren in ein realis-

98 Das unter diesem Titel bekannte Gemälde Böcklins kommt als Vorlage nicht in Betracht; vgl. Rolf Andree: Arnold Böcklin. Die Gemälde. Basel, München 1977, Nr. 405. – Das gemeinte Bild (ebd., Nr. 284) trägt jedoch idyllische Züge und wurde gelegentlich auch so bezeichnet. So spricht Heinrich Alfred Schmid von der „Meeresidylle *Triton und Nereide*": Alfred Böcklin. München 1919, S. 31.

99 Im Typoskript: Anadiomene.

100 Vgl. Peter Sprengel: Die Wirklichkeit der Mythen. Untersuchungen zum Werk Gerhart Hauptmanns aufgrund des handschriftlichen Nachlasses. Berlin 1982 (Veröffentlichungen der Gerhart-Hauptmann-Gesellschaft 2), S. 20–22.

101 Vgl. CA, Bd. 1, S. 1130 und Debra D. Wynn: Hauptmann and Böcklin. An artistic and historical synthesis in *Michael Kramer*. In: The Germanic Review 64 (1989), S. 67–72.

102 CA, Bd. 6, S. 420.

103 Vgl. Richard Hamann, Jost Hermand: Gründerzeit. 2. Aufl. München 1974 (Epochen deutscher Kultur von 1870 bis zur Gegenwart, Bd. 1). Darin ist Böcklin der meistgenannte Maler.

3 Arnold Böcklin: Triton und Nereide (1873/74). Bayerische Staatsgemäldesammlungen, Schackgalerie, München, © Landesarchiv Baden-Württemberg

tisch gestaltetes Ambiente, schon um 1860 herausbildet. Auf der anderen Seite hat Böcklin, wie etwa an seinem *Kentaurenkampf* zu sehen ist, nachweislich mit mythisierenden Bildkonstruktionen auf die Reichsgründung reagiert, und dem national gesinnten Bildungsbürgertum des wilhelminischen Deutschland offenbar eine äußerst brauchbare ästhetische Perspektive zur Artikulation aktueller Befindlichkeiten, Sehnsüchte und Ängste gegeben.

Neben Bildern vitalistischer Kraftentfaltung und Aggressionsentladung stehen dabei allerdings auch Ikonen weltflüchtiger Verinnerlichung, ja einer ins Sakrale überhöhten Todessehnsucht – die einzigartige Karriere der (bei Böhtlingk nicht erwähnten) *Toteninsel* ist dafür ein sprechendes Beispiel. Man könnte für diese letztgenannte Richtung alternative stilgeschichtliche Bezeichnungen wie „fin de siècle" oder „décadence" ins Spiel bringen, wüsste man nicht, dass sich die Verehrung gerade dieses Bildes (von dem eine Version in Hitlers Reichskanzlei hing)[104] auf Kreise erstreckte, die zur künstlerischen Signatur der damit bezeichneten Epochentendenzen kaum ein näheres Verhältnis besaßen. Das Geheimnis von Böcklins singulärem zeitgenössischen Erfolg – nach, was man nicht vergessen sollte, langen Jahren der Verkennung und ökonomischer Entbehrung – bestand wohl in der Unterschwelligkeit, mit der kollektive Phantasien der Zeit Eingang in seine Malerei fanden. Die mythische Gestaltungsebene wird gleichsam zum Einfallstor des Unbewussten, ohne dass Böcklins Bilder den zeitgenössischen Betrachter zu einer direkten Infragestellung der Grenzen seines Bewusstseins oder seiner persönlichen Autonomie gezwungen hätten. Das

104 Heute Nationalgalerie Berlin.

blieb gewissermaßen der nächsten Generation der künstlerischen Moderne vorbehalten.

Wenn schon der kunst- und kulturgeschichtliche Stellenwert von Böcklins Schaffen an sich keineswegs eindeutig zu bestimmen ist, so gilt Entsprechendes erst recht von Böhtlingks dichterischer Auseinandersetzung mit dem Lieblingsmaler seiner Epoche. Insgesamt ist das Lager der deutschsprachigen Autoren, die sich durch Böcklin inspirieren ließen, sein Lob sangen oder mit einschlägigen Bildbeschreibungen hervortraten, keineswegs einheitlich. Vertretern der realistischen Generation wie Heyse,[105] Fontane[106] oder Meyer[107] stehen dezidierte Moderne wie Hofmannsthal,[108] Rilke[109] und George[110] gegenüber. In einem Zwischenfeld wird man wohl Liliencron,[111] Richard Voß,[112] Hille[113] und Bierbaum[114] einordnen. Keiner von ihnen, Hauptmann selbstverständlich eingeschlossen, hat sich dem Epochenphänomen Böcklin in einer so einheitlichen und eine so große Zahl von Bildern beschwörenden dichterischen Komposition zugewandt wie Böhtlingk in dem hier vorzustellenden, bis heute unbekannt gebliebenen lyrischen Zyklus.

Ob sich in diesem eher quantitativen Vorsprung auch eine besondere Nähe ausdrückt, bleibt allerdings abzuwarten. Das Eingangsgedicht thematisiert zunächst in

---

105 Vgl. Peter Sprengel: Meerfrauen, Kentauren und andere Fabelwesen: Paul Heyses Phantastik zwischen Böcklin und Genelli. Mit unveröffentlichten Briefen beider Maler an Heyse. In: Konstanze Fliedl (Hg.): Gemälderedereien. Beziehungen zwischen Text und Bild. Berlin, New York (erscheint demnächst).

106 Vgl. Regina Dieterle: Fontane und Böcklin. Eine Recherche. In: Hanna Delf von Wolzogen (Hg.): Theodor Fontane. Am Ende des Jahrhunderts. Würzburg 2000, Bd. 1, S. 269–283.

107 Vgl. das Gedicht *Flut und Ebbe* und den Kommentar zur Anregung durch das Gemälde *Spiel der Wellen* sowie zu Meyers Böcklin-Verhältnis allgemein in: Conrad Ferdinand Meyer: Sämtliche Werke. Hg. v. Hans Zeller u. Alfred Zäch. Bd. 3. Bern 1967, S. 363f.

108 Vgl. Ursula Renner: „Die Zauberschrift der Bilder". Bildende Kunst in Hofmannsthals Texten. Freiburg i. Br. 2000, S. 112–152 (*zu Glück am Weg, Idylle, Tod des Tizian*).

109 Vgl. die Gedichte auf Böcklins *Frühlingslieder* und *Beweinung unter dem Kreuz* in: Rainer Maria Rilke: Sämtliche Werke. Hg. v. Ernst Zinn. Bd. 3. Wiesbaden 1959, S. 729–732 u. 733–738.

110 In den Gedichten *Eine Pietà des Böcklin* und *BOECKLIN*; vgl. Karl Korn: Aus unbekannten Schauern. Georges Streitgedicht für Böcklin. In: Frankfurter Allgemeine Zeitung, Nr. 193 vom 20.8.1988, Bilder und Zeiten.

111 Vgl. die Gedichte *Böcklins Hirtenknabe* und *An Arnold Böcklin* in: Detlev von Liliencron: Gesammelte Werke. Bd. 2. Berlin 1911, S. 208f. u. 254f. Weitere Gedichte (wie *Auf dem Aldebaran* und *Zwei Welten*) hat Liliencron als stilistisches Pendant zu Böcklin verstanden; vgl. seinen Brief an Leo Berg vom 20.12.1891 in: Leo Berg: Im Netzwerk der Moderne. Briefwechsel 1884–1891. Kritiken und Essays zum Naturalismus. Hg. v. Peter Sprengel. Bielefeld 2010, S. 191f.

112 Vgl. die 1888 in der *Gartenlaube* erschienene, zur Zeit der römischen Christenverfolgung spielende Erzählung *Die Todteninsel* <http://de.wikisource.org/wiki/Die_Todteninsel> (letzter Zugriff ###)

113 Vgl. die „Plauderei" *Die Kunst Böcklins* (1890), den späteren Essay *Arnold Böcklin* (1902) und zwei gleichnamige Gedichte in: Peter Hille: Werke zu Lebzeiten nach den Erstdrucken und in chronologischer Folge. Hg. v. Walter Gödden. Bielefeld 2007, Teil 2, S. 387–389, 725–728, 391 u. 730f.

114 Otto Julius Bierbaum: Erlebte Gedichte. Berlin 1892, S. 165–168; vgl. auch das Gedicht *Alter Wein und junges Blut (Zu Böcklins Altrömischer Weinschänke)* in: Ders.: Der neubestellte Irrgarten der Liebe. Leipzig 1910, S. 332.

enger Anlehnung an die Elegien Schillers und Heines die Zerstörung des griechischen Götterhimmels und damit auch der Poetizität der Welt durch die mechanische Naturwissenschaft:

Wie bitter klagte einst doch der Poet,
Dass für die Götterwelt er kam zu spät!
Entgöttert sei für immer die Natur,
Ihr Pulsschlag wie der Schlag der Pendeluhr:

Fühllos und tot. – Die Klage gilt nicht mehr,
Dir danken wir der Götter Wiederkehr.[115]

Die Renaissance der antiken Mythologie verdanke sich dem individuellen Naturverhältnis Böcklins – die Erläuterung dieser These weist bereits auf zwei Bilder hin, denen im Fortgang des Zyklus eigene Gedichte gewidmet sind (*Venus Anadyomene*, *Das Schweigen des Waldes*):

Doch Dir auch lebt der Baum, die Welle,
Die keusche Nymphe an der Quelle,
Die hehre Göttin, die dem Meer entrauscht,
Das Einhorn, das im Waldesschweigen lauscht,
Auch Du vernahmst und sahst den grossen Pan![116]

Die Nennung des „großen Pan" evoziert natürlich seinen angeblichen, von Nietzsche schon in der *Geburt der Tragödie* beschworenen Tod und ruft damit zwischen den Zeilen die Verantwortung des Christentums für die Ermordung des (und nicht nur dieses) Gottes in Erinnerung. Gegen solche neopaganistischen Deutungen Böcklins, wie sie um 1900 gang und gäbe waren, setzt sich Böhtlingk jedoch ausdrücklich zur Wehr, wenn er den Fortschritt der Erkenntnis betont, den die Malerei des Schweizers nicht verraten habe, und den Bogen von Prometheus zu Christus schlägt:

Wohl bleibt Prometheus ewig angekettet,
Hoch in den Wolken auf dem Fels gebettet,
Denn ewig wird nach Licht die Menschheit ringen;
Doch hörtest Du zugleich die Engel singen,
Du hast mit dem Gekreuzigten empfunden.[117]

Das schon im Zusammenhang mit Hauptmann erwähnte Gemälde, das den gefesselten Lichtbringer auf dem Kaukasus liegend (statt aufrecht an den Fels gekettet) zeigt, wird somit als in die Horizontale gekippte Kreuzigung interpretiert. Eine solche Hinwendung zur christlichen Transzendenz wird uns in den folgenden Gedichten noch mehrfach begegnen; sie kennzeichnet auch den Schluss des Geburtstagsgedichts, in dem vom Betrachter der Böcklinschen Bilder gesagt wird, dass er beruhigt in den Tod gehe, da der Maler ihm schon „das All erschlossen"[118] habe.

115 Nachlass Böhtlingk (Anm. 45), Bl. 179.
116 Ebd., K 2249, Bl. 179.
117 Ebd. (Anm. 45), Bl. 180.
118 Ebd. (Anm. 45), Bl. 181.

Die nachfolgenden vierzehn Bildgedichte orientieren sich wahrscheinlich an der von Heinrich Alfred Schmid herausgegebenen Photogravüren-Folge der „hervorragendsten Werke“ (1892–1901).[119] Es ist jedoch anzunehmen, dass Böhtlingk verschiedene Gemälde des Malers aus Museumsbesuchen in Basel, München und Berlin im Original bekannt waren.[120] Letztlich kommt der Frage nach der unmittelbaren Vorlage keine allzu große Bedeutung zu angesichts der beträchtlichen Freiheit, die sich der Dichter gegenüber den Bildern herausnimmt. Er scheint diese Lizenz direkt zu thematisieren im ersten der eigentlichen Bildgedichte mit dem (seinerseits schon programmatischen Titel) *Dichtung und Malerei*. Böcklins so benanntes Gemälde von 1881/82 (Andree 366)[121] zeigt in einer streng symmetrischen Komposition zwei Figuren rechts und links der Kastalischen Quelle. Damit hören allerdings schon fast die Gemeinsamkeiten auf, denn das Bild kennt nur zwei leichtbekleidete Frauen, während das Gedicht die Muse der Malerei im Dialog mit Apoll vorführt, den sie liebt und um dessen Gegenliebe sie wirbt, weil er bzw. die von ihm verkörperte Dichtung „den Farben erst den Körper und das Leben“[122] zu geben vermöge. In der Tat zeigt auch Böcklins Bild die Muse der Dichtkunst in einer superioren Haltung und mit einem Lorbeerkranz gekrönt (den der Apoll des Gedichts als Liebesbeweis an die Malerei weitergibt). Der Agon oder Paragone der Künste ist mittlerweile offenbar längst entschieden, was im Falle von Böcklins Bild vielleicht nicht nur als höfliche Verbeugung vor der Schwesterkunst, sondern auch als Ausdruck des Bewusstseins dieses Malers davon zu verstehen ist, dass seine eigene Produktion nachhaltig auf narrativen Voraussetzungen beruhte, immer wieder im strikten Wortsinn auf den „Mythos“ rekurrierte oder sich direkt auf literarische Vorlagen bezog.

Böhtlingks Böcklin-Zyklus greift also – und ähnliches lässt sich natürlich auch von anderen Referenzen auf den Maler in der damaligen Literatur sagen – nur eine den Bildern selbst schon innewohnende ‚literarische‘ Tendenz auf und führt sie weiter. Wenn Böcklin 1887 ein Gemälde (Andree 404) mit einem Zitat aus Wagners *Parsifal* benennt („sieh! es lacht die Aue“), hat der Lyriker leichtes Spiel: Er nimmt denselben Ausruf (in der von Böcklin geprägten Form: „Sieh, es lacht die Au“) als Eingangsvers, an dem sich alle weiteren Strophenanfänge orientieren – sei es anaphorisch (wie in den folgenden fünf Strophen: „Sieh den klaren Bach“ usw.) oder in leichter Abwandlung wie in der letzten Strophe:

119 In den bis 1897 erschienenen ersten drei Folgen sind alle thematisierten Gemälde bis auf den *Kentaurenkampf* abgebildet; dieser ist erst in Nummer IV (1901) enthalten, war allerdings in anderen Publikationen (ab 1888) reproduziert und wurde 1897 auf der Basler Jubiläumsausstellung gezeigt.

120 Die Kunsthalle Karlsruhe erwarb das erste der drei Böcklin-Bilder in ihrem Besitz erst 1903.

121 Die Identifikation der Gemälde Böcklins erfolgt anhand der Nummern des Werkverzeichnisses von Rolf Andree (Anm. 98).

122 Nachlass Böhtlingk (Anm. 45), K 2249, Bl. 182.

Wie doch lacht die Au,
Wenn die Blümlein spriessen
Und die Lüfte lau
Frohe Menschen grüssen![123]

Über die auffällige Bildkomposition, ja überhaupt von der Gegenständlichkeit des Bildes erfahren wir dabei herzlich wenig. Böhtlingk ist sichtlich an keiner eigentlichen Ekphrasis, sondern an einer literarischen Gestaltung interessiert, die sich teils genuin lyrischer Mittel und Vorbilder bedient (die Anklänge an Goethes *Mailied* sind im vorliegenden Fall unüberhörbar), teils dramatische und narrative Strukturen integriert und entfaltet.

Auf dramatische Vorbilder verweist der wiederholte Einsatz direkter Rede. Apoll und die Muse der Malerei im ersten eigentlichen Bildgedicht treten in einen regelrechten Dialog; auch im letzten Gedicht des Zyklus begegnet ein Liebespaar, von dem wir allerdings nur den Greis reden hören. Venus spricht mit Amor und der Abenteurer wie der Heimkehrer mit sich selbst oder zu Gott. Die umfänglichste Ausbildung des Dialogs findet sich in *Centaur in der Dorfschmiede*; die ausgiebigste Verwendung von Monologen (jeweils auch typographisch abgesetzt) in *Die Klage des Hirten* und *Die Pietà*. Im ersteren der beiden letztgenannten Gedichte fällt wiederum die Kühnheit (Blindheit?) auf, mit der sich Böhtlingk über offensichtliche inhaltliche Gegebenheiten des Gemäldes hinwegsetzt. Während Böcklins Bild (Andree 186) auf der verschatteten linken Seite die Nymphe zeigt, die den jungen Liebhaber verstoßen hat (gemäß Theokrits Erzählung von Daphnis' Klage vor der Grotte der Amaryllis), lässt Böhtlingk seinen Hirten darüber klagen, dass der Vater seine Geliebte „ins tiefe finstre Tal" hinuntergenommen habe.

Das *Pietà*-Gedicht imponiert durch die Konsequenz der Verzeitlichung der räumlichen Strukturen. Böcklins Darstellung (Andree 396) zeigt über der dunkel gekleideten Christusmutter, die sich verzweifelt über den Leichnam geworfen hat, eine Reihe himmlischer Kinderfiguren, die ursprünglich wohl die Gesichtszüge seiner eigenen frühverstorbenen Kinder trugen. Stefan George beschrieb und deutete die Komposition so: „Nackte kinder mitleidig neugierig sehen aus den niedern wolken und eines rotumkleidet schnellt herab beinah streng wie ein strafbefehl Gottes der den übergrossen schmerz missbilligt."[124] Böhtlingk dagegen lässt Marias vier Strophen füllende Klage einsam verhallen, um einen ‚dramatischen' Wendepunkt zu inszenieren, der der Lichtregie eines Max Reinhardt würdig gewesen wäre:

Wie sie so zu Tod gebrochen
Ueber dem Entseelten lag,
Nichts auf Erden mehr sich regte,
Ganz in Finsternis gehüllt
Tief der schwarze Himmel hing,
Plötzlich riss die Nacht entzwei!
Hoch im goldnen Aetherlichte

123 Ebd. (Anm. 45), K 2249, Bl. 184.
124 Stefan George: Tage und Taten. Berlin 1933, S. 49.

Schwebten holde Himmelsscharen,
Sangen seel'ge Jubellieder,
Stiegen auf zum Vaterthrone,
Sandten einen Engel nieder
Sie zu rufen zu dem Sohne![125]

Böhtlingk, der sich in den nachgelassenen Shakespeare-Studien wiederholt mit Lessing auseinandersetzt, hat offenbar die Lehren aus dessen *Laokoon* beherzigt: Die Dichtung als Kunst des Nacheinanders soll sich auf in der Zeit ablaufende Handlungen konzentrieren und nicht im Stil einer Bildbeschreibung mit der Malerei als der Kunst des Nebeneinanders wetteifern! Mehrere Gedichte des Böcklin-Zyklus sind offenbar aus dem Bestreben hervorgegangen, eine Handlung zu rekonstruieren, als deren End- und Höhepunkt sich der im Gemälde dargestellte „fruchtbare Augenblick" erklären lässt. So wird der befremdliche Blick, mit dem auf Böcklins Bild *Das Schweigen im Walde* (Andree 388) das Einhorn aus den Stämmen heraustritt, im Gedicht aus folgender Vorgeschichte abgeleitet: Eine Dryade habe sich im Walde träumend an einen Baum gelehnt, bis durch Zufall plötzlich das Einhorn vor ihr stand. Bevor das scheue Tier entfliehen konnte, habe sie sich auf seinen Rücken geschwungen – die Folgen sind Verwirrung und Verirrung und letztlich die im Bild dargestellte, wahrhaft stillgestellte Situation:

Starr das Aug', das nachtgewohnte,
Das noch nie das Taglicht sah,
Stand das Untier an dem Waldrand
Wie in Stein gehauen da.[126]

Der hier erreichte Typ des Erzählgedichts entspricht natürlich weitgehend dem Modell der Ballade. Deren anschaulich-lebendiger Gestus wird in den beiden nicht zufällig aufeinander folgenden Gedichten *Heimkehr* und *Der Abenteurer* dadurch unterstützt, dass Böhtlingk den männlichen Personen, die er auf Böcklins Bildern vorfindet, individuelle Namen gibt. Während das maßgebliche Werkverzeichnis den Erfolg des ersteren Bilds (Andree 406) darauf zurückführt, dass die rätselhafte Komposition dem Betrachter „die Möglichkeit gab, frei zu assoziieren: wer, von woher und wohin als Reisläufer in historischer Tracht in diese Herbstlandschaft heimgekehrt ist," erzählt Böhtlingks Gedicht ab ovo die Lebensgeschichte des Landsknechts Friedrich, den nach zahllosen Jahren des Kriegsdienstes plötzlich Sehnsucht nach „Weib und Kind zu Haus"[127] befällt. Die umgehend angetretene Rückreise kennt jedoch ein retardierendes Moment, das der im Bild fixierten Situation unmittelbar vorausgeht: ein letztes Innehalten des Heimkehrers, den angesichts des Kerzenschimmers aus dem Fenster Sorgen hinsichtlich der Treue seiner Frau befallen. Die vorletzte Strophe formuliert als inneren Monolog die psychische Motivation, der die zügige Fortsetzung der Wanderschaft (wie auf Böcklins Bild zu besichtigen) unmit-

125 Nachlass Böhtlingk (Anm. 45), K 2249, Bl. 192f.
126 Ebd. (Anm. 45), Bl. 186.
127 Ebd., Bl. 190.

telbar entspringt. Was das Bild uns verschweigt (das glückliche oder unglückliche Ende der Heimkehr), erfährt der Leser in den beiden letzten Zeilen: „Kaum stand er auf der off'nen Schwelle / Lag ihm die Treue an der Brust!“[128]

Heißt das nicht ein Geheimnis enträtseln? Auch die balladeske Umsetzung des *Abenteurers* (Andree 369) läuft zumindest auf eine Vereindeutigung hinaus. Ritter Henricus führt ein ähnliches Söldnerleben wie der Heimkehrer, bis er sich besinnt und den Entschluss fasst, jenseits des Meeres ein eigenes Reich zu gründen. Ein besorgter Schiffer setzt diesen zweiten Don Quijote (sein Pferd jedenfalls heißt Rosinante) an der Küste des von einem menschenfressenden Drachen beherrschten Landes aus. Auch hier spricht sich in der vorletzten Strophe die Subjektivität des Protagonisten und in der letzten sein (in diesem Falle unglückliches) Ende aus:

„Das Einzige, worum ich flehe,
„Ist – dass ich Abenteuer bestehe,
„So riesengross und so gefährlich,
„Wie meinem Herzen sie begehrlich!“
So betete am öden Strande
Der Held in selbsterwähltem Lande.
Wie er gewollt, ist ihm geschehen:
Nie hat ihn Einer mehr gesehen.[129]

Noch mehr Phantasie bietet Böhtlingk im Falle von Böcklins *Die Meeresbrandung* (Andree 328) auf. Zur Harfenspielerin in den Klippen, in der der Maler dem Rauschen der Wellen Gestalt gab, erfindet er eine Parallelfigur: einen Skalden auf einsamer Insel, der mit seiner Leier „am Klippenrand“ steht, hingegeben dem Klang der Meeresstimmen lauschend. Erst nachdem wir erfahren haben, dass dieser ideale Rezipient längst dahingegangen ist, wendet sich das Gedicht mit der letzten Strophe der auf dem Gemälde dargestellten Figur zu:

Noch steht Sie in der Halle,
Da unten im Gestein,
Singt noch beim Donnerschalle
So schön und so – allein![130]

Neben der tragischen Ballade beherrscht Böhtlingk auch das humoristische Genre. Sein ausführlichstes Erzählgedicht gilt Böcklins Gemälde *Kentaur in der Dorfschmiede* (Andree 408) – einer realistischen Variation des mythologischen Themas, denn das Wunderwesen aus dem griechischen Götterreich findet sich hier vor einer schlichten Dorfschmiede ein, um einen Schaden am rechten Vorderhuf beheben zu lassen. Böhtlingks Behandlung fokussiert die Zurückhaltung des Schmieds, der tatsächlich auch bei Böcklin (noch) nicht Hand an den halbgöttlichen Kunden legt. Nachdem jener – so der Einfall des Gedichts – zunächst den Huf ohne Ansehen seines Besitzers geprüft und „blank wie eine Marmorstufe“ gefunden hat, richtet er

128 Ebd., Bl. 191.
129 Ebd., Bl. 189.
130 Ebd., Bl. 209.

nachträglich den Blick empor, um angesichts dieses „Zeus [...] in Pferdgestalt"[131] zusammenzuzucken. Auch als sich die Angst verloren hat, ja einem Lachen gewichen ist, verweigert er die geforderte Reparaturleistung: „Wie wär's, wenn Euer Gnaden / Sich mit der Arbeit selbst beladen?"[132] Darauf greift das „Untier" erfolgreich selbst zur Zange.

Böhtlingks Kentaur erscheint um einige Grade göttlicher als sein in die Jahre gekommenes Vorbild bei Böcklin. Auch angesichts von dessen großem durch den deutsch-französischen Krieg von 1870/71 angeregten Gemälde *Der Kentaurenkampf* (Andree 430) vollzieht der Autor die Tendenz zur Animalisierung, ja Brutalisierung des Mythos nicht oder nur begrenzt nach. Wohl gibt Böhtlingks Gedicht das gnadenlose Morden wieder, das Böcklins Bild im Getümmel derbstämmiger Pferdemenschen zur Anschauung bringt – er lässt es jedoch nicht als letztes Wort gelten, sondern fügt eine verklärende Coda an:

Dank Euch, dass dies graus'ge Bild,
Wolken Ihr, in Nacht gehüllt!
Durch die Finsternisse bricht
Schon der Sonne strahlend Licht;
Gleich im nächsten Augenblick,
Wenn die fernsten Gipfel tagen,
Goldumglänzt zum Himmel ragen,
Atmet Alles reinstes Glück;
Statt von Stürmen wild umtost,[133]
Von dem Zephyr leis' umkost,
Wandelt sich's im irdischen Tale
Wie im lichten Aethersaale.[134]

Alles nur eine Illusion oder allenfalls ein Durchgangsstadium, vom ephemeren Status einer meteorologischen Störung? Mit Wolken und Himmelsphänomenen allgemein operiert auch Böhtlinkgs vorhergehendes Gedicht auf eine wesentlich gefälligere Bildkomposition Böcklins, sein Bild der *Venus Anadyomene* (Andree 280). Es ersetzt das delphinartige Meeresuntier, auf dem der Maler seine Aphrodite basiert (solchermaßen diskret an die leiblichen Fundamente auch der höheren Erotik anspielend). Stattdessen lässt es die Liebesgöttin aus einer Art Wasserhose hervorgehen:

Es quirlt und schäumt zum Wasserberg empor
Und wächst zu einer Riesenwolke an!
Die Hülle reisst! Hell blitzt ein Augenpaar!
Ein hehres Haupt, ein lichter Götterleib![135]

---

131 Ebd., Bl. 199.
132 Ebd., Bl. 200.
133 Im Typoskript: um tost.
134 Nachlass Böhtlingk (Anm. 45), Bl. 208.
135 Ebd., Bl. 205.

Die Aufwärtsbewegung hält in Böhtlingks Versen an und nähert seine Venus fast im Stile einer Himmelfahrt Mariens umgehend dem Äther, solchermaßen die irdische Liebe schleunigst in der himmlischen aufhebend:

Hehre Göttin, Schaumgeborne!
Aller Götter Auserkorne!
Die Du auf zum Himmel schwebest,
Aus der Erdenschwere
In die Aethersphäre
Uns verklärt zu Dir erhebest [...].[136]

Mit diesem rückhaltlosen Bekenntnis zur Verklärung und der ausdrücklichen Distanzierung von der „Erdenschwere" entfernt sich Böhtlingk deutlich nicht nur von der spannungsreichen Ästhetik Böcklins, sondern erst recht von der Position Hauptmanns und des Naturalismus. Zum Glück, so möchte man fast sagen, ist sein Böcklin-Zyklus in dieser Hinsicht nicht ganz einheitlich. Wo sich die Bildsprache des Malers am überzeugendsten entfaltet (und das ist bei seiner Venus-Allegorie gewiss nicht der Fall), lässt sich auch Böhtlingk mitreißen. In seiner lyrischen Umsetzung des auch von Hauptmann besonders geschätzten Bilds *Triton und Nereide* (Andree 284) nähert er sich fast bis zur Ununterscheidbarkeit dem vitalistischen Pathos der modernen Generation. Das Gedicht sei daher hier zum Abschluss vollständig wiedergegeben:

Meeresidylle.

Abend wird es, Dämmerstunde,
Auf der Erde nächt'ge Stille,
Doch das Meer, das ewig rege,
In sich noch die Farbenglut
Des erlosch'nen Tagesglanzes,
Rauscht laut auf im Abendwinde,
Rollt die langgestreckten Wogen,
Die sich schäumend überschlagen,
Brüllend an das tote Ufer,
Das sie schweigend wiedergibt.
Abgewiesen und verstossen,
Grollend eilen die Enttäuschten
In den Mutterschooss zurück,
Dessen unerschöpfte Fülle
Sie auf's Neue stets entsendet.

Draussen in der lichten Ferne,
Unterm hohen Wolkenzelte
Tummeln sich die Neugebor'nen
Immer wieder auf und nieder,

136 Ebd., Bl. 205f.

Frei von jeder Erdenschranke,
Endlos fort im Wellentanze.

Mitten in dem trauten Spiele
Aus den Fluten taucht empor,
Ganz von Seetang überhangen,
Mit der krafterfüllten Faust
Eine mächt'ge Schneckenmuschel
An die dicken Lippen setzend
Und die vollen Backen blähend
Ein Triton.

Durch den dumpfen Zauberlaut
Aus den Wassern aufgescheucht
An das Licht der losen Lüfte
Perlt und blitzt in holder Nacktheit,
Schwelgend in den glatten Wellen,
Auch des Meeres Weib heran.

Wie sie auf den Wassern thronen,
Von dem Element getragen,
Dem sie jauchzend sich entrungen,
Naht sich ihnen was sich regt
In den unerforschten Tiefen,
Wo die Schöpfung ihr Geheimnis
In der Nacht der Klüfte birgt.

Eine riesenhafte Schlange
Wälzt den bunten Leib in Ringen,
Streicht des Weibes nackte Glieder,
Streckt den graus'gen Kopf empor,
Züngelt mit gespalt'ner Zunge
Nach der schönen Menschenhand,
Die es ruhig lässt geschehen.

Leis gelockt vom schlanken Leibe,
Schmiegt das Weib sich an das Untier,
Taucht mit ihm zur Tiefe nieder,
Schwimmt dahin und schnellt empor,
Ohne Arg und ohne Leid,
Selbst nur noch ein Teil der Welle,
Der auch sie entstiegen ist.

Doch sobald ertönt die Muschel
Ist sie gleich zur Stelle wieder,
Dem Tritonen beigesellt,
Ihrem Herrscher und Gemahl,
Der mit ihr zugleich gebietet

Ueber Alles, was im Meere
Leben athmet und gebiert.

Wie die nächt'gen Schleier fallen
Wird es reger nur und reger,
Bis die Wasser Funken sprühen,
Alles durcheinander taumelt
Und aus jeder Woge fast
Einer Nixe Antlitz lacht.

Hüllt sie Nacht in Finsternis,
Peitscht die salz'ge Flut der Sturm,
Giesst es aus den Wolken nieder, –
Wird ihr Leben Leben erst,
Hundertfach die Kraft der Lenden
Und des Daseins Frohgefühl,
Immer wilder nur der Reigen;
Bis im Glanz der Morgenröte
Aus dem Meer die Sonne steigt,
Leis' das Licht die Erde küsst
Und aus wirrem Traum heraus
Uns zu neuem Tag erweckt.[137]

137 Ebd., Bl. 194–196.

Sebastian Schmideler

Memorialkultur und Historismus in Kinder- und Jugendzeitschriften sowie in Jugendschriftenserien der Gründerzeit – Die Verlagsproduktion der Firma Carl Flemming in Glogau

1. Die Kinder- und Jugendliteratur der Gründerzeit

Phänomen und Begriff der sogenannten Gründerzeit lassen sich innerhalb der historischen Forschung und ihren zahlreichen Fachdisziplinen, zu denen nicht zuletzt auch die Literaturgeschichte zählt, sehr unterschiedlich differenzieren und spezifizieren.[1] In der seit der zweiten Hälfte des 20. Jahrhunderts akademisch professionalisierten deutschsprachigen Historischen Kinder- und Jugendliteraturforschung[2] wurde der Terminus sowohl in einem älteren Beitrag zur wissenschaftlichen Erschließung der Kinder- und Jugendliteratur des 19. Jahrhunderts aus marxistischer Perspektive von einem Wissenschaftler der DDR zu etablieren versucht[3] als auch in-

1 So geht beispielsweise der Katalogband zu der großen Gründerzeitausstellung des Deutschen Historischen Museums in Berlin aus dem Jahr 2008 von dem Begriff ‚Gründerzeit' als der historischen Epoche zwischen der Märzrevolution von 1848 und der Reichsgründung von 1871 aus. Vgl. Ulrike Laufer, Hans Ottomeyer (Hg.): Gründerzeit. 1848–1871. Industrie und Lebensträume zwischen Vormärz und Kaiserreich. Dresden 2008. Demgegenüber konzentrieren sich Teile der deutschsprachigen Wirtschaftsgeschichte aus naheliegenden Gründen auf eine engere Definition von Gründerzeit, die das ökonomisch interessante Jahrzehnt nach der Reichseinigung von 1871 umfasst, so z.B. Carsten Burhop in einer wirtschaftsgeschichtlichen Untersuchung der Kreditbanken zwischen 1870 bis 1879. Vgl. Ders.: Die Kreditbanken in der Gründerzeit. Stuttgart 2004 (Schriftenreihe des Instituts für bankhistorische Forschung 21). In der neueren deutschen Literaturgeschichtsschreibung ist es hingegen durchaus üblich, von Gründerzeit als der Epoche zwischen 1870/71 und 1890 zu sprechen. Vgl. Peter Sprengel: Geschichte der deutschsprachigen Literatur 1870–1890. Von der Reichsgründung bis zur Jahrhundertwende. München 1998, S. 102–107, bes. S. 103.

2 In Ostdeutschland sind mit dieser Entwicklung nach 1945 die Namen des Direktors der Staatsbibliothek zu Berlin Horst Kunze sowie des langjährigen Leiters der Kinderbuchabteilung, Heinz Wegehaupt, verbunden. In Österreich sind insbesondere die vielfältigen Initiativen der bibliophilen Kinderbuchspezialistin Johanna Monschein, in der Schweiz diejenigen von Bettina Hürlimann pars pro toto hervorzuheben. In Bezug auf Westdeutschland ist neben Theodor Brüggemann und der Arbeitsstelle zur Kinder- und Jugendliteraturforschung an der Universität zu Köln Klaus Doderer, der Initiator des Instituts für Jugendbuchforschung der Goethe-Universität in Frankfurt am Main, hervorzuheben sowie mit Blick auf die Institutionalisierung die Internationale Jugendbibliothek in München und – von Ende der siebziger Jahre des 20. Jahrhunderts an – auch die Deutsche Akademie für Kinder- und Jugendliteratur in Volkach am Main.

3 Vgl. Manfred Altner: Die deutsche Kinder- und Jugendliteratur zwischen Gründerzeit und Novemberrevolution. Berlin 1981 (Studien zur Geschichte der deutschen Kinder- und Jugendliteratur 5). Hier dient der Begriff zur Charakterisierung eines bürgerlichen Zeitalters, das gemäß dem Klassenmodell von Marx als Vorstufe des Sozialismus zu beschreiben ist, dessen durch Klassenkampf ge-

einer Anthologienreihe des Reclam-Verlags zur Geschichte der Kinder- und Jugendliteratur[4] durch den Direktor des Instituts für Jugendbuchforschung in Frankfurt am Main,[5] Hans-Heino Ewers, als Epochenbegriff eingeführt.[6] Das 2008 erschienene, nach langjährigen Vorstudien von einer Expertengruppe an der Universität zu Köln erarbeitete maßgebliche *Handbuch zur deutschsprachigen Kinder- und Jugendliteratur*, das den Zeitraum der zweiten Hälfte des 19. Jahrhunderts thematisiert und charakterisiert, verzichtet jedoch auf einen begriffsgeschichtlichen Zugang durch Epochenbezeichnungen zugunsten einer um Wertungsneutralität bemühten längsschnittartigen chronikalen Erfassung der Phänomene des Zeitabschnitts zwischen 1850 und 1900[7] – aus guten Gründen.

So hatte bereits Hans-Heino Ewers 1994 konzediert, dass der Eigengesetzlichkeit der Entwicklung der Kinder- und Jugendliteratur der zweiten Hälfte des 19. Jahrhunderts mit gängigen Epochenparadigmen der Geschichtsschreibung – seien sie nun politisch oder kulturhistorisch orientiert – nur schwer beizukommen ist: „Es fällt denn auch auf zahlreichen Feldern der Kinder- und Jugendliteratur der 70er, 80er und 90er Jahre schwer, mehr als nur Akzentverschiebungen gegenüber den vorangegangenen Jahrzehnten auszumachen."[8] Dieser Eindruck, der von einer auf Gat-

kennzeichnetes Zeitalter mit dem Beginn der Novemberrevolution 1918 einsetzen soll, den Altner in diesem Zusammenhang als zweiten historischen Begriff funktionalisiert.

4 Vgl. Hans-Heino Ewers: Kinder- und Jugendliteratur. Von der Gründerzeit bis zum Ersten Weltkrieg. Eine Textsammlung. Stuttgart 1994. Die Anthologienreihe erfasst mit einem epochenbegrifflichen historischen Zugang auch kinder- und jugendliterarische Phänomene der Aufklärung (RUB 9992), der Romantik (RUB 8026), des Biedermeier und des Realismus (RUB 8087) sowie das Genre der Mädchenliteratur (RUB 8985), denen jeweils einzelne Reclam-Bände der *Universal-Bibliothek* (RUB) im Umfang von 500 bis ca. 650 Seiten gewidmet sind.

5 Das Institut für Jugendbuchforschung wurde 1963 als eines der ersten Forschungsinstitute seiner Art von Klaus Doderer gegründet und ist an der Johann Wolfgang Goethe-Universität zu Frankfurt am Main angesiedelt.

6 Ewers definiert mit der Bezeichnung „von der Gründerzeit bis zum Ersten Weltkrieg", wie aus der Einleitung zu dieser Anthologie ersichtlich wird, die Kinder- und Jugendliteratur des Kaiserreichs (1871–1914/18). Er geht damit also von einem Gründerzeitbegriff aus, der an die Reichseinigung nach dem Deutsch-Französischen Krieg gebunden ist und die Jahrzehnte nach 1871 erfassen soll. Vgl. Ewers: Kinder- und Jugendliteratur (Anm. 4), S. 8. An dieser Stelle spricht der Verfasser von der „Identifizierung der Kinderliteraturverhältnisse der Zeit von 1870 bis 1918".

7 Vgl. Otto Brunken, Bettina Hurrelmann u.a. (Hg.): Handbuch zur Kinder- und Jugendliteratur. Von 1850 bis 1900. Stuttgart, Weimar 2008. Der monumentale Foliant erfasst den Zeitraum auf 1752 in kleiner Type eng bedruckten Spalten und stellt deshalb im Wortsinn einen Meilenstein der Erforschung der Kinder- und Jugendliteratur der zweiten Hälfte des 19. Jahrhunderts dar! Zur Verortung des Bandes zum Zeitraum 1850 bis 1900 in das Projekt der Bibliographierung und Auswertung der deutschsprachigen Historischen Kinder- und Jugendliteraturforschung im Kontext des Kölner Vorhabens vgl. Bettina Hurrelmann: Der vorliegende Band im Kontext der Handbuchreihe. In: Brunken, Hurrelmann u.a. (Hg.): Handbuch zur Kinder- und Jugendliteratur, Sp. 1–6. Zur Methodik der Kölner Handbücher vgl. allgemein einführend Otto Brunken: Methoden der historischen Kinderbuchforschung – Zur Genese der Kölner Handbücher. In: Ernst Seibert, Susanne Blumesberger (Hg.): Kinderliteratur als kulturelles Gedächtnis. Wien 2008, S. 15–28. Vgl. auch Bettina Hurrelmann: Stand und Aussichten der historischen Kinder- und Jugendliteraturforschung. In: Internationales Archiv für Sozialgeschichte der deutschen Literatur 17 (1992), Heft 1, S. 105–162.

8 Vgl. Ewers: Kinder- und Jugendliteratur (Anm. 4), S. 10.

tungstheorien und der Suche nach ästhetischen Innovationsleistungen beherrschten Perspektive bestimmt ist, ändert sich, wenn man sich – wie die 2008 vorgelegten Ergebnisse des Kölner Handbuchprojekts dokumentieren können – mit Blick auf das Phänomen der Gründerzeit nicht auf die politische Zäsur der Reichseinigung von 1871 festlegt, sondern die langen Linien der Entwicklung der Kinder- und Jugendliteratur, die in den Jahrzehnten davor liegt, verstärkt berücksichtigt. Das Bild dieser Literatur für junge Leserinnen und Leser wird überdies klarer, wenn man sie als wesentlichen Teil des Typischen einer spezifischen Mentalität der zweiten Hälfte des 19. Jahrhunderts insgesamt begreift.

Dieses Typische soll im Folgenden mit dem spezifischen Blick auf Historismus und Memorialkultur der Gründerzeit in Bezug auf die Perspektive eines Verlegers aus dem schlesischen Glogau/Głogów betrachtet werden. So lässt sich das Verhältnis von zentralen Entwicklungen innerhalb des Kaiserreichs und die von Glogau ausgehende partikulare Differenzierung mentalitätsspezifischer Besonderheiten jenseits der Suche nach gattungsbezogenen und ästhetischen „Akzentverschiebungen" in der Kinder- und Jugendliteratur näher bestimmen. Aus diesem Grund soll in der folgenden Darstellung von einem Begriff der Gründerzeit ausgegangen werden, der den Zeitraum zwischen der Märzrevolution von 1848 und dem Beginn des Ersten Weltkriegs umfasst, um hier die politische Konstitutions- und Genesephase des Deutschen Reichs ebenso wie dessen Manifestation in der Ära Bismarck unter der Regentschaft Kaiser Wilhelms I. sowie die Phase unter Kaiser Wilhelm II. aus dem Blickwinkel der Verlagsproduktion von Periodika und Serien für Kinder und Jugendliche der Firma von Carl Flemming in Glogau zu rekonstruieren und zu kontextualisieren. Jenseits dieser politischen Dimension wird Gründerzeit im Folgenden jedoch vor allem als eine kultur- und mentalitätshistorische Lebensform verstanden, deren spezifische Konstituenten und typische Charakteristika wegen der nicht selten holzschnittartigen Direktheit der Kinder- und Jugendliteratur in besonderer Weise zum Ausdruck kommen.

Es geht deshalb also nicht primär um die Suche nach ästhetischer Innovation in der Gattungsgeschichte der Kinder- und Jugendliteratur, sondern um den spezifischen kultur- und mentalitätshistorischen Eigenwert dieser Literatur als geschichtliche Quelle für den Zeitraum zwischen 1848 und 1914/18. Ziel ist es somit, das historische Selbstbild der Epoche exemplarisch im Hinblick auf Memorialkultur[9] und Historismus der Gründerzeit als Teil eines spezifischen Erziehungskonzepts herauszuarbeiten, das diese Literatur für sehr junge Leserinnen und Leser sowie für Adoleszenten und „Backfische"[10] verfolgte.

---

9 Als Memorialkultur wird im Folgenden die Summe der literarischen Artefakte der Erinnerungskultur der Gründerzeit verstanden, insofern sie Teil der Kinder- und Jugendliteratur ist, also einer Literatur, die speziell für diese Lesergruppe verfasst wurde. In der Kinder- und Jugendliteraturforschung wird diese Literatur als spezifische Kinder- und Jugendliteratur bezeichnet. Vgl. Hans-Heino Ewers: Literatur für Kinder und Jugendliche. Eine Einführung. Paderborn 2008, S. 23.

10 Als ‚Backfische' wurden in der Gründerzeit junge Mädchen zwischen Pubertät und Erwachsenenalter bezeichnet.

In diesem Kontext ist das Phänomen von Periodika wie Kinder- und Jugendzeitschriften,[11] von Jahrbüchern und Almanachen[12] sowie Serien und Reihen[13] für diesen Zweck besonders wertvoll, weil die periodische Erscheinungsweise in Bezug auf die zunehmende Distribution von Kinder- und Jugendliteratur als Massen- und Unterhaltungsliteratur[14] geschichtsbezogene kultur- und mentalitätsspezifische Zusammenhänge durch je eigene Aktualitätsbezüge mit Blick auf Jubiläen und als denkwürdig vermittelte historische Ereignisse und Phänomene in besonderer Deutlichkeit und Klarheit zum Ausdruck bringt.[15] Dies kann gerade mit Blick auf die deutsche Kultur der Gründerzeit im östlichen Europa von herausragender Bedeutung sein, weil hier Prozesse spezifischer Identitätsbildung zum Zweck der Distribution außerhalb der östlichen Peripherie in eigener Weise anschlussfähig für zentrale Entwicklungen des Reichs sein mussten, wofür die im gesamten Bereich von Nord- und Mitteldeutschland und Teilen Süddeutschlands verbreitete Verlagsproduktion von Carl Flemming ein herausragendes Beispiel darstellt, wie zu zeigen sein wird. Allerdings ist hierbei zu konstatieren, dass die bei ihm erschienenen Kinder- und Jugendzeitschriften und Jugendschriftenserien als kultur- und mentalitätshistorische Quellen der Populärkultur in Bezug auf Phänomene wie die Gründerzeit für die historische Forschung gegenwärtig insgesamt noch nahezu unerschlossen sind.

Zu fragen ist: Welches gründerzeitspezifische Geschichtsbild wird in den im Verlag von Carl Flemming erschienenen Zeitschriften und Serien vermittelt? Welche spezifischen Formen der Memorialkultur gibt es in diesen Zeitschriften und Serien, die er verlegte? Welche Gedenk- und Feiertage, welche Jubiläen werden in den Beiträgen in welcher Weise als Teil einer epochentypischen Memorialkultur thematisiert? Inwiefern unterscheiden sich diese Jugendschriften aus Glogau von anderen Periodika und Serien, die nicht in der Peripherie, sondern vor allem in süddeutschen Regionen veröffentlicht worden sind? Inwiefern sind diese Jugendschriften besonders typisch für Phänomene der preußischen Binnenkolonisation?

---

11 Zu den Kinder- und Jugendzeitschriften, die zwischen 1850 und 1900 erschienen, vgl. exemplarisch: Susanne Pellatz-Graf: Zeitschriften. In: Brunken, Hurrelmann u. a. (Hg.): Handbuch zur Kinder- und Jugendliteratur (Anm. 7), Sp. 885–928.

12 Vgl. Andreas Graf: Jahrbücher. In: Ebd., Sp. 929–960.

13 Vgl. insbesondere Gisela Wilkending: Reihenprofil: Reihen historischer und biografischer Erzählungen. In: Ebd., Sp. 592–600.

14 Vgl. hierzu Gisela Wilkending: Die Kinder- und Jugendliteratur im kulturellen und literarischen Prozess. In: Ebd., Sp. 23–48, v. a. Sp. 28–32 sowie Klaus-Ulrich Pech: Der ökonomisch-technische Prozess und die Entwicklung der Kinder- und Jugendliteratur. In: Ebd., Sp. 15–23.

15 Vgl. hierzu am Beispiel der Rezeption des Mittelalters innerhalb der geschichtserzählenden Kinder- und Jugendliteratur meine ausführliche Längsschnittstudie: Sebastian Schmideler: Vergegenwärtigte Vergangenheit. Geschichtsbilder des Mittelalters in der Kinder- und Jugendliteratur. Vom 18. Jahrhundert bis 1945. Würzburg 2012 (Epistemata Literaturwissenschaft 740). Zur Bedeutung der periodischen Presseerzeugnisse für die Gründerzeit am Beispiel der *Leipziger Illustrirten Zeitung* vgl. auch Ulrike Laufer: Merkur und Germania. Gründerzeit im Spiegel der Leipziger Illustrirten Zeitung. In: Laufer, Ottomeyer (Hg.): Gründerzeit (Anm. 1), S. 18–28.

2. Die Firma Carl Flemming in Glogau

Der Verleger Carl Flemming (Abb. 1) wurde am 10. November 1806 in Cröbern bei Leipzig geboren. Flemming wuchs in Leipzig auf und war damit von Beginn seiner Laufbahn an in das Zentrum des deutschsprachigen Buchhandels des 19. Jahrhunderts integriert. Dies waren die besten Voraussetzungen, um als Buchhändler und Verleger zu reüssieren. Er wurde hier nach dem Besuch der angesehenen Thomana während einer sechsjährigen Buchhändlerlehre bei dem Leipziger Antiquar A. Wienbrack derart profund ausgebildet und behauptete sich so geschickt, dass er bereits im Alter von nur zwanzig Jahren die 1790 gegründete Neue Günthersche Buchhandlung in Glogau übernahm, die er einige Jahre allein leitete, bevor er die Wienbracksche Buchhandlung seines Lehrmeisters in Torgau übernahm und sich einige Zeit zur Vervollkommnung seiner Ausbildung in einer Kunsthandlung in München aufhielt.[16]

1 Der Glogauer Verleger Carl Flemming. Holzschnitt mit faksimilierter Unterschrift. Archiv des Verfassers

Inzwischen war die Günthersche Buchhandlung vom Konkurs bedroht, sodass sich die Verwandten des Inhabers mit der Bitte an Flemming wandten, er möge das Unternehmen retten. Flemming sagte zu, stabilisierte die Firma, die auch den *Niederschlesischen Anzeiger* verlegte, durch gezielte Forcierung des Sortimentsgeschäfts und setzte durch die Veröffentlichung von Volks- und Hauskalendern, einem neunbändigen landwirtschaftlichen Lexikon, praktischer Ratgeberliteratur für Bürger und Bauern und anderen populären Druckerzeugnissen, die in die Breite wirken sollten, Tendenzen der Volksaufklärung fort. Das Konzept ging auf. Dabei erwies er sich vor allem als Sortimenter als besonders geschickt: „Flemming benutzte hinsichtlich des Vertriebes […] die damals im Buchhandel noch ungewöhnliche Art, durch Reisende Subskribenten sammeln zu lassen, wodurch er einen ganz außerordentlichen Erfolg erzielte."[17]

Dass Carl Flemming 1835 den Verlag mit einer lithographischen Anstalt verband, war eine Geschäftsidee, die übrigens auch andere Kinder- und Jugendbuchverlage nutzten, die durch die damals innovative Illustrationstechnik der Lithographie ihren geschäftlichen Erfolg begründeten.[18] Dass Flemming aber auf die Idee

---

16 Zur Biographie von Carl Flemming vgl. Andreas Graf: Verlagsprofil: Flemming. In: Brunken, Hurrelmann (Hg.): Handbuch zur Kinder- und Jugendliteratur (Anm. 7), Sp. 942–946, hier Sp. 942f.; vgl. u. a. auch Rudolf Schmidt: Deutsche Buchhändler. Deutsche Buchdrucker. Band 2. Berlin, Eberswalde 1903, S. 256–259.

17 Schmidt: Deutsche Buchhändler (Anm. 16), S. 257.

18 So vor allem der erste deutsche Verlag, der sich ausschließlich auf die Publikation von Kinder- und Jugendliteratur spezialisiert hatte: der 1828 gegründete Verlag Winckelmann und Söhne in Berlin. Vgl. Heinz Wegehaupt: Der Verlag Winckelmann & Söhne. Berlin 1830–1930. Eine Bibliographie. Münster 2008. Vgl. auch Sebastian Schmideler: Verlag Winckelmann & Söhne (1828–

2 Thekla von Gumpert. Lithographierte Photographie von 1856. Bildunterschrift als faksimiliertes Autograph: „Ich streue Samenkörner aus, will's Gott, so keimen sie in jungen Herzen". In: Töchter-Album, 2. Bd. (1855), Frontispiz

kam, durch den „Umdruck von einer Originalplatte viele Druckplatten" herzustellen, die für die „Herstellung billiger Schulkarten" verwendet werden konnten, war eine besonders originelle Innovationsleistung.[19] Sie ermöglichte eine damals neuartige breite Distribution kartographischer Werke zu günstigen Preisen. Sie war der Beginn von Flemmings ökonomisch einträglicher Laufbahn als Verleger von kartographischen Werken, von Lehrmitteln, Erziehungs-, Kinder- und Jugendliteratur. Der sogenannte *Handtkesche Schulatlas*, den Flemming nach dieser innovativen Methode herstellen ließ, wurde für Volksschulen und „von Regierungen in sehr großen Partien angekauft"; Flemming beschäftigte Drucker an dreißig Steindruckpressen; allein zum Kolorieren der Lithographien waren mehr als 150 Mitarbeiter eingesetzt.[20]

1934). In: Kurt Franz, Günter Lange, Franz-Josef Payrhuber (Hg.): Kinder- und Jugendliteratur. Ein Lexikon. Begr. v. Alfred Clemens Baumgärtner u. Heinrich Pleticha. 45. Erg.lfg. (Mai 2012), S. 1–16.

19 Schmidt: Deutsche Buchhändler (Anm. 16), S. 258.

20 Zum Vergleich: Der Kinder- und Jugendliteraturverlag Winckelmann & Söhne in Berlin druckte in seiner prosperierenden Phase um 1845 mit sechzig Mitarbeitern an fünfzehn Pressen und beschäftigte mehr als einhundert Koloristen zum Illuminieren der Lithographien. Vgl. Wegehaupt: Der Verlag Winckelmann & Söhne (Anm. 18), S. 7f.

Flemming konzentrierte sich deshalb in seiner weiteren Laufbahn speziell auf den Verlag von kartographischen Grundlagen- und Spezialwerken, von denen er bedeutende Mengen verlegte und absetzte, sodass seine Firma bald überregionale Bekanntheit und marktführende Bedeutung erlangte.

Durch den Vertrieb von überwiegend kartographischen Lehrmitteln in den Schulen hatte sich Flemming innerhalb weniger Jahre bereits einen Namen im Erziehungswesen im deutschsprachigen Raum gemacht. Es war nun nur noch ein kleiner Schritt, diesen guten Ruf an den Schulen und Bildungsstätten für den Ausbau des Verlagssegments zu nutzen. Von 1843 an stieg er in den Markt der Kinder- und Jugendschriften ein. Zu den ersten Arbeiten, die Flemming verlegte, gehörten Kinderbücher von Thekla von Gumpert (Abb. 2), die auf Anregung des Dichters und Diplomaten Franz von Schober, einem Jugendfreund des Komponisten Franz Schubert und künftiger Ehemann Thekla von Gumperts,[21] sowie auf besondere Empfehlung des renommierten Kritikers Ludwig Rellstab gedruckt wurden und sich rasch und speziell in Preußen besonderer Beliebtheit erfreuten.[22] Flemming erkannte Gumperts Potenziale offenkundig mit sicherem Gespür.

Durch sein Geschick gelang es von 1854 an, den Markt der Mädchenliteratur zu erweitern, indem er die Jugendschriftstellerin Thekla von Gumpert als Herausgeberin eines Almanachs für „höhere Töchter" der gebildeten Stände gewann. Gumpert begründete das Periodikum mit dem rasch bekannt werdenden Titel *Töchter-Album* für seinen Verlag.[23] Nur zwei Jahre später, 1856, etablierte Gumpert auch den Kinderalmanach *Herzblättchens Zeitvertreib*, der sich an kleinere Leserinnen und Leser, Jungen wie Mädchen gleichermaßen richtete.[24] Das Programm dieses Kinderalmanachs war es, in spielerischer Weise die Grundlagen für Gehorsam, Gottes- und Vaterlandsliebe zu legen, an deren Idealvorstellungen dann im *Töchter-Album* oder auch in historischen Erzählungen aus Flemmings Verlag, die sich an Heranwachsende richteten, angeknüpft werden sollte:

> „Herzblättchens Zeitvertreib" will neben der frommen Mutter stehen; aber es will auch für ein kindlich fröhliches Leben sorgen helfen. Im kindlich fröhlichen Gemüt prägt sich der Gedanke an das Christkind [...] leicht ein, und neben kindlichem Glauben will „Herzblättchens Zeitvertreib" auch Gehorsam und Ehrfurcht lehren gegen Eltern, Leh-

---

21 Zu Franz von Schober und Franz Schubert vgl. die Lebenserinnerungen der Schriftstellerin Gumpert: Thekla von Schober, geb. von Gumpert: Unter fünf Königen und drei Kaisern. Unpolitische Erinnerungen einer alten Frau. 2. Aufl. Glogau 1891, S. 123–128.

22 Vgl. auch die Schilderung Thekla von Gumperts über ihre ersten kinderliterarischen Veröffentlichungen: Ein Jubiläum von zwei fünfzigjährigen Kindern. In: Thekla von Gumpert (Hg.): Töchter-Album. 39. Bd. Glogau [1893], S. 327–329.

23 Es ist die mit Abstand bedeutendste Publikation in der Mädchenliteratur der Gründerzeit, die Flemming verlegte. Sie wird deshalb im Folgenden besonders im Fokus stehen. Zur literaturhistorischen Bedeutung dieses Periodikums vgl. insbesondere Roswitha Budeus-Budde: Das Töchter-Album von Thekla von Gumpert. Prägung eines erbaulichen Frauen-Ideals – Programm einer Zeitschrift des 19. Jahrhunderts. Frankfurt a. M. 1986 (Jugend und Medien 12).

24 Vgl. zur Bedeutung des Periodikums vor allem Hubert Göbels (Hg.): Thekla von Gumpert. Herzblättchens Zeitvertreib. Geschichten – Gedichte – Bilder. Eine Auswahl. Dortmund 1980 (Die bibliophilen Taschenbücher 383).

rer, Landesgesetze und Landesherren, und dieses Streben des Kinderbuches ist Eltern und Erziehern bekannt.[25]

Zu diesen periodischen Schriften kam neben verschiedenen kleineren Broschüren zumeist in Heftchenform der Verlag von Märchenbüchern und mehreren Serien historischer Erzählungen für Heranwachsende, von denen besonders die Reihe *Carl Flemming's Vaterländische Jugendschriften* große Bedeutung für die Etablierung und Manifestation preußenpatriotischer und nationalistischer Erziehungsziele erlangte.[26] Speziell durch den Erfolg der periodischen Schriften für Kinder und Jugendliche und durch die breite Distribution der Reihe mit historischen Erzählungen nahm Carl Flemming eine herausragende Position auf dem Jugendschriftenmarkt der Gründerzeit ein. Karl Friedrich Pfau konstatiert deshalb – summa summarum – im Personalartikel zu Carl Flemming, der dem Verleger in der *Allgemeinen Deutschen Biographie* (ADB) gewidmet wurde: „Namentlich war es das Gebiet der Jugendlitteratur, welchem sich Flemming's Thätigkeit hauptsächlich zuwandte[,] und man kann wol sagen, daß er eine lange Reihe von Jahren den litterarischen Markt in dieser Beziehung völlig beherrschte."[27]

Nach Flemmings Tod 1878 ging die Firma in den Besitz seiner Söhne über,[28] 1898 wurde die Firma in eine Aktiengesellschaft umgewandelt, 1907 erfolgte der Umzug von Glogau nach Berlin, 1919 expandierte das Unternehmen nochmals durch die Übernahme des bedeutenden Verlags C. T. Wiskott in Breslau.[29] Auch die aktuelle Historische Kinder- und Jugendliteraturforschung ist sich darüber einig, dass die Firma von Carl Flemming „in der zweiten Hälfte des 19. Jahrhunderts zu den bedeutendsten Produzenten von Kinder- und Jugendliteratur" gehörte.[30]

3. Thekla von Gumpert

Carl Flemmings Leistung auf dem ökonomisch hart umkämpften Gebiet des Kinder- und Jugendbuchmarktes der Gründerzeit[31] ging zwar von der Peripherie des Reichs im niederschlesischen Glogau aus, wirkte aber von dort aus – auf dem Umweg über Sachsen, da Thekla von Gumpert, die führende Persönlichkeit der erfolgreichen

---

25 Zitiert nach Gumpert: Unter fünf Königen (Anm. 21), S. 239.

26 Vgl. hierzu Abschnitt 6.

27 Karl Friedrich Pfau: Art. Carl Flemming. In: ADB 48 (1904), S. 594.

28 Über Gumperts Verlagsbeziehungen zur Firma von Carl Flemming nach dem Tod Flemmings vgl. Gumpert: Unter fünf Königen (Anm. 21), S. 324–329.

29 Zur Verlagsgeschichte vgl. Graf: Verlagsprofil: Flemming (Anm. 16), Sp. 942f. Vgl. (mit Einschränkungen) u.a. auch Reinhard Würffel: Lexikon deutscher Verlage von A–Z. 1071 Verlage und 2800 Verlagssignete vom Anfang der Buchdruckerkunst bis 1945. Adressen – Daten – Fakten – Namen. Berlin 2000, S. 245f.

30 Vgl. Graf: Verlagsprofil: Flemming (Anm. 16), Sp. 942.

31 Es ist davon auszugehen, dass es zwischen 1850 und 1900 rund 800 Verlage gab, die Kinder- und Jugendliteratur verlegten und miteinander um die Gunst des Publikums konkurrierten. Vgl. Pech: Der ökonomisch-technische Prozess (Anm. 14), Sp. 18.

Periodika in Flemmings Verlag, seit Ende der fünfziger Jahre des 19. Jahrhunderts in Dresden wohnte – direkt auf den gesamten Norden des Reichs, das gesamte Gebiet Mitteldeutschlands und offenbar (trotz der protestantischen Tendenzen der Titel) auch in weite Teile Süddeutschlands hinein.[32] In Nord- und Mitteldeutschland einschließlich der ost- und westpreußischen Territorien und der Rheinprovinzen war Flemming marktführend, höchstwahrscheinlich auch in weiten Teilen des übrigen Reichs. Denn mit seinen Publikationen erreichte Flemming im Prinzip auch jenseits dieser Grenzen das gebildete, standesbewusste und besitzende Bürgertum des gesamten protestantischen, kleindeutsch-national gesinnten und preußentreuen Deutschlands.[33] Dies ist angesichts der enormen Konkurrenz eine durchaus erstaunliche und äußerst ungewöhnliche Leistung gewesen, die nur durch eine geschickte Verlagspolitik bewerkstelligt werden konnte.

So sind denn auch besondere Personenkonstellationen für den Aufschwung des Unternehmens als Produktionsstätte von Kinder- und Jugendliteratur neben Flemmings wirtschaftlichem Geschick zu rekonstruieren. Die Erfolgsgeschichte seines Unternehmens war in Bezug auf die periodische Presse für Kinder und Jugendliche, die in seiner Offizin erschien, nicht ohne die Verbindung zu der in Kalisch/Kalisz geborenen und in Posen/Poznań aufgewachsenen, mit Ost- und Westpreußen eng verbundene Thekla von Gumpert zu denken, die nach ihrer 1856 erfolgten Verheiratung (und wenige Jahre später bereits einvernehmlich gelösten Verbindung)[34] mit Legationsrat Franz von Schober jahrzehntelang bis zu ihrem Tod am 2. April 1897 in Dresden-Blasewitz wohnte.[35]

Aufschlussreich ist, dass ähnlich wie im Fall des Verlegers Georg Wigand, der den damals überaus populären und viel gelesenen Jugend- und Volksschriftsteller Gustav Nieritz persönlich aufsuchte, um ihn für die Herausgabe eines Volkskalenders zu gewinnen,[36] auch der Verleger Carl Flemming aus eigenem Antrieb an Thekla von Gumpert herantrat, die Anfang der fünfziger Jahre des 19. Jahrhunderts in Berlin lebte, um sie zu umwerben und für den Plan zu begeistern, periodische Jugendschriften für seinen Verlag zu schreiben. Flemming war Gumpert als der Verleger ihrer ersten Jugendschriften bereits ein Begriff:

---

32 Einzelne Publikationen wurden bis nach Österreich-Ungarn distribuiert. So schrieb Thekla von Gumpert im Vorwort zum 41. Jahrgang (1895) des Almanachs *Töchter-Album*, S. XIV: „Zu meiner Freude, zum Glück für das Töchter-Album gehört [...], daß es in Österreich viel gelesen wird".

33 So zitiert Andreas Graf in Bezug auf das *Töchter-Album* eine Bemerkung von 1884, nachdem es in Deutschland „wohl jetzt kaum noch eine gebildete Familie" gebe, „die nicht das Töchter-Album kennte". Zitiert nach Graf: Verlagsprofil: Flemming (Anm. 16), Sp. 945.

34 Vgl. Andreas Graf: Werkprofil: Töchter-Album. In: Brunken, Hurrelmann (Hg.): Handbuch zur Kinder- und Jugendliteratur (Anm. 7), Sp. 954–960, hier Sp. 954.

35 Zur Biographie Gumperts vgl. zuletzt im Überblick Sebastian Schmideler: Tante Thekla. Zum 200. Geburtstag Thekla von Gumperts. In: Bulletin Jugend & Literatur 41 (2010), H. 7, S. 27f. Zum Sterbedatum, das in der Literatur sehr häufig irrtümlich mit dem 1. April 1897 angegeben wird, vgl. Graf: Werkprofil: Töchter-Album (Anm. 34), Sp. 954.

36 Vgl. Sebastian Schmideler: „Unser Nieritz lebe hoch!" – Dokumente zur Schaffensweise und zur Rezeption des Jugendschriftstellers Gustav Nieritz (1795–1876) aus dem Nachlass. In: Jahrbuch Kinder- und Jugendliteraturforschung 12 (2005/2006) 2006, S. 15–36, hier S. 20f.

> Während ich in Berlin lebte, schrieb mir Herr Buchhändler Flemming aus Glogau, er habe mir einen Vorschlag zu machen, und fragte an, ob ich Zeit finden würde, eine größere Arbeit für ihn zu unternehmen. […] Herr Flemming kam nach Berlin, um seinen Plan mir vorzulegen. Es giebt bekanntlich viel Jugendschriften, auch Jugendzeitschriften, aber wenig gab es damals noch für die heranreifenden Mädchen in's Besondere; er schlug mir vor, ich möge ein Werk für die weibliche Jugend schaffen, das in Heften monatlich erscheinen, am Jahresschluß als Buch gebunden ausgegeben werden könne. Der Vorschlag schien mir sehr anziehend, und ich ergriff ihn mit großer Freudigkeit und ging bald an die Arbeit.[37]

Ausschlaggebend für den enormen und langandauernden Erfolg des Almanachs *Töchter-Album*[38] dürfte Flemmings enge nationalliberale Orientierung an den Zielen der preußischen, kleindeutschen und kulturprotestantisch ausgerichteten Politik gewesen sein, der er sich in den Tendenzen seiner periodischen Presse für Kinder und Jugendliche in besonderer Weise verpflichtet fühlte. Hierin stimmte er mit den Erziehungszielen Thekla von Gumperts völlig überein, die für ihn damit zur idealen Multiplikatorin von spezifisch norddeutsch-protestantischen, kleindeutschen und borussophilen Erziehungszielen wurde. Hier traf Flemming mit besonderem Gespür eine gründerzeitspezifische Mentalität in nuce und bediente deren Bedürfnisse durch Kinder- und Jugendschriften mit herausragendem Geschäftserfolg![39] Ähnlich merkwürdig wie im Fall des Sachsen Heinrich von Treitschke, der in Dresden geboren und aufgewachsen war und über das Studium an der Universität Leipzig zu einem der einflussreichsten nationalliberalen preußischen Staatshistoriker in Berlin avancierte, wurde ausgerechnet der geborene Sachse Carl Flemming, der als Verleger im niederschlesischen Glogau reüssierte, zu einem der einflussreichsten Hintermänner und Popularisatoren der preußischen Kultur, des Kulturprotestantismus und der kleindeutschen Politik unter Vormachtstellung Preußens auf dem Gebiet der Kinder- und Jugendliteratur der Gründerzeit.[40]

So war es also eine spezifisch geographische Vernetzung zwischen Glogau, Dresden und Berlin, die Flemmings Erfolg auf dem Jugendbuchmarkt garantierte: Von

---

37 Thekla von Gumpert: Erinnerungen aus meinem Leben. In: Thekla von Gumpert (Hg.): Töchter-Album. 10. Bd. Glogau [1864], S. 24–58, 146–176, 235–266, Zitat: S. 261. In die Redaktionsarbeiten wurde sie zunächst von Ludwig Rellstab eingewiesen; vgl. Gumpert: Unter fünf Königen (Anm. 21), S. 214.

38 Das *Töchter-Album* erschien (in zuletzt veränderter Form) bis 1936 (vgl. Graf: Werkprofil: Töchter-Album [Anm. 34], Sp. 955), *Herzblättchens Zeitvertreib* sogar bis 1950 (vgl. Göbels: Herzblättchens Zeitvertreib [Anm. 24], S. 192).

39 Andreas Graf weist nach, dass 1889 das *Töchter-Album* die große Verbreitung von 17.500 Exemplaren hatte, „was enorm hoch war", besonders wenn man den stattlichen Verkaufspreis von 6 Mark bis 7,75 Mark einberechnet. Vgl. Graf: Werkprofil: Töchter-Album (Anm. 34), Sp. 955.

40 Es ist deshalb besonders aufschlussreich, dass Kaiser Wilhelm I. in einem Handschreiben an Thekla von Gumpert vom 27. Februar 1879 ausdrücklich auch Carl Flemming dankt, der Gumpert bei der Verbreitung einer patriotischen Jugendschrift unter dem Titel *Wilhelm* (vgl. hierzu Abschnitt 5.1.) unterstützt hatte, wenn er schreibt: „wollen Sie auch Ihrem Verleger Meine Zufriedenheit bestätigen, daß derselbe in so uneigennütziger Weise Ihrem Unternehmen förderlich gewesen ist". Zitiert nach Gumpert: Unter fünf Königen (Anm. 21), S. 278.

der Peripherie des Reichs, in Glogau selbst, organisierte Flemming Druck und Distribution von Zeitschrift und Lithographien. In Dresden, im verlagsstrategisch günstig gelegenen Mitteldeutschland, saß mit Thekla von Gumpert das Haupt des Unternehmens. Sie sammelte und verfasste neue Beiträge und bewerkstelligte den umfangreichen Schriftwechsel mit den Autoren und vor allem die anschwellende Korrespondenz mit den Leserinnen und Lesern. In Dresden saß auch der Akademieprofessor für Holzschneidekunst, der Zeichner und Illustrator Hugo Bürkner, ein Kollege Ludwig Richters und Eduard Bendemanns, der von Beginn an die Illustrationsaufträge für Gumperts großzügig mit qualitätvollen Illustrationen ausgestattete Publikationen übernahm[41] – zunächst illuminierte Lithographien, später Chromolithographien, die in Flemmings Glogauer Anstalt ausgeführt wurden.[42]

Berlin, das Zentrum Preußens, war schließlich der eigentliche Dreh- und Angelpunkt, der die zentralen kulturellen und politischen Tendenzen der Veröffentlichungen Flemmings in der periodischen Presse für Kinder und Jugendliche indirekt vorgab und beeinflusste. Zum Berliner Hof unterhielt Thekla von Gumpert selbst sehr gute Verbindungen. Dort wussten besonders die Kaiser- und Königs-Gattinnen die monarchistische Treue Thekla von Gumperts sehr zu schätzen. An Gumperts Loyalität gegenüber den Zielen der preußischen Politik und an ihrer streng kulturprotestantischen Gesinnung gab es keinerlei Zweifel; ihr wurde jedes Gesuch um eine Widmung ihrer Werke an die Zollernköniginnen und deutschen Kaiserinnen bewilligt – eine Tatsache, die in der Sekundärliteratur bislang kaum berücksichtigt wurde. Bereits der erste Band des *Töchter-Albums* von 1854[43] war der damaligen Königin von Preußen, Elisabeth, der Ehefrau König Friedrich Wilhelms IV. von Preußen, gewidmet,[44] spätere, noch zu Lebzeiten Thekla von Gumperts erschienene Bände des Periodikums sind der Kaiserin und Königin Auguste Victoria, der Gattin Kaiser Wilhelms II., zugeeignet.[45] Für alle diese Widmungen hatte sich Thekla von Gumpert erfolgreich die persönliche Erlaubnis der Königinnen und Kaiserinnen eingeholt. Selbst ihre Lebenserinnerungen, deren Einband nicht zufällig den vergoldeten preußischen Adler zeigen, hatte Gumpert unter den borussisch-charakteristischen Titel *Unter fünf Königen und drei Kaisern* gestellt; zweimal erwähnt sie in ihrer Vor-

41 Zu Hugo Bürkner als Mitarbeiter in den periodischen Jugendschriften Thekla von Gumperts vgl. Gumpert: Unter fünf Königen (Anm. 21), S. 241–246.

42 Vgl. hierzu auch Graf: Werkprofil: Töchter-Album (Anm. 34), Sp. 957.

43 Zur in der Forschung umstrittenen Jahreszahl des Ersterscheinungstermins der ersten Lieferung, der sich offenbar um einige Monate in das Jahr 1855 verschob, vgl. Graf: Werkprofil: Töchter-Album (Anm. 34), Sp. 955.

44 Vgl. Thekla von Gumpert (Hg.): Töchter-Album. Bd 1. Glogau [1854], Widmungsblatt, unpag.: „Ihrer Majestät der Königin [Elisabeth] von Preußen widmet in tiefster Ehrfurcht diese Unterhaltungen für die weibliche Jugend die Herausgeberin Thekla von Gumpert." Zu weiteren Widmungen (z. T. in Sonettformen) und den Verbindungen Thekla von Gumperts zu Königin Elisabeth von Preußen vgl. Thekla von Gumpert: Unter fünf Königen (Anm. 21), S. 168ff., 186f.

45 Vgl. Thekla von Gumpert (Hg.): Töchter-Album. Band 42. Glogau [1896], Widmungsblatt, unpag.: „Ihrer Majestät der Kaiserin und Königin Auguste Victoria widmet das Töchter-Album ehrfurchtsvoll ergeben die Herausgeberin Thekla von Schober geb. von Gumpert." Zur Erlaubnis, diese Widmung zu drucken, vgl. auch Thekla von Gumpert: Unter fünf Königen (Anm. 21), S. 234f.

rede, „dies Buch gehört der Kaiserin“ Auguste Victoria, der sie ihre Memoiren folglich auch widmete.[46]

Gumpert verkehrte im Übrigen auch persönlich am preußischen Hof in Berlin, wurde zu Privataudienzen geladen und von dort beispielsweise mit Empfehlungsschreiben ausgestattet.[47] Ihre Jugendschriften wurden von Anfang an von der königlichen Regierung empfohlen.[48] Als Gouvernante, Erzieherin und Freundin der Kinder und Enkel von Prinzessin Louise von Preußen, die mit Fürst Anton Radziwill, dem preußischen Statthalter von Posen, verheiratet war, verfügte Thekla von Gumpert als Tochter eines geadelten Regierungs-Medizinalrats über ausgezeichnete Verbindungen zum Hof, weil sie durch ihre pädagogischen Aufgaben zum weiteren persönlichen Umkreis der königlichen Familie gehörte.[49] Deshalb erscheint die in der Sekundärliteratur vertretene These vom „sozialen Abstieg aus dem Adelsmilieu“ in der Biographie Thekla von Gumperts durchaus etwas gewagt[50] – sie mag in ökonomischer Hinsicht in Bezug auf den Verlust des Gumpert'schen Familiengutes in Westpreußen nach dem Tod des Vaters gewiss zutreffen. Doch Gumpert war zwar gezwungen, als adelige Gouvernante ohne größeren eigenen Besitz ihr Auskommen zu finden, aber sie war langjährige Erzieherin des preußischen Hochadels. Sie avancierte nach diesen Diensten als Gouvernante von dieser nicht unvorteilhaften Position aus – zumindest im Bild der Öffentlichkeit – zu einer der erfolgreichsten (und sowohl hinsichtlich des sozialen Prestiges als auch finanziell gewiss nicht benachteiligten) deutschen Jugendschriftstellerinnen ihrer Zeit, die von der Hocharistokratie einschließlich mehrerer Generationen der kaiserlichen Familie selbst großzügig protegiert wurde.[51]

---

46 Vgl. Gumpert: Unter fünf Königen (Anm. 21), Widmungsblatt, unpag.: „Ihrer Majestät der Kaiserin und Königin Auguste Victoria widmet diese Erinnerungen ehrfurchtsvoll ergeben die Verfasserin Thekla von Schober geb. von Gumpert.“; vgl. auch Gumperts Vorrede zur ersten Auflage, in: Gumpert: Unter fünf Königen (Anm. 21), unpag.

47 Für ihre Reise nach London im Januar 1851, wo Gumpert Erziehungsanstalten besuchte, gab ihr Königin Elisabeth von Preußen während einer Privataudienz ein Empfehlungsschreiben an den preußischen Gesandten, Christian Carl Josias von Bunsen, mit. Vgl. Thekla von Gumpert: Unter fünf Königen (Anm. 21), S. 205. Über Gumperts Englandaufenthalt vgl. Dies.: Grüß Gott! Lebensbilder für die reifere Jugend und Jugendfreunde. Breslau [1852].

48 Vgl. ebd., Anhang, S. 14: Dort ist eine Empfehlung für Lesebibliotheken für Schüler abgedruckt, die mit „Königliche Regierung“ unterzeichnet ist und für Gumperts Jugendschriften wirbt. Die Anzeige wurde ursprünglich im Amtsblatt von Bromberg veröffentlicht. Vgl. Thekla von Gumpert: Unter fünf Königen (Anm. 21), S. 133.

49 Vgl. hierzu Gumperts Ausführungen in Thekla von Gumpert: Unter fünf Königen (Anm. 21), S. 9–203. Vgl. auch Göbels: Herzblättchens Zeitvertreib (Anm. 24), S. 202ff.

50 Vgl. Graf: Werkprofil: Töchter-Album (Anm. 34), Sp. 953 nicht zuletzt mit Bezug auf den Verkauf der elterlichen Güter.

51 So erhielt Gumpert noch 1895 von der Hand von Kaiserin Auguste Victoria die Silberne Verdienstbrosche am weißen Bande. Vgl. Graf: Werkprofil: Töchter-Album (Anm. 34), Sp. 954.

4. *Des Knaben Lust und Lehre* von Hermann Masius und Hermann Wagners *Hausschatz für die Deutsche Jugend*

Angeregt durch den großen Erfolg von Thekla von Gumperts *Töchter-Album* versuchte Carl Flemming auch, einen Knabenalmanach zu etablieren, der als Pendant zum *Töchter-Album* von den jungen Lesern rezipiert werden sollte, wenn sie dem Kindesalter des Periodikums *Herzblättchens Zeitvertreib* entwachsen waren. Auf diese Weise beabsichtigte Flemming, das gesamte Spektrum der periodischen geschlechtsspezifischen Kinder- und Jugendliteratur anzubieten und Almanache sowohl für Kinder als auch für männliche Adoleszenten und „Backfische" anzubieten. Zu diesem Zweck gewann er den zu dieser Zeit in der Popularisierung und Didaktisierung von Naturkunde renommierten Professor der Pädagogik an der Universität Leipzig, Herman Masius,[52] der den Knabenalmanach *Des Knaben Lust und Lehre. Blätter zur Unterhaltung und Belehrung für Knaben im Alter von 10 bis 16 Jahren* herausgab. Das Periodikum erschien erstmals 1859 in ähnlicher illustrierter und inhaltlicher Ausstattung wie das *Töchter-Album*: „Das literarisch Besondere besteht in jenen Beiträgen, die eine Tendenz zur Genreauflösung zeigen, indem im teilweise heiter-humorigen Ton, teilweise in poetisch-märchenhafter Form naturkundliches, geografisches, technisches Sachwissen vermittelt wird. Es finden sich auch historische Erzählungen sowie Abenteuererzählungen."[53] Der Almanach konnte sich jedoch weder am Markt etablieren noch behaupten und hatte nur bis 1865 Bestand, offenbar weil die Konkurrenz vergleichbarer Angebote für die Knabenlektüre bereits zu stark war.[54] Dabei hatte Masius auf bewährte Mitarbeiter zurückgegriffen, die wie Wilhelm Buchner bereits mehrfach erfolgreich für das *Töchter-Album* geschrieben hatten.

Als Fortsetzung erschien zwischen 1865 und 1873 in insgesamt acht Bänden die Reihe *Hermann Wagner`s Hausschatz für die deutsche Jugend*, die Flemming ebenfalls verlegte. Der Lehrer Hermann Wagner war als zeichnerisch begabter Jugend-Schriftsteller vorwiegend von Wissen vermittelnder Kinder- und Jugendliteratur mit naturkundlichen und geographischen Inhalten eine Entdeckung Thekla von Gumperts. Er besaß großes Talent, vor allem als Verfasser einer originellen Reihe von *Entdeckungsreisen*,[55] in denen er naturkundliches Wissen in der Form kleiner fingierter Reiseabenteuer auf unterhaltsame Weise an jüngere Leserinnen und Leser vermittelte. Seine Begabung war so gefragt, dass er seinen Lehrerberuf aufgeben konnte und als Verlagsredakteur für Sachliteratur zu Spamers bedeutendem Verlag in Leipzig wechselte. Das von Wagner für Flemmings Verlag verantwortete Jahrbuch erschien bis zum Einstellen des Erscheinens im Jahr 1873 ebenfalls nach dem vertrauten Muster, dem das *Töchter-Album* verpflichtet war, das damit für Flemming zum

52 Zu Masius vgl. u.a. Brunken, Hurrelmann u.a. (Hg.): Handbuch zur Kinder- und Jugendliteratur (Anm. 7), Sp. 1322. Vgl. auch Göbels: Herzblättchens Zeitvertreib (Anm. 24), S. 196.

53 Brunken, Hurrelmann u. a. (Hg.): Handbuch zur Kinder- und Jugendliteratur (Anm. 7), Sp. 1277.

54 Zu den Ursachen des raschen Niedergangs des Jahrbuchs vgl. Graf: Jahrbücher (Anm. 12), Sp. 935f.

55 Vgl. hierzu Klaus-Ulrich Pech: Werkprofil: Entdeckungsreisen von Hermann Wagner. In: Brunken, Hurrelmann u.a. (Hg.): Handbuch zur Kinder- und Jugendliteratur (Anm. 7), Sp. 855–861.

entscheidenden Vorbild wurde. Außerdem schrieb Hermann Wagner für Flemmings Verlag eine naturkundliche Darstellung für Kinder, die *Herzblättchens Zeitvertreib* lasen und die zwischen 1876 und 1878 in drei festgebundenen Bändchen in Heftchenformat unter dem Titel *Herzblättchens Naturgeschichte* publiziert wurde.[56]

Wegen der herausragenden Bedeutung des *Töchter-Albums* soll im Folgenden die Fragestellung insbesondere anhand einer Analyse bedeutender gründerzeitspezifischer Auffälligkeiten im Hinblick auf Kennzeichen der Memorialkultur und der Monumentalisierung von Historie anhand dieses Periodikums vorgestellt werden.

5. Spezifika und Charakteristika der Kinder- und Jugendzeitschriften der Firma Carl Flemming – Thekla von Gumperts *Töchter-Album*

5.1 Monumente der Geschichte Preußens – Borussophilie

Es bestand von Beginn des Erscheinens von Thekla von Gumperts *Töchter-Album* in Glogau im Jahr 1854 kein Zweifel daran, dass das Periodikum primär dem spezifischen Zweck diente, von der Peripherie Preußens aus dessen Vormachtstellung zu sichern und in der Frage der Reichseinigung eine kleindeutsche Lösung unter preußischer Führung zu forcieren. Dass der Almanach dieses Ziel von Anfang an verfolgte, wird bereits im ersten Band deutlich. Hier wurde H. Berduscheks geschichtliche Schilderung *Ein Blick auf die älteste Geschichte des erlauchten Hauses Hohenzollern bis zum Jahre 1417* veröffentlicht, die durch den Verweis auf den spätmittelalterlichen fränkischen Ursprung der Zollerndynastie bereits über die damaligen Landesgrenzen Preußens hinauswies und damit das Expansionsstreben und die sich anbahnende preußische Führungsrolle in Form eines historischen Rückblicks dokumentierte und somit legitimierte.[57] Durch ihre Nähe zum Umfeld des preußischen Hofs beteiligte sich auch die seit 1843 rasch zu einer mächtigen Autorin von Mädchenliteratur avancierte Thekla von Gumpert selbst an dieser Preußenverherrlichung, besonders nach 1871.

In geradezu panegyrischer Weise spielt Thekla von Gumpert paradigmatisch in ihrer Erzählung *Wilhelm*, in der mit implementierten Quellen und Dokumenten in propagandistischer Form das Leben Kaiser Wilhelms I. geschildert wird, auf die Sendung der Zollerndynastie an, die angeblich zur Vormachtstellung unter den deutschen Fürstenhäusern bestimmt war. Die Erzählung erschien im 25. Band des Periodikums, mithin als preußenpatriotisches Literaturdenkmal zum ersten nennenswerten Jubiläum des Almanachs. Dass Carl Flemming in Glogau ein massives Interesse daran hatte, diese Preußenpanegyrik der weithin bekannten Schriftstellerin

---

56 Vgl. hierzu insbesondere Göbels: Herzblättchens Zeitvertreib (Anm. 24), S. 196. Vgl. auch die bibliographischen Angaben in Brunken, Hurrelmann u. a. (Hg.): Handbuch zur Kinder- und Jugendliteratur (Anm. 7), Sp. 1515f.

57 Vgl. H. Berduschek: Ein Blick auf die älteste Geschichte des erlauchten Hauses Hohenzollern bis zum Jahre 1417. In: Thekla von Gumpert: Töchter-Album. 1. Bd. Glogau [1854], S. 271–277.

Thekla von Gumpert breit zu distribuieren, belegt folgende Bemerkung, die sich in der Einleitung zum 41. Band des Almanachs findet.[58] Sie zeigt überdies, dass sich sogar Kaiser Wilhelm I. selbst, der auch Thekla von Gumperts Widmung der Erzählung an ihn bewilligte, an der Verbreitung des Werks beteiligte. In der Einleitung schreibt die Herausgeberin:

> Ich ließ in diesem 25. Bande meine Erzählung „Wilhelm“ drucken. Mein Verleger [...] ließ mir von der Erzählung „Wilhelm“ 15000 Separatdrucke herstellen, die als kleine Hefte, sogenannte Broschüren, von mir verschenkt werden sollten. Diese Erzählung wurde Seiner Majestät dem Kaiser Wilhelm I. vorgelesen, und ich erlebte die namenlos große Freude, von meinem Kaiser und König ein höchst gnädiges Handschreiben zu erhalten nebst der Anweisung, die Erzählung an die hohen Vorstände der preußischen Militär-Waisenhäuser zu schicken zur Verteilung an die Zöglinge.[59]

Von Flemmings Verlag in Glogau aus wurde also derartige zur Borussophilie erziehende Kinder- und Jugendliteratur, wie zu sehen ist, in das Zentrum Preußens und des Reichs mit erstaunlichem Distributionserfolg regelrecht forciert. Im 1895 erschienenen 41. Band des Almanachs ließ Thekla von Gumpert überdies, zwei Jahre vor ihrem Tod, eine ähnlich ambitionierte Fortsetzung der Erzählung *Wilhelm* folgen, die sich auf die Lebensgeschichten von Kaiser Wilhelm I. und Wilhelm II. bezog und wiederum zur Preußentreue erziehen sollte.[60] Die Zollernpanegyrik ist auch an dieser Stelle spezifischen Elementen der Memorialkultur der Gründerzeit verpflichtet. Die in der Erzählung thematisierte „Besichtigung“ der „Hohenzollernburg“ in Hechingen, der Stammburg der Zollerndynastie,[61] wurde ebenso wie die „Besichtigung“ der Burg zu Nürnberg,[62] wo die Zollern im Spätmittelalter Burggrafen waren, zu historischen Monumenten des Preußentums heroisiert. Der Monumentcharakter dieser Memorialkultur zeigt sich darin, dass beispielsweise der Burg zu Nürnberg bereits im ersten Band des *Töchter-Albums* von 1854 gehuldigt worden war, es sich also tatsächlich um gründerzeitspezifische Konstanten preußenpanegyrischer Erinnerung handelte. Hier sollten Monumente auf Dauer etabliert werden. In die Erzählung von 1895 sind überdies ihrem Almanach gewidmete Autographen der ranghöchsten Angehörigen aus dem Haus der Zollern, die Gumpert wie eine stolze Autographenjägerin bereits zuvor im *Töchter-Album* abgedruckt hatte,[63] erneut als Devotionalien der Zollernkaiserherrlichkeit eingearbeitet.

---

58 Die Geschichte der Rezeptionswirkung dieser Erzählung, das Dankschreiben Kaiser Wilhelms I. und andere Dokumente, die die propagandistische Indienstnahme der Jugendschrift für die Nationalerziehung belegen, sind detailliert gedruckt in Gumpert: Unter fünf Königen (Anm. 21), S. 269–279.

59 Vgl. Thekla von Gumperts Einleitung. In: Thekla von Gumpert (Hg.): Töchter-Album. 41. Bd. Glogau [1895], S. XIV.

60 Ebd., S. 172–229.

61 Gumpert: Wilhelm (Anm. 60), S. 202–204.

62 Ebd., S. 206–208.

63 Vgl. zur Memorialkultur der Handschrift Abschnitt 5.7.

Da Thekla von Gumpert im (1810 südpreußischen) Kalisch geboren und in Posen aufgewachsen war, ihre Vorfahren mütterlicherseits in der Gegend um Glogau gelebt hatten, Flemming andererseits als Verleger in Glogau saß, spielten die preußischen Territorien im Osten Europas in zahlreichen Erzählungen, Lebensbildern und historischen Beiträgen nicht zuletzt aus dem Grund der identitätsstiftenden borussophilen Intention des Almanachs eine herausragende Rolle. Im zehnten Band von 1864 gibt Thekla von Gumpert intime Einblicke in das Leben des Hochadels in Posen und auf Schloss Ruhberg im Riesengebirge, das Luise von Preußen gehörte, mit deren Tochter Wanda Thekla von Gumpert befreundet war.[64] Schilderungen über das Jugendleben der angesehenen adligen Familie Radziwill, insbesondere von Wanda und Elisa von Radziwill, folgen.

Diese Bilder aus dem Osten Preußens dienten damit zugleich als jugendgemäße Sittenbilder des preußischen Hochadels. Indem Thekla von Gumpert auf diese Weise ihre eigene Jugend und Lebensgeschichte als Adelserzieherin schilderte, sollten ihren jungen Leserinnen, die zumeist „höhere Töchter" waren, standesgemäße Vorbilder des preußischen Lebens im Osten Europas vermittelt werden: „mir ist Beispiel, Liebe und Segen durch die herrlichen Seiten ihres Charakters zu Theil geworden, ich habe für das Leben mit ihnen nur Dank zu sagen, Gott zuerst, der mich mit ihnen verbunden".[65]

Ein ausführliches Bild des kulturellen und sittlichen Lebens in den preußischen Territorien im Osten Europas, ihrer Geschichte und Mentalität schildert Thekla von Gumpert auch in ihrer größeren Reiseerzählung *Erikas erste Reise*, die in Form von Briefen verfasst ist.[66] Sagen, Gedichte, Lebensbeschreibungen berühmter Dichter und Gelehrter, naturkundliche Exkurse zur Landschaft Ostpreußens, literarische Bilder der Marienburg, von Danzig und der Ostseeküste gehen fließend in Landschafts- und Kulturbilder der Insel Rügen über, sodass die Reise das gesamte norddeutsche Tiefland in den geographischen Grenzen von 1884 umfasste. Die preußischen Lebensbilder aus dem Osten Europas hat Thekla von Gumpert noch wenige Jahre vor ihrem Tod wiederholt mit Lebensschilderungen des preußischen Hochadels, insbesondere der Familie Radziwill, verbunden, so beispielsweise in ihren *Bildern aus dem Leben* von 1894.

Doch die gründerzeitspezifische, identitätsstiftende und aktualisierende Wirkung von Zollerndynastie und preußischer Geschichte im Osten sollte beispielsweise jenseits biographischer Erinnerungskultur auch von historistischen Betrachtungen über das Weiterleben der Tradition des Ritterordens im Zollernhaus in Anspielung auf den preußischen Deutschritterorden ausgehen, die Gumpert in einem Abriss über die Geschichte des Johanniter-Ordens in den achtziger Jahren des 19. Jahrhunderts

---

64 Gumpert: Erinnerungen aus meinem Leben (Anm. 37), S. 24–58, 146–176, 235–266.

65 Ebd., S. 266.

66 Thekla von Gumpert: Erikas erste Reise. In: Thekla von Gumpert (Hg.): Töchter-Album. 30. Bd. Glogau [1884], S. 215–335.

unter Prinz Albrecht von Preußen schilderte.[67] Hier soll christliche Caritas und preußischer Landespatriotismus ebenso amalgamiert werden wie in den identitätsstiftenden Lebensbildern der den zwölf Monaten des Jahreskreislaufs im Almanach angeglichenen Fortsetzungsgeschichte *Zwölf Freundinnen* von Thekla von Gumpert. Hier wird christliche Caritas und preußischer Landespatriotismus direkt mit biographischer Schilderung verquickt, insbesondere im Lebensbild von Alma von Norden, die als Diakonisse in das Diakonissen-Mutterhaus des Johanniter-Ordens eintrat, dem damals Prinz Albrecht von Preußen vorstand.[68]

Auch das Riesengebirge, seine Sagen und Mythen, Schilderungen des Kurbades Warmbrunn, literarische Bilder von Hermsdorf und der Burg Kynast, von Schreiberhau, der Josephinenhütte, von der Schneekoppe, von Schloss Fischbach, Schloss Erdmannsdorf, Schloss Buchwald, vor allem aber von Schloss Ruhberg und all seinen adligen Bewohnern, die Gumpert selbst erlebt hatte, werden in spezifisch gründerzeitlicher Melange als historistische Memorialisierung zwischen christlicher Erziehung, preußischen Sitten- und Landschaftsbildern, geographisch-historischen Betrachtungen und (auto)biographischen Erinnerungen in der Reiseerzählung *Der Grundstein*[69] von Thekla von Gumpert geschildert. Hier zeigt sich, dass Thekla von Gumpert geradezu idealtypisch alle Voraussetzungen in sich vereinte, die der Verquickung von Landschaft und Identität im Nationalismus der Gründerzeit besonders dienlich waren.

Gumperts Literaturdenkmäler der preußischen Gebiete im Osten Europas dokumentieren vor allem in ihren (auto)biographischen Schilderungen des Hochadels und der Angehörigen der Zollerndynastie, dass Gumpert sich als bedeutende Chronistin dieser gründerzeitlichen Stilisierungen des Preußentums verstand, deren Ideale sie mit Vehemenz und Selbstbewusstsein an die nächste Generation weitervermitteln wollte. Ein zu konstatierender „sozialer Abstieg aus dem Adelsmilieu" in Gumperts Leben sähe anders aus. Im Gegenteil: Das *Töchter-Album* war Gumperts geschickt genutztes Forum, um sich und ihrem Dasein als adlige Erzieherin und Gouvernante und als kulturprotestantisch und national gesinnte Preußin literarische Bedeutung zu verleihen – mit langanhaltendem Erfolg, wie die Rezeptionsgeschichte des Periodikums belegt. Das Bedürfnis nach derartiger preußenpanegyrischer Stilisierung war in Gumpert stark ausgeprägt; Flemming hatte seine Herausgeberin deshalb mit Verstand gewählt.

---

67 Vgl. Thekla von Gumpert: Bilder aus dem Leben. Mit 1 Vollbild, 4 Holzschnitten und 10 Handschriften. In: Dies. (Hg.): Töchter-Album. 40. Bd. Glogau [1894], S. 84–179, hier S. 163–179. Vgl. auch ebd., S. 168: „Die Geschichte erzählt viel auch vom Orden der Tempelherren und vom Orden der Deutschherren, die für Preußen so wichtig geworden sind; doch übergehe ich sie hier, da es nur der Johanniterorden ist, welcher in der jetzigen Zeit in unsere Lebensverhältnisse eingreift."

68 Vgl. Thekla von Gumpert: Alma von Norden. In: Dies. (Hg.): Töchter-Album. 42. Bd. Glogau [1896], S. 306–314.

69 Vgl. Thekla von Gumpert: Der Grundstein. In: Dies. (Hg.): Töchter-Album. 32. Bd. Glogau [1886], S. 64–145.

5.2 Monumente des Nationalen

Gleichwohl ist auch das *Töchter-Album* ein Periodikum, das – unter Vormachtstellung Preußens – zur deutschen Nationalerziehung beitragen wollte. In Artikeln, die etwa der für die Reichseinigung von 1871 hochbedeutsamen Mittelalterrezeption gewidmet sind, verfolgt Gumperts Periodikum beispielsweise Tendenzen der Kanonisierung von mittelalterbezogenen Gestalten, Ereignissen, Phänomenen und Stoffen wie Karl dem Großen oder die Verherrlichung der Stauferdynastie, wie sich dies auch in anderen Periodika und Jugendschriften dieser Zeit nachweisen lässt.[70] Doch ist es ein spezifisch bürgerlicher, gründerzeitlicher Ästhetizismus des Nationalen, dem der Almanach als Teil der Mädchenliteratur vor allem verpflichtet war.

In Wilhelm Buchners Lebensbild über Johann Sebastian Bach von 1864 wird beispielsweise deutlich,[71] wie gründerzeitliche Monumente des Nationalen im Sinn einer weiblichen Nationalerziehung zu verstehen waren. Das Lebensbild Bachs spielt zunächst auf die ästhetische Erziehung „höherer Töchter" zur Musik an. Diese „höheren Töchter" waren Teil der sogenannten „musikalischen Jugend" der Gründerzeit.[72] Dass Bach dezidiert unter diesen nationalästhetischen Aspekten rezipiert werden sollte, belegt bereits der Beginn des Lebensbildes, in dem die literarische nationalästhetische Autorität des Dichters Goethe angeführt wird, um Bachs Ruhm als deutscher Komponist zu begründen.

Der Verweis auf Albrecht Dürer ergänzt diese synästhetische Klimax um die Dimension der Malerei. Dürer wird hier jedoch ebenso als Bürger Nürnbergs inszeniert. Dies ist insofern aufschlussreich, als in der Gründerzeit das süddeutsche Bürgertum des ausgehenden Mittelalters und der beginnenden Frühen Neuzeit als besonders vorbildlich für den eigenen gründerzeitlichen Identitätsbildungsprozess gesehen wurde. Diese Zeit des späten Mittelalters wurde als eine Epoche des Niedergangs und als Phase einer Reichskrise im Sinne einer kulturellen Krisensituation gedeutet, die erst durch die politische und kulturelle Initiative des protestantischen süddeutschen Städtebürgertums des Humanismus überwunden wurde.

Diese historische Denkfigur war für den deutschen Einigungsprozess in der ersten Hälfte und in der Mitte des 19. Jahrhunderts entscheidend, weil man hier in der Vorstellungswelt des Bürgertums der Gründerzeit einen historischen Vorläufer für die eigene nationale und ökonomische Identität zu etablieren versuchte. Viele Kunstwerke der Gründerzeit – und bei weitem nicht nur die literarischen – tragen diese Idee deshalb weiter: In Lortzings *Waffenschmied* ist diese Verherrlichung einer kulturellen und ökonomischen „Blütezeit" der Bürger der süddeutschen Städte an der Wende

70 Vgl. hierzu Schmideler: Vergegenwärtigte Vergangenheit (Anm. 15), S. 432–545, v.a.. S. 536–538.

71 Wilhelm Buchner: Johann Sebastian Bach. In: Thekla von Gumpert (Hg.): Töchter-Album. 10. Bd. Glogau [1864], S. 416–428.

72 Zur literarischen Erziehung der „musikalischen Jugend" mit ästhetisierenden Jugendschriften am Beispiel der Rezeption von Felix Mendelssohn Bartholdy vgl. Sebastian Schmideler: Verehrung, Verklärung, Vereinnahmung – Felix Mendelssohn Bartholdy in der Kinder- und Jugendliteratur. In: Jahrbuch Kinder- und Jugendliteraturforschung 15 (2008/2009) 2009, S. 41–52.

vom 15. zum 16. Jahrhundert ebenso zu beobachten wie in Wagners *Meistersingern*. Aber auch im Bereich der Kinder- und Jugendliteratur wurde diese Vorstellung eines ökonomisch und kulturell gleichermaßen prosperierenden süddeutschen Stadtbürgertums noch bis weit in das zweite Drittel des 19. Jahrhunderts vielfach popularisiert, vorzugsweise in Romanen wie Brigitte Augustis (d. i. Auguste Plehn) *Im Banne der freien Reichsstadt. Kulturgeschichtliche Erzählung aus dem fünfzehnten Jahrhundert. Für das reifere Mädchenalter* (Leipzig 1886) oder in Geschichtsdarstellungen für Jugendliche wie Oskar Höckers *Bilder aus dem Städteleben Augsburgs und Nürnbergs* (Leipzig 1884) oder Höckers Jugendbuch *Im goldenen Augsburg. Kulturhistorische Erzählung aus der Blütezeit des süddeutschen Handels und Gewerbes im Mittelalter* (Leipzig 1895). Schließlich war speziell Nürnberg aber ebenso der spätmittelalterliche Ausgangspunkt der Erfolgsgeschichte der Zollerndynastie, sodass sich auch hier die Evokation einer sowohl nationalgeschichtlich als auch preußenpatriotisch als bedeutsam empfundenen historischen Parallelisierung des süddeutschen Bürgertums des Spätmittelalters mit der gründerzeitlichen Vorstellungswelt ergab.

Bach als Komponist, Goethe als Dichter und Dürer als Maler sind hier das Triumvirat deutscher Nationalerziehung. Ziel dieser Nationalerziehung ist es, ins Transzendente glorifizierte Autoritäten der gründerzeitlichen Mädchenerziehung zu bilden. Keiner der erwähnten Namen ist hier deshalb zufällig vorgeführt; die Argumente und Denkfiguren sind nationales Programm. Hier werden in panegyrischer Weise Monumente zu etablieren versucht, die „ewige" Gültigkeit haben sollen. Zu Beginn des Lebensbildes heißt es diesbezüglich aufschlussreich:

> Göthe sagt: „Mir ist es bei Bach, als ob die ewige Harmonie sich mit sich selbst unterhielte, wie sich's etwa in Gottes Busen kurz vor der Schöpfung mag zugetragen haben." Wem […] der größte deutsche Dichter ein solches Zeugniß ausstellt, der ist unsterblich. Wie der große Maler Albrecht Dürer, entsproß Johann Sebastian Bach einer ursprünglich deutschen […] Familie.[73]

So wie in diesem Beispiel idealtypisch zu sehen ist, wird gründerzeitlicher Ästhetizismus als Teil der Nationalerziehung zu einem Weiblichkeitsideal auch an zahlreichen weiteren Monumenten der Nationalkultur exemplifiziert. In Thekla von Gumperts Reiseerzählung in Briefen *Erikas dritte Reise* aus dem 35. Band von 1889[74] wird eine Rheinfahrt – also eine Tour in das preußische Gebiet der Rheinprovinzen – geschildert, in der die Protagonistin auch Station an Johannes Schillings Nationaldenkmal, der Monumentalplastik „Germania", macht, deren Gestalt in einer der Briefe ausführlich erläutert wird. Das Denkmal, das an die Reichseinigung von 1871 erinnert, wird hier speziell als Monument zur weiblichen Erziehung ästhetisiert, was durch die märchenmetaphorischen Schilderungen Gumperts deutlich wird, die auf

73 Buchner: Johann Sebastian Bach (Anm. 71), S. 416.

74 Thekla von Gumpert: Erikas dritte Reise. In: Dies. (Hg.): Töchter-Album. 35. Bd. Glogau [1889], S. 134–233.

die Kyffhäusersage und die Legende vom wiedererwachten Kaiser Friedrich I. Barbarossa in der Gestalt von Kaiser Wilhelm I. Barbablanca rekurrieren:[75]

> Du weißt, liebe Anna, daß dieses Nationaldenkmal zur Erinnerung an die wunderbare und große Zeit errichtet wurde, in welcher das entschlummerte Deutsche Reich wieder erwachte. Kaiser Wilhelm mit allen seinen deutschen Kampfgenossen hat die große That verrichtet. Du weißt das, wie jeder Deutsche es weiß. Das Denkmal ist von Künstlerhand wunderschön hergestellt, Professor Schilling ist der Künstler [...].[76]

Aus dieser Passage wird ersichtlich, wie das nationale „Wiedererwachen" des „Deutschen Reichs" durch den Deutsch-Französischen Krieg von 1870/71 als eine in diesem Denkmal ins Monumentale erstarrte Leistung beschrieben wird, in der sich die stilisierte preußische Vormachtstellung in Gestalt von Kaiser Wilhelm I. als einigendes Band der deutschen Reichseinigung behauptete. Die ästhetische Nationalerziehung des *Töchter-Albums* ging deshalb stets mit den Zielen der Erziehung zur Preußentreue konform, wie sie in der Personalunion der preußischen Könige als deutsche Kaiser aus der Zollerndynastie politisch legitimiert war. Diese Form der preußisch-nationalen Monumentalisierung und Ästhetisierung von historischer Vergangenheit ist in dieser spezifischen auf die weibliche Erziehung konzentrierten Verbindung durchaus ein besonders typisches Merkmal, den dieses Periodikum aus Glogau hatte, wenngleich die Verherrlichung der preußischen und deutschen Geschichte eine verbreitete Tendenz in der Kinder- und Jugendliteratur der Gründerzeit darstellte.

5.3 Monumente der Kinder- und Jugendliteratur

Ein spezifisches Charakteristikum des *Töchter-Albums*, das sich in dieser Form nicht in anderen Periodika für junge Leserinnen und Leser nachweisen lässt, ist die gründerzeitliche Tendenz des Almanachs – in ähnlicher Weise wie im Fall der Preußenpanegyrik und der Ästhetisierung des Nationalen –, Monumente von zeitgenössischen Kinder- und Jugendliteraten zu etablieren. Die gründerzeitliche Ästhetisierung dieser Literatur sollte mit derselben Vehemenz erfolgen wie die Kanonisierung nationaler Dichter wie Goethe. Dass dabei auch hier im Wortsinn Panegyrik zur Glorifizierung dieser Kinder- und Jugendliteraten betrieben wurde, zeigt sich kaum deutlicher als im Lebensbild des Augsburger Domkapitulars und biedermeierlichen Jugendschriftenverfassers Christoph von Schmid. Schmid war für seine Verdienste

---

75 Zur Rezeption dieses Mythos in der deutschen Kinder- und Jugendliteratur vgl. Sebastian Schmideler: Karl der Große und Friedrich I. Barbarossa im Vergleich – Zum Herausbildungsprozess nationaler Herrschermythen in der deutschsprachigen Kinder- und Jugendliteratur des 18. und 19. Jahrhunderts. In: Filoteknos 1 (2011), Vol. 2, S. 21–32.

76 Gumpert: Erikas dritte Reise (Anm. 74), S. 217f.

für die Kinder- und Jugendliteratur von König Ludwig I. von Bayern in den Adelsstand erhoben worden.[77]

Thekla von Gumpert setzte ihm gleich im zweiten Band des Almanachs von 1855 ein Literaturdenkmal, indem sie eine Handschrift von ihm als Autograph veröffentlichte[78] und dazu ein Lebensbild von A. Werfer erscheinen ließ. Über den Tod Christoph von Schmids am heiligen Feiertag, einem Sonntag des Jahres 1854, heißt es in entsprechender glorifizierender Panegyrik und sakralisierender Metaphorik bezeichnenderweise: „Die Cholera hatte auch ihn ergriffen, dieser Würgengel, und am 3. September, einem Sonntage, Morgens halb acht Uhr hauchte der liebe Kinderfreund seinen edeln Geist aus und ging heim zum göttlichen Kinderfreund!“[79]

Einer ebensolchen gründerzeitlichen Monumentalisierung dienen Handschrift und Lebensbild der schlesischen Dichterin und Kinder- und Jugendbuchautorin Agnes Franz.[80] Eine der ständigen Mitarbeiterinnen von Thekla von Gumperts *Töchter-Album*, die schlesische Kinder- und Jugendbuchautorin Rosalie Koch,[81] deren schriftstellerisches Talent von Agnes Franz entdeckt worden war, schilderte darin in huldigenden Worten das Leben ihrer Gönnerin.[82] Als spezifisches Problem der gründerzeitlichen Mädchenerziehung stellte sich in diesem Kontext heraus, dass hier eine schriftstellernde Frau literarisch gewürdigt werden sollte. Gemäß den Erziehungsauffassungen der Zeit barg die Lektüre von Romanen und Erzählungen auch im 19. Jahrhundert noch die Gefahr der Lesesucht[83] und der Ablenkung von den Alltagsgeschäften und damit der Vernachlässigung des Haushalts. Da also die Neigung zur Belletristik gerade nicht erzieherisches Ziel des „Töchter-Almanachs“ sein sollte,

---

77 Zu Christoph von Schmids Bedeutung als süddeutsch-katholischer Kinder- und Jugendschriftenverfasser von nationalem Rang im 19. Jahrhundert vgl. u.a. Ursula Creutz: Christoph von Schmid. 1768–1854. Leben, Werk und Zeitgenossen. Weißenhorn 2004; Uto J. Meier: Christoph von Schmid. Katechese zwischen Aufklärung und Biedermeier. Konzeption, Verwirklichung und Rezeption. Ein Beitrag zur Umsetzung der katechetischen Theorie Johann Michael Sailers. St. Ottilien 1991 (Studien zur praktischen Theorie 37); Hans Mendl: Literatur als Spiegel christlichen Glaubens. Religiöse Kinder- und Jugenderzählungen katholischer Autoren von 1750 bis 1850. St. Ottilien 1995 (Studien zur praktischen Theologie 44).

78 Vgl. Thekla von Gumpert (Hg.): Töchter-Album. 2. Bd. Glogau [1855], S. 8.

79 Vgl. A. Werfer: Christoph von Schmid. Ein Lebensbild. In: Thekla von Gumpert (Hg.): Töchter-Album. 2. Bd. Glogau [1855], S. 6–23.

80 Zur Bedeutung von Agnes Franz für die Kinder- und Jugendliteratur des 19. Jahrhunderts vgl. u.a. Brunken, Hurrelmann (Hg.): Handbuch zur Kinder- und Jugendliteratur (Anm. 7), Sp. 1128 und Sp. 1202 sowie die dort angeführten Verweise.

81 Vgl. Ebd., Sp. 1279f.

82 Vgl. Rosalie Koch: Agnes Franz. In: Thekla von Gumpert (Hg.): Töchter-Album. 2. Bd. Glogau [1855], S. 262–270.

83 Zur Debatte um die Lesesucht in der Kinder- und Jugendliteratur des 18. Jahrhunderts vgl. u. a. Hans-Heino Ewers (Hg.): Kinder- und Jugendliteratur der Aufklärung. Eine Textsammlung. Stuttgart 1998, S. 144f. Zur zeitgenössischen Aktualisierung der Lesesuchtgefahr in Bezug auf Kinder und Jugendliche in der zweiten Hälfte des 19. Jahrhunderts vgl. z. B. Heinrich Zschokke: Stunden der Andacht zur Beförderung wahren Christenthums und häuslicher Gottesverehrung. Sechster Theil. Aarau, Frankfurt a. M. 1858 (Gesammelte Schriften. Zweite verm. Ausg. 25. Theil), S. 31–40.

glorifizierte Rosalie Koch die schlesische Dichterin Agnes Franz kurzerhand als ein Muster des Fleißes und der Häuslichkeit, die nur ihre „Nebenstunden" nach getaner Arbeit dazu nutzte, um ihre erbauliche Literatur zu verfassen. Auf diese Weise wurde Agnes Franz – nicht ohne ein Quäntchen unfreiwilliger Komik, das sich zumindest aus heutiger Perspektive aufdrängt – zu einem gefahrlosen literarischen Denkmal der Kinder- und Jugendliteratur der Gründerzeit und zugleich zu einem Vorbild idealer weiblicher Häuslichkeit stilisiert:

> Die schlesische Dichterin[84] ein Frauenvorbild? Sollen wir also statt der Nadel die Feder ergreifen, in der Schreibstube heimischer werden, als in der Küche, und lieber uns selbst zu gelehrten Damen steifen, als unsere Wäsche? O nein! Agnes Franz schrieb ihre Gedichte und Parabeln meist in der Stille der Nacht [...]. Man konnte sie öfterer mit dem Quirl in der Hand treffen, als mit der Feder, und später, als sie die mütterliche Pflegerin von vier Waisen geworden war, saß sie öfterer beim Ausbessern der Wäsche als am Schreibtisch und verstand es meisterhaft, aus altem Zeug neue Röckchen oder Wintermützchen für ihre Kleinen zu nähen.[85]

Einer solchen panegyrischen Verewigung und Verehrung einer Jugend- und Volksschriftstellerin waren auch die Handschrift von Marie Nathusius[86], ein als Gedenkblatt stilisiertes Lebensbild der Verstorbenen sowie die sentimentalen Verse *Eine Blume auf das Grab der Frau Marie Nathusius* gewidmet, die 1858 im vierten Band erschienen.[87] Im zehnten Band des *Töchter-Albums* von 1864 hat Thekla von Gumpert hingegen in einer Erzählung in Reisebriefen aus Dresden den Mitarbeiterinnen des Almanachs, die in Dresden lebten, ein literarisches Denkmal gesetzt:[88] Pauline Schanz[89] („O, das war die liebe Verfasserin von *Hermine* und anderen Erzählungen des Töchter-Albums!") und Rosa Petzel.[90]

In dem Gedenkblatt *Erinnerung an drei heimgegangene Kinderfreunde*[91] von 1877 (Abb. 3) wiederum wird die panegyrische Tendenz, dem 1854 verstorbenen Kinder- und Jugendschriftenverfasser und Augsburger Domkapitular Christoph von

---

84 Die Bezeichnung „die schlesische Dichterin" für Agnes Franz ist hier im Sinn einer stehenden Wendung zu sehen. Vgl. hierzu auch: Thekla von Gumpert: Erinnerung an drei heimgegangene Kinderfreunde. In: Dies. (Hg.): Töchter-Album. 23. Bd. Glogau [1877], S. 5–17.

85 Vgl. Koch: Agnes Franz (Anm. 82), S. 262f.

86 Zur Bedeutung von Marie Nathusius für die Kinder- und Jugendliteratur des 19. Jahrhunderts vgl. u. a. Brunken, Hurrelmann (Hg.): Handbuch zur Kinder- und Jugendliteratur (Anm. 7), Sp. 1350–1352 und die dort angeführten Verweise.

87 Vgl. Thekla von Gumpert: An meine junge Leserin. In: Dies. (Hg.): Töchter-Album. 4. Bd. Glogau [1858], S. 575–581. Vgl. auch Marie Osten [Ps. für Emilie Eyler]: Eine Blume auf das Grab der Frau Marie Nathusius. In: Thekla von Gumpert (Hg.): Töchter-Album. 4. Bd. Glogau [1858], S. 581f.

88 Vgl. Thekla von Gumpert: Der pensionirte Backfisch in Dresden. In: Dies. (Hg.): Töchter-Album. 10. Bd. Glogau [1864], S. 428–444, Zitate S. 431f.

89 Vgl. zu Pauline Schanz Brunken, Hurrelmann (Hg.): Handbuch zur Kinder- und Jugendliteratur (Anm. 7), Sp. 1428f.

90 Vgl. zu Rosa Petzel die Angaben zu ihrer ebenfalls als Autorin von Mädchenliteratur hervorgetretenen Schwester Marie Petzel in ebd., Sp. 1380.

91 Vgl. Gumpert: Erinnerung an drei heimgegangene Kinderfreunde (Anm. 84).

3 „Erinnerung an drei heimgegangene Kinderfreunde". Lithographie von Hugo Bürkner von 1877. Die Porträtmedaillons zeigen die Jugendschriftenverfasser Gustav Nieritz, Agnes Franz und Christoph von Schmid. In: *Töchter-Album*, 23. Bd. (1877), Frontispiz

Schmid, dem 1876 in Dresden gestorbenen, beliebten Jugend- und Volksschriftsteller Gustav Nieritz[92] und der 1843 gestorbenen „schlesischen Dichterin" Agnes Franz ein literarisches Monument zu errichten, besonders deutlich. Hier wird eine noch klarer sakralisierende Form der Glorifizierung von Kinder- und Jugendschriftenautoren betrieben. Auf einer Tafel von Hugo Bürkner sind die Porträts der drei Geehrten mit Wahlsprüchen zu sehen, die von Ehrenkränzen mit Zierschleifen umflort werden, die von zwei Kindern als Standartenträgern gehalten werden. In den zu dieser Tafel dazugehörigen literarischen Lebensabrissen der drei Schriftsteller ist es das Ziel Thekla von Gumperts, die gleichsam „preußischen Tugenden" des Fleißes, der Pflichttreue und Glaubensfestigkeit als charakteristisch für diese Verfasser herauszustellen. Das literarische Gedenkblatt von Thekla von Gumpert und die Tafel von Hugo Bürkner bilden eine gründerzeittypische Einheit der „Verewigung" von beliebten Kinder- und Jugendschriftstellern wie sie dem Historismus der Epoche entsprechen. Hier sollten erstmals auch in Bezug auf diese Literatur Monumente auf Dauer errichtet werden.

92 Zur Bedeutung von Gustav Nieritz als Kinder- und Jugendschriftenverfasser des 19. Jahrhunderts vgl. u. a. Schmideler: „Unser Nieritz lebe hoch!" (Anm. 36). Zu den Begegnungen zwischen Thekla von Gumpert und Gustav Nieritz vgl. Gumpert: Unter fünf Königen (Anm. 21), S. 191.

Mit dieser stark ausgeprägten Form der Memorialisierung und Monumentalisierung der damals zeitgenössischen Kinder- und Jugendliteratur hat das *Töchter-Album* durch seine Orientierung an christlichen Traditionen und sakralen Darstellungsformen[93] ein besonderes gründerzeitspezifisches Alleinstellungsmerkmal. Dies bedeutet mehr als eine Akzentverschiebung, weil hier die Kinder- und Jugendliteratur neben der nationalen, borussischen Bildung und an der Seite von naturkundlichen, poetischen und künstlerischen Aspekten zu einem Teil des in der Gründerzeit ästhetisch Kanonisierten reüssiert, das für eine ideale gründerzeitspezifische weibliche Erziehung und Bildung „höherer Töchter" unverzichtbar geworden ist.

Dies entsprach jedoch dem Historismus der Epoche, weil man in diesen Jahrzehnten – beispielsweise im Fall von Gustav Nieritz – auch begann, Kinder- und Jugendschriftstellern für ihre Leistungen auf diesem Gebiet Denkmäler zu errichten, Straßen nach ihnen zu benennen und sie öffentlich umfassend zu würdigen.[94] Insgesamt bedeutet diese Art von Memorialkultur gegenüber Kinder- und Jugendschriftenverfassern eine enorme Aufwertung dieser Literatur, die nicht zuletzt auch im besonderen Interesse der Herausgeberin Thekla von Gumpert lag, die mit dem *Töchter-Album* und ihren anderen Jugendschriften trotz dem wiederholt hervorgekehrten Bescheidenheitstopos in diesem Sinn nicht nur Preußen und Deutschland, sondern auch sich selbst ein typisch historistisches, gründerzeitspezifisches literarisches Denkmal errichten wollte.

5.4 Tugenden der weiblichen Erziehung

Neben zahlreichen im weitesten Sinn einer umfassenden ästhetischen Bildung verpflichteten Beiträgen des *Töchter-Albums* wie moralische Erzählungen, historische Bilder, Lebens- und Landesbeschreibungen, naturkundliche Betrachtungen, Gedichte, kleine musikalische Beilagen, kurze Dramenszenen im Sinne von Tableaux vivants, religiöse Kontemplationstexte, die insgesamt der Bildung und Unterhaltung dienten, war es auch das Ziel, Anleitungen zu Nadelarbeiten für Beschäftigungsstunden zu veröffentlichen. Dies war ein besonderes Spezifikum der weiblichen Erziehung. Einige sorgfältig ausgewählte Rätsel sollten das Unterhaltungs- und Zerstreuungsbedürfnis der jungen Leserinnen in mehr oder minder streng regulierter, mäßiger Form bedienen, um die als verpönt geltende Spielsucht der weiblichen Jugend nicht zu reizen. Viel wichtiger waren ästhetische Reflexionen über Kunst, Malerei, Literatur und Musik, die als besonders geeignet für die gründerzeitspezifische weibliche Erziehung der „höheren Töchter" angesehen worden sind.

Im 29. Band aus dem Jahr 1883 hat Thekla von Gumpert einige Erziehungsgrundsätze ihres Albums erläutert.[95] So vermied sie es, Liebesgeschichten zu schildern und die künftige Rolle der Adoleszentinnen als Ehefrauen zu thematisieren.

93 Vgl. hierzu Abschnitt 5.5.

94 Vgl. Schmideler: „Unser Nieritz lebe hoch!" (Anm. 36), S. 30–32.

95 Vgl. auch Gumpert: Unter fünf Königen (Anm. 21), S. 326–328.

Dies geschah aus einem sehr strengen, in der Rückschau an Prüderie grenzenden christlichen Sittlichkeitsanspruch, den Gumpert in einer gründerzeitspezifischen Argumentation traditionsbewusst noch wie im 18. Jahrhundert als Warnung vor der Lesesucht und des Romanlesens begründete. Das *Töchter-Album* sollte stattdessen erbauliche Unterhaltung und Belehrung bieten: „Das Töchter-Album soll nicht Vorbereitung auf spätere Romanleserei sein. Ich vermeide es grundsätzlich, Verhältnisse zu schildern, die in den Ehestand führen möchten".[96]

In einem Nekrolog auf Thekla von Gumpert wird aus der Leichenpredigt des Trauergottesdienstes im April 1897 zitiert, in der die Ziele der weiblichen Erziehung in Gumperts *Töchter-Album* in nuce formuliert sind. Dort heißt es:

> [D]ie Liebe zu Kaiser und Reich auch der weiblichen Jugend einzuimpfen, die Kaiserkrone als Sinnbild der deutschen Einigkeit hoch und heilig zu halten, das ist ihr eifrigstes Bemühen gewesen, immer aber im Bunde mit der echten Gottesfurcht und Frömmigkeit, die der Kern im Wesen unsers Kaisers Wilhelm [Wilhelm I., d. Verf.] war. Wenn sie daneben auch acht darauf gehabt, die weibliche Jugend auch auszubilden in der Kunstfertigkeit der Hand und in alledem, was für den häuslichen Beruf des Weibes von Bedeutung ist, so zeugt dies bloß von dem Scharfblick, mit dem sie ihre hohe Aufgabe gefaßt.[97]

Insbesondere versuchte die Herausgeberin, auch künstlerische und ästhetische Leistungen von Frauen aus Geschichte und Gegenwart zu würdigen und ihren jungen Leserinnen hierfür ein Gefühl zu vermitteln. Hierunter war durchaus eine konservative Antwort auf die Frauenfrage des 19. Jahrhunderts zu verstehen. Wilhelm Buchners Lebensbild *Hrotsvitha* zeichnet beispielsweise in diesem Sinn die Lebensstationen der schreibenden mittelalterlichen Nonne Roswitha von Gandersheim nach.[98] Die Wahl ausgerechnet dieser Biographie innerhalb des *Töchter-Albums* zeigt, dass Gumpert durchaus Wert darauf legte, spezifische Bilder eines speziell ‚weiblichen' Mittelalters zu präsentieren. Buchner beklagt in seinem Porträt in kritischer Absicht, dass Roswithas Werk eben darum weniger hochgeschätzt sei, weil es nicht von einem männlichen Klostergeistlichen verfasst worden sei. Dies unterstreicht die vergleichsweise innovativ wirkende emanzipative Tendenz, die in diesem Beitrag erkennbar wird. Nur aufgrund der geschlechtsspezifischen Ausrichtung dieses Periodikums wurden überhaupt solche Ausnahmen wie das Lebensbild der Roswitha von Gandersheim berücksichtigt. Denn ihre Biographie gehörte nicht zum kanonisierten Wissensbestand der mittelalterbezogenen geschichtserzählenden Kinder- und Jugendliteratur des 19. Jahrhunderts. Dass Roswitha zugleich auch Geistliche war, betont die religiöse Tendenz, der sich der Almanach in besonderer Weise verpflichtet fühlte.

---

96 Vgl. Thekla von Gumpert: Ein Brief an meinen Herrn Verleger. In: Dies. (Hg.): Töchter-Album. 29. Bd. Glogau [1883], S. 561–564, Zitat S. 562.

97 Marie Bürkner: Thekla von Gumpert †. In: Thekla von Gumpert (Hg.): Töchter-Album. 43. Bd. Glogau [1897], S. 11–20, Zitat S. 15f.

98 Vgl. Wilhelm Buchner: Hrotsvitha. In: Thekla von Gumpert (Hg.): Töchter-Album. 10. Bd. Glogau [1864], S. 129–134. Vgl. zu diesem Abschnitt auch Schmideler: Vergegenwärtigte Vergangenheit (Anm. 15), S. 534.

5.5 Religiöse Unterweisung – Kulturprotestantismus

Dass man in Thekla von Gumperts Stil zu Recht einen „an religiösen Termini der Erweckungsbewegung geschulte[n], moralisch überformte[n] Sprachgestus" erkannt hat, zeigt sich, wie bereits zu sehen war, gerade in der an religiösen Darstellungsformen orientierten monumentalisierenden Verherrlichung von preußisch-deutschen Kaisern ebenso wie in der Glorifizierung von Jugendschriftenverfassern. Die kulturprotestantische Tendenz des *Töchter-Albums* indessen wurde primär in dem Ziel des Periodikums deutlich, ein Leistungsethos der Pflichterfüllung und des Gehorsams als Ideal der weiblichen Erziehung zu etablieren. Dadurch grenzte sich der Almanach speziell von der süddeutsch-katholischen Kinder- und Jugendliteratur ab. Besonders im Titelbild bzw. in der Einbandillustration, die bis zum Tod der Herausgeberin beibehalten wurde, hatte Thekla von Gumpert in drei kreisrunden Illustrationen mit emblematischen Strukturen einen Sinn- oder Merkspruch in Form von Distichen formuliert, das in steter Wiederholung nicht nur den Einband zierte, sondern auch nach dem Titelblatt wie ein Leitspruch in jedem Band des Periodikums nochmals wiederabgedruckt wurde (Abb. 4). Hier werden die Tugenden von Nächstenliebe, Fleiß, Pflichterfüllung und Treue als Idealbilder weiblicher Erziehung glorifiziert, die in diesem Sinn als kulturprotestantisch beschrieben werden können. Diese Darstellungen mit emblematischer Struktur sind Monumente eines gründerzeitspezifischen Weiblichkeitsideals, die wegen ihrer steten Wiederholung durch den zweifachen Abdruck in jedem Band des *Töchter-Albums* in besonderer Weise Memorialcharakter tragen:

> Kennst Du die treue Maria und Martha,
> des Lazarus Schwestern?
> Siehe in ihnen Dein Vorbild der Liebe,
> des thätigen Schaffens,
> willst Du erfüllen die Pflichten, zu welchen
> Dich rufet Dein Dasein,
> liebe so treu wie Maria, schaffe so thätig
> wie Martha![99]

Die kulturprotestantische Ausrichtung des Mädchen-Almanachs brachte es mit sich, dass Thekla von Gumperts Periodikum entgegen den zeitgenössischen Tendenzen in der deutschsprachigen Kinder- und Jugendliteratur sich allen offen kriegstreiberischen Militarismus enthielt, der insbesondere – und nicht nur in Deutschland, sondern beispielsweise auch in Frankreich – nach 1871 in diesen Literaturbereich einzog.[100] Selbst in preußenpanegyrischen oder nationalerzieherischen Passagen unterlässt es insbesondere Thekla von Gumpert nicht, gemäß der christlichen Mitleidsethik und der kulturprotestantischen Caritas auf das Leid zu verweisen, das Kriege verursachen. So heißt es beispielsweise in der Fortsetzung der Erzählung *Wilhelm*

99 Hier zitiert nach Thekla von Gumpert (Hg.): Töchter-Album. 40. Bd. Glogau [1894], unpag.

100 Vgl. Marieluise Christadler: Kriegserziehung im Jugendbuch. Literarische Mobilmachung in Deutschland und Frankreich vor 1914. 2. Aufl. Frankfurt a. M. 1979 (Studien zur Kinder- und Jugendmedien-Forschung 3).

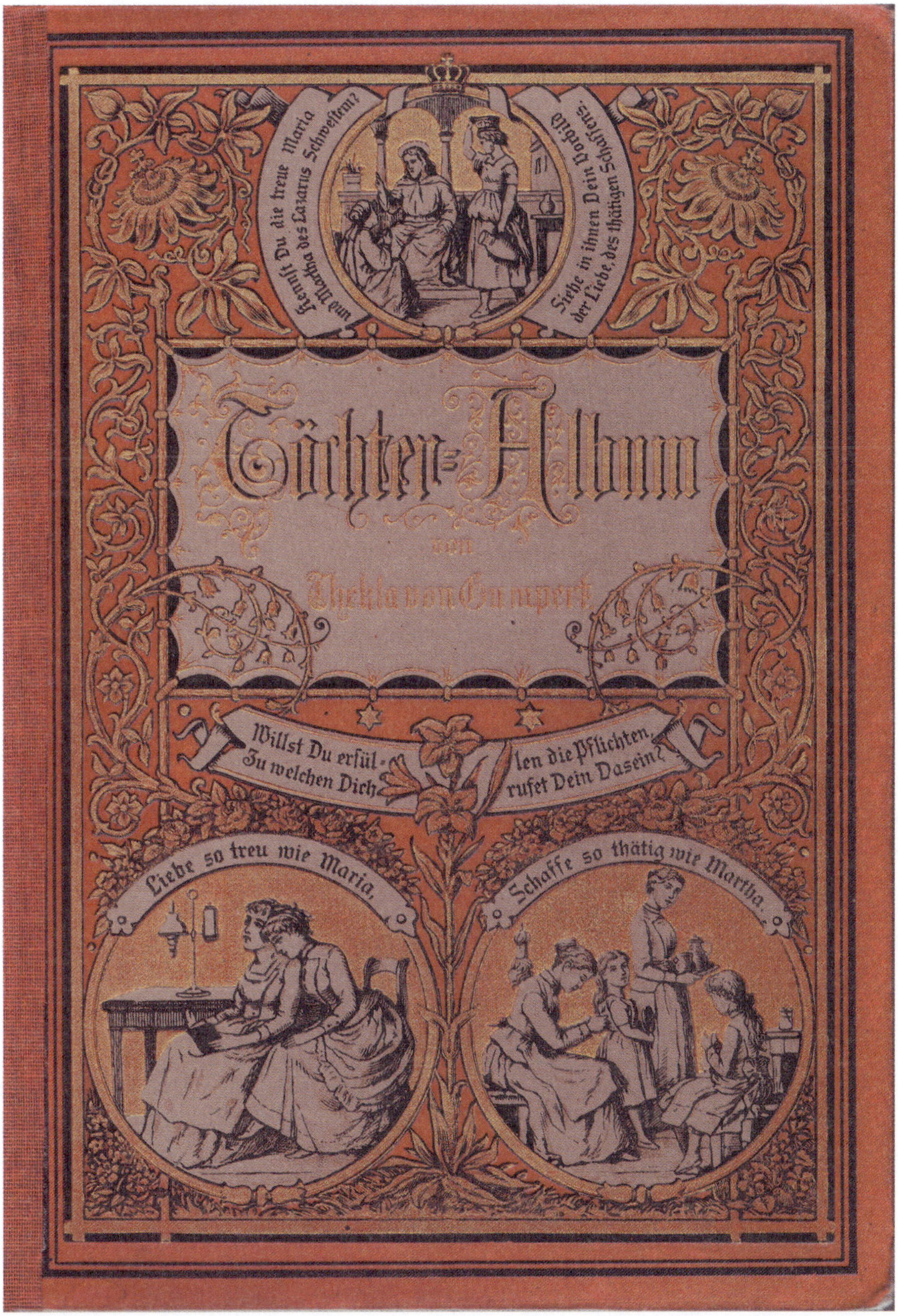

4 Kaliko-Einband des von Thekla von Gumpert herausgegebenen *Töchter-Albums* mit dem Maria-und-Martha-Distichon in emblematischer Darstellung

über den Krieg von 1870/71 in einer für die Grundhaltung der Epoche äußerst untypischen Tendenz: „Aber so viel Herrliches dieser Krieg für Deutschland gebracht hat, so wurde doch auch viel Schmerz durch die Kämpfe herbeigeführt.“[101] Erst wenn man sich vor Augen führt, wie stark die zeitgenössische Kinder- und Jugendliteratur von Militarismus und vor allem von Feindbildern wie Antisemitismus, Antikatholizismus und Frankophobie beherrscht war,[102] wird deutlich, wie stark Thekla von Gumpert durch die strenge kulturprotestantische Ausrichtung ihres Periodikums von diesen Bestrebungen abwich. Dies muss man ihren Jugendschriften unbedingt zugutehalten. Die Erziehung zur Nächstenliebe und Friedensliebe waren für Thekla von Gumpert deshalb unverhandelbare pädagogische Grundsätze. Doch irrte die Erzählerin sehr – wie die deutsche Geschichte des 20. Jahrhunderts lehrt –, wenn sie in der glorifizierenden Beschreibung des Friedensengels in Johannes Schillings Nationaldenkmal Germania darauf schließt, dass der deutsche Kaiser – zu dieser Zeit bereits Wilhelm II. – ein Friedensfürst wie der Heiland der Christenheit sei:

> Das Deutsche Reich ist gern im Frieden, und sein Kaiser waltet mit dem Friedensengel im Bunde für Friedensgüter. […] Das wundervolle große Gebot unseres Herrn und Heilandes: „Du sollst Gott über alles lieben und Deinen Nächsten wie Dich selbst!“ kann nur in seiner ganzen Herrlichkeit sich entfalten unter dem Schutze des Friedensengels.[103]

Zahlreiche Erzählungen, die Thekla von Gumpert und ihre Mitarbeiterinnen im *Töchter-Album* veröffentlichten, intendierten demgemäß, zur christlichen Nächstenliebe, zur Mildtätigkeit und Hilfsbereitschaft, also zur Caritas zu erziehen. Dies betrifft indirekt auch prinzipiell zunächst Wissen vermittelnde geographische Beiträge, wie beispielsweise eine Schilderung einer Reise in das Heilige Land[104] oder die Darstellung eines deutschen Weihnachtsfestes in Ägypten.[105] Nicht selten lassen bereits die Titel dieser Beiträge diese Intention erkennen, so beispielsweise Bertha Buchwalds Erzählung für junge Mädchen *Lillys Samariterwerk*.[106] Den preußisch-nationalen Zielen des Almanachs gemäß wurde die christliche Nächstenliebe auch gern als Dienst an der Nation glorifiziert, wenn beispielsweise Marie von Foller in *Backfischchens Samariterdienste* schildert,[107] wie junge Mädchen im Deutsch-Französischen Krieg von 1870/71 in Küche und Waschhaus eines Lazaretts den dort arbeitenden

---

101 Vgl. Thekla von Gumpert: Wilhelm (Anm. 50), S. 182.

102 Vgl. hierzu am Beispiel des viel gelesenen Jugend- und Volksschriftstellers Gustav Nieritz Sebastian Schmideler: „Dumpf prasselten die Franzosenschädel noch immer gegeneinander“ – Feindbilder in der biedermeierlichen Jugendliteratur von Gustav Nieritz. In: Interjuli – Internationale Kinder- und Jugendliteraturforschung 1 (2009), H. 2, S. 57–75.

103 Gumpert: Erikas dritte Reise (Anm. 74), S. 217f.

104 Vgl. Marie Siebeck: Eine Reise nach Palästina. In: Thekla von Gumpert (Hg.): Töchter-Album. 26. Bd. Glogau [1880], S. 122–181.

105 R. Gabriel: Ein deutsches Weihnachtsfest in Aegypten. In: Thekla von Gumpert (Hg.): Töchter-Album. 26. Bd. Glogau [1880], S. 460–482.

106 Vgl. Bertha Buchwald: Lillys Samariterwerk. In: Thekla von Gumpert (Hg.): Töchter-Album. 39. Bd. Glogau [1893], S. 200–239.

107 Vgl. Marie von Foller: Backfischchens Samariterdienste. In: Thekla von Gumpert (Hg.): Töchter-Album. 42. Bd. Glogau [1896], S. 382–400.

Krankenpflegerinnen hilfreich zur Seite stehen. Die christliche Tendenz zur Feindesliebe wird dort in einer kleinen Liebesgeschichte deutlich, in der ein verwundeter Elsässer von einer deutschen jungen Frau gesund gepflegt wird, die er als Braut mit nach Hause nimmt.

In derartigen Genrebildern und solchen prototypischen Identifikationsfiguren wurde zugleich auch versucht, annektierte Gebiete wie Elsass-Lothringen als Teile des deutschen Kaiserreichs zu schildern, um das Nationalgefühl zu stärken. Die trivial erscheinenden Episoden sind deshalb durchaus auch hochpolitisch und dienen der Binnenkolonisation, der patriotischen Stärkung des Reichsgedankens sowie dem Zusammenwachsen des Reichsverbandes. Der christliche Glaube und die Befolgung seiner Gebote figurieren in diesem Kontext als das einigende Band.

5.6 Ästhetische Erziehung – Reisebriefe

Das Ziel der ästhetischen Erziehung der weiblichen Jugend sollte in gründerzeitspezifischer Weise in einer besonderen Amalgamierung von Unterhaltung und Belehrung erfolgen. Thekla von Gumpert und ihre Mitarbeiterinnen bedienten sich hierbei neben der Form von Tagebucheinträgen insbesondere der Gattung des fiktionalen Reisebriefs. Dabei bildet jeder Brief eine für sich stehende thematische Einheit und erzählt eine abgeschlossene Episode in einer Reiseerzählung. Eine Reihe von diesen in Fortsetzungen veröffentlichten Briefen fügte sich innerhalb eines Bandes zu einem Reisebild zusammen. Meist richteten sich diese Briefe an nahe Angehörige der fiktiven Reisenden. Die jungen Leserinnen sollten den Eindruck gewinnen, es handele sich um ‚reale' Reiseeindrücke, die Thekla von Gumpert schilderte.

Diese Briefe können als Relikte der Empfindsamkeit des 18. Jahrhunderts in zeittypischer Form des 19. Jahrhunderts verstanden werden und sind eine für das *Töchter-Album* typische, bevorzugte, unmittelbar subjektbezogene Textsorte, mit der sich ‚Gemütsbildung' und Informationsvermittlung verbinden ließ, um ‚Herzensbildung' zu erzeugen, auf die sich die weibliche Erziehung konzentrierte.[108] Sie sind literarische Monumente der Erziehung zur Intimität. Es handelt sich also um eine gründerzeittypische Fortführung der beliebten Gattung von Reisebeschreibungen, die im 18. Jahrhundert als Teil der belehrenden Unterhaltungsliteratur für Kinder und Jugendliche weit verbreitet waren.[109] Durch die emotionalisierende, auf das Gemüt und die „Herzensbildung" wirkende Darstellungsform erhielten die Briefe das notwendige gründerzeitspezifische Sentiment. In Form dieser Reisebriefe lernten die Leserinnen des *Töchter-Albums* Deutschland und die Welt kennen; es wurde buchstäblich von allen Kontinenten berichtet. Dabei sparten die Verfasserinnen nicht mit der Schilderung von Klischees, so beispielsweise Thekla von Gumpert mit ihrer mi-

---

108 Vgl. hierzu auch Schmideler: Vergegenwärtigte Vergangenheit (Anm. 15), S. 338.

109 Vgl. Bärbel Panzer: Die Reisebeschreibung als Gattung der philanthropischen Jugendliteratur in der zweiten Hälfte des 18. Jahrhunderts. Frankfurt a. M., Bern, New York [u. a.] 1983 (Europäische Hochschulschriften I, 697).

gnonhaft überhöhten Italiensehnsucht in ihrer Erzählung *Tante Marie in Italien*, wie folgende Passage belegen kann: „Daß ich nun wirklich in dem feenhaft, zauberisch schönen Venedig bin, daß ich nicht träume, muß ich mir wiederholen, immer wiederholen und mich umsehen, um's zu glauben."[110]

Nicht selten werden diese ästhetischen Bildungsreisen jedoch nicht nur in Briefform, sondern auch in der Form unterhaltender und belehrender „Bilder" vermittelt, die die jungen Leserinnen in ferne Länder und fremde Welten entführen sollen, so beispielsweise A. Hummel in seiner Darstellung *Bilder aus Japan*, der im 41. Band von 1895 erschien.[111] Diese literarischen Landschaftsbilder bedienten jedoch nicht nur das Bedürfnis nach Exotismus, sondern hatten – dem Glogauer Verlagsort entsprechend – unter anderem auch die Aufgabe, die ostpreußische Heimat zu schildern. Da das *Töchter-Album* in weiten Teilen des Reichs rezipiert wurde, dienten derartige Reisebilder auch dazu, ein als Reklame zu deutendes Bild von den landschaftlichen Reizen der preußischen Territorien im Osten Europas zu vermitteln, wie dies beispielsweise aus August Hummels Betrachtung *Bilder vom Kurischen Haff* deutlich wird.[112]

5.7 Memorialkultur der Handschrift

Thekla von Gumperts *Töchter-Album* verfügte mit der originären Präsentationsform von regelmäßig auf festem Karton publizierten Handschriftenbeigaben damals berühmter Zeitgenossen des öffentlichen Lebens über ein gründerzeitspezifisches Alleinstellungsmerkmal, das den Almanach zu einem besonderen historistischen Bildungsmittel der Memorialkultur machte. Da das Periodikum sich auch im Wortsinn als Album verstand und einer Ästhetisierung der weiblichen Erziehung dienen sollte, war die Vermittlung von Wahlsprüchen im Sinne von Devisen, geistvollen Sentenzen, von frommen Sprüchen und denkwürdigen Merkversen von der Hand bekannter Persönlichkeiten, die für die im *Töchter-Album* veröffentlichten Autographe zumeist eigens in schwungvoller Sonntagsschrift geschrieben worden waren, ein probates Erziehungsmittel.

So erhielt das Album auch dem weiblichen Erziehungsideal der Gründerzeit entsprechend den Charakter eines Stammbuchs und bereits auch denjenigen eines Poesiealbums, wie es dem Geschmack der Epoche entsprach und im Bürgertum als Teil der Erinnerungskultur gepflegt wurde. Deshalb sind diese Autographe des Periodikums sehr markante Merkmale einer gründerzeitspezifischen Memorialkultur. Die Autographe wurden wie Devotionalien mit kunstvoll, zumeist von Hugo Bürkner gestalteten, mit einem ikonographischen Programm ausgestatteten Rahmen verziert,

110 Vgl. Thekla von Gumpert: Tante Marie in Italien. In: Dies. (Hg.): Töchter-Album. 29. Bd. Glogau [1883], S. 77–211, Zitat S. 92.

111 A. Hummel: Bilder aus Japan. In: Thekla von Gumpert (Hg.): Töchter-Album. 41. Bd. Glogau [1895], S. 448–464.

112 Vgl. August Hummel: Bilder vom Kurischen Haff. In: Thekla von Gumpert (Hg.): Töchter-Album. 33. Bd. Glogau [1887], S. 309–319.

der auf den Schreiber rekurrierte, und aufwändig und großzügig mit bunten, reich ornamentierten Zierleisten ausgeschmückt. Sie sind Präsentier- und Renommierstücke, die über die Materialität der abgebildeten Handschrift einer Vergegenwärtigung des vorbildlichen Charakters des berühmten Schreibers dienen.

Deshalb wurden diese Albumblätter meist auch durch Lebensbilder ergänzt, die den jeweiligen Schreiber in einer kurzen Schilderung als Vorbild von Tugenden wie Fleiß und Strebsamkeit, Frömmigkeit usw. vorteilhaft herausstellten. So sollte Charakterschulung der weiblichen Jugend auf gründerzeitspezifische Weise durch Devotionalien betrieben werden, der man mit Andacht und Kontemplation begegnete. Typisch ist hier der auffällig religiöse Kontext nach Art der Heiligenlegenden und der Schilderungen von frommen Erweckungserlebnissen, mit dem diese Art der Handschriftenpräsentation ästhetisch legitimiert wurde. Thekla von Gumpert erläuterte im ersten Band des Albums die Prämissen, unter denen die Handschriften berühmter Zeitgenossen veröffentlicht und präsentiert werden sollten. Deutlich wird ebenso der ästhetisierende Begründungszusammenhang, in dem diese Memorialkultur der Handschrift als Modeerscheinung der Gründerzeit etabliert und manifestiert werden sollte:

> Wenn uns Charakterzüge edler Menschen erzählt werden, so lauschen wir dem Berichte mit inniger Theilnahme; wir betrachten gern, in Statuen und Bildern, ihre Gesichtszüge und in ähnlicher Weise anziehend ist es, einen Blick auf ihre Schriftzüge zu werfen. Es hat, namentlich in neuerer Zeit, das Interesse für Handschriften zugenommen, wir sehen häufig sogenannte Autographensammlungen, und der Wunsch diese zu vergrößern, spricht sich lebhaft aus. Es ist daher in mir der Gedanke entstanden, daß es für meine jungen Leserinnen von bleibendem Werthe sein müßte, wenn eine Anzahl Handschriften bedeutender Personen in ihrem Album aufgenommen würde, und ich habe Schritte gethan, mir werthvolle Blätter der Art zu verschaffen, die mit passenden Randzeichnungen versehen und Einzelne von Biographien begleitet, nach und nach erscheinen werden.[113]

Thekla von Gumpert sammelte selbst Autographen und hatte eine Vorliebe für intime handschriftliche Blätter mit Schau- und Seltenheitswert wie Briefe, Gedichte, Sinnsprüche berühmter Personen, die sie immer wieder in ihre Lebensbilder und veröffentlichten Brieferzählungen einstreute.[114] Ihre eigene Handschrift stellte sie jedoch erst 1893 im 39. Band zur Verfügung, als sie ihr fünfzigjähriges Schriftstellerjubiläum beging.[115] Dieses Autograph der Herausgeberin wird durch den Kontext des Anlasses selbst zu einem Teil der Memorialkultur des *Töchter-Albums*.

---

113 Thekla von Gumpert (Hg.): Töchter-Album. 1. Bd. Glogau [1854], S. 201.

114 So veröffentlichte Thekla von Gumpert beispielsweise in einem autobiographischen Lebensbild ein Autograph des Freiheitsdichters Ernst Moritz Arndt von 1794 aus dem Stammbuch ihres Vaters, der mit Arndt befreundet war. Das gesamte Lebensbild ist mit insgesamt zehn Handschriften ausgestattet. Vgl. Thekla von Gumpert: Bilder aus dem Leben. Mit 1 Vollbild, 4 Holzschnitten und 10 Handschriften. In: Dies. (Hg.): Töchter-Album. 40. Bd. Glogau [1894], S. 84–179, Handschrift Arndt, S. 153. Zuvor war das Autograph bereits in einer Reiseerzählung in Briefen von Thekla von Gumpert veröffentlicht worden. Vgl. Thekla von Gumpert: Erikas erste Reise. In: Dies. (Hg.): Töchter-Album. 30. Bd. Glogau [1884], S. 215–335, hier S. 320.

115 Vgl. Gumpert: Ein Jubiläum (Anm. 22).

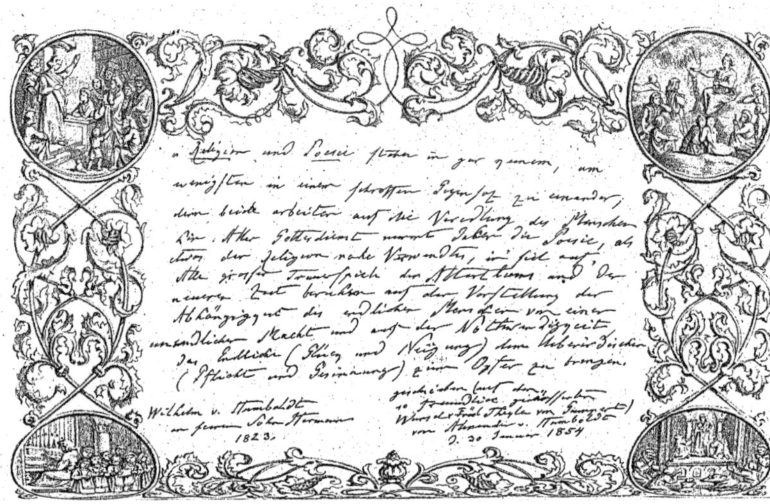

5 Autograph Alexander von Humboldts vom 30. Januar 1854, geschrieben „auf den so freundlich geäusserten Wunsch Fräul[ein] Thekla von Gumperts". Die Handschrift der von Hugo Bürkner gestalteten Lithographie zeigt den Auszug eines Briefes von Wilhelm von Humboldt an seinen Sohn Hermann von 1823. In *Töchter-Album*, 1. Bd. (1854), Frontispiz

Die Namen der Beiträger der Autographenblätter sind mitunter noch heute beeindruckend. Für den ersten Band glückte es ihr, an ein eigens für das *Töchter-Album* angefertigtes Autograph von Alexander von Humboldt zu gelangen: Alexander von Humboldt schrieb ein Blatt mit einigen charakteristischen Grundsätzen über Religion und Poesie seines Bruders Wilhelm von Humboldt, die dieser 1823 für seinen Sohn Hermann verfasst hatte (Abb. 5). Auch hier waren es Thekla von Gumperts ausgezeichnete Verbindungen zum preußischen Hof, durch die sie sich erst diese Handschrift zu verschaffen verstanden hatte.[116] Von „sozialem Abstieg aus dem Adelsmilieu" kann an dieser Stelle ebenfalls kaum eine Rede sein; vielmehr von der gelungenen Integration Thekla von Gumperts in das höfische Milieu des preußischen Bildungsbürgertums, Adels und Hochadels.

Es folgten immer wieder Handschriften von damals populären Jugendschriftstellerinnen und -schriftstellern wie Christoph von Schmid, Agnes Franz (Band 2) oder von bekannten spätromantischen Dichtern wie beispielsweise Julius Sturm (Band 41), aber auch Jugend- und Volksschriftstellerinnen wie Marie Nathusius (Band 4). Doch die eigentliche, im Zentrum der Handschriftenpräsentation stehende Intention Gumperts war es, die Handschriften von Fürsten, Königen und Kaisern zu veröffentlichen, die zu Preußen gehörten oder Preußen nahe standen. Auf diese Weise sollte die Erziehung der jungen Leserinnen zur Treue zu den Landesvätern und

116 Vgl. Gumpert: Bilder aus dem Leben (Anm. 114), S. 136: „Alexander von Humboldt war damals in Berlin; ich wußte durch die Fürstinnen Radziwill, wie gütig und gefällig er sei, und wagte es, ihn um einige Worte, von seiner Hand geschrieben, zu bitten."

Landesmüttern durch die Ästhetik der Handschrift forciert werden. Bereits der erste Band des Albums enthielt deshalb als erstes Autograph, das überhaupt im *Töchter-Album* erschien, die Handschrift der preußischen Königin Elisabeth, der Gemahlin König Friedrich Wilhelms IV. von Preußen.

Den Kulminationspunkt dieser Memorialkultur der Handschrift bildete der 25. Band des Albums von 1879. Dort wurde die Handschrift des Kaisers Wilhelm I. und seiner Gemahlin Augusta veröffentlicht. Der Kaiser hatte zwei fromme, gründerzeitspezifische Wahlsprüche in seiner Handschrift für das *Töchter-Album* zur Verfügung gestellt, die das preußische, kulturprotestantische Leistungsethos, dem sich auch Thekla von Gumpert verpflichtet fühlte, in aller Klarheit verdeutlichen: „Im Glauben ist die Hoffnung!“, „Bete und arbeite!“ (Abb. 6).[117] Mit glorifizierenden Worten kündigte Thekla von Gumpert die Devisen des Kaisers wie Reliquien für ihre jungen Zöglinge an: „Junge Freundin, Du erhältst einen seltenen Schatz! Was willst Du thun, um zu danken? Schließe diesen Schatz in Dein Herz und führe Dein Leben in seinem Geiste, damit kannst Du danken.“[118]

Die Handschriften der Zollernkönige und deutschen Kaiser wurden mit viel Pomp und historistischem Zierrat ausgestattet. Als das preußische Kronprinzenpaar Wilhelm (als deutscher Kaiser Wilhelm II.) und seine Gemahlin Auguste Victoria 1883 im 29. Band des *Töchter-Albums* ihre Handschriften für den Almanach zur Verfügung stellten, wurde in den künstlerisch gestalteten Rahmen in emblematischer Struktur der preußische Adler dargestellt, den der preußenpatriotische Sinnspruch begleitete: „Pro Gloria et Patria“ (Abb. 7). Um keinen Zweifel an der preußenpanegyrischen Sinnstiftung dieser Devotionalie zu lassen, betonte Thekla von Gumpert: „Liebe junge Freundin! Du dankst wohl mit mir für die Freude, die Dir und mir durch das K. Geschenk der Handschriften gewährt wurde.“[119] Auch der junge Prinz Heinrich von Preußen schrieb im 33. Band von 1887 ein paar Zeilen für das *Töchter-Album*, sodass auch die damals jüngere Generation der Zollerndynastie im Almanach mit einer Handschrift vertreten war. Dass im 37. Band von 1891 die Handschriften von König Albert und Königin Carola von Sachsen veröffentlicht wurden, ist der Tatsache geschuldet, dass Thekla von Gumpert viele Jahre lang in Dresden lebte. Als im 41. Band von 1895 die Handschrift des Habsburgerkaisers Franz Joseph I. veröffentlicht wurde, unterließ es Thekla von Gumpert nicht, in patriotischer Verehrung auf die Allianz zwischen dem preußisch-deutschen Reich und der k.u.k. Monarchie Österreich-Ungarn hinzuweisen, die im Sommer 1914 eine so verhängnisvolle Rolle in der europäischen Geschichte spielen sollte: „Gott, der Allmächtige, segne Seine Majestät den Kaiser und König von Österreich-Ungarn Franz Joseph, den treuen Bundesgenossen Seiner Majestät des Kaisers und Königs des Deutschen Reiches und von Preußen Wilhelm II.“[120]

117 Vgl. Thekla von Gumpert (Hg.): Töchter-Album. 25. Bd. Glogau [1879], Tafeln nach S. 132.
118 Vgl. ebd., S. 199.
119 Vgl. ebd., 23. Bd. Glogau [1883], S. 2.
120 Vgl. ebd., 41. Bd. Glogau [1895], S. XVI.

6 „Im Glauben ist die Hoffnung!“ – „Bete und arbeite!“ – Autograph Kaiser Wilhelms I. von 1878 für Thekla von Gumperts *Töchter-Album*. Lithographierte Tafel von Hugo Bürkner

5.8 Von der antiken Bildung zur nordischen Mythologie

Eine weitere gründerzeittypische Akzentverlagerung, die das *Töchter-Album* im Verlauf seines Erscheinens durchlief, war der Wandel der Prävalenz von der antiken Kultur und Mythologie zur nordischen Mythologie. Im ersten Band von 1854 war es noch ganz selbstverständlich, dass sich das humanistische weibliche Erziehungsideal des Periodikums an der antiken Mythologie orientierte. Demgemäß erschienen hier Franz W. Miquéls *Bilder aus der Geschichte der Völker. III. Die Götterlehre der Grie-*

7 „Der Feige bleibet stets ein Knecht; / Frei ist nur ein Volk von Kriegern, / Und ihm gebührt erst dann der Freiheit Recht, / Wenn man es fürchtet als ein Volk von Siegern." Autograph des künftigen Kaisers Wilhelm II. von Preußen für das *Töchter-Album* des Jahrgangs 1883. Lithographierte Tafel von Hugo Bürkner

chen.[121] Weitere derartige Belege lassen sich häufiger nachweisen, so beispielsweise Karl August Schönkes Beitrag *Erzählungen aus der griechischen und römischen Mythologie*, der im zehnten Band des Almanachs im Jahr 1864 erschien.[122]

Diese humanistische Vorliebe für die antike Kultur entbehrte nicht skurriler und aus heutiger Perspektive unfreiwillig komisch wirkender Details. Da die Mädchenbuchautorinnen immer darauf bedacht waren, ihre Leserinnen zu tugendhafter Häuslichkeit anzuleiten und die „höheren Töchter", an die sich das *Töchter-Album* primär richtete, ihre Kunstfertigkeit überdies vor allem in anspruchsvolleren Nadelarbeiten unter Beweis stellen sollten und da die Adoleszentinnen andererseits nicht mit zu viel Bildung überlastet werden durften, verfiel Thekla von Gumpert in ihrer Erzählung *Tante Marie in Italien*, die im 29. Band von 1883 erschien, auf eine sonderbare Idee. Während einer Schilderung der römisch-antiken Wohnkultur in Pompeji schaltete Gumpert eine sogenannte „Beschäftigungstafel" ein, in der eine Musteranleitung mit der Unterschrift „Pompejanische Mosaikfussböden als Stickmuster" zu sehen ist (Abb. 8).[123] Die spezifisch gründerzeitliche Verquickung der weiblichen Erziehung zu fleißiger Nadelarbeit mit einer Belehrung über römische Wohnkultur nahm Gumpert geschickt zum Anlass für eine nationale Demonstration, die alle drei Tendenzen der Zeitschrift – Erziehung zum Fleiß, ästhetische Belehrung und Nationalerziehung – in nuce vereint. Derartiges verstand Gumpert unter praktischem Denken:[124]

> Die Fußböden in Pompejis Wohnhäusern sind fast alle Mosaikarbeiten, man verkauft Abbildungen davon. Eine dieser Abbildungen will ich zum Tapisseriemuster einrichten lassen, es wird Dir gewiß Freude machen, für Deine Eltern oder für wen Du willst einen Teppich zu nähen nach pompejanischer Vorlage. Die Damen, welche in Pompeji wohnten, ahnten nicht, daß zweitausend Jahre nach ihnen deutsche Mädchen das Mosaikmuster sticken würden, auf welchem sie täglich hinschritten.[125]

Allerdings markiert diese Reiseerzählung in Briefen bereits auch ein gründerzeitspezifisches Übergangsphänomen. Denn Gumperts *Tante Marie in Italien* enthält nicht nur antike Reminiszenzen, sondern auch ausführliche Schilderungen der gotischen Kultur in Italien! Insofern bildet der Artikel ein interessantes Übergangsphänomen, das bereits die auffällige Tendenz zur Germanisierung der vermittelten ästhetisch-historischen Inhalte markiert, die auch das *Töchter-Album* insbesondere seit den neunziger Jahren des 19. Jahrhunderts stärker als in den Jahrgängen zuvor beherrschen sollte. In diesen Beiträgen rücken dann Geschichtsbilder germanischer

---

121 Vgl. F. W. Miquél: Bilder aus der Geschichte der Völker. III. Die Götterlehre der Griechen. In: Thekla von Gumpert (Hg.): Töchter-Album. 1. Bd. Glogau [1854], S. 345–359.

122 Vgl. K. A. Schönke: Erzählungen aus der griechischen und römischen Mythologie. In: Thekla von Gumpert (Hg.): Töchter-Album. 10. Bd. Glogau [1864], S. 211–216, 376–385, 453–458.

123 Vgl. Gumpert: Tante Marie in Italien (Anm. 110), Abbildung zu S. 160.

124 Im 35. Band des *Töchter-Albums* aus dem Jahr 1889 hat Thekla von Gumpert wiederum von Hugo Bürkner ein römisches Mosaik als Teppichmuster für eine „Wollstickerei [...] von Damenhand" einrichten lassen. Es handelt sich hierbei um ein Medusenhaupt, dessen Original für die Dresdner Antikensammlung angekauft worden war. Vgl. Thekla von Gumpert: Ein Mosaico als Teppich. In: Dies. (Hg.): Töchter-Album. 35. Bd. Glogau 1889, S. 64.

125 Vgl. Gumpert: Tante Marie in Italien (Anm. 110), S. 160f.

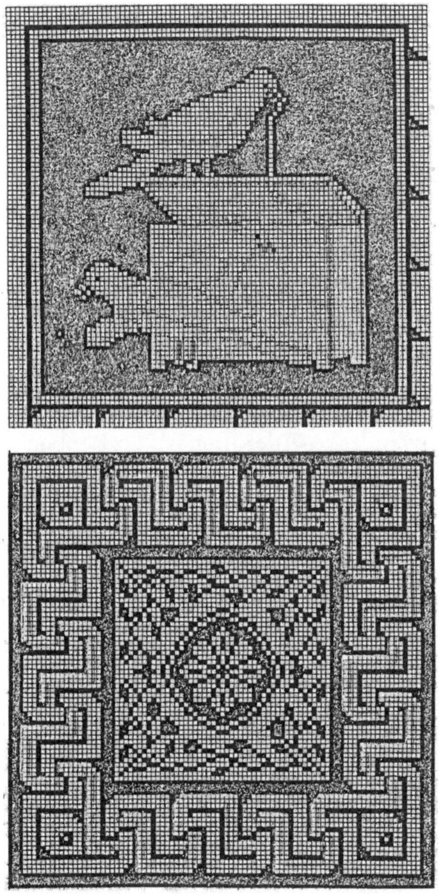

8 „Pompejanische Mosaikfussböden als Stickmuster". Lithographierte Tafel von Hugo Bürkner für den 1883 erschienenen Jahrgang des *Töchter-Albums*

Kultur und nordischer Mythologie in den Fokus. Die geographische Blickrichtung derartiger Darstellungen richtete sich nach Osten, sodass neben Norddeutschland und insbesondere dem Ostseeraum verstärkt die preußischen Gebiete im östlichen Europa nicht mehr nur aus preußischer und nationaler, sondern teilweise auch aus der Perspektive einer national-chauvinistischen Vereinnahmungin den Blick des Periodikums gerieten.[126]

Maria Manckes Sage *Vom Götzenbaume in Stettin* erzählt demgemäß beispielsweise von der von Bamberg ausgehenden christlichen Mission in Stettin im Jahre 1128 durch Bischof Otto.[127] Der borussophilen Ausrichtung des Almanachs ist hingegen

126 Zum Folgenden vgl. auch Schmideler: Vergegenwärtigte Vergangenheit (Anm. 15), S. 539ff.
127 Maria Mancke: Vom Götzenbaum in Stettin. Eine Sage. In: Berta Wegener Zell (Hg.): Töchter-Album. 48. Bd. NF 5. Bd. Glogau [1902], S. 174–180.

Klara Finckes Porträt *Die Marienburg. Ein historischer Rückblick* verpflichtet.[128] Einmal mehr wurde hier die Bastion der Ordensritter als ein Symbol der deutschen Reichspolitik im östlichen Europa herausgestellt. Nur ist es hier eine Jugendschriftstellerin, die dieses Thema für ein spezifisches junges weibliches Publikum aufbereitete. In Laura Frosts Schilderung *Was uns der Königsberger Dom erzählt* wurde wiederum ein sakrales Baudenkmal aus dem Mittelalter in den Vordergrund gestellt, das mit der preußischen Geschichte im Osten Europas in unmittelbarer Verbindung stand.[129]

Die kontinuierliche Verbreitung derartiger Memorialkultur, wie sie in der geschichtserzählenden Kinder- und Jugendliteratur des 19. Jahrhunderts nachweisbar war, wurde jedoch auch nach dem Ende des Kaiserreichs 1918 ungebrochen fortgesetzt. So findet sich im 66. Band des *Töchter-Albums* von 1920 ein historischer Abriss von Laura Frost, der sich dem beliebten preußisch-patriotischen Thema *Die Geschichte Ostpreußens* zuwandte.[130] Allerdings ist zu beobachten, dass Frost kurz nach dem Ende des Ersten Weltkrieges und damit unter dem Eindruck unmittelbarer Kriegserfahrung bezüglich des Bildes des Deutschen Ordens auch kritische Bemerkungen über die Grausamkeit und Brutalität der Ordensritter in ihre Schilderung integriert hat.[131] Wie diese Belege exemplarisch zeigen und zahlreiche weitere Artikel aus dem *Töchter-Album* ebenfalls nachweisen könnten, ist zu konstatieren, dass die antike Tradition innerhalb des Erscheinungsverlaufs des Periodikums in der Gründerzeit eindeutig zugunsten einer Prävalenz nordischer Mythologie und einer germanisierenden Geschichtsdarstellungen zurücktritt.

6. Die Reihe *Carl Flemming's Vaterländische Jugendschriften*

Zum Abschluss dieses Beitrags soll ein Blick auf die geschichtserzählenden Darstellungen in Flemmings Verlag folgen, die neben den periodischen Schriften für junge Leserinnen und Leser einen weiteren deutlichen Schwerpunkt der Verlagsproduktion der Firma bildeten.[132]

---

128 Klara Fincke: Die Marienburg. Ein historischer Rückblick. In: Berta Wegener Zell (Hg.): Töchter-Album. 49. Bd. NF 6. Bd. Glogau [1903], S. 116–125.

129 Laura Frost: Was uns der Königsberger Dom erzählt. In: Berta Wegener Zell (Hg.): Töchter-Album. 52. Bd. NF 9. Bd. Berlin, Glogau [1906], S. 35–44.

130 Laura Frost: Die Geschichte Ostpreußens. In: Töchter-Album. 66. Bd. Berlin, Glogau [1920], S. 256–270.

131 Ebd., S. 259: „Das in Verfall geratene Rittertum in Europa brauchte einen neuen Sport und fand ihn in den sogenannten Litauerjagden, das heißt in Jagden auf Litauer. Recht viel heidnische Litauer getötet zu haben, gehörte zum guten Ton und war in den höchsten Kreisen Mode. Das Morden muß geradezu schrecklich gewesen sein. Mit Tausenden von Rittern und Zehntausenden von Reisigen überfielen sie das unglückliche Land. Der Herzog von Burgund zum Beispiel zog acht Tage lang durch die Wälder Preußens, verbrannte in vier Tagen fünfzig Kirchdörfer und machte große Beute an Menschen und Besitztum."

132 Zum Profil der Kinder- und Jugendliteraturproduktion in Flemmings Verlag insgesamt vgl. im Überblick Graf: Verlagsprofil: Flemming (Anm. 16), Sp. 945f.

Die Geschichtserzählungen der zweiten Jahrhunderthälfte intendierten vordergründig, ein möglichst farbenprächtiges historisches Kolorit der vaterländischen Kulturgeschichte zu erzeugen und durch spannende und abenteuerliche Umkleidung zusätzliche Reize zu bieten.[133] In den Verlagsanzeigen der Reihen, in denen geschichtserzählende Jugendschriften der Gründerzeit serienweise erschienen, wird dieser zum zeittypischen Paradigma erhobene Anspruch programmatisch formuliert. Anschaulichkeit, Spannung und Klarheit sollen in den Geschichtserzählungen mit historisch authentifizierter, im Sinn des Positivismus aus Quellen recherchierter Präzision und der Demonstration von moralisch als vorbildlich herausgestellten Eigenschaften des deutschen „Nationalcharakters" wie Mut, Tapferkeit, Fleiß und Treue amalgamiert werden. Auf den Werbeseiten von M. E. Plehns (Ps. für Auguste Plehn) Geschichtserzählung *Ulrich von Hutten der ritterliche Vorkämpfer des Humanismus*, die 1895 in Glogau im Verlag von Carl Flemming als 34. Band der Reihe *Carl Flemming's Vaterländische Jugendschriften* erschien, wird dieses Programm in nuce umrissen:

> Carl Flemmings Vaterländische Jugendschriften sollen der deutschen Jugend ein klares und inniges Verständnis der Vergangenheit unseres Volkes erwecken durch fesselnde und anregende Lebensbeschreibungen solcher Männer, welche sich in Krieg oder Frieden besonders verdient gemacht haben, durch leuchtende Vorbilder, welche Könige und Feldherren, Dichter und Künstler, Forscher und Denker, Entdecker und Erfinder im vollen Reiz menschlicher Persönlichkeit lebenswarm hervortreten lassen als Mittelpunkte je eines Zeitbildes, um welche sich die kulturellen und geschichtlichen Verhältnisse anschaulich gruppieren. – Jedes dieser wegen der Vorzüglichkeit ihres inneren Gehaltes, wie ihrer äußeren Ausstattung gleich empfehlenswerten Bändchen ist für sich abgeschlossen und einzeln käuflich.[134]

Es handelt sich bei den Bändchen der Reihe um feste, mit meist vier Illustrationsbeigaben ausgestattete, in rotes Kaliko eingebundene Jugendschriften im kleinen Heftchenformat, die jeweils etwa einhundertfünfzig Seiten umfassten und für den Preis von einer Mark verkauft wurden. In der Reihe erschienen zwischen 1889 und 1900 insgesamt nicht weniger als zweiundachtzig Bände. Die Serie *Carl Flemming's Vaterländische Jugendschriften* gehörte damit zu den quantitativ äußerst auffälligen Publikationen der geschichtserzählenden Kinder- und Jugendliteratur der Gründerzeit. Nationalgeschichtliche historische Stoffe, die zur Reichstreue erziehen sollten, bildeten den ersten Schwerpunkt, wie Erzählungen zu *Barbarossa* (Band 24) und *Chlodwig* (Band 1) belegen können. Glorifiziertes deutsches Wirtschafts- und Künstlerheldentum, das den betont bürgerlichen Charakter der Gründerzeit stärker akzentuiert, ist jedoch ebenso nachweisbar, beispielsweise in *Albrecht Dürer* (Band 19), *Hans Sachs* (Band 10), *Sebastian Bach* (Band 11), *Ernst Rietschel* (Band 28) oder *Adam Riese und seine Zeit* (Band 42). Auffällig ist jedoch der auffallend hohe Anteil

133 Vgl. zum Folgenden auch Schmideler: Vergegenwärtigte Vergangenheit (Anm. 15), S. 673f.

134 Zitiert nach einer Verlagsanzeige in: M. E. Plehn [Ps. für Auguste Plehn]: Ulrich von Hutten der ritterliche Vorkämpfer des Humanismus. Mit vier Illustrationen. Glogau [1895] (Carl Flemming's Vaterländische Jugendschriften 39).

von militaristischen und preußenpatriotischen Titeln wie *Unter dem Schwerte der Weißmäntel* (Band 15), *Hans Joachim von Zieten* (Band 17) oder *Graf Heinrich von Schwerin* (Band 14), um nur einige wenige Beispiele zu nennen. In den Bänden der Reihe sind so gut wie alle Verfasser vertreten, die sich in der historisch erzählenden Kinder- und Jugendliteratur der Gründerzeit einen Namen gemacht hatten – von dem Schauspieler Oskar Höcker[135] über den Offizier und Militärlehrer Fedor von Köppen[136] bis zu dem Lehrer und zum Protestantismus konvertierten Prämonstratensermönch Anton Ohorn.[137]

Die Serie *Carl Flemming's Vaterländische Jugendschriften* basierte auf einer Reihe von dem schlesischen Lehrer Franz Kühn[138] herausgegebener historischer Erzählungen, die dieser zwischen 1859 und 1870 in zehn Bänden unter dem Titel *Spiegelbilder aus der Geschichte des deutschen Vaterlandes* in Flemmings Verlag veröffentlicht hatte.[139] Diese Bände wurden in die neue Reihe integriert. Die Serie *Carl Flemming's Vaterländische Jugendschriften* thematisierte jedoch vor allem die damals neuere preußische Militär- und Kulturgeschichte der zweiten Hälfte des 18. sowie diejenige des 19. Jahrhunderts.[140] Die Bändchen wirkten wegen ihrer auffälligen Vielzahl an preußenpatriotischen und nationalgeschichtlichen Themen und Stoffen, der teilweise jahrzehntelangen Verbreitung auf dem Jugendschriftenmarkt, aufgrund des günstigen Preises und der nationalistischen Tendenz, die den pädagogischen Zielen der Gründerzeit entsprach, stark in die Breite der Bevölkerung insbesondere des Kaiserreichs. Zu Recht ist von der Kinder- und Jugendliteraturforschung in jüngerer Zeit – im Jahr 2008 – darauf hingewiesen worden, dass dieser Reihe – ebenso wie, so ließe sich ergänzen, den periodischen Publikationen des Verlags von Carl Flemming – „mit Sicherheit bereits eine Beteiligung am ‚Siegeszug des borussischen Geschichtsmythos' (Wehler) zuzuschreiben" ist.[141]

Welche verhängnisvollen historischen Konsequenzen daraus erwuchsen, lehren die tiefen Gräben und auch die Abgründe, die die deutsche Geschichte des 20. Jahrhunderts charakterisieren.

---

135 Zu Oskar Höcker vgl. Brunken, Hurrelmann (Hg.): Handbuch zur Kinder- und Jugendliteratur (Anm. 7), Sp. 1205–1215. Vgl. auch Wilkending: Reihenprofil (Anm. 13), Sp. 579–568 (Autorenprofil von Oskar Höcker von Gisela Wilkending).

136 Zu Fedor von Köppen vgl. Brunken, Hurrelmann (Hg.): Handbuch zur Kinder- und Jugendliteratur (Anm. 7), Sp. 1281f.

137 Zu Anton Ohorn vgl. ebd., Sp. 1365f.

138 Zu Franz Kühn vgl. ebd., Sp. 1290–1292.

139 Kühn hatte auch eine Serie *Spiegelbilder aus dem Leben und der Geschichte der Völker* in Flemmings Verlag veröffentlicht. Vgl. auch Wilkending: Reihenprofil (Anm. 13), Sp. 592–594.

140 Vgl. ebd., Sp. 593.

141 Vgl. ebd.

Irina Alter

Für „das große Publikum der kleinen Geldbeutel". Adolf Marcks und seine Zeitschrift *Niva*

Igor' Ė. Grabar'[1] schreibt in seinen Erinnerungen *Mein Leben*:

> In dieser Zeit [ca. 1889, I. A.] kam der Maler Zamvel' Litvin[2] aus München [...], der dort an der Kunstakademie studierte. [...] Er kam aus der bekanntesten Akademie in Europa, aus dem Zentrum der Kunst überhaupt. Zum ersten Mal habe ich den atemberaubenden Erzählungen über das Leben der Münchner Künstler, über die Akademieprofessoren gelauscht. *Die meisten von ihnen waren mir durch die Radierungen in „Niva" bekannt.* Ich habe sogar die Porträts von einige von ihnen gesehen und umso aufmerksamer Zamvel' zugehört.[3]

Aus dieser Stelle in den Memoiren eines der wichtigsten Vertreter der künstlerischen Moderne in Russland ergeben sich einige interessante Fragen: Was war die Zeitschrift *Niva* und an welches Publikum war sie adressiert? Ist die Erinnerung Grabar's nur ein Zufall oder konnte eine illustrierte Zeitschrift tatsächlich zur Bekanntmachung westeuropäischer Kunst, vor allem in der Provinz, beitragen? War die Kunst aus dem Westen Europas, vorrangig die deutsche Kunst, auf den Seiten der Zeitschrift besonders intensiv vertreten? Kann man von einem Wissens- und Kulturtransfer sprechen, der mit Hilfe von *Niva* zustande kam?

Niva (russ. Feld, Flur, Wirkungs- und Schaffensfeld) gehörte zu den erfolgreichsten und populärsten Zeitschriften des letzten Drittels des 19. bzw. des frühen 20. Jahr-

---

1 Igor' Ė. Grabar' (1871–1960), russisch-sowjetischer Maler, Restaurator und Kunsthistoriker. Er verbrachte seine Kindheit und Jugend in Ismajil, einer Provinzstadt an der Donau, nicht weit von Odessa. Die zitierte Stelle bezieht sich auf seine Jugend, als er in Ismajil war und sich auf das Studium in St. Petersburg vorbereitete. Nach dem Jurastudium in St. Petersburg studierte er an der Petersburger Kaiserlichen Kunstakademie in der Klasse von Il'ja E. Repin (1844–1930). Seine künstlerische Ausbildung vollendete Grabar' in München, in der Schule von Anton Ažbe (1862–1905).

2 Zamvel' Litvin (1867–?), russischer Maler. Er studierte an der Münchener Akademie in der Naturklasse von Johann Caspar Herterich. Bei der Einschreibung wurde der Name nach den damaligen Transliterationsregeln als Sigmund Litwin wiedergegeben. Vergleiche <http://matrikel.adbk.de/05ordner/mb_1884–1920/jahr_1889/matrikel-00617> (Letzter Zugriff am 06.06.2013).

3 Igor' Ė. Grabar': Moja žizn'. Avtomonografija. Ėtjudy o chudožnikach [Mein Leben. Automonografie. Künstlerstudien]. Moskva 2001, S. 58 (die Hervorhebung in diesem Zitat wie alle Übersetzungen stammen von der Verfasserin): „V ėto vremja kak raz priechal iz Mjunchena chudožnik Zamvel' Litvin, [...] učivšijsja tam v Akademii chudožestv. On pribyl iz samoj znamenitoj v Evrope Akademii, iz centra iskusstva voobšče. V pervyj raz ja slyšal zachvatyvajuščie rasskazy o žizni mjunchenskich chudožnikov, o professorach Akademii, bol'šinstvo kotorych mne bylo znakomo po gravjuram ‚Nivy'. Ja daže videl portrety nekotorych iz nich i tem s bol'šim vnimaniem slušal povestvovanie Zamvelja."

Jahrbuch des BKGE 21 (2013), S. 407–430

1 Adolf Marcks. In: *Niva,* 1904, Nr. 35, S. 865

hunderts in Russland.[4] Ihr deutschstämmiger Verleger Adolf Marcks[5] (1838–1904) wurde wegen seiner tragenden Rolle bei der Popularisierung der russischen klassi-

4 Zwischen 1870 und 1889 sind in St. Petersburg 29 weitere illustrierte Zeitschriften, in Moskau zehn und in der Provinz fünf, entstanden. Sie alle orientierten sich an *Niva* und konkurrierten mit ihr. Im Gegensatz zu *Niva*, die ihre führende Position auf dem russischen Markt fast 50 Jahre behaupten konnte, waren nur wenige von ihnen langlebig.

5 Die russischen Namen sind im Text nach den Regeln der deutschen wissenschaftlichen Transliteration wiedergegeben. Im Falle von Adolf Marcks wird die deutsche Schreibweise verwendet.

schen Literatur schon von den Zeitgenossen als „Fabrikant der Leser“[6] bezeichnet (Abb. 1). Aus diesem Grund verwundert es nicht, dass sowohl die Zeitschrift als auch Adolf Marcks selbst in zeitgenössischen Berichten, in der Erinnerungsliteratur, aber auch in der Forschung des Öfteren Erwähnung fanden. Besonders hervorzuheben sind in diesem Zusammenhang die Memoiren des Hauptkonkurrenten von Marcks auf dem russischen Büchermarkt Ivan D. Sytin[7] (1851–1934), des Weiteren die Lebenserinnerungen des langjährigen Autors und Zeichners von *Niva* Pëtr P. Gnedič[8] (1855–1925) und die Monografie zu Adolf Marcks von Efim A. Dinerštejn.[9]

Speziell zu dem Bildmaterial in *Niva* hat sich das Verzeichnis von Andrej D. Toropov[10] als äußerst nützlich erwiesen. Es enthält unter anderem einen Index mit Künstlernamen, Bildtiteln und Seitenhinweisen.[11]

Im Fokus der Forschung standen bis jetzt hauptsächlich das Textmaterial der Zeitschrift und ganz besonders die kostenlosen Beilagen zu *Niva*, welche dem breiten Publikum die gesammelten Werke von Fëdor M. Dostoevskij, Nikolaj V. Gogol’, Ivan S. Turgenev und anderen zugänglich gemacht haben.[12] Die Abbildungen in *Niva* sind nach meinem Kenntnisstand bis jetzt noch unerforscht.[13] Sie wurden als „Sa-lonmalerei“ bezeichnet und daher kaum beachtet. Der vorliegende Aufsatz ist der erste Versuch, sich dem komplexen Phänomen, das die Zeitschrift *Niva* und ihre Bilderwelt darstellt, anzunähern.

Adolf Marcks wurde 1838 in Stettin geboren. 1854 kam er für drei Jahre als Lehrling in die Buchhandlung von Dethlef Carl Hinstorff (1811–1882) nach Wismar. Nach der Lehre arbeitete er eine Zeitlang in Berlin und Stettin, bis er 1859 nach St. Petersburg/Sankt-Peterburg berufen wurde, um die Firma „Bietepage & Kalu-

---

6 Diese treffende Bezeichnung stammte von dem bekannten Publizisten, Theaterkritiker und Schriftsteller Aleksandr V. Amfiteatrov (1862–1938) aus dem Nachruf auf Adolf Marcks aus dem Jahre 1904, unter dem Pseudonym Abbadona. Siehe Peterburgskie vedomosti [Petersburger Nachrichten]. Sankt-Peterburg v. 19.11.1904, S. 2.

7 Ivan D. Sytin: Žizn’ dlja knigi [Ein Leben für das Buch]. Moskva 1960.

8 Pëtr P. Gnedič: Kniga žizni. Vospominanija. 1855–1918 [Lebensbuch. Erinnerungen. 1855–1918]. Leningrad 1929.

9 Efim A. Dinerštejn: „Fabrikant“ čitatelej. A. F. Marks [„Fabrikant“ der Leser. A. F. Marcks]. Moskva 1986.

10 Andrej D. Toropov: Sistematičeskij ukazatel’ literaturnogo i chudožestvennogo soderžanija žurnala „Niva“ za XXX let (1870–1899) [Systematischer Index des literarischen und künstlerischen Inhalts der Zeitschrift *Niva* für 30 Jahre (1870–1899)]. Sankt-Peterburg 1902.

11 Für den freundlichen Hinweis auf diesen Index bin ich Dr. Boris I. Asvarišč zu großem Dank verpflichtet. Aleksej Ė. Tužilin danke ich für die Hilfe bei der Beschaffung dieser seltenen Publikation.

12 Vgl. Dinerštejn: „Fabrikant“ čitatelej (Anm. 9), S. 87–182; oder Iosif E. Barenbaum: Knižnyj Peterburg. Tri veka istorii [Das Petersburg der Bücher. Drei Jahrhunderte Geschichte]. Sankt-Peterburg 2003, S. 123–129.

13 Der aktuelle Aufsatz von Puškarskaja, der sich dem Thema widmet, hat einen ausschließlich referierenden Charakter und verzichtet auf jegliche Analyse. Siehe Elena Ju. Puškarskaja: Značenie illjustracij na stranicach žurnala „Niva“ [Bedeutung der Illustrationen auf den Seiten der Zeitschrift *Niva*]. In: Vektor nauki TGU. Tol’jatti 2010, 3 (13), S. 132–134.

gin" bei dem Ausbau des deutschsprachigen Buchsortiments zu unterstützen.[14] Ohne Land- oder Sprachkenntnisse kam der 21-Jährige nach St. Petersburg. Fünf Jahre später, nachdem die ausländische Abteilung der Firma „Bietepage & Kalugin" aufgelöst worden war, wurde Marcks als Angestellter bei dem bekannten Petersburger Buchhändler Mavrikij O. Vol'f (1825–1883) tätig.[15] In dieser Zeit fasste Marcks den Entschluss, sich selbständig zu machen und als Verleger tätig zu werden. Dieser Entscheidung folgten eingehende Marktstudien.[16] Verschiedene Divergenzen mit dem Arbeitgeber zwangen Marcks schließlich zu gehen und als Nachhilfelehrer sowie eine Zeitlang als Sachbearbeiter in der Eisenbahnverwaltung zu arbeiten,[17] bis er im Sommer 1869 von der Hauptverwaltung für die Presseangelegenheiten[18] endlich die nötige Druckerlaubnis erhielt, um eine Zeitschrift herauszugeben.

Die erste Nummer der wöchentlichen Zeitschrift *Niva*[19] erschien am 18. Dezember 1869 für das kommende Jahr. Die letzte Nummer kam im September 1918 heraus. Die Rolle, die Marcks bei der Konzeption, Entwicklung und Führung der Zeitschrift übernommen hat, war einmalig. Er war in alle Bereiche der Zeitschriftenproduktion involviert: „Er hat selbst die Zeitschrift für den Einzelhandel eingepackt, selbst die Abonnements angenommen, selbst den Lohn für die Mitarbeiter ausgezahlt und war mit zwei Flaschen Bier pro Tag zufrieden."[20]

Die ursprüngliche Auflage von 9.000 Exemplaren wurde schon zwei Jahre später verdreifacht und erreichte im Jahre 1904 (dem Todesjahr des Verlegers) 275.000 Exemplare. Im Laufe ihrer fast 50-Jährigen Geschichte blieb *Niva* die günstigste illustrierte Zeitschrift auf dem russischen Markt (Abb. 2, 3).[21]

---

14 Rudolf Schmidt: Deutsche Buchhändler. Deutsche Buchdrucker. Bd. 4. Berlin, Eberswalde 1907, S. 658.

15 Siehe dazu Sigizmund F. Librovič: Na knižnom postu [Auf dem Bücherposten]. Petrograd 1916, S. 383–389.

16 Vgl. ebd., S. 385: „Postupiv k Vol'fu, on načal tščatel'no izučat' charakter suščestvovavšich togda, a tak že prekrativšich svoe suščestvovanie illjustrirovannych russkich žurnalov, na poslednie groši skupal otdel'nye ich numera, staralsja sblizit'sja s russkimi klientami magazina Vol'fa, uznat' ich literaturnye vkusy i potrebnosti, poznakomit'sja s pisateljami i pr." (Nachdem Marcks bei Vol'f aufgenommen wurde, hat er angefangen, sorgfältig die damals existierenden, aber auch schon eingestellten illustrierten russischen Zeitschriften zu studieren. Von den letzten Groschen kaufte er einzelne Nummern, versuchte Kontakte zu den Kunden in Vol'fs Geschäft aufzubauen, ihre literarischen Geschmacksrichtungen und Anforderungen auszukundschaften, die Bekanntschaft mit den Schriftstellern zu knüpfen und so weiter).

17 Dinerštejn: „Fabrikant" čitatelej (Anm. 9), S. 13–21.

18 Glavnoe upravlenie po delam pečati.

19 Der komplette Titel lautet: Niva. Illjustrirovannyj žurnal literatury, politiki i sovremennoj žizni („Die Flur. Illustrierte Zeitschrift der Literatur, Politik und des modernen Lebens"). Im Erscheinungsjahr 1870 hieß der Untertitel Niva. Illjustrirovannyj žurnal dlja semejnogo čtenija („Illustrierte Zeitschrift fürs Lesen in der Familie").

20 Gnedič: Kniga žizni (Anm. 8), S. 111: „On sam zavertyval bezdostavočnym podpisčikam žurnal, sam prinimal podpisku, sam vyplačival sotrudnikam gonorar i dovol'stvovalsja v den' dvumja butylkami piva."

21 Siehe Dinerštejn: „Fabrikant" čitatelej (Anm. 9), S. 40.

2 Setzerei des Verlages von Adolf Marcks. In: *Niva* 1904, Nr. 50, S. 1010

3 Sortiersaal des Verlages von Adolf Marcks. In: *Niva* 1904, Nr. 50, S. 1010

Das bekannteste illustrierte Familienblatt Deutschlands *Die Gartenlaube* wurde als Vorlage für *Niva* gewählt. Ursprünglich plante Marcks seine Zeitschrift sogar „Besedka" (Gartenlaube) zu nennen.[22] Diese Idee ließ er schnell fallen, behielt aber die programmatische Orientierung auf die populäre deutsche Zeitschrift im Laufe der Jahre bei.[23] Die Worte von Ernst Keil (1816–1878), dem Gründer der *Gartenlau-*

22 Ebd., S. 25.

23 Dinerštejn stellt mit Berufung auf den deutschen Forscher Othmar Feyl fest, dass die Parallelen zwischen *Niva* und *Gartenlaube* nicht so eindeutig waren und dass *Niva* bis 1904 vor allem jegliche politische Thematik fehlen würde, was bei der liberalen *Gartenlaube* nicht der Fall war. In Bezug auf das Bildmaterial scheinen aber diese Differenzen keine Rolle zu spielen und die Analogien zwischen beiden Zeitschriften augenscheinlich zu sein.

be, korrespondieren förmlich mit der rückblickenden programmatischen Erklärung von Adolf Marcks zu *Niva*. Keil formulierte das Ziel der Zeitschrift 1853 im Grußwort zur ersten Nummer: „Ein Blatt soll's werden für's Haus und die Familie, ein Buch für Groß und Klein. [...] Fern von aller raisonirenden Politik und allem Meinungsstreit in Religions- und anderen Sachen."[24] Adolf Marcks schrieb in der Jubiläumsnummer von *Niva* 1894, dass er bei der Konzeption der Zeitschrift bewusst darauf verzichtete, für die eine oder andere politische Idee einzutreten oder sich in die politische Polemik einzumischen. Sein Ziel war es, „in der Gesellschaft rein familiäre gesunde Werte einzupflanzen." Auf den Seiten von *Niva* sollte der Leser immer das zu lesen bekommen, „was die Familie zusammenschweißt, zusammenhält und ihr eine mögliche Hilfe anbietet".[25] Bezeichnend ist, dass das *Börsenblatt für den deutschen Buchhandel* in den Berichten über Marcks aus den 1890er Jahren seine Zeitschrift wiederholt „russische Gartenlaube" nannte. Die Parallele war also auch für die damalige Zeit offenkundig.[26]

Die Urteile von Zeitgenossen und Forschern über Ernst Keil und Adolf Marcks als Geschäftsleute und Verleger fallen beinahe identisch aus – es wurde wiederholt betont, dass sie ein absolutes Gespür für die Bedürfnisse des Publikums besaßen und die Zeitschriften entsprechend zielsicher konzipierten und strukturierten.[27] Wenn man diesem Urteil zustimmt (und bei dem enormen und langanhaltenden Erfolg beider Zeitschriften muss man das tun), stellt sich die Frage, welche Rolle in diesem liberal-konservativen, familienorientierten Konzept die Bilder spielten, welches Bildmaterial verwendet wurde und ob zwischen beiden illustrierten Familienblättern eine rein formale Ähnlichkeit bestand oder es eventuell tiefgreifende Unterschiede gab.

Die Illustrationen waren, was bei einer illustrierten Zeitschrift nicht verwundert, von Anfang an ein wesentlicher Bestandteil von *Niva*. 1870 bestanden die Nummern aus zwei Blättern (also acht Seiten) mit zwei bis drei Illustrationen, später enthielt eine durchschnittliche Nummer drei Blätter mit sechs bis zehn Abbildungen. Die Bilder waren in unterschiedlichen Größen gedruckt: doppel- und ganzseitige repräsentative Kunstreproduktionen, auch halbseitige, in Kombination mit Text und kleinere rein illustrative Abbildungen – oft Porträts oder technische und Tierzeichnungen zu den jeweiligen Artikeln.

---

24 Zitiert nach Birgit Wildmeister: Die Bilderwelt der „Gartenlaube". Ein Beitrag zur Kulturgeschichte des bürgerlichen Lebens in der zweiten Hälfte des 19. Jahrhunderts. Würzburg 1998 (Veröffentlichungen zur Volkskunde und Kulturgeschichte, 66), S. 17.

25 Zit. nach Dinerštejn: „Fabrikant" čitatelej (Anm. 9), S. 27: „Marks soznatel'no otkazalsja ot ‚otstaivanija tech ili drugich političeskich idej i polemiki', postaviv svoej cel'ju ‚provedenie v obščestvo čisto semejnych zdravych načal.' [...] ‚Niva' vsegda stremilas' pomestit' ‚na svoich stranicach po vozmožnosti to, čto možet splotit', soedinit' sem'ju i okazat' ej posil'nuju pomošč'."

26 Siehe Börsenblatt für den deutschen Buchhandel, 1897, Nr. 15 v. 20.1.1897, S. 499; 1897, Nr. 51 v. 3.3.1897, S. 1669.

27 Wildmeister: Bilderwelt der „Gartenlaube" (Anm. 24), S. 15; Dinerštejn: „Fabrikant" čitatelej (Anm. 9), S. 5–10.

Alle Kunstreproduktionen wurden mit dem Titel des Bildes, dem Namen des Künstlers und dem des Graveurs[28] versehen. Gelegentlich findet man auch den Vermerk, dass die exklusiven Bildrechte bei *Niva* liegen. Ganz oft betrifft das die Werke von angehenden russischen Künstlern, die ihre Bilder in den aktuellen Ausstellungen, beispielsweise Akademieausstellungen, präsentiert hatten.[29]

Ein weiterer fester Bestandteil der Zeitschrift war die separate Rubrik „Zu den Bildern".[30] Am Ende jeder Nummer enthielt sie kurze Texte zu den Bildern der jeweiligen Ausgabe. Dort wurden ausschließlich die Kunstillustrationen besprochen. Alle anderen Abbildungen wie technische Zeichnungen oder Fotografien blieben unerwähnt. Die Texte zu den Bildern lassen sich in zwei Hauptgruppen unterteilen. Die größte Gruppe stellten zu dem jeweiligen Bild hinzugedichtete Anekdoten dar. Sie sollten ein besseres Verständnis des Abgebildeten gewährleisten. Oft schaffen solche Anekdoten eine Verbindung zu dem sachlichen Schwerpunkt der Nummer, wie beispielsweise zum Thema Fasching,[31] Winter oder aber zu einzelnen Artikeln.[32] Wiederholt wurden die Bilder mit einem Hinweis auf literarische Parallelen versehen (Abb. 4).[33]

---

28 Der Name des Graveurs fand im Index der Zeitschrift keine Erwähnung. Dort wurden die Bilder in der Spalte „Malerei, Skulptur, Zeichnungen, Porträts" nach dem Titel, nicht nach dem Künstler aufgeführt.

29 Es ist zu vermuten, dass sich die Redaktion die Bildrechte bei den Künstlern gleich während der Ausstellungen gesichert hat. Die Berichte über neue Ausstellungen, hauptsächlich in St. Petersburg, aber auch in Moskau gehörten zu den konstanten Inhalten von *Niva*. Sowohl für die Zeitschrift, die das Bildmaterial ständig brauchte, als auch für die Künstler, die dadurch einen größeren Bekanntheitsgrad erlangen konnten, war ein solches Zusammenwirken wünschenswert und vorteilhaft.

30 „K risunkam". Eine entsprechende Rubrik gab es auch in der *Gartenlaube* mit „Blätter und Blüten". Einen Monat nach dem Tod von Marcks wurde die Rubrik „Zu den Bildern" in *Niva* abgeschafft.

31 So wurde zum Beispiel das Bild von Ludwig Knaus (1829–1910) „Unter ritterlichem Schutz", das eine Karnevalszene darstellt, in der Faschingsnummer von 1897 auf einem Mittelfaltblatt abgedruckt und von einer kleinen sentimentalen Geschichte begleitet. Niva, 1897, Nr. 7, S. 148f., 160.

32 Das Bild von Arthur Kampf (1864–1950) „In der Kanonenfabrik", das eine Stahlwerkszene darstellt, wurde zum Anlass genommen, um über den Tod des Rüstungsherstellers Friedrich Alfred Krupp (1854–1902) nachzudenken und seine Tätigkeit zu veranschaulichen, aber auch um über den Krieg in Fernost und seine Waffen zu sprechen. Niva, 1904, Nr. 5, S. 285, 290.

33 Vgl. Niva, 1899, Nr. 7, S. 135. Das Bild eines jungen, leichtbekleideten Mädchens von Nathanael Sichel (1843–1907) trägt den Titel „Lotos"(Abb. 4). Im Text wurde Sichel als „Poet des Lebens orientalischer Frauen" angepriesen und dazu ein gleichnamiges Gedicht von Heinrich Heine zitiert. Wolfgang Brückner in seinem Artikel zu den Trivialisierungsprozessen in der bildenden Kunst am Beispiel der *Gartenlaube* macht deutlich, dass solche Vorgehensweise sehr typisch für die Popularisierung bestimmter Kunstwerke war und die literarischen Parallelen ein fester Bestandteil der Bildvermittlung waren. Siehe Wolfgang Brückner: Trivialisierungsprozesse in der bildenden Kunst zu Ende des 19. Jahrhunderts, dargestellt an der „Gartenlaube". In: Helga de la Motte-Haber (Hg.): Das Triviale in Literatur, Musik und Bildender Kunst. Frankfurt/Main 1972 (Studien zur Philosophie und Literatur des neunzehnten Jahrhunderts 18), S. 226–255.

4 Nathanael Sichel: Lotos. In: *Niva*, 1899, Nr. 7, S. 135

Eine weitere Gruppe von Texten zu den Bildern umfasst Informationen zu den Künstlern mit einer Wertung und Einordnung.[34] Gelegentlich beinhalten Texte auch zusätzliche Angaben zum Schicksal des Bildes.[35] Nach welchem Prinzip man zu dem

34 Beispielsweise wurde mehrmals ausführlich über Józef Brandt (1841–1915), den polnischen Maler, berichtet. Er wurde als einer der talentiertesten modernen polnischen Maler bezeichnet, der in München studierte und dort lebte. Seine Lehrer an der Münchener Akademie und seine Auszeichnungen bei den internationalen Ausstellungen wurden genannt. Dann wurde sein Bild „Gebet" beschrieben und betont, dass der Maler bevorzugt „das Leben der russischen Gebiete schildert". Niva, 1897, Nr. 5, S. 97, S. 111. Siehe auch Niva, 1899, Nr. 37, S. 712.

35 So konnte der Leser zum Beispiel aus der Nr. 5 von 1897 erfahren, wie „beneidenswert populär" der Künstler Aleksej A. Charlamov (1840–1925) sei, ganz besonders in Paris, und dass eines seiner Bilder – „Zigeunermädchen" – von dem englischen Sammler A. I. Kirkpatrick erworben worden sei und sich jetzt in London befinde. Niva, 1897, Nr. 5, S. 105, 113.

einen oder zu dem anderen Texttypus griff, lässt sich nicht eindeutig sagen. Eine große Rolle spielten bestimmt der Bekanntheitsgrad und die Anerkennung des Künstlers, aber vielleicht auch die Stimmigkeit der gesamten Nummer oder der Rubrik.[36]

Das Thema Kunst war in der Zeitschrift in großem Umfang vertreten. Neben Berichten über Kunstauktionen und Ausstellungsrezensionen erschienen große retrospektive Artikel zu den russischen Künstlern. So wurden zum Beispiel über Karl P. Brjullov[37] (1799–1859) oder Pavel A. Fedotov[38] (1815–1852) mehrseitige bebilderte Aufsätze verfasst. Anlässe für solche Artikel waren oft Jubiläen der jeweiligen Künstler, aber manchmal, wie es in dem konkreten Fall von Pavel A. Fedotov zu sein scheint, waren Bemühungen des Verlegers für die Entstehung eines Artikels ausschlaggebend. Wie aus dem Beitrag ersichtlich ist, konnte Marcks einige originale Skizzen von Fedotov erwerben, die alle abgebildet sind.

Abgesehen von denjenigen russischen Künstlern, die mit einem Sonderartikel geehrt wurden, machte Marcks gelegentlich auch das Leben einiger zeitgenössischer westeuropäischer Künstler zum Thema eines besonderen Aufsatzes. Darunter waren auch deutsche Künstler, so erhielten etwa Franz von Lenbach[39] (1836–1904) (Abb. 5) oder auch der Schweizer Arnold Böcklin[40] (1827–1901), der als einer der größten deutschen Künstler gefeiert wurde, umfangreiche Beiträge.

Es ist festzustellen, dass deutsche Maler in *Niva* auffallend oft abgebildet und erwähnt werden. *Niva* berichtete beispielsweise mehrmals ausführlich über Hermann von Kaulbach (1846–1909) (Abb. 6).[41] Dabei wurde neben dem Hinweis auf seine Verwandtschaft mit dem „berühmtesten Künstler" Wilhelm von Kaulbach (1804–1874) auch erwähnt, dass Hermann von Kaulbach eine Professorenstelle an der Münchener Kunstakademie innehatte. Ebenso sind Werke von Franz von Defregger (1835–1921)[42], Gabriel von Max (1840–1915)[43] oder Fritz von Uhde (1848–1911)[44] mehrfach reproduziert und werden Hinweise auf ihre pädagogische Tätigkeit an der Münchener Kunstakademie gegeben.

Für die eingangs geäußerte Annahme, dass *Niva* zur Bekanntheit deutscher Maler und dem damit verbundenen Zustrom russischer Künstler nach Deutschland beigetragen hat, scheint eine solche Information von Bedeutung. Vor allem München genoss auf den Seiten von *Niva* den Ruf einer Kunstmetropole mit renommierten Akademieprofessoren, einer soliden Schule und hervorragenden Ausstellungsmöglichkeiten. Bei dem Verbreitungsgrad der Zeitschrift – am Ende der 1880er Jahre

---

36 Siehe dazu Grabar': Moja žizn' (Anm. 3), S. 82.
37 Niva, 1899, Nr. 50, S. 964–973.
38 Ebd., 1904, Nr. 2, S. 32–34.
39 Ebd., 1904, Nr. 19, S. 379.
40 Ebd., 1897, Nr. 52, S. 1238.
41 Ebd., 1897, Nr. 11, S. 253, 256.
42 In den ersten 30 Jahren wurden Bilder von Franz von Defregger 17-mal wiedergegeben.
43 Die Bilder von Gabriel von Max wurden ebenso 17-mal dem Publikum gezeigt.
44 Bilder Fritz von Uhdes wurden zwar bis 1899 nur 2-mal reproduziert, dafür im Text sehr ausführlich und intensiv besprochen. Siehe Niva, 1897, Nr. 9, S. 206.

5 Franz von Lenbach: Porträt der Gräfin Z. In: *Niva*, 1899, Nr. 34, S. 645

war *Niva* das auflagenstärkste Periodikum in Russland[45] – ist von einem wirkungsvollen Einfluss auszugehen.

Um einen falschen Eindruck zu vermeiden, sollte allerdings klargestellt werden, dass die Mehrzahl der Künstler, die das Erscheinungsbild von *Niva* prägten, Russen waren. Das war sowohl dem Verleger als auch dem Publikum wichtig. Aber die zweitstärkste Gruppe bildeten deutsche oder in Deutschland ansässige[46] Künstler.

Die häufige Erwähnung deutscher Künstler in *Niva* hatte verschiedene Gründe. Einerseits spielte der persönliche Geschmack des Verlegers eine nicht zu unterschätzende Rolle. Sein Einfluss und seine Entscheidungskraft bei der Entstehung der Zeit-

45 Vgl. Dineršteјn: „Fabrikant" čitatelej (Anm. 9), S. 83.

46 Die erfolgreichen polnischen in München ansässigen Maler wie Józef Brandt (siehe Anm. 34) oder Alfred Wierusz-Kowalski (1849–1915) wurden gerne in *Niva* reproduziert.

6 Hermann von Kaulbach: In einer komplizierten Lage. In: *Niva*, 1899, Nr. 27, S. 505

schrift war zeit seines Lebens beträchtlich. Igor' Ė. Grabar', der in den 1890er Jahren zu den Mitarbeitern von *Niva* zählte, bestätigte dies in seinen Memoiren:

> Ganz gleich wie ich auch versucht habe, „Niva" auch nur ein wenig auf eine etwas anständigere künstlerische Schiene zu schieben, zerbrachen alle meine geheimen Träume und ausgeklügelten Pläne am persönlichen Geschmack von Marcks. Sein Ideal war eine deutsche „gemütliche" Familienzeitschrift „Gartenlaube". [47]

Die Orientierung an der *Gartenlaube* spiegelte sich unter anderem auch in der Wahl der Künstler wider. In *Niva* treffen wir auf eine Zusammenstellung aus damals anerkannten russischen und westeuropäischen Künstlern, die überwiegend

47 Grabar': Moja žizn' (Anm. 3), S. 82: „Kak ja ne staralsja chot' neskol'ko perekljućit' ‚Nivu' na bolee priličnye chudožestvennye rel'sy, moi tajnye mečty i chitroumnye plany razbivalis' o ličnyj vkus Marksa, sčitavšego idealom nemeckij ‚ujutnyj', ‚semejnyj' žurnal ‚Gartenlaube'."

7 Konstantin Makovskij: Zerbrechliches Geschöpf. In *Niva*, 1897, Nr. 23, S. 538

in der Gattung Genremalerei tätig waren. Die abgebildeten deutschen Künstler entsprechen im Wesentlichen denen der *Gartenlaube*. Neben den heute noch bekannten Malern wie Franz von Defregger, Eduard Grützner (1846–1925) oder Fritz von Uhde begegnet man einer Vielzahl gegenwärtig wenig geläufiger Namen, die meist in Vergessenheit geraten sind. Die Schlussfolgerungen von Birgit Wildmeister zu den Künstlern der *Gartenlaube* treffen daher auch auf *Niva* zu:

> Die „Gartenlaube" war bestrebt, ein möglichst großes Publikum anzusprechen, um ihre Auflagezahlen zu stärken und setzte zu diesem Zwecke erfolgsversprechende Kunsterzeugnisse ein, mit welchen sie sich eine entsprechende Resonanz bei ihren Lesern erhoffen konnte. Der Leser, bzw. Betrachter sollte unterhalten, ja gerührt werden, und dabei wurde auf bewährte Kunstwerke populärer Künstler zurückgegriffen. Vor allem Genremalerei eignete sich vorzüglich zu diesem Zweck.[48]

Die Genremalerei, die in der zweiten Hälfte des 19. Jahrhunderts ihre Blütezeit erlebte, traf den Geschmack des Massenpublikums.[49] Auch in Russland verzeichnete sie in dieser Zeit große Erfolge. In der bedeutendsten russischen Künstlervereinigung

---

48 Wildmeister: Bilderwelt der „Gartenlaube" (Anm. 24). S. 21.

49 Für die Beratung und wichtige Denkanstöße zu diesem Thema danke ich herzlich Prof. Dr. Frank Büttner und Herrn Dr. Matthias Memmel.

der zweiten Hälfte des 19. Jahrhunderts – der „Genossenschaft für künstlerische Wanderausstellungen“[50] – waren die Genremaler die angesehenste und zahlenmäßig stärkste Gruppe. Viele dieser Maler wie Konstantin E. Makovskij (Abb. 7),[51] Ivan I. Šiškin[52] oder Nikolaj V. Nevreev[53] waren ständig in *Niva* vertreten. Die sozialkritische Komponente, die die „Genossenschaft" auszeichnete, war auf den Seiten von *Niva* abgemildert und durch eine genrehafte ersetzt.[54]

Angesichts der heute selbstverständlich gewordenen Flut an Bild- und Textinformationen ist uns die Schwierigkeit, die es damals bedeutete, Bild und Text gemeinsam auf einer Seite zu positionieren, nicht mehr bewusst. Auch eine qualitativ hochstehende Reproduktion eines Bildes in einer Zeitung oder Zeitschrift scheint heute als Problem kaum nachvollziehbar. Im 19. Jahrhundert war die Situation jedoch noch eine ganz andere. Der Entwicklung der Drucktechnik in der zweiten Hälfte des 19. Jahrhunderts verdankt man die Entstehung der illustrierten Zeitschrift:

> Der Holzstich als Sonderentwicklung des Holzschnittes ermöglichte nun Text und Bild in hohen Auflagen gemeinsam auf einer Seite abzudrucken [...]. In Zusammenhang damit steht die Entwicklung eines Wirtschaftszweiges, der sich mit der Umsetzung und dem Vertrieb der Gemäldevorlagen befasste, nämlich den Xylographischen Instituten oder Anstalten sowie Kunstverlagen.[55]

---

50 Tovariščestvo peredvižnych chudožestvennych vystavok. Die Genossenschaft für künstlerischeWanderausstellungen wurde im November 1869 gegründet. Sie machte es sich zum Ziel, die zeitgenössische Kunst auch in der Provinz bekannt zu machen, und organisierte für diesen Zweck Wanderausstellungen in verschiedenen Städten Russlands. Diese Idee erwies sich bald als epochemachend. Bald wurden die „Wanderausstellungen“ zu einem Publikumsmagneten und zum Inbegriff moderner russischer Kunst. Diese Form der Ausstellungen gab der Künstlergenossenschaft ihren Namen – die „Wanderer“. Die beinahe zeitgleiche Gründung der Zeitschrift *Niva* und der Künstlergruppierung „Wanderer“ war in diesem Zusammenhang kein Zufall. Dadurch manifestierten sich die neue Auffassung der Kunst in der Gesellschaft und auch die Entstehung des neuen Publikums. Siehe dazu Grigorij Ju. Sternin: Chudožestvennaja žizn' Rossii vtoroj poloviny XIX veka. 70–80-e gody [Kunstleben in Russland in der 2. Hälfte des 19. Jh.s, 70er–80er Jahre]. Moskva 1997, S. 30.

51 Konstantin E. Makovskij (1839–1915), russischer Genremaler, Mitglied der Genossenschaft für künstlerische Wanderausstellungen.

52 Ivan I. Šiškin (1832–1898) russischer Landschaftsmaler, Mitglied der Genossenschaft für künstlerische Wanderausstellungen, Professor der Petersburger Kunstakademie.

53 Nikolaj V. Nevreev (1830–1904), russischer Historien- und Genremaler, Mitglied der Genossenschaft für künstlerische Wanderausstellungen.

54 Das Verhältnis zwischen dem Erfolg der Wanderausstellungen in der Provinz und der Popularisierung der Genremalerei auf den Seiten von *Niva* stellt ein spannendes und nach meinem Kenntnisstand bis jetzt vernachlässigtes Kapitel in der Geschichte der „Wanderer“-Bewegung dar, das in diesem Artikel nicht weiter verfolgt werden kann. Zu den Forschern, die sich dem Thema, wenn auch am Rande, wiederholt widmeten, gehört Grigorij Ju. Sternin. Siehe Ders.: Chudožestvennaja žizn‘ Rossii (Anm. 50), S. 30–34; Ders.: Chudožestvennaja žizn' Rossii na rubeže 19–20 vekov [Kunstleben in Russland an der Wende vom 19. zum 20. Jh.]. Leningrad 1970, S. 26.

55 Wildmeister: Bilderwelt der „Gartenlaube“ (Anm. 24), S. 44. Siehe auch zum Thema Dirk Blübaum: Gestochen scharf! Die Kunst zu reproduzieren. Ausst. Kat. Friedrichshafen 2007–2008. Heidelberg 2007; Dorothea Peters: Die Welt im Raster. Georg Meisenbach und der lange Weg zur gedruckten Photographie. In: Alexander Gall (Hg.): Konstruieren, kommunizieren, präsentieren: Bilder von Wissenschaft und Technik. Göttingen 2007 (Abhandlungen und Berichte. Deutsches Museum N.F. 23), S. 179–244.

Die Signaturen mehrerer xylografischer Ateliers sind auf den meisten Stichen deutscher illustrierter Zeitschriften und speziell der *Gartenlaube* zu finden. Bei der Untersuchung der westlichen Bildvorlagen von *Niva* konnte festgestellt werden, dass für sie gelegentlich die gleichen Ateliers die Holzstiche lieferten. Auch wurden die Vervielfältigungsrechte für die westlichen Gemäldereproduktionen bei den verschiedenen deutschen Kunstverlagen bezogen. Um ein Beispiel zu nennen, soll die in München ansässige Firma *Hanfstaengl* herausgegriffen werden, die zu den marktführenden Kunstverlagen gehörte und in ihrem Katalog 6.000 Namen zeitgenössischer Künstler führte. Holzstiche mit dem Stempel dieser Firma findet man in *Niva* häufiger.[56]

Marcks legte großen Wert auf die Qualität der Reproduktionen und bemühte sich, dem Leser das Bestmögliche anzubieten. Trotzdem fällt auf, wenn man das Erscheinungsbild der *Gartenlaube* und *Niva* miteinander vergleicht, wie uneinheitlich die Bildvorlagen in *Niva* sind. Man verwendete unterschiedliche druckgrafische Techniken: Holzstich, Radierung, Lithografie, später kam noch die Fotografie dazu. Die Qualität der Reproduktionen war sehr heterogen, von sehr guten bis zu deutlich schwachen, was sich natürlich auf ihren Gesamteindruck auswirkte.

Insgesamt hat Marcks die westlichen Bildvorlagen von *Niva* aus einem gut funktionierenden und verzweigten Quellenpool bezogen, der sich oft mit dem deutscher illustrierter Zeitschriften überschnitt.[57]

Für die Übertragung von russischen Bildvorlagen engagierte Adolf Marcks eine Reihe von Druckgrafikern, mit denen er permanent zusammengearbeitet hat. Ausführlich erzählt der Grafiker Ivan N. Pavlov[58] über seine Tätigkeit für *Niva* und auch über die Situation auf dem russischen Markt. Er berichtet, wie angesehen sie unter Grafikern war, nicht zuletzt wegen der hohen Druckqualität der Zeitschrift und der guten Honorare, die man dort bekommen konnte. Es war kompliziert, eine Anstellung bei der Zeitschrift zu bekommen, und Pavlov musste Marcks lange überreden, bis er überhaupt eine Chance erhielt. Zu dem Zeitpunkt hatte er schon bei zahlreichen anderen illustrierten Zeitschriften mitgewirkt und genoss einen guten Ruf unter den Petersburger Druckgrafikern.[59]

Obwohl Marcks in Russland marktführend war und sowohl auf westeuropäische als auch russische Bildquellen zurückgreifen konnte, war der Bedarf an Abbildungen bei einem wöchentlichen Erscheinen und zusätzlichen Beilagen enorm. Um diesen Bedarf zu sättigen, griff er zu ungewöhnlichen Maßnahmen. Im Mai 1889 stellte er

---

56 Vgl. Wildmeister: Bilderwelt der „Gartenlaube" (Anm. 24), S. 53.

57 Es ließ sich feststellen, dass vereinzelt nicht nur die Bildvorlagen in der *Gartenlaube* und in *Niva* identisch waren, es kam vor, dass in *Niva* auch die Bildbeschreibung der *Gartenlaube* komplett wiedergegeben wurde, ohne einen Verweis auf die Quelle. Siehe Gartenlaube 1897, Nr. 5, S. 77, S. 84 und Niva 1899, Nr. 30, S. 568, S. 571. Vergleiche auch Grabar': Moja žizn' (Anm. 3), S. 82.

58 Ivan N. Pavlov (1872–1951), russischer und sowjetischer Grafiker und Buchillustrator.

59 Ivan N. Pavlov: Žizn' russkogo gravera [Das Leben eines russischen Graveurs]. Moskva 1963, S. 118–126.

bei der Kaiserlichen Akademie der Künste in St. Petersburg einen Antrag.[60] In der Bittschrift an den Konferenzsekretär der Kunstakademie Petr F. Iseev schrieb Marcks Folgendes:

> Die Kaiserliche Kunstakademie hat eine Menge Kupferplatten mit Gravüren[61] in ihrem Besitz, die kaum dem Kunstliebhaber und dem Publikum im Allgemeinen bekannt sind. Um das Publikum mit dieser reichen Sammlung bekannt zu machen, würde ich gerne von der Kunstakademie ein Monopolrecht für die Vervielfältigung und den Verkauf dieser Gravüren beantragen. Ich bin mit den Bedingungen, die mir die Kunstakademie im Falle einer Zustimmung anbietet, einverstanden.[62]

Die Bedingungen der Vereinbarung wurden in einem verwaltungsinternen Brief festgehalten. Marcks wurden die Rechte auf die Vervielfältigung und den Verkauf übertragen. Die Kupferplatten blieben im Besitz der Kunstakademie und wurden nur für die Zeit des Drucks an Marcks abgegeben. Die Akademie verlangte dafür kein Geld. Als Gegenleistung musste sich Marcks verpflichten, drei Drucke von jeder Platte an die Akademie zu liefern und bei Bedarf nachzuliefern. Interessanterweise wurde in dem Brief erwähnt, dass die Kunstakademie selbst äußerst erfolglos beim Verkauf der Gravüren war.[63]

Im ständigen Kampf mit den anderen illustrierten Zeitschriften um die Gunst des Publikums und in dem Bestreben, seinen finanziellen Erfolg zu sichern, suchte Marcks nach immer neuen Möglichkeiten konkurrenzfähig zu bleiben. 1881 erwarb er eine eigene Druckerei, die er noch in den 1880er Jahren modernisierte und auf den neuesten europäischen technischen Stand brachte. Im März 1889 gründete er neben der Druckerei ein „künstlerisch-literarisches Institut". Dort sollte der Druck der kostenlosen Beilagen zu *Niva* realisiert und die Abhängigkeit von den westlichen Firmen minimiert werden. Alle diese Maßnahmen machten Marcks' Druckerei zu einem der größten grafischen Betriebe in Russland und ermöglichten ihm, die Druckkosten beachtlich zu reduzieren.[64]

Abgesehen von den Illustrationen als Attraktion benutzte Marcks als Methode der Kundenbindung seit 1871 intensiv Gratifikationen für die Bezieher.[65] Anfangs waren es Schnittmuster, die in der wöchentlichen Beilage „Pariser Moden" erschienen. Seit September 1873 bekam Marcks die Erlaubnis, der Zeitschrift „kostenlose Prämien: Bücher, Bilder, Fotografien, Porträts, geografische und andere Karten, Pläne,

---

60 Siehe dazu RGIA (Russisches Historisches Staatsarchiv), Fond 789, Verzeichnis 11, Jahr 1889, Akte 45.

61 Es handelte sich um die Gravüren, die Studenten, Absolventen und Professoren der Kunstakademie nach den klassischen Bildvorlagen angefertigt hatten. Die Kupferplatten blieben im Besitz der Kunstakademie.

62 RGIA (Anm. 60), Fond 789, Verzeichnis 11, Jahr 1889, Akte 45, Blatt 15: „Imperatorskaja Akademija Chudožestv vladeet množestvom mednych dosok s gravjurami, kotoryje malo izvestny kak ljubiteljam, tak i publike voobšče. V vidach oznakomlenija publiki s ėtimi bogatymi sobranijami ja želal by polučit' ot Akademii chudožestv iskljućitel'noe pravo pečatan'ja i prodaži ėtich gravjur na uslovijach kakie budut mne predloženy Akademiej v slučae ee soglasija."

63 Ebd., Fond 789, Verzeichnis 11, Jahr 1889, Akte 45, Blatt 18–20.

64 Siehe Dinerštejn: „Fabrikant" čitatelej (Anm. 9), S. 82–84.

65 Kostenlose Beilagen für Abonnenten als Treueanreiz.

Gesellschaftsspiele, Kalender und so weiter" beizulegen.[66] Die Bilder der Gratifikationen waren überwiegend Chromolithografien, sogenannte Öldrucke. Der Bezieher konnte zu dem Bild auch gleich beim Verlag einen passenden Rahmen bestellten. Der Konkurrent von Marcks Ivan D. Sytin beschrieb seine Begegnung mit Marcks und ihr Gespräch zum Thema Bildbeilagen der *Niva*:

> Bei einer Ausstellung im Jahre 1883 stand neben meinem Pavillon der Stand von Marcks, dem Herausgeber von „Niva". [...] Der sympathische, deutsche Verleger mit schlechter russischer Aussprache gefiel mir sehr und wir kamen ins Gespräch.
>
> – Sehr gut sind Ihre Bilder-Prämien, die Sie zu „Niva" beilegen, sagte ich. Aber als Ausländer machen Sie, wie es mir scheint, einen Fehler.
>
> – Welchen?
>
> – Sie liefern Jahr für Jahr nur Bilder und Bilder, so würden Sie Ihren Bezieher komplett überladen. Ihm würden die Wände nicht reichen, um alle Ihre Bilder zu hängen.
>
> Er überlegte kurz, kaute an seinen Lippen und sagte: Wenn alle Wände voll werden, werde ich ihm [dem Bezieher, I. A.] ein Album geben.[67]

Mit der Zeit wurde der Öldruck zum Synonym für qualitativ schlechte und oft geschmacklose bürgerliche Bildchen. In der Zeit ihrer größten Verbreitung, in den 1870er–1890er Jahren, wurden die Öldrucke dagegen hoch geschätzt. In dem Nachruf auf Marcks von 1904 beschrieb Pëtr P. Gnedič diese Situation sehr treffend:

> Eine nicht minder wichtige Rolle für die Entwicklung des künstlerischen Geschmacks in den Massen spielten die künstlerischen Beilagen. Ich behaupte es ruhig, obwohl die Meinung herrscht, dass die Öldrucke dem Geschmack eher schaden als ihn entwickeln. Das ist nichts anderes als eine Verdrehung. Nicht nur ein bildnerisches Original, auch eine anständige Kopie war für die große Mehrzahl [der Bevölkerung, I. A.] unerreichbar. [...] In den Krähwinkeln und Provinznesten [...] waren die Prämien von „Niva" eine Offenbarung. Lächerlich anzunehmen, dass sie von dem Verleger für Kabinette der Petersburger Bürokraten und Mäzene bestimmt waren. Nicht für sie waren sie [die Chromolithografien, I. A.] auch bestimmt, sondern für die Masse, die nichts außer religiöser Malerei gesehen hat. Das Erscheinen solcher Bilder wie „Omas Märchen" oder „Guslar" von K. E. Makovskij, oder [...] „Kiefernwald" von Šiškin [...] – wurde in der Einöde zu einer Art Epoche. Das waren die Originale, nach denen die Kinder zeichnen lernten, das war eine Schule für die ganze heranwachsende Generation. Für uns, die Bewohner der Großstädte, wirkte allein schon die Masse der Verbreitung solcher Bilder entwertend. Wir haben sie – diese „Guslars" und

66 Zitiert nach Dinerštejn: „Fabrikant" čitatelej (Anm. 9), S. 30.

67 Sytin: Žizn' dlja knigi (Anm. 7), S. 179: „Na vystavke 1883 rjadom s moim pavil'onom byla raspoložena vitrina Marksa, izdatelja ‚Nivy'. [...] Simpatičnyj, s durnym russkim proiznočeniem nemec-izdatel' očen' mne ponravilsja, i my razgovorilis'.
– Očen' choroši vaši kartiny-premii, kotorye vy prilagaete k ‚Nive', – skazal ja. – No, kak inostranec, vy, mne kažetsja, delaete ošibku...
– Kakuju?
– Da ved' každyj god vse kartiny i kartiny, ėtak vy sovsem peregruzite vašego podpisčika. U nego i sten ne chvatit, čtoby vse vaši kartiny razvesit'...
On podumal, poževal gubami i skazal:
– Kogda vse stenki zavesjat, ja al'bom budu davat'."

„Omas" – in den Spiegelfenstern aller Bierkneipen [...] und Drogerien gesehen. Ihr Erscheinen in Portierswohnungen, [...] Küchen, Lakaizimmern, die Aufdringlichkeit, mit der sie überall präsent waren, haben den ersten Eindruck komplett vernichtet – nämlich den der gut gemachten Chromolithografien – und haben sie bedeutungslos gemacht. Aber, ich muss es wiederholen, irgendwo in den Wäldern von Vologda, in der Don-Steppe, in einem einsamen Dorf war die gleiche Chromolithografie ein willkommener Gast.[68]

In diesem ausführlichen Zitat sind einige wichtige Probleme angesprochen. Erstens hatte man es bei *Niva* und ihren Beilagen mit einer großen Menge bildlicher Information zu tun, die zum ersten Mal so günstig und bei viel breiteren Bevölkerungsschichten auch außerhalb der Großstädte ankam. Sodann zeigten die Bilder überwiegend weltliche und keine religiösen Inhalte, es waren vorrangig Genrebilder. Schließlich waren die Illustrationen von *Niva* allgegenwärtig und hatten dadurch einen starken Wiedererkennungswert. Mit ihren Bildern wurden Wohnungen und kleinere Läden geschmückt. Vielen, vor allem in der Provinz, dienten sie als wichtige Quelle ihrer Kunstkenntnis, auch als erste Bildvorlagen oder Anregungen zum Zeichnen.[69] Diese Annahme wird durch die Aussagen verschiedener, hauptsächlich vom Lande oder aus ärmlichen Verhältnissen stammender Künstler rückblickend bestätigt. So schrieb zum Beispiel Evgenij A. Kibrik[70] über *Niva*:

„Niva" gab es in unserer Stadtbibliothek, alle Nummern von 1870–1918. Sie habe ich gründlich durchstudiert. Eigentlich war es fast die einzige Quelle meiner Kenntnisse über

---

68 Pëtr P. Gnedič: Chudožestvennye izdanija A. F. Marksa [Künstlerische Veröffentlichungen von A. F. Marcks]. In: Niva, 1904, Nr. 50, S. 1007–1009. „Ne menee ser'eznuju rol'sygrali v dele razvitija chudožestvennogo vkusa massy i chudožestvennye priloženija. Ja utverždaju ėto smelo, vopreki ukorenivšemusja mneniju, čto oleografii skoree portjat, čem razvivajut vkus. Ėto ne bolee kak podtasovka. Ne tol'ko živopisnyj original, no i porjadočnaja kopija nedostupna ogromnomu bol'šinstvu [...] V medvež'ich uglach i zacholust'jach [...] premija ‚Nivy' byla svoego roda otkroveniem. Smešno dumat', čto ona byla prednaznačena izdatelem dlja kabinetov peterburgskich bjurokratov i mecenatov. Ne dlja nich ona i pečatalas', a dlja toj massy, kotoraja krome cerkovnoj živopisi ne vidala nichego. Pojavlenie v gluši takich kartin, kak ‚Babuškina skazka' i ‚Gusljar' K. E. Makovskogo, [...] „Sosnovyj les" [...] Šiškina, – byli svoego roda ėpochami. Ėto byli originaly, po kotorym deti učilis'risovat', – ėto byla škola dlja celogo podrastajuščego pokolenija. Dlja nas žitelej bol'šich gorodov, uže odna massa rasprostranenija takich kartin opošlivala ich. My videli čerez zerkal'nye okna vo vsech pivnych, [...] bakalejnych lavkach – ėtich ‚Gusljarov' i ‚Babušek'. Pojavlenie ich v švejcarskich, [...] kuchnjach i lakejskich, nazojlivost's kotoroj oni lezli v glaza - soveršenno ubivali pervoe vpečatlenie – chorošo vypolenennoj chromolitografii i lišali ich vsjakogo značenija. No, povtorju, gde-nibud'v gluši vologodskich lesov, ili sredi donskich stepej, v odinokom poselke, ta že chromolitografija javljalas'dorogoju, želannoju gost'ej."

69 Nicht nur durch diese indirekte Kunstförderung hatte Adolf Marcks sich verdient gemacht. Er war ebenfalls als Kunstmäzen aktiv. Zum 25. Jubiläum von *Niva* am 2. Dezember 1895 spendete Marcks der Kaiserlichen Kunstakademie in St. Petersburg einen Betrag in Höhe von 4.200 Rubel. Dessen Zinsen wurden jährlich an die begabten Studenten der Kunstakademie ausgezahlt. Vgl. S. N. Kondakov: Imperatorskaja Sanktpeterburgskaja Akademija chudožestv [Kaiserliche Petersburger Akademie der Künste]. Bd. 1: Jubilejnyj spravočnik Imperatorskoj Akademii chudožestv. 1764–1914 [Jubiläumsschrift der Kaiserlichen Akademie der Künste. 1764–1914]. Sankt-Peterburg 1914, S. 92.

70 Evgenij A. Kibrik (1906–1978), sowjetischer Maler, Grafiker, Illustrator. Seine Kindheit verbrachte Kibrik in Voznesensk, einer Ortschaft in der Ukraine.

die wunderbare Welt der Kunst. In erster Linie rede ich über die Illustrationen, die die Bilder wiedergaben. [...] Am Ende der Zeitschrift fand man die Informationen über die Kunstausstellungen mit den Reproduktionen der besten Werke und Beschreibungen der dort gezeigten Bilder. [...] Die illustrierten Zeitschriften, ganz besonders mit Farbillustrationen, waren für mich eine ständige Quelle des leidenschaftlichen Kopierens.[71]

Ähnliches liest man auch bei dem Grafiker Ivan Pavlov:[72]

In der Werkstatt von Richau konnte man manchmal einzelne Nummern der Zeitschrift „Niva" finden. Ich hatte sie lange insgeheim studiert. [...] In mir wuchs der Gedanke, die gleiche Vollkommenheit zu erreichen, damit ich für „Niva" arbeiten konnte, was damals ein unerreichbarer Traum war.[73]

Indirekt bezeugt auch Igor' Ė. Grabar' einen ähnlichen Einfluss.

Die Zeitschrift *Niva* und ihr Verleger sind also ein epochemachendes Phänomen. Einerseits waren alle Bestrebungen von Marcks darauf gerichtet, den Lesergeschmack zu treffen und genau das anzubieten, was der *Niva*-Bezieher sehen wollte. Erstaunlicherweise war es anscheinend genau das, was auch die *Gartenlaube*-Leser sehen wollten. Andererseits formte Marcks zugleich den Geschmack seiner Leser. Somit könnte man ihn, um Aleksandr V. Amfiteatrov[74] zu paraphrasieren, nicht nur als „Fabrikant der Leser", sondern auch als „Fabrikant der Betrachter" bezeichnen.

Die Illustrationen aus *Niva* fungierten für ihr Publikum als geschmacksbildende Vermittlungsinstanz; ihre Bilderwelt popularisierte den herrschenden Kanon der Malerei. Es handelte sich um die öffentlich anerkannte zeitgenössische Kunst. Die absolute Mehrzahl der Künstler, deren Werke in *Niva* abgebildet worden sind, waren professionell ausgebildete Maler und Grafiker, die durch Ausstellungen und öffentliche Aufträge bekannt waren. Die Leserschaft von *Niva* war „das große Publikum der kleinen Geldbeutel".[75]

Rückblickend lag darin auch das Problem der Kunstrichtung, die in ihr vertreten war. Ihre starke Verbreitung und inflationäre Nutzung wirkte schließlich entwertend.

---

71 Evgenij A. Kibrik: Vsegda otkrytie [Immer eine Entdeckung]. In: Novyj mir, Moskva 1980, Nr. 1: „‚Niva'. [...] imelsja v gorodskoj biblioteke za vse gody. Dumaju ja proštudiroval ego doskonal'no. V suščnosti, ėto byl počti edinstvennyj istočnik moich svedenij o prekrasnom mire iskusstva. V pervuju očered' ja govorju ob illjustracijach, vosproizvodivšich kartiny. [...] V konce žurnala pomeščalis' svedenija o chudožestvennych vystavkach s reprodukcijami lučšich kartin i kratkimi annotacijami na pokazannye na vystavkach proizvedenija. ... Žurnaly s kartinkami, v osobennosti cvetnymi, byli v to vremja dlja menja postojannym istočnikom vdochnovennogo kopirovanija."

72 Siehe Anm. 58.

73 Pavlov: Žizn' russkogo gravera (Anm. 59), S. 48: „V masterskoj Richau inogda popadalis' i otdel'nye nomera žurnala ‚Niva'. Ja ich podolgu tajkom rassmatrival. ... Vo mne zarodilas' mysl' dobit'sja takogo že soveršenstva, čtoby rabotat' v ‚Nive', čto v to vremja javljalos' nesbytočnoj mečtoj."

74 Siehe Anm. 6.

75 „Bol'šaja publika malen'kich košel'kov": so nannte Vasilij G. Avseenko das Publikum der *Niva* im Nachruf an Marcks. Niva, 1904, Nr. 50, S. 1006.

So schrieb Kuz'ma S. Petrov-Vodkin[76] über die andersartigen Buchillustrationen von Michail A. Vrubel':[77] „In der Zeit vor Vrubel' war die Buchillustration so sehr vernachlässigt, so sehr durch die Alte ‚Niva' vulgarisiert, dass wir diesen Bereich absolut ignoriert haben und ihn komplett all diesen Karazins [Abb. 8, 9, 10][78] Panovs[79] und Pavlovs[80] überließen."[81] Petrov-Vodkins Empfindung bestätigt Sergej Bobrov: „In ‚Niva' herrschten lächerliche Handwerker, solche wie Ižakevič (Abb. 11),[82] Taburin,[83] Solomko,[84] Elizaveta Bëm (Abb. 12).[85] Dort war sogar der leicht zu verdauende Šiškin[86] eine seltene Erscheinung. Alles wurde mit dem unüberwindbaren Quatsch einer platten Familiarität der gängigsten Art überflutet."[87] In einer gewissen Weise wurde *Niva* dadurch doch zu einem epochemachenden Merkmal, zum Synonym für das ausgehende 19. Jahrhundert, wie es Osip Mandel'štam formuliert:

> Ich kann mich gut an die stumpfen Jahre Russlands erinnern – die neunziger Jahre, ihr langsames Herunterrutschen, ihr tiefer Provinzialismus – ruhiges Stauwasser: letzte Zuflucht des sterbenden Jahrhunderts. [...] Oh, diese Jahre, [...] als „Niva", „Weltweite Neuheiten" und „Bote der ausländischen Literatur", sorgfältig gebunden, die Bücherregale und Kartentische durchdrückten und für lange Jahre zum fundamentalen Bestand der

---

76 Kuz'ma S. Petrov-Vodkin (1878–1939), russischer und sowjetischer Maler, Grafiker, Kunsttheoretiker und Schriftsteller. In den 1890er Jahren, um die es in dem Zitat geht, studierte Petrov-Vodkin an der Moskauer Fachschule für Malerei, Bildhauerei und Architektur und an der Fachschule für Technisches Zeichnen in St. Petersburg.

77 Michail A. Vrubel' (1856–1910), russischer Künstler, Maler, Grafiker, Buchillustrator, Bildhauer, Keramiker und Bühnenbildner. Seine Illustrationen zu Jurij M. Lermontovs *Dämon* bespricht Petrov-Vodkin in seinen Lebenserinnerungen.

78 Nikolaj N. Karazin (1842–1908), russischer Künstler und Schriftsteller. Karazin war als professioneller Militäroffizier ausgebildet und hatte erfolgreich eine militärische Karriere verfolgt. Als er aus dem Dienst ausschied, studierte er an der Kaiserlichen Kunstakademie in St. Petersburg. Karazin war als Schlachten- und Genremaler sehr populär und äußerst produktiv. Er hatte im Auftrag des Hofes gearbeitet, aber auch als Zeichner für mehrere russische illustrierte Zeitschriften, solche wie *Sever*, *Niva*, *Vsemirnaja illjustracija*, aber auch für einige ausländische Zeitschriften.

79 Nikolaj Z. Panov (1871–1931?), russischer Grafiker. Er studierte in St. Petersburg an der Zentralen Fachschule für Technisches Zeichnen von Baron Štiglic und vervollständigte seine Ausbildung in Paris und Berlin.

80 Siehe Anm. 58.

81 Kuz'ma S. Petrov-Vodkin: Prostranstvo Ėvklida [Euklidischer Raum]. Sankt-Peterburg 2000, S. 414: „Illjustracija do Vrubelja byla nastol'ko v zabrose, nastol'ko opošlena staruchoj ‚Nivoj', čto my soveršenno ignorirovali ėtu oblast', otdav ee vo vladenie Karazinym, Panovym i Pavlovym."

82 Ivan S. Ižakevič (1864–1962), russischer und sowjetischer Maler, Grafiker und Schriftsteller. Ižakevič wirkte in verschiedenen illustrierten Zeitschriften mit.

83 Vladimir A. Taburin (1870–1954), russischer Maler, Buchgrafiker, Fotograf und Kriegskorrespondent. Taburin war im Bereich der Werbung und Plakatgestaltung aktiv tätig.

84 Sergej S. Solomko (1867–1928), russischer Maler, Grafiker, Aquarellist. Bevorzugte Sujets waren das Bojaren-Leben und altrussische Motive. Er gestaltete viele Postkarten.

85 Elizaveta M. Bëm (1843–1914), russische Grafikerin und Malerin. Sie malte bevorzugt Sujets aus dem Kinderleben, machte Schattenrisse und Postkarten.

86 Siehe Anm. 52.

87 Sergej P. Bobrov: Mal'čik [Junge]. Moskva 1976, S. 362: „V ‚Nive' carstvovali umoritel'nye remeslenniki vrode Ižakeviča, Taburina, Solomki, Elizavety Bëm, tam daže nesložnyj Šiškin byl redkost'ju. Vse zatopljala neprochodimaja čuš' salonnoj semejstvennosti samogo raschožego sorta."

8 Nikolaj Karazin: Weihnachtsnacht. In: *Niva*, 1897, Nr. 51, S. 1204

bürgerlichen Bibliotheken wurden. [...] Ich liebte diese „Mischung“ aus Straußeneiern, zweiköpfigen Kälbern und Festen in Bombay und Kalkutta und ganz besonders die Bilder, große, ganzseitige [...]. Es scheint mir, die Erwachsenen lasen genau das Gleiche wie ich. [...] Unsere Interessen waren überhaupt identisch, und ich mit sieben-acht Jahren ging in einem Schritt mit dem Jahrhundert.[88]

---

88 Osip Ė. Mandel'štam: Šum vremeni [Geräusch der Zeit]. Moskva 2006, S. 21–23: „Ja pomnju chorošo gluchie gody Rossii – devjanostye gody, ich medlennoe opolzan'e, ich glubokij provincializm – tichuju zavod': poslednee ubežišče umirajuščego veka. [...] O, ėti gody, [...] kogda ‚Niva', ‚Vsemirnaja nov'' i ‚Vestnik inostrannoj literatury', berežno perepletaemye, prolamyvali ėtažerki i lombernye stoliki, sostavljaja nadolgo fundamental'nyj fond meščanskich bibliotek! Ja ljubil ‚smes'' o strausovych jajcach, dvugolovych teljatach i prazdnikach v Bombee i Kal'kutte, i osobenno karti-

9 Nikolaj Karazin: Weihnachtsnacht. In: *Niva*, 1897, Nr. 51, S. 1205

Resümierend lässt sich sagen, dass die Bilderwelt von *Niva* einen relativ einheitlichen künstlerischen Stil repräsentierte. Er bestand aus dem popularisierten Akademismus und der sentimental-idealistischen Genremalerei. Auf den Seiten von *Niva* traf der Leser auf eine Fülle an Bildmaterial, das von professionell ausgebildeten und damals bekannten russischen und ausländischen zeitgenössischen Künstlern geschaffen wurde. Daher entsprachen die Illustrationen dem Geschmack des Publikums und wirkten im Gegenzug geschmacksbildend.

---

ny, bol'šie, vo ves' list [...] Mne sdaetsja, vzroslye čitali to že samoe, čto i ja, to est' glavnym obrazom priloženija, neobjatnuju, rasplodivšujusja togda literaturu priloženij k ‚Nive' i proč. Interesy naši voobšče byli odinakovy, i ja semi-vos'mi let šel v uroven' s vekom."

10 Nikolaj Karazin: Fasching, Zeichnung. In: *Niva*, 1897, Nr. 7, S. 153

In Bezug auf die Vermittlungsrolle von *Niva* im internationalen Kultur- und Kunsttransfer kann von einem permanenten, wenn auch unterschwelligen Informationsfluss gesprochen werden.[89] Auch wenn die Kunstrichtung, die *Niva* vertrat,

89 Wenn auch nicht in gleicher Intensität, so wirkte der Kulturtransfer doch in beide Richtungen. Adolf Marcks legte anscheinend Wert darauf, die russische Kunst im Westen bekannt zu machen. Im *Börsenblatt für den deutschen Buchhandel* von 1894 konnte man lesen: „Eine Ausstellung von russischen Farbdrucken mit anschließender Besprechung veranstaltete Herr Otto Schlotke im Hamburgischen Kunstgewerbeverein in der Sitzung vom 16. Januar. Es waren hauptsächlich Drucke aus der Kunstanstalt von A. F. Marcks in St. Petersburg, und zwar Sammelmappen der bekannten russischen belletristischen Zeitschrift ‚Niwa', die dem Vortragenden anlässlich seiner Chicago-Berichte von dem Verleger übersandt waren. Diese schönen Arbeiten erregten allseitiges Interesse." Ebd., Nr. 38 v. 15.2.1894, S. 987.

11 Ivan Ižakevič: Von dem Fluss, Zeichnung. In: *Niva*, 1897, Nr. 50, S. 1189

12 Elizaveta Bëm: Zum Wohl, Schattenriss. In: *Niva*, 1897, Nr. 7, S. 159

längst nicht von allen angenommen und gutgeheißen wurde, blieben die immer wiederkehrenden Berichte über die internationale Kunst, allem voran die deutsche und noch konkreter die Münchner Kunst, im Bewusstsein der Leser haften. Die Matrikelbücher der Münchener Kunstakademie verzeichnen, aus diesem Grund nicht überraschend, in der zweiten Hälfte des 19. und Anfang des 20. Jahrhunderts über 300 Kunststudenten aus dem ehemaligen Russland.[90] Die privaten Münchener Kunstschulen wie die von Józef Brandt oder Anton Ažbe (1862–1905) waren mit Studenten aus Russland und anderen osteuropäischen Ländern geradezu überfüllt.[91] Das Bestreben nach München zu kommen war bei einigen jungen Künstlern so stark, dass Kuz'ma S. Petrov-Vodkin[92] sich ein Fahrrad mietete und von Moskau aus nach München fuhr, um dort Kunst bei Anton Ažbe zu studieren.[93]

Adolf Marcks schuf mit seiner Zeitschrift das auflagenstärkste, erfolgreichste und günstigste illustrierte Familienblatt Russlands. In *Niva* wurde der Leser mit einer bis dahin ungekannten Flut an zeitgenössischer, profaner Kunstproduktion und Information zum Thema Kunst konfrontiert. Dadurch leistete Marcks einen substanziellen Beitrag zur Popularisierung der bildenden Kunst in Russland. Sein persönlicher Geschmack und seine Vorliebe für die deutsche akademische Kunst spiegelten sich auf den Seiten der Zeitschrift. Dadurch entstand ein Wissenstransfer, der nicht selten junge Leute aus Voronež, Orenburg oder Astrachan'[94] dazu bewog, ihre Kunstausbildung in Deutschland aufzunehmen. Wie fruchtbar ein solcher Austausch für die Kunst des 20. Jahrhunderts war, ist anschaulich am Beispiel der Künstlergruppe „Blauer Reiter“ zu sehen.

---

90 Siehe <http://matrikel.adbk.de> (letzter Zugriff 06.06.2013).

91 Siehe Viktor I. Baranovskij, Irina B. Chlebnikova: Anton Ažbe i chudožniki Rossii [Anton Ažbe und die Künstler Russlands]. Moskva 2001.

92 Siehe Anm. 76.

93 Siehe Kuz'ma S. Petrov-Vodkin: Chlynovsk [Chlynovsk]. Leningrad 1982, S. 370–408.

94 Vergleiche die Matrikelbücher der Münchener Kunstakademie (Anm. 90).

Julianna Redlich

Die Schule als politische Machtinstanz. Ein Raum gegen Modernisierungsprozesse in Carl Busses Roman *Das Gymnasium zu Lengowo*[1]

1. Carl Busse: vom „Jüngling aus dem fernen Osten des Landes" zum mächtigen Kritiker in der Reichshauptstadt

Der für die heutige Literaturwissenschaft, geschweige denn für die Leserschaft nahezu unbekannte Literat Carl Busse war zu seinen Lebzeiten ein mächtiger Kritiker, Publizist und gefeierter Lyriker. Geboren 1872 in Lindenstadt in der Nähe von Posen/Poznań, besuchte er zunächst ein Gymnasium in Wongrowitz/Wągrowiec. Aufgrund seiner frühen Begeisterung für Dichtung und seines Schwärmens für die Lyriker Liliencron und Schönaich-Carolath versuchte Busse schon als Sextaner seine ersten Schritte in der Dichtkunst zu machen. Einige Jahre später stellte er seinen Vorbildern diese Gedichtproben vor. Dieser Schritt wurde zum Auslöser einer kometenhaften Karriere. Busses Briefe markierten nicht nur den Anfang reger Korrespondenzen mit seinen Vorbildern. Liliencron fand für den damals 18-jährigen Busse auch schnell einen Vermittler: den Dichter und Dramatiker Arno Holz. Busses erstes Buch *Gedichte* erschien 1892 und erhielt lobende Kritiken. Selbst der prominente Literaturwissenschaftler Erich Schmidt nahm ihn begeistert auf mit den Worten „Morituri te salutant, Carl Busse!"[2]

Seine literarischen Interessen entwickelte Busse noch stärker während des Studiums der Philologie, Geschichte und Philosophie in Berlin. 1898 promovierte er in Rostock mit einer Dissertation über Novalis' Lyrik. Schon vor seiner Studienzeit engagierte er sich als Redakteur und Herausgeber von Zeitschriften. Beispiele sind die *Litterarischen Blätter* und das *Deutsche Wochenblatt*.

Mit seiner literarhistorischen Einführung in der Anthologie *Neuere Deutsche Lyrik* (1895) betrat er ein ganz neues Terrain und profilierte sich als Literaturkritiker. Da sich die Druckmedien gerade in dieser Zeit rapide entwickelten und der Bedarf an maßgebenden Urteilen über die neuesten Texte wuchs, war die Arbeit eines Literaturkritikers besonders angesehen.[3] Busses Talent in diesem Bereich wurde schon recht früh von dem anerkannten Schriftsteller und Publizisten Ludwig Jacobowski bemerkt. In einem Brief vom 9. Februar 1891 spornte dieser den jüngeren Kollegen direkt an: „Mehr Psychologie, Horatio! Und Sie werden einst ein sehr tüchtiger Kri-

1 Der vorliegende Beitrag präsentiert die ersten, vorläufigen Ergebnisse meines Promotionsprojekts.

2 Hans Benzmann: Carl Busse. In: Konservative Monatsschrift 76 (1918/19), S. 333–337, hier S. 335.

3 Vgl. dazu Eva D. Becker: Literaturverbreitung. In: Edward McInnes, Gerhard Plumpe (Hg.): Bürgerlicher Realismus und Gründerzeit. München, Wien 1996, S. 108–143.

Jahrbuch des BKGE 21 (2013), S. 431–444

tikus werden."[4] Busse folgte diesem Ratschlag und aus dem „Jüngling aus dem fernen Osten des Landes"[5] wurde ein anerkannter Berliner Kritiker.

Seit September 1904 war Busse mit den sehr weit verbreiteten *Velhagen & Klasings Monatsheften* verbunden, wo er in seiner festen Kolumne *Neues vom Büchertisch* literarische Kritiken schrieb. Der Einfluss Busses auf das literarische Milieu seiner Zeit war also unbestritten groß. Diese bedeutende Stellung des Kritikers nahmen auch junge Poeten wahr. Im Februar 1905, begeistert von Busses Ausführungen über ‚das wahre Dichter-Sein', entschloss sich der 17-jährige Gottfried Benn, an den mächtigen Kritiker zu schreiben.[6] Die Antwort Busses solle ihn aus seiner existentiellen Krise befreien: War er zum Künstler geboren oder nicht?[7] Die Entscheidung über sein Schicksal legte er allein in Carl Busses Hände. Wie der Kritiker geantwortet hat, weiß man (bislang) nicht. Sicher ist jedoch, dass dieser Brief nicht der einzige war, in dem Busse von jungen Dichtern nach seinem Urteil gefragt wurde. In seinem Nachlass finden sich auch in solchem Ton gehaltene Briefe von Ludwig Meidner, Alfons Paquet, Agnes Miegel und Johannes R. Becher.[8]

Ein anderer angehender Poet hingegen hat Busses Wohlwollen erhalten, ohne sich an ihn gewendet zu haben. Die Rede ist von Hermann Hesse, dessen *Romantische Lieder* Busse anerkennend annahm und dem Dichter vorschlug, sich an einem neuen Gedichtband der Groteschen Verlagsbuchhandlung und der in ihr von Busse herausgegebenen Reihe zu beteiligen.[9] Hesse nahm diesen Vorschlag mit großer Freude an und korrespondierte auch noch nach der Herausgabe des Bandes mit Busse.

Die Förderung junger Autoren war nicht sein einziges Engagement für die Zukunft des Schriftstellerdaseins. Denn Carl Busse gehörte zusammen mit Dehmel, Falke und Liliencron zu den Gründern des „Kartells lyrischer Autoren", einer seit 1902 existierenden Vereinigung, die sich gegen die Verlagspraxis honorarfreier Abdrucke von Gedichten in Anthologien einsetzte. Diese Stellung „versicherte ihm einen erheblichen Einfluss im Literaturbetrieb."[10]

2. Carl Busses Ostmarkenroman *Das Gymnasium zu Lengowo*

In seinem eigenen Schaffen blieb Busse allerdings eher konservativ. Seine Einstellung zu den neuen Strömungen und Veränderungen sowohl im Bereich der Literatur und

---

4 Fred B. Stern (Hg.): Auftakt zur Literatur des 20. Jahrhunderts. Briefe aus dem Nachlaß von Ludwig Jacobowski. Bd. 1. Heidelberg 1974, S. 129.

5 Richard Maria Werner: Vollendete und Ringende. Dichter und Dichtungen der Neuzeit. Minden/Westf. 1900, S. 245.

6 Thedel von Wallmoden: Porträt des Künstlers als junger Mann. Über einen unveröffentlichten Brief Gottfried Benns. In: DVjs 62 (1988), S. 572ff.

7 Joachim Dyck: Gottfried Benn. Einführung in Leben und Werk. Berlin 2009, S. 23.

8 Von Wallmoden: Porträt des Künstlers (Anm. 6), S. 575.

9 Renate Schipke: Hermann Hesse und Carl Busse. Genese eines frühen Gedichtbandes (1902). In: Editio. Internationales Jahrbuch für Editionswissenschaft. Bd. 15. Tübingen 2001, S. 187–190, hier S. 188.

10 Dyck: Benn (Anm. 7), S. 23.

Kultur als auch gegenüber den Modernisierungstendenzen im gesellschaftlichen Leben war alles andere als verständnisvoll. Die Jahrhundertwende bezeichnete er als „gefährliche Entwicklungszeit".[11] Eine sich neu entwickelnde literarische Gattung gab Busse die Möglichkeit, diese Haltung besonders stark zu postulieren: die Heimatliteratur. Sie entstand zu Beginn der 1890er Jahre und richtete sich grundsätzlich gegen den Naturalismus[12] und die Naturwissenschaften, teils auch gegen Demokratismus und Sozialismus.[13] Diese feindselige Haltung gegenüber den modernen literarischen und politischen Tendenzen erwuchs aus dem Gefühl, das Bürgertum sei durch diese Erscheinungen in seiner Existenz bedroht. Um eine Alternative zur modernen Lebenseinstellung zu finden, wandte man den Blick von der Stadt ab und hin zu der Provinz. Eine der Provinzen, die sich als besonders fruchtbarer Boden für die Heimatliteratur entpuppte, war die Provinz Posen, bekannt als „Ostmark".[14]

Busses Schulroman *Das Gymnasium zu Lengowo* spielt auch in dieser Gegend zu Beginn des 20. Jahrhunderts. Es wird die Geschichte des schon etwas älteren deutschen Lehrers Georg Rüdiger erzählt, der zusammen mit seiner erwachsenen Tochter Gertrud in die Provinz reist, um an dem dortigen Gymnasium die Stelle des neuen Direktors zu übernehmen. Verlangt wird von ihm jedoch nicht nur die Schulleitung, sondern auch, den Prozess der Germanisierung in Lengowo durchzuführen. Dort sollen nämlich die beiden Nationen – Polen und Deutsche – „nicht immer verträglich leben" (1,6).[15] Das Herz der Ortschaft ist das Gymnasium, dessen Schüler und Lehrer ihre einflussreichsten Bewohner sind. Das Gymnasium ist Schauplatz mehrerer Werke Busses. Er stilisiert die Schule ganz bewusst zu einem bestimmten Raum, der die Macht besitzt, sich den modernen Erscheinungen der Zeit zu widersetzen.

Um diese These zu bestätigen, wird am Beispiel des Romans *Das Gymnasium zu Lengowo* auf spezifische Schreibstrategien des Heimatliteraten Carl Busse hingewiesen. Es wird unter anderem auf die Machtstellung der Schule und des Lehrers gegenüber der Kirche aufmerksam gemacht, auf die Bedeutung von organisierter und unorganisierter Masse und auf die Stellung der Jugend im Prozess der Germanisierung. Ins Zentrum der Erörterung ist der ständige Vergleich zwischen dem deutschen und dem polnischen Volk gerückt. Die Kontrastspannung zwischen „uns Deutschen" und „den Polen", die auf der Feststellung beruht, „wir Deutsche [seien] die ‚biologisch Gesunden und Ethisch-Hochwertigeren'" und im Besitz einer „über-

11 Carl Busse: Im Spiegel. Autobiographische Skizzen. In: Das Literarische Echo. Halbmonatsschrift für Literaturfreunde 12 (1909/10), Sp. 1731–1740, hier Sp. 1735.

12 Edyta Połczyńska: Im polnischen Wind. Beiträge zum deutschen Zeitungswesen, Theaterleben und zur deutschen Literatur im Großherzogtum Posen 1815–1918. Poznań 1988, S. 172.

13 Erich Ruprecht, Dieter Bänsch (Hg.): Literarische Manifeste der Jahrhundertwende 1890–1910. Stuttgart 1970 (Epochen der deutschen Literatur. Materialienband), S. 326.

14 Maria Wojtczak: Literatur der Ostmark. Posener Heimatliteratur (1890–1918). Poznań 1988 (Seria Filologia germańska, 43), S. 13.

15 Carl Busse: Das Gymnasium zu Lengowo. Ein Schulroman aus der Ostmark. 2 Bde. Stuttgart 1907. Im Folgenden werden die Zitate des Romans im laufenden Text mit Band- und Seitenangabe in runden Klammern angegeben.

legenen geistigen Kultur",[16] ereignet sich ebenfalls im Rahmen dieses besonderen Schul-Raums.

Wie in vielen literarischen Werken der Heimatkunstbewegung, kommt auch in *Das Gymnasium zu Lengowo* der „Akzent des ‚National-heimatlichen'"[17] zur Geltung. Heimat bedeutet hier aber nicht einen vertrauten Raum, sondern mehr „einen Ort der Verwirklichung deutsch-nationaler – damit also politischer – Bestrebungen".[18] Als der Protagonist Georg Rüdiger aus seiner Heimat, der Mark, nach Lengowo in die Provinz Posen reist, um dort seine neue Stellung anzutreten, gehen ihm folgende Gedanken durch den Kopf:

> Das Gymnasium hatte in kurzer Zeit vier Direktoren verbraucht. Nationale Reibereien waren an der Tagesordnung. Da gehörte ein Mann hin voll Takt und Festigkeit. Es wäre einfacher gewesen, er hätte abgelehnt und gewartet. Über kurz oder lang hätte er eine viel bequemere [...] Direktorstelle in der Heimat, in der Mark erhalten. Aber es freute ihn, daß man ihm so viel Vertrauen zeigte. Und wieder schwoll, wie früher, die stürmische Begeisterung in ihm empor: schaffen, wirken! Hier war eine große Aufgabe! (1,11)

Carl Busse führt sehr geschickt in die Handlung ein: Er lässt den Leser mit der Hauptfigur Georg Rüdiger mitfühlen, indem er klassische Identifikationsstrategien benutzt, die ihm, Rüdiger, umgebende Fremde und Heimatlosigkeit verdeutlicht und den Protagonisten und seine Tochter Gertrud als ihre Opfer darstellt, um so den Leser später umso stärker von ihrer „großen Mission" zu überzeugen. So treffen Vater und Tochter in der Fremde ein: „Jeden Augenblick zog ihn [Georg Rüdiger] das Mädchen leicht. Zuerst lustig lachend: ‚Kannst du den Namen lesen?' Dann schon minder fröhlich [...] Und endlich beinah' ernst: ‚Es gibt hier so viele Namen, die ich nicht aussprechen kann.'" (1,14) Die Heimatlosigkeit der Helden wird in stets neuen Anläufen thematisiert, etwa im Selbstgespräch des Protagonisten:

> Was willst du hier? Warum bist du hier hergekommen? Die fremde Stadt, die fremden Menschen, das fremde Lied, die fremde Sprache – wo waren die Brücken dazu? [...] Man ist heimatlos, wo so viele Heimat haben. (1,16)

Später jedoch hört der Hauptheld die Melodie des *Deutschlandliedes,* gepfiffen von einem jungen Knaben, und singt instinktiv mit: „Deutschland, Deutschland über alles, über alles in der Welt..." (1,17). Dieses Lied gibt dem neuen Gymnasiumsdirektor Mut, er richtet „klare, helle, freudige Augen" auf das „dunkle Gymnasialgebäude" (1,17) und beginnt seine vorher angekündete Mission, die Germanisierung, mit voller Überzeugung. Das Zitieren des *Deutschlandlieds* ist ein Stilmittel, um auch im (deutschen) Leser Begeisterung für die Sache zu wecken und zusätzlich die Bedeutung der Aufgabe hervorzuheben.

Busse hat nicht zufälligerweise ausgerechnet einen Lehrer zum Helden des Romans gemacht. Gerade der Lehrer gehörte im 19. Jahrhundert – sozial gesehen –

---

16 Helga B. Whiton: Der Wandel des Polenbildes in der deutschen Literatur des 19. Jahrhunderts. Bern 1981 (Germanic studies in America, 40), S. 195.

17 Ebd., S. 195.

18 Wojtczak: Literatur der Ostmark (Anm. 14), S. 171f.

neben dem Geistlichen zu den Personen, die „in der Gesellschaft einflussreich und angesehen waren".[19] Wegen ihres Prestiges wurden die Lehrer auch häufig im Kulturkampf eingesetzt mit der Absicht, sie „zu ‚Kulturträgern' und Germanisatoren zu machen".[20] Lehrer halfen somit, die Bestrebungen des 1894 gegründeten Ostmarkenvereines zu verwirklichen. Dessen Ziel war es, die ökonomische, kulturelle und politische Überlegenheit des Deutschtums gegenüber den Polen in der Ostmark zu erlangen. In Polen wurde er ‚HKT-Verein' genannt, abgeleitet von den Anfangsbuchstaben seiner drei Gründer (Hansemann, Kennemann, Tiedemann).[21] 1886 erließ die preußische Regierung eine geheime Verfügung, aufgrund derer die polnisch sprechenden Lehrer in den Westen Deutschlands versetzt wurden, da viele polnische Lehrer sich weigerten, den Unterricht in deutscher Sprache zu führen. In die östlichen Provinzen hingegen schickte man Lehrer, die die polnische Sprache *nicht* beherrschten.[22]

Im Roman *Das Gymnasium zu Lengowo* wird der Beruf des Lehrers zu dem des Geistlichen in Beziehung gesetzt. Bestätigen können das solche Textstellen, an denen die Lage der Kirche und die der Schule beschrieben werden. Als Georg Rüdiger und seine Tochter mit dem Zug in Lengowo ankommen, fällt ihr Blick zuerst auf ein riesiges Gebäude: „Es erschien fern, überragend, ein mächtiges Gebäude, halb Burg, halb Kirche. [...] Es sei das alte Kloster der Zisterzienser, das da die Stadt so beherrsche." (1,12f.) Eindeutig wird hier auf die Macht, die das Kloster über die Stadt hat, verwiesen. Doch nicht das Kloster steht im Zentrum der Handlung, sondern das Gymnasium, das „nicht allzu weit von dem mächtigen alten Kloster ab" (1,16) liegt.

Diese nachbarschaftliche Lage fordert den Leser dazu auf, über die Bedeutung dieser beiden Institutionen nachzudenken. Obwohl sie sich als klassische Machtinstanzen im Prinzip ziemlich nahestehen, hat das Gymnasium einen großen Vorteil. Es kann viel militanter handeln. Die Schule ist eine Etappe des Kampfs für die deutsche Sache, ein äußerst wichtiges Element im sogenannten Kulturkampf. Nicht zufällig möchte der dafür begeisterte deutsche Schüler Reinhold Wächter eine Karriere als Offizier machen. Um das zu schaffen, muss er die Prima (also die letzte Stufe des Gymnasiums) mit guten Noten absolvieren – die Schule ist also die erste Etappe, dann folgt der Militärdienst.

Die Machtaura der beiden Gebäude – der Schule und der Kirche – liegt darin, dass sie die immunsten Einrichtungen gegen jegliche Modernisierungsprozesse sind. Und genau das möchte Busse durch ihre enge Nachbarschaft verdeutlichen. Aber auch er sieht den besprochenen Vorteil des Gymnasiums und akzentuiert ihn im Text:

> Das Gymnasium – das erhob sich dunkel, massig, wie eine Zwingburg. Es war gleichsam Hort und Wahrzeichen des Deutschtums, es hatte sich frech neben das Kloster hingepflanzt. Und der dort [im Gymnasium] regierte, schnitt die polnischen Kinder von

19 Ebd., S. 74.

20 Ebd.

21 Meyers Großes Konversations-Lexikon. Bd. 4. Leipzig 1906, S. 737–738.

22 Wojtczak: Literatur der Ostmark (Anm. 14), S. 74f.

den Festen ihres Volkes ab, mordete ihre Muttersprache, verhängte die Sperre über jeden polnischen Kaufmann, kannte nur *ein* Ziel: das Deutschtum hier herrschend zu machen. (1,135)

Der Germanisierungsprozess stellt auch einen Zusammenhang zwischen Schule und Armee her, wenn man die Germanisierung als einen Prozess der ‚Entladung' begreift, wie ihn Elias Canetti in seiner grundlegenden Studie *Masse und Macht* konzipiert:

> Der wichtigste Vorgang, der sich innerhalb der Masse abspielt, ist die *Entladung*. Vorher besteht die Masse eigentlich nicht, die Entladung macht sie erst wirklich aus. Sie ist der Augenblick, in dem alle, die zu ihr gehören, ihre Verschiedenheiten loswerden und sich als gleiche fühlen.[23]

So wie in der Armee alle Menschen zu Soldaten und zu einer Masse von Kämpfern in gleichen Uniformen, gleichen Frisuren und mit einem Ziel werden, so versucht auch Georg Rüdiger seine ‚Mission' in der Schule umzusetzen: der Fremde soll germanisiert werden, damit es keine Unterschiede zwischen den Individuen gibt und damit die Masse auch wächst – das ‚Wachstum', ähnlich wie die ‚Entladung' ist eine weitere Eigenschaft der Masse.

Dass das Gymnasium mit einer Armee verglichen werden kann, liegt nicht nur an diesen Eigenschaften. Auch das Gefühl, eine *Ganzheit* zu sein, ist in dem Roman präsent. Fortwährend ist die Rede von ‚Schülermassen', die lärmend aus den Zimmern strömen. Und auch Rituale wie z.B. das ‚Taufen', das dem Direktor zuerst von seinem Lieblingsschüler Wächter erklärt werden muss, sind ein Teil dieses Gefühls, zusammen ein bestimmtes *Ganzes* zu bilden: „Das ist so üblich. Bis zur Obertertia. Wenn man in eine neue Klasse versetzt ist, wird man von denen, die schon drin sind, die sitzen geblieben sind, erst getauft... also übergelegt. Dann ist man aufgenommen." (1,50)

Dieses spezifische Ritual, dass „so üblich ist" an dem Gymnasium, ist Teil seiner Tradition. Es ist unbestritten ein Folterakt, der ein klares Ziel verfolgt: es soll nicht den Charakter einer Strafe haben, sondern eine bloße Einwirkung auf den Körper sein. Der ‚neue Körper' wird hiermit in ein „System von Zwang und Beraubung, Verpflichtungen und Verboten"[24] gesteckt. Auf diese Weise wird er ‚getauft', also in die neue Gemeinschaft aufgenommen, damit also Teil des *ganzen Körpers*. Ein so behandelter Körper lässt sich auch leicht manipulieren.[25] Die Schule hat also ein eigenes System, sie ist eine klassische Machtinstanz, eine „Dressuranstalt": „Sie legt die Kräfte nicht in Ketten, um sie einzuschränken; sie sucht sie allesamt so zu verbinden, dass sie vervielfältigt und nutzbar gemacht werden."[26] Nicht zufällig wird das besprochene Ritual als ‚Taufen' bezeichnet. Es ist dieselbe Prozedur wie die Aufnahme in

23 Elias Canetti: Masse und Macht. Frankfurt/Main 2006, S. 16.
24 Michel Foucault: Überwachen und Strafen. Die Geburt des Gefängnisses, Frankfurt/Main 1994, S. 15.
25 Ebd., S. 174f.
26 Ebd., S. 220.

die christliche Gemeinschaft. Im Grunde kann sich der getaufte Säugling ebenso wenig gegen diesen Ritus wehren wie der neue Schüler gegen die Prügel.

Ähnlich wie im Militär, das nach denselben Prinzipien der klassischen Dressuranstalten funktioniert, ist am Gymnasium auch das *Gemeinschaftsgefühl* präsent. Der Schüler Reinhold Wächter ist ein Paradebeispiel für einen Träger des Solidaritätsgefühls. Sein sprechender Name – Wächter – soll auch seine Rolle im Roman hervorheben. Er ‚wacht' über die Fortschritte der ‚Mission', für die er ganz Feuer und Flamme ist. Ihm „brennt das Herz" (1,94) für den Direktor und für dessen Kampf „geht er durchs Feuer" (1,118). Er ist stolz darüber, dass ihn „die Polen alle hassen" (1,51). Als Georg Rüdiger seinen Lieblingsschüler betrachtet, bemerkt er: „Gewiß das übliche Knabengesicht, etwas heller und hübscher als viele übrige." (1,53) Es ist das *helle* Gesicht, das Hoffnung und Freude bringt. (Später wird das Adjektiv ‚hell' noch näher betrachtet). Schon am Anfang des Romans ist Georg Rüdiger von Wächters Pfeifen der Nationalhymne besonders berührt. Diese Eigenschaften machen aus dem Knaben einen wahren Wächter, nicht nur vom Namen. Er verteidigt den Ruf des Gymnasiums gegen den Vorwurf des Vandalismus am Hause des Direktors so gut er kann – er „wacht" über die Ordnung: „Man hat in der Stadt davon gesprochen, [...] daß die Schuldigen Gymnasiasten seien. Da wollte ich beweisen, daß sich keiner von uns dazu hergibt." (1,118) Dieses Zugehörigkeitsgefühl zu dem Kollektiv ‚wir' ist bemerkenswert, besonders für solch einen Individualisten und geborenen Spitzenreiter wie Reinhold Wächter. Man erkennt daran, dass das Gymnasium ein äußerst starkes Gemeinschaftsgefühl in den Schülern prägt.

Dieses Gemeinschaftsgefühl ist die nächste Eigenschaft, die die Ähnlichkeit von Schule und Kirche bekräftigt. Den Vergleich zu der heiligen Institution stellt der Erzähler an einer Stelle auch selbst her: als die Tochter des Direktors, Gertrud Rüdiger, von dem für die Germanisierung begeisterten Hilfslehrer Dr. Holst durch das Gymnasium geführt wird. In einem Klassenraum erzählt Dr. Holst Gertrud von einem ehemaligen Lehrer, der ihn dazu gebracht hat, selbst Pädagoge zu werden. Schon allein seine Beschreibung des Lehrers ist sakral: „Wie von einem Leuchten war er angestrahlt" (1,45), sagt Dr. Holst. Passend zu diesem erhabenen Moment werden der Raum und die Atmosphäre der Schule mit denen einer Kirche verglichen. Die Bedeutung des Gymnasiums für den Geisteszustand und für den ‚Kulturkampf' wird hochgespielt: „Das Schweigen jetzt war so groß und voll Reinheit. Als ob sie nicht in der Schule wären, sondern in der Kirche." (1,45)

Busse scheint genau zu wissen, worauf er mit diesen Beschreibungen hinaus möchte. Auf einer Seite schreibt er der ‚Mission der Germanisierung' einen nahezu heiligen Wert zu und sieht ihren Befürworter und Missionar – den Lehrer – als „vergötterte" Persönlichkeit, so wie der Direktor von seinem Schützling Reinhold betrachtet wird: „Er sah den vergötterten Lehrer von der Seite an." (1,118) Auf der anderen Seite ist die Schule eine profane Institution, sie kann sich daher ohne Konsequenzen zu einem Machtobjekt entfalten und diese Veränderung wird nicht als etwas Beunruhigendes betrachtet. Man könnte sie deshalb als ‚säkularisierte Kirche' bezeichnen. Die Schule soll Menschen durch dasselbe Ziel vereinen: „Das Deutschtum hier herrschend zu machen" (1,135). Dieses Zugehörigkeitsgefühl hat jedoch seine Grenzen. Denn die Masse der Schüler tritt gegen eine andere an: gegen die Polen, das ‚polnische Element' in der Provinz.

Das Motiv des deutschen Kulturkampfes war nicht nur das Bedürfnis nach Macht, es war auch ein zeittypischer Ausdruck der Angst. Diese Angst äußerte sich durch den Polenhass, der sich ungefähr in der Zeit der Umbildung Preußens in den deutschen Nationalstaat herausbildete und in der späteren Zeit durch ein Gefühl der Verachtung ersetzt wurde. Wovor man Angst hatte war gerade die Masse, die „kulturlose Masse" der Polen: „Den Eindruck der Kulturlosigkeit erweckten die Scharen der Land- und Bergarbeiter, die nun in immer größeren Zahlen auch in die der Grenze mehr entlegenen Gebiete gelangten".[27]

Busse bezeichnet diese Masse metaphorisch als „Wind". Nicht nur ist der Titel einer seiner Geschichtensammlungen, die in der Ostmark spielen, *Im polnischen Wind*. Auch im *Gymnasium zu Lengowo* wird diese Metapher benutzt. Als Georg Rüdiger durch die Gegend schlendert, heißt es: „Nun blies der ‚polnische' Wind ihn stärker an. [...] Kein fröhlich Land. Er begriff, daß die Lieder, die hier geboren und gesungen wurden, nicht *hell* waren." (1,61) ‚Hell' – die ständig von Busse wiederholte Eigenschaft – wird ausschließlich dem, was deutsch ist, zugeschrieben. Beispiel ist das „helle Gesicht" (1,53) des Knaben Reinhold Wächter, von dem schon die Rede war. Aber auch schon zu Beginn der Erzählung werden die hellen Augen von Gertrud und Dr. Holst erwähnt und das Bedeutendste: „die hellen, freudigen Augen" (1,17) von Georg Rüdiger, mit denen er das Gymnasialgebäude anschaut. Das Deutsche, Helle, das ist die klare, ungetrübte Zukunft, die ein edles Ziel verfolgt: die Germanisierung, also die organisierte Ordnung und Disziplin. Alles was nicht zu dem Hellen zählt, wird den Polen zugeschrieben, die unorganisiert und planlos sind. Wie der Wind. Auch bei Elias Canetti ist der Wind als ein Massensymbol präsent:

> Seine Stärke wechselt und mit ihr seine Stimme. Er kann winseln oder heulen, leise, laut, es gibt wenige Töne, deren er nicht fähig ist. [...] Da man ganz von Luft umgeben ist, wirken die Stöße, die man von ihm empfängt, sehr körperlich: Man fühlt sich ganz im Wind.[28]

Die Windmetapher ist äußerst wichtig bei der Betrachtung der beiden Völker. Die Angst vor dem Wind ist verständlich. Er kann sich auf die unterschiedlichste Weise räumlich bewegen, er ändert seine Richtung, sein Tempo. Den Wind können auch andere atmosphärische Phänomene begleiten: Gewitter, Regen, Sturm. Mit seinem Erscheinen ist eine unmittelbare Lebensbedrohung verbunden. Auch werden in verschiedenen Kulturen die Windgötter als reizbar und launisch charakterisiert. Schon der sumerische Enlil – „Herr Wind" – ist ein Feind der Menschen und trägt Verantwortung für die aufkommenden Plagen. [29] In diesem Zusammenhang könnte man die „kulturlose Masse" der Polen als eine ‚Plage' oder ‚Seuche' bezeichnen, die sich

27 Whiton: Wandel des Polenbildes (Anm. 16), S. 147.
28 Canetti: Masse und Macht (Anm. 23), S. 99.
29 Małgorzata Sacha-Piekło: Powietrze [Luft]. In: Krystyna Wilkoszewska (Hg.): Estetyka czterech żywiołów. Ziemia. Woda. Ogień. Powietrze. Kraków 2002, S. 199–202.

leicht verbreitet: nämlich durch den Wind, der ein unberechenbares Element ist. Deshalb ist es so schwer gegen ihn anzukämpfen.

Somit erscheint der Kampf des Gymnasiums, an dessen Spitze Georg Rüdiger steht, mit der polnischen Bevölkerung in Lengowo, als ein Kampf einer organisierten mit einer unorganisierten Masse. Dass das deutsche Element eine Führungskraft hat und eine Einrichtung, ist Teil des Organisiertseins. Das polnische Element hingegen ist zerstreut – wie der Wind – und hat keinen Anführer. Die wenigen polnischen Adligen werden äußerst negativ dargestellt, sie wollen keinen Kampf, nur einfach ihre Ruhe. So stellt der Erzähler im Roman *Das Gymnasium zu Lengowo* den polnischen Adligen Thaddäus von Ossonski dar:

> Wozu leugnen, daß ein Gegensatz zwischen Deutschen und Polen hier besteht? Ich bedauere das – nicht als ob ich ein schlechter Pole wäre. Aber ich habe genug geseh'n und genug gelernt, um zu wissen, daß es politische Ziele für uns nicht mehr gibt, und daß es deshalb vernünftig ist, wenn wir uns mit unseren deutschen Mitbürgern gut stellen. (1,112)

Als Georg Rüdiger aber bedauert, seine Maßnahmen der Germanisierung zu unterbrechen, sagt Ossonski: „Sie kennen unser niederes Volk nicht, Herr Direktor. Es ist geduldig, gutmütig, leichtsinnig, aber es versteht keinen Spaß, wenn ihm einer an seine Religion oder an seine Feste will. Dann behalten wir es nicht mehr in der Hand." (1,115) Sogar der Pole sieht den Großteil seines Volkes (das ‚niedere Volk') als einen unaufgeklärten Schwarm, der unberechenbar ist.

Wie das obige Zitat darstellt, handelt das polnische ‚niedere Volk' aus Gefühlen heraus und ist stark mit dem Glauben und der Tradition verbunden. Genau aus diesem Grund möchten die Vorkämpfer der Germanisierung sich in ihrer Mission auf keinen Fall von Gefühlen leiten lassen. Es sind die Polen, die für das Gefühl stehen, die Deutschen hingegen für die Vernunft. Die Vernunft ist die höhere Qualität; das möchte der Autor eindeutig klar machen, indem er auch die Privatsphäre der Protagonisten von ihr abhängig macht. Busse lässt Gertrud, die Direktorstochter, in Lengowo ihre erste Zuneigung fühlen – in einer sehr vernünftigen Beziehung, nämlich zu Dr. Holst. Dabei lernt der Leser Gertrud am Anfang noch als „Schwarmkopf" (1,5) kennen, dem es „ebenso komisch" vorkommt „einmal zu heiraten", als wenn es ihr Vater nochmals täte (1,156). Ihre plumpe Figur ist laut ihrem Vater „der Dämpfer der Eitelkeit" (1,4), doch ihr Gesicht mit den hellen Augen und ihr „schöner Hals" (1,4f.) besitzen eine gewisse Anziehungskraft, die Dr. Holst schon beim ersten Kennenlernen der jungen Dame beeindruckt und auch seinen Blick heller werden lässt: „Der Herr dort drüben hatte sie vorhin kurz angesehen und gleichsam überrascht war sein Blick heller geworden und hatte länger auf ihrem Gesicht geruht." (1,4)

Anfangs ist Gertrud eine selbständige, etwas trotzköpfige junge Frau, die seit Jahren zuverlässig die Hauswirtschaft führt und ihrem verwitweten Vater ein „Freund und Kamerad" (1,63) ist. Der Leser erfährt, dass sie einst den Wunsch hatte, Lehrerin zu werden: „‚Wenn ich Lehrerin geworden wäre, wie ich's gewollt habe, hätte ich meinen Platz.' Auch in den letzten Worten steckten der Groll und Trotz." (2,96) Während der Handlung wird Gertrud aber immer schwächer, verheiratet sich mit

Dr. Holst, den sie zuerst hässlich fand, und bei einem Besuch des Gymnasiums, wo sie „als das Mädchen stand, in dieser Klasse, in der sonst nur Männer und Knaben atmeten“ (1,42), löscht sie die Aufgaben auf der Tafel mit einem nassen Schwamm, anstatt sie zu lösen, wozu sie als Lehrerstochter mit dem früheren Wunsch Lehrerin zu werden, sicher imstande wäre. Carl Busse sagt seinem Leser hiermit, welche Rolle die Frau in der Gesellschaft haben sollte: die der Hausfrau, Gattin und Mutter. So will es der gesunde, bürgerliche, deutsche Verstand, was er schließlich auch die trotzige Gertrud Rüdiger verstehen lässt.

Doch auch die Männerfiguren müssen sich auf ein vernünftiges Handeln besinnen. So ist Dr. Holst die erste Person, die sich gegen den Idealismus äußert: „Die großen Ideale verpuffen bald. Die Begeisterung hilft hier nichts – nur die Geduld. Schwungvolle Taten ausführen möcht‘ jeder. [...] Allerstillste Erziehungsarbeit – wir sind alle hier nur Kulturdünger.“ (1,8) Und etwas aggressiver spricht der Hilfslehrer: „Pionier des Deutschtums – jede Brust schwillt da, man fühlt sich fast als historische Größe. Ach, der Idealismus, der Idealismus! Den hasse ich!“ (1,39) Auch der Direktor überzeugt sich langsam von dieser Taktik, ohne Begeisterung, Schritt für Schritt seine Mission zu erfüllen. So ermahnt er Reinhold Wächter, als dieser eifrig seinen Polenhass demonstriert: „Es sei ja alles schön und gut, aber er empfehle doch, den allzu großen Eifer zu dämpfen und sich ebenso hitzig auf die Bücher zu stürzen.“ (1,118)

Diese Dämpfung des Eifers und des Idealismus ist ein bedeutsamer Schritt zur Disziplinierung. Sie ist nicht nur ein krasser Gegensatz zu dem eifrigen, auf Gefühlen basierenden Kampf der Polen. Foucault macht auf die folgende Erscheinung aufmerksam: „In diese große Tradition der Erhabenheit des Details fügen sich alle Kleinlichkeiten der christlichen Erziehung, der Schul- oder Militärpädagogik und schließlich alle Formen der Dressur ohne weiteres ein.“[30] Dr. Holst meint, mit kleinen Schritten – also durch Detailarbeit – solle der große Erfolg erlangt werden. Hiermit nähert sich die Schule wieder der Ideologie der Kirche, welche die Worte Christi befolgt: „Wer im Geringsten treu ist, der ist auch im Großen treu.“ (Lk. 16,10–12). Diese Disziplinierungstechnik, sich mehr auf ‚kleine Sachen‘ zu konzentrieren, hat in der Politik die Absicht, die Menschen besser unter Kontrolle zu behalten.[31]

Wie eng Disziplin mit dem Verstand verbunden ist, lässt sich an der Hierarchie des Personals am Gymnasium feststellen. Der Leiter des Gymnasiums ist Direktor Rüdiger, ihm sind auch alle Mitarbeiter der Schule untergeordnet. Doch an einer kurzen, nicht gleich ins Auge fallenden Textstelle wird diese Macht etwas relativiert. Erwähnt wird nämlich der Pedell, der zu sagen pflegt: „Die Direktoren gehen, ich bleibe.“ (1,56) Er ist „ein altes Inventarstück des Gymnasiums“ (1,56), er kümmert sich um die Ordnung in der Schulanstalt und trifft zusammen mit dem Direktor Entscheidungen über den Unterrichtsplan (1,56). Um Disziplin in der Schuleinrichtung einhalten zu können, ist auch ein Raum, in dem Ordnung herrscht, unent-

30 Foucault: Überwachen und Strafen (Anm. 24), S. 179.
31 Ebd., S. 181.

behrlich.[32] So bilden also die Figur des Direktors, der für Verstand steht, wie die des Pedells, der für Ordnung sorgt, eine vollkommene Machtinstanz, welche die Gymnasiasten dressiert und diszipliniert.

Die Polen hingegen zeigen zu viele Emotionen und demonstrieren ihre Zerstörungssucht gegenüber dem verhassten Direktor. Es ist nicht nur der (angeblich) fanatische Hass, den Busse an den Polen kritisieren möchte. Es ist auch ihre Feigheit. Sie handeln nicht nur emotional, sondern auch aus dem Versteck heraus – sie sind zu feige, um den Feind Auge in Auge anzugreifen. Erkennen lässt sich das an zwei Stellen im Roman, wo das Direktorhaus mit Steinen beworfen wird. „Und wieder in der Dunkelheit ging es klirr, klirr, schlug polternd ein Stein ins Zimmer." (1,116) Auch von dieser Eigenschaft der Masse können wir bei Canetti lesen:

> Am liebsten zerstört die Masse Häuser und Gegenstände. Da es sich oft um Zerbrechliches handelt, wie Scheiben, Spiegel [...] neigt man dazu zu glauben, daß es eben diese Zerbrechlichkeit von Gegenständen sei, die die Masse zur Zerstörung anreizt. [...] Die Zerstörung gewöhnlicher Art [...] ist nichts als ein Angriff auf alle *Grenzen.* Scheiben und Türen gehören zu Häusern, sie sind der empfindlichste Teil ihrer Abgrenzung gegen außen. Wenn Türen und Scheiben eingeschlagen sind, hat das Haus seine Individualität verloren. Jeder kann dann nach Herzenslust hinein, nichts und niemand darin ist geschützt."[33]

Dieses Gegensatzpaar – die Gefühle zu dämpfen oder sie in der Zerstörungssucht zu veräußerlichen – wird damit verdeutlicht. Die deutsche Seite grenzt sich durch ihre gedämpften Gefühle von der immer stärker und lauter werdenden Arbeiterklasse – also dem in dieser Weise dargestellten Polentum – ab.

Die zwei wichtigsten Aspekte, die im Roman aufgegriffen werden – die Mission der Germanisierung und das Gymnasium als säkularisierte Kirche und organisierte Masse – sind jedoch nicht die einzigen Waffen des Kulturkampfes. Was in dem Roman darüber hinaus auffällt, ist die häufige Erwähnung der Jugend, des Jungseins. Man könnte fast meinen, dass der Sinn des Romans von der Jugend abhängig ist: Wäre da nicht der Knabe (später erfährt der Leser, das es Reinhold Wächter gewesen ist), der das *Deutschlandlied* vor sich hin pfeift, würde sich Georg Rüdiger vielleicht nicht augenblicklich entscheiden, seine ‚Mission' in Lengowo durchzuführen. Außerdem haben die Gymnasiasten – also die Jugendlichen – auch Einfluss auf die ökonomische und kulturelle Lage der Ortschaft. Als die polnischen Verkäufer erfahren, der Direktor hätte den Schülern verboten, an dem Fest des Handwerkervereins teilzunehmen, um diese polnische Tradition zu brechen, sprechen sie mit Empörung: „Kein Gymnasiast – alles verboten – man sperrt die Jugend von uns ab! Weshalb? Weil wir gute Polen sind!" (1,107) Der Gymnasialdirektor möchte die Jugend ausschließlich für sich, für seine Mission gewinnen.

Spätestens im zweiten Kapitel des Romans wird der Leser davon überzeugt, dass der Direktor schon in den jüngsten Schülern ein großes Potential sieht:

---

32 Ebd., S. 181–191.

33 Canetti: Masse und Macht (Anm. 23), S. 19.

> Und die Sexta? [...] Ich bedauere, daß die übrigen Herren der Meinung sind, als bringe es nicht genug Ehre, diese Klasse zu leiten. [...] Eine treffliche Sexta wirkt später bis in die Prima hinauf. (1,19)

Auch der älteste Lehrer am Gymnasium, Thomas Brodnicki, ist von dieser Meinung begeistert und gibt dem Direktor Recht: „Die Sexta, Herr Direktor – *da* liegt es! Ich habe diese Ansicht stets vertreten; ich bemühe mich, da Grundlagen zu schaffen. – Lassen Sie mich Ihre Hand schütteln!" (1,20)

Hinter diesem Enthusiasmus für die Jugend verbirgt sich unter anderem die eigene verlorene Jugend: Thomas Brodnicki ist „lebendiger als die Jungen" (1,97), weil er „immer Furcht vor dem Pensioniertwerden" (1,97) hat. Der Direktor hingegen denkt darüber nach, ob im Grunde nicht alles „nur eine törichte Sehnsucht nach der versunkenen Jugend, nach der verlorenen Hoch-Zeit des Lebens" (1,98) sei. Gerade das Gymnasium scheint für diese beiden Figuren der Ort zu sein, der die Kraft besitzt, sie vor dem Altern zu bewahren. Ein besonders symbolisches Moment dafür ist der letzte Satz des Romans, der die Gefühle des Direktors beschreibt, nachdem die alten Schüler gegangen sind und neue Sextaner in die Schule kamen. Er hört den Refrain des ‚Mulusliedes' „Hic finis est curarum!" und denkt für sich: „Der Sorgen Ende... neuen fröhlichen und festen Schaffens Beginn. Und seine Schritte klangen, und seine Augen waren jung, als er die Treppe emporschritt zur Aula." (2,144)

Es ist nicht nur der Gewinn der eigenen Jugend, die der Lehrer empfindet, es ist auch das Gefühl, die Macht über die Jugend zu haben. Das Gymnasium ist zwar eine Masse, aber über ihr steht ein Individuum – der Lehrer. Brodnicki weist gegenüber Rüdiger auf die Bedeutung der organischen Arbeit und der damit verbundenen Geduld hin: „Deshalb sag' ich: Milde, Geduld! Man kann solchem Wurm mit einem guten Wort Freude machen. Man weiß nie, was unser Jähzorn in solchem Kind erstickt, zertritt" (2,35). Und Dr. Holst äußert sich so: „die Begeisterung hilft nichts, nur die Geduld."(1,8) Die Geduld soll auch eine der Waffen gegen das Moderne sein – und zwar gegen die Beschleunigung. Und natürlich versucht man mit dieser Methode auch die Jugend vor dem Modernen zu bewahren.

Aus diesem Grund wird so viel Wert auf die Sexta, die erste Gymnasialklasse, gelegt. Erzieht man die Schüler schon in der ersten Klasse richtig, kann man sie von Anfang an kontrollieren. Und auch deshalb wird die Germanisierung so rigoros durchgezogen. Als der Direktor merkt, dass die Schüler eine Sprache sprechen (Polnisch also), „die er nicht verstand", ist er beunruhigt: „Niemand konnte kontrollieren, was sie sich erzählten" (1,93). Es stellt sich hier die Frage, was sie sich denn hätten erzählen können. Vorher haben die beiden Völker, das polnische und das deutsche, friedlich nebeneinander gewohnt; „der Nationale Friede ist hier seit Jahren nicht gestört worden" (1,112), meint Thaddäus Ossonski, es dürften also keine konspirativen Pläne gewesen sein, die sich da die Schüler auf Polnisch zugerufen haben. Die Rufe, die im Roman ins Deutsche übersetzt werden, „verdammter Deutscher" (1,31), die von Busse natürlich als ein Propagandamittel gegen die polnische, angeblich feindliche Bevölkerung, eingesetzt werden, sind höchstwahrscheinlich genauso ‚seriös' gemeint wie Prügeleien und Streiche – der schulische Alltag. Es geht dem Direktor also nicht darum, den Inhalt der Gespräche wirklich verstehen zu wollen. Er möchte einfach jegliche fremden Elemente aus dem Gymnasium loswerden, er hat Angst vor dem Unbekannten. Die typische Angst, die sich auch gegen Modernisierungsprozesse richtet.

Carl Busses Roman *Das Gymnasium zu Lengowo* ist ein typisches Beispiel der Heimatliteratur, die sich in der Ostmark in der Zeit von 1890 bis 1918 entwickelte. In dem Roman findet man stereotype Bilder des polnischen Volkes, der polnischen Adligen sowie die idealisierten Gegenbilder des deutschen Lehrers, Trägers der deutschen Kultur und des deutschen Bürgertums. Der einzige, in gewisser Weise positiv dargestellte polnische Protagonist ist der Lehrer Thomas Brodnicki. Als Sohn eines polnischen Vaters und einer deutschen Mutter äußert er ganz bewusst seine Neigung zum Deutschtum: „hätte ich einen Sohn: er sollte ganz Deutscher und nur Deutscher sein" (95). Doch Brodnicki ist keine Autorität, er wird eher humoristisch dargestellt. Er ist jedenfalls keine Autorität für die deutschen Schüler – nur der ewige Sündenbock, der jüdische Schüler Strich, darf sich Brodnicki als Autorität auswählen.

Die Heimatliteratur ist eine krasse Gegenströmung zu allen modernen Literaturformen und den Problemen, die darin aufgenommen werden. Bei Carl Busse ist dies daran zu erkennen, dass der Idealismus und jegliche Glut im Herzen der Jugend verpönt wird – man möchte keinen Aufstand, keine Revolution, nur einfach das Fremde verdrängen, ausrotten, vernichten. Geduldig und langsam – das ist die Macht der ‚höheren Kultur'.

Obwohl im Roman auch die langsame ökonomische Vernichtung der Polen in Lengowo angesprochen wird, besonders von Dr. Holst, der „schon als Gymnasiast [...] selbst das Zehnpfennigstück zum Deutschen" getragen hat (1,37), steht doch im Zentrum die Sozialisierung durch die Schule. Auch Dr. Holst erkennt schließlich das disziplinierende Potential des Gymnasiums an, was die Tochter des Direktors, Gertrud, besonders freut: „‚Ich bin schon zufrieden [...] daß Sie schließlich doch noch andere Waffen kennen, als das Groschenstück. Daß Sie *dem* da auch eine Mission zuweisen.' Sie zeigte auf das Gymnasium." (1,40)

Carl Busses *Das Gymnasium zu Lengowo* ist eine Beschreibung der Pflichten gegenüber der Gesellschaft, dem Volk, schließlich dem Staat. Werden diese erfüllt, ist eine Belohnung zu erwarten. Es ist ein propagandistischer Roman, der jegliche Veränderungen der Weltanschauung verabscheut und sich gegen moderne Erscheinungen und alles Unbekannte wendet.

Annotationen. Neuerscheinungen aus Ostmitteleuropa

Vorbemerkung

Die folgenden bibliographischen Anzeigen beziehen sich auf in den Staaten Ostmittel-, Nordost- und Südosteuropas erschienene Literatur (Monographien, Sammelbände, Zeitschriften und Reihen, Editionen) aus den Wissenschaftsbereichen Geschichte, Kunstgeschichte, Volkskunde / Europäische Ethnologie und Germanistik. Berücksichtigt sind Titel, die die Kultur und Geschichte der ehemaligen deutschen Ostgebiete sowie der Siedlungsgebiete der Deutschen im östlichen Europa (mit-) betreffen. Um den interdisziplinären Charakter der Rubrik zu betonen, sind die „Annotationen" wie in den Vorjahren nicht nach Fachgebieten, sondern nach den folgenden – zum Teil historischen – Regionen angeordnet, wobei gelegentliche Probleme bei der regionalen Zuordnung und Abgrenzung unvermeidlich sind:

1. Regional übergreifende Werke,
2. Baltikum,
3. Ostpreußen, Westpreußen, Danzig,
4. Pommern, Neumark,
5. Schlesien, Lausitz,
6. Großpolen, Zentralpolen, Kleinpolen,
7. Böhmen, Mähren,
8. Slowakei,
9. Ungarn, Rumänien,
10. Ehemaliges Jugoslawien.

Bei Sammel- oder Zeitschriftenbänden werden, von Ausnahmen abgesehen, lediglich die Beiträge zu den einschlägigen Themenbereichen ‚Deutsche im östlichen Europa' bzw. ‚deutsch-ostmitteleuropäische Beziehungen' angeführt. Übersetzungen von bereits in deutscher Sprache publizierten Titeln werden in der Regel nur dann aufgenommen, wenn sie gegenüber der Originalfassung eine inhaltliche Erweiterung, etwa durch ein wissenschaftliches Nachwort, aufweisen. Nicht berücksichtigt sind die vom Deutschen Akademischen Austauschdienst (DAAD) herausgegebenen germanistischen Jahrbücher, die zwar in den Staaten Ostmitteleuropas erscheinen, in Deutschland jedoch leicht zugänglich (d. h. beim DAAD kostenlos erhältlich) sind.

Die Ortsnamen erscheinen grundsätzlich in ihrer deutschen Form, soweit eine solche existiert; diese wird bei der ersten Erwähnung durch die in der jeweiligen Landessprache verwendete offizielle Form (sowie gegebenenfalls durch eine weitere Form) ergänzt, z. B.: Temeswar/Timişoara/Temesvár.

Den Autorinnen und Autoren der Annotationen – Wissenschaftlerinnen und Wissenschaftlern aus den Ländern des östlichen Europa – sei herzlich gedankt.[1]

1 Die Übersetzungen aus dem Estnischen (Kersti Taal und Lea Teedema) bzw. dem Ungarischen (Edina Zvara) besorgten dankenswerterweise Vilve Seiler und Aili Bernotas sowie Attila Verók.

Seit 2010 (*Berichte und Forschungen. Jahrbuch des Bundesinstituts* 17, 2009) besteht eine Zusammenarbeit mit der Internetplattform *recensio.net*, die die Buchanzeigen auch im Netz veröffentlicht.

Maria Luft, Jens Stüben (Redaktion)

1. Regional übergreifend

Iwona Bartoszewicz, Marek Hałub, Eugeniusz Tomiczek (Hg.): Ansätze und Tendenzen. Wrocław: Wydawnictwo Uniwersytetu Wrocławskiego 2011 (Germanica Wratislaviensia 133, Acta Universitatis Wratislaviensis 3308). 240 S., dt. u. engl. Zusammenfassungen. ISSN 0239-6661, 0435-5865, ISBN 978-83-229-3212-4.

Der vorliegende Band gliedert sich in vier Themenkomplexe: Literaturwissenschaft, Sprachwissenschaft, Glottodidaktik und Rezensionen/Berichte. Der Abschnitt „Literaturwissenschaft" bietet unter anderem eine Studie von Monika Wolting: „Wege des Gartengedichts und der Naturlyrik im 20. Jahrhundert" mit Hinweisen auf Marie Luise Kaschnitz, Günter Eich, Johannes Bobrowski und andere. Der Abschnitt „Sprachwissenschaft" überrascht mit einem Beitrag von Bernd G. Bauske über „den (teilweise) schlesischen Schriftsteller Arno Schmidt" als Avantgardeautor; im Abschnitt „Glottodidaktik" informiert Judit Mátyás über das Doppeldiplomprogramm der Fern-Universität Hagen und der Universität Fünfkirchen/Pécs. Unter den „Rezensionen" und „Berichten" findet man eine Besprechung der Festschrift für Anton Janko, Laibach/Ljubljana (Tanja Žigon), und ein Resümee der Tagung über das „Verhältnis von Theorie, Empirie und Methode in der Interkulturellen Linguistik" an der Pannonischen Universität Wesprim/Veszprém (Beatrix Bukus).

Grzegorz Kowal

Iwona Bartoszewicz, Marek Hałub, Eugeniusz Tomiczek (Hg.): Akzente und Konzepte. Wrocław: Wydawnictwo Uniwersytetu Wrocławskiego 2011 (Germanica Wratislaviensia 134, Acta Universitatis Wratislaviensis 3335). 288 S. ISSN 0239-6661, 0435-5865, ISBN 978-83-229-3231-5.

Der Band ist in fünf Themenkomplexe gegliedert. Es sind Literatur-, Sprach- und Kulturwissenschaft, Wissenschaftsgeschichte sowie Rezensionen/Berichte. Im Rahmen der „Literaturwissenschaft" findet man unter anderem Texte von Monika Mańczyk-Krygiel: *„An Geist ein Held, ein Weib an Reiz ...". Ritterinnen bei Adam Mickiewicz und Joseph von Eichendorff*; Rafał Biskup: *Bemerkungen zum Gedicht „Traum" von Hermann Stehr*; Beata Giblak: *Autobiographie und Fiktion in Max Herrmann-Neisses Erzählung „Die Klinkerts"*; Ewa Jarosz-Sienkiewicz: *„Stelle ich die Schriftzeichen oder stellen sie mich?". Zu Tina Strohekers Poesie-Auffassung.* Im Bereich der „Kulturwissenschaft" schreibt Tanja Žigon zum Thema *Kulturelle Wechselwirkungen: Die slowenische Kultur und Literatur in einem deutschsprachigen Wochenblatt aus Krain in den ersten zwei Jahrzehnten des 19. Jahrhunderts.* Von Maria Kłańska stammt ein Porträt des Germanisten Tadeusz Namowicz (1938–2003, mit einem Schriftenverzeichnis) im Abschnitt „Wissenschaftsgeschichte".

Grzegorz Kowal

Bibliotekoznawstwo [Bibliothekswesen]. Bd. 29. Red.: Małgorzata Komza. Wrocław: Wydawnictwo Uniwersytetu Wrocławskiego 2010 (Acta Universitatis Wratislaviensis 3285). 162 S., s.-w. u. farb. Abb., engl. Zusammenfassungen. ISSN 0239-6661, 0524-4471.

Verlagswesen und Buchästhetik sind die Hauptthemen dieses Bandes. Die Autoren befassen sich mit verschiedenen Aspekten der Rolle und Bedeutung von Illustrationen in der Kunst der Typographie. Olga Ruszczak widmet sich dem bisher kaum beachteten Thema der graphischen Gestalt der Zeitschriften in Transkarpatien in der zweiten Hälfte des 19. und am Anfang des 20. Jahrhunderts. Ein Druckzentrum war damals die Stadt Uschgorod/Užhorod/Ungvár. Die Autorin analysiert Illustrationen, Vignetten, Initialien, die Schriftart usw. in dort erschienenen Publikationen, der Zeitschrift *Listok,* dem Kirchenkalender *Misiatseslov* und der Zeitung *Kelet,* im Vergleich mit anderen typographischen Gestaltungen im Europa jener Zeit. Aneta Firlej-Buzon präsentiert niederschlesische Flug- und Gelegenheitsschriften aus den Jahren 1945/46 aus der Universitätsbibliothek Breslau/Wrocław. Diese im *Schlesisch-Lausitzer Kabinett* der Bibliothek gesammelten Dokumente des gesellschaftlichen Lebens sind heute für den Forscher wertvolle Quellen für die komplizierte Geschichte der ersten Nachkriegsmonate in Schlesien. Die älteste Bekanntmachung stammt vom 30. Mai 1945 und zeigt, welch großes Problem in jener Zeit die Plünderung war. Besonders bemerkenswert unter den unterschiedlichen Flug- und Gelegenheitsschriften von 1945 und 1946 sind zweisprachige polnisch-deutsche Verordnungen, Verfügungen und an die deutsche Bevölkerung gerichtete Bekanntmachungen.

Weronika Karlak

Bibliotekoznawstwo [Bibliothekswesen]. Bd. 30. Red.: Małgorzata Komza. Wrocław: Wydawnictwo Uniwersytetu Wrocławskiego 2011 (Acta Universitatis Wratislaviensis 3392). 168 S., s.-w. u. farb. Abb., engl. Zusammenfassungen. ISSN 0524-4471, 0239-6661.

Ähnlich wie der vorige konzentriert sich auch dieser Band auf das Thema Buchillustration. Jakub Jakubowski behandelt illustrierte Naturbücher im Polen des 17.–19. Jahrhunderts. Er liefert eine Übersicht über die Bücher des Botanikers Jakob Breyne aus Danzig/Gdańsk aus der zweiten Hälfte des 17. Jahrhunderts und betont die für die Region wichtige Rolle der Danziger Druckerei von Thomas Johannes Schreiber im 18. Jahrhundert. Im 19. Jahrhundert wurden zahlreiche Naturbücher mit Abbildungen in Offizinen in Warschau/Warszawa, Wilna/Vilnius/Wilno und Breslau/Wrocław gedruckt. Piotr Waszkiewicz präsentiert einen Beitrag zur Geschichte der Rezeption der deutschen Illustrationen in Polen im 19. Jahrhundert. Werke deutscher Autoren, die in jener Zeit in Warschau herausgegeben wurden, übernahmen die originale deutsche Graphik. Ein Beispiel ist das Buch von K. F. Reiche *Peter der Große und seine Zeit,* dessen polnische Ausgabe aus dem Jahr 1851 jedoch infolge von Zensur nur elf statt vierzehn Abbildungen enthält. Aneta Firlej-Buzon beleuchtet die Absichten der Gründer der Sammlung von Gelegenheits- und Flugschriften des Schlesisch-Lausitzer Kabinetts der Universitätsbibliothek Breslau. Das Kabinett entstand als eine erste Abteilung der Universitätsbibliothek schon zur Jahreswende 1945/46 dank einer Idee von Antoni Knot. Es umfasst heute eine einzigartige Sammlung von bedeutenden und seltenen schlesischen und Schlesien betreffenden Materialien und ist eine wichtige Quelle für die Regionalforschung.

Weronika Karlak

Marion Brandt: "Polacy potrafią!" Polski Październik i Solidarność w oczach pisarzy wschodnioniemieckich [„Die Polen können es!" Der Polnische Oktober und die „Solidarność" in den Augen ostdeutscher Autoren]. Przeł. [Übersetzt v.] Jacek Dąbrowski. Wrocław: ATUT 2010. 488 S., 3 Abb. ISBN 978-83-7432-680-3.

Fast immer hat man sich in Publikationen zur Geschichte der deutsch-polnischen Beziehungen auf negative Seiten der deutschen Einstellung den Polen gegenüber konzentriert; in den Vordergrund rückten dann Gleichgültigkeit, Arroganz und vor allem Konflikte. Marion Brandt hingegen nimmt, nachdem sie einleitend ebenfalls über Stereotype wie „Polnische Wirtschaft" berichtet, einen anderen Blickpunkt ein; sie macht auf die für die Deutschen gewinnbringenden Momente in der polnischen Geschichte aufmerksam und zeigt, dass Deutsche die Polen auch bewundert und von ihnen gelernt haben. Beispiele für eine derartige Einschätzung in der neuesten Geschichte waren der Posener Aufstand im Jahre 1956 und die Gründung der Gewerkschaft Solidarność im Jahre 1980. Auf viele Ostdeutsche wirkten die Ereignisse motivierend, polnische Lösungen haben auf der ostdeutschen Seite Sympathie hervorgerufen und wurden auch für die eigenen demokratischen Bestrebungen zum Vorbild genommen. Facettenreich werden von Marion Brandt unter anderem die politischen Aktivitäten von Christa Wolf dargestellt. Sie erinnert beispielsweise an den der Schriftstellerin 1980 verliehenen Büchnerpreis, von dem Wolf die Hälfte, 10.000 DM, für eine Kinderklinik (Centrum Zdrowia Dziecka) in Warschau/Warszawa spendete. Die Geste hatte angesichts der antipolnischen Politik der DDR in jener Zeit eine symbolische Bedeutung, war Ausdruck der Solidarität mit dem ganzen polnischen Volk. Das Buch erschien als Habilitationsschrift 2002 unter dem Originaltitel *Für eure und unsere Freiheit? Der polnische Oktober und die Solidarność-Revolution in der Wahrnehmung von Schriftstellern aus der DDR.*

Grzegorz Kowal

Wojciech Chudziak, Ryszard Kaźmierczak, Jacek Niegowski: Podwodne dziedzictwo archeologiczne Polski. Katalog stanowisk (badania 2006–2009) [Das archäologische Erbe Polens unter Wasser. Katalog der Fundstellen (Forschungen 2006–2009)]. Toruń: Wydawnictwo Fundacji Amicus Universitatis Nicolai Copernici; Wydawnictwo Uniwersytetu Mikołaja Kopernika 2011. 272 S., Abb., engl. Zusammenfassung. ISBN 978-83-231-2735-2, 978-83-925347-2-3.

Die Autoren wollen mit diesem Buch Ergebnisse aus Forschungen in Unterwasserfundorten in den wissenschaftlichen Diskurs einbringen. Es geht um ein wichtiges, wenn auch häufig nicht genügend genutztes Quellenmaterial für Analysen der Kultur und des Siedlungswesens von Gesellschaften im Gebiet des vorgeschichtlichen und frühmittelalterlichen Polen. Die Arbeit präsentiert die Entdeckungen in alphabetischer Reihenfolge unter Einhaltung einer bestimmten Ordnung. Berücksichtigt werden unter anderem der Forschungsstand, die Lokalisierung und physiographische Charakteristik des Fundortes, das bewegliche Quellenmaterial und die chronologische Dimension. Die Darstellungen werden durch Geländepläne, Fotografien und Zeichnungen ergänzt.

Anna B. Kowalska

Renata Cornejo, Sławomir Piontek, Sandra Vlasta (Hg.): Aussiger Beiträge 6 (2012): National – postnational – transnational? Neuere Perspektiven auf die deutschsprachige Gegenwartsliteratur aus Mittel- und Osteuropa. Ústí nad Labem: Jan-Evangelista-Purkyně-Universität 2012. 319 S. ISSN 1802-6419, ISBN 978-3-7069-0726-2.

Die sechste Nummer der germanistischen Zeitschrift aus Aussig/Ústí nad Labem fokussiert mit ihrem Themenschwerpunkt Autorinnen und Autoren aus Ostmitteleuropa und Osteuropa, die aus unterschiedlichen Gründen zu verschiedenen Zeitpunkten in ihrem Leben in den deutschsprachigen Raum eingewandert sind und die Deutsch, obwohl nicht ihre Erstsprache, als ihre Literatursprache gewählt haben. Die Aufmerksamkeit der insgesamt fünfzehn Beiträge gilt theoretischen, ästhetischen und poetologischen Fragestellungen, wobei der kulturelle Hintergrund der Herkunftsländer in den analytischen Ansatz mit einbezogen wird. Außer den poetologischen Konzepten deutschjüdischer Gegenwartsliteratur am Beispiel von Vladimir Vertlib, Maxim Biller und Doron Rabinovici (Susanne Düwell) werden der biographische Diskurs (Hannes Schweiger), die transkulturellen Konzepte (Veronica Buciunam, Vesna Konrič Horvat) sowie Rezeptionsmechanismen solcher Autorinnen und Autoren im deutschsprachigen Raum (Sandra Vlasta) untersucht. Mit der deutschsprachigen Gegenwartsliteratur von Autorinnen und Autoren polnischer Herkunft beschäftigen sich Jerzy Kałażny und Sławomir Piontek, dessen Beitrag die Frage nach den Identitätsräumen im Werk von Artur Becker in den Vordergrund stellt. Auf die Frage der Mehrsprachigkeit und deren Auswirkung auf die literarische Sprache gehen Claudia Tatasciore (Texte von Terézia Mora) und Marek Nekula ein, der den hybriden Charakter von Maxim Billers Erzählungen aus der Perspektive eines idealen, sowohl mit der deutschen als auch der tschechischen Sprache vertrauten Lesers untersucht. Mit dem Roman *Georgs Sorgen um die Vergangenheit* von Jan Faktor befassen sich Inga Probst (als multikulturelle Familienerinnerung) und Norbert Wichard (als Geschichtsdarstellung); Renata Cornejo diskutiert Ota Filips Roman *Der siebente Lebenslauf* als Schwellenraum zwischen Autobiographie und Autofiktionalität, Dana Pfeiferová interpretiert den Roman *Brenntage* von Michael Stavarič, ebenfalls einem deutschsprachigen Autor tschechischer Herkunft, als Suche nach der (Mutter-)Sprache, um den Untergang aufzuhalten. Der Band enthält außerdem zahlreiche mit dem Thema zusammenhängende Rezensionen, Tagungs- und Forschungsberichte.

Jana Hrdličková

Roman Czaja, Eduard Mühle, Andrzej Radzimiński (Hg.): Konfliktbewältigung und Friedensstiftung im Mittelalter. Przezwyciężanie konfliktów i ustanawianie pokoju w średniowieczu. Toruń: Wydawnictwo Naukowe Uniwersytetu Mikołaja Kopernika 2012. 430 S., Abb., Kt. ISBN 978-83-614-8792-0.

Die in deutscher Sprache veröffentlichte Sammelpublikation fasst die Ergebnisse einer internationalen Tagung zusammen, die an der Fakultät für Geschichtswissenschaften der Universität Thorn/Toruń veranstaltet wurde. Sie besteht aus 22 wissenschaftlichen Beiträgen und stellt eine gerade in heutiger Zeit relevante Quelle zur Friedens- und Sicherheitsforschung dar. Im ersten von fünf Kapiteln berichten zwei Mediävisten über die friedliche Ordnung im moralisch-theologischen Denken im Mittelalter. Geistige Quellen, kulturelle Werte, pragmatische Überlegungen und die moraltheologische Grundlegung des Friedens bestimmen den Grundtenor. Im zweiten Teil werden Verträge als Mittel der Konfliktbewältigung allgemein und anhand einiger Beispiele erblicher Verträge und Praktiken der Konfliktführung und -bewältigung im Spätmittelalter besprochen. Vier Abhandlungen über Ritualformen zur Konfliktbeilegung bilden den dritten Teil. Der vierte Abschnitt umfasst mehrere Artikel über Elemente der Machtausübung und Methoden der Konfliktbewältigung in verschiedenen sozialen Milieus wie dem hohen und niederen Klerus, Verbänden, Dorfgemeinschaften, Stadträten und Zünften. Im letzten Teil wird die Konfliktlösung und Konsensfindung in Textdarstellungen analysiert, etwa in Frauenbüchern, Heldenliedern und Eschatologien. Der Band schließt mit einem Personen- und einem geographischen Register.

Piotr Zariczny

Antoni Czubiński: Historia Polski XX wieku [Geschichte Polens im 20. Jahrhundert]. 3. wyd. [Aufl.] Poznań: Wydawnictwo Nauka i Innowacje 2012. 471 S. ISBN 978-83-63795-01-6.

Dies ist die dritte Auflage der „Geschichte Polens", die von dem namhaften polnischen Historiker Antoni Czubiński (1928–2003) verfasst wurde. Der Band schildert vor allem die Entwicklung Polens vor dem Hintergrund der Wandlungen, die in den Nachbarstaaten und in ganz Europa erfolgten. Er ist in der polnischen Historiographie die erste Darstellung der polnischen Geschichte, die das gesamte 20. Jahrhundert umspannt. Der erste Teil umfasst den Zeitraum bis 1918, also die Zeit nach der Teilung Polens. Darauf folgt die Zeitspanne zwischen den beiden Weltkriegen, in der Polen sich dynamisch entwickelte und die für lange Jahre verlorene Unabhängigkeit wieder aufbaute. Im dritten Teil wird der Wandel Polens von einem multikonfessionellen Vielvölkerstaat zum homogenen Nationalstaat katholischer Konfession geschildert. Der Verfasser zeigt parallel die Veränderungen der Staatsgrenzen Polens und seiner Nachbarstaaten, die politischen Revolutionen in ganz Europa und sowohl die totalitären, antidemokratischen Bestrebungen als auch die demokratischen Prozesse in Europa.

Maria Wojtczak

Przemysław Dominas: Kolej w prowincjach poznańskiej i śląskiej. Mechanizmy powstawania i funkcjonowania do 1914 roku [Die Eisenbahn in den Provinzen Posen und Schlesien. Entstehung und Funktionsweise bis zum Jahre 1914]. Łódź: Dom Wydawniczy Księży Młyn 2013. 320 S., Abb., Kt., dt. u. engl. Zusammenfassung. ISBN 978-83-7729-192-4.

Der Verfasser schildert bisher unbekannte Fakten rund um den Aufbau des Eisenbahnnetzes in den Provinzen Posen und Schlesien. Die rasche Entwicklung der Eisenbahn auch in den östlichen Provinzen Preußens blieb nicht ohne Einfluss auf das Gesicht der Städte, das gesellschaftliche Leben und die Verwaltung der Provinzen. Themen der Monographie sind die Veränderungen, die der Bau der Eisenbahnlinien mit sich brachte, die Architektur einzelner Bahnhöfe und die Feierlichkeiten bei ihrer Eröffnung, der alltägliche Bahnverkehr und die Verkehrsstatistik sowie die Haltung der Gesellschaft dem Bahnwesen gegenüber und die Reaktionen der Bevölkerung auf die neuen Bahnlinien. Die Mechanismen der staatlichen Entscheidungen werden aufgedeckt und die dafür verantwortlichen Personen vorgestellt. Von besonderem Wert ist die Schilderung der Unterschiede zwischen den Entwicklungen in beiden Provinzen.

Maria Wojtczak

Germanoslavica. Zeitschrift für germano-slawische Studien. Jg. 23, Nr. 1. Im Auftrag des Slawischen Instituts der Akademie der Wissenschaften der Tschechischen Republik hg. v. Siegfried Ulbrecht. Praha: Slovanský ústav AV ČR, v. v. i., Euroslavica 2012. 142 S. ISSN 1210-9029.

Der Band enthält zahlreiche Aufsätze zu ostmitteleuropäischen Themen. Gertje Krumbholz vergleicht in ihrem Beitrag die Assoziationen polnisch-deutscher Bilingualer mit den Assoziationen polnischer und deutscher Monolingualer. Věra Höppnerová schreibt über „formelhaftes Deutsch"; sie untersucht unter anderem die Semantik, die Syntax und die kommunikative Funktion der sogenannten Routineformeln. Der Beitrag von Juraj Dvorský ist eine narratologische Erzähltextanalyse mit dem Fokus auf die Perspektivenproblematik bei der Schriftstellerin Christa Wolf. Adam Jarosz untersucht die „geistige Begegnung" zwischen Stanisław Przybyszewski und Rainer Maria Rilke. Die Analyse sucht „den verbindenden Geist im Bild und Gefühl" in Przybyszewskis Dichtung *Am Meer* und Rilkes Einakter *Die weiße Fürstin*. Ein zweiter Aufsatz von Adam Jarosz ist eine Konfrontation beider vorher behandelter Autoren mit Maeterlincks Gedichtsammlung *Serres Chaudes*. Wolfgang Schlott konzentriert sich in seinem Beitrag auf deutsche, tschechische und slowakische Schriftsteller im Exil. Es geht hier vor allem um die Flucht vor dem nationalsozialistischen Terror und dem Austrofaschismus. Die Nummer schließt mit fünf Besprechungen, unter anderem zu den Themen „Mythos Czernowitz" und „Erinnerungsmetropole Riga", sowie sechs Berichten.

David Blažek

Katarzyna Grzywka (Hg.) unter Mitwirkung von Małgorzata Filipowicz, Joanna Godlewicz-Adamiec, Anna Jagłowska, Piotr Kociumbas, Robert Małecki, Ewelina Michta, Dominika Wyrzykiewicz: Kultur – Literatur – Sprache. Gebiete der Komparatistik. Festschrift für Herrn Professor Lech Kolago zum 70. Geburtstag. 2 Bde. Warszawa: Instytut Germanistyki Uniwersytetu Warszawskiego 2012. 1.664 S., Abb. ISBN 978-83-89919-76-2.

Diese Festschrift enthält 126 Beiträge, Aufsätze und Artikel zu verschiedenen Themen von namhaften polnischen, deutschen und österreichischen Wissenschaftlern, Künstlern und anderen Autoren. In ihrer Einführung knüpft die Herausgeberin Katarzyna Grzywka an die erste Professor Kolago gewidmete Festschrift *Kultur – Literatur – Sprache* von 2007 (siehe *Berichte und Forschungen. Jahrbuch des Bundesinstituts* 15, 2007, S. 299f.) an; diesmal sei der Inhalt komparatistisch orientiert. Die Beiträge umfassen die Bereiche Kulturwissenschaft, Literaturwissenschaft, Musikwissenschaft und Komparatistik, ebenso die Sprachwissenschaft und die Sprachdidaktik. Hier kann nur ein sehr geringer Teil der zahlreichen Texte genannt werden. Tomasz Pszczółkowski berichtet über Dissertationen unter der wissenschaftlichen Betreuung von Professor Kolago. Krzysztof A. Kuczyński schreibt über Professor Michał Cieśla, den Lehrer Lech Kolagos. Zdzisław Wawrzyniak beschäftigt sich mit den Texten von Lech Kolago als translatorischen Herausforderungen. Franciszek Grucza schreibt über anthropozentrische Kulturologie und Kulturwissenschaft. Harald Seubert setzt sich mit den Begriffen Literatur, Geschichte und Gedächtnis auseinander. Jochen Grywatsch steuert Überlegungen zur Literatur in der Region und zum Raumbegriff bei. Hubert Orłowski schreibt über „Flucht und Vertreibung" vs. Deprivation im Schatten von Auschwitz. Den Schwerpunkt des Beitrags von Joanna Jabłkowska bildet die DDR-Literatur zur Zeit der sogenannten Wende. Beiträge zum Polen- und Deutschenbild und zur Rolle entsprechender Stereotype stammen von Andrzej Kątny und Monika Gadzała. Jan Papiór untersucht die deutsche Immigration nach Polen im 18. Jahrhundert. Roman Dziergwa geht den schlesischen Spuren im Werk E. T. A. Hoffmanns nach. Wolfgang Schramm beschäftigt sich mit dem Buch *Reise in Polen* von Alfred Döblin. Gegenstand des Beitrags von Anna Mańko-Matysiak ist ein Laubaner Predigtbuch als Nothelfer in Krisenzeiten. Katarzyna Grzywka stellt ‚zauberhafte' Tiere und von Tieren stammende Zaubergegenstände in den polnischen und deutschen

Volksmärchen vor. Winfried Woesler prüft die Echtheit eines angeblich wichtigen Briefes über den Tod der Jungfrau von Orleans, den ein gewisser Karl Löschhorn aus Wollstein/Wolsztyn 1899 veröffentlichte. Marek Jaroszewski schreibt über Piotr Wysocki, Emilia Plater und Juliusz Małachowski in der deutschen Literatur. Anna Stroka berichtet über Werner Milchs Beziehungen zu Gerhart Hauptmann. Irena Światłowska-Prędota verfolgt das Schicksal der entführten österreichischen Schriftstellerin Angela Rohr in der Sowjetunion in den Jahren 1925–1985. Mirosław Ossowski schreibt über Günter Grass im Danziger Rundfunk 1979–2003. Marek Jakubów widmet seinen Beitrag Jesus-Romanen in der modernen polnischen (Stefan Chwin) und deutschen Literatur. Piotr Kociumbas analysiert die Funktion des amphibrachischen Rhythmus in der Danziger Kantatendichtung des 18. Jahrhunderts. Anna Jagłowska fragt nach der Rolle Alma Mahlers im Leben und Werk Gustav Mahlers. Maria Katarzyna Lasatowicz befasst sich mit Schönwald/Bojków bei Gleiwitz/Gliwice als einer vergessenen deutschen Sprachinsel.

Lech Kolago

Ryszard Kaczmarek: Polacy w Wehrmachcie [Die Polen in der Wehrmacht]. Kraków: Wydawnictwo Literackie 2010. 445 S., Abb. ISBN 978-83-08-04488-9.

Das Buch bietet umfassende Informationen. Kaczmarek macht Oberschlesien und Pommerellen zu Schwerpunkten seiner Analyse, da dort jeweils ein großer Teil der polnischen Bevölkerung Dienst in der Wehrmacht verrichten musste. Er geht ein auf die Verleihung der deutschen Staatsangehörigkeit an polnische Oberschlesier oder Kaschuben und erläutert die Problematik der „Volksdeutschen“ und der „Deutschen Volksliste“, setzt sich mit dem Rechtsstatus der Polen in der Wehrmacht auseinander, schildert die Rekrutierung von Polen in den Jahren 1940–1945 und beschreibt ihren Dienst in der deutschen Armee. Außerdem charakterisiert er sowohl die propolnische als auch die prodeutsche Haltung der Polen zum Wehrdienst. Er stützt sich dabei auf ein umfangreiches Quellenmaterial, das er in polnischen und deutschen Bibliotheken und Archiven (unter anderem im Staatlichen Archiv Kattowitz/Katowice, in Freiburg i. Br., Bayreuth und Berlin-Lichterfelde) gefunden hat. Grundlage seiner Analyse sind historische Dokumente der deutschen Wehrmacht, der nationalsozialistischen Regierung und der polnischen Untergrundregierung, Tagebücher, Briefe von der Front sowie Kriegserinnerungen. Zahlreiche Anmerkungen, eine Bibliographie, ein Personenregister, ein Verzeichnis einschlägiger Begriffe und – nicht zuletzt – gutes Bildmaterial runden den Band ab.

Agnieszka Palej

Piotr Kalka (Hg.): Stosunki gospodarcze między Polską a Niemcami 20 lat po zjednoczeniu [Die Wirtschaftsbeziehungen zwischen Polen und Deutschland 20 Jahre nach der Wiedervereinigung]. Poznań: Wydawnictwo Instytutu Zachodniego 2012 (Studium Niemcoznawcze [Deutschlandkundliche Studien] 88, Republika Federalna Niemiec XX lat po zjednoczeniu: polityka – gospodarka – społeczeństwo [Die Bundesrepublik Deutschland 20 Jahre nach der Wiedervereinigung: Politik – Wirtschaft – Gesellschaft] 3). 200 S., engl. Zusammenfassungen. ISBN 978-83-61736-32-5, ISSN 0239-7846.

Der Band ist ein Versuch der Bilanz der deutsch-polnischen wirtschaftlichen Zusammenarbeit in den Jahren 1990–2010. Die Verfasser analysieren insbesondere die Kooperation in der Zahlungsbilanz und im Handel zwischen Polen und Deutschland, aber auch die Migration der Arbeitskräfte zwischen beiden Staaten und die Wirtschaftskontakte im deutsch-polnischen Grenzgebiet. Eben das Grenzgebiet mit seinen kulturellen, mentalen und wirtschaftlichen Unterschieden ist, obgleich jahrelang marginalisiert, besonders wichtig für die Zusammenarbeit und die grenzüberschreitenden Verbindungen zwischen beiden Ländern.

Maria Wojtczak

Lech Kolago (Hg.): Studia Niemcoznawcze. Studien zur Deutschkunde. Tom XLVIII. Bd. 48. Warszawa 2011. 614 S. ISSN 0208-4597.

Dieser Band der wissenschaftlichen Zeitschrift des Germanistischen Instituts der Universität Warschau enthält 42 Aufsätze und Artikel zu unterschiedlichen Themen von namhaften polnischen, deutschen und österreichischen Wissenschaftlern und Künstlern, wie immer teils in polnischer, teils in deutscher Sprache. Der Band ist eingeteilt in die Bereiche „Kulturwissenschaft“, „Literaturwissenschaft“, „Sprachwissenschaft und angewandte Sprachwissenschaft“ sowie 26 „Buchbesprechungen und Berichte“. An dieser Stelle kann nur ein Teil jener Beiträge genannt werden. Katarzyna Grzywka und Lech Kolago führen ein Gespräch mit Professor Krzysztof A. Kuczyński über Martha Hauptmann, die erste Frau von Carl Hauptmann. Jan Papiór beschäftigt sich mit der Kulturwissenschaftlichkeit der Germanistik in Polen bis zum Ende des 20. Jahrhunderts. Lech Kolago analysiert die polnisch-deutschen Musikbeziehungen im 19. und zu Beginn des 20. Jahrhunderts. Anita Ciechomska befasst sich mit den SS-Aufseherinnen in den nationalsozialistischen Konzentrationslagern. Marek Jaroszewski schreibt über Bilanz und Perspektiven der Germanistik. In einem Vortrag vor Warschauer Studenten beschäftigt sich Alfred Behrmann mit der deutschen Sprache; Andrzej Feret nimmt den Einfluss des Deutschen auf die polnische Zeitschriftensprache in der k. k. Kreisstadt Rzeszów unter die Lupe. Katarzyna Sztandarska widmet sich sprachpflegerischen Arbeiten von Eduard Engel und Fryderyk Kazimierz Skobel. Barbara Wróblewska betrachtet „das Männliche“ im Frühwerk von Leopold von Sacher-Masoch. Marcin Gołaszewski zeichnet den Weg Ernst Wiecherts in die innere Emigration nach; an diesen Beitrag knüpft der Autor mit einem Aufsatz in Band 49 an. Artur Becker als polnischen Autor porträtiert Monika Zaremba-Łepkowska. Volkskundliche Beiträge über Rübezahl, den Herrn des Riesengebirges, sowie Advent und Weihnachten in Masuren verfassten Anna Kabat bzw. Katarzyna Danilewska.

Lech Kolago

Lech Kolago (Hg.): Studia Niemcoznawcze. Studien zur Deutschkunde. Tom XLIX. Bd. 49. Warszawa 2012. 938 S. ISSN 0208-4597.

Dieser Band der wissenschaftlichen Zeitschrift des Germanistischen Instituts der Universität Warschau enthält 71 Beiträge zu verschiedenen Themen von namhaften polnischen, deutschen und österreichischen Wissenschaftlern und Künstlern und gliedert sich in die Bereiche „Kulturwissenschaft“, „Literaturwissenschaft“, „Sprachwissenschaft und angewandte Sprachwissenschaft“ sowie 30 „Buchbesprechungen und Berichte“. Nur wenige Beiträge können hier erwähnt werden. Krzysztof A. Kuczyński berichtet über die Feier des 90. Geburtstags von Karl Dedecius und die Verleihung der Ehrendoktorwürde der Universität Viadrina in Słubice und Frankfurt (Oder). Oswald Panagl interpretiert *Tannhäuser* als leibeigenes Lebensproblem Richard Wagners. Anna Warakomska weist auf das Programm der polnisch-deutschen Biographie hin. Von Paul Kellers Monatsschrift *Die Bergstadt* handelt ein

Aufsatz von Ewa Jarosz-Sienkiewicz. Mieczysław Tomala stellt die polnische Ausstellung „Polen – Deutschland. 1000 Jahre Geschichte in der Kunst" in Berlin vor. Katarzyna Grzywka und Lech Kolago führen mit Krzysztof A. Kuczyński ein Interview zum 150. Geburtstag von Gerhart Hauptmann. Rüdiger Bernhardt und Peter Sprengel äußern sich zum 150. Geburtstag des Literaturnobelpreisträgers aus Schlesien. Barbara Wróblewska wartet mit einem Beitrag zum Frauenbild bei Ferdinand von Saar auf. Am Beispiel eines Romans von Janosch zeigt Ewa Turkowska, wie die Narratologie als Analyseinstrument für die Genderthematik eingesetzt werden kann. Marian Szczodrowski setzt sich mit der Problematik der Einkodierung von Sprachstrukturen aus der Sicht der Glotto-Kode-Vorgänge auseinander.

Lech Kolago

Lech Kolago (Hg.): Studia Niemcoznawcze. Studien zur Deutschkunde. Tom L. Bd. 50. Warszawa 2012. 904 S. ISSN 0208-4597.

Dieser Jubiläumsband der wissenschaftlichen Zeitschrift des Germanistischen Instituts der Universität Warschau enthält 51 Beiträge zu verschiedenen Themen von namhaften polnischen, deutschen und österreichischen Wissenschaftlern und Künstlern, eingeteilt in die Bereiche „Kulturwissenschaft", „Literaturwissenschaft", „Sprachwissenschaft und angewandte Sprachwissenschaft", „Buchbesprechungen und Berichte" (19) einschließlich ausführlicher statistischer Informationen über die fünfzig Bände der *Studia Niemcoznawcze / Studien zur Deutschkunde*, 1979–2012. In unserem Kontext kann wiederum nur ein kleiner Teil dieser Beiträge genannt werden. Ewa Wojno-Owczarska berichtet über die Feier der Übergabe der Festschrift *Kultur – Literatur – Sprache. Gebiete der Komparatistik. Festschrift für Herrn Professor Lech Kolago zum 70. Geburtstag* in Warschau am 2. Juni 2012. Rüdiger Bernhardt setzt sich mit der Goethe-Rezeption bei Gerhart Hauptmann auseinander. Katarzyna Grzywka und Lech Kolago führen ein Interview mit Krzysztof A. Kuczyński über das Leben und Werk Carl Hauptmanns. Ewa Jarosz-Sienkiewicz nimmt Herta Müllers Abrechnung mit der rumänischen Vergangenheit unter die Lupe. Christiane Baumann analysiert das Verhältnis von Joseph Kürschner und Richard Voß im Kontext früher naturalistischer Literaturbestrebungen in Deutschland. Ein Interview mit Radek Knapp führt Ewelina Sarnecka; eine Interpretation von Knapps Prosa über Polen und Österreich stammt von Piotr Majcher. Reinhold Utri untersucht Witztexte für den Deutsch-als-Fremdsprache-Unterricht anhand von deutschen und polnischen Musikerwitzen. Anna Just analysiert eigenhändige Bittschriften adliger Damen an den Bürgermeister und den Rat der Stadt Liegnitz/Legnica (1546–1678).

Lech Kolago

Klára Komorová (Hg.): Európske cesty románskych kníh v 16.–18. storočí. K výskumu zámockých, meštianskych a cirkevných knižníc [Europäische Wege romanischer Bücher im 16.–18. Jahrhundert. Forschungen zu Schloss-, städtischen und kirchlichen Bibliotheken]. Martin: Slovenská národná knižnica 2012 (Opera Romanica 13). 414 S., Abb. ISBN 978-80-81490-01-9.

In dem Band sind die Beiträge zur 5. internationalen Tagung zur Buchgeschichte, Philosophie und Romanistik veröffentlicht, die im Oktober 2011 im renovierten Apponyikastell in Apponitz/Oponice/Appony, Slowakei, stattgefunden hat. Hauptthema sind die Wege von Büchern aus romanischen Sprachen nach dem östlichen Europa im 16., 17. und 18. Jahrhundert. Henrieta Albertová referiert über zwei unterschiedliche Darstellungen der Geschichte der Stadt Leutschau/Levoča/Lőcse im 16. und 17. Jahrhundert von Joachim Leibicer und Konrad Sperfogel, Rektor und Pfarrer in der Zips/Spiš/Szepes/Spisz. Jan-Andrea Bernhard schreibt über den Weg des Genfer Buches nach Ostmitteleuropa im 16. und 17. Jahrhundert und stellt Widmungen und Übersetzungen von Büchern in den Mittelpunkt. Attila Verók präsentiert romanische Bücher in den Bibliotheken der Siebenbürger Sachsen im 16.–18. Jahrhundert.

Igor Zmeták

Małgorzata Komza (Red.): Świat w obrazach. Zbiory graficzne w instytucjach kultury – ich typologia, organizacja i funkcje [Die Welt in Bildern. Graphische Sammlungen in Kulturinstitutionen – Typologie, Struktur und Funktion]. Wrocław: Wydawnictwo Uniwersytetu Wrocławskiego 2009 (Acta Universitatis Wratislaviensis 3167, Bibliotekoznawstwo 28). 224 S., s.-w. u. farb. Abb., engl. Zusammenfassungen. ISBN 978-83-229-3063-2, ISSN 0239-6661, 0524-4471.

Themen des Bandes sind die formale und sachliche Erschließung von graphischen Sammlungen in Bibliotheken und Museen und ihre Zugänglichmachung. Die Autoren der sechzehn Beiträge präsentieren Erfahrungen, Ideen und Lösungen. Nur einige Texte können hier kurz vorgestellt werden. Maria Juda zeigt dekorative Elemente wie Windrosen, Porträts oder Stadtansichten auf Landkarten des 16. und 17. Jahrhunderts. Nicht nur historische, sondern auch große künstlerische Bedeutung hatte z. B. die erste vollständige Karte des Herzogtums Pommern, die sogenannte „Große Lubinsche Karte", aus den Jahren 1610–1618, mit Ansichten, Plänen und Befestigungen der pommerschen Städte als Bordüre. Magdalena Szafkowska versucht eine „Rekonstruktion des Bildes der Stadt Breslau auf Grundlage der erhaltenen ikonographischen Darstellungen aus den Jahren 1807–1916". Künstler wie Otto Ferdinand Probst, Hugo Ulbrich, Helma Fischer, Siegfried Laboschin, Friedrich Gottlob Endler oder Max von Grossmann haben uns Werke hinterlassen, die das Bild der Stadt aus jener Zeit festhalten. Einige Gebäude oder Parkanlagen sind nur mehr als ikonographische Darstellungen erhalten. Die akribische Analyse der Verfasserin ist ein Beispiel dafür, dass wir heute den historischen Zustand der Breslauer Architektur aus alter Graphik und Zeichnungen optisch rekonstruieren können. Über Aktivitäten von musealen Einrichtungen, die unterschiedliche Kunstgattungen sammeln, informieren vier Beiträge: Barbara Szornel-Dąbrowska macht mit der Exlibrissammlung im Przypkowski-Museum in Jędrzejów bekannt. Małgorzata Biłozór-Salwa stellt das Kupferstich-Kabinett der Universitätsbibliothek Warschau/Warszawa vor. Jadwiga Wielgut-Walczak führt uns in die Hauptbibliothek der Akademie der Bildenden Künste in Krakau/Kraków und zeigt Sammlungen der Buchgraphik und Plakatkunst. Paweł Banaś betrachtet staatliche und private Postkartensammlungen. Kataloge und digitale Bestände im Internet sind Gegenstand von zwei Beiträgen. Anežka Bad'urová und Markéta Brabcová in Zusammenarbeit mit Hana Beránková schreiben über die Digitalisierung von Illustrationen aus alten Drucken in der Bibliothek der Akademie der Wissenschaften der Tschechischen Republik, Prag/Praha. Über die polnischen Erfahrungen in diesem Bereich berichtet Beata Madajewska, indem sie das Projekt EURIDICE (European Recommended Materials for Distance Learning Courses for Educators) präsentiert und sich mit dem Online-Zugang auf die einzigartigen Regionalsammlungen in der Kopernikus-Woiwodschaftsbibliothek in Thorn/Toruń befasst.

Weronika Karlak

Stefan Krabath, Jerzy Piekarski, Krzysztof Wachowski (Hg.): Ulica, plac i cmentarz w publicznej przestrzeni średniowiecznego i wczesnonowożytnego miasta Europy

Środkowej. Strasse, Platz und Friedhof in dem öffentlichen Raum der mittelalterlichen und frühneuzeitlichen Stadt Mitteleuropas. Wrocław: Wrocławska Drukarnia Naukowa 2011 (Wratislavia antiqua. Studia z dziejów Wrocławia [Wratislavia antiqua. Studien zur Geschichte Breslaus] 13). 313 S., Abb., zahlr. Kt. ISBN 978-83-61416-52-4.

Der Band der Reihe „Wratislavia antiqua", die sich mit der Erforschung der Geschichte von Breslau/Wrocław unter Hinzuziehung von archäologischen und schriftlichen Quellen beschäftigt, entstand nach einer internationalen Tagung über die Organisation des Lebens in den Städten Mitteleuropas. Ausgangspunkt der Diskussion war das mittelalterliche Breslau. Der Band enthält 23 Beiträge in polnischer, deutscher, tschechischer und englischer Sprache. Mateusz Goliński analysiert das Breslauer Straßennetz im Licht spätmittelalterlicher Dokumente. Paweł Konczewski und Jerzy Piekarski beschäftigen sich mit dem Bau und der Funktion der Breslauer Straßen im Mittelalter. Weitere Artikel behandeln ähnliche Themen in Bezug auf die Städte Sorau/Żary, Ratibor/Racibórz, Danzig/Gdańsk, Krakau/Kraków, Płock, Prag/Praha, Brünn/Brno, Troppau/Opava sowie Lübeck und Dresden.

Małgorzata Ruchniewicz

Paweł Kucypera, Piotr Pranke, Sławomir Wadyl: Wczesnośredniowieczne toporki miniaturowe [Frühmittelalterliche Miniaturäxte]. Toruń: Wydawnictwo Marszałek 2011. 149 S., Abb., dt. u. engl. Zusammenfassungen. ISBN 978-83-7780-052-2.

Die Arbeit befasst sich mit Fragen der Genese und Funktion frühmittelalterlicher Miniaturäxte aus Ostmittel- und Nordeuropa. Die Forscher sehen darin Kultgegenstände, die mit religiösen (heidnischen und christlichen) Vorstellungen verbunden sind, oder auch symbolische Gegenstände, die die Zugehörigkeit zu einer gesellschaftlichen Gruppe wie etwa dem Gefolge des Herzogs anzeigen. Angestellt werden auch Überlegungen zur technischen Ausführung der Äxte, zur Art und Weise ihrer Distribution und zum kulturellen Kontext. Ein Katalog der Fundstücke mit Zeichnungen ergänzt den Band.

Anna B. Kowalska

Andrzej Radzimiński: Kobieta w średniowiecznej Europie [Die Frau im mittelalterlichen Europa]. Toruń: Wydawnictwo Naukowe Uniwersytetu Mikołaja Kopernika 2012. 352 S., Abb., engl. Zusammenfassung. ISBN 978-83-231-2811-3.

Die Existenz einer Thorner mediävistischen Schule unterliegt in der Welt der Wissenschaft keinem Zweifel. Ihre Vertreter sind nicht nur mit den Personen der Meister und Lehrer, sondern auch mit der behandelten Thematik (sei es Genealogie, sei es die Geschichte des Deutschen Ordens) verbunden. Die Schule wird vor allem durch die gleiche methodische Einstellung zusammengehalten, die sich durch Gewissenhaftigkeit, die akribische Behandlung von Details und die besondere Wertschätzung der historischen Quellen auszeichnet. Dieser Schule entstammt Andrzej Radzimiński; er nimmt dort jedoch eine selbstständige Stellung ein, indem er über die Geschichte der katholischen Kirche und der Rolle der Frau im mittelalterlichen Europa forscht. Innerhalb der Thorner Schule schuf er so mit seinen Schülern eine eigenständige Strömung. In seinem populärwissenschaftlichen Buch über das Leben von Frauen im Mittelalter erörtert er eine Vielzahl von – teils bisher kaum behandelten – Aspekten. So geht er ein auf das religiöse und monastische Leben von Frauen – unter ihnen Mystikerinnen und Heilige –, stellt die Ansichten von mittelalterlichen Theologen, Philosophen und Juristen zum Thema Heirat und Ehe dar und beschäftigt sich mit dem Leben von Frauen in der Ehe, dem Ehebruch, der ehelichen und außerehelichen Sexualität, Empfängnisverhütung und Kindestötung. Der Leser erfährt viele interessante Fakten über adlige, Bürger- und Bauersfrauen, über Hexen und Prostituierte, über gebildete Frauen, die lesen und schreiben konnten, über jüdische Frauen, über Beziehungen zu den Geistlichen oder die Kleidung der Frauen. Das Buch ist mit oft unbekannten polnischen historischen Gemälden reich bebildert.

Piotr Zariczny

Roczniki Biblioteczne [Bibliotheksjahrbücher]. Jg. 55 (2011). Red.: Anna Żbikowska-Migoń. Wrocław: Wydawnictwo Uniwersytetu Wrocławskiego 2012. 272 S., Abb., engl. Zusammenfassungen. ISSN 0080-3626.

Dieser Jahrbuchband ist großenteils der bedeutenden Buchwissenschaftlerin Kazimiera Maleczyńska zum 85. Geburtstag gewidmet. (Sie verstarb kurz nach ihrem Jubiläum, am 29.10.2010.) Barbara Bieńkowska stellt in ihrem Beitrag *Profesor Kazimiery Maleczyńskiej badania dziejów książki* („Professorin K. Maleczyńskas Forschungen zur Buchgeschichte") die Jubilarin als herausragende Wissenschaftlerin und Persönlichkeit dar, berichtet über ihre Forschungstätigkeit, besonders im Bereich der schlesischen Buch-, Papier- und Lesegeschichte, und zeigt ihre Wirkung auf die aktuellen Forschungen zur Buchkultur in Schlesien. Maciej Szymczyk bemerkt in seinem Beitrag *Znaczenie badań Profesor Kazimiery Maleczyńskiej dla Muzeum Papiernictwa w Dusznikach Zdroju* („Die Bedeutung der Forschungen K. Maleczyńskas für das Papiermuseum in Bad Reinerz"), dass besonders ihr Buch *Dzieje starego papiernictwa śląskiego* einen großen Einfluss auf die Entwicklung der Forschung auf dem Gebiet der Geschichte der Papierherstellung und Wasserzeichen in Schlesien gehabt hat. Anna Żbikowska-Migoń schließlich, als jetzige Redakteurin der *Roczniki* Nachfolgerin ihrer ehemaligen Chefin, würdigt diese unter der Überschrift *Kazimiera Maleczyńska jako redaktor "Roczników Bibliotecznych" (1981–2010)* als Schriftleiterin des Periodikums und als schätzenswerte Persönlichkeit. Unter den weiteren Beiträgen in dem Band verdient der von Iwona Imańska besondere Aufmerksamkeit, die die Büchersammlung von Johannes Hevelius im Licht eines Versteigerungskataloges aus dem Jahr 1688 betrachtet. Der Danziger Astronom war auch Drucker, Kupferstecher und Sammler. Er besaß eine Bibliothek, die nach seinem Tod verkauft wurde. Der Katalog umfasst 1.471 Bände aus deren Bestand, von denen die meisten in Frankfurt am Main und Nürnberg und immerhin 94 in Danzig herausgebracht wurden. Die Verfasserin analysiert akribisch die Büchersammlung unter Berücksichtigung des Inhalts, des Druckortes, der Sprache usw. In dem Beitrag Z *problematyki staropolskiej książki rękopiśmiennej: kopiariusze i zbiory materiałów życia publicznego XVII–XVIII wieku* („Aus dem Bereich des altpolnischen handschriftlichen Buches: Kopialbücher und Sammlungen von Materialien zum gesellschaftlichen Leben im 17.–18. Jahrhundert") betont Maciej Matwijów, dass die altpolnischen Werke historisch-politischen und literarischen Inhalts, bekannt als Miscellanea, Silva rerum oder Kopialbücher, wichtige Gegenstände buchkundlicher Forschungen sind. Agnieszka Wandel berichtet über „französische öffentliche Bibliotheken zwischen Tradition und Moderne" und gibt dem polnischen Leser eine Möglichkeit zum Vergleich. Der Band enthält darüber hinaus Texte zum Bibliothekswesen nach dem Zweiten Weltkrieg, z. B. einen Beitrag von Piotr Lechowski über die „Einrichtung des allgemeinen öffentlichen Bibliothekswesens in Polen in den Jahren 1945–51". Unter den Besprechungen buchwissenschaftlicher Literatur findet man Hinweise auf das Buch von Andrzej Mężyński *Biblioteki Warszawy w latach 1939–1945* („Die Warschauer Bibliotheken in den Jahren 1939–45"), das mit dem Preis des Verbandes der Polnischen Bibliothekare für das Jahr 2010 ausgezeichnet wurde, und die Monographie von Halina Tchórzewska-Kabata *Pod znakiem światła. Biblioteka Ordynacji Krasińskich 1844–1944* („Unter dem Lichtzeichen. Die Bibliothek des Majoratsguts der Familie Krasiński 1844–1944") über eine der größten Bibliotheken des polnischen Landadels, welche im Geistesleben der Hauptstadt Polens eine wichtige Rolle spielte.

Weronika Karlak

Renata Skowrońska, Helmut Flachenecker (Hg.): Biuletyn Polskiej Misji Historycznej. Bulletin der Polnischen Historischen Mission. 7 (2012). Toruń: Wydawnictwo Naukowe Uniwersytetu Mikołaja Kopernika 2012. 387 S. ISSN 2083-7755.

Dieser Band ist dem Thema des Wiederaufbaus nach 1945 von Städten in Polen (Ratibor/Racibórz, Gleiwitz/Gliwice, Stettin/Szczecin) und in Franken gewidmet. Schwerpunkt ist die Frage nach den mentalen Auswirkungen der Kriegszerstörungen von Kunstwerken und Architektur. Von rund 70 Städten des Deutschen Reiches mit über 100.000 Einwohnern überstanden nur Erfurt, Halle und Regensburg den Zweiten Weltkrieg fast ohne Bombenschäden. In den Konzepten zum Wiederaufbau der zerstörten Städte stießen zwei extreme Positionen aufeinander. Die eine zielte auf einen Wiederaufbau in Anlehnung an die historische Bebauung und Stadtstruktur. Im Bewusstsein ihrer Bewohner verblassten dadurch die Bilder über das Ausmaß der Kriegsschäden; die Geschichte wurde gewissermaßen verdrängt. Das andere Konzept orientierte sich an den städtebaulichen Grundsätzen der „Charta von Athen" (1933), die eine Auflockerung und Durchgrünung der Stadtstruktur vorsah; die Erhaltung von historischer Bausubstanz stand dabei nicht im Vordergrund. Die Kriegszerstörungen boten die Chance zu einem grundlegenden Neu- und Umbau der Städte. Nunmehr, fast sieben Jahrzehnte nach Ende des Zweiten Weltkriegs, ist eine zweite (nach der ersten in den späten 1970er Jahren) Rekonstruktionswelle zu konstatieren, die von einer Geschichtsnostalgie getragen zu sein scheint. Die Beiträge des vorliegenden Bandes greifen die aktuellen Diskurse zur historischen und denkmalpflegerischen Legitimität von Rekonstruktionen und zum Verlust der Aura des originalen Kunstwerks aus einer deutsch-polnischen Perspektive auf.

Piotr Zariczny

Stanisław Suchodolski: Numizmatyka średniowieczna. Moneta źródłem archeologicznym, historycznym i ikonograficznym [Numismatik des Mittelalters. Die Münze als archäologische, historische und ikonographische Quelle]. Warszawa: Wydawnictwo Trio 2011. 487 S., Abb. ISBN 978-83-7436-275-7.

Der Band ist der Erinnerung an den Historiker Ryszard Kiersnowski (1925–2006) gewidmet und versammelt Artikel und Untersuchungen von Stanisław Suchodolski aus verschiedenen Zeiten seiner Forschungstätigkeit. Der Autor stellt drei quellenkundliche Aspekte in den Mittelpunkt: archäologische, historische und ikonographische. Der erste Teil mit drei Texten hat allgemeinen Charakter und betrifft den Erkenntniswert von Münzen und ihre Zuverlässigkeit als Quellen. Der umfangreiche zweite Teil (16 Texte) behandelt Münzen als archäologische Quellen; er geht auf die Forschungsergebnisse der polnischen Archäologie zur Geschichte des Geldes im Mittelalter ein und erörtert den Nutzen einer Zusammenarbeit von Archäologen und Numismatikern. Weitere Themen sind unter anderem: Handelskontakte und der Umlauf von Münzen im frühen Mittelalter, die Intensität des lokalen Austauschs in den polnischen Regionen im 10. und 11. Jahrhundert, die Münze im Baltikum um das Jahr

1000 und die Anfänge des Obolus der Verstorbenen („Charonspfennig") in Mitteleuropa. Im dritten Teil geht es um die Münze als historische und ikonographische Quelle in Texten über den Denar Bolesław Chrobrys, über das Münzwesen in Polen, Tschechien und Ungarn, die Münzpolitik in Polen im frühen Mittelalter und über Bild und Wort auf Münzen Mittel-, Nord- und Osteuropas im 10. und 11. Jahrhundert.

Anna B. Kowalska

Andrzej Szczerski: Modernizacje. Sztuka i architektura w nowych państwach Europy Środkowo-Wschodniej 1918–1939 [Modernismus. Kunst und Architektur in den neuen Staaten Ostmitteleuropas 1918–1939]. Łódź: Muzeum Sztuki w Łodzi 2010. 507 S., 165 Abb., engl. Zusammenfassung. ISBN 978-83-87937-76-8.

Die Publikation, eine der wichtigsten der letzten Jahre über die Kunst Ostmitteleuropas, verändert die Sichtweise auf künstlerische Phänomene in der Zwischenkriegszeit in ganz Europa. Nach 1918 brachten neue gesellschaftliche und politische Ideen, angefacht durch den Kampf um die Identität der neu entstandenen Staaten, ästhetische Konzepte hervor, die den „modernen Menschen" in einer modernen Umgebung kreieren sollten. Der Autor beschreibt den Einfluss dieser Veränderungen in der Politik auf den Bereich der visuellen Künste, erläutert die wechselseitige Abhängigkeit von Politik, Gesellschaft und Künstlern und illustriert seinen Text mit umfangreichem ikonographischem Material, das zum großen Teil für die 2010 im Kunstmuseum Lodz (Muzeum Sztuki w Łodzi) gezeigte Ausstellung „Modernizacje 1918–1939. Czas przyszły dokonany" („Modernismus 1918–1939. Die vollendete Zukunft") zusammengetragen wurde. In jedem der Länder Ostmitteleuropas wurden die Unabhängigkeit und der gleichzeitig stattfindende Wandel im kulturellen Bereich durch andere Programme ausgestaltet. Der Autor untersucht nicht nur ausgewählte Werke der Kunst, der Architektur und des Designs, sondern auch künstlerische Programme. Trotz einiger Versuche, den künstlerischen Austausch durch staatlich unterstützte Institutionen – wie die 1926 entstandene Gesellschaft zur Förderung der polnischen Kunst im Ausland (Towarzystwa Szerzenia Sztuki Polskiej wśród Obcych) – oder durch Bemühungen der Künstler selbst, die 1937 unter anderem die regionale Gruppe CIAM-Ost der Congrès Internationaux d'Architecture Moderne (CIAM) bildeten, schafften es die Staaten des „neuen Europa" nicht, Protagonisten des internationalen Kunstlebens zu werden. Wie Szczerski bemerkt, bedeutete dies eine Marginalisierung der in den neuen Staaten realisierten modernistischen Projekte, die trotz ihres Niveaus und ihrer Bedeutung nicht in die zeitgenössischen Publikationen gelangten, auch nicht in Bücher über die Zwischenkriegszeit, und daher dem durchschnittlichen Leser in Europa immer noch wenig bekannt sind. Nach Kapiteln über Manifeste und Ausstellungen jugoslawischer Künstler um die Zeitschrift *Zenith* widmet sich der Autor der Tschechoslowakei und dem Phänomen der Firma „Bata" in Zlin/Zlín, die ein einmaliges Sozialprogramm für ihre Mitarbeiter realisierte. Beispiel einer umgesetzten modernistischen Idee waren auch der Hafen und die moderne Bebauung der neuen Stadt Gdingen/Gdynia, die als Beweis für die großen Entwicklungsmöglichkeiten des weltoffenen Industrielandes Polen diente. Auch in Estland wurde die modernistische Architektur mit dem Stil der liberalen und unabhängigen Elite identifiziert. In Litauen wurde ein gemäßigter Modernismus zum Erkennungszeichen der „provisorischen Landeshauptstadt" Kaunas. Der Autor blickt auch auf die Rolle des Ausbaus anderer Hauptstädte im östlichen Europa (Belgrad/Beograd, Budapest, Prag/Praha, Warschau/Warszawa) oder weiterer ausgewählter Städte (wie Brünn/Brno, Königgrätz/Hradec Králové).

Maria Zwierz

Przemysław Sznurkowski, Elżbieta Pawlikowska-Asendrych, Beata Rusek (Hg.): Neofilologie na przełomie tysiącleci. Najnowsze tendencje w literaturze, językoznawstwie, przekładzie i glottodydaktyce [Neuphilologien um die Jahrtausendwende. Neueste Tendenzen in der Literatur, Sprachwissenschaft, Übersetzungwissenschaft und Glottodidaktik]. Częstochowa: ATUT 2012. 590 S., 12 Abb. ISBN 978-83-7432-805-0.

Die Herausgeber setzen sich mit ihrem Band zum Ziel, neueste Tendenzen in der Literatur-, Sprach- und Übersetzungswissenschaft zu präsentieren. Die Gelegenheit dazu bildete die sich 2009 zum 20. Male jährende politisch-wirtschaftlich-soziale Wende aus dem Jahre 1989, die die Grenzen geöffnet und den Dialog zwischen den Wissenschaftlern ermöglicht hat. Die Autoren der Aufsätze ziehen Bilanz. Zu den Phänomenen, auf die im Band in mehreren Beiträgen näher eingegangen wird, gehört die Identitätsproblematik angesichts der sprachlichen und kulturellen Vielfalt des modernen Europa. Ein Großteil der Texte spiegelt das deutsch-jüdische Zusammenleben vor dem Zweiten Weltkrieg wider. In diesem Kontext wird auf das Werk von Franz Kafka, Alfred Döblin (insbesondere seine *Reise in Polen*), Paul Celan, Rose Ausländer, Marcel Reich-Ranicki und Jurek Becker eingegangen. Einige Essays widmen sich dem Ostjudentum und der Konzeption der deutschen Kulturmission im Osten vor dem historischen Hintergrund (hauptsächlich in der zweiten Hälfte des 19. Jahrhunderts) – eine Idee, die oft von Ostjuden selbst getragen wurde (Joseph Roth, Karl Emil Franzos, Manès Sperber).

Grzegorz Kowal

Klaus Werner: Schriftsteller und Gesellschaft. Beiträge zu ‚östlichen' deutschen Literaturen. Wrocław: Quaestio, Dresden: Neisse 2011. 241 S. ISBN 978-83-62571-13-0, 978-3-86276-027-5.

Der deutsche Germanist Klaus Werner, der sich auf die deutsch-jüdische Literatur Ostmitteleuropas (Bukowina, Galizien) spezialisiert hat, legt hier vierzehn nach 1989 verfasste und verstreut publizierte Aufsätze geschlossen vor. Er hat den Band in zwei große Themenkomplexe gegliedert – „Zum deutsch-deutschen Literaturstreit" und „Zur deutschsprachigen Literatur in und aus Rumänien" – und diese noch um eine Art Anhang („Erwägungen") ergänzt. Im Rahmen seiner literaturwissenschaftlichen Erkundungen des Galizien- und Czernowitz-Mythos, der etwas Magisches, Östliches, Exotisches, nach Karl Emil Franzos „Halb-Asiatisches", evoziert, versucht Werner Räume und Ereignisse, Autoren und literarische Gestalten der Vergessenheit zu entreißen. Er beschäftigt sich unter anderem mit Joseph von Eichendorff, Rose Ausländer, Georg Maurer, Gregor von Rezzori, Soma Morgenstern und Jacob Klein-Haparash. Seine originellen Ausführungen schließt er mit einem Essay über die Bukowina ab.

Grzegorz Kowal

Piotr Zariczny: Narracja sterowana. Wizerunek Polski we współczesnym niemieckim dyskursie prasowym (2004–2010) [Gelenkte Erzählung. Das Polenbild im gegenwärtigen deutschen Pressediskurs (2004–2010)]. Toruń: Wydawnictwo Naukowe Uniwersytetu Mikołaja Kopernika 2012. 280 S., dt. Zusammenfassung, CD-ROM. ISBN 978-83-231-2906-6.

Diese Habilitationsschrift beruht auf einem interdisziplinären Forschungsprojekt, das sich mit der gegenseitigen Wahrnehmung und den Beurteilungsmechanismen zwischen Deutschen und Polen beschäftigt. Der Begriff „gelenkte Erzählung" weist auf die Bedeutung der politischen Instrumentalisierung (aktuelle Politik und insbesondere öffentliche Diplomatie), der Ökonomisierung (Digitalisierung und Boulevardisierung der Presse) und der Stereotypisierung (Ost-West-Dualismus, Image-Exotisierung) für die Entwicklung von Wahrnehmungsmustern in den Printmedien hin. Die hier dargestellten Untersuchungen weisen in drei Richtungen. Erstens konzentrieren sie sich auf die Analyse der Eigenschaften des Massenkommunikators mittels der Diskursanalyse (quantitative und qualitative Inhaltsanalyse) und der Analyse von Medienpersonal (Journalisten, Redakteure, Auslandskorrespondenten), zweitens beziehen sie sich auf Struktur und finanzielle Verfassung von multimedialen Organisationen, und drittens erfassen sie das sozial-politische Umfeld der Medien (Experten, Lobbyisten, Politiker). Negative Polen-Stereotype traten in den letzten Jahren langsam in den Hintergrund, aber an ihrer Stelle erscheint kein kohärentes Bild. Polen avancierte rapide vom unbeliebten Nachbarn (2005 – 2007) zu einem sympathischen und schnell wachsenden Land (2008 – 2010); sein Image blieb aber vieldeutig, verschwommen und unbestimmt. Das politisch, ökonomisch und kulturell zusammenwachsende Europa erweist sich als ein Raum, in dem neben Gemeinsamkeiten auch unübersehbare und nachhaltige Ungleichheiten in der Öffentlichkeit existieren. Ein Ort dieser Ungleichheiten und Gemeinsamkeiten ist die Sprache, durch welche die strategisch geführten und unbewusst transportierten Diskurse in der westeuropaorientierten medialen Welt zum Ausdruck gebracht werden.

Piotr Zariczny

Piotr Zychowicz: Pakt Ribbentrop-Beck, czyli jak Polacy mogli u boku III Rzeszy pokonać Związek Sowiecki [Der Ribbentrop-Beck-Pakt, oder wie die Polen an der Seite des „Dritten Reiches" die Sowjetunion hätten schlagen können]. Poznań: Dom Wydawniczy „Rebis" 2012. 362 S., Abb., Kt. ISBN 978-83-7510-921-4.

Piotr Zychowicz versucht mit diesem Buch nachzuweisen, dass Polens Entschluss von 1939, den Krieg gegen Deutschland in einer eher illusorischen Allianz mit Großbritannien und Frankreich anzutreten, fehlerhaft war. Viel besser wäre es damals gewesen, realpolitisch zu agieren, das heißt mit dem Anschluss Danzigs an das Dritte Reich einverstanden zu sein und die Entstehung einer exterritorialen Autobahn durch Pommerellen zu erlauben. Dies hätte es ermöglicht, so Zychowicz, gemeinsam mit den Deutschen die Sowjetunion zu überfallen. Der Verfasser fragt ironisch, ob es vernünftig gewesen wäre, 1939 den „Ribbentrop-Beck-Pakt" im Königlichen Schloss in Warschau/Warszawa zu unterzeichnen. Ob der damalige polnische Außenminister, der letzte in der Zweiten Polnischen Republik, Józef Beck, wirklich keine andere Wahl hatte oder eher einen leichtsinnigen Entschluss fasste, indem er das Bündnis mit den Deutschen ausschlug? Hat er damit nicht den Ribbentrop-Molotow-Pakt und die deutsch-sowjetische erneute Teilung Polens provoziert? Auf diese und viele andere Fragen antwortet der Verfasser, ein Journalist und Historiker, mit seinem gewagten Beitrag zur Analyse eines dunklen Kapitels der deutsch-polnischen Geschichte.

Maria Wojtczak

Leszek Żyliński: Europa w niemieckiej myśli XIX–XXI wieku [Europa im Denken der Deutschen vom 19. bis zum 21. Jahrhundert]. Toruń: Wydawnictwo Naukowe Uniwersytetu Mikołaja Kopernika 2012. 312 S., dt. Zusammenfassung. ISBN 978-83-231-2789-5.

Die Monographie untersucht das reichhaltige Denken über Europa, das sich in den Schriften deutschsprachiger Schriftsteller, Gelehrter und Publizisten von der Spätaufklärung bis zur

Gegenwart niederschlägt. Als Quellen dieser Arbeit dienen sowohl literarische Texte als auch Essays, philosophische Abhandlungen, politische Sachbücher und Presseartikel, Interviews, öffentliche Reden, Briefe und andere Stellungnahmen, die in politischen Kontroversen, in geschichtsphilosophischen Debatten oder als utopische Zukunftsvisionen Europa zum Thema hatten. Nicht einbezogen wurden Äußerungen von Politikern oder Parteiprogramme, die eher durch ihre praktische Durchführung als durch geistige Ausstrahlung wirkten. Die wenigen Ausnahmen (Friedrich Naumann, Joschka Fischer) betreffen nur grundsätzliche Äußerungen und beziehen sich auf langfristig verstandene Projekte für die Zukunft hinsichtlich der künftigen Gestalt Europas und nicht auf die jeweils aktuelle politische Praxis. Die auf umfangreichen Quellen basierende Monographie überzeugt mit der Kraft der Argumente samt sorgfältigen und ausgewogenen Schlussfolgerungen zu den sehr unterschiedlichen Absichten und Umständen der Anwesenheit des „europäischen Gedankens" im deutschen literarischen und journalistischen Raum. Es ist eine der ersten Darstellungen in polnischer Sprache über das spezifisch deutsche Verständnis des Konzepts „Europa".

Piotr Zariczny

2. Baltikum

Ajalooline ajakiri. The Estonian Historical Journal. 2010, 1 (131). Tartu: Ajalookirjanduse Sihtasutus Kleio 2010. 111 S., engl. Zusammenfassungen. ISSN 1406-3859.

Im vorliegenden Heft der „Estnischen Historischen Zeitschrift" mit Aufsätzen und Rezensionen findet man unter anderem einen Beitrag von Anti Selart über Letten und Tschuden – Hiesige und Fremde zur Zeit des Livländischen Krieges in Est- und Livland. Marten Seppel beleuchtet den Umgang des Adels mit den Bauern und das Problem der Eigenmächtigkeit der Gutsbesitzer in Liv- und Estland. Helen Rohtmets beschäftigt sich mit dem Thema der Staatsbürgerschaft der Ende 1918 in Estland wohnenden Deutschbalten, die automatisch die Staatsbürgerschaft der Republik Estland erhielten, während es bei den außerhalb Estlands lebenden Deutschbalten in dieser Hinsicht Probleme gab.

Kersti Taal

Kaur Alttoa (Ed.): Baltic Journal of Art History. Autumn 2012. 205 S., Abb., estn. Zusammenfassungen. ISSN 1736-8812.

Dieser Band der wissenschaftlichen Zeitschrift des Lehrstuhls für Kunstgeschichte der Universität Dorpat/Tartu gliedert sich in sechs Aufsätze und Miscellanea. Die Aufsätze in deutscher Sprache sind folgende: Kaur Alttoa: *Die so genannte Zwickelkolonette in den Kirchen auf Saaremaa (Ösel)*; Krista Anderson: *Der Schöne Christus aus St. Katharinen (Kadrina). Ergänzungen zu den Kunstkontakten des Gebiets des Deutschen Ordens in der ersten Hälfte des 15. Jahrhunderts*; Kerttu Palginõmm: *Das dem Meister der Lucialegende zugeschriebene Revaler (Tallinner) Retabel – kostbare Stoffe und ein unbekannter Meister?*; Ieva Ose: *Einige Anmerkungen zum Einfluss niederländischer Gravüren auf die Verzierung der Ofenkeramik im Ostseeraum am Anfang des 17. Jahrhunderts*; Kaur Alttoa, Merike Kurisoo: *Materialien zur Kirche in Sääre (Zerel) auf Saaremaa (Ösel)*. Ein Aufsatz ist in englischer Sprache verfasst: Anu Mänd, Anneli Randla: „Sakralraum und korporative Identität: Kapellen der Schwarzhäupter in den Bettelordenskirchen in Reval und Riga".

Kersti Taal

Jānis Apals: Āraišu ezerpils. Rakstu izlase un draugu atmiņas [Die Seeburg von Araischi. Auswahl von Artikeln und Erinnerungen von Freunden]. Sastādītāji [Bearb.]: Andris Caune, Zigrīda Apala. Rīga: LU Latvijas vēstures institūta apgāds 2012. 639 S., Abb. ISBN 978-9984-824-28-4.

Der im Verlag des Instituts für Geschichte an der Universität Lettlands erschienene Band enthält das Lebenswerk des Ehrendoktors der Akademie der Wissenschaften Dr. hist. Dr. h. c. Jānis Apals (1930–2011), das er der Erforschung der Seeburg Araischi, ihrem Wiederaufbau und ihrer Ausgestaltung zu einem einmaligen kulturhistorischen Objekt gewidmet hat. Mit seiner schon 1958 aufgenommenen Arbeit wurde Apals zum Begründer eines neuen Zweiges der Archäologie, der Erforschung der Seeburgen. Das in fünf Kapitel gegliederte Buch besteht aus einzelnen Veröffentlichungen, die es erlauben, die Anfänge der Archäologie in Lettland, die Entstehung der Seeburgen und ihre Entdeckung, die Ausgrabungen der Seeburg von Araischi, die Pläne und Arbeiten zur Rekonstruktion dieser Burg sowie die Anlage des Museumsparks zu verfolgen. Den Schluss bilden Erinnerungen der Freunde und Zeitgenossen von Apals. Das Werk ist von großem wissenschaftlichem Wert, denn die Seeburg von Araischi ist die einzige präzise rekonstruierte Siedlung der Lettgallen aus dem 9. und 10. Jahrhundert und das erste so eingehend erforschte Baudenkmal dieser Art in Nordeuropa.

Helena Šimkuva

Nelė Asadauskienė, Vytas Jankauskas, Vaida Kamuntavičienė, Genutė Kirkienė, Raimonda Ragauskienė, Ramunė Šmigelskytė-Stukienė, Darius Vilimas: Lietuvos didikai [Litauischer Adel]. Kaunas: Šviesa 2011. 232 S., Abb. ISBN 978-5430-04-453-4.

In diesem illustrierten Nachschlagewerk werden zum ersten Mal zwanzig der wichtigsten Adelsfamilien des Großfürstentums Litauen bzw. Polen-Litauens vom 14. bis zum 18. Jahrhundert porträtiert. Der Leser wird über Herkunft, Wappen, Familiengeschichte, die bedeutendsten Vertreter und deren Werdegang in Gesellschaft, Politik oder Militär sowie ihre Verdienste um die Kultur ebenso ausführlich informiert wie über die Entwicklung des Adelsstandes in Litauen und dessen Rolle im litauischen Staat. In alphabetischer Folge werden die Adelsgeschlechter vorgestellt, unter ihnen einige, die längst erloschen und vergessen, andere, die – wie die Čartoriskiai (Czartoryski), Radvilai (Radziwiłł) oder Tyzenhauzai (Tiesenhausen) – bis zum heutigen Tag bekannt sind. Durch Porträts der Adligen und Bilder ihrer Residenzen sowie Familiennamenregister und Literaturverzeichnis wird der Band komplettiert.

Edita Venčkauskaitė

Thomas Freiherr von Dellingshausen, Henning von Wistinghausen (Hg.): Protokolle der Estländischen Ritterschaft. Tartu: Eesti Ajalooarhiiv 2011 (Ex Fontibus Archivi Historici Estoniae 3).
Halbbd. 1: Protokolle der Estländischen Ritterschaft 1914–1920. S. 1–664. ISSN 1736-0811, ISBN-978-9985-858-76-9.
Halbbd. 2: Berichte an den ordentlichen Landtag der Estländischen Ritterschaft: Februar 1914. Anträge und Entwürfe. Protokolle des Estländischen Landratskollegiums 1914–1918. S. [665]–1145. ISSN 1736-0811, ISBN 978-9985-858-77-6.

Dieser Band der Quellenpublikationen des Estnischen Historischen Archivs macht insbesondere die Protokolle der Estländischen Ritterschaft aus den Jahren 1914–1917 zugänglich, die von den Historikern bisher wenig benutzt worden sind. Bis zum Jahr 1917 oblag die Verwaltung Estlands zum großen Teil der Estländischen Ritterschaft, die somit in der Geschichte des Landes eine zentrale Rolle spielt. Die Protokolle der Ritterschaft stellen eine wichtige Quelle für die Erforschung sowohl der Geschichte der Ritterschaft als auch Estlands dar. Die Protokolle aus den Jahren 1917 und 1918 sind nicht vollständig erhalten. Die Herausgeber haben versucht, die Lücke durch die den Erinnerungen des letzten Hauptmanns der Estländischen Ritterschaft beigefügten Dokumente zu schließen. Neben den Protokollen ist auch der Rezess des ordentlichen Landtags von 1918 abgedruckt. Den zweiten Band bilden von den ständigen Kommissionen der Ritterschaft an die Teilnehmer des Landtages versandte Anträge und Entwürfe, über die der Landtag entscheiden sollte, sowie die Protokolle des Kollegiums der Landräte. Hinzugefügt sind zwei an den Landtag von 1911 überstellte Berichte, deren Themen 1914 nicht auf der Tagesordnung standen; sie behandeln kirchliche Angelegenheiten und Volksschulen in Estland. Der Band enthält ein Personen- und Sachregister, eine Konkordanz der deutschen und estnischen Ortsnamen und ein Glossar.

Lea Teedema

Eva Eihmane: Rīgas arhibīskapa un Vācu ordeņa cīņas par varu viduslaiku Livonijā [Die Kämpfe des Erzbischofs von Riga und des Deutschen Ordens um die Macht im mittelalterlichen Livland]. Riga: LU Akadēmiskais apgāds 2012 (Latvijas vēstures mazā bibliotēka [Kleine Bibliothek der Geschichte Lettlands]). 123 S., Abb. ISBN 978-9984-45-467-2.

Die Historikerin Eva Eihmane legt ihr erstes Buch zur mittelalterlichen Geschichte vor, in dem ein bereits altes Thema der baltischen Geschichtsschreibung behandelt wird, nämlich der über mehrere Jahrhunderte andauernde Konflikt zwischen den Bischöfen bzw. Erzbischöfen von Riga und dem Deutschen Orden in Livland. Die Autorin verfolgt zwei Ziele: Zum einen will sie dieses historische Problem auf der Grundlage der neueren Forschung darstellen und diskutiert Gründe für die lange andauernde Auseinandersetzung mit dem Thema, zum zweiten versucht sie ein Profil jenes Konflikts zu erstellen. Das kleine Werk hat somit zwei Teile. Im ersten Teil wird auf die Ursachen der Konflikte zwischen den Landesherren Livlands seit dem beginnenden 13. Jahrhundert hingewiesen. Die Strukturen der Macht und der Herrschaft über die Stadt Riga werden knapp beschrieben, wobei auch auf die Methoden der Konfliktregelung, die Bedeutung der Universalmächte und die Rolle der einheimischen Bevölkerung eingegangen wird. Im zweiten Teil wird die Geschichte der Beziehungen der Landesherren Livlands chronologisch dargestellt. Die Autorin richtet sich dabei nach der Amtszeit der Bischöfe und Erzbischöfe von Riga, d. h. von Albert von Buxhöveden (1199–1229) bis Michael Hildebrand (1484–1509). Das Buch wirkt als historische Darstellung sehr traditionell, mit neuen Forschungsansätzen zum Thema wartet es nicht auf. Doch kann ihm eines nicht abgesprochen werden: Es bietet einen klaren Überblick über ein historiographisch verwickeltes Phänomen der baltischen Geschichte.

Andris Levans

Ants Hein: Kiltsi mõis [Das Gut von Gilsenhof/Ass/Kiltsi]. Kiltsi: VR Kirjastus 2011. 119 S., Abb., engl. Zusammenfassung. ISBN 978-9985-9838-6-7.

Das an der Grenze von Jerwen/Järvamaa und Wierland/Lääne-Virumaa befindliche Schloss

Gilsenhof/Kiltsi (auch Ass) ist bekannt geworden im Zusammenhang mit Adam Johann von Krusenstern, der aufgrund eines 1820 geschlossenen Kaufvertrages Besitzer des Gutes wurde und während seines Aufenthalts auf dem Gut einen Atlas des Stillen Ozeans verfasste. Von 2001 bis 2009 durchgeführte archäologische Forschungen beweisen, dass sich fast unter dem gesamten Gutsgebäude mittelalterliche Grundmauern befinden. Die ersten Besitzer des Gutes waren die Familien Assen, Wrangel und Gilsen. Nach dem Livländischen Krieg geriet es in die Hand der Familie von Uexküll. Auf die Entwicklung des Gutes und der dort betriebenen Landwirtschaft hatte eine 1887 eröffnete Eisenbahnlinie mit einem Bahnhof großen Einfluss. Der neue Besitzer des Gutes, von Uexküll-Güldenband, nahm 1912 eine gründliche Renovierung vor. Zur Zeit der Republik Estland wurde das Gut verstaatlicht; im Herrenhaus wurde eine Schule eröffnet, die bis heute existiert. Einen 1970 gefassten Plan zur Restaurierung und zum Wiederaufbau des Gutes begann man in den 1990er Jahren zu verwirklichen, nachdem sich ein nach A. J. von Krusenstern benannter gemeinnütziger Verein gebildet hatte. 1995 wurde im Gutsgebäude eine Ausstellung über die Geschichte Gilsenhofs und den Lebensweg Krusensterns eröffnet.

Kersti Taal

Ants Hein: Sagadi mõis. Sagadi, a Country Manor in Estonia. Tallinn: Hattorpe 2011. 240 S., Abb, engl. Zusammenfassung. ISBN 978-9985-9073-5-1.

Der Autor verfolgt die Geschichte des Gutes Saggad/Sagadi von seiner Ersterwähnung bis zur Gegenwart. Im Jahr 1469 war der Gutsbesitzer Helmut Risbith. Die Grenzen des Gutes wurden Anfang des 16. Jahrhunderts – damals war es im Besitz der Familie Berg – festgelegt. Anfang des 17. Jahrhunderts erwarb es der Schotte Jacob MacDougall. Ab 1684 gehörte das Gut der Familie Fock, lediglich während des Nordischen Krieges war es ein Vierteljahrhundert lang im Besitz der Familie Stael-Holstein. In der Zeit von 1749 bis 1758 wurde ein einstöckiges Herrenhaus im Rokokostil gebaut. Das heutige Aussehen erhielt es zur Zeit des Besitzers Gideon Ernst von Fock, der es von 1793 bis 1795 im neoklassizistischen Stil umbauen ließ. Bald darauf entstanden das Verwalterhaus und das so genannte Dienerhaus; außerdem wurden ein Speicher und mehrere Wirtschaftsgebäude (Rinderställe, Branntweinbrennerei, Treibhaus u. a.) errichtet sowie ein Ziergarten mit einem Teich angelegt. Ende des 19. Jahrhunderts kamen ein Eichamt und eine Schmiede hinzu. In der Zeit der Republik Estland musste der Besitzer Ernst von Fock ins Verwalter- und danach ins Arbeiterhaus umziehen; im Herrenhaus wurde 1929 eine Schule eröffnet. Nach Gründung des Nationalparks Lahemaa 1971 begann der Forstwirtschaftsbetrieb von Wesenberg/Rakvere mit der Renovierung des Gutes. Heute ist Saggad einer der am vollständigsten renovierten Gutshöfe in Estland; es beherbergt unter anderem ein Guts- und ein Forstmuseum.

Kersti Taal

Vineta Jonīte: Mazo bērnu aprūpes un aidzināšanas pirmsākumi Rīgā [Die Anfänge der Betreuung und Erziehung von Kleinkindern in Riga]. Rīga: Autorizdevums [Selbstverlag] 2011. 129 S., Abb. ISBN 978-9984-49-405-0.

Das Buch enthält die Materialien der Ende 2011 in Riga mit Unterstützung der Abteilung für Bildung, Kultur und Sport des Rigaer Stadtmagistrats veranstalteten Konferenz „Die vorschulische Entwicklung der Kinder in Riga“ und bildet den Anfang einer neuen Reihe „Die Geschichte der Kindergärten in Riga“. Es behandelt die Vorgeschichte der Entstehung und die Tätigkeit der Einrichtungen für die Betreuung von Kleinkindern in der Zeitspanne von der zweiten Hälfte des 19. Jahrhunderts bis 1940. Die Autorin hat umfangreiches Material aus den Archiven des Stadtmagistrats und den Dokumenten des Geschichtsarchivs zu einem Thema herangezogen, das breiteren Gesellschaftskreisen bis jetzt unbekannt war. Das Werk ist mit Fotos aus der privaten Sammlung der Autorin versehen, die vom Anfang des 20. Jahrhunderts stammen und die Geschichte der Kindergärten Lettlands festhalten. Dargestellt wird auch die Beteiligung der auf dem Territorium Lettlands ansässigen Deutschen an der Schaffung der genannten Einrichtungen wie auch die Übernahme deutscher Traditionen bei der Erziehung der Vorschulkinder und in der Entwicklung der Lehranstalten. Da das Territorium Lettlands Bestandteil des Zarenreichs war, werden auch die Erfahrungen Russlands in der Aufsicht der Vorschulkinder thematisiert. Der Band schließt mit einem Quellen- und Literaturverzeichnis.

Helena Šimkuva

Katre Kaju: „Vive hodie, cras vivere serum est“: humanistlik-kristlik haridustraditsioon ja Riia pastori Adam Andreae reisialbum (1696–1702). [„Vive hodie, cras vivere serum est“: Die humanistisch-christliche Bildungstradition und das Reisestammbuch des Rigaer Pastors Adam Andreae (1696–1702)]. Tartu: Tartu Ülikooli Kirjastus 2011 (Dissertationes Studiorum Graecorum et Latinorum Universitatis Tartuensis 5). 435, [1] S., Abb., dt. Zusammenfassung. ISBN 978-9949-19-744-6.

In der Zeit vom 16. bis 18. Jahrhundert führten viele Adlige, Studenten und andere Personen auf ihren Studienfahrten und Reisen ein Stammbuch – ein Büchlein mit leeren Blättern, in das sie Menschen, mit denen sie zusammentrafen, eine Widmung eintragen ließen. Die Doktorarbeit betrachtet das Reisestammbuch des Pastors der St.-Jürgen-Kirche zu Riga Adam Andreae (1672–1709) und die Einträge des Albums im Kontext der europäischen Tradition der Reisestammbücher. Die Autorin gibt einen Überblick über die Entstehung und Entwicklung dieser Tradition; über das Leben und Werk Andreaes, über seine theologischen Ansichten und seinen Reiseweg. Der Schwerpunkt der Arbeit liegt auf der kultur- und literaturhistorischen Analyse des Albums. Ihre Hauptfragestellung ist, ob und wie die humanistisch-christliche Bildungstradition, die historische Situation usw. die Einträge beeinflusst haben. Das Andreaesche Reisestammbuch, das im Estnischen Historischen Archiv aufbewahrt wird, ist das drittälteste in Estland. Zum Vergleich werden die übrigen beiden in Estland erhaltenen Reisestammbücher aus der schwedischen Zeit herangezogen. Den letzten Teil des Buches bilden die Edition und die Übersetzung des Albums als Parallelausgabe. Ein Personenregister ist vorhanden.

Lea Teedema

Kaalu Kirme: Kirikuhõbe uusajast tänapäevani [Kirchensilber von der Neuzeit bis heute]. Tallinn: Muinsuskaitseamet 2012 (Eesti kirikute sisustus [Die Einrichtung estnischer Kirchen] 3). 174, [1] S., Abb., engl. Zusammenfassung. ISSN 1736-7271, ISBN 978-9985-9896-6-1.

Das dritte Buch der Reihe bildet eine thematische Fortsetzung der 2008 erschienenen Monographie von Anu Mänd *Kirikute hõbevara* („Silberschatz der Kirchen. Altargeräte im mittelalterlichen Livland“, siehe *Berichte und Forschungen. Jahrbuch des Bundesinstituts* 18, 2010, S. 304) und behandelt die Entwicklung der Abendmahlsgeräte der estnischen lutherischen Kirche (Kelche, Oblatendosen, Patenen, Weinkannen) und anderer Kirchengegenstände aus Edelmetall von der Reformation bis zur heutigen Zeit. Das reich illustrierte Buch besteht aus einer Einleitung, einer Entwicklungsgeschichte der Sakralsilber durch fünf Jahrhunderte und einem Auswahlkatalog der Gegenstände. Das Buch enthält ein Glossar und ein Personenregister.

Lea Teedema

Krimuldas Raganas depozīts. Gaujas lībiešu sudraba rotas un monētas, 10. – 13. gadsimts. Katalogs. The Krimuldas Ragana Hoard. Silver Ornaments and Coins of the Gauja Livs 10th – 13th centuries. The Catalogue. Izdevis Turaidas muzejrezervāts [Hg. vom Historischen Schutzgebiet des Museums von Treyden]. Riga: Zinātne 2012. 95 S., Abb., engl. Zusammenfassungen. ISBN 978-9984-879-23-9.

Im Vorwort erinnert die Museumsdirektorin Anna Jurkāne an das 1994 ins Leben gerufene Projekt „Die Gauja-Liven in der Kulturgeschichte Lettlands", in dessen Rahmen die Ausstellung des 2007 unweit von Treyden/Turaida gefundenen und vom Museum erworbenen Depots möglich war. In diesem Depot wurden 176 Gegenstände wie Schmuck und Münzen aus dem 11. – 13. Jahrhundert verborgen, die aus der Rus', Skandinavien und dem westlichen Europa stammten: Die Münzen sind Prägungen sowohl deutscher Bischöfe und Könige als auch dänischer und englischer Könige. In drei Aufsätzen wird auf diesen Schatzfund als historisches Zeugnis eingegangen: Egils Jemeļjanovs: „Der Depotfund von Ragana bei Treyden/Turaida und das historische Gebiet der Gauja-Liven"; Guntis Zemītis: „Die Schmucksachen im Depotfund von Ragana bei Treyden"; Tatjana Berga „Die Münzen im Depotfund von Ragana bei Treyden". Ein Exkurs von Irita Žeiere „Das Fragment des Leinenbeutels" schließt den Band zur Ausstellung ab.

Andris Levans

Daina Lāce: Pirmais Rīgas pilsētas arhitekts Johans Daniels Felsko (1813 – 1902). The first Riga city architect Johann Daniel Felsko (1813 – 1902). Der erste Rigaer Stadtarchitekt Johann Daniel Felsko (1813 – 1902). Rīga: LMA Mākslas vēstures institūts 2012 (Latvijas Mākslas akadēmijas Makslas vēstures institūta disertacijas [Dissertationen des Instituts für Kunstgeschichte an der Kunstakademie Lettlands] 3). 384 S., Abb., engl. u. dt. Zusammenfassung. ISBN 978-9934-8355-1-3.

In ihrer Monographie, die mit finanzieller Unterstützung der Böckler-Mare-Balticum-Stiftung erschienen ist, hat sich die Kunsthistorikerin Daina Lāce dem Lebenslauf und dem Schaffen des deutschbaltischen Architekten Johann Daniel Felsko zugewandt. Die Arbeit bietet Einblick in das Schaffen einer der einflussreichsten Persönlichkeiten der Architekturgeschichte des Baltikums im 19. Jahrhundert. Anhand von Felskos Tätigkeit lässt sich verfolgen, wie sich Riga aus einer vergleichsweise kleinen Stadt zur repräsentativen Metropole entwickelte. Dem Werk liegt eine umfassende Sammlung von Dokumenten zugrunde. Es verfügt über zahlreiche informative Abbildungen, Quellenverzeichnis und Bibliographie.

Helena Šimkuva

Latvijas vēstures institūta žurnāls [Zeitschrift des Instituts für Geschichte Lettlands]. 2012. Nr. 1–4. Je 208 S., Abb., dt. u. engl. Zusammenfassungen. ISSN 1025-8906.

Die Zeitschrift des Instituts für Geschichte Lettlands präsentiert in vier Heften die Erträge der historischen Forschung, die in erster Linie durch die Mitarbeiter des Instituts, aber auch von externen Fachwissenschaftlern geleistet wurde. Die Aufsätze (in lettischer, teils in englischer Sprache) werden in Auswahl hier genannt. Aus Nr. 1: Andris Levans: „Cum litterarum testimonio. Praxis des Urkundenwesens im Bistum Riga zu Beginn des 13. Jahrhunderts. Bemerkungen zum Verhältnis von Mediävistik und Diplomatik"; Jānis Bērziņš: „Die lettischen Deputierten in der Zweiten russischen Staatsduma vom 20. Februar bis 3. Juni 1907"; Uldis Krēsliņš: „Die Ideologie der lettischen bürgerlichen Parteien und ihre Entwicklung 1917–1920"; Leo Jansons: „Die sozialrechtliche Problematik der baltischen Frage in den Dokumenten des US-Nationalarchivs 1948–1963". Aus Nr. 2: Ēriks Jēkabsons: „Die Arbeit der von Warwick Greene geleiteten US-Mission in Lettland im April und Mai 1919. Die Phase in Libau/Liepāja"; Mārtiņš Mintaurs: „Kulturelles Erbe und historisches Gedächtnis in der Lettischen SSR. Das Beispiel der Rekonstruktion des Großen Friedhofs in Riga in den 1960er bis 1980er Jahren"; Wojciech Krawczuk: „Die Quellen zum frühneuzeitlichen Livland in den Kanzleibüchern der polnischen Krone. Die ersten Jahre der Regierungszeit Sigismunds III. Wasa". Aus Nr. 3: Erwin Oberländer: „Das Konzept der Frühen Neuzeit und die Geschichte Estlands, Livlands und Kurlands 1561–1795"; Dorota Samborska-Kukuć: „Ereignisse des polnischen Aufstands von 1863 in Inflantien (Lettgallen) in den Berichten und Erinnerungen von Augenzeugen"; Uldis Neiburgs: „Die Widerstandsbewegung in dem vom nationalsozialistischen Deutschland besetzten Lettland 1941–1945". Jedes Heft wird durch die obligatorischen Sparten „Historische Quellen", „Aktuelles aus der (Geschichts-) Wissenschaft", „Rezensionen", „Umschau der neueren Literatur", „Personalien" und „In memoriam" abgerundet.

Andris Levans

Latvijas Zinātņu akadēmijas vēstis. A. daļa: Sociālās un humanitārās zinātnes [Mitteilungen der Akademie der Wissenschaften Lettlands. Teil A: Soziale und humanitäre Wissenschaften]. 66 (2012). Nr. 1/2, 3, 4, 5/6. 143, 216, 140, 86 S., Abb., dt. u. engl. Zusammenfassungen. ISSN 1407-0081.

Die Mitteilungen der Akademie der Wissenschaften in Lettland zu diversen Themen der Geistes- und Sozialwissenschaften sind auch unter <http://www.lza.lv/index.php?option=com_content&task=blogcategory&id=36&Itemid=77> zugänglich. Die hier exemplarisch genannten Aufsätze befassen sich mit historischen Zeugnissen, die im Zeitraum vom 13. bis 20. Jahrhundert an das Vorhandensein der deutschen Kultur in Lettland erinnern. Aus Nr. 1/2: Juris Urtāns: „Über den Burgberg von Garoza am Hof Lukstenieki [unweit von Mitau/Jelgava]"; Jānis Zilgalvis: „Neueste Erkenntnisse in der Erforschung des Erbes der Architektur in Lettland". Aus Nr. 4: Sarma Kļaviņa: „Indizes, Vervielfältigungen und Benutzer des Wörterbuchs von K[ārlis] Mīlenbahs, J[ānis] Endzelīns und E[dīte] Hauzenberga-Šturma"; Aija Taimiņa: „Die älteste bekannte aus Riga und Livland stammende Inkunabel (1487) und die Abschriften von [Johann Christoph] Brotze". Aus Nr. 5/6: Sarma Kļaviņa: „Wenig Bekanntes aus der akademischen Biographie von Jānis Endzelīns (vor 1940)"; Juris Urtāns: „Archäologie und Folklore. Die Kultorte und Burgberge Lettlands". Es ist kaum zu verkennen, dass die Zeitschrift schwerpunktmäßig Gegenwartsfragen wie zu den Themen Wirtschaft, Verwaltung, Gesetzgebung und Justiz behandelt, wobei auch die Ergebnisse von in Lettland abgehaltenen Kongressen veröffentlicht werden, wie dies am Beispiel der Nr. 3 mit 16 Aufsätzen zum Thema „Proceedings of the 24th session of PECSRL – Permanent European Conference for the Study of Rural Landscape: Living in Landscapes. Knowledge, Practice, Imagination" deutlich zu sehen ist. In jedem Heft nehmen die Berichte aus den Senatssitzungen der Akademie und die Chronik der wichtigsten Ereignisse aus dem Wissenschaftsleben einen bedeutenden Platz ein.

Andris Levans

Mati Laur, Karsten Brüggemann (Hg.) unter Mitwirkung von Anti Selart, Andris Levans u. Konrad Maier: Forschungen zur baltischen Geschichte. Bd. 7. Tartu: Akadeemiline Ajalooselts 2012 (Humaniora historica). 301 S., engl. Zusammenfassungen. ISSN 1736-4132.

Das Jahrbuch des Instituts für Geschichte und Archäologie der Universität Dorpat/Tartu erscheint in Zusammenarbeit mit der Baltischen Historischen Kommission, dem Institut für Kultur und Geschichte der Deutschen in Nordosteuropa (Lüneburg), der Lettischen Universität Riga/Rīga und der Universität Reval/Tallinn. Der siebte Band des Jahrbuches gliedert sich in Aufsätze, Mitteilungen und Besprechungen. Folgende Aufsätze sind in dieser Ausgabe zu finden: Tiina Kala: *Gab es eine „nationale Frage" im mittelalterlichen Reval?*; Dorothée Goetze: *Ein Abenteurer des Dreißigjährigen Krieges – Christian Dietrich von Czernichow und seine Diversionspläne gegen die Insel Ösel 1645 und 1648*; Enn Küng: *Die Börse in Narva als Symbol ihrer Zeit*; Ulrike Plath: *Libertine Literatur und die „Erotik der Aufklärung" im Baltikum*; Kristi Kukk: *Ein noch schwererer Fall von Amnesie? Die lettische nationale Geschichtsschreibung vom 19. Jahrhundert bis zum Zweiten Weltkrieg in vergleichender Perspektive*; Irina Buša: *Egill Skallagrimsson in der lettischen Geschichtsschreibung*; Heidi Lepplaan: *„Mein Haus, mein Land, mein Erb und Eigen". Deutsche Reaktionen auf das estnische Agrargesetz 1919*. Unter den „Mitteilungen" sind als thematisch einschlägig zu verzeichnen: Andris Levans: *Der Herbst der lettischen Historie? Zum Ersten Kongress der Historiker Lettlands 2011*; Ulrike Plath: *Neue Wege der baltischen Geschichtswissenschaft: Zur Gründung des Zentrums für Umweltgeschichte (KAJAK) in Tallinn*; Stefan Donecker, Stefan Ewert: *Ostseeraum und Schwarzmeergebiet im interregionalen Vergleich. Ein Tagungsbericht.*

Kersti Taal

Ivar Leimus, Rein Loodus, Anu Mänd, Marta Männisalu, Mariann Raisma: Tallinna Suurgild ja gildimaja [Die Revaler Große Gilde und das Gildenhaus]. Tallinn: Eesti Ajaloomuuseum 2011. 527 S., Abb., engl. Zusammenfassung. ISBN 978-9985-9889-5-4.

Im ersten Teil des Werkes wird die Geschichte der Großen Gilde, im zweiten Teil die Geschichte des Gildenhauses behandelt. Die Dokumente der erstmals im Jahr 1363 erwähnten Großen Gilde (Statuten oder Skra und Kontobücher) sind gut erhalten. Aufgabe der Großen Gilde war es, ihren Mitgliedern Sicherheit zu bieten, die gemeinsamen dienstlichen und religiösen Interessen zu schützen und das Vereinswesen zu regeln. Da zu den Aufgaben des Vereins auch Wohltätigkeit gehörte, gründete die Große Gilde zur Betreuung der Armen eine spezielle Unterorganisation – Tischgilde genannt –, deren Einkommen hauptsächlich aus Spenden bestand. Im Teil über die Geschichte der Gilde werden die Pflichten und Rechte der Mitglieder, ihr Verhältnis zur Kirche und ihre religiösen Bräuche behandelt. Ferner werden zahlreiche Festlichkeiten wie Weihnachts- und Fastnachtsschmäuse, das Papageienschießen, das Fest des Maigrafen sowie Hochzeitsfeste im Gildenhaus beschrieben. Ende des 17. Jahrhunderts begann man die Gildenräume als Theatersaal zu benutzen. Im 19. Jahrhundert entwickelte sich die Große Gilde zu einem bedeutenden Kulturzentrum, wo Konzerte und Kunstausstellungen veranstaltet wurden. In der zweiten Jahrhunderthälfte traten im Gildenhaus auch estnische Vereine auf. Die Tallinner Geschäftselite bestand überwiegend aus Mitgliedern der Großen Gilde. Die Große Gilde beendete ihre Tätigkeit mit dem am 9. Juni 1920 erlassenen Gesetz „Über die Aufhebung der Stände in der Republik Estland". Auch die Baugeschichte des Anfang des 15. Jahrhunderts errichteten Gildenhauses wird dargestellt;

außerdem werden die Innenräume und die Ausstattung wie Möbel, Beleuchtung, Silber- und Küchengeräte beschrieben. Zur Zeit der Republik Estland gehörte das Gebäude dem Börsenkomitee; seit 1952 beherbergt es das Historische Museum Estlands. Ein Anhang enthält die Geschichte der Silbersammlung aus der Zeit von 1556 bis 1800 sowie ein Verzeichnis der Altermänner der Großen Gilde von 1363 bis 1922.

Kersti Taal

Piret Lotman (Koostanud [Red.]), Siiri Lauk (Toimetanud [Hg.]): Lugemise kunst. The Art of Reading: Tallinn: Eesti Rahvusraamatukogu 2011 (Eesti Rahvusraamatukogu toimetised / Acta Bibliothecae Nationalis Estoniae / Transactions of the National Library of Estonia 13, A, Raamat ja aeg / Libri et memoria 2). 303 S., Abb., engl. Zusammenfassungen. ISBN 978-9949-413-34-8.

Im Mittelpunkt des Sammelbandes der historischen Reihe der Abhandlungen der Estnischen Nationalbibliothek stehen das Buch und die Lesekultur in der Frühen Neuzeit. In ihrem einleitenden Aufsatz *Vaimuliku käsiraamatu koostajad, valmistajad ja lugejad: missakorraldusjuhis Tallinna Linnaarhiivist* („Redaktoren, Hersteller und Leser des geistlichen Handbuchs ‚Anleitung zur Durchführung der Messe' aus dem Revaler Stadtarchiv") analysiert Tiina Kala Lese- und Schreibpraktiken im Mittelalter. Krista Kodres, *Ich wil mit deinem Munde sein, vnd dich Lehrnen was du sagen sollest. Pilditähenduse loomine luterlikus kirikus* („Erstellung der Bildbedeutung in der lutherischen Kirche"), betrachtet am Beispiel zweier Kirchen in Estland (Karmel/Kaarma und Audern/Audru) den Wandel des Verhältnisses zwischen Bildern und kommentierenden Texten in der Konfessionalisierungsperiode. Aivar Põldvee, *Viis aabitsat ja Forseliuse õppeviis* („Fünf Fibeln und die Lehrweise von Forselius"), setzt sich mit der Unterrichtsmethode des Gründers der estnischen Volksschule Bengt Gottfried Forselius und der Struktur der von ihm erarbeiteten Fibeln auseinander. Der Aufsatz von Kai Tafenau *Ex ignorantia linguae ridiculus sensus. Eestikeelsete tekstide kriitikast 17. saj lõpul* behandelt die Diskussion über die estnische Sprache am Ende der 1680er und am Anfang der 1690er Jahre. Juhan Kreem, *Reinold Grist ja tema raamatukogu. Pilk 16. sajandi esimese poole Tallinna vaimsetele võimalustele* („Reinhold Grist und seine Bibliothek"), blickt auf das Geistesleben in Reval/Tallinn in der ersten Hälfte des 16. Jahrhunderts. Tiiu Reimo, *Martin Zareniuse raamatupärand: mida luges 17. sajandi Eesti maapastor* („Das Bucherbe von Martin Zarenius: Was las ein Landpastor in Estland im 17. Jahrhundert?"), und Triin Parts, *Raamatud tallinlaste pärandinimekirjades 16.–17. sajandil* („Bücher in den Erbverzeichnissen der Revaler im 16.–17. Jahrhundert"), erforschen die Hausbibliotheken von Gebildeten. Kristi Viiding, *Haritlaste tunnuslaused 17. sajandi Eesti- ja Liivimaal: allikad ja kasutusviis*, analysiert die Motti der Intellektuellen Estlands und Livlands im 17. Jahrhundert. Meelis Friedenthal, *Etümoloogia stiihiad* („Naturgewalten der Etymologie"), betrachtet, ausgehend von einer an der Academia Gustavo Carolina (Universität Dorpat/Tartu) 1692 verteidigten Dissertation, die Beziehungen der Etymologie zu der frühneuzeitlichen Epistemologie und Sprachphilosophie.

Lea Teedema

Juhan Maiste (Ed.): Baltic journal of art history. Autumn 2011. Spring 2012. Helmi Üprus 100. Tartu 2011. 464 S., estn. Zusammenfassungen. ISSN-L 1736-8812, ISSN 1736-8812.

Der vorliegende Band der wissenschaftlichen Zeitschrift des Lehrstuhls für Kunstgeschichte der Universität Dorpat/Tartu erinnert an die Kunsthistorikerin Helmi Üprus (1911–1978).

Zu den Aufsätzen in deutscher Sprache gehören: Juhan Maiste: *Helmi Üprus und der Klassizismus*; Kerttu Palginõmm: *Luxusartikel auf dem Revaler Retabel des Meisters der Lucialegende als eine Einladung in die Stadt Brügge*; Inge Kukk: *Vervielfältigtes Pompeji – von Graphikblättern bis zur Wanddekoration*; Tiina-Mall Kreem: *Das Kaali-Echo von Pompeji oder ein Hinweis auf die Quellen der Kunst Otto Friedrich von Moellers*; Ingrid Sahk: *Geteilte Freude und gelehrsame Abende. Über die Graphiksammlung und die künstlerischen Abende im Haus des Kunstkenners Karl Eduard von Liphart*; Gerd Helge Vogel: *Johann Wilhelm Krauses Entwürfe für eine Badeanstalt in „Embach-Athen" und das Ideal einer Platonischen Republik*; Anu Ormisson-Lahe: *Farbe im Interieur der ersten Gebäude der Universität Tartu (Dorpat)*; Georgij Smirnov: *Materialien zur Geschichte der Architektur und des Städtebaus Estlands im 18. Jahrhundert in der Sammlung des Russischen Staatlichen Archivs Alter Akten*; Kaur Alttoa, Aivar Kriiska: *Über die Bürgerhäuser des mittelalterlichen Narwas*. Englischsprachige Aufsätze sind: Anneli Randla: *Helmi Üprus 100*; Lilian Hansar: *Helmi Üprus and the old town of Tallinn*; Olev Suuder: *Inventory of manors – future of the past*; Ojārs Spārītis: *Transcription of renaissance humanism-affected iconography in early protestant art in Riga*; Hilkka Hiiop: *In the footsteps of classical antiquity. Influences of the antique in Estonian manor murals*; Vija Strupule: *Reflections of antique art in the interior paintings of residences and manor houses in Latvia. The second half of the 18th century – the first quarter of the 19th century*; Jaanika Anderson: *Enchantment of the casts – Carl Morgenstern at the University of Tartu Art Museum (1803–1837)*. Französischsprachig ist der Aufsatz von Serguei Androsov: *Collection de la Grande Duchesse Marie Nicolaevna et de Karl Eduard von Liphart.*

Kersti Taal

Mākslas vēsture un teorija. Art History and Theory. [Heft] 15. Rīga: Latvijas Mākslas akadēmijas Mākslas vēstures institūts 2012. 72 S., Abb., engl. u. dt. Zusammenfassungen. ISSN 1691-0869.

Das Institut für Kunstgeschichte an der Akademie für Kunst in Riga legt ein neues Heft seiner Zeitschrift vor. Das Titelthema ist die Kunstgeschichte des Rigaer St.-Marien-Doms. Elita Grosmane behandelt in ihrem Aufsatz „Das wiedergeborene mittelalterliche Wandgemälde in der nordischen Vorhalle des Rigaer Doms" die Darstellung der Krönung Mariä, die angeblich aus der ersten Hälfte des 14. Jahrhunderts stammt und während der Bau- und Restaurierungsarbeiten 2005 wiederentdeckt wurde. Alise Tīfentāle befasst sich in ihrem Beitrag „Die erste Ausstellung der Kunstfotografie in Lettland nach dem Zweiten Weltkrieg 1957–1958" mit der Ausdrucksweise der Schwarz-Weiß-Fotografie, die die ‚andere' Realität in der Lettischen Sowjetrepublik festhielt. Besonders erwähnenswert ist die Publikation eines 2011 im Manuskript entdeckten Aufsatzes des Architekten Paul Campe (1885–1960), „Erbbegräbnisse und Mausoleen auf den Landgütern in Livland und Kurland vom 18. bis zur Mitte des 19. Jahrhunderts", der vor dem Zweiten Weltkrieg entstand und für die Veröffentlichung von Elita Grosmane ins Lettische übersetzt wurde. Die Umschau in das Wissenschaftsleben in Lettland und in den benachbarten Ländern Estland und Litauen im Jahre 2011 sowie Rezensionen schließen das Heft ab.

Andris Levans

Anu Mänd, Kersti Kuldna-Türkson (Koostajad ja toimetajad [Zusammenstellung u. Bearbeitung]): Alur Reinansi kunstikogu. The Alur Reinans Collection. Tallinn: Eesti Kunstimuuseum 2012. 303 S., Abb., ISBN 978-9949-485-13-0.

Alur Reinans (1932–2010) war ein estnischer Journalist, Soziologe und Kunstsammler. 1944 flüchtete er zusammen mit seinen Eltern nach Schweden. Nach der Wiedererlangung der Unabhängigkeit kehrte er nach Estland zurück. Als Kollektionär galt sein Interesse vorwiegend dem estnischen Silberschmiedwerk. In seiner Sammlung waren neben den Werken Revaler und Dorpater Meister auch die von Meistern kleinerer Städte wie Narwa/Narva, Pernau/Pärnu, Wesenberg/Rakvere und Hapsal/Haapsalu vertreten. Die Sammlung enthält Schmuckgegenstände und Tafelsilber und reicht zeitlich vom 17. bis zum 20. Jahrhundert, vom Barock bis zur Moderne. Im Jahr 2010 übergaben sie die Erben von Alur Reinans dem Estnischen Kunstmuseum, neben der Silbersammlung auch eine Auswahl an Grafiken, überwiegend Werke deutschbaltischer Künstler aus dem 18. und 19. Jahrhundert. Die Schenkung war auf einer Ausstellung vom Dezember 2012 bis zum Mai 2013 im Kunstmuseum Reval/Tallinn zu besichtigen, zu der dieser Katalog (mit Paralleltext in Englisch) veröffentlicht wurde. Dessen Hauptteil ist der Silbersammlung gewidmet, über die Anu Mänd einen Überblicksbeitrag geschrieben hat. Die Gegenstände sind nach Stilen und Perioden systematisiert. Das Leben und Werk von Alur Reinans beschreibt der Kunsthistoriker Jüri Kuuskemaa. Der Katalog enthält ein Register der Gold- und Silberschmiede.

Lea Teedema

Meelis Maripuu: Omavalitsuseta omavalitsused. Halduskorraldus Eestis Saksa okupatsiooni ajal 1941–1944 [Selbstverwaltungen ohne Selbstverwaltung. Die Regelung der Verwaltung in Estland während der deutschen Besatzung 1941–1944]. Tartu: Tartu Ülikooli Kirjastus 2012 (Dissertationes historiae Universitatis Tartuensis 26). 332 S., engl. Zusammenfassung. ISBN 978-9949-320-91-2, 978-9949-320-92-9 (PDF).

Hauptthema dieser Doktorarbeit ist die Behandlung des Rechts im Totalitarismus und speziell unter den Bedingungen des Krieges und in der Besatzungszeit, gezeigt am Beispiel Estlands. In der Arbeit werden der Aufbau der Zivilverwaltung der deutschen Besatzung, deren Position im allgemeinen System der deutschen Machtinstitutionen und die Beziehungen zur örtlichen Bevölkerung erforscht. Besondere Aufmerksamkeit wird auf die Rolle der Amtsinhaber bei der Etablierung der Besatzungsmacht und der Anerkennung vonseiten der Bevölkerung gerichtet. Am Anfang der Studie wird auch ein Überblick über die Verwaltungsregelung in Deutschland gegeben und die Entwicklung des Verwaltungsapparats in Estland mit entsprechenden Vorgängen in Lettland und Litauen verglichen. Die estnische Selbstverwaltung mit Hjalmar Mäe an der Spitze gewann nicht das Vertrauen des Volkes. Als Quellen wurden Archivdokumente der deutschen Besatzung in Estland, in Deutschland und Lettland benutzt. Die Arbeit enthält Kurzbiographien von 17 Personen, unter ihnen H. Lohse, K.-S. Litzmann, K. W. Meenen, H. Mäe, O. Angelus, A. Vendt (Wendt), O. Öpik. Die Anhänge betreffen die deutsche Militäradministration während der estnischen Zeit, die Struktur des Generalkommissariats Estland 1941–1944, die Struktur der estnischen Selbstverwaltung und die zentralen Einrichtungen, die dieser unterstanden.

Kersti Taal

[Oto fon] Mirbahs: Vēstules par Kurzemes hercogu Jēkabu (ar atskatiem senatnē) [Briefe über den Herzog von Kurland Jēkabs (Jacob) (mit Rückblicken in die Vergangenheit)]. Tulkojusi [Übersetzt v.] E[lza] Stērste. 1899. gada izdevuma teksts ar priekšvārdu un komentāriem [Text der Ausgabe von 1899 mit Vorwort und Kommentaren]. Jelgava: Ģ. Eliasa Jelgavas Vēstures un mākslas muzejs 2010. 128 S. ISBN 978-9934-8186-0-8.

Anlässlich des 195. Jahrestages der Kurländischen Literatur- und Kunstgesellschaft hat das Ģ.-Eliass-Geschichts- und Kunstmuseum Mitau/Jelgava das Werk des kurländischen Adligen Otto von Mirbach *Briefe aus und nach Kurland während der Regierungsjahre des Herzogs Jakob (mit Rückblicken in die Vorzeit)* (1844) herausgegeben. Es handelt sich um eine gekürzte Übersetzung, die von einer gebürtigen Mitauerin, der später bekannten lettischen Dichterin Elza Stērste (1885–1976), am Ende des 19. Jahrhunderts angefertigt wurde. Das Werk des russischen Staatsrats und Kammerherrn Otto von Mirbach (1766–1855) ist in der Ende des 18. und Anfang des 19. Jahrhunderts populären Form des Briefromans gestaltet. Seinen Inhalt bilden fingierte, von Mirbach selbst verfasste Briefe, als deren Autoren er erfundene Personen ausgab. Mirbach schöpfte aus Informationen aus den Geschichtsbüchern jener Zeit und einzelnen Materialien der Archive, doch oft verließ er sich auf seine Visionen und Vorstellungen von den Ereignissen der Geschichte, die erfunden oder frei interpretiert sind. Auf die Herrschaftszeit von Herzog Jakob wurden viele Geschehnisse bezogen, die sich in Wirklichkeit nach Jakobs Tod abspielten, weil Mirbach sowohl die Datierung als auch den Text der Dokumente änderte. Deshalb sind die *Briefe aus und nach Kurland* als ein literarisches und nicht als geschichtswissenschaftliches Werk aufzufassen. Die hier vorzustellende Ausgabe besitzt keinen Apparat und keine Kommentare, was den wissenschaftlichen Wert des Buches ebenso schmälert wie die zahlreichen Fehler, z. B. bei Orts- und Personennamen.

Helēna Šimkuva

Ilgvars Misāns: Klio Latvijā: raksti par historiogrāfijas problēmām. Clio in Latvia: Articles on Historiography Problems. Rīga: LU Akadēmiskais apgāds 2012 (Latvijas Universitātes Vēstures un filozofijas fakultātes raksti. Sērija: vēsture [Schriften der Fakultät für Geschichte und Philosophie an der Universität Lettlands, Reihe Geschichte] 2). 158 S., Abb. ISBN 978-9984-45-571-6.

Der Name des Historikers und Mediävisten Ilgvars Misāns steht für eine moderne und auf hohe Standards ausgerichtete wissenschaftliche Forschung und akademische Lehre im Fach Geschichtswissenschaft seit den frühen 1990er Jahren in Lettland. Eine seiner wichtigsten Thesen lautet, dass der Wandel in der postsowjetischen Wissenschaft erst dann durchgesetzt werden kann, wenn man über die wesentlichen Fragen des Faches und darüber hinaus reflektiert. Seine Reflexionen galten dem nationalistischen und sowjetischen Erbe der lettischen Geschichtswissenschaft, das die Historiker Lettlands nach 1991 auf dem Weg nach einer neuen Entwicklung übernahmen. Von den zahlreichen Vorträgen und Veröffentlichungen, in welchen sich Misāns mit Sinnfragen der historischen Forschung in Lettland auseinandersetzt, sind elf, alle im Zeitraum von 1997/1999 bis 2010 entstanden, in dem Band enthalten. Was den Autor zu ihrer erneuten Drucklegung bewog, war der Umstand, dass sie bis auf Ausnahmen in Fremdsprachen wie Deutsch, Französisch, Polnisch und Russisch erschienen oder vorgetragen worden waren. Damit sie auch die lettischen Leser erreichen, sind sie in dem Band in Übersetzung abgedruckt. Der Inhalt erfuhr keine wesentlichen Änderungen. Einige Aufsätze sind zum ersten Mal publiziert. Das Hauptmerkmal all dieser Texte liegt darin, dass der Verfasser sehr stark die kulturellen Zusammenhänge im mittelalterlichen Livland akzentuiert, zudem den deutschen Anteil an der Entstehung der geisteswissenschaftlichen Tradition im Baltikum. Gerade diesbezüglich hat die lettische Wissenschaftskultur der Gegenwart, auch die historische Forschung, eine kaum zu überwindende Entfremdung erfahren. Misāns wertet dies als großen Nachteil für Klio in Lettland. Es sollen hier nur einige Titel genannt werden: „Warum sprechen wir heute über regionale Geschichte?"; „Teodors Zeids (1912–1992) und die Erforschung der mittelalterlichen Geschichte Lettlands"; „Gute Zeiten? Schlechte Zeiten? Die Schwedenzeit in der Historiographie Lettlands seit 1918"; „Wie bringt man die Vergangenheit zur Darstellung? Geschichtsbewusstsein und Museumslandschaft im gegenwärtigen Lettland"; „‚Wir waren immer ein Kriegsvolk'. Die Darstellung der ostbaltischen Kreuzzüge in der lettischen Geschichtsschreibung"; „Geschichtswissenschaft in Lettland nach 1990. Zwischen Tradition und Neuorientierung"; „Leonid Arbuzow (1882–1951) und die lettische Geschichtsschreibung"; „Das kulturelle Erbe des Deutschen Ordens im heutigen Lettland". Der Band ist eine Pflichtlektüre für Historiker in Lettland.

Andris Levans

Monetary history of the Baltics in the middle-ages (12–16th c.). International symposium in Tallinn, 9–10 Dec. 2010. Tallinn: Eesti Ajaloomuuseum 2012 (Varia historica VI). 224 S., estn. Zusammenfassungen. ISBN 978-9985-9889-7-8, ISSN 1736-5414.

Die 16 Beiträge des Bandes sind Fragen der Numismatik und der Münzprägung gewidmet. Die Autoren sind Wissenschaftler aus Estland, Deutschland, Lettland, Litauen, Weißrussland, Polen, Finnland, Schweden und Dänemark. Zu den Aufzätzen in deutscher Sprache gehören: Eduards Remecas: *Livländische Münzfunde in Litauen: Münzen aus Tallinn und Tartu*; Peter Ilisch: *Rheinische und westfälische Münzen in Funden des 12. und 13. Jahrhunderts aus dem Baltikum*; Ivar Leimus: *Das Darlehen des Ordensmeisters an die Stadt Tallinn (Reval) als Treibkraft des dortigen Münzwesens am Ende des 14. und zu Beginn des 15. Jahrhunderts*; Hannu Sarkkinen: *Die dörptschen Electusmünzen*. Zu den Aufsätzen in englischer Sprache zählen: Tuukka Talvio: „Funde von Münzen des mittelalterlichen Livland aus Finnland und dem ehemaligen finnischen Karelien – ein vorläufiger Überblick"; Kenneth Jonsson: „Funde der Münzen der baltischen Gouvernements Schwedens in Schweden 1561–1707"; Mauri Kiudsoo: „Mittelalterliche und frühneuzeitliche Schätze Estlands: Wesen und Unterschiede"; Gunnar Haljak: „Livländische Münzen aus den Jahren 1363–1420"; Nanouschka Myrberg: „Gestricheltes Kreuz. Gotländische Münzen des 13. Jahrhunderts im Ostseeraum"; Jørgen Steen Jensen: „Jacob Reichels Briefe aus Est- und Livland".

Kersti Taal

Nele Nutt, Aliis Liin (Toimetajad [Hg.]): Acta architecturae naturalis / Maastikuarhitektuurseid uurimusi 2: Supilinn [Suppenstadt]. [Tartu]: Tallinna Tehnikaülikool, Tartu Kolledž 2012. 254 S., Abb., engl Zusammenfassungen. ISSN 2228-1320.

Die zwölf Aufsätze des Sammelbandes betrachten die Vergangenheit und Gegenwart eines Stadtteils von Tartu (Dorpat), Supilinn (Suppenstadt), und von dessen Bewohnern aus verschiedenen Blickwinkeln. In dem unmittelbar neben dem Stadtzentrum liegenden ehemaligen Stadtrandgebiet haben sich die ursprüngliche Struktur der Hauptstraßen, die ehemaligen Grundstücksgrenzen und die aus dem Ende des 19. und dem Anfang des 20. Jahrhunderts stammenden hölzernen Gebäude erhalten. Obwohl in der Vergangenheit in Supilinn vornehmlich weniger begüterte Bewohner wohnten, gab es hier geeignete Quartiere auch für Wohlhabendere. Der Aufsatz des Wissenschaftshistorikers Ken Kalling *Koolera Emajõe kallastel. Ühe 19. sajandil Supilinnas elanud teadlase töömailt* („Die Cholera an den Ufern des Emajõgi (Embach). Aus dem Werk eines im 19. Jahrhundert lebenden Wissenschaftlers") ist dem deutschbaltischen Hygieniker Professor Bernhard Körber (1837–1915) gewidmet, der um 1900 in Supilinn wohnte, in seinem Hausgarten ein System von Bohrbrunnen anlegte und die Kraft des Bodens, das Grundwasser zu reinigen, untersuchte.

Lea Teedema

Merle Prass-Siim: Piiskopi ja keisri kaitse all. Paldiski Nikolai kogudus 1769–2012 [Unter dem Schutz des Bischofs und des Kaisers. Die Nikolai-Gemeinde von Baltischport 1769–2012]. Paldiski: [EELK] Paldiski Nikolai Kogudus 2012. 232 S., Abb. ISBN 978-9949-30-594-0.

Die zum großen Teil auf Archivquellen beruhende Untersuchung gibt einen Überblick über die Geschichte der lutherischen Nikolai-Gemeinde und der Kirche zu Baltischport/Paldiski, über die bisher keine näheren Informationen vorhanden waren. Der erste deutschsprachige Gottesdienst in Baltischport wurde im Jahr 1770 abgehalten. Die Kirche wurde 1842 gebaut. In der sowjetischen Zeit wurde sie als Militärklub, später als Lagerraum benutzt. Die Gemeinde konnte die Kirche 1993 wieder beziehen. In der Untersuchung wird die Geschichte der Gemeinde in vier Perioden eingeteilt. Es werden die Gründung und Einrichtung des Kirchengebäudes, die Geschichte der Friedhöfe, die Entstehung einer selbständigen Gemeinde, Widersprüche zwischen der estnischen und der deutschen Gemeinde, die Tätigkeit der Gemeinde in der sowjetischen Periode, als sie ihre Tätigkeit nach Nõmme, einem Stadtteil von Reval/Tallinn, verlegen musste, die Wiederherstellung der Gemeinde und der Kirche in Paldiski und ihre Tätigkeit in der heutigen Zeit dargestellt. Ein eigenes Kapitel präsentiert die Lebensläufe aller in der Gemeinde wirkenden Geistlichen.

Lea Teedema

Raimo Pullat (Väljaandja [Hg.]): Vana Tallinn [Das alte Reval]. XXII (XXVI). Tallinn: Estopol 2011. 296 S., Abb., dt. oder engl. Zusammenfassungen. ISSN 1406-5908.

In diesem Band aus der Reihe *Vana Tallinn* sind Aufsätze, Beiträge „ex Archivo Civitatis Revaliensis“, seltene Bilder, eine Chronik sowie Rezensionen bzw. Annotationen zu 15 in Estland und im Ausland erschienenen Büchern veröffentlicht. Der Band bietet folgende Aufsätze: Tõnis Liibek: *Fotografische Kultur in estnischen Städten im 19. Jahrhundert*; Raimo Pullat: *Über die Lebensweise der Einwohner von Tallinn des 18. Jahrhunderts anhand der Nachlassverzeichnisse: Musikinstrumente, Kunstliebhaberei, Waffen und Transportmittel*; Tõnu Raid: *Stadtlandvermesser in Tallinn*; Tiit Lauk: *Über den Jazz in Tallinn in den Jahren 1918–1945*. Die „Chronik“ enthält Artikel zu Gedenk- und Feiertagen von Villem Raam, Helmi Üprus, Teodors Zeids, Henrik Samsonowicz, Maria Bogucka, Jerzy Wyrozumski, Sven Ekdahl, Küllo Arjakas, ferner Nekrologe von Günter Wiegelmann und Klaus Friedland sowie einen Überblick zum Thema „45 Jahre denkmalgeschützte Altstadt“.

Kersti Taal

Raimo Pullat (Väljaandja [Hg.]): Vana Tallinn [Das alte Reval]. XXIII (XXVII). Tallinn: Estopol 2012. 400 S., Abb., dt., engl. oder estn. Zusammenfassungen. ISSN 1406-5908.

Der vorliegende Band gliedert sich traditionell in Aufsätze, „Ex Archivo Civitatis Revaliensis“, Bilder, Rezensionen, Annotationen und Chronik. In dem Band finden sich Aufsätze in deutscher und estnischer Sprache zu folgenden Themen: ein Fund in der Revaler Bucht (Ivar Leimus, Krista Sarv); Stadtkernforschungen in Kleinstädten des 13. bis 16. Jahrhunderts in Lettland (Andris Caune); Martin Opitz' Literaturreform in Reval (1634–1643) (Aigi Heero); das Leben im Reval des 18. Jahrhunderts: sanitäre Verhältnisse und Gesundheitswesen, Möbel und ländlicher Lebensstil (Raimo Pullat); ein Buch über Gartenkunst und Parkgestaltung in der Bibliothek des Revaler Kaufmanns Martin Heinrich Gebauer in der zweiten Hälfte des 18. Jahrhunderts (Risto Paju); Thomas Johann Seebeck (1770–1831) – vom Revaler Kaufmannssohn zum Klassiker der Physik (Enn Velmre); estnische Stadtarchäologie (Erki Russow); die soziale Topographie des Zunfthandwerks im 18. Jahrhundert in Reval (Lauri Suurmaa). Die Rubrik „Ex Archivo Civitatis Revaliensis" enthält Beiträge von Tiina Kala über das Testament eines Fleischerknechts von 1571 sowie von Tiiu Reimo über ein Bücherverzeichnis der Buchhandlung von August Johann Becker aus dem Jahr 1673.

Kersti Taal

Malle Salupere: Kultuuriloolisi vaatlusi Tartu teljel [Kulturhistorische Beobachtungen auf der Achse von Dorpat]. Tartu: Ilmamaa 2012. 390, [1] S., Abb. ISBN 978-9985-77-456-4.

Der Band versammelt Aufsätze, Rezensionen und Essays der Kulturhistorikerin Malle Salupere und besteht aus den beiden Teilen „Untersuchungen" und „Essays und Resonanzen". Die Aufsätze im Untersuchungsteil sind einigen im estnischen Kulturraum wichtigen, hauptsächlich mit Dorpat/Tartu verbundenen Personen (darunter auch Deutschbalten) gewidmet und fügen den bisherigen Kenntnissen neue Aspekte hinzu. Die Studie *Mittesaksad, kadakasaksad ja baltisakslased* („Nichtdeutsche, Halbdeutsche [‚Wacholder-Deutsche'] und Deutschbalten") setzt sich mit den Übergangsprozessen zwischen den drei im Titel genannten Kategorien auseinander, auch wird die Herkunft des Terminus Wacholder-Deutsche erklärt. Die weiteren Beiträge beschäftigen sich mit dem pädagogischen Wirken des ersten Inspektors des Dorpater Elementarlehrerseminars Martin Asmuss, mit der Tätigkeit Friedrich Maximilian Klingers (1752–1831) in Dorpat nach dem Theaterverbot von Paul I., mit dem Herausgeber der *Dorpater Jahrbücher für Litteratur, Statistik und Kunst* und der Zeitung *Das Inland* Friedrich Georg Bunge, mit dem estnischen „Sturm und Drang" und in diesem Zusammenhang mit Leben und Werk des estnischen Schriftstellers Kristjan Jaak Peterson oder Jaak (1801–1822). Der Aufsatz *Georg von Krusenstern ja tema tegevus Alfred Rosenbergi Einzatsstab'is 1941–1942* gibt Einblick in Georg von Krusensterns Tätigkeit in Alfred Rosenbergs Einsatzstab aufgrund bisher unveröffentlichter Beschreibungen und Notizen Krusensterns über das Estland von 1941/42.

Lea Teedema

Anti Selart (Koostanud ja toimetanud [Hg.]): Eesti ajalugu [Estlands Geschichte]. [Bd.] II: Eesti keskaeg [Estlands Mittelalter]. [Mit Beiträgen v.] Tiina Kala, Linda Kaljundi, Juhan Kreem, Ivar Leimus, Kersti Markus, Anu Mänd, Inna Põltsam-Jürjo, Erki Russow, Anti Selart, Marek Tamm, Heiki Valk. Tartu: Tartu Ülikooli Ajaloo ja Arheoloogia Instituut [Institut für Geschichte und Archäologie der Universität Dorpat/Tartu] 2012. 456 S., Abb. ISBN 978-9985-4-0723-3.

Als Estlands Mittelalter versteht man die Zeit vom Anfang des 13. bis zur Mitte des 16. Jahrhunderts. Estlands Geschichte wird ausgehend von der Geschichtsbetrachtung am Ende des 20. Jahrhunderts unter neuen Gesichtspunkten behandelt: Nicht mehr wie früher die deutsche Kolonisation steht im Vordergrund, sondern Europas Expansion in die Ostseeregion und die Europäisierung der eroberten Randgebiete. Für die Autoren ist die Hauptaufgabe die synthetische und systematische Darstellung aller bisher zusammengetragenen Fakten und deren Interpretation vom heutigen Standpunkt aus. Die wichtigsten Themen sind: die Entstehung des mittelalterlichen Livland, Livlands politische und rechtliche Regelungen, politische Geschichte, Wirtschaft und Bevölkerung, Kulturformen. Auf die Kulturgeschichte, darunter auf die Kirche und Religion, auf die Schriftkultur, aber auch auf den Lebensraum werden Schwerpunkte gelegt. Stadtkultur und Bauernkultur werden getrennt behandelt. Zunächst erreichten Europas neue Kulturerscheinungen die Städte und danach auch die Gutshöfe. Das mittelalterliche Livland war in den deutschen Kulturraum integriert. Im Mittelalter entwickelte sich auch die deutschbaltische politische Identität. Die Studie bezieht sich neben den traditionellen Geschichtsquellen (Chroniken, Urkunden) auf die Archäologie, besonders auf die Besiedlungs-, die Stadt- und die Bauarchäologie. Der Anhang enthält ein Verzeichnis der Bischöfe und der Ordensmeister.

Kersti Taal

Kreeta Sipelgas, Valdeko Lukken, Juhan Maiste: Väikevorm mõisamaastikus. Decorative elements in Estonian manor parks. Tallinn: Keskkonnaamet 2012. 432 S., Abb. ISBN 978-9949-9201-8-1.

Das estnisch-englische, vom Umweltamt in Reval/Tallinn erstellte Album besteht aus drei Kurzartikeln über Architekturdekorationen im Wandel der Zeit, über dekorative Elemente in Bildern und Geschichten und über erhaltene und wiederaufgebaute dekorative Elemente in estnischen Gutsparks sowie aus Illustrationen. Dekorative Elemente (Pavillons, Brücken, Treppen, Springbrunnen, Steinmauern und skulpturale Formen wie Vasen, Menschen- und Tierfiguren, Säulen, Obelisken, Gedenksteine) lassen sich als einzelne Kunstwerke betrachten. Sie waren ein Teil der Gestaltung der Gutskomplexe, und jedes von ihnen hatte im Park seinen bestimmten Zweck. Schon seit Jahrhunderten wurden dekorative Elemente in die Parks eingefügt, oftmals wieder entfernt und dann erneut aufgebaut. Steinmauern, Brücken und Tore sind heutzutage am authentischsten erhalten, mehrere dekorative Elemente sind rekonstruiert und restauriert worden.

Kersti Taal

Heinrihs Strods: Sēlija senāk un tagad [Selia früher und gegenwärtig]. Rīga: Jumava 2011. 199 S., Abb., Kt. ISBN 978-9984-38-989-9.

Dieses Buch ist das Ergebnis der Beschäftigung des bekannten lettischen Historikers Heinrihs Strods (1925–2012) mit einem bis jetzt wenig erforschten Gebiet Lettlands, Selia, und seiner Geschichte von den Anfängen bis zur Gegenwart. Der Autor stützt sich auf vielerlei Dokumente aus lettischen Archiven, aber auch aus Archiven Russlands, Deutschlands, Polens, Litauens und Estlands, insbesondere mit Bezug auf die Geschichte der einst zum Teil auch auf den Territorien dieser Länder ansässigen Selonen. Das Werk ist chronologisch gegliedert. Es beginnt mit einem Kapitel über das alte Selia bis zum 13. Jahrhundert und fußt hauptsächlich auf archäologischem Material. Anschließend wird die Zeit bis 1561 betrachtet, als Selia Bestandteil des livländischen Ordensstaates war. Der Autor kommt zu dem Schluss, dass in den 350 Jahren das Territorium Lettlands mitsamt Selia in staatlicher Hinsicht, nach seiner Gesellschaftsstruktur und in Bezug auf die Religion zu einem Bestandteil Europas wurde. Auch die selische Sprache wird analysiert, ferner die Entwicklung der lettischen Sprache und des lettischen Volkes. In einem separaten Kapitel wird die Geschichte Selias als Bestandteil des Herzogtums Kurland und Semgallen (1561–1795) betrachtet. Strods charakterisiert auch die deutsch-lettischen Beziehungen während des herrschenden Fronsystems, geht auf den Polnisch-Schwedischen (1600–1621) und den Nordischen Krieg (1700–1721) ein und beschreibt die selischen Kirchen und Schulen. Ein besonders wertvoller Fund des Autors ist der Ukas der russischen Kaiserin Katharina II. vom 2. Mai 1795, der sich auf die Eingliederung des Herzogtums Kurland und Semgallen in das Russische Reich berzieht. Das nächste Kapitel ist der Geschichte Selias innerhalb des Zarenreichs gewidmet und berücksichtigt auch die anderen auf diesem Territorium ansässigen ethnischen Gruppen: Russen, Polen und Juden. Nach einem umfangreichen Kapitel über die Zeit der Republik Lettland (1918–1940) wird die Geschichte Selias während der nationalsozialistischen Okkupation und unter der Sowjetmacht dargelegt, wobei der Autor betont, dass beide Regime auf das Überleben des Volkes verheerend wirkten. Der Anhang des reich mit Abbildungen versehenen Buches bietet zahlreiche Tabellen mit Zeichnungen der Artefakte, Karten zu deren Verbreitung sowie ein Quellen- und Literaturverzeichnis.

Helena Šimkuva

Kai Tafenau: Uue Testamendi tõlkimisest Rootsi ajal: käsikirjad, tõlkijad ja eesti kirjakeel [Über die Übersetzung des Neuen Testaments in der schwedischen Zeit: Handschriften, Übersetzer und die estnische Schriftsprache]. Tartu: Tartu Ülikooli Kirjastus 2011 (Dissertationes Philologiae Estonicae Universitatis Tartuensis 27). 260 S., Abb., engl. Zusammenfassung. ISBN 978-9949-19-816-0.

Die sieben Aufsätze zusammenfassende Arbeit behandelt Aspekte der estnischen Bibelübersetzung und der Geschichte der estnischen Schriftsprache von der Mitte des 17. Jahrhunderts bis zum Erscheinen des Neuen Testaments in revalestnischer Sprache oder im nordestnischen Dialekt im Jahr 1715. In der schwedischen Zeit wurden die estnischsprachigen Bücher im Revalestnischen oder im Dörptestnischen gedruckt. Mit der Bibelübersetzung befassten sich deutsche Pfarrer. Die in dem Band enthaltenen Aufsätze *Eestikeelsetest uue Testamendi tõlkekäsikirjadest Ajalooarhiivis* („Über die Handschriften der estnischen Übersetzung des Neuen Testaments") und *Heinrich Gösekeni käsikirja kohast 17. sajandi Eesti piiblitõlke traditsioonis* („Über die Rolle der Handschrift von Heinrich Göseken in der Tradition der estnischen Bibelübersetzung") sind im Estnischen Historischen Archiv liegenden handschriftlichen Übersetzungen des Neuen Testaments gewidmet, die bis dahin keiner systematischen Analyse unterzogen worden waren. Die Aufsätze *Heinrich Gösekeni sõnaraamatu seni märkamata eeskuju* („Das bisher unbemerkte Vorbild des Wörterbuchs Heinrich Gösekens"), *Adrian Virginiuse eluloost* („Über den Lebenslauf Adrian Virginius'") und *Et tõlkida piiblit eesti ja läti keelde ...* („Um die Bibel ins Estnische und Lettische zu übersetzen ...") erörtern die Grundsätze und Vorbilder des Wörterbuchs Heinrich Gösekens, die Autobiographie des Herausgebers der dörptsprachigen Kirchenliteratur Adrian Virginius und die Verordnungen König Karls XI. vom Anfang der 1680er Jahre anlässlich des estnischsprachigen Neuen Testaments. Der Aufsatz *Ex ignorantia linguae ridiculus sensus. Eestikeelsete tekstide kiitikast 17. sajandi lõpul* („Über die Kritik der estnischen Texte am Ende des 17. Jahrhunderts") und der deutschsprachige Beitrag *Diskussionen über die estnische Schriftsprache in der zweiten Hälfte des 17. Jahrhunderts: Argumente und Beispiele* sind den Debatten gewidmet, die um 1690 über die estnische Sprache geführt wurden.

Lea Teedema

Tõnu Tannberg (Koostanud [Zusammenstellung]): Eesti ajaloost 19.–20. sajandil. Uurimusi historiograafiast, allikaõpetusest ja institutsioonidest [Über die estnische Geschichte im 19./20. Jahrhundert: Untersuchungen zur Historiographie, zur Quellenlehre und zu den Institutionen]. Tartu: Eesti Ajalooarhiiv 2012 (Eesti Ajalooarhiivi toimetised. Acta et commentationes Archivi Historici Estoniae 19 (26)). 554 S., Abb., engl. Zusammenfassungen. ISBN 978-9985-858-79-0, ISSN 1406-0760.

Dieser Band der „Acta et commentationes" des Estnischen Historischen Archivs versammelt 22 kurze Studien zu sehr unterschiedlichen Themen der estnischen Geschichte vom Beginn des 19. bis zur zweiten Hälfte des 20. Jahrhunderts. In seinem Aufsatz über die Herkunft und soziale Zusammensetzung der Studentenschaft der Universität Dorpat/Tartu 1802–1855 prüft Toomas Hiio die Benutzbarkeit der Matrikelbücher der Universität für die Analyse der geographischen und sozialen Herkunft der in den angegebenen Jahren immatrikulierten Studenten. Triin Tark erforscht die Mentalität der deutschbaltischen Studenten an der Universität Dorpat in der Zwischenkriegszeit, deren Haltungen und Weltbild für die gesamte ethnische Gruppe der Deutschen in Estland charakteristisch waren. Die Darstellung und Interpretation der Umsiedlung der Deutschbalten in der estnischen Erinnerungsliteratur der Jahre 1939/40 betrachtet Olev Liivik. Maris Viibur untersucht Fälle der Denunziation in Estland in der Zeit der deutschen Okkupation 1941–1944.

Lea Teedema

[Lea Teedema (Bearb.):] Arhiivijuht [Archivführer]. [Bd.] IV: Isikud, perekonnad ja mõisad [Personen-, Familien- und Gutsbestände]. Koostanud [Zusammengestellt v.] Lea Teedema. Tartu: Eesti Ajalooarhiiv 2012. 511, [1] S. ISBN 978-9985-858-81-3.

Der Teil I des Archivführers des Estnischen Historischen Archivs, „Staats-, Gerichts- und Selbstverwaltungseinrichtungen", erschien 2003 (siehe *Berichte und Forschungen. Jahrbuch des Bundesinstituts* 12, 2004, S. 273), der Teil II, „Bildung, Wissenschaft und Kirche", 2006 (siehe *Berichte und Forschungen* 15, 2007, S. 325) und der Teil III, „Freie Gesellschaften, Unternehmen, Sammlungen", 2010 (siehe *Jahrbuch des Bundesinstituts* 19, 2011, S. 355). Der vierte und letzte Teil des Archivführers bietet nun die Beschreibungen von 197 Personen- oder Familienbeständen und 117 Gutsbeständen. Den überwiegenden Teil der im Historischen Archiv aufbewahrten Personen- und Gutsbestände bilden die der Deutschbalten, die in der estnischen Geschichte und Kultur eine wichtige Rolle gespielt haben. Diese Bestände wurden 1939 im Zuge der Umsiedlung dem damaligen Estnischen Staatszentralarchiv übergeben. Die Bestandsbeschreibung besteht aus der Geschichte des Bestandbildners und der Beschreibung der Materialien, hinzu kommen Hinweise auf die benutzte Literatur. Bei Einzelpersonen wird ein kurzer Überblick über das Leben und Werk gegeben, bei Familien stehen Kurzangaben über Familienmitglieder, über deren Tätigkeit im Bestand Dokumente vorhanden sind. Bei Gütern finden sich Angaben über die Gründung, über die Erwähnung in Quellen oder über die Trennung von einem anderen Gutsbesitz und über Eigentumsverhältnisse. Der Band enthält Bestandsregister in estnischer, russischer und deutscher Sprache und ein estnisches Ortsnamenregister.

Lea Teedema

Rihards Treijs: Miķelis Valters: politiķis, diplomāts, literāts [Miķelis Valters: Politiker, Gesandter, Literat]. Rīga: Jumava 2012. 271 S., Abb., engl. Zusammenfassung. ISBN 978-9934-1113-5-8.

Der Autor Rihards Treijs (1931–2013) widmet sich in seiner personengeschichtlichen Monographie der Tätigkeit des berühmten lettischen Politikers Miķelis Valters (1874–1968). Valters war Bahnbrecher der Staatlichkeit Lettlands, Vermittler der westlichen Kultur, Gestalter des Staatsrechts und der Politik in Lettland in der Zwischenkriegszeit. Das Werk ist eine Charakteristik und Einschätzung des Politikers, Diplomaten – er war Botschafter in Rom, Madrid, Budapest, Warschau und Brüssel – und Publizisten. Große Aufmerksamkeit schenkt der Verfasser der Zusammenarbeit von Miķelis Valters mit Kārlis Ulmanis im Verlauf der Gründung des lettischen Staates. Er zeigt Valters' negative Einstellung gegenüber der Umwälzung vom 15. Mai 1934 und informiert über Valters' Bestreben, die parlamentarische Staatsordnung wiederherzustellen. Der Band wird mit einem Quellen- und Literaturverzeichnis abgeschlossen.

Helena Šimkuva

Valdis Villeruŝs (Sast. [Zusammenstellung]): Cilvēks, vide un teksts. Ikšķile un tās iedzīvotāji viduslaikos un agrajos jaunajos laikos (13.–17. gs.) [Mensch, Umwelt und Text. Üxküll/Ikšķile und seine Bewohner im Mittelalter und in der Frühen Neuzeit (13.–17. Jh.)]. Rīga: Apgāds Mantojums 2012 (Ikšķiles almanahs [Almanach von Üxküll/Ikšķile] 4). 271 S., Abb. ISBN 978-9984-49-103-5.

In dem vorliegenden Band des Almanachs, dessen Ausgabe zur Tradition der Stadt Üxküll/Ikšķile zu werden scheint, sind die Beiträge der am 1. Oktober 2011 abgehaltenen Zweiten Konferenz über die Geschichte von Üxküll veröffentlicht. Die Stadt liegt im ehemaligen Siedlungsgebiet der Düna-Liven, und von hier aus hat die christliche Mission im ausgehenden 12. Jahrhundert ihren Anfang genommen. Die Tagung versammelte Theologen, Archäologen und Historiker, die sich über ihre aktuellen Forschungen austauschten. In Auswahl sollen einige dieser Beiträge genannt werden: Guntis Kalme: „Das geschichtstheologische Schema der Chronik Heinrichs von Lettland/von Indriķis"; Roberts Spriģis: „Livische Pflanzenornamente – Schmuck oder christliche Symbolik?"; Guntis Zemītis: „Veränderungen der Raumstruktur in den livischen Siedlungsgebieten in der Gegend von Üxküll im 13.–15. Jahrhundert"; Muntis Auns: „Bewohner des Kreises Üxküll im 17. Jahrhundert"; Aija Taimiņa: „‚Die erste hiesige Antiquität'. Das Grabmonument Bischof Meinhards [1186–1196], [Johann Christoph] Brotze und der Rigaer Rat am Ausklang des 18. Jahrhunderts".

Andris Levans

3. Ost- und Westpreußen, Danzig

Elena Anatol'evna Baëva: Recepcija kantovskogo apriorizma kak uslovie obosnovanija social'noj teorii [Die Rezeption des Kantischen Apriorismus als Bedingung der Begründung der Gesellschaftstheorie]. Diss. (phil.) Tomsk: Nacional'nyj issledovatel'skij Tomskij gosudarstvennyj universitet 2011. 143 S.

Die Gesellschaftstheorie wird von der Verfasserin als eine interdisziplinäre Theorie an der Grenze des soziologischen und philosophischen Wissens betrachtet. Somit erfolgt die Untersuchung des Einflusses der Philosophie Immanuel Kants auf die Gesellschaftstheorie an Hand einer ausführlichen soziologischen und philosophischen Analyse. Schwerpunkte der Arbeit sind die Begründung der klassischen Gesellschaftstheorie und die Rezeption des Kantischen Apriorismus, die Konventionen der klassischen Sozialtheoretiker und die neukantianische Tradition in der klassischen Gesellschaftstheorie, theoretische Grundlagen einer kausalen Interpretation der Gesellschaft und die Ontologie der gesellschaftlichen Bildung.

Il'ja V. Šiškanov

Tamara Bairašauskaitė, Zita Medišauskienė, Rimantas Miknys: Lietuvos istorija VIII tomas 1 dalis: Devynioliktas amžius. Visuomenė ir valdžia [Litauische Geschichte. Bd. 8, Tl. 1: Das 19. Jahrhundert. Die Gesellschaft und die Regierung]. Vilnius: Baltos lankos 2011. 510 S., Abb., Kt. ISBN 978-9955-23-463-0.

Die mehrbändige „Litauische Geschichte" wird vom Institut für litauische Geschichte in Wilna/Vilnius herausgegeben. Der vorliegende Band ist der erste von drei geplanten Teilen, die dem 19. Jahrhundert gewidmet sind. Die Autoren versuchen, die Entwicklung Litauens als ein soziokulturelles Phänomen eigener Art zu erfassen, eine Geschichte nicht allein von historischen Ereignissen zu schreiben, sondern gesellschaftliche Prozesse, den Wandel der Lebensformen, das Wechselverhältnis mit gleichzeitigen Vorgängen in anderen Teilen Europas in den Blick zu nehmen. Ausführlich charakterisiert werden die sozialen Milieus, demographische Prozesse, die konfessionelle und ethnische Zusammensetzung der Gesellschaft sowie die Urbanisierung des Landes. Eingehend untersucht wird das Herrschafts- und Rechtssystem des Russischen Reiches. Die Autoren berufen sich auf die neuesten Forschungen sowohl von einheimischen als auch von ausländischen Wissenschaftlern. Manche Quellen, aus denen hier publiziert wird, wurden bisher nur wenig oder gar nicht herangezogen. Besonders informative Landkarten, sehr selten oder noch nie publizierte Illustrationen und Schemata sind ebenfalls in dem Band zu finden.

Edita Venčkauskaitė

Valentin Valentinovič Balanovskij: Ponjatie transcendental'noj refleksii v filosofii I. Kanta i ego primenenie k analizu gnoseologičeskich koncepcij V. S. Solov'ëva i A. A. Bogdanova [Der Begriff der transzendentalen Reflexion in der Philosophie von I. Kant und seine Anwendung bei der Analyse der erkenntnistheoretischen Konzepte von W. S. Solowjow und A. A. Bogdanow]. Diss. (phil.) Kaliningrad: Baltijskij federal'nyj universitet im. Immanuila Kanta 2011. 149 S., Abb.

Der Autor analysiert die grundlegenden Konzepte der Philosophie Immanuel Kants. Sein Ziel ist es, die Bedeutung der transzendentalen Reflexion im philosophischen System von Kant sowie die Möglichkeiten der Anwendung dieses Konzepts bei der Analyse der erkenntnistheoretischen Konzepte von anderen Philosophen und Wissenschaftlern zu untersuchen. Einen besonderen Stellenwert haben in der Arbeit die Definition des Begriffes „Reflexion" sowie die Untersuchung der Reflexion als Grundlage der transzendentalen Einheit des Selbstbewusstseins einschließlich der Beschreibung des Systems von reflektierenden Prozessen in Kants Theorie des Wissens und der Rolle der reflektierenden Prozesse in den erkenntnistheoretischen Konzepten von Vladimir Sergeevič Solov'ëv (1853–1900) und Aleksandr Aleksandrovič Bogdanov (1873–1928).

Il'ja V. Šiškanov

Jacek Bielak (Hg.): Rudolf Th. Kuhn (1842–1900) – fotograf krajobrazu, architektury i morza. Rudolf Th. Kuhn (1842–1900) – Fotograf der Landschaft, Architektur und Ostsee. Gdańsk: Fundacja Karrenwall, Toruń: Wydawnictwo VIA 2012. 248 S., farb. u. s.-w. Abb., Kt. ISBN 978-83-933094-1-2, 978-83-88273-84-1.

Der aufwendig herausgegebene, zweisprachige Band erfüllt zwei Funktionen: Er ist zum einen ein Album mit prächtigen, präzisen Aufnahmen Danzigs von Rudolf Theodor Kuhn aus der zweiten Hälfte des 19. Jahrhunderts; zum anderen enthält er elf Aufsätze, von denen die meisten den Fotografen und die Geschichte der Danziger Fotografie betreffen. Sie gewähren Einblicke in das damalige Fotoatelier und die alten Fototechniken und beleuchten zugleich die zeitgenössische lokale Architektur und Urbanistik. Der Tätigkeit Kuhns und seinen Darstellungen Danzigs ist der Beitrag von Ewa Barylewska-Szymańska gewidmet, die auch auf die Entwicklung der Stadt gegen Ende des 19. Jahrhunderts und die Lebensformen der Einwohner eingeht. Über Kuhns fotografischen Nachlass, der nur zu einem Drittel in den öffentlichen Danziger Sammlungen vorhanden ist, und über die Suche nach den zerstreuten Fotografien berichtet Jacek Bielak. Die Fotowerkstatt Kuhns in dem nicht mehr vorhandenen Haus An der Reitbahn 7 (heute ul. Bogusławskiego) und ihre geplante Erweiterung beschreibt anhand der erhaltenen Baupläne Borys Jaszewski. Den Fotografien ist Jacek Bielaks Aufsatz *Nachdenklicher Dokumentarist. Komposition, Licht und städtisches Leben auf den Fotografien von R. Th. Kuhn* gewidmet. Auch Marta Pawlak behandelt die Aufnahmen, insbesondere das auf mehreren Bildern vorkommende Motiv der Langen Brücke. Ernst Blecht bringt uns die Gestalt Kuhns anhand von Dokumenten nahe. Über die knapp sechzig Danziger Fotowerkstätten im 19. Jahrhundert informiert Helena Dzienis. Damian Jagusz schreibt über das Urheberrecht auf dem Gebiet der Stadt Danzig in den Jahren 1868–1905.

Mirosław Ossowski

Mateusz Bogucki, Beata Jurkiewicz (Hg.): Janów Pomorski stan. 1. Wyniki ratowniczych badań archeologicznych w latach 2007–2008. Archaeological rescue excavations in 2007–2008 [Hansdorf als Fundort. 1. Ergebnisse von archäologischen Sicherungsgrabungen in den Jahren 2007–2008]. T. [Bd.] 1.1: Od paleolitu do wczesnego okresu wędrówek ludów. From the Paleolithic to the early migration period. 271 S., Abb., Kt., engl. Zusammenfassungen. – T. [Bd.] 1.2: Od późnego okresu wędrówek ludów do nowożytności. From the late migration period to the modern era. 295 S., Abb., Kt., engl. Zusammenfassungen. – T. [Bd.] 1.3: Analizy. Analysis. 335 S., Abb., Kt., engl. Zusammenfassungen, CD-ROM. Elbląg: Muzeum Archeologiczno-Historyczne 2012 (Studia nad Truso [Studien zu Truso] 1). ISBN 978-83-63016-12-8.

Die drei Teile des ersten Bandes der „Studien zu Truso" stellen Ergebnisse von archäologischen Forschungen aus den Jahren 2007 und 2008 in Hansdorf/Janów Pomorski vor, das mit dem frühmittelalterlichen Handelsplatz Truso bei Elbing/Elbląg identifiziert wird. In Zusammenhang mit dem Bau der Nationalstraße 7 wurden Untersuchungen auf einer Fläche von 420 Ar durchgeführt. Neben wichtigen Erkenntnissen über den Ort Truso führten die Grabungen auch zur Entdeckung archäologischer Objekte, die von einem differenzierten vorgeschichtlichen Siedlungswesen in diesem Gebiet zeugen. Sie bestätigen frühere Annahmen zur Spezifik Trusos und zeigen neue, bislang unbekannte Bedingungen für die Entwicklung dieses Ortes. Darüber hinaus wird eine umfassende und multidisziplinäre Analyse von Quellenmaterial vorgenommen. Teil 1 präsentiert Forschungsergebnisse zur Periode von der Altsteinzeit bis zur frühen Völkerwanderungszeit, Teil 2 reicht von der späten Völkerwanderungszeit bis zur Neuzeit. Die einzelnen Abschnitte behandeln Sammlungen von beweglichem Quellenmaterial: Keramik, Haushaltsgegenstände und landwirtschaftliche Geräte, Handwerkszeuge, Elemente von Rüstungen, Details von Kleidungsstücken sowie Gegenstände aus der Welt des Handels. Detailliert werden Bestandteile der frühmittelalterlichen Siedlungsbebauung beschrieben. Teil 3 enthält Fachbeiträge zu einzelnen Quellen: zu Münzen aus der Zeit des Römischen Reiches, des Mittelalters und der Neuzeit, aber auch zu Funden, die mit dem Glaserhandwerk in Zusammenhang stehen, und zu steinernen Denkmälern. Auch Spezialanalysen von osteologischen und ichthyologischen Überresten werden – nach archäologischen Kulturen gegliedert – präsentiert. Eigene Kapitel beschäftigen sich mit Ergebnissen von Radiocarbonproben von Holz sowie mit dem geomorphologisch-geologischen Untergrund des untersuchten Gebiets.

Anna B. Kowalska

Józef Borzyszkowski (Hg.): Pro memoria. Stefan Bieszk (1895–1964). Gdańsk: Instytut Kaszubski 2013. 800 S., s.-w. Abb. ISBN 978-83-63368-15-9.

Das Buch enthält Schriften (literarische Texte, Übersetzungen, Gedichte, Lieder, Tagebücher und Briefe) von einem in Freiburg im Breisgau geborenen und 1920 nach Polen gezogenen Lehrer, einem klassischen Philologen, der seine Texte auf Deutsch, Polnisch und Kaschubisch geschrieben hat. Die Publikation besteht aus sieben Teilen, in denen biographische Dokumente sowie thematisch geordnete Schriften je mit einer kurzen Einleitung des Herausgebers sowie mit Erörterungen von anderen Forschern präsentiert werden. Der zweite Teil informiert über die Stationen des Lebens und Wirkens Bieszks: Konitz/Chojnice, Zamość, Kulm/Chełmno, Pelplin und Danzig/Gdańsk. Der dritte Teil ist dem poetischen Schaffen von Bieszk in deutscher Sprache sowie seinen auf Kaschubisch verfassten religiösen Schriften gewidmet. Im Vordergrund steht hier zunächst das 1915 vollendete dramatische Gedicht *Sichem und Dina*, das in Originalfassung gedruckt und von Marion Brandt erläutert wird. Dieselbe Literaturwissenschaftlerin kommentiert auch Bieszks polnische Übersetzungen der Sonette von Reinhold Schneider aus der Sammlung *Jetzt ist der Heiligen Zeit* (1943), die wohl während der deutschen Besatzung erarbeitet wurden. Eine Erinnerung an Bieszk von seinem Enkel ergänzt diesen mit zahlreichen Bildern illustrierten Dokumentationsband.

Mirosław Ossowski

Sergej Viktorovič Chochlov: Problema vzaimosvjazi nravstvennosti i prava v filosofii V. S. Solov'ëva i nasledie I. Kanta i G. V. F. Gegelja [Das Problem der Wechselbeziehung zwischen Moral und Recht in der Philosophie von W. S. Solowjow und das Erbe von I. Kant und G. W. F. Hegel]. Diss. (phil.) Tver': Tverskoj gosudarstvennyj universitet 2011. 190 S.

Das Problem der Wechselbeziehungen zwischen Ethik, Moral und Recht zieht seit langem die Aufmerksamkeit der Philosophen, Juristen und Vertreter anderer Wissensgebiete auf sich. Das Erbe der deutschen klassischen Philosophie in Sachen Moral und Recht ist für die theoretische Entwicklung des juristischen Denkens in Russland von entscheidender Bedeutung. Die Diskussion und das Interesse an diesen grundlegenden Fragen haben bis heute nicht nachgelassen. Die Arbeit behandelt das Erbe der deutschen klassischen Philosophie – Kants und Hegels Lehre von dem Verhältnis von Moral und Recht – und dessen Wirkung auf die Überzeugungen von V. S. Solov'ëv vom Guten als Grundlage des Lebens der Persönlichkeit und der Moral als Grundlage für die gesetzliche Regelung des gesellschaftlichen Lebens.

Il'ja V. Šiškanov

Predrag Čičovački: Istina i iluzija. Kant na raskrsnici moderne [Wahrheit und Illusion. Kant am Scheideweg der Moderne]. Beograd: Dereta 2010. 333 S. ISBN 978-86-7346-762-7.

Die philosophische Lehre Immanuel Kants war tief in der systematischen Entwicklung der modernen anthropozentrischen Ausrichtung der Philosophie und der Wissenschaften verankert, die auf die Befreiung und Selbstbestimmung des Subjekts gerichtet ist. Kant behauptete, dass die ultimative philosophische Frage lautet: Was bedeutet es, ein Mensch zu sein? Auch der Begriff „Wahrheit" wird in der Monographie grundlegend erörtert. Hauptfragen, die das Buch stellt und mit dem Königsberger Philosophen zu beantworten sucht, sind: Was ist die Wahrheit? Warum schätzen wir die Wahrheit so hoch?

Snežana Ćirković

Roman Czaja, Zenon Kozieł (Red. [Hg.]). Atlas historyczny miast polskich [Historischer Atlas polnischer Städte]. T. [Bd.] 1: Prusy Królewskie i Warmia [Königlich-Preußen und Ermland]. Z. [H.] 6: Świecie [Schwetz]. Toruń: Wydawnictwo Naukowe Uniwersytetu Mikołaja Kopernika 2012. 44 S., Kt. ISBN 978-83-231-3036-9.

Die Serie der historischen Atlanten der polnischen Städte entstand auf Initiative und unter der Schirmherrschaft der Internationalen Kommission für Stadtgeschichte, die auf dem Kongress in Wien 1965 die Herausgabe des historischen Atlas der europäischen Städte als eines der wichtigsten Arbeitsziele bestimmte. Die Prinzipien der Bearbeitung dieser Atlanten wurden auf der Konferenz in Oxford 1968 entwickelt und auf der Konferenz in Münster 1995 bestätigt. Gemäß diesen Richtlinien sollen die nationalen Atlanten in separaten Werken zur Geschichte der einzelnen Städte publiziert werden. Das Hauptziel dieses Projekts ist es, eine Datenbasis und reiches Kartenmaterial für vergleichende Studien zum Thema Urbanisierung in Europa und stadträumliche Transformationen bereitzustellen. Ein integraler Bestandteil des Atlas ist auch die Darstellung der Stadtgeschichte mit besonderem Schwerpunkt auf der räumlichen Entwicklung samt bibliographischen Angaben. Bisher sind unter der Schirmherrschaft der Internationalen Kommission für Stadtgeschichte mehr als 400 Kartenwerke über Städte aus achtzehn europäischen Ländern veröffentlicht worden. Der „Historische Atlas der polnischen Städte" wurde von Professor Antoni Czacharowski im Jahre 1993 im Institut für Geschichte und Archivwissenschaften der Nicolaus-Copernicus-Universität Thorn/Toruń entwickelt. In den folgenden Jahren wurde die Arbeit an den historischen Atlanten der schlesischen und der kleinpolnischen Städte an den Universitäten Breslau/Wrocław bzw. Krakau/Kraków fortgesetzt.

Piotr Zariczny

Kęstutis Demereckas, Jurijus Bachitovas: Klaipėdos Bauhauzas: Modernizmo architektūra [Das Bauhaus in Memel: Architektur des Modernismus]. Klaipėda: Libra Memelensis 2011. 95 S., Abb., Kt. ISBN 978-9955-544-88-3.

Das Buch stellt die Entwicklung der architektonischen Strömung der „Bauhaus-Moderne", des Neuen Bauens, in Memel/Klaipėda dar und beschreibt die Gebäude, die ihr zuzuordnen sind. Nach dem Übergang des Memellandes 1923 an Litauen waren die Voraussetzungen für eine neue Architektur in der Stadt günstig. Der erste Vertreter des Neuen Bauens war der Hochbauingenieur Herbert Reißmann, der nach Abschluss seiner Ausbildung an der Bauhaushochschule in Weimar 1923 nach Memel kam, wo bereits die Architekten Alfred Nixhof und Paul Giesing tätig waren. Nach Plänen Reißmanns wurden im Memelland etwa 140 Gebäude erbaut. Zu erwähnen sind vor allem die Druckerei „Rytas", das Vytautas-Magnus-Gymnasium, das Verwaltungsgebäude des Elektrizitätswerks und die Druckerei des *Memeler Dampfboots*. Viel Aufmerksamkeit wird auch dem Hauptarchitekten Memels Paul Giesing geschenkt. Von ihm wurden viele repräsentative Bauten entworfen und realisiert, darunter Schulen, das Krankenhaus, die Friedhofskapelle, eine Sparkasse. Das Neue Bauen hat tiefe Spuren in Memel hinterlassen und die Entwicklung der Architektur in der Stadt bis heute beeinflusst. Die meisten der erwähnten Gebäude sind erhalten geblieben. Das Buch ist reich an authentischen Fotografien, auf denen viele dieser Bauten sowohl in der Vergangenheit als auch in der Gegenwart zu sehen sind.

Edita Venčkauskaitė

T[amara] B[orisovna] Dlugač: Dve filosofskie refleksii. Ot Gol'bacha k Kantu. Sravnitel'no-istoričeskij analiz [Zwei philosophische Reflexionen. Von Holbach zu Kant. Eine historisch vergleichende Analyse]. Moskva: „Kanon+" ROOI „Reabilitacija" 2011. 352 S., Abb. ISBN 978-5-88373-249-6.

Das Buch behandelt die Kontinuität zwischen dem „System der Natur" des berühmten französischen Gelehrten Paul Thiry d'Holbach und der *Kritik der reinen Vernunft* des Gründers der deutschen klassischen Philosophie Immanuel Kant, abgesehen von dem deutlichen Unterschied zwischen den beiden Denkern und ihrer Zugehörigkeit zu verschiedenen philosophischen Schulen. Die Idee eines einheitlichen philosophischen Raumes des 17.–20. Jahrhunderts wird durch den Begriff „Wissenschaftslehre" (naukoučenie) und einen signifikanten Zusammenhang mit der Newtonschen mathematischen Wissenschaft definiert. In diesem Kontext konzentrierte sich Kant auf das Gedankenexperiment, führte es in die Philosophie ein und schuf theoretisches Wissen.

Il'ja V. Šiškanov

Mirosław Fudziński, Henryk Paner (Hg.): XVII Sesja Pomorzoznawcza [17. Pommernkundliche Tagung]. Vol. 1: Od epoki kamienia do wczesnego średniowiecza [Von der Steinzeit bis zum frühen Mittelalter]. Gdańsk: Muzeum Archeologiczne w Gdańsku 2011. 687 S., farb. u. s.-w. Abb., dt. Einleitung u. Zusammenfassungen. ISBN 978-83-85824-54-1.

Die 49 Beiträge umfassende Publikation ist Ergebnis der 17. Pommernkundlichen Tagung von Archäologen und Historikern (18.–20. November 2009 in Danzig/Gdańsk). Ähnlich wie bei früheren wissenschaftlichen Konferenzen dieses Zyklus wurden vor allem Ergebnisse von Ausgrabungen vorgestellt, die in archäologischen Fundstätten in der Region Pomorze in den zurückliegenden zwei Jahren (2007–2009) aufgenommen oder fortgesetzt wurden. Ein mit über 20 Texten bedeutender Teil des Bandes ist Forschungen zu Fundstätten der Bronze- und der frühen Eisenzeit, der vorrömischen und römischen Zeit gewidmet. Ähnlich zahlreich sind die Präsentationen von Arbeitsergebnissen aus frühmittelalterlichen Fundstätten.

Krzysztof Kowalski

Andrzej Gąsiorowski (Hg.): Policja gdańska na przestrzeni wieków. Wybrane zagadnienia [Die Danziger Polizei im Verlauf der Jahrhunderte. Ausgewählte Fragestellungen]. Gdańsk: Wydawnictwo Gdańskie 2012. 238 S., farb. u. s.-w. Abb. ISBN 978-83-8836-26-8.

Der Sammelband wurde durch eine am 12. Juli 2012 in Danzig abgehaltene Konferenz angeregt und umfasst elf wissenschaftliche und populärwissenschaftliche Beiträge, die von Historikern, Politikwissenschaftlern und Polizeioffizieren erarbeitet wurden. Der Beitrag von Andrzej Chodubski fungiert als eine Art Einleitung und ist den kulturellen Besonderheiten Danzigs im deutsch-polnischen Grenzraum bis Ende des 19. Jahrhunderts gewidmet. Andrzej Januszajtis bietet spezielle Informationen über die Vorgeschichte der Danziger Polizei sowie über ihre früheren Dienstsitze. Waldemar Schulz widmet sich der wechselnden Geschichte des 1915 für die Weichselstrombauverwaltung und das Provinzialschulkollegium erbauten Hauses in Neugarten/Nowe ogrody, wo die Polizei heute ihren Sitz hat. Piotr Semków erörtert in einem detailreichen Aufsatz die Organisation, das System der Ausbildung, die Uniformierung, die Ausrüstung und die Aufgaben der Danziger Polizei in der Zwischenkriegszeit. Darauf geht auch Andrzej Gąsiorowski ein, dessen Beitrag jedoch hauptsächlich den Strukturen und Kadern sowie den Aufgaben der Polizei in Danzig während des Zweiten Weltkriegs gewidmet ist und insbesondere die politischen und die gegen das Polentum gerichteten Aktivitäten der Polizei beleuchtet. Bogdan Chrzanowski befasst sich mit Initiativen zur Organisierung im Untergrund tätiger Sicherheitsorgane in Danzig, die der polnischen Exilregierung unterstanden, nach dem Ausbruch des Krieges.

Mirosław Ossowski

Karol Górski: Mikołaj Kopernik. Środowisko społeczne i samotność [Nikolaus Kopernikus. Soziales Umfeld und Einsamkeit]. Wyd. 2, popr. i uzup. [2., verb. u. erg. Aufl.]. Toruń: Wydawnictwo Naukowe Uniwersytetu Mikołaja Kopernika 2012. 289 S., Abb. ISBN 978-83-231-2777-2.

Dies ist eine Neuauflage der hervorragenden, fast legendären Nikolaus-Kopernikus-Biographie des bedeutenden Thorner Mediävisten Karol Górski (1903–1988). Obwohl seit ihrer Erstauflage mehr als vierzig Jahre vergangen sind, ist dieses Buch in Polen immer noch die einzige wissenschaftliche Biographie des Namenspatrons der Universität Thorn/Toruń. Sie erfüllt wie nur wenige der zahlreichen Arbeiten über Kopernikus, die in Polen in den letzten Jahren erschienen sind, alle Kriterien einer wissenschaftlichen Darstellung, indem sie sich voll und ganz auf die Quellen stützt und mit einer Kenntnis aller eruierbaren Fakten aus dem Leben des Astronomen aufwartet. Gleichzeitig ist sie wie ein literarisches Werk geschrieben und vermag auch ein breites Publikum zu interessieren. Lange Zeit nur in Bibliotheken, kaum in Antiquariaten zu finden, ist das vollständig in polnischer Sprache geschriebene Buch, von Professor Janusz Małłek mit einer Einleitung versehen, nun wieder greifbar. Die Monographie gliedert sich in sieben Abschnitte (über Land und Leute, Kopernikus' Familie, Jugendzeit, Studienzeit, Heilsberg/Lidzbark und Frauenburg/Frombork), informiert auch über die Porträts von Kopernikus und enthält ein weiterführendes Quellen- und Literaturverzeichnis, Personenregister und eine biographische Chronik.

Piotr Zariczny

Dmitrij Iosifovič Grjadovoj: Istorija filosofii. Evropejskoe prosveščenie. Immanuil Kant. Kniga 3: učebnik [Die Geschichte der Philosophie. Europäische Aufklärung. Immanuel Kant. Buch 3: Lehrbuch]. Moskva: JUNITI-DANA 2012. 471 S., Abb. ISBN-978-5-238-02232-1.

Das Lehrbuch behandelt eine der wichtigsten Phasen der historischen Entwicklung des europäischen philosophischen Denkens. Betrachtet und ausführlich analysiert werden die Besonderheiten der englischen, französischen und deutschen Aufklärung des 18. Jahrhunderts. Schwerpunkte liegen neben dem idealistischen auch auf dem materialistischen Denken und dem Begriff der religiösen Freiheit in der deutschen klassischen Philosophie, vor allem auf dem philosophischen Werk von Immanuel Kant, seiner erkenntnistheoretischen Hauptschrift *Kritik der reinen Vernunft*, dem ethischen Konzept der *Kritik der praktischen Vernunft*, der philosophischen Ästhetik und der Theorie der organischen Natur in der *Kritik der Urteilskraft* sowie der Rolle von Immanuel Kant in der Geschichte der Philosophie.

Il'ja V. Šiškanov

Wilhelm Hoffmann: Kronika wsi Pruszcz w powiecie Gdańskie Wyżyny. Zbiór artykułów publikowanych pod tytułem „Z dni minionych" w „Wiadomościach dla Pruszcza, Oruni i okolic", opracowanych na podstawie źródeł urzędowych przez wójta gminy w Pruszczu Wilhelma Hoffmanna [*Chronik des Dorfes Praust, Kreis Danziger Höhe. Sammlung der unter dem Titel „Aus vergangenen Tagen" im „Anzeiger für Praust, Ohra und Umgegend" erschienenen Aufsätze nach amtlichen Quellen verfasst von W. Hoffmann, Gemeindevorsteher in Praust*]. Übersetzt v. Marek Kozłow, hg. v. Radosław Biskup. Pruszcz Gdański: Maszoperia Literacka 2012. 142, [1] S., 14 s.-w. Abb. ISBN 978-83-62129-93-5.

Die Publikation ist eine Übersetzung der vor hundert Jahren, 1913, im Verlag von Max Gawlowski, Praust, erschienenen *Chronik*. Sie umfasst den Zeitraum von der ersten Erwähnung der Ortschaft „Prust" 1236 bis 1908, wobei besonders die neueren Zeiten detailliert beschrieben werden. Im Anhang werden die Ereignisse aus den Jahren 1908–1912 tagebuchartig dargestellt sowie die Namen der Landesherren und, ab 1814, der Landräte angeführt. Im Vorwort zur polnischen Ausgabe erklären die Herausgeber ihr Anliegen, zum besseren Verständnis der engeren Heimat beizutragen und bisher unbekannte Aspekte der Ortsgeschichte aufzudecken. In der polnischen Fassung wurden das Personen- und das Ortsverzeichnis neu redigiert. Die Schreibung der Personennamen wurde an die in der polnischen Historiographie üblichen Formen angepasst. Auf das Sachverzeichnis wurde verzichtet. Der Text wird zuweilen mit alten Aufnahmen illustriert.

Mirosław Ossowski

Edward Janusz Jaremczuk: Związki Elbląga i jego mieszkańców z lotnictwem na przestrzeni 100 lat (1912–2012) [Die Beziehungen Elbings und seiner Einwohner zum Flugwesen im Zeitraum von 100 Jahren (1912–2012)]. 323 S., s.-w. Abb., dt. Zusammenfassung. ISBN 978-83-62336-11-1.

Der Autor erörtert die Verbindungen der Stadt Elbing/Elbląg zum Flugwesen seit der ersten (Not-)Landung des Flugpioniers Otto Stiefvatter unweit der Stadt, was die Einwohner bewog, zunächst einen kleinen provisorischen Landeplatz in Wansau/Zawodzie (1912) und später einen Flughafen in Eichwalde/Dąbki (1915) zu bauen. Jaremczuk schildert detailliert die mit dem Flughafen zusammenhängenden reichen Traditionen von Elbing vor und nach dem Zweiten Weltkrieg, wobei er etwa die Hälfte des Bandes der Zeit vor 1945 widmet. Bei der Darstellung des Baus, der wirtschaftlichen und militärischen Rolle und der Modernisierung des Flughafens geht er auf diverse Aspekte des damaligen Lebens ein, sodass ein Zeitpanorama entsteht und Einblicke in das gesellschaftliche Leben von Elbing sowie allgemeine Informationen über die Entwicklung des Flugwesens vermittelt werden. Der Text ist reich illustriert, auch der Anhang beinhaltet historische Dokumente und Bilder sowie ein Personen- und ein Ortsverzeichnis.

Mirosław Ossowski

Sławomir Jóźwiak: Centralne i terytorialne organy władzy Zakonu Krzyżackiego w Prusach w latach 1228–1410. Rozwój – przekształcenia – kompetencje [Zentrale und territoriale Regierungsorgane im Deutschordensstaat in Preußen in den Jahren 1228–1410. Entwicklung – Umwandlungen – Befugnisse]. Wyd. 2 [2. Aufl.]. Toruń: Wydawnictwo Naukowe Uniwersytetu Mikołaja Kopernika 2012. 252 S., Abb., Kt., dt. Zusammenfassung. ISBN 978-83-231-2997-4.

Die in dem Band zusammengefassten Forschungsergebnisse zu Geschichte, Entwicklung, Transformation und Zuständigkeit der zentralen und territorialen Behörden des Deutschen Ordens in Preußen in den Jahren 1228–1410 wurden erstmals im Jahr 2001 veröffentlicht (siehe *Berichte und Forschungen. Jahrbuch des Bundesinstituts* 10, 2002, S. 210f.). Für die Neuauflage wurde der Text in Bezug auf Struktur und Inhalt nicht verändert, auf die in der Zwischenzeit von deutschen und polnischen Historikern veröffentlichten Arbeiten aber kritisch Bezug genommen. Der Verfasser kommt zu folgenden Schlussfolgerungen: Was die Fragen nach dem Ursprung und der Entwicklung der administrativ-territorialen Struktur des Deutschen Ordens in Preußen unter der Herrschaft der Landesmeister in den Jahren 1228–1309 unter Berücksichtigung des Umfangs der Zuständigkeit der religiösen Beamten anbelangt, sind die Ergebnisse der ersten Auflage dieses Buches immer noch gültig. Neue Erkenntnisse zu diesem Thema, die vor kurzem durch den deutschen Forscher Jochen Burgtorf vorgestellt wurden, sind für vergleichende Studien von großer Bedeutung, etwa dass die Ordensritter tatsächlich von den Lösungen ihrer Vorgänger (Johanniter oder Templer) profitierten, sie teilweise kreativ veränderten und an die neue Realität durch den Bau der Machtstrukturen des Landes an der Ostsee anpassten. Wesentliche Erkenntnisse über die Funktionsweise der zentralen Behörden des Deutschen Ordens in Preußen in den Jahren 1309–1410 sind hinsichtlich der Einberufung und Kompetenzverteilung auf der zentralen Ebene (Marienburg) und territorialen Ebene gewonnen worden. In neuem Licht erscheint auch die Institution des Hochmeisterrates in der ersten Zeit ihres Bestehens (Ende des 14. bis Anfang des 15. Jahrhunderts). Interessant sind ferner die Beobachtungen von Krzysztof Mikulski bezüglich der Gerichts- und Verwaltungskompetenzen der Meister im Kulmerland und ihrer untergeordneten Beamten. Wiesław Długokęcki und Elżbieta Kowalczyk publizieren detaillierte Beschreibungen zu den südlichen und westlichen Grenzen des Ordensgebietes und beweisen, dass die Staatsanwaltschaft z. B. in Willenberg/Wielbark seit mindestens 1374 existierte. Sobiesław Szybkowski zeigt, dass es im Gegensatz zu früheren Auffassungen kein administratives Zentrum der Staatsanwaltschaft im Ort Stolno/Stollno gab und der Name dieses Ortes seit dem Ende des ersten Jahrzehnts des 15. Jahrhunderts in den polnischen und litauischen Quellen nur noch selten verwendet wurde. Auf diese und andere Forschungsergebnisse geht Jóźwiak ein.

Piotr Zariczny

Sławomir Jóźwiak, Janusz Trupinda: Krzyżackie zamki komturskie w Prusach. Topografia i układ przestrzenny na podstawie średniowiecznych źródeł pisanych [Deutschordensburgen in Preußen. Topographie und Raumstruktur auf der Grundlage mittelalterlicher Schriftquellen]. Toruń: Wydawnictwo Naukowe Uniwersytetu Mikołaja Kopernika 2012. 460 S., Abb. ISBN 978-83-231-2896-0.

Die Erforschung des Burgbauwesens des Deutschen Ordens in Preußen wird seit fast 200 Jahren betrieben. Bis zum Zweiten Weltkrieg wurde sie jedoch von Laien und nicht von Fachwissenschaftlern dominiert. Infolgedessen sind oft Auffassungen vertreten und Schlussfolgerungen gezogen worden, die auf undokumentierten Annahmen beruhten. Nach dem Zweiten Weltkrieg gab es relativ wenige innovative Entdeckungen; sie waren meist das Ergebnis der Untersuchungen von Archäologen und Kunsthistorikern und konnten das Wissen über den Burgenbau im Deutschordensstaat nur in begrenztem Umfang erweitern. Diese Wissenschaftler stützten sich in erster Linie auf die noch erhaltenen Objekte, haben dagegen die mittelalterlichen schriftlichen Quellen oft kaum ausgeschöpft, was nicht selten zu falschen Interpretationen führte. Dies zeigte sich besonders deutlich in unrichtigen Angaben zur spätmittelalterlichen Topographie der Ordensburgen, zur Lokalisierung und zur räumlichen Anordnung. Es sind gerade diese Fragen, die die Aufmerksamkeit der Verfasser der vorliegenden Studie fanden. In dem Buch wird deutlich darauf hingewiesen, dass nur eine gründliche Analyse aller schriftlichen Quellen, vor allem der relativ zahlreichen Dokumente aus dem 14. und 15. Jahrhundert, zu Ergebnissen führt, die Bestand haben.

Piotr Zariczny

Irina Anatol'evna Kalinina: Problema svobody ličnosti v gosudarstvenno-pravovych vzgljadach Kanta [Das Problem der persönlichen Freiheit in den staatsrechtlichen Auffassungen Kants]. Diss. (jur.). Tambov: Tambovskij gosudarstvennyj universitet im. G. R. Deržavina 2009. 209 S.

Die Kategorie der „persönlichen Freiheit" ist grundlegend für die Theorie des Rechts. Der Staat und das Recht sind dazu berufen, diese Freiheit als eine inhärente Eigenschaft der Persönlichkeit zu respektieren, zu wahren und zu schützen. In seiner Lehre über das Recht und den Staat legt Immanuel Kant die Natur und das Wesen der Freiheit des Individuums dar, die auf einer ethischen Grundlage basiert, formuliert das Konzept der individuellen Freiheit, der Autonomie des Willens und der Menschenwürde und definiert die Grenzen der rechtmäßigen Einschränkungen der persönlichen Freiheit in einem Rechtsstaat. Ausgehend von den theoretischen und ethischen Positionen Kants werden in der Arbeit die Bedingungen und Faktoren, die Präsenz und die Realisierung der persönlichen Freiheit, die Bedeutung der Freiheit als Grundlage für den rechtlichen Status der Person und das Problem der Freiheit im modernen Staatsaufbau erörtert.

Il'ja V. Šiškanov

L[eonard] A[leksandrovič] Kalinnikov: Immanuil Kant v russkoj poėzii. Filosofsko-ėstetičeskie ėtjudy [Immanuel Kant in der russischen Poesie. Philosophisch-ästhetische Studien]. Moskva: „Kanon+" ROOI „Reabilitacija" 2008. 416 S., Abb. ISBN 978-5-88373-023-7.

Diese Monographie ist einem auffälligen Phänomen in der russischen philosophischen Lyrik, nämlich der poetischen Kant-Rezeption, gewidmet. Eine philosophische und ästhetische Analyse und Interpretation der poetischen Wahrnehmung des komplexen Denkgebäudes der Kantischen Philosophie und der Persönlichkeit des Königsberger Professors kann von großem Interesse nicht nur für Philosophen und Literaturwissenschaftler, sondern auch für alle Liebhaber der russischen Dichtung sein. In dem Buch findet man Studien und Analysen zu literarischen Werken von Alexander Puschkin bis Alexander Blok und Marina Zwetajewa.

Il'ja V. Šiškanov

Sławomir Kościelak: Katolicy w protestanckim Gdańsku od drugiej połowy XVI do końca XVIII wieku [Katholiken im protestantischen Danzig von der zweiten Hälfte des 16. bis zum Ende des 18. Jahrhunderts]. Gdańsk: Wydawnictwo Uniwersytetu Gdańskiego 2012. 504, [10] S., 19 farb. Abb., dt. Zusammenfassung. ISBN 978-83-7865-013-3.

Das vom Autor deklarierte Ziel des Buches ist, die katholische Minorität in Danzig, einem der stärksten Zentren der Reformation im Königlichen Preußen, umfassend und in allen Aspekten darzustellen. So interessiert er sich für die Organisationsformen der katholischen Kirche, die sozialen Strukturen und die Haltungen der Gläubigen. Die Abhandlung besteht aus neun Kapiteln, welche folgenden Themenkomplexen gewidmet sind: dem Ablauf der Reformation in Danzig, dem Zustand der katholischen Kirche um 1580, der Gegenreformation und der Reform der Kirche bis zum Ende des 18. Jahrhunderts, den rechtlichen Grundlagen für die Katholiken in Danzig, Besitz und Einnahmen der Kirche im 17. und 18. Jahrhundert, der seelsorgerischen Arbeit anhand der Kirchenbücher, anderen religiösen Aktivitäten, der katholischen Gemeinde in Danzig und dem Zusammenleben der Katholiken mit der protestantischen Mehrheit. Anhand der Erkenntnisse aus seinen Studien und aufgrund eines Vergleichs mit Thorn/Toruń und Elbing/Elbląg sowie mit freien Reichsstädten (Augsburg, Osnabrück) gelangt der Autor zu dem Schluss, dass vom 16. bis zum 18. Jahrhundert ein friedliches, auf Gleichberechtigung basierendes Zusammenleben verschiedener Konfessionen in einem staatlichen Organismus oder in einer städtischen Kommune kaum möglich war. Im Buch finden sich eine umfangreiche Bibliographie und ein Personenverzeichnis.

Mirosław Ossowski

Rafał Kubicki: Młynarstwo w państwie Zakonu Krzyżackiego w Prusach w XIII–XV wieku (do 1454 r.) [Das Mühlenwesen im Staat des Deutschen Ritterordens in Preußen im 13.–15. Jahrhundert (bis 1454)]. Gdańsk: Wydawnictwo Uniwersytetu Gdańskiego 2012. 608, [1] S., CD. ISBN 978-83-7326-883-8.

Die Publikation behandelt zum ersten Mal monographisch das Mühlenwesen im Staat des Deutschen Ritterordens und stellt damit einen interessanten Beitrag zur Erforschung der europäischen Gesellschaft im Mittelalter dar. Die zentralistisch organisierte Verwaltung des Ordensstaates bestimmte auch die Entwicklung dieses Wirtschaftszweigs. Es entstand eine Struktur, deren Einnahmen überwiegend dem Orden dienten. In den einzelnen Kapiteln erörtert der Autor eingehend folgende Themenkreise: rechtliche Grundlagen für die Getreidemühlen, Arten der Mühlen (technische Aspekte), Organisationsformen der Produktion, Verhältnis zum sozialen Umfeld und das Mühlennetz im Ordensstaat. Der Autor stützt sich auf Dokumente in staatlichen und kirchlichen Archiven in Allenstein/Olsztyn, Pelplin, Płock, Danzig/Gdańsk, Thorn/Toruń und Berlin wie auch auf gedruckte Zeugnisse sowie auf Vorarbeiten deutscher und polnischer Historiker. Detaillierte Angaben führt er in 38 Tabellen an. In einem Verzeichnis sind die Zinsgebühren der Wasser- und Windmühlen im Jahre 1454 zusammengestellt. Neben einem Sach-, einem Orts- und einem Personenregister findet sich ein Verzeichnis der deutschen, polnischen und russischen Ortsnamen. Dem Buch sind auf CD-ROM im PDF-Format Landkarten von Leopold von Schroetter und Daniel Gottlob Reymann mit darauf verzeichneten Wasser- und Windmühlen beigefügt.

Mirosław Ossowski

Krzysztof Kwiatkowski: Zakon niemiecki jako „Corporatio Militaris" [Der Deutsche Orden als „Corporatio Militaris"]. Cz. [Tl.] I: Korporacja i krąg przynależących do niej. Kulturowe i społeczne podstawy działności militarnej zakonu w Prusach (do początku XV wieku) [Die Korporation und ihr Umkreis. Kulturelle und gesellschaftliche Grundlagen der militärischen Tätigkeit des Ordens in Preußen (bis zum Anfang des 15. Jahrhunderts)]. Toruń: Wydawnictwo Naukowe Uniwersytetu Mikołaja Kopernika 2012 (Dzieje zakonu Niemieckiego [Geschichte des Deutschen Ordens] 1). 602 S., engl. Zusammenfassung. ISBN 978-83-231-2959-2.

Diese Publikation ist der erste Band einer Darstellung der kulturellen und sozialen Determinanten der militärischen Aktivitäten des Deutschen Ordens in Preußen vom 13. bis zum 15. Jahrhundert. Es handelt sich dabei um den Versuch einer ganzheitlichen Sicht auf die Teilnahme sehr verschiedener Menschengruppen an den Waffengängen, auf die Unterschiede zwischen den Gruppen in Abhängigkeit von den militärischen Aktivitäten der Korporation und auf den Charakter der Beziehungen zwischen den Gruppen, auf die versklavte Bevölkerung und die an der Peripherie lebenden Gesellschaftsteile. Auch um Mentalitätsfragen geht es sowie um das Verständnis von Werten und Normen bei den Mitgliedern des Ordens, um die Bedeutung des Gelübdes, des Gehorsams und des Dienstes. Der Band besitzt Namen-, Sach- und geographisches Register.

Piotr Zariczny

Teodoras Lepneris: Prūsų lietuvis [*Der Preusche Littau*]. Hg. v. Vilija Gerulaitienė. Vilnius: Lietuvos istorijos institutas 2011. 257 S., Abb. ISBN 978-9955-847-39-7.

Der Preusche Littau wurde von Theodor Lepner, Pfarrer des litauischen Pfarramtes in Budwethen im Amt Ragnit (Neman/Ragainė/Nemanas), am Ende des 17. Jahrhunderts auf Deutsch geschrieben und gilt als das bedeutendste Werk über die preußischen Litauer nach Matthäus Prätorius' *Deliciae Prussicae oder Preussische Schaubühne*. Lepners aus fünfzehn Kapiteln bestehende Schrift hat zur Entwicklung der Volkskunde als Wissenschaft beigetragen. Sie ist ein wichtiges Zeugnis der Kultur der Kleinlitauer im 17. Jahrhundert, in dem deren Brauchtum und Lebensweise, Kleidung, Sprache, Religion und Musik beschrieben wird. Die handschriftliche Vorlage des 1744 in der Danziger Offizin von Johannes Heinrich Rüdiger gedruckten Buches wurde in den 1970er Jahren in der Handschriftenabteilung der Staatsbibliothek zu Berlin gefunden. Die vorliegende Edition präsentiert das berühmte Werk sowohl auf Deutsch als auch in litauischer Übersetzung aus der Feder der Herausgeberin Vilija Gerulaitienė. Dem Benutzer stehen Namens- und Ortsregister sowie ein Verzeichnis der baltischen Wörter und Wendungen zur Verfügung.

Edita Venčkauskaitė

Peter Oliver Loew: Gdańsk i jego przeszłość. Kultura historyczna miasta od końca XVIII wieku do dzisiaj [Danzig und seine Vergangenheit. Die Geschichtskultur der Stadt vom Ende des 18. Jahrhunderts bis heute]. Übersetzt v. Janusz Mosakowski. 684, [9] S. ISBN 978-83-7453-087-3.

Das Buch ist eine Übersetzung der 2003 im Druck erschienenen Dissertation des Autors *Danzig und seine Vergangenheit 1793–1997. Die Geschichtskultur einer Stadt zwischen Deutschland und Polen*. Die polnische Ausgabe schließt sich im Inhalt und generell der deutschen Fassung an; den wesentlichsten Unterschied bildet ein neues Kapitel über die Zeit nach 1997, in dem die Rolle der lokalen Geschichte in der Historiographie, Geschichtspolitik und Literatur erörtert wird. Eine Änderung ist im übersetzten Titel des Buches zu bemerken. Im Vorwort zur polnischen Ausgabe erklärt Loew, warum er am Begriff der „Geschichtskultur" festhält und nicht etwa dem Paradigma des kulturellen/kollektiven Gedächtnisses folgt, das trotzdem in seiner Abhandlung immanent präsent ist. Die Publikation hat ein Personenverzeichnis. Zu betonen ist die sorgfältige Arbeit des Übersetzers.

Mirosław Ossowski

Ol'ga Dmitrievna Mačkarina: Recepcija kritičeskoj filosofii I. Kanta v Rossii XIX veka [Die Rezeption der kritischen Philosophie I. Kants im Russland des 19. Jahrhunderts]. Diss. (phil. habil.) Sankt-Peterburg: FGOU VPO Sankt-Peterburgskij gosudarstvennyj universitet 2011. 392 S.

Die Rezeption von Immanuel Kant in der russischen Philosophie und Kultur ist auch im 21. Jahrhundert noch ein wichtiger Gegenstand der philosophischen Debatte. Die Einstellung der Forscher zum Werk Kants ist wie ein Barometer, das etwas über den Zustand der Kultur und ihren Wandel, über gesellschaftliche Veränderungen und historische Prozesse aussagt. In der Arbeit werden die historischen, kulturellen, ideologischen und theoretischen Hintergründe der Rezeption von Kants kritischer Philosophie in Russland, die Rolle der Universitäten und die Rezeption der Kantischen Ideen in den philosophischen und literarischen Kreisen in der ersten Hälfte des 19. Jahrhunderts dargelegt. Ebenfalls beleuchtet wird die Wahrnehmung Russlands in Kants Schriften.

Il'ja V. Šiškanov

Janusz Małłek: Opera selecta. Vol. II: Poland, Prussia in the Baltic area from the sixteenth to the eighteenth century. Toruń: Wydawnictwo Naukowe Uniwersytetu Mikołaja Kopernika 2013. 392 S. ISBN 978-83-231-3034-5.

Der zweite Band der *Opera Selecta* enthält Arbeiten des bedeutenden Thorner Historikers Professor Janusz Małłek, die zumeist in Großbritannien erstveröffentlicht worden sind. Seine Publikationen, in denen er sich vor allem auf die frühen Stationen der Geschichte des herzoglichen und des königlichen Preußen im 16. und 17. Jahrhundert und auf die Geschichte der Reformation in Polen und in Europa konzentrierte, wurden mit großem Interesse nicht nur von polnischen Historikern aufgenommen, sondern auch unter lebhaften Diskussionen von Spezialisten in anderen europäischen Ländern, besonders in England, rezipiert. Janusz Małłek veröffentlichte insgesamt über 350 Aufsätze. Sie alle zeigen sein profundes Wissen und vor allem eine ausgeprägte Objektivität, was ihn zu einem Vorbild für andere Forscher macht.

Piotr Zariczny

Janusz Małłek: Opera selecta. Vol. IV: Reformacja i protestantyzm w Polsce i Prusach (XVI–XX w.) [Reformation und Protestantismus in Polen und Preußen (16.–20. Jh.)]. Toruń: Wydawnictwo Naukowe Uniwersytetu Mikołaja Kopernika 2012. 498 S. ISBN 978-83-231-2988-2.

Im Jahr 2011 wurde auf Initiative des Wissenschaftlichen Verlages der Nicolaus-Copernicus-Universität Thorn/Toruń der Band I der *Opera Selecta* mit einer Auswahl der bisher veröffentlichten Arbeiten des bekannten polnischen Preußenexperten Professor Janusz Małłek veröffentlicht (siehe *Jahrbuch des Bundesinstituts* 19, 2011, S. 361f.). Der Band erschien mit dem Untertitel *Polen und Preußen vom 15. bis zum 18. Jahrhundert. Bestandsaufnahme und Perspektiven* und enthielt auch mehrere neue in der deutschen Sprache verfasste Titel. Der vorliegende Band IV konzentriert sich thematisch auf die Kirchengeschichte und enthält 35 bereits auf Polnisch publizierte Artikel. Zusammengestellt in einem Band, verfügen sie zweifellos über eine neue Qualität.

Piotr Zariczny

Mirosław Marcinkowski (Red.): Elbląskie Studia Muzealne [Elbinger Museale Studien]. T. [Bd.] 2. Elbląg: Muzeum Archeologiczno-Historyczne w Elblągu 2011. 224 S., farb. Abb., engl. Zusammenfassungen. ISBN 978-83-60138-46-5, ISSN 2081-9625.

Die Beiträge in diesem Band sind mit den Sammlungen des Archäologisch-Historischen Museums in Elbing/Elbląg verbunden. Karol Piasecki beleuchtet Versuche, anhand von in Wöklitz/Weklice ausgegrabenen Schädeln die Physiognomien der Goten zu rekonstruieren. Archäologischen Funden sind auch die Beiträge von Joanna Fonferek (biblische Motive auf Kacheln), Grażyna Nawrolska (Keramikkelch der „Falk-Gruppe“), Karol Szymczak, Tomasz Segita, Maciej Krajcarz und Marek F. Jagodziński (Steinfigur aus Lärchwalde bei Elbing) gewidmet. Mirosław Marcinkowski schreibt über von Archäologen gefundene Zahnbürsten aus dem Elbing des 18. und 19. Jahrhunderts. Jacek Tylicki macht auf Miniaturporträts von Valentin und Nikolaus von Bodeck aufmerksam, die seit 2010 im Besitz des Museums sind, und stellt auch ihren Schöpfer, Laurens de Neter, vor. Małgorzata Gizińska beschreibt die Medaillensammlung des Museums. Rafał Panfil schildert in einem ausführlichen Aufsatz die Tätigkeit der Elbinger Altertumsgesellschaft in den Jahren 1874–1941 und geht dabei auf die Truso-Frage ein. Anna Grzelak porträtiert den 1866 in Leipzig geborenen Fotografen Carl Willibald Zehr, der seit 1898 in Elbing lebte. Grzegorz Stasielowicz skizziert die Gründung des Elbinger Museums 1945 und seine Tätigkeit bis 1954.

Mirosław Ossowski

Agnieszka Markuszewska (Red.): Kopernik i jego czasy [Kopernikus und seine Zeit]. Toruń: Wydawnictwo Naukowe Uniwersytetu Mikołaja Kopernika 2013. 489, [3] S., Abb. ISBN 978-83-231-2935-6.

Die überarbeitete und ergänzte Publikation des unter dem gleichen Titel erschienenen bekannten Bandes zur Biographie von Nikolaus Kopernikus von 1961 zeichnet sich vor allem durch die Aktualisierung der Darstellung der Biographie des Astronomen aus. Zugleich weist sie auf die noch bestehenden Lücken und Unzulänglichkeiten bei der Erforschung seines Lebens, seiner Arbeit und seines geistigen Umfelds hin. Es ist anzunehmen, dass die hier aufgeworfenen Fragen zu lebhaften Diskussionen und vertieften Untersuchungen anregen werden. Das Buch stellt eine gute Ergänzung zu dem bedeutenden Werk über Nikolaus Kopernikus von Karol Górski dar, das im Jahre 1973 erstveröffentlicht und 2011 in einer Neuauflage herausgebracht wurde (siehe oben, S. 486).

Piotr Zariczny

Vladimir Milisavljević: Snaga egzistencije. Teorija norme kod Kanta i Hegela [Die Kraft der Existenz. Die Theorie der Normen bei Kant und Hegel]. Beograd: Fedon 2010. 227 S. ISBN 978-86-86525-24-6.

Mit diesem Buch stellt der Autor scheinbar gesicherte Positionen der Kant- und der Hegel-Forschung in Frage, indem er zeigt, dass die Unterschiede zwischen der Philosophie Immanuel Kants und derjenigen G. W. F. Hegels kleiner sind als die kanonischen Interpretationen es darstellen. Mit viel Geduld und Akribie zeigt Vladimir Milisavljević, in welchem Maße in den Deutungen dieser Denker des Idealismus, besonders Hegels, eine ganze Reihe von Motiven versteckt ist. Dem Verfasser zufolge war Hegel in solchem Maße ein Substanzialist, wie Kant ein Denker der Form war.

Snežana Ćirković

Zenon Hubert Nowak: Przyczynki źródłowe do historii zakonu krzyżackiego w Prusach. Quellenbeiträge zur Geschichte des Deutschen Ordens in Preußen. Toruń: Towarzystwo Naukowe w Toruniu, Wydawnictwo Naukowe Uniwersytetu Mikołaja Kopernika 2011 (Fontes 105). 220 S., Abb., Kt. ISBN 978-83-231-2765-9.

Der Band versammelt Dokumente und Briefe zur Geschichte des Deutschen Ordens und des Deutschordensstaates in Preußen, die der Mediävist an der Nicolaus-Copernicus-Universität Thorn/Toruń Zenon Hubert Nowak von 1976 bis zu seinem Tod 1999 zusammengestellt hat. Die Herausgeber haben die jeweiligen Einführungen ins Deutsche übersetzt. In einer Einleitung bezieht sich Roman Czaja sowohl auf das Leben als auch auf das wissenschaftliche Werk Nowaks. Weitere Themen sind ein unbekanntes Dokument Władysław Jagiełłos zur Verpfändung der Neumark 1402, der Absagebrief Ulrichs von Jungingen vom 6. August 1409 und Protokolle der Verhandlungen zwischen Polen und dem Deutschen Orden in Grabau und bei Raciążek 1414 sowie das Breslauer Urteil Sigismunds von Luxemburg im Prozess zwischen Polen und dem Deutschen Orden von 1420. Darüber hinaus sind unbekannte Quellen zur Geschichte der handschriftlichen Bücher im Deutschen Orden in Preußen aus der ersten Hälfte des 15. Jahrhunderts abgedruckt. Die Frage der „Altersversorgung“ im Deutschen Orden in der ersten Hälfte des 15. Jahrhunderts und die von den Hochmeistern des Deutschen Ordens in den Jahren 1421/22 erteilten Genehmigungen für die Getreideausfuhr aus Preußen bilden weitere thematische Aspekte. Abschließend werden eine Studie über das Alltagsleben im Deutschen Orden, die das Rechnungsverzeichnis der Komturei Christburg von 1429 berücksichtigt, und ein Beitrag zur Erforschung der Raumordnung im mittelalterlichen Kulm/Chełmno publiziert.

Piotr Zariczny

Asja Pekurovskaja: Germetičeskij mir Immanuila Kanta. Po tu storonu zrenija i slucha [Die hermetische Welt Immanuel Kants. Jenseits des Seh- und Hörvermögens]. Sankt-Peterburg: Aletejja 2010. 568 S., Abb. ISBN 978-5-91419-308-6.

Immanuel Kant gehört zu den Kultfiguren, von denen entweder vieles oder wenig bekannt ist. Die Entmystifizierung der „Paradoxien“ von Kant, die Untersuchung seines „Mythos“ erfolgt im Buch durch die Beschreibung der Besonderheiten seiner Persönlichkeit, der Persönlichkeit eines Wissenschaftlers, eines Mystikers, eines Freigeistes. Seine *Kritik der reinen Vernunft* wird im Kontext der Arbeiten von Gottfried Wilhelm Leibniz, Georg Wilhelm Friedrich Hegel, Arthur Schopenhauer, Martin Heidegger und Bertrand Russell gelesen und die *Kritik der praktischen Vernunft* ins Genre „Fiktion" umgeschrieben, indem, basierend auf dem Roman *Der Process* von Franz Kafka, als Protagonist Joseph K. Kafka und Kant gleichermaßen vorkommen. Das Buch hat einen Anhang, in dem man Texte von Kant in historischer Perspektive lesen kann.

Il'ja V. Šiškanov

Martynas Purvinas: Mažosios Lietuvos etnografiniai kaimai [Dörfer Kleinlitauens ethnographisch]. Trakai: Voruta 2011. 351 S., Abb., Kt., dt. u. engl. Zusammenfassung. ISBN 978-609-95018-4-0.

Der aus Kleinlitauen stammende Dr. Martynas Purvinas untersucht seit langem die Überreste des zerstörten Kleinlitauen, dessen architektonisches Erbe. Er veröffentlichte etwa 2.000 Artikel und einige Bücher über die alten Siedlungen dieses Landes und ihre spezifische Architektur. Die 39 in dem vorliegenden Buch beschriebenen Dörfer und Gehöfte werden als mögliche Stationen auf einer Touristenroute von der alten Landesgrenze im Osten bis zur Ostsee denjenigen empfohlen, die das Erbe Kleinlitauens und Ostpreußens näher kennenlernen möchten. Zum ersten Mal in Litauen sind hier die geschichtliche Entwicklung dieser Siedlungen und ihre Eigentümlichkeiten dargestellt. Die Siedlungen unterschieden sich voneinander durch die Wohn- und Lebensweise ihrer Bewohner. In den oft überschwemmten Tälern der großen Flüsse betrieben die „pievininkai" (Wiesenleute) Viehwirtschaft. An den Flüssen, am Kurischen Haff und an der Ostsee wurde mit Segelbooten Fischfang betrieben. Als man im 19. Jahrhundert mit der Trockenlegung der großen Sümpfe begann, siedelten sich dort die „pelkininkai" (Sumpfleute) an, die Kartoffeln und Gemüse anbauten. An wieder anderen Orten widmete man sich dem Ackerbau. Lange Zeit standen in Kleinlitauen überwiegend mit Schilfrohr oder Stroh gedeckte Häuser aus Holz, geschmückt mit hölzernem Schnitzwerk. Das Buch ist reich illustriert durch ältere und aktuelle Fotografien.

Edita Venčkauskaitė

Andrzej Radzimiński: Kościół i duchowieństwo w średniowieczu. Polska i państwo zakonu krzyżackiego w Prusach [Kirche und Geistlichkeit im Mittelalter. Polen und der Deutschordensstaat in Preußen]. Toruń: Wydawnictwo Naukowe Uniwersytetu Mikołaja Kopernika 2012. 388, [10] S., Abb. ISBN 978-83-231-2807-6.

Dieser Versuch einer breiten Gesamtdarstellung der mittelalterlichen Kirchengeschichte Polens und Preußens stützt sich nicht nur auf frühere Studien des Verfassers über die Eliten und Organisationsstrukturen des Klerus, sondern auch auf gute Kenntnisse der allgemeinen Geschichte der altpreußischen Gesellschaft. Das Werk bildet eine einheitliche Ganzheit, die die in den früheren Abhandlungen angesprochene Thematik aufgreift und ergänzt. Die zugrundeliegenden Artikel sind in verschiedenen Zeitschriften, Sammelbänden und Festschriften im In- und Ausland erschienen, meistens auf Deutsch oder Englisch. Die in diesen Sprachen publizierten Texte wurden in einer repräsentativen Auswahl zuerst 2011 auf Deutsch veröffentlicht (siehe *Jahrbuch des Bundesinstituts* 20, 2012, S. 603). Jetzt folgt eine polnische Fassung; dazu wurden alle Texte übersetzt, um ihre polenweite Rezeption zu erleichtern und die Kohärenz des Bandes zu gewährleisten. Lange wurde die Forschungsdisziplin Kirchengeschichte überwiegend als Geschichte der Organisationsstrukturen der Institution Kirche betrieben, doch schon vor knapp dreißig Jahren rief Jerzy Kłoczowski dazu auf, ausführliche prosopographische Untersuchungen aufzunehmen, das heißt mit der historischen Forschung nicht nur an die Strukturen, sondern auch an die Menschen in der Kirche zu gelangen. Dieser Aufruf fand Widerhall in den Arbeiten von Andrzej Radzimiński. Dessen Verdienst war es, dass er Studien über die Geistlichen der Domkapitel, also über Kapitel- und Kollegiatstiftskanoniker, und über Vikare vorlegte, wobei er sich auf Vorbilder in der deutschen Historiographie bezog und diese um neuere Trends ergänzte, um ein „Sammelporträt" der untersuchten Geistlichenkreise zu skizzieren. Als Summa dieser Forschungsrichtung gilt sein Werk über den Klerus der Domkapitel in Polen. Kirche bedeutet aber nicht nur Hierarchie, sondern auch Gottes Volk. Diese ekklesiologische Sichtweise wird zurzeit in der Historiographie heimisch und gewinnt an Popularität, obgleich die Forschungsmöglichkeiten beschränkt sind, da sich die uns zugänglichen Quellen immer auf elitäre Kreise konzentrierten. Es ist einfacher, das Leben der Bischöfe, der Kanoniker oder der Pfarrer zu erforschen, als etwas über die am kirchlichen Leben teilnehmende Masse der weltlichen Gläubigen zu erfahren. Andrzej Radzimiński ist jedoch bemüht, auch diesem Aspekt der Kirchengeschichte Rechnung zu tragen. Trotz seiner eher populärwissenschaftlichen Form ist das Buch für die Wissenschaft von großer Bedeutung.

Piotr Zariczny

Die Ritterorden in Umbruch- und Krisenzeiten. The Military Orders in Times of Change and Crisis. Yearbook for the Study of the Military Orders. Toruń: Wydawnictwo Naukowe Uniwersytetu Mikołaja Kopernika 2011 (Ordines Militares 16). 342 S. ISSN 0867-2008.

Das Jahrbuch über die Geschichte der Ritterorden in Europa enthält 13 Beiträge in deutscher, drei in englischer Sprache. Von den behandelten Themen seien hier genannt: die Übersiedlung Siegfrieds von Feuchtwangen in die Marienburg, die Eroberung Pommerellens durch den Deutschen Orden, die Schlachten und die Gefallenen in der geistigen Tradition des Deutschen Ordens sowie die Krisenzeit des Ordensstaates in Preußen zu Beginn des 15. Jahrhunderts mit dem Ende des Hochmeisteramtes, Bauernunruhen und Reformation. Mehrere Buchbesprechungen runden den Band ab, der auch über ein weiterführendes Quellen- und Literaturverzeichnis verfügt.

Piotr Zariczny

Katarzyna Rozmarynowska: Ogrody odchodzące ...? Z dziejów gdańskiej zieleni publicznej 1708–1945 [Erlöschende Gärten ...? Zur Geschichte der Danziger öffentlichen Grünanlagen 1708 – 1945]. Gdańsk: Wydawnictwo słowo/obraz terytoria 2011. 372 S., farb. u. s.-w. Abb., dt. u. engl. Zusammenfassung. ISBN 978-83-7453-032-3.

In dem aufwendig gestalteten und mit Sorgfalt illustrierten Band wird die Geschichte der städtischen und der privaten, jedoch der Öffentlichkeit dienenden Grünanlagen in Danzig/Gdańsk dargestellt. Der zeitliche Rahmen umfasst die zweieinhalb Jahrhunderte vor 1945. Die Autorin zieht historische Dokumente, Berichte, Bilder und Karten heran, verweist aber auch auf den heutigen Zustand der alten Parkanlagen. Um den historischen Kontext zu beleuchten, vergleicht sie die Situation in Danzig und in anderen Städten, die einen ähnlichen politisch-rechtlichen Status besaßen. Die Publikation hat im ersten Teil auch theoretischen Charakter und führt in die Methoden und den Gegenstand der Untersuchung ein; der zweite Teil ist ausschließlich den Danziger Grünanlagen gewidmet. Hier werden Gesellschaften (Verschönerungsverein zu Danzig, Verein zur Verschönerung und Förderung Langfuhrs, Gartenbau-Verein), städtische Gärtner (Karl Tapp u. a.) und bestehende oder nicht mehr existente Anlagen Gegenstand der Ausführungen. Der Band ist mit einem umfassenden Literaturverzeichnis, einem Verzeichnis der deutschen und der polnischen Namen der Stadtviertel, Straßen und Plätze sowie einem Sach- und einem Personenregister versehen. Beigefügt ist auch ein Stadtplan von Danzig aus dem Jahre 1940, auf dem 37 Grünanlagen verzeichnet sind.

Mirosław Ossowski

Waldemar Rozynkowski: Studia nad liturgią w zakonie krzyżackim w Prusach [Studien zur Liturgie im Deutschordensstaat in Preußen]. Toruń: Wydawnictwo Naukowe Uniwersytetu Mikołaja Kopernika 2013. 400 S., dt. Zusammenfassung. ISBN 978-83-231-2990-5.

Die Erforschung der Geschichte des Deutschen Ordens und des Deutschordensstaates in Preußen im Mittelalter haben eine mehr als 150-jährige Tradition. In den frühen Studien waren die Wissenschaftler fast ausschließlich an der politischen Geschichte interessiert: angefangen mit den Kreuzzügen gegen die heidnischen Prußen über die innenpolitische Entwicklung und die nachbarschaftlichen Beziehungen bis zum Ende des Deutschordensstaates im Jahre 1525. Doch im Laufe der Zeit erreichten die Studien zu diesem Thema eine immer größere Spezifizierung. Die Wissenschaftler konzentrierten sich auf die Entwicklung der Kolonisierung und Besiedlung, auf interne Strukturen des Staates, auf Kunst und Kultur, auf Wirtschaft und letztlich Gesellschaft. Natürlich wurde auch die kirchliche Struktur der mittelalterlichen Geschichte Preußens unter der Herrschaft des Ordens angesprochen, aber stets nur am Rande. Es scheint, dass die Erforschung der Kirchengeschichte im Deutschordensstaat, abgesehen von den Kreuzzügen, der am meisten vernachlässigte Bereich der Geschichtsschreibung war. Erst seit einem Jahrzehnt wird dem Thema von polnischen und deutschen Wissenschaftlern mehr Aufmerksamkeit gewidmet. Dieser Forschungsrichtung ist auch die vorliegende Studie verpflichtet.

Piotr Zariczny

Aleksej Nikolaevič Salikov: Recepcija idej Kanta v učenii o sposobnosti suždenija Channy Arendt [Die Rezeption von Kants Ideen in der Lehre von der Urteilskraft von Hannah Arendt]. Diss. (phil.) Kaliningrad: Rossijskij gosudarstvennyj universitet im. Immanuila Kanta 2008. 168 S.

Hannah Arendt (1906–1975) zählt zu den großen Persönlichkeiten und den Klassikerinnen des westlichen philosophischen und politischen Denkens des 20. Jahrhunderts. Einer ihrer wichtigsten Beiträge zur politischen Philosophie liegt in dem Versuch, die Gründe der katastrophalen Ereignisse des vergangenen Jahrhunderts zu verstehen, die eine ernsthafte Bedrohung für die Existenz nicht nur einzelner Nationen, sondern der ganzen Menschheit waren. Die politische Philosophie und Theorie von Hannah Arendt sind vornehmlich Gegenstand der Analyse und Kritik in den Vereinigten Staaten und anderen westlichen Ländern. In der Arbeit des russischen Wissenschaftlers Salikov werden die grundlegenden Konzepte der Theorie des Urteils von Hannah Arendt und ihre Übereinstimung mit den Elementen der Kantischen Lehre von der Urteilskraft behandelt. Des Weiteren geht es einerseits um historische und philosophische Ursprünge der Theorie des Urteils sowie andererseits um Probleme und Perspektiven der modernen Rezeption von Hannah Arendts Lehre.

Il'ja V. Šiškanov

Natal'ja Sergeevna Solov'ëva: Filosofija kak metafizika. I. Kant i badenskaja škola neokantianstva [Philosophie als Metaphysik. I. Kant und die Badische Schule des Neukantianismus]. Diss. (phil.) Nižnevartovsk: Ural'skij gosudarstvennyj universitet im. A. M. Gor'kogo 2010. 178 S.

In der Neuzeit wurde die Transzendentalphilosophie zum dominierenden Paradigma der westlichen Philosophie; sie übt bis auf den heutigen Tag einen maßgeblichen Einfluss auf die Kulturphilosophie und die Geschichte der Wissenschaft aus. Dies gilt sowohl für die Ideen Immanuel Kants als auch für die theoretische und praktische Philosophie der prominenten Denker der Badischen (Südwestdeutschen) Schule des Neukantianismus, vor allem Wilhelm Windelband (1848–1915), Heinrich Rickert (1863–1936) und Emil Lask (1875–1915). Die Arbeit gibt einen Überblick über die westeuropäische Metaphysik von der Antike bis zu der kritischen Philosophie Kants; sodann werden die Axiologie von Windelband, die transzendentale Philosophie im Rahmen der Autonomie des historischen Wissens von Rickert und die Theorie des Wissens und der Logik von Lask untersucht.

Il'ja V. Šiškanov

V[jačeslav] S[emënivič] Stëpin, N[elli] V[asil'evna] Motrošilova u. a. (Hg.): Immanuil Kant. Nasledie i proekt (Antologija) [Immanuel Kant. Erbe und Projekt (Anthologie)]. Moskva: „Kanon+" ROOI „Reabilitacija" 2007. 624 S., Abb. ISBN 978-5-88373-192-0.

Das Buch enthält die Beiträge führender Gelehrter aus Russland, Deutschland, den Vereinigten Staaten und anderen Ländern zum Internationalen Kant-Kongress in Moskau vom 24. bis 28. Mai 2004. Die Lehre Kants ist ein lebendiger Teil des zeitgenössischen philosophischen Diskurses. Deswegen bringt die Anthologie die Ideen und Konzepte von Kant zusammen mit den Problemen des Weltfriedens, der Bündnissysteme, der Philosophie des Rechtes und des Staates im Allgemeinen (u. a. Begriffe der Menschenrechte und Grundfreiheiten), der Moralphilosophie und der Vermittlung von menschlichen Werten. Die anhaltende Bedeutung von Kants Werken für die Entwicklung der Erkenntnistheorie und für die moderne Philosophie als Wissenschaft verschafft dem Königsberger Philosophen nach wie vor viel Aufmerksamkeit in Russland, wo seine Ideen von Anfang an stark wahrgenommen und kritisch rezipiert worden sind.

Il'ja V. Šiškanov

Ija Borisovna Suslova: Pedagogičeskaja antropologija Immanuila Kanta – sovremennye proekcii [Die pädagogische Anthropologie von Immanuel Kant – moderne Projektionen]. Diss. (päd. habil.) Soči: Institut obrasovatel'nyh technologij 2012. 373 S.

Die moderne Bildung erlebt heutzutage qualitative Veränderungen im Zusammenhang mit der Suche nach Möglichkeiten einer weiteren Humanisierung des Bildungssystems. Der Humanismus als grundlegendes Prinzip der Bildung und Erziehung findet allgemeine Anerkennung. Die Realisierung dieses Prinzips konfrontiert den Bildungspraktiker jedoch mit erheblichen Schwierigkeiten. Dazu gehören das Fehlen einer expliziten theoretischen und konzeptionellen Bildungspolitik, der bürokratische Formalismus im Bildungssystem, die Verformung des Bildungsraumes in der modernen Schule, das administrative Kommandosystem der Leitung, die Dehumanisierung der zwischenmenschlichen Beziehungen usw. Eine Aktualisierung und neue Interpretation der humanistischen Theorien wie der ethischen, philosophischen und pädagogischen Konzepte des großen Denkers Immanuel Kant kann zur Humanisierung der (Aus-)Bildung wesentlich beitragen und wird heute zu einem Schwerpunkt der Forschungsarbeit.

Il'ja V. Šiškanov

Józef Tarnowski, Roman Nieczyporowski (Hg.): Tradycjonalizm i neotradycjonalizm w sztuce XIX i XX wieku na Pomorzu [Traditionalismus und Neotraditionalismus in der Kunst des 19. und 20. Jahrhunderts in der Region Pomorze]. Gdańsk: Oddział Gdański Stowarzyszenia Historyków Sztuki 2012. 220, [22] S., s.-w. u. 42 farb. Abb. ISBN 978-88341-64-4.

Der Band entstand infolge einer öffentlichen Diskussion über die Bebauung des Kohlenmarktes in Danzig/Gdańsk und ist ein Beitrag zur Debatte über die Rolle der Tradition in der Kunst und Architektur. Von den zehn Beiträgen behandeln die meisten lokale Aspekte. Ein wenig bekanntes Thema greift Krystyna Jackowska auf, indem sie die Darstellungen Danzigs und seiner Umgebung in den Aquarellzeichnungen von August Lobegott Randt (1793–1859) untersucht. Die Autorin stellt eingehend die Biographie Randts dar und geht dabei auf seinen Lehrer, den Künstler Johann Adam Breysig, ein. Jacek Bielak erläutert ausführlich die Geschichte und die Funktion des 1834–1837 für das Akademische Gymnasium in Danzig erbauten neuen Gebäudes. Roman Nieczyporowski widmet seinen Beitrag der Entstehung der Technischen Hochschule in Danzig und insbesondere deren Erbauer und Professor Albert Carsten. Artur Dobry demonstriert den „Hochmeisterstil" in der Eisenbahnarchitektur am Beispiel der Bahnhöfe an der in den 1880er Jahren erbauten Eisenbahnlinie zwischen Marienburg/Malbork und Thorn/Toruń. Im Beitrag von Beata Zgodzińska werden die traditionellen und neuen Elemente der Architektur in Stolp/Słupsk um die Wende vom 19. zum 20. Jahrhundert analysiert und mit Bildern veranschaulicht. Barbara Pospieszalska stellt Überlegungen über Traditionalismus, Neotraditionalismus oder Anachronismus der Majolika-Werkstätte Cadinen/Kadyny an. Barbara Tuchołka-Włodarska erörtert den Traditionalismus in der Danziger Goldschmiedekunst um 1900. Im Anhang des Buches finden sich farbige Abbildungen, die die einzelnen Beiträge illustrieren.

Mirosław Ossowski

Aleksej Ivanovič Trocak: Istoriko-filosofskoe issledovanie osnovanij ėtiki v sistemach I. Kanta i A. Šopengauėra [Eine historische und philosophische Studie über die Grundlagen der Ethik in den Systemen von I. Kant und A. Schopenhauer]. Diss. (phil.) Kaliningrad: Rossijskij gosudarstvennyj universitet im. Immanuila Kanta 2009. 145 S.

Die philosophischen Systeme von Immanuel Kant und Arthur Schopenhauer sind oft genug untersucht worden, und trotzdem fehlte in Russland eine vergleichende Forschungsarbeit, die die Ethik und ihre Grundlegung als Kern der philosophischen Systeme Kants und Schopenhauers vollständig analysiert und vergleichend betrachtet. In der vorliegenden wissenschaftlichen Arbeit befasst sich der Autor mit den historischen und philosophischen Grundlagen der Moralphilosophie Kants und derjenigen Schopenhauers, einer Analyse des kategorischen Imperativs, den Folgen der ethischen Systeme beider Denker, dem Problem des freien Willens, Fragen der Kontinuität der Geschichte der Philosophie sowie theoretischen und praktischen Implikationen der Systeme von Kant und Schopenhauer.

Il'ja V. Šiškanov

V[adim] V[aller'evič] Vasil'ev (Hg., Übers.): 100 ėtjudov o Kante [100 Kant-Studien]. Moskva: Librokom 2011. 192 S., Abb. ISBN 978-5-397-01706-0.

Das Buch stellt eine komprimierte Zusammenfassung der Äußerungen von führenden Philosophen und Philosophiehistorikern dar, die im Rahmen internationaler Interviews zur Kant-Forschung in den Jahren 2004 und 2005 von der Staatlichen Universität Moskau zur Rolle des großen deutschen Denkers und Begründers der deutschen klassischen Philosophie Immanuel Kant durchgeführt wurden. Die Zusammenstellung der verschiedenen Einschätzungen und Bewertungen seines Werkes ermöglicht es den russischen Leserinnen und Lesern, ein besseres Verständnis für die Tiefe der Kantischen Philosophie und ein umfangreicheres Bild von der herausragenden Persönlichkeit des Königsbergers zu gewinnen. Die drei wichtigsten angesprochenen Themen waren die auch im 21. Jahrhundert noch anhaltende Bedeutung der Ideen Kants, Kants Fehler und die Fortschritte im Verständnis von Kants Philosophie.

Il'ja V. Šiškanov

4. Pommern, Neumark

Jolanta Aniszewska: Między Iną a Krąpielą – miasteczka i wsie na dawnych pocztówkach. Ze zbiorów Muzeum w Stargardzie [Zwischen Ihna und Krampe – Kleinstädte und Dörfer auf alten Postkarten. Aus der Sammlung des Museums zu Stargard]. Stargard: Muzeum w Stargardzie, Stowarzyszenie „WIR" – Wiejska Inicjatywa Rozwoju 2012. 62 S., s.-w. u. farb. Abb. ISBN 978-83-61456-72-8.

Die Vizedirektorin des Museums in Stargard (Muzeum w Stargardzie Szczecińskim) hat einen Teil der Ansichtskartensammlung des Museums über die Stadt an der Ihna (Ina) und ihre Umgebung als Album veröffentlicht. Hauptkriterium für die Auswahl war die Darstellung von Mitgliedsgemeinden der ländlichen Entwicklungsinitiative WIR (Wiejska Inicjatywa Rozwoju), die die Herausgabe des Albums unterstützten: Marienfließ/Marianowo, Alt Damerow/Stara Dąbrowa, Stargard/Stargard Szczeciński, Kublank/Kobylanka, Freienwalde/Chociwel und Zachan/Suchań. Die Autorin erläutert den historischen und dokumentarischen Wert der Karten, informiert über deren Entstehungsgeschichte und die Motivwahl. Im Bildteil ist jede Reproduktion einer Ansichtskarte mit Angaben zu dem polnischen und deutschen Ortsnamen, dem Herausgeber, dem Erscheinungsdatum und der Technik versehen. Man erfährt auch, wann, wo und von wem die Postkarte verschickt wurde, wo sie ankam und was sie darstellt. Die Publikation ermöglicht Einblicke in das Alltagsleben der Einwohner von Stargard und Umgebung.

Ewa Gwiazdowska

Monika Baczyńska-Padjasek, Sylwia Cieśla, Kinga Koeller (Hg.): Powiat gryfiński. Wędrówka śladami pokoleń [Der Kreis Greifenhagen. Eine Wanderung auf den Spuren der Generationen]. Gryfino: Grapus/Starostwo Powiatowe w Gryfinie 2012. 140 S., farb. u. s.-w. Abb. ISBN 978-83-61096-09-2.

Das deutsch-polnische Album stellt den Kreis Greifenhagen mit Hilfe alter Ansichtskarten und Archivfotos vor, denen zeitgenössische Fotos derselben Örtlichkeiten oder Gebäude gegenübergestellt werden. Die Einführung schrieb Landrat (Starosta) Wojciech Konarski. Der

Band präsentiert die verschiedenen Gemeinden jeweils mit deutschem und polnischem Namen, Wappen und Lageplan: Bahn/Banie, Zehden/Cedynia, Königsberg in der Neumark/ Chojna, Greifenhagen/Gryfino, Bärwalde in der Neumark/Mieszkowice, Mohrin/Moryń, Neumark/Stare Czarnowo, Bad Schönfließ/Trzcińsko-Zdrój und Fiddichow/Widuchowa. Panoramaansichten werden ebenso gezeigt wie sehenswerte Gebäude – historische Kirchen und Kapellen, Rathäuser, mittelalterliche Tore und Stadtmauern –, außerdem Schulen, Wohnhäuser und Industrieanlagen, Bahnhöfe, Hotels und Gasthöfe, Parks, Schwimmbäder, Aussichtstürme, Denkmäler, Dorfstraßen, Landgüter und landschaftliche Besonderheiten.

Ewa Gwiazdowska

Jaromir Brejdak, Dariusz Kacprzak, Beata Małgorzata Wolska (Hg.): Adlojada. Szczecińskie pasaże [Adlojada. Stettiner Passage]. Szczecin: Muzeum Narodowe w Szczecinie 2012. 250 S., s.-w. u. farb. Abb., engl. Zusammenfassungen. ISBN 978-83-63365-08-0.

Der Band ist Ergebnis der ersten „Adlojada", die als regelmäßige Kulturveranstaltung geplant ist und sich der jüdischen Kultur in Stettin und in Pommern widmet. Sie wurde 2012 von Aleksandra Giedrys-Jurszo, einer Mitarbeiterin des Nationalmuseums Stettin (Muzeum Narodowe w Szczecinie), initiiert und vom Museum gemeinsam mit der Universität Stettin (Uniwersytet Szczeciński) und dem Restauraunt „Secesja" organisiert. Der einführende Essay der Herausgeber des Bandes erklärt das Wort „Adlojada", das für bunte, lustige Straßenumzüge am jüdischen Purimfest steht, und stellt den Inhalt der Publikation vor. Die Texte von 15 Teilnehmern einer wissenschaftlichen Tagung werden unter den Überschriften „Geschichte", „Kunst" und „Literatur" präsentiert. Jerzy Grzelak berichtet über den Prozess der Naturalisierung der Juden in Pommern im Spiegel der Akten des Staatsarchivs Stettin. Bogdana Kozińska zeichnet die Geschichte der Stettiner Diaspora in der ersten Hälfte des 20. Jahrhunderts im Licht zweier Publikationen aus dem Jahr 1935 nach. Włodzimierz Stępiński schreibt über Juden in historischen Arbeiten des 19. und 20. Jahrhunderts. Anna Bartczak befasst sich mit dem Stettiner jüdischen Schulwesen in den Jahren 1946–1969. Janusz Mieczkowski präsentiert und kommentiert fotografisches Material zur jüdischen Gemeinschaft als Dokumente der Veränderung dieser Gemeinschaft. Ewa Gwiazdowska stellt Werke jüdischer Künstler des 19. und 20. Jahrhunderts vor, die sich in den Sammlungen des Nationalmuseums in Stettin befinden. Dariusz Kacprzak beschäftigt sich mit Kunstsammlern aus Lodz/Łódź wie der Familie Silberstein. Piotr Krupiński sucht Stettiner Spuren im Werk Alfred Döblins. Vier Autoren untersuchen verschiedene Themen und Aspekte des Werkes von Anna Frajlich. Jeder Artikel ist illustriert. Der Band enthält ein Personenverzeichnis.

Ewa Gwiazdowska

Maciej Burdzy: Pałace, zamki i dwory Ziemi Zachodniopomorskiej. Powiat Policki [Paläste, Schlösser und Herrenhäuser des pommerschen Landes. Kreis Pölitz/Police]. Szczecin: Soft Vision Mariusz Rajski 2012. 52 S., farb. Abb. ISBN 978-83-61070-40-5.

Der Autor, von Beruf Journalist und Ofensetzer, Historiker des Ofenbaus aus Leidenschaft, wandert auf der Suche nach alten Öfen durch Pommern und besucht erhaltene Rittersitze und Gutshöfe. Die Ergebnisse seiner Wanderungen im Kreis Pölitz (Powiat Policki), der sich nördlich von Stettin erstreckt, präsentiert er in Form eines illustrierten Reiseführers durch 15 Ortschaften. In alphabetischer Reihenfolge werden vorgestellt: Böck/Buk, Jasenitz/Jasienica, Schöningen/Kamieniec, Albrechtsdorf/Karszno, Hohenleese/Leśno Górne, Schadeleben/Ostoja, Prilipp/Przylep, Klein Reinkendorf/Rajkowo, Sparrenfelde/Skarbimierzyce, Charlottenhof/Sierakowo, Stolzenburg/Stolec, Falkenwalde/Tanowo, Warningshof/Warnik, Sonnenwald/Zalesie. Der Autor weist auf interessante Denkmäler der Vergangenheit hin, die oft nicht wahrgenommen, ja geringgeschätzt werden, und bringt sie und ihre Geschichte den Lesern durch Text und Fotos nahe. Ein deutsch-polnisches Ortsverzeichnis, eine Auswahlbibliographie und ein Verzeichnis der Fachausdrücke findet man ebenfalls. Der Band ist ein Pendant zu deutschen Publikationen wie *Schlösser und Herrenhäuser in Hinterpommern* von Hubertus Neuschäffer (1994).

Ewa Gwiazdowska

Agnieszka Chlebowska: „Stare panny", wdowy i rozwiedzione. Samotne szlachcianki w Prusach w latach 1815–1914 na przykładzie prowincji Pomorze [„Alte Fräuleins", Witwen und Geschiedene. Alleinstehende adlige Frauen in Preußen in den Jahren 1815–1914 am Beispiel der Provinz Pommern]. Szczecin: Uniwersytet Szczeciński 2012. 405 S., Abb., dt. Zusammenfassung. ISBN 978-83-7241-884-5.

Diese Habilitationsschrift ist ein seltenes Beispiel in der polnischen Historiographie für das Aufgreifen eines so speziellen Themas wie die gesellschaftlichen Lebensbedingungen von Frauen. Vertiefte Forschungen zur Situation alleinstehender Frauen des Adelsstandes im 19. und 20. Jahrhundert liegen bisher nicht vor. Die Arbeit soll diese Lücke schließen. Im ersten von vier Teilen werden adlige Frauen aus der Provinz Pommern, ihr Status, ihre Rolle in Familie und Gesellschaft, ihre rechtliche Position und damals vorherrschende Erziehungs- und Bildungsmuster von der Zeit des Wiener Kongresses bis zum Ersten Weltkrieg vorgestellt. Dabei wird der historische Hintergrund der Veränderungen und Modernisierungstendenzen mit berücksichtigt. Das zweite Kapitel stellt eine Analyse der demographisch-gesellschaftlichen Prozesse dar, die bewirkten, dass das Alleinleben im 19. Jahrhundert zu einer häufigen Erscheinung wurde. Auch der Einfluss von Stereotypen, die über die Wahrnehmung der einzelnen Kategorien alleinstehender Frauen (Unverheiratete, Witwen, Geschiedene) entschieden, wird in diesem Kapitel erörtert. Das dritte Kapitel befasst sich mit der Politik der Fürsorge des preußischen Staates für alleinstehende Frauen, was im europäischen Vergleich damals eine Besonderheit darstellte, da königliche Fürsorgestiftungen und Unterstützungskassen für Beamten- und Offizierswitwen geschaffen wurden. Im vierten Kapitel werden Formen der Hilfe für adlige Alleinstehende (Unverheiratete und Witwen) von Organisationen des Adels, Adelsfamilien und privaten Stiftungen beschrieben. Der Anhang enthält sechs Quellenauszüge, darunter Beispiele für die Besetzung von Pfründen in den vier königlich-preußischen Stiftungen in Pommern und in der privaten Stiftung in Runow/Runowo bei Stolp/Słupsk 1839 sowie ein Fragment des Statuts der Stiftung für Unverheiratete in Marienfließ/Marianowo von 1829.

Maciej Szukała

Andrzej Chludziński (Hg.): Pomorzanie znani i nieznani ... [Bekannte und unbekannte Pommern]. 1. Pruszcz Gdański: Wydawnictwo Jasne 2011. 128 S., s.-w. Abb. ISBN 978-83-61508-31-1.

Die Publikation besteht aus fünf Aufsätzen, die deutschen und polnischen Persönlichkeiten aus Pommern und Pommerellen gewidmet sind. Sie informieren über ihren Lebensweg und ihre Leistungen und verweisen auch auf ihre Verbindungen mit der Region. Unter den im Buch abgebildeten Dokumenten finden sich deshalb auch Bilder der lokalen Gedenkstätten.

Im ersten Beitrag schildert Edda Gutsche die Biographie der in Stettin/Szczecin geborenen Sophie Auguste Friederike von Anhalt-Zerbst, der späteren Zarin Katharina II., wobei sie auch auf die Gedenkstätten in Stettin und in Deutschland eingeht. Hieronim Kroczyński macht uns mit dem aus Bodenhagen/Bagicz bei Kolberg/Kołobrzeg stammenden Pastor Johann Gottlieb Wilhelm Maaß bekannt, der auch Autor einiger Bücher, darunter *Die Belagerung Colberg's im Jahre 1807*, war. Zachariasz Frączek erläutert den Beitrag von Paul Nipkow zur Entwicklung der Kommunikationstechnik, bevor er den aus Lauenburg/Lębork gebürtigen Pionier des Fernsehens mit biographischen Angaben vorstellt. Im Vordergrund stehen die technischen Leistungen des Erfinders, der Autor schildert aber auch die Geschichte der Familie Nipkow und erwägt die Möglichkeit slawischer Wurzeln. Edda Gutsche porträtiert ausführlich den in Schivelbein/Świdwin geborenen Mediziner Rudolf Virchow. Ein Beitrag von Krzysztof Kowalkowski ist dem aus dem Kreis Karthaus/Kartuzy stammenden Pfarrer Antoni Ignacy Marcin Kowalkowski, Autor religiöser Gedichte, gewidmet.

Mirosław Ossowski

Grzegorz Ciechanowski, Jakub Ciechanowski, Marek J. Murawski: Kurs bojowy Stettin. Bombardowania Szczecina i Polic w okresie 1940–1945 [Kampfkurs Stettin. Die Bombardierungen von Stettin und Pölitz im Zeitraum 1940–1945]. 2., erw. Aufl. Toruń: Wydawnictwo Adam Marszałek 2013. 266 S., s.-w. Abb. ISBN 978-83-7780-577-0.

Es handelt sich um eine erweiterte Ausgabe des 2009 erschienenen Buches (siehe *Jahrbuch des Bundesinstituts* 19, 2011, S. 369). Die Publikation setzt sich aus einer Einleitung und drei Kapiteln zusammen. Zunächst wird die wirtschaftliche Spezifik des im Oktober 1939 proklamierten „Groß Stettin“ dargestellt, unter Berücksichtigung der nahe gelegenen Heeresversuchsanstalt in Peenemünde und der Hydrierwerke Pölitz. Im ersten Kapitel werden die Jahre 1940/41 behandelt, die wirtschaftliche Situation der Stadt in den ersten Kriegsmonaten und die Bombardierung des Hafens und der Werften. Im Weiteren wird auf die Wende von 1942/43, die RAF-Offensive und Angriffe der sowjetischen Luftwaffe, eingegangen. Der letzte Teil reflektiert die USAAF- und RAF-Angriffe auf Stettin und Pölitz von 1944/45. Der Band ist reich illustriert (Abbildungen der Flugzeugtypen, Fotos der zerstörten Objekte), enthält eine umfangreiche Bibliographie mit deutschen und polnischen Publikationen und bietet im Anhang ein Kalendarium der Angriffe, eine Liste der Divisionen und der Luftrouten der RAF, die Meldungen der Flugzeugbesatzungen und eine Karte der Kampfflüge von 1944.

Ewelina Kamińska

Mariusz Filip: Od Kaszubów do Niemców. Tożsamość Słowińców z perspektywy antropologii historii [Von den Kaschuben zu den Deutschen. Die Identität der Slowinzen aus geschichtlich-anthropologischer Perspektive]. Poznań: Wydawnictwo Nauka i Innowacje 2013 (Poznańskie Studia Etnologiczne [Posener ethnologische Studien] 13). 238 S., Abb. ISBN 978-83-63795-09-2.

Diese Abhandlung betrifft Fragen der kulturellen Besonderheiten und der Identität. Sie argumentiert gegen den herkömmlichen Ansatz, die kulturellen Unterschiede durch das Prisma der Ethnizität und der klassischen Theorie von Kulturwandel und Assimilierungsprozessen zu betrachten. Der Verfasser konzentriert sich vor allem auf den gesellschaftlichen Prozess der Entstehung, des Wandels und der Dauer der kulturellen Unterschiede. Den Ausgangspunkt bildet die Überlegung, ob die Slowinzen eine eigenständige ethnische Gruppe bilden oder ob ihre Identität fiktiv ist und sie eigentlich zu den Kaschuben gehören. Filip beweist, dass sowohl die Kaschuben als auch die Slowinzen nur ein „Produkt" der Tribalisierungsprozesse sind und ihre Identität auf ihr „Anderssein" zurückgeht. Der Germanisierungsprozess, der als Zivilisationsprozess zu verstehen ist, brachte diesen ethnischen Gruppen nur sprachliche Unterschiede und Änderungen ihres Bewusstseins von Identität, blieb jedoch ohne Einfluss auf die lokale soziale Organisation. Ein innovatives Buch, das auch den Versuch unternimmt, die deutschen Begriffe „Heimat" und „Vaterland" auf die Slowinzen und Kaschuben und deren Identitätssuche zu beziehen.

Maria Wojtczak

Bogdan Frankiewicz, Andrzej Łazowski: Police i okolice na starej fotografii. Pölitz und Umgebung in alten Aufnahmen. Police and the surroundings in old photographs. Police: Gmina Police, Urząd Miejski w Policach 2012. 312 S., s.-w. u. farb. Abb., engl. Übersetzung: Paweł Zimecki, dt. Übersetzung: Torsten Salzer. ISBN 978-83-927057-6-5.

Pölitz/Police nördlich von Stettin wurde im Mittelalter gegründet und ist für seine chemischen Betriebe bekannt, die bis 1945 synthetisches Benzin produzierten (Hydrierwerke Pölitz), seit den 1970er Jahren Kunstdünger. Der Ort nahe dem Stettiner Haff (Zalew Szczeciński) besitzt auch Architekturdenkmäler. Das vorliegende Buch ist bereits die dritte Publikation ihrer Art. Das illustrative Material wurde von dem verstorbenen Historiker und Archivar Bogdan Frankiewicz gesammelt und von dem Fotografen und Amateurhistoriker Andrzej Łazowski erweitert und grafisch bearbeitet. Es zeigt Gasthäuser, Bahnhöfe, den Hafen, das Freibad, Schulen und Kirchen, auch ein Luftbild der Stadt und nicht mehr bestehende Straßen und Alleen. Weitere Ortschaften, die man im Album findet, sind Jasenitz/Jasienica, ein Klosterdorf, in uns näheren Zeiten Residenz von Elisabeth von Braunschweig sowie letzter Wohnort des Stettiner Historikers, Lehrers und Dichters Ludwig Giesebrecht, und Messenthin/Mścięcino, Ausgangspunkt für Ausflüge in den Messenthiner Wald, dessen außergewöhnliche Schönheit vor hundert Jahren zur Gründung des Messenthiner Waldvereins führte. Auch Dörfer der Umgebung am Rande der Ueckermünder Heide (Puszcza Wkrzańska) wie Neuendorf/Przęsocin, Zedlitzfelde/Siedlice und Falkenwalde/Tanowo kann man kennenlernen, ebenso den Luft- und Badekurort Ziegenort/Trzebież. Ein Stadtplan von Pölitz mit deutschen und polnischen Straßennamen, eine Bibliographie und ein polnisch-deutsches Ortsnamenverzeichnis ergänzen den Band.

Ewa Gwiazdowska

Janusz Gawroński, Jan Sroka (Hg.): Historia i kultura Ziemi Miasteckiej i okolic [Geschichte und Kultur des Rummelsburger Landes und seiner Umgebung]. Miastko: Miejsko-Gminny Ośrodek Kultury w Miastku, Fundacja „Dziedzictwo" w Sławnie 2012. 223 S., 120 s.-w. Abb., Kt. ISBN 987-83-61603-44-3.

Der Band über das Rummelsburger Land (Ziemia Miastecka) mit sechs Artikeln aus verschiedenen geisteswissenschaftlichen Disziplinen ist das Ergebnis einer wissenschaftlichen Tagung. Er entstand dank der Zusammenarbeit der Organisatoren Janusz Gawroński und Jan Sroka aus Rummelsburg/Miastko bzw. Schlawe/Sławno und stellt eine Fortsetzung der Tagungsbände zur Kultur und Geschichte des Schlawer Landes (Ziemia Sławieńska, siehe *Jahrbuch des Bundesinstituts* 19, 2011, S. 378f.) dar, da Rummelsburg vor 1945 zum Kreis Schlawe gehörte. Die beiden Herausgeber betonen die Notwendigkeit, das aus ideologischen

Gründen vergessene historische und kulturelle Erbe Pommerns wieder bekannt zu machen. Der Archäologe Ignacy Skrzypek beschreibt die Entwicklung lokaler Gesellschaften in vorgeschichtlicher Zeit im Rummelsburger Land auf der Grundlage handwerklicher Erzeugnisse (Geschirr, Schmuck, Überreste von Burg- und Siedlungsanlagen, Gräber, Bootsreste). Die Kunsthistorikerin Ewa Gwiazdowska analysiert Darstellungen von Rummelsburg in der alten Karto- und Ikonographie, wobei sie sich wegen der wenigen vorhandenen Bildquellen aus vergangenen Jahrhunderten hauptsächlich auf Postkarten aus der ersten Hälfte des 20. Jahrhunderts und Dokumentarfotos von 1937 stützt, die im Fotografiearchiv des Nationalmuseums Stettin erhalten sind. Dieses Material erlaubt es, das Aussehen und die baulichen Veränderungen des alten Rummelsburg zu rekonstruieren. Der Sprachwissenschaftler Andrzej Chudziński, Fachmann für die Namenkunde Pommerns, untersucht die Ortsnamen in der Gemeinde Rummelsburg. Der Botaniker Zbigniew Sobisz beschäftigt sich mit Gefäßpflanzen auf den Landgütern. Der Historiker und Archivar Krzysztof Chochoł stellt die Ergebnisse einer Recherche von Akten zum Rummelsburger Land im Staatsarchiv Köslin (Archiwum Państwowe w Koszalinie), Abteilung Stolp/Słupsk, vor.

Ewa Gwiazdowska

Remigiusz Grochowiak: Stargard Szczeciński. Historia komunikacji miejskiej [Stargard. Geschichte des städtischen Transportwesens]. Poznań: BWH Kolpress 2011. 112 S., s.-w. u. farb. Abb. ISBN 978-83-920784-8-7.

Die Publikation erschien anlässlich des Jubiläums des Transportbetriebes der Stadt Stargard (Miejski Zakład Komunikacji, 1961–2011). Das erste Kapitel ist als Einführung in die Entwicklung des Stargarder Personennahverkehrs von 1846 (Bahn) über 1901 (Pferdefuhrwerke) und die 1920er Jahre (Taxiverbindungen) gedacht. Im zweiten Kapitel wird in Umrissen die Entwicklung des städtischen Transportwesens bis 1945 geschildert, so etwa das nicht realisierte Straßenbahnprojekt um 1911 und die Einführung von Busverbindungen 1927. Es finden sich auch Informationen über die damaligen Verbindungen von Stargard zu den umliegenden Ortschaften sowie über die Benutzung der Busse zur Evakuierung der Einwohner 1945. Beigefügt sind Abbildungen von alten Linienplänen, Bussen oder Fahrscheinen. Drei weitere Kapitel berichten über Veränderungen des öffentlichen Nahverkehrs in der polnisch gewordenen Stadt. Das sechste Kapitel enthält eine Chronik zum Thema von 1846 bis 2011.

Ewelina Kamińska

Wojciech Grodecki: Szczecińskie katastrofy. Wypadki, pożary i inne wydarzenia 1907–1940 [Stettiner Katastrophen. Unfälle, Brände und andere Ereignisse 1907–1940]. Szczecin: Wydawca Teresa Pawlak 2012. 96 S., s.-w. u. farb. Abb. ISBN 978-83-924361-5-7.

Das unter der Schirmherrschaft des Internetportals sedina.pl erschienene Heft setzt sich aus acht Kapiteln zusammen. Erwähnt werden folgende Ereignisse aus der Geschichte der Stadt und der Umgebung, die den heutigen Einwohnern im Großen und Ganzen unbekannt sind: das Eisenbahnunglück am Fluss Parnitz/Parnica 1907, die Sprengung der Chemischen Fabrik Altdamm 1909 (hier auch das Porträt des Chemikers Hermann Julius Grüneberg, 1827–1894), das Flugzeugunglück von Thaddäus Rabl im Rahmen der Stettiner Flugwoche 1910, die Überschwemmung vom Dezember 1913, die mit der Straßennetzmodernisierung verbundenen Pläne zum Abbau des sogenannten Felderhoffbrunnens am Berliner Tor 1932 sowie mehrere schwere Brände in den Jahren 1914 und 1940. Das Heft ist aufwendig illustriert, unter anderem mit alten Postkarten und privaten Aufnahmen. Abgedruckt sind Artikel aus den *Stettiner Neuesten Nachrichten* und der *Stettiner Abendpost*. In der Bibliographie findet man Hinweise auf deutsche und polnische Publikationen.

Ewelina Kamińska

Edda Gutsche: Malarze, miejscowości i widoki Pomorza Zachodniego w pierwszej połowie XX w. Maler, Orte und Landschaften in Hinterpommern in der ersten Hälfte des 20. Jahrhunderts. Część [Tl.] 2. Pruszcz Gdański: Wydawnictwo Jasne 2012. 200 S., s.-w. u. farb. Abb., dt. Übersetzung: Monika Dąbrowska-Piesik. ISBN 978-83-61508-45-8.

Der – wiederum zweisprachige – zweite Teil der Publikation, die regelmäßig erscheinen und Leben und Werk deutscher Künstler vorstellen soll, welche in Pommern vor dem Zweiten Weltkrieg tätig waren (siehe *Jahrbuch des Bundesinstituts* 19, 2011, S. 370f.), präsentiert folgende Maler und Grafiker: Heiner Bloss (?–?), Gottfried Brockmann (1903–1983), Willi Grube (1890–1966), Martin Gscheidl (1857–1945), Max Kühn (1888–1970); Rudolf Muchow (1889–1962), Helene Rutkowski (1862–1949), Franz Friedrich Christian Schmidt (1874–1962), Elfriede Springer (1886–1959), Walter Georg Stockmann (1893–1940), Paul Stube (1874–1950), Otto Tarnogrocki (1875–1949) und Julius C. Turner (1881–1948). Auch Ullrich Bewersdorff (1920–2008) wird porträtiert, der hier geboren wurde und viele Kontakte zu Künstlern in seiner Heimat knüpfte. Das Schicksal jedes einzelnen Künstlers wird prägnant beschrieben und mit möglichst vielen Reproduktionen von erhaltenen oder bekannten Werken illustriert. Zu jeder Kurzbiographie gehört eine Karte, auf der die für das Schaffen der jeweiligen Person relevanten Orte verzeichnet sind. Ein Verzeichnis der Museen, die Bilder des vorgestellten Künstlers besitzen, und ein Literaturverzeichnis sind beigefügt. Die Zusammenstellung des umfangreichen illustrativen Materials in einem Band, der die künstlerische Aktivität der zum Teil wenig bekannten Maler dokumentiert, ist ein wichtiger Beitrag zur Erforschung der Kunstgeschichte Pommerns.

Ewa Gwiazdowska

Genowefa Horoszko: Skarby mennic pomorskich. Cenne nabytki w zbiorach Muzeum Narodowego w Szczecinie [Schätze pommerscher Münzstätten. Wertvolle Neuerwerbungen in den Beständen des Nationalmuseums Stettin]. Szczecin: Muzeum Narodowe w Szczecinie 2013. 16 S., farb. Abb., dt. Zusammenfassung. ISBN 978-83-63365-32-5.

Die Autorin beschreibt die im Januar 2013 vom Nationalmuseum Stettin (Muzeum Narodowe w Szczecinie) bei einer Auktion des Auktionshauses Künker in Berlin erworbenen Münzen, einen Teil der numismatischen Sammlung des Bakteriologen Helmut Hahn. Es handelt sich um pommersche Numismatika von der Zeit Bogusławs X., einen Goldgulden von 1498/99, bis zur Zeit Bogusławs XIV., darunter einen Taler, der 1654 zur Erinnerung an dessen Begräbnis in der Stettiner Münze geprägt wurde. Die Autorin stellt 21 Neuerwerbungen vor und betont deren große Bedeutung als historische und ikonographische Quellen. Dazu gehören auch Gelegenheitsmünzen, die an den Tod verschiedener Herrscher und ihrer Familienangehörigen oder an andere Ereignisse erinnern, wie etwa den Ausbau des Schlosses in Stettin im Jahr 1617 oder den Aufruf zum Waffengang der militärischen Einheiten 1615.

Maciej Szukała

Kazimierz Kallaur: Ludwig Wilhelm Brüggemann i jego dzieło. Z dziejopisarstwa pomorskiego XVIII i początków XIX wieku [Ludwig Wilhelm Brüggemann und sein Werk. Über die pommersche Geschichtsschreibung des 18. und des beginnenden 19. Jahrhunderts]. Słupsk: Akademia Pomorska 2011. 261 S., 1 s.-w. Abb., dt. Zusammenfassung. ISBN 978-83-7467-167-5.

Die Monographie bezieht sich auf die fünfbändige topographisch-geographische und historisch-statistische Beschreibung des preußischen Pommern aus der Feder des Schloss- und Hofpredigers an der St.-Otto-Kirche und Stettiner Konsistorialrats Ludwig Wilhelm Brüggemann: *Ausführliche Beschreibung des gegenwärtigen Zustandes des Königl. Preussischen Herzogthums Vor- und Hinter-Pommern* (1779–1784, 1800, 1806). Diesem Text wurden schriftliche Archivmaterialien im Stettiner Staatsarchiv und andere Archivalien gegenübergestellt. Der Verfasser zeigt den großen Wert und die wissenschaftliche Brauchbarkeit des Brüggemann'schen Werks, aber auch seine Unzulänglichkeiten und Fehler auf. Er untersucht die Umstände, die seine Entstehung begleiteten, die Methoden seiner Erstellung sowie seinen Platz in der Entwicklung des historiographischen Schrifttums in Pommern in der zweiten Hälfte des 18. Jahrhunderts. In der Publikation finden sich ein Personen- und ein Ortsregister sowie ein ausführliches Resümee auf Deutsch.

Mirosław Ossowski

Janina Kochanowska: Perły Pomorza. The Pearls of Pomerania. Die Perlen Pommerns. Szczecin: Oficyna IN PLUS 2011. 239 S., farb. Abb., engl. Übersetzung: Teresa Radziejowska, dt. Übersetzung: Stefania Jasiczek. ISBN 978-83-89402-81-3.

Die Stettiner Kunsthistorikerin legt eine Art Führer vor, der zum Besuch von Werken der Architektur, Malerei, Bildhauerei und des Kunsthandwerks in 90 Ortschaften des historischen Hinterpommern (Pomorze Zachodnie) einlädt. Sie erläutert die Kriterien für die Auswahl der vorgestellten Kunstdenkmäler und deren historisch-gesellschaftlichen Hintergrund. Im ersten Kapitel bereist sie die Küste von Swinemünde/Świnoujście über den alten Bischofssitz Cammin in Pommern/Kamień Pomorski bis Rügenwalde/Darłowo mit seinem stattlichen Herzogsschloss, vorbei an Dorfkirchen und Herrenhäusern. Im nächsten Abschnitt führt der Weg von Stettin/Szczecin und seiner Umgebung weiter auf den Spuren lokaler Familien – der Ebersteins, Flemings, Köllers und Borckows – durch viele Kleinstädte von Gollnow/Goleniów bis Daber/Dobra Nowogardzka und weiter durch das östliche Pommern, wo die Einflussbereiche der Herrscher Pommerns, Brandenburgs und des Deutschen Ordens aufeinandertrafen, also von Schivelbein/Świdwin bis Baldenburg/Biały Bór. Der dritte, südliche Bereich umfasst Gebiete, die im Mittelalter von Klöstern bewirtschaftet wurden, sowie landwirtschaftlich ertragreiche Landstriche: von Greifenhagen/Gryfino über Königsberg in der Neumark/Chojna, Pyritz/Pyrzyce, Stargard/Stargard Szczeciński, Dramburg/Drawsko Pomorskie bis Deutsch Krone/Wałcz.

Ewa Gwiazdowska

Janina Kochanowska (Hg.): Trzebiatów – spotkania pomorskie 2011 [Treptow an der Rega – pommersche Begegnungen 2011]. Trzebiatów: Trzebiatowski Ośrodek Kultury 2011. 272 S., Abb., dt. Zusammenfassungen. ISBN 978-83-909917-2-6.

Der neunte Band der Serie „Spotkania pomorskie“ (siehe *Jahrbuch des Bundesinstituts* 20, 2012, S. 612f.) mit polnisch- und deutschsprachigen Texten ist Ergebnis einer wissenschaftlichen Tagung vom September 2011, die sich mit der Archäologie, Geschichte, Kultur und Kunst Pommerns unter besonderer Berücksichtigung des Kreises Greifenberg/Gryfice vor 1945 beschäftigte. Marek Dworaczyk schreibt über mittelalterliche Zäune in archäologischen Quellen und schriftlichen Überlieferungen. Mit Treptow an der Rega und der Region Greifenberg in der deutschen Erinnerung und Geschichte befasst sich Wolfgang Kessler. Die Geschichte des Dorfes Zimdarse/Siemidarżno bei Treptow ist Thema von Dariusz Bienek. Über das Leben der Landfrauen in Pommern von etwa 1900 bis 1945 berichtet Marlene Vogler. Ortsnamen der Gemeinde Karnitz/Karnice untersucht Andrzej Chludziński. Vorwerksparks in der Gemeinde Greifenberg stellt Zbigniew Sobisz vor. Auch Persönlichkeiten, die mit der Region verbunden sind, werden porträtiert: Friederike von Württemberg, Herzogin von Oldenburg (1765–1785) von Urszula Borkowska, der Maler Günter Machemehl (1911–1970) und sein Werk von Erwin Jenett.

Maciej Szukała

Kinga Konieczny, Ryszard Kotla, Piotr Szyliński: 50 cudów Pomorza Zachodniego. Die 50 Wunder Westpommerns. Red. Piotr Szyliński. Warszawa: AGORA SA 2012. 244 S., farb. Abb. ISBN 978-83-268-0780-0.

Das von dem Stettiner Fremdenführer Ryszard Kotla und zwei Journalisten verfasste informative Buch ist als Anregung zur Erkundung von Orten und Landschaften der Region gedacht. Es ist sowohl allgemein bekannten Plätzen als auch solchen, die noch zu entdecken sind, gewidmet. In fünf Kapiteln werden landeskundliche Informationen über die Natur und die Geschichte dargeboten. Das erste Kapitel gilt der Stadt Stettin/Szczecin und ihrer Umgebung: dem Schloss der Pommerschen Herzöge, dem Hauptfriedhof, der Jakobikirche, den in Stettin geborenen späteren Zarinnen (Katharina der Großen und Maria Fjodorowna), dem sogenannten Rosengarten, dem Bismarckturm, der Hakenterrasse und dem Smaragdsee. Im zweiten Kapitel wenden sich die Autoren den Landschaften an der Oder zu: Schleusen und Poldern, dem sogenannten Tal der Liebe in Niedersaathen/Zatoń Dolna, dem Naturschutzgebiet „Bielinek". Das dritte Kapitel konzentriert sich auf das pommersche und neumärkische Seengebiet: Erwähnt werden die Städte Stargard/Stargard Szczeciński und Lippehne/Lipiany, der Kajaktourismus in der Gegend von Deutsch Krone/Wałcz, die Heiden um Groß Born/Borne Sulinowo und Berlinchen/Barlinek. Des Weiteren fällt der Blick auf die Küstenregion: den Dom von Cammin/Kamień Pomorski mit dem Domgarten, die Kirchenruine in Hoff/Trzęsacz an der Ostsee, militärische Spuren auf den Inseln Usedom und Wollin. Die letzte Exkursion führt in das sogenannte karierte Land mit seinen Fachwerkbauten und zeigt die Stadt Rügenwalde/Darłowo, die Fachwerkhäuser in Schwolow/Swołowo sowie die Steinkreise der Goten und Gepiden von Marienfreude/Grzybnica und Brückenkrug/Mostowo.

Ewelina Kamińska

Joanna A. Kościelna, Radosław Skrycki (Hg.): Dita Parlo i kino buntowników. Anarchiści, rewolucjoniści i pacyfiści w kinie i o kinie. Przykład francuski i niemiecki 1918–1945 [Dita Parlo und das Kino der Rebellen. Anarchisten, Revolutionäre und Pazifisten im und über das Kino. Das französische und das deutsche Beispiel 1918–1945]. Szczecin: Instytut Historii i Stosunków Międzynarodowych Uniwersytetu Szczecińskiego, Archiwum Państwowe w Szczecinie 2012. 171 S., Abb. ISBN 978-83-933942-2-7.

Im Oktober 2011 fand in Stettin/Szczecin das 2. Festival „Konstellation Stettin“ (II Festiwal Konstelacja Szczecin) statt, organisiert vom Staatsarchiv Stettin (Archiwum Państwowe w Szczecinie), dem Nationalmuseum Stettin (Muzeum Narodowe w Szczecinie) und der Universität Stettin (Uniwersytet Szczeciński). Leitthema waren Leben und Werk der großen Schauspielerin des deutschen und französischen Kinos, der Stettinerin Gerda Olga Justine Kornstädt (1908–1971), die unter Bezug auf die Linie ihrer Großmutter Parlow den Künstlernamen Dita Parlo annahm. Während des Festivals wurden in Stettiner Kinos ausgewählte Filme mit Dita Parlo in der Hauptrolle vorgeführt: *Melodie des Herzens* (1929, Regie Hanns Schwarz), *L'Atalante* (1934, Regie: Jean Vigo) und *Mademoiselle Docteur* (1937, Regie: Georg Wilhelm Pabst). Ergebnis des begleitenden wissenschaftlichen Symposiums an der Universität Stettin ist die vorliegende Publikation, aus der hier nur zwei Beiträge genannt werden können: Joanna A. Kościelna führt mit einer umfassenden biographischen Darstellung in den Band ein und zeigt das unglückliche Schicksal Dita Parlos, das wesentlich vom Zweiten Weltkrieg bestimmt wurde. Michał Dondzik untersucht Elemente des Werks des aus Böhmen stammenden Regisseurs Georg Wilhelm Pabst, dem es in seinem Film *Geheimnisse einer Seele* (1926), wie der Autor betont, gelang, ästhetische Erfahrungen des Expressionismus, des Impressionismus und des Surrealismus zu verbinden. Der Film sei der erste in der Geschichte des Kinos, der sich direkt auf die Psychoanalyse beziehe.

Maciej Szukała

Janina Kosman: Z dziejów bibliotek w pruskiej prowincji Pomorze w XIX i początkach XX wieku [Aus der Geschichte der Bibliotheken der preußischen Provinz Pommern im 19. und zu Beginn des 20. Jahrhunderts]. Szczecin: Książnica Pomorska im. Stanisława Staszica 2013 (Seria „Bibliothekarza Zachodniopomorskiego” [Reihe des „Westpommerschen Bibliothekars“] 11). 184 S., Abb. ISBN 978-83-87879-96-9.

Janina Kosman zeichnet die Geschichte der verschiedenen Arten von Bibliotheken in der preußischen Provinz Pommern nach, die sich seit Anfang des 19. Jahrhunderts dynamisch entwickelt haben – ein für Deutschland und Westeuropa typisches Phänomen. Zu den Faktoren, die auf die Entwicklung der Lesekultur Einfluss hatten, gehörte der technische Fortschritt auf dem Gebiet der Buchproduktion, der in Deutschland zur Entwicklung des „Bildungsbürgertums“ führte. Im ersten der drei Teile der Arbeit beschreibt die Autorin die Volksbüchereien in der Provinz Pommern und analysiert deren organisatorische Grundlagen, Aufgaben und Bücherbestände. Im zweiten Teil untersucht sie Bibliotheken verschiedener wissenschaftlicher oder religiöser Gesellschaften, staatlicher und kommunaler Institutionen sowie Betriebsbibliotheken, speziell Arbeiterbibliotheken. Im dritten Teil werden Schulbibliotheken, vor allem der Gymnasien der pommerschen Städte, vorgestellt.

Maciej Szukała

Szymon Piotr Kubiak, Volker Probst (Hg.): Ernst Barlach. Obrazy śmierci w twórczości niemieckiego ekspresjonisty. Katalog wystawy ze zbiorów Fundacji Ernsta Barlacha w Güstrow. Muzeum Sztuki Współczesnej – Oddział Muzeum Narodowego w Szczecinie 10.11.2011–12.02.2012, Fundacja Ernsta Barlacha w Güstrow 26.02.–28.05.2012. Bilder vom Tode im Werk eines deutschen Expressionisten. Katalog zur Ausstellung aus dem Bestand der Ernst Barlach Stiftung Güstrow. Museum für Zeitgenössische Kunst – Abteilung des Nationalmuseums Stettin 10.11.2011–12.02.2012, Ernst Barlach Stiftung Güstrow 26.02.–28.05.2012. Szczecin: Muzeum Narodowe w Szczecinie 2011. 165 S., farb. u. s.-w. Abb. ISBN 978-83-86136-45-2.

Die zweisprachige Publikation ist Ergebnis der Zusammenarbeit des Nationalmuseums Stettin (Muzeum Narodowe w Szczecinie) und der Ernst Barlach Stiftung Güstrow. Sie schließt ein Projekt ab, das durch die Idee angestoßen wurde, eine Kopie des Denkmals der „Mutter Erde" anzufertigen, welches Barlach 1920 für den Stettiner Hauptfriedhof, den heutigen Zentralfriedhof, geschaffen hatte. Die Gesellschaft der Freunde des Zentralfriedhofs beschloss, dieses Denkmal, dessen Original infolge der politischen Gegebenheiten nach Güstrow gelangt war, für die Stettiner zurückzuholen. Die Ausstellung unter der Schirmherrschaft von Olgierd Geblewicz, Marschall der Woiwodschaft Westpommern, und Erwin Sellering, Ministerpräsident des Landes Mecklenburg-Vorpommern, zeigte Zeichnungen und Skulpturen Barlachs. Die Publikation enthält vier illustrierte Essays zum Werk des berühmten Expressionisten. Dariusz Kacprzak schreibt über das Denkmal „Mutter Erde" und die Geschichte seiner Entstehung. Volker Probst versucht ein Gesamtbild der Grabmalkunst Barlachs zu geben, zeigt ihre Innovativität und zugleich ihre Traditionsverbundenheit und betrachtet sie vor dem Hintergrund der Reform der europäischen Friedhofsanlagen und der Entstehungsgeschichte des Stettiner Friedhofs. Szymon Piotr Kubiak stellt Barlachs Werke europäischen Ehrenmalen für die Opfer des Ersten Weltkriegs gegenüber. Helga Thieme untersucht den Topos Tod in literarischen Werken Barlachs. Eine umfangreiche Bibliographie komplettiert den Band, den Agata Kosmacz grafisch gestaltet hat.

Ewa Gwiazdowska

Szymon Piotr Kubiak, Volker Probst (Hg.): Figura. Kunst der ersten Hälfte des 20. Jahrhunderts aus dem Bestand des Nationalmuseums Stettin. Sztuka pierwszej połowy XX wieku ze zbiorów Muzeum Narodowego w Szczecinie. Ausstellungskatalog. Katalog wystawy. 22.10.2012–20.01.2013 Ernst Barlach Stiftung Güstrow. Fundacja Ernsta Barlacha w Güstrow. 01.02.2013–07.04.2013 Muzeum Sztuki Współczesnej – Oddział Muzeum Narodowego w Szczecinie. Museum für Zeitgenössische Kunst – Abteilung des Nationalmuseums Stettin. Szczecin: Muzeum Narodowe w Szczecinie 2012. 262 S., s.-w. u. farb. Abb., dt.Übersetzung: Elżbieta Janssen-Stenko, Elżbieta Kaźmierczak. ISBN 978-83-63365-04-2.

Der Ausstellungskatalog, ein Beitrag zur Geschichte des Nationalmuseums Stettin (Muzeum Narodowe w Szczecinie), ist das Ergebnis der seit 2011 bestehenden Zusammenarbeit dieses Museums mit der Ernst Barlach Stiftung Güstrow. Das Nationalmuseum Stettin hat im Rahmen des Projekts „Starke Partner in Europa" („Silni partnerzy w Europie") eine Ausstellung von 50 Kunstwerken aus eigenen Beständen zusammengestellt, deren Leitgedanke der Mensch als Thema der Bildhauerei war. Neben Skulpturen wurden auch Malerei und Papierarbeiten gezeigt, die sich inhaltlich oder formal mit Bildhauerei beschäftigen. Die Werkauswahl stützte sich auf im Nationalmuseum erhaltene Kunstobjekte der Zeit, in der Walter Riezler, der erste Direktor des 1913 eröffneten Museums der Stadt Stettin, die damals gerade entstehende moderne Kunst sammelte. Der Essay von Volker Probst widmet sich den Sammlungen moderner Kunst im Museum der Stadt Stettin und ihrem späteren Schicksal. Thema von Szymon Piotr Kubiak ist die Plastik „Der große Jüngling" des italienischen Künstlers Ernesto di Fiori aus diesen Sammlungen. Die Werkauswahl wird durch klassische moderne Kunst polnischer Künstler ergänzt, die nach 1945 gesammelt wurde. Im Katalog wird jedes in der Ausstellung präsentierte Kunstwerk unter Berücksichtigung der jeweiligen Künstlerbiographie kommentiert. Einzelne Einträge sind mit Schwarz-Weiß-Reproduktionen illustriert; Farb-Reproduktionen erscheinen gesondert. Unter den vorgestellten Kunstwerken sind Arbeiten berühmter Künstler wie Lovis Corinth, Käthe Kollwitz, Ernst Barlach, Xawery Dunikowski oder Stanisław Ignacy Witkiewicz, aber auch lokaler, weniger bekannter Kunstschaffender wie Kurt Schwerdtfeger oder Joachim Utech. Der Katalog umfasst eine Bibliographie sowie Erläuterungen zum Konzept der Ausstellung.

Ewa Gwiazdowska

Karol Kwiatkowski (Hg.): Archeologia Stargardu [Archäologie Stargards]. T. [Bd.] 1: Badania zachodniej części kwartału V [Forschungen zum westlichen Teil von Quadrat V]. Stargard: Muzeum w Stargardzie 2012. 298 S., Abb., Kt., dt. Zusammenfassungen. ISBN 978-83-61456-56-8, ISSN 2299-6389.

Im ersten Band der neuen Reihe *Archeologia Stargardu* werden Analysen und Interpretationen von archäologischen Quellen aus Grabungen in der Altstadt von Stargard/Stargard Szczeciński vorgestellt. Den untersuchten Teil der Stadt bewohnten Personen verschiedener Berufsgruppen (Schuster, Schneider, Schlosser, Köche). Thematisiert werden Fragen der Raumplanung und der Bebauung des Westteils von Planquadrat V – vier Grundstücke an der Rade- (ul. Grodzka) und Kramerstraße (ul. Kramarska) –, alle Kategorien von beweglichen Quellen – Keramik-, Metall-, Leder-, Glas- und Holzobjekte – sowie Militaria der NSDAP. Handwerkliche Erzeugnisse, so wird festgestellt, stammen in der Regel aus lokalen Werkstätten. Ergänzt werden die Beschreibungen des archäologischen Materials durch Spezialanalysen von osteologischen sowie von pflanzlichen Überresten aus einer spätmittelalterlichen Latrine.

Anna B. Kowalska

Karol Kwiatkowski: Manufaktura stylów. Wyroby fajansowe z badań w Stargardzie [Manufaktur der Stile. Fayencen aus den Ausgrabungen in Stargard]. Stargard: Muzeum w Stargardzie 2012 (Badania archeologiczne Muzeum w Stargardzie [Ausgrabungen des Museums Stargard]). 16 S., s.-w. u. farb. Abb. ISBN 978-83-61456-52-0.

Der Autor beschreibt Stargarder Funde von Fayencegeschirr aus dem 17. bis 19. Jahrhundert, das in den Niederlanden, England, Preußen und Pommern hergestellt wurde. Der Autor erläutert den Begriff „Fayence“ und hebt besonders die Rolle des Produktionsbetriebs in Delft hervor. Die bei den Ausgrabungen gefundenen Objekte beschreibt er in mehreren Kapiteln entsprechend den verschiedenen Motiven und Herstellungsländern, darunter englische, preußische und schließlich pommersche Produkte, die sogenannte Stettiner Ware. Die Methode statistischer Forschungen in der Archäologie, die sich mit Keramik beschäftigt, wird gesondert vorgestellt. Kurz analysiert der Autor die Bedeutung der Keramikfunde für die Erweiterung des Wissens über die Alltagskultur der Region. Farbfotografien zeigen keramische Werkstätten, Geschirr, Motive der Verzierungen, Signaturen und alte Gemälde mit Darstellungen von Geschirr.

Ewa Gwiazdowska

Karol Kwiatkowski: Ulotna historia. Fajki gliniane z badań w Stargardzie [Flüchtige Geschichte. Tonpfeifen aus den Ausgrabungen in Stargard]. Stargard: Muzeum w Stargardzie 2012 (Badania archeologiczne Muzeum w Stargardzie [Ausgrabungen des Museums Stargard]). 16 S., s.-w. u. farb. Abb., Kt. ISBN 978-83-61456-24-7.

Die Broschüre eröffnet eine neue Reihe des Museums in Stargard/Stargard Szczeciński über archäologische Forschungen zur Neuzeit auf dem Gebiet des Kunsthandwerks. Da die Altstadt von Stargard in der Endphase des Zweiten Weltkriegs völlig zerstört wurde, bringen die Ausgrabungen zu dieser Zeit schrittweise das Wissen über die Stadt von damals zurück. Der Autor dokumentiert und präsentiert den Forschungsstand zum Thema Tonpfeifen; er beschreibt den Bau einer typischen Pfeife, wie sie bei den Ausgrabungen gefunden wurde, sowie die Pfeifensammlungen im Stargarder Museum. Er berichtet über die Geschichte des Pfeiferauchens in Stargard, analysiert die Pfeifenformen, beschreibt die Pfeifenherstellung in Preußen und England. Zusammenfassend stellt er dar, wie sich die preußische Wirtschaftspolitik der Zeit Friedrichs II. in der Produktion und im Gebrauch von Pfeifen spiegelt. Zum umfangreichen illustrativen Material gehören Fotografien von gefundenen Pfeifenfragmenten, -typen und -signaturen sowie Genreszenen aus Malerei und Grafik.

Ewa Gwiazdowska

Maria Łopuch, Melanie Ehler, Johannes Achenbach: Oscar Achenbach. Red.: Renata Zdero, Johannes Achenbach. Szczecin: Zamek Książąt Pomorskich w Szczecinie 2011 (Ars Pomeraniae). 134 S., farb. u. s.-w. Abb. ISBN 978-83-60816-53-0.

Die Monographie stellt den wenig bekannten Maler Oscar Achenbach (1868–1935) vor und liefert ein repräsentatives Bild seines Schaffens. Die zweisprachige, polnisch-deutsche Publikation begleitete eine Ausstellung, die dank seines Enkels Professor Johannes Achenbach in Stettin/Szczecin stattfinden konnte. Sie gehört zu einem Zyklus von Büchern über das Schaffen von Stettiner Künstlern des 20. Jahrhunderts, deren Werke im Schloss der Pommerschen Herzöge ausgestellt werden. Bisher wurden Arbeiten von Gustav Wimmer, Hans Hartig und Julo Levin gezeigt. Museumsdirektorin Barbara Igielska informiert einleitend über die Verbindungen Achenbachs mit der Stadt Stettin, in der er geboren wurde und das Gymnasium besuchte. Maria Łopuch stellt wichtige Abschnitte seines beruflichen Werdegangs vor, seine Studienreisen in den Süden Europas und ins Lahntal, wo er sich niederließ und eine Landschaftsmalschule gründete. Melanie Ehler schreibt über Achenbachs Landschaftsmalerei und analysiert seine Werke. Johannes Achenbach stellt eine Kurzbiographie des Malers zusammen. Der Bildteil umfasst Schwarz-Weiß-Reproduktionen von Fotografien aus dem Leben Oscar Achenbachs und einiger seiner Zeichnungen zu architektonischen Themen. Farbillustrationen zeigen Reproduktionen seiner Gemälde: Landschaften, Veduten, Architekturansichten und Porträts, die zur Freilichtmalerei zählen und vom französischen Impressionismus und Postimpressionismus beeinflusst sind.

Ewa Gwiazdowska

Marek Łuczak: Szczecin [Stettin] Podjuchy-Podejuch. Żydowce-Sydowsaue. Klucz-Klütz. Szczecin: Zapol Spółka jawna 2011. 192 S., s.-w. Abb. ISBN 978-83-7518-266-8.

Dieser weitere Band aus der zweisprachigen Stettiner Publikationsreihe (siehe zuletzt *Jahrbuch des Bundesinstituts* 20, 2012, S. 615f.) widmet sich drei Stadtteilen am rechten Oderufer, die südlich vom Zentrum zwischen der Großen Reglitz/Regalica, dem rechten Oderarm, und der Buchheide liegen. Zu Beginn jedes Abschnitts werden Geschichte und Physiognomie der Stadtviertel mitsamt Kirchen, Friedhöfen und Denkmälern, Schulen und Gaststätten beschrieben: Podejuch, ein Dorf aus dem 13. Jahrhundert, heute Militär- und Industriestandort, Sydowsaue, gegründet im 18. Jahrhundert mit zwölf Siedlerstellen und einem

Erbzinsgut, im 20. Jahrhundert in ein Industrieviertel umgestaltet, sowie Klütz, ebenfalls ein Dorf aus dem 13. Jahrhundert, zu dem auch Waldgebiete gehören. Im Abschnitt über Podejuch beschreibt der Autor auch die Schamottefabrik F. Didier und die Kasernen und fügt Bilder aus dem Leben der Soldaten bei. Im Teil über Sydowsaue behandelt er die Siedlungen des Generalpächters des Amtes, Richard Christoph Sydow, und die Vereinigten Glanzstoff-Fabriken. Man findet in dem Band historische Stadtpläne, Verzeichnisse von Straßen und geographischen Namen sowie eine Bibliographie.

Ewa Gwiazdowska

Marek Łuczak: Szczecin [Stettin]. Turzyn. Torney. Szczecin: Pomorskie Towarzystwo Historyczne 2011. 224 S., s.-w. Abb. ISBN 978-83-7518-299-6.

Die polnisch-deutsche Publikation aus der Serie der Geschichte der Stettiner Stadtteile und Vororte beschäftigt sich mit dem mittelalterlichen Dorf Torney/Turzyn auf den Höhen westlich der Altstadt, wo es einst günstige Bedingungen für Windmühlen gab. Die Darstellung der Geschichte des Dorfes wird durch Archivbilder ergänzt. Der Autor beschreibt die Lage des Ortes, seine Zugehörigkeit und wirtschaftliche Entwicklung, geht kurz auf die ältere Geschichte ein und widmet sich vor allem dem 19. und 20. Jahrhundert. Bei den Illustrationen fehlen Informationen über die Zeit der Entstehung der städtischen Mietshäuser und Fabriken in der zweiten Hälfte des 19. Jahrhunderts, außerdem über den Bau einzelner Gebäude, Wohnhäuser und Siedlungen. Vorgestellt werden unter anderem das Gebäude der Königlichen Maschinenbauschule, die heutige Westpommersche Technische Universität (Zachodniopomorski Uniwersytet Technologiczny), die Gebäude zahlreicher Schulen, Restaurants, Industriebetriebe (Molkerei, Brauerei, Brennerei), aber auch Parks auf den Geländen ehemaliger Friedhöfe. Der Band wird ergänzt durch einen Plan des Stadtteils, Beispiele von Schriftstücken, die den Stadtteil betreffen, und ein reiches Quellenverzeichnis.

Ewa Gwiazdowska

Marek Łuczak: Szczecin [Stettin]. Warszewo, Osów, Głębokie. Warsow, Wussow, Glambeck. Szczecin: Pomorskie Towarzystwo Historyczne 2011. 208 S., s.-w. Abb. ISBN 978-83-7518-300-9.

Dieser Band aus der Serie der Geschichte der Stettiner Stadtteile stellt Warsow/Warszewo, Wussow/Osów und Glambeck/Głębokie nordwestlich der Altstadt vor. Die beiden ersten waren noch im 20. Jahrhundert ländlich geprägt; erst seit den 1990er Jahren entstanden hier städtische Wohnsiedlungen. Glambeck dagegen, an einem Waldsee gelegen, wurde Anfang des 20. Jahrhunderts zum Ausflugsziel; in der Zwischenkriegszeit entstand hier eine Siedlung mit Einfamilienhäusern und Gärten. Der Autor verbindet den Text mit Archivfotos der drei Ortschaften, zeigt Straßen und Plätze, Gehöfte, Mehrfamilienhäuser, Kirchen, Denkmäler und andere Gebäude und Objekte. Eine eigene Gruppe von Fotos zeigt das Siebenmühlenbachtal (Dolina Siedmiu Młynów), das einst wirtschaftlich genutzt und zu Beginn des 20. Jahrhunderts in eine Anlage mit Restaurants umgestaltet wurde und durch das heute touristische Wege führen. Der Autor zeigt auch neue Siedlungen, die in und um die Ortschaften entstanden sind. Historische Pläne und ein Quellen- und Literaturverzeichnis ergänzen den Band.

Ewa Gwiazdowska

Marek Łuczak: Szczecin Grabowo, Drzetowo. Stettin Grabow, Bredow. Szczecin: Pomorskie Towarzystwo Historyczne 2012. 432 S., Abb., dt. Übersetzung: Emilia Schneider. ISBN 978-83-7518-399-3.

Die zweisprachige Publikation über die Geschichte der beiden Stettiner Stadtteile, die sich auch der Architektur, dem Schulwesen, der Kirche, Friedhöfen und Grünanlagen widmet, ist das 19. Buch dieses Autors über Stettin/Szczecin. Den Teil über Grabow beginnt Łuczak mit der ersten Erwähnung dieser Siedlung im Jahr 1243. Er beschreibt die Zeiten, in denen es hier ein Kartäuserkloster gab, dann eine herzogliche Residenz. 1847 erlangte Grabow Stadtrechte, wurde aber schon im Jahr 1900 nach Stettin eingemeindet. Trotz der Kriegszerstörungen haben sich in Grabow viele Häuser aus dem 19. und frühen 20. Jahrhundert sowie zum großen Teil die räumliche Gliederung des Ortes erhalten. Im zweiten Teil des Buches wird Bredow behandelt, der nördliche Nachbarstadtteil Grabows, der seit seiner ersten Erwähnung 1243 ein selbständiges Dorf war und 1900 ebenfalls zu Stettin kam. Viele Fotos vom Anfang des 20. Jahrhunderts bis heute stellen eine wertvolle Dokumentation dar. Ein zweisprachiges Verzeichnis von Straßen und geographischen Bezeichnungen sowie eine Bibliographie runden den Band ab.

Maciej Szukała

Żaneta Maciejowska, Rafał Witkowski: Most Wilhelma Meyera [Die Wilhelm-Meyer-Brücke]. Szczecin: Stowarzyszenie „Nasze Wycieczki“ 2012. 30 S., Abb. ISBN 978-83-935091-0-2.

Die Publikation ist Wilhelm Meyer-Schwartau (1854–1935) gewidmet, dem wichtigsten Stettiner Architekten in den Jahren 1891–1921, der die Hakenterrasse, den Zentralfriedhof sowie viele öffentliche Gebäude wie etwa das Stadtmuseum an der Hakenterrasse entwarf und der im Jahr 1900 einen Verein für die Anlage und Verbesserung von Radfahrwegen gründete. Dieser Verein baute 1911 eine Brücke für Radfahrer und Fußgänger über den Hägebach/Leśna im Stadtwald in der Nähe von Hohenleese/Leśno Górne. 1927 wurde die Brücke zu Ehren und in Gegenwart des Jubilars feierlich nach ihm benannt, was auf einer Granit-Gedenkplatte mit der Aufschrift „Wilhelm-Meyer-Brücke“ festgehalten wurde. Nach dem Krieg lag die Platte lange umgekippt auf dem Boden. Auf Initiative von Alicja Witkowska, die sich um die Forschung zu ehemaligen deutschen Stettinern verdient gemacht hat, der Gesellschaft „Nasze Wycieczki“ („Unsere Ausflüge“), der Stadt und des Forstamtes wurde die Platte im Frühjahr 2010 zur Restaurierung ins Nationalmuseum Stettin (Muzeum Narodowe w Szczecinie) gebracht. Danach wurde sie einige Zeit in der Eingangshalle des Museums ausgestellt und im Mai 2012 am ursprünglichen Ort erneut angebracht.

Maciej Szukała

Rafał Makała (Hg.): Złoty wiek Pomorza. Sztuka na dworze książąt pomorskich w XVI i XVII wieku. Das goldene Zeitalter Pommerns. Kunst am Hofe der Pommerschen Herzöge im 16. und 17. Jahrhundert. Szczecin: Muzeum Narodowe w Szczecinie 2013. 399 S., s.-w. u. farb. Abb., dt. Übersetzung: Barbara Ostrowska, Elżbieta Janssen-Stenko. ISBN 978-83-63365-12-7.

Zu der neu gestalteten Ausstellung über die bis 1683 in Pommern herrschende Dynastie der Greifen (2011 eröffnet) wurde nun im Rahmen des Projekts „Gemeinsame Region – gemeinsame Ziele“ („Wspólny Region – Wspólne Cele“) des Nationalmuseums Stettin (Muzeum Narodowe w Szczecinie) und des Pommerschen Landesmuseums Greifswald dieser Katalog vorgelegt. Anlass war der hundertste Gedenktag der Eröffnung des Stettiner Museums 1913, des damaligen Museums der Stadt Stettin und heutigen Nationalmuseums. Der Katalog wurde von Mitarbeitern der Abteilung für Alte Kunst des Nationalmuseums in Zusammenarbeit mit Birgit Dahlenburg, Ewa Gwiazdowska, Genowefa Horoszko, Claudia Kunde, Marta Kurzyńska und Christine Nagel erarbeitet und präsentiert die Werke gegliedert nach Malerei, Skulptur, Kleidung, Kleinodien, Kunsthandwerk sowie Grafik und Altdrucke. In der Einleitung beschreibt Museumsdirektor Lech Karwowski die Bedeutung der Ausstellung, ihre Aufgaben und Abteilungen. Vier Essays sind wichtigen Fragen der Ausstellung gewidmet. Rafał Makała stellt die pommersche Kunst des 16. und 17. Jahrhunderts vor dem historischen Hintergrund dar sowie Schicksal und Tätigkeit ihrer Stifter, der Herrscher des Herzogtums. Justyna Bądkowska schreibt – auf der Grundlage der im Nationalmuseum befindlichen Werke – über allegorische, Porträt- und religiöse Malerei am Hofe der pommerschen Herzöge im Kontext der deutschen Malerei. Kinga Krasnodębska stellt Steinskulpturen auf pommerschen Gütern vor, hauptsächlich Porträts und Wappendarstellungen, die an die Herrscher erinnern und zu ihrem Prestige beitragen sollten. Monika Frankowska-Makała beschäftigt sich mit wertvollen Gewändern und herzoglichen Kleinodien, die man in Sarkophagen gefunden hat, und betont ihre Bedeutung für die Geschichte des Kunsthandwerks, da solche Objekte aus dem 16. und 17. Jahrhundert selten erhalten sind. Monika Frankowska-Makała präsentiert eine gusseiserne Herdplatte und keramische Fliesen, Genowefa Horoszko Beispiele für Medaillons und einen Siegelstempel. Ewa Gwiazdowska beschreibt die Entstehungsgeschichte, Gestalt und Ikonographie der Großen Karte des Herzogtums Pommern von Lubinus; Marta Kurzyńska betrachtet zwei Altdrucke über die Einführung der neuen lutherischen Kirchenordnung und eine historische Beschreibung Stettins von Paul Friedeborn von 1613. Zu jeder Katalogabteilung gibt es einen umfangreichen Kommentar. Am Schluss findet man eine Genealogie der Greifen sowie eine Bibliographie.

Ewa Gwiazdowska

Materiały Zachodniopomorskie. Nowa Seria [Westpommersche Materialien. Neue Folge] VIII (2011). Zeszyt [Heft] 1: Archeologia [Archäologie]. Szczecin: Muzeum Narodowe w Szczecinie 2012. 447 S., teilw. engl. Zusammenfassungen. ISSN 0076-5236.

Der Band der archäologischen Hefte des wissenschaftlichen Jahrbuchs des Nationalmuseums Stettin (Muzeum Narodowe w Szczecinie) gliedert sich in vier Teile: Studien und Materialien, Entdeckungen, Rezensionen und Chronik. Den Hauptteil „Studien und Materialien" bilden neun Beiträge verschiedener Autoren; die Themen erstrecken sich vom Paläolithikum bis zur Neuzeit. In den Bereich der Vorgeschichte gehört die Publikation zahlreicher Funde von Metallobjekten aus der Bronzezeit, der frühen Eisenzeit und der Periode römischer Einflüsse im Tal der Ihna/Ina in der Nähe von Zachan/Suchań bei Stargard/Stargard Szczeciński. Ein größerer thematischer Block gilt dem Mittelalter. Ein Beitrag beschäftigt sich mit der Neuinterpretation der Klassifikation und Herkunft eines frühmittelalterlichen Schwertes aus dem Stettiner Haff (Zalew Szczeciński), ein anderer analysiert die Ergebnisse früherer Untersuchungen des Burgwalls von Stargordt/Starogard Łobeski, ein dritter schlägt die Neuinterpretation einer Steinkonstruktion auf der Halbinsel des Wothschwiensees/Jezioro Woświn in Altenfließ/Trzebawie vor. Auch eine Präsentation der Ergebnisse von archäologischen Forschungen aus der zweiten Hälfte des 20. Jahrhunderts auf dem Gelände des Zisterzienserklosters in Kolbatz/Kołbacz und ein Aufsatz über die Entdeckung eines gotischen Rittersiegels aus der Nähe von

Arnswalde/Choszczno gehören zu diesem Themenblock, den eine anthropologisch-paläopathologische Analyse von Skeletten aus den Ruinen des Franziskanerklosters in Pyritz/Pyrzyce abschließt. Unter der Rubrik „Entdeckungen" findet man sechs Berichte über laufende Forschungen und Einzelfunde aus der Steinzeit, dem frühen Mittelalter (eine Siedlung in Kunow/Kunowo) und der Neuzeit (unter anderem über eine Kachel von Hans Berman aus Cammin/Kamień Pomorski und die Kirche in Groß Möllen/Mielno). Die nächste Rubrik enthält neben fünf Buchbesprechungen eine umfangreiche Bibliographie zur Archäologie Pommerns im Jahr 2011 mit 249 Einträgen. In der „Chronik" werden drei archäologische Ausstellungen des Nationalmuseums Stettin im Jahr 2011 präsentiert, außerdem Berichte über die 6. internationale wissenschaftliche Tagung zur Geschichte der Völker an der Ostsee (5.–7. August 2011 in Wollin/Wolin) und die aktuelle Ausstellung archäologischer Objekte im Westkaschubischen Museum in Bütow (Muzeum Zachodniokaszubskie w Bytowie).

Krzysztof Kowalski

Agnieszka Matuszewska, Marcin Szydłowski (Hg.): Megality Pomorza Zachodniego. Na tropie budowniczych tajemniczych grobowców z epoki kamienia. Megaliths of Western Pomerania. On the track of the builders of the mysterious Stone Age tombs. Szczecin: Zapol [2012]. 92 S., Abb. ISBN 978-83-7518-523-2.

Nachzulesen sind hier die Ergebnisse eines Projekts zur Identifizierung und zur nicht-invasiven archäologischen Untersuchung von vorgeschichtlichen Megalith-Konstruktionen in Pommern, das unter der Leitung von Agnieszka Matuszewska und Marcin Szydłowski am Archäologischen Institut der Universität Stettin (Zakład Archeologii Uniwersytetu Szczecińskiego) im Rahmen des Kulturerbe-Programms des Ministers für Kultur und Kulturerbe der Republik Polen durchgeführt wurde. Die Publikation mit polnischem und englischem Text besteht aus mehreren kurzen Artikeln, die das Projekt und die vielfältigen Forschungen der Teilnehmer vorstellen. Zu Beginn werden die Kategorien der Bestände der archivalischen Dokumentation aus dem Nationalmuseum Stettin (Muzeum Narodowe w Szczecinie) präsentiert, die belegt, auf welche Weise seit dem zweiten Viertel des 19. Jahrhunderts Ausgrabungen zu pommerschen Megalithen registriert, inventarisiert, aber auch analysiert wurden (Krzysztof Kowalski). Gegenstand des nächsten Beitrags sind der Umfang von Oberflächenaufsammlungen sowie Verifizierungen von Meldungen von Einwohnern Pommerns (Agnieszka Matuszewska, Marcin Szydłowski). Das folgende Kapitel demonstriert die Grundlagen der Anwendung der Luftbildarchäologie bei der Suche nach Grabstätten und zeigt Ergebnisse von Lufterkundungen, welche im Zusammenhang mit einem Projekt zur Registrierung von Spuren gemacht wurden, die zerstörte megalithische Konstruktionen vermuten lassen (Aleksandra Wilgocka, Włodzimierz Rączkowski). Zusammengefasst werden auch geomagnetische Forschungsergebnisse zur Identifikation von hypothetischen Orten zerstörter Objekte, die bei der Oberflächen-Prospektion und bei Lufterkundungen ausgewählt wurden (Łukasz Pospieszny). Am Schluss stellen die Herausgeber die Frage nach der Aufnahme der Kulturgüter durch die Gesellschaft, vor allem nach der Nutzung von Relikten monumentaler vorgeschichtlicher Bauten in Pommern bei der Erstellung von regionalen archäologisch-touristischen oder Bildungsprojekten.

Krzysztof Kowalski

Paweł Migdalski (Hg.): Paul Tillich, Theologe auf der Grenze. Auf den Spuren des großen Denkers in der Neumark. Bad Schönfließ – Königsberg in der Neumark –

Butterfelde. Paul Tillich, teolog pogranicza. Śladami wielkiego myśliciela po Nowej Marchii. Trzcińsko-Zdrój – Chojna – Przyjezierze. Chojna: Stowarzyszenie Historyczno-Kulturalne „Terra Incognita" 2012 (Terra Incognita 4). 113 S., Abb., dt. Übersetzung: Torsten Salzer. ISBN 978-83-9322245-4-8.

Die zweisprachige Publikation ist Ergebnis eines internationalen wissenschaftlichen Symposiums über den deutschen Theologen Paul Tillich (1886–1965), die auf eine Initiative von Joanna Kościelna zurückgeht. Das Buch ist in Königsberg in der Neumark/Chojna erschienen, wo Tillich 1898–1901 das Gymnasium besuchte. Den Band eröffnet eine Studie von Maciej Bogdalczyk über Tillich als Theologen der Hoffnung, in dem der Autor betont, dass Tillich neben Karl Barth und Rudolf Bultmann zu den Hauptrepräsentanten der deutschen protestantischen Theologie des beginnenden 20. Jahrhunderts gehöre. Der Kern des Denkens von Tillich sei die Suche nach Gott auf theologische und philosophische Weise, ein Versuch, Brücken zwischen der Theologie und der Philosophie zu bauen. Christoph Ehricht unterstreicht in seinem Beitrag über Tillich als Theologen auf der Grenze, dass dieser zweimal sein Vaterland verloren habe: einmal 1918, als die scheinbare Ordnung des Kaiserreichs zerbrach, ein zweites Mal 1933, als er sich in die Emigration begab. Joanna Kościelna beschreibt das Land seiner Kindheit und liefert viele Fakten aus dem Leben Tillichs. Dabei weist sie darauf hin, dass man das ehemalige Ostbrandenburg, in dem er aufwuchs, kennenlernen müsse, wenn man sein Denken verstehen wolle. Paweł Migdalski beschreibt Ortschaften, in denen sich der junge Tillich aufhielt, und ergänzt viele historische Informationen.

Maciej Szukała

Krystyna Pohl, Sebastian Biela: Kaskada [Haus Ponath]. Szczecin: Teresa Pawlak 2011. 112 S., farb. u. s.-w. Abb. ISBN 978-83-924362-4-0.

Das Buch mit polnischem und englischem Text erzählt die Geschichte des Gastronomie- und Unterhaltungsbetriebs „Kaskada", der in Stettin/Szczecin am Berührungspunkt zweier Plätze gebaut wurde, die die Altstadt von Norden und Westen an der Stelle ehemaliger Befestigungsanlagen umgeben. Das Gebäude wurde 1929 als „Haus Ponath" eröffnet und beherbergte Restaurants mit einem Salon- und einem Jazz-Orchester, einen Billardsaal, der auch für Turniere genutzt wurde, und ein Café. Vor dem Hintergrund der Stadtgeschichte beschreiben die Autoren Entstehung, Funktionen und Aussehen des Gebäudes, seine Umgebung und seine Innenräume und stellen Künstler, Besitzer und Mitarbeiter vor. Die Geschichte des Gebäudes, das heute als Lokalität für Tanzfeste und Kulturveranstaltungen dient, wird detailliert und farbenreich, nicht ohne Humor dargestellt. Viele Personen, die mit dem Haus verbunden sind, Künstler und Gäste werden porträtiert. Das Buch ist illustriert mit Reproduktionen von Plakaten, Speisekarten und vielem anderen mehr. Eine Bibliographie ist beigefügt.

Ewa Gwiazdowska

Katarzyna Rembacka (Hg.): Szczecin i jego miejsca. Trzecia Konferencja Edukacyjna 10.12.2010 [Stettin und seine Stadtteile. Dritte Bildungskonferenz]. Szczecin: Urząd Miasta Szczecina, Instytut Pamięci Narodowej 2011. 315 S., Abb. ISBN 978-83-61233-45-9.

Der Tagungsband ist gedacht als Unterrichtshilfe für Lehrer. Paweł Migdalski macht mit den Stettiner Vororten, heutigen Stadtteilen, Scheune/Gumieńce, Kreckow/Krzekowo, Warsow/Warszewo und Bredow/Drzetowo bekannt. Rafał Simiński schreibt über die Bedeutung der Jakobikirche im mittelalterlichen Stettin. Janina Kochanowska weist auf das Schloss der pommerschen Herzöge und seinen Bildungswert hin. Radosław Gaziński untersucht die wirtschaftliche Bedeutung des Stettiner Hafens bis zum Ende des 18. Jahrhunderts. Radosław Skrycki behandelt französische Einflüsse im Stettin des 18. und 19. Jahrhunderts. Ewa Gwiazdowska beschreibt die ältesten Stettiner Schulgebäude, die in der Ikonographie dargestellt werden. Edward Włodarczyk schildert die Geschichte des Stadtteils Grabow/Grabowo. Maciej Szukała befasst sich mit der Rolle des Staatsarchivs Stettin (Archiwum Państwowe w Szczecinie) bei Forschungen zur Geschichte Pommerns im 19. Jahrhundert und in der ersten Hälfte des 20. Jahrhunderts. Renata Gałaj-Dempniak analysiert Vogelmotive an den Fassaden von Stettiner Häusern. Thema von Zofia Fenrych sind die Bedeutung von Türmen wie dem Bareselturm, dem Johannes-Quistorp-Gedächtnis-Turm und dem Bismarckturm. Piotr Fiuk erläutert Pläne und Ausführung von Restaurierungsarbeiten in der Stettiner Altstadt.

Maciej Szukała

Katarzyna Rembacka (Hg.): Szczecin – codzienność miasta i jego mieszkańców. Czwarta Konferencja Edukacyjna, 9. XII 2011 [Stettin – der Alltag der Stadt und ihrer Bewohner. Vierte erziehungswissenschaftliche Tagung, 9.12.2011]. Szczecin: Wydawnictwo KAdruk 2012. 366 S., Abb. ISBN 978-83-61233-45-9.

Der Band zur vierten erziehungswissenschaftlichen Konferenz, bei der Referate zu verschiedenen Aspekten der Vergangenheit von Stettin/Szczecin gehalten wurden, ist als Handreichung für Lehrer gedacht. Im Mittelpunkt stand das städtische Alltagsleben der vergangenen Jahrhunderte. Krzysztof Guzikowski beschäftigt sich mit der Herrschaft der Herzöge der Greifen-Dynastie und ihrer Ritter im mittelalterlichen Stettin. Janina Kochanowska beleuchtet den Alltag des Hofkünstlers am Stettiner Schloss im 16. Jahrhundert. Monika Ogiewa befasst sich auf der Grundlage der Hofordnung von 1575 mit den Pflichten und Entlohnungen der herzoglichen Beamten. Ewa Gwiazdowska skizziert in einem reich illustrierten Artikel das Alltagsleben in Stettin im Licht der Ikonographie des 16.–19. Jahrhunderts, zu der Gemälde, Stiche und Zeichnungen gehören. Agnieszka Chlebowska beschreibt Frauenvereinigungen in der Stadt im 19. und zu Beginn des 20. Jahrhunderts und grenzt konservative und liberale Strömungen voneinander ab. Edward Włodarczyk geht theoretischen Fragen der historischen Wissenschaft über Forschungen zum Alltagsleben in preußischen Städten des 19. Jahrhunderts nach. Lucyna Turek-Kwiatkowska analysiert Bewusstseinsveränderungen der Einwohner von Stettin in den Jahren 1918–1939. Tomasz Ślepowroński zeichnet auf der Grundlage von Stettiner Zeitungen das Alltagsleben der Jahre 1939–1945 nach; er schließt seine Darstellung mit dem 5. Juli 1945, als die Stadt endgültig Polen zugesprochen wurde. Das Buch enthält ein Register.

Maciej Szukała

Michał Rembas: Zachodniopomorskie tajemnice [Pommersche Geheimnisse]. Szczecin: Walkowska Wydawnictwo 2011. 120 S., farb. Abb. ISBN 978-83-61805-30-4.

Der Historiker und Journalist präsentiert eine Sammlung von Artikeln, die zum Teil bereits in lokalen Zeitungen erschienen sind. Vorgeschlagen werden 37 Ausflüge quer durch Pommern, bei denen die Leser Unbekanntes und Merkwürdiges entdecken können. Besonders häufig lenkt der Autor sein Augenmerk auf Gräber, so auf Soldatengräber aus dem Ersten

Weltkrieg wie in Franzhausen/Sławociesze oder Hinzendorf/Sowno und auf Gräber der Familie von Ramin bei Falkenwalde/Tanowo, das Grab des Ballonfliegers Kurt Hummel in Seepohlen/Sępólno Wielkie in der Nähe von Bublitz/Bobolice, den Gedenkstein für den Dichter Hermann Löns in Hohenleese/Leśno Górne bei Pölitz/Police, ein Bußkreuz aus dem 16. Jahrhundert in Stargard/Stargard Szczeciński und die Grabplatte des Hofnarren Claus Hinze, der am Hof des Herzogs Johann Friedrich lebte, in der Kirche von Hinzendorf/Sowno. Auch Sehenswürdigkeiten wie das Schloss in Stolzenburg/Stolec, der Otto-Brunnen in Pyritz/Pyrzyce, der 1850 von Anna von Humbert gegründete Park „Tal der Liebe" in Niedersaathen/Zatoń Dolna und die Befestigungsanlagen in Swinemünde/Świnoujście werden erwähnt sowie Objekte, von denen heute nur noch Reste erhalten sind, wie der von den Deutschen 1945 im Dammschen See versenkte Motortanker „Ulrich Finsterwalde", die Überreste von Schleusen in der Oder, eine Mühle aus dem 18. Jahrhundert bei Berlinchen/Barlinek, die Portland-Zement-Fabrik „Stern" in Finkenwalde/Szczecin-Zdroje, die Benzinfabrik in Pölitz und die Klosterruinen in Jasenitz/Jasienica.

Ewelina Kamińska

Rocznik Chojeński. Pismo historyczno-społeczne [Jahrbuch Königsberg in der Neumark. Historisch-gesellschaftspolitische Zeitschrift]. T. [Bd.] 4. 2012. Chojna: Stowarzyszenie Historyczno-Kulturalne „Terra Incognita" 2012. 427 S., Abb., dt. Zusammenfassung. ISSN 2080-9565.

Der Band über verschiedene Aspekte der Vergangenheit von Königsberg in der Neumark/Chojna und seiner Umgebung besteht aus drei Teilen: Artikel, Interviews und Erinnerungen sowie Miszellen. Im ersten Teil befasst sich Edward Rymar mit Mahl-, Walk- und Schneidemühlen aus dem Mittelalter im Raum um Königsberg und Bärwalde/Mieszkowice auf der Grundlage alter Dokumente. Derselbe Autor untersucht außerdem die Geschichte des einflussreichen Rittergeschlechts Morner auf Zellin/Czelin und Klossow/Kłosów im Mittelalter. Marcin Majewski liefert einen Beitrag zur Geschichte des Glockengießerhandwerks in Königsberg bis 1627, in dem er die Stadt als Zentrum des Kunsthandwerks seit dem Mittelalter darstellt. Grzegorz Ludwig Brzustowicz beschreibt die Umstände der Abhängigkeit der Lehnsritter der Region Neumark von den pommerschen Herrschern. Joanna A. Kościelna versucht in einem umfangreichen Artikel auf der Grundlage intensiver Quellenrecherchen eine Biographie des Chronisten von Königsberg Augustin Kehrberg (1665–1734) zu schreiben, dessen Chronik ein Beispiel gelehrter barocker Geschichtsschreibung ist. Ewa Gwiazdowska präsentiert Zeichnungen von Gustav Stier, einem Schüler von Karl Friedrich Schinkel, der 1825 Königsberg besuchte – heute eine wichtige kartographische Quelle für die historische Architektur der Stadt. Karl Richter beschäftigt sich mit der Orgelbauwerkstatt Bütow in Königsberg, die von 1847 bis 1926 existierte. Thema der Analyse von Wojciech Wichert ist die nationalsozialistische Propaganda im *Königsberger Kreiskalender* von 1939. Tomasz Zgoda schreibt über die Kämpfe um Königsberg am 4. und 5. Februar 1945.

Maciej Szukała

Edward Rymar: Z dawnych dziejów przyodrzańskiej Nowej Marchii [Aus der alten Geschichte der Neumark nahe der Oder]. Chojna: Stowarzyszenie Historyczno-Kulturalne „Terra Incognita" 2012. 286 S., 33 Abb. ISBN 978-83-9322245-1-7.

Der Autor, ein emeritierter Geschichtsprofessor, befasst sich seit Jahren mit der mittelalterlichen Geschichte der Neumark (Nowa Marchia). In der vorliegenden Arbeit beschreibt er das Entstehen der einzelnen städtischen und klösterlichen Zentren des Teils der Neumark, der an der Oder liegt. Im ersten Kapitel beschäftigt er sich mit der historischen Hydrographie der gesamten Region und analysiert die sich verändernden Namen von Flüssen, Seen und Bächen. In den folgenden Kapiteln wendet er sich den Anfängen der Geschichte von Königsberg in der Neumark/Chojna, Mohrin/Moryń, Bärwalde/Mieszkowice, Fürstenfelde/Boleszkowice und Bad Schönfließ/Trzcińsko-Zdrój zu. Er beschreibt Kirchen, Kapellen und Altäre vor der Reformation in diesen Städten und analysiert auf der Grundlage von erhaltenen Quellen die Sozialstruktur der Einwohnerschaft dieser Ortschaften. Der Autor behandelt ebenfalls die Geschichte des Frauenklosters von Zehden/Cedynia sowie der Rittergüter und der Komturei der Johanniter in Grüneberg/Golice. Das Buch enthält eine Bibliographie.

Maciej Szukała

Remigiusz Rzepczak: Złodzieje wiary i nadziei. Gestohlener Glaube, gestohlene Hoffnung. Szczecin: Stowarzyszenie Czas – Przestrzeń – Tożsamość 2011 (Na pograniczu. Grenznah 3). 336 S., s.-w. Abb. ISBN 978-83-932445-7-7.

Die Publikation der für die Geschichte Pommerns und Stettins verdienten „Gesellschaft Zeit – Raum – Identität" mit deutschem und polnischem Text entstand in Zusammenarbeit mit der Landeszentrale für politische Bildung Mecklenburg-Vorpommern; die Medienpartnerschaft übernahm *Dialog. Magazyn polsko-niemiecki*. Im Vorwort äußern Jochen Schmidt, Direktor der Landeszentrale, und Professor Władysław Bartoszewski die Hoffnung auf eine gute deutsch-polnische Nachbarschaft, die nur dann gedeihen könne, wenn man die Geschichte der Nachbarn kennt, sowie auf eine reinigende Wirkung der in dem Band erzählten erinnerten Ereignisse, die Jahrzehnte zurückliegen. Berichtet wird über das Leben von Polen, die zur Zwangsarbeit nach Deutschland oder in die Konzentrationslager verschleppt waren, in Gestapo-Gefängnissen einsaßen oder am Warschauer Aufstand 1944 teilnahmen. Es sind fünfzehn bewegende Lebensgeschichten von in den 1920er und 1930er Jahren Geborenen, die sich nach 1945 in der Woiwodschaft Westpommern niedergelassen und in der ersten Nachkriegszeit in den Städten Stettin/Szczecin, Greifenberg/Gryfice, Bärwalde/Mieszkowice, Neudamm/Dębno oder Zehden/Cedynia das Miteinanderleben von Deutschen und Polen erlebt haben. Als Ergänzung dienen Informationen über die Ortschaften gegen Ende des Krieges und nach 1945; der Leser kann somit, zumindest bruchstückhaft, die Geschichte der Region kennenlernen. Im Anschluss wird auf Polnisch und Deutsch ein Einblick in die Aktivitäten der „Gesellschaft" gegeben: Zu nennen sind etwa Ausstellungen zur deutsch-polnischen Thematik, zahlreiche Veröffentlichungen und ein starkes Engagement für die internationale Zusammenarbeit zur Erhaltung des kulturellen Erbes der Region. Die Fotos stammen von Andrzej Łazowski.

Ewelina Kamińska

Isabel Sellheim: Pomorskie pejzaże w malarstwie i grafice 1900–1945. Pommersche Landschaftsmalerei und -graphik 1900–1945. Katalog wystawy. Katalog der Ausstellung. Muzeum Pomorza Środkowego w Słupsku. Oddział Muzeum Wsi Słowińskiej w Klukach. Kluki maj – wrzesień 2012. Mai – September 2012. Kluki: Muzeum Pomorza Środkowego w Słupsku 2012. 63 S., s.-w. u. farb. Abb., dt. Übersetzung: Robert Kupisiński. ISBN 978-83-89329-62-2.

Die Abteilung Slowinzisches Dorfmuseum Klucken des Mittelpommerschen Museums in Stolp (Muzeum Pomorza Środkowego w Słupsku, Oddział Muzeum Wsi Słowińskiej w Klukach) bemüht sich seit einigen Jahren, die Kunstlandschaft Pommerns zu präsentieren und zu erhalten. Sie zeigt Leben und Werk von Malern, Grafikern und Bildhauern, die in Pommern tätig waren und sind. Große Verdienste um diese Initiativen hat die in Stolp lebende Autorin Isabel Sellheim. Im Jahr 2012 organisierte das Museum eine Übersichtsschau zur Landschaftsmalerei und -grafik der ersten Hälfte des 20. Jahrhunderts. Die Einleitung zum Ausstellungskatalog verfasste die Abteilungsleiterin Violetta Tkacz-Laskowska. Die pommerschen Landschaftsmaler werden mit Kurzbiographien vorgestellt. Darunter sind neu entdeckte Künstler wie Willi Hardt, Richard Callwitz, Arthur Becker-Fensloff und Siegfried Reich an der Stolpe sowie Kunstschaffende wie Hans Hartig, Otto Lang-Wollin, Otto Tarnogrocki oder Max Kühn, die nur Wissenschaftlern und Freunden Pommerns bekannt sind, aber auch weithin bekannte wie Herbert Tucholski oder Julo Levin. Der Katalogteil umfasst Daten zu den Bildern und Grafiken, von denen 35 abgebildet sind. Im Literaturverzeichnis fehlen wichtige deutsche Monographien und einige Titel der polnischen Fachliteratur.

Ewa Gwiazdowska

Radosław Skrycki (Hg.): Aktorzy szczecińscy i kino okresu międzywojennego [Stettiner Schauspieler und das Kino der Zwischenkriegszeit]. Szczecin: Instytut Historii i Stosunków Międzynarodowych Uniwersytetu Szczecińskiego, Archiwum Państwowe w Szczecinie 2011. 217 S. ISBN 978-83-933942-0-3.

Im November 2010 fand in Stettin/Szczecin das 1. Festival „Konstelacja Szczecin" (Konstellation Stettin) statt, bei dem es um Filmstars wie Ulrich Bettac, Hugo Döblin, Heinrich George, Dita Parlo, Hans Heinrich von Twardowski und Hilde Weissner ging, die in Stettin geboren wurden. In Stettiner Kinos wurden folgende Filme gezeigt: *Das Cabinet des Dr. Caligari* (1920), *Metropolis* (1926), *Berlin Alexanderplatz* (1931), *Atalante* (1934) und *Kolberg* (1945). Die Universität Stettin (Uniwersytet Szczeciński) veranstaltete eine begleitende wissenschaftliche Tagung, deren Ergebnisse in diesem Band mitgeteilt werden. Joanna Kościelna, die Initiatorin und Organisatorin der Veranstaltung, schildert die Schicksale der Stettiner Schauspieler des deutschen Films der Zwischenkriegszeit. Włodzimierz Stępiński hebt die Bedeutung Berlins für die Entwicklung der europäischen Kultur in den 1920er Jahren hervor. Tomasz Kłys beschäftigt sich mit den Anfängen des deutschen Tonfilms in der Endphase der Weimarer Republik 1929–1933. Der Film als Propagandainstrument im „Dritten Reich" ist Thema von Wojciech Wichert. Mit Veit Harlans Farbfilmen von *Die Goldene Stadt* (1942) bis *Kolberg* (1945) befasst sich Michał Dondzik, mit *Kolberg* als dem „letzten Großfilm der UFA" Uwe Schröder. Maciej Szukała betrachtet das Verhältnis von Politik und Kunst in historischen Spielfilmen des „Dritten Reichs" über Otto von Bismarck wie *Bismarck* (1940) und *Entlassung* (1942). Magdalena Saryusz-Wolska untersucht deutsche Spielfilme der Jahre 1945–1949. Die Kunst der Schauspieler Hans Heinrich von Twardowski, Emil Jannings und Dita Parlo charakterisieren Bartosz Morylewski, Wojciech Otto und Monika Talarczyk-Gubała. Iwona Grodź stellt Jean Vigo, den französischen Regisseur des Films *Atalante* von 1934, vor, in dem Dita Parlo auftrat. Damian Romaniak präsentiert zeitgenössische Interpretationen des Films *Das Cabinet des Dr. Caligari*.

Maciej Szukała

Radosław Skrycki: Chojna. Impresje sprzed wieku. Königsberg in der Neumark. Bilder aus einer vergangenen Zeit. Szczecin: Stowarzyszenie Czas Przestrzeń Tożsamość 2011 (Wehikuł Czasu. Zeitreisen). 213 S., farb. u. s.-w. Abb. ISBN 978-83-932445-8-4.

Der Historiker, Sammler und wissenschaftliche Mitarbeiter der Universität Stettin (Uniwersytet Szczeciński) betrachtet seine Heimatstadt Königsberg in der Neumark/Chojna mithilfe historischer Ansichtskarten, aus der Zeit vom Ende des 19. Jahrhunderts bis in die 1940er Jahre. Eine Einführung behandelt kurz die Geschichte der Ansichtskarte und das Bild der Stadt, wie es auf den Karten festgehalten ist. Das polnisch-deutsche Album mit Farbreproduktionen der Karten und Kommentaren zu Technik, Entstehungszeit, Verlegern und abgebildeten Inhalten liefert ein vielseitiges Bild der Stadt: von der ältesten Karte (1890) noch ohne Bild über lithographisch gestaltete Karten mit vielen Ansichten bis zu einer Kartenserie mit historischen Gebäuden und Propagandakarten aus der Zeit des Ersten Weltkriegs. Präsentiert wird auch ein Unikat, das von Schülern anlässlich des 40. Geburtstags Kaiser Wilhelms II. erstellt wurde. Der Autor zeigt sowohl Panoramen vom Anfang des 20. Jahrhunderts als auch Ansichten, die auf der Grundlage von Luftbildern aus den 1930er Jahren hergestellt wurden. Motive sind die Stadtmauern und -tore, die Pfarrkirche, das Augustinerkloster, das gotische Rathaus, Markt und Straßen mit Bürgerhäusern, Schul- und Verwaltungsgebäude des 19. und 20. Jahrhunderts, ebenso Villen außerhalb des Stadtgebiets, der Bahnhof, Hotels, Dienstleistungsbetriebe, Wirtschafts- und Industriegebäude, Denkmäler, Erholungs- und Sportanlagen. Fotos von Andrzej Łazowski, die die heutige Stadt zeigen, werden den alten Bildern am Schluss gegenübergestellt.

Ewa Gwiazdowska

Jacek Sowiński (Oprac. [Bearb.]): Powiat gryfiński – od rzemiosła do przemysłu. Gryfino County – from Handicraft to Industry. Bydgoszcz: Agencja reklamowo-wydawnicza „Promocja polska“ 2011. 40 S., farb. Abb., engl. Zusammenfassung. ISBN 978-83-61543-21-3.

Die Broschüre über Handwerk und Industrie im Kreis (Powiat) Greifenhagen/Gryfino ist eine Publikation aus einer Reihe, die halb informativ, halb werbeorientiert polnische Kreisstädte popularisieren soll. Auf einleitende Informationen über die Landschaftsnatur des Kreises folgen Ausführungen zur Geschichte der Stadt Greifenhagen, zu ihren Anfängen und ersten Siedlungsprozessen, die aufgrund archäologischer Funde (Artefakte für Fischfang und Jagd) dokumentiert werden können. Im Anschluss daran werden andere größere Orte des Kreises vorgestellt, Mohrin/Moryń, Bahn/Banie und Bärwalde/Mieszkowice mit ihren Sehenswürdigkeiten und touristischen Angeboten. Werbezwecken dienen kurze Darstellungen der wichtigsten Arbeitgeber und Betriebe.

Ewelina Kamińska

Błażej Stanisławski, Władysław Filipowiak: Wolin wczesnośredniowieczny [Wollin im Frühmittelalter]. Część [Tl.] I. Warszawa: Wydawnictwo TRIO 2013 (Origines Polonorum 6). 370 S., s.-w. u. farb. Abb., engl. Zusammenfassungen. ISBN 978-83-7436-249-8.

Die Monographie wurde von der Stiftung für polnische Wissenschaft gefördert und in Zusammenarbeit mit dem Institut für Archäologie und Ethnologie der Polnischen Akademie der Wissenschaften herausgegeben, deren Mitglied Władysław Filipowiak, Direktor des Nationalmuseums in Stettin/Szczecin von 1955 bis 2000, seit 1952 archäologische Forschungen auf Wollin betreibt. Der Band setzt sich aus drei Kapiteln und einem Anhang zusammen. Einleitend werden dem Leser die Geschichte des frühmittelalterlichen Wollin/Wolin sowie die Ausgrabungen in der Stadt in den Jahren 1996–2002 nähergebracht. Ein Kapitel präsentiert die Ergebnisse der auf das Alltagsleben, vor allem die Wirtschaft und das Handwerk, konzentrierten Forschungen. Hier werden Funde, die über die Kultur des alten Wollin Auskunft geben (Werkzeug, Erzeugnisse aus Holz, Baumrinde, Lehm, Eisen, Buntmetallen, Knochen, Bernstein und Leder sowie Keramik und Schuhe), in Form von Zeichnungen und Fotos abgebildet und wissenschaftlich systematisiert. Zusammenfassend wird über Wollin im frühen Mittelalter aus der Perspektive der Archäologie berichtet. Der Anhang bietet eine umfangreiche Bibliographie, mehrere Register (Personen, geographische und ethnische Namen) sowie Tabellen, die die Klassifizierung der Funde betreffen. Die abgedruckten Pläne und Zeichnungen werden in Polnisch und Englisch kommentiert. Die an Fachleute adressierte Publikation erschien im Rahmen einer Reihe, die sich der Erforschung mittelalterlicher Stadtgeschichte widmet; die zuvor erschienenen fünf Bände der „Origines Polonorum" galten den Städten Lublin, Kolberg/Kołobrzeg, Przemyśl, Płock und Stettin/Szczecin.

Ewelina Kamińska

Włodzimierz Stępiński, Tomasz Ślepowroński (Hg.): Na drodze do niemieckiej katastrofy. Twórcy idei, sportowcy, uczeni, policjanci [Auf dem Weg zur deutschen Katastrophe. Ideengeber, Sportler, Gelehrte, Polizisten]. Wrocław: Centrum Studiów Niemieckich i Europejskich im. Willy'ego Brandta Uniwersytetu Wrocławskiego 2012. 175 S. ISBN 978-83-62584-12-3.

Das Buch ist Ergebnis einer wissenschaftlichen Tagung polnischer Deutschlandforscher im Mai 2010 in Breslau/Wrocław auf Initiative des Willy Brandt-Zentrums der Universität Breslau (Centrum Willy Brandta przy Uniwersytecie Wrocławskim). Die Historiker präsentierten Forschungsergebnisse zu ausgewählten Fragen der Geschichte Deutschlands im 20. Jahrhundert, besonders zur Zeit des „Dritten Reichs". In der Publikation dominiert die regionale Perspektive. Joanna Nowosielska-Sobel eröffnet den Band mit einer Studie über Ernst Rudorff als Protagonisten des Bundes „Heimatschutz" in Deutschland an der Wende vom 19. zum 20. Jahrhundert, der den Schutz der Landschaft, architektonischer Denkmäler und anderer Elemente des Kulturerbes zum Ziel hatte. Tomasz Butkiewicz beschäftigt sich mit der Tätigkeit der Nationalpolitischen Erziehungsanstalt (Napola) in Köslin/Koszalin in den Jahren 1933–1945. Miłosz Stępiński stellt die deutsche Turnerbewegung als Element der politischen Erziehung in den 1920er Jahren im Spiegel des *Turnblatts der Pommern* dar. Wojciech Wichert befasst sich mit der antisemitischen Propaganda der Nationalsozialisten in Stettin/Szczecin 1933 im Licht der NSDAP-Zeitschrift *Die Parole*. Maciej Szukała zitiert und analysiert vertrauliche Anweisungen für die Delegation deutscher Wissenschaftler, die im August 1933 zum 7. Internationalen Historikerkongress nach Warschau/Warszawa reiste. Bartosz Wójcik untersucht die Mentalität deutscher staatlicher Funktionäre in den besetzten polnischen Gebieten am Beispiel der Ordnungspolizei in Lodz/Łódź (damals Litzmannstadt). Jakub Ciechanowski schildert die Bombardierungen Stettins durch die alliierten Luftstreitkräfte vom ersten Angriff im Juni 1940 bis 1945. Tomasz Ślepowroński befasst sich mit dem Prozess der Entnazifizierung und Veränderungen in der deutschen Historiographie an der Universität Greifswald von 1945 bis 1949 und weist auch auf die bedeutsame Rolle der stalinistischen Ideologie bei der Bildung der wissenschaftlichen Kader hin.

Maciej Szukała

Szczeciner. Magazyn Miłośników Szczecina [Szczeciner. Magazin der Liebhaber Stettins]. Nr. 2 (2012). Szczecin: Walkowska Wydawnictwo 2012. 192 S., s.-w. Abb., dt. Zusammenfassungen. ISSN 2082-9086, ISBN 978-83-61805-41-0.

In der zweiten Nummer des Magazins aus Stettin/Szczecin vermischt sich längst Vergangenes mit der Gegenwart. Weit zurückliegende Epochen werden unter anderem in dem Beitrag über die Grenzen des Herzogtums Pommern reflektiert. Hier konzentriert sich Jarosław Kociuba auf die von Eilhard Lubinus 1618 angefertigte große Karte des Herzogtums; beschrieben werden vor allem einzelne Teile dieses Territoriums. Mit der Geschichte beschäftigen sich außerdem Mirosław Janiak (über Anfänge der elektrischen Straßenbahn in Stettin), Bogdana Kozińska (über das Gebäude für das Königliche und Stadtgymnasium Stettin), Małgorzata Wrzosek (über die Geschichte und den Ausbau des Stettiner Parks „In den Anlagen" sowie das dort 1911/12 erbaute Parkhotel) und Jan Iwańczuk (über Etappen-Punkte für deutsche Umsiedler in den Jahren 1945–1947 in Stettin). Beachtung finden auch mehrere mit der Stadt verbundene Persönlichkeiten wie der Dichter Ernst Moritz Arndt, Ruth von Kleist-Retzow, Pastor Dietrich Bonhoeffer, der Komponist Carl Loewe, der Erfinder des Heizkörpers Franz San Galli sowie die Inhaber der über ein halbes Jahrhundert tätigen Stettiner Fotogesellschaft Hermann Moellendorf und Christian Bachmann. Weitere Texte sind polnischen Themen gewidmet, so einer Musikband aus Szczecin, der Einführung des Kriegsrechts 1981 oder der Präsenz der Stadt in landesweiten Informationsprogrammen. Im Anhang findet sich die Reproduktion einer farbigen Postkarte mit dem Text „Garten Restauration Parkhotel".

Ewelina Kamińska

Szczeciner. Magazyn Miłośników Szczecina [Szczeciner. Magazin der Liebhaber Stettins]. Nr. 3 (2013). Szczecin: Walkowska Wydawnictwo 2013. 208 S., s.-w. Abb., dt. Zusammenfassungen. ISSN 2082-9086, ISBN 978-83-61805-58-8. Mit Beiheft: 1947. Kolory ruin. Szczecin w przededniu (od)budowy [1947. Farben der Ruinen. Stettin vor dem (Wieder-)Aufbau]. 50 S. ISBN 978-83-61805-59-5.

Das Magazin wird immer umfangreicher, was das nach wie vor bestehende Interesse an der Geschichte der Stadt Stettin/Szczecin verdeutlicht. In dieser Ausgabe schreiben unter anderem Aleksandra Łukaszewicz-Alcaraz über das Kunstinteresse der 1759 in Stettin geborenen Sophie Dorothee Auguste Luise Prinzessin von Württemberg, die als Zarin Maria Fjodorowna in die europäische Geschichte einging, Karolina Andrzejewska über die im Januar 1936 in den Räumen des Stadtmuseums auf der Hakenterrasse eröffnete Ausstellung „Polnische Kunst", Radosław Walkiewicz über das Schicksal des Gebäudes am Paradeplatz (heute ul. Niepodległości) 60, in dem Ende der 1920er Jahre der UFA-Palast entstand, Paweł Knap über einen amerikanischen Mormonen, der 1938 mit einer Mission nach Deutschland kam und auch Stettin besuchte. Andere Beiträge beschäftigen sich zum Beispiel mit den kriegsbedingten Zerstörungen in der Schulzenstraße im Stadtzentrum und dem späteren Wiederaufbau, mit der Geschichte der Provinzial-Zuckersiederei und späteren Kakao-, Schokoladen- und Zuckerwaren-Fabriken oder mit dem unweit gelegenen Pölitz/Police: der Geschichte der sogenannten Waldsiedlung für das Personal der Hydrierwerke von 1938 bis zur Gegenwart sowie der sogenannten Auslandsbriefprüfstelle, die für die Kontrolle der Post der im Pölitzer Lager beschäftigten Zwangsarbeiter zuständig war. Małgorzata Wrzosek entwirft das Porträt des um Stettin verdienten Architekten Wilhelm Meyer-Schwartau. Das vergangene Leben der Stadt wird auch mit Fotos der von Stettiner Ofensetzern gebauten Öfen und Kamine dokumentiert. Die Nachkriegszeit ist Thema in Beiträgen etwa über ein Eisenbahnunglück im

Jahr 1946 oder über die in der zweiten Hälfte der 1940er Jahre aktiven Fußballklubs. Im Beiheft sind Fotos des Architekten Henry N. Cobb veröffentlicht, der 1947 Szczecin besuchte.

Ewelina Kamińska

Nina Szuba: Pomorska – szczecińska, stargardzka, kołobrzeska – książka kucharska [Pommersches – Stettiner, Stargarder, Kolberger – Kochbuch]. Szczecin: Walkowska Wydawnictwo/JEŻ 2011. 160 S., Abb. ISBN 978-83-61805-33-5.

Die Publikation ist als Anregung zur Beschäftigung mit Traditionen der Region, hier überlieferten Kochrezepten, gedacht. Die Rezepte wurden vorwiegend alten deutschen Kochbüchern entnommen, unter anderem dem *Stettiner Koch-Buch* von Marie Rosnack aus dem Jahr 1845, dem *Pommerschen Kochbuch* von H. v. Geibler aus dem Jahr 1925 und einem *Stargarder Koch-Buch* (keine Autorenangabe). Über die Kochzutaten wird der Alltag der einstigen Einwohner erfahrbar, den die Geschichtsbücher sonst nicht berücksichtigen. Die Autorin sowie die Übersetzerin der deutschen Rezepte, Dagmara Baumert, stammen aus Familien, die 1946 nach Schivelbein/Świdwin gekommen und dort einigen unverständlich klingenden Namen von Speisen begegnet sind, die ihre Neugier weckten. Nach einer Einleitung über die Wurzeln der pommerschen Küche und ihre Spezifik (typisch sind Fisch-, Wild-, Getreide- und Gemüsegerichte) werden 44 Rezepte mitgeteilt, etwa für Zander nach Stettiner Art, pommerschen Kartoffelsalat oder pommerschen Hasenbraten.

Ewelina Kamińska

Maria Witek, Cezary Nowakowski: Tajemnice codzienności [Geheimnisse des Alltags]. Szczecin: Biuro Dokumentacji Zabytków 2011. 103 S., farb. u. s.-w. Abb. ISBN 978-83-933448-1-9.

Das Buch wurde von erfahrenen Stettiner Volkskundlern verfasst und mit Fotos von Werken der Architektur und der Kunst sowie mit Zeichnungen des Architekten Radosław Barek illustriert. Es behandelt das persönliche und emotionale Verhältnis der Menschen zu ihrer Region und popularisiert Wissen über das historische Pommern vom Mittelalter bis zum Beginn des 20. Jahrhunderts. Die Autoren schreiben über Charakteristika des mittelalterlichen Städtebaus, stellen typische Dorfanlagen und Landgüter vor. Sie weisen auf die traditionelle Ziegelbauweise hin, die sich bei Sakral- und Wohnbauten, öffentlichen Bauten, Wirtschafts- und Verteidigungsbauten erhalten hat, und zeigen Beispiele für die Fertigkeiten der Zimmerleute, die sich in Dachstühlen finden lassen, und die Kunst der Maurer, die an Fassaden deutlich wird. Auch auf Schmuckdetails der Volkskunst, Innenausstattungen sakraler Räume und die Schönheit der Steinmetzkunst auf Friedhöfen machen sie aufmerksam.

Ewa Gwiazdowska

Joanna Wojtkowiak: Skandynawskie wpływy kulturowe w Wolinie (IX–XI wiek) [Skandinavische Kultureinflüsse auf Wollin (9.–11. Jahrhundert)]. Wrocław: Chronicon 2012. 162 S., Abb. ISBN 978-83-935760-3-6.

Die Arbeit unternimmt den ambitionierten Versuch, die anthropologische Perspektive bei der Interpretation von mit skandinavischer Kunst verbundenen Gegenständen des frühen Mittelalters auf der Insel Wollin/Wolin hinzuzuziehen. Aufgrund von archäologischen Funden zeigt die Autorin die Unbeständigkeit des Verhältnisses von Slawen und Skandinaviern auf. Ihr Ziel erreicht sie durch die Analyse des slawischen Siedlungswesens in und um Wollin sowie von Objekten mit dem Charakter kultureller Identifikatoren, darunter Schmuck, Schätze von Altsilber, bronzene Ortbänder, Löffel und andere mit Ornamenten versehene hölzerne Gegenstände sowie Knochenkämme. Zum Schluss erörtert die Autorin Möglichkeiten der Ermittlung der Identität der Bewohner des frühmittelalterlichen Wollin in schriftlichen arabischen, lateinischen und skandinavischen Quellen.

Anna B. Kowalska

Beata Wróblewska: Pieśni Joachima Schwarza w opracowaniach wokalnych i wokalno-instrumentalnych. Analiza formalna i problemy wykonawcze [Joachim Schwarz' Lieder in vokalen und vokal-instrumentalen Bearbeitungen. Formale Analyse und Probleme der Ausführung]. Słupsk: Wydawnictwo Naukowe Akademii Pomorskiej 2012. 249 S., s.-w. Abb, dt. Zusammenfassung. ISBN 978-83-7467-184-2.

In der Publikation werden hauptsächlich die vokalen und vokal-instrumentalen Bearbeitungen der Lieder von Joachim Schwarz (1930–1998) vorgestellt und hinsichtlich ihrer Form und der künstlerischen Intentionen des Komponisten beschrieben. Anhand von elf Liedern, zu denen Wróblewska Partituren geschrieben hat, berichtet die Musikerin und Dirigentin auch über die eigenen Erfahrungen mit den künstlerischen Darbietungen dieser Werke. In dem einleitenden Kapitel geht sie auf wenigen Seiten auf das musikalische Leben in Stolp/Słupsk vor dem Zweiten Weltkrieg ein. Etwas ausführlicher stellt sie die Biographie und das Werk Joachim Schwarz' dar, des in dieser Stadt geborenen Diakons, Komponisten und Verlegers, der in seinen letzten Lebensjahren durch seine künstlerische Tätigkeit und sein Engagement zugunsten der Rekonstruktion einer historischen Orgel in seiner Heimatstadt zu einem Mittler zwischen Deutschen und Polen sowie zum Retter des lokalen Kulturerbes wurde. Im Anschluss an ihre eingehenden Analysen beleuchtet die Autorin summarisch die Entwicklung des protestantischen Kirchenlieds in Deutschland und bespricht den Bau der einzelnen Lieder von Schwarz.

Mirosław Ossowski

Lisaweta von Zitzewitz (Hg.): Zeszyty Kulickie. Külzer Hefte. Nr 9: Pierwsze spotkanie kulickie poświęcone dziejom ziemi nowogardzkiej. Erste Külzer Begegnung zur Geschichte des Naugarder Landes. Kulice: Fundacja Akademia Europejska Kulice. Külz: Stiftung Europäische Akademie Külz-Kulice 2012. 242 S., Abb., dt. Zusammenfassungen. ISSN 1508-9207.

Das Buch ist Ergebnis einer wissenschaftlichen Tagung vom 6./7. März 2010 in Külz/Kulice. Ihr Thema war die Geschichte und Kultur von Naugard/Nowogard von den ältesten Zeiten bis heute. Drei Beiträge beschäftigen sich mit der Geschichte der Stadt vor 1945: Edward Rymar beschreibt die ersten hundert Jahre nach der Ersterwähnung Naugards 1268. Im Mittelalter gehörte der Ort der Familie Everstein (Eberstein). Der Autor betont, dass die Stadt mit privatem Status keine größere Rolle bei der Organisation der pommerschen Ständegesellschaft spielte. Ewa Gwiazdowska widmet sich der Geschichte Naugards im Spiegel alter Ansichten. Als private Stadt sei Naugard nicht auf der Karte der pommerschen Städte von Eilhard Lübben (Lubinus) von 1618 berücksichtigt worden. Die erste Stadtansicht stammt aus dem Jahr 1670, mehrere Darstellungen gibt es aus dem 18. Jahrhundert. Erst das Aufkommen von Fotos und Ansichtskarten führte zu einer detailgetreuen Dokumentation der ehemaligen Bebauung, die in hohem Maße 1945 zerstört wurde. Die dramatische Geschichte Naugards von März bis Juli 1945, als die Stadt aufhörte in ihrer alten Gestalt zu existieren, gibt Jan Kopiciński wieder. Auf der Basis zahlreicher Berichte schildert er die Evakuierung Naugards und die dramatischen Umstände der Einnahme der Stadt durch die sowjetische Armee.

Maciej Szukała

5. Schlesien, Lausitz

Antoni Barciak (Hg.): Realia życia codziennego w Europie Środkowej ze szczególnym uwzględnieniem Śląska [Realien des Alltagslebens in Mitteleuropa unter besonderer Berücksichtigung Schlesiens]. Katowice, Zabrze: Studio Noa 2011 (Kultura Europy środkowej [Kultur Mitteleuropas] 14). 485 S., Abb., dt. Zusammenfassungen. ISBN 978-83-60071-41-0.

Der Band, Ergebnis regelmäßiger internationaler Tagungen der Kattowitzer Abteilung der Polnischen Akademie der Wissenschaften (Oddział katowicki Polskiej Akademii Nauk), enthält 26 Artikel in drei chronologisch gegliederten Teilen. Die Beiträge behandeln zahlreiche Aspekte des Alltagslebens im Lichte verschiedener Arten von Quellen. Man findet etwa Studien zu den sanitären Verhältnissen in Breslau/Wrocław (Mateusz Goliński), zur Ausführung der Todesstrafe (Beata Wojciechowska), zum Alltagsleben von Geistlichen und Ordensleuten (Olga Przybyłowicz, Kazimierz Dola), zum Alltag in Kriegszeiten (Teresa Kulak), in Wirtschaftskrisen (Bogusław Tracz) oder in der Stalin-Ära (Zygmunt Woźniczka). Der Anhang gibt unter anderem eine Podiumsdiskussion von Wissenschaftlern und Journalisten über den Einfluss des Alltagslebens auf das Schaffen der schlesischen Eliten wieder.

Małgorzata Ruchniewicz

Marek Burak, Grzegorz Roman: Item donamus Sechenice villam ... Podwrocławskie Siechnice w latach 1253–2011 [Item donamus Sechenice villam ... Tschechnitz bei Breslau in den Jahren 1253–2011]. Wrocław: Gajt 2012. 408, [5] S., zahlr. Abb., Kt., dt. u. engl. Zusammenfassung. ISBN 978-83-62584-08-6.

Das sorgfältig edierte und reich illustrierte Buch mit elf Kapiteln behandelt die Geschichte von Tschechnitz/Siechnice (1936–1945: Kraftborn), einem großen Dorf in der Nähe von Breslau, das früher den Johannitern gehörte und heute wegen seines Heizkraftwerks und seiner Gartenbaubetriebe bekannt ist. Es stützt sich auf zahlreiche Archivalien, gedruckte Quellen und Pressetexte. Der Darstellung der Historie des Ortes gehen Kapitel zur Entwicklung des Ortsnamens, zu Lage und Klima sowie zu den Naturgegebenheiten voran. Die Geschichte von der Lokation bis zum Beginn des 19. Jahrhunderts wird in einem Kapitel behandelt, in einem weiteren die Zeit bis 1945. Dabei berücksichtigen die Autoren besonders moderne Unternehmen, die das Aussehen des Ortes geprägt und verändert haben. Das nächste Kapitel betrifft die Geschichte bis 1996, die polnische Besiedlung, Wirtschaft, Demographie, das politische und gesellschaftliche Leben. In eigenen Kapiteln werden das katastrophale Oderhochwasser von 1997, die kommunale Selbstverwaltung des Ortes nach 1990 sowie die Geschichte der Tschechnitzer Pfarrei nach dem Krieg vorgestellt. Jedes Kapitel enthält eine Darstellung der Archivmaterialien zur jeweiligen Epoche. Den Band ergänzen Kartenmaterial der Region und ein historisches Kalendarium.

Krzysztof Ruchniewicz

Kamilla Dolińska, Natalia Niedźwiecka-Iwańczak (Hg.): Zgorzelec jako miasto pograniczne w opiniach jego mieszkańców [Zgorzelec als Grenzstadt aus der Sicht seiner Einwohner]. Wrocław: GAJT 2011. 177 S., Abb. ISBN 978-83-62584-15-4.

Das Buch ist Ergebnis soziologischer Untersuchungen, die 2010 im polnischen Teil von Görlitz, Zgorzelec, durchgeführt wurden. Ziel war es, die Wirklichkeit aus der Perspektive der Einwohner darzustellen und bisherige Untersuchungen zur Grenzregion zu ergänzen. Das Buch besteht aus sechs Artikeln zu verschiedenen Fragen, die aus der Lage der Stadt resultieren. Grzegorz Kozdraś erörtert die methodologischen Forschungsgrundlagen (Auswahl der Stichproben, Problem der Repräsentativität). Julita Makaro beschäftigt sich mit der Zusammenarbeit von Zgorzelec und Görlitz und ihren Auswirkungen auf das Leben der Bürger, Natalia Niedźwiecka-Iwańczak mit Aktivitäten, die von der Grenzlage der Stadt bestimmt sind (Häufigkeit der Grenzübertritte, Attraktivität beider Städte). Kamilla Dolińska untersucht Aspekte der polnisch-deutschen Nachbarschaft in Zgorzelec (Fragen der Intensität der Beziehungen, der Offenheit der Einwohner). Mit Stereotypen vom deutschen Nachbarn befassen sich Marcin Dębicki und Wojciech Doliński. Marzena Sasnal analysiert die Wahrnehmung von Kriminalität, das Empfinden von Bedrohungen und Äußerungen zu selbst erlebten Vorfällen, wobei sie die Meinungen der Einwohner mit polnischen und deutschen Polizeistatistiken konfrontiert.

Krzysztof Ruchniewicz

Andrzej Gwóźdź: Obok kanonu. Tropami kina niemieckiego [Am Kanon vorbei. Auf den Spuren des deutschen Kinos]. Wrocław: ATUT 2011 (Niemcy – Media – Kultura [Deutschland – Medien – Kultur]). 330 S., 119 Abb. ISBN 978-83-7432-716-9.

Die neue Reihe, die der vorliegende Band eröffnet, ist als Versuch gedacht, den Beitrag der deutschen Medienwissenschaft zur postmodernen Auffassung der Kultur (als „Text") zu präsentieren. Der Verfasser lädt zu einem Spaziergang durch die ehemalige und zeitgenössische deutsche Kinolandschaft ein. Nicht selten führt dieser am sogenannten Kanon „vorbei"; unerwähnt bleiben die erstrangigen Erscheinungen auf dem Gebiet des Films. Stattdessen porträtiert Gwóźdź die zu Unrecht vergessenen oberschlesischen Filmkomponisten Franz Wachsmann (Waxman) und Michael Jarczyk (Jary) und richtet den Blick auf das Breslau/Wrocław der Vorkriegszeit als Filmmetropole. Man erfährt, dass in Breslau schon in den 1920er Jahren die ersten Filmgesellschaften („Matador-Filmwerke", „Filmhaus Sage AG", „Schauburg", „Ostfilm-Aktiengesellschaft", „Wotan") gegründet, Ateliers gebaut, Kinosäle („Ah-Lichtspiele") eröffnet und Filme gedreht wurden. Als Filmregisseur wurde Rochus Gliese nach Breslau geholt; sein Abenteuer dort dauerte jedoch nicht lange: Obwohl ihm im Elefantenpavillon des Breslauer Zoos ein Atelier bereit stand, scheiterten seine Pläne, aus der schlesischen Hauptstadt eine Filmmetropole zu machen.

Grzegorz Kowal

Martha Hauptmann: Mein Lebensfaden. Erinnerungen. Hg. u. m. einem Nachwort versehen v. Krzysztof A[ntoni] Kuczyński: Włocławek: Wissenschaftlicher Verlag der Staatlichen Fachhochschule 2011. 199 S., Abb. ISBN 978-83-60607-28-1.

Krzysztof A. Kuczyński präsentiert die Erinnerungen von Martha Hauptmann geb. Thienemann (1862–1939), der ersten Ehefrau des deutschen Schriftstellers aus Schlesien Carl

Hauptmann (1858–1921). Ihre Ehe dauerte 24 Jahre und wurde mehrmals auf die Probe gestellt. Der Band besteht aus einem kurzen Vorwort, gefolgt vom Hauptteil *Mein Lebensfaden*, in dem die Autorin viele Tatsachen aus dem Privatleben schildert, die einen breit gefächerten Einblick in die Familiengeschichte Carl und Gerhart Hauptmanns ermöglichen. Die Veröffentlichung endet mit einem sechsseitigen Nachwort sowie einem umfangreichen Anhang, in dem unter anderem die Grabrede für Martha Hauptmann, die Traueranzeige und andere Dokumente wiedergegeben sind. Der Herausgeber stützt sich auf Materialien aus dem Deutschen Literaturarchiv Marbach.

Monika Kucner

Roman Heck: Zjazd głogowski w 1462 r. [Die Begegnung in Glogau im Jahre 1462]. Głogów: Towarzystwo Ziemi Głogowskiej 2012. 95 S. ISBN 978-83-89306-24-1.

Die Publikation ist eine Neuauflage der erstmals 1962 erschienenen Arbeit des polnischen Mediävisten über die Begegnung des böhmischen Königs Georg von Podiebrad mit dem polnischen König Kazimierz Jagiellończyk 1462 in Glogau/Głogów. Das Buch hat auch nach einem halben Jahrhundert kaum von seinem wissenschaftlichen Wert verloren, wie Mateusz Goliński im Nachwort ausführt. Es handelt sich um ein interessantes Dokument zur Entwicklung der polnischen Historiographie am Beginn der 1960er Jahre und der sie beeinflussenden politischen Situation. Im ersten von vier Kapiteln gibt der Autor einen Überblick über die Historiographie der Begegnungen von Monarchen und ihren Gefolgen in Glogau. Im zweiten Kapitel stellt er die Umstände dar, die zu dem Treffen von 1462 führten, im dritten die Ereignisse, die sich am Vortag der Begegnung abspielten. Das letzte Kapitel schildert den Verlauf des Zusammentreffens auf der Grundlage von Chroniken, Jahrbüchern, diplomatischer Korrespondenz und anderen Dokumenten.

Małgorzata Ruchniewicz

Robert Heś (Red.), Zofia Bandurska, Przemysław Kulesza: Ikonografia Dolnego Śląska. Pocztówki [Ikonographie Niederschlesiens. Postkarten]. Wrocław: Muzeum Narodowe we Wrocławiu 2011. T. [Bd.] 1: Bagieniec–Rzeczka [Teichenau–Dorfbach]. 407 S., 2.652 Abb. – T. [Bd.] 2: Sady Górne–Żórawina, Sudety [Ober Baumgarten–Rothsürben, Sudeten]. 404 S., 2.326 Abb. ISBN 978-83-61900-15-3.

Das Buch setzt eine Reihe fort, die die einzelnen Abteilungen des Breslauer Nationalmuseums (Muzeum Narodowe we Wrocławiu) vorstellt. Die Sammlung von Ansichtskarten im Dokumentenkabinett wurde noch vom Schlesischen Museum für Kunstgewerbe und Altertümer angelegt und sukzessive durch Ankäufe und Schenkungen erweitert. Die in zwei Katalogbänden präsentierte Kollektion von 4.986 illustrierten Karten stammt aus den Jahren 1893–1945 und zeigt Niederschlesien ohne die Stadt Breslau, der 2007 eine eigene Publikation gewidmet wurde (siehe *Berichte und Forschungen. Jahrbuch des Bundesinstituts* 16, 2008, S. 330). Im zweiten Band findet sich gesondert auch ein Katalog von Ansichtskarten vom Zobtenberg/Ślęża und aus den Sudeten: Habelschwerdter Gebirge/Góry Bystrzyckie, Isergebirge/Góry Izerskie, Bober-Katzbach-Gebirge/Góry Kaczawskie, Waldenburger Bergland/Góry Kamienne und Góry Wałbrzyskie, Eulengebirge/Góry Sowie, Heuscheuergebirge/Góry Stołowe, Riesengebirge/Karkonosze, Glatzer Schneegebirge/Masyw Śnieżnika, Landeshuter Kamm/Rudawy Janowickie. Von den 527 Ortschaften, zu denen Ansichtskarten gezeigt werden, sind die größeren Städte (Hirschberg/Jelenia Góra, Glatz/Kłodzko, Liegnitz/Legnica, Schweidnitz/Świdnica, Waldenburg/Wałbrzych) und die Kurorte (Bad Warmbrunn/Cieplice, Bad Reinerz/Duszniki-Zdrój, Krummhübel/Karpacz, Schreiberhau/Szklarska Poręba u. a.) besonders gut dokumentiert. Aber auch Kleinstädte, Dörfer und Weiler sind zu finden, außerdem Karten mit Ansichten von Hotels und Gasthäusern, Karten zu Neujahr und anderen Feiertagen oder zu besonderen Ereignissen, etwa zum Bau der neuen Pfarrkirche der hl. Schutzengel in Waldenburg 1899, zur Handwerks- und Industrieausstellung in Schweidnitz 1911 oder zur Deutschen Gartenbau- und Schlesischen Gewerbe-Ausstellung GUGALI in Liegnitz 1927. Jeder Katalogeintrag umfasst neben einer kurzen Beschreibung der Ansicht nach Möglichkeit auch die Namen der Verleger, Auftraggeber, Fotografen, Drucker usw., die in einem Register verzeichnet sind. Der erste Band bietet eine Einführung in deutscher und polnischer Sprache.

Maria Zwierz

Klaus Hildebrandt, Krzysztof A[ntoni] Kuczyński (Hg.): „Habt herzlichen Dank für Eure Freundschaft ...“ Menschen um Gerhart Hauptmann. Włocławek: Wissenschaftlicher Verlag der Staatlichen Fachhochschule 2011. 341 S. ISBN 978-83-60607-26-8.

Der dritte Band aus einer Reihe, die dem deutschen Dichter und Nobelpreisträger Gerhart Hauptmann und seinem großen Bekanntenkreis gewidmet ist, präsentiert 17 Beiträge von Wissenschaftlern aus Polen, Deutschland, Großbritannien, Frankreich und den USA. Unter den porträtierten Menschen um Gerhart Hauptmann befinden sich sowohl namhafte als auch längst vergessene Persönlichkeiten der deutschen Kultur, Politik und Wirtschaft. Berücksichtigt wurden Peter Hille (1854–1904), Cosima Wagner (1837–1930), Josef Kainz (1858–1910), Lou Andreas-Salomé (1861–1937), Ludwig von Hofmann (1861–1945), Leonid Pasternak (1862–1945), Werner Sombart (1863–1941), Eugen Kühnemann (1868–1946), Leonhard Fanto (1874–1940), Konrad Haenisch (1876–1925), um nur einige zu nennen.

Monika Kucner

Aleksandra Hołubecka-Zielnica, Krzysztof Zielnica: Był taki czas ... Pogranicze polsko-niemieckie (Syców – Kępno – Ostrzeszów). Wspomnienia i relacje z lat 1918–1958 [Es war einmal ... Das polnisch-deutsche Grenzgebiet (Groß Wartenberg – Kempen – Schildberg). Erinnerungen und Berichte aus den Jahren 1918–1958]. Wrocław, Syców: ATUT 2011. 501 S., Abb. ISBN 978-83-7432-727-5.

Diese Arbeit der beiden Regionalhistoriker befasst sich mit dem ehemaligen Kreis Groß Wartenberg/Syców, der in der Zwischenkriegszeit zwischen Polen und Deutschland geteilt war, und den angrenzenden Gebieten Großpolens. Die Autoren untersuchen den Status des Nationalbewusstseins der Einwohner seit dem Ende des Ersten Weltkriegs, aber auch das Zusammenleben der Ethnien in dieser Region. Quellengrundlage des Buches sind Erinnerungen und Berichte (darunter viele von den Autoren gesammelte), Pressetexte der Zeit sowie die verfügbare Fachliteratur. Ein Schwerpunkt liegt auf den Jahren des Zweiten Weltkriegs und der ersten Zeit nach dem Anschluss des gesamten Gebiets an Polen einschließlich der sowjetischen Verwaltung und der Zwangsaussiedlungen. Der zeitliche Rahmen erstreckt sich vom Versailler Vertrag bis zur Ära des Stalinismus. Die Erzählung endet mit Erinnerungen an die Gründung der Produktionsgenossenschaften nach dem Muster der sowjetischen Kolchosen. Eine Bibliographie sowie ein Personen- und Ortsverzeichnis ergänzen den Band.

Małgorzata Ruchniewicz

Joanna Hytrek-Hryciuk, Grzegorz Strauchold, Jarosław Syrnyk (Hg.): Internacjonalizm czy ...? Działania organów bezpieczeństwa państw komunistycznych wobec mniejszości narodowych (1944–1989) [Internationalismus oder ...? Aktionen der kommunistischen staatlichen Sicherheitsorgane gegenüber nationalen Minderheiten (1944–1989)]. Warszawa, Wrocław: Instytut Pamięci Narodowej 2011. 584 S., Abb. ISBN 978-83-7629-286-1.

Der Tagungsband geht auf eine internationale Konferenz (22.–23. April 2010) mit Beteiligung von Historikern aus Polen und Osteuropa zurück, die sich mit Forschungen zur Politik der kommunistischen Staaten gegenüber nationalen Minderheiten beschäftigen. 27 Beiträge verteilen sich auf drei thematische Blöcke. Die beiden ersten Abschnitte behandeln Themen der polnischen Geschichte. Der erste Teil betrifft die Nationalitätenpolitik der Volksrepublik Polen. Unter anderem stellt Grzegorz Motyka historische Forschungen zu diesem Thema in den beiden letzten Jahrzehnten vor. Eugeniusz Mironowicz beschreibt die Grundlagen der Minderheitenpolitik, Grzegorz Hryciuk Aussiedlungen als Instrument dieser Politik. Roman Drozd und Grzegorz Hryciuk beziehen sich auf das Schicksal der ukrainischen Bevölkerung und der Autochthonen in den nach dem Krieg an Polen angegliederten Gebieten. Im zweiten, umfangreicheren Teil findet man eine Reihe von Studien zu Aktivitäten des Sicherheitsapparats gegenüber Minderheiten. So stellt Jarosław Syrnyk die Arbeitsorganisation der Sicherheitsorgane gegenüber der nichtpolnischen Bevölkerung Niederschlesiens bis 1950 vor. Arkadiusz Słabig beschreibt Aktivitäten gegenüber Autochthonen und Deutschen in der Woiwodschaft Grünberg/Zielona Góra in den Jahren 1950–1975. Mateusz J. Hartwich beschäftigt sich mit Reaktionen der Machthaber auf Besuchsreisen von Deutschen nach Niederschlesien in den 1960er und 1970er Jahren. Joanna Hytrek-Hryciuk schildert Aktivitäten des Sicherheitsdienstes gegenüber den Landsmannschaften der Schlesier in den Jahren 1962–1972. Robert Klementowski befasst sich in einer Fallstudie mit der Person eines der Agenten. Piotr Kardela stellt die Ausreise von Bewohnern des Ermlands in die Bundesrepublik Deutschland aus der Perspektive des Sicherheitsdienstes dar. Im dritten Teil des Bandes geht es um die Rolle der Sicherheitsorgane bei der Umsetzung der Nationalitätenpolitik in kommunistischen Ländern von den 1930er Jahren an (hauptsächlich gegenüber der polnischen und der ukrainischen Minderheit).

Krzysztof Ruchniewicz

Jerzy Ilkosz (Hg.): Ernst May 1886–1970. Wrocław: Muzeum Architektury we Wrocławiu 2012. 282 S., 241 Abb. ISBN 978-83-89262-66-0.

Die Ausstellung des Deutschen Architekturmuseums in Frankfurt am Main im Jahr 2011 und die sie begleitende Publikation von Claudia Quiring, Wolfgang Voigt, Peter Cachola Schmal und Eckhard Herrel zeigten zum ersten Mal die Gesamtheit des Schaffens von Ernst May, einem der bedeutendsten Architekten des deutschen Modernismus. 2012 wurde die Ausstellung im Architekturmuseum Breslau (Muzeum Architektury we Wrocławiu) gezeigt und eine polnische Version des Katalogs erstellt. Die polnische Ausgabe dokumentiert Ernst Mays schlesische Werkphase in den Jahren 1919–1925 noch ausführlicher als die deutsche. Eckhard Herrel konzentriert sich auf Mays früheste Schaffensperiode von den Studienjahren an und seine ersten Architektur-Projekte (Villen in Frankfurt, Kriegsgräber an der Front). Über Mays Berufung nach Breslau im Februar 1919 und die Übernahme der Leitung der Bauabteilung des „Schlesischen Heims", der späteren Gesellschaft „Schlesische Heimstätte", die den Bau typischer Häuser und Wohnsiedlungen betreute, schreibt Beate Störtkuhl. Christoph Mohr stellt Mays Arbeit für das „Neue Frankfurt“ und den Wohnungsbau der Stadt in den Jahren 1925–1930 vor. Thomas Flierl blickt auf Mays Tätigkeit in der Sowjetunion 1930–1933. Kai K. Gutschow schildert Mays Aktivitäten in Ostafrika für ein „Neues Afrika“. Über das architektonische und städtebauliche Wirken Mays nach 1954 informiert Florian Seidel. Claudia Quiring befasst sich mit Mitarbeitern des Architekten in Schlesien, Frankfurt und der Sowjetunion. Der Katalogteil mit Entwürfen und realisierten Projekten Ernst Mays in Schlesien wurde von Claudia Quiring in Zusammenarbeit mit Jerzy Ilkosz, Beate Störtkuhl, Michał Duda und Alicja Wodzińska erstellt. Außer architekturgeschichtlichen Beschreibungen enthalten die Einträge Reproduktionen von Entwürfen des Architekten, Archivbilder der Gebäude und – sofern möglich – aktuelle Fotos, die den Erhaltungszustand und Veränderungen dokumentieren. Verschiedene Arten von Siedlungen (Vorort-, Bergarbeiter-, Arbeiter- und Flüchtlingssiedlungen) werden vorgestellt, darunter in den Städten Gottesberg/Boguszów-Gorce, Brieg/Brzeg, Haynau/Chojnów, Reichenbach/Dzierżoniów, Gleiwitz/Gliwice, Leobschütz/Głubczyce, Königszelt/Jaworzyna Śląska, Hirschberg/Jelenia Góra, Liegnitz/Legnica, Neustadt O. S./Prudnik, Waldenburg/Wałbrzych und Frankenstein/Ząbkowice Śląskie. Breslau ist vertreten unter anderem mit einem Entwurf für den Ausbau der Stadt von 1921 und einem 1924 entstandenen Bebauungsplan für den Landkreis Breslau.

Maria Zwierz

Jerzy Ilkosz (Hg.): Heinrich Lauterbach. Architekt wrocławskiego modernizmu [Heinrich Lauterbach, ein Architekt der Breslauer Moderne]. Wrocław: Muzeum Architektury we Wrocławiu 2013. 501 S., 412 Abb. ISBN 978-83-89262-71-4.

Der Begleitkatalog zu einer Ausstellung im Architekturmuseum Breslau (Muzeum Architektury we Wrocławiu) von Dezember 2012 bis März 2013 erinnert an die Persönlichkeit und künstlerische Leistung von Heinrich Lauterbach (1893–1973), einem der wichtigsten Breslauer Architekten der Zwischenkriegszeit. Der Schüler von Hans Poelzig entwarf vor allem Wohngebäude – Villen und Mehrfamilienhäuser –, die mitunter Teil von im Geist des Modernismus geplanten Wohnsiedlungen waren. Der Anteil des Architekten an der Werkbund-Ausstellung Wohnen und Werkraum (WuWA) 1929 brachte ihm weit über Breslau hinaus Anerkennung. Der Katalog präsentiert vor allem Lauterbachs Tätigkeit in Schlesien vor dem Zweiten Weltkrieg. Erstmals werden Objekte aus der 1991 vom Museum angekauften Sammlung – 184 Fotografien, 27 Entwurfszeichnungen, sieben Briefkarten und 29 sonstige Materialien – gezeigt, die als Erbe des Architekten bezeichnet wird und sehr wahrscheinlich aus Nesselgrund/Pokrzywno bei Altheide-Bad/Polanica-Zdrój stammt, wo er 1938 ein Ferienhaus für seine Familie baute. Im ersten der drei Teile des Buches findet man Beiträge zur Biographie und zur künstlerischen Arbeit Lauterbachs. Cristina Inês Steingräber gibt einen Überblick über sein Leben und Werk. Jerzy Ilkosz beschäftigt sich mit dem inspirierenden künstlerischen Milieu Breslaus um die Wende der 1920er und 1930er Jahre. Beate Störtkuhl stellt Lauterbachs Projekte in Oberschlesien vor. Claudia Quiring behandelt die von Lauterbach entworfenen Breslauer Siedlungen. Jadwiga Urbanik beleuchtet seinen Anteil an der Ausstellung WuWA und erinnert an die von ihm entworfenen Breslauer Wohnhäuser, die oft mit von ihm selbst entworfenen Möbeln und Gegenständen ausgestattet waren. Vladimir Šlapeta präsentiert zwei Villen in Gablonz an der Neiße/Jablonec nad Nisou im Stil der „Streamline-Moderne“ („styl okrętowy“). Michał Duda widmet sich Lauterbachs eigenen Häusern in Breslau und Nesselgrund sowie seinen Architekturbüros. Der zweite Teil des Buches ist ein Verzeichnis der architektonischen Werke Lauterbachs, illustriert mit Archiv-

und aktuellen Fotos, die den Erhaltungszustand der Gebäude deutlich machen. Im dritten Teil findet man Texte von Lauterbach (unter anderem über Hans Poelzig und die Breslauer Kunstakademie) sowie weitere Quellenmaterialien, die seine Ansichten und den Geist seiner Schaffenszeit wiedergeben.

Maria Zwierz

Bogdan Jasiński: Dobra marka krocie warta. Rachunki i papiery firmowe ze Śląska, Łużyc i Kraju Sudeckiego (1850–1945). Starke Marke schafft Gewinn. Alte Rechnungen und Firmendrucksachen aus Schlesien, Lausitz und Sudetenland (1850–1945). Wrocław: ATUT 2011. 132 S., 61 Abb. ISBN 978-83-7432-686-5, 978-83-86276-012-1.

Der zweisprachige Band macht den Leser mit Firmendrucksachen (Firmenbriefbögen) von ‚gestern' vertraut. Der Autor stellt sie in den Kontext der damals neuesten Drucktechniken (Lithographie, Chromolithographie), der um die Wende vom 19. zum 20. Jahrhundert typischen Ornamentik und somit schließlich auch des Lebensstils des deutschen Bürgertums. Die sich schnell entwickelnde Industrie stellte für die Gestalter von Briefbogen eine Herausforderung dar. Der Band ist wertvoll aufgrund des gestiegenen Sammlerinteresses an Firmendrucksachen, besonders aber auch für an der Wirtschaftsgeschichte Interessierte, denn er zeigt uns Gebäude und Anlagen, die insbesondere durch Kriegswirren und -zerstörungen für immer aus der Landschaft ausradiert wurden. Durch die Vielfalt der berücksichtigten Branchen, Firmen und Orte macht er Regionalgeschichte lebendig. Mithilfe der Firmendrucksachen warben für ihre Produkte unter anderem die Orgelbau-Anstalt von Schlag u. Söhne in Schweidnitz/Świdnica, W. C. Moevius in Kreuzburg/Kluczbork, M. Pniower & Comp. in Oppeln/Opole, eine chemische Fabrik in Ziegenhals/Głuchołazy und eine Kornbrennerei in Breslau/Wrocław.

Grzegorz Kowal

Jerzy Kaczmarek: Gubin i Guben – miasta na pograniczu. Socjologiczne studium sąsiedztwa [Gubin und Guben – Städte im Grenzgebiet. Eine soziologische Studie der Nachbarschaft]. Poznań: Wydawnictwo Naukowe Uniwersytetu im. Adama Mickiewicza 2011 (Socjologia [Soziologie] 67). 201 S., Abb. ISBN 978-83-2322-234-7.

Ortschaften und Städte, die durch Staatsgrenzen gegen den natürlichen Lauf ihrer Entwicklung geteilt werden, bilden ein interessantes Objekt für soziologische Forschungen – nicht nur für die Soziologie von Grenzgebieten, sondern auch für die Stadt- und Regionalsoziologie. Die polnische Soziologie weist besondere Leistungen in der Erforschung der sogenannten Westgebiete auf. In der Nachkriegszeit wurde eine Reihe von wertvollen Forschungsarbeiten polnischer Soziologen veröffentlicht, die sich mit infolge des Zweiten Weltkriegs und der Festlegung der neuen Staatsgrenzen geteilten Städten befassten. Zuvor einheitliche, homogene Organismen, wurden diese Städte zweigeteilt, indem quer durch sie die neue Staatsgrenze verlief. Der Band geht von dem Phänomen der geteilten Städte in Europa aus, um dann den Fokus auf die Doppelstadt Guben/Gubin zu richten. Die Forschung stützt sich vor allem auf historische Dokumente, aber auch auf literarische Texte, Autobiographien und Erinnerungen als soziologisches Material. Alle analysierten Aspekte wurden sowohl von der polnischen als auch von der deutschen Seite aus betrachtet. Der Band schildert auch Gemeinsamkeiten und Unterschiede zwischen den Einwohnern der beiden Teile der Stadt an der Neiße. Das letzte Kapitel des Bandes enthält einen Ausblick auf den europäischen Kontext der deutsch-polnischen nachbarschaftlichen Identität sowie einen Diskurs über Bürgerinitiativen der Menschen in Guben/Gubin.

Maria Wojtczak

Aniela Kolbuszewska (Oprac. [Bearb.]): Katalog rękopisów muzycznych XVIII i XIX wieku Biblioteki Uniwersyteckiej we Wrocławiu ze zbiorów wrocławskiego kościoła św. Elżbiety. Katalog der Musikhandschriften des 18. und 19. Jahrhunderts der Universitätsbibliothek Breslau aus den Sammlungen der Breslauer St. Elisabethkirche. Wrocław: Wydawnictwo Uniwersytetu Wrocławskiego 2008 (Acta Unversitatis Wratislaviensis 2997, Bibliothecalia Wratislaviensia 8). 156 S., zahlr. s.-w. u. farb. Abb. ISBN 978-83-229-2929-2, ISSN 0239-6661, 1425-8072.

Die vorliegende Publikation entstand als gemeinsames Werk von polnischen und deutschen Musikwissenschaftlern und Bibliothekaren. Vorwort und Einleitung findet man in polnischer und deutscher Sprache. Dank der Zusammenarbeit mit der Zentralredaktion des RISM (Répertoire Internationale des Sources Musicales) in Frankfurt am Main gehört der (deutschsprachige) Katalog zu dem Internationalen Quellenlexikon der Musik. Er präsentiert 344 ausgewählte Musikhandschriften, die sich gegenwärtig in der Abteilung für Musiksammlungen der Universitätsbibliothek Breslau (Biblioteka Uniwersytecka we Wrocławiu) befinden, aber ursprünglich aus Beständen der Handschriftensammlung der Breslauer St.-Elisabeth-Kirche stammen. Die bibliographischen Beschreibungen der Handschriften, meistens aus der ersten Hälfte des 19. Jahrhunderts, unterliegen einem einheitlichen Schema und umfassen Werke von 318 Komponisten, fünf anonyme Werke, siebzehn Sammlungen und vier Addenda. Besonders interessant ist der Teil der Notensammlung, der mit dem Namen des Kantors Johann Carl Pohsner (1785–1862) unterschrieben ist. Für den Forscher wertvoll sind ausführliche Bemerkungen auf den Handschriften mit Angaben unter anderem des Datums und der Dauer des Werks. Die Benutzung des Katalogs erleichtern Personen-, Namen-, Titel- und Textanfangregister sowie eine Konkordanz mit den ehemaligen Signaturen der Bibliothek der St.-Elisabeth-Kirche. Die Publikation ist auf fachlich hohem Niveau und von großem Wert für Musiker und Musikhistoriker, da sie wichtige, bis jetzt fast unbekante Quellen zur Geschichte der Musikkultur der Stadt Breslau und zur Geschichte der Musikbibliotheken enthält.

Weronika Karlak

Krzysztof A[ntoni] Kuczyński (Hg.): Carl Hauptmann w polskiej nauce i krytyce literackiej [Carl Hauptmann im Spiegel der polnischen Forschung und Literaturkritik]. Włocławek: Wydawnictwo Państwowej Wyższej Szkoły Zawodowej 2012. 759 S. ISBN 978-83-60607-38-1.

Der umfangreiche Sammelband enthält, wie der Herausgeber schreibt, eine repräsentative Auswahl von wissenschaftlichen und essayistischen Abhandlungen polnischer Autorinnen und Autoren, die im Laufe der letzten hundert Jahre über Carl Hauptmann entstanden sind. Der Hauptteil des Bandes ist inhaltlich breit gefächert und in fünf große Abschnitte aufgeteilt. Im ersten konzentrieren sich die Autoren, Jean Paul d'Ardeschah (Jan Kaczkowski), Jan Koprowski, Anna Stroka, Renata Wołoszyn, Jolanta Szafarz und Beata Bączkowicz, auf das Leben und die literarische Tätigkeit des Schriftstellers. Im zweiten Abschnitt findet der Leser Interpretationen ausgewählter Werke, darunter *Mathilde* (von Mirosława Czarnecka, Urszula Bonter und Monika Mańczyk-Krygiel) oder *Einhart der Lächler* (Jolanta Szafarz), sowie Studien zu bestimmten Aspekten des Hauptmann'schen Œuvres wie dem Zigeunermotiv (Urszula Kawalec), der frühen (Aleksandra Nadkierniczna-Stasik) und der späten Prosa (Cezary Lipiński) oder dem Erlösungsgedanken in den Dramen (Grażyna Barbara Szewczyk). Der dritte Abschnitt mit Beiträgen von Anna Stroka, Karol Musioł und anderen ist der Familie und dem Bekanntenkreis des Schriftstellers gewidmet. In den im vierten Kapitel versammelten Texten versuchen die Autoren (Anna Stroka, Renata Wołoszyn und andere) die Bedeutung der schlesischen Heimat im Leben und Werk Carl Hauptmanns zu erschließen. Gegenstand des fünften Kaptels (Edward Białek und Cezary Lipiński) ist die Rezeption seines Werkes. Den Abschluss bilden Miszellen, z. B. Artikel über die Briefe an Carl Hauptmann in den Beständen der Handschriftenabteilung der Universitätsbibliothek Breslau/Wrocław (Ewa Iwasyk) sowie über Gerhart und Carl Hauptmann in den Sammlungen des Museums in Schreiberhau/Szklarska Poręba (Gabriela Zawiła). Außerdem enthält der Band ein Vorwort und als Anhang eine polnische Carl-Hauptmann-Bibliographie.

Monika Kucner

Maciej Łagiewski, Piotr Oszczanowski (Hg.): Bruno Tschötschel (1874–1941) wrocławski Wit Stwosz XX wieku [Bruno Tschötschel (1874–1941), der Breslauer Veit Stoß des 20. Jahrhunderts]. Wrocław: Muzeum Miejskie Wrocławia 2012. 274 S., 347 Abb. ISBN 978-83-89551-81-8.

Die Publikation zur Ausstellung im Königsschloss in Breslau (Pałac Królewski we Wrocławiu) von Dezember 2012 bis März 2013 zeigt das Schaffen Bruno Tschötschels (1874–1941), eines bislang vergessenen Breslauer Bildhauers, und betreibt seine Wiedereinführung in die Forschungen zur Kunst des 20. Jahrhunderts, besonders zur Breslauer und schlesischen Bildhauerei. Tschötschel, geboren in Freiburg in Schlesien/Świebodzice, Absolvent der Königlichen Kunst- und Kunstgewerbeschule Breslau, war fast vierzig Jahre mit der Stadt verbunden und hinterließ etwa 200 Arbeiten in Breslau und Schlesien. Sein Leben lang arbeitete er ausschließlich für die zahlreichen katholischen Pfarr- und Klosterkirchen. Er schuf kleine Plastiken ebenso wie monumentale Altäre, Weihnachtskrippen und Kreuzwegstationen und führte Konservierungsarbeiten an Skulpturen durch. Er bevorzugte historisierende Stilrichtungen (Neogotik, Neobarock), arbeitete aber auch im damals modernen Art-déco-Stil, wofür die „Herz Jesu"-Figur aus der Kirche der hl. Familie von Nazareth in Breslau ein Beispiel ist. Das Buch besteht aus fünf Beiträgen und einem Werkkatalog. Piotr Oszczanowski schreibt über die Entdeckung Tschötschels und macht mit vielen Details aus dessen Leben und Tätigkeit bekannt; dabei informiert er auch über neu entdeckte oder diesem Künstler neu zugeschriebene Werke. Die ausgeführten Aufträge von 1927 für die Kongregation der Barmherzigen Schwestern vom hl. Karl Borromäus für das ehemalige Zisterzienserinnenkloster in Trebnitz/Trzebnica stellt Olimpia Teresa Konopka vor. Małgorzata Kozłowska und Stanisław Kozłowski untersuchen die Arbeit Tschötschels für die katholische Pfarrei in Groß Wartenberg/Syców 1914–1939. Mit der konservatorischen Tätigkeit des Bildhauers beschäftigt sich Grzegorz Grajewski. Eine Einordnung von Tschötschels Werk in die katholische Bildhauerei in Schlesien und Deutschland am Ende des 19. und in der ersten Hälfte des 20. Jahrhunderts versucht Joanna Lubos-Kozieł. Die Forschungen Oszczanowskis und seiner Mitarbeiter zeigen die fesselnde Persönlichkeit Bruno Tschötschels und führen dessen umfangreiches, vielfältiges und ein hohes künstlerisches Niveau repräsentierendes bildhauerisches Erbe vor Augen. Archiv- und aktuelle Fotos zeigen zahlreiche Details der Skulpturen Tschötschels.

Maria Zwierz

Beata Lejman: Malarstwo Europy Środkowej XVI–XVIII w. Niemcy, Austria, Czechy, Węgry, Słowacja. Katalog zbiorów [Die Malerei Mitteleuropas vom 16. bis 18. Jahrhundert in Deutschland, Österreich, Tschechien, Ungarn, Slowakei]. Wrocław: Muzeum Narodowe we Wrocławiu 2012 (Katalogi zbiorów Muzeum Narodowego we Wrocławiu [Kataloge zu den Sammlungen des Nationalmuseums Breslau]). 351 S., 184 Abb. ISBN 978-83-61900-36-8.

Die Publikation steht in Zusammenhang mit der Rückkehr der Galerie Europäischer Kunst in das Breslauer Nationalmuseum – in neuer Konzeption und neuem Arrangement. Die Sammlung trug nie Merkmale einer geplanten Kollektion, wenn auch ein Großteil der Objekte aus zwei Quellen stammt: von dem Breslauer Patrizier und Humanisten Thomas Rehdiger (1540–1576) und dem Abgeordneten und Vorsitzenden des Breslauer Stadtrats Albrecht von Saebisch (1685–1748). Nach 1945 wurden dem Museum 18 von 57 Porträts der Rehdiger-Kollektion übergeben, während von der ursprünglich 341 Positionen umfassenden Sammlung von Saebischs gegenwärtig nur noch 24 Bilder vorhanden sind. Dem Katalogteil voran geht ein auf Polnisch und Englisch publizierter Text über die Breslauer Sammlung vor dem Hintergrund der Malerei Mitteleuropas vom 16. bis 18. Jahrhundert. Zahlreiche Gemälde stammen von Malern der Wiener Akademie; 15 Bilder bringt die Autorin mit Prager, Nürnberger, Augsburger und Regensburger Künstlerkreisen in Verbindung. Die Sammlung ist stark von Porträts und religiöser Thematik, biblischen und hagiographischen Szenen, geprägt. Landschafts- und Tierdarstellungen stammen vor allem aus dem 18. Jahrhundert. Nur wenige Bilder stellen historische, mythologische, allegorische oder Genre-Motive dar. Der Katalogteil umfasst 158 Gemälde. Die Positionen 90–158 sind nicht identifizierten Künstlern gewidmet. Jedes Bild ist mit einer formalen und ikonographischen Analyse versehen. Soweit möglich wurden Kurzbiographien der Maler angefügt, sowohl der berühmten wie Hans von Aachen oder Lucas Cranach als auch der weniger bekannten, oft verkannten wie Christoph Ludwig Agricola oder Johann Gleggler, dessen Bild „Allegorie des Geschmackssinns" Titelbild der Publikation ist. Ein umfangreiches Literaturverzeichnis ergänzt den Band.

Maria Zwierz

Irena Lipman, Joanna Nowosielska-Sobel, Grzegorz Strauchold (Hg.): Wybitni wrocławianie. Niezwykłe miasto – niezwykli ludzie [Bedeutende Breslauer. Eine ungewöhnliche Stadt – ungewöhnliche Menschen]. Wrocław: Wrocławska Drukarnia Naukowa PAN 2011 (Wybitni wrocławianie 4). 145 S., Abb. ISBN 978-83-925544-3-1.

Die Publikation gehört zu einer von Irena Lipman und Joanna Nowosielska-Sobel 2007 begonnenen Reihe, die berühmte und verdiente Breslauer vorstellen möchte. Dieser vierte Band enthält zwölf biographische Texte über deutsche und polnische Persönlichkeiten des 19. und 20. Jahrhunderts aus verschiedensten Bereichen – von der Wissenschaft über die Gastronomie bis zum Sport. Unter den Porträtierten sind z. B. der Grafiker Friedrich G. Endler (1763–1830, Marzena Smolak), der Früh- und Vorgeschichtler Oskar Mertins (1858–1909, Krzysztof Demidziuk) und der Breslauer Oberbürgermeister Arthur Hobrecht (1824–1912, Halina Okólska). Unter den polnischen Persönlichkeiten findet man die Historiker Marian Haisig (1908–1996, Rościsław Żerelik), Roman Aftanazy (1914–2004, Jakub Tyszkiewicz) und Julian Janczar (1932–1995, Dariusz Przybytek).

Krzysztof Ruchniewicz

Michał Lis, Zenona Maria Nowak (Hg.): Przyczynek do refleksji nad kulturą Górnego Śląska [Beitrag zur Reflexion über die Kultur Oberschlesiens]. Opole: Wydawnictwo Instytut Śląski 2011 (Wyższa Szkoła Zarządzania i Administracji w Opolu, Monografie i Opracowania [Hochschule für Verwaltung in Oppeln, Monographien und Studien]). 145 S., Abb. ISBN 978-83-62683-12-3.

Das Buch dokumentiert die Ergebnisse des Forschungsprojekts „Die Region Oppeln – mein Zuhause" („Opolszczyzna – mój dom") und befasst sich mit historischen und gesellschaftlichen Bedingungen für die Entwicklung von Kultur und Tradition in Oberschlesien. Es greift das Thema der Einstellung zu der Multikulturalität der Region auf, die für die heutigen Einwohner der Woiwodschaften Oppeln (Województwo Opolskie) und Schlesien (Województwo Śląskie) von großer Bedeutung ist. Zwölf Beiträgen ist eine Einleitung vorangestellt, die in das Problem der Erforschung multiethnischer Strukturen einführt. Ein Teil der Artikel hat den Charakter biographischer Studien. Unter anderem beschäftigt sich Marek Bojdak mit Person und Werk von Horst Eckert („Janosch"), Franciszek A. Marek geht den Verbindungen Joseph von Eichendorffs mit Oberschlesien nach, und Eryk Murlowski stellt einige zu ihrer Zeit bekannte, um den Ort Schelitz/Chrzelice verdiente Persönlichkeiten vor. Deutsche Zeitschriften sind Gegenstand der Analysen von Mirosław Mickiewicz und Henryka Młynarska. Ein interessanter Aspekt der Multikulturalität ist die Sprache der Förster und Jäger (Józef Tyrol). Darüber hinaus finden sich Studien zu allgemeinen Fragen der Entwicklung der regionalen Kultur seit der Mitte des 19. Jahrhunderts (Michał Lis, Janina Hajdu-Nijakowska, Tadeusz Olewicz).

Małgorzata Ruchniewicz

Romuald M. Łuczyński: Losy rezydencji dolnośląskich w latach 1945–1991 [Schicksale der niederschlesischen Residenzen in den Jahren 1945–1991]. Wrocław: ATUT 2011. 624, [108] S., zahlr. Abb., dt. Zusammenfassung. ISBN 978-83-74326-85-8.

Vorzustellen ist eine Pionierarbeit zu diesem Thema in der polnischen Historiographie. Ins Zentrum seiner Studien stellt der Autor die Politik des polnischen Staates in den westlichen und nördlichen Gebieten Polens gegenüber dem von Deutschen geschaffenen und hinterlassenen Kulturerbe. Das Buch besteht aus 13 Kapiteln, einer Bibliographie und einem Anhang, in dem der Autor unter anderem ein 200-seitiges Verzeichnis von Schlössern und Burgen, Herrenhäusern und Palästen in Niederschlesien mit Anmerkungen zu ihrer Geschichte nach 1945 liefert. Seine Recherchen erfassen die polnischen Staatsarchive ebenso wie Archive von Institutionen. Im ersten Kapitel stellt er die letzten Kriegsmonate und die Anfänge der polnischen Verwaltung in den sogenannten Wiedergewonnenen Gebieten dar und beschreibt das Ausmaß der Zerstörung der niederschlesischen Residenzen und ihre Ursachen. Das zweite und dritte Kapitel behandeln die Politik des polnischen Staates in Bezug auf die neuen Gebiete. Auch Bemühungen der Denkmalpfleger zur Rettung der zerstörten Großgrundbesitzer- und Adelssitze werden beschrieben. Kapitel 4 und 5 behandeln die 1960er und 1970er Jahre, in denen der Prozess des Verfalls dieser Objekte in Polen allmählich Kritik erregte. Die Kapitel 6 bis 8 stellen die Denkmalpflegemaßnahmen verschiedener Institutionen für die ehemals deutschen Denkmäler dar. Der Autor unterscheidet die Direktionen der staatlichen landwirtschaftlichen Betriebe, staatliche Einrichtungen und gesellschaftliche Organisationen wie das PTTK (Polskie Towarzystwo Turystyczno-Krajoznawcze, Polnische Gesellschaft für Tourismus und Heimatkunde). Um Schloss Fürstenstein (Zamek Książ) geht es in Kapitel 9. Die drei letzten Kapitel fassen das Buch zusammen: Der Autor stellt die Thematik anhand von Beispielen eines erhaltenen Objekts (des Schlosses in Oels/Oleśnica), eines zerstörten, aber noch vorhandenen Objekts (des neogotischen Schlosses in Kamenz/Kamieniec Ząbkowicki) sowie nicht mehr existierender Paläste und Herrenhäuser (etwa des Palais in Rogau-Rosenau/Rogów Sobocki) dar. Er weist nach, dass die Politik nicht selten mit verschiedenen Einstellungen der lokalen Bevölkerung konfrontiert war, deren Verhältnis zum übernommenen Kulturerbe eine Entwicklung von Ablehnung über Gleichgültigkeit hin zu Akzeptanz durchlief.

Krzysztof Ruchniewicz

Bogna Ludwig: Osiedla mieszkaniowe w krajobrazie wałbrzyskiego okręgu górniczo-przemysłowego (1850–1945) [Wohnsiedlungen im Waldenburger Bergbau- und Industriegebiet (1850–1945)]. Wrocław: Oficyna Wydawnicza Politechniki Wrocławskiej 2010. 649 S., 702 Abb. ISBN 978-83-7493-573-9.

In dieser Publikation werden urbanistische Strukturen in Verbindung mit einzelnen Architekturobjekten untersucht. Bogna Ludwig analysiert Archivmaterial wie originale architektonische und urbanistische Entwürfe, kartographische Darstellungen von Waldenburg/Wałbrzych und Gottesberg/Boguszów sowie Entwürfe von Industrie- und Bergbaugebäuden und konfrontiert sie mit der bis heute erhaltenen Bausubstanz. Sie stellt die Anfänge und die Entwicklung des Siedlungswesens in Waldenburg und Umgebung, der Industrie und des Bergbaus in dieser Region wie auch die Wandlungen dieser Agglomeration in den Jahren 1850–1945 dar. Dabei geht sie chronologisch vor. 1850–1914 entstanden Mietshäuser für Bergleute und Arbeiter in Weißstein/Biały Kamień, Dittersbach/Podgórze und Hermsdorf/Sobięcin sowie private Siedlungen wie die Colonie Sandberg in Sandberg/Piaskowa Góra. Gebaut wurden damals auch Siedlungen, die von Bergwerken und Hütten bzw. von anderen Industriebetrieben finanziert wurden: an der ehemaligen Wilhelmshütte in Waldenburg, in Hermsdorf (West-End) und an der ehemaligen Carlshütte sowie an der ehemaligen Porzellanfabrik von Carl Krister und der Schlesischen Spiegelglas-Manufaktur in Altwasser/Stary Zdrój. In den folgenden Kapiteln beschreibt die Autorin die Aktivitäten der Wohnungsbaugenossenschaften der Jahre 1902–1919, sodann die Siedlungen aus der Zwischenkriegszeit, die meist auf kommunale Initiative in Zusammenarbeit mit der gemeinnützigen Siedlungsgesellschaft „Schlesische Heimstätte“ gebaut wurden. Letztere wurde 1919 unter der architektonischen Leitung von Ernst May gegründet und hatte den Bau von preisgünstigen kleinen Häusern für Arbeiter und einfache Angestellte in Siedlungen am Rande des Großraums Waldenburg zum Ziel. Damals wurden auch erste Versuche unternommen, einen Generalplan für die Entwicklung des Wohnungsbaus in der gesamten Waldenburger Region aufzustellen. Auch Entwürfe von nicht realisierten Wohnsiedlungen sind berücksichtigt. In den letzten Kapiteln behandelt die Autorin Eigentümer, Investoren, Stadtplaner und Architekten der Waldenburger Wohnsiedlungen (Josef Stübben, Ernst May, Ernst Petrusky, Willy Paezold und andere), die Anordnung der Gebäude, auftretende architektonische Formen, Baumaterialien, angewandte Technologien, ebenso Grünanlagen und die Einbettung der Siedlungen in die Stadtlandschaft.

Maria Zwierz

Piotr Łukaszewicz: Malarstwo niemieckie od klasycyzmu do symbolizmu. Katalog zbiorów [Deutsche Malerei vom Klassizismus bis zum Symbolismus. Katalog der Sammlungen]. Wrocław: Muzeum Narodowe we Wrocławiu 2012 (Katalogi zbiorów Muzeum Narodowego we Wrocławiu [Kataloge der Sammlungen des Nati-

onalmuseums Breslau]). 303 S., 357 Abb., dt. Vorwort u. Einführung. ISBN 978-83-61900-23-8.

Die Breslauer Sammlung deutscher Malerei der zweiten Hälfte des 18. Jahrhunderts und des 19. Jahrhunderts im Nationalmuseum Breslau (Muzeum Narodowe we Wrocławiu) gehört wie die Sammlungen der Nationalmuseen Warschau und Posen (Muzeum Narodowe w Warszawie, Muzeum Narodowe w Poznaniu) zu den größten ihrer Art in Polen. Ihre Entstehungsgeschichte, die von den 1820er Jahren bis 1945 reicht, wird in der Einführung dargestellt. Die Vorkriegssammlung unterlag einer bedeutenden Verkleinerung in den Jahren 1945 und 1946, als Teile von ihr an andere museale Standorte in Polen gebracht wurden. Erst die Errichtung des Staatlichen Museums (Muzeum Państwowe) 1947 als erstes polnisches Museum in Breslau bot die Möglichkeit, die Kollektion durch Ankäufe und Schenkungen zu ergänzen. Den wichtigsten Teil des Bandes bildet der Katalog mit 358, meist als Farbreproduktionen wiedergegebenen Werken deutscher Künstler, die in alphabetischer Reihenfolge vorgestellt werden. Die Positionen 299–358 präsentieren Werke nicht eindeutig identifizierter Maler, die manchmal nur nach ihrem Aufenthaltsort bezeichnet werden (z. B. „Schlesischer Maler"). Leben und Werk jedes Künstlers werden kurz dargestellt; die einzelnen Gemälde sind mit Informationen über Titel, Themen, Motive und Maltechnik, über Maße, Signatur, Art der Aufnahme in die Sammlung und Vorbesitzer oder Sponsor versehen. Auch Zeitpunkt und Ausführende von Konservierungsarbeiten sowie in Einzelfällen Ausstellungsteilnahmen sind angegeben. Die Literaturverzeichnisse zielen auf Vollständigkeit und berücksichten auch unpublizierte Quellen und Arbeiten. Beigefügt ist auch ein Verzeichnis ehemaliger Breslauer Bilder, die sich heute in anderen Museen befinden, etwa in der Nationalgalerie der Staatlichen Museen zu Berlin – Stiftung Preußischer Kulturbesitz, im Haus Schlesien, Königswinter-Heisterbacherrott, in der Städtischen Galerie im Lenbachhaus, München, sowie in polnischen Museen, darunter im Nationalmuseum Warschau.

Maria Zwierz

Alojzy Lysko: Duchy wojny. Dziennik żołnierski 1942–1944 [Kriegsgeister. Ein Soldatentagebuch 1942–1944]. Część [Tl.] 3: W okopach frontu wschodniego [In den Schützengräben der Ostfront]. Katowice: Wydawnictwo Naukowe Śląsk 2010. 306 S. ISBN 978-83-7264-639-3. – Część [Tl.] 4: W objęciach śmierci [In der Umarmung des Todes]. Cieszyn: Offsetdruk i Media 2011. 195 S., Abb., Kt. ISBN 978-836-0431-67-2.

Es handelt sich um den dritten und vierten Band eines (2008 begonnenen) Erinnerungswerkes in Form eines Soldatentagebuches, das die Erlebnisse von Oberschlesiern beschreibt, die ihren Dienst in der Wehrmacht leisten mussten. Die Darstellung basiert auf Familiengeschichten, Zeitzeugenberichten, Briefen und der zugänglichen historischen Sekundärliteratur. Alojzy Lysko rekonstruiert in seinem Werk 667 Kriegstage und schildert das Schicksal der in den „totalen Krieg" verstrickten einfachen Leute.

Joanna Beszczyńska

Marek Masnyk: Opinia publiczna byłej dzielnicy pruskiej wobec polskiego ruchu narodowego w rejencji opolskiej (1921–1939) [Die öffentliche Meinung in den ehemaligen preußischen Landesteilen gegenüber der polnischen Nationalbewegung im Regierungsbezirk Oppeln (1921–1939)]. Opole: Wydawnictwo Uniwersytetu Opolskiego 2011 (Uniwersytet Opolski, Studia i Monografie [Universität Oppeln.

Studien und Monographien] 448). 283 S., dt. Zusammenfassung. ISBN 978-83-7395-432-8.

Ziel der Arbeit ist die Darstellung der öffentlichen Meinung in den nach dem Ersten Weltkrieg polnischen, zuvor preußischen Gebieten Pommerellen/Pomorze Gdańskie, Großpolen/Wielkopolska und Ostoberschlesien/Górny Śląsk gegenüber Aktivitäten polnischer Organisationen im Regierungsbezirk Oppeln bzw. in der Provinz Oberschlesien. Der Autor benutzt Materialien – gedruckte Quellen, vor allem Pressetexte – aus Archiven in Warschau/Warszawa, Kattowitz/Katowice, Posen/Poznań und Oppeln/Opole. Die Arbeit besteht aus fünf Teilen, die nach chronologischen und thematischen Gesichtspunkten aufgebaut sind. In der Einleitung nimmt der Verfasser Stellung zum Begriff „öffentliche Meinung" und den Methoden ihrer Erforschung aus historischer Perspektive. Kapitel 1 behandelt Meinungsäußerungen aus der Zeit der Volksabstimmung in Oberschlesien 1921; Kapitel 2 bezieht sich auf die Zeit der Herausbildung der Organisationsstrukturen der polnischen Bewegung in der Region Oppeln. Weitere Kapitel befassen sich mit den Einstellungen zum polnischen Minderheitenschulwesen in der zweiten Hälfte der 1920er Jahre und zu Aktivitäten der polnischen Minderheit am Ende der Weimarer Republik. Das letzte Kapitel beschäftigt sich mit der Zeit der nationalsozialistischen Diktatur, insbesondere mit der Belebung der nationalen Bewegung nach 1934 und dem Anwachsen der Bedrohung.

Małgorzata Ruchniewicz

Krzysztof R. Mazurski: Historia turystyki sudeckiej [Geschichte des Tourismus in den Sudeten]. Kraków: Oficyna Wydawnicza Wierchy 2012. 672 S., Abb., Kt. ISBN 978-83-62473-13-7.

Das Buch des bekannten Geographen und Landeskundlers ist die erste ausführliche Darstellung der Entwicklung des Fremdenverkehrs in den Sudeten, der einen bedeutenden Wirtschaftszweig der Region, aber auch ein wichtiges gesellschaftliches und kulturelles Phänomen darstellt. Der Autor stützt sich auf gedruckte Quellen und die reiche landeskundliche und historische Literatur. Die Arbeit ist chronologisch-sachlich gegliedert und besteht aus elf Kapiteln und einem Anhang. Der erste, einleitende Abschnitt behandelt die Voraussetzungen und die Anfänge des Tourismus, die der Autor als „Vertrautwerden mit den Bergen" bezeichnet (Besiedlung, wirtschaftliche Nutzung, das Riesengebirge/Karkonosze als Reiseziel, Kurorte, erste Herbergen). Im zweiten Kapitel stellt er die lebhafte Entwicklung des Tourismus dar (Bewirtschaftung der Berge, erste Publikationen, Führer und Träger, Attraktionen für Touristen, Polen als Touristen). Er fährt fort mit der Entwicklung des Fremdenverkehrs in der zweiten Hälfte des 19. Jahrhunderts (Organisationen und Gesellschaften, Anfänge des Naturschutzes, Veröffentlichungen, Skifahren). In einem eigenen Kapitel schildert er den intensiven Ausbau der touristischen Infrastruktur in jener Zeit (Eisenbahn, Straßen und Wege, Übernachtungsmöglichkeiten, Aussichtstürme). Die Kapitel 5 und 7 über die Zeit der beiden Weltkriege, die die Entwicklung des Tourismus unterbrachen, stehen unter der Überschrift „Kriegs-Zwischenspiel". Das umfangreiche Kapitel 6 beschäftigt sich mit der Geschichte des Tourismus in der Zwischenkriegszeit auf der deutschen und der tschechischen Seite der Sudeten, den Aktivitäten der Gesellschaften, dem Naturschutz, dem Wintertourismus und dem Ausbau der Infrastruktur. Die drei folgenden Kapitel betreffen den Tourismus in den Sudeten nach 1945 im polnischen Staat und behandeln Aktivitäten von Organisationen, touristische Publikationen und die Polonisierung der Namen der Berge. Auch mit der touristischen Infrastruktur unter den Bedingungen der Wirtschaft der Volksrepublik Polen befasst sich der

Autor, bevor er die Veränderungen seit der Transformation des politischen Systems schildert. Das letzte Kapitel ist ein Blick auf die tschechische Seite. Im Anhang findet man Kurzbiographien um die Entwicklung des Sudeten-Tourismus verdienter Persönlichkeiten einschließlich bibliographischer Hinweise.

Małgorzata Ruchniewicz

Halina Okólska (Red. [Hg.]): Przedmieście Mikołajskie we Wrocławiu [Die Nikolaivorstadt in Breslau]. Wrocław: Wydawnictwo GAJT 2011. 238 S., 130 Abb., dt. Zusammenfassungen. ISBN 978-83-62584-02-4.

2010 eröffnete das Museum der Stadt Breslau (Muzeum Miejskie Wrocławia) eine neue Reihe von wissenschaftlichen Symposien und sie begleitenden Ausstellungen zu den ehemaligen Breslauer Vorstädten, beginnend mit der Nikolaivorstadt westlich des Stadtzentrums. Nach dem 2010 erschienenen Katalog (siehe *Jahrbuch des Bundesinstituts* 19, 2011, S. 395) wurde der Tagungsband mit 27 Beiträgen publiziert. Über archivalische Dokumente von den ältesten Zeiten bis zur Mitte des 19. Jahrhunderts erfahren wir durch Roman Stelmach. Rościsław Żerelik gibt Auskunft über den Besitz und die Geschichte des Klarissinnenklosters. Teresa Sokół beschreibt Funktion und Symbolik des ehemaligen Nikolaitores, das heute nur noch in Bruchstücken erhalten ist, die an der Fassade der Kirche der Elftausend Jungfrauen und teilweise auch in den Sammlungen des Nationalmuseums Breslau (Muzeum Narodowe we Wrocławiu) zu sehen sind. Nach der Schleifung der städtischen Wehranlagen 1807 begann um 1820 der Prozess der Urbanisierung des Gebiets. Die folgenden Beiträge beschäftigen sich mit dieser Entwicklung, neu entstandenen Gebäuden (Kirchen, Friedhöfen, Wohnhäusern, dem städtischen Schlachthof) und der für den neuen Stadtteil charakteristischen hohen Konzentration von Handwerk und Industrie. Leszek Ziątkowski widmet sich der jüdischen Bevölkerung der Vorstadt im multikulturellen und -konfessionellen Breslau jener Zeit, aber auch mit der Nikolaikirche, der Pauluskirche, dem Großen Friedhof und dem alten calvinistischen Friedhof an der Fischergasse (ul. Rybacka). Marta Grabowska stellt Unternehmerpersönlichkeiten und ihre Firmen vor, so Ewald Felix Schoeller, dessen Familienunternehmen, eine Kammgarnspinnerei, von der Mitte des 19. Jahrhunderts an fast hundert Jahre in der Nikolaivorstadt bestand. Iwona Bińkowska macht auf die bisher völlig unbekannte Tätigkeit des städtischen Gärtners Julius Lösener aufmerksam, der dieses Amt von 1863 bis 1890 innehatte und mehrere Grünanlagen gestaltete. Małgorzata Górska führt uns in die Wohnsiedlung Tschepine/Szczepin, die 1924–1928 nach einem Entwurf von Theo Effenberger gebaut wurde. Der Schlussteil des Bandes spiegelt die Geschichte des Stadtteils und seiner Bebauung nach 1945. Infolge der Kämpfe und der Belagerung war das Viertel stark zerstört; einige Straßen und mit ihnen die alte urbanistische und architektonische Gliederung existierten nicht mehr.

Maria Zwierz

Aleksandra J. Ostroch: Śląsk romantyczny [Romantisches Schlesien]. Czerwionka: Agencja Reklamowo-Wydawnicza „Vectra" 2011. 319 S., Abb. ISBN 978-83-60891-28-5.

Die Autorin möchte den Lesern mit diesem Buch ein anderes, nicht von Stereotypen geprägtes Bild Schlesiens zeigen, in dem wertvolle Denkmäler, dramatische Ereignisse, herausragende Persönlichkeiten sowie wenig bekannte Ortschaften mit außergewöhnlicher Geschichte in den Vordergrund treten. Ihre Essays ordnet sie drei Abschnitten zu: „Räuber", „Heilige" und „Geliebte". Im Buch treten eine ganze Reihe von Personen auf – Polen, Deutsche, Schlesier –, deren Biographien die Autorin nutzt, um die komplizierte Geschichte der Region zu erzählen. Das Buch ist der lebendigen literarischen Strömung zuzurechnen, die die regionale Identifikation derzeit unterstützt.

Małgorzata Ruchniewicz

Magdalena Palica: Od Delacroix do van Gogha. Żydowskie kolekcje sztuki w dawnym Wrocławiu [Von Delacroix bis van Gogh. Jüdische Kunstsammlungen im alten Breslau]. Wrocław: ATUT 2010 (Biblioteka dawnego Wrocławia [Bibliothek des alten Breslau] 7). 149 S., Abb., poln., dt. u. engl. Zusammenfassung. ISBN 978-83-7432-648-3.

Thema des Buches ist das in der polnischen Kunstgeschichtsschreibung nur wenig behandelte, aber für die Kulturgeschichte von Breslau/Wrocław sehr wichtige Thema der Aktivitäten von Kunstfreunden, die bedeutende Werke der europäischen und deutschen Malerei des 19. und beginnenden 20. Jahrhunderts sammelten. Näher bekannt ist lediglich die Tätigkeit des Breslauer Ehepaars Toni und Albert Neisser auf diesem Gebiet. Die Autorin beschäftigt sich mit den Persönlichkeiten und Leistungen von vier weiteren Breslauer Sammlern, die ebenfalls Vertreter der lokalen jüdischen Gesellschaft waren: Carl Sachs, Max Silberberg, Leo Lewin und Ismar Littmann. In ihren Sammlungen befanden sich Werke herausragender Künstler der Zeit, in ihren Häusern organisierten sie der Kunst gewidmete Treffen. Die Autorin stellt ihre Biographien vor, analysiert den Wert ihrer Sammlungen und beschreibt deren dramatische Schicksale.

Małgorzata Ruchniewicz

Martin Pelc, Pavel Šopák, Hana Šústková: Opava – Vídeň. Měšťanská kultura 19. století mezi periférií a centrem [Troppau – Wien. Bürgerliche Kultur des 19. Jahrhunderts zwischen Peripherie und Zentrum]. Opava: Slezská univerzita 2011. 207 S., Abb., dt. Zusammenfassung. ISBN 978-80-7248-650-2.

Thema des Bandes sind die wechselseitigen Beziehungen zwischen „Peripherie“ und „Zentrum“, dargestellt am Beispiel der Hauptstädte des Habsburgerreichs und Österreichisch-Schlesiens. Hana Šústková untersucht im ersten Kapitel die Entwicklung von tschechischen und deutschen Verbänden und Parteien in dem multiethnischen Troppau/Opava im 19. Jahrhundert. Es folgen vier von Martin Pelc und Pavel Šopák verfasste Kapitel. Der erstgenannte Autor richtet seine Aufmerksamkeit auf die Lebensläufe von Personen, die im 19. Jahrhundert in beiden Städten gelebt haben, sowie vor allem auf das Verbandswesen als Merkmal der bürgerlichen Gesellschaft in den beiden Städten. So widmet er sich der Tätigkeit schlesischer Verbände in der österreichischen Hauptstadt (wie dem 1871 gegründeten Verein der Österreichisch-Schlesier in Wien), deren schlesische Kommunität ihre Identität bewahrt habe. Pavel Šopák gibt einen Überblick über die Beziehungen zwischen Wien und Troppau in der Architektur und der bildenden Kunst und betrachtet visuelle Repräsentationen von Zentrum und Peripherie. Er befasst sich mit Leben und Werk der aus Troppau stammenden Künstler, die in Wien studierten, danach dort tätig waren oder nach Troppau zurückkehrten, aber auch mit in Troppau ausgeführten Aufträgen Wiener Künstler. Die Autoren zeigen die funktionierende wechselseitige Mobilität zwischen Wien und Troppau am Beispiel unterschiedlicher Lebensläufe, unter anderem von Studenten, Beamten, Offizieren, Künstlern und Unternehmern – zu den bekanntesten Personen gehörten Josef Maria Olbrich, Johann Palisa, Josef Maria Stowasser, Wilhelm Hartel, Moritz Auffenberg und Rudolf Chrobak. Das Buch ist mit zahlreichen Abbildungen versehen und hat ein Personenregister.

Jana Nosková

Jolanta Popińska, Krzysztof Popiński: Od SKS do NZS. Niezależne Zrzeszenie Studentów we Wrocławiu 1980–2010 [Vom SKS zum NZS. Der unabhängige Studentenverband in Breslau 1980–2010]. Wrocław: ATUT, Instytut Edukacji Społecznej 2010. 511 S., Abb. ISBN 978-83-7432-674-2.

Hierbei handelt es sich um eine wichtige Publikation im Rahmen der Forschungen zur Existenz von oppositionellen Milieus in Niederschlesien nach 1977. Thema ist die Geschichte der größten unabhängigen studentischen Organisation, die seit 1980 legal und illegal an den Hochschulen von Breslau/Wrocław tätig war. Quellengrundlage sind neben eigenen Akten der Organisation sowie Materialien der Hochschulen und von Behörden auch Sammlungen von Presseerzeugnissen und Büchern, die von der Opposition bis 1989 herausgegeben wurden, Sammlungen ehemaliger Aktivisten des NZS sowie ein gutes Dutzend von den Autoren gesammelter Interviews und unveröffentlichter Berichte. Der erste von sechs chronologisch-sachlich gegliederten Teilen des Buches beschäftigt sich mit den Anfängen der Oppositionsbewegung unter den Breslauer Studenten in den Jahren 1977–1980. Das zweite Kapitel beschreibt die Entstehung und die Aktivitäten der Organisation 1980/81, also von der Entstehung der Gewerkschaft „Solidarność“ bis zur Einführung des Kriegsrechts. Hier werden Organisationsprozesse, die Publikationstätigkeit, Programm- und Grundsatzdiskussionen und der Verlauf der Streiks der Studierenden dargestellt. Kapitel 3 befasst sich mit den Jahren 1981–1986, dem Engagement der in den Untergrund gedrängten Organisation im Kampf gegen das politische System, aber auch ihre Aktivitäten in universitären und studentischen Angelegenheiten. In Kapitel 4 geht es um die Zunahme der Aktivitäten der neuen Studentengeneration während des Niedergangs des Kommunismus und den Kampf um die Legalisierung der Organisation im Frühjahr 1989. Auch studentische Milieus und ihre Aktivitäten werden beschrieben, so etwa Hochschulgemeinden, Happenings oder kulturelle Ereignisse. Ein weiteres Kapitel gilt dem Aufbau der Organisation zu Beginn der Dritten Republik. Das letzte Kapitel schildert in Kürze die Aktivitäten der Organisation nach 1993.

Krzysztof Ruchniewicz

Robert Rauziński, Teresa Sołdra-Gwiżdż (Hg.): Wokół ludzi i zdarzeń. Przesiedleńcy z dawnych Kresów Rzeczypospolitej w strukturze demograficznej i społecznej Śląska Opolskiego w sześćdziesięcioleciu 1945–2005 [Von Menschen und Ereignissen. Übersiedler aus den ehemaligen polnischen Ostgebieten (Kresy) in der demographischen und gesellschaftlichen Struktur des Oppelner Schlesien in den sechs Jahrzehnten 1945–2005]. Opole: Instytut Śląski w Opolu 2011. 272 S., dt. u. engl. Zusammenfassungen. ISBN 978-83-7126-271-5.

Die Arbeit präsentiert das Ergebnis eines Projekts von Oppelner Demographen und Soziologen, das sich mit einem der wichtigsten gesellschaftlichen Prozesse des 20. Jahrhunderts beschäftigt, nämlich mit Bevölkerungsaustausch, Massenmigration und ihren gesellschaftlich-kulturellen Folgen. Die Projektteilnehmer wählten als Forschungsgegenstand die Ansiedlung und Integration der Polen, die gezwungen waren, die polnischen Gebiete zu verlassen, welche infolge des Krieges der Sowjetunion angeschlossen wurden, und ihrer Nachkommen sowie die Einstellung dieser Menschen zum eigenen Kulturerbe. Grundlegende Methode war das Interview; der Anhang enthält einige ausgewählte Interviews. Auf die methodischen Schwierigkeiten der durchgeführten Feldforschungen geht in einem der Kapitel Olaf Gwiżdż ein. Das Buch eröffnet ein Text von Andrzej Hanich über die Nachkriegsumsiedlungen von Polen aus den früheren polnischen Ostgebieten (Kresy) in die Region Oppeln.

Robert Rauziński und Kazimierz Szczygielski befassen sich mit dem Anteil der Polen aus den Ostgebieten an der demographischen und sozialen Struktur der Region. Paweł Sadło analysiert die Beziehungen zwischen den ethnischen und sozialen Gruppen. Mit dem Alltagsleben der Umsiedler beschäftigt sich Anna Bereś. Teresa Sołdra-Gwiżdż greift das Thema der kollektiven Erinnerung und der Identität der untersuchten Gruppe auf.

Małgorzata Ruchniewicz

Rocznik Muzeum Papiernictwa [Jahrbuch des Papiermuseums]. Duszniki-Zdrój: Muzeum Papiernictwa w Dusznikach-Zdroju. [Bd.] 1 (2007). 185 S., zahlr. s.-w. u. farb. Abb., engl. u. dt. Zusammenfassungen. ISSN 1897-7685.

Mit diesem Band beginnt das Papiermuseum in Bad Reinerz/Duszniki-Zdrój ein neues Periodikum, auch als Online-Fassung: <http://rocznik.muzpap.pl/>. Wie der Leiter des Museums, Dr. Maciej Szymczyk, mitteilt, sollen im Jahrbuch Aufsätze, kurze Beiträge und Quellenmaterialien zu den Themen der Papierherstellung und der vielfältigen Möglichkeiten der Papierverwendung, dazu Rezensionen neuer Bücher sowie Informationen über die Geschichte wie auch die aktuelle Tätigkeit des Papiermuseums veröffentlicht werden. Im ersten Band des Jahrbuchs gibt Szymczyk einen Überblick über den Stand der Forschung zur Geschichte der Papierindustrie in Polen und berichtet über die Fachliteratur der letzten 200 Jahre, angefangen mit Jerzy Samuel Bandtkie und Joachim Lelewel am Anfang des 19. Jahrhunderts. Dorota Błaszczyk und Reiner Sachs beginnen in dem Band ein „Lexikon der schlesischen Papiermacher“ auf der Grundlage archivalischer Quellen, das für jeden, der die schlesische Papier-, Druck- und Buchgeschichte erforscht, sehr nützlich ist. Es umfasst die Buchstaben A bis G und enthält biographische und bibliographische Notizen. Piotr Pregiel präsentiert die Geschichte von Reinerz im Staat König Friedrichs II. Damian Chamski stellt eine kaum bekannte Fabrik für imprägnierte Holzgefäße in Wölfelsdorf/Wilkanów vor, die in den 1930er Jahren Eisbecher, Brotkörbe und andere Artikel unter der Handelsmarke „Silesia Holzstoffwaren“ herstellte. Leszek Goetzendorf-Grabowski berichtet über historische Messgeräte zur Prüfung der Eigenschaften von Papier, wie sie in dem Papiermuseum zu finden sind. Teresa Windyka schreibt über die Technik der Färbung von Papieren. In der Abteilung „Quellenmaterialien“ präsentieren Krzysztof Widziński und Jacek Jędrysiak eine Urkunde aus dem Jahr 1874 im deutschen Original und in polnischer Übersetzung, wonach die Stadtgemeinde Reinerz dem Mühlenbesitzer Ignatz Kirchvogel eine Brettmühle zum Preis von 2.710 Talern verkaufte. In der Rubrik „Rezensionen“ besprechen Małgorzata Ruchniewicz und Maciej Szymczyk Bücher zur Regionalgeschichte, darunter Roman Nowacki: Duszniki-Zdrój (Opole 2005). Der Band enthält auch eine „Chronik des Museums“ mit einem historischen Abriss der Reinerzer Papiermühle in den Jahren 1945–1968 im Lichte archivalischer Quellen von Jan Bałchan sowie eine Dokumentation der Aktivitäten des Museums im Jahr 2006.

Weronika Karlak

Rocznik Muzeum Papiernictwa [Jahrbuch des Papiermuseums]. Duszniki-Zdrój: Muzeum Papiernictwa w Dusznikach-Zdroju. [Bd.] 2 (2008). 214 S., s.-w. u. farb. Abb., engl. u. dt. Zusammenfassungen. ISSN 1897-7685.

Im zweiten Band des Jahrbuchs berichtet Andrzej Będziński über eine wenig bekannte Papiermühle und -manufaktur in der Nähe von Zamość in der zweiten Hälfte des 19. Jahrhunderts. Rafał Wiktor Kowalczyk gibt einen Überblick über die Entwicklung der Papierindustrie im Königreich Polen in den Jahren 1870–1914. Die Branche entwickelte sich in erster Linie in Warschau/Warszawa und den Gouvernements Warschau und Petrikau/Piotrków Trybunalski. Moderne Papierfabriken entstanden dann am Ende des 19. Jahrhunderts auch in den Industriegebieten von Lodz/Łódź, Sosnowitz/Sosnowiec und Tschenstochau/Częstochowa. Piotr Pregiel stellt Bad Reinerz/Duszniki-Zdrój im Juli 1914, am Vorabend des Ersten Weltkriegs, auf Grund einer Analyse der Lokalzeitungen dar. Leszek Goetzendorf-Grabowski schreibt über Geräte zur Messung der physikalischen Eigenschaften von Papier und deren erste Hersteller. Das Papiermuseum besitzt eine wertvolle Sammlung von Geräten zur Prüfung von Papierrohstoffen. Dorota Błaszczyk und Reiner Sachs setzen ihr Lexikon der schlesischen Papiermühlenbesitzer und Papiermacher mit den Buchstaben H–L fort. Die „Chronik" enthält Nachrichten über die Geschichte des Papiermuseums in den Jahren 1968–1991 und über die Tätigkeit der Einrichtung im Jahr 2007.

Weronika Karlak

Rocznik Muzeum Papiernictwa [Jahrbuch des Papiermuseums]. Duszniki-Zdrój: Muzeum Papiernictwa w Dusznikach-Zdroju. [Bd.] 3 (2009). 231 S., s.-w. u. farb. Abb., engl. u. dt. Zusammenfassungen. ISSN 1897-7685.

Der umfangreichste Abschnitt des dritten Jahrbuchbandes ist dem Papiermuseum selbst gewidmet und umfasst fünf Aufsätze. Ehemalige und heutige Mitarbeiterinnen und Mitarbeiter präsentieren anlässlich des 40-jährigen Jubiläums der Institution deren Geschichte bis zur Gegenwart. Hubert Jarmułowicz erzählt von der Eröffnung des Museums am 26. Juli 1968 und von dessen erstem Leiter Michał Kowalski. Das weitere Schicksal des Hauses unter der Leitung von Władysław Kazimierczak in den Jahren 1969–1981 stellt Jan Bałchan dar. Die Sammlungen des Papiermuseums werden von Teresa Windyka vorgestellt, sie umfassen mehr als 6.000 Exponate mit historischer, künstlerischer oder technischer Bedeutung. Bożena Schweizer-Makowska berichtet, wie das Museum unter ihrer Leitung zu einer selbstständigen Kultureinrichtung wurde. Der heutige Museumsleiter Maciej Szymczyk konzentriert sich auf den Zustand und die Pläne des Museums. Alle Texte sind reich bebildert. Der vorliegende Band enthält auch die Fortsetzung des Lexikons der schlesischen Papiermacher bis 1945 von Dorota Błaszczyk und Reiner Sachs (Buchstaben M–R). Der Abschnitt „Rezensionen" macht mit neuen Veröffentlichungen zur Papiergeschichte und Papierindustrie bekannt. Maciej Szymczyk rezensiert eine Jubiläumsschrift über die Papierfabrik in Schwetz/Świecie, Pommerellen (Bad Vöslau 2007). Der Band schließt mit der „Chronik" der Jahre 1992–2005 und dokumentiert Aktivitäten des Papiermuseums im Jahr 2008, unter anderem Ausstellungen in Schlesien, im übrigen Polen und im Ausland, sowie die Verleihung des niederschlesischen Kulturpreises „Silesia" an das Reinerzer Museum.

Weronika Karlak

Rocznik Muzeum Papiernictwa [Jahrbuch des Papiermuseums]. Duszniki-Zdrój: Muzeum Papiernictwa w Dusznikach-Zdroju. [Bd.] 4 (2010). 238 S., zahlr. s.-w. u. farb. Abb., engl. u. dt. Zusammenfassungen. ISSN 1897-7685.

Das regelmäßig erscheinende Jahrbuch hat sich zu einer anerkannten Publikation entwickelt. Diesmal berichten die Autoren über verschiedene Aspekte der Papiergeschichte. Karolina Oleksiejuk gibt einen Abriss der Geschichte der Papierwandbeläge in Westeuropa und Polen und unterscheidet „Kołtryny" – ein kaum bekannter polnischer Begriff – und Tapeten. Maciej Szymczyk behandelt den polnisch-tschechoslowakischen Streit um die Papierfabrik in Neu Weistritz/Nowa Bystrzyca, die sich nach dem Zweiten Weltkrieg auf dem Territorium

Polens befand und nationalisiert wurde, während sich der Sitz der Firma Reinshagen & Co., der ehemaligen Besitzerin der Papierfabrik, auf dem Territorium der ČSSR befand. Piotr Pregiel befasst sich mit dem 1789 erschienenen 19. Band der *Beyträge zur Beschreibung von Schlesien* von Friedrich Albert Zimmermann, der über Bad Reinerz – Geschichte, Finanzen, Gebäude, Alltagsleben – berichtete. Pregiels Übersetzung des Textes macht polnische Leser mit dieser wertvollen Quelle bekannt. In einem ausführlichen Nachruf auf die 2010 verstorbene Kennerin der Buch- und Papiergeschichte Professor Kazimiera Maleczyńska betont Krzysztof Migoń, dass ihr Buch aus dem Jahr 1961 über die Geschichte der alten schlesischen Papierherstellung das bis heute wichtigste Werk zu diesem Thema darstelle. Der vorliegende Jahrbuchband enthält den vierten und letzten Teil (S–Z) des für alle weiteren Forschungen wertvollen „Lexikons der schlesischen Papiermacher bis 1945" von Dorota Błaszczyk und Reiner Sachs. Im Abschnitt „Rezensionen" präsentiert Maciej Szymczyk eine neue Publikation über die polnische staatliche Wertpapierdruckerei Polska Wytwórnia Papierów Wartościowych S.A. (Warszawa 2010). Die „Chronik des Museums" dokumentiert Veranstaltungen des Jahres 2009.

Weronika Karlak

Rocznik Muzeum Papiernictwa [Jahrbuch des Papiermuseums]. Duszniki-Zdrój: Muzeum Papiernictwa w Dusznikach-Zdroju. [Bd.] 5 (2011). 198 S., zahlr. s.-w. u. farb. Abb., engl. u. dt. Zusammenfassungen. ISSN 1897-7685.

Der fünfte Band des Jahrbuchs bringt zahlreiche Artikel aus den Bereichen Papiergeschichte und Papierindustrie. Reiner Sachs und Urszula Ososko stellen in einem gemeinsamen Beitrag die Frage: „War es wirklich Konrad Riediger?" In der Friedenskirche in Schweidnitz/Świdnica befindet sich eine Kanzel aus dem Jahr 1729, die nach ihrer Inschrift von Conrad Riediger, einem Schweidnitzer Papiermacher, gestiftet wurde. Auf Grund von Archivmaterialien können die Autoren zeigen, dass nicht Conrad, sondern sein Vorfahre Hans Heinrich Riediger der Stifter war. Piotr Galik bringt unter der Überschrift „Tödliches Material. Ausgewählte Aspekte der militärischen Nutzung des Papiers im 18. und 19. Jahrhundert" Beispiele der Verwendung von Papier im Krieg; so wurden z. B. in der Schlacht bei Königgrätz die Hinterlader mit Papier geladen. Krzysztof Popiński befasst sich mit der Papierindustrie in Bunzlau/Bolesławiec vor 1945: Der Betrieb Pappen- und Kartonnagenfabrik May & Sohn in dieser Stadt spezialisierte sich auf die Herstellung von Kartons für die Post. Kaum bekannt ist auch, dass der Bunzlauer Textilbetrieb Concordia während des Ersten Weltkriegs Garn aus Papier zur Produktion von Stoffen für Unterwäsche verwendete. Jacek Piotrowski schreibt über das Thema „Papier als Instrument des politischen Kampfes im Exil in den Jahren 1939–1945". Im Abschnitt „Quellen" bringt Maciej Szymczyk eine 1960 entstandene, bis dahin nur maschinenschriftlich vorliegende historisch-architekturgeschichtliche Studie von Marian Kutzner zum Druck, die früheste Arbeit über die Reinerzer Papiermühle nach dem Zweiten Weltkrieg mit zahlreichen Abbildungen (alten Fotos, Plänen, Wasserzeichen). Die „Chronik" dokumentiert wie immer die vielfältigen Aktivitäten des Museums.

Weronika Karlak

Rocznik Muzeum Papiernictwa [Jahrbuch des Papiermuseums]. Duszniki-Zdrój: Muzeum Papiernictwa w Dusznikach-Zdroju. [Bd.] 6 (2012). 195 S., zahlr. s.-w. u. farb. Abb., engl. u. dt. Zusammenfassungen. ISSN 1897-7685.

Aus Anlass des 450. Jahrestags der ersten Erwähnung der Papiermühle in Bad Reinerz erarbeitete Teresa Windyka eine Ausstellung, auf der Grafiken, Bilder, Fotos, Holzschnitte und Medaillen gezeigt wurden. Einige dieser Exponate bespricht sie im Jahrbuch. Jan Bałchan beschäftigt sich mit der Papiermühle in Neumarkt in Schlesien / Środa Śląska (1804–1851), einer bisher kaum bekannten kleinen Manufaktur, die zu den ersten Betrieben in Schlesien gehörte, welche den Papiergrundstoff aus Stroh herstellten. Leszek L. Sibila präsentiert Entwürfe von Bucheinbänden für den Krakauer Meister der Buchbindekunst Robert Jahoda aus der Zeit um 1900. Jahoda gehörte zu den besten Buchbindereien Polens. Das Historische Museum der Stadt Krakau/Kraków besitzt rund 4.000 Exponate über ihn und seine Werkstatt. Krzysztof R. Mazurski informiert über die Darstellung von Duszniki-Zdrój in touristischen und landeskundlichen Beschreibungen aus den Jahren 1945–1977. Rafał Eysymontt vergleicht Bad Reinerz mit Bad Landeck/Lądek-Zdrój am anderen Ende des Glatzer Kessels (Kotlina Kłodzka): Beide Orte wurden in derselben Zeit gegründet, waren ähnlich groß und bilden Beispiele für kleine Städte in Bergregionen. Krzysztof Dackiewicz untersucht die städtische Architektur in Bad Reinerz. Im Abschnitt „Quellen" präsentiert der Direktor des Papiermuseums Maciej Szymczyk eine für die weitere Tätigkeit seiner Institution wichtige Urkunde: eine Verordnung des Präsidenten der Republik Polen vom 20. September 2011, die der Reinerzer Papiermühle den Status eines Geschichtsdenkmals zuerkennt. Reiner Sachs bespricht einen Katalog der deutschen Malerei aus den Sammlungen des Nationalmuseums Breslau (siehe oben S. 538f.). Die „Chronik" widmet sich rückblickend den wichtigsten Veranstaltungen des Jahres 2011. Nach wie vor erscheint neben der gedruckten Ausgabe des Jahrbuchs auch eine Online-Fassung.

Weronika Karlak

Mirosław Sikora: Niszczyć, by tworzyć. Germanizacja Żywiecczyzny przez narodowosocjalistyczne Niemcy 1939–1944/45 [Zerstören um aufzubauen. Die Germanisierung des Saybuscher Gebiets durch das nationalsozialistische Deutschland 1939–1944/45]. Katowice: Instytut Pamięci Narodowej 2010. 719 S., Abb., engl. Zusammenfassung. ISBN 978-83-7629-229-8.

Das Buch ist die erste detaillierte Darstellung einer der Um- und Ansiedlungsaktionen, wie sie die Nationalsozialisten im okkupierten Polen durchgeführt haben. Auf der Mikroebene soll der Prozess der Germanisierung des ethnisch polnischen Gebiets verfolgt werden. Der Kreis Saybusch/Żywiec gehörte infolge der Okkupation Polens zum Regierungsbezirk Kattowitz/Katowice. Das Buch folgt einer chronologisch-sachlichen Gliederung. Der Autor stützt sich auf eine umfangreiche Recherche in polnischen und deutschen Archiven. Die einführenden Kapitel 1 und 2 behandeln die Nationalitätenpolitik des „Dritten Reichs" und ihre Anwendung in den eroberten polnischen Gebieten, insbesondere im östlichen Oberschlesien. In Kapitel 3 werden die Struktur und das Personal der deutschen Verwaltung und der Partei im Kreis Saybusch vorgestellt. Der Autor analysiert hier auch den Wissensstand und die Ansichten der deutschen Regierung zum Kreis Saybusch. Im vierten Kapitel wird der Verlauf der ersten Um- und Ansiedlungsaktion um die Wende der Jahre 1940/41 („Aktion Saybusch") eingehend dargestellt. Kapitel 5 beschreibt weitere Wellen der deutschen Ansiedlung, darunter die „Siedlungsaktion Buchenland", sowie die Austreibung der Polen und deren weitere Schicksale. Kapitel 6 und 7 zeigen die deutsche Politik der Einschränkung der materiellen und kulturellen Grundlagen der Existenz einer polnischen Gesellschaft durch Enteignungen und Terror. Die beiden folgenden Kapitel befassen sich mit der Lage der deutschen Ansiedler, ihrer Betreuung durch den Staat sowie mit Plänen zur Umgestaltung des

Kreises in einen Muster-Kolonisationsort. Im Schlusskapitel wird eine Bilanz der Verluste durch die Kolonisierungsaktion gezogen. Im Anhang findet man neben einer Bibliographie, einem geographischen und einem Personenregister unter der Überschrift „Post scriptum" auch Betrachtungen über das Phänomen der Kollaboration im Kreis Saybusch.

Krzysztof Ruchniewicz

Bożena Steinborn: Katalog zbiorów malarstwa krajów romańskich. Catalogue of the collection of the romance countries' painting. Wrocław: Muzeum Narodowe we Wrocławiu 2012. 397 S., 113 Abb. ISBN 978-83-61900-32-0.

Diese zweite Ausgabe des Katalogs der Bilder aus romanischen Ländern aus der Sammlung des Nationalmuseums Breslau (Muzeum Narodowe we Wrocławiu) wurde im Vergleich zur Ausgabe von 1982 mit 83 Werken italienischer Maler und einigen französischen und spanischen Bildern um 30 weitere Objekte ergänzt. Diese Werke gelangten erst später in die Sammlung oder wurden in der ersten Ausgabe nicht berücksichtigt, da ihr künstlerischer Wert wegen ihres schlechten Erhaltungszustands noch nicht erkannt worden war. Auch neuere Fachliteratur, vor allem zwischenzeitlich erschienene Monographien zu den in der Sammlung vertretenen Malern, wurden berücksichtigt. Angaben zu Inhalten und literarischen Quellen der Darstellungen wurden ergänzt, ebenso weitere Informationen zum Schicksal der einzelnen Bilder. Der sehr unterschiedliche Umfang der Einträge spiegelt den jeweiligen Kenntnisstand zur Autorschaft der Bilder wider. Die Verfasserin stellt zahlreiche Hypothesen vor und weist auf Forschungsdesiderate hin. Von den 113 im Katalog vorgestellten Werken stammen vierzig aus dem ehemaligen Schlesischen Museum der Bildenden Künste in Breslau, dessen Sammlungen im Zweiten Weltkrieg evakuiert wurden, danach zum Teil verloren gingen oder Plünderungen zum Opfer fielen. Zu den besonders bemerkenswerten Bildern gehört Francisco Zurbaráns „Christus an der Geißelsäule". Es stammt aus der Sammlung von Alfred Morrisson in London, gelangte 1884 von den königlichen Sammlungen in Berlin an das Schlesischen Museum der Bildenden Künste, wurde 1942/43 nach Kamenz/Kamieniec Ząbkowicki ausgelagert und 1946 dem Nationalmuseum, dem damaligen Schlesischen Museum (Muzeum Śląskie), übergeben.

Maria Zwierz

Aleksandra Szewczyk: Mecenat artystyczny biskupów wrocławskich w dobie reformacji i potrydenckiej odnowy kościoła (1520–1609) [Das Kunstmäzenat der Breslauer Bischöfe in der Zeit der Reformation und der nachtridentinischen Erneuerung der Kirche (1520–1609)]. Wrocław: ATUT 2011 (Studia z Historii Europy Środkowej [Studien zur Geschichte Mitteleuropas] 2). 257, [58] S., zahlr. Abb., dt. u. engl. Zusammenfassung. ISBN 978-83-7432-763-3.

Das Buch stellt den ersten Versuch einer Analyse und Bewertung des Kunstmäzenats der Breslauer Bischöfe in einer für die Kirchengeschichte sehr wichtigen Zeit dar. Zu Beginn beschreibt die Autorin in zwei einführenden Kapiteln Gegenstand und Forschungsmethode sowie den Forschungsstand. Im relativ umfangreichen dritten von acht Kapiteln skizziert sie den historischen Hintergrund und stellt die Persönlichkeiten der Bischöfe von Jacob von Salza bis Johann von Sitsch und deren Aktivitäten auf der kirchlichen und politischen Bühne vor. In Kapitel 4 befasst sie sich mit der Definition des Mäzenatentums und mit dem Mäzen in der Neuzeit. Die folgenden vier Kapitel analysieren verschiedene Erscheinungsformen bischöflichen Mäzenatentums unter lateinischen Überschriften: „Dignitas principalis", „Dignitas episcopalis",

„Memoria", „Ars". Die Verfasserin thematisiert die Förderung von Kunstwerken, die den gesellschaftlichen und kirchlichen Status der Bischöfe betonen sollen, sowie Aufträge für sakrale Kunstwerke. Sie berücksichtigt auch Erinnerungskultur und Sepulkralkunst. Außerdem widmet sie sich den stilistischen Veränderungen in bischöflichen Stiftungen und dem Milieu der für die Bischöfe arbeitenden Künstler. Im letzten Kapitel versucht sie das Spezifikum des Mäzenatentums der Breslauer Bischöfe herauszuarbeiten. Sie betont, dass die mäzenatische Aktivität der Bischöfe untrennbar mit ihrer kirchlichen und politischen Tätigkeit verbunden war.

Małgorzata Ruchniewicz

Miron Urbaniak, Ryszard Nowakowski: Wrocławskie wodociągi i kanalizacja od przeszłości do współczesności. Monografia wydana z okazji 140-lecia wrocławskich wodociągów 1871–2011. Breslauer Wasserwerke und Kanalisation von der Vergangenheit bis zur Gegenwart. [Monographie, erschienen aus Anlass des 140. Jubiläums der Breslauer Wasserwerke 1871–2011.] Wrocław water supply and sewage system from past to present. Wrocław: MPWiK 2011. 200 S., 175 Abb., dt. u. engl. Einleitung u. Zusammenfassung. ISBN 978-83-63037-02-4.

Die Monographie stellt die Geschichte der Wasserwerke Breslau/Wrocław dar, die zu den ältesten Beispielen dieser Art von technischer städtischer Infrastruktur im heutigen Polen zählen. Von den Anfängen im Mittelalter bis 1945 zeichnet Miron Urbaniak im ersten Teil des Buches die Entwicklung der städtischen Wasserversorgung und Kanalisation in Breslau nach: vom Bau des ersten zentralen Wasserleitungssystems und der Matthiaskunst auf der Matthiasinsel über die Inbetriebnahme des zentralen Wasserwerks Am Weidendamm (Na Grobli) im Jahr 1871 bis zur modernen Abwasserpumpstation Borsig 1902 und der neuen Grundwassergewinnungsanlage in Schwentnig/Świątniki 1904/05. In den Jahren 1926/27 wurde in Bierdzan/Bierdzany ein Wasserwerk gebaut, das eine wichtige Investition für die sich schnell erweiternde Stadt darstellte. Architektonische Projekte von John Moore, Karl Christian Zimmermann und Karl Klimm werden präsentiert sowie erstmalig auch Reproduktionen von Entwürfen und Archivfotos aus dem Archiv der Städtischen Wasserwerke (Miejskie Przedsiębiorstwo Wodociągów i Kanalizacji we Wrocławiu) und dem Bauarchiv des Architekturmuseums Breslau (Muzeum Architektury we Wrocławiu, Oddział Archiwum Budowlane), teils bisher unbekanntes Quellenmaterial, veröffentlicht. Der zweite Teil von Ryszard Nowakowski behandelt die Geschichte der Breslauer Wasserwerke und Kanalisation nach 1945 und umfasst Wiederaufbau, Modernisierung und Erweiterung bis zur heutigen Situation. Im letzten Abschnitt des Buches zeigen beide Autoren zahlreiche als Denkmäler klassifizierte Objekte, darunter Wassertürme in der Hohenzollernstraße (ul. Sudecka), in Karlowitz/Karłowice und Brockau/Brochów sowie weitere ehemalige Anlagen der Wassergewinnung und Abwasserbeseitigung in ihrem gegenwärtigen Zustand.

Maria Zwierz

Miron Urbaniak, Ryszard Nowakowski: Wrocławskie wodociągi na dawnej fotografii. Album wydany z okazji 140-lecia wrocławskich wodociągów 1871–2011. Breslauer Wasserwerke auf alten Fotografien. Album herausgegeben zum 140. Jahrestag der Breslauer Wasserwerke 1871–2011. Wrocław water supply on old photographs. An album published to commemorate the 140th anniversary of the Wrocław water supply system 1871–2011. Wrocław: Wydawnictwo c2 2011. 200 S., 301 Abb., dt. u. engl. Einleitung. ISBN 978-83-63037-03-1.

Die Publikation ergänzt und erweitert die Forschungen zur Breslauer Industriearchitektur, indem sie Fotografien aus der Sammlung der Städtischen Wasserwerke Breslau (Miejskie Przedsiębiorstwo Wodociągów i Kanalizacji we Wrocławiu) präsentiert, vor allem aus den 1920er und 1930er Jahren. Dieses umfangreiche Archiv wurde erst kürzlich entdeckt und wird gegenwärtig geordnet und katalogisiert. Außer Hunderten von Bauplänen sowie Zeichnungen verschiedenster Anlagen befinden sich dort über 500 Fotos, die die Objekte des Breslauer Wasserversorgungs- und Kanalisationssystems oft auch in unterschiedlichen Phasen ihrer Entstehung zeigen, besonders in der Zwischenkriegszeit. Im ersten Kapitel über die Oder und die Wasserleitungen im Leben der Stadt geben die Autoren kurz die Geschichte der Wasserwerke wieder und illustrieren ihren Text etwa mit Fotografien des Gebäudes des Ruderclubs „Wratislavia", eines Dampfers der Breslauer Personenschifffahrt, des Baus der Kaiserbrücke (Most Grunwaldzki) und der Errichtung eines Brunnens zur Brandbekämpfung am Breslauer Ring (Rynek). Weitere Kapitel stellen das Wasserwerk Am Weidendamm (Na Grobli) vor, die Anlagen in Schwentnig/Świątniki, Bierdzan/Bierdzany, Tschechnitz/Siechnicy und Wiesau/Radwanice sowie den Janowitzer Kanal (Kanał Janowicki) und die Schleuse in Althofnaß/Mokry Dwór. Die beiden letzten Kapitel sind dem Wasserturm von Karl Klimm an der Hohenzollernstraße (ul. Sudecka) und den Wasserwerken der 1928 nach Breslau eingemeindeten Orte Lissa/Leśnica und Hundsfeld/Psie Pole gewidmet. Jedes Kapitel enthält eine kurze Einführung zu den Archivfotos, in der die Geschichte der Objekte beschrieben wird.

Maria Zwierz

Zygmunt Woźniczka: Represje na Górnym Śląsku po 1945 roku [Repressionen in Oberschlesien nach 1945]. Katowice: „Śląsk" 2010. 453 S., Abb. ISBN 978-83-7164-625-6.

Das Buch stellt eine umfangreiche Zusammenfassung von Forschungen dar, die mit besonderer Intensität nach 1989 durchgeführt wurden. Es wurden Materialien aus polnischen, deutschen und russischen Archiven genutzt, zudem die reichlich vorhandene wissenschaftliche und Erinnerungsliteratur. Die Themen des ersten Kapitels sind die Flucht der oberschlesischen Bevölkerung und der Mythos der Befreiung Oberschlesiens. Im zweiten Kapitel geht es um die Tätigkeit der sowjetischen Truppen in der Region nach deren Besetzung (das Netz der Kommandanturen, die NKWD-Lager, die Deportationen in Arbeitslager in der UdSSR, den Abtransport von Gütern, Bemühungen um die Rückkehr von Deportierten). Anschließend analysiert der Autor die Tätigkeit des Apparats des polnischen Staatssicherheitsdienstes. Er beschreibt Lager und Gefängnisse, in denen sich Angehörige der Zivilbevölkerung und Kriegsgefangene befanden. Das letzte Kapitel handelt von Repressionen und ihren Folgen im Alltag der Schlesier (Stimmungen, Streiks, „Entgermanisierung", Vergewaltigungen, Raub, Verarmung, Arbeitszwang). Der Band bietet eine umfangreiche Bibliographie und einen Quellenanhang mit Berichten und Verzeichnissen von Menschen, die Repressionen ausgesetzt waren.

Krzysztof Ruchniewicz

6. Großpolen, Zentralpolen, Kleinpolen

Noemi Bażanowska: To był mój dom. Żydowski Dom Dziecka w Krakowie w latach 1945–1957 [Das war mein Zuhause. Das jüdische Kinderheim in Krakau 1945–1957]. Kraków: Księgarnia Akademicka, Warszawa: Żydowski Instytut Historyczny im. Emanuela Ringelbluma 2011. 178, [24] S., Abb. ISBN 978-83-7638-129-9, ISBN ŻIH 978-83-61850-72-4.

Die Publikation beruht auf einer von Dr. hab. Adam Kaźmierczyk von der Jagellonen-Universität betreuten Magisterarbeit aus dem Jahr 2008. Die Autorin beschreibt die Geschichte und die pädagogischen Prinzipien von jüdischen Erziehungsinstitutionen am Beispiel der Nachkriegsgeschichte des jüdischen Kinderheims in Krakau/Kraków in den Jahren 1945–1957, das Leben in dieser Einrichtung sowie deren Umfeld, wobei sie sich insbesondere auf die Menschen, die Pädagogen, konzentriert. Die Monographie besteht aus sechs Kapiteln, in denen die Autorin unterschiedliche Aspekte der Situation des Heimes und der Schützlinge erörtert. Im ersten Kapitel beschreibt sie die Spezifik der Lebenssituation der jüdischen Kinder in Polen nach dem Zweiten Weltkrieg, im zweiten die Geschichte und die materielle Situation der jüdischen Kinderheime, ferner ihre Verteilung auf dem Gebiet Polens; im dritten und vierten geht es um Erziehungsfragen, pädagogische Fachkräfte, Feste, Zeitschriften, Kunst- und Sporterziehung und die Kinderselbstverwaltung. Das fünfte Kapitel ist der letzten Phase des Bestehens der Institution (1956/57) gewidmet. Im letzten Kapitel zeigt die Autorin den Lebensalltag in dem jüdischen Kinderheim, den sie aufgrund von Erinnerungen, Tagebucheinträgen und Fotografien der Pflegekinder (1945–1957) zu rekonstruieren versucht. Das Buch enthält ein Personen- und Ortsregister sowie eine ausführliche Bibliographie.

Agnieszka Palej

Jolanta A. Daszyńska (Hg.): Łódź w czasie Wielkiej Wojny [Lodz zur Zeit des Ersten Weltkriegs]. Łódź: Księży Młyn Dom Wydawniczy 2012. 132 S., Abb., DVD. ISBN 978-83-7729-187-0.

Der Tagungsband fokussiert eine der wichtigsten Schlachten im Ersten Weltkrieg: die Schlacht bei Lodz/Łódź, die vom 11. November bis 5. Dezember 1914 zwischen der deutschen 9. Armee unter General August von Mackensen und der 2. und 5. russischen Armee ausgetragen wurde. Die Publikation umfasst vier Kapitel, von denen die zwei ersten einen detaillierten Einblick in das Schlachtgeschehen aus historischer und ethnologischer Perspektive bieten. Der dritte Teil beschreibt verschiedene Möglichkeiten der Popularisierung und Verbreitung des Wissens über den Ersten Weltkrieg, etwa in Form einer Filmproduktion von Paweł Siedlik mit dem Titel *1914. Zanim opadły liście* („1914. Bevor die Blätter fielen“). Dem Buch ist eine DVD beigegeben mit der Voranzeige für den Film. Der letzte Teil präsentiert eine umfangreiche Fotosammlung aus der Zeit um 1914.

Monika Kucner

Jolanta A. Daszyńska (Hg.): Operacja Łódzka. Zapomniany fakt I wojny światowej [Die Schlacht bei Lodz. Eine vergessene Tatsache des Ersten Weltkriegs]. Łódź: Księży Młyn Dom Wydawniczy 2011. 164 S., Abb. ISBN 978-83-7729-156-6.

Der Band beschreibt die Schlacht bei Lodz/Łódź im Herbst 1914. Die politischen Folgen des Ersten Weltkriegs und die Teilung Europas nach 1945 führten dazu, dass die Kämpfe um Lodz im kollektiven Gedächtnis nicht festgehalten wurden. Der Band besteht aus dreizehn Beiträgen Lodzer Forscher, die thematisch zu drei Gruppen zusammengefasst sind. Im ersten, umfangreichsten Abschnitt konzentrieren sich die Autoren auf politische und militärische Aspekte der Schlacht, im zweiten Teil werden die soziale, die wirtschaftliche und die kulturelle Situation beleuchtet. Die beiden Aufsätze des letzten Teils betreffen die Uniformen der deutschen und der russischen Armee, die an der Schlacht beteiligt waren.

Monika Kucner

Jakub Goldberg: Żydzi w społeczeństwie, gospodarce i kulturze Rzeczypospolitej Szlacheckiej [Juden in der Gesellschaft, Wirtschaft und Kultur der polnischen Adelsrepublik]. Kraków: Polska Akademia Umiejętności 2012. XIII, 283 S. ISBN 978-83-7676-115-2.

In dem Band sind wissenschaftliche Veröffentlichungen, Aufsätze und Artikel von Professor Jakub Goldberg, einem der angesehensten Forscher auf dem Gebiet der Geschichte des osteuropäischen Judentums, versammelt, die unterschiedlichen Aspekten der Situation von jüdischen Gemeinden in Polen vom 16. bis zum 18. Jahrhundert gewidmet sind. Der Band ist eine umfassende Darstellung der gesellschaftlichen, wirtschaftlichen und kulturellen Aktivitäten der jüdischen Bevölkerung in der polnischen Adelsrepublik. In den einzelnen Beiträgen analysiert der Autor die unterschiedlichen Aspekte der Lebenssituation der Juden, die sie betreffenden Gesetze, ihre Rolle im gesellschaftlichen, wirtschaftlichen, kulturellen und politischen Leben der Zeit, das Bild der polnischen Juden im Lichte der ausländischen Reiseliteratur und Publizistik des 18. Jahrhunderts sowie die interkulturellen Kontakte zwischen der jüdischen Bevölkerung und anderen ethnischen Minderheiten in der Adelsrepublik (vom 16. bis zum 18. Jahrhundert). Das Buch enthält außerdem ein Personen- und ein Abkürzungsregister, ein Verzeichnis der Tabellen sowie eine Bibliographie.

Agnieszka Palej

Krzysztof R. Kowalczyński: Łódź 1914. Kronika oblężonego miasta [Lodz 1914. Chronik der besetzten Stadt]. Łódź: Księży Młyn Dom Wydawniczy 2010. 218 S., Abb. ISBN 978-83-7729-051-4.

Das Buch beschreibt in chronologischer Reihenfolge die ersten Tage nach dem Ausbruch des Ersten Weltkriegs. Um die tieferen Ursachen für den Krieg zu verstehen, greift der Autor nicht nur auf die Ermordung des österreichisch-ungarischen Thronfolgers in Sarajewo am 28. Juni 1914 zurück, sondern erläutert auch die politische und militärische Lage in Europa zu dieser Zeit. Danach geht er zur Darstellung der politischen und wirtschaftlichen Situation in Lodz zu Beginn des Krieges über. Kowalczyński konzentriert sich dabei auf das alltägliche Leben; er schildert die Atmosphäre, die in dieser Zeit in der Stadt herrschte. Dabei berücksichtigt er solche Aspekte wie die Entstehung des Bürgerkomitees, die Evakuierung der Zivilbevölkerung, die Währungskrise und die Schlacht bei Lodz. Er stützt sich auf Presseartikel und Tagebücher. Die Chronik endet mit der deutschen Besetzung am 6. Dezember 1914.

Monika Kucner

Kronika Miasta Poznania [Chronik der Stadt Posen]. Nr. 1/2013: 1863. Poznań: Wydawnictwo Miejskie. 316 S. ISBN 977-013-735-530-4, ISSN 0137-3552.

In der etablierten Reihe der seit 1923 fast ununterbrochen existierenden Vierteljahresschrift *Kronika Miasta Poznania* erschien im Januar 2013 ein Band, der dem Januaraufstand von 1863 in der damals preußischen Stadt Posen/Poznań gewidmet ist. Nach der Niederlage des Novemberaufstandes von 1830 entstand das Bestreben, erneut den Kampf gegen die russische Teilungsmacht aufzunehmen. Im eigentlichen Sinne spielte sich der Aufstand im russischen Teilungsgebiet ab, nicht in Posen, doch Posen bildete einen wichtigen Ort der Konspiration. Von hier aus zogen die Freiwilligen gegen Osten, hier wurden sie mit Waffen ausgerüstet und geschult. Jahrzehntelang wurde in Posen daran erinnert. Man gedachte dieses tragischen, von Polens Niederlage gezeichneten Kampfes, ehrte die Gefallenen und zeigte sich solidarisch mit den Freiheitskämpfern und der Idee des Freiheitskampfes. Der Titel dieses Bandes lautet *1863*; er markiert damit das für Posen und das damals geteilte Polen so bedeutende Jahr anlässlich seines 150. Jubiläums.

Maria Wojtczak

Bartosz Kruszyński: Garnizon Poznań. Wojsko w życiu miasta [Garnison Posen. Militär und städtisches Leben]. Poznań: Wydawnictwo Rebis 2013. 504 S., Abb. ISBN 978-83-7510-893-4.

Dies ist die erste Monographie über die Geschichte der Garnison in Posen/Poznań in der Polnischen Zweiten Republik. Die Armee spielte damals eine wichtige Rolle in vielen Bereichen des städtischen Lebens. Die Uniform eines Soldaten der polnischen Armee wurde auf Posener Straßen zum Symbol der wiedergewonnenen Unabhängigkeit. Allerlei Paraden zogen Menschenmassen an. Die Armee nahm auch an zahlreichen nationalen, religiösen, kommunalen und regionalen Feierlichkeiten teil. Das Militär veranstaltete in der Stadt Vorträge, Wohltätigkeitsveranstaltungen, Bälle, Lotterien und Sportwettkämpfe. All diese Ereignisse wurden auf Fotografien festgehalten, die in dem Band veröffentlicht sind. Mit entsprechenden Kommentaren versehen, bilden sie eine unschätzbare Quelle für Informationen über vergangene Zeiten. Die Monographie ist Ergebnis langjähriger Forschungen des Verfassers. Bartosz Kruszyński ist Militärhistoriker und Mitarbeiter der Abteilung für Militärgeschichte am Institut für Geschichte der Adam-Mickiewicz-Universität Poznań.

Maria Wojtczak

Krzysztof Antoni Kuczyński (Hg.): Rocznik Karla Dedeciusa. Dedeciana – tłumaczenie – recepcja [Karl-Dedecius-Jahrbuch. Dedeciana – Übersetzung – Rezeption]. T. [Bd.] 6. Łódź: Wydawnictwo UŁ 2013. 240 S., poln. u. dt. Zusammenfassungen. ISBN 978-83-62098-03-3.

Der Band erscheint als gemeinsame Initiative des Karl-Dedecius-Archivs der Europa-Universität Viadrina Frankfurt (Oder), des Lehrstuhls für Deutschlandstudien der Universität Lodz/Łódź sowie des Museums der Stadt Lodz. Er bietet, wie die ganze Serie, verschiedene Informationen über das Leben und Werk von Karl Dedecius, einem der bekanntesten Übersetzer polnischer und russischer Literatur ins Deutsche. Das Jahrbuch besteht aus zwei Teilen: einem, der „Aus der Werkstatt" betitelt ist, und einem anderen, der verschiedene Aspekte aus dem Leben und Schaffen von Dedecius aufgreift. Der Leser findet in dieser Publikation 14 Artikel, unter anderem von Krzysztof A. Kuczyński über die Tätigkeit Dedecius' im Lichte der Dokumentation des Instituts für Nationales Gedenken (Instytut Pamięci Narodowej), von Natasza Stelmaszyk über die Übersetzungs- und Publikationsarbeit von Dedecius, von Stefan H. Kaszyński über deutschsprachige Übersetzungsanthologien als Vermittler polnischer Lyrik sowie von Ilona Czechowska über Dedecius' Übersetzung von Mickiewiczs „Totenfeier" (*Dziady*), um nur einige zu nennen.

Monika Kucner

Marek Ostrowski: Litzmannstadt. Łódź w polityce i propagandzie III Rzeszy [Litzmannstadt. Lodz in der Politik und der Propaganda des „Dritten Reiches"]. Warszawa: Wydawnictwo Uniwersytetu Warszawskiego 2010. 256 S., Abb., Kt. ISBN 978-83-924520-3-4.

Im Jahre 1940 wurde Lodz/Łódź zu Ehren des deutschen Generals Karl Litzmann (1850–1936), der mit seiner Infanterie-Division in der Schlacht bei Lodz 1914 erfolgreich gekämpft hatte, in Litzmannstadt umbenannt und in die Strukturen des „Dritten Reiches" als zweitgrößte Stadt des Gaues Wartheland eingegliedert. Die deutschen Besatzer versuchten unterschiedliche Pläne hinsichtlich der Umgestaltung der Stadt zu verwirklichen. Einer davon war die Errichtung des Ghettos Litzmannstadt, eines jüdischen Wohnbezirks, das vorwiegend als Zwischenstation vor der Deportation in die Vernichtungslager Kulmhof/Chełmno nad Nerem, Auschwitz II, Majdanek, Treblinka und Sobibor diente. Der Autor stützt sich auf umfangreiches Archivmaterial sowie auf Fachliteratur und Presseartikel. Der Text wird durch zahlreiche Bilddokumente ergänzt.

Monika Kucner

Irena Paczyńska (Oprac. [Bearb.]): Grypsy z Konzentrationslager Auschwitz Józefa Cyrankiewicza i Stanisława Kłodzińskiego [Die Kassiber von Józef Cyrankiewicz und Stanisław Kłodziński aus dem Konzentrationslager Auschwitz]. Kraków: Wydawnictwo Uniwersytetu Jagiellońskiego 2013. 674 S., Abb. ISBN 978-83-233-3472-9.

In dem sorgfältig gearbeiteten Band wird die konspirative Korrespondenz von Józef Cyrankiewicz und Stanisław Kłodziński aus dem Konzentrationslager Auschwitz präsentiert, die sich im Archiv des Staatlichen Museums Auschwitz-Birkenau (Państwowe Muzeum Auschwitz-Birkenau w Oświęcimiu) befindet. Sie enthält zahlreiche Informationen über Ereignisse im Lager, die Zahl und die nationale Zusammensetzung der Häftlinge, deren Arbeits- und Existenzbedingungen und die Methoden der Vernichtung. Józef Cyrankiewicz und Stanisław Kłodziński waren politische Häftlinge des KZ Auschwitz (Häftlingsnummern 62933 und 20019), die in der polnischen Konspiration tätig waren, 1941 verhaftet wurden und sich im KZ kennenlernten. Die beiden verband ihre Tätigkeit in der im Lager organisierten konspirativen Arbeit, der Niederschrift und Weitergabe von für die Außenwelt bestimmten Botschaften (Kassibern). In dem Band werden 214 dieser Kassiber veröffentlicht, die zwischen September 1942 und dem 18. Januar 1945 auf die andere Seite des Stacheldrahts gelangten. Die Gesamtzahl der tatsächlich aus dem KZ herausgebrachten und weitergegebenen Kassiber ist unbekannt. Die mit zahlreichen Anmerkungen und Erläuterungen versehenen Texte informieren über Fluchten aus dem Lager, die konspirative Zusammenarbeit, gewünschte und erwartete Arzneimittel oder Kampfmittel sowie über aus dem Lager geschickte Pläne, Fotografien und Dokumente; sie enthalten zudem Mitteilungen über Verhaftungen, die für die Sicherheit der Widerstandskämpfer Bedeutung haben konnten, und warnen vor auftretenden Gefahren. Die Kassiber werden in entschlüsselter Fassung veröffentlicht, wobei die im handschriftlichen Original verschlüsselten Texte bzw. Textstellen entsprechend markiert sind. In dem Band sind außerdem auch von anderen Häftlingen (unter ihnen Dorota Lorska und unbekannte Autoren) angefertigte Ausarbeitungen (darunter Informationen über die im

Block Nr. 10 durchgeführten medizinischen Experimente, Namenverzeichnisse von Häftlingen und der Lagerbesatzung) enthalten, die Cyrankiewicz und Kłodziński ihren Kassibern beifügten. Diese Texte werden in ihrer deutschsprachigen Originalfassung und in polnischer Übersetzung publiziert. Der Band enthält eine umfangreiche Einleitung in beiden Sprachen, ein Verzeichnis der Kassiber, ein Personenregister und eine Bibliographie.

Agnieszka Palej

Krzysztof Pilarczyk [Hg.]: Katalog judaików starych druków w zbiorach Biblioteki Jagiellońskiej w Krakowie z dawnej Pruskiej Biblioteki Państwowej w Berlinie. Z faksymiliami wybranych elementów opisanych druków. Catalogue of judaica – old prints of the collection of the Jagiellonian Library in Kraków from the former Prussian State Library in Berlin. With facsimiles of selected elements of the described prints. Kraków: Wydawnictwo Antykwa 2011. XXII, 794 S., zahlr. farb. Abb. CD-ROM. ISBN 978-83-60154-19-9.

Während des Zweiten Weltkrieges, 1943, wurde ein Teil der Bestände der damaligen Preußischen Staatsbibliothek zu Berlin in das Benediktinerkloster Grüssau/Krzeszów in Niederschlesien ausgelagert. In der Folgezeit nach Krakau/Kraków verbracht, befinden sich die 490 Kisten seit 1947 in der Biblioteka Jagiellońska. Die Sammlung, polnisch als „Berlinka" bezeichnet, umfasst unter anderem Handschriften, Autographen, Musikalien und eine Judaicasammlung. Sie blieb bis 1980 unzugänglich; erst seitdem können Wissenschaftler die Bücher zu Forschungszwecken benutzen. Der vorliegende Katalog der in der Jagiellonen-Bibliothek verwahrten Judaica aus der Preußischen Staatsbibliothek wurde von Krzysztof Pilarczyk, einem hervorragenden Kenner der Materie, mit Akribie erstellt. Die Judaicasammlung birgt alte Drucke aus dem 16.–18. Jahrhundert sowie ca. 150 Drucke aus dem 19. und 20. Jahrhundert, die in der Berliner Bibliothek einen besonderen Bestand (Signaturen Eu–Ez) bildeten. Die Drucke – Pilarczyks Katalog umfasst 3.407 Titel – stammen aus den wichtigsten europäischen Druckorten der Zeit und sind in Hebräisch, Aramäisch, Jiddisch und anderen Sprachen gedruckt. Der Erschließung dienen Titel-, Autoren-, Drucker-/Verleger-, Orts-, Signaturen- und chronologisches Register. Im Vorbericht (polnisch und englisch) erklärt der Verfasser die Regeln der bibliographischen Beschreibung. Die dem Buch beiliegende CD-ROM enthält Faksimiles ausgewählter Drucke. Die gescannten Titelblätter geben einen visuellen Eindruck von der Sammlung. Viele Abbildungen sind nicht nur Illustrationen, sondern stellen gleichzeitig ein interessantes Quellenmaterial dar. Die Publikation ist von großem Wert für Forschungen zur Buchkunde, zur Geschichte und zur jüdischen Religion und Tradition.

Weronika Karlak

Joanna Pyzel: Historia osadnictwa społeczności kultury ceramiki wstęgowej rytej na Kujawach [Die Geschichte des Siedlungswesens der Bandkeramischen Kultur in Kujawien]. Gdańsk: Instytut Archeologii Uniwersytetu Gdańskiego 2010 (Gdańskie Studia Archeologiczne, Seria Monografie [Danziger archäologische Studien, Reihe Monographien] 1). 276 S., engl. Zusammenfassungen, CD. ISBN 978-83-61845-06-5, ISSN 1897-4120.

Der Band, der auf einer Dissertation von 2006 basiert, eröffnet eine Monographienreihe im Rahmen der „Danziger archäologischen Studien". Joanna Pyzel charakterisiert die Existenzbedingungen von Gesellschaften der Bandkeramischen Kultur, die in Kujawien von etwa 5400 bis 4900 v. Chr. bestanden haben. Sie stützt sich dabei auf Analysen von ausgewählten Kategorien archäologischer Quellen, Keramik und Siedlungsstrukturen, wobei sie auch Quellen zu benachbarten Siedlungsenklaven, darunter im östlichen Großpolen, berücksichtigt. Das erste Kapitel enthält den Vorschlag einer chronologischen Systematik der Gefäßkeramik der Bandkeramischen Kultur aus Kujawien, beruhend auf einer Analyse ihrer technischen und stilistischen Merkmale. Das zweite Kapitel befasst sich mit Forschungen zum Siedlungswesen, die auf makro- und mikroregionaler Ebene durchgeführt wurden. Im dritten Kapitel rekonstruiert die Autorin die Geschichte der Ansiedlung, der Entwicklung und der untereinander bestehenden Verbindungen der Gesellschaften der untersuchten Kultur in Kujawien. Im Schlussteil wirft sie die Frage nach deren regionalen Spezifika auf und differenziert zwischen lokalen und überregional auftretenden Phänomenen der Bandkeramischen Kultur. Der Anhang enthält unter anderem einen Katalog der Ausgrabungsorte.

Krzysztof Kowalski

Krystyna Radziszewska, Piotr Zawilski (Hg.): Łódź i region łódzki w czasie I wojny światowej. Między wielką historią a codziennością [Lodz und die Region um Lodz in der Zeit des Ersten Weltkriegs. Zwischen der großen Geschichte und dem Alltäglichen]. Łódź: Wydawnictwo Uniwersytetu Łódzkiego 2011. 154, [12] S., Abb. ISBN 978-83931608-9-1, 978-83-7525-635-2.

Der interdisziplinär angelegte Band zum Thema des Ersten Weltkriegs in der Stadt und der Region um Lodz enthält acht Beiträge Lodzer Wissenschaftler, darunter Historiker, Germanisten und Kulturwissenschaftler. Tomasz Walkiewicz weist auf Lodzer Archivbestände hin und erörtert die Möglichkeiten ihrer Nutzung durch die wissenschaftliche Forschung. Krystyna Radziszewska präsentiert bemerkenswerte Archivalien: den Briefwechsel zwischen dem Verein der Industriellen im Königreich Polen und Hans Hartwig von Beseler, dem Generalgouverneur des Generalgouvernements Warschau. Frank M. Schuster gibt Einblick in die Forschungen zur jüdischen Bevölkerung von Lodz im Ersten Weltkrieg, und Jacek Walicki konzentriert sich auf die Beteiligung von Lodzer Bürgern an der Entstehung verschiedener organisatorischer Strukturen in der Stadt nach dem Kriegsausbruch. Aleksy Piasta beschreibt das Lodzer Schulwesen, Karolina Prykowska-Michalak das Theater. Monika Kucner fokussiert die Problematik der Predigten eines weitbekannten, umstrittenen, in Lodz wirkenden protestantischen Theologen, Paul Althaus, der in seinen Texten völkische und nationalistische Positionen vertrat. Michał Jagiełło schildert kurz die Initiativen des Marschallamts der Woiwodschaft Lodz, die dem Vorhaben dienen, die Stätten des Ersten Weltkriegs um Lodz zu touristischen Zielen zu machen. Die Abbildungen im Band stammen aus der Zeit des Ersten Weltkriegs.

Monika Kucner

Andrzej Rukowiecki: Łódź 1939–1945. Kronika okupacji [Lodz 1939–1945. Chronik der Okkupation]. Łódź: Księży Młyn Dom Wydawniczy 2012. 263, [8] S., Abb., Kt. ISBN 978-83-7729-069-9.

Am 1. September 1939 begann mit dem Überfall auf Polen der Zweite Weltkrieg. Die brutale Besatzungspolitik der Nationalsozialisten veränderte das tägliche Leben der Bevölkerung Polens total, das fortan in hohem Maße durch Gewalterfahrungen gekennzeichnet war. Am 9. November 1939 wurde Lodz/Łódź in die Strukturen des „Dritten Reiches“ eingegliedert und am 11. April 1940 zu Ehren des Generals Karl Litzmann, der mit seiner Infanterie-Division in der Kesselschlacht bei Lodz im Ersten Weltkrieg gekämpft hatte, in Litzmannstadt umbenannt. Der Band präsentiert in chronologischer Darstellung das Alltagsleben in der Stadt der vier Kulturen, gestützt auf Dokumente aus den Lodzer Archiven, die Lodzer Presse, Tagebücher und Fachliteratur. Folgende Aspekte werden berücksichtigt: die Germanisierung von Lodz, die Deportationen von Polen und Juden, die Besiedlung der Stadt mit Deutschen aus dem Osten Europas und aus dem Reich, die Entstehung des Ghettos Litzmannstadt, Massenmorde an der polnischen Intelligenz, die Verfolgung der polnischen Katholiken, Zwangsarbeit und NS-Konzentrationslager. Angesprochen werden auch verschiedene Widerstandsformen der Lodzer Bürger sowie das illegale Schulwesen.

Monika Kucner

Agnieszka Samsonowicz: Łowiectwo w Polsce Piastów i Jagiellonów [Die Jagd im Polen der Piasten und der Jagiellonen]. Warszawa: Warszawska Firma Wydawnicza 2011. 537 S., Abb. ISBN 978-83-61748-86-1.

Das Buch ist die Neuauflage (1. Auflage: Wrocław 1991) einer monographischen Darstellung der Geschichte der Jagd in Polen in der Piasten- und Jagiellonenzeit. Die Autorin konzentriert sich auf Fragen des Einflusses der Jagd auf unterschiedliche Bereiche des gesellschaftlichen Lebens. Erst eine tiefere Reflexion zeigt, aus wie vielen verschiedenen Perspektiven man die Rolle und den Stellenwert der Jagd im Alltag und an Festtagen des Mittelalters untersuchen und bewerten muss. Im ersten, einleitenden Teil werden die Forschungsproblematik sowie grundlegende, in der Arbeit verwendete Fachausdrücke zum Jagdwesen erläutert. Der zweite Teil behandelt Themen der Jagdfauna und der Lebensräume im Mittelalter. Der dritte Teil untersucht gesellschaftliche Fragestellungen im Zusammenhang mit der Jagd: Jagdrechte, -privilegien und -pflichten, die Jagd als Arbeit und als Unterhaltung, Berufsjägerei in Staatsdiensten in der Zeit vom 10. bis 16. Jahrhundert, die Organisation der Jagddienste, die Jagdaktivitäten des Königs und der privilegierten Schichten sowie die Jagd des einfachen Volkes. Eine Bibliographie ergänzt den Band.

Anna B. Kowalska

Izabela Skórzyńska, Wojciech Olejniczak (Hg.): Do zobaczenia za rok w Jerozolimie – deportacje polskich Żydów w 1938 r. z Niemiec do Zbąszynia. See you next year in Jerusalem. Deportations of Polish Jews from Germany to Zbąszyń in 1938. Zbąszyń, Poznań: Fundacja TRES 2012, 215 S., Abb., Kt. ISBN 978-83-931546-0-9.

Die zweisprachige Publikation (polnisch und englisch) ist dem Gedenken an die sogenannte „Polenaktion", die Abschiebung jüdischer Polen über die deutsch-polnische Grenze bei Bentschen/Zbąszyń im Oktober 1938, gewidmet, die Tausende aus Deutschland vertriebener Menschen erleiden mussten. Der Band stellt die dramatischen historischen Ereignisse dar und erhellt den politischen und gesellschaftlichen Hintergrund. Er enthält Studien von Historikern aus Polen (Rafał Witkowski, Krzysztof Rzepa, Jerzy Tomaszewski), Deutschland (Gertrud Pickhan), den USA (Bonnie Harris) und Israel (Witold Mędykowski). Ergänzt werden die wissenschaftlichen Aufsätze durch literarische Essays und persönliche Erinnerungsberichte von Betroffenen und Zeitzeugen sowie deren Nachkommen. Autoren sind Erwin Schenkelbach, Lothar Quinkenstein, Sabine Würich, Wojciech Olejniczak, Paweł Urbanowicz und Wojciech Walczak. Die Beiträge stützen sich auf Archivmaterialien, Korrespondenzen und rund 300 Fotografien, von denen viele hier erstmals veröffentlicht sind.

Maria Wojtczak

Krzysztof Stefański: Ludzie, którzy zbudowali Łódź. Leksykon architektów i budowniczych miasta (do 1939 roku) [Die Menschen, die Lodz gebaut haben. Lexikon der Architekten und Baumeister der Stadt (bis 1939)]. Łódź: Księży Młyn Dom Wydawniczy 2009. 196 S., Abb. ISBN 978-83-61253-44-0.

Mit dem Band von Krzysztof Stefański liegt ein umfassendes Nachschlagewerk zu Architekten, Baumeistern und Städteplanern vor, deren Wirken das Stadtbild von Lodz/Łódź bis 1939 geprägt hat. Biographische, architekturästhetische, architekturgeschichtliche, städtebauliche Kriterien werden darin berücksichtigt und ergeben in ihrer Gesamtheit einen weit über herkömmliche Handbücher hinausgehenden Einblick in die behandelte Materie. Das Lexikon würdigt nicht nur ‚große' Persönlichkeiten der Lodzer Architektur wie Hilary Majewski, Piotr Brukalski oder Leon Lubotynowicz, um nur einige zu nennen, sondern es erfasst auch Personen, deren Biographien und Werke bisher weitgehend unbekannt oder unzugänglich waren. Der Autor berücksichtigt in seiner Publikation ebenso polnische Architekten wie deutsche und jüdische. Beispiele dafür sind die Biographien von Johannes Wende, Julian Alfred Balcke oder Christopher Ranck.

Monika Kucner

Wojciech Szatkowski: Goralenvolk. Historia Zdrady [Goralenvolk. Die Geschichte eines Verrats]. Zakopane: Firma Księgarsko-Wydawnicza Kanon 2012. 671 S., Abb. ISBN 978-83-62309-09-2.

In der Monographie wird das Phänomen des „Goralenvolkes" sowie die unbekannte Geschichte der größten institutionellen Zusammenarbeit eines Teiles der polnischen Gesellschaft mit der nationalsozialistischen Besatzungsmacht während des Zweiten Weltkriegs detailliert untersucht, an deren Spitze der „Goralenfürst" Wacław Krzeptowski, der Vorkriegspräsident der Bauernpartei in Neumarkt/Nowy Targ, stand. In den einzelnen Kapiteln werden unterschiedliche Aspekte jener Geschichte näher erörtert: nachrichtendienstliche Operationen der Nationalsozialisten im Karpatenvorland (Podhale) vor dem Kriegsausbruch (unter anderem von Henryk Szatkowski, Wacław Krzeptowski, Andrzej Krzeptowski, Józef Cukier, den Mitbegründern des „Goralenvolkes"); nationalsozialistische Theorien über die germanische Abstammung des „Goralenvolkes" (das Institut für deutsche Ostarbeit und seine anthropologischen Untersuchungen im Karpatenvorland); das Karpatenvorland und die Stadt Zakopane während der Besatzungszeit (Alltagsleben, Gestapotätigkeit, Zakopane als Erholungsort für deutsche Soldaten sowie als „Skiparadies" für das „Herrenvolk"); die Zusammenarbeit der Goralen mit den Nationalsozialisten (Huldigung auf dem Wawel am 7. November 1939, die Tätigkeit des Goralischen Komitees, Himmlers Besuche); Sportverein, Heimatdienst und Volksschule der Goralen; goralische Waffen-SS-Legion und Einsatz ausländischer Freiwilliger im Kampf, goralischer Wachdienst auf dem Wawel und goralische Kennkarten in Neumarkt/Nowy Targ, Rabka, Ciche, Stare Bystre, Czarny Dunajec, Szczawnica-Krościenko; die Tätigkeit von Wacław Krzeptowski in den Jahren 1939–1945 samt dem Versuch einer Beurteilung; Beziehungen zwischen den polnischen Untergrundorganisationen und dem „Goralenvolk"; Nazi-Kollaborateure vor Gericht 1945–1947. Der Autor stützt sich in seiner Analyse auf bisher unbekannte Dokumente unter anderem vom Institut für Nationales Gedenken (Instytut Pamięci Narodowej) und dem Tatra-Museum sowie aus unterschiedlichen Privatarchiven. Der sorgfältig edierte Band enthält außerdem zahlreiche Abbildungen, Tabellen, eine Bibliographie sowie ein Personenregister.

Agnieszka Palej

Łukasz Walczy: Dzieje konserwacji ołtarza Wita Stwosza w kościele Mariackim w Krakowie [Die Geschichte der Konservierung des Veit-Stoß-Altars in der Krakauer Marienkirche]. Kraków: Towarzystwo Miłośników Historii i Zabytków Krakowa 2012 (Biblioteka Krakowska [Krakauer Bibliothek] 157). 283, [36] S., Abb. ISBN 978-83-89131-69-0, ISSN 0239-6025.

Es handelt sich um eine umfassende Darstellung der Geschichte der Konservierung des berühmten Veit-Stoß-Altars in der Krakauer Marienkirche: von den ältesten Restaurierungsarbeiten aus dem 16. und 17. Jahrhundert über diejenigen aus den Jahren 1866–1871, 1932/33, 1949–1957, 1982/83, bis zu den letzten aus dem Jahre 1999. Der Autor beschreibt detailliert die Phasen der Vorbereitung und Durchführung der Restaurierungsarbeiten sowie spezifische Fragen zu den einzelnen Konservierungsprojekten (Bekämpfung des Holzwurms, Rekonstruktion der einzelnen Altarteile u. a.). Die Darstellung wird ergänzt durch eine fundierte Beurteilung der Restaurierungen. In dem Einleitungskapitel wird – anhand der schriftlichen Quellen und der neuesten Sekundärliteratur – auch der Künstler Veit Stoß, seine Ankunft und sein Leben in Krakau sowie seine Arbeit an seinem berühmten Altar dem Leser nähergebracht. Ein Illustrations-, Abkürzungs- und Personenregister und eine ausführliche Bibliographie runden die Monographie ab.

Agnieszka Palej

Rafał Witkowski: Żydzi w Poznaniu. Krótki przewodnik po historii i zabytkach. Poznań: Wydawnictwo Miejskie Posnania 2012 (IKS). 150 S., Abb., Kt. ISBN 978-83-7768-046-9.
Rafał Witkowski: The Jews of Poznań. A brief guide to Jewish history and cultural sights. Transl.: Krzysztof Kotkowski. Poznań: Wydawnictwo Miejskie Posnania 2012 (IKS). 150 S., Abb., Kt. ISBN 978-83-7768-047-6.
Rafał Witkowski: Juden in Posen. Führer zu Geschichte und Kulturdenkmälern. Übers.: Elżbieta Marszałek, Reinhard Lauterbach. Poznań: Wydawnictwo Miejskie Posnania 2012 (IKS). 154 S., Abb., Kt. ISBN 978-83-7768-048-3.

Mit diesem in drei Sprachen (Polnisch, Englisch, Deutsch) erschienenen Buch liegt wohl die erste so breit angelegte Gesamtdarstellung der jüdischen Geschichte Posens vor. Das jüdische Posen existiert nicht mehr. Mit den deportierten und ermordeten Juden sind ihre Kultur, Wirtschaft und Gesellschaft aus der Stadt völlig verschwunden. Jüdische Spuren sind im heutigen Stadtbild kaum mehr präsent. Es gibt keine jüdischen Kaufhäuser, keine Geschäfte, keine Cafés, auch keine jüdischen Unternehmen mehr. Die wenigen Juden, die heute in der Stadt leben, bemühen sich, ihre Erinnerungen an ihre Vorfahren zu pflegen. Der vorliegende schmale Band in Form eines Stadtführers zeigt die Sehenswürdigkeiten und Orte der jüdischen Geschichte Posens. Die zahlreichen Fotos und Abbildungen verdienen ein besonderes Lob nicht nur für ihre perfekte Auswahl, sondern auch für ihre sehr gute Qualität.

Maria Wojtczak

Przemysław Zarubin: Żydzi w aglomeracji Krakowa w czasach stanisławowskich. Przemiany prawne, gospodarcze i społeczne [Juden in der Krakauer Agglomeration in der Zeit des Stanisław August Poniatowski. Rechtliche, wirtschaftliche und soziale Veränderungen]. Kraków: Księgarnia Akademicka 2012. 403 S., Abb. ISBN 978-83-7638-200-5.

In der Monographie wird die Situation der Juden in Krakau in der zweiten Hälfte des 18. Jahrhunderts, einer Zeit des politischen, wirtschaftlichen und verwaltungsrechtlichen Wandels in Polen, analysiert, wobei der Schwerpunkt vor allem auf rechtliche, wirtschaftliche und soziale Aspekte gelegt wird. Das Forschungsinteresse des Autors gilt unter anderem den Beziehungen zwischen den jüdischen und polnischen Handwerkern, zwischen der jüdischen Gemeinde und der katholischen Kirche sowie dem Phänomen der Konversion, seiner Gründe und Bedingungen, wie auch der Armut jüdischer Familien und der Kriminalität. Die Publikation enthält auch ein Abkürzungs-, Illustrations-, Orts- und Personenregister sowie eine ausführliche Bibliographie.

Agnieszka Palej

Zygmunt Zieliński: Kulturkampf w archidiecezji gnieźnieńskiej i poznańskiej w latach 1873–1887 [Der Kulturkampf in den Erzdiözesen Gnesen und Posen 1837–1887]. Poznań: Wydawnictwio Poznańskie 2012 (Uniwersytet im. Adama Mickiewicza w Poznaniu, Centrum "Instytut Wielkopolski", Monografie i Rozprawy [Adam-Mickiewicz-Universität Posen, Zentrum „Großpolnisches Institut", Monographien und Abhandlungen] 4). 324 S., Abb., dt. Zusammenfassung. ISBN 978-83-7177-832-2.

Zygmunt Zieliński veröffentlichte bisher eine Reihe von Aufsätzen und Büchern, die sich mit der Geschichte der polnischen Kirche insbesondere zur Zeit der preußischen Teilung befassen. Zum Thema Kulturkampf gab es bisher in Polen nur – von Posener Historikern verfasste – Publikationen, die sich vor allem auf die diplomatischen, juristischen und nationalen Aspekte des Kulturkampfes konzentrierten. Es gibt auch nur relativ wenige deutschsprachige Veröffentlichungen zum Kulturkampf. Zielińskis Abhandlung, erschienen in der etablierten, von Witold Molik redigierten Monographienreihe, thematisiert den Kampf mit der polnischen Kirche und liefert mit der eindeutigen Lokalisierung in zwei Erzdiözesen, Gnesen/Gniezno und Posen/Poznań, einen ganz neuen Blick auf das Thema. Die vom Verfasser festgelegten Eckdaten betreffen die Zeit der stärksten Eskalierung der Auseinandersetzung im Teilungsgebiet.

Maria Wojtczak

7. Böhmen, Mähren

Adrian von Arburg, Tomáš Staněk (Hg.): Vysídlení Němců a proměny českého pohraničí 1945–1951. Dokumenty z českých archivů [Die Aussiedlung der Deutschen und der Wandel des tschechischen Grenzgebiets 1945–1951. Dokumente aus tschechischen Archiven]. Díl [Tl.] II, svazek [Bd.] 1: Duben–srpen/září 1945: „Divoký odsun" a počátky osídlování [April–August/September 1945: „Wilde Vertreibung" und Anfang der Besiedlung]. Středokluky: Zdeněk Susa 2011. 957 S., Abb., CD-ROM. ISBN 978-80-86057-71-2, 978-80-86057-67-5 (soubor).

Dieser Teilband der Edition bietet 403 gedruckte und kommentierte Dokumente. Er wird von einer umfangreichen historischen Einführung, ausgehend vom neuesten Forschungsstand, eingeleitet. Die Dokumente sind drei Themenschwerpunkten zugewiesen: 1. Vorbereitung und Inhalt der grundsätzlichen Normen (Dekrete, Regierungsverordnungen, Erlasse u. a. m.), die von den staatlichen Zentralorganen in den ersten sechs Monaten nach Kriegsende verabschiedet wurden; 2. die konkreten Lebensverhältnisse der sogenannten staatlich unzuverlässigen Bevölkerung; darunter fallen auch Quellen, die repressive Maßnahmen gegen diese Bevölkerungsgruppe dokumentieren, ausgenommen Dokumente über Gewaltakte größeren Ausmaßes, die im bereits erschienenen Teilband II.3 (siehe *Jahrbuch des Bundesinstituts* 20, 2012, S. 648) enthalten sind; daneben finden sich zu dieser Thematik unzählige Zeugnisse, die sich den unterschiedlichen Gruppen der deutschsprachigen Bevölkerung und ihrer jeweils spezifischen Stellung widmen (z. B. Personen aus sogenannten Mischehen, deutsche Antifaschisten); 3. die allgemeinen Verhältnisse in mehrheitlich von deutschsprachiger Bevölkerung bewohnten Regionen, in die während der dokumentierten Zeitperiode die Zuwanderung von tschechisch oder slowakisch sprechenden Bewohnern einsetzte (in diesen Themenkreis fallen auch Aspekte wie z. B. die militärische Besetzung der Grenzgebiete, die Tätigkeit der neuen offiziellen und halboffiziellen Organe und die Formierung der neuen Verwaltungsstrukturen). Die meisten Dokumente stammen aus 39 tschechischen Archiven, 33 Dokumente wurden aus zeitgenössischen Zeitungen ausgewählt. Der Band wird zusammen mit einer CD-ROM geliefert. Auf dieser sind nicht nur die im Buch abgedruckten Dokumente, sondern auch 305 weitere Quellen auf eine sehr benutzerfreundliche Weise zugänglich; damit wird eine Ergänzung und Vertiefung der durch die jahrelange Grundlagenforschung gewonnenen Erkenntnisse ermöglicht. Der umfangreiche Band wird weiter durch zahlreiche zeitgenössische Fotos (knapp hundert im Buch, mehrere Hundert auf der mitgelieferten CD-ROM) sowie mehrere Verzeichnisse und Register abgerundet.

Jana Nosková

Michal Burian: Sudetoněmecké nacionalistické tělovýchovné organizace a československý stát v letech 1918 až 1938 [Sudetendeutsche nationalistische Turner-Organisationen und der tschechoslowakische Staat in den Jahren 1918–1938]. Praha: Karolinum 2012. 398 S., Abb., engl. Zusammenfassung. ISBN 978-80-246-2217-0.

Michal Burian befasst sich mit den sudetendeutschen Turnvereinen und paramilitärischen Organisationen in der Tschechoslowakei in der Zwischenkriegszeit. Die Wichtigkeit des Themas sieht er darin, dass es sich um Organisationen handelte, die nicht nur im Turnsport, sondern auch auf dem Gebiet der Politik eine wichtige Rolle spielten. Der Autor widmet sich nur den Vereinen, die „negativistisch" agiert haben, d. h. gegen den tschechoslowakischen Staat; neben dem Deutschen Turnverein handelte es sich vor allem um die nur drei Jahre (1929–1932) existierende (erlaubte) Organisation Volkssport. Burian fragt nach der Genese der Ideologie dieser Vereine und ihrer Entwicklung in den 1920er und 1930er Jahren, danach, warum für viele ihrer Mitglieder, z. B. Konrad Henlein, die Mitarbeit in den Vereinen als „Eintrittskarte" in die hohe Politik wirkte und wie die Aktivitäten dieser Vereine seitens des tschechoslowakischen Staatsapparats gesehen wurden. Er versucht auch herauszufinden, ob die massive Erhöhung der Mitgliederzahl des Deutschen Turnvereins Anfang der 1930er Jahre auf das Wirken Henleins und anderer Anhänger von Othmar Spann zurückzuführen ist oder ob sie eher durch die allgemeine wirtschaftliche und politische Situation in Mitteleuropa beeinflusst wurde. Zudem befasst sich der Autor mit der Rolle der Bewegung „Wandervogel", die die Freude an der Natur und am Abenteuer akzentuierte, bei der jungen Generation und fragt, welche Rolle die Turner bei der Zerschlagung der Tschechoslowakei spielten, wobei er unter anderem auf die Tätigkeit des Freiwilligen Schutzdienstes oder des Sudetendeutsches Freikorps eingeht. Diese Fragen beantwortet der Autor anhand von Quellen aus verschiedenen tschechischen Archiven und der zeitgenössischen Presse.

Jana Nosková

Pavel Cibulka: Německé politické strany na Moravě (1890–1918). Ideje – Programy – Osobnosti [Deutsche politische Parteien in Mähren (1890–1918). Ideen – Programme – Persönlichkeiten]. Praha: Historický ústav AV ČR 2012 (Práce Historického ústavu AV ČR, v. v. i. / Opera instituti historici Pragae, Řada/Reihe A: Monographia, 39). 447 S., Abb., Kt., dt. Zusammenfassung. ISBN 978-80-7286-177-4.

Das Buch beschäftigt sich mit der Entwicklung der deutschen politischen Parteien in Mähren zwischen dem Jahr 1890, als die politische Differenzierung der deutschen Nationalgemeinschaft in Mähren begann, und dem Jahr 1918, das das Ende der Österreichisch-Ungarischen Monarchie und die Entstehung der Tschechoslowakei brachte. Der Autor geht von der politologischen Cleavage-Theorie aus. Als die wichtigsten Trennlinien, auf deren Grundlage sich politische Parteien in den böhmischen Ländern bildeten, bezeichnet er die Zugehörigkeit zum Volk, zum Land bzw. zur Wahlkurie. Die Trennlinien verliefen demnach nicht nur zwischen national-tschechischen und deutschen Parteien, sondern auch zwischen Großgrundbesitzer- und Bürgerparteien bzw. Bürger- und Arbeiterparteien oder zwischen liberalen und klerikalen Parteien. Der Autor kommt zu dem Schluss, dass sich das deutsche Parteiensystem in Mähren jedoch von dem tschechischen Parteiensystem im selben Land unterschied, was mit den wirtschaftlichen, geographischen und nationalen Bedingungen in Mähren zusammenhängt. In zehn, den einzelnen deutschen mährischen Parteien gewidmeten Kapiteln untersucht er die Geschichte der Parteien, die ideologischen Schwerpunkte ihrer Programme und auf innerparteiliche Diskussionen zurückgehende Wandlungen ihrer Ideologien, die organisatorische Struktur der Parteien, ihre Tätigkeit sowohl im Parlament bzw. im Landtag als auch auf lokaler Ebene (in den mährischen Städten), ihre Beziehungen untereinander, ihre Kontakte zu Parteien in anderen österreichischen Kronländern und anderes mehr. Das Buch enthält ein Namenregister und ein Literatur- und Quellenverzeichnis.

Jana Nosková

Gabriela Coufalová: Ať život náš jest harmonií ... Hudební kultura sudetských Němců ve východních Čechách ve světle dobového tisku v období od poloviny 19. století do 2. světové války. Harmonie sei unser Leben ... Sudetendeutsche Musikkultur in Ostböhmen im Licht der zeitgenössischen Presse von der zweiten Hälfte des 19. Jahrhunderts bis zum Zweiten Weltkrieg. Ostrava: Repronis 2012. 243 S., Abb. ISBN 978-80-7329-299-7.

Gabriela Coufalová befasst sich in ihrem zweisprachigen Buch mit dem Musikleben in dem angegebenen Zeitraum, wie es sich in der regionalen deutschsprachigen Presse widerspiegelt. Sie hat die Informationen aus der Presse zusammengefasst, teilweise digitalisiert, nach Art und Veranstalter geordnet, zum Teil auch kommentiert. Der Text ist von zahlreichen Beispielen aus der Presse und historischen Fotos begleitet. Die behandelte Region umfasst geographisch das Grenzgebiet der heutigen Bezirke Pardubitz/Pardubice und Königgrätz/Hradec Králové, also Teile des Riesengebirges und seines Vorlands, das Gebiet um Braunau/Broumov, das Adlergebirge/Orlické hory und den Glatzer Schneeberg/Králický Sněžník. Am Anfang stellt die Autorin die deutsche Regionalpresse vor und befasst sich mit dem Vereinswesen in der Region, weil die Verbände und Vereine – und nicht nur Gesangvereine – die wichtigsten Veranstalter von musikalischen Veranstaltungen waren. In den Kapiteln zu den einzelnen Orten (Braunau, Trautenau/Trutnov, Hohenelbe/Vrchlabí, Arnau/Hostinné, Pilnikau/Pilníkov, Grulich/Králíky und anderen) werden die Geschichte der Vereine und einzelne Veranstaltungen beschrieben, wobei die Autorin nicht nur von Zeitungsartikeln, sondern auch von Archivquellen ausgeht.

Jana Nosková

Germanoslavica. Zeitschrift für germano-slawische Studien. Jg. 23, Nr. 2. Im Auftrag des Slawischen Instituts der Akademie der Wissenschaften der Tschechischen Republik hg. v. Siegfried Ulbrecht u. Edgar Platen. Praha: Slovanský ústav AV ČR, v. v. i., Euroslavica 2012. 132 S., Abb. ISSN 1210-9029.

Dieses Heft ist dem deutschen Schriftsteller Peter Härtling gewidmet, einer Person, die das „Slawische" und das „Germanische" beispielhaft verbindet. Anneli Fjordevik beschäftigt sich mit Härtlings Werk *Das war der Hirbel*, und an diesem Buch analysiert sie das Verhältnis von Kinder- und Erwachsenenliteratur dieses Autors. Frank Thomas Grub nimmt Härtlings essayistische und publizistische Beiträge unter die Lupe, die im Allgemeinen nicht so bekannt wie seine literarische Tätigkeit sind. Der Aufsatz von Martin Hellström befasst sich mit Aspekten des biographischen Schreibens bzw. Erzählens Peter Härtlings und geht dabei von seinem Roman *Hölderlin* aus. Den Schwerpunkt des Beitrags von Diether Krywalski bildet Härtlings erinnerte Kindheit in Brünn/Brno bzw. ihre Reflexion im Weltbild des Autors. Das Mitteleuropäertum Härtlings wird von Lukáš Motyčka anhand des Schubert-Romans des Schriftstellers erörtert. Reiner Neubert widmet sich in seinem Beitrag drei Büchern Härtlings (*Božena*, *Große, kleine Schwester* und *Reise gegen den Wind*), die ein gemeinsames Motiv verbindet: die Austreibung. Edgar Platen macht den Leser auf Raum-, Zeit- und Text-Mobilitäten in Härtlings Essay *Der Wanderer* aufmerksam. Unfreiwillige Fluchten, Reisen und Wanderungen von Peter Härtling zwischen 1941 und 1946 werden zum Hauptthema des Aufsatzes von Siegfried Ulbrecht.

David Blažek

Miloš Havelka a kolektiv: Víra, kultura a společnost. Náboženské kultury v českých zemích 19. a 20. století [Glaube, Kultur und Gesellschaft. Religiöse Kulturen im Europa des 19. und 20. Jahrhunderts]. Praha: Univerzita Karlova FHS v Praze, Červený Kostelec: Pavel Mervart 2012. 520 S., Abb., Kt., engl. Zusammenfassung. ISBN 978-80-7465-053-6.

Die kollektive Monographie ist eines der Ergebnisse des internationalen Graduiertenkollegs der Ludwig-Maximilians-Universität München „Religiöse Kulturen im Europa des 19. und 20. Jahrhunderts". Das Buch präsentiert eine Reihe von Fallstudien, die sich mit Prozessen der Modernisierung und Demokratisierung der Gesellschaft sowie mit der Säkularisierung und Pluralisierung der Religion befassen und ihre gegenseitigen Beziehungen berücksichtigen. Die Publikation umfasst vier Teile, in denen die Autorinnen und Autoren das Thema aus grundlegenden Perspektiven darstellen. Verbindendes Element der Einzelbeiträge ist die Abgrenzung des analytischen Potenzials des Konzepts der religiösen Kulturen. Kristina Kaiserová schreibt im ersten Teil zu „Räumen und Gebieten" über den Schluckenauer Zipfel (Šluknovský výběžek) und den sakralen Genius Loci der Landschaft mit zahlreichen Wallfahrtsstätten im 19. und zu Beginn des 20. Jahrhunderts. In der Rubrik „Integration, Identität und Loyalität" stellt Jaroslav Šebek deutsche akademische Vereine als Raum für die Modernisierung und Nationalisierung des kirchlichen Lebens der Zwischenkriegszeit in der Tschechoslowakei vor.

Kristina Kaiserová

Petr Hlaváček, Dušan Radovanovič: Vytěsněná elita. Zapomínaní učenci z Německé univerzity v Praze [Verdrängte Elite. Vergessene Gelehrte von der Deutschen Universität Prag]. Praha: Univerzita Karlova, Togga 2012. 166 S., Abb. ISBN 978-80-7308-441-7, 978-80-7476-022-8.

Das Buch ist das Ergebnis einer im Foyer der Philosophischen Fakultät der Karls-Universität in Prag 2011 gezeigten Ausstellung, die vom Collegium Europaeum gestaltet wurde. Die Autoren skizzieren zuerst die Geschichte des Hochschulwesens in Prag in der Zwischenkriegszeit, anschließend die Geschichte der Deutschen Universität Prag (seit 1939 der Deutschen Karls-Universität Prag) in den Jahren 1938/39–1945, die die Durchführung der sogenannten Nürnberger Gesetze und damit die Entlassung vieler jüdischer Professoren mit sich brachten. Einen weiteren Abschnitt des Buches bildet ein Teil der Lebenserinnerungen von Victor Ehrenberg, der in den Jahren 1929–1939 als Professor für Altertumsgeschichte an der Philosophischen Fakultät der Deutschen Universität Prag tätig war. Diese Lebenserinnerungen werden durch 18 biographische Medaillons von deutschsprachigen jüdischen Wissenschaftlern, 17 Männern und einer Frau, die an der Philosophischen Fakultät dieser Universität in der Zwischenkriegszeit tätig waren, ergänzt. Jedes Medaillon beinhaltet auch eine Liste der wichtigsten Werke der Gelehrten. Zum Schluss fügen die Herausgeber noch eine Lobrede auf Maximilian Adler von Emil Utitz und ein Interview mit Pavel Oliva ein, in dem sich der emeritierte Professor für Altertumsgeschichte an der Karls-Universität an seine Kindheit in Prag, Theresienstadt und Auschwitz erinnert. Der Band bietet keine fremdsprachige Zusammenfassung.

Jana Nosková

Václav Houžvička (Hg.): Odsun Němců z Československa 65 let poté [Die Vertreibung der Deutschen aus der Tschechoslowakei, 65 Jahre danach]. Brno: Centrum pro studium demokracie a kultury 2012. 175 S., Abb., Kt., engl. Zusammenfassung. ISBN 978-80-7325-296-0.

Der Sammelband enthält neun Beiträge von tschechischen und ausländischen Historikern und Rechtswissenschaftlern, die auf einer Tagung in Aussig/Ústí nad Labem 2011 vorgetragen wurden. Die Studien sollen die mit der Vertreibung zusammenhängenden Ereignisse in ihren historisch richtigen Kontext stellen. Der Band wird durch ein Vorwort des tschechischen EU-Abgeordneten Jan Zavadil eingeführt, der unter anderem die Revision der sogenannten Beneš-Dekrete ablehnt. Der erste Teil des Sammelbandes widmet sich der Vertreibung selbst (Eva Hahn, Martin D. Brown), der zweite Teil befasst sich mit den Diskursen über die Nachkriegsaussiedlungen in Polen und Tschechien nach 1989 (Piotr M. Majewski, Václav Houžvička). Der dritte Teil umfasst drei Beiträge, die die rechtlichen Folgen der Vertreibung der Deutschen aus der Tschechoslowakei thematisieren, und zwar sowohl nach dem Zweiten Weltkrieg als auch am Ende des 20. Jahrhunderts (René Petráš, Jaroslav Kuba und Jan Kuklík). Im vierten und letzten Teil werden die nach 1989 durchgeführten Forschungen zum Thema „Deutsche in den Böhmischen Ländern“ an der Jan-Evangelista-Purkyně-Universität Aussig/Ústí beschrieben (Zdeněk Radvanovský) und die geopolitischen Bedingungen für die Aussiedlung erklärt wie auch der Einfluss der sudetendeutschen Organisationen auf die heutige deutsche Politik betont (Miroslav Bednář).

Jana Nosková

Drahomír Jančík, Eduard Kubů (Hg.): Nacionalismus zvaný hospodářský. Střety a zápasy o nacionální emancipaci/převahu v českých zemích (1859–1945) [Der sogenannte wirtschaftliche Nationalismus. Zusammenstöße und Kämpfe um nationale Emanzipation/Oberhand in den Böhmischen Ländern (1859–1945)]. Praha: Dokořán 2011. 735 S., Abb. ISBN 978-80-7363-351-6.

Das Buch enthält die Ergebnisse eines großen Forschungsprojektes, das Inhalt, Ausprägungen und Resultate des nationalen Ringens zwischen Deutschen und Tschechen in den Böhmischen Ländern auf dem Gebiet der Wirtschaft erklären soll. Den Begriff wirtschaftlicher Nationalismus untersuchen die Autoren in seiner historischen Entwicklung. In der Zwischenkriegszeit bekommt er neue Qualitäten: Ursprünglich Emanzipationsaufgaben wahrnehmend, wird er nun zu einer radikal-nationalistischen Strategie. Der ausgewählte Zeitraum beginnt mit dem Fall des Bach'schen Absolutismus und endet mit dem Ende des Zweiten Weltkriegs. Den Sammelband leitet eine Studie von Miroslav Hroch, „Haben Unternehmer Heimat?", ein, der sich mit Nationalbewegungen und ihren Beziehungen zu ökonomischen Interessen befasst. Gegliedert ist das Buch in drei große chronologisch angelegte Kapitel, betreffend die Ära der tschechischen wirtschaftlichen Emanzipation (1859–1918), den tschechoslowakischen Staat als Arena der Nationalitäten (1918–1938) und den wirtschaftlichen Nationalismus in der Zeit des Nationalsozialismus (1938–1945). In ihnen widmen sich die Autoren den Hauptbereichen der nationalen Auseinandersetzungen im Wirtschaftsleben: dem Geldwesen und dem Kapital-, Arbeits- und Gütermarkt (Kapitel 1), den Prozessen der Nationalisierung der Wirtschaft im Zusammenhang mit der wirtschaftlichen Marginalisierung der deutschen Minderheit in der neu entstandenen Tschechoslowakei (Kapitel 2) und der radikalen Praxis des Nationalsozialismus bei der Lösung der „tschechischen Frage" durch Germanisierung, Arisierung oder „Blut und Boden"-Politik (Kapitel 3). Auch wenn sich das Buch vor allem mit nationalen „Kämpfen" in der Wirtschaft befasst, bestreiten die Autoren keinesfalls, dass es auch Kooperationen gegeben habe; hierbei handelt es sich jedoch um ein Gebiet, das erst noch wissenschaftlich bearbeitet werden muss. Das Buch besitzt ein Orts- und Namensregister, enthält aber keine fremdsprachigen Zusammenfassungen.

Jana Nosková

Jižní Morava [Südmähren]. Vlastivědný sborník [Landeskundlicher Sammelband]. Ročník [Jg.] 47, svazek [Bd.] 50, 2011. 359 S. Abb., dt. u. engl. Zusammenfassung. ISBN 978-80-86931-64-7, ISSN 0449-0436.

Der Sammelband enthält 13 Studien, drei Materialien und sechs Kurzbeiträge zum Gebiet Südmährens von der Urzeit bis zu den 1950er Jahren. Drei Studien haben einen direkten Bezug zur deutschen Bevölkerung Südmährens: Otakar Kirsch befasst sich mit der Entwicklung des deutschen Museumswesens im Gebiet des heutigen Bezirks Lundenburg/Břeclav. Er beschreibt die Geschichte und Tätigkeit von sieben Museen unter deutscher Verwaltung, die sich in der Region in der ersten Hälfte des 20. Jahrhunderts etablierten: in Nikolsburg/Mikulov, Lundenburg, Klentnitz/Klentnice, Feldsberg/Valtice, Unterwisternitz/Dolní Věstonice, Milotitz/Milotice und Auspitz/Hustopeče. Zur Gründung der Museen kam es relativ spät, als Grund dafür vermutet der Autor die fehlende Unternehmerschicht, die anderswo als Initiator und Mäzen wirkte. Nach 1918 kam es jedoch zu einem raschen Anstieg der Zahl der Museen, was mit dem Gefühl der Gefährdung der Deutschen in der Tschechoslowakei zusammenhing. Das deutsche Museumswesen in Südmähren wurde auch durch die Ereignisse des Zweiten Weltkriegs beeinflusst, als das Museum in Nikolsburg zu einem zentralen Kreismuseum erklärt wurde. In diesem Zusammenhang befasst sich der Autor mit der Person des Kustos Karl Jüttner, der bis 1959 in Nikolsburg tätig war. Die Volkskundlerin Eva Večerková beschreibt Bräuche der deutschen Bevölkerung in der Region Nikolsburg. Sie stützt sich auf lokale Monographien und Texte der Zeitschrift *Der Südmährer*, die in der zweiten Hälfte des 20. Jahrhunderts publiziert wurden, sowie auf Zeitzeugenaussagen, die durch Feldforschungen in der Region in den 1970er Jahren gewonnen wurden und einzelne Bräuche im Jahreslauf beschreiben (Advent, Weihnachten, Fasching, Ostern, Maibräuche, Fronleichnam, Johannisfeuer, Winzerfeiern, Allerheiligen, St.-Martins-Tag, Kirchweih usw.), aber auch Wallfahrten und Prozessionen oder ein Spiel über den hl. Sebastian in Nikolsburg. Zeitlich betreffen die gesammelten Informationen vor allem die erste Hälfte des 20. Jahrhunderts. Ladislava Šuláková widmet sich der Geschichte der Vereine in Auspitz von der ersten Hälfte des 19. Jahrhunderts bis 1938. Sie listet einzelne deutsche, tschechische und jüdische Vereine (Schul-, Sport-, wirtschaftliche, Bildungs-, Unterstützungs-, konfessionelle Vereine) in dieser national gemischten Stadt auf und beschreibt kurz ihre Tätigkeit. Als einen wichtigen Bruch im Vereinswesen sieht sie das Jahr 1938, als die tschechischen Vereine verboten, die jüdischen liquidiert und die deutschen gleichgeschaltet wurden. Zwei Studien befassen sich mit Ereignissen des Zweiten Weltkriegs: Vojtěch Šustek berichtet in seinem Beitrag über die Verhaftung des Mitglieds der Fallschirmspringergruppe BIVOUAC Jindřich Čoupek, und Emil Kordiovský befasst sich mit Kriegsschäden am Nikolsburger Schloss und am dortigen Heiligen Berg.

Jana Nosková

Ota Konrád: Dějepisectví, germanistika a slavistika na Německé univerzitě v Praze 1918–1945 [Geschichtswissenschaft, Germanistik und Slawistik an der Deutschen Universität in Prag 1918–1945]. Praha: Karolinum 2011. 360 S., engl. Zusammenfassung. ISBN 978-80-246-1949-1.

Der Autor widmet sich aus einer breiteren zeitlichen Perspektive (1918–1945) der Entwicklung von drei Fächern an der Prager Deutschen Universität. Er interpretiert das ausgewählte Thema auf zwei Ebenen: erstens befasst er sich mit der allgemeinen Entwicklung der Universität, vor allem der Philosophischen Fakultät, und mit der Personalausstattung der drei ausgewählten Fächer; zweitens analysiert er die Entwicklung von Germanistik, Slawistik und Geschichtswissenschaft im Kontext der zeitgenössischen methodologischen Zugänge und ihrer Wandlungen und untersucht die Rezeption dieser neuen Zugänge in Prag. Ereignisse und Fakten auf diesen zwei Ebenen bringt der Autor in einen größeren zeitgenössischen politischen und kulturellen Kontext in Prag bzw. in der Tschechoslowakei ein. Damit will er zur Erforschung von institutionellen, politischen, diskursiven und personellen Bedingungen in den ausgewählten akademischen Disziplinen an der Prager Deutschen Universität beitragen. Was die Zeit nach 1939 betrifft, befasst sich Konrád neben anderem auch mit Fragen der Existenz der Wissenschaft in einem totalitären Regime, d. h. mit der Ideologisierung der Wissenschaft und den Einflüssen aus Deutschland, kamen doch viele Wissenschaftler aus dem Deutschen Reich an die zur „Reichsuniversität“ gewordene Prager Universität. Der Autor stützt seine Analyse vor allem auf Archivquellen (nicht nur aus tschechischen Archiven, sondern auch aus Archiven im Ausland) sowie auf damals eingereichte und verteidigte Dissertationen samt den entsprechenden Gutachten. Er kommt zu dem Ergebnis, dass vor allem die Geschichtswissenschaft an der Prager Deutschen Universität einen Prozess der Radikalisierung durchmachte und dass in diesem Fach Kontinuitäten auf personellem und wissenschaftlichem Gebiet von den 1920er Jahren bis zum Jahr 1945 zu beobachten sind. Die Forschung, die bis 1938 als „Verteidigungsforschung" gedeutet werden kann, wurde danach zum Mittel der Okkupationsmacht. Das Buch enthält ein Personenregister.

Jana Nosková

Rostislav Krušinský, Tereza Vintrová (Hg.): Bibliotheca Antiqua. Olomouc: Vědecká knihovna v Olomouci 2012. 259 S. ISBN 978-80-7053-298-0.

Der Band vereint die Referate der 21. internationalen Tagung zur Geschichte der Buchkultur vom 7./8. November 2012 in Olmütz. Von 1997 bis 2011 wurden die Tagungen unter dem Titel „Problematika historických a vzácných knižních fondů" (Zum Thema der historischen und wertvollen Büchersammlungen) veranstaltet, und die Konferenzbände erschienen ebenfalls unter diesem Titel. In der Wissenschaftlichen Bibliothek in Olmütz (Vědecká knihovna v Olomouci) befindet sich ein Brief des deutschen Humanisten und Philosophen Ulrich von Hutten an Willibald Pirckheimer in Nürnberg aus dem Jahre 1518. Libuše Hrabová kommentiert dieses wertvolle Dokument und erklärt seinen Einfluss auf die Entwicklung der Kunst, Wissenschaft und Kultur in den deutschen Ländern. Petronela Bulková schreibt über die Entwicklung der Buchhandlungen in Prag/Praha und Pressburg/Bratislava/Pozsony, die mit den Namen Wolfgang Gerle und Anton Löwe verbunden sind. Jiří Glonek analysiert das grafische Werk des „Vaters" der österreichischen Lithographie Adolf Friedrich Kunike (1777–1838) und seine malerische Darstellung der habsburgischen Monarchie sowie das Werk von Eduard Hölzel (1817–1885), der seine Aufmerksamkeit mehr auf Mähren und Schlesien gerichtet hat. Magda Polanská stellt die Inkunabel *Von den berühmten Frauen* aus Olmütz vor, die deutsche Übersetzung der *De claris mulieris* von Boccaccio. Die Übersetzung ist das Werk des deutschen Arztes und Humanisten Heinrich Steinhöwel aus Ulm.

Igor Zmeták

Daniel León, Sabine Gröpel (Hg.): Živé paměti Sudet. Životní příběhy pamětníků ze západních Čech. Lebendes Gedächtnis der Sudeten. Lebensgeschichten der Zeitzeugen aus Westböhmen. Plzeň: Centrum pro komunitní práci 2011. 104, 116 S., Abb. ISBN 978-80-86902-89-0.

Das zweisprachige Buch bietet sechs im Jahr 2010 aufgenommene Interviews mit Menschen aus dem westböhmischen Grenzgebiet, die sich vor allem an ihre Kindheit und Jugend erinnern. Sie stammen aus den Regionen Tachau/Tachov, Mies/Stříbro, Staab/Stod und Bischofteinitz/Horšovský Týn und wurden dort in den 1920er und 1930er Jahren geboren. Unter den Interviewten sind zwei Frauen, die noch heute in Westböhmen leben (eine stammt aus einer tschechischen, die andere aus einer gemischten deutsch-tschechischen Familie), die anderen vier Interviewpartner gehören zu den Heimatvertriebenen. Die Interviews wurden während eines Projektes aufgenommen, das auf beiden Seiten der Grenze durchgeführt wurde. Die Herausgeber betonen im Vorwort, sie möchten die gemeinsame Geschichte der deutschen und der tschechischen Bevölkerung zeigen. Deshalb konzentrieren sich die Erinnerungen auf das Alltagsleben im Dorf oder in der Kleinstadt; gefragt wurde nach Schulbesuch, Familienbeziehungen, Freizeitaktivitäten und Religionsausübung. Aber auch die politischen Ereignisse der Vorkriegs-, Kriegs- und Nachkriegszeit blieben in den Interviews nicht unerwähnt.

Jana Nosková

Tat'jana [Valer'evna] Litvin: Vremja, vosprijatie, voobraženie. Fenomenologičeskie študii po probleme vremeni u Avgustina, Kanta i Gusserlja [Zeit, Auffassung, Vorstellungsvermögen. Phänomenologische Studien zum Problem der Zeit bei Augustinus, Kant und Husserl]. Moskva: Gumanitarnaja Akademija 2013. 208 S., Abb., engl. Zusammenfassung. ISBN 978-5-93762-104-7.

Die Monographie befasst sich mit der historischen und philosophischen (erkenntnistheoretischen) Analyse der Zeit, vor allem mit der Untersuchung der Entstehungsprinzipien der Theorie der Zeit im Rahmen der Methode der Phänomenologie Edmund Husserls. Die Perspektiven der Geschichtsphilosophie und der philosophischen Anthropologie werden durch die Zuordnung und Analyse der wichtigsten Elemente der Selbstreflexion und der Sensibilität in die Betrachtung einbezogen. Als grundlegende Fähigkeiten, die die Basis der kognitiven Aneignung der Welt sowie der Vorstellung des Subjekts von der Geschichte und von sich als Individuum bilden, treten Wahrnehmung und Vorstellungskraft auf.

Il'ja V. Šiškanov

Jitka Ludvová: Až k hořkému konci. Pražské německé divadlo 1845–1945 [Bis zum bitteren Ende. Das Prager deutsche Theater 1845–1945]. Praha: Institut umění – Divadelní ústav, Academia 2012. 798 S., Abb., CD-ROM. ISBN 978-80-7008-286-7, 978-80-200-2112-0.

Die Autorin beschreibt in chronologisch angelegten Kapiteln die Geschichte des Prager deutschen Theaters, und zwar aller seiner Sparten, d. h. der Oper, des Schauspieltheaters, der Operette und des Balletts, im Kontext der politischen Geschichte. Auch wenn im Titel des Buches das Jahr 1845 steht, beginnt die ausführliche Darstellung mit dem Jahr 1885, als Josef Angelo Neumann als Theaterdirektor engagiert wurde. Jedes Kapitel ist mit dem Namen eines Direktors verknüpft: „Goldene Zeiten" (1885–1910) mit Neumann, „Die letzten Jahre der Monarchie" (1911–1918) mit Heinrich Teweles, „Ohne das Ständetheater" (1918–1927) mit Leopold Kramer, „Jahre der Krise" (1927–1932) mit Robert Volkner, „Im Schatten von Hitler" (1932–1938) mit Paul Eger. Nur dem letzten Kapitel, „Zum bitteren Ende" (1938–1945), ist kein Name zugeordnet. Jitka Ludvová bietet dem Leser einen Einblick in das Leben des Theaters in seiner ganzen Breite. Dazu gehören nicht nur die Auswahl des Repertoires und die Schicksale der Schauspieler und Schauspielerinnen, Sänger und Sängerinnen, Tänzer und Tänzerinnen, der Autoren, Musiker und Dirigenten, sondern auch allgemeine zeitgenössische Entwicklungslinien des Theaterwesens, wirtschaftliche Aspekte sowie die Theaterkritik. Die Verfasserin schildert auch die Kontakte zwischen dem deutschen und dem tschechischen Theater in Prag und zeigt, dass es keinesfalls nur Rivalitäten gab, sondern auch Kooperationen. Sie zitiert aus der zeitgenössischen Presse oder aus Erinnerungen und benutzt Archivquellen. Einige ausgewählte Dokumente sind im Buch abgedruckt: Essays über die Rolle und die Aufgaben des deutschen Theaters in Prag bzw. in den böhmischen Ländern, zeitgenössische Kritiken, biographische Skizzen über einzelne Schauspieler usw. Das Buch ist mit einem Namensregister versehen, nicht aber mit einer deutsch- oder englischsprachigen Zusammenfassung. Auf der beigefügten CD-ROM findet man unter anderem ein Verzeichnis der Angestellten des deutschen Theaters in dem betrachteten Zeitraum (Direktoren, Dramaturgen, Regisseure, Schauspieler, Bühnenmeister, Bühnenbildner, Kostümdesigner usw.), eine Liste der aufgeführten Stücke und ein Lexikon der mit dem Prager Theater verbundenen Persönlichkeiten samt Quellen- und Literaturangaben.

Jana Nosková

Martin Markel: Svoboda a demokracie v regionu rakouského impéria. Politika jihomoravských Němců v letech 1848–1919 [Freiheit und Demokratie in einer Region des österreichischen Imperiums. Die Politik der südmährischen Deutschen in den Jahren 1848–1919]. Brno: Matice moravská pro Výzkumné středisko pro dějiny střední Evropy: prameny, země, kultura 2010 (Země a kultura ve střední Evropě [Land und Kultur in Mitteleuropa] 18). 319 S., Abb., dt. Zusammenfassung. ISBN 978-80-86488-76-9.

Mit seinem Buch will der Autor einen Beitrag zur Erforschung der politischen Geschichte der Habsburgermonarchie leisten. Dazu richtet er seine Aufmerksamkeit auf die Situation der Deutschen in Südmähren, vor allem in der Statutarstadt Znaim/Znojmo und ihrem Umland. Als Quellen benutzt er neben Archivmaterialien aus zentralen und lokalen Archiven die zeitgenössische lokale Presse und Statistiken. Das Buch ist in vier große Kapitel chronologisch gegliedert – „Von Untertaten und Stadtbürgern/měšťanů zu Bürgern/občanům (1848–1867)“, „Oberhand der bürgerlichen liberalen Politik (1867–1889)“, „Politische Differenzierung und Demokratisierung der nationalen Gesellschaft (1889–1914)“, „Kriegsabsolutismus versus nationale Demokratie (1914–1919)“. In den Kapiteln verfolgt der Autor die Entwicklung der politischen Geschichte von der liberalen Autokratie (oder parlamentarischen Monarchie) zur Demokratie (oder nationalen Republik). Seine Analyse fußt einerseits auf der Interpretation der Wahlresultate auf kommunaler, Landes- und Reichsebene, andererseits auf der Beschreibung der Art der Wahlagitation und der politischen Argumentation. Er befasst sich jedoch innerhalb seiner sozialgeschichtlichen Herangehensweise neben anderem auch mit dem sozialen Umfeld der Politiker und Vertreter der lokalen Machteliten, mit ihren wirtschaftlichen und familialen Beziehungen und Netzwerken. Das Buch ist mit einem Personenregister und mit zahlreichen Beilagen versehen, z. B. einer Liste der Abgeordneten des Mährischen Landtages aus dem Znaimer und Nikolsburger Wahlkreis in der Zeit von 1861 bis 1918, einem Schema des politischen Systems in Znaim 1861–1941, außerdem mit biographischen Angaben zu den lokalen Politikern und ihren Familien.

Jana Nosková

Alena Míšková: Josef Pfitzner (1901–1945). Prameny k životu a dílu sudetoněmeckého historika a politika. Josef Pfitzner (1901–1945). Quellen zu Leben und Werk des sudetendeutschen Historikers und Politikers. Praha: Masarykův ústav a Archiv AV ČR, v. v. i. (Práce z Archivu Akademie věd [Arbeiten aus dem Archiv der Akademie der Wissenschaften], řada [Reihe] D, 3). 107 S., 5 Abb., engl. Zusammenfassung. ISBN 978-80-86495-92-7.

Das zweisprachige Buch ist eigentlich ein Inventar zu dem personenbezogenen Archivbestand zu Josef Pfitzner (2,4 laufende Meter), der 2007 vom Landesarchiv in Linz an das Archiv der Akademie der Wissenschaften der Tschechischen Republik übergeben wurde. Das Gros besteht in Korrespondenzen (mit Kollegen, Familienmitgliedern oder Institutionen), es sind jedoch auch Unterlagen zu Pfitzners wissenschaftlicher Tätigkeit (Handschriften, Literaturexzerpte usw.) sowie Familienfotos erhalten. Alena Míšková befasst sich in einer biographischen Skizze mit der Persönlichkeit Pfitzners – er wurde 1901 in Petersdorf/Petrovice, Schlesien, in einer armen Familie geboren, studierte Geschichte und Germanistik an der Deutschen Universität in Prag –, sie erwähnt seine Beziehungen zu Eltern, Geschwistern und Frauen, seine wissenschaftliche Tätigkeit an der Prager Deutschen Universität, seine propagandistische Publizistik, sein politisches Engagement in der Sudetendeutschen Partei, der NSDAP und der SA, schließlich seine politische Tätigkeit als sogenannter Primator-Stellvertreter in Prag in der Zeit des Protektorats, die zu seiner Anklage, seiner Verurteilung zum Tode und seiner Hinrichtung im September 1945 in Prag führte. Die Autorin beschreibt den erwähnten Archivbestand und informiert über seine wissenschaftliche Benützung, macht aber auch Angaben zu komplementären Quellen. Der Hauptteil des Buches, das Archivalieninventar, ist in sechs Teile gegliedert: Biographisches Material, Korrespondenz, Fachliche Tätigkeit, Öffentliche Tätigkeit, Illustrationsmaterial über den Urheber sowie Familienangehörige betreffende Dokumente.

Jana Nosková

Marcela Oubrechtová (Hg.): Julius Lippert a německé prostředí v Čechách [Julius Lippert und das deutsche Milieu in Böhmen]. Ústí nad Labem: Ústav slovansko-germánských studií UJEP 2010. 104 S., Abb. ISBN 978-80-7414-262-8.

Das Buch beinhaltet zehn während eines in Aussig/Ústí nad Labem im Jahre 2009 veranstalteten Kolloquiums vorgetragene Referate von Regionalhistorikern, Heimatforschern und Landeskundlern. Thema ist die Regionalgeschichte im 19. Jahrhundert. Den Veranstaltern nach waren es gerade die Regionalforscher, deren Schriften im 19. Jahrhundert unter anderem die politische Entwicklung beeinflusst haben; ihre Bedeutung werde jedoch unterschätzt und ihre Tätigkeit und wissenschaftliche Arbeit sei bis heute nicht erforscht und nicht kritisch bewertet worden. Die Autoren der veröffentlichten Referate befassen sich zum einen mit Julius Lippert (1839–1909), einem deutschsprachigen Historiker, Mitbegründer des Museums in Aussig und Politiker – seinem Lebenslauf, seiner wissenschaftlichen Tätigkeit, seinen Auseinandersetzungen mit tschechischen Historikerkollegen und seinem Engagement auf dem Feld der Volksbildung –, zum anderen mit dem politischen, kulturellen und wissenschaftlichen Leben des deutschsprachigen Bürgertums in Böhmen im 19. Jahrhundert auf der regionalen Ebene. Hierzu findet man z. B. Studien über Karl R. Fischer, einen Heimatkundler und Politiker aus Gablonz/Jablonec nad Nisou oder über Rudolf Knott, einen Kulturhistoriker aus Teplitz/Teplice, sowie über Repräsentanten der lokalen Politik aus Braunau/Broumov.

Jana Nosková

Zdeněk Procházka: Putování po zaniklých místech Českého lesa. II.: Tachovsko. Osudy 45 zaniklých obcí, vsí a samot. Wanderungen durch die verschwundenen Ortschaften des Böhmischen Walds. II.: Bezirk Tachau. Die Geschicke von 45 verschwundenen Dörfern, Weilern und Einöden. Domažlice: Nakladatelství Českého lesa 2011. 327 S., Abb., Kt. ISBN 978-80-87316-16-0.

Dieser Band knüpft an das Buch des Autors aus dem Jahre 2007 an, in dem er verschwundene Ortschaften im Bezirk Taus/Domažlice vorgestellt hat (siehe *Berichte und Forschungen. Jahrbuch des Bundesinstituts* 16, 2008, S. 360). Diesmal richtet er den Blick auf den Bezirk Tachau/Tachov. In der Einführung schildert er die Geschichte der Region in Westböhmen. Den Hauptteil bildet ein alphabetisch (anhand der tschechischen Ortsnamen) geordnetes Verzeichnis der nicht mehr existierenden Ortschaften (von Wosant/Bažantov bis Sahorsch/Záhoří), die im Buch auch mit ihren deutschen Namen versehen sind. Die einzelnen Einträge (45 Lokalitäten) beinhalten kurze Beschreibungen der historischen Entwicklung der Orte sowie Informationen über ihre Lage und über heute noch vorhandene Überreste, Angaben zu Sehenswürdigkeiten und bedeutenden Bewohnern. Im Unterschied zum ersten Band über den Bezirk Taus sind in diesem Buch auch Ortschaften vertreten, die sich nicht unmittelbar an der Grenze befunden haben und die nicht wegen der Errichtung der Sperrzone im Grenzgebiet ausgelöscht wurden. Im Bezirk Tachau gab es vielmehr auch Ortschaften, die schwer zugänglich waren, keinen Stromanschluss hatten, den Erfordernissen der modernen Zivilisation weichen mussten und deshalb „verschwunden" sind. Das Buch ist mit vielen historischen und aktuellen Fotos, Landkarten und einer Literaturliste ausgestattet.

Jana Nosková

Karel Řeháček: Němci na Karlovarsku v letech 1945–1948 [Deutsche in der Karlsbader Region in den Jahren 1945–1948]. Plzeň: Karel Řeháček 2011. 457 S., Abb., dt. Zusammenfassung. ISBN 978-80-254-9620-6.

Der Autor will ein ausführliches Bild vom Leben der deutschen Bevölkerung in der Karlsbader Region in den ersten drei Jahren nach dem Ende des Zweiten Weltkriegs bieten. Die Karlsbader Region/Karlovarsko wurde aus den Siedlungskreisen Asch/Aš, Falkenau/Falknov (Sokolov), Eger/Cheb, Joachimsthal/Jáchymov, Karlsbad/Karlovy Vary, Graslitz/Kraslice, Elbogen/Loket und Marienbad/Mariánské Lázně gebildet. Řeháček interpretiert die Situation in der Region auf Grund aus zentralen und lokalen Archiven stammenden Archivquellen und anhand der zeitgenössischen Presse. Das Buch beginnt er mit einem Einführungskapitel über die allgemeine Lage der deutschen Bevölkerung in der Tschechoslowakei nach dem Zweiten Weltkrieg. Weitere Kapitel widmen sich speziell den Bedingungen in der Karlsbader Region. Der Autor beschreibt nicht nur die Tätigkeit der tschechischen offiziellen und halboffiziellen Organisationen und Institutionen (z. B. der tschechischen Verwaltungs- und Sicherheitsstrukturen), sondern auch die Einstellungen der amerikanischen und sowjetischen Soldaten der deutschen Bevölkerung gegenüber. Er befasst sich weiter mit der Lage von unterschiedlichen Gruppen der deutschen Bevölkerung (z. B. von Antifaschisten, Spezialisten, Reichsdeutschen), mit Exzessen während der sogenannten wilden Vertreibung, mit Bedingungen in den Sammelzentren/-lagern und ihrer Tätigkeit und schließlich mit der Vertreibung („Abschub") der Deutschen 1947 und 1948. Ein Kapitel informiert auch über Umsiedlungen Deutscher aus dieser Region innerhalb der Tschechoslowakei in diesen Jahren. Zum Schluss widmet sich Řeháček auch den Aktivitäten von nach dem Zweiten Weltkrieg in der Karlsbader Region tätigen illegalen deutschen bewaffneten Gruppen. Er behauptet, die Vertreibung sei vielleicht die einzig mögliche Lösung gewesen, „die die elementare nationale Stabilität und Sicherheit der neuen Tschechoslowakei gewährleisten konnte, leider aber für einen unschätzbar hohen Preis". Das Buch ist mit einem Ortsregister versehen.

Jana Nosková

Jaroslav Šebek: Od konfliktu ke smíření. Česko-německé vztahy ve 20. století očima katolické církve [Vom Konflikt zur Versöhnung. Tschechisch-deutsche Beziehungen im 20. Jahrhundert aus der Perspektive der katholischen Kirche]. Kostelní Vydří: Karmelitánské nakladatelství 2013. 175 S., dt. Zusammenfassung. ISBN 978-80-7195-687-7.

Das Buch des tschechischen Historikers Jaroslav Šebek besteht aus zwei Teilen. Den ersten Teil bildet eine Studie zu den tschechisch-deutschen Beziehungen auf der kirchlichen Ebene nach 1918. Im zweiten Teil sind Texte und Materialien abgedruckt, die diese Beziehungen aus der Sicht des tschechischen und des deutschen Episkopats in der Zeit vom Zweiten Weltkrieg bis zum Anfang des 21. Jahrhunderts illustrieren und dokumentieren, wobei der

Schwerpunkt auf der Zeit nach 1989 liegt. Der Autor befasst sich mit der erwähnten Thematik chronologisch: Er beginnt mit der Entstehung und Entwicklung der deutschen nationalen Identität in der Zwischenkriegstschechoslowakei, wobei er untersucht, wie die Identität der Katholiken in der Tschechoslowakei durch nationalistische Haltungen beeinflusst wurde. Er dokumentiert die Annäherung der Katholiken an nationalistische Strömungen sowohl im Rahmen des religiösen Lebens als auch im Rahmen des sozialen Engagements. Weiter widmet er seine Aufmerksamkeit der historischen Entwicklung in der Zeit des Protektorats Böhmen und Mähren und schließlich den Ereignissen im Jahre 1945 und der Stellung der katholischen Kirche zur Vertreibung. Den letzten Abschnitt bildet die Beschreibung der Kontakte zwischen den katholischen Kirchen in Deutschland und der Tschechoslowakei in der Zeit des Kalten Krieges und nach 1989. Eingearbeitet sind auch die erst nach 2006 in den vatikanischen Archiven zugänglich gemachten Quellen. Das Buch ist mit einem Namenregister versehen.

Jana Nosková

Zdeněk Šimeček: Knižní obchod v Brně od sklonku 15. do konce 18. století [Der Buchhandel in Brünn von der Wende zum 15. bis zum Ende des 18. Jahrhunderts]. Brno: Statutární město Brno, Archiv města Brna 2011 (Brno v minulosti a dnes [Brünn in der Vergangenheit und heute], Suplementum 13). 498 S., Abb., dt. Zusammenfassung. ISBN 978-80-86736-23-5.

Der Buchhandel bildet laut Zdeněk Šimeček einen besonders wichtigen Bestandteil des sozialen Systems der Literatur, seine Erforschung verschaffe Informationen über die Beziehungen zwischen Produktion und Distribution von Büchern sowie zwischen Autoren und Leserschaft. Šimeček befasst sich in seiner Monographie mit dem Buchhandel in Brünn/Brno, er bettet ihn jedoch in einen breiteren geographischen Kontext (Mähren, Böhmen, Schlesien, Österreich, Deutschland) ein und kann damit auch Beziehungen im Rahmen des internationalen Buchhandels, der einen gemeinsamen Kommunikationsraum schuf, verfolgen. Die Arbeit ist chronologisch in vier Kapitel gegliedert, in denen der Verfasser die Veränderungen im Buchhandel während der vier Jahrhunderte schildert. Er verfolgt die sprachliche und ethnische Komponente der Buchproduktion und des Buchhandels während des erforschten Zeitraums, widmet sich der Tätigkeit der städtischen Druckereien und Buchbinder und konzentriert sich auf die allmähliche Entwicklung des neuen, eigenständigen Berufs des Buchhändlers, die mit gesellschaftlichen Veränderungen vor allem im 18. Jahrhundert zusammenhängt (Anstieg des Interesses für Lesen in breiteren gesellschaftlichen Schichten, Verbreitung der „Massenliteratur"). Šimeček analysiert auf Grund von Archivquellen die Tätigkeit einzelner Buchhändler in Brünn (Fridrich Mathias Obladen, Karl Franz Locatelli u. a.), dokumentiert ihre wirtschaftlichen Erfolge und Misserfolge sowie ihre Beziehungen zu Verlegern aus Brünn und anderen Städten (z. B. Nürnberg, Wien), rekonstruiert das Bücherangebot sowie Rezeptionsprozesse anhand der Buchhändlerkataloge und widmet sich der Verbreitung der Bücher in kleineren Städten Mährens. Er befasst sich ferner mit dem Einfluss der staatlichen Regulierungen auf den Buchhandel, z. B. der 1772 erlassenen Buchhändlerordnung, und der Zensur. In einem Exkurs beschreibt Šimeček den Handel mit hebräischen Büchern. Das Werk ist durch ein Personen- und Ortsregister erschlossen; es umfasst auch eine Bibliographie des Autors.

Jana Nosková

Bohumír Smutný: Brněnští podnikatelé a jejich podniky. 1784–1948. Encyklopedie podnikatelů a jejich rodin [Brünner Unternehmer und ihre Betriebe. 1784–1948.

Enzyklopädie der Unternehmer und ihrer Familien]. Brno: Statutární město Brno, Archiv města Brna 2012 (Brno v minulosti a dnes [Brünn in der Vergangenheit und heute], Supplementum 15). 518 S., Abb. ISBN 978-80-86732-28-0.

Der Enzyklopädie vorangestellt ist eine kurze Einführung, die sich der Bedeutung von Brünn als einer Industriestadt und der Entwicklung der Industrie im vorindustriellen und industriellen Zeitalter widmet, dabei auch wichtige politische und wirtschaftliche Ereignisse im ausgewählten Zeitraum berücksichtigt. Letzterer beginnt mit dem Umzug der staatlichen Wollmanufaktur aus Kladrub a. d. Elbe / Kladruby nad Labem nach Brünn 1784, der die Protoindustrialisierung in der mährischen Hauptstadt initiierte. Am Ende steht das Jahr 1948, das die Verstaatlichung der Industriebetriebe brachte. Das biographische Lexikon belegt die Multinationalität der Brünner Unternehmerfamilien. Es umfasst mehr als 810 Stichwörter, die Auskunft über mehrere Tausend Personen bieten. Als Unternehmer werden Personen definiert, die Träger von strategischen Entscheidungen in der Wirtschaft waren und über Produktionsfaktoren als ihre Besitzer oder beauftragte Disponenten verfügten. Die Auswahl ist jedoch auf solche Personen begrenzt, die seit dem Ende der 1850er Jahre eine Konzession bekamen oder seit den 1860er Jahren ins Geschäftsregister eingetragen wurden. Nicht einbezogen sind z. B. Manager, Großhändler, Vertreter des Bankwesens, Bauunternehmer oder Unternehmer in der Dienstleistungsbranche. Die mitgeteilten biographischen Angaben beziehen sich auf Geburt und Herkunft, Ausbildung, Familie, Religion, Verlauf der Unternehmerkarriere und Aktivitäten außerhalb der Firma; hinzu kommen Informationen über die Geschichte der Firma. Alle Informationen sind durch Quellen- und Literaturangaben belegt. Als Bildmaterial dienen die Betriebsveduten und Betriebswerbung. Veduten von Fabrikbetrieben auf Briefpapier, Preislisten oder Firmenquittungen stellten eine spezielle, seit der Mitte des 19. Jahrhunderts etablierte graphische Gattung dar. Das Buch wird ergänzt durch Verzeichnisse der Betriebe der verschiedenen Industriezweige und der Namen der Erzeugnisse und Schutzmarken. Es besitzt keine fremdsprachige Zusammenfassung.

Jana Nosková

Tomáš Staněk: Němečtí váleční zajatci v českých zemích 1945 – 1950 (Nástin vybraných problémů) [Deutsche Kriegsgefangene in den Böhmischen Ländern 1945 – 1950 (Aufriss ausgewählter Probleme)]. Opava: Slezské zemské muzeum 2011. 212 S., dt. Zusammenfassung. ISBN 978-80-86224-89-3.

Tomáš Staněk befasst sich hier mit einem in der tschechischen Fachliteratur noch fast völlig unbearbeiteten Thema. Anhand einheimischer und teilweise auch ausländischer Archivquellen, Fachliteratur und Berichten von Zeitzeugen analysiert er die Lage der deutschen Soldaten, die nach dem Zweiten Weltkrieg als Kriegsgefangene in den Böhmischen Ländern festgehalten wurden. Er versteht sein Buch als Einstieg in das Forschungsfeld und plädiert für weitere Forschungen. Die Situation der Kriegsgefangenen in den Böhmischen Ländern wurde dem Autor zufolge durch spezifische Umstände beeinflusst, z. B. durch ungeklärte Kompetenzen bei den tschechoslowakischen Behörden – nach anfangs ungeregeltem Verlauf gewann die Kriegsgefangenenfrage in den Böhmischen Ländern erst im Herbst 1945 an Organisiertheit, als reguläre Gefangenenlager entstanden waren – oder durch den Gesamtkontext der zeitgenössischen Auffassung zur „Deutschen Frage" in der Tschechoslowakei. Staněk befasst sich chronologisch mit Aspekten der Gefangennahme und der Haltung der amerikanischen und sowjetischen Armee wie auch der bewaffneten tschechoslowakischen Formationen den Gefangenen gegenüber und geht dabei auch auf Gewaltakte gegen die Gefangenen unmittelbar nach Kriegsende ein. Weiterhin beschäftigt er sich mit dem Verhalten von tschechischen Behörden, den Lebensbedingungen der Gefangenen in den Lagern und ihrem Einsatz als „billige Arbeitskräfte", den Verhandlungen der tschechoslowakischen Behörden mit dem Internationalen Roten Kreuz, der Vorbereitung der Entlassung und Aussiedlung der Soldaten sudetendeutscher Herkunft sowie der Entlassung und Repatriierung der reichsdeutschen Soldaten. Einen wichtigen, illustrativen Teil des Buches bilden abgedruckte Dokumente. Ein Personen- und Ortsregister ist vorhanden.

Jana Nosková

David Vondráček, Josef Mlejnek: Zabíjení po česku [Töten auf Tschechisch]. Praha: BVD 2010. 159 S., Abb., DVD. ISBN 978-80-87090-39-8.

Das Buch stellt eine überarbeitete Version von fünf Interviews dar, die Josef Mlejnek mit David Vondráček, einem tschechischen Filmregisseur und Dokumentarfilmautor, im September 2010 führte. David Vondráček ist in der tschechischen Öffentlichkeit vor allem durch seinen Dokumentarfilm *Zabíjení po česku* („Töten auf Tschechisch") (2010) bekannt, der im tschechischen Fernsehen gesendet wurde und sehr starke und kontroverse Reaktionen hervorrief. Vondráček befasst sich in dem Film mit vier Orten, die zum Schauplatz von Gewaltexzessen gegen die deutsche Bevölkerung unmittelbar nach dem Ende des Zweiten Weltkriegs wurden (Prag/Praha-Bořislavka, Miröschau/Mirošov u Rokycan, Tušť bei Wittingau/Třeboň und Postelberg/Postoloprty). Die Interviews widmen sich jedoch nicht nur der Entstehung dieses Dokumentarfilms, sondern befassen sich auch mit anderen Filmen Vondráčeks, z. B. über den Landsmannschaftsvorsitzenden Franz Neubauer oder über nach dem Zweiten Weltkrieg zugewanderte Ruthenen in Schönwald/Lesná im westböhmischen Grenzgebiet. Vondráček bekennt, seine Filme seien meistens mit der Landschaft seiner Kindheit in Westböhmen verbunden. Auch spricht er über Personen, die ihn beeinflusst haben. In dem Buch sind Aussagen von Zeitzeugen und Historikern wiedergegeben, die im Film *Zabíjení po česku* aufgetreten sind, sowie Reaktionen von Journalisten und Experten auf dessen Ausstrahlung im Fernsehen. Das Buch wird ergänzt durch eine DVD mit Filmaufnahmen von dem Massaker in Prag-Bořislavka.

Jana Nosková

8. Slowakei

Pavel Dvořák: Štvrtá kniha o Bratislave. Bratislava v Európe a Európa v Bratislave v XVIII. a XIX. storočí [Das vierte Buch über Pressburg. Pressburg in Europa und Europa in Pressburg im 18. und 19. Jahrhundert]. Budmerice: RAK 2011 (Stopy dávnej minulosti [Spuren längst vergangener Zeit]). 254 S., Abb., Kt. ISBN 978-80-85501-54-4.

Der Autor beginnt mit der Zeit der Kaiserin Maria Theresia, erzählt von den Theresianischen Reformen, bezieht die Geschichte Zentraleuropas mit ein und konzentriert sich dann auf die Bedeutung der heutigen slowakischen Hauptstadt Pressburg/Bratislava/Pozsony. Maria Theresia machte aus Pressburg eine königliche Siedlung. Von dort regelte sie nach einheitlichen Kriterien die Abgaben und Leistungen der Untertanen (Maria-Theresianisches Urbar von 1767). Hier erließ sie unter dem Titel *Ratio educationis* eine Anordnung über die Reorganisation des Bildungswesens in der Monarchie. Im Buch findet man viele neue Informationen über die Kriege gegen Napoleon und auch über den Österreichisch-Preußischen Krieg von 1866.

Igor Zmeták

Pavel Dvořák: Piata kniha o Bratislave. Od Rakúska-Uhorska po súčasnosť [Das fünfte Buch über Pressburg. Von den Zeiten Österreich-Ungarns bis heute]. Budmerice: RAK 2012 (Stopy dávnej minulosti [Spuren längst vergangener Zeit]). 320 S., Abb. ISBN 978-80-85501-56-8.

Das Buch ist eine ausführliche Schilderung der Geschichte der Hauptstadt der Slowakei vor dem Hintergrund der politischen Auseinandersetzungen in Österreich-Ungarn in der Zeit des Ersten Weltkriegs. Damals war Pressburg (slowakisch: Bratislava, ungarisch: Pozsony) eine slowakisch-deutsch-ungarische Stadt, und mit jeder der drei Sprachen konnte man sich überall verständigen. Im Inhalt finden sich Begebenheiten aus der Zeit zwischen dem Ersten und dem Zweiten Weltkrieg, auch aus den folgenden Jahren, indem ein Schwerpunkt auf die Tragödie der Juden gelegt wird. In jeweils eigenen Kapiteln sind die letzten Tage der Habsburgermonarchie und auch die Reaktionen der Einwohner von Pressburg auf das Attentat in Sarajevo und auf den Tod Franz Ferdinands und seiner Ehefrau Sofia (28. Juni 1914) dargestellt.

Igor Zmeták

Edita Ivaničková et al. (Hg.): Kapitoly z histórie stredoeurópskeho priestoru v 19. a 20. storočí. Pocta k 70-ročnému jubileu Dušana Kováča [Kapitel aus der Geschichte des mitteleuropäischen Raumes im 19. und 20. Jahrhundert. Festschrift zum 70. Geburtstag von Dušan Kováč]. Bratislava: Historický ústav SAV 2011. 466 S., engl. Zusammenfassung. ISBN 978-80-970302-4-7.

Die Publikation würdigt den slowakischen Historiker PhDr. Dušan Kováč, DrSc. Kováč war in den Jahren 1990–1998 Direktor des Historischen Instituts der Slowakischen Akademie der Wissenschaften und wirkte danach zwölf Jahre in deren Präsidium. Als Forscher widmet er sich der Geschichte Mitteleuropas im 19. und 20. Jahrhundert, und mit diesem Themenbereich befassen sich auch die Aufsätze der slowakischen und ausländischen Historiker und Historikerinnen, die in slowakischer, tschechischer, deutscher oder englischer Sprache veröffentlicht sind. Der Sammelband gliedert sich in vier Hauptteile. Im zweiten Teil zum Thema „Historiographie in Zeit und Raum“ schreibt Vladimír Goněc über die Suche nach Mitteleuropa-Konzepten am Anfang des 20. Jahrhunderts (*Geografie, geopolitika a kulturologie mezi vědou, sebeklamem a zlou vůlí. K pojetí střední Evropy počátkem 20. století*). Im vierten Teil werden vor allem internationale Zusammenhänge des politischen, kulturellen und wirtschaftlichen Geschehens in der Slowakei beleuchtet. Valerián Bystrický beschäftigt sich mit der Politik Deutschlands gegenüber der Slowakei in den Jahren 1918–1938 (*Slovensko v politike Nemecka 1918–1938*), Ľudovít Hallon gibt Auskunft über die deutsch-slowakischen wirtschaftlichen Beziehungen im Jahr 1939 (*Formovanie slovensko-nemeckých hospodárskych vzťahov roku 1939*), und Pavol Petruf untersucht die Haltung der damaligen slowakischen Regierungseliten zu Hitlers Plänen zur Neuordnung Europas und seinem Lebensraum-Konzept in den Jahren 1939/40 (*Téma „novej Európy“, „nového európskeho poriadku“ a „životného priestoru“ na stránkach novín Slovák (1939–1940)*).

Jana Tulkisová

Jana Judinyová: Natália Oldenburgová – zabudnutá perla Ponitria [Nathalie von Oldenburg – eine vergessene Perle der Oberneutra-Region]. Martin: Matica slovenská 2013. 222 S., Abb. ISBN 978-80-8128-050-4.

Herzogin Nathalie von Oldenburg (1854–1937) war die Tochter des österreichischen Diplomaten Viktor Vogel von Friesenhof. Um die Mitte des 19. Jahrhunderts kaufte die Adelsfamilie Friesenhof das Schloss aus dem 16. Jahrhundert in dem slowakischen Dorf Brodzany, nicht weit von der Stadt Partizánske, heute in der Region Trentschin/Trenčín/Trencsén. Ihr ganzes Leben wohnte Nathalie in Brodzany und in Wien. Die biographische Studie umfasst 18 Kapitel über die Familie Friesenhof, über Hochzeit und Familienglück mit Anton Günther Friedrich Elimar Herzog von Oldenburg, über die gesellschaftlichen Aktivitäten Nathalies, insbesondere ihr Eintreten für die Weltfriedensbewegung, und über den Schriftsteller Elimar. Der zweite Theil befasst sich mit der literarischen Tätigkeit der Herzogin. Sie veröffentlichte im Jahr 1903 im Leipziger Verlag Baumert und Ronge die Sammlung *Gedichte* und im Jahr 1905 das Werk *Gedichte und Aphorismen*. Die Dichtung von Nathalie von Oldenburg lag bis heute nur in originaler deutscher Sprache vor; jetzt ist es möglich, sie in einer zweisprachigen Ausgabe (deutsch-slowakisch) zu lesen.

Igor Zmeták

Viera Kováčová et al. (Hg.): Druhá vlna deportácií Židov zo Slovenska. Zborník z medzinárodnej vedeckej konferencie, Zvolen 8. september 2009 [Die zweite Welle von Judendeportationen aus der Slowakei. Sammlung von Beiträgen der internationalen wissenschaftlichen Konferenz, Zvolen, 8. September 2009]. Banská Bystrica: Múzeum Slovenského národného povstania 2010. 118 S. ISBN 978-80-89514-00-7.

Im September 2009 fand an der Technischen Universität in Altsohl/Zvolen eine internationale Tagung zu dem genannten Thema statt, an der Historiker und Historikerinnen aus der Slowakei, Polen, der Tschechischen Republik, Russland und Israel teilnahmen. Ihre Vorträge wurden in slowakischer Sprache (mit Ausnahme eines Beitrags in tschechischer Sprache) veröffentlicht. Im ersten Beitrag schreibt Piotr Sienkiewicz über den Beginn der Massenermordung von Juden im NS-Konzentrationslager Auschwitz und in diesem Zusammenhang über Juden aus der Slowakei, die im Rahmen der sogenannten ersten Welle von Deportationen der Juden aus der slowakischen Kriegsrepublik, dem Satellitenstaat des „Dritten Reiches", im Jahr 1942 ins Konzentrationslager gerieten. Nach dem Ausbruch des Slowakischen Nationalaufstandes im Herbst 1944 und dem Einmarsch deutscher Truppen in die Slowakei wurden die Deportationen der Juden wiederaufgenommen. Von dieser zweiten Welle von Deportationen der Juden aus der Slowakei in den Jahren 1944/45 in NS-Konzentrationslager handeln die Aufsätze von Katarína Hradská (*Druhá vlna deportácií. Deportácie do koncentračných táborov*), Ján Hlavinka, Eduard Nižňanský und Radoslav Ragač (*Koncentračný tábor v Seredi vo svetle novoobjavených dokumentov (september 1944 – marec 1945)*), Tomáš Fedorovič (*Slovenští Židé v terezínském ghettu*) und Helena Kubica (*Posledný transport zo Serede do KT Auschwitz*).

Jana Tulkisová

Peter Sabov (Hg.): Sprievodca po historických knižniciach na Slovensku [Begleiter zu den historischen Bibliotheken in der Slowakei]. IV. Martin: Slovenská národná knižnica 2012. 119 S., Abb. ISBN 978-80-89301-97-3.

Die Autoren stellen hier die wichtigsten heute noch bestehenden Sammlungen historischer Bücher vor. Die einzelnen Studien beschäftigen sich mit den Bibliotheken des Adels, der Kirchen, von Schulen und Vereinen sowie einzelner Personen. Diese Sammlungen bergen viele historische Bücher, die von deutschen Autoren verfasst oder in deutschen Ländern gedruckt wurden. Ein Beispiel ist die Bibliothek des Ersten evangelischen Gymnasiums in Pressburg/Bratislava/Pozsony. Vlasta Okoličányová stellt die Pfarrer und Rektoren Adam Tettelbach (aus Karlstein, Österreich), Simon und Kaspar Heuchelin (aus Lauingen, Donau), Andreas Gross (aus Neuburg a. d. Donau), Johann Jentsch (aus Mügeln, Sachsen), Elisäus Homberger (aus Graz), Johann Lader (aus Wien), Josua Wegelin, Daniel Schmidt und Anton Reiser (alle aus Augsburg) vor. In der Bibliothek der Evangelischen Kirche in Neustadt an der Waag/Nové Mesto nad Váhom findet man ebenfalls äußerst wertvolle Buchdokumente wie das *Materienbuch aller handt predigten* von Zacharias Praetorius aus dem Jahre 1575 oder ein Werk mit interessanten Briefen über Engländer und Franzosen, gedruckt 1761 in Weimar (Verfasser des Beitrags: Igor Zmeták). Wertvoll ist auch die Judaicasammlung aus dem 18. und 19. Jahrhundert im Museum von Trentschin/Trenčín/Trencsén. Von dieser Sammlung sind ein Werk über mosaisches Recht in sechs Bänden, das Jahrbuch des traditionstreuen Rabbinerverbandes in der Slowakei, eine Geschichte des Zionismus und das Buch Esther zu nennen (Verfasserin des Beitrags: Alica Krištofová).

Igor Zmeták

Michal Schvarc, Ľudovít Hallon, Peter Mičko (Hg.): Podoby nemecko-slovenského „ochranného priateľstva“. Dokumenty k náboru a nasadeniu slovenských pracovných síl do Nemeckej ríše v rokoch 1939–1945 [Die Formen der deutsch-slowakischen „Schutzfreundschaft“. Dokumente zur Anwerbung und zum Einsatz slowakischer Arbeitskräfte im Deutschen Reich in den Jahren 1939–1945]. Bratislava: Historický ústav SAV, Fakulta humanitných vied UMB 2012. 406 S., dt. Zusammenfassung. ISBN 978-80-970302-6-1.

Das Thema der Anwerbung slowakischer Arbeitskräfte nach NS-Deutschland in den Jahren 1939–1945 wird in der slowakischen Historiographie nur unzureichend und in der ausländischen Fachliteratur kaum oder gar nicht beachtet. Aus diesem Grunde entschieden sich drei slowakische Historiker, die Herausgeber des vorliegenden Bandes, diese Problematik von den Quellen ausgehend zu beleuchten. Die kommentierte Edition enthält 152 Dokumente, wobei ein Großteil von ihnen Schriftgut der deutschen zentralen Staats- und Parteibehörden sowie der in der Slowakei tätigen Dienststellen ist. Die zweite Gruppe der edierten Quellen stellen die Akten der Behörden der slowakischen Kriegsrepublik dar, und die dritte (kleinste) Gruppe bilden Dokumente tschechoslowakischer Provenienz der Jahre 1938/39 und der Nachkriegszeit. Die Dokumente sind im Original (in Deutsch, Slowakisch oder Tschechisch) publiziert und mit einem Anmerkungsapparat in slowakischer Sprache versehen. Darüber hinaus enthält die Edition zwei von den Herausgebern verfasste Aufsätze, die einen Überblick über die Anwerbung slowakischer Arbeitskräfte in den Jahren 1939–1942 sowie 1943–1945 geben.

Jana Tulkisová

Máté Tamáska: Kassa-vidék településképei [Siedlungsbilder in der Region Kaschau/Košice/Kassa]. Bratislava/Pozsony: Kalligram Kiadó 2013. 556 S., zahlr. Abb., Kt., engl. Zusammenfassung. ISBN 978-80-8101-620-2.

Das Buch behandelt das Siedlungswesen und das architektonische Erbe der ethnisch gemischten Region westlich der zweitgrößten Stadt der Slowakei. Es besteht aus zwei Teilen. Der erste gibt ein Gesamtbild über die soziohistorische Entwicklung und informiert über morphologische Besonderheiten von Grundrissen, Kirchen, Schloss- und Hausformen. Die theoretische Annäherung beruht auf einer vom Verfasser selbst entwickelten Methode („heritage situation"), mit der das historische Gefüge in seinem heutigen Kontext analysiert wird und die sowohl soziologische als auch architektonische Fragestellungen und Methoden einschließt. Der zweite Teil ist ein Lexikon, in dem die einzelnen Landschaften (Mikroregionen) und die 44 Siedlungen, darunter Metzenseifen/Medzev/Alsómecenzéf, Obermetzenseifen/Vyšný Medzev/Felsőmecenzéf, Goldeidau/Zlatá Ida/Aranyida, Jossau/Jasov/Jászó, Tornau/Turňa nad Bodvou/Torna, dargestellt werden. Der Text wird mit Hilfe von etwa 500 Abbildungen – Farb- und Schwarzweißfotos, Grafiken, Luftbildaufnahmen – erläutert, alle auch mit englischer Bildunterschrift. Eine ausführliche Zusammenfassung in englischer Sprache beschließt das Buch.

Máté Dávid Tamáska

9. Ungarn, Rumänien

Az Árpád Utcai Általános és Német Nemzetiségi Iskola centenáriumi évkönyve, 1912–2012 [Festschrift zur Hundertjahrfeier der Grund- und Deutschen Nationalitätenschule in der Árpádstraße, 1912–2012]. Budapest: Árpád Utcai Általános és Német Nemzetiségi Iskola 2012. 102 S. ISBN 978-963-08-3675-3.

Die Vorfahren kamen Anfang des 18. Jahrhunderts aus Südwestdeutschland, der Umgebung Ulms, und Österreich. Sie wurden in den Besitzungen Eugens von Savoyen in Rautzenmarkt/Ráckeve auf der Donauinsel Tschepele/Csepel sesshaft, und nach seinem Tode bewohnten sie den Weinberg in Promontor/Budafok. Die ersten Ansiedler waren Weinbauern, Tagelöhner oder Steinbrucharbeiter. Ihre Kinder besuchten nur eine oder zwei Klassen in der deutschsprachigen Grundschule. Das Gebäude der Grundschule in der Árpádstraße wurde vor hundert Jahren aus Spenden von Deutschen aus Promontor und durch staatliche Unterstützung gebaut. Die Institution wird heute von der dritten oder vierten Generation besucht. Die Deutschen hinterließen ihren Nachkommen nicht nur ein Schulgebäude, sondern auch die Verpflichtung zur Bewahrung der deutschen Muttersprache und Identität. Der Jubiläumsband setzt ein Denkmal und gibt ein Beispiel. Im Band wird außer der Geschichte des örtlichen Deutschtums und der Schule auch das heutige Schulleben vorgestellt, nämlich die Schulprogramme, die Ferienlager, die Schüleraustauschprojekte mit Deutschland (die Schule unterhält seit zehn Jahren ein Austauschprogramm mit einer Gesamtschule in Bonn), die Schulbibliothek, die Traditionspflege und die Beziehungen der Schule zum Kindergarten.

Edina Zvara

Andrea Bakonyi, Viktória Kishegyi (Red.): Ein Dorf möchte leben. 60 Jahre Ungarndeutsche Volkstanzgruppe Nadwar. Egy falu élni akar. 60 éves a Nemesnádudvari Német Nemzetiségi Táncegyüttes. Nadwar: Ungarndeutscher Traditionspflegender Kulturverein Nadwar 2011. 63 S., Abb. ISBN 978-963-08-2216-9.

Seit der Gründung der Gruppe 1951 traten die Tänzer und Sänger aus Nadwar/Nemesnádudvar bei Landesvorführungen und Festivals auf. Die Mitglieder der Gruppe wechselten ständig. Ab 2001 war die Erwachsenentanzgruppe nicht mehr aktiv, aber die Volkstanztraditionen wurden weiter gepflegt. Die Jugendtanzgruppe durfte die Gemeinde bei zahlreichen Veranstaltungen in den umliegenden Dörfern und auf Komitats- und Landesebene vertreten. Aufgrund ihrer Erfolge erwarb die Gruppe 2010 in Petschwar/Pécsvárad die Qualifikation. Im Juni 2011 konnte das 60-jährige Jubiläum des Ensembles im Rahmen einer erfolgreichen Veranstaltungsreihe gefeiert werden.

Edina Zvara

Bernadette Baumgartner: Kisebbség a kisebbségben. A Szatmár megyei németek a két világháború között 1918–1940 [Eine Minderheit in der Minderheit. Die Sathmarer Deutschen zwischen den Weltkriegen 1918–1940]. Klausenburg: Kriterion 2012. 264 S. ISBN 978-973-26-1062-6.

Die Dissertation füllt eine Forschungslücke, indem sie die Geschichte der Sathmarer Schwaben in der Zwischenkriegszeit untersucht und zuvor unveröffentlichte Quellen bearbeitet, die neue Erkenntnisse ermöglichen. Zum fokussierten Zeitraum gab es bis jetzt hauptsächlich Darstellungen von Sathmarer Schwaben selbst, worauf die überwiegend subjektive Perspektive dieser Schriften zurückgeführt werden kann. Umso erfreulicher ist das Erscheinen der vorliegenden Arbeit, deren Autorin es gelungen ist, ein umfassendes Bild der Thematik zu zeichnen. Im Zentrum des Interesses stehen die Gründe der nationalen Erweckung der Sathmarer Schwaben sowie die unterschiedlichen Stadien dieses Prozesses, die ohne die machtpolitischen Ziele Rumäniens, Deutschlands und Ungarns bzw. die Rolle der katholischen Kirche nicht darstellbar sind. Das in drei Kapitel gegliederte Buch skizziert einleitend die Geschichte der Schwaben von ihrer Ansiedlung bis zum Ende des Ersten Weltkriegs. Die Schilderung des nationalen sowie internationalen politischen Rahmens erfolgt im zweiten Teil der Arbeit. Im dritten Abschnitt geht es um die Lage der Sathmarer Schwaben in Großrumänien. Die oft unzuverlässigen statistischen Daten werden mit größter Präzision verglichen und im Lichte alternativer Quellen analysiert. Die Darstellung der Rolle des Volksbundes sowie die Maßnahmen zur Erweckung des nationalen Bewusstseins bei einer Minderheit, die zuvor stark magyarisiert und nach dem Ersten Weltkrieg vom rumänischen Staat unterstützt wurde, soweit dies den eigenen Interessen diente, erfolgt detailliert unter Berücksichtigung oft divergierender Perspektiven. Der problematischen Rolle der katholischen Kirche wird ebenso nachgegangen. Das gezeichnete Bild ist im Anhang mit relevanten Dokumenten belegt, was dem Leser einen tieferen Einblick in die Quellen erlaubt. Die Brücke in die Gegenwart schlägt ein kurzes Unterkapitel, das auf die aktuellen Bräuche und Traditionen der Sathmarer Schwaben eingeht und sich somit an die vorangehenden Teile nicht anschließt, aber für das breite Publikum von Interesse sein mag.

Enikő Dácz

Stefano Bottoni: Transilvania roşie. Comunismul român şi problema naţională 1944–1965 [Das rote Siebenbürgen. Der rumänische Kommunismus und die Nationalitätenproblematik 1944–1965]. Klausenburg: ISPMN Publishing, Kriterion 2010. 344 S. ISBN 978-606-92512-0-1.

Der Band, bei dem es sich um eine ins Rumänische übersetzte Dissertation handelt, fokussiert die Geschichte Siebenbürgens von 1944 bis 1965, als Nicolae Ceauşescu zum Generalsekretär der Rumänischen Kommunistischen Partei gewählt wurde. Der Verfasser setzt sich die Analyse des Prozesses zum Ziel, in dem die Bildung des Nationalstaates von der bolschewistischen Ideologie begleitet und dem sowjetischen Machtapparat untergeordnet wurde. Das Buch bearbeitet zum ersten Mal zuvor unzugängliche Quellen, die die historischen Wurzeln sowie ideologischen bzw. kulturellen Motivationen des nationalen Projektes von Ceauşescu offenlegen. Einleitend wird Siebenbürgen als europäisches Problem erfasst, indem die politischen Konflikte um die Region zwischen 1918 und 1945 präsentiert werden. Ausgehend von den statistischen Daten wird die ethnische Wirklichkeit nach dem Ersten Weltkrieg geschildert, wobei auch die rumänischen politischen Strategien skizziert werden, die der Integration des Gebietes in das neue Großrumänien dienen sollten. Dieser Integration ohne Autonomie widmet sich das zweite Kapitel, das die ungarische, die deutsche und die jüdische Minderheit sowie die nationale Politik der Kommunistischen Partei bis 1952 zusammen darstellt. Der nächste Abschnitt fokussiert die nach sowjetischem Muster gegründete Ungarische Autonome Region, deren Selbstverwaltung bloß eine formale war. An diesem Punkt wird auch auf den Terror eingegangen, dem die Bevölkerung ausgesetzt war. Die unterschiedlichen Richtungen der Minderheitenpolitik sowie das stalinistische System selbst sind Gegenstände der Untersuchung in den folgenden zwei Kapiteln, wonach der Einfluss der ungarischen Revolution von 1956 im Zentrum steht. Abschließend beschreibt der Verfasser die Geburt des rumänischen Kommunismus. Zusammenfassend lässt sich sagen, dass dem Autor die internationale Kontextualisierung der siebenbürgischen Frage und eine tiefe Analyse der Nationalisierungsprozesse bzw. ihr Wandel im untersuchten Zeitraum gut gelungen sind.

Enikő Dácz

János Brunn: Györköny. Egy falu a történelem sodrában. Jerking. Ein Dorf im Wandel der Geschichte. Györköny: Német Nemzetiségi Önkormányzat, Önkormányzat, Györkönyi Evangélikus Egyházközség 2012. 437 S. ISBN 978-963-08-4796-4.

Das Buch entstand aus zwei früheren Schriften von 1996 und 2010, beide unter dem Titel *Fejezetek Györköny történetéből* („Aus der Geschichte von Jerking"). Sie handeln von der Geschichte des Dorfes im Komitat Tolnau/Tolna von 1748 bis 1948 bzw. von 1945 bis 1985. Die Grenzscheide zwischen den beiden Epochen bildet das Kapitel „Földindulás" („Erdrutsch"), in dem es um die tragische Wende im Leben der Einwohner von Jerking, die Aussiedlung der Deutschen, geht. Das Buch ist chronologisch aufgebaut, trotzdem ist es keine richtige Chronik. Im Mittelpunkt beider Epochen stehen die Welt der Arbeit, der Schulunterricht, das religiöse Leben, die Hierarchie der lokalen Gesellschaft und die Frage der Identität der Nationalitäten.

Edina Zvara

György Dupka: A mi Golgotánk: a kollektív bűnösség elvének alkalmazása a kárpátaljai magyarokkal és németekkel szemben. A 4. Ukrán Front Katonai Tanácsa határozatának végrehajtása az NKVD-jelentések tükrében, 1944–1946 [Unser Golgatha: Die Anwendung des Prinzips der Kollektivschuld gegenüber den Ungarn und Deutschen in der Karpato-Ukraine. Vollzug des Beschlusses des Kriegsrates der 4. Front in der Ukraine im Spiegel der NKWD-Berichte, 1944–1946]. Szolyva: Szolyvai Emlékparkbizottság, Ungvár, Budapest: Intermix 2012 (Kárpátaljai magyar könyvek [Ungarische Bücher vom Fuß der Karpaten] 215). 376 S. ISBN 978-963-9814-51-6.

In seinem neuesten Buch bringt uns György Dupka den Leidensweg der zur „dreitägigen Arbeit" gezwungenen ungarischen und deutschen Männer und Frauen aus der Karpato-Ukraine nahe, und zwar auf der Grundlage von bisher in ungarischer Sprache noch nicht publizierten NKWD-Berichten, militärischen Archivquellen, Erzählungen von Überlebenden und Familienangehörigen sowie weiteren Quellen. Aus dem Inhalt: „Ein Wallfahrtsort des Ungarntums im Karpatenbecken"; „Die Anwendung des Prinzips der Kollektivschuld gegenüber den Ungarn und Deutschen in der Karpato-Ukraine"; „Die Internierung von Ungarn und Deutschen"; „Die Mobilisierung der deutschen Männer und Frauen zur Zwangsarbeit"; „Der Beschluss über die Aussiedlung der deutschen und ungarischen Familien"; „Repressionen gegenüber der deutschen Bevölkerung in den mitteleuropäischen Ländern aus ethnischen Gründen"; „Die Liquidierung ungarischer, deutscher, ruthenischer und ukrainischer führender Intellektueller"; „Die nationale Zusammensetzung der Gefangenen der Sammellager und die Organisation ihres Transports"; „Bedeutendere Arbeitslager, wo zwischen 1944 und 1948 Menschen aus der Karpato-Ukraine gefangen gehalten wurden"; „Heimkehr aus den Lagern". Es folgen Verlustlisten und andere Angaben über die verschleppten Menschen aus der Karpato-Ukraine sowie Angaben über die zwischen 1944 und 1946 internierten, verhafteten, in Kriegsgefangenschaft geratenen, verurteilten und hingerichteten Personen.

Edina Zvara

Ferenc Eiler: Németek, helyi társadalom és hatalom. Harta, 1920–1989 [Deutsche, lokale Gesellschaft und Macht. Hartau, 1920–1989]. Budapest: Argumentum 2011. 221 S. ISBN 978-963-446-637-6.

Anfang 1945 wurde von den sowjetischen Behörden ein Teil der Deutschen aus Hartau/Harta zum „Malenkij Robot" gezwungen und die Mitglieder des dortigen Volksbunds in Volksgerichtsverfahren zur Verantwortung gezogen, die meisten sogar eingekerkert. Etwa ein Drittel der Deutschen aus Hartau wurde 1947 und 1948 ausgesiedelt. Gleichzeitig begann – im Rahmen der Landreform und des tschechoslowakisch-ungarischen Bevölkerungsaustauschs – auch der Zuzug ungarisch- und anderssprachiger Siedler ins Dorf. Der Verfasser rekonstruiert die hinsichtlich der Nationalitäten wichtigsten Ereignisse in Hartau. Er untersucht unter anderem, wie stark die Schicksale der deutschen Gemeinden im Ungarn des 20. Jahrhunderts von der Minderheitenpolitik des Staates und den Bestrebungen der deutschen Minderheit sowie von ihren Wechselwirkungen beeinflusst waren. Eiler skizziert in einer nach Perioden durchgeführten Analyse der lokalen Bauerngesellschaft, des öffentlichen Lebens, der Macht und der Identität der Gemeinde einen Bogen, an dessen Anfangspunkt eine im Wesentlichen apolitische und am Endpunkt eine in hohem Maße assimilierte, in ihrem Identitätsbewusstsein stark veränderte deutsche Gemeinde steht.

Edina Zvara

Jakab Elek: A királyföldi viszonyok ismertetése [Zur Kenntnis der Verhältnisse auf dem Königsboden]. I–II. Budapest: Históriaantik Könyvesház Kiadó 2010. 658 S. ISBN 5990000047295.

Das Buch ist ein Reprint aus dem Jahr 1876. Der Autor interpretiert die damalige Lage der Siebenbürger Sachsen als eine Folge ihrer mittelalterlichen Autonomie. Er behandelt das sächsische Volk noch nicht als eine moderne Nation, sondern als einen Stand im Königreich. Die Aktualität der Abhandlung bestand damals darin, dass die ungarische Regierung 1876 die seit 1224 bestehende Autonomie der Siebenbürger Sachsen aufgehoben hatte. Jakab Elek verfolgte also unmittelbare politische Ziele, wenn er der „urkonservativen" Partei – so seine Bezeichnung – der Siebenbürger Sachsen widersprach. Er untersucht in erster Linie juristische Fragen der mittelalterlichen Autonomie, dann die Sächsische Nationsuniversität, schließlich die finanzielle Situation und die Rolle der evangelischen Kirche. Das Buch ist eine ausführliche Dokumentation einer Denkweise, die die aufkommenden Konflikte der Nationen noch aufgrund rechtsgeschichtlicher Betrachtungen aufzulösen dachte.

Máté Dávid Tamáska

Jenőné Gálosfai: Óbuda régi ízei. Gasztronómiai kalandozás a múltban [Alte Geschmäcke Altofens. Gastronomische Abenteuer in der Vergangenheit]. Budapest: Aquincum 2011. 192 S., Abb. dt. u. engl. Zusammenfassung. ISBN 978-963-87803-6-2.

Die ersten Siedler kamen 1698 nach Altofen/Óbuda. Große Armut erzwang äußerste Sparsamkeit, ein Charakterzug, der sich von Generation zu Generation in die sogenannten Braunhaxler tief eingegraben hat. An der Wende vom 18. zum 19. Jahrhundert konsolidierte sich die wirtschaftliche Lage der Menschen in Altofen und entwickelte sich die für die Siedlung charakteristische Küche. Gewohnheiten und Geschmack der einzelnen Familien weisen natürlich kleinere Unterschiede auf. Überliefert wurden die Traditionen der Urheimat, die später durch die Küche der österreichischen Einwanderer ergänzt wurde. Der vorliegende Band ist der dritte einer Reihe, die sich mit Speisen und Rezepten, Kücheneinrichtungen, Essgewohnheiten und Festen befasst, die die eingewanderten deutschen Familien einst nach Ungarn mitgebracht und in Altofen eingeführt haben.

Edina Zvara

Attila Gidó (Hg.): Cronologia minorităţilor naţionale din România [Chronologie der nationalen Minderheiten in Rumänien]. Vol. [Bd.] I: Albanezi, armeni, bulgari, croaţi, eleni, evrei şi germani [Albaner, Armenier, Bulgaren, Kroaten, Griechen, Juden und Deutsche]. Klausenburg: ISPMN Publishing, Kriterion 2012. 407 S. ISBN 978-606-8377-09-4.

Das Institut für die Erforschung nationaler Minderheiten (Institutul pentru Studierea Problemelor Minorităţilor Naţionale, ISPMN) mit Sitz in Klausenburg/Cluj-Napoca/Kolozsvár veröffentlichte dieses Buch im Rahmen eines umfassenderen Projektes, das die Untersuchung der Minderheiten in Rumänien bezweckt und in seiner ersten Phase ihre Organisationen erforschte. Ziel des Unternehmens ist es, ein breites Publikum zu erreichen sowie den Forschern den Überblick über die Ereignisse der letzten zwanzig Jahre zu erleichtern. In die chronologische Übersicht der im Titel genannten ethnischen Gruppen wurden deren Institutionen einbezogen. Aufgrund der angewandten positivistischen Methode überwiegt stellenweise die subjektive Perspektive der Verfasser, worauf in der Einführung hingewiesen wird. Der positive Ertrag dieses Verfahrens ist, dass die eigenen Narrative der Minderheiten rekonstruiert werden. Im Falle der kleineren Gemeinschaften dominieren die Berichte über kulturelle Veranstaltungen. Die rechtliche Regelung der Minderheitenfragen in Rumänien mitsamt ihren Veränderungen nach der Wende von 1989 ist in der Online-Datenbank des ISPMN nachzuschlagen. Die umfassenderen elektronischen Varianten der Chronologien sind ebenso auf der Seite des Instituts erreichbar, die dazugehörigen Unterlagen und Dokumente können die Forscher im ISPMN einsehen.

Enikő Dácz

Theresia Pálinkás Hesz et al. (Red.), Lyra Sängerkranz (Hg.): Budaörser Gebet- und Gesangbuch. Budaörs: Lyra Sängerkranz 2010. 188 S., Abb., mus. Noten. ISBN 978-963-87776-2-1.

Nach der Aussiedlung der Deutschen wurde das kirchliche Leben der in Wudersch/Budaörs verbliebenen Menschen immer schwieriger. Der Grund dafür war unter anderem, dass es an den notwendigen Büchern zur täglichen Religionsausübung fehlte. Die erste Ausgabe der Budaörser Kirchenlieder (Nr. 1–54) nach der Vertreibung erschien bereits im Jahre 1945. Die Lieder wurden ausgewählt und in Noten gesetzt von Maria Starcz geb. Gallai. Das Abschreiben der Texte übernahmen Theresia Hesz geb. Pálinkás, Katharina Joósz und Josef Joósz. Die neue Auflage von 2010 bietet eine Ergänzung: Sie enthält nicht nur Lieder, sondern auch Gebete und Texte für die Festtage des Herrn und der Jungfrau Maria sowie für andere Ereignisse und Jahrestage. Diese Ausgabe wurde unterstützt von der Deutschen Selbstverwaltung Budaörs, der Verwaltung der Stadt Budaörs, dem Lyra-Sängerkranz Budaörs, dem Budaörser Passions-Verein und der Deutschen Kulturgemeinschaft Budaörs.

Edina Zvara

Paul Kornauer: Nagypéntek, feltámadás nélkül. Egy túlélő visszaemlékezései a bácskai vérengzésekre, 1944–48 [Karfreitag ohne Auferstehung. Erinnerungen eines Überlebenden aus der Batschka an das Blutvergießen 1944–1948]. Budapest: Szent István Társulat 2011. 103 S. ISBN 978-963-277-310-0.

Hierbei handelt es sich um die ungarische Übersetzung (von Josephine Neubrandt) eines bereits 1990 in der Reihe „Donauschwäbische Prosa" in Deutschland erschienenen Buches: *Karfreitag und kein Ostern*. Die junge deutsche Intelligenzschicht aus Südungarn, die teils zwangsweise, teils aus Überzeugung Heeresdienst leistete, „verblutete auf den Schlachtfeldern Hitlers". Viele aus jenen jugoslawischen Gebieten, die 1941–1944 zu Ungarn gehörten, wurden im Herbst 1944 von Tito-Soldaten getötet. Von denjenigen, die entkamen, wurden nicht wenige um Weihnachten 1944 von den Sowjets nach Südrussland verschleppt. Dort sind sie an den Folgen von Zwangsarbeit gestorben oder konnten schwer krank und völlig entkräftet nach Deutschland ausreisen. Die übrigen Batschkaer – Alte, Kranke, Frauen und Kinder – wurden auf Befehl des „Henkers Moscha Pijade" in ihren Heimatdörfern umgebracht oder in Todeslager eingeliefert. Die all dem entkommen konnten, waren Augenzeugen einer grauenhaften Vernichtung von Leben. Das Buch Paul Kornauers setzt dem Exodus des Deutschtums Südungarns ein Denkmal, das einen Teil der Geschichte Ungarns im 20. Jahrhundert abbildet.

Edina Zvara

Kurt Leonhardt, Waltraut Eberle, Gabriele Frank: Schässburg. Bauaufnahme einer mittelalterlichen Stadt. Hermannstadt: Honterus Verlag 2009. 232 S., Abb., Kt. ISBN 978-973-172540-6.

Die Verfasser, ein diplomierter Ingenieur (Architekt) und zwei Architektinnen, haben diese Sammlung von Vermessungsplänen, Zeichnungen und Skizzen der wichtigsten Baudenkmäler der siebenbürgischen Stadt Schässburg/Sighişoara/Segesvár zusammengestellt. Das Buch enthält Pläne der Kirchen, Befestigungsanlagen, Brücken und sonstigen Baudenkmäler des Ortes. Die einzelnen Bauaufnahmen sind durch Lagepläne, Skizzen, Kopien alter Bilder und Fotos ergänzt. Die Originale der Abbildungen der evangelischen Kirchen (Bergkirche, Klosterkriche, Siechhofkirche) befinden sich im Archiv der Evangelisch-lutherischen Kirche A. B. der Stadt. Kurze Beschreibungen der Baudenkmäler, geschichtliche und technische Daten erläutern die Pläne und Zeichnungen. Der Band ist jedoch keine kunst- bzw. baugeschichtliche Abhandlung, sondern lediglich eine – unvollständige – Sammlung von Bauaufnahmen. Mit der Veröffentlichung des Albums verfolgen die Autoren den Zweck, sowohl den heute in Schässburg lebenden Bürgern als auch künftigen Generationen sowie darüber hinaus den städtischen Behörden Handreichungen zu bieten, die bei örtlichen Bauvorhaben in der Stadt hilfreich sein können.

Stelian Mândruț

Johann Marte (Hg.): Unirea românilor transilvăneni cu Biserica Romei. Die Union der Rumänen Siebenbürgens mit der Kirche von Rom. Vol. [Bd.] 1: De la începuturi până în anul 1701. Von den Anfängen bis 1701. București: Editura Enciclopedică 2010. 335 S. ISBN 978-973-45-0619-4.

Der Band enthält Studien von rumänischen und deutschen Wissenschaftlern. Vasile Leb gibt einen Überblick über drei Nationen (Ungarn, Sachsen, Szekler) und vier Konfessionen im Fürstentum Siebenbürgen des 17. Jahrhunderts, die römisch-katholische, die lutherische, die calvinistische und die unitarische. Ernst Christopher Suttner behandelt die Auswirkungen der calvinischen Aufsicht über das kirchliche Leben der Rumänen im Fürstentum. Paul Brusanowski befasst sich mit dem Status catholicus und dessen Beziehungen zu den protestantischen Ständen am Ende des 17. Jahrhunderts. Iacob Marza schreibt über die Bischöfe Teofil und Atanasie. Laura Stanciu untersucht die Quellenlage für die Verhandlungen der Jesuiten mit den Rumänen zur Zeit des Bischofs Teofil und die Sitzungen der rumänischen Synode der Jahre 1697, 1698 und 1700. Greta-Monica Miron widmet sich den Motiven für die kirchlichen Unionsbestrebungen. Nicolae Chifar konzentriert sich auf die schriftlichen theologischen Anweisungen, die Atanasie in Wien zu beeiden hatte, und geht auf die Kompetenzen des Theologen ein.

Igor Zmeták

Mária Mirk (Hg.): Dalkincsünk [Unser Liederschatz]. Bd. 1: A pilisszentiváni németek dalai [Lieder der Sanktiwaner Deutschen]. Pilisszentiván: Német Nemzetiségi Önkormányzat 2011. 32 S., 2 CDs. ISBN 978-963-87521-7-8.

Mária Mirk schrieb ihre Diplomarbeit als Germanistikstudentin bei Professor Karl Manherz. Er ermunterte sie, alle Erscheinungsformen des örtlichen Dialekts von Sanktiwan/Pilisszentiván bei Budapest („Schwobisch“) zu sammeln und festzuhalten, denn es sei „fünf Minuten vor zwölf“, um etwas für die Nachwelt zu retten. Sie nahm zahlreiche Gespräche, Erzählungen und Lieder auf Tonband auf. Im Januar 2003 begann ein „Singkreis“ in der Begegnungsstätte regelmäßig mit Harmonikabegleitung zu singen. Viele Lieder, die auf den Bändern aufgezeichnet worden waren, wurden jetzt mittels digitaler Technik festgehalten. Die Reihenfolge der Lieder auf der ersten der beiden beigefügten CDs unterliegt keiner Systematik, sondern gibt die Abfolge wieder, wie sie in der Gastwirtschaft gesungen wurden. Die zweite CD enthält die alten Aufnahmen, die als Grundlage der neuen, im Text leicht korrigierten und harmonisierten Lieder dienten. Es lohnt sich ein Vergleich.

Edina Zvara

Erika Joószne Naár, János Naár: Szülőfalunk, Hercegkút [Unser Geburtsdorf Trautsondorf/Hercegkút]. I. kötet. [Bd. 1]: Életmód és hagyományok [Lebensweise und Traditionen]. Hercegkút: Önkormányzata, 2012. 127 S. ISBN 978-963-08-3502-2.

Die Menschen in Trautsondorf/Hercegkút im Nordosten Ungarns haben schwäbische Vorfahren. Ein Teil ihrer Traditionen wird von Generation zu Generation vererbt. Die Autoren haben sich vorgenommen, die in dem Ort heute noch existierenden Gewohnheiten festzuhalten, damit sie im Gedächtnis bewahrt bleiben. Im ersten Kapitel des Buches geht es um den Glauben, die Feiertage im Jahreslauf und die Arbeit, im zweiten Kapitel um die Traditionen, die mit den wichtigsten Stationen des menschlichen Lebens verbunden sind (z. B. Geburt, Taufe, Spiele der Kindheit, Vereine der Jugendlichen, Zusammenleben von Generationen, Singen der Alten). Ein Sonderteil handelt von den Namen und Rezepten alter, noch heute gern verzehrter schwäbischer Speisen (Speck, Tunke, Fleischgerichte, Fastenspeisen, Sauerkrautgerichte). Am Ende des Buches erfahren wir etwas über schwäbische Sprachdenkmäler wie Ortsnamen, Sprichwörter und Redewendungen, Begrüßungsformeln, den Sprachgebrauch im Glaubensleben sowie schwäbische Vornamen.

Edina Zvara

Roxana Nubert (Hg.): Temeswarer Beiträge zur Germanistik. Bd. 10. Temeswar: Mirton 2013. 332 S. ISSN 1453-7621.

Der zehnte Band der Zeitschrift des Germanistiklehrstuhls der West-Universität Temeswar/Timişoara/Temesvár vereint 16 Aufsätze, die sich den Bereichen der Literaturwissenschaft, der Linguistik, der Methodik des Deutschen als Fremdsprachenunterricht in Rumänien sowie der Übersetzungstheorie widmen. An dieser Stelle können nur die thematisch einschlägigen Beiträge genannt werden. Das literaturwissenschaftliche Forschungsfeld ist breit gefächert. Den Auftakt des Bandes bildet eine aus drei Beiträgen bestehende Sektion, die sich anlässlich des 60. Geburtstages der Banater Nobelpreisträgerin Herta Müller mit deren Schaffen auseinandersetzt. So geht Grazziella Predoiu der Überbewertung der Details, welche in der Prosa Herta Müllers eine signifikante Rolle erhalten, in den Romanen *Der Fuchs war damals schon der Jäger*, *Herztier* und *Atemschaukel* nach. Roxana Nubert gelingt es in Zusammenarbeit mit Ana-Maria Dascălu-Romiţan, Müllers Meisterwerk zum Tabu-Thema der Deportation in die Tradition der Lagerliteratur der großen russischen Schriftsteller Tschechow, Schalamow, Sinjawskij und Solschenizyn einzuschreiben, während Beate Petra Kory die vielfältigen Bedeutungen, welche der Titelmetapher in Müllers *Atemschaukel* zukommen können, aufdeckt. In den darauf folgenden literaturwissenschaftlichen Untersuchungen analysiert Laura Cheie den Roman *Das Lied der traurigen Mutter* der im Banat geborenen rumänischstämmigen Schriftstellerin Carmen Francesca Banciu ausgehend von dem Phänomen der Kippfigur. Hans Bergel bietet dem Leser wichtige Anhaltspunkte zum Verständnis der Entstehung und Struktur der Dichtung des in der Bukowina geborenen israelischen Lyrikers Manfred Winkler. Bianca Barbu beleuchtet die volkstümlichen Erzählungen des Banater Berglands aus unterschiedlichen Perspektiven und Forschungsansätzen. Sigurd Paul Scheichl stellt Überlegungen an zur Rolle der Literaturzeitschriften für die Kanonbildung in Österreich von 1933 bis 1965. Johann Holzner widmet sich den neuesten Entwicklungen der österreichischen Literatur in den Jahren 2010 bis 2012. Anna Lindner geht dem Thema Kinderlosigkeit in Robert Musils *Mann ohne Eigenschaften* nach. Andreea Rodica Ruthner beschäftigt sich mit dem Einsatz authentischer Texte zur Vermittlung interkultureller Kompetenz im Deutsch-als-Fremdsprache-Unterricht, während Adriana Ionescu auf die möglichen Interferenzen aus dem Englischen und Rumänischen bei den rumänischen Deutschlernenden eingeht.

Beate Petra Kory

Grazziella Predoiu, Beate Petra Kory (Hg.): Streifzüge durch Literatur und Sprache. Festschrift für Roxana Nubert. Temeswar: Mirton 2013. 276 S. ISBN 978-973-52-1299-5.

Die Festschrift versteht sich als Zeichen der Würdigung der vieljährigen wissenschaftlichen Arbeit von Professorin Roxana Nubert, West-Universität Temeswar/Timişoara/Temesvár, anlässlich ihres 60. Geburtstages. Sie wird von den Grußworten des Konsuls der Bundesrepublik Deutschland in Temeswar, Klaus Christian Olasz, und jenen des Botschafters der Republik Österreich in Bukarest, S. E. Martin Eichtinger, eröffnet. Die Publikation – nicht alle Beiträge können hier genannt werden – gliedert sich in fünf Sektionen. Die erste, der rumäniendeutschen Literatur gewidmete, bildet gemäß dem Hauptforschungsgebiet Nuberts den Schwerpunkt des Bandes und fächert sich ihrerseits in vier Teile auf, entsprechend dem Schrifttum, das in den verschiedenen von Deutschen bewohnten Gebieten Rumäniens, der Bukowina, Siebenbürgen und dem Banat, und in Bukarest entstanden ist. So untersucht George Guţu die wissenschaftlich-literarische Monatsschrift *Die Wandlung* aus der Bukowina des Jahres 1932; Bianca Bican überträgt das Gedicht Wolf Aichelburgs *Sternwolke* ins Rumänische; Maria Sass analysiert Joachim Wittstocks Reisetexte im Spannungsverhältnis zwischen Fiktionalität und Faktizität; Mariana Lăzărescu setzt sich mit Hellmut Seiler auseinander, und Gabriela Şandor geht den orientalischen Frauenfiguren aus Oscar Walter Ciseks *Tatarin* im Vergleich mit Panait Istratis *Kyra Kyralina* nach. Vier Beiträge (Graziella Predoiu, Beate Petra Kory, Anna Lindner, Cosmin Dragoste) sind Herta Müller gewidmet. Maria Stângă betrachtet den Protagonisten von Richard Wagners Roman *Die Muren von Wien* aus der Perspektive des Außenseiters, und Laura Cheie analysiert den Roman *Das Lied der traurigen Mutter* von Carmen Francesca Banciu. Die zweite Sektion enthält einen Beitrag von Kinga Gall zu der in der Banater Presselandschaft einzigartigen *Temeswarer Zeitung* (1852–1949). Der dritte Abschnitt ist den sprachlichen Besonderheiten des Deutschen gewidmet. Dem heutigen Stand der an deutschsprachigen Schulen von rumänischen Kindern gesprochenen deutschen Sprache geht die Arbeit von Ioan Lăzărescu nach. Karin Dittrich setzt sich mit der deutschen Stadtsprache von Temeswar auseinander, während Alwine Ivănescu der deutschen Siedlungsmundart von Perjamosch/Periam/Perjámos Rechnung trägt und Mihaela Şandor die doppelte Perfektbildung in den Banater Mundarten untersucht.

Beate Petra Kory

Antal Reményi, István Tamás Jáger (Red.): Pulai olvasókönyv. Reményi Antal emlékére. Pulaer Lesebuch. Ein Gedenkbuch für Antal Reményi. Pula: Német Kisebbségi Önkormányzat 2011. 174 S., Abb. ISBN 978-963-08-3210-6.

Die Herausgeber des Bandes setzen dem verstorbenen Lehrer, Abgeordneten, Bürgermeister und vor allem Dorfchronisten Antal Reményi (1926–2009) ein Denkmal. Sie haben acht Stücke seines Lebenswerkes ausgewählt, um die im Komitat Wesprim/Veszprém liegende Siedlung Pula bekannter zu machen und das kollektive Gedächtnis ihrer Einwohner zu stärken. Dabei handelt es sich um Aufsätze mit Titeln wie: „Veränderungen im Dorf in zweieinhalb Jahrhunderten"; „Schwäbisches Leben in Pula"; „Siedlungsgeschichte Pulas"; „Vierzig Jahre Siedlungsrat Pula in der zweiten Hälfte des 20. Jahrhunderts"; „Unsere Gewässer, unser

Wasser“; „Wir leben unter Wäldern“. Der Band enthält auch eine Bibliographie in öffentlichen Sammlungen befindlicher Werke Antal Reményis.

Edina Zvara

György Ritter: Háború és elűzés. Emlékezések a második világháborúról és az 1946-os német kitelepítésről. Tanulmány a kitelepítés 65. évfordulójára [Krieg und Vertreibung. Erinnerungen an den Zweiten Weltkrieg und die Aussiedlung der Deutschen im Jahre 1946. Aufsatz zum 65. Jahrestag der Aussiedlung]. Budapest: Napkút K. 2011 (Káva téka [Kaffee-Reihe] 58). 48 S., Abb. ISBN 978-963-263-230-8.

65 Jahre nach den grausamen Tagen der Aussiedlung der Ungarndeutschen (1946) widmet György Ritter diesem Geschehen seinen Aufsatz. Er führte 22 Interviews mit Personen, die diese Epoche erlebt und überlebt haben. Sie lebten oder leben in Schaumar/Solymár, einer Siedlung mit einst deutscher Mehrheit im Budai-Gebirge. Der Verfasser folgt den Geschehnissen aus der Sicht der Dorfgemeinde. Seine Ergebnisse sind nicht nur vom Gesichtspunkt des Ortes selbst wichtig, sondern stellen wertvolle Beiträge zur ungarischen Landesgeschichte zwischen 1944 und 1948 dar, da sich in anderen ungarndeutschen Dörfern Ähnliches ereignete. Ritter erzählt die Geschichte des Ortes, schreibt über den Zweiten Weltkrieg, den Volksbund, die SS-Musterung, die Soldatenschicksale, die Besetzung des Dorfes und über das Kriegsende und die kollektive Bestrafung.

Edina Zvara

Christian Rother, Volker Wollmann (Hg.): Mühlbach und der Unterwald. Schriftennachlass Theobald Streitfeld. Hermannstadt: Hora Verlag, Heidelberg: Arbeitskreis für Siebenbürgische Landeskunde 2011. 632 S., Abb. ISBN 978-973-8226-83-8, 978-3-929848-85-4.

Theobald Streitfeld (1902–1985) war ein Pädagoge, der einen ausgesprochenen Sinn für die Regionalgeschichtsforschung mit einer gründlichen philosophischen Ausbildung vereinte. Er hat sich vor allem der Geschichte von Mühlbach/Sebeş/Szászsebes und der Landschaft des Unterwaldes angenommen, sein Fachgebiet war vornehmlich die Kunstgeschichte. Die Herausgeber führen in das Leben und Werk Streitfelds ein und fügen mehrere Anhänge, darunter ein Schriftenverzeichnis, bei. Einige Studien des Forschers, die er in eine geplante Monographie über seinen Heimatort aufnehmen wollte, waren bisher unveröffentlicht und nur als hand- oder maschinegeschriebenes Manuskript überliefert.

Stelian Mândruţ

Zoltán Seebergi Sasváry: Az erdélyi szászok nemzetségeredete [Zur ethnischen Herkunft der Siebenbürger Sachsen]. Budapest: Seebergi Sasváry Z. 2010. 61 S., Abb. ISBN 978-963-06-9865-8.

Gegenstand der Studie sind die über die Jahrhunderte entstandenen Arbeiten über den – zunächst vermuteten, dann wissenschaftlich geklärten – Ursprung der Siebenbürger Sachsen. Neben den Ergebnissen der Arbeiten werden auch die Geschichtsschreiber und Forscher kurz vorgestellt. Die ihren Ursprung suchenden Sachsen waren einst zuweilen auf Abwegen, als sie zu beweisen versuchten, dass ihre Ahnen den alten Völkern Siebenbürgens (Daker, Goten) oder den von Karl dem Großen besiegten und hierher deportierten Sachsen entstammten. Diese Auffassungen waren hauptsächlich politisch motiviert und sollten beweisen, dass die Siebenbürger Sachsen keine gewöhnlichen „Leibeigenen der Krone“ – wie vermeintlich die Ungarn und Szekler – waren. Die historische Forschung des Humanismus, dann die Philologie und die Ethnographie gegen Ende des 18. Jahrhunderts stellten klar, dass der europäische Ursprung der Siebenbürger Sachsen nicht durch Daker-Goten-Kontinuitätstheorien gefunden werden kann.

Edina Zvara

Zoltán Seebergi Sasváry: Nagyszeben város középkori pecsétjei és címere [Siegel und Wappen der Stadt Hermannstadt/Sibiu aus dem Mittelalter]. Budapest: Seebergi Sasváry Z. 2010. 29 S., Abb. ISBN 978-963-89095-0-3.

Im Mittelalter galt es als eine große Anerkennung, wenn einer Gemeinde vom Herrscher das Recht der Siegelnutzung erteilt wurde. Diese Gunst erfuhr 1224 ein bedeutender Teil der deutschsprachigen Siedler, die im 12. Jahrhundert nach Siebenbürgen eingewandert waren. Die Schenkung von Andreas II. zeigte eindeutig, dass die Verdienste der Deutschen als Soldaten und Steuerzahler vom König anerkannt wurden. Die Treue der Siebenbürger Sachsen wurde dem ungarischen Monarchen dadurch bewiesen, dass auf ihren ältesten Siegeln der Spruch „Ad retinendam coronam“ stand, ferner ihr eigener Wappenschild unter der Krone und den königlichen Wappenschilden im Siegelmittelfeld platziert wurde. Als ältester bekannter authentischer Beweis für die Nutzung des Siegels der Sächsischen Nationsuniversität gilt der Schlusstext einer 1292 ausgestellten Urkunde.

Edina Zvara

János Scheffler: Szatmártól Chicagóig. Úti élmények és tapasztalatok. – Barangolásaim a Szatmár megyei svábok őshazájában [Von Sathmar nach Chicago. Reiseerlebnisse und -erfahrungen. Streifzüge durch die Urheimat der Schwaben aus dem Komitat Sathmar]. Szatmár: Szatmári Római Katolikus Püspökség 2011. 163 S., Abb. ISBN 978-973-1979-09-0.

Die Ahnen von János Scheffler wurden um 1748 in der Umgebung von Großkarol/Carei/Nagykároly, heute Rumänien, auf einen Ruf der Grafen Károlyi hin sesshaft. In den 1920er Jahren reisten Tausende aus dem Sathmarer Land und auch aus Siebenbürgen in die Vereinigten Staaten von Amerika und nach Brasilien aus. Allein aus Schefflers Geburtsdorf Kalmanding/Cămin/Kálmánd gingen 1924 sechsundsechzig Personen nach Brasilien. Scheffler, als katholischer Pfarrer in Großmaitingen/Moftinu Mare/Nagymajtény (1923–1925) damit konfrontiert, sprach sich gegen die Auswanderungen aus. Er nahm 1926 in den USA an einer internationalen Konferenz für Eucharistie teil, wo er die nach Cleveland ausgewanderten Schwaben aufsuchte. Das neue amerikanische Leben verglich er mit dem Leben im Sathmarer Land. Er erkannte, wie hart man arbeiten musste, um in Amerika ein gutbürgerliches Leben führen zu können. Der erste Teil seines Werkes erschien 1926 in Form eines selbstständigen Buches, der zweite Teil wurde 1928 im *Katolikus naptár* (Katholischen Kalender) veröffentlicht.

Edina Zvara

Gabriella Schmidt, Ádám Hetényi [Bearb.], Minderheitenselbstverwaltung der Seetscher Deutschen (Hg.): Die Seetscher Deutschen. A dunaszekcsői németek.

Dunaszekcső: Minderheitenselbstverwaltung der Seetscher Deutschen 2011. 336 S. ISBN 978-963-08-1383-9.

Die ersten deutschen Familien verließen Seetsche/Dunaszekcső im Dezember 1944 und siedelten nach Deutschland um, aus Angst vor der russischen Vergeltung. Einige von ihnen waren Mitglieder des Volksbundes gewesen, und andere hatten freiwillig in der SS gedient. Ihre Zahl war jedoch sehr gering. Anfang 1947 wurden im Dorf die Inventare des Vermögens der Deutschen aufgenommen, und kurz danach begann auch die vollständige Vermögenskonfiskation. Das betraf in Seetsche 196 Häuser (ein Drittel des Dorfes) und machte 900 Menschen heimatlos. Diese Deutschen wurden bis zum 1. August 1948 teils in die Nachbardörfer (z. B. nach Ketschinge/Görcsönydoboka, Boschok/Palotabozsok) umgesiedelt. Die anderen durften in Seetsche bleiben. Die glücklichsten bekamen statt ihres ursprünglichen Hauses ein kleineres. Insgesamt mussten 70% der deutschen Einwohner ihr Heimatdorf verlassen. Die meisten waren vorübergehend bei Verwandten oder Bekannten untergebracht. Am 8. Juni 1948 machten sie sich auf den Weg. Sie wurden in der Sowjetischen Besatzungszone, um Zwickau und um Zittau, angesiedelt.

Edina Zvara

Klára Steinhauser: Régi budaörsi családok. Alte Wuderscher Familien. Budaörs: Német Kisebbségi Önkormányzat. [Bd. 1]. 2004. 159 S., zahlr. Abb. ISBN 963-2176-59-6 – Bd. 2. 2007. 175 S., zahlr. Abb. ISBN 978-963-06-3661-2. – Bd. 3. 2011. 212 S., zahlr. Abb. ISBN 978-963-87776-3-8.

In dieser dreibändigen, mit Fotos reich illustrierten zweisprachigen Veröffentlichung werden die Geschichten mehrerer Familien aus Wudersch/Budaörs mitgeteilt, und auf diese Weise dient das Buch auch als wichtige Quelle für die Lokalgeschichte der Stadt bei Budapest. In diesen Blättern wird die Vergangenheit, werden Kämpfe und Schicksale lebendig: Alltagsleben, Arbeit, Aussiedlung. Ein Teil der erzählten Geschichten beginnt mit Namen und Jahreszahlen, die Informationen darüber vermitteln, in welchem Alter beispielsweise Ehen geschlossen wurden, wer ein höheres Lebensalter erreichte usw. Die einzelnen Geschichten können hundert bis hundertfünfzig Jahre, also sechs bis sieben Generationen, umfassen.

Edina Zvara

Erwin Josef Ţigla (Hg.): Bücher der Rumäniendeutschen. Rumäniendeutsche Bücher. 1990–2011. Katalog. Reschitz /Reşiţa: Editura Impressum Verlag 2011. 313 S. ISSN 1454-2048.

Hierbei handelt es sich um einen Wegweiser zu den seit 1990 in Rumänien und außerhalb Rumäniens erschienenen Büchern der Rumäniendeutschen und über Rumäniendeutsche. 1.603 Titel werden vorgestellt. An der Dokumentation mitgewirkt haben Institutionen, Vereine, Verleger, Herausgeber, Wissenschaftler, Schriftsteller und Bücherfreunde. Trotz der aufgewandten Mühe bleiben selbstverständlich – davon sind die Verfasser überzeugt – Lücken bestehen.

Stelian Mândruţ

Radu Vancu, Horia Savu (Hg.): Transilvania. Vol. 5–6. Sibiu: Revista Transilvania 2012. 152 S., Abb. ISSN 0255 0539.

Dieser Band der Revue für kulturgeschichtliche Studien enthält Beiträge zur wissenschaftlichen Forschung über historische Bibliotheken und Buchdokumente. Iacob Marza hat in der Bibliothek Batthyaneum in Karlsburg/Alba Iulia Bücher mit Exlibris des lutherischen Reformators Johannes Honterus (1498–1549) entdeckt. In der Bibliothek befinden sich auch Werke wie z. B. die *Walachische Sprachlehre für Deutsche*. Árpád Kálmán Kovács beschäftigt sich mit dem Thema der Modernisierung des siebenbürgischen Zensurwesens in den Jahren 1772/73 nach Impulsen des kaiserlichen Hofs in Wien.

Igor Zmeták

Paul Weiss: Das war unser Kleinsanktnikolaus. Arad: Trinom Verlag 2010. 146 S., zahlr. Abb., Ktt. ISBN 978- 606-92183-8-9.

Der im Jahre 1990 nach Deutschland ausgesiedelte Verfasser, nach eigenen Worten froh und stolz, ein Kleinsanktnikolauser zu sein, erzählt in den sieben Kapiteln dieses Büchleins aus der Geschichte des Ortes Kleinsanktnikolaus/Sânmiclăuş/Kisszentmiklós im rumänischen Banat. Sein Anliegen ist es, dazu beizutragen, dass nicht vergessen wird, was Eltern und Großeltern erlebt haben. Er will deshalb mehr als allgemein bekannte Daten über sein Heimatdorf mitteilen. Ziel seines Bemühens ist vielmehr, die Vergangenheit, Arbeit und Lebenskämpfe der Menschen den Nachgeborenen nacherlebbar zu machen und zu erklären. Der Autor hofft, durch seine Schilderungen späteren vollständigen monographischen Darstellungen des Dorfes bei Arad den Weg zu bereiten. Das Motto des Buches unterstreicht dies klar und deutlich.

Stelian Mândruţ

Sándor Zsiros (Red., Hg.), Zalán Bognár (Vorwort): Szemelvények a Gulágok memoár-irodalmából. Ártatlan magyar és német áldozatok sorsa a Gulágokon és a „malenkij robot" táboraiban [Ausgewählte Stücke aus der Memoirenliteratur der Gulags. Schicksale unschuldiger ungarischer und deutscher Opfer in den Gulags und den „Malenkij Robot"-Lagern]. Miskolc: Gulágkutatók Nemzetközi Társasága, Pécs: Magyarországi Németek Pécs-Baranyai Nemzetiségi Köre, Felsőzsolca: Örökségünk Felsőzsolca Alapítvány 2012. 208 S. ISBN 978-963-08-4294-5.

Der Hauptgrund für die Verschleppung der bürgerlichen Bevölkerung Ungarns in die Sowjetunion zur Zwangsarbeit liegt darin, dass der riesige Staat einen großen Bedarf an Arbeitskräften hatte, vor allem, um die im Krieg zerstörten Städte wiederaufzubauen. Die Sowjetunion hatte im Zweiten Weltkrieg einen erheblichen Bevölkerungsverlust erlitten – nach dem neuesten Stand der Forschung 27 bis 30 Millionen Menschen –, und sie besaß die größten Streitkräfte der Welt. Mehrere Millionen sowjetische Staatsbürger arbeiteten bereits in den Gulags. Der Rekrutierung von Arbeitskräften aus dem Ausland diente das Prinzip der Kollektivschuld als ideologische Begründung. Die Verschleppungen aus Ungarn lassen sich nach Gründen und Vorwänden in drei große Gruppen einteilen: Ergänzung der Anzahl der Kriegsgefangenen, ethnische Säuberung und Internierung als Deutsche(r). Im letztgenannten Fall wurden nicht nur Männer, sondern auch Frauen deportiert. Diese Personen wurden in gesonderte Sammellager verbracht und von dort mit Sonderzügen in die Sowjetunion transportiert, wo sie, separiert von den Kriegsgefangenen, in Internierungslagern arbeiteten. Die Aushebungen der Ungarndeutschen dauerten vom 22. Dezember 1944 bis zum 31. Januar 1945.

Edina Zvara

10. Ehemaliges Jugoslawien

Dragomir Jankov: Vojvodina. Propadanje jednog regiona. Podaci i činjenice. Novi Sad: CPO, Centar za političko obrazovanje [Bildungszentrum für Politik]. Zrenjanin: Gradska narodna biblioteka „Žarko Zrenjnin" 2007. 133 S., Abb. ISBN 978-86-83351-04-6.
Dragomir Jankov: Wojwodina. Der Verfall einer Region. Daten und Tatsachen. Novi Sad: Nationalrat der nationalen Minderheit der Deutschen, Verzal 2010. 169 S. Illustr. ISBN 978-86-8111-01-0.

Dragomir Jankov, ein in der Vojvodina geborener Jurist, skizziert in neun Abschnitten die geschichtliche Entwicklung des Gebiets der heutigen serbischen Provinz Vojvodina, deren Autonomie sich aus einer eigenständigen Geschichte ergibt. Ausgehend von der Frage, warum es über die Geschichte der Vojvodina kein Lehrbuch und kaum Literatur gibt, werden zunächst statistische Angaben über die Bodenbeschaffenheit, Wasserläufe, Bodenschätze und Bevölkerungsdichte im Vergleich zu Bezugsgrößen aus Westeuropa mitgeteilt, worauf die Vojvodina mit verschiedenen Regionen in Serbien verglichen wird. Sodann betrachtet der Autor die Siedlungsgeschichte der Vojvodina im Zusammenhang mit der Besiedlung des Pannonischen Beckens, um mit Blick auf Daten der habsburgisch-osmanischen Kriegsgeschichte und auf Dekrete des Wiener Kaiserhauses die Besiedlung der Vojvodina mit Deutschen darzustellen. In einem gesonderten Abschnitt beschreibt er Siedlungs- und Hausformen, Garten- und Hofanlagen sowie die planmäßige Anlage von Ortschaften. Bestimmte zivilisationsgeschichtliche Errungenschaften und die sie begleitenden sprachlichen Formen (Šlajz [ʃlajz] – Schleuse) verweisen auf eine deutsche Kontinuitätslinie. Ein weiteres Thema sind die Unabhängigkeitsbestrebungen der serbischstämmigen Bevölkerung. Die auf Deutsch übersetzte Buchversion verdankt ihren größeren Umfang zusätzlichen Illustrationen, darunter der Abbildung einer Donaufähre (1999) mit aufsteigendem Qualm aus einer Raffinerie im Hintergrund und einer Ansicht von Subotica mit einem 1908–1912 im Sezessionsstil erbauten Hotel als Stadtsymbol im Mittelpunkt sowie einer Karte, die die Erschließung der Vojvodina durch Österreich darstellt. Die deutschsprachige Ausgabe setzt sich von der serbischsprachigen inhaltlich insofern ab, als die Autonomie der Vojvodina unterschiedlich definiert wird. Die Autonomiebestrebungen werden nicht als ausschließlich serbisch betrachtet, sondern im Kontext der multikulturellen Grundlagen der Vojvodina.

Miodrag Vukčević

Božidar Jezernik: Divja Evropa. Balkan v očeh zahodnih politikov [Das wilde Europa. Der Balkan in den Augen westlicher Politiker]. Ljubljana: Slovenska Matica 2011. 383 S. ISBN 978-961-213-216-3.

Die wissenschaftliche Monographie aus der Feder des slowenischen Kulturantropologen Božidar Jezernik wurde noch vor der slowenischen Ausgabe auf Englisch (2004), Türkisch (2006), Serbisch (2007) und Italienisch (2010) herausgegeben und vom Fachpublikum mit Begeisterung aufgenommen. Im Jahr 2011 erschien im Verlag Slovenska Matica auch die slowenische Übersetzung dieses bedeutenden und faszinierenden Werkes, das sich mit dem südöstlichen Teil Europas befasst, für den sich im 19. Jahrhundert der Name Balkan eingebürgert hat. Der Autor setzt sich mit den verbreiteten Klischees auseinander und erzählt anhand verschiedenster Berichte von Reisenden aus Westeuropa, die dieses Gebiet in der Zeit von der Mitte des 16. bis zur Mitte des 19. Jahrhunderts aufgesucht haben, eine fesselnde

Geschichte. Die Stereotype über balkanische Rückständigkeit, über schreckliche Türken, die das Territorium beherrschen, und über verfolgte Christen mischen sich mit der Realität, die immer mehrschichtig ist. Der Autor untermauert seine Ausführungen mit einem umfangreichen wissenschaftlichen Apparat (1.070 Anmerkungen) und mit einer umfangreichen Bibliographie, die sich auf mehr als 40 Seiten erstreckt. Das Nachwort für die slowenische Ausgabe dieses lesenswerten Werkes schrieb der Schriftsteller Drago Jančar.

Tanja Žigon

Vincenc Rajšp (Hg.): Slovenski odnosi z Dunajem skozi čas [Slowenische Beziehungen mit Wien im Verlauf der Zeit]. Wien, Ljubljana: Slovenski znanstveni inštitut (Slowenisches Wissenschaftsinstitut), Inštitut za kulturno zgodovino, ZRC SAZU, Inštitut za narodnostna vprašanja 2013 (Srednjeevropska znanstvene knjižnica [Mitteleuropäische Wissenschaftsbibliothek] 7). 252 S., 41 Abb., dt. u. engl. Zusammenfassungen. ISBN 978-961-254-439-3.

Diese Publikation wurde aus Anlass des 90. Geburtstages von Pater Ivan Tomažič, dem Gründer und bis 1986 auch Leiter des slowenischen Studentenheims Korotan in Wien, herausgegeben. In Zusammenarbeit des Slowenischen Wissenschaftsinstituts in Wien, des Instituts für Kulturgeschichte bei der Slowenischen Akademie der Wissenschaften und des Instituts für Fragen der nationalen Minderheiten entstand dieser Sammelband, in dem renommierte slowenische Wissenschaftler in 20 Abhandlungen ihre Forschungen präsentieren. Es werden die slowenischen Beziehungen mit Wien aus der Sicht Sloweniens, der Kärntner Slowenen und der slowenischsprachigen Wiener Bürger im Zeitraum vom Ersten Weltkrieg bis in die Gegenwart beleuchtet. Den einleitenden Worten von P. Tomažič („Mein Lebensweg bis Wien") folgen Beiträge, die den gemeinsamen slowenischen Kulturraum (Feliks J. Bister, Jernej Zupančič, Jožko Strauss), das Leben der slowenischen Studenten und anderer Intellektueller im kaiserlichen Wien (Igor Grdina) oder die Erfahrungen der slowenischen Intelligenz in der Residenzstadt vor dem Ersten Weltkrieg zum Thema haben (Peter Vodopivec, Tomaž Svete, Alojz Cindrič, Štefan Alojzij Ferenčak). Ein Beitrag ist der slowenischen Diplomatie am kaiserlichen Hof gewidmet (Andrej Rahten). Ferner werden auch die literarischen Wechselbeziehungen beleuchtet (Lev Detela) sowiei das musikalische Leben in Wien, wobei vor allem die beiden Abhandlungen über den Gründer und ersten Chorleiter der „Wiener Sängerknaben", Bischof Jurij Slatkonja, wichtig sind (Lilijana Žnidaršič Golec und Metoda Kolole, Mija Oter Gorenčič). Der vorliegende Band zeugt von vielen wechselseitigen Beeinflussungen und vom kulturellen Transfer zwischen Wien und Laibach/Ljubljana.

Tanja Žigon

Ljubiša Rauški: Nemački trgovci iz Velike Kikinde i okolnih sela [Deutsche Kaufleute aus Großkikinda und aus den umliegenden Dörfern]. Kikinda: Selbstverlag 2012. 90 S. ISBN 978-86-912409-1-2.

Das Büchlein ist zweisprachig (deutsch/serbisch). In ihm sind wichtige Daten über die Deutschen aus Großkikinda/Kikinda/Nagykikinda/Chichinda Mare zusammengestellt, die von Maria Theresia in dieser Stadt des Banats, die heute in Serbien, in der Region Vojvodina, liegt, angesiedelt wurden. Die von ihnen mitgebrachten Lebensgewohnheiten, Gebräuche und Verhaltensweisen hatten einen großen Einfluss auf ihre Nachbarn, Serben, Ungarn und Rumänen, und bereicherten die gesamte Kultur jenes multiethnischen Landes. In dem Buch befinden sich ein kurzer Lebenslauf und das Bild des Autors. Die Vorrede mit dem Titel

„Nicht zu vergessen“ wurde von dem Deutschen Verein aus Großkikinda geschrieben.

Snežana Ćirković

Margita Šnel-Živanović: Deutsch-serbisches Wörterbuch für Mediziner. Novi Sad: Nacionalni savet nemačke nacionalne manjine [Nationalrat der nationalen Minderheit der Deutschen], Verzal 2009. 244 S. ISBN 978-86-88111-00-3.

Die Autorin hat in diesem 7.000 Wörter umfassenden Lexikon ihre langjährigen Forschungsarbeiten an der Fakultät für Medizin der Universität Neusatz/Novi Sad zusammengefasst. Terminologisch stützt sie sich auf zwei Textsammlungen, die für Medizintests auf Deutsch verfasst sind und im Unterricht an der genannten Fakultät für Medizin Anwendung finden. Die erste Sammlung gab die Autorin selbst heraus (1994), während das Verlagshaus Krovovi aus Sremski Karlovci (früher deutsch: Syrmisch-Karlowitz) 1995 die zweite Sammlung herausgab. Bei dem Großteil der Einträge werden zusätzlich noch die lateinischen Termini angeführt.

Miodrag Vukčević

Miroslav Timotijević: Rađanje moderne privatnosti. Privatni život Srba u Habsburškoj monarhiji od kraja 17. do početka 19. veka [Die Geburt der modernen Privatheit. Das Privatleben der Serben in der Habsburgermonarchie vom Ausgang des 17. bis zum Beginn des 19. Jahrhunderts]. Beograd: Clio 2006. 687 S., Abb. ISBN 86-7102-235-8.

Historiographische Untersuchungen der letzten Jahrzehnte entwickelten ein neues Bewusstsein über die Vergangenheit, in dessen Zentrum der sogenannte kleine Mann steht. Dieses Buch behandelt den Alltag in der Provinz Vojvodina zur Zeit der Herrschaft des Hauses Habsburg. Die kulturelle Identität der Serben wird an die Herausbildung eines modernen Verständnisses vom Privatleben geknüpft. Das Buch bezieht sich auf die Epoche eines allgemeinen sozialen Wandels in Serbien, in der die Privatheit auf verschiedenste Weise zum Vorschein gebracht wird, insbesondere bei dem neu entstehenden Bürgertum. Eine solche Privatheit stellt der Autor auf der Grundlage von Gedächtnis- und Epistolarliteratur sowie von Werken damit verwandter Literaturgattungen dar.

Snežana Ćirković

Mitarbeiterinnen und Mitarbeiter

Dr. Irina Alter, Krünerstr. 89, 81377 München.

Dr. Joanna Beszczyńska, Uniwersytet Śląski w Katowicach, Instytut Historii, Zakład Historii Archiwistyki i Historii Śląska, ul. Bankowa 11, 40-007 Katowice, Polen.

David Blažek, Ph. Dr., Slovanský ústav AV ČR, v. v. i., Valentinská 1, 110 00 Praha, Tschechische Republik.

Mag. Snježana Ćirković, Univerzitet u Beogradu, Filološki fakultet, Biblioteka Katedre za germanistiku, Studentski trg 3, 11000 Beograd, Serbien.

Dr. Enikő Dácz, Szegedi Tudományegyetem, Germanisztika Intézet, Egyetem u. 2, 6722 Szeged, Ungarn.

Dr. Przemysław Dominas, Wrocławska Wyższa Szkoła Informatyki Stosowanej, ul. Wejherowska 28, 54-239 Wrocław, Polen.

Dr. Ewa Gwiazdowska, Gabinet Grafiki, Dział Sztuki Dawnej, Muzeum Narodowego w Szczecinie, ul. Staromłyńska 27, 70-561 Szczecin, Polen.

Mgr. Jana Hrdličková, Ph.D., Univerzita Jana Evangelisty Purkyně v Ústí nad Labem, Filozofická fakulta, Katedra germanistiky, České mládeže 8, 40096 Ústí nad Labem, Tschechien.

Prof. PhDr. Kristina Kaiserová, CSc., Ústav slovansko-germánských studií Univerzity J. E. Purkyně, Brněnská 2, 400 96 Ústí nad Labem, Tschechische Republik.

Prof. Dr. hab. Ewelina Kamińska, Uniwersytet Szczeciński, Instytut Filologii Germańskiej, Zakład Współczesnej Literatury Niemieckojęzycznej, ul. Rycerska 3, 70-537 Szczecin, Polen.

Weronika Karlak, Mgr., Biblioteka Uniwersytecka we Wrocławiu, Oddział Starych Druków, ul. św. Jadwigi 3/4, 50-266 Wrocław, Polen.

Prof. Dr. hab. Lech Kolago, Uniwersytet Warszawski, Instytut Germanistyki, ul. Dobra 55, 00-312 Warszawa, Polen.

Dr. Beate Petra Kory, str. Brâncoveanu 67, 300216 Timişoara, Rumänien.

Dr. Grzegorz Kowal, Uniwersytet Wrocławski, Instytut Filologii Germańskiej, pl. Biskupa Nankiera 15, 50-140 Wrocław, Polen.

Dr. Anna Bogumiła Kowalska, Ośrodek Archeologii Średniowiecza Krajów Nadbałtyckich Instytutu Archeologii i Etnologii Polskiej Akademii Nauk, ul. Kuśnierska 12/12a, 70-536 Szczecin, Polen.

Krzysztof Kowalski, Mgr., Muzeum Narodowe w Szczecinie, Dział Archeologii, ul. Staromłyńska 27, 70-561 Szczecin, Polen.

Dr. Monika Kucner, Uniwersytet Łódzki, Katedra Literatury i Kultury Niemiec, Austrii i Szwajcarii, ul. Sienkiewicza 21, 90-114 Łódź, Polen.

Dr. Andris Levans, Latvijas Universitāte, Vēstures un filozofijas fakultāte, Mārstaļu iela 28–30, 1050 Rīga, Lettland.

Dr. Dr. Harald Lönnecker, Bundesarchiv, Potsdamer Str. 1, 56057 Koblenz.

Maria Luft, Bundesinstitut für Kultur und Geschichte der Deutschen im östlichen Europa, Johann-Justus-Weg 147a, 26127 Oldenburg (Oldb.).

Dr. Rafał Makała, Uniwersytet Szczeciński/Muzeum Narodowe w Szczecinie, Staromłyńska 27, 70-561 Szczecin, Polen.

Dr. Stelian Mândruţ, Institutul de Istorie „George Bariţiu“, Str. Mihail Kogălniceanu 12–14, 400088, Cluj-Napoca, Rumänien.

Mag. Mateusz Mayer, Universität Wien, Institut für Kunstgeschichte, Universitätscampus Hof 9, Spitalgasse 2, 1090 Wien, Österreich.

Dr. Christian Myschor, 7 Ravenhill Reach, BT6 8RA Belfast, Irland.

Jana Nosková, PhD., Etnologický ústav Akademie věd České republiky, v. v. i., pracoviště Brno, Veveří 97, 602 00 Brno, Tschechische Republik.

Prof. Dr. hab. Mirosław Ossowski, Uniwersytet Gdański, Instytut Filologii Germańskiej, ul. Wita Stwosza 55, 80-952 Gdańsk, Polen.

Dr. Agnieszka Palej, Uniwersytet Jagielloński, Instytut Filologii Germańskiej, al. Mickiewicza 9–11, 31-320 Kraków, Polen.

Julianna Redlich, Mgr., Uniwersytet Wrocławski, Instytut Filologii Germańskiej, pl. Biskupa Nankiera 15, 50-140 Wrocław, Polen.

Prof. Dr. hab. Krzysztof Ruchniewicz, Uniwersytet Wrocławski, Centrum Studiów Niemieckich i Europejskich im. W. Brandta, ul. Strażnicza 1–3, 50-206 Wroclaw, Polen.

Dr. Małgorzata Ruchniewicz, Uniwersytet Wrocławski, Instytut Historyczny, Zakład historii gospodarczej, ul. Szewska 49, 50-139 Wrocław, Polen.

Prof. Dr hab. inż. arch. Jan Salm, Politechnika Łódzka, Instytut Architektury i Urbanistyki, Al. Politechniki 6, 90-924 Łódź, Polen.

Dr. Sebastian Schmideler, Universität Bielefeld, Fakultät für Linguistik und Literaturwissenschaft, Abt. für Germanistik, Universitätsstraße 25, 33615 Bielefeld.

Prof. Dr. Helēna Šimkuva, Nīcgales iela 20-53, 1035 Rīga, Lettland.

Prof. Dr. József Sisa, MTA Bölcsészettudományi Kutatóközpont Művészettörténeti Intézet, Országház utca 30, 1014 Budapest, Ungarn.

Il'ja Šiškanov, Docent, Negosudarstvennoe obrazovatel'noe učreždenie vysšego professional'nogo obrazovanija «Moskovskij institut lingvistiki», ul. Novomoskovskaja 15a, Moskva 129 075, Russische Föderation.

Prof. Dr. Peter Sprengel, Freie Universität Berlin, Institut für Deutsche und Niederländische Philologie, Habelschwerdter Allee 45, 14195 Berlin.

Dr. hab. Maciej Szukała, Archiwum Państwowe w Szczecinie, ul. Św. Wojciecha 13, 70-410 Szczecin, Polen.

Kersti Taal, Tartu Ülikooli Raamatukogu, W. Struve 1, 51003 Tartu, Estland.

Máté Dávid Tamáska, PhD., BME Budapesti Műszaki és Gazdaságtudományi Egyetem Építészmérnöki Kar, Műemléki és Építészettörténeti Tanszék, Műegyetem rakpart 3. K. II. 60, 1111 Budapest, Ungarn.

Lea Teedema, Ajalooarhiiv, J. Liivi 4, 50409 Tartu, Estland.

Jana Tulkisová, Mgr., PhD., Vojensky historicky ustav, Krajna 27, 821 04 Bratislava, Slowakische Republik.

Dr. hab. Miron Urbaniak, Instytut Historii, Zakład Historii Kultury Materialnej, ul. Szewska 49, 50-139 Wrocław, Polen.

Edita Venčkauskaitė, Vytauto Didžiojo universitetas, Vokiečių ir prancūzų filologijos katedra, Donelaičio g. 52, 44244 Kaunas, Litauen.

Dr. Dr. Gerald Volkmer, Bundesinstitut für Kultur und Geschichte der Deutschen im östlichen Europa, Johann-Justus-Weg 147a, 26127 Oldenburg (Oldb.).

Dr. Miodrag Vukčević, Univerzitet u Beogradu, Filološki fakultet, Katedra za nemački jezik i književnost, Studentski trg 3, 11000 Beograd, Serbien.

Prof. Dr. hab. Maria Wojtczak, Uniwersytet im. Adama Mickiewicza, Instytut Filologii Germańskiej, al. Niepodległości 4, 61-874 Poznań, Polen.

Dr. Adam Woodis, Illinois Wesleyan University, German Studies, 201 E. University, Box 2900, 61702 Bloomington, IL, USA.

Dr. hab. Piotr Zariczny, Uniwersytet im. Mikołaja Kopernika, Katedra Filologii Germańskiej, Fosa Staromiejska 3, 87-100 Toruń, Polen.

Dr. Tanja Žigon, Univerza v Ljubljani, Filozofska fakulteta, Oddelek za prevajalstvo, Aškerčeva 2, 1000 Ljubljana, Slowenien.

Igor Zmeták, PhD., Slovenská národná knižnica, Odbor správy historických knižničných dokumentov a fondov SR, Nám. J. C. Hronského 1, 036 01 Martin, Slowakische Republik.

Edina Zvara, PhD., Szegedi Tudományegyetem, Bölcsészettörténeti Kar Könyvtártudományi Tanszék, Egyetem u. 2, 6722 Szeged, Ungarn.

Maria Zwierz, Muzeum Architektury we Wrocławiu, ul. Bernardyńska 5, 50-156 Wrocław, Polen.